北京教育志丛书
（1991—2010）

北京市学校志稿

（普通高等教育卷）

北京市教育档案馆
（北京教育博物馆） 编

方志出版社
Publishing House of Local Records

图书在版编目 (CIP) 数据

北京市学校志稿．普通高等教育卷 / 北京市教育档案馆编（北京教育博物馆）编．— 北京 ：方志出版社，2022．10

（北京教育志丛书．1991—2010）/ 北京市教育档案馆编．1991–2010）

ISBN 978－7－5144－5287－7

Ⅰ．①北…　Ⅱ．①北…　Ⅲ．①地方高校—校史—北京　Ⅳ．①G527．1 ②G649．281

中国版本图书馆 CIP 数据核字（2022）第 239222 号

责任编辑：齐　笑
责任校对：刘玉霞
责任印制：梅中英
出 版 者：方志出版社
地　　址：北京市朝阳区潘家园东里 9 号（国家方志馆 4 层）
邮　　编：100021
网　　址：http://www.zgfzcb.cn
发　　行：方志出版社图书营销中心（010–67110500）
印　　刷：北京中科印刷有限公司
开　　本：710 毫米 ×1000 毫米　1/16
印　　张：41.5　　插页：1.5 印张
字　　数：1170 千字
版　　次：2022 年 10 月第 1 版
印　　次：2022 年 10 月第 1 次印刷
定　　价：180.00 元

主　编

赵长顺　林业

副主编

张驰　胡雨　牛晓萱

中央部委院校

图片说明

1 2018 年 5 月 4 日，北京大学举行建校 120 周年纪念大会

2 2012 年 2 月 14 日，清华大学教授吴良镛获国家最高科学技术奖

3 中国人民大学明德楼

图片说明

1 2012年，教育部与铁道部、北京市人民政府签署共建北京交通大学协议

2 北京航空航天大学沙河校区大门

3 2020年9月10日，北京理工大学怀来校区开工仪式在河北省怀来县举行

4 北京科技大学主楼

1

3

2

4

图片说明

1 2017 年 9 月 2 日，北京化工大学昌平新校区启用

2 北京电子科技学院主楼

3 中国农业大学复建的京师大学堂农科大学校门

4 北京林业大学校园全景

图片说明

1 北京协和医学院校园

2 北京中医药大学校园

3 北京师范大学北京校区昌平校园 G 区

4 北京外国语大学东校区校门

图片说明

1 2019 年 7 月 9 日，中共北京语言大学委员会举行第九次代表大会，确定了新时代北语的历史使命、奋斗目标和发展战略

2 2004 年 8 月，50 周年校庆前夕，北京广播学院正式更名为中国传媒大学，图为新校牌揭牌仪式

3 2007 年 9 月 8 日，中央财经大学沙河校区奠基

图片说明

1 2000年，对外经济贸易大学与中国金融学院合并，组建新的对外经济贸易大学。图为原两校紧邻的校门合并为学校新西门

2 2018年12月29日，中国消防救援学院挂牌

3 外交学院沙河校区校门

4 2010年4月，中国人民公安大学学生世博会执勤

图片说明

1 2009 年 10 月 17 日，国际关系学院召开庆祝建校 60 年大会

2 中央音乐学院王府院和新教学楼

3 北京体育大学校园

4 中央美术学院一隅

图片说明

1 中央戏剧学院昌平校区剧场中心

2 2021 年 9 月 1 日，中央民族大学丰台校区启用

3 2004 年 9 月，中国政法大学昌平校区全景

4 华北电力大学夜景

图片说明

1 2018 年，中华女子学院获批成为联合国教科文组织“媒介与女性”联合教席

2 2021 年 4 月，中国矿业大学（北京）举办“唱支歌儿给党听”主题快闪活动

3 2020 年 11 月 15 日，铁人王进喜塑像在中国石油大学（北京）校园落成

4 中国地质大学（北京）校园

1

2

3

图片说明

1 中国劳动关系学院校门

2 中国科学院大学雁栖湖校区

3 2017 年 9 月 12 日，中国社会科学院大学成立大会在北京举行

北京市属院校

图片说明

1 北京工业大学办公楼

2 北方工业大学主楼

3 2020 年 10 月 18 日，北京工商大学举行建校 70 周年纪念大会

4 2008 年，北京服装学院设计的北京奥运会、残奥会运动员服装和志愿者服装

图片说明

1 北京印刷学院校门

2 2013 年 5 月 16 日，北京建筑大学挂牌

3 北京石油化工学院全景

4 北京农学院校园

图片说明

1 首都医科大学第一教学楼

2 首都师范大学校本部校门

3 首都体育学院校门

4 北京第二外国语学院全景

图片说明

1 北京物资学院崇德楼

2 1995 年 6 月 24 日，首都经济贸易大学召开成立庆祝大会

3 中国音乐学院校园

4 中国戏曲学院校门

图片说明

1 北京电影学院怀柔校区

2 北京舞蹈学院校景

3 北京信息职业技术学院图书馆

图片说明

1　北京电子科技职业学院校园

2　2002 年，北京京北职业技术学院揭牌

3　北京交通职业技术学院校门夜景

4　2008 年 5 月 18 日，市委、市政府在北京会议中心召开北京信息科技大学成立大会

图片说明

1 1993 年，北京联合大学小营校区新校舍奠基

2 2007 年 8 月 6 日，北京青年政治学院大学生公寓开工典礼

3 2002 年 4 月，北京农业职业学院挂牌成立

4 北京财贸职业学院前身之一北京市立信会计职工大学教学楼

1

图片说明

1 北京经贸职业学院 2019 年学生运动会

2 北京汇佳职业学院

3 北京警察学院校景

4 北京交通运输职业学院现代教育中心

2

3

4

序

1991年至2010年，适逢中国改革开放大潮，伴随社会经济快速发展及人民群众日益增长的文化和教育需求，北京教育进入了历史上最快的发展时期。

二十年里，北京教育在中国共产党和政府的领导下，以办好人民满意的首都教育为指针，锐意改革，加大投入，不断加强学校建设和师资队伍建设，深入开展素质教育，各级各类教育协调发展，继在全国率先普及九年义务教育后，又逐步普及高中阶段教育，并迈入了高等教育普及化阶段。提出教育现代化的目标，探索义务教育均衡发展，建设高水平的一流大学，创建学习型社会，努力为人民群众提供公平、优质的教育。

二十年中，北京教育的发展以改革创新为动力，先后进行了教育领导管理体制改革、办学管理体制改革、学校内部管理体制改革、招生及保障体制改革。同时积极开展教育评价创新、学业评价创新、教育督导工作创新。在教育教学中，尤其课程改革、教材建设、教学方法等方面不断探索新路。同时，合作开放办学迈上新台阶，国际合作、省际合作与港澳台合作不断加强，奥林匹克教育也取得了突出成绩。在教育信息化方面深入推进首都教育现代化建设。

二十年来，北京教育为首都建设和国家社会主义现代化建设做出巨大的贡献。各级各类教育培养了社会需要的人才；学习型城市建设提高了首都居民的文化素质，丰富了人们的精神需求；高校和教育科研机构在自然科学、哲学和社会科学、教育科学研究上硕果累累；在校企合作、校地合作、科研成果转化、志愿者服务、奥运和国家庆典等社会服务方面成绩显著；在支援边疆教育方面，北京与内蒙古、西藏、新疆、青海等省份携手并进。

当前，北京教育面临着为北京坚持“四个中心”的城市战略定位，建设国际一流的和谐宜居之都提供人力资源支撑的艰巨任务。

《北京教育志丛书（1991—2010）》是1995年出版的《北京教育志丛书》的续篇，系统记载1991年至2010年间北京教育的历史与现状，传播首都教育工作者光辉的业绩，为广大教育工作者、为教育科学研究，提供珍贵的资料。我们希望《北京教育志丛书（1991—2010）》的出版，能够激发首都教育工作者的社会责任感，为北京教育谱写更加灿烂的篇章。

凡 例

1. 本志稿以马克思列宁主义、毛泽东思想、邓小平理论、“三个代表”重要思想、科学发展观、习近平新时代中国特色社会主义思想为指导，坚持辩证唯物主义和历史唯物主义的立场、观点和方法，力图客观、准确记述北京行政区划内普通高等学校发展变化过程。

2. 本志稿为《北京教育志丛书（1991—2010）》之一，以普通高等学校为记述对象，弥补《北京志·教育志》学校记述篇幅之不足。

3. 本志稿接续第一轮志书《北京普通高等教育志（学校篇）》，记述上限为1991年1月1日，下限至2020年12月31日，对部分学校之发端和沿革适当追溯或补记。

4. 本志稿分设部属院校和市属院校两篇。高等职业学校、民办高等学校不独立设篇。

5. 本志稿以校立目，各学校以学校标识码排序。

6. 本志稿学校资料由相关学校提供。综合性资料来源为北京市教育委员会统计资料、《北京志·教育志》。

7. 本志稿体裁以志为主，辅以图、表、录等体裁。

8. 本志稿采用规范语文体，行文力求准确、简洁、通畅。数字、单位、标点符号的使用符合国家有关规定。学校名称首次出现使用全称，其后使用规范性简称。

目　录

附录

概 述

1991 年以来，北京教育事业在上千年历史积淀的基础上，迈入了中国特色社会主义教育发展的新阶段，实现了教育大众化、普及化的历史性跨越。进入 21 世纪，市委、市政府全面贯彻党的教育方针，坚持教育优先发展、科学发展，加快探索中国特色社会主义教育现代化道路的步伐，全面实施首都教育发展战略，2010 年在全国率先基本实现教育现代化。至 2020 年，北京建成公平、优质、创新、开放的首都教育和先进的学习型城市，进入以教育和人才培养为优势的现代化国际城市行列，实现首都教育现代化。

（一）

20 世纪 90 年代，北京市形成较为稳定的高等教育行政管理体系，实行国家和北京市两级管理、分工负责管理体制。国家教育行政部门在国务院的领导下，主管全国高等教育工作，其主要职责是贯彻执行党和国家有关高等教育的方针政策、法律和行政法规，制定高等教育工作的具体政策和规章，直接管理少数高等学校。国务院有关部门在国家教育行政部门的指导下，管理其直属高等学校。北京市教育行政部门总的职责是贯彻执行中央有关的方针、政策，指导和管理全市普通高等学校地方性教学行政工作，直接管理市属高等学校。具体职责包括负责全市普通高等教育的管理工作，编制全市高等教育发展规划，指导普通高等学校教育教学改革、专业建设、课程建设、教材建设和实践教学；拟订全市招生考试与评价制度改革政策和高等教育、研究生教育的招生计划，负责考试的组织和管理工作；负责北京地区高等教育学生的学籍、学历管理工作，以及毕业生派遣工作；指导高等学校实施重大科研项目，指导协调高等学校重点实验室、工程研究中心、大学科技园等科研基地建设；负责市属普通高等学校的专业设置管理，指导市属普通高等学校教学实验室、实践基地、图书馆建设工作以及教学和教学管理工作，进行教学质量监控；组织实施市属高校基本建设；根据管理权限，审核高等学校的设置、变更、终止；负责北京地区学位管理、研究生培养和质量监控工作，指导重点学科、研究生培养基地、市属普通高等学校重大工程建设；协调管理中央部委在京高等学校。

1991 年，北京地区普通高等学校 67 所，其中部委院校 54 所，市属院校 13 所。部委院校由国务院组成部门及其直属机构拨款筹建并直属管理。市属院校由北京市筹资建设并直接管理。

1995 年 12 月 15 日，市政府办公厅印发《关于组建北京市教育委员会的通知》，决定撤销北京市人民政府文教办公室、北京市教育局、北京市高等教育局和北京市成人教育局，组建北京市教育委员会。市教委是市政府主管全市教育的综合职能部门，负责规划和管理全市各级各类教育的统筹和发展。

1998 年至 2000 年，北京市依据国家“共建、调整、合作、合并”原则实施三次大规模部委院校管理体制调整。调整改革的核心内容是中央与地方共建。其中，中央与地方共建、以地方管理为主的普通高等学校，其教育事业费由财政部纳入下划地方的经费指标。学校的国有资产、人员编制、劳动工资管理等均由北京市负责。学校主要为北京培养人才，在教育行政管理上纳入市属院校统一管理。

至 2020 年，北京市普通高等教育坚持中央和北京市两级管理、分工负责管理体制。2020 年，北京市共有普通高等学校 92 所，其中，部委院校 39 所，市属院校 53 所（含民办高校 15 所）。

（二）

1991 年至 2000 年，北京市逐步开展市属高校布局调整，办学实体减少，学校办学规模扩大，办学效益显著提高，在布局调整的同时，加强中央与地方共建，提升北京高校办学质量。

1991 年，北京市以市属重点院校为主干，对办学条件差，专业设置重复的少数学校进行合并与调整，5 所郊区分校停办，将 11 所郊区分校调整为 7 所。1992 年 6 月，市属高校调整方案获得国家教委批准，包括组建首都师范大学、北京计算机学院并入北京工业大学、组建北京联合大学工学院、撤销短期职业大学等。1993 年，北京中医学院、北京体育学院、中央民族学院、北京邮电学院、首都医学院、北京化工学院 6 所学院升格并更名为大学。

1994 年，北京工业大学、首都师范大学、首都医科大学和北京经济学院作为市重点高等学校进行建设；北京联合大学面向中小企业、第三产业和乡镇企业，以培养高等应用型人才为主。年内，共建部委院校工作取得突破，市政府与中国航空工业总公司签署合办北京航空航天大学协议，北京市支持北京航空航天大学建设；北京航空航天大学将在人才培养、学科建设、科学研究和技术开发等方面为北京市服务。

1995 年，北京经济学院和北京财贸学院合并成立首都经济贸易大学，北京农业大学与北京农业工程大学合并为中国农业大学，北京动力经济学院与华北电力学院合并为华北电力大学。1997 年，市政府与国家教委签署协议共建北京大学、清华大学、中国人民大学和北京师范大学。

1998 年，国务院 9 个部门改组或组建为国家经贸委管理的 9 个国家局。国务院决定对这些部门所属学校管理体制进行调整。普通高校原则上中央与地方共建，以地方管理为主。从 9 月 1 日起，北方工业大学、北京服装学院、北京轻工业学院、北京商学院、北京机械工业学院、北京物资学院、中央工艺美术学院 7 所部属普通高等学校实行中央与北京市共建共管，以北京市为主管理的体制。北京科技大学、北京化工大学划转为教育部直属院校，实行中央与地方共建，日常管理以北京市为主，重大事项以教育部管理为主的体制。

1999 年，国务院调整 5 个军工总公司所属学校管理体制，北京航空航天大学、北京理工大学由分别隶属中国航空工业总公司、中国兵器工业总公司划归国防科工委，实行中央与地方共建，日常管理以北京市为主，重大事项以国防科工委为主的体制。6 月，北京轻工业学院、北京商学院合并组建北京工商大学，机械工业管理干部学院并入北京工商大学。北京工商大学实行中央与北京市共建，以北京市管理为主的体制。同年，中央工艺美术学院并入清华大学；在北京成人电子信息大学与北京无线电学校的基础上组建北京信息职业技术学院，在北京市轻工职工大学和北京轻工业学校的基础上组建北京轻工职业技术学院，国家煤炭工业局在北京煤炭工业学校的基础上组建北京工业职业技术学院。

2000 年，中国音乐学院、中国戏曲学院、北京舞蹈学院、北京电影学院、北京第二外国语学院、北京信息工程学院、北京印刷学院、北京石油化工学院实行中央与北京市共建，以北京市管理为主。同时，北京邮电大学、石油大学、中国农业大学、北京林业大学、北京广播学院、中央财经大学、中国地质大学、中国政法大学、中央音乐学院、中央美术学院、中央戏剧学院划转教育部管理，北京医科大学并入北京大学，成为北京大学医学部。北方交通大学与北京电力高等专科学校（不包括良乡校区）合并，成立新的北方交通大学，隶属教育部。中国金融学院并入对外经贸大学。北京针灸骨伤学院与北京中医药大学合并组建新的北京中医药大学，隶属教育部。北京体育师范学院更名为首都体育学院。至年底，北京普通高等学校由 1999 年的 64 所减少到 59 所，其中，部委院校由 45 所减至 32 所，市属院校由 19 所增加到 27 所。高等学校办学规模明显扩大，办学效益显著提高。

2001 年至 2020 年，北京市按照“坚持方向、适度发展、优化结构、深化改革、改善条件、提高质量”发展方针，深化北京市高等院校布局调整，提升北京高等院校育人质量。北京市新创建北京农业职业学院（2001 年）、北京戏曲艺术职业学院（2002 年）、北京政法职业学院（2003 年）、北京财贸职业学院（2003 年）、北京现代职业技术学院（2003 年）、北京交通职业技术学院（2005 年）、北京社会管理职业学院（2007 年）、北京交通运输职业学院（2010 年）、北京卫生职业学院（2012 年）9 所高等职业院校。北京建筑工程学院升格更名为北京建筑大学（2013 年）。民办高等教育获得快速发展，创建了北京吉利大学（2001 年）、北京培黎职业学院（2004 年）、首都师范大学科德学院（2004 年）等 14 所民办高等学校。这期间，中国科学院研究生院转制为普通高校，更名为中国科学院大学（2012 年）；以中国社会科学院研究生院为基础，整合中国青年政治学院本科教育及部分研究生教育资源组建新的普通高校中国社会科学院大学（2017 年）；武警警种指挥学院转隶为普通高校并更名为中国消防救援学院（2018 年）。

（三）

20 世纪 90 年代，北京开展高等教育招生体制改革。1994 年，北京市试点高考招生“并轨”改革。改革将国家任务招生计划和调节性计划两种形式合并为收费生一种形式，并通过建立收费制度，改变学生上大学完全由国家包下来、毕业时国家安排就业的做法。同时，建立相应的奖学金、助学金制度，国家不再以行政分配而是以方针政策指导、奖学金制度和社会就业需求信息来引导毕业生自主择业，逐步建立起“学生上学自己缴纳部分培养费用、毕业后多数人自主择业”的机制。年内，北京大学、清华大学、中国人民大学、北京外国语大学、北京工业大学、北京信息工程学院、北京建筑工程学院、北京联合大学旅游学院实施改革“并轨”试点，北京经济学院的两个专业也参加试点。1997 年，北京所有普通高等学校全部实行招生“并轨”，从此不再区分国家任务计划和调节性计划，实现招生计划性质和录取分数从“双轨”制并为“单轨”制。

1999 年，北京市实施《面向 21 世纪教育振兴行动计划》，扩大高等学校招生规模。至 2001 年，北京高等学校连续 3 年扩大招生，招生规模实现跨越式发展。1999 年，招收本专科生 7.83 万人，比上年增加 25.84%，2000 年招收本专科生 9.94 万人，比上年增加 26.86%，2001 年招收本专科生 11.63 万人，比上年增加 17.05%。2002 年，北京市普通高等教育遵循“稳定规模、调整结构、改善条件、提高质量”原则，综合考虑学校性质、定位、办学条件以及毕业生就业情况，合理确定年度招生规模。至 2003 年，北京市高等教育毛入学率达到 53%，在全国率先进入高等教育普及化阶段。此后，北京高等教育进入规模稳定时期，招生规模稳步发展。

（四）

北京高校于 20 世纪 90 年代基本完成发展定位的战略调整，初步形成符合现代大学发展要求的办学模式，大批高校从单一面向行业办学转为面向社会办学，一批高校实现从单科型大学向多科型大学转变，从比较单一的教学型大学向教学研究型大学转变，并形成一些国际知名的研究型大学。在传统的普通高等教育快速发展的同时，主动适应经济社会发展和人民群众不断增长的对高等教育的多样化需求，高等职业教育、成人高等教育、社区教育、自学高考、网络教育、高端培训和进修等各类高等教育发展迅速，高等教育的类别结构进一步丰富，服务功能得到拓展。

1992 年 11 月，国家教委提出发展高等教育的跨世纪工程“211 工程”，目标是到 21 世纪在全国建设 100 所左右具有国内一流、国际知名的重点大学和一批重点学科。建设内容包括学校整体条件、重点学科和高等教育服务体系建设三部分。建设资金采取国家、部门、地方和高校共同筹集的方式。1994 年 9 月，北京市提出支持一批中央在京高校和北京工业大学、首都师范大学早日列入国家“211 工程”重点建设高等学校，并将之作为集中力量组织实施的北京教育十大系统工程之一。1995 年 11 月，“211 工程”正式启动。截至 2010 年底，“211 工程”分三期实施，全国共 112 所高校入选，其中，北京地区高校 26 所，占全国 23.2%。

1998 年 5 月 4 日，国家主席江泽民在庆祝北京大学建校一百周年大会上提出：“为了实现现代化，中国要有若干所具有世界先进水平的一流大学。”1999 年，教育部决定实施《面向 21 世纪教育振兴行动计划》，重点支持北京大学、清华大学等部分高等学校创建世界一流大学和高水平大学，并以江泽民在北京大学讲话时间命名为“985 工程”。此后连续 3 年，政府每年拿出中央财政收入的 1% 作为中国建设“世界一流大学”的资金。1999 年列入“985 工程”大学 9 所，北京地区 2 所：北京大学、清华大学。此后，北京理工大学（2000 年）、北京航空航天大学（2001 年）、北京师范大学（2002 年）、中国人民大学（2003 年）、中国农业大学（2004 年）、中央民族大学（2004 年）先后进入“985 工程”。北京市相继与教育部以及相关部委签署协议，共建北京理工大学、北京航空航天大学、北京师范大学、中国人民大学，在建设用地及规划、学校周边环境治理、经费等方面支持“985 工程”建设。截至 2010 年底，北京地区共有“985 工程”高校 8 所，占全国 39 所的 21%。

2006 年，教育部和财政部启动“985 工程优势学科创新平台”建设项目。该项目从中央部属“211 工程”建设学校中遴选，以国家或行业发展急需的重点领域和重大需求为导向，围绕国家发展战略和学科前沿，重点建设一批平台基地，是“985 工程”大体系的重要组成部分。2008 年，为进一步落实直属师范大学师范生免费教育示范性举措，教育部在北京师范大学等部属师范大学实施教师教育“优势学科创新平台”，是“985 工程优势学科创新平台”的重要组成部分。至 2010 年，北京地区“985 工程优势学科创新平台”项目建设高校 8 个、教师教育“优势学科创新平台”高校 1 个。

2015 年 8 月，中央全面深化改革领导小组会议审议通过《统筹推进世界一流大学和一流学科建设总体方案》，将“211 工程”“985 工程”及“优势学科创新平台”等重点建设项目，统一纳入世界一流大学和一流学科建设。2017 年 10 月，教育部、财政部、国家发展和改革委员会公布了国家“双一流”建设高校名单，全国共有 137 所高校 465 个学科入选。北京有 34 所高校 162 个学科进入国家“双一流”建设名单，其中：部委院校 31 所（含 8 所一流大学整体建设高校，23 所一流学科建设高校），市属高校 3 所为一流学科建设高校。北京市对进入国家“双一流”建设的高校和学科给予资金和政策支持，用于推进高校国家“双一流”建设，引导部委院校在按照教育部要求和学校建设规划开展建设的同时，围绕国家和北京经济社会发展需要，全面融入北京“四个中心”建设，解决经济社会发展重大问题，并积极带动其他高校特别是市属高校学科发展及整体水平提升。

2018 年 6 月，市委、市政府推进市属高校分类发展工作，努力实现高校内涵发展、特色发展、差异化发展。2020 年，市委、市政府决定，支持将北京工业大学、首都师范大学、首都医科大学建设成为“高水平研究型大学”，将中国音乐学院、首都经济贸易大学、北京工商大学建设成为“高水平研究型大学（B类）”，将北京建筑大学、北京电影学院、北京舞蹈学院、中国戏曲学院、北京服装学院、首都体育学院建设成为“高水平特色型大学”，支持将北京第二外国语学院、北京印刷学院建设成为“高水平特色型大学（B类）”，将北方工业大学、北京信息科技大学、北京联合大学、北京农学院、北京石油化工学院、北京物资学院、北京警察学院建设成为“高水平应用型大学”。各高校将紧密围绕首都经济社会发展的实际需求，结合自身办学定位，在不同类型和不同领域办出特色、争创一流。

（五）

1999年，市委、市政府在《关于深化教育改革全面推进素质教育的意见》中提出“在规划建设的卫星城中，开辟2～3个占地8000亩至10000亩的高教园区”。2001年10月，市委、市政府批准“在昌平沙河地区和房山良乡地区建设两个高教园区”。

良乡高教园区位于房山区良乡新城东区，规划总用地面积10111亩（其中高校用地面积为5642.6亩），规划总建筑面积约497万平方米（其中高校校舍规划建筑面积为228.9万平方米），入驻高校为中国社会科学院大学、北京理工大学、北京中医药大学、首都师范大学、北京工商大学5所高校；沙河高教园区位于昌平区沙河地区，规划总用地面积11996亩（其中高校用地面积为5936亩），规划总建筑面积约522万平方米（其中高校校舍规划建筑面积为275.64万平方米），入驻高校为北京航空航天大学、北京邮电大学、北京师范大学、中央财经大学、外交学院、中国矿业大学（北京）6所高校。至2020年，2个高教园区入驻高校共建成校舍约266万平方米，在建校舍面积54万平方米，入驻学生达到6.4万人、教职工0.6万人，两个高教园区市政、交通基础设施基本形成，教育、医疗、住房、商业等公共服务配套设施日趋完善，办学氛围初步形成。

2017年以来，北京市依据《北京城市总体规划（2016—2035年）》，统筹高等教育空间布局，优化海淀区高等学校集聚区、良乡高教园区、沙河高教园区发展环境，有序疏解中心城区部分普通高校。相继建设北京化工大学昌平新校区、中央民族大学丰台校区、北京电影学院怀柔校区、北京信息科技大学昌平校区、中国人民大学通州校区、首都医科大学大兴校区、首都体育学院延庆校区。研究推进相关高校到郊区落地，努力推进实现“区区有高校”的目标。

（六）

2020年，北京市共有普通高等学校92所，其中，部委院校39所，市属院校53所（含民办高校15所）。普通本专科在校生59.03万人，其中，普通本科在校生51.75万人，普通专科在校生7.28万人。研究生在校生38.66万人，其中硕士生27.81万人，博士生10.85万人。留学生3.93万人。北京市普通高等学校产权占地面积4687万平方米，固定资产2076.55亿元，教科仪器726.53亿元，图书1.19亿册，教学用计算机45.19万台，教室19695间，网络多媒体教室14062间。普通高等学校生均一般公共预算教育经费65374.15元（全国22407.39元），生均一般公共预算教育事业费56861.41元（全国20919.17元），生均一般公共预算公用经费21588.60元（全国8119.51元）。

《北京市“十四五”时期教育改革和发展规划（2021—2025年）》提出:“十四五”时期是首都教育全面落实《北京城市总体规划（2016—2035年）》《首都教育现代化2035》，向实现高水平教育现代化迈进的重要时期。“十四五”时期，一流大学和一流学科群建设取得积极进展，市属本科高校分类发展的格局基本形成；高等教育人才培养质量明显提升，国际学生和高端学术交流的吸引力显著增强。引导“双一流”建设高校主动服务国家和北京经济社会发展。深入推进“双一流”大学与其他在京高校学科合作共建，深化校际平台合作，加强学术交流和科研合作，强化师资队伍建设，全面提升学科带头人和学科骨干的学术水平，深入推进研究生联合培养，构建市属高校与中央高校学科优势互补、融合发展新模式。完善市属高等学校分类发展政策体系。改革市属高校考核模式，建立分类的财政支持政策，深化市属高校内部人事制度改革，促进市属高校内涵、特色、差异化发展，实现高校在不同类型和不同领域办出特色、争创一流。支持高水平研究型大学建设。聚焦国家、北京和特定领域的核心需求设置专业，突出重点领域、促进学科交叉，大力开展前沿研究、基础研究和应用基础研究，重点培养德才兼备、全面发展、具有较强创新能力的优秀人才。加强高水平特色型大学建设。面向国家发展和首都急需，集中力量发展最具优势和前景的学科专业，深入推进行业产业领域的基础研究和应用研究，重点培养品学兼优、能力突出、社会需要的行业建设优秀人才。推进高水平应用型大学建设。深化教育教学改革，加强学科专业建设，紧密结合北京经济社会发展和人才培养需求，开展高相关性理论探索和科技创新，重点培养知行合一、学以致用、具有创新精神的优秀应用型建设人才。到 2025 年，全面构建首都高质量教育体系，实现更高水平、更具影响力的教育现代化，培养具有家国情怀、首都气派、国际视野、创新精神的高素质人才，努力让每个孩子都享有公平而有质量的教育，让每个学习者都有人生出彩的机会。全面支撑首都“四个中心”功能建设，为北京率先基本实现社会主义现代化发挥基础性、先导性、全局性作用，为北京建设成为伟大社会主义祖国的首都、迈向中华民族伟大复兴的大国首都、国际一流的和谐宜居之都做出新的贡献。

中央部委院校

北京大学

北京大学（简称北大），英文名称 Peking University，法定注册地为北京市海淀区颐和园路 5 号。学校以人才培养为中心，以师生为根本，通过教学、研究与服务，创造、保存和传播知识，传承和创新文化，推动中华民族进步，促进人类文明发展。

一、学校沿革

北京大学创办于 1898 年，初名京师大学堂，是中国第一所国立综合性大学，也是当时中国最高教育行政机关。辛亥革命后，于 1912 年改为现名。

北京大学是新文化运动的中心和五四运动的策源地，在中国最早传播马克思主义和民主、科学思想，是中国共产党最早的活动基地之一。爱国、进步、民主、科学的传统精神和勤奋、严谨、求实、创新的学风在这里生生不息、代代相传。

1917 年，著名教育家蔡元培出任北京大学校长，他“循思想自由原则，取兼容并包主义”，对北京大学进行了卓有成效的改革，促进了思想解放和学术繁荣。陈独秀、李大钊、毛泽东以及鲁迅、胡适等一批杰出人才都曾在北京大学任职或任教。

1937 年卢沟桥事变后，北京大学与清华大学、南开大学南迁长沙，共同组成长沙临时大学。不久，临时大学又迁到昆明，改称国立西南联合大学。抗日战争胜利后，北京大学于 1946 年 10 月在北平复学。

中华人民共和国成立后，全国高校于 1952 年进行院系调整，北京大学成为一所以文理基础教学和研究为主的综合性大学，为国家培养了大批人才。据不完全统计，北京大学的校友和教师有 400 多位两院院士，中国人文社科界有影响的人士相当多也出自北京大学。

改革开放以来，北京大学进入了一个前所未有的大发展、大建设的新时期，并成为国家“211 工程”重点建设的大学之一。1998 年 5 月 4 日，在北京大学百年校庆之际，国家主席江泽民题词：“发扬北京大学爱国进步民主科学的优良传统，为振兴中华做出更大贡献。”并在庆祝大会上发出了“为了实现现代化，我国要有若干所具有世界先进水平的一流大学”的号召。北京大学积极响应号召，启动“创建世界一流大学计划”（“985 计划”），自此开启了北京大学建设发展的新篇章。

2000 年 4 月 3 日，北京大学与北京医科大学合并，组建了新的北京大学。北京医科大学的前身是国立北京医学专门学校，创建于 1912 年 10 月 26 日，并于 1946 年 7 月并入北京大学。1952 年在全国高校院系调整中，北京大学医学院脱离北京大学，独立为北京医学院。1985 年更名为北京医科大学，1996 年成为国家首批“211 工程”重点支持的医科大学。两校合并为促进医学与人文社会科学及理科的结合，改革医学教育奠定了基础。

近年来，在“211 工程”“985 工程”和“双一流”建设的支持下，北京大学在学科建设、人才培养、科学研究、师资队伍建设等各方面都取得了显著成绩，为将北大建设成为世界一流大学奠定了坚实的基础。今天的北京大学已经成为国家培养高素质、创造性人才的摇篮，科学研究的前沿和知识创新的重要基地和国际交流的重要桥梁和窗口。

表 1　　北京大学院系设置一览表（2020 年）

学部	院系	学部	院系
理学部	数学科学学院	社会科学学部	社会学系
	物理学院		政府管理学院
	化学与分子工程学院		马克思主义学院
	生命科学学院		教育学院
	城市与环境学院		新闻与传播学院
	地球与空间科学学院		体育教研部
	心理与认知科学学院	经济与管理学部	经济学院
	建筑与景观设计学院		光华管理学院
信息与工程科学部	信息科学技术学院		国家发展研究院
	工学院		人口研究所
	王选计算机研究所	医学部	基础医学院
	软件与微电子学院		药学院
	环境科学与工程学院		公共卫生学院
	软件工程国家工程研究中心		护理学院
	材料科学与工程学院		医学人文研究院
人文学部	中国语言文学系	深圳研究生院	信息工程学院
	历史学系		化学生物学与生物技术学院
	考古文博学院		环境与能源学院
	哲学系（宗教学系）		城市规划与设计学院
	外国语学院		新材料学院
	艺术学院		汇丰商学院
	对外汉语教育学院		国际法学院
	歌剧研究院		人文社会科学学院
社会科学学部	国际关系学院	跨学科类	元培学院
	法学院		燕京学堂
	信息管理系		现代农学院

二、学科建设

1992 年，北京大学对全校学科进行全面调研，开展全校学科建设大讨论。

1994 年 7 月，以北京大学第九次党代会讨论通过的《北京大学改革与发展纲要》为主体形成申报“211 工程”文件。9 月，最终完成了《北京大学“211 工程”建设规划》。10 月，国家教委组织了对北京大学申请进入“211 工程”的部门预审。学校根据专家组的意见对《北京大学“211 工程”建设规划》作了进一步的修改。

1995 年 10 月，向国家计委、国家教委、财政部上报了《北京大学“211 工程”建设项目可行性研究报告》，12 月 4 日两委一部对报告进行审核并予以原则通过。

1996 年 4 月，根据上级意见对《可行性报告》进一步作了修改上报。9 月 26 日，两委一部批准将北大列入国务院批准的《“211 工程”总体建设规划》的院校。北京大学“211 工程”一期建设的主要内容是重点学科建设、公共服务体系建设、基础设施建设三个部分。

1999 年，中共中央总书记江泽民在庆祝北京大学建校一百周年大会上指出：“为了实现现代化，我国要有若干所具有世界先进水平的一流大学。”学校初步完成《北京大学创建世界一流大学规划》，明确创建世界一流大学的总体目标和两步走战略。1999 年至 2004 年为“985 工程”一期。在该阶段，学校改革人事制度和工资制度，加强基础学科和应用学科发展，教育教学改革取得实质性进展，学术研究整体实力显著提升。

2002年至2004年，教育部完成第一轮全国一级学科评估，北京大学33个一级学科参加评估，11个一级学科全国排名第一，共有29个学科进入前五名，居全国各单位之首。其中历史学及外国语言文学两个学科获得5项指标全部满分的好成绩。

截至2007年底，北京大学有18个国家一级重点学科和25个国家二级重点学科①，涵盖了理学、工学、医学、文学、历史学、法学、哲学、经济学、管理学、教育学10个学科门类。此外，还有亚非语言文学（朝鲜语言文学）、矿物学岩石学矿床学和儿少卫生与妇幼保健学3个国家重点（培育）学科。

表2　　北京大学国家重点学科一览表（2020年）

一级学科国家重点学科（18个）		二级学科国家重点学科（25个）	
哲学	化学	国民经济学	免疫学
理论经济学	地理学	基础心理学	病理学与病理生理学
法学	大气科学	英语语言文学	内科学（肾病，心血管病，血液病）
政治学	生物学	印度语言文学	儿科学
社会学	力学	企业管理	精神病与精神卫生学
中国语言文学	电子科学与技术	教育经济与管理	皮肤病与性病学
历史学	计算机科学与技术	图书馆学	外科学（骨外，泌尿外）
数学	口腔医学	天体物理	妇产科学
物理学	药学	固体地球物理学	眼科学
		构造地质学	肿瘤学
		通信与信息系统	运动医学
		核技术及应用	流行病与卫生统计学
		环境科学	

在“211工程”二期（2001—2005年）中，北京大学主要建设任务包括重点学科建设、公共服务体系建设和师资队伍建设。以重点学科建设为核心，建设中国传统文化等23个重点学科，调整学科管理结构，支持重点学科发展，重视交叉学科培育。继续深化人事制度和管理机制改革，不断改善教师学缘结构，稳步提高队伍素质，积极培育创新群体，增强队伍活力。基本建成数字化文献和信息服务平台，实现大型仪器设备、图书文献和优质教学资源共享。

2008年11月，完成上级规划中有关北京大学部分内容的编制工作，并根据专家组评审意见进一步修改完成“211工程”三期重点学科建设项目申报书和重点学科建设项目可行性研究报告以及相关经费预算。

在“985工程”二期（2004—2009年）中，根据学校学科特点和“985工程”一期经验，学校提出了“以队伍建设为核心，以交叉学科为重点，以体制机制改革为动力，推进学术创新平台建设和学校全面发展”的基本指导思想。“985工程”二期在一些重要前沿和交叉学科领域建设了新的机构、聚集了一批优秀学者。学校在一些单位试行新的人事聘任制度和预算制度。学校还进一步推进本科教育教学改革和研究生培养机制改革。

2006年、2008年，教育部分两批完成第二轮全国一级学科评估，北京大学37个一级学科参评，其中9个一级学科排名第一；12个一级学科排名第二；6个一级学科排名第三。排名前5名的一级学科数有31个，名列全国前茅。

2012年，在第三轮全国高校一级学科评估中，学校参评学科48个，排名第一的学科16个、排名前三的学科35个、排名前五的学科38个。

2016年，在第四轮学科评估中，学校50个一级学科参评，21个获评A+学科、11个

① 包括18个一级重点学科所涵盖的，北京大学共有86个国家二级重点学科。

获评A学科、3个获评A-学科，其中A+学科总数居全国高校榜首，A类学科达到学科总数的70%。

2017年，北京大学入选“双一流”建设一流大学建设A类高校，41个学科入选“双一流”建设一流学科建设名单。2017年12月，《北京大学一流大学建设高校建设方案（精编版）》正式发布。方案全面落实了国家统筹推进世界一流大学和一流学科建设总体方案。2020年9月，根据教育部整体部署，北京大学完成了2016年至2020年“双一流”建设周期总结工作，首个周期全面实现了“双一流”建设近期目标。

2017至2018年，学校根据国务院学位委员会、教育部要求，开展51个学术学位授权点和12个专业学位授权点的合格评估工作，持续提升研究生教育质量。

2018年，获批成为全国首批学位授权自主审核单位，并完成首次自主审核学位授权点增设工作。国务院教育督导委员会办公室组织完成全国首次专业学位水平评估，北京大学6个专业学位类别参评，获得5个A+、1个A，总成绩位居全国高校之首。

表3　北京大学学科设置一览表（2020年）

学科门类	一级学科 / 专业学位类别	二级学科 / 专业学位领域
01 哲学	0101 哲学	* 010101 马克思主义哲学
		* 010102 中国哲学
		* 010103 外国哲学
		* 010104 逻辑学
		* 010105 伦理学
		* 010106 美学
		* 010107 宗教学
		* 010108 科学技术哲学
	99J2 中国学	0101J2 中国学（哲学与宗教）
02 经济学	0201 理论经济学	* 020101 政治经济学
		* 020102 经济思想史
		* 020103 经济史
		* 020104 西方经济学
		* 020105 世界经济
		* 020106 人口、资源与环境经济学
		* 020121 理论经济学（国家发展）
	0202 应用经济学	* 020201 国民经济学
		* 020202 区域经济学
		* 020203 财政学
		* 020204 金融学
		* 020205 产业经济学
		* 020208 统计学
		* 020220 应用经济学（风险管理与保险学）
		* 020221 应用经济学（农村转型经济学）
	99J2 中国学	0202J2 中国学（经济与管理）
03 法学	0301 法学	* 030101 法学理论
		* 030102 法律史
		* 030103 宪法学与行政法学
		* 030104 刑法学
		* 030105 民商法学
		* 030106 诉讼法学
		* 030107 经济法学
		* 030108 环境与资源保护法学
		* 030109 国际法学

续表 3

学科门类	一级学科 / 专业学位类别	二级学科 / 专业学位领域
03 法学	0301 法学	* 030120 法学（知识产权法）
		030121 法学（商法）
		030122 法学（国际经济法）
		030123 法学（财税法学）
	0302 政治学	* 030201 政治学理论
		* 030202 中外政治制度
		* 030203 科学社会主义与国际共产主义运动
		030204 中共党史
		* 030206 国际政治
		* 030207 国际关系
		* 030208 外交学
		* 030221 政治学（国际政治经济学）
		* 030222 政治学（中国政治）
		* 030223 政治学（比较政治学）
		030224 政治学（国际组织与国际公共政策）
		* 030225 政治学（国家安全战略与管理）
	0303 社会学	* 030301 社会学
		* 030302 人口学
		* 030303 人类学
		030320 社会学（老年学）
		030322 社会学（女性学）
	0305 马克思主义理论	* 030501 马克思主义基本原理
		* 030502 马克思主义发展史
		* 030503 马克思主义中国化研究
		* 030504 国外马克思主义研究
		* 030505 思想政治教育
		* 030506 中国近现代史基本问题研究
		* 030520 马克思主义理论（党的建设）
	99J2 中国学	0301J2 中国学（法律与社会）
		0302J2 中国学（政治与国际关系）
04 教育学	0401 教育学	* 040101 教育学原理
		* 040106 高等教育学
		* 040110 教育技术学
		040120 教育学（体育教育与管理）
		040121 教育学（医学教育）
05 文学	0501 中国语言文学	* 050101 文艺学
		* 050102 语言学及应用语言学
		* 050103 汉语言文字学
		* 050104 中国古典文献学
		* 050105 中国古代文学
		* 050106 中国现当代文学
		* 050108 比较文学与世界文学
		* 050120 中国语言文学（中国民间文学）
	0502 外国语言文学	* 050201 英语语言文学
		* 050202 俄语语言文学
		* 050203 法语语言文学
		* 050204 德语语言文学
		* 050205 日语语言文学

续表 3

学科门类	一级学科 / 专业学位类别	二级学科 / 专业学位领域
05 文学	0502 外国语言文学	*050206 印度语言文学
		*050207 西班牙语语言文学
		*050208 阿拉伯语语言文学
		*050210 亚非语言文学
		*050211 外国语言学及应用语言学
		*050220 外国语言文学（国别和区域研究）
	0503 新闻传播学	*050301 新闻学
		*050302 传播学
		*050320 新闻传播学（新媒体学）
06 历史学	0601 考古学	*060100 考古学
	0602 中国史	*060200 中国史
	0603 世界史	*060300 世界史
	99J2 中国学	0602J2 中国学（历史与考古）
07 理学	0402 心理学	*040201 基础心理学
		040202 发展与教育心理学
		*040203 应用心理学
		040220 心理学（临床心理学）
	0701 数学	*070101 基础数学
		*070102 计算数学
		*070103 概率论与数理统计
		*070104 应用数学
	0702 物理学	*070201 理论物理
		*070202 粒子物理与原子核物理
		*070203 原子与分子物理
		*070204 等离子体物理
		*070205 凝聚态物理
		*070207 光学
		*070220 物理学（高能量密度物理）
	0703 化学	*070301 无机化学
		*070302 分析化学
		*070303 有机化学
		*070304 物理化学
		*070305 高分子化学与物理
		*070320 化学（化学生物学）
		*070321 化学（应用化学）
		*070322 化学（化学基因组学）
	0704 天文学	*070401 天体物理
	0705 地理学	*070501 自然地理学
		*070502 人文地理学
		*070503 地图学与地理信息系统
		*070520 地理学（环境地理学）
		*070521 地理学（历史地理学）
		070523 地理学（城市与区域规划）
		070524 地理学（景观设计学）
		070525 地理学（建筑文化与地域景观）
	0706 大气科学	*070601 气象学
		*070602 大气物理学与大气环境
		*070621 大气科学（物理海洋学）

续表 3

学科门类	一级学科 / 专业学位类别	二级学科 / 专业学位领域
07 理学	0708 地球物理学	* 070801 固体地球物理学
		* 070802 空间物理学
	0709 地质学	* 070901 矿物学、岩石学、矿床学
		* 070902 地球化学
		* 070903 古生物学与地层学
		* 070904 构造地质学
		* 070905 第四纪地质学
		* 070920 地质学（材料及环境矿物学）
		* 070921 地质学（石油地质学）
	0710 生物学	* 071001 植物学
		* 071002 动物学
		* 071003 生理学
		071005 微生物学
		* 071006 神经生物学
		* 071007 遗传学
		* 071009 细胞生物学
		* 071010 生物化学与分子生物学
		* 071011 生物物理学
		* 071020 生物学（生物信息学）
		* 071021 生物学（生物技术）
		* 071022 生物学（分子医学）
	0712 科学技术史	* 071200 科学技术史
	0713 生态学	* 071300 生态学
	0714 统计学	* 071400 统计学
	0801 力学	* 080101 一般力学与力学基础
		* 080102 固体力学
		* 080103 流体力学
		* 080104 工程力学
		* 080123 力学（先进材料与力学）
	0809 电子科学与技术	* 080901 物理电子学
		* 080902 电路与系统
		* 080903 微电子学与固体电子学
		* 080904 电磁场与微波技术
		* 080921 电子科学与技术（量子电子学）
	0812 计算机科学与技术	* 081201 计算机系统结构
		* 081202 计算机软件与理论
		* 081203 计算机应用技术
		* 081220 计算机科学与技术（智能科学与技术）
	0830 环境科学与工程	* 083001 环境科学
		* 083002 环境工程
		* 083020 环境科学与工程（环境健康）
		* 083021 环境科学与工程（环境管理）
	0831 生物医学工程	* 083100 生物医学工程
	1007 药学	* 100701 药物化学
		* 100702 药剂学
		* 100703 生药学
		* 100704 药物分析学
		* 100706 药理学

续表 3

学科门类	一级学科 / 专业学位类别	二级学科 / 专业学位领域
07 理学		* 100720 药学（化学生物学）
		* 100721 药学（临床药学）
	99J3 数据科学	* 0701J3 数据科学（数学）
		* 0714J3 数据科学（统计学）
		* 0812J3 数据科学（计算机科学与技术）
		* 1004J3 数据科学（公共卫生与预防医学）
	99J4 整合生命科学	* 0402J4 整合生命科学（心理学）
		* 0702J4 整合生命科学（物理学）
		* 0703J4 整合生命科学（化学）
		* 0710J4 整合生命科学（生物学）
	99J5 纳米科学与技术	* 0702J5 纳米科学与技术（物理学）
		* 0703J5 纳米科学与技术（化学）
		* 0801J5 纳米科学与技术（力学）
		* 0809J5 纳米科学与技术（电子科学与技术）
	99J5 纳米科学与技术	* 0831J5 纳米科学与技术（生物医学工程）
08 工学	0801 力学	* 080120 力学（生物力学与医学工程）
		* 080121 力学（力学系统与控制）
		* 080124 力学（能源与资源工程）
		* 080125 力学（航空航天工程）
		* 080126 力学（工业与系统工程）
	0805 材料科学与工程	* 080501 材料物理与化学
		* 080502 材料学
	0810 信息与通信工程	* 081001 通信与信息系统
		* 081002 信号与信息处理
	0816 测绘科学与技术	* 081602 摄影测量与遥感
		* 081620 测绘科学与技术（导航与位置服务）
	0827 核科学与技术	* 082703 核技术及应用
		* 082720 核科学与技术（医学物理和工程）
	0835 软件工程	* 083500 软件工程
	99J3 数据科学	* 0835J3 数据科学（软件工程）
10 医学	1001 基础医学	* 100101 人体解剖与组织胚胎学
		* 100102 免疫学
		* 100103 病原生物学
		* 100106 放射医学
		* 100120 基础医学（病理学）
		* 100121 基础医学（病理生理学）
		* 100122 基础医学（人体生理学）
		* 100123 基础医学（医学生物化学与分子生物学）
		* 100124 基础医学（医学神经生物学）
		* 100125 基础医学（医学细胞生物学）
		* 100126 基础医学（系统生物医学）
		* 100127 基础医学（医学生物信息学）
	1002 临床医学	* 100201 内科学
		* 100202 儿科学
		* 100203 老年医学
		* 100204 神经病学
		* 100205 精神病与精神卫生学
		* 100206 皮肤病与性病学

续表 3

学科门类	一级学科 / 专业学位类别	二级学科 / 专业学位领域
10 医学	1002 临床医学	* 100207 影像医学与核医学
		* 100208 临床检验诊断学
		* 100210 外科学
		* 100211 妇产科学
		* 100212 眼科学
		* 100213 耳鼻咽喉科学
		* 100214 肿瘤学
		* 100215 康复医学与理疗学
		* 100216 运动医学
		* 100217 麻醉学
		* 100218 急诊医学
		* 100231 临床医学（全科医学）
		* 100232 临床医学（重症医学）
		* 100233 临床医学（临床病理学）
		100234 临床医学（医学信息学）
		* 100235 临床医学（临床研究方法学）
	1003 口腔医学	* 100301 口腔基础医学
		* 100320 口腔医学（牙体牙髓病学）
		* 100321 口腔医学（牙周病学）
		* 100322 口腔医学（儿童口腔医学）
		* 100323 口腔医学（口腔黏膜病学）
		* 100324 口腔医学（口腔预防医学）
		* 100325 口腔医学（口腔颌面外科学）
		* 100326 口腔医学（口腔颌面医学影像学）
		* 100327 口腔医学（口腔修复学）
		* 100329 口腔医学（口腔正畸学）
	1004 公共卫生与预防医学	* 100401 流行病与卫生统计学
		* 100402 劳动卫生与环境卫生学
		* 100403 营养与食品卫生学
		* 100404 儿少卫生与妇幼保健学
		* 100405 卫生毒理学
		* 100420 公共卫生与预防医学（全球卫生学）
		* 100421 公共卫生与预防医学（公共卫生应急管理）
	1006 中西医结合	* 100601 中西医结合基础
		* 100602 中西医结合临床
	1010 医学技术	* 101020 医学技术（医学影像技术学）
		* 101021 医学技术（医学检验学）
		* 101022 医学技术（放射治疗物理学）
		* 101023 医学技术（眼视光学）
		* 101024 医学技术（康复治疗学）
		* 101025 医学技术（呼吸医学技术）
		* 101026 医学技术（口腔医学技术）
		* 101027 医学技术（健康数据科学）
	1011 护理学	* 101120 护理学（临床护理学）
	99J4 整合生命科学	* 1001J4 整合生命科学（基础医学）
		* 1002J4 整合生命科学（临床医学）
12 管理学	1202 工商管理	* 120201 会计学
		* 120202 企业管理

续表 3

学科门类	一级学科 / 专业学位类别	二级学科 / 专业学位领域
12 管理学	1203 农林经济管理	* 120301 农业经济管理
	1204 公共管理	* 120401 行政管理
		* 120402 社会医学与卫生事业管理
		* 120403 教育经济与管理
		120404 社会保障
		* 120421 公共管理（公共政策）
		120422 公共管理（发展管理）
		120423 公共管理（应急管理）
	1205 图书情报与档案管理	* 120501 图书馆学
		* 120502 情报学
		* 120520 图书情报与档案管理（编辑出版学）
13 艺术学	1301 艺术学理论	* 130100 艺术学理论
20 专业学	0251 金融硕士	025100 金融硕士
	0252 应用统计硕士	025200 应用统计硕士
	0253 税务硕士	025300 税务硕士
	0254 国际商务硕士	025400 国际商务硕士
	0255 保险硕士	025500 保险硕士
	0257 审计硕士	025700 审计硕士
	0351 法律硕士	035101 法律硕士（非法学）
		035102 法律硕士（法学）
	0352 社会工作硕士	035200 社会工作硕士
	0451 教育博士	* 045171 学校课程与教学
		* 045173 教育领导与管理
	0452 体育硕士	045200 体育硕士
	0453 汉语国际教育硕士	045300 汉语国际教育硕士
	0454 应用心理硕士	045400 应用心理硕士
	0551 翻译硕士	055101 英语笔译
		055105 日语笔译
		055106 日语口译
	0552 新闻与传播硕士	055200 新闻与传播硕士
	0651 文物与博物馆硕士	065100 文物与博物馆硕士
	0854 电子信息	* 085400 电子信息
	0855 机械	* 085500 机械
	0856 材料与化工	* 085600 材料与化工
	0953 风景园林硕士	095300 风景园林硕士
	1051 临床医学	* 105101 内科学
		* 105102 儿科学
		* 105104 神经病学
		* 105105 精神病与精神卫生学
		* 105106 皮肤病与性病学
		* 105107 影像医学与核医学
		* 105108 临床检验诊断学
		* 105109 外科学
		* 105110 妇产科学
		* 105111 眼科学
		* 105112 耳鼻咽喉科学
		* 105113 肿瘤学
		* 105114 康复医学与病理学

续表 3

学科门类	一级学科 / 专业学位类别	二级学科 / 专业学位领域
20 专业学	1051 临床医学	*105115 运动医学
		*105116 麻醉学
		*105117 急诊医学
		105127 全科医学
		105128 临床病理学
	1052 口腔医学	*105200 口腔医学
	1053 公共卫生硕士	105300 公共卫生硕士
	1054 护理硕士	105400 护理硕士
	1055 药学硕士	105500 药学硕士
	1251 工商管理硕士	125101 工商管理硕士
		125102 高级管理人员工商管理硕士
	1252 公共管理硕士	125200 公共管理硕士
	1253 会计硕士	125300 会计硕士
	1256 工程管理硕士	125600 工程管理硕士
	1351 艺术硕士	135101 音乐
		135102 戏剧（歌剧艺术）
		135104 电影
		135105 广播电视
		135107 美术

说明：专业代码前标 * 的专业可招博士研究生及硕士研究生，未标的仅招硕士研究生

三、人才培养

（一）本科生培养

1991 年，经教育部批准，北京大学开始陆续建设 11 个文理基础科学人才培养基地。1993 至 1994 年，成立理学试验班和文科试验班，执行单独的教学计划，加宽基础课范围，加深课程内容，培养宽口径、厚基础、学科交叉的人才。2009 年，开展基础学科拔尖学生培养试验计划，涵盖 6 个学科。2019 年，13 个专业入选“拔尖计划 2.0 学生培养基地”。

1991 年至 1992 年，根据“加强基础、淡化专业、因材施教、分流培养”十六字方针，修订本科教学计划，保持和发扬北大宽口径、厚基础、适应性强的传统，同时更加注重培养学生的实际能力与创新精神。

1996 年，北京大学设立重点支持建设课程 131 门。1998 年，确定本科主干基础课清单，聘请学术水平高、教学经验丰富的教授、副教授担任课程主持人和主讲人。2009 年，建立“学科大类平台课”体系。

1998 年，设立本科生科研训练项目（“本科生研究型学习课程”），培养本科生的科学素养与创新精神。2015 年，加强建设创新创业类课程，当年开设相关课程 25 门。

1999 年，修订教学计划，降低毕业总学分要求，增加学生修读双学位、辅修的机会。成立“北京大学本科教学发展战略研究小组”，研讨学校教学改革目标和路径。

2000 年，设置“本科生素质教育通选课”，首批推出 31 门课程，分设数学与自然科学、社会科学、哲学与心理学、历史学、语言文学及艺术等五个领域。从 2000 级本科生开始，要求修满至少 16 学分的通选课。2009 年重新认定北京大学通选课课程 267 门，增设“社会可持续发展”领域。2010 年，启动通识教育核心课程建设，强调对经典文本的阅读和对基本问题的研讨。2015 年，正式设立“通识教育核心课程”13 门。2020 年，调整通识教育课程体系，通识教育核心课与通选课整合为通识课程大类，总学分要求为 12 学分，设“人类文明及其传统”“现代社会及其问题”“艺术与人文”“数学、自然与技术”四大系列。

2000年，启动北京大学教材建设立项工作，至2020年，共立项支持1143项教材。2020年，首次开展数字化教材建设立项工作，首次遴选北京大学教材研究与建设基地。

2001年,全面启动本科教学改革计划“元培计划”，成立“元培实验班”。2007年，成立元培学院，探索“面向世界、面向未来、面向现代化”的本科人才培养模式。2008年，依托元培学院积极推进跨学科人才培养，设立古生物学等跨学科专业；2010年,开设“古典语文学”跨学科专业人才培养项目。截至2020年，共建立“政治学、经济学与哲学”等跨学科本科专业10个，跨学科本科培养项目13个。2016年起，住宿书院进入实质性建设阶段。

2002年至2003年，进一步加强素质教育和基础教育，减低毕业总学分，低年级按照院系培养，高年级按照专业培养。

2004年，在中国大陆率先开办暑期学校。2009年在国内率先设立国际暑期学校。

2005年，召开首次北京大学精品课建设工作会议，重点讨论学校精品课建设思路和规划。2013年，组织第一批在线开放课程上线国内外主流慕课平台。2015年创建并运行公益性质的华文慕课平台，至2020年完成200门慕课建设。

2007年，参加教育部本科教学工作水平评估，获得全优成绩。

2009年，试行“中学校长实名推荐制”招生。2013年，启动“元培综合评价系统”，用于全方位深入考察报考北大自主招生的考生。2015年，开展综合评价招生试点，推出“北京大学博雅人才培养计划”；开展面向贫困地区专项招生，推出“筑梦计划”。2020年，开展基础学科招生改革试点（即“强基计划”）。

2011年，启动“北京大学本科英文平台课”建设工作。2012年，启动“小班课教学”改革工作。

2012年，北京大学教育发展研究中心获批为全国首批30个教师教学发展中心。

2014年，修订本科教学计划，加强学科大类平台课、通选课程、英文平台课程建设，推进“小班课教学”“低年级讨论班”“高年级学生学术研讨班”等系列研讨课程建设，强化本科生国际学术交流和本科生科学研究训练。整合面向学生的服务事项，组建“学生事务中心”，提升学生服务的质量。

2016年，开展本科教育综合改革，出台《北京大学本科教育综合改革指导意见》及《北京大学2016年本科教育改革实施方案要点（试行）》。修订教学计划，贯彻“以学生成长为中心”和“加强基础、促进交叉、尊重选择、卓越教学”的教育理念，完善“通识教育与专业教育相结合”的本科教育模式，重点梳理、整合、凝练专业核心课程；同时强化实践育人环节，建立多样化的专业课程模块项目，鼓励学生个性化学习和跨学科探索。

2016年，成立北京大学思政课改革领导小组和工作小组，推进思想政治理论课教学改革，成立思想政治理论课和课程思政建设领导小组和工作组，制定《北京大学深化推进课程思政建设实施方案》。

2017年，成立北京大学教学指导委员会，制定《北京大学教学指导委员会章程》。修订辅修、双学位管理办法，规范课程设置，实现同质管理，推进建设自由转专业制度和跨院系选课制度。

2018年，建立健全教学奖励体系，出台《北京大学教学奖励办法》《北京大学教学管理奖励办法》。

2019年，学校确定当年为“本科教学质量提升年”，召开本科教育工作会议，发布《深化本科教学改革实施方案》等系列文件，出台双班主任制等系列举措，从教学方法革新、实践育人、困难学生帮扶等方面提升本科教学质量。

2020年，71个本科专业入选国家级一流本科专业建设点名单；19个本科专业进入北京市一流本科专业建设点名单；2个专业入选北京市重点建设一流专业；入选首批国家级一流本科课程102门；入选教育部课程思政示范课程2门，相关教师和课程团队获课程思政教学名师和团队表彰；入选北京市优质本科课程10门。修订培养方案，坚持“德才均备、体魄健全”的育人理念，以立德树人为根本，以学生成长为中心，贯彻“通识教育与专业教育相结合”本科教育方针，构建“国际一流、中国特色、北大风格”的本科教育体系。

（二）研究生培养

1993年至1996年，北京大学持续推进研究生培养制度改革，完善学位论文写作、评审和答辩规定，保证学位授予质量。先后试行硕士生、博士生连续培养和选拔优秀本科毕业生直接攻读博士学位等制度，制定或修订学籍管理、选课、成绩考核、外语学习、培养方案、学位论文评阅和答辩等规定。

1996年，根据国家教委下发的《关于批准北京大学正式建立研究生院的通知》，正式建立研究生院。

1998年，制定《北京大学关于遴选博士生指导教师的试行办法》，每年遴选一批优秀的教师担任博士生指导教师，成立以导师为首的博士生指导小组，吸纳优秀年轻教师参与指导工作。参加首次全国优秀博士学位论文推选工作，7篇获评全国优秀博士学位论文，59篇获评北京大学优秀博士学位论文。1998年至2013年，北京大学累计101篇论文获得全国优秀博士学位论文，在全国高校中名列前茅。

2001年，北京大学与深圳市人民政府签署《合作创办北京大学深圳校区协议书》，共同创办北京大学深圳研究生院，招收培养研究生。

2002年，正式启动“研究生三助”制度，提高研究生的生活待遇，面向研究生设置教学助理、研究助理、管理助理岗位。改革博士学位论文评审方式，试点并推广中文系博士研究生学位论文匿名评审办法，实施博士学位论文匿名评审和导师在答辩中回避评议制度，确保博士学位论文质量，促进博士学位论文水平的提高。

2004年，对研究生实行分类培养，对于应用型专业学位的研究生主要以硕士研究生培养为主，如法律硕士、工商管理硕士等，对于学术型研究生则以博士研究生培养为主。

2005年，开展研究生学术规范教育。

2007年，改革研究生培养机制，实施研究生收费与奖助办法，加强奖助工作制度建设，建立完善“以学业奖学金、助研岗位和助教岗位为基础，以专项奖学金为补充，以调控招生计划为特点”的奖助工作体系。

2007年，启动“北京大学研究生学术交流基金”，推动北大研究生教育的国际化进程。

2008年，参加首次北京市优秀博士学位论文评选工作，4篇获评北京市优秀博士学位论文。2008年至2013年，北京大学累计39篇论文获得北京市优秀博士学位论文，位居北京市第一。设立“博士研究生校长奖学金”，用于吸引和奖励博士研究生从事基础科学研究。

2010年，开设“才斋讲堂”，打破以往教学体系中以学科为基本单元的格局，邀请校内著名专家学者授课，培养研究生科学精神和学术素养。至2020年12月，累计组织200讲。

2010年，试点专业学位研究生教育综合改革，以法律硕士和工商管理硕士为试点，增强对专业学位办学规律和人才培养工作的科学认识，对不同类型研究生合理定位、分类培养。

2012年，改进博士生入学选拔方式，逐步采用“申请—考核制”。

2017年，试点博士研究生教育综合改革，以资助体系改革为切入点，构建博士研究生培养体系框架。统筹管理和使用来自国家、学校、院系和研究项目等渠道的经费资源，改变奖助学金预算方式，将按人预算模式转变为按岗位预算模式，建立博士生岗位奖学金体系。

2018年，北京大学改革导师遴选办法，修订《北京大学研究生指导教师管理办法》，新体制聘任教师入职后即获得博士生导师资格，为青年教师的成长创造良好制度环境。

2020年，学校将当年确定为“研究生教育质量提升行动年”，召开研究生教育会议，进一步完善评价体系、管理制度，推进院系博士研究生招生结构调整和培养机制改革，加快培养服务国家重大需求的高层次人才。

表 4　　北京大学本科专业设置一览表（2020 年）

序号	专业代码	专业名称	当前所属院系	学制	学科门类
1	070502	自然地理与资源环境	城市与环境学院	4	理学
2	070503	人文地理与城乡规划	城市与环境学院	4	理学
3	071004	生态学	城市与环境学院	4	理学
4	082503	环境科学	城市与环境学院	4	理学
5	082802	城乡规划	城市与环境学院	5	工学
6	070502	地理科学	城市与环境学院	4	理学
7	070504	地理信息科学	地球与空间科学学院	4	理学
8	070801	地球物理学	地球与空间科学学院	4	理学
9	070802	空间科学与技术	地球与空间科学学院	4	理学
10	070901	地质学	地球与空间科学学院	4	理学
11	070902	地球化学	地球与空间科学学院	4	理学
12	070201	物理学（地球物理方向）	地球与空间科学学院	4	理学
13	070201	物理学（空间科学与技术方向）	地球与空间科学学院	4	理学
14	070301	化学（地球化学方向）	地球与空间科学学院	4	理学
15	030101K	法学	法学院	4	法学
16	*030102K	法学	法学院	2	法学
17	*030102T	知识产权	法学院	2	法学
18	080101	理论与应用力学	工学院	4	理学
19	080102	工程力学（工程结构分析方向）	工学院	4	工学
20	080401	材料科学与工程	工学院	4	工学
21	080501	能源与动力工程（能源与资源工程方向）	工学院	4	工学
22	082001	航空航天工程	工学院	4	工学
23	082601	生物医学工程	工学院	4	工学
24	080502T	能源与环境系统工程	工学院	4	工学
25	081402	勘查技术与工程	工学院	4	工学
26	080803T	机器人工程	工学院	4	工学
27	020301K	金融学	光华管理学院	4	经济学
28	120202	市场营销	光华管理学院	4	管理学
29	120203K	会计学	光华管理学院	4	管理学
30	120201K	工商管理	光华管理学院	4	管理学
31	120204	财务管理	光华管理学院	4	管理学
32	120206	人力资源管理	光华管理学院	4	管理学
33	030202	国际政治	国际关系学院	4	法学
34	030202	国际政治（国际政治经济学方向）	国际关系学院	4	法学
35	030203	外交学	国际关系学院	4	法学
36	030202	国际政治（国际组织与国际公共政策方向）	国际关系学院	4	法学
37	030501	科学社会主义	国际关系学院	4	法学
38	*030204T	国际事务与国际关系	国际关系学院	2	法学
39	020101	经济学（国家发展方向）	国家发展研究院	4	经济学
40	070301	化学	化学与分子工程学院	4	理学
41	070302	应用化学	化学与分子工程学院	4	理学
42	070303T	化学生物学	化学与分子工程学院	4	理学
43	080403	材料化学	化学与分子工程学院	4	理学
44	082204	核化工与核燃料工程	化学与分子工程学院	4	工学
45	082502	环境工程	环境科学与工程学院	4	工学
46	082503	环境科学	环境科学与工程学院	4	理学

续表 4

序号	专业代码	专业名称	当前所属院系	学制	学科门类
47	020101	经济学	经济学院	4	经济学
48	020104T	资源与环境经济学	经济学院	4	经济学
49	020201K	财政学	经济学院	4	经济学
50	020301K	金融学	经济学院	4	经济学
51	020303	保险学	经济学院	4	经济学
52	020401	国际经济与贸易	经济学院	4	经济学
53	060103	考古学	考古文博学院	4	历史学
54	060103	考古学（文物建筑方向）	考古文博学院	4	历史学
55	060104	文物与博物馆学	考古文博学院	4	历史学
56	060105T	文物保护技术	考古文博学院	4	历史学
57	060106T	外国语言与外国历史（考古学方向）	考古文博学院	4	历史学
58	060101	历史学	历史学系	4	历史学
59	060102	世界史	历史学系	4	历史学
60	060106T	外国语言与外国历史	历史学系	4	历史学
61	*080902	软件工程	软件与微电子学院	2	工学
62	030301	社会学	社会学系	4	法学
63	030302	社会工作	社会学系	4	法学
64	030303T	人类学	社会学系	4	法学
65	071001	生物科学	生命科学学院	4	理学
66	071002	生物技术	生命科学学院	4	理学
67	071003	生物信息学	生命科学学院	4	理学
68	070101	数学与应用数学	数学科学学院	4	理学
69	070102	信息与计算科学	数学科学学院	4	理学
70	071201	统计学	数学科学学院	4	理学
71	071202	应用统计学	数学科学学院	4	理学
72	080910T	数据科学与大数据技术	数学科学学院	4	理学
73	050201	英语	外国语学院	4	文学
74	050202	俄语	外国语学院	4	文学
75	050203	德语	外国语学院	4	文学
76	050204	法语	外国语学院	4	文学
77	050205	西班牙语	外国语学院	4	文学
78	050206	阿拉伯语	外国语学院	4	文学
79	050207	日语	外国语学院	4	文学
80	050208	波斯语	外国语学院	4	文学
81	050209	朝鲜语	外国语学院	4	文学
82	050210	菲律宾语	外国语学院	4	文学
83	050211	梵语巴利语	外国语学院	4	文学
84	050212	印度尼西亚语	外国语学院	4	文学
85	050213	印地语	外国语学院	4	文学
86	050216	缅甸语	外国语学院	4	文学
87	050218	蒙古语	外国语学院	4	文学
88	050220	泰语	外国语学院	4	文学
89	050221	乌尔都语	外国语学院	4	文学
90	050222	希伯来语	外国语学院	4	文学
91	050223	越南语	外国语学院	4	文学
92	050232	葡萄牙语	外国语学院	4	文学
93	060106T	外国语言与外国历史	外国语学院	4	历史学
94	070201	物理学	物理学院	4	理学

续表 4

序号	专业代码	专业名称	当前所属院系	学制	学科门类
95	070202	应用物理学	物理学院	4	理学
96	070203	核物理	物理学院	4	理学
97	070401	天文学	物理学院	4	理学
98	070601	大气科学	物理学院	4	理学
99	082201	核工程与核技术	物理学院	4	工学
100	071101	心理学	心理与认知科学学院	4	理学
101	071102	应用心理学	心理与认知科学学院	4	理学
102	*071102	应用心理学	心理与认知科学学院	2	理学
103	050301	新闻学	新闻与传播学院	4	文学
104	050302	广播电视学	新闻与传播学院	4	文学
105	050303	广告学	新闻与传播学院	4	文学
106	050305	编辑出版学	新闻与传播学院	4	文学
107	120102	信息管理与信息系统	信息管理系	4	管理学
108	120501	图书馆学	信息管理系	4	管理学
109	120108T	大数据管理与应用	信息管理系	4	管理学
110	080703	通信工程	信息科学技术学院	4	工学
111	080704	微电子科学与工程	信息科学技术学院	4	理学
112	080714T	电子信息科学与技术	信息科学技术学院	4	理学
113	080901	计算机科学与技术	信息科学技术学院	4	理学
114	080902	软件工程	信息科学技术学院	4	工学
115	080907T	智能科学与技术	信息科学技术学院	4	理学
116	080910T	数据科学与大数据技术	信息科学技术学院	4	理学
117	080710T	集成电路设计与集成系统	信息科学技术学院	4	工学
118	080701	电子信息工程	信息科学技术学院	4	理学
119	070102	信息与计算科学	信息科学技术学院	4	理学
120	070202	应用物理学	信息科学技术学院	4	理学
121	050201	英语（生物医学英语）	医学部教学办	5	文学
122	100101K	基础医学	医学部教学办	5	医学
123	△100101K	基础医学	医学部教学办	8	医学
124	△100201K	临床医学	医学部教学办	8	医学
125	100201K	临床医学	医学部教学办	5	医学
126	△100301K	口腔医学	医学部教学办	8	医学
127	100301K	口腔医学	医学部教学办	5	医学
128	100401K	预防医学	医学部教学办	5	医学
129	△100401K	预防医学	医学部教学办	7	医学
130	100701	药学	医学部教学办	4	医学
131	△100701	药学	医学部教学办	6	医学
132	101001	医学检验技术	医学部教学办	4	医学
133	101006	口腔医学技术	医学部教学办	4	医学
134	101101	护理学	医学部教学办	4	医学
135	130101	艺术史论	艺术学院	4	艺术学
136	130101	艺术史论（文化产业管理方向）	艺术学院	4	艺术学
137	130305	广播电视编导（戏剧影视文学方向）	艺术学院	4	艺术学
138	120401	公共事业管理	艺术学院	4	管理学
139	030205T	政治学、经济学与哲学	元培学院	4	法学
140	070904T	古生物学	元培学院	4	理学
141	082001	航空航天工程（航空科学与技术方向）	元培学院	4	工学

续表 4

序号	专业代码	专业名称	当前所属院系	学制	学科门类
142	无，校内自设代码 ypjh	元培计划	元培学院	4	理学
143	080910T	数据科学与大数据技术	元培学院	4	理学
144	071005T	整合科学	元培学院	4	理学
145	010101	哲学	哲学系	4	哲学
146	010103K	宗教学	哲学系	4	哲学
147	010102	逻辑学	哲学系	4	哲学
148	030201	政治学与行政学	政府管理学院	4	法学
149	120402	行政管理	政府管理学院	4	管理学
150	120405	城市管理	政府管理学院	4	管理学
151	050101	汉语言文学	中国语言文学系	4	文学
152	050102	汉语言	中国语言文学系	4	文学
153	050105	古典文献学	中国语言文学系	4	文学
154	050106T	应用语言学	中国语言文学系	4	文学
155	020102	经济统计学	暂无	4	经济学
156	030504T	马克思主义理论	马克思主义学院	4	法学

说明：* 为第二学士学位专业；△ 为长学制专业

四、科学研究

（一）理工医科科研

1991 年至 2020 年，北京大学理工医科共获批科研经费约 384 亿元；共获批 973 计划 / 重大研究计划项目 91 项（973 计划 59 项、重大研究计划 32 项），76 名教授被聘为项目首席科学家（5 名为 973 青年科学家专题负责人），立项数和首席科学家数均居全国首位。2016 年至 2020 年，共获批国家重点研发计划项目 122 项、获批项目经费 27.52 亿元。在承担国家自然科学基金项目方面，北京大学获批年项目数从 1991 年的 165 项增长到 2020 年的 678 项，获批年经费数从 1991 年的 1100 万元增长到 2020 年的 7.15 亿元。30 年期间共获批项目数 12807 项，经费数 89.34 亿元，其中 2019 年获批直接经费 10.51 亿元，位居全国首位，成为全国首个超过 10 亿元的单位。截至 2020 年 12 月 31 日，全校理工医科共有国家级基地 33 个，省部级基地 111 个，校内虚体科研机构 61 个。

在产出重大科技成果方面，1991 年至 2019 年，北京大学作为第一完成单位共有 104 个项目获得国家科学技术奖，2001 年和 2008 年，北京大学先后有 2 人获得国家最高科学技术奖。1998 年至 2020 年，北京大学作为第一完成单位共有 316 个项目获得教育部科技奖励；2015 年至 2020 年，北京大学共有 10 人入选教育部高等学校优秀科技成果青年科学奖。2002 年至 2019 年，北京大学作为第一完成单位共有 179 个项目获得北京市科学技术奖，2019 年北京大学共有 3 人获得北京市杰出青年中关村奖。

1991 年，获批筹建稀土材料化学及应用、湍流研究、环境模拟与污染控制、区域光纤通信网与新型光通信系统 4 个国家重点实验室。

1993 年 11 月，获批建设电子出版新技术国家工程研究中心。

1994 年 10 月，国家自然科学基金委开始实施国家杰出青年科学基金项目，北京大学获批 5 项，居全国首位。截至 2020 年，北京大学共获批该项目 294 项，居全国首位。

1996 年 7 月，获批建设软件工程国家工程研究中心。

2000 年 10 月，国家自然科学基金委开始实施创新研究群体项目，北京大学获批 1 项。截至 2020 年，共获批该项目 49 项，位居全国首位。

2002 年 2 月，北京大学王选院士获得 2001 年度国家最高科学技术奖。从 1975 年起的 20 多年时间里，王选领导和制定了我国计算机汉字激光照排项目的总体技术方案和实施方案，直接承担了该项目中的关键技术部分——汉字高倍率字形信息压缩和还原算法以及照排输出控制系统的研制工作。

2003年，“非典型性肺炎”（SARS）期间，北大在SARS病理解剖及机制研究、检测技术开发、疫苗及药物研发、应急隔离影像信息系统、疫情防控数据分析等领域开展重点科研攻关活动。11月，获批筹建“分子科学国家实验室（筹）”。

2007年，获批建设核物理与核技术国家重点实验室。12月，获批成立干细胞国际联合研究中心（国家国际科技合作基地）。

2009年1月，北京大学徐光宪院士获得2008年度国家最高科学技术奖。他发现了稀土溶剂萃取体系具有“恒定混合萃取比”基本规律，引导稀土分离技术的全面革新。2月，获批建设数字视频编解码技术国家工程实验室。

2010年10月，北京大学医学部—密歇根大学医学院“转化医学与临床研究联合研究所”成立。

2011年4月，与清华大学成立生命科学联合中心。9月，获批科技部国家重大科学仪器设备开发专项项目“小动物多模态分子影像重大科研仪器及管件技术研究”。11月，获批建设口腔数字化医疗技术和材料国家工程实验室。

2012年9月，获批科技部国家重大科学仪器设备开发专项项目“超小型激光离子加速器及关键技术”。

2013年9月，获批科技部国家重大科学仪器设备开发专项项目“超高清视频实时分析增强仪开发和应用”。9月，获批成立口腔医学国际联合研究中心（国家国际科技合作基地）。11月，获批国家自然科学基金委重大科研仪器研制专项“超高时空分辨微型化双光子在体显微成像系统”。

2014年7月，第三医院生殖医学中心乔杰研究组与生命科学学院汤富酬研究组合作在《自然》上在线发表题为《人类早期胚胎DNA甲基化组学研究》的研究成果，在国际上首次实现了对人类早期胚胎发育过程DNA甲基化调控机理的系统研究。10月，获批成立国家妇产疾病临床医学研究中心、国家精神心理疾病临床医学研究中心。

2015年10月，“北京工程科学与新兴技术高精尖创新中心”入选北京高等学校高精尖创新中心。11月，获批国家自然科学基金委重大科研仪器研制项目（部门推荐类）“飞秒—纳米时空分辨光学实验系统”。

2016年5月，“北京未来基因诊断高精尖创新中心”入选北京高等学校高精尖创新中心。7月，获批成立国家口腔疾病临床医学研究中心。

2017年2月，获批建设大数据分析与应用技术国家工程实验室。11月，完成“重点实验室建设管理委员会”“高精尖校级管理委员会”等学校管理机构的改组，强化校内重点实验室管理。发布《北京大学科研信息公开暂行办法》等制度文件。

2018年2月，获批成立转化医学与临床研究国际联合研究中心（国家国际科技合作基地）。4月，获批建设“多模态跨尺度生物医学成像”国家重大科技基础设施项目。4月，启动建设“省部共建肿瘤化学基因组学国家重点实验室”。12月，获批国家自然科学基金基础科学中心项目“高温超导材料与机理研究”。

2019年1月，“云—端融合系统的资源反射机制及高效互操作技术”获得2018年度国家技术发明奖通用项目一等奖。4月，召开以“创新科技管理机制，服务国家战略需求”为主题的“全校科技创新大会”。4月，发布《北京大学加强理工科专职研究人员队伍建设试点方案》等制度文件。5月，获批成立国家皮肤与免疫系统疾病临床医学研究中心、国家血液系统疾病临床医学研究中心。9月，获批成立国家创伤医学中心。11月，中法两国元首见证签署“合作备忘录”，围绕“激光驱动多束流设施”项目开展紧密合作。12月，“北京激光加速创新中心”项目建议书获北京市发改委批复。

2020年，北京大学医学部及附属医院先后派出400多位医务人员奔赴抗击新冠病毒一线开展救治工作；同时组织多学科协同开展科研攻关，建设疫情防控和公共卫生政策智库。12月，获批成立国家口腔医学中心。

（二）人文社科科研

1991年至2020年，北京大学人文社科获得各类项目经费逾30亿元。先后承担一大批重大科研任务：共获批国家社科基金项目约1400项，其中包括国家社科基金重大项目150余项；获批教育部人文社科各类项目800余项，包括教育部人文社会科学重大攻关项目40余项、教育部重点研究基地重大项目400余项。获第一至第八届高等学校科学研究优秀成果奖（人文社会科学）一等奖68项、二等奖181项、三等奖137项、成果普及奖10项、普及读物奖2项、青年成果奖16项。获第一至第十六届北京市哲学社会科学优秀成果奖荣誉奖7项、特等奖13项、一等奖156项、二等奖327项，位居参评单位之首。学校分三批共有10个机构被批准为高校人文社会科学重点研究基地。2004年，经实地评估，10个基地顺利通过检查，3个机构进入高校人文社会科学重点研究基地建设计划，使得北京大学的高校人文社会科学重点研究基地数量达到13个，在全国高校中居首位。

1991年11月，《全宋诗》首批五册出版发行座谈庆祝会在人民大会堂召开。《全宋诗》由北京大学古文献研究所负责编纂。1991年至1999年，历时近十载完成《全宋诗》（全72册），相当于《全唐诗》的5倍，是迄今为止中国断代诗歌总集中分量最大的一部。

1992年1月，北京大学传统文化研究中心成立。1993年5月14日，中心与北京大学出版社联合举行《国学研究》第一卷出版座谈会。2000年初，中心更名为国学研究院，由研究院牵头的学校“创建世界一流大学规划”重点资助项目《中华文明史》正式启动。截至2020年底，出版大型学术刊物《国学研究》44卷，出版的《中华文明史》除中文版外，陆续被翻译成英文版、日文版、韩文版、塞尔维亚文版、俄文版、匈牙利文版。

1994年12月，北京大学林毅夫等人所著的《中国的奇迹：发展战略与经济改革》出版。该书指出发展战略的选择和要素禀赋所决定的比较优势一致，是决定经济体制模式进而决定经济发展绩效的根本原因。

1991年至1998年，北京大学赵靖主编的《中国经济思想通史》（第1～4卷）出版，2002年推出修订版。该书提出了具有创新性的中国传统经济思想发展四阶段论，创立了以“地产、地租、赋役”为理论范式的分析模式。

2000年，北京大学作为重要承担单位之一的国家“九五”科技攻关重点项目“夏商周断代工程”结题。《夏商周年表》正式公布，为进一步研究中国文明和国家的起源、揭示五千年文明史的起承转合奠定了基础。

1999年至2001年，北京大学李赋宁任总主编的《欧洲文学史》（三卷四册）由商务印书馆出版。

2003年12月，北京大学启动《儒藏》编纂与研究工程，由季羡林担任总编纂、汤一介任项目首席专家。工程旨在系统深入地研究儒家思想文化，把儒家经典及其在各时期各种文献编纂成一部大文库。学校整合校内多学科的力量，在全国范围内约请34家高校和科研机构、近400位专家学者参与，还邀请了历史上受到儒家文化深刻影响的韩、日、越等国的学者参与。

2004年10月，北京大学马克垚主编的《世界文明史》出版。该书以文明为单位书写世界历史，打破了国际学界流行的从西方看世界的方式。该书由北京大学历史学系近20位教师协作完成，历时五载有余。

2006年9月，北京大学中国社会科学调查中心成立。中心分别于2010年、2011年正式启动中国家庭动态跟踪调查、中国健康养老追踪调查项目，通过收集反映我国民生状况的高质量微观数据，用以分析社会民生方面的问题，为政策制定提供依据。

2009年8月，成立国际汉学家研修基地。12月，北京大学朱凤瀚所著的《中国青铜器综论》（上、中、下）出版。该书构建了研究中国青铜器的科学框架，反映了学术界对中国青铜器最新的研究成果。

2009年、2010年，北京大学先后入藏了一批西汉竹书和一批秦代简牍，北京大学考古文博学院和中国古代史研究中心联合组建出土文献研究所，整合历史学系、考古文博学院、中文系等院系在出土文献保护与研究方面的科研力量，先后组织了简牍的清理、拍照、红外线摄影、科技检测和文字释读等工作。两批简牍资料被编辑为《北京大学藏西汉竹书》和《北京大学藏秦简牍》两部多卷本大型报告集。

2011年8月，北京大学汤一介等主编的《中国儒学史》（九卷本）出版。全书追溯儒学的起源、发展与演变的历史过程，旨在揭示儒学的核心价值、理论特点、思想史意义、文化贡献及其局限性等。11月，“北京大学西方古典学中心”正式成立。该中心是一个跨院系实体教学科研机构，旨在推动古希腊罗马文明的研究。

2015年12月，北京大学国家发展研究院入选首批25家国家高端智库试点单位。10月，举办首届“世界马克思主义大会”，20个国家的340余位马克思主义研究领域的知名学者、中国问题研究专家参加。

2016年9月，成立人文社会科学研究院，研究院以人文与社会科学基础学科为主，推动跨学科交叉研究并促进国际交流合作。

2018年5月，编译发行《马克思主义历史考证大辞典》中文版第一卷。8月，第二十四届世界哲学大会在人民大会堂开幕。此次大会由国际哲学团体联合会和北京大学共同主办，主题是“学以成人”。

2019年1月，北京大学服务“一带一路”倡议重大项目发布会举行，三个重大项目为：“海上丝绸之路与郑和下西洋”及其沿线地区的历史和文化研究重大项目、“丝路重大考古发掘与丝路文明传承”重大项目、“一带一路”书院“未来领导者”国际双学位本科项目。5月，发布《马藏》的第1部第1卷至第5卷，该书由马克思主义学院组织编纂，系统呈现马克思主义在中国的传播和发展历程。9月，推出《改革开放四十年与中国社会科学》丛书，立足北大，对中国社会科学40年的发展进行概览、分析、总结和前瞻。10月，北京大学与故宫博物院、敦煌研究院在故宫博物院召开战略合作座谈会，并签署战略合作协议，深入开展文物保护与研究、人才培养等工作。12月，北京大学入选首批60家国家语言文字推广基地。

2020年3月，中央统战部、中央宣传部、教育部、国家民委联合发文组织全国高校和研究机构申报“铸牢中华民族共同体意识研究基地”。北京大学整合校内多学科的知名学者和青年学术骨干参加，入选全国10家研究基地。8月，由北京大学俞可平主编的《政治通鉴》第一卷正式出版发行。

五、师资队伍建设

1999年1月起，推进内部管理体制改革，以“理顺关系、革新设置、减员增效、转变职能”为指导思想，采取统筹规划、分类归并、分步实施的办法，精简党政管理机构数量和人员编制总数。7月、8月，先后召开两次人事财政工作会议，研讨一流大学关键岗位设立问题。按照“着眼一流，立足改革，淡化身份，强化岗位，突出人才，优劳优酬，存量不动，增量拉开”的原则实行人事分配制度改革，对优秀人才、关键岗位实施激励计划，实行重点倾斜，通过竞争择优的方式分层次精选学术骨干，初步建立起体现优劳优酬、多劳多得的新分配格局。

2003年10月，召开北京大学师资人事工作会议，部署推进和深化人事制度改革的各项工作，通过了关于教师聘任和职务晋升的若干规定。

2005年，正式启动北京大学的百人计划——优秀青年人才引进计划。

2007年，积极推进以岗位设置管理为重点的人事分配制度改革，在教育部统一部署后，实施了通用岗位的首次聘任。

2014年7月，根据国家教育体制改革领导小组的批复意见，按照《北京大学综合改革方案》，北京大学启动人事综合改革。全面实施教学科研职位分系列管理制度，按照教学科研并重、教学为主和研究技术为主三个不同系列对教师队伍进行管理。自2014年起，新聘教学科研系列教师全部实行“预聘—长聘制”。完成31个教学科研单位的人事综合改革方案制定工作，完善院系人事管理制度体系和治理能力。推进新老教学科研核心队伍的人事体系并轨。

2016年，全面贯彻落实中共中央《关于深化人才发展体制机制改革的意见》精神推动院系制定人事综合改革方案，持续增强院系管理能力和资源配置能力，实现学校管理重心下移，激发院系的人才队伍建设积极性和主动性。编撰完成《北京大学教师手册》，陆续出台《北京大学师德教育实施办法》等一系列文件，明确教师职业操守和行为规范。成立全国高校首家党委教师工作部，落实人员聘用、年度考核、聘期考核、综合评价、专项岗位聘任考核、职称评审中的思想政治要求，完善程序与环节，由校、院系两级党委进行前置考察、严格把关，坚决实行师德师风“一票否决”。成立校级教师思想政治和师德师风评估小组，统筹师德师风建设。

2019 年，制定《关于完善现代学术支撑保障体系加强学术辅助人员队伍建设的若干意见（试行）》，发布《北京大学加强理工科专职研究人员队伍建设试点方案》，支持部分试点机构聘用劳动合同制专职研究人员，加强对教师队伍的辅助支撑。完善院系人力资源核算体系，启动以院系为重心的校内预算分配改革试点，统筹教学、科研和社会服务等各类收入，改善教职工薪酬福利待遇。

六、国际交流

1991 年，与伊朗德黑兰大学、西班牙马德里卡姆鲁腾斯大学、日本东京工业大学、菲律宾马尼拉大学阿基诺分校 4 所高校签署校际交流协议。举办中日民俗比较学术讨论会等 10 场国际会议。意大利总理安德雷奥蒂到访；印度国大党前总书记加德吉尔到访。

1992 年，与日本北陆大学、印度尼西亚大学、越南河内综合大学和胡志明综合大学 4 所高校签署校际交流协议。6 月，国家教委发出《接受外国来华留学研究生试行办法》。人口研究所启动英文授课项目，创办人口问题专业的国际研究生班。南非非国大主席曼德拉、伊朗副总统普勒嘎瑙德、白俄罗斯副总理捷姆丘克到访。

1993 年，北京医科大学开始承担政府间卫生合作交流项目，受对外经济贸易部委托，面向柬埔寨医学人员提供培训，并设置预防、护理、妇幼三个专业班。马来西亚总理马哈蒂尔，印度总理拉奥，多米尼克总统赛缪·雷特，哈萨克斯坦总统纳扎尔巴耶夫，喀麦隆总统保罗·比亚，日本前首相海部俊树，越南国家主席黎德寿，保加利亚议会议长约尔丹诺夫，古巴人民政权代表大会主席阿位尔·孔，老挝人民革命党主席、政府总理坎代·西潘敦到访。

1994 年，意大利议会议长焦瓦尼·斯帕多利亚，韩国总统金泳三，埃及总统穆巴拉克，肯尼亚总统莫伊，刚果总统帕斯卡尔·利苏巴，柬埔寨国王西哈努克，蒙古国家大呼拉尔（议会）主席巴萨班迪，坦桑尼亚第一副总统兼总理马莱塞拉，斐济总理兰布卡，韩国民主党领袖金大中，加拿大总理克雷蒂安，巴基斯坦总统莱加利到访。

1995 年 4 月，成立海外教育学院。克罗地亚总理瓦伦蒂奇，朝鲜副总理张澈，英国前首相撒切尔夫人，塞尔维亚副总理翁克维奇，阿根廷总统梅内姆，沙特阿拉伯协商会议议长杰比尔，罗马尼亚参议院议长奥里维尤·盖尔曼，越南共产党总书记杜梅到访。

1996 年，加强外国专家工作，成立“外国专家资格评审小组”；改进留学生教学管理，发布《关于调整本科留学生教学管理体制的通知》。奥地利议会议长约翰·派厄，科特迪瓦总统敦坎，约旦议会议长萨利姆，哥伦比亚总统桑佩尔，秘鲁国会第一副主席托雷斯到访。

1997 年 9 月，新加坡总理吴作栋，罗马尼亚总统康斯坦丁内斯库来访。

1998 年 5 月，举办以“面向 21 世纪的高等教育”为主题的大学校长论坛，来自 20 多个国家和地区的近百所著名大学的校长或校长代表出席，其中 38 位大学校长或校长代表在论坛上做大会或分会发言。美国总统克林顿，意大利总统斯卡尔法罗，韩国总统金大中到访。

1999 年，埃及总统穆巴拉克，哥伦比亚总统斯帕特拉纳，南非总统曼德拉，委内瑞拉总统查韦斯，印度尼西亚总统瓦希德到访。

2000 年，启动外国留学生预科项目。与英国的剑桥大学、牛津大学签订合作办学协议。印度总统纳拉亚南，伊朗总统哈塔米到访。

2001 年，北京大学获得邀请外国人来华自行审批权。泰国公主诗琳通，新加坡总统纳丹，德国总理施罗德，美国前国务卿基辛格到访。

2002年，建立北京大学—莫斯科大学联合研究生院，北京大学共25名研究生作为首批联合培养研究生。5月，承办医学教育国际标准研讨会。比利时首相费尔霍夫施塔特，希腊总理西米蒂斯，吉尔吉斯斯坦总统阿卡耶夫，哈萨克斯坦总统纳扎尔巴耶夫，泰国公主诗琳通，俄罗斯总统普京到访。

2003年，北京大学被评为“全国聘请外国文教专家先进单位”。印度总理瓦杰帕伊，乌干达总理恩西班比，美国前总统卡特，爱尔兰总统麦卡利斯，巴基斯坦总统穆沙拉夫到访。

2004年，举办首届北京论坛，将“文明的和谐与共同繁荣”确定为论坛总主题，根据全球学界的关注重点论坛主题每年更新。举办首届国际文化节。与早稻田大学联合启动双学位本科生项目。捷克总统克劳斯，巴西总统达席尔瓦，加蓬总统翁丁巴，委内瑞拉总统弗里亚斯到访。

2005年，泰国公主诗琳通，哥伦比亚共和国总统贝莱斯，尼日利亚联邦共和国奥巴桑乔，奥地利共和国总理许塞尔，冰岛共和国总统格里姆松，韩国总理李海瓒，秘鲁总统托莱多，美国前总统布什，蒙古国总统恩赫巴亚尔，美国国务卿赖斯，美国前国务卿基辛格到访。

2006年，泰国公主诗琳通，联合国秘书长科菲·安南，阿富汗总统哈米德·卡尔扎伊，美国前国务卿基辛格，法国总统希拉克到访。

2007年，挪威首相斯托尔滕贝格，日本前首相海部俊树，葡萄牙前总统埃亚内斯，坦桑尼亚前总统本杰明·威廉·姆卡帕，新西兰副总理迈克尔·卡伦，约旦国王阿卜杜拉二世·本·侯赛因，日本首相福田康夫到访。

2008年8月，主办“2008奥运·冠军论坛”，国际奥委会终身名誉主席萨马兰奇和英国前首相托尼·布莱尔等出席。澳大利亚总理陆克文，瑞典首相赖因费尔特，俄罗斯总统梅德韦杰夫，韩国总统李明博，美国前国务卿基辛格，印度尼西亚总统苏尤多约诺，荷兰首相巴尔克嫩德到访。

2009年，新西兰总理约翰·基到访。

2010年，承办教育部主办的新中国接受外国留学生60周年纪念活动。10月，与密歇根大学合作，成立转化医学与临床研究联合研究所。阿富汗总统卡尔扎伊，丹麦首相拉斯穆森，澳大利亚总督昆廷·布莱斯，英国前首相托尼布莱尔，英国首相卡梅伦到访。

2011年10月，设立中美人文交流研究基地。巴基斯坦总理吉拉尼，土库曼斯坦总统别尔德穆哈梅多夫到访。

2012年5月，启动“大学堂顶尖学者讲学计划”，在全球范围内邀请各领域的顶尖学者来校举办讲座、课程，开展合作研究。南苏丹总统马亚尔迪特，哥伦比亚总统桑托斯，伊朗总统内贾德，南非总统祖马，立陶宛总理库比柳斯，卢旺达总统卡加梅，印度前总统卡拉姆，美国前总统卡特到访。

2013年，入选教育部首批来华留学示范基地建设工作名单。新西兰总理约翰·基到访。

2014年，成立燕京学堂，开设中国学硕士研究生项目。埃塞俄比亚总统特肖梅，印度前总统卡拉姆到访。

2015年，哈萨克斯坦总理马西莫夫，亚美尼亚总统萨尔基相，联合国前秘书长科菲·安南，美国前国务卿赖斯，捷克总理索博特卡到访。

2016年4月，成立南南合作与发展学院。印度总统慕克吉、美国前副总统戈尔、白俄罗斯总统卢卡申科来访。

2017年8月，举办“纪念中日邦交正常化45周年——中日大学生千人交流大会”，中方40所大学和日方20所大学参加。9月，与莫斯科国立大学联合发起成立中俄综合性大学联盟。法国总理卡泽纳夫，沙特国王阿勒沙特，挪威首相埃尔娜·索尔贝格，韩国总统文在寅到访。

2018年5月，举办“双一流”建设国际研讨会暨北京论坛（2018），来自海内外44个国家和地区的261所大学校长及各国专家学者参加。日本首相安倍晋三，俄罗斯副总理戈利科娃到访。

2019年5月，发布《北京大学国际发展

战略》，加快和扩大教育对外开放。柬埔寨总理洪森，韩国议长文喜相到访。

2020年，新冠肺炎疫情发生后，向哈佛大学、剑桥大学、柏林自由大学、东京大学等80多所合作院校发出慰问信函；与东京大学、伦敦大学学院、柏林自由大学、密歇根大学、新加坡国立大学和卡塔尔大学等高校举办抗疫视频会议。5月，发布《抗击新冠疫情资料汇编（阿拉伯文版）》。6月，与莫斯科国立大学牵头成立中俄数学中心，建设数学人才培养基地。

七、基础设施建设

北京大学校园由海淀本部燕园校区、医学部学院路校区、昌平校区等几部分组成。截至2020年底校园总占地面积274.2公顷，其中燕园校区面积176.5公顷，学院路校区面积39.2公顷，昌平校区面积34.6公顷，以及23.9公顷其他用地。近30年来，校本部基本建设规模约172.5万平方米，医学部建设规模约23万平方米。深圳研究生院（2001年成立）校园建设规模约18.5万平方米。

1990年以来，学校多次编制校园总体规划及专项规划，用以指导各时期的校园建设和文物保护工作。经过30年的规划和建设，本部校区的校舍面积较1990年大幅增加，并逐渐形成了中部及东部为教学科研区，南部为学生生活区，北部为文物保护区，教职工生活区布置在校园外围及校外的空间格局；医学部在既有校园基础上，逐渐形成了教学办公区位于校园西部、研发区位于西北、学生生活区位于北部、教工生活区位于东部的空间格局。

表5　北京大学各主要年份校舍面积一览表

年份	学校占地面积（公顷）	校舍总面积（平方米）	教室（平方米）	图书馆（平方米）	实验实习用房（平方米）	体育馆（平方米）	行政办公（平方米）	学生宿舍（平方米）
1990	170	743815	24649	25727	105278	9357	23532	98285
1995	232	909778	30339	25727	105038	11667	23532	83658
2000	271	1337488	42044	62375	180474	14367	26276	114269
2005	266	1588226	51428	62963	221609	14367	36741	224827
2010	274	2443956	92813	67462	543089	38185	37959	400324
2015	274	2401609	96163	67462	635824	41952	96774	421826
2020	274	2893593	101682	80359	745254	61252	93436	453749

1991年6月，制定《北京大学海淀校区总体改扩建规划》，以解决校园扩建发展中累积的各类问题。

1992年9月，赛克勒考古与艺术博物馆竣工。

1993年1月，理科3号楼、5号楼竣工。

1998年5月，图书馆东馆竣工。8月，光华楼竣工。

1999年8月，附属中学教学实验楼竣工。12月，理科1号、2号楼竣工。

2000年，成立房产资源配置领导小组，按照“科学定额管理，超额有偿使用”的原则，拟定了《北京大学公用房管理条例（试行）》及各项实施细则。4月，百周年纪念讲堂竣工。

2001年1月，校史馆竣工。6月，未名湖燕园建筑被列入全国重点文物保护单位。12月，农园食堂竣工。

2002年，编制《北京大学海淀校区总体规划（2002—2012年）》，规划提出在海淀本部主校园内，优先考虑教学科研设施建设，创造宜人的学术、科研、文化交流氛围。5月，110千伏变电站竣工。

2003年4月，拓展篓斗桥及畅春新园用地建设学生公寓，拟整体购买万柳学生公寓。12月，理科4号楼竣工。

2004年8月，医学部编制了《校园控规深化设计》，保持和延续学校原有格局风貌，补充完善各分区功能。7月，国际关系学院大楼竣工。

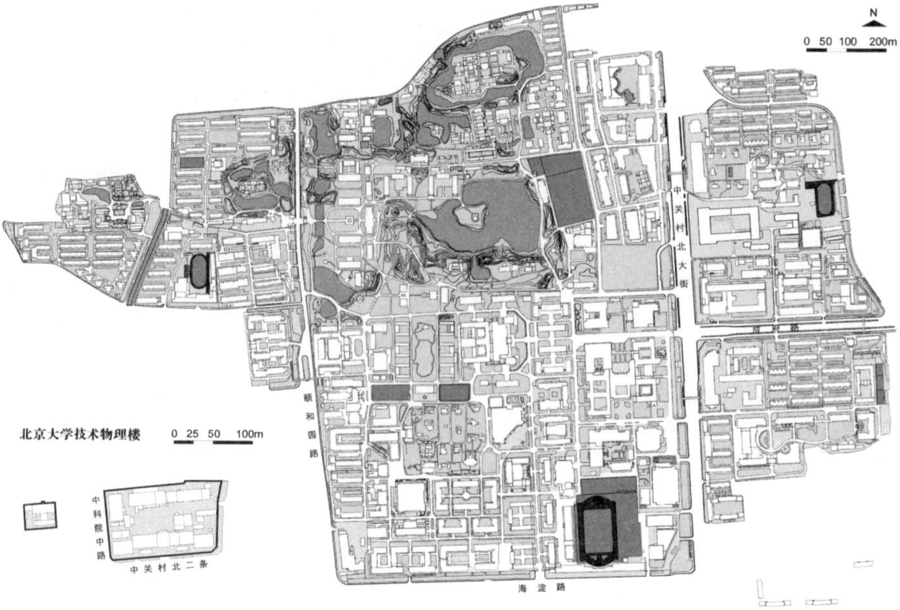

图 1　北京大学校本部燕园平面图

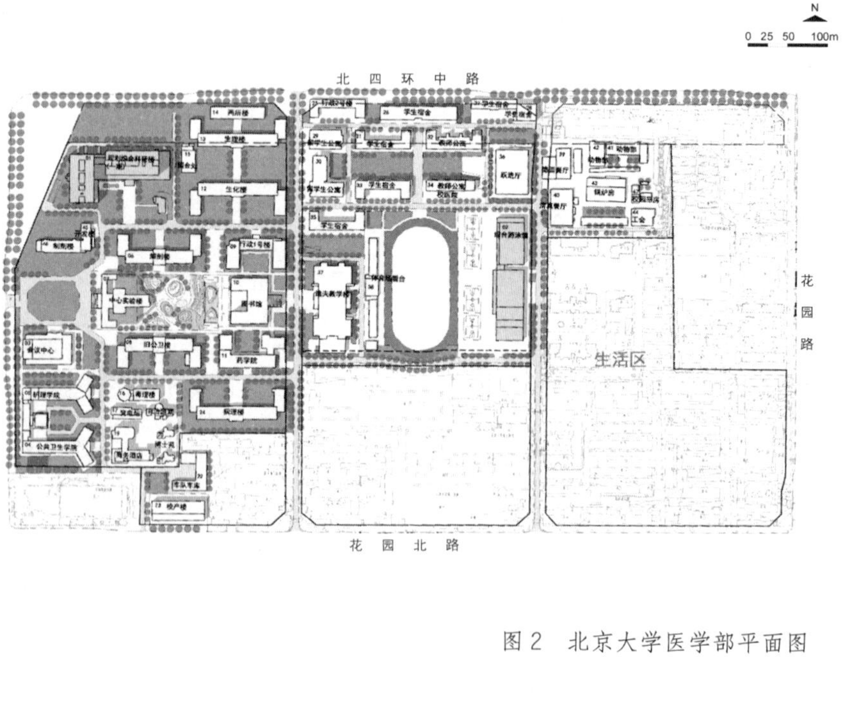

图 2　北京大学医学部平面图

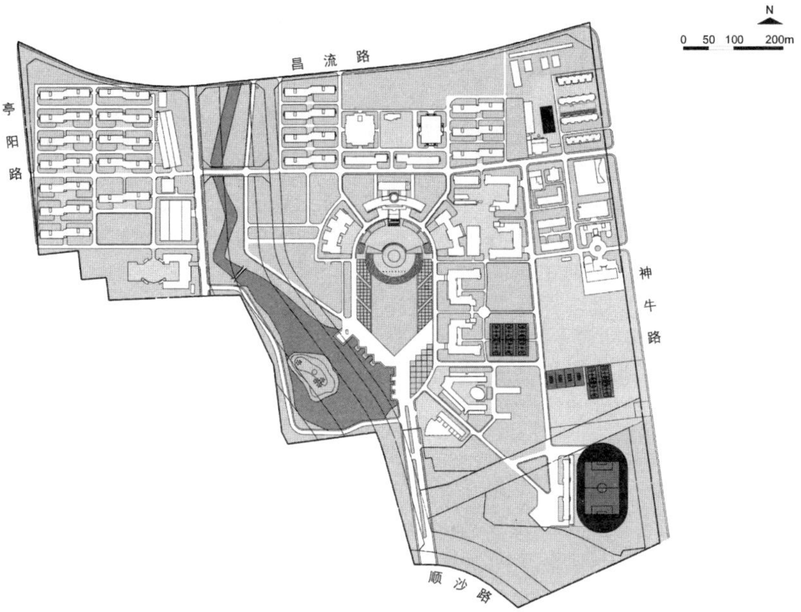

图 3　北京大学昌平新校区平面图

2005 年 8 月，附属小学教学楼及宿舍竣工。医学部研究生公寓竣工。

2006 年 6 月，编制完成《北京大学海淀本部校区总体规划（2004—2014）》，研究解决校园空间严重不足的问题。12 月，编制《未名湖燕园建筑文物保护总体规划》，在妥善保护的前提下协调文物保护与校园建设发展。医学部逸夫教学楼竣工。

2007 年 7 月，编制昌平校区规划方案，将昌平校区功能定位为：理工科大型设备和大型实验室、应用型文科短期高端培训、图书馆备用书库。7 月，新化学南楼竣工。8 月，第二教学楼竣工。11 月，邱德拔体育馆竣工。

2008 年 12 月，经济学院综合楼竣工。12 月，教育学院大楼竣工。

2009 年 5 月，北京大学医院大楼竣工。

2010 年 9 月，新法学楼竣工。11 月，微电子大厦竣工。

2011 年 10 月，人文大楼竣工。10 月，北京国际数学研究中心竣工。11 月，医学部综合服务大楼竣工。

2012 年 3 月，斯坦福中心竣工。11 月，外语学院楼竣工。年内完成供暖系统煤改气工程。

2013 年 12 月，对外汉语学院大楼、新闻传播学院大楼竣工。

2014 年 6 月，新太阳学生活动中心竣工。11 月，物理西楼竣工。年内完成人文学院、朗润园、镜春园、小肠沟、红湖、基金会南湖共计 6 个湖泊的改建工程。

2015 年内完成校园中水处理站建设，用于补充校园环境景观及绿化用水。

2016 年 5 月，环境科学大楼竣工。年内完成未名湖北区（荷花湖景区）改建工程。

2017 年 5 月，完成海淀本部燕园校区、昌平校区校园总体规划修编工作。8 月，附属小学体育馆竣工。11 月，沙特国王图书馆分馆暨北京大学古籍图书馆竣工。

2018 年 10 月，生命科学科研大楼竣工。12 月，再度对昌平校区总体规划进行修编，将昌平校区定位为以先进技术科研项目、公共实验设备和数据平台等为核心的整建制教学科研生活校区。年内完成蔚秀园湖区改建工程，2015 年至 2018 年共计恢复水系面积约

3 万平方米。

2019 年 9 月，附属中学北校区综合楼竣工。11 月，医学部体育馆竣工。12 月，北大东校门竣工。

2020 年 9 月，医学部对校园规划进行了修编。新版规划梳理了医学部现状的建筑风貌、功能布局、绿化环境和交通组织，建立“十四五”及中远期项目库，指导下一步校园建设工作。12 月，医学部出台《北京大学医学部科研用房管理规定（试行）》，加强和规范医学部的科研用房与成本管理。8 月，新家园食堂（餐饮综合楼）竣工。10 月，图书馆东馆修缮工程竣工。11 月，综合科研 2 号楼竣工。

八、社会服务

截至 2020 年底，北京大学与 20 余个省、市、自治区及新疆生产建设兵团签署了战略合作协议。学校每年与数千家单位开展各类合作项目，合作单位类型涵盖国家部委、地方党政机关、企事业单位、军队、高等院校、科研院所、社会团体等，合作项目覆盖了内地全部 31 个省份。校地双方通过发挥各自优势，在人才、科技、教育、医疗等领域深化全面合作。

近年来，学校响应“一带一路”倡议，服务区域国家发展战略，服务京津冀协同发展（以多模态跨尺度生物医学成像大科学设施和一系列新型研发机构，以及天津滨海新一代信息技术研究院为典型）、长三角一体化建设（以江苏常熟的分子工程苏南研究院、江苏启东的华东生命科学产业研究院、浙江萧山的信息技术高等研究院为典型）和粤港澳大湾区建设（以深圳研究生院为主）、长江经济带发展（以北京大学重庆大数据研究院等为典型）等国家战略，集中布局了一系列创新平台。

2001 年，北大承担了对口支援新疆石河子大学任务；2010 年，教育部安排北大作为组长单位，牵头其他 8 所高校组成对口支援石河子大学高校团队，牵头其他 7 所高校组成支援西藏大学高校团队，开展“团队式”对口支援工作。学校重点提升两校学科建设、师资力量和科研水平，通过努力，这两所大学都进入了“双一流”行列。石河子大学实现了博士点、博士后流动站、博士后工作站、MBA 学位点零的突破，二级学科硕士点由 20 个增加到 144 个；西藏大学博士点从 2010 年的 0 个发展到现在 3 个，填补了西藏没有博士点的空白。此外，学校还按传统支持内蒙古大学、烟台大学发展，根据部省合建要求对接山西大学、云南大学、南昌大学等高校特色学科建设。

2012 年中央启动新一轮定点扶贫工作，部署北京大学定点帮扶云南省大理州弥渡县。制订实施北京大学“甘霖计划”，形成“全校统筹、院乡结对”的模式，该模式在全国高校中是第一家。2016 年，北京大学“探索‘1+8+N’帮扶模式加快推进精准扶贫工作”入选教育部直属高校精准扶贫精准脱贫十大典型项目。2020 年 5 月，云南省弥渡县正式退出贫困县序列。

九、2020 年基本数据

2020 年，北京大学占地面积 274.1118 万平方米，产权校舍建筑面积 289.3593 万平方米。图书馆建筑面积 8.0359 万平方米。全年教育经费投入 126.62 亿元，其中财政拨款 48.12 亿元。固定资产总值 1754108.27 万元，其中，教学、科研仪器设备资产值 832018.45 万元，信息化设备资产值 156307.92 万元。拥有教室 402 间，其中网络多媒体教室 377 间。拥有图书 800.8254 万册，计算机 66986 台。网络信息点 172212 个，上网课程 2378 门，电子邮件系统用户 94412 个，管理信息系统数据总量 45384GB，数字资源量中电子图书 3005473 册、电子期刊 77460 册、学位论文 3994119 册、音视频 10057 小时。学校设置 51 个院系。学校由教育部举办，为综合大学，开设 130 个本科专业，覆盖除军事学外的 13 个学科门类；具有一级学科 50 个；一级学科博士点 50 个、专业学位博士点 6 个；一级学科硕士点 50 个、专业学位硕士点 27 个；博士后科研流动站 49 个，博士后研究人员出站 576 人、进站 689 人、在站 2317 人。“双一流”建设学科 41 个，国家级一流本科专业建设点

35个，北京市级一流本科专业建设点10个，北京高校高精尖学科3个。国家重点实验室8个、国家研究中心1个、国家工程研究中心2个、国家工程实验室3个、国家临床医学研究中心5个、教育部野外科学观测研究站1个。北京实验室1个、北京高精尖创新中心2个，北京重点实验室39个。教职工11694人，其中，专任教师3401人，包括正高级1527人、副高级1507人；博士生导师2784人、硕士生导师3947人；中科院院士90人（含双聘）、工程院院士25人（含双聘）。“长江学者奖励计划”特聘教授188人、青年长江学者64人；“国家高层次人才特殊支持计划”杰出人才1人、领军人才95人、青年拔尖人才68人；“国家杰出青年科学基金”获得者290人，“国家优秀青年科学基金”获得者169人。外籍教师287人，其中教授、研究员91人。学历教育学生中毕业生21938人，其中，研究生8173人（博士生2225人、硕士生5948人）、普通本专科生3862人（本科生3855人、专科生7人）、成人教育本专科生1798人（本科生1798人）、网络教育本专科生8105人（本科生6964人、专科生1141人）。本科毕业生就业率97.34%。招生14014人，其中，研究生9047人（博士生3090人、硕士生5957人）、普通本专科生3840人（本科生3840人）、网络教育本专科生1127人（本科生1127人）。在校生46113人，其中，研究生29741人（博士生12464人、硕士生17277人）、普通本专科生16372人（本科生16372人）。另外，成人教育本专科生4003人（本科生4003人）、网络教育本专科生21163人（本科生18849人、专科生2314人）。留学生毕业2208人、招生2371人、在校生4369人。

附表：

表6　　中共北京大学委员会历任书记一览表（1991—2020年）

书记	任职时间	书记	任职时间
王学珍	1984年3月—1991年1月	闵维方	2002年4月—2011年8月
汪家镠	1991年1月—1994年7月	朱善璐	2011年8月—2016年12月
任彦申	1994年7月—2000年3月	郝　平	2016年12月—2018年10月
王德炳	2000年4月—2002年4月	邱水平	2018年10月—

表7　　北京大学历任校长一览表（1991—2020年）

校长	任职时间	校长	任职时间
吴树青	1989年8月—1996年8月	王恩哥	2013年3月—2015年2月
陈佳洱	1996年8月—1999年11月	林建华	2015年2月—2018年10月
许智宏	1999年11月—2008年11月	郝　平	2018年10月—
周其凤	2008年11月—2013年3月		

（执笔人：刘　鹏、冯　路、张子瑞、徐聪颖）

中国人民大学

中国人民大学（Renmin University of China）是中国共产党创办的第一所新型正规大学，是一所以人文社会科学为主的综合性研究型全国重点大学，直属于教育部，由教育部与北京市共建。学校前身是1937年诞生于抗日战争烽火中的陕北公学，以及后来的华北联合大学、北方大学和华北大学。1949年12月16日，中央人民政府政务院第十一次政务会议根据中共中央政治局的建议，通过了《关于成立中国人民大学的决定》。1950年10月3日，以华北大学为基础合并组建的中国人民大学隆重举行开学典礼，成为中华人民共和国创办的第一所新型正规大学。

一、学科建设

（一）学校事业发展规划

1.20世纪90年代的学校事业发展规划

1991年12月，按照原国家教委通知要求，学校制定并上报了《中国人民大学“八五”事业计划和十年规划纲要》。1993年10月，根据北京市高教局和教工委的要求，学校对《中国人民大学“八五”事业计划和十年规划纲要》进行了修订。学校提出“八五”期间和今后十年的发展目标是：“努力把中国人民大学建设成为适应社会主义现代化需要的、面向21世纪的、具有中国特色和自身特点的著名的社会主义大学；成为坚持和发展马克思主义的坚强阵地；成为吸取国内外优秀文化成果，建设社会主义物质文明和精神文明的重要基地；成为培养德智体全面发展的社会主义事业建设者和接班人的重要基地，为国家的繁荣富强做出更大的贡献。”

2.进入21世纪后的学校事业发展规划

“十五”规划是21世纪学校制定的第一个五年规划，规划制定遵循自下而上与自上而下相结合、民主办学的原则。“十五”规划明确提出学校总体发展目标是“经过20年或再长一段时间的努力，把我校建设成为以人文社会科学为主的世界一流大学”。为实现发展目标，“十五”规划确定了“1231”的基本工作思路，即“一个高举”——高举“发展是硬道理”的伟大旗帜；“二个建设”——搞好学科与校园的规划与建设；“三个狠抓”——抓改革，抓调整、抓管理；“一个加大”——加大资金投入。

“十一五”规划的制定更加规范化、制度化、科学化，更加注重调查与研究，进一步完善规划的体制与流程，突出强调规划的可实行、可量化与可评估。“十一五”规划提出，以“人民、人本、人文”为办学理念，以“大师、大楼、大气”为办学思路，高举“发展是硬道理”的旗帜，树立全面、协调、可持续的科学发展观，把握“抓重点，攻难点，创亮点、小心热点”的工作方法，继续优化学科结构，不断完善办学条件，大力增强筹集资金的能力，进一步提升人才培养水平、科学研究水平、国际性水平和管理服务水平，加快创建“人民满意，世界一流”大学的历史进程。

21世纪初，学校确立了用20年时间建设成为世界一流大学的宏伟目标，实现这一目标分解为“十年基础，十年腾飞”两个阶段。“十二五”时期是学校“十年腾飞”建设世界一流大学的开局五年。2010年，学校编制“十年腾飞”学科建设规划纲要，并在其指导下起草“十二五”规划。“十二五”规划提出，以完善学科结构为抓手，以提高人才培养质量为核心，全面实施“十年腾飞”规划，进一步办出特色，办出水平，加快建设“人民满意、世界一流”大学进程，努力为我国建设高等教育强国做出贡献。“十二五”规划突出强调学科建设，提出：“学科布局进一步优化，形成文理交融、相互支撑的学科格局。优势学科实力进一步加强，部分学科接近世界一流水平，人文基础学科国内位次进一步上升，理工学科实现跨越式发展，新建学科水平快速提升。”

3. 中共十八大以来学校事业发展规划

“十三五”规划的编制经过了六个阶段，即预备阶段、筹备动员阶段、启动阶段、编制阶段、讨论和撰写阶段、征求意见和修改完善阶段。

学校“十三五”规划提出的发展目标是：“到 2020 年，学校在国内人文社会科学领域的领先地位进一步巩固，关键学科领先优势进一步加强，一批学科进入世界一流行列，力争人文社会科学学科若干领域进入世界一流前列，学校整体进入世界一流大学行列；以‘立德树人，协同育人’为核心的人才培养体系建设取得显著成效，人才培养水平进一步提升；师资队伍结构明显改善，形成各梯队合理配搭、领军人才突出、整体水平具有国际竞争力的师资队伍；科研水平进一步提升，形成一批具有重要国际国内影响力的学术成果，建成若干国家高端智库、全球顶级智库，在国家重要发展战略、全球热点课题中，人大学派发挥日益重要的影响。”

“十四五”规划认真总结学校的发展基础，全面研判学校发展的四个机遇、存在的五大问题、面临的七大挑战，立足使命定位，深挖破解之道，提出愿景目标，明确五大战略重点，聚焦七大核心任务，一体筹划支持保障措施，统筹谋划规划实施落实。其中，五大战略重点分别为：加快形成高水平多层次人才培养体系，优化构建高质量多维度学科发展格局，着力发展领先的学科交叉和交叉学科，加快构建中国特色哲学社会科学体系，深化以长聘制为核心的教师队伍改革。“十四五”规划提出的发展目标是：“巩固在中国人文社会科学高等教育领域的领军地位,形成‘厚重的基础学科、卓越的社科学科、引领的交叉学科’的学科布局，培养一批立足中国大地、具有国际视野的一流人才,造就一批享有国际声誉的一流学者，产出一批具有国内外重要影响的标志性成果，形成一批国际领先的一流学科，建成一批具有引领性、创新性的国际国内领先的交叉学科，持续推进治理体系和治理能力现代化，学校综合实力和国际竞争力进一步提升，当好‘双一流’建设的排头兵，在人文社会科学领域进入世界一流大学前列，加快建成‘人民满意、世界一流’大学。”

（二）学科发展与院系调整

1.20 世纪 90 年代学校的学科发展

1991 年，在《中国人民大学十年规划及“八五”计划纲要》中，学校提出要稳定发展规模，适当调整专业结构，以“优化结构，重点发展，提高水平，形成特色”为原则，发挥各学科已有优势，适当发展少量新兴学科、边缘学科和交叉学科，抓好重点学科建设，形成有利于提高教育质量和科研水平、多出优秀成果和优秀人才的学科体系。同时，学校顺应时代发展需要，进一步完善和发展了院系、学科结构。

表 8　　1991 年至 2000 年中国人民大学部分院系调整变化表

序号	学院（系）名称	调整时间	备注
1	马克思主义理论教师进修学院	1992 年成立	由原马克思主义理论研究所更名
3	信息学院	1994 年 1 月成立	由经济信息管理系、校信息中心合并组建
4	成人高等教育学院	1994 年 2 月成立	由原函授学院更名
6	对外语言文化学院	1996 年 11 月成立	由对外汉语教学中心、原语言文字研究所组建
7	马克思主义学院	1996 年 12 月成立	由马克思主义发展史研究所、马克思主义理论教育研究所合并

续表 8

序号	学院（系）名称	调整时间	备注
8	财政金融学院	1997 年 5 月成立	在原财政金融系、投资经济系的基础上组建成立，下设财政系、金融系、投资经济系和电子应用中心
9	网络教育学院	1998 年成立	与成人高等教育学院一套领导班子、两块牌子
10	经济学院	1998 年 3 月成立	由经济学系、国际经济系、经济学研究所合并
11	高等职业技术教育学院	1999 年 5 月成立	与成人高等教育学院一套领导班子、两块牌子
12	徐悲鸿艺术学院	1999 年 10 月成立	下设绘画系、音乐系、艺术设计系、景观建筑设计系、动画系
13	教育科学研究所	1999 年 11 月成立	
14	国际关系学院	2000 年 4 月成立	在原国际政治系和俄罗斯东欧中亚所的基础上组建成立

1991 至 2000 年，学校传统优势学科持续发展，逐步形成了完整的学科体系、完善的梯队结构、雄厚的学术力量，学科综合实力大大提高。在国家教委支持下，学校建立了一批重点学科基地，包括哲学系的国家文科基础学科人才培养和科学研究基地，马克思主义学院的国家马克思主义理论与思想政治教育人才培养和科学研究基地，经济学院的国家经济学基础人才培养基地等。

2. 21 世纪以来学校的学科发展

进入 21 世纪，学校确立了用 20 年时间建设成为世界一流大学的目标，提出了“主干的文科，精干的理工科”的学科规划发展体系，形成了以本科教育为基础、研究生教育为重点、继续教育为辅助的全方位、多层次的办学格局，并于 2001 年起，开展了新一轮的院系调整工作。

表 9　　2001 年至 2012 年中国人民大学部分院系调整变化表

序号	学院（系）名称	调整时间	备注
1	商学院	2001 年 6 月成立	由工商管理学院、会计学系合并组建
2	外国语学院	2001 年 11 月成立	在外语系的基础上成立
3	公共管理学院	2001 年 6 月成立	由国民经济管理系、行政管理学系、区域经济与城市管理所和教育科学研究科所组建，后土地管理系并入
4	环境学院	2001 年 11 月成立	由商品学系和农业经济系环境经济教研室组建
5	人文学院	2002 年 6 月成立	在哲学系（宗教学系）、中国语言文学系、历史学系和清史研究所的基础上组建成立
6	社会与人口学院	2003 年 4 月成立	在原社会学系、人口学系（所）的基础上组建成立
7	统计学院	2003 年 7 月成立	在原统计学系的基础上成立
8	马克思主义学院	2003 年 7 月成立	由原马克思主义学院和中共党史系组建
9	培训学院	2003 年 9 月成立	在原教育培训中心的基础上组建
10	高等职业技术教育学院	2003 年撤销	
11	信息资源管理学院	2003 年 12 月成立	在原档案学院基础上成立
12	农业与农村发展学院	2004 年 2 月成立	在原农业经济系的基础上组建
13	化学系	2004 年 7 月成立	
14	继续教育学院	2004 年 10 月成立	由成人高等教育学院、网络教育学院合并组建
15	哲学院	2005 年 4 月成立	在原人文学院哲学系的基础上成立

续表 9

序号	学院（系）名称	调整时间	备注
16	国学院	2005 年 5 月成立	同时成立国学研究院，与国学研究院两块牌子，一个机构
17	文学院	2005 年 7 月成立	在原人文学院中国语言文学系的基础上成立
18	历史学院	2005 年 7 月成立	在原人文学院历史系与清史研究院（2004 年由清史研究所更名）的基础上成立
19	物理学系	2005 年 9 月成立	
20	理学院	2005 年 9 月成立	
21	经济学院	2006 年 1 月成立	公共管理学院的国民经济管理系及其负责建设的国民经济管理本科专业、国民经济学硕士博士点、数量经济学硕士点、国防经济学硕士点，以及信息学院的数量经济学硕士博士点，并入经济学院，组建新的经济学院
22	国际学院（苏州研究院）	2007 年 9 月成立	
23	文学院	2008 年 1 月成立	由原文学院和对外语言文化学院合并组建
24	艺术学院	2008 年 1 月成立	由原徐悲鸿艺术学院更名
25	心理学系	2009 年 6 月成立	
26	知识产权学院	2009 年 10 月成立	与法学院两块牌子，一套机构
27	律师学院	2010 年 4 月成立	挂靠法学院
28	教育学院	2011 年 4 月成立	在公共管理学院教育研究所和高等教育研究室的基础上组建，同时撤销教育研究所建制
29	汉青经济与金融高级研究院	2011 年 12 月成立	学术特区，在 2006 年成立的汉青中美经济与金融高级研究院的基础上进一步调整完善体制机制

2002 年，学校召开了全校学科建设工作会议，提出“全面加强学科建设，创建世界知名一流大学”，对学科布局等提出了具体要求。2010 年，学校制定“十年腾飞”学科建设规划纲要，对学科规划目标和主要任务、学科规划落实等方面进行了深入分析并提出了具体举措，提出加快推进“人民满意、世界一流”大学建设进程。

进入 21 世纪的第一个十年，学校构建起了以经济学、哲学、法学、新闻学等为代表的人文社会科学优势学科群。教育部 2002 年至 2004 年正式开始在全国的高校与科研院所开展第一轮学科评估工作，中国人民大学有 13 个一级学科参加，其中理论经济学、应用经济学、法学、社会学、新闻传播学 5 个一级学科整体水平排名全国第一，政治学和农林经济管理全国排名第三。2006 年至 2008 年，在教育部第二轮一级学科评估中，中国人民大学有 18 个一级学科参加，其中理论经济学、应用经济学、法学、政治学、社会学、马克思主义理论、新闻传播学 7 个一级学科整体水平排名第一，哲学和图书馆、情报与档案管理排名第二，工商管理排名第三。

3. 中共十八大以来学校的学科发展

中共十八大以来，学校进一步优化学科结构，完善学科建设体系，增强关键性学科实力，提升学科国际性，“主干的文科，精干的理工科”学科布局已基本建成。2011 年至 2013 年，在教育部第三轮一级学科评估中，中国人民大学有 24 个一级学科参评，理论经济学、应用经济学、法学、政治学、社会学、新闻传播学、统计学、工商管理、公共管理 9 个一级学科整体水平排名全国第一，哲学、马克思主义理论和农林经济管理 3 个一级学科全国排名第二，图书情报与档案管理全国排名第三。2016 年至 2017 年，在教育部第四轮一级学科评估中，中国人民大学有 34 个一级学科参评，理论经济学、应用经济学、法学、社会学、马克思主义理论、新闻传播学、统计学、工商管理、公共管理9个一级学科获评A+，哲学、政治学2个一级学科获评A，中国语言文学、中国史、图书情报与档案管理3个一级学科获评A-。其中获评A+的一级学科总数位居全国高校第四。在人文社会科学类学科中，中国人民大学获评A+的一级学科数量8个，排名全国高校第二；获评A类（含A+/A/A-）的一级学科数量为13个，排名全国高校第二。2018年7月，教育部公布了全国专业学位水平评估试点评估结果，中国人民大学有4个专业学位授权点参评，其中法律、会计、公共管理3个专业学位授权点获得A+，工商管理专业学位授权点获得A。参加评估的4个授权点全部获得A类，在人文社会科学类并列全国首位。

党的十八大以来，学校进一步加大了对理工学科建设的支持与保障，理工学科类专业发展重点更加突出，专业布局进一步趋向综合性。理工类基础学科建设取得显著成效，学校组建了数学学院、数学科学研究院，化学学科、工程学科、材料科学学科进入ESI前1%，物理学科研究成果首次获得国家自然科学奖二等奖。

表10　　2012年至2020年中国人民大学部分机构调整变化表

序号	名称	调整时间	备注
1	数学科学研究院	2014年1月成立	学术特区
2	统计与大数据研究院	2015年1月成立	学术特区
3	俄罗斯研究中心	2015年9月成立	学校二级机构
4	古典学学院	2016年11月成立	与国学院两块牌子，一个机构
5	中共党史党建研究院	2017年6月成立	研究机构
6	继续教育学院	2018年1月成立	由原继续教育学院和培训学院合并组建
7	丝路学院	2018年4月成立	非独立法人二级学院
8	数学学院	2018年6月成立	在信息学院数学系、公共数学教研室及数学科学研究院基础上组建
9	高瓴人工智能学院	2019年1月成立	
10	经济学院	2019年1月成立	在原经济学院经济系、国际经济系、中国经济改革与发展研究院基础上组建
11	应用经济学院	2019年1月成立	在原经济学院国民经济管理系、能源经济系和区域与城市经济研究所基础上组建
12	国际文化交流学院	2019年6月成立	在文学院对外汉语教学中心、汉语国际推广研究所基础上，整合国际交流处留学生办公室、孔子学院办公室的部分职能组建
13	国际组织学院	2019年6月成立	学校下属二级机构，挂靠国际交流处
14	国家统计局—中国人民大学数据开发中心	2019年9月成立	学校下属二级机构
15	公共艺术教育中心	2020年1月成立	学校二级教学科研机构
16	国家治理与舆论生态研究院	2020年7月成立	跨学院实体科研机构

（三）“211工程”“985工程”和“双一流”建设

1. 20世纪90年代的“211工程”建设

1996年，学校“211工程”项目顺利通过了原国家教委专家组的部门预审以及国家教委直属高校工作办公室组织的专家组审核。1997年，学校正式被国家教委列为“211工程”建设高校，并获得重点支持。至2000年12月，“211工程”实际到位经费共9595万元，其中，中央专项资金投入4500万元，用于学科建设、公共服务体系建设和基础设施建设，巩固提高了8个重点建设学科的学科优势和学术地位，极大地改善了办学条件。

2. 进入21世纪以来的“211工程”“985工程”建设

（1）“211工程”建设

2002年9月，教育部批准学校上报的“十五”时期“211工程”建设项目。经过专家组预审和中介机构评审，2003年11月，教育部正式批准学校“十五”“211工程”建设内容及建设资金。“十五”时期，学校总投资14000万元，其中中央专项资金投入7000万元。学校以学科建设为龙头，以知识创新为动力，加强师资队伍建设，努力改善学校办学条件。本轮建设期间，学校高标准完成了数字化图书馆、交互式现代远程教育系统等项目建设。

三期建设时期（2008—2011年），学校建设总资金为10000万元，全部为中央专项资金。本轮建设期间，学校结合自身学科特点和优势，实施涵盖人文社会、经济、政法、管理和信息5个一级领域的19项重点学科建设项目、2项创新人才培养和队伍建设项目，形成了标志性成果，进一步完善了学科总体布局，强化了学科特色和优势，基本形成了重点突出、特色鲜明的综合性学科体系。2012年初，学校通过国家“211工程”三期建设项目的验收并获得奖励。

（2）第一轮“985工程”建设

一期建设时期（1999—2003年），国家投入专项资金26700万元，用于教师队伍建设、学科建设、提高学生综合素质、改善办学条件、改造基础设施等方面。本轮建设期间，学校在保持特色、发挥优势的前提下，以学科调整、重组为重点，发展新兴应用型学科，促进学科的交叉与渗透，共获准各类项目立项1649项，投资建设多功能体育馆、多媒体教学楼、经法大楼、西北区学生公寓等项目。

二期建设时期（2004—2008年），国家投入专项资金47300万元，用于队伍建设、平台和基地建设以及条件支撑建设。2004年11月，学校申报的1个科技创新平台和10个哲学社会科学创新基地以及“队伍建设”“西北区学院楼群”全部通过了专家组的评审，正式列入教育部“985工程”二期建设项目。本轮建设期间，学校实行“平台/基地主任领导下的首席专家负责制”，组建跨学院平台，改革人事管理，优化资源配置，全方位推进体制机制创新，为经济建设和社会发展服务的综合能力明显提高。

2010年，根据《教育部、财政部关于加快推进世界一流大学和高水平大学建设的意见（教重〔2010〕2号）》，学校开启新一轮“985工程”建设。在这一建设周期，学校积极倡导“新理念、新举措、新成效”，全面推进学科建设、人才培养、队伍建设、社会服务、国际交流各项建设内容。

3. 中共十八大以来的“985工程”建设、“双一流”建设

（1）第二轮“985工程”建设

2013年，新一轮“985工程”建设圆满收官。本轮建设期间，教育部批复学校资金76000万元，全部为中央专项资金，用于学科建设、拔尖创新人才培养、学术领军人物和创新团队建设、提升自主创新和社会服务能力以及国际交流合作等项目。建设过程中，学校本着“稳定架构、完善机制、科学管理、简政放权”的思路，通过稳定管理架构、提升管理水平，实现了预期建设目标。

（2）“双一流”建设

2017年，学校入选“双一流”建设高校（A类），哲学、理论经济学、应用经济学等14个一级学科入选“双一流”建设学科。2020年，学校组织开展2016—2020年“双一流”建设周期总结，周期总结评议专家认为，学校达成建设目标，整体进入世界一流大学行列。经过“双一流”建设，学校建成了专业齐全、层次丰富、体系完整、特色鲜明、影响广泛、世界一流的马克思主义理论学科；创新了中国特色社会主义政治经济学的理论基础和体系；继承为国立法的优良传统，为中国法治建设做出了独特的贡献；聚焦反贫困的中国实践，为世界反贫困提供中国经验、中国方案，农林经济管理学科开创的反贫困研究处于世界领先水平。学校抢抓新一轮科技革命和产业变革机遇，推进学科交叉融合，聚焦数字经济、金融科技、应急管理、公共健康与卫生疾控、乡村振兴等关键领域，搭建了一批“双一流”跨学科重大创新规划平台。

二、人才培养

（一）研究生教育

1984年，中国人民大学研究生院成为首批试办的全国22所研究生院之一。1996年1

月，学校正式建立研究生院，中国人民大学研究生院成为全国首批正式建院的 11 所研究生院之一。

1. 研究生教育体系

经国家批准，1991 年，中国人民大学在哲学、经济学、法学、文学、历史学、工学 6 个学科门类具有博士或硕士学位授予权，设有 32 个博士学位授权二级学科、68 个硕士学位授权二级学科。2007 年 8 月以后，学校已拥有 8 个国家重点一级学科，8 个国家重点二级学科，在人文社会科学领域位居全国第一；并拥有 5 个北京市重点一级学科、4 个北京市重点二级学科、1 个北京市重点交叉学科。截至 2020 年底，中国人民大学在哲学、经济学、法学等 11 个学科门类具有博士或硕士学位授予权。拥有 22 个博士学位授权一级学科、37 个硕士学位授权一级学科，设有 137 个博士学位授权二级学科、172 个硕士学位授权二级学科；设有 20 种硕士专业学位，是法律、公共管理、会计、金融、应用统计 5 个专业学位全国教育指导委员会秘书处所在单位。学校已经形成了具有人大特色的“主干的文科、精干的理工科”的学科发展体系。

2018 年 4 月，国务院学位委员会首次开展学位授权点自主审核单位资格申请，中国人民大学自主审核单位资格经国务院学位委员会审核通过，被列入学位授权点自主审核单位名单。

2. 研究生导师队伍建设和学位授予工作

1991 年，中国人民大学已有博士生导师 74 人，硕士生导师 345 人。至 2020 年，学校拥有已备案的博士生导师 837 人，硕士生导师 1518 人。硕士生导师以 30～39 岁、40～49 岁、50～59 岁三个年龄段为主，分别占硕导总人数的 23%、38%、34%，年龄结构相对合理；博士生导师以 40～49 岁及 50～59 岁两个年龄段为主，分别占博导总人数的 34%、44%。博士生导师中，教授约占 84%，具有博士学位的占 92%，海外留学归国的人数约占 18%。同时，学校还有国务院学位委员会委员 1 人；国务院学科评议组成员 18 人；北京市学位委员会委员 2 人；北京市学科评议组成员 9 人。全国专业学位研究生教育指导委员会委员 22 人，其中副主任委员 9 人，委员并兼任秘书长（副秘书长）6 人，委员 8 人，非委员副秘书长 1 人。

1991 年至 2020 年的三十年间，学校共授予博士学位 14311 人，硕士学位 106328 人。据统计，2016—2020 年间，在培养的博士研究生中，超过半数都去了高校和科研院所工作。

表 11　　中国人民大学学术型研究生专业设置一览表（2020 年）

学科门类	一级学科	专业代码、名称	培养层次	涉及学院
01 哲学	0101 哲学 ☆☆ ★★	010101 马克思主义哲学	博士、硕士	哲学院 马克思主义学院
		010102 中国哲学	博士、硕士	哲学院
		010103 外国哲学	博士、硕士	哲学院
		010104 逻辑学	博士、硕士	哲学院
		010105 伦理学	博士、硕士	哲学院
		010106 美学	博士、硕士	哲学院
		010107 宗教学	博士、硕士	哲学院
		010108 科学技术哲学	博士、硕士	哲学院
		0101Z1 管理哲学	博士、硕士	哲学院
		0101Z2 政治哲学	博士、硕士	哲学院
02 经济学	0201 理论经济学 ☆☆ ★★	020101 政治经济学	博士、硕士	经济学院 马克思主义学院
		020102 经济思想史	博士、硕士	经济学院
		020103 经济史	博士、硕士	经济学院
		020104 西方经济学	博士、硕士	经济学院 汉青研究院

续表 11

学科门类	一级学科	专业代码、名称	培养层次	涉及学院
02 经济学	0201 理论经济学 ☆☆ ★★	020105 世界经济	博士、硕士	经济学院 国际关系学院
		020106 人口、资源与环境经济学	博士、硕士	环境学院 社会与人口学院
		0201Z1 网络经济学	博士、硕士	经济学院
		0201Z2 企业经济学	博士、硕士	经济学院
		0201Z3 发展经济学	博士、硕士	经济学院
	0202 应用经济学 ☆☆ ★★	020201 国民经济学	博士、硕士	应用经济学院
		020202 区域经济学	博士、硕士	应用经济学院
		020203 财政学	博士、硕士	财政金融学院
		020204 金融学	博士、硕士	财政金融学院 汉青研究院
		020205 产业经济学	博士、硕士	商学院 应用经济学院
		020206 国际贸易学	博士、硕士	商学院 经济学院
		020207 劳动经济学	博士、硕士	劳动人事学院 公共管理学院
		020208 统计学	博士、硕士	统计学院 统计与大数据研究院
		020209 数量经济学	博士、硕士	经济学院 汉青研究院
		020210 国防经济	硕士	应用经济学院
		0202Z1 保险学	博士、硕士	财政金融学院
		0202Z2 商业经济学	博士、硕士	商学院
		0202Z3 房地产经济与管理	博士、硕士	公共管理学院
		0202Z4 城市经济学	博士、硕士	应用经济学院
		0202Z5 能源经济学	博士、硕士	应用经济学院
03 法学	0301 法学 ☆☆ ★★	030101 法学理论	博士、硕士	法学院
		030102 法律史	博士、硕士	法学院
		030103 宪法学与行政法学	博士、硕士	法学院
		030104 刑法学	博士、硕士	法学院
		030105 民商法学	博士、硕士	法学院
		030106 诉讼法学	博士、硕士	法学院
		030107 经济法学	博士、硕士	法学院
		030108 环境与资源保护法学	博士、硕士	法学院
		030109 国际法学	博士、硕士	法学院
		0301Z1 知识产权法	博士、硕士	法学院
		0301Z2 比较法学	博士、硕士	法学院
		0301Z3 中国法	硕士	法学院
		0301Z4 社会法学	博士、硕士	法学院
	0302 政治学 ☆☆ ▲▲	030201 政治学理论	博士、硕士	国际关系学院
		030202 中外政治制度	博士、硕士	国际关系学院 信息资源管理学院
		030203 科学社会主义与国际共产主义运动	博士、硕士	国际关系学院 马克思主义学院
		030204 中共党史★	博士、硕士	马克思主义学院

续表 11

学科门类	一级学科	专业代码、名称	培养层次	涉及学院
03 法学	0302 政治学 ☆☆ ▲▲	030206 国际政治★	博士、硕士	国际关系学院
		030207 国际关系	博士、硕士	国际关系学院
		030208 外交学	博士、硕士	国际关系学院
		0302Z1 中国政治	博士、硕士	国际关系学院
		0302Z2 国际政治经济学	博士、硕士	国际关系学院
	0303 社会学 ☆☆ ★★	030301 社会学	博士、硕士	社会与人口学院
		030302 人口学	博士、硕士	社会与人口学院
		030303 人类学	博士、硕士	社会与人口学院
		030304 民俗学	硕士	社会与人口学院
		0303Z1 老年学	博士、硕士	社会与人口学院
		0303Z2 社会心理学	博士、硕士	理学院 心理学系
	0305 马克思主义理论 ☆☆ ★★	030501 马克思主义基本原理	博士、硕士	马克思主义学院
		030502 马克思主义发展史	博士、硕士	马克思主义学院
		030503 马克思主义中国化研究	博士、硕士	马克思主义学院
		030504 国外马克思主义研究	博士、硕士	马克思主义学院
		030505 思想政治教育	博士、硕士	马克思主义学院
		030506 中国近现代史基本问题研究	博士、硕士	马克思主义学院
		0305Z1 党的建设	博士、硕士	马克思主义学院
04 教育学	0401 教育学 ☆	040106 高等教育学	硕士	教育学院
		0401Z1 教育法学	硕士	教育学院
		0401Z2 体育文化与管理	硕士	体育部
	0402 心理学（可授教育学、理学学位）☆	040201 基础心理学	硕士	理学院 心理学系
		040203 应用心理学	硕士	理学院 心理学系
05 文学	0501 中国语言文学 ☆☆ ▲▲	050101 文艺学★	博士、硕士	文学院
		050102 语言学及应用语言学	博士、硕士	文学院
		050103 汉语言文字学	博士、硕士	文学院
		050104 中国古典文献学	博士、硕士	文学院
		050105 中国古代文学	博士、硕士	文学院
		050106 中国现当代文学	博士、硕士	文学院
		050108 比较文学与世界文学	博士、硕士	文学院
		0501Z1 古典学	博士、硕士	文学院
		0501Z2 心理语言学	博士、硕士	理学院 心理学系
		0501Z3 创造性写作	硕士	文学院
	0502 外国语言文学 ☆☆	050201 英语语言文学	博士、硕士	外国语学院
		050202 俄语语言文学	硕士	外国语学院
		050203 法语语言文学	硕士	外国语学院
		050204 德语语言文学	博士、硕士	外国语学院
		050205 日语语言文学	博士、硕士	外国语学院
	0503 新闻传播学 ☆☆ ★★	050301 新闻学	博士、硕士	新闻学院
		050302 传播学	博士、硕士	新闻学院
		0503Z1 传媒经济学	博士、硕士	新闻学院
		0503Z2 广播电视学	博士、硕士	新闻学院

续表 11

学科门类	一级学科	专业代码、名称	培养层次	涉及学院
06 历史学	0601 考古学 ☆☆	060101 考古学及博物馆学	博士、硕士	历史学院
	0602 中国史 ☆☆ ▲▲	060201 史学理论及史学史	博士、硕士	历史学院
		060202 历史地理学	博士、硕士	历史学院
		060203 历史文献学	博士、硕士	历史学院
		060204 专门史	博士、硕士	历史学院
		060205 中国古代史★	博士、硕士	历史学院
		060206 中国近现代史★	博士、硕士	历史学院
		0602Z1 当代中国史	博士、硕士	马克思主义学院
	0603 世界史 ☆☆	060301 世界史	博士、硕士	历史学院
07 理学	0701 数学 ☆☆	070101 基础数学	博士、硕士	数学学院
		070102 计算数学	硕士	数学学院
		070103 概率论与数理统计	博士、硕士	数学学院 统计学院
		070104 应用数学	博士、硕士	数学学院 数学科学研究院
		070105 运筹学与控制论	硕士	数学学院
		0701Z2 计算化学	博士、硕士	理学院化学系
	0702 物理学 ☆☆	070201 理论物理	博士、硕士	理学院物理学系
		070203 原子与分子物理	博士、硕士	理学院物理学系
		070205 凝聚态物理	博士、硕士	理学院物理学系
	0703 化学 ☆☆	070301 无机化学	硕士	理学院化学系
		070302 分析化学	硕士	理学院化学系
		070303 有机化学	博士、硕士	理学院化学系
		070304 物理化学	博士、硕士	理学院化学系
		070305 高分子化学与物理	博士、硕士	理学院化学系
	0705 地理学 ☆	070502 人文地理学	硕士	环境学院
		070503 地图学与地理信息系统	硕士	环境学院
	0711 系统科学☆	071101 系统理论	硕士	信息学院
	0713 生态学☆	由学校原“071012 生态学”二级学科对应调整而来	硕士	环境学院
	0714 统计学（可授理学、经济学学位）☆☆	由学校原“020208 统计学”和“070103 概率论与数理统计”二级学科对应调整而来	博士、硕士	统计学院 统计与大数据研究院
08 工学	0812 计算机科学与技术（可授工学、理学学位）☆☆	081201 计算机系统结构	硕士	信息学院
		081202 计算机软件与理论	博士、硕士	信息学院
		081203 计算机应用技术▲	博士、硕士	信息学院
		0812Z1 信息安全	博士、硕士	信息学院
		0812Z2 大数据科学与工程	博士、硕士	信息学院
		0812Z3 人工智能	博士、硕士	信息学院 高瓴人工智能学院
	0830 环境科学与工程（可授工学、理学、农学学位）☆	083001 环境科学	硕士	环境学院
		083002 环境工程	硕士	环境学院
	0832 食品科学与工程（可授工学、农学学位）☆	083201 食品科学	硕士	农业与农村发展学院

续表 11

学科门类	一级学科	专业代码、名称	培养层次	涉及学院
08 工学	0835 软件工程 ☆	由学校原“081202 计算机软件与理论”二级学科对应调整而来	博士、硕士	信息学院
10 医学	1004 公共卫生与预防医学（可授医学、理学学位） ☆	100401 流行病与卫生统计学	硕士	统计学院
12 管理学	1201 管理科学与工程（可授管理学、工学学位）☆	120100 管理科学与工程	硕士	商学院 信息学院
	1202 工商管理 ☆☆ ★★	120201 会计学	博士、硕士	商学院
		120202 企业管理	博士、硕士	商学院
		120204 技术经济及管理	博士、硕士	商学院 农业与农村发展学院
		1202Z1 人力资源管理	博士、硕士	劳动人事学院
		1202Z2 市场营销管理	博士、硕士	商学院
		1202Z3 财务学	博士、硕士	商学院
	1203 农林经济管理 ☆☆ ▲▲	120301 农业经济管理★	博士、硕士	农业与农村发展学院
		120302 林业经济管理	博士、硕士	农业与农村发展学院
		1203Z1 自然资源管理	博士、硕士	农业与农村发展学院
		1203Z2 农村发展（农村发展管理 20080423 交叉学科北京市重点学科）	博士、硕士	农业与农村发展学院
		1203Z3 食品经济管理	博士、硕士	农业与农村发展学院
	1204 公共管理 ☆☆	120401 行政管理★	博士、硕士	公共管理学院 教育学院
		120402 社会医学与卫生事业管理	博士、硕士	社会与人口学院 公共管理学院
		120403 教育经济与管理▲	博士、硕士	教育学院
		120404 社会保障▲	博士、硕士	劳动人事学院 公共管理学院
		120405 土地资源管理▲	博士、硕士	公共管理学院
		1204Z1 公共财政与公共政策	博士、硕士	公共管理学院
		1204Z2 公共组织与人力资源	博士、硕士	公共管理学院
		1204Z3 大数据公共治理	硕士	公共管理学院
		1204Z4 应急管理	博士、硕士	公共管理学院
	1205 图书情报与档案管理 ☆☆ ▲▲	120501 图书馆学	博士、硕士	信息资源管理学院
		120502 情报学	博士、硕士	信息资源管理学院
		120503 档案学★	博士、硕士	信息资源管理学院
		1205Z1 信息资源管理	博士、硕士	信息资源管理学院
		1205Z2 信息分析	博士、硕士	信息资源管理学院
		1205Z3 数字人文	硕士	信息资源管理学院
13 艺术学	1301 艺术学理论 ☆	130101 艺术学	硕士	艺术学院
	1302 音乐与舞蹈学 ☆	130201 音乐学	硕士	艺术学院
	1303 戏剧与影视学 ☆	130301 戏剧戏曲学	硕士	文学院

续表 11

学科门类	一级学科	专业代码、名称	培养层次	涉及学院
13 艺术学	1303 戏剧与影视学☆	130302 电影学	硕士	文学院
	1304 美术学☆	130401 美术学	硕士	艺术学院
	1305 设计学（可授艺术学、工学学位）☆	130501 设计艺术学	硕士	艺术学院
交叉学科	99J1 金融工程	0202 应用经济学 0701 数学	博士、硕士	财政金融学院
	99J2 风险管理与精算学	0202 应用经济学 0701 数学	博士、硕士	统计学院
	99J3 劳动关系学	0202 应用经济学 0301 法学	博士、硕士	劳动人事学院
	99J4 中国特色社会主义理论	0302 政治学 0305 马克思主义理论 0201 理论经济学 0101 哲学	博士、硕士	马克思主义学院
	99J5 国学	0602 中国史 0501 中国语言文学 0101 哲学	博士、硕士	国学院
	99J6 城乡发展与规划	1204 公共管理 0303 社会学 0602 中国史	博士、硕士	公共管理学院
	99J7 可持续发展管理	1204 公共管理 1203 农林经济管理 0202 应用经济学	博士、硕士	环境学院
	99J8 环境政策与管理	0830 环境科学与工程 1204 公共管理	硕士	环境学院
	99J9 食品安全管理	1204 公共管理 0832 食品科学与工程 1203 农林经济管理 0301 法学	硕士	农业与农村发展学院

说明：加“☆☆”的一级学科表示该一级学科具有博士、硕士学位授予权；加“☆”的一级学科表示该一级学科具有硕士学位授予权；加“★★”的一级学科为国家重点一级学科；加“★”的专业为国家重点二级学科；加“▲▲”的一级学科为北京市重点一级学科；加“▲”的专业为北京市重点二级学科

3. 研究生规模和结构

在办学规模上，学校从实际出发，科学地把握发展节奏，研究生在校生规模增长速度远远低于全国扩招的高潮中博士生、硕士生在校生增长水平。2010 年至 2020 年，全校每年的博士生招生人数控制在 900 人左右，学术型硕士生 2100 人左右，专业学位硕士生 2400 人左右，年度统招的内地研究生保持在总规模 5500 人左右。

在改善结构方面，一是加大力度调整研究生生源结构，在综合考察的基础上大幅度提高来自一流大学或一流学科的生源比例，减少在职博士生（高校教师除外）的招生比例。二是不断调整研究生学科结构和学位结构，扩大应用型学科、新兴学科、社会急需学科和具有潜在优势学科的招生规模，积极培养专业学位研究生。1990 年（在全国试招前一年）学校就开始招收工商管理硕士（MBA），1995 年开始招收法律硕士。截至 2020 年底，学校已有 20 种硕士专业学位类别，每年招生增量部分多数用于金融、会计、国际商务、应用统计等社会需求旺盛、生源质量高、办

学特色突出的专业。

4. 不断提高人才培养质量

学校调整研究生管理工作重心，将硕士研究生管理的重心放在课程体系建设上；将博士研究生的管理重心放在学术创新能力和学术研究的前沿性上。积极推进硕士、博士研究生学制改革。2001 年 10 月开始，学校实施研究生学制的弹性化改革，硕士研究生的学制调整为 2 年和 3 年，人文社科类专业基本实行 2 年学制，理学、工学和艺术学等专业仍实行 3 年学制。2016 年起，学校全面将博士研究生基本学制由 3 年改为 4 年。通过对硕士、博士研究生的学制调整，使研究生的培养目标、培养定位和培养特点更加鲜明地表现出来。2006 年开始，学校开创性地推出了建设博士点学科专业主文献制度，本着“主流、经典、前沿”的甄选原则，探索和创建新型的博士研究生教育模式，将主文献研读机制贯穿于博士研究生课程学习和博士学位论文写作的全过程，引领博士研究生迅速进入专业研究前沿领域，培养博士生创新能力。截至 2020 年，已建成全校所有博士点的学科专业主文献库，共135卷244册，约3亿字。

5. 探索多种培养模式

学校从 2011 年起，探索“硕博直通”制一体化培养模式，统筹优化各阶段培养方案和教学科研标准，形成学术型研究生科研创新能力“多维一体”的人才培养新模式。2013 年起，学校改革博士生人才选拔机制，试点开展博士研究生“申请审核制”招生新模式；2017 年，作为全国 14 所深化博士研究生教育综合改革方案试点高校之一，试点实施“哲学社会科学卓越人才培养支持计划”，试行哲学社会科学直博生培养模式。在促进专业学位研究生教育改革方面，学校实施专业学位研究生授权点建设“珠峰计划”、教学案例支持计划、“3G+6+2”案例教学模式建设计划、教师案例教学能力提升计划等；2015—2020 年学校连续举办六届中国社会科学案例论坛，强化教学案例在培养过程中的作用。

（二）本科生教育

1. 学士学位授予与本科生规模

自 1991 至 2020 年，学校共授予学士学位 64088 人（不含留学生）。自 2013 年本科人才路线图之双选认证制度实施至 2020 年底，辅修方式发生很大变化，从原来的学前资格确认，改为先按照教学方案选课修读，累计一定学分时，再进行辅修资格认证。据统计，2017 届、2018 届、2019 届、2020 届学生累计获得辅修学位 1470 人次、辅修专业 514 人次。

2. 本科专业建设

1991 年到 1999 年，学校先后增设 12 个本科专业。进入 21 世纪，根据“巩固基础学科、优势学科，大力发展应用学科、交叉学科”的学科发展思路，从 2000 年到 2020 年，学校先后增设 35 个本科专业。截至 2020 年底，学校设有本科专业 83 个，分布在哲学（3 个）、经济学（14 个）、法学（11 个）、文学（13 个）、历史学（4 个）、理学（8 个）、工学（6 个）、管理学（18 个）、艺术学（6 个）9 个学科门类的 30 个专业大类，形成学科交叉、文理交融的综合性专业布局。

截至 2020 年底，学校共有国家级特色专业 18 个（其中 12 个同时是北京市级特色专业），北京市级特色专业 15 个；共有国家综合改革试点专业 4 个；共有 41 个本科专业（第一批 22 个，第二批 19 个）入选国家级一流本科专业建设点，12 个本科专业（第一批第二批各 6 个）入选北京市一流本科专业建设点；3 个专业入选北京高校“重点建设一流专业”；3 个专业入选教育部第一批卓越人才计划；3 个专业入选“强基计划”。

学校长期重视教材建设工作，将教材建设与学科建设、科学研究、人才培养、教师队伍建设等相结合。学校共入选普通高等教育本科国家级规划“十五”“十一五”“十二五”教材（选题）503 种；教材评奖（立项）共 360 种，含国家级奖项 120 种，北京市级奖项（立项）240 种；获教材类教学成果奖 18 种，含国家级教学成果奖 5 种，北京市级教学成果奖 13 种。此外，在 2020 年全国优秀教材奖评选中，高等教育类教材获市级向国家教材委员会推荐 35 种，推荐数量在北京市高校中排名第一。

3. 培养模式与本科教学改革

20 世纪 80 年代末 90 年代初，学校按照“宽口径、厚基础”的原则，较早实行“按院招生，分流培养”的本科人才培养模式。2013 年 4 月 22 日，学校召开本科人才培养路线图实施动员大会，全面实施本科人才培养路线图，并宣布成立中国人民大学本科人才培养委员会。

学校在拔尖培养、交叉培养以及大类培养方面进行了持续探索和创新。一是探索基础学科培养模式，实施拔尖人才培养计划，1994—1998 年，学校中国语言文学、历史学、哲学、经济学等专业先后获教育部批准进入国家文科基础学科人才培养和科学研究基地。2010 年，学校“人文基础学科拔尖人才培养试验计划”“改革经济管理类创新人才培养模式”入选国家教育体制改革试点项目，进行相关学科专业拔尖人才培养的探索和实践。2020 年，学校创新“强基计划”人才培养模式，在汉语言文学（古文字方向）、历史学、哲学三个专业启动“强基计划”，实施“宽厚基础、学科复合、科教融合、大师引领、个性发展”的人才培养模式。二是依托传统优势学科，创新跨学科交叉培养。2003 年，首次开设经济学—数学双学位实验班，进行跨学科培养。2006 年，设立金融学—数学双学位实验班。2013 年学校实施双选认证制度，以此全面促进学生跨专业学习。2019 年，学校开展本科荣誉辅修学位项目，以微专业、微学位的形式推进学科交叉复合培养。截至 2020 年底，陆续设立 13 个交叉学科实验班。三是结合大类招生，持续推进大类培养。2009 年，信息学院全面实施大类培养改革。2015 年，学校设立人文科学试验班，全面打通人文学部 11 个专业的培养方案，全面推进大类招生培养改革。2019 年，学校推进跨院系大类招生改革，形成人文科学试验班、理科试验班、社会科学试验班、经济学类 4 个跨院系大类招生专业，实行“第一年选择托管制 + 一年后基本分流 + 四年一贯制无时点分流”的专业机制，实现招生与培养的有机衔接。2020 年，学校积极探索教学管理、学生管理与学生学习生活社区三位一体的特色书院模式，建立明德书院、明理书院，进一步完善大类人才培养体制机制。

为落实“在地国际化、双向国际化”办学理念，提升人才培养国际性，2009 年，学校创办国际小学期，在每年暑期开设，为期一个月。国际小学期每年开设全英文课程 120 门左右，包括中国研究系列课程、学科通识和学科前沿系列课程、国际组织与全球治理系列课程、中国文化普及系列课程和语言培训类课程；每年聘请 130 名左右国内外一流高校师资参与小学期教学。截至 2020 年，国际小学期共开设课程 1282 门次，聘请国际师资 1409 人次。学校共有 29589 人次本科生先后参加国际小学期课程学习，另有来自海内外 4423 人次外校学生参加了国际小学期课程的学习。

加强实践教学。学校是 2007 年入选国家首批全国大学生创新性实验计划实施学校之一。2007—2020 年学校连续设立大学生创新实验计划项目，截至 2020 年底，学校共设立国家级项目 1021 个，北京市级项目 838 个，校级项目 736 个，参与学生 12270 人次。2012 年起开始设立国家级大学生创业训练计划和创业实践项目，截至 2020 年底，共设立国家级大学生创业训练计划项目 170 个，国家级创业实践项目 17 个，参与学生 883 人次。大学生创新创业训练计划项目已形成国家级、市级、校级三级序列的完整体系，成为本科科研训练、学术成长及大学生创新创业的重要平台。

表 12　　中国人民大学本科专业一览表（2020 年）

序号	学科门类	专业代码	专业名称	所属学院
1	哲学	010101	哲学	哲学院
2	哲学	010103K	宗教学	哲学院
3	哲学	010104T	伦理学	哲学院
4	经济学	020101	经济学	经济学院
5	经济学	020102	经济统计学	统计学院
6	经济学	020103T/020105H	国民经济管理	经济学院 / 中法学院

续表 12

序号	学科门类	专业代码	专业名称	所属学院
7	经济学	020104T	资源与环境经济学	环境学院
8	经济学	020106T	能源经济	经济学院
9	经济学	020107T	劳动经济学	劳动人事学院
10	经济学	020201K	财政学	财政金融学院
11	经济学	020202	税收学	财政金融学院
12	经济学	020301K/020104H	金融学	财政金融学院 / 中法学院
13	经济学	020302	金融工程	财政金融学院
14	经济学	020303	保险学	财政金融学院
15	经济学	020306T	信用管理	财政金融学院
16	经济学	020401	国际经济与贸易	经济学院
17	经济学	020402	贸易经济	商学院
18	法学	030101K	法学	法学院
19	法学	030201	政治学与行政学	国际关系学院
20	法学	030202	国际政治	国际关系学院
21	法学	030203	外交学	国际关系学院
22	法学	030205T	政治学、经济学与哲学	哲学院
23	法学	030301	社会学	社会与人口学院
24	法学	030302	社会工作	社会与人口学院
25	法学	030501	科学社会主义	国际关系学院
26	法学	030502	中国共产党历史	马克思主义学院
27	法学	030503	思想政治教育	马克思主义学院
28	法学	030504T	马克思主义理论	马克思主义学院
29	文学	050101	汉语言文学	文学院
30	文学	050102	汉语言	文学院
31	文学	050201	英语	外国语学院
32	文学	050202	俄语	外国语学院
33	文学	050203	德语	外国语学院
34	文学	050204/050204H	法语	外国语学院 / 中法学院
35	文学	050205	西班牙语	外国语学院
36	文学	050207	日语	外国语学院
37	文学	050301	新闻学	新闻学院
38	文学	050302	广播电视学	新闻学院
39	文学	050303	广告学	新闻学院
40	文学	050304	传播学	新闻学院
41	文学	050305	编辑出版学	新闻学院
42	历史学	060101	历史学	历史学院
43	历史学	060102	世界史	历史学院
44	历史学	060103	考古学	历史学院
45	理学	070101	数学与应用数学	信息学院
46	理学	070201	物理学	理学院
47	理学	070301	化学	理学院
48	理学	071102	应用心理学	理学院
49	理学	071201	统计学	统计学院
50	理学	071202	应用统计学	统计学院
51	理学	080402	材料物理	理学院
52	理学	082503	环境科学	环境学院
53	工学	080901	计算机科学与技术	信息学院
54	工学	080902	软件工程	信息学院

续表 12

序号	学科门类	专业代码	专业名称	所属学院
55	工学	080904K	信息安全	信息学院
56	工学 / 理学	080910T	数据科学与大数据技术	信息学院 / 统计学院、统计与大数据研究院
57	工学	082502	环境工程	环境学院
58	工学	080717T	人工智能	高瓴人工智能学院
59	管理学	120101	管理科学	商学院
60	管理学 / 工学	120102	信息管理与信息系统	信息资源管理学院 / 信息学院
61	管理学	120103	工程管理	商学院
62	管理学	120201K	工商管理	商学院
63	管理学	120202	市场营销	商学院
64	管理学	120203K	会计学	商学院
65	管理学	120204	财务管理	商学院
66	管理学	120206	人力资源管理	劳动人事学院
67	管理学	120211T	劳动关系	劳动人事学院
68	管理学	120301	农林经济管理	农业与农村发展学院
69	管理学	120302	农村区域发展	农业与农村发展学院
70	管理学	120401	公共事业管理	环境学院 / 社会与人口学院
71	管理学	120402	行政管理	公共管理学院
72	管理学	120403	劳动与社会保障	劳动人事学院
73	管理学	120404	土地资源管理	公共管理学院
74	管理学	120405	城市管理	公共管理学院
75	管理学	120502	档案学	信息资源管理学院
76	管理学	120503	信息资源管理	信息资源管理学院
77	艺术学	130201	音乐表演	艺术学院
78	艺术学	130310	动画	艺术学院
79	艺术学	130401	美术学	艺术学院
80	艺术学	130402	绘画	艺术学院
81	艺术学	130502	视觉传达设计	艺术学院
82	艺术学	130503	环境设计	艺术学院
83	文学、哲学或历史学	学校自设专业	国学	国学院

说明：专业代码后带“T”表示特设专业，专业代码后带“K”表示国家控制布点专业。除“音乐表演”专业学制为 4～5 年，其余专业均为 4 年。“环境科学”和“材料物理”属于工学门类，但学校授予理学学位

（三）落实立德树人根本任务

中国人民大学自命名组建以来，一直遵循党和国家各个时期关于学生思想政治教育工作的指导思想，坚持社会主义教育方向，坚守马克思主义理论宣传教育阵地，坚持育人为本，德育为先，以服务于青年学生的健康成长为目标，不断加强和改进学生思想政治教育工作，开展爱国主义、集体主义和社会主义教育，开展世界观、人生观和价值观教育，开展理想信念、道德品质、民主法治教育，开展心理健康、艺术审美教育，促进学生综合素质的全面提高，培养德才兼备的优秀人才。

2000 年，学校制定了《关于加强和改进学校研究生德育工作的若干意见》，以指导研究生的德育工作。2005 年制定并开始实施《中国人民大学进一步加强和改进学生思想政治教育工作实施方案》，进一步完善了党委统一领导，以党的组织为核心，党、政、工、团齐抓共管的全方位、全过程的全员育人工作格局。

2011 年 10 月，中国人民大学 2011 年“红船领航”——新生党员先进性熔铸计划正式

启动。2012年6月19日，时任中共中央政治局常委、中央书记处书记、国家副主席的习近平观摩了“红船领航”新生党员马克思主义经典研习会，并对中国人民大学在人文社会学科特别是马克思主义教学与研究方面寄予厚望，鼓励学校在高校教学科研和党建工作中发挥应有的作用。

2013年起，学校持续深入开展“精彩第一年”新生引航工程以加强新生入学教育，并依托学院、班级、学生组织开展多种形式的科学道德与学风建设活动。同时推出“求是思源”优秀学生培养计划，每期组织学员前往西部地区开展社会调研实践和支教志愿活动，培养学生责任感和奉献精神。

2015年10月，学校落实立德树人根本任务，启动实施“厚重人才成长支持计划”。

2018年，中国人民大学入选全国首批“三全育人”综合改革试点高校。紧密围绕“立德树人”根本任务，全面推进“三全育人”综合改革试点建设。五项建设落实取得成效，思政“金课”打造卓有成效，科研评价体系、支持体系不断改进，辅导员队伍建设持续落实，学生综合服务全面完善、学生组织管理不断加强，形成“三全育人”综合改革工作亮点；针对“三全育人”落实过程中存在的“育人协同”“质量管理”“思想认识”三方面问题，学校以研究为先导建立攻坚小组，三大难题破解持续推进，建立“三全育人”长效机制，“三全育人”效果突出。

2019年，学校创新性推出为每个本科新生“一对一”配置成长导师的“新生导师引航计划”。

三、科学研究

在长期的实践探索中，中国人民大学学者始终关注社会，注重中国建设和改革中的重大理论和实践问题，为党和政府的决策，为国家的建设和发展做出了重要贡献。多年来，学校科研逐步形成了鲜明的人文科学特色和优势，逐步成为新中国人文社会科学研究的重要基地。进入新世纪，学校重点推动理工学科“跨越式”发展，以“高起点、相关联、入主流、高水平”为思路，注重依托学科基础，发挥后发优势，通过创新机制，组建精干的创新型人才队伍，凝炼学科方向，关联融合优势人文社会科学，已形成理工学科“高、精、尖”的良好发展态势。

（一）科研项目和经费

“八五”以来，学校获得的项目和经费逐年增多，呈现出繁荣发展的景象。据统计，1991年至2020年学校完成科研项目20759项，其中承担国家项目3055项。2000年以来，伴随国家级项目和省部级项目体系的调整，学校在重大项目获取方面取得巨大成绩，共计承担国家社会科学基金重大项目166项，国家自然科学基金重点项目20项，教育部哲学社会科学研究重大课题攻关项目49项，国家重大科技类项目33项，其中教师作为首席科学家承担项目7项，北京市社科基金重大项目34项，北京市自然科学基金重点研究专题项目4项，其中国家社科基金重大项目居全国首位，教育部哲学社会科学研究重大课题攻关项目位居高校前列，北京市社科基金重大项目位居北京市第一位。项目既有涉及学科建设与发展的基础性研究，也有与党和国家战略需要并具有很强应用性的研究，产出的成果具有较高的学术水平和重要的实践价值。

“八五”到“十三五”期间的科研项目和经费概况如下：

“八五”（1991—1995年）期间，学校共承担国家社会科学基金项目、国家自然科学基金项目、国家教委各类基金项目215项，争取科研经费464.4万元。

“九五”（1996—2000年）期间，学校承担国家社科基金项目、国家自然科学基金项目、国家级科技计划项目、教育部项目及北京市哲学社会科学规划项目等纵向项目353项，纵向课题的经费达到1351.75万元。

“十五”（2001—2005年）期间，学校获得国家社科基金项目、国家自然科学基金项目、国家级科技计划项目、教育部人文社科规划项目、北京市社科规划项目、北京市自然科学基金项目等各级各类项目2576项；科研经费总额达23989.29万元。

“十一五”（2006—2010年）期间，学校获得国家社科基金项目、国家自然科学基金项目、国家级科技计划项目、教育部人文社科规划项目、北京市社科规划项目、北京市自然科学基金项目等各级各类项目5823项；科研经费总额达74816.77万元。

“十二五”（2011—2015年）期间，学校获得国家社科基金项目、国家自然科学基金项目、国家级科技计划项目、教育部人文社科规划项目、北京市社科规划项目、北京市自然科学基金项目等各级各类项目6154项；科研经费总额达142213.22万元。

“十三五”（2016—2020年）期间，学校获得国家社科基金项目、国家自然科学基金项目、国家级科技计划项目、教育部人文社科规划项目、北京市社科规划项目、北京市自然科学基金项目等各级各类项目5638项；科研经费总额达164843.12万元。

进入21世纪后，学校坚持“主干的文科，精干的理工科”的办学思路，在理工科项目建设方面取得重大突破。以鲍威教授为项目负责人的国家重大科研仪器设备研制专项“冷中子非弹性散射谱仪的研制”于2012年获得国家自然科学基金委的批准，资助额度为1.11亿元人民币，是国家自然科学基金委对高等学校资助单项经费最高的项目。2018年，陈红教授为项目负责人的国家重点研发计划项目“高时效、可扩展的大数据计算模型、优化技术与系统”获批立项，项目中央财政拨款经费为4371万元，资助金额位居该年度获批项目首位。杜小勇教授为项目负责人的国家重点研发计划项目“面向城市智能服务的数据治理体系与共享平台”于2020年获批立项，项目总经费3589万元。

（二）科研成果

科研成果方面，在保持数量增长的同时，质量不断提升。在论文发文数上，自2004年以来，学校在南京大学人文社科引文索引（CSSCI）源期刊上第一署名机构发文数连续16年保持全国高校第一。自2010年以来，共有32部专著入选国家哲学社会科学成果文库，入选成果总数占全国高校第一。在科技论文方面，2010年以来，学校教师在《科学》上发文7篇，其中作为通讯作者发文3篇，在《自然》上发文4篇，其中作为通讯作者发文1篇。

“八五”（1991—1995年）期间，全校出版著作3129部，发表论文7874篇。“九五”（1996—2000年）期间，全校出版著作2722部，发表论文8021篇。“十五”（2001—2005年）期间，全校出版著作3374部，发表论文15121篇。“十一五”（2006—2010年）期间，全校出版著作2595部，发表论文18795篇。“十二五”（2011—2015年）期间，全校出版著作2051部，发表论文17298篇。“十三五”（2016—2020年）期间，全校出版著作1918部，发表论文19216篇。

知识产权与成果转化方面，截至2020年底，学校拥有专利162项，其中发明专利126项、实用新型33项、外观设计3项，另有国际专利4项，完成科技成果转化合同额2683.91万元。学校成功入选“2020年度国家知识产权试点高校”，助推建立高价值专利创造机制体制。

（三）重要获奖

随着国家对哲学社会科学和科学技术研究事业扶持力度的不断加大，以及各类科研成果奖励制度的建立和完善，中国人民大学有一大批优秀研究成果荣获国家级和省部级奖励，包括“国家自然科学奖”“国家科学技术进步奖”“高等学校科学研究优秀成果奖（人文社会科学）”“高等学校科学研究优秀成果奖（科学技术）”“北京市哲学社会科学优秀成果奖”“北京市科学技术奖”“国家社会科学基金项目优秀成果奖”等各项奖励。

自1991年至2020年，全校有1048项成果获省部级以上奖励。其中，卢仲毅教授团队获2019年度“国家自然科学奖”二等奖；杜小勇教授团队获2018年度“国家科学技术进步奖”二等奖，有315项成果获“高等学校科学研究优秀成果奖（人文社会科学）”，包含一等奖47项，二等奖126项，三等奖124项，咨询服务报告奖2项，普及读物奖6项，青年成果奖10项；有3项成果获“高等学校科学研究优秀成果奖（科学技术）”，包括一等奖2项，二等奖1项；有447项成果获“北京市哲学社会科学优秀成果奖”，包含特等奖

7项，一等奖130项，二等奖310项；有3项成果获“北京市科学技术奖”，包括一等奖1项，二等奖2项；有9项成果获“国家社会科学基金项目优秀成果奖”，包含一等奖1项，二等奖4项，三等奖4项。

30年间，学校科研成果在各类奖项角逐中的竞争力不断提升，深刻体现了中国人民大学科研事业大进步、科研实力大提升、科研队伍大发展的良好势头。2020年，中国人民大学共有84项成果获“第八届高等学校科学研究优秀成果奖（人文社会科学）”，获奖总数创本校历史新高。同年，学校共有37项成果获“北京市第十六届哲学社会科学优秀成果奖”，其中一等奖13项，获奖总数与一等奖获奖数均高居参评单位首位。

四、师资队伍建设

学校把教师思想政治工作作为建设高素质教师队伍的基础，把师德师风建设摆在教师队伍建设的首要位置。自20世纪90年代以来，不断提高政治站位，先后成立了党委教师思想政治工作领导小组（2017年）、党委教师工作部（2017年）、师德建设与监督委员会（2018年）等专门机构，形成了党委统一领导、党政齐抓共管、职能部门组织协调、学院部署落实、教师民主监督的教师思想政治和师德师风建设工作格局。

学校重视制度建设，2018年以来，制定或修订了《中国人民大学师德建设长效机制实施办法（试行）》《中国人民大学教师思想政治工作规划（2019—2022年）》《中国人民大学教师职业道德规范》等系列重要文件11份，形成总章与专项相辅、实体与程序并重的规范体系，提供严谨细密的制度支撑。

学校同时以教师实践调研为抓手，强化教师思想政治教育与师德师风专题培训。2018年，启动实施“读懂中国”青年教师社会调研计划项目。目前已成功开展11项集体项目和18项支持项目，参与人数超过500人，每年新入职青年教职工参与率超过90%。学校注重教师典型选树，发挥师德榜样人物的示范引领作用。2019年启动实施“吴玉章课程思政名师工作室计划”，并于2020年遴选设立首批“吴玉章课程思政名师工作室”5个，孵化课程思政名师团队。学校以师德先进典型为引领，弘扬高尚师德，自2019年起开展中国人民大学教师师德先进集体、师德标兵评选表彰活动，已评选师德先进集体10个、师德标兵20名。2020年，学校实施“人大·人师”荣誉教师短视频拍摄计划，创新宣传教育形式，激励广大教师以德立身、以德立学、以德施教。

20世纪90年代，学校积极应对社会经济转轨给人文社会科学高等教育带来的各种影响，在加强学科调整与建设的同时，高度重视师资队伍建设。通过加强师德教育、建立青年教师岗位培训制度、加强教师在职培训、狠抓教师业务水平、重视教师年龄梯队调整等措施，使教师队伍结构更加合理，水平进一步提高，为学校一批骨干学科跻身全国重点学科之列提供了强有力的师资保障。1990年，学校教职工共3957人，其中教师1787人。此后，由于严格控制编制及老教师退休等原因，教职工总数呈现递减趋势。1999年，全校教职工总数为3318人，比1990年减少了639人，但教授却增加了69人。

进入21世纪，学校根据创建“人民满意，世界一流”大学的总体目标和规划，以提高质量为重点，以培养拔尖人才为突破，进一步加大人事改革力度，在教职工聘任、考核、培训、晋升、人才引进、薪酬福利、博士后流动站等多方面取得了很大进展，逐步形成了有利于人才资源合理配置和开发利用的机制。

2002年，学校成立“中国人民大学引进高层次人才工作领导小组”，根据学校学科建设的总体规划，审议并通过人才引进的相关制度、人才引进规划和当年引进计划，确定引进人才的最终人选。2005年，学校出台“985”人才工程实施方案，同时成立了人才工作领导小组，领导小组下设办公室，挂靠人事处。2013年12月学校对中国人民大学人才工作领导小组及其办公室做出调整，进一步完善了精干高效的人才工作管理体制和运行机制。

2010年以来，围绕服务学校事业发展和提升人才培养质量中心工作，结合学校“十年腾飞”学科规划和全面提升国际性行动计划有关部署，人才计划方面，学校全面组织实施“3231”人才计划，旨在依托校内外各类人才政策和人才资源，构建一支主要由学术领军人才、中青年骨干人才和优秀青年人才组成，约占教师队伍总体规模20%的优秀人才集群。截至2020年底,学校实际在岗“杰出学者”587人，其中特聘教授A岗95人、特聘教授B岗108人、青年学者A岗198人、青年学者B岗186人。

学校坚定不移加大海外引才力度，坚持稳慎引才用才，汇聚了一批具有全球视野、国际竞争力、多元文化背景和出色教育教学能力的杰出学者。截至2020年底，共聘请名誉教授68人，客座教授128人次，讲座教授123人次，海外人才B岗（兼职）11人次、海外人才C岗（兼职）34人次、海外人才D岗（兼职）10人次，海外名师8人，引进海外高层次文教专家重点支持计划入选者24人次、高端外国专家104人次。

学校认真依托国家各级重要人才项目，大力推出一批代表人大学术水平的知名学者，努力造就一批具有创新能力和发展潜力的中青年学术带头人和学术骨干。截至2020年底，学校先后有503人享受国务院政府特殊津贴，18人为“中央联系专家”；有“长江学者奖励计划”入选者93人，“文化名家”暨四个一批人才27人,宣传思想文化青年英才3人；国家“有突出贡献中青年专家”24人，教育部“跨世纪优秀人才培养计划工程”入选25人，“百千万人才工程”国家级人选37人；有6人被评为国家级教学名师，10人获得国家杰出青年科学基金，17人获得国家优秀青年科学基金，10人获得教育部“高校青年教师奖”，193人入选教育部“新世纪优秀人才支持计划”。

学校坚持“走出去”与“请进来”相结合，聚焦国家战略持续选育人才，优化公派出国访学全球布局，着力提升公派出国研修效益。2005年至2020年底，共选派教师（含部分行政人员）746人次赴海外知名高校或研究机构进行为期1～60个月的访学交流；加强在地国际化培养，通过多种途径联系海外专家，以灵活多样的形式开展访学交流活动，2005年至2020年底，共邀请专家448人次，参训教师6700余人次。

学校精心实施“海归教师本土化培养”战略。2014年创新发布《中国人民大学海外留学归国教师挂职锻炼实施办法（试行）》，通过“海归教师挂职锻炼计划”，对其加强国情教育，实现国际化与本土化、理论研究与实践经验、先进研究方法与现实应用案例的三结合，共分14批次选派31个学院（系）的224名海归教师至180家合作单位，以挂任研究员、行政岗位等多种形式实践锻炼。

中国人民大学是人文社会科学领域最早设立博士后科研流动站的单位之一。自1992年以来，先后设立了21个博士后科研流动站，形成了门类齐全、覆盖广泛的特点。学校六次参加了全国博管会流动站评估，通过率100%，法学、应用经济学、理论经济学、统计学博士后流动站在评估中荣获全国“优秀博士后流动站”。1993年起，学校正式招收博士后研究人员。截至2020年底，学校累计招收博士后1623人（含企业博士后377人),其中，社会科学领域1563人，自然科学领域60人。

五、国际交流与合作

（一）校际交流协议

20世纪90年代，特别是90年代中后期，校际交流关系呈现出快速发展的势头。从20世纪90年代以前的5个国家扩大到35个国家，协议院校从7个增加到73个，交往对象不仅仅局限于社会主义国家和美国、加拿大、日本等发达国家，而是全面扩展，不仅同西方发达国家的院校建立关系，也注重和韩国、印度、以色列、越南等国的高等院校发展合作关系，不断扩大中国人民大学海外合作伙伴的范围。

进入21世纪，在学校领导的高度重视和积极推动下，学校致力于发展与世界名校的联系，协议院校不仅在数量上迅速增加，而且更注重实质性合作领域的开拓。截至2020年底，学校已与世界上61个国家和地区的304所机构建立了校级合作伙伴关系。其中，学校除与耶鲁大学、哥伦比亚大学、剑桥大学、牛津大学等世界名校建立了合作关系外，还与主要发展中国家及“一带一路”沿线国家的最顶尖高校建立了伙伴关系，如哈萨克斯坦纳扎尔巴耶夫大学、阿塞拜疆巴库大学、墨西哥国立自治大学等。

（二）政要到访

1991年至2000年，随着中国改革开放进程加快，步伐加大，学校的国际交流日益增多，往来日渐频繁。20世纪90年代后期，除了与各大学保持交流参访，学校努力加强与国外一些政要和政府代表团、外交使节的往来，致力于加强沟通合作。1995年，英国驻华大使艾博雅到访，1996年哈萨克斯坦共和国教育部部长姆拉特·茹里诺夫到访，1997年南斯拉夫联盟共和国驻华大使斯洛博丹·翁科维奇、美国财政部部长罗伯特·鲁宾来访，1999年，以色列驻华大使南月明女士、美国最高法院大法官安东尼·肯尼迪到访。

21世纪以来，为适应学校“建设世界知名的一流大学”的奋斗目标，学校对外交流的战略开始转变，根据自身发展需要，更加积极主动地邀请国外知名学者、代表团和社会人士访问学校，形成稳定化、长期化、常态化的到访、来访、参访模式。2003年，新西兰前总理、前世界贸易组织总干事迈克·穆尔到访，学校授予其名誉博士头衔。2006年，土库曼斯坦副总理别尔德穆哈梅多夫一行到访。2013年芬兰总理卡泰宁，意大利前总理、马西莫·达莱马到访学校。2015年国务院副总理刘延东陪同俄罗斯副总理戈洛杰茨参观中国人民大学—俄罗斯圣彼得堡国立大学俄罗斯研究中心。2016年，尼泊尔总理奥利到访并就“一带一路”发表演讲。2019年德国副总理奥拉夫·绍尔茨到访学校主讲“数字化的挑战”。学校以交流带动合作，从单方面的来访、会议召开、讲座举办到双方的签订协议、共研课题、互相访学，进一步深化学校与外方的交流合作关系，努力提升人大的国际化水平。

（三）国际会议

20世纪90年代，学校举办国际会议次数明显增加，参与的院系专业也大大扩展，举办学术会议已成为国际学术交流的重要途径之一。高水平、多领域学术会议的举办，吸引了大批有影响的国际学者，促进了学校自身学术水平和教师外语能力、国际交往能力的提高。

2000年到2020年，全校累计举办国际会议近450场次，平均每年举办20余场，涉及法学、财政金融、商学、劳动人事、环境、社会与人口、国际关系、马克思主义等多个领域。进入21世纪以来，学校所办国际会议的规模和数量都保持稳定增长态势。2007年至2020年，学校连续主办六届世界汉学大会，为倡导世界对话，增进理解，跨越历史传统与文化身份隔阂提供平台。2018年10月，学校承办了“中欧高等教育合作平台2018年会议：中国—欧盟合作·发展与未来”，会议推动了中国与欧盟及其成员在高等教育领域的交流与合作。2019年12月，学校承办“艺术美化世界、教育引领未来：2019中欧人文艺术教育论坛”，搭建中欧人文艺术教育交流国际平台。2020年11月，学校与意大利路易斯大学共同主办“世界人文社会科学高校联盟2020年会暨‘人工智能＋’系列线上论坛”。

六、校园建设与校区

（一）中国人民大学中关村校区

1990年，经首规委审定批复的1987年版校园总体规划确定的学生规模为9000人，总建筑面积为43.9万平方米。1995年初，学校根据事业发展需要和两次市长现场办公会议精神，对在校学生规模和校园总体规划作出调整，学生规模由9000人扩大至10000人，规划总建筑面积扩大至76.97万平方米。相较于复校初期的物质条件困难，此时学校的校园基本建设得到进一步发展、基础设施得到改善。

1991年建成科研办公楼，总建筑面积20300平方米，分别为科研楼A、B座以及逸夫会议中心。1996年建成兴发大厦。1998年4月建成贤进楼。

2002年经首规委审定批复的2002年版校园总体规划确定的学生规模为18000人，总建筑面积为71.8万平方米，其中新建32万平方米。2002年建成世纪馆和游泳馆，世纪馆总建筑面积19469平方米，荣获2002年度建筑长城杯金质奖；游泳馆总建筑面积6830平方米，世纪馆和游泳馆被列为2008年奥运会训练场馆。2002年建成公共教学一楼，建筑面积18022平方米。2004年建成知行1～6楼，

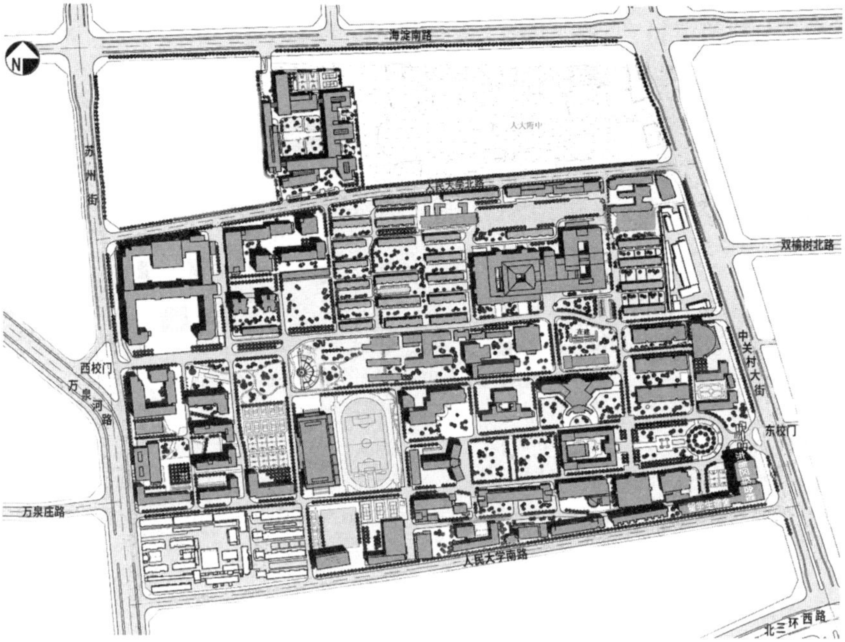

图 4　中国人民大学中关村校区平面图

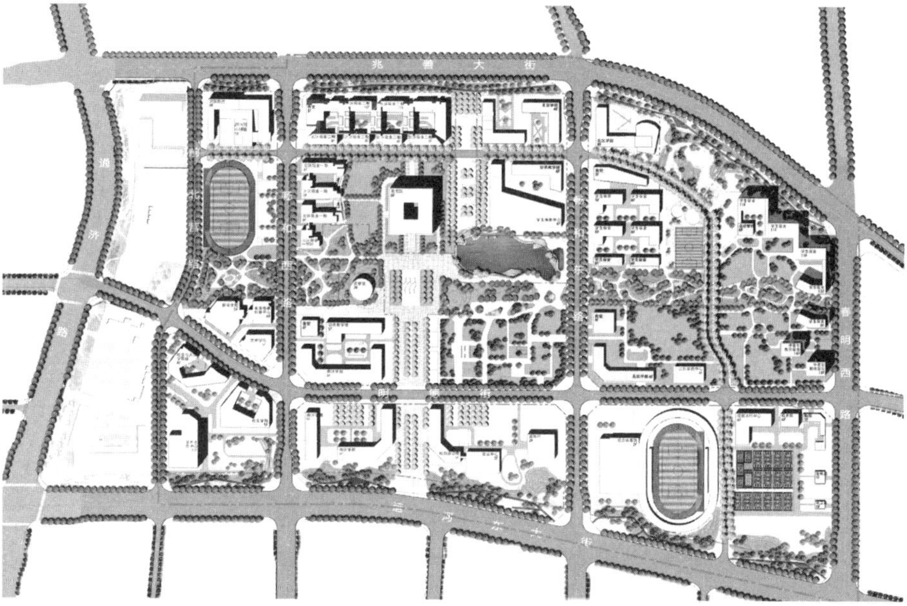

图 5　中国人民大学通州新校区平面图

总建筑面积约 85540 平方米。2005 年 10 月建成“文化大厦”，总建筑面积 58500 平方米，荣获 2003 年度结构长城杯银质奖。2005 年 11 月和 2006 年 6 月分别建成明德楼一期、二期工程。明德楼，总建筑面积约 14 万平方米，是当时全国高校开工建设最大的单体建筑，荣获 2003 年度结构长城杯金质奖、2006 年度国家优质工程银质奖。2007 年建成培训中心，2007 年 10 月完成对学校西门改造。2009 年 8 月建成国际文化交流中心，总建筑面积 17847 平方米。2009 年 8 月建成品园 6 楼，总建筑面积 22770 平方米。

2011 年 5 月图书馆新馆投入使用，总建筑面积 44620 平方米，荣获 2011—2012 年度国家优质工程银质奖。2011 年 11 月建成国学馆，总建筑面积 28516.91 平方米，荣获 2010 年度结构长城杯金质奖、2011—2012 年度建筑长城杯金质奖。2011 年 11 月建成校医院，总建筑面积 10170 平方米。2020 年 9 月校区东南区综合楼（教学科研楼）和留学生宿舍项目竣工，总建筑面积 101520 平方米，荣获 2019—2020 年度结构长城杯金质奖工程。

（二）中国人民大学苏州校区

苏州校区位于苏州工业园区，总占地面积 12.3 万平方米，总建筑面积 6.7 万平方米。2007 年 9 月，学校发文成立国际学院（苏州研究院）。2012 年 6 月，中国人民大学中法学院在苏州正式成立。中法学院是国内第一家以人文社会科学为主的非独立法人的中外合作办学机构。同年 9 月，学校发文设立中国人民大学苏州校区,全面负责国际学院（苏州研究院）和中法学院等教学科研机构与社会服务机构的管理。2018 年 4 月，学校发文成立丝路学院。截至 2020 年底，苏州校区拥有涵盖本、硕、博等多层次完整的办学体系，并进行留学生培养。

（三）中国人民大学通州新校区

通州新校区项目是国家发展改革委核报国务院批复同意的京津冀协同发展、北京城市副中心建设重大项目。通州新校区用地规模 110 公顷（约 1652 亩）。2011 年 12 月，教育部批准中国人民大学在通州区征地建设新校区。2012 年 3 月，中国人民大学与北京市通州区人民政府正式签署《合作建设中国人民大学东校区协议》。2017 年 5 月，北京市人民政府同意中国人民大学征地建设通州新校区。2017 年 10 月 2 日，中国人民大学通州新校区奠基仪式在新校区举行。2018 年 10 月，北京市规划和国土资源管理委同意中国人民大学通州新校区校园总体规划方案。2019 年 3 月首个建设项目开工。学校按照党中央国务院关于北京城市副中心规划建设的要求，始终坚持“世界眼光、国际标准、中国特色、高点定位”，努力将通州新校区建设成为“世界一流、北京最美、独具风格”的新时代示范校园。

（四）中国人民大学老校区

老校区位于北京市东城区张自忠路 3 号，1950 年 10 月 3 日，中国人民大学在此隆重举行开学典礼，成为中华人民共和国创办的第一所新型正规大学。1953 年，学校各院系陆续迁往中关村校区，1966 年起老校区不再做教学使用。截至 2020 年底，老校区主要作为学校主题教育、实践活动的重要基地。

七、2020 年概况

2020 年，中国人民大学占地面积 92.14 万平方米，产权校舍建筑面积 108.81 万平方米。图书馆建筑面积 3.97 万平方米。全年教育经费投入 442529.96 万元，其中，财政拨款 202914.04 万元、事业预算收入 159966.79 万元、其他预算收入 79649.13 万元。固定资产总值 575959.79 万元，其中，教学、科研仪器设备资产值 76630.88 万元。拥有教室 338 间，其中，网络多媒体教室 338 间。拥有图书 401.9 万册，计算机 17975 台。现有 4 个校区，设置 36 个院（系、部）。开设 82 个本科专业（不包括学校自设专业“国学”），覆盖 9 个学科门类。在编教职工 3957 人（含附中附小 657 人，国家资助博士后 125 人），其中大学本部专任教师 1899 人。专任教师中正高级 733 人，副高级 776 人。学历教育学生中毕业生 27303 人，其中，研究生 5336 人（博士生 732 人、硕士生 4604 人）、普通本科生 2730 人、成人教育本专科生 1498 人

（本科生 1266 人、专科生 232 人）、网络教育本专科生 17739 人（本科生 7846 人、专科生 9893 人）。本科毕业生就业率 81.28%。招生 10816 人，其中，研究生 5599 人（博士生 1010 人、硕士生 4589 人）、普通本科生 2856 人、成人教育本科生 494 人、网络教育本科生 1867 人。高考北京地区提档线不限选考专业组 671 分、物理必考专业组 675 分、物理 / 历史（选考一门）专业组 673 分。（提档线不含提前批、中法学院。）在校中国学生 77056 人，其中，研究生 15941 人（博士生 4792 人、硕士生 11149 人）、普通本科生 11354 人、成人教育本专科生 2574 人（本科生 2558 人、专科生 16 人）、网络教育本专科生 47187 人（本科生 33321 人、专科生 13866 人）。留学生毕业 372 人、招生 365 人、在校生 1206 人。

附表：

表 13　　中共中国人民大学委员会历任书记一览表（1991—2020 年）

书记	任职时间	书记	任职时间
李文海	1987 年 10 月—1994 年 6 月	程天权	2001 年 2 月—2013 年 4 月
马绍孟	1994 年 6 月—2001 年 2 月	靳　诺	2013 年 4 月—

表 14　　中国人民大学历任校长一览表（1991—2020 年）

校长	任职时间	校长	任职时间
黄　达	1991 年 11 月—1994 年 6 月	陈雨露	2011 年 11 月—2015 年 11 月
李文海	1994 年 6 月—2000 年 9 月	刘　伟	2015 年 11 月—
纪宝成	2000 年 9 月—2011 年 11 月		

（执笔人：楚艳红、李　晶、蒋香仙）

清华大学

清华大学的前身清华学堂始建于1911年，1912年更名为清华学校。1928年更名为国立清华大学。1937年抗日战争全面爆发后南迁长沙，与北京大学、南开大学组建国立长沙临时大学，1938年三校又迁至昆明并改名为国立西南联合大学。1946年迁回清华园，设有文、法、理、工、农5个学院、26个系。

1952年全国高等学校院系调整后，清华大学成为一所多科性工业大学，重点为国家培养工程技术人才，被誉为“红色工程师的摇篮”。改革开放以来，清华大学逐步确立了建设世界一流大学的长远目标，进入了蓬勃发展的新时期。学校先后恢复或新建了理学、文学、医学学科和经济管理学科，并成立了研究生院和继续教育学院。1999年，中央工艺美术学院并入，成立清华大学美术学院。2012年，中国人民银行研究生部并入，成为清华大学五道口金融学院。在国家“211工程”“985工程”和“双一流”建设的大力支持下，清华大学在人才培养、科学研究、社会服务、文化传承创新、国际交流合作等方面都取得了长足进展。截至2020年底，清华大学共设21个学院、59个系，已成为一所设有理学、工学、文学、艺术学、历史学、哲学、经济学、管理学、法学、教育学和医学11个学科门类的综合性、研究型、开放式大学。

一、院系建设

1991年，清华大学共设3个学院28个学系。此后，学校不断优化院系结构，工科优势进一步加强，理科和文科实现跨越式发展，医学与生命科学快速提升。

1991—2000年期间，院系结构全面调整，基本完成学科综合性布局。1993年，成立人文社会科学学院，下设历史系、哲学与社会学系、中国语言文学系。1994年，成立信息科学技术学院，下设电子工程系、计算机科学与技术系、自动化系。1996年，成立机械工程学院，下设精密仪器与机械学系、机械工程系、汽车工程系。1999年，中央工艺美术学院并入，成立清华大学美术学院；同年恢复建立法学院。2000年，成立土木水利学院，下设土木工程系、水利水电工程系、建设管理系；在经济管理学院公共管理系和21世纪发展研究院的基础上，成立公共管理学院。

2001—2010年期间，面向国家建设需求，新建一批工科院系，重点调整理科、文科院系结构，加快医学学科发展。2001年，成立工业工程系、医学院；在应用技术学院基础上建立软件学院；设立深圳研究生院。2002年，在传播系基础上成立新闻与传播学院。2004年，成立微电子与纳电子学系；在工程力学系、宇航技术研究中心等基础上成立航天航空学院。2006年，中国协和医科大学更名为北京协和医学院—清华大学医学部。2008年，在马克思主义研究中心和人文社会科学学院相关学科系所基础上成立马克思主义学院。2009年，教育研究所与教育技术研究所合并建立教育研究院；在生物科学与技术系的基础上建立生命科学学院；建立出土文献研究与保护中心；复建国学研究院；建立地球系统科学研究中心。

2011—2020年期间，以优化布局为原则，调整定位、突出优势，促进前沿、新兴和交叉学科发展。2011 年，在环境科学与工程系基础上成立环境学院。2012 年，中国人民银行研究生部并入，成为五道口金融学院；撤销人文社会科学学院，成立人文学院和社会科学学院；由原材料科学与工程系、原机械工程系材料加工学科合并组建材料学院；成立精密仪器系，调整组建新的机械工程系，隶属机械工程学院。2014 年，成立新雅书院；与伯克利加州大学联合建立清华—伯克利深圳学院。2015 年，在药学系的基础上成立药学院；与华盛顿大学合作成立全球创新学院；建立苏世民书院。2016 年，在地球系统科学研究中心基础上成立地球系统科学系；在医学院下成立临床医学院。2017 年，成立科学史系，隶属人文学院。2018 年，在深圳研究生院、清华—伯克利深圳学院的办学基础上，成立清华大学深圳国际研究生院。2019 年，成立天文系，隶属理学院；撤销汽车工程系建制，成立车辆与运载学院，隶属机械工程学院。2020 年，成立万科公共卫生与健康学院；成立致理书院、日新书院、未央书院、探微书院、行健书院。

表 15　　清华大学院系设置一览表（2020 年）

学院（部）	教学系
建筑学院	建筑系
	城市规划系
	建筑技术科学系
	景观学系
土木水利学院	土木工程系
	水利水电工程系
	建设管理系
环境学院	环境工程系
	环境科学系
	环境规划与管理系
机械工程学院	机械工程系
	精密仪器系
	能源与动力工程系
	车辆与运载学院
	工业工程系
	基础工业训练中心
航天航空学院	工程力学系
	航空宇航工程系
信息科学技术学院	电子工程系
	计算机科学与技术系
	自动化系
	微电子与纳电子学系（微电子学研究所）
	网络科学与网络空间研究院
	软件学院
	信息技术研究院
材料学院	
电机工程与应用电子技术系	
工程物理系	
化学工程系	
核能与新能源技术研究院	
理学院	数学科学系
	物理系
	化学系

学院（部）	教学系
理学院	地球系统科学系
	天文系
生命科学学院	
医学院	生物医学工程系
	基础医学系
	临床医学院
	公共健康研究中心
药学院	
万科公共卫生与健康学院	
高等研究院	
交叉信息研究院	
航空发动机研究院	
经济管理学院	会计系
	经济系
	金融系
	创新创业与战略系
	领导力与组织管理系
	管理科学与工程系
	市场营销系
公共管理学院	
马克思主义学院	
人文学院	中国语言文学系
	外国语言文学系
	历史系
	科学史系
	哲学系
社会科学学院	社会学系
	政治学系
	国际关系学系
	心理学系
	经济学研究所
法学院	
新闻与传播学院	

续表 15

学院（部）	教学系	学院（部）	教学系
五道口金融学院		艺术教育中心	
美术学院	艺术史论系	语言教学中心	
	工业设计系	教育研究院	
	环境艺术设计系	深圳国际研究生院	
	陶瓷艺术设计系	苏世民书院	
	视觉传达设计系	全球创新学院	
	染织服装艺术设计系	新雅书院	
	信息艺术设计系	致理书院	
	工艺美术系	日新书院	
	绘画系	未央书院	
	雕塑系	探微书院	
体育部		行健书院	

二、学科建设

清华大学于 1985 年正式提出“把清华大学逐步建设成为世界第一流的、具有中国特色的社会主义大学”发展目标,逐步明确了“三个九年，分三步走”的总体发展战略，一流大学与一流学科建设取得显著成效。

从 1991 年至“三步走”战略的首个九年期间（1994—2002 年），一流大学和学科建设的重点是：调整结构、奠定基础，初步实现向综合性研究型大学的过渡。1995 年和 1998 年，国家分别启动“211 工程”和“985 工程”，学校提出保持与发展工科优势，加强理科、人文和经管学科建设的思路，面向国民经济主战场，发挥电子、能源、信息、控制、机械、材料、汽车、电力、化工、水利、土木和建筑等学科优势，承担和完成了一批国家重大科研任务；大力加强应用物理、应用数学、化学、生物科学与技术等理学学科方向的建设，促进理科与工科的结合；提高社会科学、人文学科、经济管理科学和软科学的研究能力水平，发挥学科对国家决策重要支持和影响作用。重点建设了信息科学与技术、核能与核技术、能源工程、先进制造、材料科学与工程等学科，布局了人居环境、结构工程、环境工程、固体力学、经济管理学、生物物理学等一批高水平学科方向。

第二个九年期间（2003—2011 年），一流大学和学科建设的重心转移到：重点突破、跨越发展，力争跻身于世界一流大学行列。通过“211 工程”“985 工程”建设，学校建立起与综合性、研究型、开放式大学相匹配的学科体系，整体水平和国际竞争力全面提升。贯彻“科学规划、突出重点、统筹资源、分类建设”方针，通过“攻坚、巩固、扶持、培育”等举措，保持学科整体可持续发展，完成综合性学科布局。以重点研究领域为着力点，集中资源支持一批具有世界先进水平的科技创新平台和哲学社会科学创新基地，重点建设能源、信息、生命、材料和环境等学科，调整机械和材料学科。加强学科前瞻性布局，新建地学、药学学科。着力推动医科发展。

第三个九年阶段（2012—2020 年），整体推进一流大学和学科建设：全面提高，协调发展，努力在总体上达到世界一流大学水平。2012 年，成立五道口金融学院，加强经济学科建设。2015 年,国家启动“双一流”建设，清华大学入选一流大学建设高校，34 个学科入选一流学科建设名单。学校构建了学科领域—学科群—学科三个层次的学科建设体系，进一步汇聚学科优势，保持合理的学科结构和学科发展的前瞻性、战略性，不断推动学科创新发展，核科学与技术、计算机科学与技术、建筑学、环境科学与工程、材料科学与工程、机械工程、土木工程、设计学、物理学和化学等学科已接近或达到世界一流前列水平。

表 16　　清华大学学科设置一览表（2020 年）

门类	学科代码	一级学科名称	门类	学科代码	一级学科名称
哲学	0101	哲学	工学	0807	动力工程及工程热物理
经济学	0201	理论经济学		0808	电气工程
	0202	应用经济学		0809	电子科学与技术
法学	0301	法学		0810	信息与通信工程
	0302	政治学		0811	控制科学与工程
	0303	社会学		0812	计算机科学与技术
	0305	马克思主义理论		0813	建筑学
教育学	0401	教育学		0814	土木工程
	0402	心理学		0815	水利工程
	0403	体育学		0817	化学工程与技术
文学	0501	中国语言文学		0823	交通运输工程
	0502	外国语言文学		0825	航空宇航科学与技术
	0503	新闻传播学		0827	核科学与技术
历史学	0602	中国史		0830	环境科学与工程
	0603	世界史		0831	生物医学工程
理学	0701	数学		0833	城乡规划学
	0702	物理学		0834	风景园林学
	0703	化学		0835	软件工程
	0704	天文学		0837	安全科学与工程
	0706	大气科学		0839	网络空间安全
	0710	生物学	医学	1001	基础医学
	0712	科学技术史		1002	临床医学
	0713	生态学		1007	药学
	0714	统计学	管理学	1201	管理科学与工程
工学	0801	力学		1202	工商管理
	0802	机械工程		1204	公共管理
	0803	光学工程	艺术学	1301	艺术学理论
	0804	仪器科学与技术		1304	美术学
	0805	材料科学与工程		1305	设计学

三、人才培养

30 年来，清华大学坚持高素质、高层次、多样化、创造性的人才培养目标，致力于培养学生具备健全人格、宽厚基础、创新思维、全球视野和社会责任感，引导学生成长为肩负使命、追求卓越的时代新人。2014 年至 2020 年，学校全面深化教育教学改革，确立价值塑造、能力培养、知识传授“三位一体”的教育理念，完善全员全过程全方位育人体系。

建立以通识教育为基础、通识教育与专业教育相融合的本科教育体系，打造创意创新创业融合教育平台。2017 年起，开展本科大类招生、大类培养，所有本科生按照数理类、化生类、能源类、计算机类等 16 大类实施招生和培养。2020 年，为落实“强基计划”成立五个书院，不断探索完善本科人才培养新模式。

紧密围绕国家发展对高层次人才的迫切需求，逐步调整研究生人才培养规模结构，不断探索高层次人才培养新模式。率先推行本科生直接攻读博士学位、非学历教育硕士生、博士生指导教师遴选制度、研究生招生方式、研究生学术评价等方面的改革。通过推进研究生分类培养，加强全过程质量管理，优化专业学位培养模式，加大学科交叉人才培养，不断提高研究生培养质量。

表 17　清华大学本科专业设置一览表（2020 年）

序号	专业代码	专业名称	所在院系
1	082801	建筑学	建筑学院
2	082802	城乡规划	
3	082803	风景园林	
4	081002	建筑环境与能源应用工程	建筑学院、未央书院
5	081001	土木工程	土木水利学院
6	081802	交通工程	
7	120103	工程管理	
8	081101	水利水电工程	
9	081105T	水利科学与工程	
10	081009T	土木、水利与海洋工程	土木水利学院、未央书院、行健书院
11	082502	环境工程	环境学院、探微书院、未央书院
12	081003	给排水科学与工程	环境学院、探微书院
13	080201	机械工程	机械工程学院、未央书院
14	080301	测控技术与仪器	机械工程学院、未央书院
15	080210T	微机电系统工程	机械工程学院
16	080207	车辆工程	机械工程学院、行健书院
17	120701	工业工程	机械工程学院、未央书院
18	080501	能源与动力工程	机械工程学院、未央书院、行健书院
			航天航空学院、行健书院
19	080102	工程力学	航天航空学院
20	082001	航空航天工程	航天航空学院、行健书院
21	080601	电气工程及其自动化	电机工程与应用电子技术、未央书院
22	080714T	电子信息科学与技术	信息科学技术学院
23	080701	电子信息工程	
24	080702	电子科学与技术	
25	080704	微电子科学与工程	信息科学技术学院、未央书院
26	080801	自动化	信息科学技术学院
27	080902	软件工程	信息科学技术学院、未央书院
28	080901	计算机科学与技术	信息科学技术学院
			交叉信息研究院
29	082203	工程物理	工程物理系、未央书院
30	082201	核工程与核技术	工程物理系
31	080407	高分子材料与工程	化学工程系、探微书院
32	081305T	化学工程与工业生物工程	
33	080401	材料科学与工程	材料学院、未央书院
34	070103T	数理基础科学	理学院、未央书院
35	070101	数学与应用数学	理学院、致理书院
36	070102	信息与计算科学	理学院、致理书院
37	070201	物理学	理学院、致理书院
38	070202	应用物理学	理学院
39	070301	化学	理学院、致理书院
40	070303T	化学生物学	理学院、探微书院

续表 17

序号	专业代码	专业名称	所在院系
41	071001	生物科学	生命科学学院、致理书院
42	071002	生物技术	生命科学学院
43	120102	信息管理与信息系统	经济管理学院
44	120203K	会计学	
45	020301K	金融学	
46	020307T	经济与金融	
47	120201K	工商管理	
48	020101	经济学	经济管理学院、社会科学学院
49	030301	社会学	社会科学学院
50	030202	国际政治	
51	071101	心理学	
52	030201	政治学与行政学	
53	120402	行政管理	公共管理学院
54	010101	哲学	人文学院、日新书院
55	060101	历史学	
56	050101	汉语言文学	
57	050201	英语	人文学院
58	050207	日语	
59	030101K	法学	法学院
60	050301	新闻学	新闻与传播学院
61	050303	广告学	美术学院
62	130101	艺术史论	
63	130310	动画	
64	130402	绘画	
65	130403	雕塑	
66	130404	摄影	
67	130406T	中国画	
68	130501	艺术设计学	
69	130502	视觉传达设计	
70	130503	环境设计	
71	130504	产品设计	
72	130505	服装与服饰设计	
73	130506	公共艺术	
74	130507	工艺美术	
75	130508	数字媒体艺术	
76	130509T	艺术与科技	
77	130510TK	陶瓷艺术设计	
78	080205	工业设计	
79	100201K	临床医学	医学院
80	082601	生物医学工程	医学院、探微书院
81	100701	药学	药学院
82	030205T	政治学、经济学与哲学	新雅书院

四、科学研究

20世纪90年代以来，学校科研水平快速提升。为适应科技创新形势发展，学校及时调整科研工作组织管理模式。新世纪初，撤销科技处并设立科研院，确立“顶天、立地、树人”科研宗旨，坚持“四个面向”，在承担国家重大科技项目、科研机构建设、产学研合作、国际科技合作等方面取得显著成效，全校科研经费从1991年的0.81亿元增长到2020年的74.36亿元。

承担国家重大科研任务，服务国家科技进步。牵头承担国家科技攻关（支撑）计划、“863”计划、“973”计划、国家科技重大专项、国家重点研发计划项目数量均居高校首位。低温堆、集装箱检测系统、新一代互联网、公共安全、燃料电池等一批重大科技攻关得到长期支持并取得重大成果。90位教师担任“973”项目首席科学家，是国家首批16个重大专项中唯一牵头负责重大专项实施的高校。获国家自然科学基金立项额长期保持高校前列，其中205位教师获得优秀青年科学基金项目资助，稳居高校首位。

主动面向经济建设主战场，不断深化产学研合作。1995年成立清华大学与企业合作委员会，已发展国家电网、中国移动、中国石化、中国商飞、中国一汽、中国一重、中国银行、中信集团、华为等国内知名企业成员单位150余家。2003年设立清华大学科技开发部产学研合作办公室，截至2020年已在京津冀、长三角、珠三角等地区设立产学研办公室20余家。横向合同从1991年的288项、1496.95万元增长到2020年2087项、20.45亿元。

积极开展国际科技合作，国际影响力不断提升。国际合作模式从委托研究和联合研究向多元化发展，包含联合设立种子基金、开展跨学科示范应用研究、组织多边参与的共性科研项目等，如与丰田汽车公司合作成立清华大学—丰田联合研究院，与英特尔公司签署合作研发项目等。截至2020年，涉外科研合作合同额累计超过75亿元。发展丰田、西门子、日立、微软、宝洁等40余家知名跨国企业为清华大学与企业合作委员会海外成员单位。

文科科研取得突出成就。1991年以来，文科相关院系学科不断恢复、发展。2005年起，累计中标立项国家社会科学基金重大课题84项，其中2016—2018年连续三年保持在两位数以上。在此期间，获得教育部高等学校科学研究优秀成果奖（人文社会科学）共161项、北京市哲学社会科学优秀成果奖共175项，居高校前列。

科研机构管理日益规范。2003年设立科研机构管理办公室，统筹全校虚体科研机构管理。至2020年底，累计成立校级科研机构715个并实施动态调整，仍保持合规运行的科研机构共447个，其中包括政府批建机构161个、自主设立机构148个、联合共建机构138个。

科技创新获得国家和社会认可。截至2020年底，累计通过成果鉴定2840项，获得各类奖励7736项，其中，国家最高科学技术奖2人，国家自然科学奖84项，国家技术发明奖159项，国家科技进步奖362项，部委省市级科技奖2753项，各类专项奖4376项。

持续加强知识产权保护。截至2020年底，累计申请中国专利41303项，申请国外及地区专利6708项；获中国专利授权29539项，国外及地区专利授权4068项，计算机软件著作权登记4258项。进一步完善成果转化体系，2014年设立技术转移研究院，2015—2020年以技术许可、技术转让、技术入股形式共转化科技成果519项，包含专利、软件等各类知识产权2889项，转化合同金额达30亿元。

不断推进科研诚信建设工作，倡导优良学风。校学术委员会作为学校最高学术机构，定期举办“清华论坛”高水平学术交流活动，积极弘扬科学精神，对学术不端行为及时依法依规进行调查处理。

五、师资队伍建设

教师是立教之本、兴教之源。清华大学高度重视师资队伍建设，坚持内培外引、优化调整，全方位打造结构合理、素质精良的

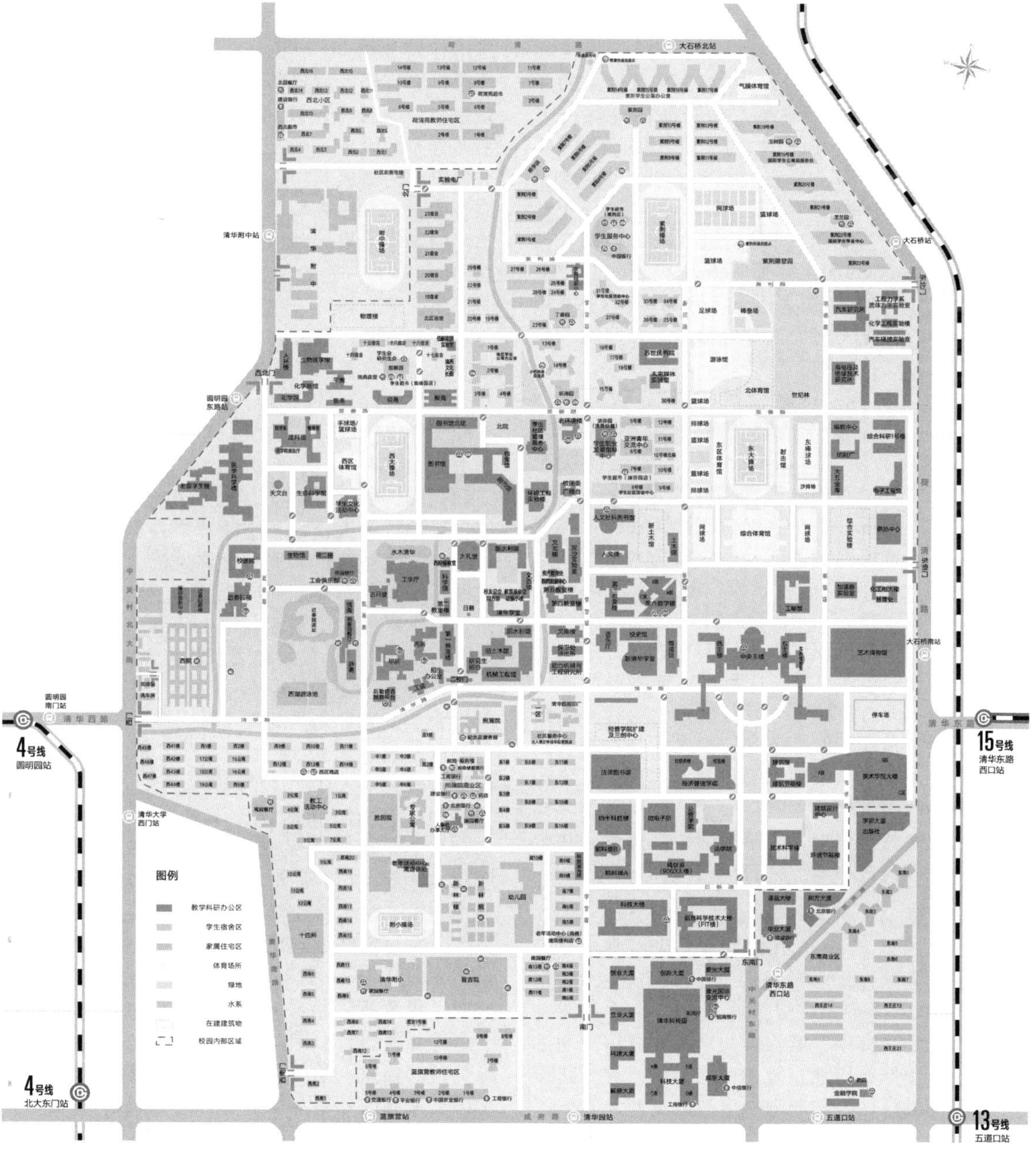
大石桥北站
大石桥站
清华附中站
圆明园东路站
圆明园南门站
清华西路
4号线
圆明园站
清华大学西门站
大石桥南站
清华东路
15号线
清华东路西口站
清华东路西口站
东南门
南门
蓝旗营站
成府路
清华园站
五道口站
13号线
五道口站
4号线
北大东门站
图例
教学科研办公区
学生宿舍区
家属住宅区
体育场所
绿地
水系
在建建筑物
校园内部区域

图6 清华大学平面图

教师队伍。深化人事制度改革，健全教师发展培训制度和服务支持体系，努力形成崇教敬业的高素质人才队伍。

从20世纪90年代中期开始，积极推进以人事制度和分配制度改革为重点的学校内部管理体制改革，加强海内外优秀人才引进和青年学术骨干队伍建设。1994年成立“人才引进与选培领导小组”，1995年设立“学术新人奖”，1996年设立“青年教师教学优秀奖”，同时实施合同聘任制，促进合理流动，优化教师队伍。1998年实施“双百人才计划”，加大引进人才力度。1999年在国内率先实施岗位津贴制度，并启动“骨干人才支持计划”和“骨干人才派出计划”。2001年实施“讲席教授制度”，设立基金支持世界著名学者以团组形式到校工作。2007年，实施“221”计划，加强高层次人才引进及对校内中青年领军人才的支持。

进入新百年，学校确定“人才强校”战略，坚持培养与引进并举建设高水平教师队伍。自2014年起，学校以教师人事制度改革为突破口，在全国高校中率先启动综合改革。突出岗位职责导向，实行教师分系列管理制度；构建准聘长聘制度，激发教师队伍活力；大力支持青年教师成长，为青年教师提供一流的学术环境和良好的生活待遇；强化教书育人为教师的第一学术责任，引导和鼓励长聘教师投入本科教学。开展系统多样的教育教学培训，完善教学荣誉体系，在全校积极营造尊师重教、教书育人的良好氛围。

六、校园基本建设

1991年至2020年是清华大学基本建设蓬勃发展期。学校先后于1994年、2005年和2020年编制完成第八次至第十次校园总体规划。其中，第八、九次校园总体规划基本沿用原有用地布局和功能分区，规划建设东部教学区、北部学生生活区及西北教职工生活区等，完善校园重要功能节点及各项公共服务设施，逐渐形成稳定空间格局。第十次校园总体规划以空间治理、存量更新、品质提升为规划编制理念，初步构建全要素管控的空间治理体系。

1991—2000年时期，在空间布局上面向“建设综合性、研究型、开放式世界一流大学”的发展目标，完成建设项目74个，新增建筑规模46万平方米。先后建成的建筑馆、经管楼、技术科学楼、明理楼等多个系馆，沿主楼中轴线对称分布，和呈“十”字形分布的绿地景观及新东门共同构建了主入口空间的新风貌。新建射击馆、游泳馆和综合体育馆等体育场馆，奠定了学校东部运动区的基本格局，其中综合体育馆可容纳观众5000多人，成为学校国际体育比赛、集会交流的重要场所。增补西北部教职工住宅、公寓及照澜院商业服务配套，新建学生宿舍楼等，整体改善了生活区居住环境和品质。

2001—2010年时期，学校不断加快基本建设的发展步伐，完成建设项目59个，新增建筑规模94万平方米。新建高研中心（理科楼扩建）、第六教学楼、纳米科技楼、信息科学技术大楼、老年活动中心、公共管理学院、化学新馆、美术学院大楼、建筑节能楼、医学科学楼、环境节能楼、化工电大楼等教学科研用房及紫荆学生公寓、紫荆学生公寓食堂，完成东区轴线南北终点的连接。其中第六教学楼是学校迄今为止单体建设规模最大、设施最先进的教学楼，新建紫荆学生公寓建筑面积约38万平方米，共建有23幢宿舍楼，可入住22120人。

2011—2020年时期，学校基本建设进入存量更新时期，完成建设项目22个，新增建筑规模57万平方米。艺术博物馆、图书馆北馆、学生文化活动中心改造等一系列重大公共建筑陆续建成并投入使用，校园文化艺术氛围日新月异；南区学生宿舍一期、二期工程及新清芬园先后落成，校园基础办学条件显著提升。同时，综合性大型科研设施平台的建设不断趋于平台化和标准化，为学科交叉和人才培养创造了更为优越的发展条件。此外，生物馆修缮、静斋修缮等项目以功能更新的形式，满足了新时期学校的教学、科研、实验、办公等各类空间需求，体现出了校园空间外延式增长和内涵式增长并重的特征。

表 18　　清华大学校园建设统计表

阶段	新建建筑面积（平方米）	阶段	新建建筑面积（平方米）
1991—2000 年	457155	2011—2020 年	569859
2001—2010 年	937291	总计	1964305

七、2020 年学校基本情况

2020 年，清华大学校园面积 462.74 万平方米，产权校舍建筑面积 365.18 万平方米、非产权校舍建筑面积 19.16 万平方米。图书馆建筑面积 6.98 万平方米。全年教育经费投入 1726280.51 万元，其中，财政拨款 449612.82 万元、自筹经费 1276667.69 万元。学校设有 1 个校区，设置 21 个学院、59 个系。开设 82 个本科专业，覆盖 10 个学科门类；具有一级学科 58 个；一级学科博士点、硕士点 54 个，一级学科硕士点 4 个，二级学科硕士点 1 个。共有 24 个专业学位类别，其中有 6 个类别可授予专业博士、硕士学位，1 个类别可授予专业博士学位，16 个类别可授予专业硕士学位，1 个类别可授予专业硕士、专业学士学位。“双一流”建设学科 34 个，国家级一流本科专业建设点 27 个。国家重点实验室 13 个，北京实验室 1 个，北京市重点实验室 19 个。教职工 14848 人，其中，专任教师 3608 人，包括正高级 1399 人、副高级 1703 人；博士生导师 2836 人、硕士生导师 901 人；中国科学院院士 53 人、中国工程院院士 35 人。外籍教师 118 人，其中，教授 68 人、副教授 33 人。在校生 44261 人，其中，研究生 29136 人（博士生 14505 人、硕士生 14631 人）、普通本科生 15125 人。留学生毕业 1673 人、招生 1087 人、在校生 3369 人。网址：www.tsinghua.edu.cn。

附表：

表 19　　中共清华大学委员会历任书记一览表（1991—2020 年）

书记	任职时间	书记	任职时间
方惠坚	1988 年 9 月—1995 年 9 月	胡和平	2008 年 12 月—2013 年 12 月
贺美英	1995 年 9 月—2002 年 1 月	陈　旭	2013 年 12 月—
陈　希	2002 年 1 月—2008 年 12 月		

表 20　　清华大学历任校长一览表（1991—2020 年）

校长	任职时间	校长	任职时间
张孝文	1988 年 10 月—1994 年 1 月	陈吉宁	2012 年 1 月—2015 年 3 月
王大中	1994 年 1 月—2003 年 4 月	邱　勇	2015 年 3 月—
顾秉林	2003 年 4 月—2012 年 1 月		

（执笔人：徐思羽）

北京交通大学

北京交通大学是教育部直属，教育部、交通运输部、北京市人民政府和中国国家铁路集团有限公司共建的全国重点大学。1991年至2020年北京交通大学各项事业快速发展，首批跻身“211工程”高校和设有研究生院的博士、硕士学位授予高校的行列，获批“985工程优势学科创新平台”，首批成为“2011协同创新计划”牵头高校、国家“双一流”建设高校。学校坚持立德树人根本任务，实施人才强校战略，为国家与社会经济发展培养大批优秀人才，对接国家重大战略需求，提高科技创新实力，服务交通、物流、信息、新能源等行业以及北京经济社会发展，形成了以信息和管理等学科为优势、以交通科学与技术为特色、多学科协同发展的高水平研究型大学的办学格局。

一、学校沿革

北京交通大学前身是1909年创办的北京铁路管理传习所，是中国近代铁路管理、电信教育的发祥地。作为交通大学三个源头之一，其历史可追溯到1896年，与南洋公学、山海关北洋铁路官学堂等有深厚的历史渊源。1917年改组为铁路管理学校和邮电学校，1921年与上海工业专门学校、唐山工业专门学校合并组建交通大学。1923年更名为北京交通大学。1950年学校定名北方交通大学，隶属铁道部，校名由毛泽东主席亲笔题写。1952年经院系调整更名为北京铁道学院，1970年恢复使用北方交通大学校名。2000年与北京电力高等专科学校合并，划转教育部管理。2003年恢复使用“北京交通大学”校名。

学校自1921年由专门学校转为大学，2004年经教育部批准正式建立研究生院，以全日制高等学历教育为主要形式，学历教育以本科生和研究生教育为主，同时开展继续教育、中外合作办学。

学校名称为北京交通大学，简称为北京交大；英文名称为Beijing Jiaotong University，缩写为BJTU。学校原址位于府右街李阁老胡同（今力学胡同），1951年10月迁至海淀区西直门外红果园（今上园村3号）。学校在北京市海淀区建有东西两个校区，在山东省威海市建有威海校区，在河北省黄骅市建有北京交通大学海滨轨道交通综合研发实验基地，在河北省唐山市建有唐山研究院。

二、院系建设

1994年全校共有13个系，即运输管理工程系、通信与控制工程系、电气工程系、计算机科学技术系、机械工程系、土木建筑系、物资管理工程系、工业与建筑管理工程系、经济管理系、数学系、物理系、外语系、社科系。

1996年学校按照建设大学科、学科群，促进学科交叉相关学科共同发展的思路，合并组成6个学院，即电子信息工程学院、交通运输学院、经济与工商管理学院（1998年11月更名为经济管理学院）、土木建筑工程学院、机械与电气工程学院、文理学院。1998年成立理学院、人文社会科学学院，撤销文理学院。2000年成立计算机与信息技术学院。

2000年与北京电力高等专科学校合并后，基层教学科研单位为9个：电子信息工程学院、土木建筑工程学院、机械与动力工程学院（2001年更名为机械与电子控制工程学院）、交通运输学院、经济管理学院、人文社会科学学院、理学院、电气电力工程学院（2001年更名为电气工程学院）、计算机与信息技术学院。

2003年经教育部批准成立软件学院，按照示范性软件学院政策办学。2007年成立建筑与艺术系（2012年改设为建筑与艺术学院）。2009年3月组建新的人文社会科学学院（同时挂马克思主义理论教学研究部牌子）、语言与传播学院。2011年4月组建成立马克思主义学院，成立法学院。2012年11月人文社会科学学院更名为人文社会科学学院（马克思主义学院），2016年3月更名为马克思主义学院。

2011年学校成立国家保密学院，依托计算机与信息技术学院、经济管理学院和法学院共同参与建设。2014年成立威海国际学院，2015年教育部正式批复北京交通大学建设威海校区，以中外合作办学为特色。2020年成立詹天佑学院，作为实体化拔尖创新人才培养试验区，实施八年一贯制本博连读“3+5”培养模式。

2020年底，学校共设有16个学院。

表21　　北京交通大学院系部设置一览表（2020年）

序号	院系部名称	序号	院系部名称
1	电子信息工程学院	9	马克思主义学院
2	计算机与信息技术学院	10	语言与传播学院
3	经济管理学院	11	软件学院
4	交通运输学院	12	建筑与艺术学院
5	土木建筑工程学院	13	法学院
6	机械与电子控制工程学院	14	国家保密学院
7	电气工程学院	15	威海国际学院
8	理学院	16	詹天佑学院

三、学科建设

1991年，学校仅有8个二级学科博士学位授权点、分布在6个一级学科领域，有25个二级学科硕士学位授权点、分布在12个一级学科领域；到2020年，学校拥有21个一级学科博士学位授权点（包含81个二级学科博士学位授权点）、33个一级学科硕士学位授权点（包含155个二级学科硕士学位授权点）。一级学科数目大幅度增加，涉及工学、理学、经济学、管理学、文学、法学、艺术学7个学科门类，学科布局不断优化，形成多学科协调发展的完备的学科培养体系。1998年,学校成为国家批准在“九五”期间启动“211工程”建设的全国61所高校之一。2018年，学校进入国家“双一流”建设行列，围绕系统科学、交通运输工程、信息与通信工程等优势特色学科，重点建设“智慧交通”世界一流学科领域。

国家级和省部级重点建设学科增加。1991年，学校有运输管理工程、运输经济、铁道运输自动化通信3个国家级重点学科。2002年，固体力学、防灾减灾工程及防护工程、计算机应用技术和管理科学与工程4个学科成为首批北京市重点学科。至2010年底，学校共有一级学科国家级重点学科2个，二级学科国家级重点学科2个，涵盖8个二级学科国家重点学科。到2012年，学校共建设有一级学科北京市重点学科5个、二级学科北京市重点学科5个、交叉学科北京市重点学科2个。

学校学科实力稳步提升。2002年至2004年全国第一轮学科评估，学校2个学科排名进入前10名；2016年全国第四轮学科评估，学校5个学科评估为A类，其中系统科学连续第四次进入前2%（A+），交通运输工程、信息与通信工程、计算机科学与技术、工商管理等4个学科进入前10%（A-），另有7个学科进入前10%～20%(B+),3个学科进入前20%～30%(B)。交通运输工程学科连续3年蝉联软科世界一流学科排名第一，15个学科入围软科世界一流学科排名，10个学科入围U.S.News世界大学学科排名，9个学科进入QS世界顶尖学科排名，5个学科入围THE世界大学学科排名，工程学保持ESI前1‰，5个学科进入ESI前1%。

表22　　北京交通大学学科设置一览表（2020年）

序号	门类代码	学科门类	一级学科代码	一级学科名称	授权类型
1	02	经济学	0202	应用经济学	博士
2	03	法学	0301	法学	硕士
3	03	法学	0305	马克思主义理论	博士
4	05	文学	0502	外国语言文学	硕士
5	05	文学	0503	新闻传播学	硕士
6	07	理学	0701	数学	博士
7	07	理学	0702	物理学	博士
8	07	理学	0710	生物学	硕士
9	07	理学	0711	系统科学	博士
10	07	理学	0714	统计学	博士
11	08	工学	0801	力学	博士
12	08	工学	0802	机械工程	博士
13	08	工学	0803	光学工程	博士
14	08	工学	0805	材料科学与工程	硕士
15	08	工学	0807	动力工程及工程热物理	硕士
16	08	工学	0808	电气工程	博士
17	08	工学	0809	电子科学与技术	博士
18	08	工学	0810	信息与通信工程	博士
19	08	工学	0811	控制科学与工程	博士
20	08	工学	0812	计算机科学与技术	博士
21	08	工学	0813	建筑学	硕士
22	08	工学	0814	土木工程	博士
23	08	工学	0817	化学工程与技术	硕士
24	08	工学	0823	交通运输工程	博士
25	08	工学	0830	环境科学与工程	硕士
26	08	工学	0833	城乡规划学	硕士
27	08	工学	0835	软件工程	博士
28	08	工学	0837	安全科学与工程	博士
29	08	工学	0839	网络空间安全	博士
30	12	管理学	1201	管理科学与工程	博士
31	12	管理学	1202	工商管理	博士
32	12	管理学	1204	公共管理	硕士
33	13	艺术学	1305	设计学	硕士

四、人才培养

学校深化教育教学改革，强化本科教学内涵建设，打造一流人才培养体系。1994年学校设本科专业30个；1996年学校设置本科大类专业20个，按大类招生、培养，并自1996级学生开始全面实施学分制；1998年学校大幅度拓宽专业口径，设置本科专业增加至26个；2003年进一步优化专业结构；截至2020年，学校已形成涵盖8大学科门类66个本科专业的专业布局，获批国家级一流本科专业建设点34个、国家级特色专业11个、专业综合改革试点项目7个、卓越工程师教育培养计划专业8个、北京市一流本科专业建设点6个、北京市重点建设一流专业3个。2020年学校在中国大学MOOC上线245门，已获批五类国家级一流课程32门、国家精品课程32门、国家双语示范课程6门、国家级精品资源共享课25门、国家级精品视频公开课6门、北京市优质课程8门、北京市精品课程39门。

加强高水平实践教学平台建设，推动学生实践创新。20世纪90年代学校重点对单门课程类实验室进行整合，形成重点实验室；截至2020年，学校建有国家级实验教学示范中心6个、国家级虚拟仿真实验教学中心3个、国家级工程实践教育中心7个、国家级大学生校外实践基地3个。学校自2008年起完成大学生创新创业训练国家级项目1058项，北京市级项目1252项。

1991年至2020年累计获国家级教学成果奖特等奖1项、一等奖5项、二等奖22项。学校现有5位国家级教学名师、2位国家高层次人才特殊支持计划教学名师。1997年被评为全国本科教学工作优秀学校。2006年通过教育部本科教学工作水平评估并取得“优秀”。2018年顺利完成教育部本科教学工作审核评估。学校现有12个专业通过国家工程教育专业认证，2个专业通过住建部土建类专业评估，2016年车辆工程、通信工程两个专业代表我国接受《华盛顿协议》国际专业认证专家现场考察。

学校逐步建立起学科门类齐全、结构合理、特色鲜明的研究生教育体系。1991年国务院学位委员会批准学校运输经济、运输管理工程、通信与电子系统3个国家重点学科开展在职人员申请博士学位工作。1993年国家教委批准学校为国家培养工商管理专业硕士的试点单位。1995年经国务院学位委员会批准，学校成为自行审定博士生指导教师单位。1996年学校接收第一批外国博士学位研究生。1997年，国务院学位办公室批准学校为招收培养工程硕士专业学位研究生单位。1997年开始招收在职专业学位研究生。2000年学校获准试办研究生院。2004年教育部正式批准学校成立研究生院。2008年学校试行研究生培养机制改革工作。2009年学校新增全日制硕士专业学位招生类型。2009年成为国家建设高水平大学公派研究生项目签约高校之一。2013年学校成立在职专业学位研究生教育发展中心。2011年学校被评为全国工程硕士研究生教育创新院校。2017年学校开始招收非全日制硕士专业学位研究生。2018年经教育部批准，学校获得工程博士专业学位授权。

学校研究生教育规模稳步增长，学位授权结构持续优化，培养质量不断提升。全日制硕士研究生的招生规模从1991年的134名扩大到2020年的3370名，博士研究生从21名增加到549名。截至2020年底，学校有在校研究生12605人，其中全日制博士2907人、全日制硕士8299人、非全日制硕士1399人；在职专业学位研究生在读506人。学校学位授权点数量由1991年的8个博士学位授权点、25个硕士学位授权点，增至2020年的21个博士学位授权一级学科、33个硕士学位授权一级学科、2个硕士学位授权二级学科、3个博士专业学位授权类别、19个硕士专业学位授权类别。学校年度授予博士学位人数由1991年的11人增至2020年的384人，年度授予硕士学位人数由151人增至4444人。博士生导师人数由1991年的15人增至2020年的626人，硕士生导师人数由130人增至1423人。1991年至2020年，学校入选全国优秀博士学位论文5篇、提名14篇，研究生教学成果获中国学位与研究生教育学会研究生教育成果奖一等奖1次，二等奖2次。

表 23　　北京交通大学本科专业设置一览表（2020 年）

序号	专业代码	专业名称	修业年限	学位授予门类
1	020101	经济学	四年	经济学
2	020301K	金融学	四年	经济学
3	020401	国际经济与贸易	四年	经济学
4	030101K	法学	四年	法学
5	030503	思想政治教育	四年	法学
6	050102	汉语言	四年	文学
7	050201	英语	四年	文学
8	050202	俄语	四年	文学
9	050205	西班牙语	四年	文学
10	050304	传播学	四年	文学
11	070101	数学与应用数学	四年	理学
12	070102	信息与计算科学	四年	理学
13	070202	应用物理学	四年	理学
14	080102	工程力学	四年	工学
15	080201	机械工程	四年	工学
16	080207	车辆工程	四年	工学
17	080301	测控技术与仪器	四年	工学
18	080403	材料化学	四年	理学
19	080501	能源与动力工程	四年	工学
20	080601	电气工程及其自动化	四年	工学
21	080702	电子科学与技术	四年	工学
22	080703	通信工程	四年	工学
23	080705	光电信息科学与工程	四年	理学
24	080706	信息工程	四年	工学
25	080801	自动化	四年	工学
26	080802T	轨道交通信号与控制	四年	工学
27	080901	计算机科学与技术	四年	工学
28	080902	软件工程	四年	工学
29	080904K	信息安全	四年	工学
30	080905	物联网工程	四年	工学
31	081001	土木工程	四年	工学
32	081003	给排水科学与工程	四年	工学
33	081801	交通运输	四年	工学
34	081802	交通工程	四年	工学
35	082502	环境工程	四年	工学
36	082601	生物医学工程	四年	工学
37	082801	建筑学	五年	建筑学

续表 23

序号	专业代码	专业名称	修业年限	学位授予门类
38	082802	城乡规划	五年	工学
39	120102	信息管理与信息系统	四年	管理学
40	120103	工程管理	四年	管理学
41	120106TK	保密管理	四年	管理学
42	120201K	工商管理	四年	管理学
43	120202	市场营销	四年	管理学
44	120203K	会计学	四年	管理学
45	120204	财务管理	四年	管理学
46	120403	劳动与社会保障	四年	管理学
47	120601	物流管理	四年	管理学
48	120602	物流工程	四年	工学
49	120701	工业工程	四年	工学
50	120801	电子商务	四年	工学
51	120901K	旅游管理	四年	管理学
52	130502	视觉传达设计	四年	艺术学
53	130503	环境设计	四年	艺术学
54	130508	数字媒体艺术	四年	艺术学
55	071201	统计学	四年	理学
56	080204	机械电子工程	四年	工学
57	080413T	纳米材料与技术	四年	工学
58	050232	葡萄牙语	四年	文学
59	081007T	铁道工程	四年	工学
60	050306T	网络与新媒体	四年	文学
61	080914TK	保密技术	四年	工学
62	080717T	人工智能	四年	工学
63	080701	电子信息工程	四年	工学
64	080806T	智能装备与系统	四年	工学
65	070205T	系统科学与工程	四年	理学
66	071003	生物信息学	四年	理学

说明：国一流指国家级一流本科专业建设点，市一流指北京市一流本科专业建设点，市重指北京市重点建设一流专业

表 24　北京交通大学高职学院高职专业一览表（2020 年）

学院	专业	年级
清河职业技术学院	机电一体化技术（汽车方向）	2018、2019、2020
	交通运营管理	2018、2019、2020
	计算机应用技术	2018、2019、2020

五、科学研究

学校承担国家、行业、区域重大科研项目，科研项目数量、科研经费持续增长。1991 年至 2020 年，学校科研经费超过 118.8 亿元，科研项目 36979 项。学校主持和参加国家重点基础研究发展项目（“973”计划）、国家高技术研究发展计划（“863”计划）、国家科技支撑计划（科技攻关）、国家重点研发计划立项项目、课题 942 项；国家自然科学基金项目 2036 项，其中重点重大项目 88 项。

学校加强高水平创新平台建设，省部级及以上科研平台（自然科学类）数量由 2001 年的 3 个，发展为 2020 年的 59 个（其中国家级 11 个）。2008 年，学校“轨道交通安全科学与技术优势学科创新平台项目”获教育部批复。2013 年学校牵头组建的“轨道交通安全协同创新中心”成为国家“2011 计划”首批认定的 4 个协同创新中心之一。2019 年学校组建川藏铁路研究院。2020 年学校雄安数字交通创新中心在雄安新区正式揭牌。

学校始终把加强科技创新作为发展的战略重点，主持和参加项目获得国家级科技奖励 56 项，其中学校主持项目成果“复杂环境下高速铁路无缝线路关键技术及应用”获得 2017 年度国家科技进步奖一等奖。发表 SCIE 检索论文 12389 篇，EI 检索论文 17969 篇，ISTP 检索论文 11392 篇。学校共申请专利 7114 项，其中发明专利 5978 项；授权专利 4011 项，其中发明专利 3106 项；申请 PCT 专利 38 项；获批准计算机软件著作权登记 1794 项。2017 年学校加入首个国家级知识产权发展联盟（中国知识产权发展联盟），2020 年获得首批国家知识产权示范高校认定。

学校重视人文社会科学的发展，2004 年成立哲学社会科学发展领导小组，2006 年成立人文社会科学办公室，2007 年成立学术委员会人文社会科学分委会，2014 年成立人文社会科学处。制定实施学校哲学社会科学发展规划和哲学社会科学繁荣计划。1991 年以来，学校共承担省部级以上人文社会科学研究项目 3115 项，合同经费 49783.45 万元，其中承担国家社会科学基金重大项目 7 项，重点项目 6 项；教育部哲学社会科学重大课题攻关项目 2 项，重大专项项目 1 项。30 年间，承担省部级以上人文社会科学科研项目增长了 200% 多。1991 年以来，学校共 78 项成果获得省部级以上科研奖励，其中 13 项成果获教育部高等学校科学研究优秀成果奖（人文社会科学）。教师发表 CSSCI 来源期刊论文共计 3507 篇。

加强人文社会科学研究平台建设和领军人才培育，学术影响力不断提升。学校拥有 3 个新型高端智库；有 7 个省部级研究平台，其中包含 4 个北京市哲学社会科学研究基地、1 个教育部国别和区域研究中心、1 个北京社会科学与自然科学协同创新研究基地、1 个北京社会建设研究院。学校教师 2 人次入选国家“万人计划”哲学社会科学领军人才，2 人次入选北京市中青年社科理论人才“百人工程”学者。为国家重大交通战略问题和公共政策提供咨政服务，162 篇专家建议被采纳使用。

学校主办《北京交通大学学报》《都市快轨交通》，2001 年、2002 年、2014 年《交通运输系统工程与信息》、《北京交通大学学报（社会科学版）》、城市轨道交通英文国际刊 Urban Rail Transit 相继创刊，学术影响力不断提升。

六、师资队伍建设

学校把建设高素质的教师队伍作为提高办学实力的关键。1991 年至 2020 年 30 年间，全校在职教职工由 2351 人扩大到 3040 人，专任教师中具有副高级及以上职称教师比例由 37.2% 提高到 70%，具有博士学位专任教师比例由 12.4% 提升到 77%，师资队伍规模显著提升，专任教师队伍结构不断优化。

学校加强高层次人才引进与培育，重视教师思想政治和师德师风建设。2005 年学校成立人才强校领导小组；2008 年成立人才工作办公室，出台人才引进与师资补充、博士后管理、教师出国研修、青年教师挂职锻炼、师资博士后制度等系列文件，建立起较为科学的人才引进与培养体制；2013 年，学校明确人才工作体制机制，构建优秀人才育引体系；2017 年成立党委教师工作部；2020 年全面修订《北京交通大学人才引育与支持计划实施办法》，深入推进人才强校战略。截至 2020 年 12 月，学校有中国科学院院士 4 人，中国工程院院士 9 人，中国工程院外籍院士 1 人，国家“万人计划”专家 15 人，百千万人才工程国家级人选 8 人，国家杰出青年基金获得者 12 人、优秀青年基金获得者 20 人。截至 2020 年学校已有 17 个博士后科研流动站，累计招收各类博士后近 1000 人。

七、校园基本建设

学校加快校园基本建设，扩大校舍规模，1991 年至 2020 年完成基本建设投资 30.82 亿元。1992 年、1993 年、1995 年、1996 年，第九教学楼、图书馆、交大体育馆、教学主楼“思源楼”先后竣工。2006 年、2007 年、2009 年，学苑公寓、逸夫教学楼、机械工程楼相继落成，2011 年学生活动中心竣工，2014 年科技大厦落成启用，2020 年海淀校区综合体育馆混凝土结构封顶，师生学习、工作生活条件和科研环境得到明显改善。截至 2020 年底，学校海淀校区占地面积 639528.55 平方米，合计约 958 亩；房屋总面积 1012171.91 平方米，其中校舍房屋建筑总面积为 525994 平方米。

图 7　北京交通大学校园平面图

八、2020年学校基本情况

2020年，北京交通大学校园面积80.56万平方米，图书馆建筑面积1.64万平方米。全年教育经费投入312328万元。设有2个校区，设置16个院（系、部）。开设66个本科专业。“双一流”建设学科1个，国家级一流本科专业建设点17个。国家重点实验室1个，国家工程研究中心1个，北京实验室2个、北京重点实验室/工程技术研究中心17个。教职工3040人，其中，专任教师1973人；正高级584人、副高级853人；博士生导师626人、硕士生导师1535人；中国科学院院士4人、中国工程院院士9人，外籍院士1人。外籍教师25人，其中，教授7人、副教授7人。在校生95390人，其中，研究生12933人（博士生3132人、硕士生9801人）、普通本专科生16693人（本科生16153人、专科生540人）、成人教育本专科生5285人（本科生4109人、专科生1176人）、网络教育本专科生60479人（本科生30328人、专科生30151人）。留学生毕业882人、招生530人、在校生1519人。网址：www.bjtu.edu.cn。

附表：

表25　　中共北京交通大学委员会历任书记一览表（1991—2020年）

书记	任职时间	书记	任职时间
徐锡安	1990年10月—1995年12月	王建国	2004年5月—2010年7月
王金华	1995年12月—1997年1月	曹国永	2010年7月—2019年3月
张永甡	1997年1月—2004年5月	黄泰岩	2019年3月—

表26　　北京交通大学历任校长一览表（1991—2020年）

校长	任职时间	校长	任职时间
万明坤	1988年8月—1993年8月	宁　滨	2008年3月—2019年5月
王金华	1994年1月—1998年12月	王稼琼	2019年5月—
谈振辉	1998年12月—2008年3月		

（执笔人：高　杰）

北京航空航天大学

北京航空航天大学（简称北航）成立于1952年，原名北京航空学院，1988年更名为北京航空航天大学（英文名称：BEIHANG UNIVERSITY）。北航一直是国家重点建设的高等院校，1952年10月至1958年2月隶属于第二机械工业部，1958年2月至1960年9月隶属于第一机械工业部，1960年9月至1961年3月隶属于第三机械工业部，1961年3月至1970年2月隶属于国防部国防科学技术委员会，1970年2月至1982年5月隶属于第三机械工业部，1982年5月至1988年4月隶属于航空工业部，1988年4月至1993年5月隶属于航空航天工业部，1993年5月至1998年3月隶属于航空工业总公司，1998年3月至2008年3月隶属于国防科学技术工业委员会，2008年3月划归工业和信息化部。1996年，北航成为“211工程”首批批准立项的15所院校之一。2001年，进入国家“985工程”建设高校行列。2013年，入选首批“2011计划”国家协同创新中心。2017年入选国家“双一流”建设高校名单。

1993年，北航确定了“三部一市两面向”的发展战略，即为航空、航天、民航和北京市服务，同时面向其他部门和地区，面向国际，形成多种发展和办学模式。1998年调整为“大国防、主战场、大市场”发展战略。2003年提出要走跨越式发展道路及分“三步走”（近、中、远三个时期的发展目标），实现由工程科学技术大学向工程性、研究型大学转变，由以工为主向理工并重转变，由多科性向综合性转变“三个转变”战略部署。2006年确立了建设“航空航天特色鲜明，工程技术优势突出，以理工为主，多学科协调发展的国内一流、国际知名高水平研究型大学”的总体发展目标。2009年确定了“建设空天信融合特色的世界一流大学”新的远景发展目标。2016年提出了“建设扎根中国大地的世界一流大学”发展愿景目标。

1991年以来，学校抓住高等教育大发展和全面振兴国防科技工业的战略机遇，开创了新的发展局面，综合办学能力和核心竞争力不断增强，具备了世界一流大学的主要特征，探索了“突出改革、突出创新、突出特色、突出实干、突出贡献”中国特色、世界一流的大学发展之路，贡献了“北航智慧”。

表27　　北京航空航天大学院系部设置一览表（2020年）

组织系统	院系部名称	组织系统	院系部名称
院系	材料科学与工程学院	院系	机械工程及自动化学院
	电子信息工程学院		经济管理学院
	自动化科学与电气工程学院		数学科学学院
	能源与动力工程学院		生物与医学工程学院
	航空科学与工程学院		人文社会科学学院（公共管理学院）
	计算机学院		外国语学院

续表 27

组织系统	院系部名称
院系	交通科学与工程学院
	可靠性与系统工程学院
	宇航学院
	飞行学院
	仪器科学与光电工程学院
	北京学院
	物理学院
	法学院
	软件学院
	继续教育学院
	高等理工学院
	中法工程师学院
	国际学院
	新媒体艺术与设计学院
	化学学院
	马克思主义学院
	人文与社会科学高等研究院
	空间与环境学院
	无人系统研究院
	航空发动机研究院
	体育部
	北海学院（尚未发文撤销）
	国际通用工程学院
	国际交叉科学研究院
	北航学院
	医学科学与工程学院
	网络空间安全学院
	医工交叉创新研究院
	微电子学院
	人工智能研究院
	前沿科学技术创新研究院
	机载系统创新中心
党政机关	党政办公室
	法律事务办公室
	信访办公室
	发展规划部（处）
	组织部 / 党校
	宣传部 / 新闻中心
	统战部
	纪委办公室（监察处）
	学生工作部（处）/ 武装部
	安全保卫部（处）
	保密处
	机关党委
	教务处
	科学技术研究院
	全面质量管理办公室
	研究生院
	人事处 / 教师工作部
	高层次人才中心
	财务处
	审计处
	国际交流合作处 / 港澳台事务办公室
	招生就业处 / 招生办公室 / 学生就业指导服务中心
	校园规划建设与资产管理处
	招标采购管理中心
	后勤保障处(社区管理服务办公室) / 后勤党委
	离退休党委 / 离退休工作处
	沙河校区管理委员会办公室
	国家实验室办公室
	校友联络发展处
	信息化办公室
	巡察工作领导小组办公室
	实验室建设与管理处
	北航中法合作办学办公室（杭州）
群团组织	校工会 / 教代会办公室
	校团委
	北航科协
直属单位	档案与文博馆
	北航学报编辑部
	图书馆
	学术委员会工作办公室
附属单位	校医院
	北航实验学校
	资产经营有限公司
	南方基地工作办公室
	北航幼儿园
校地合作平台	深圳北航新兴产业技术研究院
	合肥基地建设与发展委员会（北航合肥创新研究院）
	青岛基地建设与发展委员会（北航青岛国际科教中心）
	成都基地建设与发展委员会（北航西部国际创新港）
	昆明基地建设与发展委员会（云南创新研究院）
	苏州创新研究院
	杭州创新研究院
	宁波创新研究院
	江西研究院

一、学科建设

北航是1981年国务院学位委员会公布的首批博士、硕士学位授予单位，1996年第一批工程硕士专业学位教育试点单位，2012年首批招收工程博士的试点单位，2018年首批学位授权自主审核单位。2018年以来，学校进一步强化了学科在“双一流”建设中的基础地位，提出了“顶尖工科、一流理科、精品文科、优势医工”十六字学科建设方针，构建了“校学科建设委员会—学科群工作委员会——级学科工作委员会”三级学科责任体系，着力推进航空航天、信息、理科、文科、医工交叉五大学科群建设，形成了空天信融合、理工文医交叉的一流学科体系，学科发展形成新格局，学科实力得到新提升，学科建设站在新起点。

突出特色、质量和贡献，学科建设成效显著。现有工、理、管、文、法、经、哲、教育、医和艺术10个学科门类。有74个本科专业，25个博士学位授权一级学科点，39个硕士学位授权一级学科点，23个博士后科研流动站；有8个一级学科国家重点学科（并列全国高校第7名），28个二级学科国家重点学科，10个北京市重点学科，10个国防特色学科。在航空、航天、动力、信息、材料、仪器、制造、管理等学科领域具有明显的比较优势，形成了航空航天与信息技术两大优势学科群，国防科技主干学科达到国内一流水平。2002—2004年第一轮学科评估中航空宇航科学与技术学科排名第一；2006—2008年第二轮学科评估中航空宇航科学与技术排名第一；2012年第三轮学科评估中航空宇航科学与技术、仪器科学与技术两个学科排名第一；2016年第四轮学科评估中，共有23个一级学科参评，获评A类学科14个，其中航空宇航科学与技术、仪器科学与技术、材料科学与工程、软件工程为A+学科，A+学科数位列全国第12名。2017年力学、仪器科学与技术、材料科学与工程、控制科学与工程、计算机科学与技术、航空宇航科学与技术、软件工程7个学科进入“双一流”建设学科名单。2019年获批先进无人飞行器、网络空间安全和人工智能3个北京市高精尖学科。2020年高质量完成“双一流”第一轮建设周期自评估工作。

表28　　北京航空航天大学学科设置一览表（2020年）

序号	学科代码	学科门类	学科名称	授权类别
1	0301	法学	法学	博士一级学科授权
2	0305	法学	马克思主义理论	博士一级学科授权
3	0502	文学	外国语言文学	博士一级学科授权
4	0701	理学	数学	博士一级学科授权
5	0702	理学	物理学	博士一级学科授权
6	0703	理学	化学	博士一级学科授权
7	0714	理学	统计学	博士一级学科授权
8	0801	工学	力学	博士一级学科授权
9	0802	工学	机械工程	博士一级学科授权
10	0803	工学	光学工程	博士一级学科授权
11	0804	工学	仪器科学与技术	博士一级学科授权
12	0805	工学	材料科学与工程	博士一级学科授权
13	0807	工学	动力工程及工程热物理	博士一级学科授权
14	0808	工学	电气工程	博士一级学科授权
15	0809	工学	电子科学与技术	博士一级学科授权
16	0810	工学	信息与通信工程	博士一级学科授权
17	0811	工学	控制科学与工程	博士一级学科授权
18	0812	工学	计算机科学与技术	博士一级学科授权
19	0823	工学	交通运输工程	博士一级学科授权
20	0825	工学	航空宇航科学与技术	博士一级学科授权

续表 28

序号	学科代码	学科门类	学科名称	授权类别
21	0831	工学	生物医学工程	博士一级学科授权
22	0835	工学	软件工程	博士一级学科授权
23	0839	工学	网络空间安全	博士一级学科授权
24	1201	管理学	管理科学与工程	博士一级学科授权
25	1204	管理学	公共管理	博士一级学科授权
26	0101	哲学	哲学	硕士一级学科授权
27	0201	经济学	理论经济学	硕士一级学科授权
28	0202	经济学	应用经济学	硕士一级学科授权
29	0401	教育学	教育学	硕士一级学科授权
30	0402	教育学	心理学	硕士一级学科授权
31	0708	理学	地球物理学	硕士一级学科授权
32	0710	理学	生物学	硕士一级学科授权
33	0814	工学	土木工程	硕士一级学科授权
34	0830	工学	环境科学与工程	硕士一级学科授权
35	0837	工学	安全科学与工程	硕士一级学科授权
36	1001	医学	基础医学	硕士一级学科授权
37	1009	医学	特种医学	硕士一级学科授权
38	1202	管理学	工商管理	硕士一级学科授权
39	1305	艺术学	设计学	硕士一级学科授权
40	081704	工学	应用化学	硕士二级学科授权

二、人才培养

2005 年起北航取消了专科培养层次和专科招生计划，本科招生经历了从扩招到稳定的过程，研究生数量稳定增长，2020 年研究生与本科生在校人数比约为 1.28：1。

本科教育改革探索。1997 年和 2000 年先后制订和实施了两版本科教学计划。2005 年开始实施 SRTP 项目（大学生科研训练计划）。2006 年提出“强化基础，突出实践，重在素质，面向创新”的本科教育指导方针。2011 年进一步明确本科生“一制三化”（本科生导师制，学生个性化、小班化、国际化培养）教育改革思路。2012 年正式发布《北京航空航天大学人才白皮书（2012—2016）》，并启动实施了以人才培养质量提升为核心、以培养拔尖创新人才为目标的长城行动计划。2013 年、2015 年分别发布两版《北京航空航天大学通识教育白皮书》。从 2015 级新生开始启用基于完全学分制的新版培养方案。2017 年成立北航学院，实现大类招生、大类培养和书院制管理。2018 年实现科研实验室向本科生开放，设立创新创业教育学分。2019 年成立学校通识教育委员会，成立学校一流本科课程工作领导小组，制定大类培养和专业培养衔接协调方案。2020 年，5 个专业获批“强基计划”，出台一流本科课程建设总体方案，提出按照 3 年、校院两级各 300 门、3 亿元的路径打造校级一流本科课程。近年来，北航坚持推进通识教育、书院育人，发挥华罗庚班、吴大观班、人文社会科学实验班及高等理工学院、中法工程师学院等试验班和荣誉学院的引领辐射作用。构建知识学习、能力实践、国际交流三位一体大课堂，强化跨学科实践、社会实践和创新创业实践。

研究生培养建设探索。北航是 1984 年首批获准试办研究生院的高校，1994 年成为自行审批增列博士生导师的试点单位，1996 年成为第一批工程硕士专业学位教育试点单位，2001 年获准全国第一批招收公共管理专业硕士（MPA）和试办示范性软件学院。2010 年获批成为专业学位研究生教育改革试点院校，2012 年成为首批招收工程博士试点单位。2017 年入选博士生教育综合改革试点高校，2018 年首批入选学位授权自主审核单位。在 2000 年开展的“高层次人才培养教育思想大讨论”中，确立了优先发展研究生教育的战略。2009 年高质量通过研究生教育优秀工程现场考察评估。2011 年推进“英才培养计划”，完成“一流研究生学科课程体系建设项目”。2012 年启动国际课程引智计划和企业课程引智计划，实现硕博课程互选，实施多维度学分制。2015 年发布《研究生教育教学综合改革纲要》，推动研究生教育教学向“学术能力与工程能力并重培养”与“多学科交叉融合培养”转变。2016 年首次发布研究生教育年度质量报告。2019 年博士生招生全面实施“申请考核制”。2019 年试点博士学位论文国际评审。2020 年取消申请博士学位发表论文的限制性条件，加强过程评价和结果评价。

面向重大需求开展定制化人才培养。瞄准我国大型飞机工程项目人才需求与中国商飞联合举办“大飞机班”；瞄准国家航空发动机事业创办“航空发动机吴大观英才班”和“航空发动机高级人才定制班”；与国家计算机网络应急技术处理协调中心共建“网络信息安全班”；服务首都教育事业发展，成立北京学院；与空军联合培养“双学籍”飞行学员（全国仅 3 所高校）。1993 年，与中国南方航空股份有限公司联合创办飞行学院，培养具有国际视野的领军领导民航人才。

推动科研优势向人才培养优势转化。科研成果纳入教学内容，将最新研究成果反映在新编教材中，体现在课堂教学案例中，建设国家级实验教学示范中心 5 个、国家级虚拟仿真实验中心 3 个、国家级工程实践教育中心 13 个、国家级法学教育实践基地 1 个。依托优势平台支持科技创新实践。1991 年设立“冯如杯”学生创新创业竞赛，连续举办 30 届，累计超过 8 万名学生参赛，作品数量 4.5 万余件；北航是全国“挑战杯”竞赛唯一连续 16 届捧得优胜杯的高校，在 2009 年与 2019 年两次捧得最高荣誉“挑战杯”；由学生设计研制的探空火箭“北航 1 号”“北航 2 号”“北航 3 号”和“北航 4 号”成功试飞；航模队屡次打破全国纪录。

构建全面发展的人才培养体系。树立健康第一理念，引导学生在体育锻炼中增强体质、健全人格、锤炼意志，建设体育馆、游泳馆、田径场、网球场等高水平场馆和体育设施，学生排球队、足球队、田径队、羽毛球队等高水平运动队屡创佳绩。全面提高学生的审美和人文素养，依托晨兴音乐厅、艺术馆等文化场馆开展审美艺术教育和艺术展览活动，学生舞蹈团、行进管乐团、交响乐团等成为北京市大学生艺术团分团，数量居北京高校首位，获得国内外重要赛事最高奖项百余项。深化劳动和实践育人，建设产学研一体的学生实习实践基地 79 个，培养学生在社会实践与志愿服务中砥砺品格、增长才干，被《中国青年报》评为“全国暑期最佳实践大学”（全国 10 所，北京唯一），开展支教等多种志愿服务。

表 29　　北京航空航天大学本科专业一览表（2020 年）

序号	专业代码	专业名称	学位授予门类	专业类
1	020101	经济学	经济学	经济学类
2	020301K	金融学	经济学	金融学类
3	020401	国际经济与贸易	经济学	经济与贸易类
4	030101K	法学	法学	法学类
5	050102	汉语言	文学	中国语言文学类
6	050201	英语	文学	外国语言文学类
7	050203	德语	文学	外国语言文学类
8	050261	翻译	文学	外国语言文学类
9	070101	数学与应用数学	理学	数学类
10	070102	信息与计算科学	理学	数学类
11	070202	应用物理学	理学	物理学类
12	070203	核物理	理学	物理学类
13	070301	化学	理学	化学类
14	070302	应用化学	理学	化学类

续表 29

序号	专业代码	专业名称	学位授予门类	专业类
15	071101	心理学	理学	心理学类
16	080102	工程力学	工学	力学类
17	080201	机械工程	工学	机械类
18	080205	工业设计	工学	机械类
19	080207	车辆工程	工学	机械类
20	080301	测控技术与仪器	工学	仪器类
21	080401	材料科学与工程	工学	材料类
22	080413T	纳米材料与技术	工学	材料类
23	080501	能源与动力工程	工学	能源动力类
24	080601	电气工程及其自动化	工学	电气类
25	080701	电子信息工程	工学	电子信息类
26	080702	电子科学与技术	工学	电子信息类
27	080703	通信工程	工学	电子信息类
28	080705	光电信息科学与工程	工学	电子信息类
29	080706	信息工程	工学	电子信息类
30	080710T	集成电路设计与集成系统	工学	电子信息类
31	080712T	电磁场与无线技术	工学	电子信息类
32	080801	自动化	工学	自动化类
33	080901	计算机科学与技术	工学	计算机类
34	080902	软件工程	工学	计算机类
35	080904K	信息安全	工学／理学	计算机类
36	081001	土木工程	工学	土木类
37	081202	遥感科学与技术	工学	测绘类
38	081801	交通运输	工学	交通运输类
39	081805K	飞行技术	工学	交通运输类
40	082002	飞行器设计与工程	工学	航空航天类
41	082003	飞行器制造工程	工学	航空航天类
42	082004	飞行器动力工程	工学	航空航天类
43	082005	飞行器环境与生命保障工程	工学	航空航天类
44	082006T	飞行器质量与可靠性	工学	航空航天类
45	082007T	飞行器适航技术	工学	航空航天类
46	082103	探测制导与控制技术	工学	兵器类
47	082107	信息对抗技术	工学	兵器类
48	082502	环境工程	工学	环境科学与工程类
49	082601	生物医学工程	工学	生物医学工程类
50	083001	生物工程	工学	生物工程类
51	120102	信息管理与信息系统	管理学	管理科学与工程类
52	120201K	工商管理	管理学	工商管理类
53	120203K	会计学	管理学	工商管理类
54	120402	行政管理	管理学	公共管理类
55	120701	工业工程	管理学	工业工程类
56	130502	视觉传达设计	艺术学	设计学类
57	130402	绘画	艺术学	美术学类
58	071201	统计学	理学	统计学类
59	080210T	微机电系统工程	工学	机械类
60	082901	安全工程	工学	安全科学与工程类
61	020102	经济统计学	经济学	经济学类

续表 29

序号	专业代码	专业名称	学位授予门类	专业类
62	120103	工程管理	管理学	管理科学与工程类
63	070802	空间科学与技术	理学	地球物理学类
64	070304T	分子科学与工程	理学	化学类
65	020106T	能源经济	经济学	经济学类
66	082008T	飞行器控制与信息工程	工学	航空航天类
67	082009T	无人驾驶航空器系统工程	工学	航空航天类
68	080803T	机器人工程	工学	自动化类
69	070303T	化学生物学	理学	化学类
70	082001	航空航天工程	工学	航空航天类
71	070201	物理学	理学	物理学类
72	080704	微电子科学与工程	工学 / 理学	电子信息类
73	080717T	人工智能	工学	电子信息类
74	080213T	智能制造工程	工学	机械类

三、师资队伍建设

学校始终把教师队伍建设和人才工作作为事关学校发展全局的第一战略资源。1995年实施“跨世纪人才工程”，引进国内外人才，实行“来去自由”方针，在学缘结构上实现1/3有国外学习背景，1/3来自国内高校，1/3本校培养，打开引育优秀人才的新路，逐步实现了教师队伍新老交替。20世纪90年代提出大胆起用年轻人，完善了晋升、聘任、培训、使用、考核、奖惩等各项管理制度。2003年确立了显著改善师资队伍结构和整体实力的战略目标。开始实施2项行动计划，即3年人才行动计划（“蓝天计划”）和院系自主权改革试点计划（“先锋计划”）；构建3类保障制度，即以固定编制人员和流动编制人员为主的多元化人才使用制度，以岗位聘任为核心的人才竞争、激励、流动和绩效评估制度以及人才培训制度。2010年起抓住国家进一步加大海外高端人才引进力度的战略机遇，颁布《海外优秀人才基金》《卓越百人青年人才引进计划》《海外学者短期聘任计划》《创新团队国际合作计划》等多项提高师资队伍的国际化水平的制度文件，加强高端人才队伍建设。2017年建立准聘长聘机制，启动分级聘任工作。2019年起以“分类管理、科学评价、强化责任、人尽其才”为原则，建立教研、教学、研究、实验技术和管理服务五大系列，出台教师队伍分类发展与评价总体方案，破除“五唯”，完善并实施职称评审制度，突出立德树人导向，突出质量和贡献。

重视师德师风建设，完善制度体系。2002年制定《北京航空航天大学教师学术道德规范》，首次评选了45名师德先进个人。2018年起落实师德师风第一标准，构建“思想引领、榜样示范、底线约束”的师德师风建设体系，建立教师学习日制度，严格实行师德“一票否决制”，出台《教师职业道德规范》和《教师师德失范行为预防与处理办法(试行)》。2017年起，设立人才培养最高荣誉——“立德树人奖”，树立潜心育人的导向，四年来共评选表彰46名教师，重师德师风和质量贡献的理念深入人心。

一流教师队伍建设成果显著。2020年，教职工4001人，其中专任教师2802人，包括正高级799人、副高级1238人。

四、科学研究

北航以国家重大战略需求为先导，强化基础性、前瞻性和战略高技术研究，引导和支持创新要素向关键瓶颈技术汇聚、创新要素与产学研用深度融合，打造顶级创新平台和一流科研团队，科研经费持续增长，科技创新能力大幅提高。2019年、2020年科研经费连续两年超40亿元。1993年以来学校累计获得16项国家科技一等奖，特别是2004年起连续15年获得15项国家科技一等奖，其中技术发明一等奖9项，位居全国高校之首。

拥有 1 个国家实验室（筹）；9 个国家级重点实验室，其中 2 个国家重点实验室，3 个国家工程实验室，4 个国防科技重点实验室；4 个国家级工程研究中心；3 个北京市高精尖创新中心；79 个省部级重点实验室，其中 3 个国防重点学科实验室。

瞄准核心关键技术，服务国家战略需求。作为依托单位开展大飞机重大专项立项及实施方案论证（2003—2007 年）；支撑航空发动机及燃气轮机专项论证。2011 年与中国工程院共建中国航空工程科技发展战略研究院，是我国航空工程科技领域首个国家级智库，开展“两机专项”基础研究计划；我国大型宽体客机和重型直升机工程发展战略、航空强国发展战略等重大咨询研究；开展南海战略研究，向中央提出决策建议。攻克关键技术，在航空动力、关键原材料、核心元器件等瓶颈领域的研究取得突破，多项标志性成果直接应用于国防建设。北航团队参与论证并助力研制的国产大飞机 C919 成功首飞，研制成功我国首个新型临近空间飞艇。牵头设计研制的某型无人机定型并执行重要任务，在纪念抗战胜利 70 周年阅兵中位居无人机方队阵首。1995 年起参与北斗系列卫星导航系统科研工作，服务国家通信事业发展。

面向国际学术前沿，强化需求导向基础研究。在量子精密测量与传感、特种巨磁致伸缩材料、高端自旋传感芯片、先进热电能源材料等领域，都取得重大的突破性成果。“九五”期间承担国防预研课题 384 项，平均每年在研基金课题超过 230 项。“十五”期间承担国家高技术“863 计划”项目 137 项，国家重大基础研究“973 计划”主题项目 4 项、协作主持 4 项，参与研制 25 项。“十一五”期间主持国家重大基础研究“973 计划”项目 16 项。2011 年至 2020 年，获批国家自然科学基金项目共计 2724 项，获批国家自然基金创新群体项目 11 项。

突出质量贡献导向，推进科研机制体制创新。在 2010 年《人民日报》报道提出的科技创新“北航模式”基础上，形成“组建大团队、搭建大平台、承担大项目、产生大成果”的“北航模式”升级版。大力建设新型研发平台：成立前沿科学技术创新研究院、国际交叉科学研究院；开展医工交叉创新研究；牵头组建“两机”基础科学中心；与中国航发联合成立航空发动机研究院 / 国际学院；建设超循环气动与燃烧前沿科学中心；联合中科院、清华、北大、军事科学院等单位，组建北京量子信息科学研究院；建设临空飞艇集成攻关大平台。统筹资源，建设高性能计算平台、智能微纳公共创新平台、4 米 ×3 米气动声学风洞等高水平校级公共平台，服务教学科研。

大力推进协同创新。与航空、航天、发动机、船舶等国家重点骨干企业开展战略合作。“先进航空发动机协同创新中心”获“2011 计划”首批认定。全面融入首都全国科技创新中心建设，打造“环北航知识经济圈”，北航大学科技园于 1997 年开始建设，先后被评为北京市级大学科技园和国家大学科技园、11 家首批大学生科技创业实习基地之一。坚持以我为主、合作共赢，拓展校地合作，服务学校学科发展和地方经济社会共同发展，与合肥、成都、青岛、杭州、宁波、江西、东营、台州等地的合作不断加强，实现互惠共赢。

五、文化建设

凝练红色基因。2004 年率先在全国高校制定学校《文化建设规划》，2010 年确定校歌《仰望星空》，2012 年校党委在第 20 次全国高校党建会上作题为《实施文化培育工程，推进大学文化传承创新》的大会发言。弘扬中华优秀传统文化，开设《乐记》《大学》《孟子》等经典研读课程，实施“文化游学”实践教学。传承发扬“空天报国、敢为人先”的北航精神和“开放包容、务实担当”的北航文化，把“空天报国”精神融入课堂教学、社会实践、创新创业。以三代北航人的“长鹰志”“中国心”“陀螺梦”凝聚共识，打造《罗阳》《我心中的红》《星空组歌》《北京五号》《西府海棠》《腾飞》《为民》《大先生》《筑梦苍穹》等一系列作品。

搭建文化平台。以航空航天博物馆、晨兴音乐厅、艺术馆、校史馆、艺文雅苑、致真共享空间、咏曼剧场、艺文空间等文化场馆为阵地，以感动北航、北航大讲堂、我爱我师、博雅课堂、高雅艺术进校园、驻校艺术家/作家计划、大学生艺术团等为载体，开展形式多样、健康向上、格调高雅的校园文化活动。深刻把握新媒体阵地对大学文化建设的推动作用，精心打造了以官微“航小萱”为核心的新媒体传播矩阵。《追寻师生心灵深处的感动，建构校园精神价值的坐标——以“感动北航”人物评选活动树立身边榜样的力量》获2011年高校校园文化建设优秀成果特等奖。《以艺术滋养空间 以文化培育人才》获2012年高校校园文化建设优秀成果评选一等奖。

塑造文化环境。坚持加强校风教风学风建设，践行“德才兼备，知行合一”校训精神，加强教风建设，教学督导组深入课堂一线，检查课堂教学意识形态和教学纪律。加强校园布局、建筑等基础设施的风格内涵，体现航空航天特色。2020年疫情防控期间加强校园文化氛围营造，面对特殊的毕业季、开学季、迎新季，多措并举营造“温暖、温馨、鼓舞、热情”的校园文化氛围。《弘扬学校文化特色 提升大学艺境品位——北航两校区文化景观建设的探索和实践》获2010年高校校园文化建设优秀成果一等奖。

六、国际交流

国际合作与交流不断深化。坚持“面向全球，定位高端，深化合作，引领发展”的指导方针，实施“UPS国际化发展战略”。先后与全球200余所著名高等院校、一流研究机构和知名跨国公司建立了长期稳定的合作关系。倡导发起“国际航空航天教育协会”并加入了国际宇航联合会、T.I.M.E.联盟、中俄综合性大学联盟等国际联盟和学术组织。创设了“自旋电子国际科技合作基地”“中英空间科学与技术联合实验室”等一批高端国际合作平台。与法国中央理工大学集团联合创办中法工程师学院，融合中法两国工程教育优势，被誉为中法高等教育合作典范。成立“国际通用工程学院”，努力建设全新高水平国际化通用工程教育示范学院。与中国航空发动机集团共同建立了航空发动机国际学院，广泛吸纳国内外优势教学科研资源，共同打造航空发动机的产、学、研协同体。与浙江省政府、杭州市政府及法国国立民航大学合作筹建中法航空大学。实施“全球校园计划”，大力开展学生交换、双学位、联合培养、国际暑期学校等各类海外学习项目，建立高水平国际联合培养项目达157项，其中86项获批国家公派留学基金资助，12项获批欧盟伊拉斯谟+计划资助。2019年，全校具有海外经历的本科生占比达49.6%，博士生达到89%，居全国高校前列。获批设立了“联合国附属空间科学与技术教育亚太区域中心”“亚太空间合作组织教育培训中国中心”“北斗国际交流培训中心”。师资队伍国际化程度不断加深，国际科研合作成果显现，建立10个国家级“高等学校学科创新引智基地”。

留学生规模与质量稳步提升。1992年4月经原航空航天工业部批准学校招收留学生。1993年招收第一批研究生留学生，与航空航天央企合作设立外国留学生奖学金；2004年为适应留学生规模不断扩大的形势，加强留学生的管理，成立国际学院；2005年获批自主设置空间技术应用硕士二级学科，2007年入选教育部首批25所“中国政府奖学金高校留学研究生自主招生院校”，并首次实现本科留学生规模招生。2013年，服务“一带一路”倡议，为沿线国家培养了大批优秀人才，推动我国航空航天技术、北斗导航技术在沿线国家的应用和普及；2019年招收来自110个国家的在校留学生2300余人。

七、校园规划与基础建设

30年来，学校办学空间得到很大拓展。根据1994年中国航空工业总公司和市政府共建北航协议和2001年国防科工委、教育部、市政府共建北航协议，完成校本部东南区121亩和沙河镇约1500亩土地征地计划。学校建筑面积由1990年的40.33万平方米增加到2020年的206.01万平方米。2006年位于东南新区的新主楼竣工，建筑面积22.6万平方米，获“鲁班奖”。2010年沙河校区入驻首批本科新生。

“八五”期间，建成教学科研用房2.3万

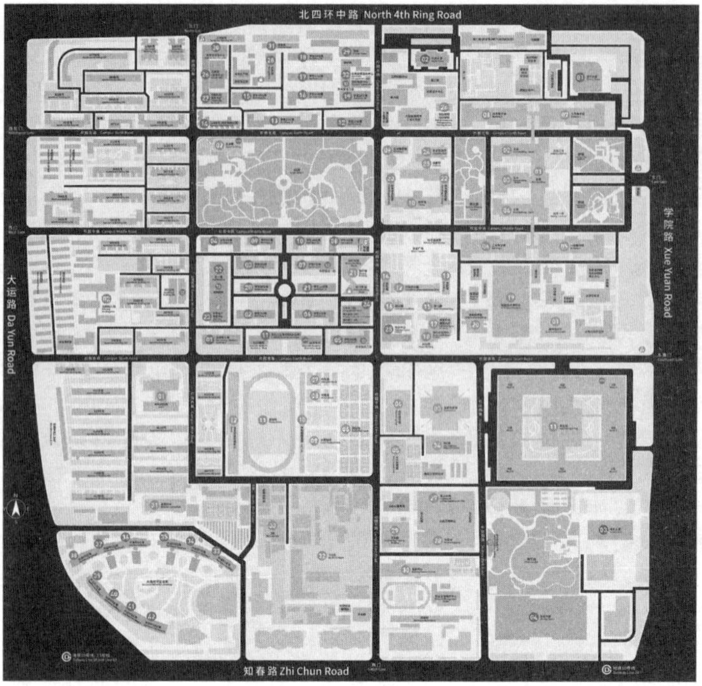

图 8　北京航空航天大学学院路校区平面图

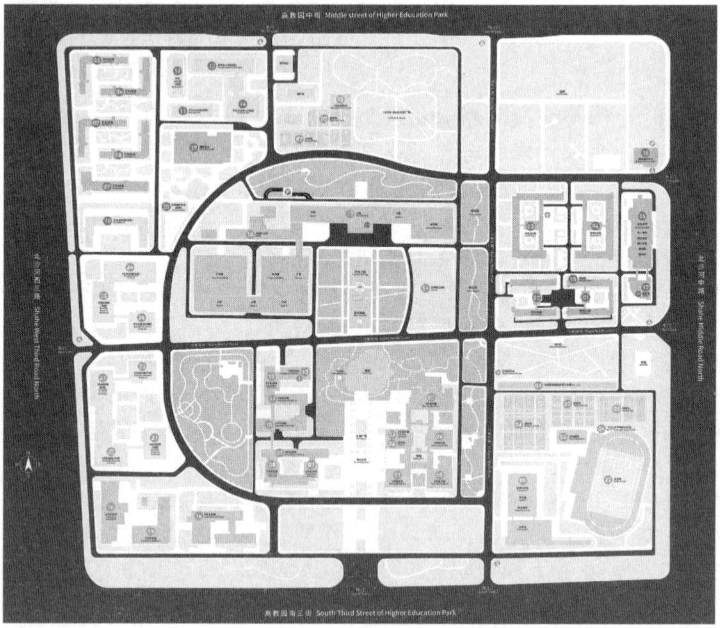

图 9　北京航空航天大学沙河校区平面图

平方米，学生宿舍1.1万平方米，职工住宅6.3万平方米；“九五”期间，完成建筑面积17.45万平方米，其中购买和建设职工住宅10.2万平方米；“十五”期间，新建建筑面积32.2万平方米（含外购住宅）。2007年回购10栋共13.8万平方米大运村学生公寓。2010年，建筑面积增加到139.16万平方米。2012年，航空航天博物馆、晨兴音乐厅等竣工并投入使用。2013年获北京高校“十佳美丽校园”。2014年以致真大厦和国家实验室大楼（一期）为代表的高水平科研基础设施，及以沙河校区综合体育馆为代表的文体设施先后投入使用。2017年获“首都城市环境建设样板单位”。2018年沙河校区师生综合服务中心正式运行。2019年学院路校区学生生活社区北区宿舍食堂启用。

在网络基础设施建设方面，1995年完成校园计算机网络第一期建设工程，2000年主干网络覆盖了所有的行政、教学、科研楼群，2005年学生宿舍楼接入校园网。“十一五”实施数字图书馆项目建设。校园一卡通系统建成，实现了学生注册、图书馆、教学区门禁和个人消费等全面应用。建成教学、财务、学生等管理信息系统和学校办公自动化系统（OA），机关部处和院系都建立了二级网站。2010年，北航数字校园一期建设项目通过验收。2012年“数字校园——数字综合信息服务支撑平台建设项目”顺利通过国防固定资产投资验收。2013年实现两校区教学区、科研区和生活区100%网络覆盖，新建学校中英文门户网站。2019年实现无线网络室内100%、室外58%覆盖。2020年OA 2.0系统使用率提升至97%。

八、2020年学校基本情况

2020年，北京航空航天大学校园面积173.44万平方米，图书馆建筑面积2.09万平方米。全年教育经费总投入343201.13万元。设有2个校区，设置36个院（系、部）。开设74个本科专业。“双一流”建设学科7个，国家级一流本科专业建设点19个。国家重点实验室2个，北京实验室6个，北京重点实验室15个。教职工4001人，其中，专任教师2802人；正高级799人、副高级1238人；博士生导师1424人、硕士生导师1334人；中国科学院院士7人、中国工程院院士19人。外籍教师54人。在校生39031人，其中，研究生20061人（博士生5701人、硕士生14360人）、普通本专科生15680人（本科生15680人、专科生0人）、成人教育本专科生1924人（本科生1770人、专科生154人）、网络教育本专科生1366人（本科生1208人、专科生158人）。留学生毕业271人、招生274人、在校生1270人。网址：www.buaa.edu.cn。

附表：

表30　　中共北京航空航天大学委员会历任书记一览表（1991—2020年）

书记	任职时间	书记	任职时间
朱万金	1989年3月—1996年9月	胡凌云	2011年1月—2015年9月
楼士礼	1996年9月—2002年1月	张　军	2015年9月—2017年12月
杜玉波	2002年1月—2011年1月	曹淑敏	2017年12月—

表31　　北京航空航天大学校长一览表（1991—2020年）

校长	任职时间	校长	任职时间
沈士团	1988年6月—2002年1月	怀进鹏	2009年5月—2015年3月
李　未	2002年1月—2009年5月	徐惠彬	2015年3月—

（执笔人：朴悦嘉）

北京理工大学

北京理工大学1940年诞生于延安，是中国共产党创办的第一所理工科大学。1991年以来，学校以马克思列宁主义、毛泽东思想、邓小平理论、“三个代表”重要思想、科学发展观、习近平新时代中国特色社会主义思想为指导，全面贯彻党的教育方针，不断深化改革，扩大开放，办学条件不断改善，办学水平不断提高，综合实力不断增强。学校是“七五”“八五”期间国家重点投资建设的14所高校之一，1995年首批进入国家“211工程”，2000年首批（第十位）进入“985工程”建设行列，2014年入选国家“2011计划”，2017年首批进入“世界一流大学”建设高校A类行列。

2020年，北京理工大学占地面积187.79万平方米，图书馆建筑面积4.68万平方米。全年教育经费投入60.36亿元。设有2个校区，设置19个院（系、部）。开设72个本科专业。“双一流”建设学科3个，国家级一流本科专业建设点18个。国家重点实验室2个，北京实验室1个，北京重点实验室19个。教职工3373人，其中，专任教师2268人；正高级635人、副高级949人；博士生导师1157人、硕士生导师2120人；中国科学院院士10人、中国工程院院士18人。外籍教师58人，包括教授31人、副教授8人。在校生88745人，其中，全日制研究生14728人（博士生4773人、硕士生9955人）、非全日制研究生2445人（博士生50人、硕士生2395人）、普通本科生14848人、成人教育本专科生1955人（本科生1212人、专科生743人）、网络教育本专科生54769人（本科生26635人、专科生28134人）。留学生毕业849人、招生762人、在校生1810人。网址：www.bit.edu.cn。

一、学校沿革

学校1940年9月正式开学，1943年4月并入延安大学，1945年11月开始向华北转移。1946年1月21日改名为晋察冀边区工业专门学校；1946年11月与晋察冀边区铁路学院合并，成立晋察冀工业交通学院；1947年12月改名为晋察冀边区工业学校；1948年8月，与北方大学工学院合并，成立华北大学工学院。1949年8—9月陆续迁入北京。1950年9月，中法大学校部及数、理、化三个系并入。1952年定名为北京工业学院。根据1954年北京市都市规划委员会规定，确定学校永久校址在西郊巴沟（即现在北京市海淀区中关村南大街5号）。1984年，首批设立研究生院。1988年，更名为北京理工大学。

表32　　北京理工大学沿革

序号	时间	学校名称	党组织隶属关系	行政隶属关系
1	1940年4月—1941年1月	自然科学院	中共中央机关直属党委	中央财政经济部
2	1941年1月—1943年1月	自然科学院	中共中央机关直属党委	中共中央文化工作委员会

续表 32

序号	时间	学校名称	党组织隶属关系	行政隶属关系
3	1943 年 1 月—1943 年 4 月	自然科学院	中共中央西北局直属党委	中共中央西北局
4	1943 年 4 月—1945 年 11 月	延安大学自然科学院	中共延安大学总支委员会（由中共中央西北局直接领导）	延安大学（由陕甘宁边区政府直接领导）
5	1946 年 1 月—1946 年 11 月	晋察冀边区工业专门学校	中共晋察冀边区行政委员会直属党委	晋察冀边区工业局
6	1946 年 11 月—1947 年 12 月	晋察冀工业交通学院（预科部）	中共晋察冀工业交通学院总支委员会（中共晋察冀边区行政委员会直属党委领导）	晋察冀工业交通学院（晋察冀边区行政委员会领导）
7	1947 年 12 月—1948 年 9 月	晋察冀边区工业学校	中共晋察冀边区行政委员会直属党委	晋察冀边区工业局
8	1946 年 4 月—1948 年 9 月	北方大学工学院	中共北方大学分党委（中共晋冀鲁豫边区政府直属党委领导）	北方大学（晋冀鲁豫边区人民政府领导）
9	1948 年 9 月—1949 年 9 月	华北大学工学院	华北大学党委（中共中央华北局领导）	华北人民政府公营企业部
10	1949 年 10 月—1951 年 12 月	华北大学工学院	中华人民共和国重工业部党组、中共北京市高校委员会	中华人民共和国重工业部
11	1952 年 1 月—1952 年 10 月	北京工业学院 (Beijing Institute of Technology)	中华人民共和国重工业部党组、中共北京市高校委员会	中华人民共和国重工业部
12	1952 年 10 月—1958 年 2 月	北京工业学院 (Beijing Institute of Technology)	中共北京市委员会	第二机械工业部
13	1958 年 2 月—1960 年 9 月	北京工业学院 (Beijing Institute of Technology)	中共北京市委员会	第一机械工业部
14	1960 年 9 月—1961 年 2 月	北京工业学院 (Beijing Institute of Technology)	中共北京市委员会	第三机械工业部
15	1961 年 2 月—1970 年 2 月	北京工业学院 (Beijing Institute of Technology)	中共北京市委员会	国防科学技术委员会
16	1970 年 2 月—1986 年 12 月	北京工业学院 (Beijing Institute of Technology)	中共北京市委员会第五机械工业部党组（兵器工业部党组）、中共北京市委员会	第五机械工业部（1982 年更名为兵器工业部）
17	1986 年 12 月—1988 年 4 月	北京工业学院 (Beijing Institute of Technology)	中共国家机械工业委员会党组、中共北京市委员会	国家机械工业委员会
18	1988 年 4 月—1991 年 8 月	北京理工大学 (Beijing Institute of Technology)	机械电子工业部党组、中共北京市委员会	机械电子工业部

续表 32

序号	时间	学校名称	党组织隶属关系	行政隶属关系
19	1991 年 8 月—1993 年 3 月	北京理工大学（Beijing Institute of Technology）	中国兵器工业总公司党组和机械电子工业部党组、中共北京市委员会	中国兵器工业总公司和机械电子工业部（共管）
20	1993 年 5 月—1998 年 7 月	北京理工大学（Beijing Institute of Technology）	中国兵器工业总公司党组、中共北京市委员会	中国兵器工业总公司
21	1998 年 7 月—2008 年 4 月	北京理工大学（Beijing Institute of Technology）	国防科学技术工业委员会党组、中共北京市委员会	国防科学技术工业委员会
22	2008 年 4 月—	北京理工大学（Beijing Institute of Technology）	工业和信息化部党组、中共北京市委员会	工业和信息化部

二、人才培养

“八五”期间，学校在非军工专业本科生中实施“学分制”；开办实验班；建成金工、电子、多功能音像实验室等一批教学实践基地；健全以行政为实施德育的管理体制，成立学生指导、就业指导、心理咨询等 6 个中心；制定《北京理工大学德育实施纲要》等一系列文件；进行政治理论课和思想道德课的改革试点工作。“九五”期间，实施名牌专业建设工程、优质课程与课群建设工程、现代化教育技术应用工程等三大教学工程和课程结构调整。开展“跨世纪德育工程”；推进全面素质教育，深入开展学生科技创新活动和社会实践活动，开展大学生人文素质教育，与中国人民大学共建“国家大学生文化素质教育基地”。“十五”期间，实施“研究生教育创新工程”，积极参与教育部“教学质量与教学改革工程”，实施学校“大学生研究计划”探索个性化、柔性化培养模式，改造和充实基础课教学实验室；全面推行学分制、弹性学制，健全教学监控与质量管理体系。2003 年，学校足球队代表中国参加在韩国举行的第 22 届世界大学生运动会，取得了第 7 名的佳绩。2006 年北京理工大学足球队获得全国足球乙级联赛冠军，冲甲成功。“十一五”期间，建立培养拔尖创新人才和全面发展合格人才的双类型教育培养体系；探索实施武器、信息、航天学科和专业“本硕博”贯通培养模式改革。健全对优秀博士学位论文的培育、资助和奖励制度。2007 年，在教育部组织的本科教学工作水平评估中取得 19 项一级指标全优的成绩；2009 年，在工业和信息化部组织的研究生教育优秀工程评估中获优。“十二五”期间，11 个本科专业通过工程教育认证，位列全国第一；获批国家和省部级精品教材、规划教材、专著 75 种，获批建设国家和省部级实验教学中心 7 个。研究生教育工作获首届中国学位与研究生教育学会教育成果一等奖，研究生在国内外学术竞赛中累计获重要奖项 80 余项。“十三五”期间，牵头成立延河高校人才培养联盟；实施书院制育人模式改革，建成 9 大书院，建设“三全”导师队伍。推进“寰宇 +”计划，18 个专业获批国家级一流本科专业建设点。启动实施“本硕博”一体化贯通培养。成立中俄学院，本科生出国交流比例达 42.5%。学校累计获得国家级教学成果奖 20 项、国家级精品课程 14 门、国家精品视频公开课 10 门、精品资源共享课 9 门、精品在线开放课 15 门、国家虚拟仿真实验教学项目 5 个。学校累计获中国国际“互联网 + 大学生创新创业大赛”金奖 16 项、银奖 7 项、铜奖 12 项；累计获全国“挑战杯”学生课外学术科技作品竞赛特等奖 3 项、一等奖 15 项；累计获“挑战杯”全国大学生创业计划竞赛和“创青春”全国大学生创业大赛金奖 13 项、银奖 11 项、铜奖 3 项；累计在教育部大学生创新创业年会获奖 36 项。

表 33　　北京理工大学本科专业设置一览表（2020 年）

序号	学科门类与专业类	专业代码	专业名称
1	工学	080102	工程力学
2	工学	082001	航空航天工程
3	工学	082002	飞行器设计与工程
4	工学	082004	飞行器动力工程
5	工学	082102	武器发射工程
6	工学	080204	机械电子工程
7	工学	082103	探测制导与控制技术
8	工学	082104	弹药工程与爆炸技术
9	工学	082105	特种能源技术与工程
10	工学	082901	安全工程
11	工学	082101	武器系统与工程
12	工学	080201	机械工程
13	工学	080207	车辆工程
14	工学	080501	能源与动力工程
15	工学	081801	交通运输
16	工学	081802	交通工程
17	工学	082106	装甲车辆工程
18	工学	120701	工业工程
19	工学	080301	测控技术与仪器
20	工学	080705	光电信息科学与工程
21	工学	080701	电子信息工程
22	工学	080702	电子科学与技术
23	工学	080703	通信工程
24	工学	082107	信息对抗技术
25	工学	080601	电气工程及其自动化
26	工学	080801	自动化
27	工学	080901	计算机科学与技术
28	工学	080905	物联网工程
29	工学	080902	软件工程
30	工学	080401	材料科学与工程
31	工学	080403	材料化学
32	工学	080407	高分子材料与工程
33	工学	080709T	电子封装技术
34	工学	082502	环境工程
35	工学	080203	材料成型及控制工程
36	工学	080414T	新能源材料与器件
37	工学	080206	过程装备与控制工程
38	工学	081301	化学工程与工艺
39	工学	081302	制药工程
40	工学	081304T	能源化学工程

续表 33

序号	学科门类与专业类	专业代码	专业名称
41	理学	071002	生物技术
42	工学	082601	生物医学工程
43	工学	083001	生物工程
44	理学	070101	数学与应用数学
45	理学	070102	信息与计算科学
46	理学	071201	统计学
47	理学	070202	应用物理学
48	理学	070301	化学
49	理学	070302	应用化学
50	经济学	020401	国际经济与贸易
51	管理学	120102	信息管理与信息系统
52	管理学	120201K	工商管理
53	管理学	120202	市场营销
54	管理学	120203K	会计学
55	管理学	120401	公共事业管理
56	经济学	020101	经济学
57	法学	030302	社会工作
58	教育学	040101	教育学
59	法学	030101K	法学
60	文学	050201	英语
61	文学	050203	德语
62	文学	050207	日语
63	文学	050205	西班牙语
64	工学	080205	工业设计
65	艺术学	130502	视觉传达设计
66	艺术学	130503	环境设计
67	艺术学	130504	产品设计
68	工学	080717T	人工智能
69	工学	080910T	数据科学与大数据技术
70	工学	080213T	智能制造工程
71	工学	080911TK	网络空间安全
72	工学	082108T	智能无人系统技术

三、学科建设

“八五”期间，学校学科门类包含工、理、法、文、经济5大类，覆盖机、光、电、化、信息等主要工程技术学科领域。为了促进学科间的交融、综合和衍生，先后成立车辆工程学院、化工与材料学院、管理学院、机电工程学院、信息工程学院、机械工程学院、计算机与控制学院、科学技术学院和人文社会科学学院等9个学院。

“九五”期间，电子信息、光电信息与控制技术、制导兵器、车辆工程、弹药引信技术和机电一体化等学科优势明显加强。本科专业35个，硕士学科专业授予点49个、博士学位专业授予点25个，10个博士后流动站，另有工商管理硕士、工程硕士两个专业学位授予点。

“十五”期间，按照高水平研究型大学的战略定位，学科覆盖面达8个学科门类，学科点所涉及的一级学科达33个；拥有国家级重点学科11个；学科整体水平和实力有了较大幅度的提高，学科精品度在2003年名列高校第10名。

“十一五”期间，硕士一级学科增加到35个，博士一级学科增加到19个；优势学科持续领先，新增4个国家重点一级学科，国防特色学科由20个增加到24个，兵器科学与技术学科位居全国第1名，光学工程、信息与通信工程学科位居全国第5名。理学门类的一级学科博士点增至2个，二级学科博士点从5个增加到12个，二级学科硕士点从7个增加到22个。

“十二五”期间，新增一级博士学科11个、博士专业学位授权学科1个。在全国一级学科整体水平评估中，兵器科学与技术学科蝉联全国第一，8个学科位居全国前10名；工程学、材料科学、化学、物理学、数学学科进入ESI全球学术机构前1%；管理学科群通过EQUIS国际认证，MBA项目通过MBA专业学位国际认证。9个学科入选世界大学前400名,其中电气与电子工程学科进入前百强。

“十三五”期间，在全国第四轮一级学科整体水平评估中，9个学科进入全国前10%。12个学科进入世界大学学科排名前500强；电子电气工程、机械工程、工程学首次进入世界前50强。增列物理学、生物学、法学等6个一级学科博士学位授权点，获批学位授权自主审核单位。建设前沿交叉科学研究院。目前,全校共有8个学科门类,一级学科30个。拥有2个国家级协同创新中心、9个国家级重点实验室及工程研究中心、6个国家级实验教学中心。

表34　　北京理工大学学科设置一览表（2020年）

序号	学科门类	一级学科	学位授权点
1	经济学	理论经济学	硕士授权点
2	经济学	应用经济学	博士授权点
3	法学	法学	博士授权点
4	法学	马克思主义理论	博士授权点
5	教育学	教育学	博士授权点
6	文学	外国语言文学	硕士授权点
7	理学	数学	博士授权点
8	理学	物理学	博士授权点
9	理学	化学	博士授权点
10	理学	生物学	博士授权点
11	理学	统计学	博士授权点
12	工学	力学	博士授权点
13	工学	机械工程	博士授权点
14	工学	光学工程	博士授权点
15	工学	仪器科学与技术	博士授权点
16	工学	材料科学与工程	博士授权点
17	工学	动力工程及工程热物理	博士授权点
18	工学	电子科学与技术	博士授权点
19	工学	信息与通信工程	博士授权点
20	工学	控制科学与工程	博士授权点
21	工学	计算机科学与技术	博士授权点

续表 34

序号	学科门类	一级学科	学位授权点
22	工学	化学工程与技术	博士授权点
23	工学	航空宇航科学与技术	博士授权点
24	工学	兵器科学与技术	博士授权点
25	工学	生物医学工程	博士授权点
26	工学	安全科学与工程	博士授权点
27	工学	网络空间安全	博士授权点
28	管理学	管理科学与工程	博士授权点
29	管理学	工商管理	博士授权点
30	艺术学	设计学	博士授权点

四、师资队伍

“八五”期间，学校教师队伍从 1991 年高级正职 141 人、高级副职 499 人、中级技术职务 515 人，发展到 1995 年末高级正职 256 人、高级副职 722 人、中级技术职务 839 人，其中院士 3 人、国家级有突出贡献的中青年专家 15 人、博士生导师 78 人；专任教师中具有硕士以上学位者近 600 人（其中具有博士学位者 120 余人），教师队伍在学历层次、年龄结构、专业职务等方面有了明显的改善。

“九五”期间，提出三支队伍建设总目标，并出台与之配套的 10 个文件，实施“跨世纪人才工程”，共选拔中青年学科带头人 101 人、优秀青年教师 226 人、引进高层次优秀人才 92 人。新增工程院院士 2 人，教育部“长江学者奖励计划”特聘教授 2 人，国家“杰出青年科学基金”获得者 2 人，国家级突出贡献专家 3 人，学科人员梯队已经基本形成。

“十五”期间，完成与学科专业调整相匹配的学院实体化建设的重组和核编定岗工作；实行全员聘用制和人事代理制；进行岗位津贴改革，新增工程院士（全职）2 人，国家级教学名师 1 人，国家“杰出青年科学基金”获得者 1 人，长江学者特聘教授 4 人，长江学者讲座教授 1 人，国防科技工业有突出贡献中青年专家 4 人。

“十一五”期间，新增中国科学院院士 1 人，发展中国家科学院院士 1 人，“海外高层次人才引进计划”入选者 4 人，国家级教学名师 3 人，教育部“长江学者奖励计划”特聘教授 12 人、讲座教授 4 人，国家“杰出青年科学基金”获得者 10 人；新增教育部“长江学者”创新团队 4 个；新增学科创新引智基地 2 个，国防科技创新团队 12 个，国家级教学团队 6 个。

“十二五”期间，专任教师规模、教师中的博士和留学归国人员比例均有大幅度提升；新增中国科学院院士 1 人，“长江学者奖励计划”特聘教授和讲座教授 8 人，国家“杰出青年科学基金”获得者 9 人，国家“海外高层次人才引进计划”入选者 10 人，“海外高层次人才引进计划”青年项目入选者 8 人；新增国家自然科学基金创新研究群体 4 个，教育部“创新团队发展计划”3 个。

“十三五”期间，建设海外人才招聘工作站 23 个，设立“特立论坛——国际青年学者论坛”。新增中国科学院院士 1 人、中国科学院外籍院士 1 人、中国工程院院士 5 人，获高层次人才及国家级人才奖项 179 人次，“四青”人才增长近 5 倍，高层次人才比例达到 12%。预聘制青年骨干教师和博士后入站人数大幅提升。实施教师聘用机制改革，建立“预聘—长聘—专聘”新体系。目前，学校现有 3 名国家级教学名师等高层次人才和 5 个国家级教学团队、5 个国家自然科学基金创新研究群体、10 个教育部“创新团队发展计划”创新团队。

五、科学研究

在“八五”期间共承担科技项目 1425 项，其中 275 项成果通过鉴定，获国家级奖励14项，省部级以上奖励152项，国家专利71项；科研与发展经费3.2亿元；发表学术论文5944篇，出版专著282部；主办、承办国际学术会议19次，国内学术会议60次。

“九五”期间，圆满完成“9910工程”部分研制任务；轧钢生产自动化控制、电动汽车、民用爆破技术、新材料与激光应用技术等民用科技成果在应用中获得良好的经济效益与社会效益。与地方政府和企业共建的联合体承担国家重点工程与产品研制项目20余项，其中由学校承担的研制经费1.15亿元；完成科技项目1000余项，获部级以上科技成果192项，其中国家级奖励16项。

“十五”期间，“高新工程”项目进展顺利，仿人机器人、电动汽车、绿色二次电池等“863/973”计划项目取得重大进展。获得国家级奖共计8项,获得省部级奖共计194项。

“十一五”期间，承担科研项目总数2332项，科技投入总额54.35亿元。其中，获批国家自然科学基金项目513项，牵头和参与“973”项目63项、“863 ”项目162项，参与研制及设计的国庆阅兵装备共24项。获国家科学技术奖16项，国防科学技术奖131项。新增国家工程实验室1个，国防科技重点实验室1个，国防重点学科实验室3个，教育部重点实验室6个。

“十二五”期间，科技投入经费总量近100亿元，共获得国家科学技术奖23项，牵头获奖总数位列全国高校第15位，在国家科学技术奖专用项目获奖数目方面位列全国高校第3位，获得国防科学技术奖总数、授权国防专利和有效国防专利数均位列全国高校第1位。牵头获得国家科学技术奖12项，获国防专利授权数居全国高校第一。牵头组建的“北京电动车辆协同创新中心”获批为国家级协同创新中心。

“十三五”期间，科技投入经费累计达132.58亿元，累计获批国家自然科学基金项目925项，获得国家自然科学基金智库专项、教育部哲学社科重大课题攻关项目。获批军委科技委基础加强重点项目16项，居全国高校第一；牵头承担国家重点研发计划项目8项；牵头承担“科技冬奥”重点项目；发射学校历史上第一颗卫星——“北理工1号”。在建军90周年纪念日和阅兵中参与装备研制数量和深度位居全国高校第一。获批建设小山口火工实验基地；加快建设“高能量物质前沿科学中心”“多模态智能机器人及系统集成攻关大平台”等交叉融合创新平台体系。获国家科学技术奖26项，牵头获得16项，其中2018年、2019年、2020年连续三年获得一等奖，实现国家科学技术奖一等奖“不断线”。

六、国际交流与合作

“八五”期间，先后与7个国家、16所国外的大学建立合作关系，聘请名誉教授5人、顾问教授6人、外籍教师7人，举办国际会议12次；与日本东京工科大学工学院合作兴办“北京理工大学附属专门学校”；中德MBA项目开始国际合作办学，与欧洲管理学院合作培养MBA。

“九五”期间，先后与11国家和地区的16所大学建立合作关系，聘请名誉教授4人、顾问教授9人，外籍教师27人，举办国际会议13次；分别与英国兰开复大学和南岸大学进行合作办学，开设“中英电子本科班”“中英国际商务硕士班”；建立“北京理工大学—瑞典爱立信公司数字通信技术研究中心”。在学校60周年校庆之际，举办“面向21世纪国内外著名高校校长论坛”，其中国外著名高校正、副校长27人参加了论坛活动。

“十五”期间，与25个国家和地区的47所大学建立校际合作关系，聘请顾问教授24人，外籍教师36人；举办国际会议26次，与美国乔治华盛顿大学等13所高校开展中外合作办学项目；固定选派学生到俄罗斯萨马拉航空航天大学、美国普渡大学、伊利诺伊州立大学进行访学和培训。与诺基亚等几十家高科技国际大公司建立教育合作关系。

“十一五”期间，与43个国家和地区的149所大学建立校际合作关系，与30多所著名大学联合开展学生交换项目。本科生参加出国（境）交流项目889人次,覆盖46个专业。接收长期留学生2240人,其中学位生1319人,留学生国别达50个。举办国际学术会议52场,师生年均出国参加学术会议263人次，牵头建立中国—西班牙大学联盟、中国—俄罗斯—白俄罗斯大学联盟等国际高等教育联盟。

“十二五”期间，与俄罗斯莫斯科国立大学、深圳市人民政府筹建深圳北理莫斯科大学；合作建设两所孔子学院；获批高等学校学科创新基地 4 个；建设全英文教学本科专业 4 个和研究生专业 14 个；外籍教师数稳步增长，外国留学生规模达到 1580 人；本科生出国（境）交流人数占在校生比例超过 20%。

“十三五”期间，获批高等学校学科创新基地 7 个，增设双博士学位培养项目。中俄两国第一所合作大学深圳北理莫斯科大学正式开学，国家主席习近平和俄罗斯总统普京分别向开学典礼致贺词。学校研制的科学载荷首次登陆国际空间站。与联合国国际民航组织共建全球航空发展研究院；与坦桑尼亚政府在电子政务领域开展深度合作。获 2 个“全球先进孔子学院”称号。在校留学生规模达 2560 人，多元共融的国际化大社区初步建成。目前，学校与 346 所海外高水平大学建立合作伙伴关系，与德国慕尼黑工业大学、俄罗斯鲍曼国立技术大学、日本东京工业大学、以色列理工大学、美国伊利诺理工大学等 70 多所合作院校设立学生交换项目。

七、大学治理

“八五”期间，在完善承包制的基础上，学校实行“小机关、大实体”的事业单位企业化管理，并逐步向社会化过渡；建立目标、责任、考核、聘任、分配相结合的一体化内部管理运行机制，初步达到精简机构、转变职能、提高管理水平和管理效率的目的。

“九五”期间，进一步健全党委领导下的校长负责制；以学科建设为龙头大力推进学院实体化建设；按学科设岗并设置“门槛值”改进专业技术职务评聘工作；改革分配制度，设置校聘关键岗位；后勤服务遵循社会化方向在深化改革、搞好服务工作、积极发展新的经济增长点等方面取得明显成绩。

“十五”期间，完成学院实体化建设的重组和核编定岗工作；实行全员聘用制和人事代理制；进行岗位津贴改革；规范剥离后勤系统；积极推进公费医疗制度改革；加强学校办学资源管理和审计工作，完善全额成本核算和审计。

“十一五”期间，实施绩效津贴改革，充分激发高层次领军人才、创新团队、优秀拔尖人才等人员的积极性。探索学部制度，发挥教授治学作用。创新招生机制、学生培养机制、产学研运行体制机制，促进管理改革。

“十二五”期间，制定综合改革总方案及 5 个子方案，出台改革制度和措施 40 余项。坚持并完善党委领导下的校长负责制，完善议事决策机制。制定《北京理工大学章程》并获教育部核准，强化学术委员会、学部的作用。健全重大问题、重要决策听取教职工群众意见制度、通报情况制度，实施师生代表列席校长办公会议制度。试点实施教师聘任制度改革、公用房成本核算绩效管理制度。

“十三五”期间，修订完善党委常委会会议、校长办公会议议事规则；深化“大部制”改革，设置四大类八个板块，推进管服分离和机构协同高效运行。深化综合改革，推进教师聘任制度改革、资源配置改革、人才培养改革；实施预算管理体制改革，完成“全口径”预算编制。探索校院两级管理体制改革，推进管理重心下移，增强基层办学活力。加快信息平台建设，简化优化服务流程，建成教师服务大厅，“智慧北理”取得初步成效。

表 35　北京理工大学二级机构设置一览表（2020 年）

类别	机构名称	非独立建制机构
管理机构	1. 党委办公室 / 行政办公室	信息化办公室
		法律事务室
	2. 党委组织部 / 党校	—
	3. 党委宣传部	新闻中心
	4. 党委统战部	信访办公室

续表 35

类别	机构名称	非独立建制机构
管理机构	5. 纪委办公室 / 党委巡察办公室 / 监察处 / 审计处	—
	6. 保卫部	—
	7. 保密办公室	—
	8. 党委教师工作部 / 人力资源部	高层次人才办公室 / 院士工作办公室
	9. 学生工作部 / 党委武装部	心理健康教育与咨询中心
		精工书院
		睿信书院
		求是书院
		明德书院
	10. 教务部	招生办公室
	11. 研究生院	研究生招生办公室
		学位与学部办公室
	12. 计划财务部	“双一流”建设办公室 / 学科发展办公室 / 重大专项办公室
		教育基金会工作办公室
		会计核算中心
		招标采购中心
	13. 科学技术研究院	科学技术协会办公室
	14. 合作与发展部	—
	15. 资产与实验室管理处	—
	16. 后勤基建处	—
	17. 良乡校区管理处	—
	18. 国际交流合作处 / 港澳台办公室	—
	19. 离退休工作处 / 离退休教职工党委	—
	20. 校工会	—
	21. 校团委	—
	22. 机关党委	—
	23. 书院党委	—
专业学院	1. 宇航学院 / 党委	—
	2. 机电学院 / 党委	兵器科学与技术学科特区领导小组办公室
	3. 机械与车辆学院 / 党委	北理鲍曼学院
	4. 光电学院 / 党委	—
	5. 信息与电子学院 / 党委	—
	6. 自动化学院 / 党委	—
	7. 计算机学院 / 党委	—
	8. 网络空间安全学院 / 党委	网络科学与技术研究院
	9. 材料学院 / 党委	—
	10. 化学与化工学院 / 党委	
	11. 生命学院 / 党委	—
	12. 数学与统计学院 / 党委	—

续表 35

类别	机构名称	非独立建制机构
专业学院	13. 物理学院 / 党委	—
	14. 管理与经济学院 / 党委	经管书院
	15. 人文与社会科学学院 / 党委	—
	16. 马克思主义学院 / 党委	—
	17. 法学院 / 党委	—
	18. 外国语学院 / 党委	—
	19. 设计与艺术学院 / 党委	知艺书院
教学科研机构	1. 体育部 / 直属党支部	—
	2. 徐特立学院 / 未来精工技术学院 / 特立书院 / 党委	—
	3. 北京学院 / 北京书院	—
	4. 国际教育学院	—
	5. 继续教育学院 / 党总支 / 远程教育学院	—
	6. 秦皇岛分校	—
	7. 前沿交叉科学研究院	—
	8. 先进结构技术研究院 / 党委	—
教学科研辅助机构	1. 图书馆 / 党总支	—
	2. 网络信息技术中心	—
	3. 教师发展中心	—
	4. 学生事务中心	—
	5. 学生就业指导中心	—
	6. 学生创新创业实践中心	—
	7. 教学运行与考务中心	—
	8. 留学生中心	令闻书院
	9. 科技项目管理中心	—
	10. 技术转移中心	—
	11. 学术期刊中心	—
	12. 分析测试中心	—
	13. 西山实验服务中心	—
服务支撑机构	1. 档案馆	校史馆
	2. 校医院 / 直属党支部	—
	3. 附属实验学校 / 直属党支部	—
	4. 附属小学 / 直属党支部	幼儿园
	5. 居民管理委员会	—
	6. 资产经营有限公司 / 党委 / 纪委	科技园公司
		出版社
		物业管理与后勤服务公司

说明：截至 2020 年末，北京理工大学设有二级机构 69 个

八、办学条件

“八五”期间，新增基建面积6.03万平方米，学校建筑总面积达39.76万平方米。初步建成1个国家重点实验室、4个国家重点学科点专业实验室和2个国防科技重点实验室；投入200多万元修整和绿化校园环境，综合治理脏、乱、差以及社会治安等问题。“九五”期间，完成基建投资近6.03亿元，中心教学楼、逸夫科技交流中心、生活区取暖锅炉房、国际教育交流中心等基础设施建成并投入使用。“十五”期间，实施二期“安居工程”，新建能容纳2000余人的学生公寓，对所有学生食堂进行改造和装修，通过租赁、补贴等形式解决校内学生宿舍不足的问题。信息教学楼、大学生公寓1号楼、学生综合服务楼及体育文化综合馆工程和图书馆改扩建工程相继竣工投入使用。

“十一五”期间，完成基本建设近30万平方米；完成良乡校区前两期，西山实验区二期，中关村校区教学楼、出版楼、学生食堂和公寓以及体育馆等工程建设，教学行政用房总面积达到43.9万平方米，学生宿舍面积26.5万平方米。2007年9月17日，2007级3000多名本科生顺利入驻良乡校区。建成中关村校区体育综合文化馆，承担2008年北京奥运会、残奥会部分比赛项目。

“十二五”期间，新建基础设施41万余平方米，建成信息科学实验楼等，建设微纳实验中心、分析测试中心等。数字迎新系统建成并投入使用，网上办公系统初步建成。完善校园文化景观，在中关村校区、良乡校区落成校训、校风、学风系列雕塑。建成北京理工大学艺术馆。

“十三五”期间，实施“幸福北理”工程，中关村校区宇航楼、中关村国防科技园、良乡校区文化体育中心等投入使用。建设重庆创新中心、唐山研究院、前沿技术研究院（济南）等综合性创新平台。建成以徐特立像、延安石、新校史馆为代表的文化景观中轴线，实施三大校史工程，完成“口述史”上百人次采集、三期校史资源数字化。2020年，获评第二届“全国文明校园”。

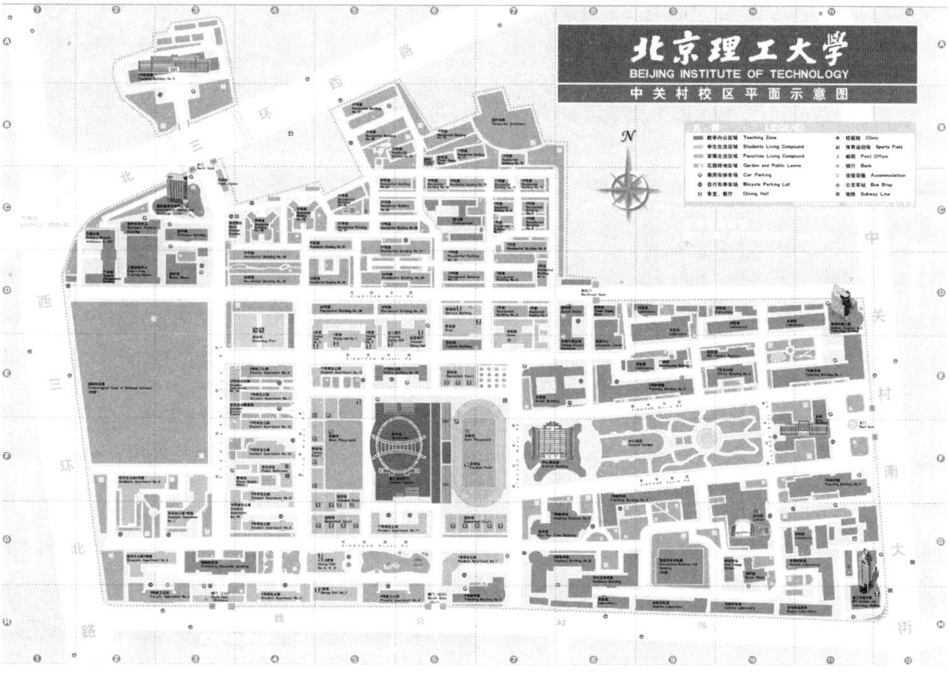

图10　北京理工大学中关村校区平面图

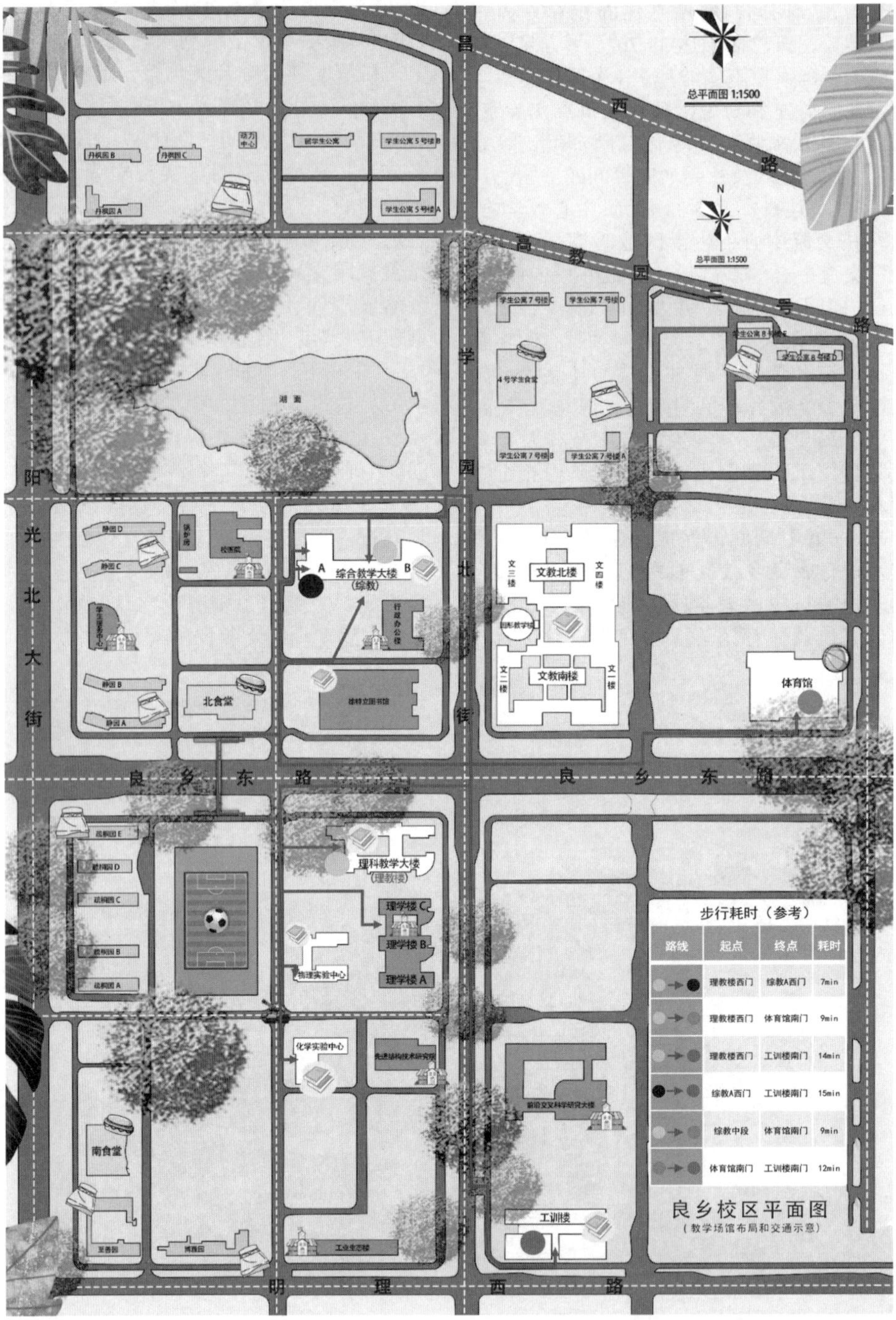

图 11　北京理工大学良乡校区平面图

九、党建与思想政治工作

学校坚持和加强党对学校工作的全面领导，把党的领导党的建设贯穿办学治校全过程。以党的政治建设为统领，全面推进党的思想建设、组织建设、作风建设、纪律建设，把制度建设贯穿其中，深入推进反腐败斗争，持续提升党建和思想政治工作质量，为学校建设和发展提供坚强政治保证。

“八五”期间，制定并实施《北京理工大学深化教育改革纲要》和6个改革实施方案，抓紧落实《北京理工大学加强党的建设和思想政治工作三年（1995—1997）规划》等一系列文件，开展“争优创先”活动。“九五”期间，制定《贯彻党的十五大精神，推动学校改革与发展工作要点》及14个配套的改革文件；组织师生学习邓小平理论和进行形势政策教育，开展党员“双学”活动；参与中华人民共和国成立五十周年、香港和澳门回归等重大庆典活动以及开展多种主题教育活动。“十五”期间，完善党委领导下的校长负责制，落实《党政领导干部选拔任用工作条例》，规范处级干部选拔任用程序；深化“两课”改革，推动邓小平理论和“三个代表”重要思想“三进”工作，实施新世纪德育工程，完成校园科技创安一期工程。2001年被中央组织部授予“全国先进基层党组织”称号；2001年被全国总工会授予“五一劳动奖状”。

“十一五”期间，开展保持共产党员先进性教育、学习实践科学发展观、学习贯彻党章等活动；完成奥运赛事和国庆群众游行等重大活动；组织实施“党群零距离”工程；获北京高校党的建设和思想政治工作优秀成果一等奖，获评“北京市党的建设和思想政治工作先进普通高等学校”。2006年，毛二可院士被授予全国优秀共产党员称号，国防科工委党组，北京市委教育工委分别做出了向毛二可院士及其创新团队学习的决定。

“十二五”期间，开展党的群众路线教育实践活动，推进“创先争优”活动，创新实施“党群零距离”“五个三比”等活动；推进“德学理工”计划，实施领导干部联系本科生班级制度。德育答辩工作成效明显。作为中共中央组织部遴选试点高校，开展二级单位党组织书记抓基层党建工作述职评议考核。在工业和信息化部党建创优工程（二期）评估验收中获得优秀。

“十三五”期间，开展“三严三实”专题教育、“两学一做”学习教育和“不忘初心、牢记使命”主题教育；持续深入推进中央专项巡视整改、工业和信息化部专项巡视检查整改工作；定点帮扶山西省方山县实现脱贫摘帽；组织5058名师生参与国庆70周年庆祝活动；深化“大思政”工作格局，一体化构建“十育人”工作体系；实施党支部规范化建设工程，在全校党支部中推广“五色”组织生活模式；推进中层领导人员“能上能下”和分类管理。马克思主义学院入选北京市首批重点建设马克思主义学院。成立北京理工大学党建研究中心，获评“全国党建工作标杆院系全国党建工作样板支部”。获评“首都大学生思想政治实效特等奖”、北京市思想政治工作优秀单位。

附表：

表36　中共北京理工大学委员会历任书记一览表（1991—2020年）

书记	任职时间	书记	任职时间
谈天民	1987年8月—1996年6月	张　炜	2014年8月—2016年4月
焦文俊	1996年6月—2008年2月	赵长禄	2016年4月—
郭大成	2008年2月—2014年8月		

表37　北京理工大学历任校长一览表（1991—2020年）

校长	任职时间	校长	任职时间
朱鹤孙	1984年9月—1993年2月	胡海岩	2007年8月—2017年12月
王　越	1993年2月—1999年7月	张　军	2017年12月—
匡镜明	1999年7月—2007年8月		

（执笔人：岳　鹏）

北京科技大学

北京科技大学的历史渊源可追溯至1895年北洋西学学堂创办的中国近代史上第一个矿冶学科。1952年，天津大学（原北洋大学）、唐山铁道学院、山西大学、北京工业学院、西北工学院、清华大学共6所国内著名大学的矿冶系科组建成为北京钢铁工业学院，是新中国建立的第一所钢铁工业高等学府。1960年，学校更名为北京钢铁学院，并被批准为全国重点高等学校。1984年，学校成为全国首批正式成立研究生院的高等学校之一。1988年，更名为北京科技大学。1997年5月，学校首批进入国家“211工程”建设高校行列。2006年，学校成为首批“985工程”优势学科创新平台建设高校。2014年，学校牵头的，以北京科技大学、东北大学为核心高校的“钢铁共性技术协同创新中心”成功入选国家“2011计划”。2017年，学校入选国家“双一流”建设高校。2018年，学校获批国防科工局、教育部共建高校。目前，学校已发展成为一所以工为主，工、理、管、文、经、法等多学科协调发展的教育部直属全国重点大学。

建校69年来，学校逐步形成了“学风严谨，崇尚实践”的优良传统，为社会培养各类人才20余万人，其中许多人已成为国家政治、经济、科技、教育等领域尤其是冶金、材料行业的栋梁和骨干。党和国家领导人罗干、刘淇、徐匡迪、黄孟复、范长龙、郭声琨、刘晓峰等都曾在校学习，另有39名校友当选为中国科学院或中国工程院院士，一大批校友走上了省长、市长的领导岗位，一大批校友担任宝武集团、中国一重、中国铝业、中国五矿、中国钢研、河钢集团等国家特大型企业的董事长或总经理。学校被誉为“钢铁摇篮”。

一、院系建设

1996年，北京科技大学依据新的学科目录，进行了院系调整，将1988年学校设立的18个院、系调整为资源工程学院、冶金学院、机械工程学院、材料科学与工程学院、信息工程学院、应用科学学院、文法学院、管理学院等8个学院。

1998年，北京冶金管理干部学院并入北京科技大学，作为学校的一个校区正式更名为管庄校区。

2001年1月1日，资源工程学院更名为土木与环境工程学院；2003年外国语学科及专业从文法学院分离，组建成立外国语学院；4月，冶金学院更名为冶金与生态工程学院。

2005年4月15日，教育部批复，同意北京科技大学与广东珠江投资有限公司合作试办北京科技大学天津学院；6月15日，冶金工程研究院成立；6月29日，北京科技大学继续教育学院成立；2006年，管理学院更名经济管理学院。

2008年12月，根据学校的发展规划，以材料学院的2所2中心为主构建了新材料技术研究院；2009年，马克思主义学院成立，其前身为北京钢铁工业学院政治教研组；2010年8月18日，在原应用科学学院基础上，成立数理学院、化学与生物工程学院；11月8日，成立高等工程师学院；2011年1月17日，原信息工程学院拆分成立自动化学院、计算机与通信工程学院；5月，广东东凌集团对经济管理学院捐款冠名，学院更名为东凌经济管理学院。

2016年4月5日，成立能源与环境工程学院；6月12日，冶金工程研究院更名为工程技术研究院；7月，土木与环境工程学院更名为土木与资源工程学院；2017年10月10日，成立北京科技大学顺德研究生院；2018年6月19日，成立人工智能研究院；2020年7月，东凌经济管理学院正式更名为经济管理学院。

至2020年，学校由土木与资源工程学院、冶金与生态工程学院、材料科学与工程学院、机械工程学院、能源与环境工程学院、自动化学院、计算机与通信工程学院、数理学院、化学与生物工程学院、经济管理学院、文法学院、马克思主义学院、外国语学院、高等工程师学院、新材料技术研究院、科技史与文化遗产研究院、工程技术研究院、人工智能研究院、融合创新研究院、钢铁共性技术协同创新中心、国家材料服役安全科学中心、北京材料基因工程高精尖创新中心、国家材料腐蚀与防护科学数据中心、新金属材料国家重点实验室、钢铁冶金新技术国家重点实验室以及体育部、管庄校区、天津学院、顺德研究生院等组成。

表38　北京科技大学院系部设置一览表（2020年）

学部	院系	学部	院系
土木与资源工程学院	资源工程系	能源与环境工程学院	热科学与能源工程系
	土木工程系		环境科学与工程系
	安全科学与工程系		环境与节能工程研究中心
	矿物加工工程系	自动化学院	控制科学与工程系
	建筑环境与设备工程系		仪器科学与技术系
	应用力学研究所		智能科学与技术系
	大安全科学研究院（挂靠）		电工电子技术系
	深地岩体工程科学研究院（挂靠）		自动控制研究所
	城镇化与城市安全研究院（挂靠）		导航与控制研究所
冶金与生态工程学院	钢铁冶金系	计算机与通信工程学院	计算机科学与技术系
	有色金属冶金系		通信工程系
	物理化学系		物联网与电子工程系
	生态科学与工程系		信息基础科学系
	二氧化碳科学研究中心（挂靠）		软件工程与网络空间安全研究所
材料科学与工程学院	材料学系	数理学院	应用数学系
	材料加工与控制工程系		信息与计算科学系
	材料物理与化学系		物理系
	无机非金属材料系		应用物理系
	核能与新能源系统材料研究所		应用力学系
机械工程学院	机械工学系		应用物理研究所
	机械制造及自动化系		应用数学研究所
	机械电子工程系		理论物理研究所
	机械装备及控制工程系		现代物理技术研究中心
	车辆工程系	化学与生物工程学院	化学与化学工程系
	物流工程系		生物科学与工程系
	工业设计系		固体化学研究所
	零件轧制中心		生物工程与传感技术研究中心
	智能机器人创新研究院（挂靠）		大兴研究院（挂靠）

续表 38

学部	院系	学部	院系
化学与生物工程学院	精准医疗与健康研究院（挂靠）	马克思主义学院	思想政治教育研究中心（挂靠）
	农药残留与环境毒理实验室（挂靠）		高校学生事务研究中心（挂靠）
经济管理学院	管理科学与工程系		《思想教育研究》编辑部（挂靠）
	工程管理与技术经济系	外国语学院	英语语言文学系
	工商管理系		大学英语系
	财务与会计系		研究生英语系
	经济贸易系		日语语言文学系
	金融工程系		德语语言文学系
	管理科学研究所		外国语言文学研究所
	电子商务研究所		功能语言学研究中心
	企业与产业发展研究所		当代语言科学研究中心
	大数据与系统科学研究所		世界文学文化研究中心
	MBA 中心		矿业与钢铁行业中外人文交流研究院（挂靠）
	期货证券研究中心	高等工程师学院	
	钢铁产业政策与管理研究中心（挂靠）	体育部	
文法学院	公共管理系	管庄校区	
	法律系	天津学院	
	社会学系	顺德研究生院	
	艺术教育中心	新金属材料国家重点实验室	
	公共管理硕士教学与管理中心	钢铁冶金新技术国家重点实验室	
	法律硕士教学与管理中心	“重大工程材料服役安全研究评价设施”项目建设指挥部	
	教育经济与管理研究所	钢铁共性技术协同创新中心	
	知识产权研究中心	新材料技术研究院	国家新材料技术产业研究院(雄安)（挂靠）
	课程思政研究中心（挂靠）		国家材料腐蚀与防护科学数据中心（挂靠）
	人文素质教育中心（挂靠）	科技史与文化遗产研究院	
马克思主义学院	思想政治教育研究所	人工智能研究院	智能计算与大数据研究中心
	马克思主义原理研究所		智能通信与宽带物联网研究中心
	马克思主义中国化研究所		智能控制与无人系统研究中心
	历史与文化研究所		智能感知与知识自动化研究中心
	科技与社会研究所		智能制造与脑科学研究中心
	党建研究所		智能冶金研究中心
	高校思想政治工作队伍培训研修中心（北京科技大学）（挂靠）	工程技术研究院	
	学校共青团研究中心（挂靠）	沿海协同创新研究院	
	北京高校辅导员培训研修基地（北京科技大学）（挂靠）	融合创新研究院	
	廉政研究中心（挂靠）	北京材料基因工程高精尖创新中心	

二、学科建设

1993 年 12 月，经国务院学位委员会批准，北京科技大学第五批具有博士学位授予权的学科、专业为矿物加工工程；具有硕士学位授予权的学科、专业有流体传动与控制、机电控制及自动化、安全技术及工程等 3 个。1996 年 12 月，经国务院学位委员会批准，学校第六批具有博士学位授予权的学科、专业为科学技术史；具有硕士学位授予权的学科、专业有复合材料、企业管理、冶金资源工程 3 个。

1997 年，学校进入国家“211 工程”建设高校行列，以重点学科建设为核心，重点建设现代冶金、材料科学与工程、高技术大型工业机械等 3 个学科建设项目。6 月 6 日，根据教育部颁布的新专业目录，学校重新调整优化学科专业结构：新建管理、经济、法学等门类的 8 个本科专业，撤、并、停 9 个工科专业；新增 2 个博士点，3 个硕士点，获得 MBA（含 EMBA）和工程硕士学位授予权。调整后，学校有 24 个本科专业，3 个第二学士学位专业，涉及工、理、管、文、法、经 6 个学科门类；有 9 个工程领域可授工程硕士专业学位，同时有 MBA、EMBA 专业学位授予权。

2006 年，学校新材料与冶金工程优势学科创新平台建设项目入选国家“985 工程”优势学科创新平台建设，学校成为首批“985 工程”优势学科创新平台建设高校。

2009 年 4 月 21 日，经教育部批准，学校成为国家首批 10 所工程科研院和高校联合培养博士研究生试点高校，与钢铁研究总院、北京有色金属研究总院、机械科学研究总院和北京矿冶研究总院四家工程研究院开展联合培养工作。2010 年 4 月，学校作为经教育部批准建立研究生院的学位授予单位，由国务院学位委员会委托自行审核一级学科博士点和一级学科硕士点，于 2011 年经自行审核申报后，批准增列 7 个一级学科博士点和 4 个一级学科硕士点。2011—2021 年，为主动服务创新型国家建设需求，积极推进硕士专业学位点建设，学校硕士专业学位授权点由 6 个增至 15 个。

2017 年，学校入选一流学科建设高校，科学技术史、材料科学与工程、冶金工程、矿业工程 4 个学科进入国家世界一流学科建设行列，入选学科数列全部 137 所高校的第 26 位。

2020 年 9 月，国务院学位委员会开展 2020 年博士硕士学位授权审核工作。根据国家大力发展专业学位研究生教育、深化产教融合专业学位研究生培养模式改革等政策导向，学校重点论证申报材料与化工、资源与环境和机械 3 个工程类博士专业学位授权点，目前已通过北京市评审，待国务院学位委员会审核，力争实现新突破。

学校在国内外知名的第三方评价中持续保持优异表现。2016 年，教育部学位与研究生教育发展中心开展第四轮学科评估，学校 16 个学科进入全国学科排名前 30%，冶金工程、科学技术史获评 A+，材料科学与工程获评 A。2021 年，10 个学科进入 QS 世界学科排行榜，18 个学科进入软科世界一流学科排行榜；材料科学、工程学、化学、物理学、计算机科学、环境科学与生态学 6 个学科领域进入 ESI 世界前 1%，其中材料科学、工程学进入 ESI 前 1‰。

学校整体实力持续提升，在 QS、软科等世界大学排名进步显著，最新 QS 世界大学排名第 414 位、国内高校第 23 位，软科世界大学学术排名第 275 位、国内高校第 32 位。目前，学校现有 20 个一级学科博士学位授权点，30 个一级学科硕士学位授权点，80 个二级学科博士学位授权点，138 个二级学科硕士学位授权点，另有 15 个硕士专业学位授权点，17 个博士后科研流动站，55 个本科专业。

表 39　　北京科技大学学科设置一览表（2020 年）

学科门类	学科代码	学科名称	授权级别	学位级别
哲学	010108	哲学（科学技术哲学）	二级	硕士
经济学	0202	应用经济学	一级	硕士
文学	0502	外国语言文学	一级	博士、硕士

续表 39

学科门类	学科代码	学科名称	授权级别	学位级别
法学	0305	马克思主义理论	一级	博士、硕士
	0301	法学	一级	硕士
	0303	社会学	一级	硕士
艺术学	1305	设计学	一级	硕士
理学	0701	数学	一级	硕士
	0714	统计学	一级	硕士
	0702	物理学	一级	博士、硕士
	0703	化学	一级	博士、硕士
	0709	地质学	一级	硕士
	0710	生物学	一级	硕士
工学	0801	力学	一级	博士、硕士
	0802	机械工程☆	一级	博士、硕士
	0804	仪器科学与技术	一级	博士、硕士
	0805	材料科学与工程★	一级	博士、硕士
	0806	冶金工程★	一级	博士、硕士
	0807	动力工程及工程热物理	一级	博士、硕士
	0810	信息与通信工程	一级	博士、硕士
	0811	控制科学与工程	一级	博士、硕士
	0812	计算机科学与技术	一级	博士、硕士
	0814	土木工程	一级	博士、硕士
	0817	化学工程与技术	一级	硕士
	0819	矿业工程★	一级	博士、硕士
	0837	安全科学与工程	一级	博士、硕士
	0830	环境科学与工程	一级	博士、硕士
	0712	科学技术史★	一级	博士、硕士
管理学	1201	管理科学与工程☆	一级	博士、硕士
	1202	工商管理	一级	博士、硕士
	1204	公共管理	一级	硕士

说明："★"为国家一流学科 。一级学科博士、硕士点共20个，一级学科硕士点10个、二级学科硕士点1个，另有专业学位点15个

三、人才培养

学校落实"立德树人"根本任务，注重学生综合素质和创新、创业能力培养，不断培养德智体美劳全面发展的社会主义建设者和接班人。

学校全面推行本科生全程导师制，探索本研贯通培养，打造研究型本科生教育；推行开放式研究生教育，深化科教融合、产教融合，系统构建卓越研究生培养体系。学生生源质量、本科生深造率、毕业生就业率及就业质量持续提升。学校多年荣获全国大中专学生志愿者暑期"三下乡"社会实践活动优秀单位，学校学生在历年国家及北京市的各种竞赛中多次获得殊荣，特别是学生团队在中国国际"互联网+"大学生创新创业大赛、"挑战杯"全国大学生课外学术科技作品竞赛、"挑战杯"中国大学生创业计划竞赛、全国大学生智能汽车竞赛、全国大学生机器人大赛、全国大学生节能减排与社会实践大

赛等竞赛中屡创佳绩，MEI 机器人团队、智能车队先后获评大学生“小平科技创新团队”称号。2020 年学校获评“全国创新创业典型经验高校”。

学校积极营造“科学与艺术共融，人文与创新并存”的校园氛围，学生艺术团屡获佳绩，原创校史话剧《绽放》获得校园戏剧最高奖。学校的体育竞技水平和群众性体育活动在北京乃至全国享有盛誉，涌现了一批以李敏宽、楼大鹏为代表的国家优秀运动员、教练员。学生田径代表队在全国及北京市高校竞赛中数度折桂；女篮代表队在北京市高校联赛中连续 12 次夺冠，并于 2005 年挺进 CUBA 全国八强。

学校高度重视学生思想政治教育，聚焦培养担当民族复兴大任的时代新人，培育和践行社会主义核心价值观，广泛开展爱国主义、集体主义、社会主义教育，传播正能量、弘扬主旋律，营造良好校园文化氛围，先后被授予“北京市文明校园”“北京市思想政治工作优秀单位”“北京市党建和思想政治工作先进普通高校”及“首都文明单位标兵”等荣誉称号。2018 年，学校入选教育部首批“三全育人”综合改革试点高校。

表 40　北京科技大学本科专业设置一览表（2020 年）

序号	专业代码	专业名称	修业年限	学位授予门类
1	020302	金融工程	四年	经济学
2	020401	国际经济与贸易	四年	经济学
3	030101K	法学	四年	法学
4	030302	社会工作	四年	法学
5	030503	思想政治教育	四年	法学
6	050201	英语	四年	文学
7	050203	德语	四年	文学
8	050207	日语	四年	文学
9	070101	数学与应用数学	四年	理学
10	070102	信息与计算科学	四年	理学
11	070202	应用物理学	四年	理学
12	070302	应用化学	四年	理学
13	071002	生物技术	四年	理学
14	071004	生态学	四年	理学
15	080201	机械工程	四年	工学
16	080203	材料成型及控制工程	四年	工学
17	080205	工业设计	四年	工学
18	080207	车辆工程	四年	工学
19	080301	测控技术与仪器	四年	工学
20	080401	材料科学与工程	四年	工学
21	080402	材料物理	四年	工学
22	080403	材料化学	四年	工学
23	080404	冶金工程	四年	工学
24	080406	无机非金属材料工程	四年	工学
25	080413T	纳米材料与技术	四年	工学
26	080501	能源与动力工程	四年	工学
27	080701	电子信息工程	四年	工学
28	080703	通信工程	四年	工学
29	080801	自动化	四年	工学
30	080901	计算机科学与技术	四年	工学
31	080904K	信息安全	四年	工学
32	080905	物联网工程	四年	工学

续表 40

序号	专业代码	专业名称	修业年限	学位授予门类
33	080907T	智能科学与技术	四年	工学
34	081001	土木工程	四年	工学
35	081002	建筑环境与能源应用工程	四年	工学
36	081501	采矿工程	四年	工学
37	081503	矿物加工工程	四年	工学
38	081505T	矿物资源工程	四年	工学
39	082502	环境工程	四年	工学
40	082901	安全工程	四年	工学
41	120102	信息管理与信息系统	四年	管理学
42	120103	工程管理	四年	管理学
43	120201K	工商管理	四年	管理学
44	120203K	会计学	四年	管理学
45	120402	行政管理	四年	管理学
46	120602	物流工程	四年	工学
47	120701	工业工程	四年	工学
48	130502	视觉传达设计	四年	艺术学
49	082503	环境科学	四年	工学
50	080503T	新能源科学与工程	四年	工学
51	080803T	机器人工程	四年	工学
52	120108T	大数据管理与应用	四年	管理学
53	080717T	人工智能	四年	工学

四、科学研究

学校瞄准国家重大发展战略，抓住重点领域“卡脖子”问题，在材料领域前沿研究、冶金工程重大装备和矿山关键技术等方面取得了一系列重大原创性成果，广泛应用于航空航天、国防装备、现代交通等高技术领域，多项关键技术为天宫、嫦娥、北斗、高铁、港珠澳大桥和冬奥会基础设施建设等重大工程做出重要贡献，科研工作快速发展，稳步提高，成绩显著。2018 年，学校获批国防科工局、教育部共建高校。1991—2020 年，学校连年获得多项国家科学技术进步奖、国家技术发明奖、国家自然科学奖等多类全国性重大科研奖项，其中获国家科学技术进步奖特等奖 2 项、一等奖 10 项、二等奖 56 项、三等奖 12 项，获国家技术发明奖一等奖 1 项、二等奖 8 项、三等奖 5 项，获国家自然科学奖二等奖 4 项、三等奖 2 项。申请专利 7620 件，授权专利 5050 件。30 年里，学校新增科研项目逾 19.5 万项，总科技经费近 190 亿元，科技经费年平均增长率达 15.7%。发表科技论文 SCIE 检索论文 20458 篇，EI 检索论文 26506 篇。

学校不断巩固、拓展科研基地建设，累计新增 1 个国家科学中心，1 个“211 计划”协同创新中心，1 个国家重点实验室，2 个国家工程（技术）研究中心，2 个国家科技基础条件平台，1 个国家科技资源共享服务平台，2 个国家级国际科技合作基地，7 个高等学校学科创新引智基地，53 个其他各类省部级科研基地（含 1 个教育部科学中心，5 个教育部重点实验室，5 个教育部工程研究中心，2 个教育部野外科学观测研究站，1 个北京高精尖创新中心，1 个北京实验室，15 个北京市重点实验室，6 个北京市工程技术研究中心，12 个北京市国际科技合作基地，3 个人文社科基地，2 个其他基地），形成了从原始创新到高新技术、从国内创新到国际创新的体系架构。其中，“钢铁冶金新技术国家重点实验室”是国内首个冶金工程学科国家重点实验室，“国家材料服役安全科学中心”是学校作为第一所教育部直属高校牵头筹建的国家重大工程材料服役安全研究评价设施。

五、师资队伍建设

教师是立教之本、兴教之源。三十年来，学校紧密围绕立德树人根本任务和整体发展规划，围绕学科建设和人才培养的任务目标，高标准推进师资队伍建设，有力地推动了学校各个阶段、各项事业的发展。学校拥有一支治学严谨的师资队伍，现有专任教师 1906 人，具有正高级专业技术职务的教师 577 人，具有副高级专业技术职务的教师 692 人，在站博士后 340 人。学校现有中国科学院院士 6 人（双聘 3 人），中国工程院院士 9 人（双聘 4 人），国务院学位委员会学科评议组成员 4 人，国家“973 项目”首席科学家 3 人，国家级有突出贡献专家 15 人，省部级有突出贡献专家 10 人，国家杰出青年科学基金获得者 21 人，青年拔尖人才 8 人，国家级教学名师 2 人，国家百千万人才工程人选 19 人，国家优秀青年科学基金获得者 19 人，北京市教学名师 34 人，教育部跨世纪优秀人才 / 青年教师奖 / 新世纪优秀人才 106 人。近年来，学校大力实施“全球引才”“北科学者”“青拔培育”计划等，建设“融合创新研究院”人才特区，突出高水平人才和青年拔尖人才引育工作。

六、校园基本建设

20 世纪 90 年代以来，学校基本建设工作取得了瞩目的成就。新的教学、科研、行政、办公楼宇全面开工建设并投入使用，总建筑面积约 75 万平方米；陆续建成了学校会议中心、逸夫教学楼、信息机电楼、冶金生态楼、管理楼、科技楼、奥运体育场馆、天工大厦、学生公寓（1～9 斋、48 栋、49 栋、50 栋、51 栋）、离退休干部活动中心、教职工活动中心、万秀园食堂、鸿博园食堂、留学生食堂、昌平创新园、工程实践基地等一大批新建筑，极大程度改善了学校的教学、科研、生活条件。2006 年，学校奥运体育场馆工地被北京市建委、北京市“08”办授予北京市“2008”工程第四季度安全质量管理优胜流动杯和北京市“2008”工程绿色施工优秀工地。2009 年，学校体育馆工程被评为“国家优质工程”。2020 年，昌平创新园西区荣获“结构长城杯”及北京市“绿色样板工地”。

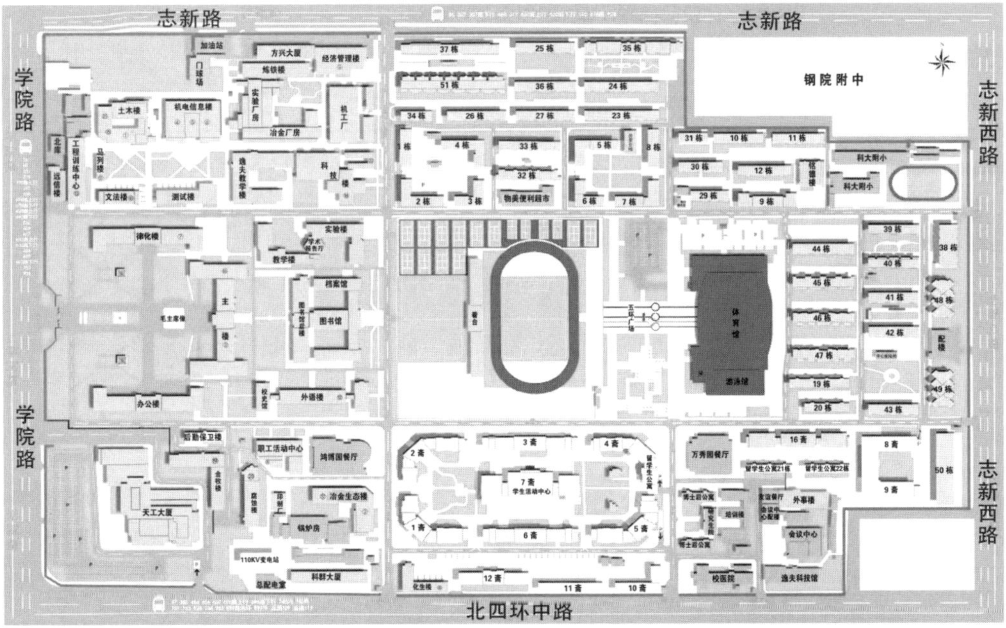

图 12　北京科技大学平面图

七、2020 年学校基本情况

2020 年，北京科技大学校园面积 80.39 万平方米，产权校舍建筑面积 85.55 万平方米。图书馆建筑面积 2.77 万平方米。全年教育经费投入 307084.47 万元。设有 2 个校区，设置 20 个直属院（系）。开设 53 个本科专业。“双一流”建设学科 4 个，国家级一流本科专业建设点 13 个。北京实验室 1 个、北京高精尖创新中心 1 个，北京重点实验室 15 个。教职工 3371 人，其中，专任教师 1906 人；正高级 598 人、副高级 900 人；博士生导师 567 人、硕士生导师 638 人；中国科学院院士 6 人（双聘 3 人）、中国工程院院士 9 人（双聘 4 人）。外籍教师 30 人，其中，教授 12 人、副教授 6 人。在校生 53455 人，其中，研究生 12115 人（博士生 3895 人、硕士生 8220 人）、普通本专科生 13836 人（本科生 13835 人、专科生 1 人）、成人教育本专科生 2665 人（本科生 2340 人、专科生 325 人）、网络教育本专科生 24839 人（本科生 10226 人、专科生 14613 人）。留学生毕业 285 人、招生 263 人、在校生 848 人。网址：www.ustb.edu.cn。

附表：

表 41　　中共北京科技大学委员会历任书记一览表（1991—2020 年）

书记	任职时间	书记	任职时间
符　荣	1983 年 5 月—1992 年 4 月	刘建平	1997 年 12 月—2003 年 1 月
李静波	1992 年 4 月—1995 年 4 月	罗维东	2003 年 1 月—2016 年 5 月
杨天钧	1995 年 4 月—1997 年 12 月（代党委书记）	武贵龙	2016 年 5 月—

表 42　　北京科技大学历任校长一览表（1991—2020 年）

校长	任职时间	校长	任职时间
李静波	1990 年 10 月—1993 年 3 月	张欣欣	2013 年 1 月—2018 年 7 月
杨天钧	1993 年 3 月—2004 年 6 月	杨仁树	2018 年 7 月—
徐金梧	2004 年 6 月—2013 年 1 月		

（执笔人：于　点　林　飞）

北京化工大学

北京化工大学（简称北化、北化大、化大等），英文名称为 Beijing University of Chemical Technology（简称 BUCT），是国家举办的全日制普通高等学校，为非营利性事业单位法人，由国务院教育行政部门主管。截至 2020 年 12 月，学校共设有 16 个院系，在校全日制本科生约 15300 人，研究生约 8100 人（其中博士生约 1100 人），函授、夜大等继续教育学生约 2700 人，留学生约 460 人。有教职工 2600 余人，其中两院院士 10 人（含中国科学院外籍院士 1 人、中国工程院外籍院士 1 人、双聘院士 3 人），其他国家院士 6 人，教育部“长江学者奖励计划”特聘教授 13 人、青年学者 2 人，国家杰出青年基金获得者 24 人、国家优秀青年科学基金获奖者 24 人，“973”首席科学家 8 人次，教学名师 3 人、青年拔尖人才 5 人，“国家级高等学校教学名师奖”获得者 5 人，全国优秀教师 9 人，全国模范教师 1 人，享受政府特殊津贴 130 人（其中在岗 30 人），全国杰出专业技术人才 1 人，“中国青年女科学家奖”获得者 2 人，“百千万人才工程”国家级人选 9 人，“中国青年科技奖”获得者 8 人，首都科技领军人才 5 人，“北京市级高等学校教学名师奖”获得者 32 人，北京高校优秀本科教学管理人员 1 人，北京高校优秀本科育人团队 1 个，教育部跨（新）世纪优秀人才 69 人。

建校以来，学校始终围绕“培养尖端科学发展所需的高级化工技术人才”的建校目标，不断拓展深化办学领域，逐步发展成为理科基础坚实，工科实力雄厚，管理学、经济学、法学、教育学、哲学、医学等学科富有特色的多科性大学。学校秉持“团结奉献、艰苦奋斗、务实力行、博学创新”精神和“宏德博学、化育天工”的校训，坚持以“办好人民满意的教育”为宗旨，加强特色发展，超越特色发展，坚持“育人为先”“人才强校”“全球化发展”“交叉突破”，全面深化综合改革，全面推进依法治校，全面推进高质量发展，努力建设成为中国特色、世界一流大学。

一、学校沿革

学校创立于 1958 年，原名北京化工学院，隶属于原化学工业部。1971 年，北京化学纤维工学院并入。1978 年，北京化学纤维工学院经国务院批准恢复，于次年 2 月正式分出。1994 年，北京化工学院更名为北京化工大学。1996 年，北京化工管理干部学院并入。1998 年，转属教育部直接管理。1960 年，被中央确定为全国重点大学。1996 年，被确定为国家“211 工程”重点建设高校。2008 年，被确定为国家“985 工程优势学科创新平台”建设高校。2017 年，入选国家“一流学科”建设名单。

学校设有三个校区。朝阳校区位于北三环东路 15 号，占地面积约 342 亩；海淀校区位于紫竹院路 98 号，占地面积约 186 亩；昌平校区位于南涧路 29 号，占地面积约 1964 亩。

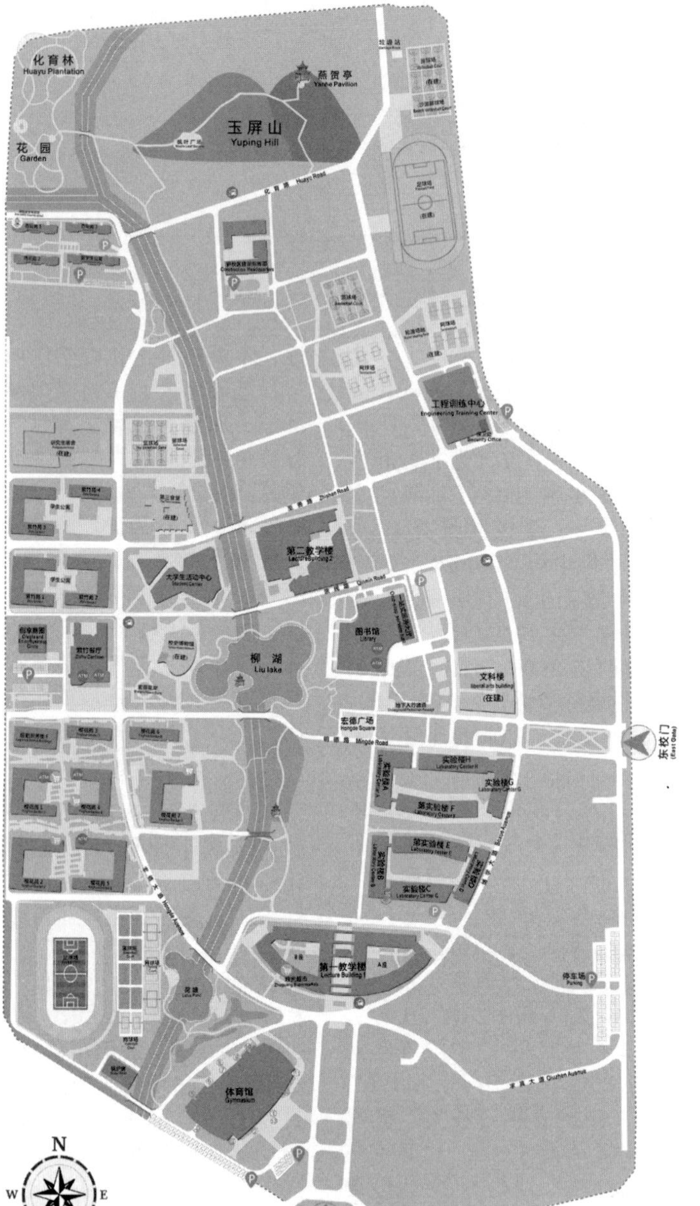

图 13　北京化工大学昌平校区平面图

表 43　　北京化工大学院系设置一览表（2020 年）

序号	院系	序号	院系
1	化学工程学院	9	继续教育学院
2	材料科学与工程学院	10	职业技术学院
3	机电工程学院	11	国际教育学院
4	信息科学与技术学院	12	侯德榜工程师学院
5	经济管理学院	13	巴黎居里工程师学院
6	文法学院	14	化学学院
7	生命科学与技术学院	15	数理学院
8	马克思主义学院	16	先进技术与装备研究院

二、学科建设和人才培养

近年来，学校教学改革成果不断涌现。现有 2 个国家级教学基地，1 个国家级素质教育基地，2 个国家级实验教学示范中心，3 个国家级虚拟仿真教学实验中心，12 个国家级大学生校外实践教学基地，1 个国家级人才培养模式创新实验区，1 个全国高校实践育人创新创业基地，5 个北京市级校外人才培养基地，7 个北京市级实验教学示范中心，2 个北京市级示范性校内创新实践基地，1 个北京市级素质教育基地；15 门国家级精品课程，15 门国家级精品资源共享课，2 门国家级精品视频公开课，1 门国家级虚拟仿真“金课”，4 门国家级精品在线开放课程，6 门国家级线下一流课程，2 门国家级线上线下混合式一流课程，37 门北京市级精品课程，8 门北京市优质本科课程，1 门北京市级虚拟仿真“金课”，5 门教育部双语示范课程；1 部教育部普通高等教育精品教材，14 部“十二五”普通高等教育本科国家级规划教材，10 部北京高等教育精品教材，8 部北京高等教育优质本科教材课件；国家级教学成果奖一等奖 2 项、二等奖 9 项，北京市教学成果奖一等奖 37 项、二等奖 47 项；国家级教学团队 5 个，北京市优秀教学团队 11 个。

学校学科实力稳步增强。化学、材料科学 2 个学科位列 ESI 排名前 1‰，工程学、生物学与生物化学 2 个学科位列 ESI 排名前 1%。“绿色化学化工及材料”学科群入选国家一流学科建设行列。学校现有 8 个一级学科博士点，21 个一级学科硕士点，2 个二级学科硕士点，10 个硕士专业学位授权类别；1 个一级学科国家重点学科（涵盖 5 个二级重点学科），2 个二级学科国家重点学科，1 个国家重点（培育）学科，3 个一级学科北京市重点学科（涵盖 14 个二级重点学科），2 个北京市交叉重点学科，3 个二级学科北京市重点学科；52 个本科专业，8 个国家级特色专业建设点，11 个国家级一流专业建设点，14 个北京市级特色专业建设点，1 个北京高校重点建设一流专业，3 个北京市一流专业建设点，13 个教育部综合改革试点专业，6 个教育部“卓越工程师教育培养计划”试点专业，8 个专业通过教育部工程教育专业认证；2 个国家重点实验室，1 个国家工程技术研究中心，1 个国家工程实验室，14 个省、部级重点实验室，15 个省、部级工程技术研究中心，1 个社科类省部级基地。8 个博士后流动站。

根据国内外大学、学科排名，学校整体和学科水平持续提升。US NEWS 2021 世界大学排名全球第 538 位（国内 43 位），较 2018 年提升 166 位。9 个学科入围 US NEWS 2021 世界学科排名，化学工程、材料科学、化学均位列全球前 60 名。

表 44　　北京化工大学学科设置一览表（2020 年）

一级学科	学位授权点	一级学科	学位授权点
化学工程与技术	博士、硕士	工商管理	硕士
材料科学与工程	博士、硕士	数学	硕士

续表 44

一级学科	学位授权点	一级学科	学位授权点
化学	博士、硕士	物理学	硕士
动力工程及工程热物理	博士、硕士	药学	硕士
控制科学与工程	博士、硕士	法学	硕士
环境科学与工程	博士、硕士	公共管理	硕士
管理科学与工程	博士、硕士	马克思主义理论	硕士
生物工程	博士、硕士	安全科学与工程	硕士
轻工技术与工程	硕士	软件工程	硕士
机械工程	硕士	信息与通信工程	硕士
计算机科学与技术	硕士		

表 45　　北京化工大学本科专业设置一览表（2020 年）

序号	专业	序号	专业
1	化学工程与工艺	27	通信工程
2	环境工程	28	生物医学工程
3	能源化学工程	29	*软件工程
4	高分子材料与工程	30	国际经济与贸易
5	材料科学与工程	31	*经济学
6	生物功能材料	32	工商管理
7	*无机非金属材料工程	33	*市场营销
8	生物工程	34	会计学
9	生物技术	35	信息管理与信息系统
10	制药工程	36	财务管理
11	应用化学	37	*旅游管理
12	*材料化学	38	*电子商务
13	信息与计算科学	39	公共事业管理
14	数学与应用数学	40	英语
15	电子科学与技术	41	法学
16	机械设计制造及其自动化	42	行政管理
17	安全工程	43	社会体育指导与管理
18	*工业设计（艺术类）	44	物流管理
19	过程装备与控制工程	45	产品设计
20	*机械工程及自动化	46	*汉语国际教育
21	*包装工程	47	金融数学
22	自动化	48	数字媒体艺术
23	测控技术与仪器	49	化学
24	计算机科学与技术	50	数据科学与大数据技术
25	电子信息工程	51	机器人工程
26	*电子信息科学与技术	52	人工智能

说明："*"为 2020 年不招生

三、科研和国际交流

大力推动科技体制机制改革。2014年，学校成立了科学技术发展研究院（简称科研院）。科研院组建的主要思路是整合全校的科技管理资源，实现科技工作的“顶天立地”，“顶天”指面向国际前沿的原创性基础研究，“立地”指面向国家重大战略需求和加快建设创新型国家的现实，把学校的科技工作转化到解决国家重大战略关键材料、重大产品工程以及解决共性关键技术的创新驱动主战场。同年，学校成为首批“中央级事业单位科技成果使用、处置和收益管理改革试点单位”。学校2016年成为国家科工局与教育部共建的第一批16所高校之一。

推进高科技成果转化与产业化。学校建有“国家级大学科技园”，依托优势学科、结合地方经济发展和企业科技创新能力提升的需求，先后成立了辐射长三角、珠三角、环渤海地区的外设科学研究院和创新平台。学校以“中央级事业单位科技成果使用、处置和收益管理改革试点单位”为契机，在作价入股、学科性公司、股权激励等方面力争突破，扎实推进科技成果转移转化工作。

启动“一条龙”产业化项目，深入开展社会服务合作。采取面向科学研究的横向合作、区域研究院、技术转移中心、校企联合研发中心；面向社会服务的成果转化、科技服务、高端智库、科普；面向人才培养的联合培养研究生基地、实习实训基地、红色教育基地等。近五年，结合校内优势学科、地方经济发展战略和企业科技创新能力提升的需求，学校在珠三角、长三角和环渤海等地区，相继成立先进材料、工业生物技术等3个校地合作地方研究院（常州、苏州、秦皇岛）、5个技术转移中心（威海、沧州、济源、嘉兴、德阳）和246个校企联合研发机构。

至2020年，学校科研工作发展迅速，承担重大项目、解决国家经济社会发展重大需求的能力进一步增强。2001年以来，学校有29个科研项目获得国家科技三大奖，拥有3个国家自然科学基金委员会创新研究群体，6个教育部长江学者创新团队。一大批科研成果在*Nature*、*Science*等国际顶尖学术期刊上发表，各类科研成果应用于国家尖端科技领域。学校科研经费由2012年度的5.03亿元增加到2020年度的8.61亿元，增长71.2%。2020年，获国内专利授权757项，国外专利11项。

学校国际交流合作日益广泛。坚持“全球化发展”战略，着力健全国际交流合作体制机制，不断优化全球合作网络体系，重点推进“一带一路”建设。学校与美、英、法、俄、德、澳、韩、日、意等48个国家（地区）的156所大学和机构建立合作伙伴关系。2020年新（续）签校际合作协议33份，新增合作伙伴14个。建有3个北京市国际合作联合实验室（研究中心）和3个北京市国际科技合作基地，5个高等学校学科创新引智基地（“111计划”）；坚持以“高精尖缺”人才引进为重点，14项引智项目获得科技部国家级“高端外国专家引进计划”立项；在校长期任职的外籍专家18人；积极推进学生国际化交流，与18个国家（地区）的61所高校和机构开展86项学生赴海外学习项目。继续推进“北化——世界百强高校本硕博精英计划”。

四、2020年基本情况

2020年，北京化工大学占地面积150.39万平方米，产权校舍建筑面积83.25万平方米。图书馆建筑面积4.37万平方米。全年教育经费投入207536万元，其中，财政拨款94908万元、自筹经费112628万元。固定资产总值429195万元，其中，教学、科研仪器设备资产值137375.78万元，信息化设备资产值33204.7万元。拥有教室255间，其中，网络多媒体教室201间。拥有图书181.85万册，计算机11250台。教职工2670人，其中，专任教师1318人，包括正高级332人、副高级438人；博士生导师325人、硕士生导师603人；中国科学院院士4人、中国工程院院士6人（含中国科学院外籍院士1人、中国工程院外籍院士1人，双聘中国科学院院士1人、中国工程院院士2人）。“长江学者奖励计划”特聘教授13人、讲座教授2人、青年长江学者2人；“国家高层次人才特殊支持计划”领军人才 13 人、青年拔尖人才 5 人;“国家杰出青年科学基金”获得者 24 人，“国家优秀青年科学基金”获得者 24 人。外籍教师 20 人，其中，教授 3 人。学历教育学生中毕业生 6843 人,其中,研究生 2260 人(博士生 245 人、硕士生 2015 人)、普通本科生 3596 人、成人教育本专科生 987 人（本科生 872 人、专科生 115 人)。本科毕业生就业率 85.34%。招生 7439 人,其中,研究生 2798 人(博士生 346 人、硕士生 2452 人)、普通本科生 3835 人、成人教育本专科生 806 人（本科生 763 人、专科生 43 人)。高考北京地区提档线不限选考专业组 615 分、物理必考专业组 614 分、物理化学必考专业组 609 分、物理/化学(选考一门)专业组 613 分、物理 / 化学 / 生物(选考一门)专业组 613 分。在校生 26200 人，其中，研究生 8158 人（博士生 1193 人、硕士生 6965 人)、普通本科生 15346 人、成人教育本专科生 2696 人（本科生 2595 人、专科生 101 人)。留学生毕业 156 人、招生 123 人、在校生 462 人。网址：www.buct.edu.cn。（根据北京教育年鉴稿补充）

附表：

表 46　　中共北京化工大学委员会历任书记一览表（1991—2020 年）

书记	任职时间	书记	任职时间
姜法善	1985 年 1 月—1993 年 10 月	王　芳	2002 年 12 月—2018 年 11 月
卢济金	1993 年 10 月—1996 年 8 月	袁自煌	2018 年 11 月—
冯文林	1996 年 8 月—2002 年 12 月		

表 47　　北京化工大学历任校长一览表（1991—2020 年）

校长	任职时间	校长	任职时间
庞瑶琳	1985 年 1 月—1993 年 10 月	王子镐	1997 年 8 月—2012 年 6 月
樊丽秋	1993 年 10 月—1997 年 8 月	谭天伟	2012 年 6 月—

（执笔人：肖　勇）

北京电子科技学院

北京电子科技学院（英文名称：Beijing Electronic Science and Technology Institute）是一所为全国各级党政机关培养密码保密和信息安全专门人才的普通高等学校，隶属于中共中央办公厅。其前身是1947年8月在河北省平山县西柏坡开办的中央工委青年训练班，由中央工委直接管理。建校以来，先后经历了张家口军委工程学校、南京机要干部学校、北京机要干部学校、宣化机要干部学校、北京电子专科学校、北京电子科技学院等6个发展时期。

1981年，国务院批准成立北京电子专科学校为大专院校，校址设在北京昌平小汤山。1983年下半年迁至海淀区永定路北3号，并正式对外公开招收大专生。1992年，经国家教委批准，在北京电子专科学校的基础上，建立北京电子科技学院。1993年开始招收本科生，并增设函授教育；同年，中央办公厅决定将中南海业余大学并入北京电子科技学院。1999年2月，学院迁至位于丰台区富丰路7号的新校园。学院始终牢记党的重托，全面贯彻党的教育方针，牢牢把握正确办学方向，秉持“忠诚、笃学、严谨、守纪”的校训，坚持政治立院、特色强院、人才兴院、依规治院，着力培养政治忠诚、学业扎实、作风严谨、纪律严明的合格人才，努力建设“专而特、专而精、专而优”的国内知名高校。经过70多年的建设，学院逐步发展成为一所以工为主，理、工、管协调发展的教学型普通高等学校。

一、院系建设

1991年，北京电子专科学校教学机构设置为基础部、计算机一系、计算机二系。1992年，国家教委批准同意在北京电子专科学校的基础上建立北京电子科技学院。1994年，经上级主管单位批准，学院设置一系、二系、三系、社会科学教学部、基础学科教学部、成人教育部。

2002年，学院教学机构设置为一系、二系、三系、四系、基础学科教学部。2006年，学院对内设机构进行调整，教学机构设置为信息安全系、电子信息工程系、计算机科学与技术系、通信工程系、行政管理系、人文社会科学教学部、基础学科教学部。

2016年，为加强思想政治理论课建设，更好发挥思想政治理论课主渠道作用，成立思想政治理论教学研究部。2018年，为加强学科建设，强化团队归属，将教学系部调整为密码科学与技术系、网络空间安全系、电子与通信工程系、管理系、思想政治理论教学研究部、人文社会科学教学研究部6个教学系部。

二、学科专业建设

1991年，设置计算机应用、计算机软件和计算机通信3个专业，招收专科生。1992年，学院升格为本科教育，设置计算机应用、计算机软件、计算机通信、计算数学、无线技术、管理及秘书等6个专业，计算数学专业只招收本科生，计算机软件、计算机通信、无线技术3个专业可同时招收本专科生，计算机应用、管理及秘书2个专业只招收专科生。

2001年，学院获准设置电子信息工程、行政管理2个本科专业。2002年，学院共有电子信息工程、计算机科学与技术、通信工程、行政管理4个本科专业，计算机应用、管理工程2个专科专业，具有计算机科学与技术、通信工程2个本科专业学士学位授予权。2003年，经教育部批准，与西安电子科技大学开展硕士研究生联合培养工作，2004年首次联合招收密码学专业硕士研究生20名。2005年增设信息安全本科专业，取得电子信息工程和行政管理2个专业学士学位授予权。

2006年，信息与计算科学、信息安全专业开始招生，毕业生分别授予理学和工学学士学位。2007年，制定《学院关于加强学科建设的若干意见》，进一步明确了学科建设的指导思想和目标任务。2008年，学院增设信息管理与信息系统（保密管理方向）专业，成为全国首个实现四年制全程培养该专业本科生的高等学校。2007年至2009年，信息安全和电子信息工程专业分别被批准为教育部高等学校特色专业建设点，通信工程、信息安全专业及电子信息工程专业分别被批准为北京市高等学校特色专业建设点。2009年，北京市学位委员会同意推荐学院为新增硕士授予权立项建设单位。2010年，学院获得理学学士学位单位授予权，形成以工科为主，理、工、管协调发展的格局。

2011年，学院与西安电子科技大学签订联合培养硕士学位研究生增补专业协议，增加通信与信息系统、计算机应用技术2个专业；同年，国务院学位委员会批准学院在“电子通信工程”和“计算机技术”2个工程领域开展专业学位研究生教育。2012年，教育部批准学院2012年硕士专业学位研究生招生指标为50人，当年实际录取30人。2013年，学院将信息管理与系统专业（保密管理方向）调整为保密管理专业，新增加信息管理与信息系统专业。

2017年，教育部批准同意学院与中国科学技术大学、北京邮电大学联合培养网络空间安全一级学科博士研究生，从2018年开始招生，计划各招收10名。2018年，学院被增列为硕士学位授予单位，并获得网络空间安全一级学科、工程类别专业学位硕士授权点。2019年，网络空间安全专业获批，正式招收本科生31人和硕士研究生38人，同年，“网络空间安全学科”被遴选为北京高校高精尖学科，信息安全、保密管理两个专业被认定为国家级一流本科专业建设点，计算机科学与技术专业被认定为省级一流本科专业建设点。

表48　　北京电子科技学院学科设置一览表（2020年）

学科门类		一级学科
硕士学位授权学科	08 工学	0839 网络空间安全
		0854 电子信息（专业学位）
		0810 信息与通信工程（与西安电子科技大学联合培养）
		0812 计算机科学与技术（与西安电子科技大学联合培养）
博士学位授权学科	08 工学	0839 网络空间安全（与中国科学技术大学、北京邮电大学联合培养）

表49　　北京电子科技学院本科专业设置一览表（2020年）

序号	本科专业名称及代码	开设年份	序号	本科专业名称及代码	开设年份
1	信息安全（080904K）	2005年	5	电子信息工程（080701）	1992年
2	密码科学与技术（080918TK）	2020年	6	通信工程（080703）	1992年
3	网络空间安全（080911TK）	2018年	7	保密管理（120106TK）	2007年
4	计算机科学与技术（080901）	1992年	8	行政管理（120402）	2000年

三、人才培养

（一）本科生培养

1993年，学院首次招收本科生80名，其中计算机软件专业40名，计算机通信专业40名。1995年，国家教委确定学院为首批参加教学工作合格评估的108所学校之一，学院正式启动本科教学评价工作。1997年，中办高等教育评价领导小组邀请部分专家对学院本科教育"以评促建"情况进行预评。1999年，学院顺利通过本科教学合格性评估。经过4年多时间的以评促建，学院进一步明确了办学指导思想，调整了专业结构，修订了教学大纲，加强实践教学环节、两课教育和文化素质教育，增加选修课，将第二课堂纳入培养计划。1995年至2000年，学院启动德育工程，把好新生入口关，实行特殊招生政策，提前单独录取，委托各省（区、市）用人单位招生，对招录学生进行面试。1997年，将学生工作管理体制由院一级管理改为院、系两级管理。

2001年，首次进行"毕业设计院级评优答辩"，提高毕业设计质量；实行教学督导制度，开展课堂教学评优活动，提高教学质量。2002年，优化教学质量监控体系、课堂教学评优，加强教学督导。2004年，制定《学术学科带头人管理办法》《本科教学评建工作实施意见》等文件，积极推进课程建设与教学改革。2005年，制定《本科学分制教学管理规定》《本科生导师制暂行办法（试行）》《主讲教师资格管理规定》，全面推行学分制教学管理。2007年，学院接受教育部本科教学水平评估，取得优秀好成绩。2009年学院获得"全国电子工程师（EDP）认证点"，成为全国首批获得电子工程师认证的院校。同年，通信与网络安全教学团队被评为北京市优秀教学团队。

2013年，在2012级、2013级本科生中全面推行本科生导师制，平均每6名学生配备1名导师。2014年，学院"电子与信息安全实验教学中心"作为北京市级实验教学示范中心通过了验收，同年成立校内创新实践基地，为学生课外科技活动和创新实践提供保障。2015年，制定《学院深化教育教学改革方案》，从办学原则、人才培养目标、思想政治教育、学科专业、科研创新、师资队伍、内部管理、对外交流等方面，明确了学院发展方向目标及具体改革措施。2016年，开展本科教学工作审核评估自评自建，总结办学经验。2017年，学院顺利通过教育部本科教学审核评估。2018年，申报网络空间安全专业，全面修订本科培养方案，完善通识教育、学科教育、专业教育。2019年，制定《关于进一步强化教风学风考风建设的指导意见》和《教师教学质量评价实施办法》，成立学生学业辅导中心，建立学业预警制度。2020年，有效应对疫情影响，积极开展线上教学，春季学期开出线上本科生课程97门，保证了教学进度和教学质量。从2017年开始，所有本科专业全部按一本线招生，录取分数线呈逐年上升趋势，部分省份已接近或超过"双一流"院校的录取线，生源质量明显改善，毕业生就业率持续保持在96%以上，到行业部门就业的毕业生占比达85%。

（二）研究生培养

2003年，学院与西安电子科技大学联合培养密码学硕士研究生；2005年，设立研究生工作部；2011年，学院与西安电子科技大学联合培养信息与通信工程、计算机科学与技术硕士研究生；2012年，学院获批"服务国家特殊需求"硕士专业学位研究生培养试点；2017年，学院获硕士学位授予单位及网络空间安全一级学科、电子信息类别硕士授权点；2018年，学院与中国科学技术大学、北京邮电大学联合培养网络空间安全学科博士研究生；2019年，推进研究生管理模式改革，启动研究生教育分级管理工作模式，将研究生教育由集中统一管理改革为研究生部和学科承建系分级协作、共同承担。到2020年，学院经过多年研究生培养，逐步构建起"认知—理论—实践—学位论文"创新培养模式，实施"双导师""团队指导"工作机制，实行学位论文"全盲审""双外校盲审"管理，确保研究生学位质量。学院拥有一支素质优良的导师队伍，现有硕士生导师47人，兼职硕士生导师3人，行业导师51人。其中，硕士生导师（此处的硕士生导师包括兼职硕士生导师）中38人具有博士学位，8人享受国务院政府特殊津贴，31人作为负责人主持国家专项、国家自然基金等课题或项目；中国科学技术大学、北京邮电大学、西安电子科技大学等高校兼职博士生导师，共计8人。

截至2020年12月，学院共招收全日

制博硕士研究生1041人。招收硕士研究生985人，其中，联合培养学术型硕士研究生17届共计463人，专业学位研究生9届共计441人，网络空间安全学科硕士研究生2届共计81人；共招收联合培养博士研究生56人。已毕业硕士667人，就业率100%，全部在行业内和信息安全领域就业。研究生学位论文均达到国家学位标准要求，学位授予率100%，其中有20余名同学继续攻读博士学位。

四、科学研究

（一）科研成果管理

学院以设立科研基金、重点科研方向为导向，加大科研合作力度和学术交流，吸引教师积极参与科学研究。2001年开始，着力优化办事流程，在项目申报、成果发表等方面为全院师生提供优质服务。2010年开始，设置科研项目归档范围清单和流程，明确责任分工，建立从立项至结题验收的全过程档案管理。2018年，实施科研成果意识形态和保密审查工作机制。2020年，在年度考核、职称评审、岗位聘用的科研成果审核认定中，破除"以刊定文"，探索建立成果代表作机制。完善科研管理信息系统，初步形成完备的科研管理信息系统，确保科研活动的原始记录及时、准确、完整，做到可查询、可追溯。

2006年至2011年，学院组织申报各类科研项目157项，出版学术著作20余部，发表学术论文700余篇，获得省部级以上科技奖励19项。2012年至2017年，学院承担科研项目374项，出版著作49部，发表论文439篇，获得专利授权32项，获得软件著作权授权25项，获得省部级以上科技奖励20项。2018年至2020年，学院承担科研项目202项，出版著作15部，发表论文490余篇，获得专利授权12项，获得软件著作权授权18项，获得省部级以上科技奖励19项。

（二）科研平台建设

2000年，成立科研中心，主要从事工程科研及科技产品生产推广工作。2001年，被授予商用密码销售许可单位。2004年，在全国商用密码产品展览会展出了自行研制和生产的8项科研成果。2003年，成立信息安全与保密重点实验室，2009年通过验收。2005年，主办首届全国高校信息安全学科专业建设与发展研讨会。2007年，与中科院高能物理所签署了战略合作框架协议。2009年，成立密码技术北京市高等学校工程研究中心。2011年，成立信息安全研究所，取消原科研中心设置。2013年，与解放军信息工程大学签订战略合作框架协议。2018年，与中科院国科量子通信网络有限公司成立量子密码应用安全联合实验室。2019年，建设8个科研平台、确立20个研究方向，形成结构合理、各有所长的科研平台体系。

（三）科研管理制度建设

2001年，制定《科研管理规定》。2005年制定《科研工作激励措施》和《人文社会科学研究成果奖励办法》。2007年，制定《专业技术人员发表高质量学术论文奖励规定》和《学术论文版面费报销管理规定》。2011年，制定《中央高校基本科研业务费专项资金管理规定》。2014年，制定《科技成果管理办法》和《科研合作协议管理规定》。2018年，制定《科研平台建设与管理办法》。2020年，制定《学报管理办法》。

五、师资队伍建设

（一）教师职务职级晋升

1992年，成立教师职务评审委员会。1994年，启动思想政治工作专业职务评审工作。2006年，积极稳妥推进转换用人机制和分配制度改革。2007年至2010年，开展岗位设置管理工作，顺利完成岗位设置管理和首次聘用工作。2010年，完成346名在编职工的聘用工作，其中专业技术岗位211人，管理岗位88人，工勤技能岗位47人。此后学院定期开展岗位竞聘工作，2016年以来，133人次专技人员晋级，占专技人员总数比达60%。

（二）教师队伍进修培训

2003年，实施"人才强校"战略，设

立人才引进基金，加大高层次人才的引进力度。利用科研启动基金、住房、户口等方面的优惠政策，优先引进学院急需的教学、科研和管理的高层次人才。2005年，修订教师、教职工培训工作的暂行规定，加大教职工在职培训力度，提高教学科研能力。

学院坚持用重点科研项目培养学术学科带头人，锻炼青年教师。设立专项经费用于资助优秀中青年教师培训和访学，积极为广大教师培训学习、攻读学位创造条件。从2007年至2012年，有29人到国内高校参加提高学位学历学习，其中博士后3人，博士23人，硕士6人。经过培训和访学，教师的教学水平和科研能力得到明显提高。

2017年，制订教师进修培训3年计划，100多名教师提出进修和培训等发展需求。2018年以来，支持教师参加进修培训访学等232人次；在职攻读博士学位总人数累计达到24名，其中2018年以来19名。截至2020年，学院在职教师中，享受国务院政府特殊津贴的8人，北京市教学名师3人、青年教学名师1人，北京市优秀教师2人，入选北京高校“青年英才计划”4人。具有硕士生指导教师资格的47人，8名教师被遴选为中国科技大学、北京邮电大学联合培养博士研究生导师。

（三）师资队伍结构优化

在中央办公厅的大力支持下，学院加大人才培养和引进力度，不断优化师资队伍结构，通过调入和培养的方式不断改善师资队伍结构。2006年至2012年，先后调入教授1人，副教授3人，引进博士20人，硕士4人，在职教师获得博士学位9人，硕士学位7人。师资队伍中具有博士学位的40人，占29%，比2006年提高了14.7个百分点，硕博占比为76.8%，比2006年提高了8.4个百分点。教师中具有教授职称的17人，占12.3%，副教授55人，占39.9%，讲师65人，占47.1%。通过几年的结构调整，师资队伍梯队阶段性交替基本完成，师资队伍的学历结构、知识结构、年龄结构以及职称结构等方面更趋于合理，呈现了良好的发展势头。

2016年以来，学院进一步优化师资队伍结构，专任教师平均年龄稳定在44岁左右，形成老中青结构较为合理的格局，发展态势良好。为提高师资队伍综合素质，改善学历结构，学院于2016年开始在教学科研岗位招聘博士研究生。2016年至2020年，教学科研岗位共引进博士24名，专任教师博士比由2015年底的35.6%提高到56.7%，为学院下一步的发展初步奠定了良好的师资基础。

六、校园基本建设

1991年至1999年，学院地址位于海淀区半壁店，占地19亩。1991年，国家计委批准学校选址扩建，新校园坐落于丰台区富丰路7号。扩建工程于1991年9月立项，1999年12月全部竣工，校园面积141.03亩，建筑面积58241平方米，投资33593万元。建筑项目主要有教学综合楼，图书馆行政楼，文化艺术中心，学生宿舍、教职工宿舍、学生餐厅、职工餐厅、电教中心等。2003年，科研成教楼竣工，建筑面积4468平方米。2004年运动场看台竣工，建筑面积1070平方米，体育场塑胶跑道投入使用。2006年建成万兆核心、千兆主干、百兆到桌面的三层网络架构校园网。2007年，体育馆竣工，建筑面积58241平方米，同年学院与北京铁路局签署了校园西南角7亩地转让协议，作为信息安全工程研究中心的科研场所。2008年学生公寓育才楼投入使用，建筑面积近9000平方米。

2006年至2011年，加大实践教学环境建设，新建、改建、扩建了一批实验室和实习基地，教学仪器设备投入3558万元，实验室基础建设投入5063万元，建成投入使用“BB网络教学辅助平台”。2013年，学生食堂和教工食堂被丰台区卫生监督所评为A级食堂。2016年至2017年，分别对学生宿舍和浴室进行改造，改善学生住宿环境，解决学生洗澡难问题。

2016年，为解决学院发展空间不足、办学设施滞后问题，着眼于长远发展的需要，研究制定校园总体规划调整方案，经中央办公厅厅务会审议通过后报国家发改委。2018年，科研楼建设工程项目开工建设。2019

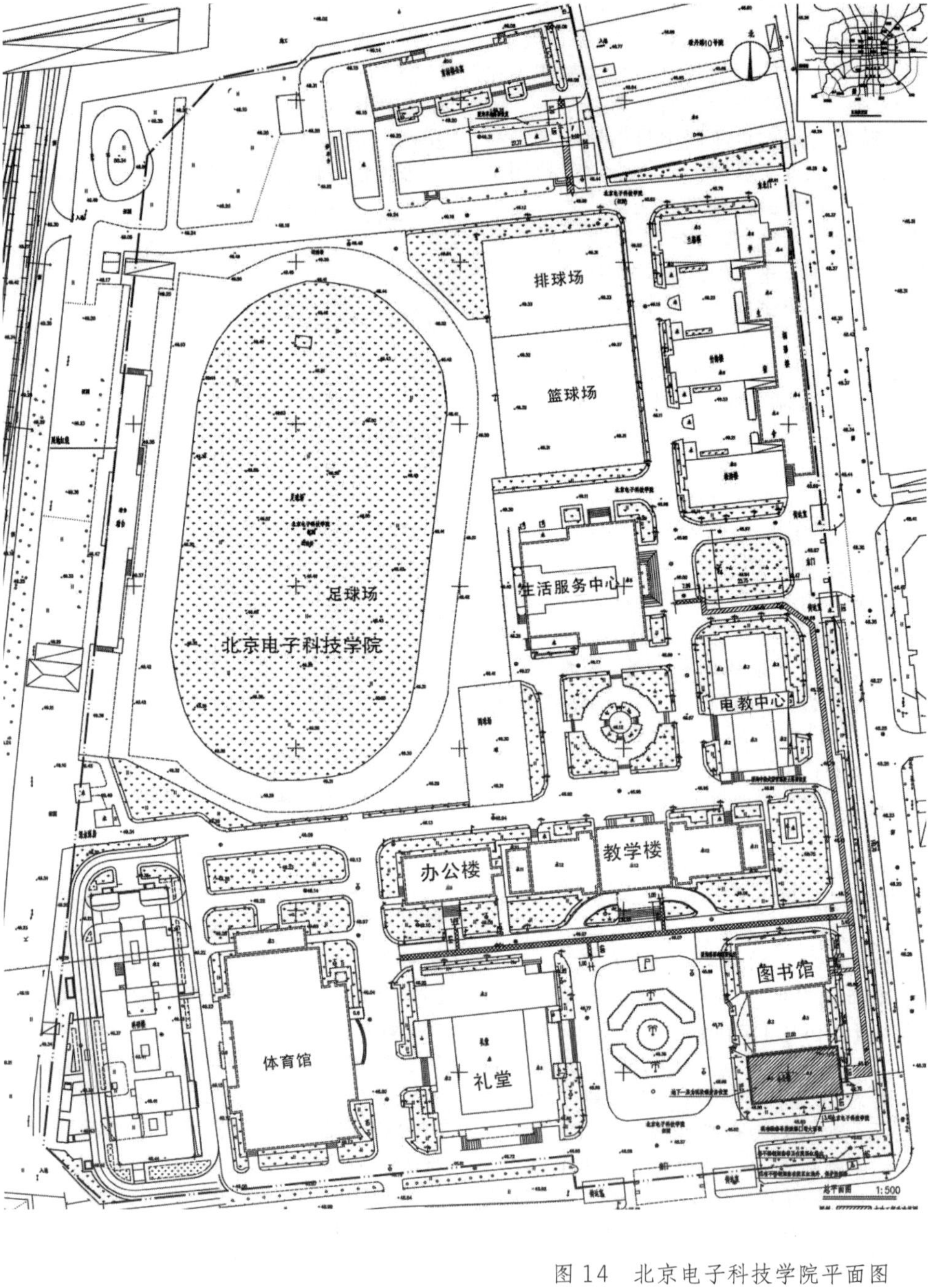

图 14　北京电子科技学院平面图

年，完成游泳馆改造、周转房装修、学生宿舍卫生间改造、校园东侧道路改造等工程，开通学校南大门交通信号灯，推动校园网实名认证和学生公寓门禁系统建设，提高图书档案以及餐饮、物业等后勤工作的服务水平，极大改善了师生员工的工作学习生活条件。2020 年，科研楼基本竣工，教学楼大厅装修、学生公寓走廊装修等 8 个基建项目完成，校园基础设施条件得到进一步改善。推进校园网安全门户网站建设，增强网络信号覆盖，公文管理、组织人事等 13 个电子办公系统投入应用，有效提升了信息化水平和内部管理质量。

七、2020 年学校基本情况

2020 年，北京电子科技学院校园面积 7.6 万平方米，图书馆建筑面积 0.48 万平方米。全年教育经费总投入 14826 万元。设有 1 个校区，设置 6 个院（系、部）。开设 9 个本科专业。“双一流”建设学科 0 个，国家级一流本科专业建设点 2 个。国家重点实验室 0 个，北京实验室 0 个，北京重点实验室 0 个。教职工 319 人，其中，专任教师 141 人；正高级 25 人、副高级 76 人；博士生导师 8 人、硕士生导师 47 人。在校生 1991 人，其中，硕士研究生 250 人、普通本科生 1741 人。网址：www.besti.edu.cn/。

附表：

表 50　中共北京电子科技学院委员会历任书记一览表（1991—2020 年）

书记	任职时间	书记	任职时间
夏翔奋	1991 年 1 月—1992 年 4 月	周光海	2001 年 6 月—2002 年 12 月
瞿怀明	1992 年 4 月—1996 年 1 月	张锡杰	2002 年 12 月—2006 年 3 月
王仲文	1996 年 1 月—1997 年 12 月	沈永社	2006 年 3 月—2016 年 2 月
王天榜	1997 年 12 月—2001 年 6 月	鲍遂献	2016 年 2 月—

表 51　北京电子科技学院历任院长一览表（1991—2020 年）

院长	任职时间	院长	任职时间
夏翔奋	1991 年 1 月—1992 年 4 月	陈子真	2004 年 3 月—2015 年 10 月
王仲文	1992 年 4 月—2001 年 1 月	毛　明	2015 年 10 月—
王贵和	2001 年 1 月—2004 年 3 月		

（执笔人：吴文征）

中国农业大学

中国农业大学作为教育部直属高校，是我国现代农业高等教育的起源地，办学历史可追溯到1905年京师大学堂农科大学。1995年9月，由原北京农业大学与原北京农业工程大学合并成立中国农业大学。学校于1995年进入首批“211工程”建设行列，于2004年被确定为“985工程”重点建设的高水平研究型大学，2017年入选一流大学建设高校（A类）。

学校简称中国农大，英文名称为China Agricultural University，英文简称CAU。学校设有东、西两个校区及涿州、烟台、邯郸、三亚等多个京外教学实验基地。东校区位于北京市海淀区清华东路17号，西校区位于北京市海淀区圆明园西路2号。学校网址为www.cau.edu.cn。

历经百余年建设发展，中国农业大学已经成为一所以农学、生命科学、农业工程和食品科学为特色和优势的研究型大学，形成了特色鲜明、优势互补的农业与生命科学、资源与环境科学、信息与计算机科学、农业工程与自动化科学、经济管理与社会科学等学科群。学校共设有18个学院、1个实体教学单位和1个直属系，涉及农学、工学、理学、经济学、管理学、法学、文学等7大学科门类。在2017年第四轮一级学科水平评估中，6个一级学科获评A+，获评A+的学科数量在全国高校中排名第六位。学校现有3个国家重点实验室，1个国家工程实验室，3个国家级中心（2个国家工程技术研究中心、1个国家级国际联合研究中心），3个国家野外科学观测研究站，99个省部级重点实验室（中心、基地），9个省部级野外科学观测研究站。秉承“解民生之多艰，育天下之英才”的校训，形成了学校特有的勤勉持重、爱国忧民的精神传统和严谨求实、厚德博学的办学传统。学校保持农业优势学科，发展多种新兴学科，朝着建设中国特色、农业特色的世界一流大学目标阔步迈进。

一、校史沿革

中国农业大学的历史有三个源头，其中之一的北京大学农学院，历史可追溯至1905年筹建的京师大学堂农科大学，原校址位于阜成门外望海楼罗道庄（现玉渊潭和钓鱼台一带）。第二个源头是1946年成立的清华大学农学院。第三个源头是华北大学农学院，其前身是1940年中共中央创办的延安自然科学院生物系，后先后改为北方大学农学院、华北大学农学院。

1949年9月，北京大学、清华大学、华北大学三所大学农学院合并，组建成中华人民共和国第一所多科性、综合性的新型农业高等学府，命名为北京农业大学。1958年，学校迁至海淀区圆明园西路。北京农业大学基本形成了学科门类相对齐全的农业高等教育和科技研究中心。1954年和1984年，分别被国务院列为全国六所重点院校和全国重点建设的十所高等院校之一。1952年，北京农业大学农业机械系与中央农业部机耕学校、华北农业机械专科学校合并，成立北京农业机械化学院，校址位于海淀区清华东路小月河畔。1960年，学校进入全国64所重点大学行列。1985年，改名为北京农业工程大学。

1995年9月，经国务院批准，由原北京农业大学与原北京农业工程大学合并成立中国农业大学。原北京农业大学校址为西校区，原北京农业工程大学校址为东校区。两校区总占地面积约3000亩。

除北京两个校区外，学校在河北省涿州市拥有一个涿州教学实验场，占地面积21600余亩；在山东省烟台市高新区建设了烟台研究院，占地面积2360亩。2021年，中国农业大学平谷校区建设列入北京市规划。

二、院系建设

1995年9月两校合并前，原北京农业大学共设置8个学院、2个系和1个教研组，分别为：植物科学技术学院、资源和环境学院、动物科技学院、动物医学院、经济管理学院、生物学院、基础科学技术学院、人文社会科学学院、食品科学系、农业工程系和体育教研组；原北京农业工程大学共设有8个学院（部）、2个系，分别为电力工程学院、乡镇企业与社会发展学院、机械工程学院、水利与土木工程学院、车辆工程学院、管理工程学院、基础课部（后来更名工程基础科学部）、国际学院和社会科学系、食品工程系。

合并初期，根据学校发展需要，对院系设置进行了逐步调整。1998年，学校成立农村发展学院，是集教学、研究、培训与实践为一体的新型学院，为中国第一所农村发展学院；1999年，将植物科技学院调整为作物学院、植物保护学院和园艺学院；2001年，成立应用化学学院，下设应用化学系、基础化学系、基础化学教学实验室、应用化学研究所、农药化学及农药使用技术农业部重点开放实验室、农业部北方病虫抗性监测中心、大型分析仪器实验室等；成立信息学院，下设计算机科学与技术、应用物理系、信息管理系、媒体传播系、现代教育技术中心、信息中心、全国农业遥感培训与应用中心、计算中心和多媒体实验室等。2002年，学校实施两校区学院大调整，重组形成了14个学院（部），分别为：农学与生物技术学院、生物学院、资源与环境学院、动物医学院、食品科学与营养工程学院、工学院、信息与电气工程学院、水利与土木工程学院、理学院、经济管理学院、人文与发展学院、国际学院、体育教学部、继续教育学院。为进一步提升服务国家战略需求，发挥一流学科带动和支撑作用，2015年，将农学与生物技术学院调整为农学院、园艺学院、植物保护学院；为进一步促进农、工、管学科的交叉融合，2017年成立了土地科学与技术学院、草业科学与技术学院；2019年成立了国际发展与全球农业学院；2020年成立了营养与健康系（营养与健康研究院）。

表52　　中国农业大学院系设置一览表（2020年）

序号	院系	序号	院系
1	农学院	11	水利与土木工程学院
2	园艺学院	12	理学院
3	植物保护学院	13	经济管理学院
4	生物学院	14	人文与发展学院
5	资源与环境学院	15	马克思主义学院
6	动物科学技术学院	16	国际学院
7	动物医学院	17	体育教学部
8	食品科学与营养工程学院	18	土地科学与技术学院
9	工学院	19	草业科学与技术学院
10	信息与电气工程学院	20	营养与健康系（营养与健康研究院）

三、学科建设

学校于1995年作为第一批高校入选“211工程”，于2001年、2005年分别完成一期、二期建设验收工作，专家组认为学校5个一级学科排名第一、优势明显，高度评价了学校取得的标志性成果，同时，对学校

“211 工程”的管理机制和运行模式给予充分肯定。

学校于2004年入选“985工程”二期建设,获批建设8个平台,于2010年通过教育部、财政部组织的“985工程”二期验收，专家组认为，中国农业大学经过5年建设期，达到了预期建设目标，提升了人才培养和科技创新能力，高端人才队伍建设成效显著，科研条件得到较大改善，有效促进了基础研究和学科建设水平，技术成果有效服务于产业和社会，建设资金使用合理、规范。

学校于2017年入选一流大学建设高校（A类），生物学、农业工程、食品科学与工程、作物学、植物保护、农业资源与环境、畜牧学、兽医学、草学9个学科入选一流学科。2021年，在教育部公布的首轮“双一流”建设成效评价结果中，学校整体建设评价指标全部获评一档，专家组认为：中国农业大学高质量地完成了首轮建设阶段性任务，在人才培养、师资队伍建设、科学研究、社会服务、国际交流与合作、基础设施建设、体制机制改革等方面成效显著,综合办学实力、文化软实力、“一带一路”科技与教育领域国际影响力等显著增强，建设目标达成度高，超额完成了部分预期建设目标。2021年，学校启动了新一轮“双一流”建设方案编制工作。

在北京市“双一流”建设方面,2018年，学校与北京工商大学共建食品科学与工程学科，与北京农学院共建园艺学科。2019年，农业绿色发展、作物智能育种生物学入选北京高校高精尖学科建设名单，在2021年中期验收中，作物智能育种生物学获评优秀。

学校学位授权点建设自1981年起，经历了从起步阶段到发展阶段，再到提高阶段的历程。1990年，国务院学位委员会下达第四批博士和硕士学位授权学科、专业名单，学校获博士学位授予权的学位点2个；累计有博士学位授予权的二级学科点24个，硕士学位授予权的二级学科专业33个，覆盖3个学科门类，8个一级学科。1991—2020年，学校学位授权点共进行了12批次增设和调整，截至2020年，学校共有22个一级学科博士学位授权点，32个一级学科硕士学位授权点。1998年9月，国务院学位办批复，学校获准招收“农业工程领域”工程硕士，这是学校设立的第一个专业学位授权类别，标志着学校专业学位研究生教育的开始。1998—2020年，经多次增列、撤销、调整，截至2020年，学校共有1种专业学位博士授权点、13种专业学位硕士授权点。

表 53　　中国农业大学学科设置一览表（2020年）

学科门类	序号	一级学科名称及代码	授权等级
农学	1	作物学（0901）	博士
	2	园艺学（0902）	博士
	3	农业资源与环境（0903）	博士
	4	植物保护（0904）	博士
	5	畜牧学（0905）	博士
	6	兽医学（0906）	博士
	7	草学 (0909)	博士
工学	8	力学（0801）	硕士
	9	机械工程（0802）	博士
	10	电气工程 (0808)	硕士
	11	计算机科学与技术 (0812)	博士
	12	土木工程 (0814)	硕士
	13	水利工程 (0815)	博士
	14	农业工程 (0828)	博士
	15	环境科学与工程 (0830)	博士
	16	食品科学与工程 (0832)	博士
	17	风景园林学（0834）	硕士

续表 53

学科门类	序号	一级学科名称及代码	授权等级
理学	18	数学 (0701)	硕士
	19	化学 (0703)	博士
	20	大气科学 (0706)	硕士
	21	生物学 (0710)	博士
	22	生态学 (0713)	博士
	23	营养与健康科学（9901）	博士
管理学	24	工商管理 (1202)	硕士
	25	农林经济管理 (1203)	博士
	26	公共管理 (1204)	博士
	27	图书情报与档案管理（1205)	硕士
经济学	28	应用经济学 (0202)	博士
法学	29	法学 (0301)	硕士
	30	社会学 (0303)	博士
	31	马克思主义理论 (0305)	博士
文学	32	新闻传播学 (0503)	硕士

表 54　　中国农业大学专业学位授权类别一览表（2020 年）

专业学位类别	序号	领域名称	领域代码
农业（硕士）	1	农艺与种业	095131
	2	资源利用与植物保护	095132
	3	畜牧	095133
	4	食品加工与安全	095135
	5	农业工程与信息技术	095136
	6	农村发展	095138
电子信息（硕士）	—		085400
机械（硕士）	—		085500
资源与环境（硕士）	—		085700
能源动力（硕士）	—		085800
土木水利（硕士）	—		085900
生物与医药（硕士）	—		086000
兽医（含硕士和博士）	—		095200
公共管理（硕士）	—		125200
工商管理（硕士）	—		125100
金融（硕士）	—		025100
风景园林（硕士）	—		095300
会计（硕士）	—		125300

四、人才培养

（一）本科教育

1995 年 9 月中国农业大学成立后，本科专业覆盖农、工、理、经、管、法、文 7 个学科门类，共设置本科专业 35 个。

“九五”期间，以培养模式改革为核心，课程体系改革为先导，系列教材的改革与建设为基础，教学内容和方法改革为落脚点的全方位本科教育教学改革，形成了“两段式”培养模式和“三平台”课程体系的人才培养方案。1998 年，将西校区原有的 31 个本科专业归并为 25 个。2000 年两校区本科专业数 42 个，招生规模 2988 人。

“十五”期间，实施两校区人才培养与

教学管理深度融合，建立学校统一管理规范，颁布《中国农业大学本科教学工作规范》。2004年11月，“中国农业大学加强毕业设计（论文）规范化管理”的经验总结被教育部办公厅以简报的形式（2004第225期）刊登，对学校毕业论文质量管理成果予以肯定。2004年开展“理科试验班”人才培养模式改革，开展大类招生大类培养。2005年本科专业数达62个，招生规模3460人。

“十一五”期间，按照“继承传统、引领未来、突出特色”的总体思路，构建具有“宽口径、厚基础、强实践、重创新、国际化”特点的创新性教育教学体系。2007年，在教育部组织的本科教学工作水平评估中获评“优秀”；2008年，发布《中国农业大学关于制定2008版本科人才培养方案的指导意见》；2010年，首届“全国高等农林院校教育改革与创新论坛”在中国农业大学开幕。2010年本科专业数达64个，招生规模3329人。

“十二五”期间，启动并实施本科教学十大改革。2011年为“本科教育教学改革年”，推出十大改革措施，包括调整招生规模，优化专业结构，全面实施转专业政策，拓展双学位专业改革，开设新生研讨课，强化实践技能训练，加强学术拔尖人才培养，实施领导力培养计划，推进就业与创业教育教学，促进本科教育教学国际化。到2015年，本科专业数64个，招生规模2583人。

“十三五”期间，进一步深化本科教育教学改革，深入参与新农科建设，成立全国新农科建设中心、高等教育学会高等农林教育分会。牵头制定普通高等学校农林类专业认证标准，成为农科专业认证标准的制定者。农学专业率先通过国家农科专业（第三级）认证；两个专业率先通过中俄联合认证；六个专业通过工程教育专业认证。23个专业入选国家一流本科专业建设点，11个专业入选省级一流本科专业建设点，2个专业入选北京市重点建设一流专业。生物科学、种子科学与工程（植物育种）、动物科学（动物育种）获批开展基础学科招生改革试点（简称“强基计划”）。入选首批国家基础学科拔尖学生培养计划2.0基地。2020年本科专业数达76个，招生规模3301人。

至2020年，学校入选国家级实验教学示范中心3个、国家级虚拟仿真实验教学中心3个。获得国家级教学成果奖15项，拥有3名国家高层次人才特殊支持计划（“高层次人才支持计划”）教学名师、2名国家级教学名师和46名北京市教学名师，5个国家级优秀教学团队、10个北京市优秀教学团队和3个北京高校优秀本科育人团队；获批国家级精品课程23门、国家精品视频公开课2门、精品资源共享课15门、精品在线开放课9门、国家级课程思政示范课程4门、国家虚拟仿真实验教学项目3个；122本教材入选国家级“十一五”规划教材、17项教材入选国家级“十二五”规划教材；获全国优秀教材一等奖2项、二等奖1项，获全国教材建设先进个人1项、先进集体1项。

表55　中国农业大学本科专业设置一览表（2020年）

序号	专业代码	专业名称	所属专业类	所属学科门类
1	090101	农学	植物生产类	农学
2	090103	植物保护	植物生产类	农学
3	090301	动物科学	动物生产类	农学
4	090401	动物医学	动物医学类	农学
5	120301	农林经济管理	农业经济管理类	管理学
6	070302	应用化学	化学类	理学
7	082302	农业机械化及其自动化	农业工程类	工学
8	070602	应用气象学	大气科学类	理学
9	080202	机械设计制造及其自动化	机械类	工学
10	080601	电气工程及其自动化	电气类	工学
11	082305	农业水利工程	农业工程类	工学

续表 55

序号	专业代码	专业名称	所属专业类	所属学科门类
12	070202	应用物理学	物理学类	理学
13	071001	生物科学	生物科学类	理学
14	090102	园艺	植物生产类	农学
15	080501	能源与动力工程	能源动力类	工学
16	082304	农业建筑环境与能源工程	农业工程类	工学
17	080701	电子信息工程	电子信息类	工学
18	071201	统计学	统计学类	理学
19	082502	环境工程	环境科学与工程类	工学
20	082701	食品科学与工程	食品科学与工程类	工学
21	120201K	工商管理	工商管理类	管理学
22	020301K	金融学	金融学类	经济学
23	080102	工程力学	力学类	工学
24	081001	土木工程	土木类	工学
25	120404	土地资源管理	公共管理类	管理学
26	071002	生物技术	生物科学类	理学
27	020101	经济学	经济学类	经济学
28	081801	交通运输	交通运输类	工学
29	120302	农村区域发展	农业经济管理类	管理学
30	030101K	法学	法学类	法学
31	020401	国际经济与贸易	经济与贸易类	经济学
32	070504	地理信息科学	地理科学类	理学
33	080901	计算机科学与技术	计算机类	工学
34	120203K	会计学	工商管理类	管理学
35	030301	社会学	社会学类	法学
36	050201	英语	外国语言文学类	文学
37	070301	化学	化学类	理学
38	120101	管理科学	管理科学与工程类	管理学
39	083001	生物工程	生物工程类	工学
40	081101	水利水电工程	水利类	工学
41	082301	农业工程	农业工程类	工学
42	080801	自动化	自动化类	工学
43	120402	行政管理	公共管理类	管理学
44	080714T	电子信息科学与技术	电子信息类	理学
45	090502	园林	林学类	农学
46	090701	草业科学	草学类	农学
47	050304	传播学	新闻传播学类	文学
48	071004	生态学	生物科学类	理学
49	080205	工业设计	机械类	工学
50	080207	车辆工程	机械类	工学
51	081802	交通工程	交通运输类	工学
52	080703	通信工程	电子信息类	工学
53	080301	测控技术与仪器	仪器类	工学
54	090105	种子科学与工程	植物生产类	农学
55	120801	电子商务	电子商务类	管理学
56	082702	食品质量与安全	食品科学与工程类	工学
57	120202	市场营销	工商管理类	管理学

续表 55

序号	专业代码	专业名称	所属专业类	所属学科门类
58	120401	公共事业管理	公共管理类	管理学
59	070101	数学与应用数学	数学类	理学
60	082506T	资源环境科学	环境科学与工程类	理学
61	082706T	葡萄与葡萄酒工程	食品科学与工程类	工学
62	090106	设施农业科学与工程	植物生产类	农学
63	090601	水产养殖学	水产类	农学
64	082503	环境科学	环境科学与工程类	理学
65	080204	机械电子工程	机械类	工学
66	080910T	数据科学与大数据技术	计算机类	工学
67	050207	日语	外国语言文学类	文学
68	080717T	人工智能	电子信息类	工学
69	082306T	土地整治工程	农业工程类	工学
70	082307T	农业智能装备工程	农业工程类	工学
71	090204T	生物质科学与工程	自然保护与环境生态类	农学
72	090405T	中兽医学	动物医学类	农学
73	082710T	食品营养与健康	食品科学与工程类	工学
74	030307T	社会政策	社会学类	法学
75	090205T	土地科学与技术	自然保护与环境生态类	农学
76	090406TK	兽医公共卫生	动物医学类	农学

（二）研究生教育

1991—1994 年是学校研究生教育稳步发展时期。邓小平南方谈话后，研究生教育也进行了一系列重大改革。研究生招生增加了委托培养、定向培养和自筹经费生的招生数量。硕士生教育在保证质量的前提下，发展多规格、多类型特别是应用型人才的培养，博士生数量开始有了更大的发展。进一步改革研究生培养方式，实行灵活学制、硕博连读制，推行研究生“三助”，加强产学研结合。截至 1994 年底，学校博士、硕士学科专业分别发展到 38 个和 22 个，其中，国家级重点学科 11 个、部级重点学科 7 个。硕士学位授权点覆盖 95% 的专业，博士学位授权点覆盖 54% 的专业。

1995—2005 年是学校研究生教育的融合发展时期。1995 年中国农业大学成立后，1996 年中国农业大学研究生院正式挂牌成立。1996 年学校入选“211 工程”建设高校，2005 年学校成为“985 工程”重点建设高校，提出了“建设世界一流农业大学”的发展目标，为学校研究生教育发展注入了强大动力。这一时期，学校研究生教育将工作重心转移到博士生培养上来，建立和完善博士生培养管理和质量保障机制，使博士生培养和学位授予质量能够尽快达到国际水平；学校新增了应用型研究生类型，开始建立和发展专业学位教育；2003 年首次开展了一级学科下自行增列博士学位授权点的工作；培养方案实现了实质性的统一；硕士生培养实行了学制改革，60% 的学科专业实行硕士生培养二年制；广泛实行了硕博连读，增加了直博生招生规模；通过重点课程立项建设、引进外籍专家授课、教学方式方法改革立项建设等形式推广研究型教学法和加速教学内容的国际化进程，加强了研究生课程建设。

2006—2016 年是学校研究生教育的奋进发展时期。研究生教育按照“硕士生教育以培养应用型人才为主，博士生教育以培养学术型人才为主”的理念，2008 年实施了研究生培养机制改革，2012 年启动了新一轮研究生教育改革，实施了弹性修业年限、强化培养过程管理、改革招考制度、改革导师管理、强化博士论文质量管理、完善研究生奖助办法等六大方面的改革，取得了显著成效。2014 年，构建了全新的研究生教育收费及奖助体系。2015年，立项教育部深化专业学位研究生教育综合改革项目，探索专业学位研究生培养模式改革。

2017年至今是学校研究生教育的快速发展时期。2017年学校迈入“双一流”大学建设行列。2018年学校成为全国首批20个学位授权自主审核单位之一。特别是2020年全国研究生教育会议召开以来，学校研究生教育进入快速发展的新阶段。研究生教育首次落地烟台全程培养（2019年），海南专项首次实现研究生招生（2020年）。全日制研究生招生规模超越本科生，博士生招生规模突破1000人，实现历史性跨越。全面实施专业学位专项制招生与培养改革，探索研究生教育评价改革，科技小院研究生培养模式成为全国专业学位研究生培养模式典范，写入七部委文件，作为高校创新校地共建服务模式在全国推广。圆满完成了学位授权点合格评估工作，其中7个一级博士学位点开展并通过了国际评估，极大地促进了学位授权点建设。设立“学位+”项目、中国农业大学研究生自主创新研究基金项目等，加强研究生教育国际化水平提升，不断提高拔尖创新人才培养质量。在疫情防控期间，顺利实施了云教学、云复试、云答辩、云思政等重大改革，出色应对疫情大考。2021年，实施了学校新时代研究生教育改革发展“12358”总体方案（一个目标、两个主体、三个坚持、五大提升、八项行动），推动研究生教育高质量发展。

五、科学研究

1990年至今，中国农业大学科学研究始终坚持面向世界科技前沿和立足国家重大战略需求，围绕农业、农村和农民，在基础科学研究、关键技术攻关、成果转化与示范推广方面产生了诸多开创性成果，获得了显著社会经济效益，扩大了国际影响力。

科研基地。自1990年农业生物技术国家重点实验室正式运行以来，学校不断加大科研基地建设步伐。1996年农业部饲料工业中心立项建设，重点面向工程技术开发和示范推广。目前，共拥有11个国家级科研平台，其中包括3个国家重点实验室、1个国家工程实验室、2个国家工程技术研究中心、3个国家野外科学观测研究站、1个国家级国际联合研究中心，3个国家野外科学观测研究站以及108个省部级重点实验室（中心、基地）共同构成科学研究的基本支撑。模式动物表型与遗传国家重大科技基础设施、北京市食品营养与人类健康高精尖中心的建设，进一步夯实了学校服务健康中国的科技创新能力。在国家现代农业产业技术体系中，6位专家被聘为体系首席科学家，88位专家被聘为岗位科学家，在31个产业中发挥了重要作用。

科研成果。以1993年国家科技进步特等奖“黄淮海平原中低产地区综合治理的研究与开发”和2002年国家科技进步一等奖“优质、高产玉米新品种农大108的选育与推广”为代表，1990年以来学校以第一单位或第一完成人获得国家科技奖67项。学校科学家在CNS三大重要学术刊物上累计发表文章21篇。年授权专利从1991年的9项到2020年的867项，累计获得各类专利授权5673项。

具有自主产权的新型基因编辑系统Cas12i和Cas12j，突破基因编辑“卡脖子”技术；创立的“梨树模式”获得习近平总书记肯定；兽医公共卫生安全研究取得具有国际影响力的原创成果，在动物源细菌耐药性领域实现国际领跑；创建国际一流作物功能基因转化平台挖掘出调控玉米株型、抗丝黑穗病等关键基因。取得的科技创新和推广成果多次得到国家领导的视察或批示。

六、师资队伍建设

坚持引育并举强活力。1991年，学校针对人才队伍接续培养出台专门文件。自1995年起，人才梯队建设成为学校年度党政工作要点关注重点，持续加强学科骨干队伍引育，逐步实行学科带头人制，加强高水平师资队伍建设。在全球人才竞争日趋激烈的背景下，为深入推进人才强校核心战略，学校实施“315”人才引进工程，“十三五”期间共审批引进各层次人才477人，有效扩充了师资队伍规模，优化了师资队伍年龄结构、学缘结构和学科布局，提升了教师创新活力。2019年起实施“2115”人才培育发展支持计划，共选育各层次人才321人次，创新团队101个，建立以创新能力、价值贡献、成长潜力为导向的人才评价新体系，实施第一年全校新增的关键业绩中，由“2115计划”人才和团队完成的占95%。

坚持科学管理强质量。深入推进学校教师评价制度改革，优化教师专业技术职务晋升聘任和考核管理制度，1991年已开始探索分类评价举措，分教师、思想教育、科学研究、工程和实验技术等10个系列分类设置考核标准，1992年已开始在专业技术职务评聘中实行脱颖而出破格评审机制。经过近30年的实践探索，在2017年至2021年进一步系统性深化教育评价改革成果，从岗位设置、评价指标、评价程序、评价方式、结果运用等方面，全面破除“五唯”，细化分类评价，建立了涵盖教学、科研、社会服务的多通道教师发展机制，推行代表性成果评价和同行专家评价制度，突出原创性、突破性、特色性成果，逐步构建起具有农科特色的多维度综合评价体系，使高贡献、高业绩、高潜力教师真正脱颖而出。创新“常规考核、绿色通道、代表性成果、团队考核”四位一体聘期考核模式，严格实行岗位分类目标管理，实现教师身份管理向岗位管理转变，激发教师持续追求卓越。

坚持以人为本强服务。着力构建科学规范、运行高效、人岗匹配的人才精准服务体系，针对人才发展急需的物理空间、科研经费、招生指标、子女入学等资源统筹调配，近30年来，学校多次针对人才配套支持政策问题开展专项研讨与改革，推行校院联合、部门协同保障机制，努力解决人才后顾之忧。落实教师基本岗位责任制，2018年起实施教师工作量考核，发挥其指挥棒作用，奖勤罚懒，探索以岗位贡献为导向的薪酬体系，充分激发人才的创新创造活力，使人才成长有机会、干事有舞台、发展有空间。落实党委联系服务专家制度，帮助人才解决实际困难。

七、社会服务

中国农业大学积极履行高校社会服务职能，依托学校智力与科技优势，聚焦国家重大战略和地方经济社会发展需求，不断探索服务地方的新机制和新模式。

脱贫攻坚（定点帮扶）。2013年以来，学校定点扶贫云南省临沧市镇康县，出台《中国农业大学定点扶贫工作实施方案（2013—2020年）》。2013—2021年，共派出7批13名挂职干部，分别担任临沧市副市长、市政府副秘书长、镇康县副县长及驻村第一书记等职务；派遣8批47名研究生支教团赴镇康县支教。2019年4月，镇康县正式退出国家级贫困县序列。2017年以来，学校四次入选教育部直属高校精准扶贫精准脱贫（精准帮扶）典型项目；2017—2019年，李小云、张福锁和杨宁教授连续三年先后获得“全国脱贫攻坚奖创新奖”；2019年，农学院获得“全国脱贫攻坚奖组织创新奖”；2021年，李小云教授获评“全国脱贫攻坚先进个人”、农学院获评“全国脱贫攻坚先进集体”。

乡村振兴。2019年，学校出台《中国农业大学服务国家乡村振兴战略行动方案（2019—2022）》，成立国家乡村振兴研究院。围绕国家重大战略发展区域布局乡村振兴创新试验示范区，探索形成黑土地保护与利用的“梨树模式”、“科技小院”模式、昆明都市驱动型乡村振兴模式、复合型产业与深度贫困综合治理的河边扶贫模式等一批学校服务乡村振兴的新机制。2021年，学校作为对口技术单位支持河北省曲周县、鸡泽县及吉林省梨树县成功申报全国农业科技现代化先行县，助力三个县的农业农村现代化发展。

对口支援与对口合作。2001年以来，按照教育部“对口支援西部地区高等学校计划”的部署，学校先后对口支援内蒙古农业大学、新疆农业大学、塔里木大学和西藏农牧学院。2003年，学校被教育部等七部委联合授予“全国学校对口支援先进单位”；2010年，被教育部授予“对口支援先进集体”，与内蒙古农业大学的合作被教育部列为对口支援典型案例；2011年，获评教育部“对口支援西部高校工作十周年典型经验集体”，张建华、王涛、高振江、赵梁军、杨富裕被教育部授予“对口支援西部高校工作十周年突出贡献个人”。2019年，按照教育部部省合建高校对口合作工作的安排，学校与海南大学、石河子大学、河北大学、贵州大学四所高校签署对口合作协议。

校地校企合作。学校在全国25个省、直辖市、自治区构建由产业研究院、乡村振兴研究院、科技小院、教授工作站、校外实验站和国家现代农业产业技术体系岗位专家组成的“三院两站一体系”社会服务体系。2019年以来，学校先后与苏州市共同建设以城市生态循环发展为特色的“中国农业大学有机循环研究院（苏州）”，与兴化市共建以健康食品产业为特色的“中国农业大学（兴化）健康食品产业研究院”。2021年，与四川新津共建以食品加工的“中国农业大学四川现代农业产业研究院（新津）”等新型研发机构。

科技成果转化。2006年，学校设立“科技成果转化与推广中心”；2015年，成立“科技成果转移转化工作领导小组”；2017年，更名为“技术转移中心”，挂靠在校办产业办公室，被授予“北京市知识产权运营试点单位证书”，成为北京市首批重点培育的知识产权运营单位；2018年，荣获“中关村国家自主创新示范区高校技术转移办公室”称号，挂靠单位调整到社会服务处（新农村发展研究院）。2019年，学校被评为“北京市知识产权示范单位”。2020年，在中国农业大学国家大学科技园正式建成“中国农业大学科技成果展示与技术交易平台”并入选“国家知识产权试点高校”，获得第十届中国技术市场协会“金桥奖”集体二等奖。2015年以来，全校已签订科技成果转化合同260余项，合同金额超2亿元。

八、国际合作与交流

1991—1995年，学校对外交流在教育部和农业部的大力支持下快速发展。至1995年，学校与美国、德国、加拿大、英国、荷兰、挪威、丹麦、日本、韩国、泰国、澳大利亚、新西兰、俄罗斯等国20多所著名大学建立了友好合作关系，开展的国际合作项目有40余项。校内设有“中德综合农业发展中心”“中国—以色列国家农业培训中心”“中日神内农牧经营研究中心”“北京都丽梦食品有限公司”，并在涿县农场建立了正大集团资助的肉鸡场等。1995年农业部正式批准学校与美国丹佛科罗拉多大学合作办学协议。学校启动北京农业工程大学国际学院项目。

1995年经国务院批准北京农业大学与北京农业工程大学合并成中国农业大学，学校逐步广泛开展国际交流与合作，努力扩大开放，加速国际化进程。至2020年，学校与东欧、中亚、非洲、拉丁美洲、北美等52个国家和地区的244所大学、研究单位和国际组织建立了友好合作关系。校内设有国际学院、中荷奶业中心、中以国际农业培训中心等国际教育、科研与培训机构。接待国外团体近2000批次，接待时任以色列总统摩西·卡察夫、时任以色列总理本雅明·内塔尼亚胡等国家领导人。2010—2020年，每年举办国际会议10余次，邀请国外院士10余人次，境外专家近1000人次来校交流；每年派出教师1000余人次赴境外交流；2019年投入1400万元设立学生国际化培养提升项目，支持学生赴100多所境外高校学习实践。自2003年获批成为我国政府奖学金和接收港澳台学生的定点学校起，持续积极创造条件，促进留学生招生，在校留学生数量和层次稳定增加，留学生生源国国别逐渐多样，研究生占比稳定增加，2020年在校留学生研究生占比93%。

2016年至今，学校积极参与全球教育治理，聚焦国家战略，建设“一体两翼”的全球农业科教协同发展体系，推进构建人类命运共同体。一翼是世界顶尖涉农大学协同发展机制，包括引领一流大学的全球合作平台“世界顶尖涉农大学联盟（A5）”，引领一流学科全球合作的“一院一平台”。另一翼是“一带一路”农业科教协同发展机制，包括引领校际合作平台“‘一带一路’农业教育科技创新联盟”，引领政策研究的智库“‘一带一路’农业合作学院”，以及推进沿线合作的11个海外基地“‘一带一路’农业合作中心”。

建成世界顶尖涉农大学全面合作平台。

2016年，学校联合世界农业学科排名前5的大学，荷兰瓦赫宁根大学、美国康奈尔大学、美国加州大学戴维斯分校和巴西圣保罗大学，发起成立“世界顶尖涉农大学联盟（A5）”。截至2020年，获批与康奈尔大学合作的食品科学类2个本科中外合作办学项目；与瓦赫宁根大学、康奈尔大学合作的5个博士层面的国家留学基金委“创新型人才培养项目”；与巴西圣保罗大学共建农业合作中心；与康奈尔大学共建北京市食品营养与人类健康高精尖中心；与瓦赫宁根大学共建“中荷奶业发展中心”，“京瓦中心”；承办A5联盟大学生竞赛等6项学生项目。

形成“一院一平台”机制。配合一流学科建设，学校获批科技部“学科创新引智基地”10个，成为全国项目最多的高校之一。执行国家留学基金委“创新型人才培养项目”10个，居全国首位。获批教育部首批国际组织人才培养基地1个。校内设立“一院一平台”专项，支持学院与30多所世界一流学科高校合作，开展师生双向交流。

引领“一带一路”与南南合作领域的农业教育科技合作。为落实国家“一带一路”倡议，促进新型南南合作，学校搭建“学院智库＋联盟平台＋海外农业合作中心”的农业科教协同发展机制。2017年成立“一带一路”农业合作学院在联合国总部发布系列报告，参与制定国际发展评估标准。在坦桑尼亚实施“千户万亩玉米增产示范工程”减贫项目入选联合国南南合作优秀案例。在2018年发起由国内40所农业院校和沿线30所农业院校参加“‘一带一路’与南南合作农业教育科技创新联盟”，建立11个“一带一路”沿线海外农业合作中心，助力师生探索农业走出去新渠道。

九、校园基本建设

校园基本建设工作秉承“服务师生、保障发展”的工作理念，以保障和提升教学科研的基本硬件环境为工作方针，稳步扎实推进校区规划、校园扩建、项目新建、修缮改造、基础设施等各项工作。

“八五”期间，基建机构合并重组，重点提升学校的教学科研与医疗条件。完成8栋教学及科研建筑建设，教学实验楼成为北京农业大学建筑面积最大的单体教学实验用房，总建筑面积达15433平方米。1993—1994年，完成兽医院、校医院建设。1995年，两校基建处合并成立中国农业大学基建规划处。

“九五”期间，兴建教职工保障住房及商业用房，支持研究生事业发展。家属区建设初具规模，完成20栋家属住宅建设，总建筑面积达58518平方米。1999年，新研究生楼投入使用，为研究生招生、教学及科技提供硬件保障。

“十五”期间，紧盯“316工程”建设目标，基本建设规模迈上新台阶。继续完善家属区建设，共计完成11栋住宅工程，总建筑面积达83704平方米。2001年完成水院实验楼、新学科综合楼及国家兽药安全评价中心等项目建设。2002年，“316工程”全面启动建设，奥运场馆建设项目申报成功。东区1号学生公寓质量目标达到结构“长城杯”，教学实验楼工程获得北京市竣工“长城杯”。2004年，基本建设工作在竣工面积、开工面积、道路建设、荣誉获奖、基本建设投资金额、项目数量六个方面创历史之最。2005年，“316工程”进入冲刺建设阶段，竣工面积和基本建设投资金额再创新高，奥运体育馆正式开工建设。

“十一五”期间，“316工程”顺利收官，奥运场馆顺利交付使用，基本建设事业平稳发展。2007—2008年，“316”工程全面竣工，保障奥运场馆正常使用，奥运赛事顺利进行。2010年，基本建设阶段性发展目标更加明确，编制完成校园总体规划及“十二五”基本建设规划。

“十二五”期间，校园总体发展规划思路更加明确，积极推进新建工程建设。积极推进新图书馆、理学楼、植保楼等项目的建设工作，共计完成新建工程建筑面积405758平方米。2011年，校园总体规划获得北京市规划委员会批复，明确校园基本建设发展的宏观方向。2013年，植保楼正式获得教育部批复立项文件。2015年，编制完成“十三五”基本建设规划，植保楼和新图书馆开工建设。

“十三五”期间，基本建设职能独立，实

图 15　中国农业大学东校区示意图

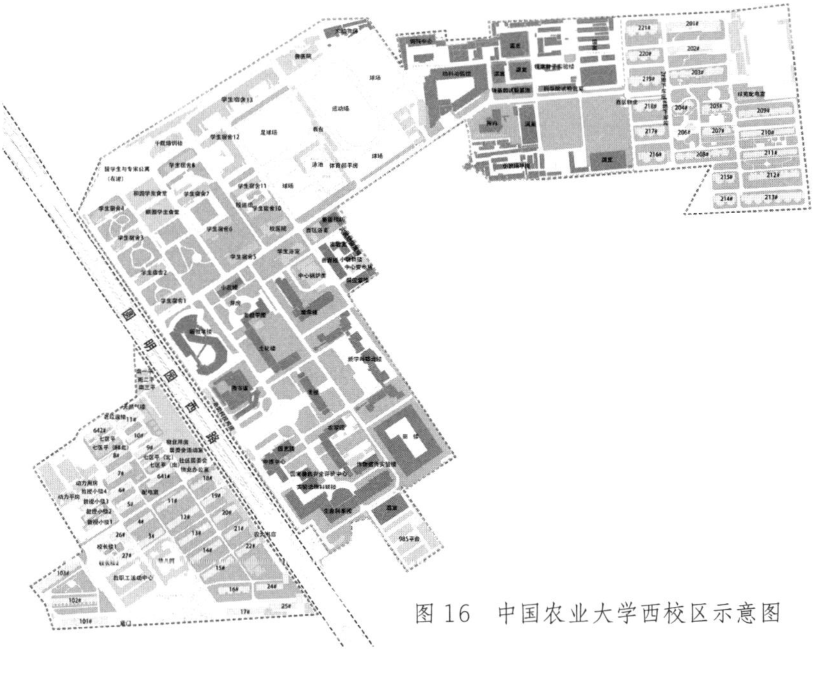

图 16　中国农业大学西校区示意图

现修缮改造工程与新建扩建工程“两手抓”。水利楼、留学生与专家公寓、作物分子育种创新中心、体艺中心项目正式立项。植保楼、理学楼、新图书馆建设完成并投入使用。2017年，原后勤基建处中基本建设职能独立划拨，基建处正式成立。2018年，筹划作物分子育种创新中心及智能农业装备研究中心项目，植保楼实现竣工交付。2019年，组织实施改善基本办学条件专项修缮类项目18项，完成应急系列改造及民生工程15项，解决师生“急难愁盼”问题的数量创历史新高。2020年，有序衔接、有力推进、有效完成疫情防控与工程建设各项工作。

十、2020年学校基本情况

2020年，中国农业大学校园面积123.5万平方米，图书馆建筑面积6.1万平方米。全年教育经费总投入348120.71万元。设有2个校区，设置20个院（系、部）。开设72个本科专业、8个第二学士学位专业。“双一流”建设学科9个，国家级一流本科专业建设点15个。国家重点实验室3个，北京实验室16个，北京重点实验室15个。教职工3026人（含校聘合同制A岗113人），其中，专任教师1933人；正高级672人、副高级960人；博士生导师1077人、硕士生导师600人；中国科学院院士5人、中国工程院院士8人。外籍教师475人，其中，教授279人、副教授72人。在校生23631人，其中，研究生10689人（博士生4025人、硕士生6664人）、普通本专科生12942人（本科生12747人、第二学士学位学生195人、专科生0人）。成人教育本专科生3894人（本科生3894人、专科生0人）、网络教育本专科生46160人（本科生37615人、专科生8545人）。留学生毕业75人、招生83人、在校生378人。学校网址：www.cau.edu.cn。

附表：

表56　　中共中国农业大学委员会历任书记一览表（1991—2020年）

学校名称	书记	任职时间
北京农业大学	周鹏程	1985年5月—1995年9月
北京农业工程大学	艾荫谦	1985年9月—1995年9月
中国农业大学	艾荫谦	1995年9月—1998年9月
中国农业大学	李晶宜	1998年9月—2002年4月
中国农业大学	瞿振元	2002年4月—2013年6月
中国农业大学	姜沛民	2013年6月—

表57　　中国农业大学历任校长一览表（1991—2020年）

学校名称	校长	任职时间
北京农业大学	石元春	1987年5月—1995年8月
北京农业工程大学	翁之馨	1985年9月—1995年9月
中国农业大学	毛达如	1995年8月—1998年9月
中国农业大学	江树人	1998年9月—2002年4月
中国农业大学	陈章良	2002年4月—2008年1月
中国农业大学	柯炳生	2008年1月—2017年7月
中国农业大学	孙其信	2017年7月—

（执笔人：蔡远渊）

北京林业大学

北京林业大学（英文名称：Beijing Forestry University）坐落于北京市海淀区清华东路35号，是教育部直属，教育部与国家林业和草原局共建的全国重点大学，是国家首批“211工程”重点建设高校和国家“优势学科创新平台”建设项目试点高校，是世界一流学科建设高校。

一、学校沿革

北京林业大学办学历史可追溯至1902年的京师大学堂农业科林学目。1952年全国高校院系调整，北京农业大学森林系与河北农学院森林系合并，成立北京林学院。1956年，北京农业大学造园系和清华大学建筑系部分并入学校。1960年被列为全国重点高等院校，1981年成为首批具有博士、硕士学位授予权的高校。1985年更名为北京林业大学。1996年被国家列为首批“211工程”重点建设的高校。2000年经教育部批准试办研究生院。2001年获教育部和国家林业局共建支持。2004年成立研究生院。2005年获本科自主选拔录取资格。2008年，学校成为国家“优势学科创新平台”建设项目试点高校。2010年再获教育部和国家林业局共建支持。2011年与其他10所行业特色高校参与组建北京高科大学联盟。2012年，牵头成立中国第一个林业协同创新中心——“林木资源高效培育与利用”协同创新中心。2016年，学校“林木分子设计育种高精尖创新中心”入选北京市第二批高精尖创新中心。2017年，学校入选世界一流学科建设高校行列，林学和风景园林学两个学科入围“双一流”建设学科名单。2019年，生态修复工程学、城乡人居生态环境学入选北京高校高精尖学科建设名单。

学校以生物学、生态学为基础，以林学、风景园林学、林业工程、草学和农林经济管理为特色，是农、理、工、管、经、文、法、哲、教、艺等多门类协调发展的全国重点大学。学校秉承“知山知水，树木树人”校训，践行“替河山装成锦绣，把国土绘成丹青”理念，为国家培养了20余万名高级专门人才和一批外国留学生，其中包括以16名两院院士为代表的一大批杰出科技专家和管理人才，为我国生态文明建设、林草事业和经济社会发展做出了卓越贡献。

二、院系建设

北京林业大学建校之初，有1个林业专业。到建校40年，学校的教学机构包括林业资源学院、林业经济管理学院、森林工业系、水土保持系、园林系、风景园林系、外语系、社会科学系、基础部、体育教研室10个院系（部）。到建校50年，学校设有资源与环境学院、工学院、经济管理学院、园林学院、信息学院、基础科学与技术学院、生物科学与技术学院、外语学院、人文社会科学学院、国际学院、体育教学部、研究生院、成人教育学院、高等职业技术教育学院14院系（部）。此后，学校先后成立与更名建成材料学院、生态与自然保护学院、理学院、环境科学与工程学院、继续教育学院、艺术设计学院、马克思主义学院、草业与草原学院。2020年，北京林业大学有19个教学院部。

表 58　北京林业大学院系部设置一览表（2020 年）

序号	名称	序号	名称
1	林学院	11	理学院
2	水土保持学院	12	生态与自然保护学院
3	生物科学与技术学院	13	环境科学与工程学院
4	园林学院	14	艺术设计学院
5	经济管理学院	15	马克思主义学院
6	工学院	16	草业与草原学院
7	材料科学与技术学院	17	继续教育学院
8	人文社会科学学院	18	国际学院
9	外语学院	19	体育教学部
10	信息学院		

三、学科建设

北京林业大学建校之初，仅有 1 个林学学科。到 1992 年，学校设置的本科专业已有 14 个，每个专业下设 1～3 个专业方向；适当发展专科教育，设置专科专业 11 个；拥有硕士点 14 个，博士点 7 个。1995 年获批建立博士后流动站，1999 年获批工程硕士专业学位授予权，2000 年获农业推广硕士专业学位（林科）授予权和 5 个门类 9 个一级学科硕士学位授予点自行审批权、调整权。到 2002 年，本科专业已经发展到 39 个，硕士点 22 个，博士点 14 个。到 2008 年，学校有 50 个本科专业及方向，4 个一级学科博士学位授权点和 5 个一级学科硕士学位授权点，35 个二级学科博士学位授权点和 73 个二级学科硕士学位授权点，35 个博士点和 73 个硕士点，3 个硕士专业学位授权点，博、硕士点覆盖 9 个学科门类的 26 个一级学科，学科点拥有量处于农林院校前列。到 2011 年，学校拥有 57 个本科专业及方向，39 个博士点、116 个硕士点、专业硕士学位招生领域 11 个、1 个一级国家重点学科（含 7 个二级国家重点学科），2 个二级国家重点学科，1 个国家重点（培育）学科、10 个国家林业局重点学科、1 个北京市重点学科（一级）（含 3 个二级学科）、4 个北京市重点学科（二级）、1 个北京市重点交叉学科。学校以林学、生物学、林业工程学为特色，发展为农、理、工、管、经、文、法、哲相结合的多科性协调发展的全国重点大学。

“十一五”期间，以“国家优势学科创新平台”和“211 工程”为牵引，投入 2.2 亿多元加强学科建设。国家二级重点学科从 4 个增加到 10 个，新增省部级二级重点学科 15 个，省部级以上重点学科达到 27 个，覆盖 8 个一级学科。林学国家一级重点学科实力稳居全国第一。在新一轮一级学科调整中，风景园林学、生态学、草学等升为一级学科。学科总量显著增加，布局更趋合理。

“十二五”期间，学校以国家重大战略需求为主导，立足国家生态文明建设和林业发展的主战场，优化学科结构布局，深化学科内涵建设，强化特色优势学科发展，形成了以生物学、生态学为基础，以林学、风景园林学、林业工程和农林经济管理为特色，农、理、工、管、经、文、法、哲、艺、教等多学科协调发展的学科体系。学科水平整体提升，2012 年全国一级学科评估中，林学、风景园林学排名第一。“211 工程”三期建设成效显著，成为获得国家奖励的 28 所高校之一。“优势学科创新平台”完成建设任务。2015 年 9 月和 11 月，学校进入基础科学指标（ESI）植物与动物科学（Plant& Animal Science）和农业科学（Agricultural Science）学科排名的全球前 1%。

“十三五”期间，学校围绕特色兴校特色强校，统筹推进世界一流学科建设，初步构建形成支撑国家山水林田湖草沙系统治理的“雁阵式”学科体系；扎实推进林学、风景园林学两个一流学科建设和林业工程、草学、农林经济管理等优势学科建设；深化学科建设体制机制改革，出台《学科建设体制机制改革指导意见》。建立学科建设重大项目库，制定实施一流学科建设《项目管理办法》等制度；实施学科布局结构调整，调整6个一级学科建设单位，将草学提升为特色学科，新建组建马克思主义学院、草业与草原学院、生态与自然保护学院；推动学科交叉融合，构建形成以林木分子设计育种高精尖创新中心为平台，以生态修复工程学、城乡人居生态环境学2个北京市高校高精尖学科为牵引，生态文明研究院、美丽中国人居生态环境研究院等多个研究中心共同发展的学科交叉融合创新体系。学科水平不断提升，林学、风景园林学入选世界一流学科建设名单，在第四轮学科评估中获评A+，林学学科整体进入世界一流学科行列，风景园林学科进一步巩固世界一流学科行列地位，部分领域进入世界一流学科前列。学校在QS\THE等世界大学排名中逐年提升，在服务国家生态文明战略、林业行业转型升级中支撑作用显著增强。

目前，北京林业大学是国务院学位委员会、教育部授权可自行审定教授任职资格的高校，是国务院学位委员会授权一级学科内可自主设置博士、硕士二级学科及交叉学科的高校。拥有1个一级学科国家重点学科（含7个二级学科国家重点学科）、2个二级学科国家重点学科、1个国家重点（培育）学科、6个国家林业和草原局重点学科（一级）、3个国家林业和草原局重点培育学科、2个北京市高精尖学科、3个北京市重点学科（一级）（含重点培育学科）、4个北京市重点学科（二级）、1个北京市重点交叉学科。截至2020年初，学校共有7个学科领域进入ESI全球排名前1%。

表59　北京林业大学学科设置一览表（2020年）

序号	学科门类	一级学科代码	一级学科名称
1	农学	0907	林学
2		0909	草学
3		0903	农业资源与环境
4	工学	0834	风景园林学
5		0829	林业工程
6		0802	机械工程
7		0830	环境科学与工程
8		0833	城乡规划学
9		0813	建筑学
10		0812	计算机科学与技术
11		0832	食品科学与工程
12		0814	土木工程
13	管理学	1203	农林经济管理
14		1202	工商管理
15	理学	0710	生物学
16		0713	生态学
17		0705	地理学
18		0701	数学
19	哲学	0101	哲学
20	经济学	0202	应用经济学
21	法学	0305	马克思主义理论

续表 59

序号	学科门类	一级学科代码	一级学科名称
22	法学	0301	法学
23	教育学	0402	心理学
24	文学	0502	外国语言文学
25	艺术学	1305	设计学

四、人才培养

北京林业大学建校之初，受专业所限招生规模较小，从1956年的450人左右，到1962年基本稳定在2200人左右。到1992年建校40周年，北京林业大学有函授本专科专业6个，普通本科专业14个，硕士点14个，博士点7个，在校生1910人，其中本专科生1504人，硕士研究生114人，博士研究生31人，成人教育函授生261人。1997年入选“211工程”建设院校后，招生规模迅速扩大，2001年在校生达到1.4万人。本科生培养方面，学校将提升教育质量、培养创新人才作为发展的核心任务，2005年在教育部本科教学水平评估中获得优秀，2007年以来依托“高等学校本科教学质量与教学改革工程”，不断改革创新，全面提升教学质量；同年创立“梁希实验班”，探索精英培养模式。研究生培养方面，2000年被教育部批准为全国新增的22所试办研究生院的高校之一，初步形成学科特色突出、多层次、多类型、多模式的研究生教育和学位授权体系。2004年，通过国务院学位办评估正式成立研究生院，成为全国56所建有研究生院的高校之一。2006年，招收第一届风景园林专业硕士，2010年实施学术性硕士研究生和博士研究生新版培养方案，初步形成精英研究生培养体系。到2011年，学校在校生32430人，其中本科生13213人，研究生4160人，各类继续教育学生13280人，非计划招生高等教育学生中在职人员攻读硕士学位1777人。

“十二五”期间，学校坚持以人才培养为根本任务，不断深化教育教学改革，创新人才培养模式，取得一系列标志性成果。2014年顺利通过教育部本科教学工作审核评估。获2项国家级教学成果二等奖、7门课程入选“国家级精品视频公开课”和3门课程入选“国家级精品资源共享课”。新增北京市教学名师10名、国家级大学生校外实践教学基地4个、国家和北京市精品教材6种。国家级实验教学示范中心和国家级虚拟仿真实验教学中心建设取得新突破。学校推进研究生招生改革，建立多元质量保证体系，研究生培养质量不断提高，科研创新能力明显增强。获全国优秀博士学位论文1篇，提名论文4篇，北京市优秀博士学位论文2篇，全国风景园林硕士专业学位优秀学位论文26篇，全国林业硕士专业学位优秀学位论文4篇，2个专业学位案例入选全国教学案例库，研究生以第一作者身份发表SCI收录论文1044篇。学生综合素质和创新能力不断提升，在国内外学科竞赛中获得各级奖项734项，获奖1714人次。招生就业工作水平保持高质量，本科招生一志愿录取率达98%以上，就业率保持在93%以上，研究生就业率保持在96%以上。

“十三五”期间，学校不断巩固人才培养中心地位，努力构建高水平人才培养体系，为国家培养和输送了一大批高素质专门人才。学校全面贯彻落实全国高校思想政治工作会议精神，加快构建思想政治工作体系。实施“三个一批”提前3年配齐配优思政工作队伍，成为北京高校思政课教育教学改革示范点。推进课程思政改革创新，立项专项教改421项，课程思政覆盖所有教学单位。成立文化建设委员会，打造校园文化节，推进以文化人、以文育人。圆满完成“一带一路”国际合作高峰论坛、国庆游行等大型活动志愿服务。学校全面贯彻落实“以本为本”，深入实施本科教育教学改革总体方案，大范围推行本科生导师制。创新实施本科生暑期小学期教育。精准培养林学、风景园林等5个梁希实验班和生物理科基地实验班拔尖创新人才。

不断健全辅修、双学位、转专业机制。全面落实研究生教育会议精神，稳步推进研究生教育改革，修订完善学位授权点研究生培养方案，全面推行博士生“申请—审核制”招生，研究生招生规模从近5000人扩大至近7000人。学校持续强化教育教学质量提升，实施本科教育教学综合改革，获批12个国家级、4个北京市一流专业建设点和2个北京市重点建设一流专业。建设精品课程315门，认定首批“好评课堂”67门。立项省部级规划教材263种。打造全英文研究生专业8个。学生在国内外大赛获奖1729项。本科生深造率由42.73%提升至51.98%。学校人才培养能力不断增强，获批教育部高校思政工作创新发展中心、全国高校实践育人创新创业基地，获评首都大学生思政工作实效奖特等奖。毕业生就业率保持在94%以上，8000多名毕业生到西部基层和涉林行业就业。

目前，北京林业大学人才培养实施导师制、主辅修制，拥有国家理科基地、国家卓越农林人才培养计划、梁希实验班、创新实验班、中外合作办学等多种拔尖创新人才和复合型人才的培养模式。有18个国家级一流专业建设点，8个省部级一流专业建设点，2个北京市重点建设一流专业。获得国家级教学成果11项，省部级教学成果奖51项，国家级一流课程12门，北京高校优质本科课程8门。在国际风景园林师联合会国际学生风景园林设计竞赛、德国红点奖、美国大学生数学建模竞赛、ACM国际大学生程序设计竞赛、国际大学生ICAN物联网创新创业大赛等国际大赛中获多个奖项，在中国“互联网+”大学生创新创业大赛等国家级竞赛中取得优秀成绩。

表60　　北京林业大学本科专业设置一览表（2020年）

序号	所属学院	专业代码	专业名称	修业年限	授予学位	备注
1	林学院	090501	林学	4	农学学士	
2		090501	林学（城市林业）	4	农学学士	
3		090503	森林保护	4	农学学士	
4		090504T	经济林	4	农学学士	
5		070504	地理信息科学	4	理学学士	
6	园林学院	090502	园林	4	农学学士	
7		120901K	旅游管理	4	管理学学士	
8		082803	风景园林	4	工学学士	
9		090102	园艺（观赏园艺）	4	农学学士	
10		082802	城乡规划	5	工学学士	
11	水土保持学院	090203	水土保持与荒漠化防治	4	农学学士	
12		070502	自然地理与资源环境	4	理学学士	
13		081001	土木工程	4	工学学士	
14	经济管理学院	120201K	工商管理	4	管理学学士	
15		120209	物业管理	4	管理学学士	
16		120202	市场营销	4	管理学学士	
17		120206	人力资源管理	4	管理学学士	
18		120203K	会计学	4	管理学学士	2018级起归入工商管理类
19		120102	信息管理与信息系统（管理信息）	4	管理学学士	
20		120801	电子商务	4	管理学学士	
21		120301	农林经济管理	4	管理学学士	2018年按梁希班培养

续表 60

序号	所属学院	专业代码	专业名称	修业年限	授予学位	备注
22		071201	统计学	4	理学学士	
23		020301K	金融学	4	经济学学士	
24		020401	国际经济与贸易	4	经济学学士	
25	生物科学与技术学院	071001	生物科学	4	理学学士	
26		071002	生物技术	4	理学学士	
27		082701	食品科学与工程	4	工学学士	
28		071002	生物技术（中加合作办学）	5	理学学士	
29	工学院	080202	机械设计制造及其自动化	4	工学学士	
30		080207	车辆工程	4	工学学士	
31		080801	自动化	4	工学学士	
32		080601	电气工程及其自动化	4	工学学士	
33	材料科学与技术学院	082402	木材科学与工程	4	工学学士	
34		082402	木材科学与工程（家具设计与制造）	4	工学学士	
35		082402	木材科学与工程（木结构材料与工程）	4	工学学士	
36		081702	包装工程	4	工学学士	
37		082403	林产化工	4	工学学士	
38		082403	林产化工（制浆造纸方向）	4	工学学士	
39		082403	林产化工（生物质能源科学与工程）	4	工学学士	
40		082402	木材科学与工程（中加合作办学）	5	工学学士	
41	人文社会科学学院	030101K	法学	4	法学学士	
42		071102	应用心理学	4	理学学士	
43	外语学院	050201	英语	4	文学学士	
44		050262	商务英语	4	文学学士	
45		050207	日语	4	文学学士	
46	信息学院	120102	信息管理与信息系统	4	管理学学士	
47		080901	计算机科学与技术	4	工学学士	
48		080905	物联网工程	4	工学学士	原“计算机科学与技术（物联网）”
49		080906	数字媒体技术	4	工学学士	
50		080903	网络工程	4	工学学士	
51		080910T	数据科学与大数据技术	4	工学学士	
52	理学院	080714T	电子信息科学与技术	4	工学学士	
53		070101	数学与应用数学	4	理学学士	
54	生态与自然保护学院	090202	野生动物与自然保护区管理	4	农学学士	
55		090202	野生动物与自然保护区管理（森林康养方向）	4	农学学士	
56	环境科学与工程学院	082503	环境科学	4	理学学士	
57		082502	环境工程	4	工学学士	
58		081003	给排水科学与工程	4	工学学士	

续表 60

序号	所属学院	专业代码	专业名称	修业年限	授予学位	备注
59	艺术设计学院	130503	环境设计	4	艺术学学士	
60		130502	视觉传达设计	4	艺术学学士	
61		130504	产品设计	4	艺术学学士	2013 级工学学位
62		130508	数字媒体艺术	4	艺术学学士	
63		130310	动画	4	艺术学学士	
64	草业与草原学院	090701	草业科学(草坪科学与管理)	4	农学学士	

说明：在招专业及方向62个，其中专业55个，方向7个。草业科学（草坪科学与管理）和园艺（观赏园艺）按专业计。其中，合作办学项目2个

五、科学研究

自1991年“八五”计划以来，北京林业大学承担各类研究项目493项，其中有国家、林业部（今国家林草局）、北京市的15类、275项，各位横向合作研究项目200多项，国际合作项目6项；先后获得科学研究费2159万元。“九五”期间，承担项目增加48%，科研经费总数达到5164万元，承担国家“九五”科技攻关项目19项，经费1262万元。1992年以来，获得省部级以上科技奖励130项，其中国家级23项。出版科技专著177部、译注10多部、科普著作51部、教材166部，在国外学术刊物上发表论文139篇，国内学术刊物上发表论文3059篇。在林业部（今国家林草局）发布的重点推广100项科技成果中，北京林业大学有22项列入重点推广项目。其后2002年至2005年，科研经费到账约1.58亿元，发表科技论文被SCI收录708篇，被EI收录1067篇。

“十一五”期间，北京林业大学到校科研经费5.73亿元，承担一批国家级项目，实现“973”项目首席科学家的突破。获国家科技进步二等奖4项、国家技术发明二等奖1项、省部级科技奖26项，以学校为第一作者单位发表三大检索收录论文992篇。新建国家工程技术研究中心、国家工程实验室、国家野外观测研究站各1个，新建国家林业局野外台站5个，省部级以上平台总数达到23个。争取教育部4500万元建设资金，建设了6个教学科研实践基地。

“十二五”期间，学校强化服务导向，科技创新能力显著增强。承担各类科技计划项目4000余项，到校科研经费累计达9.4亿元。获国家级奖励5项，省部级奖励34项，授权发明专利499项，软件著作权授权886件。论文被SCI收录2159篇，EI收录322篇。大力加强科技平台建设，推进平台实体化运行。新增林业生物质能源国家示范型国际科技合作基地、国家能源非粮生物质原料研发中心、城乡生态环境北京实验室等11个重点科技平台。国家级平台总数达到5个，省部级平台总数达到29个，各类平台数量位居林业院校前列。

“十三五”期间，学校全面落实“四为”方针，坚持把精彩论文写在大地上，为助力生态文明建设和服务重大国家战略贡献北林工程、北林发明、北林设计。学校注重提升自主创新能力，基础研究取得重要突破，建立了林木数量性状全基因组系统作图理论；挖掘了一批具有显著抗逆能力的林木基因资源；创制了世界首张木本花卉（梅花）全基因组变异图谱；构建了林木基因标记技术辅助育种技术体系；攻克了林木染色体加倍系列技术难题；建立了体胚发生及规模化繁育技术；创建了不飞絮杨树良种规模化繁育体系。学校不断创新科研组织模式。聚焦山水林田湖草沙系统治理，重点建设林木育种国家工程实验室、国家花卉工程技术研究中心等5个国家级科研平台。建立学科交叉、团队作战、多方参与的科技创新模式，成立30个校级科研机构。2个生态站纳入首批教育部野外科学观测研究站序列，新建国家林草局平台12个。牵头成立美丽乡村与乡村

振兴等24个林业和草原国家创新联盟。学校注重提升服务国家重大战略和区域发展能力。在全国率先成立黄河流域生态保护和高质量发展研究院。深度参与北京城市副中心、雄安新区生态建设，全力支持福建、贵州、江西和海南4个国家生态文明试验区建设，助力美丽中国“江西样板”工程。积极参与青海国家公园师范省建设、青藏高原第二次综合科考、“美丽珠峰”建设等重大生态工程。为北京冬奥会核心景观设计，北京世园会、成都世园会的申办与营建提供重要支撑。全面助力定点扶贫单位内蒙古科右前旗成功实现脱贫摘帽。学校科技创新能力持续增强，以第一完成单位获国家科技奖3项，承担国家重点研发计划项目6项、国家自然科学基金401项，到账科研经费13.5亿元，项目数量和资金量位于林业院校第一，为生态文明建设和重大国家战略实施做出了积极贡献。

目前，北京林业大学拥有国家、省（部）级重点实验室、工程中心及野外站台共49个。其中，国家花卉工程技术研究中心1个、林木育种国家工程实验室1个、国家野外观测科学研究站1个、国家能源非粮生物质原料研发中心1个、林业生物质能源国际科技合作基地1个、国家水土保持科技示范园区2个、教育部重点实验室3个、教育部工程中心3个、教育部定位观测研究站2个、国家林业和草原局重点实验室7个、国家林业和草原局工程技术研究中心6个、国家林业和草原局质检中心1个、国家林业和草原局野外观测研究站7个、北京实验室1个、北京市高精尖创新中心1个、北京市重点实验室8个、北京市工程技术研究中心3个。

自建校以来，北京林业大学累计获得国家科技奖励57项，省部级科技奖励395项。“十二五”以来，学校获国家科技奖励10项（国家科技进步二等奖6项，国家技术发明二等奖4项），获省部级科技奖励100余项，承担国家重点研发计划、国家科技支撑计划、“863”计划、国家自然科学基金重点项目等重大科技计划课题，到账科研经费总计24.9亿元。

六、师资队伍

北京林业大学师资队伍不断充实壮大。1992年，学校共有教师492人，其中50岁以下教师312人，51岁以上180人；到2002年，教师总人数479人，其中50岁以下395人，51岁及以上84人。在学历结构方面，1992年，具有硕士学位以上的教师117人，占教师总数的23.8%，其中具有博士学位的教师只有7人。到2002年，具有硕士学位以上的教师280人，占教师总数的58.44%，其中博士学位96人，占教师总数的20%。

“十一五”期间，北京林业大学新增中国工程院院士1人、国家“千人计划”特聘教授1人、“973”首席科学家1人、“长江学者”特聘教授和讲座教授4人、国家杰出青年基金获得者2人、新世纪百千万人才工程人选者2人。新增教育部创新团队1个。引进正高以上人才各类人才20人，新增教师300余人。

“十二五”期间，学校着力改善师资队伍结构，完善队伍建设体系，提升人才引进与培育水平。专任教师中具有研究生学历教师比例从87.1%提高到92.8%，具有高级职称的比例达到67.4%。“引育并举”渐见成效，新增“千人计划”长期项目入选者1人，“千人计划”青年项目入选者2人，国家特聘专家1人，“长江学者奖励计划”特聘教授1人，“万人计划”青年拔尖人才2人，“国家杰出青年科学基金”获得者1人，“国家优秀青年科学基金”获得者2人，百千万人才国家级人选3人，中青年科技创新领军人才1人，“中国青年科技奖”获得者2人，“中国青年女科学家奖”获得者1人，“科技北京”百名领军人才1人，引进来自海外和国内高水平科研机构的高层次人才11人。新增教育部“创新团队发展计划”学术团队1支。

“十三五”期间，学校把建设高素质教师队伍摆在更加突出的位置，不断加强师德师风建设，深入实施人才强校战略，师资队伍建设水平稳步提升。学校坚决落实师德师风第一标准，成立师德建设与监督委员会，独立设置党委教师工作部，严格实行师德“一票否决”制。完善师德师风表彰机制，每年举办教师节庆祝大会，开展“北林榜样”“师德标兵”“十佳班主任”“十佳导师”等评选。学校不断加强人才队伍建设，坚持引育并举，全面实施“五五”培育工程，重点抓好五个层次梯队建设，推进五支队伍协同发展。设立一流学科人才特区，探索实施引进人才合同管理制，在高精尖中心实施首席科学家、PI负责制。学校不断加强青年教师培养培训。构建立体化教学能力发展体系，支持“学院人才队伍培养特色项目”。选派41名青年教师赴内蒙古科右前旗开展扶贫支教。学校不断健全教师管理评价考核体系。深化人事制度改革，建立多元化用人模式，完善管理考核评价制度，着力破除“五唯”。实施第三轮聘期改革，优化岗位设置和人员聘用，增设特聘岗位。坚持“好＋高”标准，严把教师入口关。试行人才项目、岗位评聘标志性成果评审制度。建立以增加知识价值为导向的收入分配机制。学校新增全国创新争先奖获得者2人，获省部级领军人才称号5人、省部级青年人才称号25人，引进国际著名学者和境外高端人才32名、国内高层次领军人才16人。入选全国林草科技创新团队4支、教育部“创新团队”3支，获首批“全国高校黄大年式教师团队”、全国高校首批“双带头人”工作室、科技部创新人才培养示范基地。学校还新增青年教师基本功比赛全国一等奖1人、省部级以上教学名师13人，荣获国家教学成果二等奖1项，省部级以上教学成果奖47项。

目前，北京林业大学成立发展战略咨询委员会，46位相关学科领域的两院院士担任发展战略咨询委员会委员，为学校改革发展和师资队伍建设提供智力支持。学校获国家级人才计划30人次，国家“973”首席科学家1人，“863”首席专家1人，国家社科基金重大项目首席科学家1人，中宣部“文化名家暨四个一批人才”1人，科技部“中青年科技创新领军人才”4人，环保部“国家环境保护专业技术青年拔尖人才”2人，“新世纪优秀人才支持计划”35人，“中国青年科技奖”获得者8人，“中国青年女科学家奖”获得者2人，“科技北京”百名领军人才1人，北京市优秀青年人才1人，北京市高创人才支持计划青年拔尖人才1人，北京高校青年英才计划入选者50人，北京市优秀人才支持计划入选者28人，国家及省部级有突出贡献专家10人次，享受政府特殊津贴专家106人，教育部“创新团队发展计划”3支。2人获全国创新争先奖，1人获何梁何利科技进步奖，1人获国际环境贡献奖，1人获Luc Hoffmann湿地科学与保护奖，3人获评全国优秀科技工作者称号，1人获评国家“万人计划”教学名师，2人获评全国模范教师称号，3人获评全国优秀教师称号，1人获评全国高校思想政治理论课优秀教师称号，1人获北京市人民教师奖，28人获北京市高等学校教学名师奖，4人获北京市高等学校青年教学名师奖，3人获评全国林业教学名师称号。

七、校园建设

1992—2002年，北京林业大学共完成基建投资6亿多元，建成各类校舍2.56944万平方米，其中教学科研用房6.4641万平方米，学生宿舍5.174万平方米，教工住宅12.4128万平方米。其中教学设施建设包括教学主楼建设，林业楼、森工楼改造，第二教学楼建设，新图书馆建设，妙峰山鹫峰实验基地建设、鹫峰国家森林公园设计建设等。

“十一五”期间，学校完成苗圃煤改气工程，建成科研楼、综合楼和标本馆等一批标志性工程，科研条件平台建设取得重大进展。校园周边新征土地2.27公顷，新增河北沧州教学科研基地200公顷。南北方6个基地和一批国家级、省部级野外教学科研基地接近建成，部分项目已投入使用。校园周边新建苗圃和树木园。学校校舍面积达34.3万平方米，生均校舍建筑面积20平方米，生均教学行政用房面积9.2平方米，实验室实习用房面积6.4万平方米，增加教学行政用房面积近2.4万平方米。“十一五”共完成基建投资6.8亿元。在建教工住宅工程面积6.8万平方米，在建学研中心工程面积9万平方米。生均教学仪器设备1.7万元，图书70册。图书馆藏书近150万册，引进SCI引文索引库等电子资源库。实施数字校园和一卡通工程，提升学校信息化水平。

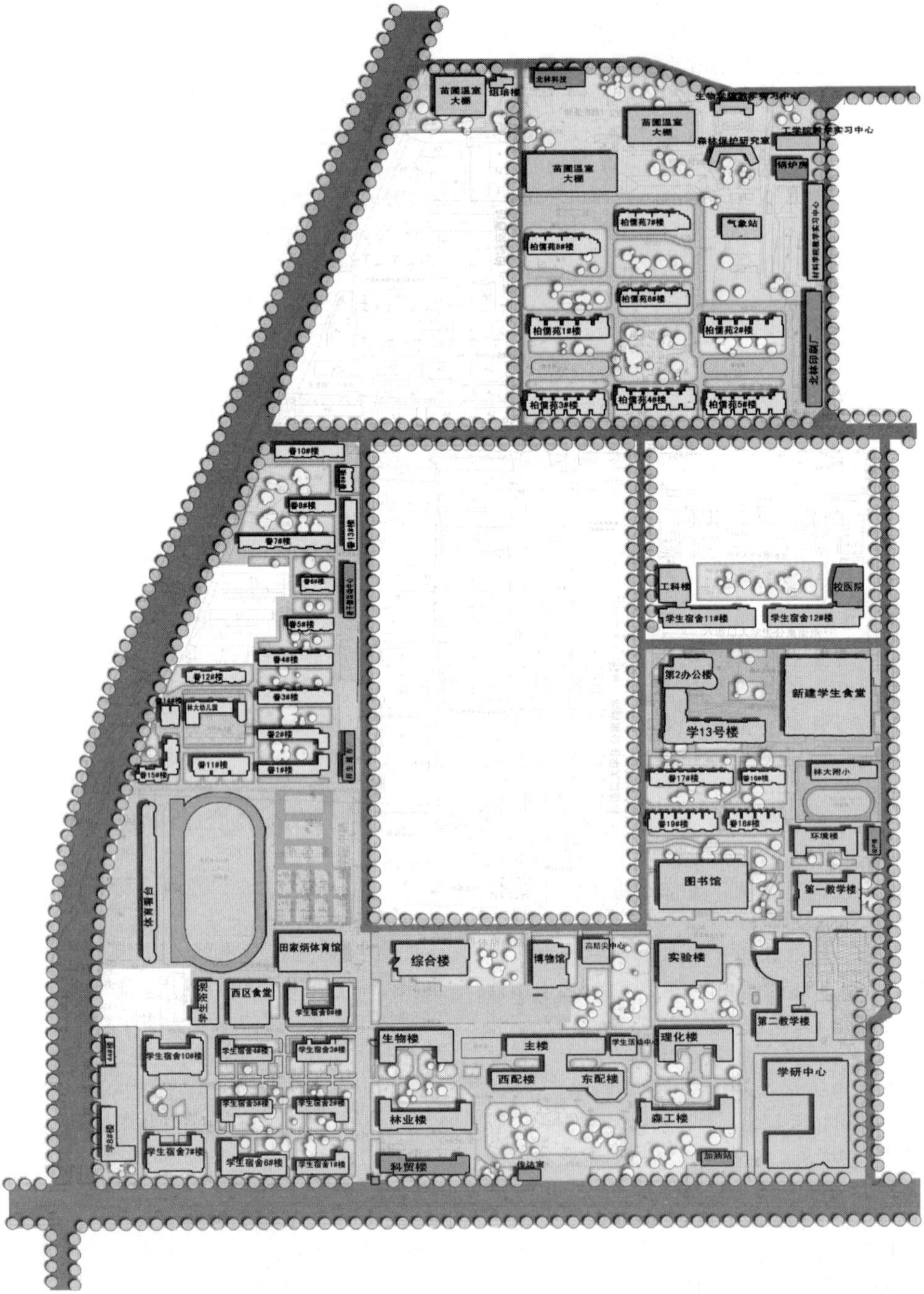

图 17　北京林业大学平面图

“十二五”期间，学校调整校园建设总体规划，完成六道口征地、学研中心、苗圃教工住宅等项目，新增土地34亩、校舍15.6万平方米（其中教学科研用房8.9万平方米），实习林场新增500余亩建设用地，建设11.5万平方米的学生宿舍和食堂。房屋修缮面积累计14.4万平方米，积极开展节能型校园创建，建设完成节能管理平台，实现学校能源使用实时监测。获批“北京市平安校园先进校和示范校”称号。图书馆实施智能化管理，文献保障能力显著提升。万兆骨干校园网和校园一卡通系统全面建成，数字校园平台核心业务信息化基本完成。后勤管理服务质量不断提高。

“十三五”期间，学校牢固树立以师生为中心的办学理念，努力改善校园办学条件。践行绿色校园、精品校园、人文校园建设理念，实施空间提升工程，累计投入建设资金4.29亿元，通过新建、改造和优化等方式，新增校舍12万平方米。校内学生公寓食堂、地下锅炉房、高精尖中心实验楼相继投入使用。打造了“林之心”“树洞花园”“轻薄房子”等一批绿色校园文化景观。稳步推进林科科研实验楼项目，规划建筑面积3万平方米。学校努力为师生办实事办好事。想方设法拓展办学经费，办学总收入从2015年的11.59亿元增加到2019年的16.16亿元，增长40%。规范青年教工周转房管理，完成青年公寓改造，办好教工餐厅，办好附属小学、幼儿园。完成校医院搬迁工作，结束了师生在临建房看病长达15年的历史。

八、2020年学校基本情况数据统计

截至2020年，北京林业大学占地面积878.40万平方米，图书馆建筑面积2.34万平方米。全年教育经费总投入142845.20万元。设有1个校区，设置19个院（部），开设65个本科专业，25个硕士学位授权一级学科点，16个专业学位授权点，8个博士学位授权一级学科点，7个博士后流动站。“双一流”建设学科2个，国家级一流本科专业建设点18个。国家重点实验室21个，北京实验室1个，北京重点实验室8个。教职工2044人，其中，专任教师1312人；正高级363人、副高级573人；博士生导师352人、硕士生导师531人；中国工程院院士3人。外籍教师3人，其中，教授2人。在校生25352人，其中，研究生6791人（博士生1400人、硕士生5391人）、普通本专科生13693人（本科生13693人、专科生0人）、成人教育本专科生4868人（本科生4353人、专科生515人）。留学生毕业80人、招生63人、在校生273人。学校网址：www.bjfu.edu.cn。

附表：

表61　中共北京林业大学委员会历任书记一览表（1991—2020年）

书记	任职时间	书记	任职时间
米国元	1990年9月—1993年7月	吴　斌	2004年1月—2015年7月
顾正平	1993年7月—1996年12月	王洪元	2015年7月—
胡汉斌	1996年12月—2004年1月		

表62　北京林业大学历任校长一览表（1991—2020年）

校长	任职时间	校长	任职时间
沈国舫	1986年2月—1993年7月	尹伟伦	2004年7月—2010年8月
贺庆棠	1993年7月—2000年1月	宋维明	2010年8月—2018年4月
朱金兆	2000年1月—2004年7月	安黎哲	2018年7月—

（执笔人：于　斌、周景勇、焦　隆、朱凯鑫）

北京协和医学院

学校前身为1906年创办的协和医学堂，1917年改为北京协和医院，1929年改为私立北平协和医学院，1951年改名中国协和医学院。1979年更名为中国首都医科大学，1985年改名为中国协和医科大学。2006年定名北京协和医学院。自1957年起，中国医学科学院和协和医学院实行院校合一的管理体制。作为我国最高医学研究机构和最高医学教育机构，院校自成立以来始终以引领我国医学科技教育发展和维护人民健康为己任，为我国医学卫生健康事业的发展做出了重要贡献。

院校建立以来，北京协和医学院开创了我国八年制临床医学教育、高等护理教育、住院医师培训制度和最早的公共卫生实践，取得了“北京猿人发现”“蛋白质变性学说”“单体麻黄素提取”“黑热病研究”等一系列重要成果；中国医学科学院在脊髓灰质炎系列疫苗的研制及其在中国儿童计划免疫中的应用、全国控制和基本消灭麻风、根治绒毛膜上皮癌化学疗法的创建与推广、食管癌综合防治研究、难治性心血管疾病的临床救治体系、丁苯酞和双环醇等天然药物创制、人工麝香研制及其产业化、国内首例艾滋病患者发现及新发突发传染病防治体系、中国医学细胞遗传学创建与疾病基因研究和自体干细胞临床率先应用理论基础与技术推广等方面做出了创造性贡献。院校产生了包括张孝骞、张锡钧、钟惠澜、林巧稚、黄家驷等在内的52位医药卫生界两院院士，为中国疾病预防控制中心、军事医学科学院、解放军总医院、首都医科大学、北京医院、中日医院、北京安贞医院等国内众多重要医学机构的建立提供了人才和技术支持。

北京协和医学院占地面积119.82万平方米，学校产权校舍建筑面积101.75万平方米、非产权校舍建筑面积18.07万平方米。院校至今已发展成为拥有26个研究所（院、基地）、6家医院、9所学院、86个创新单元，集医教研防产为一体的国家医学科学中心和综合性医学科学研究机构。院校有6所直属医院，包括中国医学科学院北京协和医院、阜外医院、肿瘤医院、整形外科医院、血液病医院和皮肤病医院，集综合医院和专科医院于一体，形成了国内外闻名的医疗、教学和研究紧密结合的临床医学体系。

2020年，北京协和医学院全年教育经费投入70000余万元。固定资产总值63588.42万元，其中，教学、科研仪器设备资产值8209.02万元，信息化设备资产值8857.82万元。拥有计算机（含虚拟化工作站）898台，拥有学校多媒体教室（含无线投屏教室、标准录播教室、互动录播教室、学术报告厅等）22个，校园网出口总带宽7450Mbps。图书馆藏书296.34万册，电子图书26.68万册。

表63　　北京协和医学院二级学院一览表（2020年）

序号	二级学院	序号	二级学院
1	基础医学院	3	卫生健康管理政策学院
2	护理学院	4	临床医学院

续表 63

序号	二级学院	序号	二级学院
5	研究生院	8	群医学与公共卫生学院
6	继续教育学院	9	人文与社会科学学院
7	药学院		

北京协和医学院与中国医学科学院设有众多所院，本科开设2个专业，专科开设1个专业；拥有国家“双一流”建设学科4个；在教育部学科评估中有6个A类学科。具有一级国家重点学科2个，二级重点学科8个，国家重点（培育）学科1个，一级省、部级重点学科4个，二级省、部级重点学科3个；博士学位授权一级学科点9个，硕士学位授权一级学科点3个，硕士学位授权二级学科点（不含一级学科覆盖点）2个；博士后科研流动站6个。拥有国家重点实验室6个，国家临床医学研究中心5个，国家重大科技基础设施1个，国家工程技术研究中心2个，国家工程研究中心1个，国家地方联合工程研究中心1个，国家级分析研究中心1个，国家工程实验室1个，国家科技资源共享服务平台4个，国家病原微生物菌（毒）种保藏中心1个，国家卫生健康委重点实验室7个，教育部重点实验室2个，教育部工程研究中心1个，北京市重点实验室19个，北京市工程技术研究中心1个，国家中医药管理局实验室5个，国家中医药管理局资源平台1个，其他重点实验室17个。院校正式编制教职工总数为13734人（正高级1211人，副高级1742人），其中专任教师1506人（正高级935人，副高级463人）；研究生指导教师为1945人（正高级1161人，副高级784人），其中，博士生及硕士生导师852人，硕士生导师1093人；现拥有中国科学院院士5人，中国工程院院士18人，“长江学者奖励计划”讲座教授29人，“国家杰出青年科学基金”获得者43人。2020年当年共招生1649人（其中博士研究生705人，硕士研究生706人，本科238人）；2020届毕业生数为1595人（其中博士研究生637人，硕士研究生583人，普通本科84人，普通专科0人）。学校成人教育在校生人数426人，本学年成人本科招生0人，成人本科生毕业291人，预计下学年成人教育毕业生数137人。高考北京地区理科685分。

一、取得疫情防控新成就

2020年，学校与兄弟单位一起，代表国家向全球分享首批病毒基因组序列；建立病原诊断方法，3种诊断试剂盒获批上市；率先报道新冠肺炎临床特点和危险因素；1月即刊文向全球发出新冠流行警告；多种方法开展病毒溯源研究；建立全球首个新冠肺炎动物模型；首次证实病毒可经结膜、密接、高浓度气溶胶和冷链食品传播；筛选药物100余种，评价疫苗23种；规范开展瑞德西韦等6种抗病毒药物研究，开展恢复期血浆治疗研究，为制定诊疗方案和防控策略提供循证依据；通过4种路线研发新冠疫苗，灭活疫苗进入Ⅲ期临床试验；编写每日新冠动态150余期；呈报专家建议20余件；提出建设方舱医院、延假等建议并被国家采纳。

依照国家部署，先后向武汉、吉林、北京等地派出医疗检测队和移动P3实验室1000余人次，援鄂医疗队186人，为涉疫应检尽检和医疗救治做出贡献。

二、构建核心基地新体系

坚决贯彻落实习近平总书记关于“把中国医学科学院建设成为我国医学科技创新体系的核心基地”指示精神，深入实施医学与健康科技创新工程。开展科研诚信、生物安全领域专项重点治理行动。在完善自身体系建设的同时，2020年新建院外创新单元23个。至此，已建立各级各类研究基地平台1784个、院外研发机构和创新单元112个，管理委重点实验室107个，国家医学科学创新体系初具规模。

推进中国医学科学院学术咨询委员会建设，创立学部委员的科学遴选机制，增聘28名学部委员，数量达219名。开展学术战略咨询，评选中国医学年度重大进展，举办由心讲堂，国家医学高端智库作用初步显现。

发布中国医院和中国医学院校年度科技量值（STEM），对国家医学研究发挥评估和重要导引作用。2020年8月21日，2019年度中国医院科技量值与2019年度中国医学院校科技量值（STEM）正式发布。2019年度中国医院科技量值（STEM）覆盖了全国1633家医院，涵盖了综合和31个学科前100位医院排名（不包括军队医院）。2019年度中国医学院校STEM涵盖了全国107所独立医学院校和设立医学学科的综合性大学（不包括军队医学院校）。

开展全球人才工作招募。2020年12月22日，院校举办2020年全球人才工作交流活动，面向全球广纳贤才，招募具国际视野和能力的医界菁英。医学卫生健康事业发展直接关乎国家安全、经济发展和人民健康，广纳国内外贤士，凝聚世界智慧，提高原始创新、自主创新及核心关键技术的研发，构建开放科学、开放创新的中国医学科技创新体系核心基地，是中国医学科学院北京协和医学院的国家责任和医学界担当。院校将根据创新发展规律、科技管理规律、人才成长规律，提供多元包容的学术环境，给予丰厚的福利待遇，充足稳定的科研支持，创造专心致研的良好环境。采用与国际接轨的评价体系，设立分类别，多维度的人才考评体系，促进人才的稳定与长期发展，实现重大成果发现和人才成就。

三、推进医学教育新进展

推进8年制和“4+4”临床医学专业教育改革，建立系统—器官—功能模块式教学方法。

推进教职聘任制度改革，在国内创立临床医学教职制度，2020年完成第三批49名准聘长聘教职和首批33名临床医学教授聘任工作。

加强国家一流学科建设。完成临床医学专业认证。启动第五轮学科评估工作，力争进一步提升协和学科品牌与建设水平。

完成教育部临床医学专业认证工作。2020年11月2日至5日，教育部临床医学专业认证专家组对学院进行了为期4天的入校实地考察。专家组普遍认为，学院形成了院校合一，教研相长的独特优势，中国医学科学院和北京协和医学院在全国医药卫生领域均具有引领地位，决定了北京协和医学院的学术权威地位。学校坚持社会主义办学方向，贯彻党委领导下的校长负责制，立德树人，确立了建设中国特色、世界一流院校的办学目标，形成了医学精英教育的特色。

成立群医学及公共卫生学院、卫生健康管理政策学院。为贯彻落实习近平总书记6月2日在专家学者座谈会上重要讲话精神，面向国家重大战略需求，创新医防协同机制，院校在原公共卫生学院基础上成立群医学及公共卫生学院。同时，为推动卫生健康治理体系和治理能力现代化，成立卫生健康管理政策学院。2020年7月16日两学院举行成立仪式。此次院校公共卫生学科体系建设，将在国家战略层面促进弥合医防裂痕，推动医防协同；开展管理政策科学研究和实践探索，推动卫生健康治理体系和治理能力现代化。与原公共卫生学院相比，新成立的两个学院在学科体系建设、功能定位布局、人才培养机制方面更加完善，对整合院校系统优势，更好地发挥教学、科研、社会服务职能具有重要意义。

完成中国医学科学院学术咨询委员会2020年学部委员选聘工作。9月启动选聘工作，历时三个多月，经过提名推荐、客观评价和四轮评审，全体学部委员从国家医学卫生事业发展的大局出发，极尽自己的判断力和公道心，对候选人做出独立、客观的评判，选聘出在医学卫生健康领域取得杰出成就、作风正派、学风优良、品德高尚的28名专家担任学部委员，包括2019年新当选的医学卫生健康领域两院院士19名，非两院院士专家9名。其中临床医学部12人、口腔学部2人、基础医学与生物学部6人、药学部5人、卫生健康与环境学部2人、生物医学工程与信息学部1人。12月18日，中国医学科学院正式发布了中国医学科学院学术咨询委员会2020年增聘学部委员名单。本次选聘工作完成后，学部现有委员数量达到219名。

表64　　北京协和医学院重点学科一览表（2020年）

类别	学科
一级学科国家重点学科	生物学、药学
二级学科国家重点学科	免疫学、病理学与病理生理学、皮肤病与性病学、影像医学与核医学、妇产科学、肿瘤学、麻醉学、内科学
国家重点培育学科	生物学、药学

表65　　北京协和医学院学位授权点一览表（2020年）

类别	授权点
一级学科博士学位授权点（9个）	0710 生物学、0831 生物医学工程、1001 基础医学、1002 临床医学、1004 公共卫生与预防医学、1006 中西医结合、1007 药学、1011 护理学、1010 医学技术
一级学科硕士学位授权点（3个）	1003 口腔医学、1008 中药学、1205 图书馆情报与档案学
二级学科硕士学位授权点（2个）	010108 科学技术哲学、120402 社会医学与卫生事业管理
专业学位授权点	1051 临床医学（博士）、1052 口腔医学硕士、1053 公共卫生硕士、1054 护理、1055 药学、0854 电子信息

四、催生综合治理能力新动能

2020年1月13日，学校发布2019年度中国医学重大进展。中国医学科学院院长、中国医学科学院学术咨询执行委员会主席王辰院士现场解读并发布了《2019年度中国医学重大进展》。学术咨询委员会临床医学、口腔医学、基础医学与生物学、药学、卫生健康与环境医学、生物医学工程与信息学六个学部负责人分别在六大医学领域发布了共39项重大进展。中国医学重大进展研究依托在我国医药卫生领域取得杰出成就、享有卓著声誉的中国医学科学院6个学部197位学部委员组成的专家咨询委员会，围绕医学领域重大科学发现、重要产品，在以客观数据为基础，以专家研判为依据，遵从定量分析与定性研究相结合、数据挖掘与专家论证相结合的原则，以2019年度为时间节点，以我国学者发表的医学研究论文数据（约10万篇）、国家药品监督管理局批准上市的药物和批准上市或进入特别审查程序的国产创新医疗器械、注册的临床试验为基础数据进行遴选。评选“中国医学重大进展”是推动医学科技创新的重要方式，旨在展示我国卫生健康研究成果，宣传科学精神，引导我国医学科技创新。

2020年12月30日，中国医学科学院北区建设工程主体结构封顶。中国医学科学院北区建设工程经历了十余年规划、筹备、申报、审批。工程建设地点位于北京市海淀区马连洼北路151号药植所，用地面积7.47公顷，主要建设内容包括北京协和医学院教育用房、国家医学图书馆、重大疾病国家实验室、药植所科研大楼等，总建筑面积149006平方米，总投资105874万元。该项目建议书于2013年12月25日获批，2017年1月20日可行性研究报告获批，2017年3月25日至2018年4月18日完成施工场地平整，2018年4月28日初步设计获批复，2018年11月28日北区建设工程开工奠基，2020年12月30日主体结构封顶，预计于2021年12月31日竣工。

受疫情影响，工程停工数月施工面临着时间紧，任务重的现实困难。在院校领导的高度关注与有效指导下，在与各参建单位的密切配合下，北区克服了规划条件制约、施工场地局限、新冠疫情影响等诸多不利因素，在有限时间内完成结构全部封顶，并两次通过北京市结构长城杯验收，获得验收专家的一致好评与认可。作为北京市和国家卫生健康委的重点工程，院校北区工程项目承载着国家医学科研和高层次人才培养的重要功能，是推进实现国家医学科技创新体系核心基地及世界一流医学院校目标的重要举措。

附表：

表 66　中共北京协和医学院委员会历任书记一览表（1991—2020 年）

书记	任职时间	书记	任职时间
钱昌年	1986—1998 年	李立明	2007—2016 年
刘晓程	1998—2000 年	李国勤	2016—2019 年
祁国明	2000—2001 年	吴沛新	2019—2021 年
刘　谦	2001—2007 年		

表 67　北京协和医学院历任院（校）长一览表（1991—2020 年）

校长	任职时间	校长	任职时间
顾方舟	1985—1992 年	曾益新	2011—2015 年
巴德年	1992—2001 年	曹雪涛	2011—2017 年
刘德培	2001—2011 年	王　辰	2018—

（执笔人：孙莉娜）

北京中医药大学

北京中医药大学（英文名称：Beijing University of Chinese Medicine）创建于1956年，是新中国最早成立的高等中医院校之一。1993年，经原国家教委批准，北京中医学院正式更名为北京中医药大学。1996年，北京中医药大学进入国家“211工程”建设行列，学校的学术地位和办学层次进一步提升。2000年，原北京中医药大学与北京针灸骨伤学院合并，组成了新的北京中医药大学，并归属教育部直接领导。2005年，附属东方医院正式通过三级医院评审复审。2007年，教育部、卫生部、国家中医药管理局共建北京中医药大学。2009年，学校有2个校区（和平街校区、望京校区）。2010年，教育部批准学校建设良乡新校区。2015年至2020年，学校共有3个校区，分别为良乡校区、和平街校区和望京校区。

1991年4月，国务院学位委员会和国家教委批准学院可授予部分专业博士、硕士学位；9月，开设七年制中医学专业。1992年3月23日，国家教委同意学院开办中医专业第二学士学位班；9月学院开始试办中医专业第二学士学位班。1993年，创办理工学中医班。1994年，经国家教委和国家中医药管理局批准，开始招收二学位生；3月，新增博士学位授权点为“中医外科学”，新增硕士学位授权点为“社会医学与卫生事业管理”“中医耳鼻咽喉科学”、“中西医结合临床（外科）”。1995年建立博士后科研流动站，是全国高等中医药院校中首批建立博士后科研流动站的单位之一。1996年5月13日，国务院学位委员会批准北京中医药大学中医基础理论、中西医结合基础（治则与方药）为博士授权学科、专业点，金匮要略为硕士授权学科、专业点。1997年，由国家教委、国家中医药管理局同意批准，中医药大学成人教育部开设中医专业专科起点本科教育（即“专升本”），同年招收学生35人，学制三年；4月16日，成人教育部受北京市中医管理局委托，在延庆县中医医院举办西医学习中医班。1998年被批准为开办临床医学（中医、中西医结合）专业博士、硕士学位培养的试点单位。1999年11月11日，北京中医药大学与中日友好医院联合举办“中西医结合临床”七年制专业。2001年，经教育部批准，开始招收非医学专业本科毕业生攻读中医博士学位研究生。2003年7月9日，开办2个新的专业：英语（医学方向）和法学（医药卫生）。

“十五”期间，学校有中医、中药、中西医结合3个一级学科博士学位授权点，全面覆盖15个二级学科博士学位学科授予点和硕士学位授予点；招生专业设置包括文、理、工、医、管理等六个学科门类。“十五”期间获得全国百篇优秀博士学位论文2篇，在全国中医药院校位列第一。“十一五”期间共获教育部及北京市“质量工程”项目200余项，其中国家特色专业建设点4个，北京市特色专业建设点4个；国家教学团队3个，北京市优秀教学团队8个；北京市教学名师7人；国家实验教学示范中心1个，北京市实验教学示范中心3个；国家人才培养模式创新实验区项目1项；教育部大学生创新性实验计划项目110项，北京市大学生科学研究与创业行动计划项目36项；国家精品课程6门，北京市精品课程7门；国家双语教学示范课程2门；北京市精品教材15门，北京市精品教材立项10项，“十一五”国家规划教材40门；北京市校外人才培养基地3个。2006年3月，北京中医药大学首次自主招生。

“十三五”期间，优化学科专业结构，增设5个本科专业、4个一级学科硕士学位授权点和2个专业硕士学位授权点。实行管理学大类招生。新增国家级一流本科专业建设点4个、国家级一流本科课程10门，主编“十三五”行业规划教材97部，居全国中医药院校首位。

一、院系建设

1991年3月19日学院决定，撤销原研究生处，设立研究生部；4月，设立成人教育部；7月13日学院正式成立科研处和医疗处。1992年12月14日，国家中医药管理局批准学院成立北京中医药研究院。1993年12月15日，中韩东方传统医学研究中心成立。1994年，附属东直门医院通过三级甲等医院评审。1994年7月16日，北京中医药大学中日友好临床医学院正式成立，中西医结合医院成为北京中医药大学附院。1994年5月9日至12日，附属东直门医院通过了三级甲等医院评审。1995年12月28日，北京中医药大学和清华大学联合成立中医药科学与工程研究中心。

1996年1月25日，成立基础医学院、中药学院、国际学院、第一临床医学院。1997年7月2日，中医药大学港澳台学生培训中心成立，同年录取港澳台本科学生79名，进行为期五年的学历教育。1999年，附属东方医院正式开业。

2000年7月14日，教育部正式批准学校组建网络教育学院；8月29日，网络教育学院正式成立；10月9日，成立管理学院，管理学院始建于1983年，原名培训部，1987年改称为卫生管理系。2002年9月16日，中医药大学护理系正式挂牌更名为护理学院。2003年7月9日，中医药大学文法系成立。

2006年，北京冶金医院整建制划转学校，成为学校直属第三附属医院；北京王府中西医结合医院、山西省中医院成为学校非直属

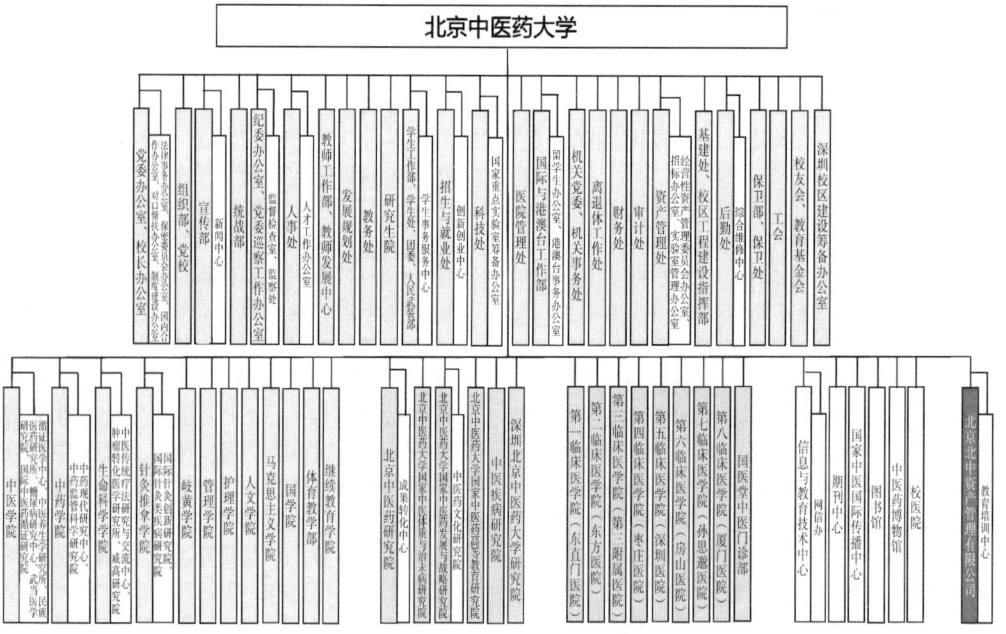

图18 北京中医药大学架构图

附属医院。拓展大兴中医院、北京医院和北京地坛医院为学校的教学医院。2007 年 7 月 12 日，文法系更名为人文学院。

2010 年 12 月 1 日，成立研究生院，针灸学院更名为针灸推拿学院。2013 年 5 月，中医内科学临床学系成立。2014 年 1 月，国学院暨中医药文化研究院成立。

2015 年 5 月，成立马克思主义学院。2016 年 10 月 13 日，成立生命科学学院和中医学院。2017 年 12 月 29 日，成立国家中医体质与治未病研究院。2018 年 6 月 8 日，第六临床医学院正式揭牌；12 月 8 日，中国—德国中医药中心（魁茨汀）揭牌。2019 年 11 月 24 日，成立全国中医药教育发展中心，国家药品监督管理局中药监管科学研究院，北京中医药大学中医脑病研究院，国家中医药发展与战略研究院，国际循证中医药研究院，孙思邈研究院和深圳研究院。2020 年 11 月 19 日，成立深圳北京中医药大学研究院；12 月 4 日，成立岐黄学院；12 月 25 日，成立国际针灸创新研究院。

二、学科建设

1991 年 5 月，“中医内科学”被原国家教委批准为国家级重点学科。“十五”期间，学校有国家级重点学科 6 个，北京市重点学科 3 个，国家中医药管理局重点学科 10 个，“十五”“211”工程项目 9 个。“十一五”期间，国家“211 工程”二期建设任务全面完成，三期建设项目稳步推进。2007 年 8 月 20 日，中医学、中药学两学科被批准为一级学科国家重点学科。至此学校共有一级学科国家重点学科 2 个，涵盖二级学科国家重点学科 15 个。另有国家中医药管理局重点学科 21 个，北京市重点学科 6 个。

“十二五”期间，北京中医药大学“211 工程”三期建设任务全面完成，进入“985 优势学科创新平台”建设高校行列。临床医学学科进入 ESI 全球大学和研究机构前 1%。在教育部 2012 年全国高校学科评估中，中医学、中西医结合两个学科排名第一，中药学排名第二。中西医结合、护理学新增为一级学科北京市重点学科。新增国家中医药管理局重点学科 27 个，重点学科总数达 48 个。

“十三五”期间，北京中医药大学中医学、中西医结合、中药学 3 个学科入选“双一流”建设行列，居全国中医药院校首位。中医学和中西医结合在全国第四轮学科评估中获评“A+”。按照高峰、高原、特色培育分层分类建设二级学科。创建中医生命科学和系统中药学 2 个新兴交叉学科，并获批北京高校高精尖学科。17 个国家中医药管理局重点学科获评优秀，居中医药院校之首。

表 68　　北京中医药大学学科设置一览表（2020 年）

序号	门类	一级学科	序号	门类	一级学科
1	法学	马克思主义理论	6	医学	药学
2		法律（专硕）	7		护理学
3	医学	中医学	8	管理学	公共管理
4		中西医结合	9	文学	翻译（专硕）
5		中药学			

三、人才培养

在教学实践中，为了更好地培养大批合格中医药人才，提高教学质量科学化、标准化程度，北京中医学院于 1989 年开始筹建试题库，这是全国建立的第一个中医药考试题库，当年即开始投入使用。1990 年进行了两次修订，经过 6 年的建设使用，至 1995 年所有 12 万个试题全部输机完成。1991 年 10 月，北京中医学院首创专业——七年制中医学专业 20 名新生赴天津南开大学代培 2 年。1993 年，学校调整了针灸专业的课程体系，加强了临床能力的培养，较大程度上解决了本专业课程的内容重复问题。1994 年，进一步调整了专业结构和课程体系，成立了计算机和实验中医学 2 个教室。1995 年，按照“理顺课序、精简学时、强化基础、淡化专业”的原则，完成了中医学、中药学、中药制药学 3 个专业教学计划的修订工作。1996 年，建立了多媒体教室，加强了各专业的外语和计算机教学。

“十五”期间，继“九五”期间取得的各项成绩之后，学校进一步与北京普德鸿科技投资有限公司实行了合作办学，于2002年开辟了高职部，并于2005年在河北省成立了独立学院——北京中医药大学东方学院。通过青年志愿者、文化科技卫生“三下乡”等社会实践活动，促进德育与社会生产实践相结合，全面推进大学生素质教育。

“十一五”期间，探索“院校 + 师承 + 家传”相结合的中医人才培养新模式。加强素质教育、心理健康教育和职业生涯教育，推行双色主题教育活动，实施第二课堂实践学分制，促进大学生健康成长和全面发展。塑造学术节、艺术节、体育节和文化节等活动品牌，推进学校文化建设。树立资助育人的教育理念，完善资助体系，共发放各类“奖、助、贷、勤、补”款项5635万元，受益学生累计近3万人次。获国家教学成果奖1项，北京市教学成果奖6项。

“十二五”期间实施本科教学质量工程，支持“自教材”编写，全面评估临床教学基地，形成了拥有3个国家级教学团队、1个国家级实验教学示范中心、3个国家大学生校外实践教育基地、1部国家级精品教材、6门国家级精品课程、9门国家级精品开放课程的优质教育教学资源。毕业生就业率保持在95%以上，位居北京高校前列。完善学术型学位和专业学位研究生分类培养模式。取消博导终身制。推行招收博士生申请审核制。2015年，在全国率先实现了临床专业硕士“四证”合一。积极开展自主设置二级学科建设，新增19个硕士学位点，总数达45个；新增21个博士学位点，总数达42个。“十二五”期间，人才培养质量稳步提高。创办九年制岐黄国医班，实施八年制卓越医师培养计划，与用人单位合作开办京华传承班和中药实验班，面向高中生实施中医启蒙教育、开办中医药杏林实验班。完善招生选拔制度，开办优秀学生暑期夏令营活动。学校加强素质教育、心理健康教育和职业生涯教育。累计发放“奖、助、贷、勤、补、偿”款项5828万元，受益学生累计约3.3万人次。强化大学生创新创业能力训练，大力支持大学生创新创业项目。完成国家级创新创业训练项目、北京市大学生科研计划课题共计400余项，学生在“挑战杯”“远志杯”“天堰杯”等各项创新创业竞赛活动中屡获佳绩。

“十三五”期间，设立岐黄学院，开展“中医 +”“+ 中医”领军人才培养计划、中西医临床医学（华佗班）项目。实施博士生申请—审核制、“英才”计划、“优才”计划、双创推博等招生改革。开展中医专业学位博士研究生培养与专科医师培训结合试点改革。实施“丹心计划”，遴选百名优秀硕士毕业生赴基层实践后推免攻读博士研究生。启动智慧化模拟医院建设。以第一完成单位获国家级教学成果奖1项。学生在创新创业、女足、武术、艺术等各类全国赛事中屡获佳绩。

表69　　北京中医药大学本科专业设置一览表（2020年）

序号	专业设置	学制（年）	序号	专业设置	学制（年）
1	中医学（台港澳）	5	14	药学	4
2	针灸推拿学（台港澳）	5	15	中药制药	4
3	药学（台港澳国际班）	4	16	中药制药（生物制药）	4
4	法学（台港澳）	4	17	针灸推拿学	5
5	公共事业管理（台港澳）	4	18	康复治疗学	4
6	中医学	5	19	公共事业管理	4
7	中医学(5+3，卓越)	5	20	工商管理	4
8	中医学(5+4，岐黄)	5	21	信息管理与信息系统	4
9	中西医临床医学	5	22	药事管理	4
10	生物工程	4	23	大数据管理与应用	4
11	中药学	4	24	护理学	4
12	中药学(4+4)	4	25	英语	4
13	中药学(4+2)	4	26	法学	4

续表 69

序号	专业设置	学制（年）	序号	专业设置	学制（年）
27	公共管理类专业	4	30	法学（第二学士学位）	2
28	中药学（第二学士学位）	2	31	中医学（留学生）	5
29	英语（第二学士学位）	2			

四、科学研究

学校“九五”期间科研课题总数为 341 项，其中：国家级课题 41 项，省部级课题 115 项，课题总经费 1297.47 万元。1999 年，校图书馆成立了中国中医药文献检索中心北京中医药大学分中心。

“十五”期间，新增国家中医药管理局三级实验室 2 个，获教育部重点实验室 1 个，教育部重点实验室规划建设 1 个，北京市重点实验室 2 个，教育部工程中心 1 个，教育部网上合作研究中心 1 个。科研课题总数增加近 3 倍，课题总经费增长 10 倍。特别是在国家重大项目方面，获“973”首席科学家项目 1 项，牵头“973”课题 8 项。在国家基础研究项目方面，连续 2 年获国家自然基金项目数名列全国中医院校榜首，实现了历史上的“三个最多”，一是申报项目数最多，二是中标项目数最多，三是中标经费最多。

“十一五”期间，新增教育部和国家外专局学科创新引智基地项目 2 个、教育部工程研究中心 1 个、教育部重点实验室 1 个、科技部国际科技合作基地 1 个、国家中医药管理局重点研究室 10 个、国家中医药管理局三级实验室 7 个、北京市教委工程研究中心 1 个。国家级项目中标 253 项，比“十五”期间增长 82.0%；省部级项目中标 310 项，比“十五”期间增长 32.5%；科技部“973”项目 3 项，课题 18 项；国家支撑计划项目 10 项；国家重大创新药物专项 22 项；国家重大传染病专项 1 项；国际科技合作项目 11 项，中标项目数连续 5 年居全国中医院校首位；国家自然科学基金项目 160 项，中标项目数连续 7 年居全国中医院校的榜首。在教育部和国家外专局“创新引智计划”项目（“111 计划”）、科技部国际合作项目、科技部软科学项目、科技部重点新产品项目、司法部国家法治与法学理论研究、北京市教育科学课题、国家自然基金杰出青年项目、教育部人文社科基金项目、教育部社科新世纪人才项目和国家科学技术学术著作出版基金项目等 10 个科研项目申报方面实现零的突破。科研项目中标总经费 4.94 亿元，因此增长 123.2%，到位 3.72 亿元。获国家级奖 4 项，省部级奖 67 项，申报专利 54 项，授权专利 18 项。核心期刊发表论文 3026 篇，SCI 收录 110 篇。

“十二五”期间，新增教育部重点实验室 2 个、北京市科委重点实验室 4 个、北京市人文社科基地 1 个、北京市国际合作基地 6 个。五年来共中标国家级项目 400 项，同比“十一五”期间增长 58.10%，国家社科基金实现各类中标项目全覆盖。科研总经费 7.40 亿元，同比“十一五”期间增长 49.80%。获国家科技进步奖二等奖 3 项、何梁何利科技进步奖 1 项、教育部奖 3 项。发表 SCI 期刊收录论文 661 篇。申报专利 83 项，授权专利 36 项。科技成果转让 2 项，预期转让经费 7300 万元。

“十三五”期间，科研项目经费突破 11 亿元，同比“十二五”时期增长 57.78%。获国家重点研发计划 15 项，居全国中医药院校之首。中文核心期刊收录论文数稳居同行业院校第一，中国卓越期刊发文数位列软科全国高校排行榜第 11 位。获国家科技进步二等奖 2 项。新增国家地方联合工程研究中心 2 个、教育部工程研究中心 1 个。《北京中医药大学学报》连续 5 年荣获“百种中国杰出学术期刊”称号，入选“中国科技期刊卓越行动计划”。

五、师资队伍建设

“十五”期间，围绕学校“十五”计划提出的奋斗目标，积极推进人事制度改革，实施“人才强校”战略，取得可喜成绩。现已拥有一支高素质的师资队伍，至 2005 年 9 月，专任教师人数由 2000 年两校合并时的

402人增加到474人，其中具有硕士以上学位者占全体教师总数由“九五”期末的39%提高到62%，具有博士学位者占全体教师总数由“九五”期末的7.4%提高到23.3%，由此可见，与“九五”末期相比，学校师资队伍从规模上有所扩大，学位结构得到显著提高。“十五”期间，学校共引进海外留学归国人员5人，国内博士后工作人员18人，从京外引进学科骨干3人，其中绝大多数在较短时间内已经成为本学科领域的学术带头人或优秀中青年骨干教师。“十五”期间，学校有长江学者1位;“百千万人才工程”2人入选；教育部“优秀教师奖”享受政府特殊津贴专家20余人；教育部“青年骨干教师资助计划”6人入选；教育部“优秀青年教师资助计划”5人入选；现职博士生导师110余名。

“十一五”期间，深化人事分配制度改革。实施校内特聘教授岗位制度，实行人事代理制度,逐步下放专业技术岗位聘用权限，试行院系绩效考核。加大高层次人才培养和引进力度，当选首届“国医大师”3人，新增“973”首席科学家3人、教育部“长江学者特聘教授”1人、教育部“创新团队”1人、国家自然科学杰出青年基金获得者1人、国家优秀教师1人、国家百千万人才工程国家级人选4人、教育部新世纪优秀人才12人。截至2010年底，学校专任教师878人，较“十五”末期增长31.2%。具有硕士学位以上教师比例由2005年的60.6%增至2010年的80.8%，具有博士学位教师比例由2005年的23.3%增至2010年的44.0%。在校外完成学位（学历）教育的专任教师比例由2005年的58.0%增至2010年的61.8%。

“十二五”期间，教师队伍结构进一步优化，截至“十二五”末，学校共有专任教师1104人。具有副高级以上专业技术职务的教师比例由“十一五”末期的58.31%增至62.32%，具有硕士及以上学位教师比例由71.90%增至77.99%，具有博士学位教师比例由37.61%增至48.01%，外校毕业人数占到58%。高水平师资队伍建设成效显著，形成了以5名国医大师、9名首都国医名师、33名全国名老中医、3名长江学者、4名“973”项目首席科学家、2名国家杰出青年科学基金获得者、1名国家优秀青年科学基金获得者、9名“新世纪百千万人才工程”国家级人选、14名北京市“教学名师奖”获得者、1名“全国五一劳动奖章”获得者、2名全国优秀教师、2名全国优秀科技工作者、91名享受国务院政府特殊津贴专家、35名教育部新世纪优秀人才为代表的高水平师资队伍。

“十三五”期间，深入推进中医药人才评价体制机制改革。力破“五唯”，分类设计人才评价标准，开辟职称评审绿色通道，率先面向全球选聘中医临床特聘专家。专任教师共计1615人，其中校本部具有博士学位教师比例由“十二五”末期的65.4%增长至72.2%，毕业于外校教师比例51.8%。全职引进高层次人才34人、柔性引进7人，选聘中医临床特聘专家84人。校内“岐黄英才”计划培育青年教师57人。选拔46名博士毕业生赴海内外研修。博士后累计进站170人、选留32人。新增中国工程院院士1人、国际欧亚科学院院士1人、国医大师1人、全国名中医3人、“百千万人才工程”国家级人选1人、长江特岗学者2人、“长江学者奖励计划”青年学者1人、全国模范教师1人、国家杰出青年基金获得者3人、国家优秀青年基金获得者5人、全国优秀科技工作者1人、全国中医药杰出贡献奖3人、中医药高等学校教学名师3人、岐黄首席科学家1人、岐黄学者9人、青年岐黄学者5人。获全国高校黄大年式教师团队1个，国家中医药管理局中医药传承创新团队2个。

六、校园基本建设

进入20世纪90年代，学校大规模修建教学楼、学生公寓、教工宿舍等建筑。1991年4月举行“逸夫科学馆”落成典礼。1992年，建成留学生楼。

“十五”期间，学校完成了西校区学生公寓、东校区学生公寓、西校区体育馆，改建了篮球场、西校区配电室，引入一路水源，对地下网线全面改造。修整了花园、绿地、道路，加固保留建筑，改造和内外装饰。

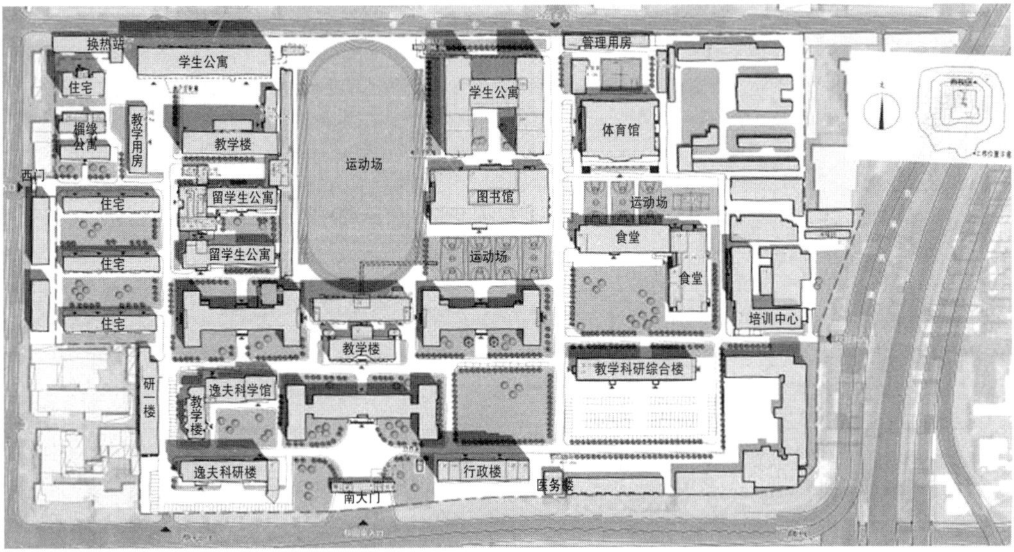

图 19　北京中医药大学和平街校区平面图

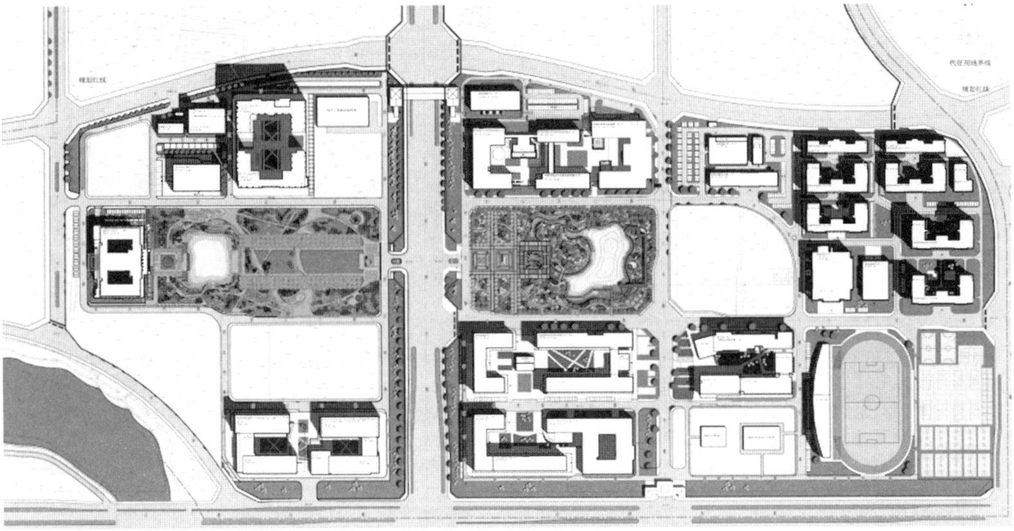

图 20　北京中医药大学良乡校区平面图

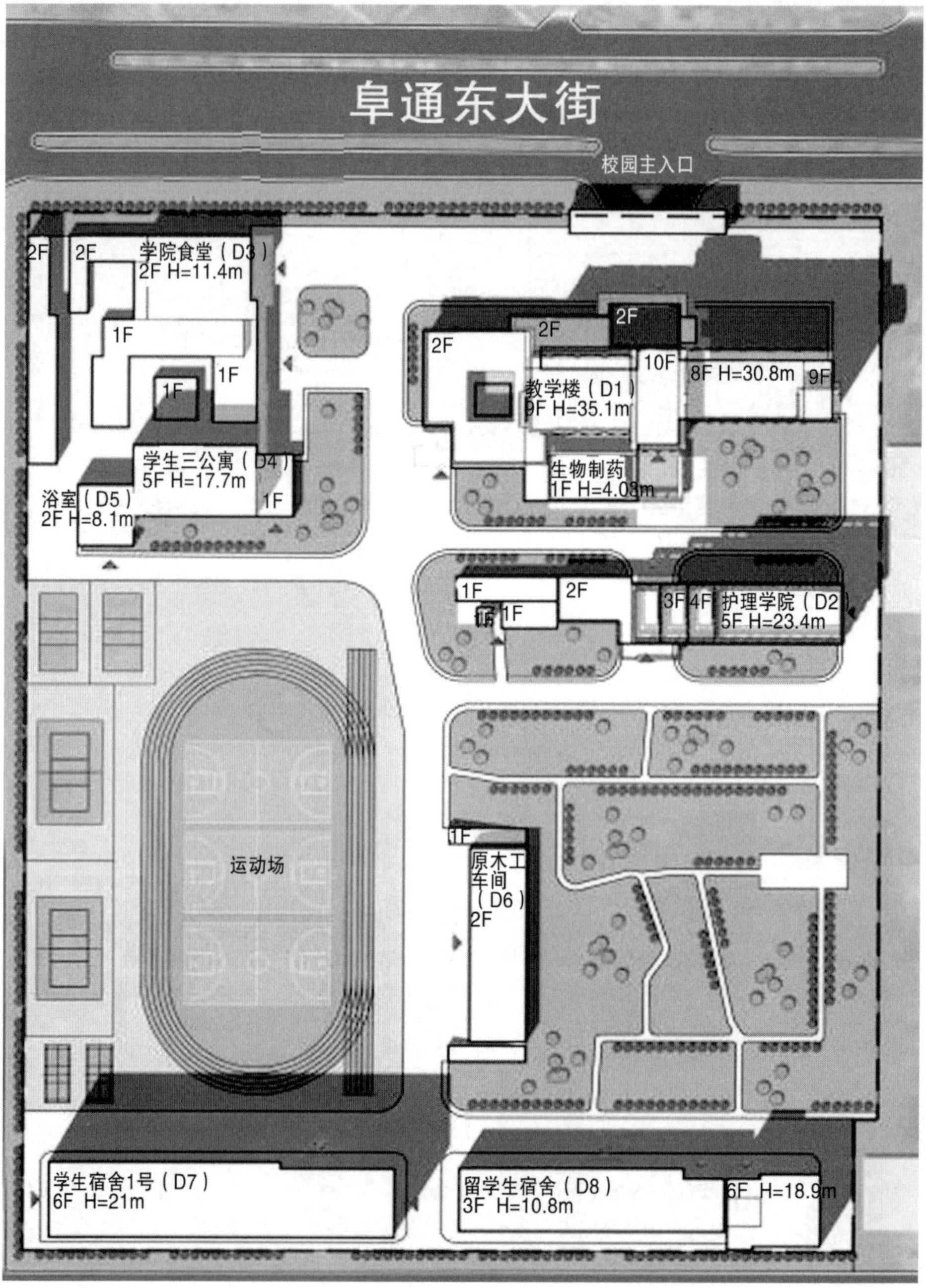

图 21　北京中医药大学望京校区平面图

共增加各类用房建筑面积，新增业务用房建筑面积 32881 平方米。新建西校区学生公寓 36050 平方米、东校区学生公寓 16350 平方米、西校区体育馆 4453 平方米、西校区运动场 15627 平方米、篮球场 1372 平方米。对西校区教学楼、科研楼和东校区中药学院楼进行了加固和装修改造，使之适应教学科研需要，满足了今后的使用。

"十一五"期间，学校完成学生食堂改扩建、西校区图书馆改扩建、逸夫中医研究大楼。极大程度改善了学校师生的学习、生活条件。

"十二五"期间，圆满完成良乡校区一期工程建设。截至 2015 年，已交付使用项目总建筑面积 16 万平方米，在建和拟开工建设项目总建筑面积 4.1 万平方米，落实上级单位建设投资 7 亿元。完成和平街校区学生公寓项目 2 万平方米工程建设。2015 年 9 月，良乡校区正式启用，拓展了学校可持续发展空间。

"十三五"期间，良乡校区新增建筑面积 22.77 万平方米，2019 年成为主校区，解决了长期制约学校发展的办学空间瓶颈问题。和平街校区完成总建筑面积 3.65 万平方米的楼宇改造。

七、2020 年学校基本情况

2020 年，北京中医药大学校园面积 116.93 万平方米，和平街校区图书馆建筑面积 1.23 万平方米。全年教育经费总投入 138433.99 万元。设有 3 个校区，设置 12 个院（系、部）。开设 16 个本科专业。"双一流"建设学科 3 个，国家级一流本科专业建设点 4 个。教育部重点实验室 3 个，教育部工程研究中心 3 个。北京市教委重点实验室 2 个，北京市科委重点实验室 4 个，北京市教委工程研究中心 1 个，国家中医药管理局重点研究室 10 个。校本部教职工 1293 人，其中，专任教师 803 人；正高级 222 人、副高级 260 人；博士生导师 391 人、硕士生导师 870 人；中国工程院院士 1 人。外籍教师 4 人，在校生 43254 人，其中，研究生 5414 人（博士生 1301 人、硕士生 4113 人）、普通本科生 8785 人、成人教育本专科生 708 人（本科生 624 人、专科生 84 人）、网络教育本专科生 28347 人（本科生 13343 人、专科生 15004 人）。留学生毕业 85 人、招生 96 人、在校生 531 人。网址：www.bucm.edu.cn。良乡校区校址：北京市房山区良乡高教园区北京中医药大学；和平街校区校址：北京市朝阳区北三环东路 11 号；望京校区校址：北京市朝阳区北四环东路望京中环南路 6 号。

附表：

表 70　中共北京中医药大学委员会历任书记一览表（1991—2020 年）

书记	任职时间	书记	任职时间
张世栋	1985 年 1 月—1997 年 4 月	吴建伟	2007 年 12 月—2017 年 7 月
崔文志	1997 年 4 月—2000 年 7 月	谷晓红	2017 年 7 月—
郑英良	2000 年 7 月—2007 年 12 月		

表 71　北京中医药大学历任校长一览表（1991—2020 年）

校长	任职时间	校长	任职时间
高鹤亭	1985 年 12 月—1992 年 3 月	郑守曾	1999 年 2 月—2007 年 12 月
龙致贤	1993 年 7 月—1997 年 4 月	高思华	2007 年 12 月—2013 年 1 月
王永炎	1997 年 4 月—1998 年 11 月	徐安龙	2013 年 1 月—

（执笔人：沈　琦）

北京师范大学

北京师范大学（Beijing Normal University），为教育部直属重点大学，是一所以教师教育、教育科学和文理基础学科为主要特色的著名学府。2008 年确定“以本科生教育为基础，本科生教育和研究生教育并重”的基本办学层次。校本部园区位于海淀区新街口外大街 19 号，北京校区另有西城、昌平等校园。2001 年北师大与珠海市人民政府合作建立珠海教育园区，2003 年更名为珠海分校，2019 年教育部批准建立北京师范大学珠海校区。

北京师范大学前身为创办于 1902 年的京师大学堂师范馆。1908 年改称京师优级师范学堂，独立设校，1912 年改名为北京高等师范学校。1923 年更名为北京师范大学，成为中国历史上第一所师范大学。1931 年、1952 年北平女子师范大学、辅仁大学先后并入。20 世纪 50 年代迁至北太平庄现校址办学。

学校秉承“爱国进步、诚信质朴、求真创新、为人师表”的优良传统和“学为人师，行为世范”的校训精神，形成了“治学修身，兼济天下”的育人理念。2002 年，教育部和北京市决定重点共建北京师范大学，北京市第九次党代会将北京师范大学列入支持建设的世界一流大学行列。2017 年进入国家“世界一流大学”建设 A 类名单。2002 年成为首批拥有自主设置本科专业审批权的 6 所高校之一，2018 年成为首批可开展学位授权自主审核的 20 所高校之一，形成了综合性学科布局。

2017 年 11 月，北京师范大学第十三次党代会明确了建设“综合性、研究型、教师教育领先的中国特色世界一流大学”的办学定位，正着力构建“高原支撑、高峰引领”的学科发展体系和“一体两翼”办学格局。

一、“一体两翼”建设

2000 年，学校与广东省珠海市政府签署合作建设北京师范大学珠海教育园区协议，园区于 2001 年奠基并开工建设。2003 年，教育部批复园区更名为北京师范大学珠海分校。2017 年 8 月，广东省、珠海市与北师大联合签署《共建北京师范大学珠海校区协议》；11 月，学校第十三次党代会提出：对标国家“一带一路”倡议、粤港澳大湾区建设和疏解北京非首都功能等任务，规划以北京校区和珠海校区为两翼的“一体两翼”办学格局。2018 年，与珠海市签署《共建珠海校区行动方案》。

学校将按照“高标准、新机制、国际化”原则，坚持珠海校区与校本部同水平、同标准的办学定位，实现与现有校区互补借力、错位发展。珠海校区侧重于教师教育规模的扩展、学科布局和结构的完善；功能定位是卓越教师及相关学科高水平人才培养基地，以及拓展学科和培育学科的重要研究基地。

珠海校区以建成中国教师教育的“珠穆朗玛峰”、基础教育的“黄埔军校”和政产学研用一体化的创新型“教育硅谷”为愿景，计划实现以下目标：支撑教师教育发展的基础学科群、优秀传统文化传承创新学科群和生态文明学科群落地发展；珠海、北京两校区在学科布局上统一规划，在学科方向上相互补充促进，发展战略新兴学科和交叉学科；

面向全球延揽人才。2019年4月8日，教育部批复同意北京师范大学珠海校区建设。

2017—2020年，“一体两翼”建设持续开展。先后成立珠海校区管理委员会、发展规划处、珠海园区领导小组、珠海校区党委。编制《工学学科建设规划（2019—2025年）》《全球发展战略规划》，在招投标、科研机构孵化、人事配置、人才培养等方面出台约20项规章制度。10个“双一流”学科和14个A类学科、14个国家一流本科专业落户珠海校区。成立“一带一路”学院、未来教育学院、水安全研究院以及知行、乐育、会同、凤凰4个书院，继续教育与教师培训学院在珠海校区设立分院；成立人文和社会科学高等研究院、自然科学高等研究院，依托二者共建立53个研究机构。

选派本部教师为校区、分校学生授课，面向分校学生开放校区课程，新建化学、生物、物理教学实验室和语音、体育教室，初步形成涵盖本硕博的完整培养体系，2020年在校学生总数达3600余人。招收珠海校区工作博士后，截至2019年7月，已有40名博士后在珠工作。

2018年，广东省中小学教师发展中心在珠海校区揭牌。2019年，共有238个学术资源库实现珠海本地化访问。2019年9月，珠海校区迎来包括576名师范生在内的首届新生。到2020年，“一体两翼”办学格局基本形成。

二、院系建设

（一）新成立或调整的学院

1991—2002年，先后成立生命科学学院、汉语文化学院、艺术与传媒学院、体育与运动学院、北京文化发展研究院、外国语言文学学院。

2003—2012年，先后成立环境学院、文学院、哲学与社会学学院、中文信息处理研究所、数学科学学院、经济与工商管理学院（经济学院更名）、水科学研究院、化学学院、历史学院、法学院（以法律系为基础）、经济与资源管理研究院（以经济与资源管理研究所为基础）、马克思主义学院、全球变化与地球系统科学研究院、核科学与技术学院、社会发展与公共政策学院（以社会发展与公共政策研究所为基础）、中国社会管理研究院、国民核算研究院、文化创新与传播研究院。

2013—2020年，先后成立政府管理学院（管理学院更名）、系统科学学院（以系统科学系为基础）、统计学院（国民核算研究院挂靠该院）、新闻传播学院、中国教育与社会发展研究院、新材料研究院、教材研究院、“一带一路”学院、人工智能学院（以信息科学与技术学院为基础）、未来教育学院；中国基础教育质量评价与提升协同创新中心定名为中国基础教育质量监测协同创新中心；社会学专业自哲学与社会学学院析出设置社会学院，与中国社会管理研究院为一个实体，哲社院更名为哲学学院。

（二）学部制改革

2009年6月，教育学部成立。该学部整合了原有的教育学院（2001年成立）、教育管理学院（1985年）、教育技术学院（2004年）、首都教育经济研究院（2003年）、首都基础教育研究院（2006年）、农村教育与农村发展研究院（2008年）、教育部基础教育质量监测中心（2007年挂牌）、联合国国际农村教育研究与培训中心（2007年迁入）等教育学科相关单位，其愿景是将北师大教育学科建设成为中国教育创新的重要策源地、高素质教师的培养基地、未来教育家的摇篮、教育决策的思想库、国际教育交流和中国教育文化产业的重要基地。拥有教育学一级学科国家重点学科、13个博士学位授权点、15个硕士学位授权点、5个本科专业；下设14个实体性学术机构和17个综合性交叉平台，成为“学科门类齐全，师资力量雄厚的教育航母”。

2016年11月，成立地理科学学部，地理学与遥感科学学院（2003年成立，含遥感科学国家重点实验室北师大承建部分）、资源学院（2003年）、减灾与应急管理研究院（2006年）、地表过程与资源生态国家重点实验室（2007年获批）纳入该学部统一管理。学部拥有地理学一级学科国家重点学科；以地理学为主体，同时建设测绘科学与技术、安全科学与工程等相关学科；设有5个本科专业，现有一级学科博士点1个、一级学科硕士点3个。保障教育部和北京市7个省部级实验室/工程技术中心运行，建设国家级/省部级野外观测台站4个、野外实习基地及创新实践基地十余个。

2016年12月，整合心理学院（2001年）、脑与认知科学研究院（2011年成立，含认知神经科学与学习国家重点实验室），成立心理学部。学部是唯一一个心理学一级学科国家重点学科单位；建有国家理科基础科学研究与教学人才培养基地、发展心理学教育部人文社会科学重点研究基地、认知神经科学与学习国家重点实验室、国家级心理学基础实验教学示范中心、国家级心理学虚拟仿真实验教学中心等；在教育部学科排名中，心理学科连续排名全国第一；“精神病学与心理学”和“神经科学与行为科学”进入ESI世界前1%。

表72　　北京师范大学院系部设置一览表（2020年）

组织系统	机构名称	组织系统	机构名称
学部	教育学部	学院	政府管理学院
	地理科学学部		系统科学学院
	心理学部		统计学院
学院	文学院		新闻传播学院
	历史学院		未来教育学院
	哲学学院		“一带一路”学院
	社会学院		会同书院
	经济与工商管理学院		乐育书院
	外国语言文学学院		知行书院
	法学院	系	物理学系
	马克思主义学院		天文系
	社会发展与公共政策学院	研究院（所）	经济与资源管理研究院
	艺术与传媒学院		水科学研究院
	体育与运动学院		全球变化与地球系统科学研究院
	汉语文化学院		中国基础教育质量监测协同创新中心
	数学科学学院		中文信息处理研究所
	化学学院		北京文化发展研究院
	生命科学学院		文化创新与传播研究院
	人工智能学院		新材料研究院
	环境学院		人文和社会科学高等研究院
	核科学与技术学院		自然科学高等研究院
	继续教育与教师培训学院		中国教育与社会发展研究院

三、发展规划与学科建设

（一）特色专业与重点学科建设

1994年，学校共有博士点38个、硕士点89个、国家级重点学科7个。2002年首批获得自主设置本科专业的权限，16个学科入选全国高等学校重点学科名单。到2003年9月，学位授权点累计涵盖一级学科14个、博士点62个、硕士点126个。在2004年全国一级学科整体水平评估中，教育学、心理学、系统科学位列第一，中国语言文学位列第二。

2007年，教育学、心理学、中国语言文学、数学、地理学5个一级学科，马克思主义哲学、民俗学、史学理论及史学史、中国古代史、理论物理、物理化学、细胞生物学、生态学、系统理论、环境科学、教育经济与管理11个二级学科获批国家重点学科，世界经济、电影学2个二级学科获批国家重点（培育）学科，获准建设“教育部第一类特色专业建设点”12个、“第二类特色专业建设点”4个。

2008年，自然资源1个交叉学科，历史学、生物学2个一级学科，外国哲学、世界经济、艺术学、电影学、凝聚态物理、无机化学、有机化学、环境工程 8 个二级学科入选北京市重点学科。2010 年，公共管理、英语语言文学分别获批一级、二级学科北京市重点学科。自主设置二级学科在 2012 年形成高潮，当年 6 月新增 20 个。

截至 2012 年，已拥有 18 个国家重点学科、15 个北京市重点学科、32 个校级重点学科，共设置本科专业 59 个。2014 年，教育学科首次进入 QS 世界 50 强。

表 73　　北京师范大学一级学科设置一览表（2020 年）

学科门类	一级学科名称	涉及研究生培养层次	学科门类	一级学科名称	涉及研究生培养层次
哲学	哲学	硕士、博士	理学	物理学	硕士、博士
经济学	理论经济学	硕士、博士	理学	化学	硕士、博士
经济学	应用经济学	硕士、博士	理学	天文学	硕士、博士
经济学	应用统计	硕士	理学	地理学	硕士、博士
经济学	国际商务	硕士	理学	生物学	硕士、博士
法学	法学	硕士、博士	理学	系统科学	硕士、博士
法学	法律	硕士	理学	生态学	硕士、博士
法学	政治学	硕士、博士	理学	统计学	硕士、博士
法学	社会学	硕士、博士	工学	工程	硕士
法学	社会工作	硕士	工学	材料科学与工程	硕士
法学	马克思主义理论	硕士、博士	工学	信息与通信工程	硕士
教育学	教育学	硕士、博士	工学	计算机科学与技术	硕士、博士
教育学	教育	硕士、博士	工学	水利工程	硕士
教育学	心理学	硕士、博士	工学	测绘科学与技术	硕士
教育学	应用心理	硕士	工学	核科学与技术	硕士、博士
教育学	体育学	硕士、博士	工学	环境科学与工程	硕士、博士
教育学	体育	硕士	工学	安全科学与工程	硕士
教育学	汉语国际教育	硕士	农学	林学	硕士
文学	中国语言文学	硕士、博士	医学	中药学	硕士
文学	外国语言文学	硕士、博士	管理学	工商管理	硕士、博士
文学	翻译	硕士	管理学	公共管理	硕士、博士
文学	新闻传播学	硕士	管理学	图书情报与档案管理	硕士
文学	新闻与传播	硕士	艺术学	艺术学理论	硕士、博士
历史学	考古学	硕士、博士	艺术学	艺术	硕士
历史学	中国史	硕士、博士	艺术学	音乐与舞蹈学	硕士
历史学	世界史	硕士、博士	艺术学	戏剧与舞蹈学	硕士、博士
理学	数学	硕士、博士	艺术学	美术学	硕士

（二）“211 工程”建设

1996 年，制定学校“211 工程”建设规划，并通过部门预审。2001 年，“211 工程”在“九五”期间建设项目通过专家组验收。“九五”期间，建成一批较高水平研究基地、人才培养基地和实验中心。2006 年，通过“十五”在“211 工程”验收。2009 年启动“211 工程”三期项目，建设“马克思主义哲学创新与社会主义核心价值体系建设”等 13 个学科建设项目、1 个创新人才培养项目和 1 个队伍建设项目，该阶段工作于 2012 年通过国家验收。

（三）“985 工程”建设

2002 年，学校进入国家“985 工程”建设计划。在“985 工程”二期建设中，开展“哲学社会科学数字信息资源管理中心”建设，于 2005 年承担“数字教育博物馆建设与研究”项目（教育部支持）；理科共享平台“高性能大容量计算中心”于 2007 年投入试运行。学校十一次党代会（2006 年）后，启动实施新一轮“985 工程”建设项目，完成 2010—

2020年的“985工程”总体规划；完善“‘985工程’项目执行方案管理系统”和“学科建设重大项目管理系统”建设，制定“985工程”教学科研骨干队伍建设实施方案。2013年，完成“985工程”平台/基地项目、统筹项目年度检查和执行方案论证，并通过国家验收。

（四）“双一流”建设

2017年，学校编制“双一流”建设方案并上报教育部，同时开始组建教育科学、人文科学、基础理学、生态文明与绿色发展、国家治理与社会发展、应用理学与工程技术六大学科群。2017年9月，学校入选“世界一流大学”建设名单，教育学、心理学、中国语言文学、中国史、数学、地理学、系统科学、生态学、环境科学与工程、戏剧与影视学、语言学11个学科入选“双一流”建设学科；12月，在全国第四轮学科评估中，教育学、心理学、中国语言文学、中国史、戏剧与影视学、地理学6个学科获评A+。

2018年，在中央高校“双一流”建设经费中特别申请师资队伍建设专项拨款2.8亿元，获批北京市学科建设经费1亿元/年；制定《“双一流”建设管理办法》；向各学科开放软科学科监测平台；与北京市属高校共建教育学、戏剧与影视学2个一流学科，申报建设“陆地表层学”“认知神经科学”“文化遗产与文化传播”3个高精尖学科；14个学科进入ESI前1%。

2020年4月，广州日报数据和数字化研究院发布“双一流”建设大学百强榜（2020年），北师大位列全国第9名。

四、人才培养

（一）教育教学改革

1996—2006年，研究生院由试办转为正式建院；开始采取指令性计划、调节性计划招生双轨制合并，举办励耘实验班，推行公共课跨系、跨年级试听选课制度；成为自主选拔录取改革试点高校；通过《人才培养模式改革方案》，决定从中文系和物理系的1998级、1999级和2000级本科生开始试行；启动使用原版教材进行双语教学课程改革计划。2007—2016年，教育硕士、公共管理硕士和汉语教育硕士专业学位被教育部批准为全国专业学位研究生教育综合改革试点；瀚德学院揭牌并开始招生；首次投放统招国家基础学科拔尖学生培养实验班计划，启动动漫高端人才联合培养实验班计划；成立通识教育课程建设委员会，开始通识教育优质课程建设。2013年，开始实施本科新生导师制、本科课程助教制。

2002—2011年，建设国家体育与艺术师资培养培训基地、大学生创业教育培训示范基地、高校学生科技创业实习基地，先后获批为工程硕士专业学位培养单位、获评北京高校学生心理素质教育示范基地，学生就业指导中心入选北京市首批高校示范性就业中心；在全国高校中率先招收国际汉语教育方向的硕士研究生。2008年，首届MBA开学。2011年，2门课程入围首批20门“中国大学视频公开课”。

2017—2020年，“励耘计划”数学、心理学、地理学、中国语言文学、历史学5个拔尖学生培养基地入选首批基础学科拔尖学生培养计划2.0基地名单。

2012—2020年，先后颁行《本科人才培养质量提升计划》《推进教学信息化工作方案》等文件；珠海分校在全国所有招生省份的录取批次升为二批本科；开始授予教育博士专业学位；获批为全国首批卓越法律人才教育培养基地，成为“全国高校实践育人创新创业基地”入选单位。2013年，共组建7个学术型、国际化实验班，自主招生计划增至星光、引领、攀登、师表4项。截至2018年，共开设研究生“三育”课程50门、研究方法课程52门，慕课课程累计开设72门、95门次。

表74　　北京师范大学本科专业设置一览表（2020年）

序号	学科门类	专业名称	序号	学科门类	专业名称
1	哲学	哲学	3	经济学	金融学
2	经济学	经济学	4	经济学	国际经济与贸易

续表 74

序号	学科门类	专业名称	序号	学科门类	专业名称
5	法学	法学	41	理学	生物技术
6	法学	国际事务与国际关系	42	理学	心理学
7	法学	社会学	43	理学	应用心理学
8	法学	社会工作	44	理学	统计学
9	法学	思想政治教育	45	理学	系统科学与工程
10	法学	政治学、经济学与哲学	46	理学	生态学
11	教育学	教育学	47	工学	材料物理
12	教育学	教育技术学	48	工学	电子信息科学与技术
13	教育学	学前教育	49	工学	计算机科学与技术
14	教育学	特殊教育	50	工学	环境工程
15	教育学	体育教育	51	工学	环境科学
16	教育学	运动训练	52	工学	资源环境科学
17	文学	汉语言文学	53	工学	食品科学与工程
18	文学	汉语言	54	工学	数据科学与大数据技术
19	文学	英语	55	工学	环境生态工程
20	文学	俄语	56	工学	人工智能
21	文学	日语	57	医学	药学
22	文学	传播学	58	管理学	管理科学
23	文学	德语	59	管理学	信息管理与信息系统
24	文学	法语	60	管理学	工商管理
25	文学	葡萄牙语	61	管理学	会计学
26	文学	西班牙语	62	管理学	人力资源管理
27	文学	中国语言与文化	63	管理学	体育经济与管理
28	文学	汉语国际教育	64	管理学	公共事业管理
29	历史学	历史学	65	管理学	行政管理
30	历史学	文物与博物馆学	66	管理学	电子商务
31	理学	数学与应用数学	67	艺术学	音乐学
32	理学	物理学	68	艺术学	舞蹈学
33	理学	化学	69	艺术学	电影学
34	理学	应用化学	70	艺术学	戏剧影视文学
35	理学	天文学	71	艺术学	动画
36	理学	地理科学	72	艺术学	美术学
37	理学	自然地理与资源环境	73	艺术学	书法学
38	理学	人文地理与城乡规划	74	艺术学	艺术设计学
39	理学	地理信息科学	75	艺术学	视觉传达设计
40	理学	生物科学	76	艺术学	数字媒体艺术

（二）师范生免费教育

2007 年，学校召开师范生免费教育政策研讨会；召开 2007 级免费师范生培养工作协调会，对免费师范生招生、培养、就业和管理工作进行部署；当年共在 14 个省区招收免费教育师范生。2007 年 7 月 23 日，时任国务院总理温家宝在北京师范大学落实师范生免费教育政策有关情况的报告上作了批示；9 月 9 日，温家宝总理到校看望新入学免费师范生，就教育改革和师范生培养问题发表重要讲话。

2011 年，召开首届免费师范生就业推进会；温总理于 5 月在北师大首届免费师范生代表来信上作了批示，并在 6 月 17 日出席首届免费师范生毕业典礼。2012 年，开始面向已毕业免费师范生免试招录教育硕士，首届录取 343 人。

2013 年，首次在计算机科学与技术专业招收和培养免费师范生。2015年，增设针对免费师范生的职业信念与养成教育课程。于2020年发布志远计划，面向当时尚未摘帽的52个国家级贫困县所在省份优秀高中毕业生，择优招收本科定向就业师范生。

（三）“四有好老师”奖励计划

2014年9月9日，中共中央总书记、国家主席、中央军委主席习近平到北京师范大学，看望教师学生，观摩课堂教学，进行座谈交流。习近平在考察中指出：百年大计，教育为本。教育大计，教师为本。国家繁荣、民族振兴、教育发展，需要我们大力培养造就一支师德高尚、业务精湛、结构合理、充满活力的高素质专业化教师队伍，需要涌现一大批好老师。全国广大教师要做有理想信念、有道德情操、有扎实学识、有仁爱之心的好老师，为发展具有中国特色、世界水平的现代教育，培养社会主义事业建设者和接班人做出更大贡献。

学校联合光明日报社、中国教育学会设立“四有好老师”奖励计划，并于2018年9月8日举行颁奖典礼，表彰获评“四有好老师”启功教师奖的10位优秀教师和获评“四有好老师”公益行动奖的10个优秀团队。2020年，设立“四有”好老师启航计划，鼓励引导更多优秀毕业生到基础教育领域就业，尤其是到中西部和基层一线任教。倡议推动“强师计划”，联合全国师范大学为832个脱贫县定向培养输送高水平师资。

五、科学研究与社会服务

（一）科研机构建设情况

1991—2020年，先后组建、启动文科文献情报中心、蛋白质组学研究院、首都科技条件平台北京师范大学研发实验服务基地、社会主义核心价值观协同创新中心、新闻出版大数据用户行为跟踪与分析广电总局重点实验室、东北虎豹生物多样性国家野外科学观测研究站等科研机构。

2000年3月，分析测试中心获得国家计量认证合格证书。到2000年11月，已有国际与比较教育研究所、发展心理研究所、文艺学研究中心、民俗典籍文字研究中心、价值与文化研究中心、史学理论与史学史研究中心等6个机构分3批入选高校人文社会科学重点研究基地。

截至2012年，共有模糊信息处理和模糊计算系统实验室等4个国家重点实验室，射线束技术与材料改性实验室等8个教育部重点实验室，生物资源开发与生物工业实验室等9个北京市重点实验室、防沙治沙工程技术中心等2个北京市工程中心，另有教育部—中国移动联合实验室1个、教育部工程研究中心5个、北京市哲学社会科学重点研究基地2个。

（二）科研项目和经费

“八五”期间，共获批文科科研项目222项、经费近500万元。1998年，SCI收录学校论文首次超过百篇。2006年度国家自然科学基金获批课题及经费突破100项、3000万元。2011年，国家自然科学基金获批经费、学校文科科研经费双双破亿元。2018年，文理科研经费总值已达8.3亿元，当年获批国家社会科学基金重大项目12项，位列全国第一。

表75　北京师范大学代表性科研成果一览表（1991—2020年）

时间	领域	成果	形式	备注
1992年	理	CAI基础元素化学	软件	填补国内空白
1999年	文	中国通史	著作	白寿彝先生任总主编
1999年	文	《当代中国学术史》《中国文化通史》获批北京市哲学社会科学研究重大项目		学校文科省部级重大项目零的突破
2003年	理	实现平面运动三级倒立摆实物系统控制		世界首次
2008年	文	中国民俗史	著作	钟敬文先生主编
2010年	理	极端环境无线传感器网络观测平台	安装运行	位于南极冰盖

续表 75

时间	领域	成果	形式	备注
2010 年	文	《中国哲学前沿》（*Frontiers of Philosophy in China*）英文版翻译出版项目获批国家社会科学基金中华学术外译项目		学校首个获批
2011 年	理	研制出基于 Windows 的 GPU 高性能计算集群		国内首个
2013 年	文	中国教育大百科全书	著作	
		通用规范汉字表	标准	
	理	“863 计划”地球观测与导航技术领域重点项目通过验收		填补我国陆表遥感高级产品自有品牌空白
2017 年	交叉	发布“基础教育大数据应用平台”		
	理	4 颗 DA 型脉动白矮星	发现	
		NordreStrem 峡湾部分岛屿高分辨率遥感影像	使用“极鹰三号”固定翼无人机获取	我国遥感无人机格陵兰岛地区首飞
2019 年	理	极地观测遥感小卫星“京师一号”	制成后搭载火箭发射	中国首颗

（三）社会服务

1997 年，北京市环境保护局批复《北京师范大学 CS-22 回旋加速器及配套设施环境影响报告书》。2000 年 10 月，国家基础教育课程改革项目核心成员第三次工作会议举行，学校 30 余人参加项目研究工作。

2003 年，模糊控制实验室运用高速视觉检测技术参加铁道部第五次提速工程时速检测试验；组织编写《“非典”北京：文化切入的思考》。2008 年 5 月，学校“汶川地震应对政策专家行动组”和中国教育电视台合作的“汶川灾区中小学生幼儿教育安置政策研究及示范建设”项目启动。2010 年，获得教育部基础教育课程改革教学研究成果奖一等奖、二等奖、三等奖各 1 项。2011 年，社发院承担框架研究起草工作的《中国儿童发展纲要（2011—2020 年）》经国务院常务会议讨论通过，首都基础教育研究院成果“探索有效促进农村中小学生发展的校本研究模式”获全国基础教育课程改革教学研究成果三等奖。2006—2012 年，在国家基础教育课程改革中，主持参与 11 个学科课程标准的研制修订工作，完成 16 套新课程教材的编写和出版。

2014 年 12 月 5 日，资深教授顾明远先生联合多位学者撰写的信件《万间小屋，万方福田——请克强总理关注青春期性健康教育，支持青爱工程》获国务院总理李克强批示。2019 年，学科教育团队成果《基于核心素养的学科能力诊断评价和教学改进系统——九学科协同研究与实践》获基础教育国家级教学成果奖一等奖，其他团队的《小学英语分级阅读的理论框架构建与实践途径探索》《现代信息技术支持下的中学生数学实践创新能力培养研究与实践》获得二等奖；国学经典教育研究中心参与起草的《中小学传统文化教育指导标准》发布。2020 年 1 月，全球院实验室与市疾控中心合作，建立北京市新冠肺炎传播风险预测预警技术平台。

六、师资队伍建设

（一）师德师风建设

1991—2020 年，北师大坚持把师德建设放在重要位置，先后成立师德宣传教育活动工作小组、党委教师工作部、师德考核监督委员会、人才引进师德审核工作小组等组织机构，先后颁行《关于进一步加强师德建设的意见》《教师道德行为规范（试行）》《师德师风教育实施办法（试行）》《违反师德行为处理办法（试行）》《师德建设与监督委员会工作办法（试行）》等文件规章。

2014 年以来，健全“三位一体”的师德建设长效机制；增设“十佳师德标兵”特色奖项。学校“十三五”规划纲要提出：推进师德建设工程，将师德表现作为教师考核、聘任和奖励的首要依据，实行“师德一票否决制”。2017 年以来，建立每月一次的师德师风教育制度，在新教师入职培训中安排“高校教师职业道德修养”等专题教育，开展教师师德师风专题教育实践活动。

2007年9月6日，第一届全国青年教师师德汇报演讲大会在学校举行。2009年9月8日，承办第四届全国师德论坛，时任教育部部长周济出席并讲话。2018年，教育部简报以“以师德师风建设为核心加强教师队伍建设”为题对学校师德建设长效机制落实情况进行报道。2020年，北师大入选教育部师德师风建设基地名单。

1997—2010年，先后有启功、蒋人璧、黄祖洽、张静如、李奇、熊俊、莽晓懿等教师获评市级“师德先进个人”。2006年，校工会获全国师德建设先进集体称号。2010年，熊晓琳、何杰获得北京市“师德标兵”称号。2016年，6名教师获得“北京市师德榜样（先锋）”称号,市教育工会将黄会林教授选作《北京教工》封面人物并刊登事迹。

（二）人才评聘

1993年起，硕士生导师资格审批权下放给各学科学位分会。截至1994年，已有博士生导师84名、硕士生导师500余名。至1999年11月，已拥有中国科学院院士4人、中国工程院院士1人。2001年9月，“长江学者奖励计划”特聘教授达到8人。

2004年，14个创新研究群体被列入学校创新群体发展计划第一批入选群体，6人入选首批“新世纪百千万人才工程”国家级人选。2009年6月，14人被确定为首批北京市宣传文化系统“四个一批”人才；到2009年，已聘任顾明远、刘家和、林崇德、童庆炳等8名资深教授。

截至2012年，总计有两院院士8人、“长江学者奖励计划”特聘教授和讲座教授22人、教育部“跨世纪人才”16人、“新世纪优秀人才”152人，8人获国家级教学名师奖、32人获批国家杰出青年科学基金、21人位列“百千万人才工程”国家级人选；共有740人获评正高级职称、930人获评副高级职称。

2014年2月，3人入选首批青年拔尖人才支持计划。2017年11月，29人入选首批全国万名优秀创新创业导师人才库名单。2018年2月，古代汉语教师团队入选首批全国高校黄大年式教师团队；截至2018年，共有研究生导师2712人，其中博士生导师1637人、硕士生导师2414人、专业学位硕士生导师1582人（全职1301人、兼职281人）。

七、基本建设

（一）重要楼宇建设与改造

1991—2020年，先后建成实验幼儿园新楼、英东教育楼、塔一（励耘7）至塔四（励耘10）住宅楼、田家炳艺术教育书院、敬文讲堂、曾宪梓教学楼、前主楼、国际交流中心/京师大厦（占地10000平方米）、学1至学4宿舍楼、科技园（学校南院）孵化大厦、新学生公寓、邱季端体育馆、新乐群食堂、后主楼/新图书馆、学6与学7两个楼的贴建部分、加建的5层学生宿舍楼与新建的6层学生宿舍楼（总规模11700平方米，后者所在位置原为光仪厂）、科技园京师科技大厦等楼宇建筑。

2006—2012年，新增办学空间15万平方米。2012—2017年，增加办学空间7万多平方米，增加学生宿舍面积1.3万平方米，为所有学生宿舍加装空调近4000台，修缮楼宇面积20余万平方米。

1999年,四合院东楼、西楼改造工程竣工。2009年，利用国家专项资金近7000万元完成家属区、实验中学、二附中共32栋楼宇、屋顶总面积30412平方米、建筑总面积144648平方米的平改坡改造工程。2011年，完成员工食堂、实习餐厅的装修改造工程。2013年，完成京师学堂（6856平方米）、乐育3号楼翻建（3000平方米）工程。2018年，改造2间讨论教室和1间创意设计公共机房。

（二）昌平新校区建设

昌平校园是学校“一体两翼”办学格局的重要组成部分、“双一流”建设和未来各项事业发展的重要空间保障。

2002年百年校庆之后，学校昌平校区建设被提上日程，当年成立新校区建设办公室；2003年，成立昌平校区建设领导小组，该小组于2004年调整更名为新校区建设工作委员会。2005年，新校区建设项目获教育部立项批复。2009年，新校区总体规划及一期建设工程设计合同签约。

2013年9月，昌平新校区奠基。昌平G区2014年10月开始施工，2015年11月一期项目封顶，2016年二期项目动工并基本完

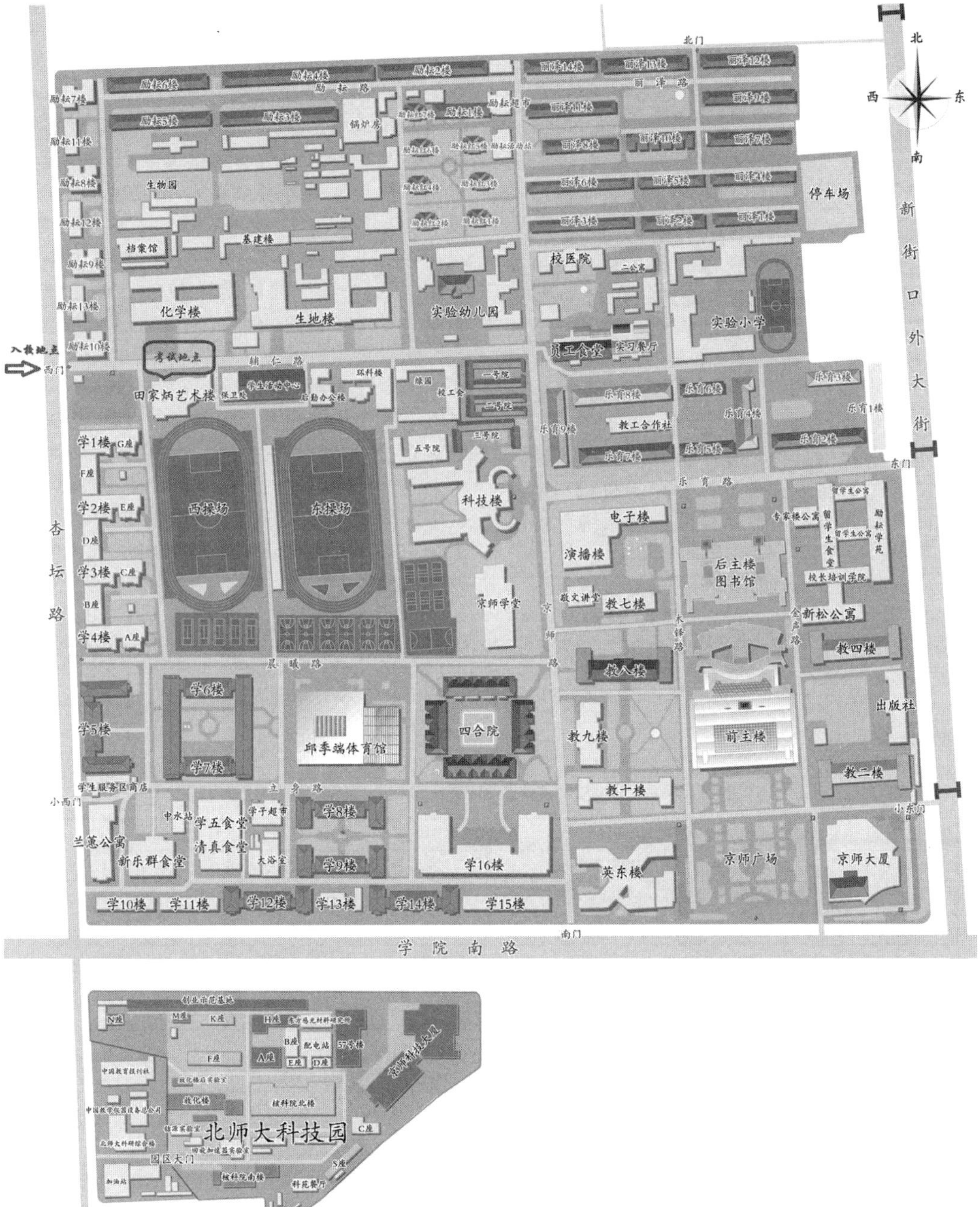

图 22　北京师范大学校本部平面图

成结构施工。2018年1月，成立昌平校园综合管理办公室；10月，2018级博士研究生入驻新校区；2018年完成G区建设任务，新增20.5万平方米办学空间。到2020年，已吸引互联网教育技术国家工程实验室、未来教育高精尖创新中心等机构入驻。

（三）数字校园建设

1997—2020年，先后建立或开通校园计算机网络、图书馆电子阅览室和“京师文库”系统、网络新闻系统、学生综合服务门户网站、办公自动化（OA）系统、数字迎新系统、校园卡系统、信息门户系统、数据中心（IDC）机房（占地528平方米,有机柜92台）、WWT（World—Wide Telescope）互动式数字天象厅等平台或系统；成立信息网络中心、网络安全和信息化领导小组、信息化建设办公室（与信网中心合署办公）等机构；完成校园网二期改造、数字校园应用系统、校园卡项目、校报数字化建设等工程。

1998年，校园网通过CERNET验收。2005年，引进Blackboard网络教学平台；2012年度，Bb平台有47494名用户，其中教师883人、学生46611人，同时在线人数最高达4000人以上（3小时内）。2016年，学校加入Education Roaming（Eduroam）全球高校无线网络漫游联盟。

八、2020年学校基本情况

2020年，北京师范大学产权占地面积102.55万平方米，图书馆建筑面积4.27万平方米。全年教育经费总投入426394.06万元。设有2个校区，设置3个学部、28个学院、2个系、11个研究院（所）。开设76个本科专业。“双一流”建设学科11个，国家级一流本科专业建设点19个。国家重点实验室4个，北京重点实验室12个。教职工5685人，其中，专任教师2209人；正高级995人、副高级733人；博士生导师42人、硕士生导师815人；中国科学院院士1人、中国工程院院士1人。外籍教师22人。在校生83249人，其中，研究生17616人（博士生4889人、硕士生12727人）、普通本科生11995人、成人教育本科生122人、网络教育本专科生53516人（本科生29469人、专科生24047人）。留学生毕业609人、招生363人、在校生1029人。网址：www.bnu.edu.cn。

附表：

表76　　中共北京师范大学委员会历任书记一览表（1991—2020年）

书记	任职时间	书记	任职时间
周之良	1990年8月—1996年9月	刘川生	2005年6月—2016年12月
袁贵仁	1996年10月—2000年2月	程建平	2016年12月—
陈文博	2000年2月—2005年6月		

表77　　北京师范大学历任校长一览表（1991—2020年）

校长	任职时间	校长	任职时间
方福康	1989年5月—1995年5月	钟秉林	2001年4月—2012年7月
陆善镇	1995年5月—1999年7月	董　奇	2012年7月—
袁贵仁	1999年7月—2001年4月		

（执笔人：申　政）

北京外国语大学

北京外国语大学是中国共产党领导下成立的第一所外国语学校，具有光荣的革命传统。学校前身是1941年成立于延安的中国人民抗日军政大学三分校俄文队，历经军委俄文学校、华北联大外国语学院、中央外事学校等主要阶段，至1949年发展成为北京外国语学校，1954年经国务院批准更名为北京外国语学院，1959年与北京俄语学院（其前身为成立于1949年的北京俄文专修学校）合并，组建成新的北京外国语学院，1994年更名为北京外国语大学。1996年，学校进入国家首批“211工程”建设高校行列。2011年入选“985优势学科创新平台”建设高校。2017年入选国家“双一流”建设高校名单。

学校中文简称北外，英文名称为Beijing Foreign Studies University，缩写为BFSU。学校法定住所地为北京市海淀区西三环北路2号（东校区）、19号（西校区）。

一、学校沿革

北京外国语大学成立于1941年3月，最初为中央军委指示成立的中国抗日军政大学三分校俄文队，位于延安黑龙沟。7月，俄文队发展为俄文大队；12月，俄文大队改为中央军委军事学院俄文科，直属军委参谋部。

1942年1月，军事学院俄文科划归中央军委第四局领导；5月，俄文科单独建校，改名军委俄文学校，仍归中央军委第四局领导。

1943年3月，延安大学俄文系并入军委俄文学校；10月，校址搬迁至延安清凉山北麓丁泉砭。1944年6月，中共中央决定俄文学校增设英文系，改名军委外国语学校。

1946年1月，部分外国语学校师生到达张家口东山坡成立华北联合大学文艺学院外文系；6月，晋察冀军政干部学校外文训练班与华北联大文艺学院外文系合并成立华北联大外国语学院；9月，华北联大转移至山西广灵县东加斗村，12月到达冀中束鹿县（今辛集市）。1948年5月，华北联大迁至河北正定，外国语学院驻在当地天主教堂。8月，华北联大与北方大学合并，更名为华北大学，原华北联大外国语学院与北方大学外文班合并为华北大学二部外文系。

1949年6月，华北大学二部外文系并入中央外事学校，外事学校更名为北京外国语学校，仍隶属于中央外事组。中央外事学校1948年6月成立，由中央外事组领导，最初校址在河北获鹿县（今石家庄鹿泉区）南海山村，1948年10月，外事学校奉命向河北赞皇转移；11月29日外事学校奉命迁往北平，到达北平时尚未解放，暂驻良乡。1949年2月，外事学校自良乡迁到北平城内御河桥原日本兵营内。

1949年10月，外国语学校转隶外交部。11月，北京外国语学校迁到西苑华北人民革命大学校园内。

1951年2月，外国语学校俄文部划归北京俄文专修学校。北京俄文专修学校1949年10月成立，隶属中共中央俄文编译局，校址开始在北京西城区南宽街13号，后迁至鲍家街21号（原醇亲王府）。1951年时，俄专一部在鲍家街，二部在南宽街，三部在西苑；9月，俄专三部从西苑迁至鲍家街21号。1953年，北京俄专改隶高教部领导。

1954年8月，北京外国语学校迁至西郊苏州街新校区（今北外西校区），同时更名为北京外国语学院。1955年6月，北京俄文专修学校更名为北京俄语学院；8月，北京外国语学院由外交部改隶高教部；年底，西郊魏公村西苏州街留苏预备部新校区（今北外东校区）落成。

1959年2月，北京外国语学院、北京俄语学院合并成立新的外国语学院，校址在苏州街（今北外东西校区）。1961年12月，北京外国语学院由高教部改隶外交部。1970年4月，学院迁往湖北沙洋。1972年7月，学院迁回北京。1980年，学院由外交部领导转为直属教育部领导。1994年更名为北京外国语大学。

表78 北京外国语大学院系部设置一览表（2020年）

序号	院系	序号	院系
1	英语学院	17	国际新闻与传播学院
2	俄语学院	18	日语学院
3	国际商学院	19	法语语言文化学院
4	欧洲语言文化学院	20	阿拉伯学院
5	亚洲学院	21	西班牙葡萄牙语学院
6	高级翻译学院	22	体育教研部
7	北京日本学研究中心	23	国际教育集团
8	中国语言文学学院	24	信息科学技术学院
9	马克思主义学院	25	国际教育学院
10	国际关系学院	26	历史学院、全球史研究院
11	法学院	27	合肥国际学院
12	专用英语学院	28	佛山研究生院、南方研究院
13	继续教育学院	29	非洲学院
14	艺术研究院	30	北外学院
15	网络教育学院	31	国际组织学院
16	德语学院		

二、学科建设

北京外国语大学是1981年国务院学位委员会公布的首批博士学位、硕士学位授予单位。近年来，学校不断优化学科布局，发挥多语种特色和优势，创新发展人文社会学科和交叉学科，初步形成了文学、法学、经济学、管理学、工学、艺术学、历史学、教育学等多学科共生发展的良好布局。截至2020年，学校有4个国家重点学科（含培育学科），7个北京市重点学科，1个北京高校高精尖学科；拥有一级学科博士点2个，一级学科学术型硕士点11个，专业硕士点8个，涵盖文学、经济学、管理学、法学、教育学、历史学六大学科门类。

2017年，学校外国语言文学学科入选国家“双一流”建设学科。学校根据国家重大需求和学科发展趋势，对标“双一流”建设指标体系，按照“特色发展、深度开放”的建设思路，坚持“内涵、融合、特色”的发展战略，不断丰富外国语言文学学科内涵，突出多语种特色，加强外语学科与其他人文学科和社会科学学科的深度融合，开国内高校区域和国别研究先河，形成了良好的交叉创新发展生态。在前三轮学科评估中，学校外国语言文学学科在全国名列前茅，全国第四轮学科评估中，获得A+。2020年高质量完成“双一流”第一轮建设周期自评估工作。

学校积极服务国家战略，建设了一批高端智库平台，包括：1个教育部人文社会科学重点研究基地，1个国家语委科研中心，1个北京市哲学社会科学重点研究基地，4个教育部国别和区域研究基地，3个教育部人文交流研究中心，37个教育部备案国别和区域研究中心。其中，国家语言能力研究中心入选国家语言文字试点智库，12 个智库机构入选 CTTI 来源智库名单，2 个智库入围 CTTI 百强智库名单。

表 79　　北京外国语大学学科设置一览表（2020 年）

序号	学科代码	学科门类	学科名称	授权类别
01	**0502**	**文学**	**外国语言文学**	**博士点**
02	050201	文学	英语语言文学	博士点
03	050202	文学	俄语语言文学	博士点
04	050203	文学	法语语言文学	博士点
05	050204	文学	德语语言文学	博士点
06	050205	文学	日语语言文学	博士点
07	050207	文学	西班牙语语言文学	博士点
08	050208	文学	阿拉伯语语言文学	博士点
09	050209	文学	欧洲语言文学	博士点
10	050210	文学	亚非语言文学	博士点
11	050211	文学	外国语言学及应用语言学	博士点
12	0502Z1	文学	比较文学与跨文化研究（自设）	博士点
13	0502Z2	文学	翻译学（自设）	博士点
14	0502Z3	文学	语言政策与规划学（自设）	博士点
15	0502Z4	文学	汉语国际教育（自设）	博士点
16	0502Z5	文学	国际法律与区域治理（自设）	博士点
17	0502Z6	文学	国际商务与区域治理（自设）	博士点
18	0502Z7	文学	国际关系与区域研究（自设）	博士点
19	0502Z8	文学	国际传播学（自设）	博士点
20	**1201**	**管理学**	**管理科学与工程**	**博士点**
21	**0202**	**经济学**	**应用经济学**	**学术硕士点**
22	020204	经济学	金融学	学术硕士点
23	020206	经济学	国际贸易学	学术硕士点
24	**0301**	**法学**	**法学**	**学术硕士点**
25	030105	法学	民商法学	学术硕士点
26	030109	法学	国际法学	学术硕士点
27	0301Z1	法学	知识产权法（自设）	学术硕士点
28	0301Z2	法学	国际司法与执法合作（自设）	学术硕士点
29	0301Z3	法学	国际与区域安全学（自设）	学术硕士点
30	**0302**	**法学**	**政治学**	**学术硕士点**
31	030201	法学	政治学理论	学术硕士点
32	030202	法学	中外政治制度	学术硕士点
33	030203	法学	科学社会主义与国际共产主义运动	学术硕士点
34	0302Z2	法学	中外马克思主义比较研究（自设）	学术硕士点
35	030206	法学	国际政治	学术硕士点
36	030207	法学	国际关系	学术硕士点
37	030208	法学	外交学	学术硕士点
38	0302Z1	法学	公共外交（自设）	学术硕士点
39	99J1	法学	区域学（自设，交叉学科）	学术硕士点
40	**0305**	**法学**	**马克思主义理论**	**学术硕士点**
41	030501	法学	马克思主义基本原理	学术硕士点
42	030503	法学	马克思主义中国化研究	学术硕士点
43	030505	法学	思想政治教育	学术硕士点

续表 79

序号	学科代码	学科门类	学科名称	授权类别
44	**0401**	**管理学**	**教育学**	**学术硕士点**
45	040102	管理学	课程与教学论	学术硕士点
46	040104	管理学	比较教育学	学术硕士点
47	040106	管理学	高等教育学	学术硕士点
48	**0501**	**文学**	**中国语言文学**	**学术硕士点**
49	050102	文学	语言学及应用语言学	学术硕士点
50	050103	文学	汉语言文字学	学术硕士点
51	050105	文学	中国古代文学	学术硕士点
52	050108	文学	比较文学与世界文学	学术硕士点
53	**0502**	**文学**	**外国语言文学**	**学术硕士点**
54	050201	文学	英语语言文学	学术硕士点
55	050202	文学	俄语语言文学	学术硕士点
56	050203	文学	法语语言文学	学术硕士点
57	050204	文学	德语语言文学	学术硕士点
58	050205	文学	日语语言文学	学术硕士点
59	050207	文学	西班牙语语言文学	学术硕士点
60	050208	文学	阿拉伯语语言文学	学术硕士点
61	050209	文学	欧洲语言文学	学术硕士点
62	050210	文学	亚非语言文学	学术硕士点
63	050211	文学	外国语言学及应用语言学	学术硕士点
64	0502Z1	文学	比较文学与跨文化研究（自设）	学术硕士点
65	0502Z2	文学	翻译学（自设）	学术硕士点
66	99J2	文学	亚非地区研究（自设）	学术硕士点
67	**0503**	**文学**	**新闻传播学**	**学术硕士点**
68	050301	文学	新闻学	学术硕士点
69	050302	文学	传播学	学术硕士点
70	**0603**	**历史学**	**世界史**	**学术硕士点**
71	060300	历史学	世界史	学术硕士点
72	**1201**	**管理学**	**管理科学与工程**	**学术硕士点**
73	1201Z1	管理学	金融工程与风险管理（自设）	学术硕士点
74	1201Z2	管理学	国际贸易与投资管理（自设）	学术硕士点
75	1201Z3	管理学	国际物流与供应链管理（自设）	学术硕士点
76	1201Z4	管理学	跨国经营与信息管理（自设）	学术硕士点
77	**1202**	**管理学**	**工商管理**	**学术硕士点**
78	120201	管理学	会计学	学术硕士点
79	120202	管理学	企业管理	学术硕士点
80	**0251**		**金融硕士**	**专业硕士点**
81	**0254**		**国际商务硕士**	**专业硕士点**
82	**0351**		**法律**	**专业硕士点**
83	035101		法律（非法学）	专业硕士点
84	035102		法律（法学）	专业硕士点
85	**0453**		**汉语国际教育**	**专业硕士点**
86	**0551**		**翻译硕士**	**专业硕士点**
87	055101		英语笔译	专业硕士点
88	055102		英语口译	专业硕士点
89	055103		俄语笔译	专业硕士点

续表 79

序号	学科代码	学科门类	学科名称	授权类别
90	055104		俄语口译	专业硕士点
91	055105		日语笔译	专业硕士点
92	055106		日语口译	专业硕士点
93	055107		法语笔译	专业硕士点
94	055108		法语口译	专业硕士点
95	055109		德语笔译	专业硕士点
96	055110		德语口译	专业硕士点
97	055111		朝鲜语笔译	专业硕士点
98	055112		朝鲜语口译	专业硕士点
99	055113		西班牙语笔译	专业硕士点
100	055114		西班牙语口译	专业硕士点
101	055115		阿拉伯语笔译	专业硕士点
102	055116		阿拉伯语口译	专业硕士点
103	055117		泰语笔译	专业硕士点
104	055118		泰语口译	专业硕士点
105	**0552**		**新闻与传播**	**专业硕士点**
106	**1253**		**会计**	**专业硕士点**
107	**1251**		**工商管理硕士（MBA）**	**专业硕士点**

说明：黑体字为一级学科

三、人才培养

1991 年至 2020 年，北京外国语大学以“建设国际化、重特色、高水平、综合型的世界一流外国语大学”为目标，保持通用语种专业的领先优势，加大非通语种专业建设力度，全面提升非外语专业竞争力。截至 2020 年，学校开设本科专业 121 个，其中 44 个专业是全国唯一专业点，英语、俄语等 23 个专业获批教育部国家级一流本科专业建设点；外交学、会计学等 18 个专业获批北京市一流本科专业建设点；英语、阿拉伯语获批北京市重点建设一流专业。学校获批外语语种数量达到 101 种，实际开设语种达到 86 种，基本覆盖与中国建交国家官方语言。

持续实施“一带一路”外语专业综合评价招生考试，增设北外优质生源基地校，总数达到 133 所，实现全国各省份全覆盖；不断优化生源结构，男女生录取比例提升至 1∶3；文理科平均录取率分别处于 1.5‰和 12‰高位次。学校毕业生就业整体去向落实率一直保持在 95% 以上。继续深造比例超过 50%，其中国内升学 96% 以上为双一流高校或专业建设校，海外留学 50% 以上为 QS 排名前 100 名的高校。服务国家发展大局，赴国际组织实习任职学生共计 97 人次。

坚持本科教学核心地位，实施拔尖人才培养计划，加快培养国际组织人才、国际传播人才、高端翻译人才等国家急需人才。2010 年起在外语专业本科阶段实施“国际化战略人才培养计划”的改革试点项目，2017 年成立北外学院，2018 年起陆续开设法语（国际关系）、德语（国际商务）等一批复合型专业，开设“非通用语复合法学特色班”，与新华社合作“多语种新闻传播实验班”，复合型复语型招生专业覆盖商、法、新闻、外交等多学科方向。2019 年出台《北京外国语大学关于加快建设一流本科教育的若干意见》，启动非外语专业复合型多语种拔尖培养计划，实现了对全校拔尖创新人才培养的全覆盖。本科阶段英文授课课程与面向留学生的国际课程逐年递增，国际化程度不断提升，连续举办暑期国际小学期，年均开设高水平课程 31 门。

专注课程建设，打造“金课”。强化课堂主阵地意识，严格课堂教学管理，严把教材审核关，画好思政课程、课程思政同心圆。2019年专门出台《加强我校马克思主义学科和学院建设的十条措施》，2019年年底开始扎实推进《习近平谈治国理政》多语种版“三进”工作，在课程、教材和教改三方面设置专题教改立项，84项本科项目获得立项。设立并获批北京高校中国特色社会主义世界影响力研究协同创新中心、北京市习近平新时代中国特色社会主义思想研究中心研究基地和北京市重点建设马院。

发展大学素质教育，提升学生综合素养。完善课程教学、实践活动、校园文化、艺术展演“四位一体”的美育工作体系，鼓励每位学生掌握一种乐器。2019学年度，乐器普及课程共涉及7种民族器乐，26个班级，覆盖了全校70%以上的本科一年级学生。2020年修订本科专业人才培养方案，将劳动教育纳入公共基础课程体系，专门设置劳动教育2学分，32学时。

积极打造标志性成果。学校获得国家、省部级教学奖200项。近五年，“语言＋地区研究”——“一带一路”非通用语高素质复合型人才培养模式荣获国家级教学成果奖二等奖；7门课程获评国家级一流本科课程；7个项目获得北京市教学成果奖，一等奖3个，二等奖4个；英语专业教学团队获评北京市优秀教学团队；王军、张莲、李英桃、戴桂菊4位教师获得北京市教学名师奖，吴江、董希骁两位教师获得北京市青年教学名师奖；8个项目获评北京市优质本科课程、优质本科教材/课件；8个项目立项为北京市本科教学改革创新项目；李莉文和郭斌获评北京市本科优秀教学管理人员。

大力提升教材建设质量。健全教材工作体系，建立中国外语教材研究中心，加大重要教材的翻译推介，策划出版高质量系列教材，形成了集教材管理、教材研究、教材翻译、教材出版等于一体的教材工作体系。完善教材管理制度，完善教材立项、资助出版、教材建设奖励、境外教材选用等一系列管理办法。强化教材育人功能，推进《习近平谈治国理政》多语种版进课程教材。提高教材建设质量，11部教材入选“十五”国家级规划教材，14部教材入选“十一五”国家级规划教材，59部教材入选“十二五”国家级规划教材。服务国家能力不断提升，参与我国基础教育、高等教育、职业教育、网络教育等国家英语课程标准的制定。承担《习近平谈治国理政》21个语种的翻译、审校和定稿，承接国家教材委委托的《习近平总书记教育重要论述讲义》5个语种翻译工程。教材保障体系不断完善，出台教材立项、教材出版资助、教材建设奖励等一系列管理办法，将教材编审作为教师职称评定、评奖评优的重要依据，确保教材建设健康可持续发展。

表80　　北京外国语大学本科专业一览表（2020年）

序号	专业代码	专业名称	学位授予门类	专业类
1	050101	汉语言文学	文学	中国语言文学类
2	050103	汉语国际教育	文学	中国语言文学类
3	050201	英语	文学	外国语言文学类
4	050202	俄语	文学	外国语言文学类
5	050203	德语	文学	外国语言文学类
6	050204	法语	文学	外国语言文学类
7	050205	西班牙语	文学	外国语言文学类
8	050206	阿拉伯语	文学	外国语言文学类
9	050207	日语	文学	外国语言文学类
10	050208	波斯语	文学	外国语言文学类
11	050209	朝鲜语	文学	外国语言文学类
12	050210	菲律宾语	文学	外国语言文学类

续表 80

序号	专业代码	专业名称	学位授予门类	专业类
13	050211	梵语巴利语	文学	外国语言文学类
14	050212	印度尼西亚语	文学	外国语言文学类
15	050213	印地语	文学	外国语言文学类
16	050214	柬埔寨语	文学	外国语言文学类
17	050215	老挝语	文学	外国语言文学类
18	050216	缅甸语	文学	外国语言文学类
19	050217	马来语	文学	外国语言文学类
20	050218	蒙古语	文学	外国语言文学类
21	050219	僧伽罗语	文学	外国语言文学类
22	050220	泰语	文学	外国语言文学类
23	050221	乌尔都语	文学	外国语言文学类
24	050222	希伯来语	文学	外国语言文学类
25	050223	越南语	文学	外国语言文学类
26	050224	豪萨语	文学	外国语言文学类
27	050225	斯瓦希里语	文学	外国语言文学类
28	050226	阿尔巴尼亚语	文学	外国语言文学类
29	050227	保加利亚语	文学	外国语言文学类
30	050228	波兰语	文学	外国语言文学类
31	050229	捷克语	文学	外国语言文学类
32	050230	斯洛伐克语	文学	外国语言文学类
33	050231	罗马尼亚语	文学	外国语言文学类
34	050232	葡萄牙语	文学	外国语言文学类
35	050233	瑞典语	文学	外国语言文学类
36	050234	塞尔维亚语	文学	外国语言文学类
37	050235	土耳其语	文学	外国语言文学类
38	050236	希腊语	文学	外国语言文学类
39	050237	匈牙利语	文学	外国语言文学类
40	050238	意大利语	文学	外国语言文学类
41	050239	泰米尔语	文学	外国语言文学类
42	050240	普什图语	文学	外国语言文学类
43	050242	孟加拉语	文学	外国语言文学类
44	050243	尼泊尔语	文学	外国语言文学类
45	050244	克罗地亚语	文学	外国语言文学类
46	050245	荷兰语	文学	外国语言文学类
47	050246	芬兰语	文学	外国语言文学类
48	050247	乌克兰语	文学	外国语言文学类
49	050248	挪威语	文学	外国语言文学类
50	050249	丹麦语	文学	外国语言文学类
51	050250	冰岛语	文学	外国语言文学类
52	050251	爱尔兰语	文学	外国语言文学类
53	050252	拉脱维亚语	文学	外国语言文学类
54	050253	立陶宛语	文学	外国语言文学类
55	050254	斯洛文尼亚语	文学	外国语言文学类
56	050255	爱沙尼亚语	文学	外国语言文学类
57	050256	马耳他语	文学	外国语言文学类
58	050257	哈萨克语	文学	外国语言文学类

续表 80

序号	专业代码	专业名称	学位授予门类	专业类
59	050258	乌兹别克语	文学	外国语言文学类
60	050259	祖鲁语	文学	外国语言文学类
61	050260	拉丁语	文学	外国语言文学类
62	050261	翻译	文学	外国语言文学类
63	050263T	阿姆哈拉语	文学	外国语言文学类
64	050264T	吉尔吉斯语	文学	外国语言文学类
65	050265T	索马里语	文学	外国语言文学类
66	050266T	土库曼语	文学	外国语言文学类
67	050267T	加泰罗尼亚语	文学	外国语言文学类
68	050268T	约鲁巴语	文学	外国语言文学类
69	050269T	亚美尼亚语	文学	外国语言文学类
70	050270T	马达加斯加语	文学	外国语言文学类
71	050271T	格鲁吉亚语	文学	外国语言文学类
72	050272T	阿塞拜疆语	文学	外国语言文学类
73	050273T	阿非利卡语	文学	外国语言文学类
74	050274T	马其顿语	文学	外国语言文学类
75	050275T	塔吉克语	文学	外国语言文学类
76	050276T	茨瓦纳语	文学	外国语言文学类
77	050277T	恩德贝莱语	文学	外国语言文学类
78	050278T	科摩罗语	文学	外国语言文学类
79	050279T	克里奥尔语	文学	外国语言文学类
80	050280T	绍纳语	文学	外国语言文学类
81	050281T	提格雷尼亚语	文学	外国语言文学类
82	050282T	白俄罗斯语	文学	外国语言文学类
83	050283T	毛利语	文学	外国语言文学类
84	050284T	汤加语	文学	外国语言文学类
85	050285T	萨摩亚语	文学	外国语言文学类
86	050286T	库尔德语	文学	外国语言文学类
87	050287T	比斯拉马语	文学	外国语言文学类
88	050288T	达里语	文学	外国语言文学类
89	050289T	德顿语	文学	外国语言文学类
90	050290T	迪维希语	文学	外国语言文学类
91	050291T	斐济语	文学	外国语言文学类
92	050292T	库克群岛毛利语	文学	外国语言文学类
93	050293T	隆迪语	文学	外国语言文学类
94	050294T	卢森堡语	文学	外国语言文学类
95	050295T	卢旺达语	文学	外国语言文学类
96	050296T	纽埃语	文学	外国语言文学类
97	050297T	皮金语	文学	外国语言文学类
98	050298T	切瓦语	文学	外国语言文学类
99	050299T	塞苏陀语	文学	外国语言文学类
100	050200T	桑戈语	文学	外国语言文学类
101	0502101T	塔玛齐格特语	文学	外国语言文学类
102	0502102T	爪哇语	文学	外国语言文学类
103	0502103T	旁遮普语	文学	外国语言文学类
104	060102	世界史	历史学	历史学类

续表 80

序号	专业代码	专业名称	学位授予门类	专业类
105	060106T	外国语言与外国历史	历史学	历史学类
106	020401	国际经济与贸易	经济学	经济与贸易类
107	020301K	金融学	经济学	金融学类
108	120102	信息管理与信息系统	管理学	管理科学与工程类
109	120204	财务管理	管理学	工商管理类
110	120205	国际商务	管理学	工商管理类
111	120201K	工商管理	管理学	工商管理类
112	120203K	会计学	管理学	工商管理类
113	080901	计算机科学与技术	工学	计算机类
114	120801	电子商务	管理学	电子商务类
115	030101K	法学	法学	法学类
116	030201	政治学与行政学	法学	政治学类
117	030203	外交学	法学	政治学类
118	030206TK	国际组织与全球治理	法学	政治学类
119	050301	新闻学	文学	新闻传播学类
120	050304	传播学	文学	新闻传播学类
121	130302	戏剧学	艺术学	戏剧与影视学类

四、师资队伍

2000 年《北京外国语大学“十五”期间事业发展规划纲要》指出，学校的发展目标将以教授和研究外国语言为主的单科型大学建设成一所多语种、多学科、多层次，培养高质量、复合型、复语型的外语专门人才和外语基本功扎实的经济学、管理学、外交学、新闻学、法学等涉外专业人才，具有重要国际影响的社会主义外国语大学。

学校通过加强制度建设、引进高级专门人才、选留优秀毕业生、加强师资队伍培训等方式进一步提高师资队伍素质，优化师资队伍结构。2003 年学校出台《北京外国语大学高级专业技术职务岗位设置办法（试行）》，逐步推行教师职务聘任制。2002 年学校出台《关于对新入校职工试行人员聘用制的决定》《北京外国语大学人事代理实施办法》，自 2004 年 1 月起，对新入校的编制内教职员工实行人员聘用制度，签订为期 3～5 年的聘用合同。

为加强学校编制管理，提高办学效益，促进教学、科研工作的顺利开展，2004 年出台《北京外国语大学教师定编办法》和《北京外国语大学教学单位缺编费核定办法》。2007 年 4 月，学校成立岗位设置管理工作领导小组和工作小组，形成《北京外国语大学岗位设置实施办法》《北京外国语大学专业技术（教师系列）岗位首次聘用实施细则》《北京外国语大学专业技术（其他系列）岗位首次聘用实施细则》《北京外国语大学管理岗位首次聘用实施细则》《北京外国语大学工勤技能岗位首次聘用实施细则》，2008 年 3 月学校正式实施岗位设置管理。学校设立“长青学者”、冠名讲席教授等人才评聘制度，实施“中青年卓越人才支持计划”。成立教师发展中心，不断完善教师发展机制，多方位促进教师发展。

2014 年至 2016 年陆续出台并执行《北京外国语大学引进高层次人才和中青年学术骨干实施办法》《北京外国语大学“冠名讲席教授”计划实施办法（2021 年修订）》《北京外国语大学中青年卓越人才支持计划实施和管理办法（试行）》《北京外国语大学“长青学者”岗位管理办法（2020 年修订）》《北京外国与大学关于进一步支持教师开展国（境）外学术交流和进修学习的实施办法（2020 年修订）》，为进一步促进学校世界一流学科建设工作，探索符合学校特色的现代大学人事制度改革，建设一支充满活力和世界一流水平的师资队伍。

2015 年，学校在英语语言文学国家重点学科建设单位英语学院实施师资聘用改革试点。2020 年在试点基础上，对学校所有新入职教师实现动态优化管理，入职后签订3年聘用合同，完成合同期内规定的相应岗位任务。

2016年出台《北京外国语大学专业技术职务评聘实施办法》，结合学校发展目标与定位，将教师职称系列设置为教学科研、科研教学和教学系列，建立分类卓越的职称评聘体系，精细化分类管理，畅通教师发展通道，在教学系列的评价中更加注重教育业绩的实际和教学研究，设置多个指标全面评价教育教学能力和业绩。截至2020年12月，教学系列评审教授7人，副教授11人。

截至2020年12月，学校教职工1265人，其中专任教师人数811人，引进人才69人，分布在学校各个岗位，为学校的学科建设和发展起到了推动作用；截至2020年学校共有109人获得政府特贴，14人入选万人计划、百千万人才工程等省部级以上高层次人才计划；王福祥、钱青、邱苏伦、陈琳教授获评“全国优秀教师”称号，伊莎白教授荣获中华人民共和国友谊勋章。

五、科学研究

北京外国语大学以服务国家战略为导向，紧跟党和国家发展步伐，强化基础性、前瞻性学术研究。学校主动对接国家战略需求，发挥外语院校在外交和全球治理等领域的优势，积极承担国家级、省部级科研项目。“八五”期间承担国家级、省部级科研项目6项；“九五”期间承担国家级、省部级科研项目17项，其中教育部重点研究基地重大项目2项；“十五”期间承担国家级、省部级科研项目35项，其中，教育部重点研究基地重大项目2项；“十一五”期间承担国家级、省部级科研项目67项，其中，国家级项目24项，省部级项目43项，重点项目4项；“十二五”期间承担国家级、省部级科研项目223项，其中，国家级项目65项，省部级项目158项，重大项目4项，重点项目13项；“十三五”期间承担国家级、省部级科研项目433项，包括重大项目33项，科研能力和水平实现较大飞跃。近年来，学校更加注重关注政治与服务大局。自2011年以来，学校在咨政建言方面实现了质的突破，“十二五”期间提交的咨政报告达122份，“十三五”期间达225份，报告的被采纳率从68.85%上升到91.56%。

重视科研产出，实现以研促教。近三十年，学校期刊论文发表质量不断提升，“八五”期间共发表94篇，其中核心期刊论文53篇，境外期刊论文5篇；“九五”期间共发表937篇，其中核心期刊论文285篇，境外期刊论文38篇；“十五”期间共发表1931篇，其中核心期刊论文559篇，境外期刊论文65篇；“十一五”期间共发表4467篇，其中核心期刊论文1000篇，境外期刊论文454篇；“十二五”期间共发表3253篇，其中核心期刊论文1580篇，境外期刊论文431篇；“十三五”期间共发表3976篇，其中核心期刊论文2120篇，境外期刊论文455篇。

提升人文研究价值，促进人文社科繁荣。作为外语院校，学校重视人文研究的现实价值与长远影响，积极推进人文研究深度与广度的融合。“八五”期间各类出版物总计48部，其中，专著10部、译著8部、编著9部、辞书7部；“九五”期间各类出版物总计523部，其中，专著80部、译著131部、编著35部、辞书43部；“十五”期间各类出版物总计658部，其中，专著72部、译著155部、编著57部、辞书22部；“十一五”期间各类出版物总计1398部，其中，专著214部、译著252部、编著210部、辞书87部；“十二五”期间各类出版物总计1169部，其中，专著236部、译著313部、编著233部、辞书12部；“十三五”期间各类出版物总计1277部，其中，专著287部、译著413部、编著198部、辞书18部。

关注人文，精耕研究，促进精品科研成果产出。1991年以来，学校累计获得国家级、省部级奖项368项。学校于“八五”期间获得国家级人文社科优秀成果奖26项，国家级图书、专著、教材等出版物奖10项，其中，1995年《美国文学名著精选》荣获全国外国文学教学研究会首届优秀教材奖特等奖，《英国二十世纪文学史》荣获全国高校出版社优秀学术专著奖特等奖。“九五”期间获得国家级、省部级人文社科优秀成果奖25项，国家级图书、专著、教材等出版物奖4项，其中，1999年《新捷汉词典》荣获国际辞书奖一等奖，《英国文艺复兴时期文学史》荣获国家社会科学基金项目优秀成果奖。“十五”期间获国家级、省部级科研成果奖26项，其中2003年《阿拉伯通史》荣获第三届中国高校人文社科研究优秀成果奖一等奖；“十一五”期间获得国家级、省部级科研成果奖94项，其中2006年《英汉空间指示语对比研究》荣获第四届高校人文社会科学研究优秀成果奖二等奖，2010年《思想认同的焦虑：旅行后殖民理论的对话和超越精神》荣获北京市第十一届哲学社会科学优秀成果奖二等奖。“十二五”期间获得国家级、省部级科研成果奖87项，其中，中华人民共和国国家标准GB/T30240.1—2013《公共服务领域英文译写规范第1部分：通则》被鉴定为国家首创，2012年《20世纪美国女性小说研究》荣获北京市第十二届哲学社会科学优秀成果奖一等奖。“十三五”期间获得国家级、省部级科研成果奖96项，包括：《去野外——探索大自然之旅》荣获第十二届国家图书馆“文津图书奖”特等奖，《增强中国在国际规则制定中的话语权》荣获北京市第十五届哲学社会科学优秀成果奖一等奖，《中等强国外交行为理论视野下的加拿大北极政策研究》和《〈中国大百科全书〉(第三版戏剧卷)》被鉴定为国家首创科研成果。

聚焦国家发展战略需求，持续完善科研机构建设。学校先后成立71个校级以上科研机构，拥有1个教育部人文社会科学重点研究基地——中国外语与教育研究中心，1个国家语委科研中心、国家语委智库建设试点单位——国家语言能力发展研究中心，1个北京市哲学社会科学重点研究基地——北京中外文化交流研究基地，1个北京市教育法治研究基地——中外教育法研究中心，4个教育部区域和国别研究培育基地——中东欧研究中心、日本研究中心、英国研究中心、加拿大研究中心，37个教育部备案国别和区域研究中心以及3个教育部人文交流研究中心——中印尼人文交流研究中心、中法人文交流研究中心、中德人文交流研究中心，1个校级重点实验室——人工智能与人类语言重点实验室。把握新时代提升国家国际传播能力需求，2016年，学校被授予“北京高校中国特色社会主义世界影响力研究协同创新中心”，2018年，学校正式成为北京市习近平新时代中国特色社会主义思想研究中心基地，2019年，学校入选国家语言文字推广基地。

加强学术交流，扩大学术影响力。学校发挥外语院校优势，积极开展国际、国内学术交流与合作，“八五”和“九五”两个时期，共举办67场国内、国际学术会议，包括国际学术会议27场。“十五”期间，学校举办国内、国际学术会议达105场，国际学术会议达75场。“十一五”期间举办国内、国际学术会议154场，其中国际会议29场，包括两次意义重大的国际学术会议：“中国与中东欧文化交流的历史与现状国际学术研讨会”和“德国汉学百年：历史、人物、前瞻国际研讨会”。此外，为搭建中国学术国际化平台，促进全国外语院校资源共享与合作，2009年6月，学校与教育部社科司联合举办“外语院校繁荣发展哲学社会科学高层论坛暨外语院校科研协作会成立大会”。“十二五”期间，学校举办172场国内、国际学术会议，包括国际会议75场，学校2011年承办的第16届世界应用语言学大会暨第6届中国英语教学国际研讨会被誉为“国际语言学界奥林匹克盛会”，是世界应用语言学大会第一次在中国举行，主办21世纪中华文化世界论坛“中欧文化交流的过去与未来”国际学术研讨会，参与组织习近平总书记出席的国际儒学联合会第五届会员大会和博鳌亚洲论坛。“十三五”期间，学校举办国内、国际学术会议共计263场，其中国际学术会议78场。

丰富学术交流平台，释放学术研究活力。依托北外101种多语种学科资源优势，学校建设中外文学术刊物集群，包括13种学术期刊、10种学术集刊和11种多语种学术期刊。“十二五”期间：《外语教学研究》《外国文学》《国际论坛》等核心期刊和CSSCI来源期刊的学术影响力稳步提升。《外语教学与研究》获国家社会科学基金第一批学术期刊资助，被评为“2013、2014中国最具国际影响力学术期刊”。“十三五”期间，《中国应用语言学(英文)》《国际汉语教育》《区域与全球发展》《外语教育研究前沿》《青少年法制教育》

5种期刊获批正式刊号，CSSCI期刊增至4种，目前正在筹建11种多语种学术期刊。学校为期刊建设提供全方位、全过程的支持与监督，取得期刊建设的良好成绩。《中国应用语言学（英文）》获评2019年中国国际影响力优秀学术期刊和2020年中国最具国际影响力学术期刊。《外语教学与研究》位列《中国学术期刊影响因子年报（人文社会科学）2020版》“语言文字”榜单第一名，是该榜单中唯一一个影响力指数CI超过1000的期刊。同时，《外语教学与研究》在《2020中国学术期刊国际引证年报（人文社会科学版）》中获评“2020中国最具国际影响力学术期刊”。此外，《外语教学与研究》和《外国文学》双双入选2020年中国科技核心期刊（社会科学卷）。

六、文化建设

传承红色基因。作为党创办的第一所外国语高等学校，北京外国语大学始终以传承红色基因、服务国家建设为己任。学校修订教师职业道德规范，实施师德“一票否决制”，成立“师德学风及校园文化建设学习考察小组”等，强化全体教师尤其是青年教师的思想道德建设，涌现了一批以共和国“友谊勋章”的获得者伊莎白、“全国优秀教师”陈琳等为代表的优秀红色外语教育家。一大批北外教师获得各国国家级勋章。学校多项教材被确认为北京高等教育精品教材，中国外语与教育研究中心教师团队被评为“全国高校黄大年式教师团队”。

构建多元文化。以微博、公众号、多语种网站等为阵地，以“北外校园文化系列讲座”、外交官俱乐部、“参考消息”进北外、国际文化节、全球化与青年责任论坛、中俄大学生艺术联欢节、华语电影高校巡展、北外新闻周为载体，开展高雅、健康、多元的校园文化活动。目前学校开通了48种外国语言门户网站以及各教学单位二级英文网站、外语类院系对象国语言二级网站，形成多层次、立体化的多语种网站群。2011年至今，各语言类院系分别结合专业特点，举行了英语文化节、俄罗斯文化节、日本文化节、法语文化日、科威特文化周等活动。国际文化节为同学们开展文化交流、展示专业技能、增进相互友谊提供了宝贵平台，已成为各院系开展文化建设的重要载体。在多元文化环境下，一批优秀学生脱颖而出。仅以近十年的数据为例，累计566名本科生入选“国际化战略人才培养计划”，近90%的硕士生在培养阶段曾在牛津大学、剑桥大学等世界一流大学留学，赴国际组织实习126人次，向联合国及相关机构成功输送13名毕业生。先后有学生荣获美国白宫记者协会奖学金、国际马来语演讲比赛冠军。几十年来，学校培养驻外大使400多人，驻外参赞2000余人以及邵云环、许杏虎、焦翔等为代表的杰出驻外记者。真正将“人民需要我们到哪里，我们就到哪里”的校歌精神践行到祖国最需要的地方。

积极承担国家、北京市等各层次重大活动的志愿服务工作。北京奥运会期间，学校2429名奥运志愿者和1396名残奥会志愿者服务在6类专业志愿者岗位和37个奥运场馆、场所；贵宾陪同志愿者为国际奥委会主席罗格等20多位国际奥委会高官提供语言服务；在奥组委招募的OFA志愿者中，北外有622名，占总数的64%，居首都高校之首。同年，北外获评奥运培训工作先进单位。2018年5月，学校成为平昌冬奥会总结会志愿服务唯一服务高校。2008年2月，学校与奥组委合作成立北京奥运会多语言服务中心，通过电话翻译方式为北京奥运提供44个语种语言服务，为残奥会提供9个语种和一个话务热线24小时的电话值守服务，受到中共中央、国务院表彰；北京奥运会后，成功转化成为北京多语言服务中心，自2010年起全面对接北京市国际交往中心建设布局，不间断运行，为“12345”“110”“120”等首都公共服务热线提供8个语种电话翻译服务，其中英语为24小时服务，参与服务志愿者2058人。中心2015年获评教育部首批实践育人创新创业基地，2020年获得第五届中国青年志愿服务项目大赛金奖。学校还先后承办京沪粤港大学生迎香港回归英语演讲比赛、欧盟—中国青年经理培训、北京市民外语培训工程、欧洲七国中小学生奥运营活动、国际传媒管理高级课程、在华外国师生看中国摄影作品大赛、教育部公益性普法网站“全国青少年普法网”。2006年启动“歆语工程”社会实践项目，先后有4000多名青年志愿者奔赴西部经济教育欠发达地区、革命老区和少数民族地区开展语言服务、扶贫支教以及师资培训等活动，直接受益75000多人。该项目于2010年获得联合国教科文组织颁发的“文晖教育创新奖”。2010年以来，学校参与共青团中央“中国扶贫接力计划”研究生支教团,先后赴重庆陈口、湖南湘西、陕西陇县、云南鹤庆、西藏拉萨、河北雄安等地开展支教活动。

七、国际交流

北京外国语大学坚持“一体、两翼、四目标、六计划”的方针，实施“BFSU CREATE全球战略规划”，国际交流与合作不断深化。先后与全球86个国家379所著名高等院校、一流研究机构等建立了长期稳定的合作关系。倡导发起“全球外国语大学联盟”“中印尼高校智库联盟”“中日人文交流大学联盟”“中葡语言文化合作交流联合体”，并加入“中国—中东欧国家高校联合会”“金砖国家大学联盟”“世界丝绸之路大学联盟”等国际联盟和学术组织。举办3个中外合作办学项目，大力开展学生交换、双学位、联合培养、国际暑期学校等各类海外学习项目，获得国家留学基金管理委员会、欧盟伊拉斯谟+计划、校级学生赴海外交流学习、实习实践奖学金等多渠道资助。拥有4个教育部区域和国别研究培育基地（中东欧研究中心、日本研究中心、英国研究中心、加拿大研究中心）及37个教育部备案国别和区域研究中心。承办3个教育部人文交流研究中心：中国—印尼人文交流研究中心、中法人文交流研究中心、中德人文交流研究中心。师资队伍国际化程度不断提高，2020年，学校拥有长短期外籍教师共151名。学校承办了23所海外孔子学院/独立课堂,位于亚、欧、美18个国家。

作为新中国第一批开展来华留学的院校，北外在服务国家战略、“一带一路”倡议、学校“双一流”建设、实施“小语种、大外交”等方面充分发挥语种、国际交流合作活跃的优势，积极探索留学生招生及培养机制新模式。相继开展了“孔子新汉学计划”博士生和青年领袖项目、“丝绸之路”奖学金项目、“一带一路”基地项目、国家部委翻译人才培养项目、国外名校“2+2”联合培养本科留学生双学位项目和“1+1”硕士留学生双学位项目、多国夏令营、东盟“10+3”等多种类高层次来华人才培养项目，并在保证传统汉语教学优势基础上，打造一批彰显北外优势和特色的英文授课专业和特色课程，着力培育“留学北外”品牌，吸引了越来越多的国际学生来校学习。当前，国际学生中学历生占比75%，学历生中非汉语专业学生占比65%，学生来自世界125个国家，国际学生学历层次显著提高，专业布局更加合理，来源国更加丰富。据不完全统计，1991年至2020年，学校共计招收和培养长短期外国留学生超过3.3万人，来自150多个国家和地区。

八、校园基础建设

30年来，学校办学空间得到很大拓展。学校建筑面积由1991年的18.67万平方米增加到2020年的49.21万平方米。“八五”期间，完成建筑面积3.6万平方米，其中教学科研用房0.5万平方米，学生宿舍1.7万平方米，职工住宅1.4万平方米;“九五”期间，完成建筑面积7.9万平方米,其中教学科研用房4.2万平方米，购买和建设职工住宅3.7万平方米;“十五”期间,完成建筑面积7.9万平方米，其中教学科研用房3.9万平方米，学生宿舍4万平方米。“十一五”期间，完成建筑面积6.7万平方米,其中教学科研用房6万平方米，学生宿舍0.7万平方米。“十二五”期间，完成建筑面积2.8万平方米，全部为教学科研用房。“十三五”期间，完成建筑面积11.8万平方米,其中教学科研用房10.4万平方米，学生宿舍1.4万平方米。

1997年，建筑面积为1.69万平方米的外语教学与研究出版社办公楼（外研社大楼）获得北京市“九十年代十大建筑奖”。2013年，建筑面积为2.4万平方米图书馆改扩建工程获得“二〇一三年度北京市建筑竣工长城杯银质奖”和“二〇一三年度北京市建筑结构长城杯银质奖”。建筑面积为5.8万平方米的西

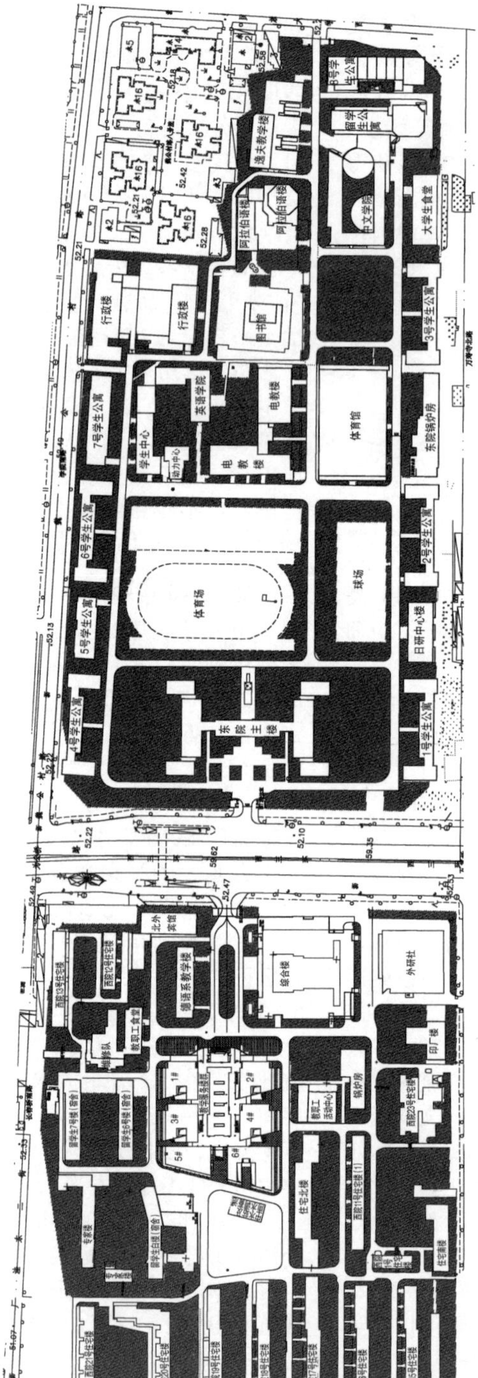

图23 北京外国语大学平面图（东校区、西校区）

校区教学服务楼群工程获得“2019—2020年度结构长城杯金质奖工程”“2021—2022年度建筑长城杯金质奖工程”“全国绿色施工科技示范工程”“北京市绿色安全样板工地”“第七届全国BIM大赛一等奖”。

在信息化基础建设方面，1997年正式启动校园网建设，1998年完成校园计算机网络第一期建设工程，开通网站、电子邮件等服务，主干网络覆盖了所有的行政、教学、科研楼群；2004年完成了校园网二期建设，2005年网络覆盖到学生宿舍和家属区，2007年完成IPv6下一代互联网部署；2010年完成校园网三期建设，有线网络实现千兆到桌面，部分区域部署无线网络。截至2020年，全校信息点超过20000个，校园网出口带宽7500M，无线网络覆盖达到100%。“十五”期间，学校建成教务、财务等信息系统，校内部门都建立了二级网站。2006年完成一卡通一期建设，2013年进行二期建设，实现了学生电子注册、图书馆、教学区门禁和个人消费等全面应用。2009年，发布以“数字北外”为标志的数字化校园平台。2015年建成办公自动化系统、移动校园平台、50个语种的学校官方网站等。2018年获批教育部人工智能助推教师队伍建设行动试点工作高校，建成多间智能教室、智能实验室、教师智能素养提升平台、教师大数据平台等。2020年疫情期间，上线了“学生通”“人事通”“快宿通”等疫情防控应用，实现了“人员全覆盖”“空间全覆盖”“场景全覆盖”。

九、2020年学校基本情况

2020年，北京外国语大学校园面积49.21万平方米，图书馆建筑面积2.4292万平方米。全年教育经费总投入130953万元。设有2个校区，设置28个院（系、部）。开设121个本科专业。“双一流”建设学科1个，国家级一流本科专业建设点23个。国家重点实验室0个，北京实验室0个，北京重点实验室0个。教职工2106人，其中，专任教师807人；正高级172人、副高级269人；博士生导师97人、硕士生导师267人。外籍教师151人，其中教授15人，副教授22人。在校生65253人，其中，研究生3453人（博士生578人、硕士生2875人）、普通本科生5768人、成人教育本专科生475人（本科生445人、专科生30人）、网络教育本专科生55557人（本科生29223人、专科生26334人）。留学生毕业1146人、招生1012人、在校生2209人。网址：www.bfsu.edu.cn。

附表：

表81　中共北京外国语大学委员会历任书记一览表（1991—2020年）

书记	任职时间	书记	任职时间
李宜今	1984年12月—1992年1月	杨学义	2002年7月—2014年2月
曹小先	1992年1月—1996年5月	韩　震	2014年2月—2018年2月
陈乃芳	1996年5月—2002年7月	王定华	2018年2月—

表82　北京外国语大学历任校长一览表（1991—2020年）

校长	任职时间	校长	任职时间
王福祥	1984年4月—1997年2月	韩　震	2012年8月—2014年2月
陈乃芳	1997年2月—2005年6月	彭　龙	2014年2月—2019年3月
郝　平	2005年6月—2010年3月	杨　丹	2019年3月—
陈雨露	2010年3月—2012年8月		

（执笔人：姚　燕、吴天宇）

北京语言大学

北京语言大学是中国教育部直属高等学校，是中国唯一一所以对在华留学生进行汉语、中华文化教育为主要任务的国际型大学。北京语言大学简称北语，英文全称 Beijing Language and Culture University，简称 BLCU 或 BEIYU。学校素有“小联合国”之称。学校对中国学生进行外语、中文、信息科学、经济、艺术、心理学、教育学、语言学等专业教育，同时承担着培养汉语师资、出国留学预备人员出国前的外语培训工作等任务。

经过近 60 年的发展，北语已经发展成为一所以语言文化教育和语言文化研究为特色和优势的多科性国际型大学，是我国中外语言、文化研究的学术重镇和培养各领域优秀人才的摇篮。2019 年，学校明确了建设中国特色世界一流语言大学的奋斗目标和新时代“三步走”的战略部署。

一、学校沿革

北语的历史沿革可以追溯到 1950 年成立的清华大学东欧交换生中国语文专修班。1952 年院系调整时，该专修班调整到北京大学，即北京大学外国留学生中国语文专修班。1960 年，由于我国接受外国留学生的规模和范围扩大，特别是要大量接受非洲留学生，于是在北京外国语学院设立非洲留学生办公室。1961 年 7 月，北京大学外国留学生中国语文专修班调入北京外国学院，与非洲留学生办公室合并，改名为外国留学生办公室。

我国 1950 年开始派出留学生。鉴于派出的留学生在国内没有经过外语的培训，学习上发生困难，国家决定成立专门的语言培训机构，并于 1952 年在当时的俄文专修学校（1955 年升格为北京俄语学院）内设立留苏预备部。1959 年北京俄语学院与北京外国语学院合并，留苏预备部随之并入，1962 年北外留苏预备部改名出国留学生预备部。

随着我国国际地位的提高以及经济和科学技术的发展，要求向我国派遣留学生的国家越来越多，我国也需要派遣更多的人员到国外留学。因此，接受外国留学生和向国外派遣留学生的规模都需要扩大。为了适应新的形势，加强对来华和出国留学生工作的统一领导和集中管理，在周恩来总理的亲自关怀下，经国务院批准，1962 年 6 月，外国留学生办公室和出国留学生预备部从北京外国语学院分出，成立外国留学生高等预备学校，这就是北京语言大学独立办校的开始。

1964 年 6 月，学校定名为北京语言学院，1965 年 1 月，周恩来总理批示“同意更改名称，扩大任务”。1971 年 10 月，北京市革命委员会宣布撤销北京语言学院，全体教职员工并入北京第二外国语学院。1972 年 10 月，周恩来总理亲自批示，恢复北京语言学院。1973 年春，学校迁往北京市海淀区学院路 15 号，秋季重新接收来华留学生。1974 年毛泽东主席为学校题写校名。1996 年 6 月更名为北京语言文化大学，2002 年 8 月校名简化为北京语言大学。

建校初期，学校的主要任务是对来华留学生进行汉语预备教育和对我国派出的留学生进行外语预备教育。现已发展成为一所以语言文化教育和语言文化研究为特色和优势的多科性国际型大学。

二、院系建设

1993 年学校制定《教学管理体制改革方案》，实行学院制。将原有的八个教学单位按学科门类和教学层次撤并、扩建为四院两系，即汉语学院、文化学院、汉语速成学院、成人教育学院、外语系和出国部。之后，相继建立新的外国语学院和汉语教师进修学院。1997 年 4 月，学校已经形成六院八所的教学科研体制。

1997 年至 2006 年，学校按照学历教育和非学历教育分类指导的原则，对汉语学院、外国语学院进行重组和调整，成立汉语进修学院，恢复设立出国留学人员培训部。先后将文化学院改建为人文学院、成立计算机科学与技术系并发展为信息科学学院、成立金融系并发展为商学院、成立体育教学部和英语教育中心，教育教学体制得到完善。

2015 年，学校完成了学部制改革，形成了 3 个学部、6 个直属学院（教学部）和两个科研院所。

截至 2020 年，学校设有 3 个学部、10 个直属学院（系、教学部）和 9 个科研院所。

表 83　北京语言大学院系部设置一览表（2020 年）

院部名称	院系名称
汉语国际教育学部	汉语学院
	汉语进修学院
	汉语速成学院
	预科教育学院
	国际汉语教学研究基地
外国语学部	英语学院
	高级翻译学院
	应用外语学院
	东方语言文化学院
	西方语言文化学院
	中东学院
	国别和区域研究院
人文社会科学学部	汉语教育学院
	人文学院
	国际关系学院
	新闻传播学院
	北京语言文献与文化传承研究基地
信息科学学院	—
商学院	—
马克思主义学院	—
艺术学院	—

院部名称	院系名称
语言康复学院	—
语言学系	—
心理学院	—
培训学院	出国培训事业部
	雅思培训中心
	中文培训事业部（教师进修学院）
	外语培训事业部
	继续教育事业部
	考试中心事业部
网络教育学院	中国学生远程教学部
	远程汉语部
体育教学部	—
汉语国际教育研究院	—
语言科学院	—
中华文化研究院	—
语言资源高精尖创新中心	—
国际学生教育政策与评价研究院	—
经济研究院	—
中国书法国际传播研究院	—
语言认知科学学科创新引智基地	—
一带一路研究院	—

三、教学工作

1987 年至 1992 年，学校坚持教育改革，不断完善教学管理制度，加强课堂教学的检查和督导，开展教学评估和优秀教学成果评选等工作，教师教学水平和教育质量稳步提高。对外汉语教学和外语教学事业不断发展，对外汉语教学水平处于全国对外汉语教学的领先地位。1993 年至 1997 年间，学校的教学层次逐步齐备，从短期教育、速成教育到本科生、二学位生、硕士生、博士生教育，还有师资培训和高级研修。中国学生从 1995 级开始全面推行学分制，在留学生中也试行学分制；增加授课门类，优化学生的知识结构。

1994 年对外拓展办学开始起步，截至

1997 年，国内已在北京、天津、山东、广西等地开设了办学点，并在海外积极开拓，与韩国和中国香港等联合成立了办学机构。

1998 年至 2006 年，学历教育和非学历教育协调发展，初步建立起本专科教育、硕士教育、博士教育系统完整，速成教育、进修教育、继续教育、网络教育形式完备的办学体系。学历教育中，中国学生本科生规模稳中有升，研究生数量快速增长，人才培养层次和质量逐步提高，并新增设留学生专科教育；非学历教育，注重发挥社会服务功能，坚持短期培训与长期进修、预科教育相结合，适时创立符合社会需求的人才培养模式。

1998 年至 2006 年，学校深化以课程建设为中心的教学改革，优化课程结构，积极推进学分制，推出辅修课程和辅修专业，推行双语教学，完善学生转专业、重修等教学管理制度。完善教学质量评估体系，教学工作取得丰硕成果，本科教育质量上了新的台阶。1997 年至 2006 年，共获北京市教学成果奖 6 项，国家级教学成果奖 1 项。研究生教育在规模增长中突出培养质量。2004 年成立研究生部，落实校、院二级管理体制及导师负责制，同年成立了研究生教育指导委员会，明确各学科专业带头人，规范研究生培养方案。加强对研究生科研创新能力的培养，深化研究生课程体系改革。

2006 年至 2014 年，共有 7 个专业被教育部评为国家级特色专业建设点，4 个专业被评为北京市特色专业建设点，学校新增设 10 个本科专业。共有国家级优秀教学团队 2 个，北京市优秀教学团队 3 个，有 6 人荣获北京市高等学校教学名师奖。建设了 2 个市级校外人才培养基地。推出了一批重点建设课程和精品课程，其中 5 门课程被评为国家级和北京市级精品课程。在各类学科竞赛中，学生屡获佳绩：共获得国际级奖项 56 个；国家级特等奖及总冠军 11 个，一等奖 39 个，其他各类奖项 346 项。2007 年学校在教育部本科教学工作水平评估中获评优秀。

2015 年至 2020 年,学校坚持“以本为本”，进一步提升本科教育教学质量。制定《本科人才培养能力提升计划》。加强专业建设和课程建设，深化教学改革。新增 8 个本科专业，1 个国家级实验教学示范中心。教学信息化建设水平不断提升，建设了多门高水平慕课课程。创新创业教育不断发展。加强学生体育、美育教育。开展大类招生试点工作。就业质量不断提高，就业率始终稳定在高位。顺利完成教育部本科教学工作审核评估。研究生培养质量不断提升。制订《研究生培养能力提升计划》，不断深化研究生教育综合改革，形成学术学位研究生教育与专业学位研究生教育均衡发展的良好格局。部分专业实施博士研究生招生“申请—考核”制。以实施研究生创新基金项目、优博培育计划等为抓手，提升研究生学术创新能力。顺利完成中国语言文学、外国语言文学等 11 个学位授权点的评估工作。

2015 年至 2020 年，学校不断深化汉语国际教育改革，不断提升服务国家战略和推动中华文化对外传播能力。“汉语国际教育专业与汉语言专业中外学生联合实习模式的创新与实践”等多项教学成果获得北京市高等教育教学成果奖。刘珣教授主编的《新实用汉语课本》获优秀国际汉语教材奖，被译为 9 种语言，被世界 2000 余所学校采用，成为国外最有影响力的汉语教材之一。2015 年至 2020 年，共培养了 23977 名国际学生，培养了近千名国际硕博研究生，培训了数千名孔子学院教师和汉语志愿者，为“一带一路”沿线国家培养了优秀的海外本土师资。

表 84　　北京语言大学本科专业设置一览（2020 年）

序号	专业名称	专业代码	所属学科门类
1	汉语言 *	50102	文学，中国语言文学类
2	英语	50201	文学，外国语言文学类
3	法语	50204	文学，外国语言文学类
4	日语	50207	文学，外国语言文学类

续表 84

序号	专业名称	专业代码	所属学科门类
5	汉语国际教育 *	50103	文学，中国语言文学类
6	阿拉伯语	50206	文学，外国语言文学类
7	西班牙语	50205	文学，外国语言文学类
8	朝鲜语	50209	文学，外国语言文学类
9	汉语言文学	50101	文学，中国语言文学类
10	计算机科学与技术	80901	工学，计算机类
11	金融学	020301K	经济学，金融学类
12	德语	50203	文学，外国语言文学类
13	绘画	130402	艺术学，美术学类
14	信息管理与信息系统	120102	管理学，管理科学与工程类
15	会计学	120203K	管理学，工商管理类
16	国际经济与贸易	20401	经济学，经济与贸易类
17	国际政治	30202	法学，政治学类
18	翻译☆	50261	文学，外国语言文学类
19	新闻学	50301	文学，新闻传播学类
20	数字媒体技术	80906	工学，计算机类
21	意大利语	50238	文学，外国语言文学类
22	葡萄牙语	50232	文学，外国语言文学类
23	国际事务与国际关系	030204T	法学，政治学类
24	人力资源管理	120206	管理学，工商管理类
25	俄语	50202	文学，外国语言文学类
26	财务管理	120204	管理学，工商管理类
27	特殊教育	40108	教育学，教育学类
28	音乐学	130202	艺术学，音乐与舞蹈学类
29	书法学	130405T	艺术学，美术学类
30	土耳其语	50235	文学，外国语言文学类
31	印度尼西亚语	50212	文学，外国语言文学类
32	罗马尼亚语	50231	文学，外国语言文学类
33	语言学	0502100T	文学，外国语言文学类
34	商务英语	50262	文学，外国语言文学类
35	网络与新媒体	050306T	文学，新闻传播学类
36	心理学	71101	理学，心理学类
37	经济学	20101	经济学，经济学类

说明：标 * 的为招收留学生专业，标☆的为招收国内本科生和留学生

表 85　　北京语言大学研究生专业设置一览表（2020 年）

研究生教育	学科门类	一级学科	二级学科（专业）
博士点	05 文学	0501 中国语言文学	050101 文艺学
			050102 语言学及应用语言学
			050103 汉语言文字学
			050104 中国古典文献学
			050105 中国古代文学
			050106 中国现当代文学
			050107 中国少数民族语言文学
			050108 比较文学与世界文学

续表 85

研究生教育	学科门类	一级学科	二级学科（专业）
博士点	05 文学	0501 中国语言文学	0501Z1 汉语国际教育 *
			0501Z2 语言智能与技术 *
			0501Z3 语言政策与语言规划 *
			0501Z5 心理语言学 *
			0501Z6 语言资源学 *
			0501Z7 语言认知科学 *
		0502 外国语言文学	050201 英语语言文学
			050209 欧洲语言文学
			050210 亚非语言文学
			050211 外国语言学及应用语言学
			0502Z1 国别和区域研究 *
			0502Z2 翻译学 *
			0502Z3 语言与人脑科学 *
			0502Z4 国际传播翻译 *
			0502Z5 国际语言服务 *
硕士点	03 法学	0302 政治学	030206 国际政治
		0305 马克思主义理论	030505 思想政治教育
	04 教育学	0401 教育学	040101 教育学原理
			040102 课程与教学论
			0401Z1 教育评价与治理 *
		0402 心理学	040201 基础心理学
			040202 发展与教育心理学
			040203 应用心理学
	05 文学	0501 中国语言文学	050101 文艺学
			050102 语言学及应用语言学
			050103 汉语言文字学
			050104 中国古典文献学
			050105 中国古代文学
			050106 中国现当代文学
			050107 中国少数民族语言文学
			050108 比较文学与世界文学
			0501Z1 汉语国际教育 *
			0501Z2 语言智能与技术 *
			0501Z3 语言政策与语言规划 *
			0501Z4 语言病理学 *
			0501Z5 心理语言学 *
			0501Z6 语言资源学 *
			0501Z7 语言认知科学 *
		0502 外国语言文学	050201 英语语言文学
			050202 俄语语言文学
			050203 法语语言文学
			050204 德语语言文学
			050205 日语语言文学
			050207 西班牙语语言文学
			050208 阿拉伯语语言文学
			050209 欧洲语言文学

续表 85

研究生教育	学科门类	一级学科	二级学科（专业）
硕士点	05 文学	0502 外国语言文学	050210 亚非语言文学
			050211 外国语言学及应用语言学
			0502Z1 国别和区域研究 *
			0502Z2 翻译学 *
			0502Z3 语言与人脑科学 *
			0502Z4 国际传播翻译 *
			0502Z5 国际语言服务 *
		0503 新闻传播学	050301 新闻学
			050302 传播学
	06 历史学	0602 中国史	0602L3 专门史
	08 工学	0812 计算机科学与技术	081201 计算机系统结构
			081202 计算机软件与理论
			081203 计算机应用技术
	专业学位	0453 汉语国际教育	045300 汉语国际教育
		0551 翻译	055101 英语笔译
			055102 英语口译
			055103 俄语笔译
			055105 日语笔译
			055106 日语口译
			055107 法语笔译
			055108 法语口译
			055109 德语笔译
			055110 德语口译
			055111 朝鲜语笔译
			055112 朝鲜语口译
			055113 西班牙语笔译
			055114 西班牙语口译
			055115 阿拉伯语笔译
			055116 阿拉伯语口译
		1253 会计	125300 会计
		0251 金融	025100 金融
		1351 艺术	135107 美术

说明：标 * 的为自主设置二级学科

四、学科建设

1992 年至 1997 年，学校结合学院制建设，保持基础汉语教学的优势，充实、增加历史、文化、经贸方面的内容；发展文化、艺术类学科；把对外汉语教育作为重点学科建设，招收硕士研究生，争取博士点。外语学科方面，继续发挥外语本科和强化培训两个优势。

1997 年至 2006 年，学校以学科建设为龙头，发挥对外汉语教学、外语教学的传统优势和中国语言文学、外国语言文学的科研优势，以学科建设带动整体办学水平的提高。1998 年，作为对外汉语教学的基础学科，语言学及应用语言学成为调整学科目录后该学科领域全国第一个拥有博士学位授予权的学科，这是学校的第一个博士点，其中对外汉语教学研究方向在全国首开博士生培养的先河。2005 年，获得中国语言文学一级学科博士学位授予权、英语语言文学二级学科博士学位授予权，形成中国语言文学、外国语言文学协调发展的格局，学科建设迈上新的台阶。

学校采取以重点学科建设为支撑，新兴学科、交叉学科适度发展的策略，合理布局，突出优势，稳步发展，学科门类涵盖文学、经济学、历史学、法学、工学、教育学和管理学七大门类，本科专业16个，硕士专业达22个，博士专业9个，基本形成富有特色的学科结构，为学科建设的可持续发展奠定了坚实的基础。

2006年至2014年，学校坚持以学科建设为龙头，努力提高学校核心竞争力。2011年，学校被教育部确立为语言学及应用语言学“特色重点学科建设高校”。2013年，在全国高校中率先自设汉语国际教育二级学科博士点，首次获选全国优秀博士学位论文，实现了零的突破。

2015年至2019年，学校大力加强学科顶层设计，制定《学科能力提升计划》，构建“1+3+5+5”的学科建设体系。新增6个学术硕士一级学科学位授权点，5个专业硕士学位授权点，自主设置6个二级学科硕士、博士点。硕士专业55个，博士专业17个。2018年软科学科排名中，中国语言文学一级学科位居全国高校第11位。2019软科发布中国最好大学排名，北语位居第63位，中国语言文学一级学科位居全国高校第11位。中国语言文学、国别区域学入选北京市高精尖学科。学校加大学科资源整合力度，在汉语国际教育研究、语言本体和语言资源研究、中华文化研究等方面成立了10个教学科研平台。实施《一流学科团队支持计划》，首批建设8个“高峰计划”团队和9个“隽才计划”团队。

2020年，汉语国际教育、汉语言文学、英语、法语、阿拉伯语等5个专业获批国家级一流本科专业建设点，翻译专业获批省级一流本科专业建设点，这标志着北语一流本科专业建设取得阶段性重大成果。新增商务英语、网络与新媒体、心理学和经济学4个本科专业。2020年北京语言大学本科专业总数增至37个，涵盖9个学科门类。2020软科发布中国最好学科排名，中国语言文学位列第10位，在北京地区高校中位列第3位。

五、人才培养

学校深化教育教学改革，注重人才培养体系建设。1987年至1992年间，累计接受100多个国家和地区长期外国留学生4780人，短期进修外国留学生6301人；培养中国本科学生536人，硕士研究生20人，培训出国留学预备人员6140人次。1987年经国家教委批准成立夜大学，至1992年，共招收本科、专科学生254人。同时，学校还培养校内各种成人高等学历专业教育人员159人。

1998年至2006年，办学规模逐步扩大。留学生招生人数1997年为4842人次，2005年为9272人次，增加了92%。2005年，学校在校生人数达到10642人，其中留学生4932人，中国学生4628人，继续教育学生1016人，港澳地区学生66人。在校学生人数比1997年增加48%，跨入万人高校行列。

2005年，汉语学院留学生入学设立“门槛”机制，积极推进学分制，加快留学生本科教育体制改革，以培养学生良好的汉语应用能力为特色，创造外国留学生复合型人才培养的新模式。2006年，外国语学院亚欧语系法语专业2004级本科生王璐、刘阳同学在法语专业四级考试中分别获得了全国第一名和第二名的优异成绩。其中，王璐同学的成绩还创下了法语专业四级考试有史以来的最高分，为学校争得了荣誉。2007年，学校深化以课程建设为中心的教学改革，优化课程结构，不断推出辅修课程和辅修专业，推行双语教学，完善学生转专业、重修等教学管理制度。2009年至2011年，学生在美国数学建模竞赛、大学生英语竞赛、全国英语辩论赛、文科计算机设计大赛等国内外各类学科竞赛中获得216个团体或个人奖。2010年，学校湖广会馆教学实践基地被确立为北京市校外人才培养基地，这是北京市唯一面向在华留学生的校外人才培养基地。2011年，学校进一步加强学生实践教学，与安阳中国文字博物馆合作建立新的教学实践基地。

2012年至2018年，学生在各类竞赛中屡获佳绩，共斩获：国际级奖项9个，国家级奖项170个，省部级奖项155个，获奖学生达1417人次。六年来，学校学生在全国公共英语四、六级考试，英语专业四、八级考试平均通过率均远远超过全国同类高校平均水平；其他外语类专业的专业四、八级考试通过率平均都在80%以上。

2019年设立的3个拔尖人才实验班正式开班。2020年开始建设“中文国际传播”拔尖基地，探索书院制培养模式，落实“六卓越一拔尖”计划2.0和新文科建设要求，出台《北京语言大学拔尖人才实验班管理办法（试行）》，探索新文科拔尖人才培养模式。

六、科学研究

1987年至1992年，学院加强语言学理论和语言教学理论的研究，重新修订和编写了各种类型的教材74种，有的教材得到国内外同行的广泛采用。截止到1992年，学校成功主办了三届国际汉语教学讨论会，承担了多项国家级和教委级科研项目，其中“汉语水平考试研究”“普及型汉字编码输入方案研究”“计算机辅助汉语教学及其使用之汉语规范研究”和“北京口语调查”已通过鉴定并获得专家好评。学院编辑出版的《语言教学与研究》成为我国对外汉语教学的权威性学术刊物。

1993年至1997年，学校紧密结合教学开展科研活动。学校研制的汉语水平考试（HSK）作为国家级标准化考试在国际上产生了较大影响，截至1997年，在国内设有27个考点，在国外设有25个考点，1991—1996年累计考试人数有115个国家和地区的62876人。四年间，教材建设取得明显进展，共编写出版各种类型教材百余种。学校在汉语教学、外语教学、中华文化教学及编教等方面承担部委级项目21个，校级项目25个，有10项成果获部委级优秀成果奖。出版社立足服务学校教学科研，四年出书432种，其中16种图书获奖。1993年1月，学校组建杂志社，编辑四种期刊，其中《语言教学与研究》《世界汉语教学》被列为全国中文核心期刊，《中国文化研究》取得良好的社会声誉。

1997年至2006年，学校重点加强对外汉语教学研究基地的建设，科学研究整体实力和水平稳步提高。2000年3月，成立对外汉语研究中心，实现对外汉语教学领域科研资源的重组。2000年9月，教育部正式批准对外汉语研究中心为全国人文社会科学重点研究基地。“十五”期间，学校承担国家社科基金、国家自然科学基金、国家“863计划”、教育部、国家汉办等各类研究项目共149项，共获研究经费1467万元。学校划拨科研经费4878万元。共出版学术专著53部，发表论文862篇，获省部级奖励10项，科研成果数量和质量大幅度提高。学校积极推动国内外学术交流，成功举办或承办31次国际国内学术会议。2001年，被教育部评为“全国普通高校科研管理先进集体”。

2006年至2014年，学校科研成果的质量和数量显著提高。八年间，学校批准校级项目400余项，投入经费1475.46万元。经过校级项目的“孵化”，共有254项课题获得上级部门项目支持，批准经费3780.55万元。公开发表的科研成果4531项。研究成果获得省部级以上奖励19项，其中获得高等学校科学研究优秀成果奖一等奖2项。获得教育部哲学社会科学研究重大课题攻关项目3项，获得国家社科基金重大项目2项；举办大型学术会议77次；培育和组建了“孔子学院可持续发展协同创新中心”和“中国周边语言文化协同创新中心”；先后建立了首都国际文化研究基地、教育部区域与国别研究培育基地——阿拉伯研究中心、国家语委科研基地——中国语言文字规范标准研究中心等一批科研基地。

2015年至2019年，学校不断提升科学研究水平。新建语言资源高精尖创新中心等省部级科研基地7个。共获得中央高校基本科研业务费4625万元，各类纵横向项目414项，项目资金1.2亿元。获得国家科技支撑计划项目1项，国家社科重大项目和教育部重大项目10项。其中，2018年获得国家社科重大项目3项，教育部人文社科重大课题攻关项目2项，在全国同类外语院校中名列第一，在全国高校中进入前30强。研究成果获得省部级奖励共计17项。加强智库建设，国别和区域研究院、中国民族语文应用研究中心等多个智库发展势头良好。五年间，提交咨政报告208篇，被司局级以上党政机关采纳的咨政报告122篇。新办学术期刊9种。组织实施迄今为止世界上规模最大的语言资源保护项目——中国语言资源保护工程。参与起草联合国教科文组织“保护和促进世界语言多样性《岳麓宣言》”。

2020年，获得国家社会科学基金重大项目5项，居全国第14位，教育部哲学社会科学研究重大课题攻关项目1项，首次获得国家社会科学基金冷门绝学项目1项，获得国家语委重大项目2项、国家自然科学基金项目3项，获得其他国家级、省部级项目共45项。

七、师资队伍建设

1987至1992年，学校注重抓教师队伍知识结构、能力结构的“断层”问题。坚持新教师上岗前的业务培训，实行青年教师导师制，制定了《北京语言学院教师学术梯队建设的实施办法》。学院每年抽调部分教师脱产进修，其中，有的已成为学院教学科研工作中的中坚力量。有9名教师的科研成果分别荣获市级和国家教委级优秀成果奖。学校投入大量资金开办各种业余培训班，支持教师利用业余时间进修，不断提高业务水平。

1993年至1997年，学校通过硕士学位主要课程班等形式改善教师队伍学历结构。1997年，取得硕士研究生、博士研究生学历的教师比例从1991年的11%提高到1996年的28%，教授、副教授所占比例明显提高。

1997年至2006年，学校落实人才强国、人才强校战略，制定和实施人才培养规划，完善专业技术职务岗位设置，把岗位设置与学科建设、教师职务评聘、分配制度改革结合，增强教职工队伍活力和竞争。同时，加强学术带头人、学术骨干队伍建设，建设学术梯队，以重点学科为核心选拔和培养学科带头人。1997年至2006年，学校1人进入“新世纪百千万人才工程”国家级人选，1人入选“教育部高校青年教师奖”，3人进入教育部“新世纪优秀人才支持计划”。学校注重吸引人才，留住人才，用好人才，创造适宜人才成长的环境。1997—2006年，共引进12名高级专业人才，26名留学归国人员。接收应届毕业生269人，其中博士61人，硕士188人。学校教师中具有博士学位人员118人，占教师总数的20%。教师队伍的职称结构、学历结构、学缘结构更加合理。

2006年至2014年，学校不断完善人才培养和使用机制。2006年，启动《北京语言大学优秀人才队伍建设规划（2006—2010年）》，完善人才梯队建设，对优秀人才进行选拔和资助。八年间，新增“新世纪百千万人才工程”国家级人选1人，长江学者讲座教授4人，全国宣传文化系统“四个一批”人才1人，北京市优秀教师3人，享受政府特殊津贴专家5人，入选“新世纪优秀人才队伍支持计划”27人。

2012年至2018年，学校教师斩获多项省部级以上荣誉，其中：4人荣获北京市级教学名师称号；3人荣获北京市青年教学名师称号；4人荣获北京高校青年教师教学基本功比赛一等奖，1人荣获二等奖；4项教学成果荣获北京市教育教学成果奖一等奖，2项成果荣获二等奖。在全国高校外语教学大赛中，2人获全国一等奖，1人获全国三等奖；9人次分获北京赛区特等奖、一等奖和二等奖。

2020年，制定并实施《“青年英才培养计划”实施办法》《高层次人才引进管理实施办法》《高层次人才聘任管理实施办法》等制度，形成了较为完备的师资队伍建设制度体系。2018至2020年，引进高层次人才22人，引进特聘教授6人，启动校内高层次人才选聘工作，强化青年教师培养。2020年，钱婉约教授获第十六届北京市高等学校教学名师奖、赵慧周副教授获第四届北京市高等学校青年教学名师奖，来华留学生汉语言专业本科育人团队荣获“北京高校优秀本科育人团队”称号。

八、国际合作与交流

为充分发挥学校对外汉语教学的优势，加强对外交流，1987年至1992年，学校先后选派出国教师147人次，与41个国家和地区的65个单位建立了交流关系，先后接待各国来访团组500多个，近4000人次，进一步扩大了学院在国内外的影响。

学校不断加强国际交流与合作，到1996年底，已与世界上22个国家和地区的67所大学及其他机构建立了合作交流关系。四年多来，接待来访专家团组291个。学校还多次举办国际学术会议，如第四届、第五届世界汉语教学研讨会，计算机古籍整理国际研讨会等会议，扩大了学校在学术界的影响，提高了学校的学术地位。

1997年至2006年，加强国内外教育交流与合作，推动学校国际化进程。与31个国家和地区的157所大学或教育机构建立交流关系，互派教师和学生。聘请近百位著名专家、知名人士为名誉博士、名誉教授和客座教授。每年来校工作、讲学、访问的外籍专家学者近100人次。每年在国外工作或学习的教师和学生近400人。平均每年接待外宾超过700人次。学校国际合作培养学生的层次不断提高，模式不断创新，领域不断扩大。在国内，与哈佛大学等高校和教育机构开展语言培训合作；在国外，设立泰国曼谷学院、韩国汉城中国语学院和新加坡办学点等境外办学机构。与日本北陆大学等高校开展“2+2”项目，与韩国启明大学等高校开展“1+3”项目，联合培养中国学生，取得较好的教学效果和社会影响。学校落实国家对外汉语教学事业的发展战略，积极参与“汉语桥工程”，推进“长城汉语”、孔子学院建设项目，和美国大学理事会合作开展AP中文项目。积极加强港澳台交流，和港、澳特别行政区政府及香港中文大学、澳门理工学院等高校建立合作项目，培养高层次人才。

2006年至2014年，学校已与50多个国家和地区的301所大学或教育机构建立了合作关系。聘请了100余位著名海外专家、知名人士为名誉教授和客座教授。平均每年来校短期工作、讲学的外籍学者100余人次，常年聘请的外籍教师70多人。另外，学校大力加强学生的中外联合培养力度，每年平均有400人次的中国学生出国学习。

2015年至2019年，学校不断开创国际合作与交流新局面。研究制订《教育对外开放能力提升计划》，拓展合作空间，国际化水平不断提升。新签或续签国际交流协议262个，与61个国家和地区的359所大学或教育机构建立了交流关系。人才培养国际化水平显著提升，年均派出本科生、研究生400余人次。新建2所孔子学院和2个独立孔子课堂，学校共有18所孔子学院和2所独立孔子课堂。

2020年，学校与世界上74个国家和地区的374所高校及教育机构建立了交流关系。与英国牛津大学等多所高水平大学开展合作。北京语言大学东京学院不断发展，曼谷学院招生与培养方案不断完善。加强与港澳台地区交流合作，在读港澳台生人数稳步增加。

九、校园基本建设

1987年至1992年，学校修建了新图书馆和家属宿舍楼，改建和维修7栋中外学生宿舍；更新换代和补充万元以上教学科研设备198台（套）；安装了程控电话系统，改善了通信条件；图书馆藏书达60余万册。

1993年至1997年，逸夫楼的启用，语音实验室、图书馆视听区和语言教学区的建成，为中外学生的学习提供了现代化的手段和条件。新建留学生宿舍楼1座，改建留学生宿舍楼3座，增加中外学生食堂设备，改造锅炉供暖设施，改善了师生的生活服务水平。1993年以来，学校购买、自建30641平方米住房，住房总面积增加67%，使学校的住房问题得到基本解决。

1997年至2006年，办学条件和实力明显增强，公共服务体系和基础设施建设明显改善。学校通过多方筹资，开源节流，办学实力有较大提高，学校固定资产达到4.5亿元，共完成基本建设投资5.1亿元，新增建筑面积近17万平方米。先后完成逸夫体育馆、会议中心、教学一楼、中外学生公寓、教职工住宅楼等建设项目，进行大规模的校园环境和地下管网的改造。积极吸引校友、友好单位和人士捐赠，改造体育场，建设多媒体教室、同声传译教室、树华电子智源中心、世伟金融实验室。加大图书资源建设，实施校园网升级工程和学生公寓网络工程，推进校园信息化、数字化建设，公共服务体系进一步健全，大大改善了师生员工的工作、学习和生活条件。

2006年至2014年，加强基础设施建设和硬件环境建设，新建中外学生宿舍楼、综合楼4栋，建设语言实验室等功能教室225间。加大图书资源建设和信息化建设，推进校园数字化建设，健全公共服务体系，完成了无线网校园全覆盖。

2015年至2019年，累计获得六大类财政

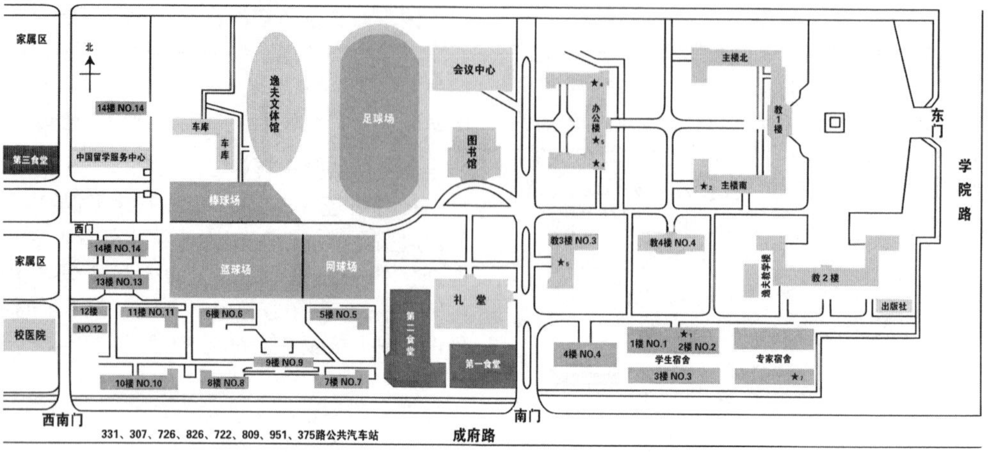

图 24　北京语言大学示意图

专项资金 4.33 亿元，2017 年起年办学总收入突破 10 亿元大关，通过基金会渠道共筹集捐赠款 4270 万元，为学校各项事业的健康发展提供了有力保障。推进“校园基础设施改造工程”，维修改造图书馆、教二楼、专家楼等建筑，积极推进新学生公寓建设立项，清理到期商户用房，合理配置教学科研单位人员办公用房，进一步改善学校办学条件。完善国有资产管理制度体系，积极推进科研仪器设备采购改革，规范大宗物资采购程序。完成万兆校园网改造工程，数字校园建设取得显著进展。

2020 年，完成逸夫文体馆学生活动中心的施工、图书馆升级改造等工程，推进教二楼加固改造以及学校“新学生宿舍项目”立项，基础设施建设工作稳步推进。实施“国际学生公寓管理系统三期工程”，开发“体育馆前台售票系统”，完成快递业务整合。顺利通过北京市幼儿园办园质量督导评估。开通北语健康服务，全年共 30603 人次使用预约系统。

十、2020 年学校基本情况

2020 年，北京语言大学占地面积 330288.73 平方米，学校产权校舍建筑面积 427441.8316 平方米。全年教育经费投入 95763 万元，其中，国家拨款 38556 万元、自筹经费 57207 万元。固定资产总值 15.21 亿元，其中，教学、科研仪器设备资产值 2.34 亿元。图书馆建筑面积 10543 平方米，馆藏纸质图书 99.0042 万册、电子图书 774.5222 万册。拥有计算机 6894 台。学校目前设置 3 个学部、10 个直属学院（系、教学部）和 9 个科研院所；拥有涵盖文学、经济学、法学、工学、历史学、教育学、管理学、艺术学和理学 9 个学科门类的本科专业 37 个，硕士专业 56 个。博士后流动站 2 个，其中，博士后研究人员出站 4 人、进站 5 人、在站 17 人。学校有国家重点学科 1 个、北京市重点学科 11 个（一级 1 个、二级 10 个），省部级以上研究中心（或基地）14 个，其中教育部普通高等人文社会科学重点研究基地 1 个，北京高等学校高精尖创新中心 1 个。教职工 1225 人，其中，专任教师 701 人，包括正高级 145 人、副高级 279 人；博士生导师 97 人、硕士生导师 312 人；“长江学者奖励计划”特聘教授 1 人；外籍教师 111 人。中国学生毕业 18140 人，其中，学历教育学生中全日制研究生 680 人（博士生 48 人、硕士生 632 人）、普通本专科生 1094 人、成人教育本专科生 348 人（本科生 265 人、专科生 83 人）、网络教育本专科毕业生 16018 人（本科生 5711 人、专科生 10307 人）。中国学生招生 15773 人，其中，学历教育学生中全日制研究生 820 人（博士生 85 人、硕士生 735 人）、普通本科生 1138 人、成人教育本专科生499人(本科生436人、专科生63人)、网络教育本专科生13316人(本科生6745人、专科生6571人)。2020年，北京语言大学在京分三个选考科目组投档录取：不限选考科目组，最低录取分数线为610分；限选语言学、理化生任一门科目组，最低录取分数线为612分；仅限选物理科目组，最低录取分数线为602分。截至2020年10月31日，学校中国学生在校57579人，其中，学历教育学生中全日制研究生2599人(博士生385人、硕士生2214人)、普通本科生4597人、成人教育本专科生1119人(本科生982人、专科生137人)、网络教育本专科生49264人(本科生23689人、专科生25575人)。留学生毕业3281人、授予学位514人，招生2775人，在校生4572人(专科生19人、本科生1837人、硕士研究生299人、博士研究生100人、培训生2317人)。网址：http://blcu.edu.cn。

附表：

表86　中共北京语言大学委员会历任书记一览表(1991—2020年)

学校名称	书记	任职时间
北京语言学院	屈　忠	1987年1月—1991年2月
	吴林祥	1991年1月—1995年3月
	张晋峰	1995年3月—1996年6月
北京语言文化大学	张晋峰	1996年6月—1997年12月
	王路江	1999年8月—2002年7月
北京语言大学	王路江	2002年7月—2012年4月
	李宇明	2012年4月—2017年4月
	倪海东	2017年4月—

表87　北京语言大学历任校长一览表(1991—2020年)

学校名称	校长	任职时间
北京语言学院	杨庆华	1989年8月—1996年6月
	屈　忠	1989年8月—1991年6月(代理)
	李更新	1991年6月—1993年4月(代理)
北京语言文化大学	杨庆华	1996年6月—1999年8月
	曲德林	1999年8月—2002年7月
北京语言大学	曲德林	2002年7月—2005年6月
	崔希亮	2005年6月—2017年4月
	刘　利	2017年4月—

(执笔人：李志坚、王利伟)

中国传媒大学

中国传媒大学（原北京广播学院）的前身是创建于1954年的中央广播事业局技术人员训练班及1958年成立的北京广播专科学校。1959年9月7日，北京广播学院正式成立，标志着我国广播电视高等教育事业进入了一个新的阶段。1991年以来，学校各项事业蓬勃发展,综合实力显著提升。2000年2月，学校从国家广电总局划转教育部主管。2001年3月，国家广电总局和教育部签署共建北京广播学院协议，巩固学校与广电行业的密切联系，保持办学的行业资源优势。2004年8月，北京广播学院更名为中国传媒大学。从学科相对单一、以本科教学为主的行业院校，发展成为多学科、本科与研究生教育体系完整的教育部直属首批“双一流”建设高校，“211工程”重点建设大学，“985优势学科创新平台”重点建设高校。学校秉承“立德、敬业、博学、竞先”的校训，以培养“弘道崇德、经世致用”的传媒人为己任，培养了大量党和国家所需、能够应对未来媒体挑战、驰骋于国际舞台的优秀传媒人才，为党和国家的传媒事业以及经济社会发展做出了重要贡献，被誉为“中国广播电视及传媒人才摇篮”“信息传播领域知名学府”。

一、院系建设

（一）北京广播学院时期

进入20世纪90年代，广播电视事业大发展对各类专业人才求贤若渴。1991年3月，北京广播学院共有6个系和两所两部，分别是播音系、文艺编辑系、新闻系、无线电工程系、电视工程系、微波工程系、语言文学部、工程基础部、新闻研究所、广播技术研究所。北京广播学院建立健全了院、系、教研室三级管理的体制。

为了解决学科内的分割、封闭状态和“小而全”的重复建设，1995年至2001年，北京广播学院相继成立8个二级学院，分别是工学院、新闻传播学院、播音主持艺术学院、电视学院、录音艺术学院、成人教育学院、国际传播学院、素质教育院、动画学院。

2002年中国矿业大学（北京校区）东校园并入后，北京广播学院抓紧并校的契机，进行了部分学科重组和院系调整工作。调整后，全校有普通本（专）科教育学院14个，分别为：新闻传播学院、电视学院、国际传播学院、广告学院、影视艺术学院、录音艺术学院、动画学院、播音主持艺术学院、信息工程学院、理学院、计算机与软件学院、媒体管理学院、文学院、社科学院，除此之外还有3个“成人教育类”的学院。另外，与二级学院并列的“中心”有5个，分别为广播电视数字化工程中心、计算中心、网络中心、视听中心、广播电视研究中心。

（二）中国传媒大学时期

2004年8月由北京广播学院更名为中国传媒大学前，北京广播学院下设16个二级学院，二级学院下共设38个系，校、院、系三级管理的大学架构成型。2004年9月，中国传媒大学南广学院正式成立。为了加强传统优势学科建设,中国传媒大学2010年成立“传播研究院”“艺术研究院”；2011年又调整组建了“戏剧与影视学院”“音乐与录音艺术学院”，将“动画学院”更名为“动画与数字艺术学院”。为加快新兴交叉学科的建设与发展，2008 年学校成立了“新媒体研究院”“文化产业研究院”。为适应国家文化产业和传媒行业对高级专业管理人才的需求，2009 年成立了国内首个以文化传媒为特色的“MBA 学院”。2011 年将“媒体管理学院”更名为“经济与管理学院”，独立设置了“思想政治理论课教研部”。2013 年 7 月 15 日，学部制改革迈出实质性步伐，成立新闻传播学部、艺术学部、理工学部、文法学部四个学部和“协同创新中心”。2018 年，学校深化学部制改革，调整后的学院、研究院拥有人财物自主权，具体负责组织实施本单位党务及学生管理、人才培养、教学科研、国际交流和社会服务等工作。

2019 年 12 月 17 日，中国传媒大学作为教育部第一批与海南省人民政府正式签约的大学之一与海南省教育厅、陵水县人民政府签署三方入驻协议，海南校区办学正式全面启动。2020 年，事业法人单位“海南中国传媒大学国际学院”正式注册成立，中传海南国际办学取得重要进展。

表 88　　中国传媒大学院系部设置一览表（2020 年）

党务职能部门	行政职能部门	直（附）属单位	教学科研单位
1. 党政办公室 2. 纪委办公室（监察处） 3. 党委组织部 4. 党委宣传部（融媒体中心）（新闻中心） 5. 党委统战部 6. 党委巡察工作办公室 7. 党委教师工作部 8. 学生工作部（处）（武装部） 9. 保卫部（处） 10. 离退休工作处 11. 机关党委 12. 工会 13. 团委	1. 教务处（通识教育中心） 2. 研究生院 3. 招生处 4. 法治与内控管理办公室 5. 科学研究处 6. 学科建设与发展规划处 7. 教育质量评估与督导处 8. 人事处 9. 财务处 10. 审计处 11. 国际交流与合作处（港澳台事务办公室） 12. 国内交流与合作处 13. 信息化处 14. 实验室与设备管理处（技术中心、实践教学中心） 15. 校园建设处 16. 国有资产管理处 17. 后勤保障处 18. 产业管理办公室（北京中传资产管理有限公司） 19. 校教育基金会秘书处 20. 校友工作办公室	1. 继续教育学部（培训教育管理处） 2. 国际传媒教育学院（境外学生教育中心） 3. 图书馆 4. 传媒博物馆（校史馆） 5. 学术期刊中心 6. 校医院 7. 出版社 8. 幼儿园（非处级）	1. 新闻学院 2. 电视学院 3. 传播研究院 4. 戏剧影视学院 5. 播音主持艺术学院 6. 动画与数字艺术学院 7. 音乐与录音艺术学院 8. 艺术研究院 9. 信息与通信工程学院 10. 计算机与网络空间安全学院 11. 数据科学与智能媒体学院 12. 人文学院 13. 外国语言文化学院 14. 体育部 15. 经济与管理学院 16. 广告学院 17. 文化产业管理学院 18. 马克思主义学院 19. 政府与公共事务学院 20. 海南国际学院 21. 协同创新中心

二、学科建设

（一）“211 工程”建设

1991 年，波斯语、普什图语、斯瓦西里语 3 个专业恢复招生。截至 1992 年底，北京广播学院共有 23 个专业。1994 年初，北京广播学院成立了“211 工程”办公室。1994 年 10 月，广电部设立广播电影电视部教育基金，支持学校向国家“211 工程”迈进。1997 年 7 月，广电总局决定对学校的新闻学、广播电视艺术学、语言及应用语言学、通信与信息系统、电磁场与微波技术等 5 个重点学科予以立项重点建设。

2001 年 9 月，北京广播学院通过教育部验收，正式进入国家“211 工程”重点院校行列。2001 年，在教育部第二轮国家重点学科评选工作中，新闻学、广播电视艺术学入选国家级重点学科。同年，传播学、语言学及应用语言学入选二级学科北京市重点学科。2002年，教育部批复同意北京广播学院“十五”期间“211工程”重点学科建设项目。

中国传媒大学“211工程”在2008年进入第三期建设阶段，主要任务是重点学科建设，包含六个项目：新闻传播学体系创新与中国特色研究、我国有声媒体资源开发与播音主持创新、科学发展观与中国广播影视艺术、数字媒体技术与艺术、广播电视与新媒体的信息安全及新媒体内容产业、国家文化产业建设与创新。在2007年到2009年的第二轮学科评估中，中国传媒大学在新闻传播学学科和艺术学学科均列第二位。

（二）学位点建设

1992年，北京广播学院有新闻学、语言学、现代汉语、通信与电子系统、电磁场与微波技术5个硕士点招生。从1993年开始，北京广播学院以抓好学位点建设为突破口，推动学科建设的整体发展，获批戏剧电影文学、国际关系2个硕士点，全校硕士点达到7个。1998年，北京广播学院申报广播电视艺术学、传播学、信号与信息处理和管理科学与工程4个硕士点，其中广播电视艺术学是国家学位委员会采纳了北京广播学院建议新增的硕士点专业，北京广播学院成为该专业第一个硕士点。

1998年，北京广播学院获得新闻学、广播电视艺术学2个博士点，实现了广播影视系统博士点零的突破。2000年，北京广播学院获得新闻传播学博士学位一级学科授权点，并获得传播学、语言学及应用语言学、电影学、通信与信息系统4个博士点授权，博士点达到6个。同年，新增中国古代文学，电影学2个硕士学位点，硕士点增加到13个。

2003年，北京广播学院首次获准设立新闻传播学、艺术学、信息与通信工程3个博士后流动站。同时获准新增戏剧戏曲学、电磁场与微波技术2个博士点；音乐学、文艺学、设计艺术学、企业管理、计算机应用技术5个硕士点；获准自主增列传媒经济学、广告学、广播电视新闻学、国际新闻学4个博士专业及传媒经济学、广告学、广播电视新闻学、国际新闻学、编辑出版、舆论学6个硕士专业，全校博士点达12个，硕士点达24个。2004年1月，中国传媒大学获准在新闻传播学一级学科内自主增列编辑出版博士专业，以及公共关系、传播心理学、传媒教育、传媒生态学、传媒政策与法规5个硕士专业。

“211工程”三期建设之后，中国传媒大学博士学位授权一级学科点由原来的2个增加到7个，硕士学位授权一级学科点由原来的3个增加到18个；学校继续加强对新兴交叉学科的培育和特色学科的建设，自主设置新媒体、文化产业2个交叉学科博士点，及广播电视学、信息计算技术2个目录外二级学科博士点。

2012年，中国传媒大学自主设置22个二级学科和交叉学科。新增艺术学理论、音乐与舞蹈学、戏剧与影视学、美术学和设计学5个博士学位授权一级学科，原艺术学学位授权一级学科取消。2013年1月29日，教育部发布2012年学科评估结果：中国传媒大学新闻传播学、戏剧与影视学学科排名全国第一，艺术学理论、设计学位于学科十强。

表89 中国传媒大学学科设置一览表（2020年）

学科门类	一级学科	二级学科代码	二级学科	授权点
经济学	应用经济学	020205	产业经济学	硕士
		020206	国际贸易学	硕士
法学	法学	030103	宪法学与行政法学	硕士
	政治学	030201	政治学理论	硕士
		030207	国际关系	硕士
		030208	外交学	硕士
	马克思主义理论	030501	马克思主义基本原理	硕士
		030503	马克思主义中国化研究	硕士
		030505	思想政治教育	硕士

续表 89

学科门类	一级学科	二级学科代码	二级学科	授权点
文学	中国语言文学	050101	文艺学	硕士、博士
		050102	语言学及应用语言学	硕士、博士
		050103	汉语言文字学	硕士、博士
		050105	中国古代文学	硕士、博士
		050106	中国现当代文学	硕士、博士
		050108	比较文学与世界文学	硕士
	外国语言文学	050201	英语语言文学	硕士
		050202	俄语语言文学	硕士
		050205	日语语言文学	硕士
		050209	欧洲语言文学	硕士
		050211	外国语言学及应用语言学	硕士
	新闻传播学	050301	新闻学	硕士、博士
		050302	传播学	硕士、博士
		0503Z1	广播电视学	硕士、博士
		0503Z2	广告学	硕士、博士
		0503Z3	传媒经济学	硕士、博士
		0503Z4	编辑出版学	硕士、博士
		0503Z5	国际新闻学	硕士、博士
		0503Z6	舆论学	硕士、博士
		0503Z7	传媒教育	硕士
		0503Z8	语言传播	硕士、博士
理学	数学	070102	计算数学	硕士
		070104	应用数学	硕士
工学	电子科学与技术	080901	物理电子学	硕士
		080902	电路与系统	硕士
		080904	电磁场与微波技术	硕士、博士
	信息与通信工程	081001	通信与信息系统	硕士、博士
		081002	信号与信息处理	硕士、博士
		0810Z1	信息计算技术	硕士、博士
	计算机科学与技术	081202	计算机软件与理论	硕士
		081203	计算机应用技术	硕士
		0812Z1	数据科学与技术	硕士
	网络空间安全	0839		硕士
管理学	管理科学与工程	1201	管理科学与工程	硕士
	公共管理	120401	行政管理	硕士
艺术学	艺术学理论	130101	艺术学	硕士、博士
		1301Z1	艺术史论	硕士、博士
		1301Z2	艺术批评	硕士、博士
		1301Z3	传媒艺术学	硕士、博士
		1301Z4	艺术管理	硕士、博士
		1301Z5	艺术传播学	博士
	音乐与舞蹈学	130201	音乐学	硕士、博士
		1302Z1	声音科学与艺术	硕士、博士
	戏剧与影视学	130301	戏剧戏曲学	硕士、博士
		130302	电影学	硕士、博士
		130303	广播电视艺术学	硕士、博士
		1303Z1	播音主持艺术学	硕士、博士

续表 89

学科门类	一级学科	二级学科代码	二级学科	授权点
艺术学	美术学	130401	美术学	硕士、博士
	设计学	130501	设计艺术学	硕士、博士
		1305Z1	动画艺术学	硕士、博士
		1305Z2	数字媒体艺术	硕士、博士
		1305Z3	互动艺术与技术	硕士、博士
交叉学科		99J1	文化产业	硕士、博士
		99J2	新媒体	硕士、博士
		99J3	艺术与科学	硕士、博士
		99J4	互联网信息	硕士、博士

表 90　　中国传媒大学专业硕士学位授权点设置一览表（2020 年）

序号	学科代码	学科名称	级别	审批时间
1	0854	电子信息	专业硕士	2003 年
2	1351	艺术	专业硕士	2005 年
3	1251	工商管理	专业硕士	2009 年
4	0453	汉语国际教育	专业硕士	2009 年
5	0552	新闻与传播	专业硕士	2010 年
6	0553	出版	专业硕士	2010 年
7	0551	翻译	专业硕士	2014 年
8	0351	法律	专业硕士	2014 年
9	0254	国际商务	专业硕士	2018 年
10	1252	公共管理	专业硕士	2018 年
11	1253	会计	专业硕士	2019 年

（三）“双一流”建设

2018 年 7 月，学校成立学科建设与发展规划处。2020 年，学校推进学科发展战略布局向“2+2+2+N”转型，持续巩固两个一流学科，精心布局艺术学理论和信息与通信工程两个重点培育的一流学科。学校创新学科评估协调沟通机制，全校共 7 个门类 17 个一级学科参加学科评估；7 个专业硕士点参加专业学位水平评估。同时，全面布局交叉学科，持续优化学科专业布局，加速向智能传媒教育转型。调整设置政治学与行政学等 4 个专业；研究生专业方向设置关停 17 个，合并、转型和调整 47 个，重新规划设计 19 个。建立由学科建设与发展规划处牵头，研究生院和各培养单位协同的研究生专业动态调整机制。学校完成国家“双一流”建设学科新闻传播学、戏剧与影视学首轮建设任务，验收专家组充分肯定“在同类高校中居于领先地位”。

三、人才培养

（一）本科教育

1977 年高考恢复，北京广播学院一方面恢复过去的招生专业，另一方面根据社会需求新建专业。1998 年 3 月，教育部在武汉召开第一次全国普通高等学校教学工作会议，北京广播学院积极响应，当年确立本科教改项目共 34 项，400 多位专职教师和科研人员利用暑假期间，赴国内 200 多所大学、200 多家电台、电视台和相关用人单位调研。1998 年 8 月，颁发《北京广播学院关于修改教学计划的原则意见》，全院文科、艺术类各专业前两年课程打通，工科、管理类各专业前两年课程打通，由学院统一安排公共基础课、基础课和学科基础课，加大基础课的比重，首次在全校范围开设 36 门选修课。各个专业都重新修订了教学计划，调整了课程结构。至 1999 年中，教改第一期工程完成。

1998年，制定新的艺术类专业录取办法，改变过去艺术类专业招生过分强调艺术素质、对文化成绩要求不高的局面。到2003年，北京广播学院有播音主持类、编导类、音乐类、美术类、影视文学类、摄影类、导演表演类等艺术类专业近30个，每年招生近千人，专业考试报名人数多达15000人。

1999年7月，北京广播学院开启教改二期工程，建设面向21世纪的重点课程、重点课程教材和课件。2003年6月9日，发布《北京广播学院本科精品课程评选办法》，决定每年评选校级精品课程5～10门。2010年，共建设国家级精品课程7门，北京市精品课程19门，校级精品课程37门。

2001年，北京广播学院建立和实施了本科教学工作评估体系。2007年9月，教育部本科教学评估专家组对中国传媒大学本科教学工作水平进行了为期五天的实地考察评估，评估结论为优秀。2008—2010年，开展校级本科“质量工程”建设工作。

2018年，中国传媒大学启动一系列本科教育教学改革工作，提出建设一流本科“一流生源，一流教材，一流教师，一流课程和一流毕业生”的“五个一工程”。作为全国唯一的艺术类招生改革试点高校，2019年，中国传媒大学进行艺考改革，文化素养基础测试全部实行文史哲科目考试、全面实施优质生源绿色通道、初试考点覆盖全国大部分省会城市并全部实行机考，聘请文史哲领域优秀学者主持撰写通识教育读本丛书。2019年12月，中国传媒大学成立通识教育中心，下设阳明书院和修辞学堂，将通识教育贯穿于招生和培养的全环节，为传媒新工科、新文科建设树牢根基。

表91　　中国传媒大学本科专业设置一览表（2020年）

序号	专业代码	专业名称	修业年限	专业授予门类	备注
1	020101	经济学	4年	经济学	
2	020401	国际经济与贸易	4年	经济学	
3	030101K	法学	4年	法学	
4	030301	社会学	4年	法学	
5	030503	思想政治教育	4年	法学	
6	050101	汉语言文学	4年	文学	
7	050102	汉语言	4年	文学	
8	050103	汉语国际教育	4年	文学	
9	050201	英语	4年	文学	
10	050202	俄语	4年	文学	
11	050203	德语	4年	文学	
12	050204	法语	4年	文学	
13	050205	西班牙语	4年	文学	
14	050207	日语	4年	文学	
15	050209	朝鲜语	4年	文学	
16	050213	印地语	4年	文学	
17	050217	马来语	4年	文学	
18	050221	乌尔都语	4年	文学	
19	050225	斯瓦希里语	4年	文学	
20	050232	葡萄牙语	4年	文学	
21	050235	土耳其语	4年	文学	
22	050237	匈牙利语	4年	文学	
23	050238	意大利语	4年	文学	
24	050239	泰米尔语	4年	文学	
25	050240	普什图语	4年	文学	
26	050242	孟加拉语	4年	文学	
27	050243	尼泊尔语	4年	文学	

续表 91

序号	专业代码	专业名称	修业年限	专业授予门类	备注
28	050245	荷兰语	4年	文学	
29	050301	新闻学	2年	文学	第二学士学位专业
30	050301	新闻学	4年	文学	
31	050302	广播电视学	4年	文学	
32	050303	广告学	4年	文学	
33	050304	传播学	4年	文学	
34	050305	编辑出版学	4年	文学	
35	050306T	网络与新媒体	4年	文学	
36	070102	信息与计算科学	4年	理学	
37	071202	应用统计学	4年	理学	
38	080701	电子信息工程	4年	工学	
39	080703	通信工程	4年	工学	
40	080705	光电信息科学与工程	4年	工学	
41	080707T	广播电视工程	4年	工学	
42	080801	自动化	4年	工学	
43	080901	计算机科学与技术	4年	工学	
44	080903	网络工程	4年	工学	
45	080904K	信息安全	4年	工学	
46	080906	数字媒体技术	4年	工学	
47	120102	信息管理与信息系统	4年	管理学	
48	120201K	工商管理	4年	管理学	
49	120202	市场营销	4年	管理学	
50	120203K	会计学	4年	管理学	
51	120210	文化产业管理	4年	管理学	
52	120402	行政管理	4年	管理学	
53	120409T	公共关系学	4年	管理学	
54	130202	音乐学	4年	艺术学	
55	130301	表演	4年	艺术学	
56	130304	戏剧影视文学	4年	艺术学	
57	130305	广播电视编导	4年	艺术学	
58	130306	戏剧影视导演	4年	艺术学	
59	130307	戏剧影视美术设计	4年	艺术学	
60	130308	录音艺术	4年	艺术学	
61	130309	播音与主持艺术	2年	艺术学	第二学士学位专业
62	130309	播音与主持艺术	4年	艺术学	
63	130310	动画	4年	艺术学	
64	130311T	影视摄影与制作	4年	艺术学	
65	130404	摄影	4年	艺术学	
66	130502	视觉传达设计	4年	艺术学	
67	130508	数字媒体艺术	4年	艺术学	
68	130201	音乐表演	4年	艺术学	
69	050261	翻译	4年	文学	
70	080902	软件工程	4年	工学	
71	130203	作曲与作曲技术理论	4年	艺术学	
72	130509T	艺术与科技	4年	艺术学	
73	080910T	数据科学与大数据技术	4年	工学	

续表 91

序号	专业代码	专业名称	修业年限	专业授予门类	备注
74	130503	环境设计	4年	艺术学	
75	130511T	新媒体艺术	4年	艺术学	
76	120108T	大数据管理与应用	4年	管理学	
77	130410T	漫画	4年	艺术学	
78	080907T	智能科学与技术	4年	工学	
79	050309T	国际新闻与传播	4年	文学	
80	080911	网络空间安全	4年	工学	
81	020101	数字经济	4年	经济学	
82	080717	人工智能	4年	工学	
83	080905	物联网工程	4年	工学	
84	1301TP	艺术管理	4年	艺术学	

（二）研究生教育

1979 年，北京广播学院首次招收新闻理论和广播史 2 个专业的硕士研究生，开创北京广播学院研究生教育的先河。至 1991 年，共毕业研究生 169 名，授予硕士学位 145 名，在校研究生 76 名。毕业研究生中有 4 名考取了博士学位研究生。

1998 年 9 月，我国广播电视高等教育第一批博士点在北京广播学院建立。2010 年，新闻传播学专业 2008 届博士生薛文婷的学位论文《中国近代体育新闻传播历史研究（1840—1949）》被评为全国优秀博士学位论文。

2004 年，中国传媒大学首次招收工程硕士专业学位研究生。2010 年，中国传媒大学首次招收全日制专业学位研究生，专业学位教育成为研究生培养的重要组成部分。到 2012 年，中国传媒大学专业学位在校生已经接近硕士研究生总量的一半，包括工程硕士、艺术硕士、工商管理硕士、汉语国际教育硕士、新闻与传播硕士、出版硕士等 6 个类别。2009 年起，在中宣部、教育部的统一领导和协调管理下，中国传媒大学与清华大学、复旦大学等高校承担了国际新闻传播硕士的培养任务。

2020 年 8 月，中国传媒大学召开研究生教育大会，对研究生教育进行系统性颠覆重构，完成 29 个相关文件及实施细则的制定，全面覆盖招生、培养、学位、导师评聘、质量监控、学科与专业设置等各个环节。正式发布涉及研究生培养全过程、全环节的系列改革制度文件，建立培养质量保障体系，实施博士、学硕学位论文 100% 送国检平台匿名评审，严把研究生学位论文质量关，为高质量培养提供制度保障。

（三）成人高等教育

1984 年 2 月，国家教委批准北京广播学院举办函授学历教育。到 2003 年，学校建立了以北京为中心，覆盖全国 28 个省、市、自治区的 30 多个函授站、教学点，设有无锡、湖南、山东、山西、浙江 5 个分院，初步形成面向社会的开放式成人教育体系。学院函授专业从最初的专科新闻编采和广播电视工程 2 个专业，增加到影视节目制作、影视广告、播音、电子信息工程、广播电视编导、播音与主持艺术等 21 个本专科专业。共培养函授、夜大毕业生 3 万多人，举办各类培训班近百期，培训了 6 万多人次。

长期以来，北京广播学院承担着负责全国广播电视系统在职干部专业培训的任务。1994 年 1 月，广电部教育司利用北京广播学院的师资力量，通过卫星电视播放教学录像，对全国卫星地面站值机员进行岗位培训。1994 年 10 月 27 日，学校开办《空中课堂》栏目通过贵州电视台卫星频道播出，标志着我国广播电视系统的教育培训工作进入了一个全新的时代。从此以后，学校的现代远程教育逐渐成为系统内在职人员参加岗位培训、接受继续教育的主要渠道之一。

1998 年 3 月，学校成立北京广播学院现代远程教育中心。2000 年，北京广播学院成为教育部全国首批现代远程教育试点院校之一。2001年9月，北京广播学院依托广电系统已经建立的11个网络教育教学点，招收了新闻学、广告学、通信工程3个专业的专升本学生2114名，为学院现代远程学历教育的首批学员。后来，招生地区扩大到31个省区，开辟了计算机科学与技术、广播电视管理等7个新专业，办学层次包括本科、专升本、第二学士学位、大专以及研究生课程进修等类型。到2010年底，共有在读生6802人,其中本科5955人,大专847人。

2003年“非典”期间，学校承办全国广播影视系统新闻采编人员资格培训，全国30个省、自治区、直辖市共计98600名学员参加学习。这次培训在卫星电视播出教学节目的基础上，采用视频会议系统进行考前辅导，互联网进行答疑。2005年，原中国传媒大学继续教育学院、现代远程教育中心、成人教育学院（原中国矿业大学北京地区）整合，成立中国传媒大学远程与继续教育学院，共有函授、夜大、脱产三种形式。

2020年，继续教育学部成员单位包括远程与继续教育学院、培训学院、高等职业技术学院，拥有全国领导干部媒介素养培训基地、全国社会组织培训基地、北京市文化创意产业人才培养基地、北京市专业技术人员继续教育基地、中国—东盟教育培训中心、高等学校继续教育示范基地等多个人才培养基地。学部举办非学历教育（培训）项目共计54项，累计学习人数8300余人。

（四）留学生教育

2007年学校成立对外汉语教育学院，留学生的招生与管理职能由外事处转到对外汉语教育学院。2009年，学校依托孔子学院，开始招收首届孔子学院奖学金生攻读汉语国际教育硕士学位，首批录取学生14人。2010年，学校成立国际学院，成为中国传媒大学留学生招生与管理的归口管理部门。

2011年4月，教育部正式发文委托中国传媒大学承办“发展中国家国际传播硕士项目”。此项目是商务部联合教育部为发展中国家培养高层次专门人才的高端援外培训项目，也是中国传媒大学第一个全英文授课硕士项目。该项目面向亚洲、非洲、拉丁美洲发展中国家招生，共录取了来自13个国家的22名学员。2012—2013年，学校陆续开设了国际新闻与传播硕士、新媒体、影视制作和MBA等4个全英文授课硕士项目，与英国伯恩茅斯大学合作传媒管理实践艺术硕士项目、与英国威斯敏斯特大学合作国际媒体商务硕士学位项目获得教育部批准。2014年4月，学校与英国诺丁汉特伦特大学签约，合作举办新闻、媒体和传播专业博士项目。

四、科学研究

（一）科研机构

1991年前，北京广播学院先后创建了新闻研究所、广播技术研究所、国际共产主义运动研究室、德育研究室、高等教育研究室、广播电视经济研究室等，集中优势力量展开研究。1992年，北京广播学院成立调查统计研究所，是获国家涉外调查许可证的研究机构，主要从事新闻传播学、市场调查、民意调查等应用统计学的研究，是应用传播学研究方向的博士研究生和硕士研究生培养单位。

2000年9月，经教育部批准，北京广播学院的广播电视研究中心成为国家人文社科重点研究基地，是全国高校中三个新闻传播学研究基地之一。此前，北京广播学院于1999年开始建立的5个部级研究基地和实验室通过验收批准，分别是新闻学与传播学研究基地、广播电视艺术学研究基地和语言学与应用语言学研究基地等3个部级人文社科研究基地，广播电视传输实验室和信号与信息处理实验室2个部级重点实验室。2002年6月，中国传媒大学与韩国高等教育财团合作组建亚洲传媒研究中心。2005年，联合国教科文组织在中国传媒大学设立了“媒介与女性”教席，这是联合国在我国设立的第18个教席，也是信息传播领域的第一个教席。

2004年，中国传媒大学建立首批北京市哲学社会科学研究基地——首都传媒经济研究基地。2006年，教育部批准组建中国传媒大学工科第一所部级工程研究中心——广播电广播电视数字化教育部工程研究中心。2008年，中国传媒大学数字媒体工程创新引智基地获得由教育部、国家外国专家局共同组织实施的“高等学校学科创新引智计划”项目的建设立项。2009年，媒介音视频教育部重点实验室获得教育部重点实验室立项。2011年和2013年，中国传媒大学先后建立苏州研究院、广州研究院。2012年，中国传媒大学崔永元口述历史研究中心成立。

2019年11月，科技部批准中国传媒大学建设“媒体融合与传播国家重点实验室”。该实验室由教育部主管，是依托中国传媒大学的独立科研实体。这是国家首次在媒体融合领域设置的国家重点实验室。该实验室聚焦媒体融合领域重大科学前沿问题、国家重大需求，超前开展可能引发重大变革的基础研究和应用基础研究，形成媒体融合传播系统研究和媒体融合领域高精尖人才培养模式，为学校向智能传媒教育转型提供重要抓手和平台。学校组建13个校内科研团队，推动科研工作全面开展。2019年11月，中国传媒大学成立人类命运共同体研究院。

（二）科研成果

1977年至1990年，北京广播学院科研成果获得省部级哲学社会科学项目16项、科学技术成果3项。1990年，工程技术基础部柯惠新《含大量参数的潜在线性结构方程式模型的研究》和新闻系赵玉明《中国广播电视通史》，分别成为北京广播学院首次获得国家自然科学基金和社会科学基金资助的项目。

此后，北京广播学院先后承担了国家自然科学基金项目、国家社会科学基金项目、全国艺术科学规划基金项目、教育部人文社会科学规划项目、北京市哲学社会科学规划项目、广电部及各中央部委和省部级科研项目。学校教师还承担了许多横向项目，为国家和社会的发展建言献策。中国传媒大学教师的科研、创作成果获得教育部科学研究优秀成果奖、北京市哲学社会科学优秀成果奖及“飞天奖”、“星光奖”、中国广播电视协会成果奖、中国高校影视学会奖等一大批奖项。

（三）出版社与学术刊物

1985年5月24日，北京广播学院出版社成立，2004年9月更名为中国传媒大学出版社。出版社于2001年实行改革，围绕中国传媒大学的重点学科建设，配合中国传媒大学硕士点、博士点的申报，先后推出一大批高水平的学术专著与教材，其中不少出版物获得国家和省部级奖。

《北京广播学院学报》创刊于1979年，创办初期为季刊，内部发行。1983年正式公开发行。1992年改为双月刊。1995年更名为《现代传播——北京广播学院学报》，2005年1月改用《现代传播——中国传媒大学学报》。2010年起改为月刊。2019年，《现代传播》入选庆祝中华人民共和国成立70周年精品期刊展，再次获得“北京市高校人文社科名刊”“全国高校社科名刊”称号。是涵盖新闻传播学、戏剧与影视学、艺术学理论学科领域的权威核心期刊。

《当代电影》创刊于1984年，是中国电影艺术研究中心与中国传媒大学合办的电影理论期刊。《中国广播电视年鉴》创刊于1986年，是由国家广播电影电视总局主管，中国传媒大学主办的广播电视权威年度资料性刊物。《现代出版》创刊于2010年，是中国传媒大学出版社主办的出版专业学术刊物。《音乐传播》创刊于2012年，是由教育部主管，中国传媒大学主办的音乐传播类学术刊物。

五、师资队伍建设

（一）制度建设

从1987年1月起，北京广播学院教师专业技术职务每年评审一次，师资队伍结构逐步趋于合理。1992年，北京广播学院对助教岗位、讲师岗位、副教授岗位和教授岗位的职责和任期目标作出了明确规定；规定了考核办法、考核程序和考核评分标准。1993年，北京广播学院成立人才交流中心，出台涉及人事、分配的27个配套文件及规章制度。1999年，人才交流中心合并到人事处。

2004年以来，中国传媒大学坚持“以人为本、定位明确、层次清晰、紧密衔接、持续发展”的原则，逐步培养和汇聚了一批具有国际领先水平的学科带头人、具有创新能力和发展潜力的青年学术带头人和学术骨干。

2020年，学校在教师职称评价上，将专任教师分为教学型、教学科研（科研教学）

型、科研型三类，构建独具特色的评审体系。

（二）人才培养与引进

1990年起，中央人民广播电台、中国国际广播电台、中央电视台联合在北京广播学院设立奖教金，发挥了一定的激励作用。北京广播学院通过各种渠道引进人才，延聘一批优秀教师，使北京广播学院的师资队伍力量得到充实和增强。

2004年1月，学校实施“青年教师在职攻读学位项目”“在职攻读博士学位的教师出国研修项目”“教师出国进修项目”。2004年9月，学校启动“382”人才工程一期，入选教师110名，每年投入经费300万元。到2007年6月，“382”人才工程一期顺利结项。2007年9月，学校开始实施“382”人才工程二期，共资助了10名国内外知名专家学者、20名具有创新能力和较高学术造诣的中青年学科带头人、80名具有发展潜力和培养价值的中青年学术骨干，2010年结项。

2007年10月，中国传媒大学实施青年教师业界实践锻炼。学校在全国30余家单位建立了教学科研实践基地，派出近30名青年教师到中央人民广播电台、中国教育电视台、江西电视台、云南电视台、中国艺术科技研究所、媒介杂志社、台州电视台等进行业界实践锻炼，取得积极的成效。2009年以来，中国传媒大学每年实施国外高级访问学者计划。

2007年，中国传媒大学制定《中国传媒大学引进高层次人才工作暂行办法（修订稿）》，通过“长江学者”特聘教授、讲座教授和高层次人才引进项目，胡智锋教授被聘任为2007年度教育部“长江学者”特聘教授，赵月枝教授获批2008年度“长江学者”讲座教授。2013年，高晓虹教授当选为“长江学者”特聘教授，弗朗索瓦获批“长江学者”讲座教授。隋岩教授入选2017年度“长江学者奖励计划”特聘教授入选名单。2010年，学校制定《中国传媒大学高层次人才队伍建设发展规划》和《中国传媒大学高层次人才队伍建设发展规划实施方案（试行）》，开展高层次人才培养项目。2011年，学校设立专项中青年人才工程，分三个层次对优秀中青年教师进行资助。

2018年7月，学校正式启动“中国传媒大学青年拔尖人才”项目，旨在让优秀青年人才安心做学问，踏实搞科研，为“双一流”建设夯实人才保障。首批共有23名优秀青年教师入选。

六、校园基本建设

1992年1月，广播电视培训中心落成，建筑面积5300平方米，为干部培训提供了良好的条件。到1992年底，校园内总建筑面积约为11.3万平方米，是1977年的4.7倍。从1992年开始，北京广播学院根据北京市的统一要求和标准开始建设文明校园，教学环境、生活环境和整个校园环境都发生了显著变化。

1998年，学校体育场东面国际交流中心竣工，集住宿、餐饮、接待、小型会议、授课于一体，该工程建筑面积9087平方米，地上10层，有配套的餐厅、客房、会议、办公、教室等设施，学校的外教及留学生都在此生活。

2002年3月，中国矿业大学（北京校区）东校园整体并入北京广播学院，校园面积由326亩扩大为670亩，教学用房增加18万平方米。学校先租用了中蓝和梆子井大学生两个公寓，后于2003年底回购，校园面积由19.6万平方米增至46.4万平方米，是原校园面积的2.4倍。

2002年底，学院成立实验教学与设备管理中心，建设了一系列实验室配套工程。除计算中心建设工程、校园网扩建工程外，在2001年至2004年分批建设和改造了100个多媒体教室、网络教室和语音听力实验室，教学全部实现现代多媒体教育技术手段。学校更新了视听中心400平方米、100平方米、80平方米演播室和18个语音室的音、视频设备，灯光设备等，满足广播影视节目制作的全部需要。数字化广播影视节目制作中心共有17层，总建筑面积2.4万平方米，是学校重要的教学科研实验基地，后改名为综合实验楼。

2004年以来，中国传媒大学投入大量的资金进行校园改造。2005年，新研究生公寓投入使用，改善了研究生的住宿条件。

2010 年 6 月，中蓝公寓与校园连接的过街天桥建成通行，使居住中蓝宿舍的学生前往学校所耗时间大幅减少。2009 年底，学校正式启动数字化校园和校园一卡通建设工作。采用数字化校园 2.0 建设方案，建设统一的信息资源平台，实现信息共享。

中国传媒大学图书馆新馆舍 2012 年竣工交付使用。图书馆建筑由主楼和副楼两部分组成，地上最高七层，地下两层，总建筑面积超过 4.3 万平方米。地下一层由传媒博物馆使用，地下二层为密集存放区。2013 年定名为“大阅城”。2012 年，定福庄第二小学校址置换项目开始施工，2014 年，项目新建教学楼结构封顶。

2018 年 10 月，中国传媒大学游泳馆正式投入使用。这一年，学校推进平安校园建设，严格校园出入管理，规范人员和车辆出入。门禁、保安、车辆等管理体系改革同步推进，优化校园交通路线，南院教学区实现无车通行。持续提升信息化建设水平，技防系统数字化改造工程安装 315 台摄像机，覆盖大学生活动中心周边、社会路等主要区域，确保校园出入口、各楼门出入口、人员密集及敏感区域实现监控全覆盖；施工完毕 280 多平方米新中控室，同步建设完成集报警、停车管理、可疑人员、智能巡更等功能于一体的“平安校园”安全综合信息管理平台。在校内主干道铺设近 2000 米的木栈道，建成全新环形步道休闲圈，同时对传媒广场东部的假山景观进行重新布置。改造北苑餐厅，用餐环境明显提升。2018 年，学校制定“信息化全面提升计划”，夯实智慧校园发展所需的网络基础建设。搭建各类网上办事平台，实现校园自助打印、自助学籍注册、电子签章、微信一卡通充值等功能。2019 年，中国传媒大学校史馆建成并开馆，集合了校训、校徽、校歌诸元素的中传文化广场正式落成，首次获评“首都绿化美化花园式单位”。2020 年 12 月，原综合实验楼整体改装优化为国重大楼并正式启用，保障媒体融合与传播国家重点实验室的空间要求，成为学校科研新地标。

2020 年，中国传媒大学占地面积 46.37 万平方米，产权校舍建筑面积 63.88 万平方米。图书馆建筑面积 4.39 万平方米。全年教育经费投入 146584.47 万元，其中，财政拨款 68793.27 万元、事业收入 77791.2 万元。学校设有 6 个学部，20 个学院。开设 84 个本科专业，覆盖 7 个学科门类；一级学科博士点 8 个、二级学科博士点 1 个；一级学科硕士点 19 个、二级学科硕士点 0 个、硕士专业学位授权类别 11 个；博士后科研流动站 7 个。学校有新闻传播学、戏剧与影视学 2 个国家“一流学科”，新闻学、广播电视艺术学 2 个国家重点学科，传播学 1 个国家重点培育学科，互联网信息、文化产业 2 个北京高校高精尖学科，新闻传播学、艺术学理论、戏剧与影视学 3 个一级学科北京市重点学科，语言学及应用语言学、通信与信息系统、电磁场与微波技术、动画学 4 个二级学科北京市重点学科。在教育部学位与研究生教育发展中心组织的全国第四轮学科评估中，新闻传播学、戏剧与影视学被评为 A+ 学科，艺术学理论被评为 A- 学科。

学校设有 1 个国家级媒体融合与传播国家重点实验室，有智能融媒体教育部重点实验室、媒介音视频教育部重点实验室、广播电视数字化教育部工程研究中心、国家传播创新研究中心等 23 个省部级科研平台；设有协同创新中心，建有传播研究院、艺术研究院、雄安新区发展研究院、互联网信息研究院、国家治理研究院、脑科学与智能媒体研究院等 26 个校级科研机构，2 个国家级实验教学示范中心，6 个北京市实验教学示范中心。

学校有教职工 1991 人，其中，专任教师 1156 人，包括正高级 332 人、副高级 450 人；博士生导师 244 人、硕士生导师 520 人。双聘院士 4 人。

3 人担任国务院学位委员会学科评议组成员，12 人为教育部教学指导委员会主任级别委员，教育部“长江学者”特聘教授 2 人。12 人入选国家高层次人才。3 人入选“国家百千万人才工程”。4 人入选有突出贡献中青年专家。27 人入选教育部“新（跨）世纪优秀人才支持计划”。2 人入选全国新闻出版行

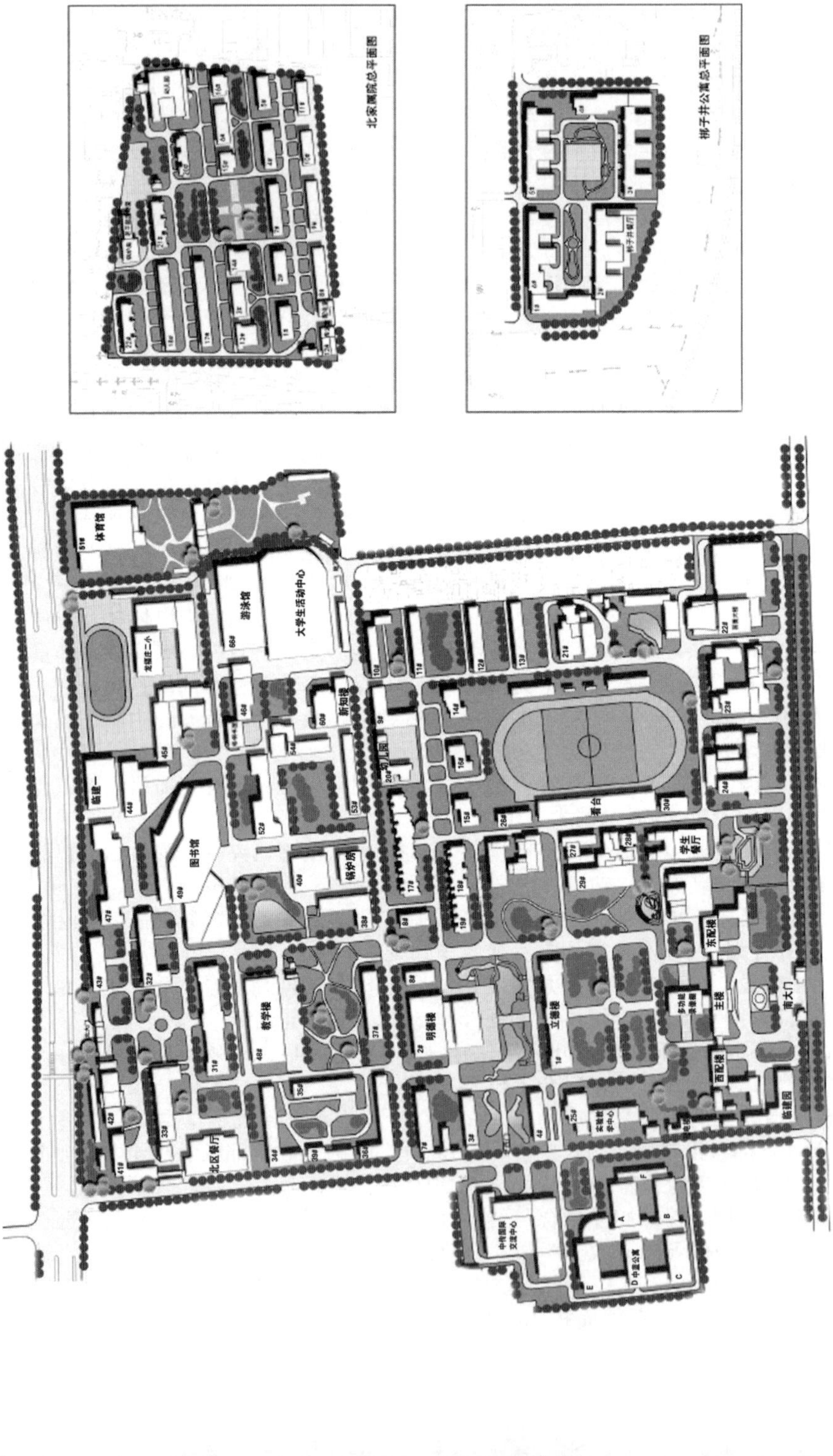

图 25 中国传媒大学平面图

业领军人才。1人获得国家级教学名师奖，3人获得全国优秀教师荣誉称号，22人获得北京市级教学名师奖，4人获得北京市级青年教学名师等荣誉。外籍教师14人，其中，教授1人、副教授2人。

学历教育学生中毕业生40339人，其中，研究生1431人（博士生139人、硕士生1292人）、普通本专科生2313人（本科生2158人、专科生155人）、成人教育本专科生1050人（本科生956人、专科生94人）、网络教育本专科生35545人（本科生4898人、专科生30647人）。本科毕业生就业率77.86%。招生15005人，其中，研究生2105人（博士生199人、硕士生1907人）、普通本专科生2885人（本科生2671人、专科生214人）、成人教育本专科生1000人（本科生961人、专科生39人）、网络教育本专科生9015人（本科生5054人、专科生3961人）。高考北京地区提档线不限选考专业组631分、物理必考专业组624分。在校生98482人，其中，研究生6083人（博士生900人、硕士生5183人）、普通本专科生10479人（本科生9869人、专科生610人）、成人教育本专科生3733人（本科生3664人、专科生69人）、网络教育本专科生78187人（本科生31472人、专科生46715人）。留学生毕业299人，招生350人，在校生688人。进修及培训结业生6686人。网址：www.cuc.edu.cn。

附表：

表92　中共中国传媒大学委员会历任书记一览表（1991—2020年）

书记	任职时间	书记	任职时间
刘继南	1990年7月—1997年2月	陈维嘉	2006年5月—2008年11月
赵建华	1997年2月—2001年4月	李培元	2008年12月—2012年8月
郑和平	2001年4月—2004年5月	陈文申	2012年8月—2020年9月
苏志武	2004年9月—2006年5月	廖祥忠	2020年9月—

表93　中国传媒大学历任校长一览表（1991—2020年）

校长	任职时间	校长	任职时间
常振铮	1983年7月—1993年1月	胡正荣	2016年9月—2018年1月
刘继南	1993年1月—2006年5月	廖祥忠	2018年3月—
苏志武	2006年5月—2015年11月		

（执笔人：刘书峰）

中央财经大学

中央财经大学是中华人民共和国中央人民政府创办的第一所新型高等财经院校。学校中文简称中央财大、中财大；英文名称为Central University of Finance and Economics，缩写为CUFE。

学校始建于1949年11月6日，创办之初由财政部主管，校名先后为中央税务学校、中央财政学院。1952年8月，与北京大学、清华大学、燕京大学、辅仁大学的经济系科合并成立中央财经学院，由高等教育部主管。1953年以后，学校重归财政部管理，历经中央财政干部学校和中国人民银行总行干部学校、中央财政金融干部学校等阶段。1960年1月组建成立中央财政金融学院，同时保留中央财政金融干部学校的校名，承担高等财经学历教育和干部培训双重任务。

1996年5月，中央财政金融学院更名为中央财经大学，开启了由单科性院校向多科性大学转变的历史进程。1998年10月，在中央财政金融干部学校基础上成立的中央财政管理干部学院独立建制运行11年之后回归并入中央财经大学。2000年2月，学校由财政部划转教育部直属管理。2005年成为国家“211工程”重点建设高校，2006年成为国家“985工程”优势学科创新平台首批建设高校，2012年成为教育部、财政部和北京市人民政府共建高校，2017年成为国家“世界一流学科建设高校”。

建校72载，学校坚守立德树人初心，牢记为党育人、为国育才使命，秉持“忠诚、团结、求实、创新”的校训，传承“求真求是，追求卓越”的办学理念，财经报国、担责向上，建立起以经济学、管理学和法学学科为主体，文学、理学、工学、教育学、艺术学等多学科协调发展的学科体系，形成了鲜明的办学特色，为国家经济建设和社会发展培养了15万余名各级各类高素质人才，被誉为“中国财经管理专家的摇篮”。

一、学校沿革

中央财经大学始于1949年11月6日成立的中央税务学校（初名华北税务学校），是新中国中央人民政府创办的第一所新型财经院校，隶属于财政部，成立初期主要任务是开展财经干部培训工作，校址位于西皇城根22号。

1951年9月，依托中央税务学校，成立了中央财政学院，开展全日制本科教育工作。1952年8月，随着全国高等学校院系调整，原北京大学、清华大学、燕京大学、辅仁大学的经济学系科与中央财政学院合并成立中央财经学院，主管部门调整为高教部，办学地点在西皇城根22号、西郊四道口（现学院南路校区）及北河沿西侧的原北京大学三院。1953年8月中央财经学院撤销，财政、税务等专业教师在原址建立中央财政干部学校。

中央财政干部学校1953年4月成立，承担财经系统在职干部培训工作，由财政部主管，办学地点在西皇城根22号，1954年8月搬迁至西郊四道口。

1958年12月，中央财政干部学校和中国人民银行总行干部学校合并，成立了中央财政金融干部学校，由财政部和中国人民银行总行共同主管，主要是培训全国财政和银行系统在职领导干部，办学地点在西郊四道口。中国人民银行总行干部学校1954年5月成立，校址位于复兴门外真武庙，隶属中国人民银行总行。

1960年1月，在中央财政金融干部学校的基础上成立中央财政金融学院，两块牌子一套人马，合署办公，培训财经干部的同时持续开展全日制普通本科教育。

由于“文化大革命”的影响，中央财政金融学院1969年停办，1978年2月原址复校，复校后由财政部主管。1983年7月在中央财政金融干部学校基础上成立中央财政管理干部学院。

1996年5月，中央财政金融学院更名为中央财经大学，校址为海淀区学院南路39号。1996年9月，启用清河分部（现清河校区）。

1998年12月，中央财政管理干部学院并入中央财经大学，次年原中央财政管理干部学院福寿岭校址挂牌为中央财经大学西山分部（现西山校区）。

2000年2月，中央财经大学由财政部划归教育部主管。2005年9月，学校成为“211工程”重点建设院校，2006年12月，成为首批“国家优势学科创新平台”项目建设高校。2009年9月，启用沙河校区。2012年4月，成为教育部、财政部、北京市首批共建高校。2017年9月，成为国家“世界一流学科建设高校”。

二、学校各项事业发展

（一）院系建设

20世纪90年代初期，中央财政金融学院设财政系、金融系、会计系、税务系、投资经济管理系、保险系、经济信息管理系、经济管理系、基础课教学部、马列主义教学部、电化教学部、学报编辑部、财经研究所、图书馆、合作培训中心15个教学科研机构。1995年10月，学校成立法学系。中央财政管理干部学院共设基础教学部、财政系、会计系、图书馆、马列主义教研室、科研所6个教学科研机构。

2000年后，学校加快院系建设步伐，先后成立经济系、外语系，2003年，成立中央财经大学中国精算研究院。8月，学校在经济系的基础上成立经济学院，并将原经济管理系的国民经济学专业和国民经济管理专业调整到经济学院。在经济管理系的基础上成立商学院，并将国民经济学专业和国民经济管理专业调整到经济学院；会计系改为会计学院，将原财政系的财务管理专业调整到会计学院；在金融系的基础上成立金融学院；在体育教学部的基础上成立体育经济与管理系，保留体育教学部；在数学教学部的基础上成立经济数学系，保留数学教学部；在政治理论教学部的基础上成立社会学系，保留政治理论教学部。9月，在财政系和税务系的基础上成立财政与公共管理学院，并将财务管理专业调整到会计学院；成立MBA教育中心。2004年10月，成立国防经济与管理研究院。2004年12月，在中文系基础上成立文化与传媒学院，在信息管理系基础上成立信息学院，在法律系基础上成立法学院；成立公共管理硕士（MPA）教育中心，设在财政与公共管理学院。2005年1月成立会计专业硕士（MPAcc）教育中心，挂靠会计学院。2005年4月，成立国际文化交流学院。2005年9月，成立中国经济与管理研究院。

2006年，学校对教学科研单位进行了统一调整。在财政与公共管理学院公共管理系的基础上成立公共管理学院，财政与公共管理学院更名为财政学院；在投资经济系的基础上成立管理工程学院；在保险系的基础上成立保险学院；在经济学院统计系的基础上成立统计学院；在社会学系马克思主义哲学、毛泽东思想概论和邓小平理论教研室的基础上成立马克思主义学院，政治理论教学部保留在马克思主义学院；在社会学系基础上成立政治与社会学学院；在外语系的基础上成立外国语学院，保留外语教学部；在经济数学系的基础上成立应用数学学院，保留数学教学部；在体育经济与管理系的基础上成立体育经济与管理学院，保留体育教学部；国际文化交流学院与国际合作处分离，作为教学单位独立设置；成立网络教育学院（筹）；撤销独立学院筹备组，成立独立学院（筹）；在财政与公共管理学院税务系基础上成立税务学院；筹建中的公共管理学院名称确定为“政府管理学院”；筹建中的政治与社会学学院名称确定为“社会发展学院”；成立中国发展和改革研究院；成立中国金融发展研究院和中国公共财政与政策研究院；成立外国语学院；管理工程学院更名为管理科学与工程学院。2007 年成立危机管理学院、中国煤炭经济研究院、现代管理学院；体育经济与管理学院、体育教学部分别单独设置；成立大学外语语言学习中心，挂靠外国语学院；成立人力资本与劳动经济研究中心。

2010 年 3 月，学校对教学科研单位进行了调整，在金融学院国际贸易系的基础上成立国际经济与贸易学院；体育经济与管理学院和体育教学部合并，定称为体育经济与管理学院，体育教学部作为学院内设机构；保险学院和中国精算研究院合署运行；将社会发展学院的国际政治专业和财经研究院的教育经济与管理学学科点调入政府管理学院；政治理论教学部、外语教学部、数学教学部的职能分别由马克思主义学院、外国语学院、应用数学学院承担，并作为学院内设机构。2012 年 11 月，商学院和 MBA 教育中心合并成立新的商学院，保留学校 MBA 教育中心，设在商学院。2016 年，学校在财政学院和税务学院的基础上组建成立财政税务学院；社会发展学院更名为社会与心理学院。2020 年，国防经济与管理研究院作为校级科研机构并入财经研究院。

表 94　　　　中央财经大学院系部设置一览表（2020 年）

序列	部门
教学科研单位	财政税务学院
	金融学院
	会计学院
	保险学院（中国精算研究院）
	统计与数学学院、数学教学部
	国际经济与贸易学院
	经济学院
	商学院（MBA 教育中心）
	管理科学与工程学院
	政府管理学院
	体育经济与管理学院
	法学院
	社会与心理学院
	马克思主义学院
	文化与传媒学院
	外国语学院（大学外语语言学习中心）
	信息学院（计算机应用实验教学中心）
	财经研究院（北京财经研究基地、国防经济与管理研究院）
	中国财政发展协同创新中心
	国际文化交流学院（留学生工作办公室）
	继续教育学院、继续教育工作管理办公室（培训学院、网络教育学院）
	中国经济与管理研究院
	中国金融发展研究院
	中国公共财政与政策研究院
	人力资本与劳动经济研究中心
	粤港澳大湾区（黄埔）研究院
	北京学院
党群和行政管理部门	学校办公室（法律事务办公室、合作发展办公室）
	组织部、机关党委（党校办公室）

序列	部门
党群和行政管理部门	宣传部、新闻中心（网络思政中心）
	统战部
	纪委办公室、监督检查室、监察处、巡察工作办公室
	学生工作部、学生处、武装部（招生办公室、学生就业指导中心、助学服务中心、学生心理咨询中心）
	保卫部、保卫处
	教务处
	研究生工作部、研究生院（学位办公室）
	科研处
	教师工作部、人事处、人才工作办公室（人才交流中心）
	国际合作处（港澳台事务办公室）
	发展规划处（学科建设办公室）
	财务处
	审计处
	资产与后勤管理处（招标与采购事务中心）
	基建处（沙河校区规划建设办公室）
	离退休人员工作处
	工会
	团委
直属单位	图书馆
	学术期刊社
	教师教学发展中心
	智慧校园建设中心（经济与管理实验教学中心）
	档案馆
	后勤服务产业集团
	校友总会秘书处、
	教育基金会秘书处
	校医院（计划生育办公室）
	中财大资产经营（北京）有限公司、中央财经大学科技园管理办公室

（二）学科建设

改革开放以后，中财大积极发挥财政、金融、会计、保险、税务、投资等领域的传统学科优势,以“求真求是”的理念开展财经理论、政策和实践研究。进入新时代，中央财经大学紧密围绕习近平新时代中国特色社会主义经济思想、立足中国经济体制改革 40 年的实践经验开展科学研究，在“新市场财政学”“发展宏观经济学”等领域为中国特色社会主义经济学理论体系的构建做出了坚实的贡献。

1993 年，获批国民经济计划与管理博士学位授权学科、专业，国际金融硕士学位授权学科、专业。1996 年，获批信息经济硕士学位授权学科、专业。1997 年，金融学学科获评财政部部属院校首批重点学科。

1998 年，按国务院学位委员会和国家教育委员会联合下发的新专业目录——《授予博士、硕士学位和培养研究生的学科、专业目录》（1997 年颁布），中央财经大学的学科、专业对应调整为国民经济学、金融学（含保险学）、会计学 3 个博士、硕士学位授权学科、专业，财政学（含税收学）、产业经济学 2 个硕士学位授权学科、专业。

2000 年，获批财政学（含税收学）博士学位授权学科、专业，统计学、政治经济学、经济法学 3 个硕士学位授权学科、专业。

2002 年，金融学二级学科获评高等学校国家重点学科，国民经济学、财政学、会计学等 3 个二级学科获评普通高等学校北京市重点学科。

2006 年，学校“经济学与公共政策优势学科创新平台”被教育部确定为首批 5 个“国家优势学科创新平台”之一。

2007 年，应用经济学一级学科、会计学二级学科获评国家重点学科。2008 年，经济信息管理交叉学科获评交叉学科北京市重点学科，工商管理一级学科获评一级学科北京市重点学科，政治经济学二级学科获评二级学科北京市重点学科。

2009 年，跨国公司管理交叉学科获评交叉学科北京市重点学科。学校理论经济学、应用经济学、法学、马克思主义理论、工商管理 5 个一级学科参加教育部学位与研究生教育发展中心组织的第二轮学科评估，其中应用经济学一级学科在 68 所参评高校中位列第 3 名，法学一级学科在 47 所参评高校中位列第 19 名。

2010 年，获批成为开展法律、工商管理、会计等 3 个专业学位研究生教育综合改革试点的高等学校。

2012 年，世界经济、马克思主义中国化研究 2 个二级学科获评二级学科北京市重点学科，统计学一级学科获评一级学科北京市重点学科。

2013 年，理论经济学、应用经济学、法学、社会学、马克思主义理论、中国语言文学、统计学、管理科学与工程、工商管理、公共管理 10 个一级学科参加教育部学位与研究生教育发展中心组织的第三轮学科评估，其中应用经济学一级学科在 88 所参评高校中位列第 2 名，统计学一级学科在 87 所参评高校中位列第 11 名，工商管理一级学科在 115 所参评高校中位列第 17 名。

2017 年，理论经济学、应用经济学、法学、社会学、马克思主义理论、中国语言文学、统计学、管理科学与工程、工商管理、公共管理 10 个一级学科参加教育部学位与研究生教育发展中心组织的第四轮学科评估，其中应用经济学一级学科在 155 所参评高校中位列前 2%，评估结果为 A+，工商管理一级学科在 240 所参评高校中位列前 10%，评估结果为 A-。

2020 年，中央财经大学动态调整撤销逻辑学硕士学位授权二级学科，动态调整增列艺术学理论硕士学位授权一级学科。

表 95　中央财经大学学科设置一览表（2020 年）

学科门类	一级学科名称	一级学科代码	授权层次
经济学	理论经济学	0201	博士
	应用经济学	0202	博士
法学	法学	0301	硕士

续表 95

学科门类	一级学科名称	一级学科代码	授权层次
法学	社会学	0303	硕士
	马克思主义理论	0305	博士
教育学	心理学	0402	硕士
文学	中国语言文学	0501	硕士
	外国语言文学	0502	硕士
	新闻传播学	0503	硕士
理学	数学	0701	硕士
	统计学	0714	博士
工学	网络空间安全	0839	硕士
管理学	管理科学与工程	1201	硕士
	工商管理	1202	博士
	公共管理	1204	硕士
艺术学	艺术学理论	1301	硕士

表 96　　中央财经大学专业学位设置一览表（2020 年）

专业学位名称	专业学位代码	授权层次	专业学位名称	专业学位代码	授权层次
工商管理	1251	硕士	资产评估	0256	硕士
会计	1253	硕士	审计	0257	硕士
法律	0351	硕士	应用心理	0454	硕士
公共管理	1252	硕士	电子信息	0854	硕士
金融	0251	硕士	社会工作	0352	硕士
应用统计	0252	硕士	汉语国际教育	0453	硕士
税务	0253	硕士	翻译	0551	硕士
国际商务	0254	硕士	新闻与传播	0552	硕士
保险	0255	硕士	艺术	1351	硕士

（三）人才培养

在 1991 年以来的 30 年办学历程中，学校坚持社会主义办学方向，贯彻落实党的教育方针，落实立德树人根本任务，以培养担当民族复兴大任的时代新人、培养德智体美劳全面发展的社会主义建设者和接班人为使命，不断提高教育质量，着力培养适应国家经济和社会发展需要，富有高度历史使命感和社会责任感，具有深厚理论功底、精湛专业能力、良好综合素质、优秀人格品质和国际视野的创新型精英人才，为建设富强民主文明和谐美丽的社会主义现代化强国贡献中财大智慧和力量。

1993 年，学校经国务院学位委员会批准，获得国民经济计划和管理专业博士学位授予权。1994 年 8 月 31 日，学校招收了第一届博士生，由此建立起了由博士研究生、硕士研究生、本科生组成的完整的学历教育人才培养体系。同时，学校主动适应社会主义市场经济体制的要求，不断完善办学体系，建立起高质量、多学科、多层次、开放式的教学体系，形成了博士研究生、硕士研究生、本科生、成人教育、“专升本”“双专业”、专科生、“高等专业证书”等多层次的办学体系，为国家培养急需的财经管理高级专门人才。

1994 年，学校实行弹性学制和完全学分制，学生本科学习期限最短 3 年，最长 6 年，允许学生提前毕业或延长学习时间。1994 级本科新生全面实行“完全学分制”和主辅修教育制度，允许学生跨系、跨专业、跨年级选修课程。在对学生成绩管理方面，实行了绩点学分制，从质和量两方面对学生进行考核。

1996 年，学校更名为中央财经大学，确立了走多科性大学发展之路的目标。1999 年 10 月 29 日，中共中央总书记、国家主席、中央军委主席江泽民挥毫为学校 50 周年题词：

“努力办好中央财经大学，为现代化建设输送高质量管理人才”。这是党和国家领导人对学校的殷切关怀，也对学校的人才培养工作提出了更高的要求。

2000 年，国务院办公厅批准中央财经大学独立建制，由原财政部划归教育部直接领导，学校由此步入了“入主流、办特色、建设高水平大学”的新的发展时期。之后，学校学科专业快速发展，招生规模稳步扩大，办学层次与办学水平不断提高。

2001 年，王广谦教授主持的“金融专业课程体系和教学内容改革研究与实践”教学成果项目获第四届高等教育国家级教学成果奖一等奖。

2004 年，学校颁布了《中央财经大学发展战略规划（修订稿）》，确定了人才培养的主要任务是：扩大人才培养规模，调整人才培养层次，改善人才培养结构，转变人才培养模式。

2005 年，王广谦教授主持的“21 世纪中国金融学专业教育教学改革与发展战略研究”教学成果项目获第五届高等教育国家级教学成果奖一等奖。

2008 年，学校接受了教育部本科教学工作水平评估，评估结论为优秀。

2011 年，学校实施了《中央财经大学研究生培养机制综合改革方案》，深入推进研究生培养机制综合改革；率先举办经济类专业硕士学位教育，以教育部工商管理、会计、法律专业学位教育综合改革试点项目为抓手，以资产评估、保险硕士专业学位全国教指委秘书处建设为依托，发挥学校在财经类专业硕士学位教育中的引领示范作用。

2013 年学校实施本科“专业提升计划”和“卓越人才培养计划”，推进本科教学质量工程，建设质量保障体系。

2018 年，学校圆满完成了教育部对我校的本科教学工作审核评估工作。2018 年，冯秀军教授主持的《基于“问题链教学”创新的高效思想政治理论课综合改革》教学成果项目，荣获 2018 年高等教育国家级教学成果一等奖。

2020 年，学校“数字经济时代经济学拔尖学生培养基地”入选国家首批基础学科拔尖学生培养计划 2.0 基地。

“十二五”和“十三五”期间，学校生源质量稳步提高，本科生生源质量稳居全国前列；学校毕业生就业创业工作始终着眼国家和社会发展需要，紧密围绕学校人才培养目标，立足学生成长成才，引导学生将个人发展同国家、社会需要紧密结合，鼓励和支持毕业生到祖国最需要的地方建功立业，同时，不断鼓励学生服务国家发展战略，引导学生诚信择业、基层就业和自主创业，为国家社会发展做出更大贡献，学校毕业生就业率始终保持在 90% 以上，就业质量稳步提升。

“十二五”和“十三五”期间，学校获得国家级和北京市级教学成果奖分别是 10 项和 11 项；2019 年学校 16 个专业入选首批国家级和北京市一流本科专业建设点，2020 年学校 15 个专业入选 2020 年度国家级和北京市一流本科专业建设点；2020 年学校 15 门课程入选首批国家级一流本科课程；学校现拥有国家级和北京市教学名师 24 人，国家级和北京市优秀教学团队 10 个，黄大年式教师团队 1 个。

表 97　　中央财经大学本科专业设置一览表（2020 年）

序号	专业类	专业代码	专业名称
1	经济学类	020101	经济学
2	经济学类	020102	经济统计学
3	经济学类	020103T	国民经济管理
4	财政学类	020201K	财政学
5	财政学类	020202	税收学
6	金融学类	020301K	金融学
7	金融学类	020302	金融工程
8	金融学类	020303	保险学
9	金融学类	020304	投资学

续表 97

序号	专业类	专业代码	专业名称
10	金融学类	020308T	精算学
11	金融学类	020310T	金融科技
12	经济与贸易类	020401	国际经济与贸易
13	经济与贸易类	020402	贸易经济
14	法学类	030101K	法学
15	政治学类	030202	国际政治
16	社会学类	030301	社会学
17	社会学类	030302	社会工作
18	中国语言文学类	050101	汉语言文学
19	外国语言文学类	050201	英语
20	外国语言文学类	050207	日语
21	外国语言文学类	050261	翻译
22	新闻传播学类	050301	新闻学
23	新闻传播学类	050303	广告学
24	数学类	070101	数学与应用数学
25	数学类	070102	信息与计算科学
26	心理学类	071102	应用心理学
27	统计学类	071201	统计学
28	统计学类	071202	应用统计学
29	计算机类	080901	计算机科学与技术
30	计算机类	080904K	信息安全
31	计算机类	080910T	数据科学与大数据技术
32	管理科学与工程类	120101	管理科学
33	管理科学与工程类	120102	信息管理与信息系统
34	管理科学与工程类	120103	工程管理
35	管理科学与工程类	120104	房地产开发与管理
36	管理科学与工程类	120108T	大数据管理与应用
37	工商管理类	120201K	工商管理
38	工商管理类	120202	市场营销
39	工商管理类	120203K	会计学
40	工商管理类	120204	财务管理
41	工商管理类	120205	国际商务
42	工商管理类	120206	人力资源管理
43	工商管理类	120208	资产评估
44	工商管理类	120210	文化产业管理
45	工商管理类	120212T	体育经济与管理
46	公共管理类	120401	公共事业管理
47	公共管理类	120402	行政管理
48	公共管理类	120403	劳动与社会保障
49	公共管理类	120405	城市管理
50	物流管理与工程类	120604T	供应链管理
51	电子商务类	120801	电子商务
52	设计学类	130502	视觉传达设计
53	美术学类	130405T	书法学

（四）科学研究

1991年至2020年间，中央财经大学科学研究工作始终以为指导，立足中国实际，不断加强基础学科研究、应用研究与交叉学科研究能力，经历了快速起步、加速发展和稳步增长阶段，在承担科研项目、产出优秀科研成果、获得科研奖项、培育学术团队、发挥智库作用服务国家战略方面都取得了长足进展。

30年间，中央财经大学立项各类科研项目6600余项，其中来自国家自然科学基金委、国家社科规划办等单位的纵向课题近1600项，来自个企事业单位的横向课题超过5000项，学校年均科研总经费接近亿元；在国内外学术刊物上公开发表学术论文超过3万篇，出版各类著作4000余部，200余项科研成果获得省部级以上奖励，其中获历届高等学校科学研究优秀成果奖（人文社会科学）15项、获历届北京市哲学社会科学优秀成果奖60余项，还多次斩获吴玉章人文社会科学奖、孙冶方经济科学奖、刘诗白经济学奖等重要奖项；科研机构管理日益规范，拥有1个教育部工程研究中心（国家金融安全）、1个教育部人文社会科学重点研究基地（中国精算研究院）、2个北京市哲学社会科学研究基地（北京财经研究基地、首都互联网经济发展研究基地）、校级科研机构60余个，院级科研机构100多个；专家学者积极发挥研究优势，向各级政府部门报送政策建议，140余项研究报告获得领导批示或采纳应用；支持和培育优秀科研团队，涌现了一大批优秀科研工作者。经济学商学、社会科学总论进入全球排名前1%。

这一时期，学校持续深化科研体制机制改革，聚焦研究领域，凝练研究方向，创新科研组织形式，拓宽科研合作网络，优化科研管理方法，深入贯彻落实科研“放管服”精神，创造风清气正的科研环境，逐渐形成了研究特色鲜明、人员覆盖广泛、团队层次丰富、项目规模持续增长、成果量、质齐升、学术交流活跃的科研工作特点，各项科研指标均位于财经院校前列，国内外学术声誉不断扩大。在货币金融理论与政策、现代财政制度理论与实践、中国发展经济学、国家金融安全、普惠金融与绿色金融、战略经济与军民融合、数字经济理论与政策、精算科学等研究方向取得系列标志性科研成果；主办了市场经济与税制改革、中国多部门经济模型国际研讨会、亚太经济与金融论坛、G20与全球金融稳定、中国金融科技学年会等具有一定影响力的国际学术会议，连续发布《中国人力资本报告》《中国税收发展报告》《互联网经济蓝皮书：中国互联网经济发展报告》等系列研究报告；主办《中央财经大学学报》《财经法学》《高校马克思主义理论教育研究》中文学术期刊，主办的英文期刊*Annals of Economics and Finance*成为中国第一本被SSCI收录的经济学期刊，创办国内第一本专注于互联网与数字经济研究的国际学术期刊*Journal of Internet and Digital Economic*。

（五）师资队伍建设

20世纪90年代初，学校采取有力措施加强教师队伍建设，并适当向中青年教师倾斜。对中青年教师，学校在进修提高、职称评定等方面进行了适当的政策倾斜，在职称评定中评定了37岁的教授和29岁的副教授。

进入21世纪，学校大力实施人才强校战略，以全面提高教师队伍素质为核心，全力搭建高水平的研发教学平台，努力建设一支专业与年龄结构合理、教学与科研水平高的师资队伍。截至2004年，全校共有专任教师481人，其中具有高级职称的教师占比49%，其中教授13%，副教授36%；具有博士学位的教师占比25%，具有硕士学位的教师占比43%，教师学历的两项指标均已达到或超过全国有研究生院的53所高校的平均指标。学校拥有长江学者讲座教授1人，百千万人才工程国家级人选1人，新世纪优秀人才3人；享受国务院政府特殊津贴专家30人，5名教师分别获得国家“教学名师奖”、全国优秀教师、教育部“高校青年教师奖”和全国“五一劳动奖章”，5人被评为财政部跨世纪学科带头人，1人被评为北京市“先进工作者”，5人被评为市级青年学科带头人，34人被评为市级优秀青年骨干教师。

2005年至2015年，学校全面实施以“中财大121人才工程”为主体的人才强校战略，逐步形成了一支结构合理、综合素质好、发展潜力大的师资队伍。截至2015年，全校共有专任教师1122人，其中拥有博士学位的教师比例达到70.2%；获得海外博士学位的比例达到11.69%；全校共有教授264人，副教授428人，副高及以上职称教师占比达到60%。

学校拥有国家级高层次人才13人，国家杰出青年科学基金获得者1人，教育部社会科学委员会委员1人，教育部“新世纪优秀人才支持计划”55人，享受国务院政府特殊津贴专家33人，教育部教学指导委员会9人，教育部本科教学评估专家委员会委员1人，全国教学名师、全国优秀教师、全国“五一劳动奖章”等荣誉称号获得者4人，教育部高校青年教师奖、霍英东青年教师奖获得者4人次，国家级教学团队1个，有59人担任全国学术团体的常务理事、副会长以上职务。

2015年以来，学校加大引才、育才、留才工作力度，进一步健全制度体系、规范人事管理，先后出台《关于加强人才队伍建设的实施意见》《“龙马学者”支持计划实施办法》等制度，推进职称评审制度改革，全面下放教学科研系列副高级职称初审权，进一步健全职称评审制度文件，持续加强高水平师资队伍建设，推动学校可持续发展。截至2020年，全校共有专任教师1225人，其中拥有博士学位的教师比例达到76.8%；获得海外博士学位的比例达到14.9%；全校共有教授365人，副教授490人，副高及以上职称教师占比达到69.8%。学校拥有国家级高层次人才24人，国家杰出青年科学基金获得者1人，国家优秀青年科学基金获得者1人，国家教学名师2人、享受国务院政府特殊津贴专家33人、教育部课程思政示范项目教学名师2人，北京市卓越青年科学家1人，“北京市师德先锋”2人、北京市“高等学校教学名师”奖获得者17人、教育部社会科学委员会委员、教育部“新世纪优秀人才”等各类杰出人才。学校拥有国家级教学团队4个和北京市优秀教学团队7个，首批“全国高校黄大年式教师团队”1个。近年来，学校也着力在全球范围内平台式引进大批海外优秀人才，聘请了一批国内外著名学者担任学院领导和学术带头人，例如，诺贝尔经济学奖获得者劳伦斯克莱因、约瑟夫斯蒂格利茨、罗伯特恩格尔、埃里克马斯金、罗杰迈尔森等担任学校学术委员、名誉教授、客座教授和兼职教授，为学生授课。

（六）校园基本建设

进入20世纪90年代后，通过编制完善校区规划、建设校园新区、多渠道筹集建设资金等方式，学校不断改善办学基础条件，适应办学规模的飞跃式发展，为全校师生创造了良好的工作和学习环境。

一是调整校园规划，改善学院南路办学条件。1993年，学校对学院南路校区原规划进行了调整：利用现有建筑，在有限的用地范围内，增建、插建部分建筑，创造动静分开、分区明确、环境优美的校园。1997年至1999年，学校陆续竣工并投入使用了学生食堂、学生宿舍、行政办公楼等新建项目；完成了学生二食堂、单身宿舍、主校门、青年教工筒子楼宿舍、旧办公楼等项目的改造。2004年，完成篮球、排球、网球场改扩建及图书馆装修改造工程。2008年至2009年，研究生公寓（中财大厦）、科研教学综合楼（学术会堂）相继竣工并投入使用。2018年至2019年，完成学生二食堂改扩建、留学生公寓（原青年公寓）修缮及主教楼1～5层装修改造项目。

二是补充办学资源，建设清河分部。1991年，学校以换建方式购买海淀区清河朱房路村住房41000平方米，占地面积97亩，全部购房与换房工作于1993年完成。1995年，学校成立清河分部筹备办公室，决定筹建清河分部。1996年，学校实行校区两地办学管理模式，清河分部正式启用并迎来第一批本科新生。

三是启动新校区，开启校园建设新篇章。2002年，教育部批准了学校在沙河高教园区征地建设新校区的请示。2003年，学校与昌平区政府签订了《北京沙河高教园区土地划拨协议书》。2005年至2007年，与大洼村和景文屯村相继签订了《征地补偿安置协议》，取得了沙河校区两期工程的建设用地规划许可证；2010年至2011年，陆续取得沙河校区全部六个地块的国有土地使用证。2007年9月，“中央财经大学沙河校区奠基仪式暨开工典礼”隆重举行，新校区开启了一期1阶段重点工程的建设，包括主教学楼1栋、学院楼7栋、宿舍10栋、大学生活动中心及食堂，总建筑面积126888平方米。2009年9月，沙河校区启用仪式暨2009级新生开学典礼在新落成的沙河校区隆重举行，标志着沙河校区的正式启用。2007—

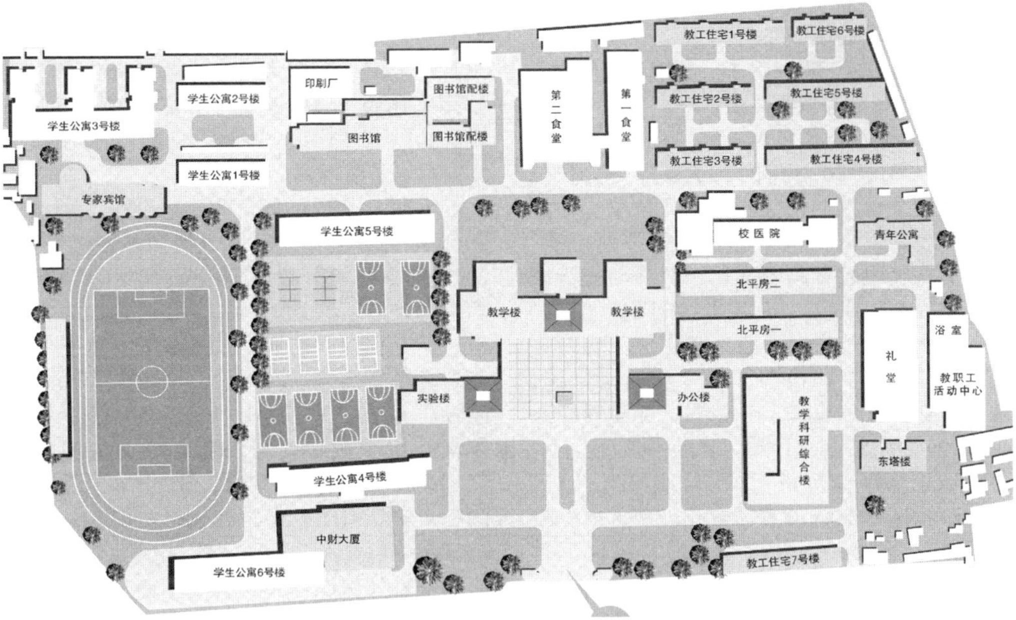

图 26　中央财经大学学院南路校区平面图

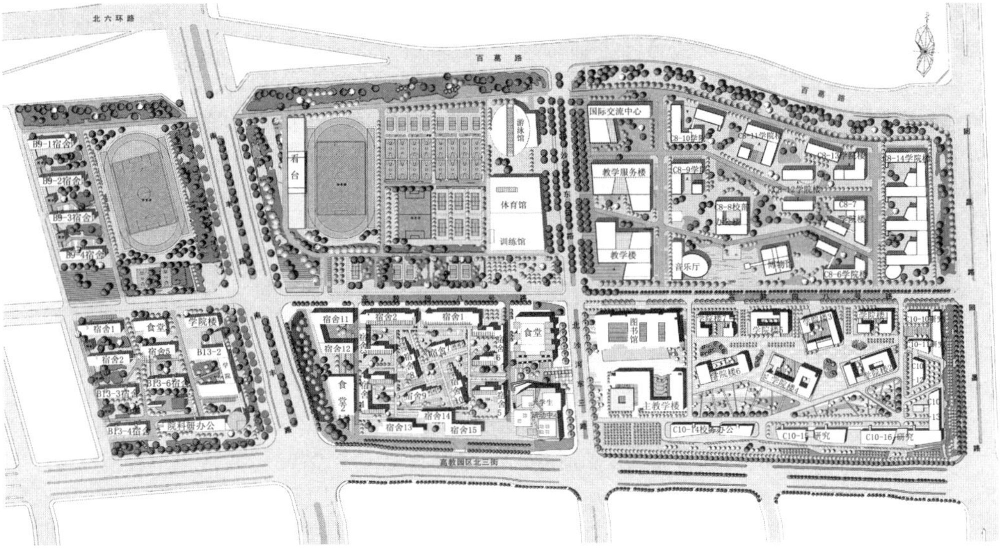

图 27　中央财经大学沙河校区规划设计图

2020年间，沙河校区累计完成24个项目（含征地、市政、规划设计、一期绿化），共计37个单体建筑，新增建筑面积279281平方米，约占规划建筑面积的55.6%。其中，现代化的沙河校区图书馆工程获得了“全国建筑业绿色施工示范工程”等多项奖励。

（七）对外合作交流

1991年至2020年间，学校国际合作与交流经历了由专业化起步到全方位发展的过程，国（境）外高水平合作伙伴不断扩展，合作形式和内容日趋多元化，合作与交流成效持续提升，大致可分为四个阶段。

第一阶段是高起点萌芽起步期（1991—1995年），学校积极与国外专业机构合作，邀请海外学者到校讲学，培养国际化财经人才。1991年5月，学校与世界银行合作举办“培训需求测定讲习班”。1993年9月，诺贝尔经济学奖获得者劳伦斯·克莱茵教授到校作学术报告。1993年7月，学校获批招收留学生，同年10月，国家教委同意学校1994年在港澳台地区招收研究生。1995年10月，王柯敬院长访问美国康涅狄格州立大学并签订校际合作关系协议书。

第二阶段是“由点及面”扩展期（1996—2004年），学校与更多海外高校、机构建立广泛、深入的合作。1997年6月，王柯敬校长率团访问日本高千穗商科大学，1998年5月，高千穗商科大学代表团来校开展会计领域交流。1999年1月19日至2月8日，学校组织11名学员赴加拿大参加高级会计培训。2000年10月26日至11月7日，学校代表团访问俄罗斯全俄财经函授学院和乌克兰基辅民族经济大学。2000年起，学校招收攻读本科和研究生学历的留学生，开始真正意义的留学生教育。2004年5月，与美国密歇根大学签署谅解备忘录，决定在金融、经济学学科领域开展交流。

第三阶段是全方位高速发展期（2005—2015年），学校推进“高水平、全方位、重实效”的国际交流与合作。2006—2011年，学校举办国际研讨会60余场；师生参加国际交流1100余人次，接待来访1500余人次。2007年12月，成为接受中国政府奖学金来华留学生院校；2010年底留学生人数达到399人，学历生占比82.21%。“十二五”期间，与世界153所知名高校和机构开展交流合作；与荷兰蒂尔堡大学、美国史蒂文斯理工学院、澳大利亚维多利亚大学举办中外合作办学项目；有1639名学生赴海外长期学习或短期交流。2013年10月，学校承办的巴西伯南布哥大学孔子学院揭牌。

第四阶段是跨越式平台建设期（2016—2020年），学校建设高水平的国际交流平台。2016年，在海外设立联合研究中心和首个学生海外学习基地。2017年，响应国家“一带一路”倡议，与印度、南非等高水平大学签署合作备忘录；获得汉语国际教育硕士专业学位授权。2018年，11名学生赴亚投行等国际组织实习。2019年，成为中国政府奖学金预科教育试点院校；12月，与希腊色萨利大学签署了孔子学院执行协议。2019—2020年，先后获批2个“111基地”。2020年，成为首批高层次国际化人才培养创新实践基地单位。

（八）党建和思政工作

学校始终坚持以马克思列宁主义、毛泽东思想、邓小平理论、“三个代表”重要思想、科学发展观、习近平新时代中国特色社会主义思想为指导，深入贯彻中国共产党历次全国代表大会和全会精神，坚持党对学校工作的全面领导，全面贯彻党的教育方针，坚持社会主义办学方向，落实立德树人根本任务，学校党的建设和综合实力不断跃上新台阶，学校驶入持续、快速、健康发展的快车道，开创了高水平研究型大学建设的崭新局面。

学校认真学习贯彻习近平总书记系列重要讲话精神和中央重大决策部署，以党的政治建设为统领，坚持马克思主义指导地位，增强“四个意识”，坚定“四个自信”，坚决做到“两个维护”。高标准开展党内集中性学习教育活动，先后六次召开学校党代会，明确不同历史时期学校的奋斗目标和发展战略，党的领导坚强有力。在建校70周年之际，习近平总书记亲自关心慰问学校发展，学校党委第一时间组织学习传达，师生深受鼓舞。

坚持党委领导下的校长负责制，坚持民

主集中制，推进依法治校。持党管干部、组织选人，将政治标准放在首位，激励干部担当作为，干部队伍在大战大考中勇挑重担。持续开展对标争先建设，5个党组织入选全国高校党建工作标杆院系、样板支部、“双带头人”教师党支部书记工作室创建单位；评选出首批校内5个“党建工作标杆学院”和27个“党建工作样板支部”。强化思想引领，把思想政治工作贯穿学校教育教学全过程，入选首批“北京高校中国特色社会主义理论研究协同创新中心”，入选北京市首批重点建设马院。创办《高校马克思主义理论教育研究》，强化阵地管理，壮大主流思想舆论，意识形态工作导向正确、管控有力。扎实推进教师思政和师德师风建设，法学教师团队入选首批“全国高校黄大年式教师团队”。推进全面从严治党，坚持不懈加强党的自身建设，通过加强思想建设、组织建设、作风建设、制度建设和党风廉政建设，不断增强党组织的创造力、凝聚力和战斗力。大力培育特色文化品牌，2000年挂牌文明校园，2004年荣获首都文明单位称号，推进“一院一品”校园文化建设，推出原创大师剧、“感动中财人物”评选等校园文化及精品项目，校园文化建设不断取得新进展。

三、2020年学校基本情况

2020年，中央财经大学校园面积102.7165万平方米，图书馆建筑面积2.890851万平方米。全年教育经费总投入130229.22万元。设有4个校区，设置26个院（系、部）。开设53个本科专业。“双一流”建设学科1个，国家级一流本科专业建设点23个。教职工1785人，其中专任教师1225人；正高级365人、副高级490人；博士生导师230人、硕士生导师737人。外籍及港澳台教师27人，其中，教授19人，副教授3人。在校生19834人，其中，研究生6135人（博士生777人、硕士生5358人）、普通本科生10123人、成人教育本专科生3576人（本科生3232人、专科生344人）。留学生毕业179人、招生164人、在校生390人。网址：www.cufe.edu.cn。

附表：

表98　　中共中央财经大学委员会历任书记一览表（1991—2020年）

学校名称	书记	任职时间
中央财政金融学院	刘志华	1987年8月—1991年6月
中央财政管理干部学院	李玉书	1994年8月—1998年10月
中央财政金融学院	李保仁	1991年6月—1996年7月
中央财经大学	李保仁	1996年7月—2005年2月
中央财经大学	邱　东	2005年2月—2009年2月
中央财经大学	胡树祥	2009年2月—2015年1月
中央财经大学	傅绍林	2015年1月—2018年9月
中央财经大学	何秀超	2018年9月—

表99　　中央财经大学历任校（院）长一览表（1991—2020年）

学校名称	校（院）长	任职时间
中央财政金融学院	钱中涛	1985年11月—1992年9月（副院长、主持工作）
中央财政管理干部学院	景　致	1994年8月—1998年10月
中央财政金融学院	王柯敬	1992年9月—1996年7月
中央财经大学	王柯敬	1996年7月—2003年6月
中央财经大学	王广谦	2003年6月—2017年9月
中央财经大学	王瑶琪	2017年9月—

（执笔人：刘少坤）

对外经济贸易大学

对外经济贸易大学（英文名称：The University of International Business and Economics）是教育部直属全国重点大学，国家“211工程”首批重点建设高校，教育部与商务部共建高校，国家首批“双一流”建设高校，是中国社会主义经济建设事业人才培养和科学研究的重要基地之一。

学校前身为创建于1951年的中央人民政府贸易部高级商业干部学校，1953年1月，根据全国高等学校院系调整计划，学校更名为北京对外贸易专科学校。1954年，根据《全国高等财经学院1954年院系和专业的调整与设置计划》，高等教育部决定，以北京对外贸易专科学校为基础，与中国人民大学贸易系对外贸易专业合并，成立北京对外贸易学院。1960年10月，北京对外贸易学院成为全国重点高校。1969年学校迁至河南固始，1970年被撤销。1971年对外贸易部中等专业学校成立，1973年北京对外贸易学院正式复校，对外贸易部中等专业学校的在校生同时转入北京对外贸易学院。1983年1月北京对外贸易学院与国际经济管理学院合并。1984年9月1日，学校更名为对外经济贸易大学。1996年2月，对外经济贸易大学被列入首批启动“211工程”高校。2000年6月，对外经济贸易大学与中国金融学院合并，成为教育部直属高校。2010年12月，教育部与商务部签署协议，共建对外经济贸易大学。2017年，学校入选首批“双一流”建设高校。

一、院系建设

2000年6月前，对外经济贸易大学隶属原对外贸易经济合作部管理。截至1993年底，学校共设有10个系，具体为：一系（外贸英语系）、二系（外贸外语系）、三系（国际贸易系）、四系（海关管理系）、五系（国际企业管理系）、六系（国际经济合作系）、七系（国际经济法系）、八系（人文科学系）、九系（外贸德语系）和十系（信息管理系，与学校计算中心合署办公）。另设有研究生部、国际贸易问题研究所、成人教育部、函授教育部等。1994年2月，经原对外贸易经济合作部批准，学校建立校、院、系管理体制，院、系设置作如下调整：在国际贸易系、国际经济合作系的基础上组建国际经济贸易学院；在国际企业管理系的基础上组建国际工商管理学院；在外贸英语系、外贸外语系和外贸德语系的基础上组建国际交流学院，在成人教育部、函授教育部和外贸英语系经济英语培训中心的基础上组建继续教育学院。1995年2月，成立留学生部，专门负责来华留学生的教育、教学与管理。1996年3月，在国际经济法系的基础上，组建法学院。1997年11月，在国际交流学院外贸德语系的基础上，组建中德学院。1998年5月，成立世贸培训与政策研究中心。1999年8月，成立高等职业教育学院，与继续教育学院“一套班子、两块牌子”；10月，海关管理系与国际工商管理学院的商品检验学系合并，成立海关和检验检疫管理系。2000年1月，成立世界贸易组织研究中心。

2000年6月，对外经济贸易大学与中国金融学院合并（以下简称“两校合并”），并入教育部管理。中国金融学院成立于1987年，隶属中国人民银行管理，至2000年两校合并前主要设有金融系、信息系、会计系、国际经济系、工商管理系等，拥有金融学、保险、会计学、财务管理、信息管理与信息系统、国际经济与贸易6个专业的学士学位授予权。

2000年两校合并经调整后，学校设有11个学院（国际经济贸易学院、金融学院、国际工商管理学院、英语学院、外语学院、中德学院、法学院、信息学院、人文与行政学院、继续教育学院、高等职业教育学院）和1个直属系（保险系）以及体育部、研究生部、留学生部等。

2002年，成立远程教育学院，独立建制，负责远程教育工作。同年，成立高级研修学院，世界贸易组织研究中心更名为中国世界贸易组织研究院，原留学生部和原国际学苑合并组建国际学院。2003年，国际经济研究所更名为国际经济研究院。2005年，高等职业教育学院并入继续教育学院；撤销世贸培训与政策研究中心，其职能并入国际合作与交流处；国际工商管理学院更名为国际商学院。2006年，撤销人文与行政学院，新设公共管理学院、人文与社会科学学院和中国语言文学系；撤销中德学院建制，将其作为德语学系整体并入外语学院；成立高级培训学院。2007年，保险系正式更名为保险学院。2008年，中国语言文学系正式更名为中国语言文学学院。2009年，成立对外经济贸易大学商务汉语国际推广中心、思想政治理论课教学科研部。2010年，成立国际商务汉语教学与资源开发基地（北京），该基地与商务汉语国际推广中心两块牌子，合署办公；成立对外经济贸易大学中国开放经济与国际科技合作战略研究中心（培育），人文与社会科学学院更名为国际关系学院。继续教育学院与远程教育学院分离，成为两个独立建制的学院。2011年，成立教育与开放经济研究中心；成立研究生院，撤销研究生部。2012年，成立统计学院、文化与艺术教研部。2013年，成立深圳研究院。2015年，成立全球价值链研究院。2016年，成立青岛研究院。同年，撤销高级研修学院建制，并入继续教育学院。2017年，继续教育学院和远程教育学院合并成立继续教育与远程教育学院；思想政治理论课教学科研部正式更名为马克思主义学院。2018年，成立国际发展合作学院、国家对外开放研究院。同年，撤销文化艺术教学部，成立心理健康咨询中心，相应人员并入学生工作部；成立文化艺术教学中心，相应人员并入校团委。2019年，成立区域国别研究院、成都研究院、海南研究院。2020年，公共管理学院正式更名为政府管理学院。

表100　　对外经济贸易大学院系部设置一览表（2020年）

序号	部门代码	机构名称	分类
1	101	国际经济贸易学院	教学单位
2	102	国际商学院	教学单位
3	103	英语学院	教学单位
4	104	法学院	教学单位
5	107	政府管理学院	教学单位
6	108	国际学院	教学单位
7	109	信息学院	教学单位
8	111	金融学院	教学单位
9	112	外语学院	教学单位
10	114	保险学院	教学单位
11	115	体育部	教学单位
12	120	国际关系学院	教学单位
13	121	中国语言文学学院	教学单位
14	122	马克思主义学院	教学单位

续表 100

序号	部门代码	机构名称	分类
15	124	统计学院	教学单位
16	125	深圳研究院	教学单位
17	126	青岛研究院	教学单位
18	127	继续教育与远程教育学院（高级研修学院）	教学单位
19	201	国际经济研究院	科研单位
20	202	中国开放经济与国际科技合作战略研究中心（培育）	科研单位
21	203	中国世界贸易组织研究院	科研单位
22	205	全球价值链研究院	科研单位
23	207	教育与开放经济研究中心	科研单位
24	208	国家对外开放研究院	科研单位
25	209	国际发展合作学院	科研单位
26	210	区域国别研究院	科研单位
27	211	成都研究院	科研单位
28	212	海南研究院	科研单位
29	323	商务汉语国际推广中心／国际商务汉语教学与资源开发基地（北京）	科研单位

二、学科建设

历经 70 年的发展，对外经济贸易大学逐步形成了拥有经、管、法、文、理、工六大门类，以应用经济学、法学、工商管理、外国语言文学等优势学科为特色的学科布局。学校目前拥有国家级重点学科 2 个，国家级人文社会科学重点研究基地 1 个，教育部战略研究（培育）基地 1 个，教育战略与规划研究中心 1 个，北京市重点学科 7 个，北京市哲学社会科学研究基地 1 个，博士后流动站 6 个，一级学科博士点 7 个，一级学科硕士点 10 个，专业硕士学位授权点 12 个，本科专业 51 个。

（一）学科建设与专业发展

1991 年，对外经济贸易大学拥有 19 个本科专业，包括 10 个外语类专业，5 个管理学专业，3 个经济类专业和 1 个法学专业，初步奠定了对外经济贸易大学经、管、文、法的学科布局。1997 年进入首批“211 工程”重点建设高校后，学校陆续增设了人文科学系、对外贸易德语系等系，开设国际运输管理、会计学、经济信息管理、市场营销、行政管理、人力资源管理、财务管理等专业。2000 年两校合并后，本科专业增至 21 个，并初步显现四大优势学科的雏形。

2002 年以后，学校新增汉语言文学专业、对外汉语专业、英语专业（传媒方向）、国际政治、公共事业管理、葡萄牙语、会计学 AACA（英国特许公认会计师）和 CGA（加拿大注册会计师）方向等。到 2010 年，学校的本科专业增至 33 个，强化了学科的国际特色。2012 年，学校成立统计学院，进一步完善学科布局。2015 年，学校新设数据科学与大数据技术首个工学类专业。2017 年，学校入选首批“双一流”建设高校；在教育部第四轮学科评估中，参评 8 个一级学科获得 4A4B 的成绩。2019 年，积极推进新兴交叉学科建设，加强互联网、大数据、人工智能技术与传统学科的交叉融合，立项建设数字贸易、互联网与法律治理、低碳与能源经济、全球价值链等新兴交叉学科。“数字贸易”入选北京市高精尖学科。“数字经济实验室”项目获批，系全国首家“学科平台试点项目”。2020 年，学校首次进入泰晤士世界大学排名，全球排名 601～800 区间，国内排名 28～42 区间，国内财经类高校第一。同年，学校首次参加泰晤士世界大学影响力排名，位于全球301～400区间，国内排名第4。经济学与商学、社会科学总论进入ESI前1%学科。2020年，学校8个一级学科参加了教育部第五轮学科评估。

表101　　对外经济贸易大学学科设置一览表（2020年）

学科门类	一级学科	学科门类	一级学科
02 经济学	0201 理论经济学（博士授权点）	05 文学	0502 外国语言文学（博士授权点）
	0202 应用经济学（博士授权点）	07 理学	0714 统计学（博士授权点）
03 法学	0301 法学（博士授权点）	12 管理学	1201 管理科学与工程（硕士授权点）
	0302 政治学（博士授权点）		1202 工商管理（博士授权点）
	0305 马克思主义理论（硕士授权点）		1204 公共管理（硕士授权点）
05 文学	0501 中国语言文学（硕士授权点）		

表102　　对外经济贸易大学本科专业设置一览表（2020年）

序号	专业名称	序号	专业名称
1	阿拉伯语	26	经济统计学
2	保险学	27	经济学
3	波斯语	28	经济与金融
4	财务管理	29	精算学
5	财政学	30	劳动与社会保障
6	朝鲜语	31	葡萄牙语
7	德语	32	人力资源管理
8	电子商务	33	日语
9	俄语	34	商务英语
10	法学	35	市场营销
11	法语	36	数据科学与大数据技术
12	翻译	37	税收学
13	工商管理	38	投资学
14	公共事业管理	39	物流管理
15	国际经济与贸易	40	西班牙语
16	国际商务	41	希腊语
17	国际政治	42	信息管理与信息系统
18	海关管理	43	意大利语
19	汉语国际教育	44	英语
20	汉语言文学	45	越南语
21	行政管理	46	政治学与行政学
22	会计学	47	思想政治教育
23	金融工程	48	文化产业管理
24	金融数学	49	网络与新媒体
25	金融学		

（二）硕、博学位授权点建设

1991年，学校获得国际贸易和国际经济法两个专业的博士学位授予权，国际经济法、企业管理和日语语言文学3个专业硕士学位授予权。1991—1999年间，陆续获得工商管理、信息经济和法律等专业的硕士授予权。至2000年，学校的研究生专业设置为2个博士学位专业，12个硕士学位专业。“十五”期间（2001—2005年）学校获得金融学、世界经济、企业管理、民商法学等4个二级学科博士学位授予权，硕士学位授予点增至39个。2011年，学校新增一级学科博士点4个（理论经济学、法学、工商管理、统计学）；新增一级学科硕士点4个（理论经济学、政治学、公共管理、统计学）和18个二级学科硕士点；新增专业硕士点7个（金融、国际商务、保险、资产评估、公共管理、会计、审计）。2017年，学校新增外国语言文学、政治学一级学科博士点，中国语言文学、管理科学与工程一级学科硕士点。至2020年，学校共有7个一级学科博士学位授予权和11个一级学科硕士学位授予权。

（三）国家级、北京市级重点学科

1993年10月，学校制定《对外经济贸易大学重点学科建设发展方案》，集中力量把四个重点学科（国际贸易学、国际经济法、国际企业管理和英语）建设为国家级重点学科。1993年11月，学校把"加强重点学科建设"列为教育改革十项措施之首，将学科建设作为一项长期的、根本性的战略任务。2002年，学校的国际贸易学、国际法学成为国家级重点学科，工商管理、金融学被评为北京市重点学科。2008年，学校新增应用经济学一级学科，世界经济、民商法学二级学科，法与经济学交叉学科四个北京市重点学科。2010年，学校新增低碳经济学交叉学科为北京市重点学科。2011年，学校启动三级（国家级、北京市级、校级）重点学科建设工作。2012年，法学一级学科、会计学二级学科新增为北京市重点学科。截至2020年，学校拥有7个北京市重点学科，包括：应用经济学一级学科（原金融学二级学科并入）、法学一级学科（原民商法学二级学科并入）、法与经济学交叉学科、低碳经济学交叉学科、企业管理二级学科、世界经济二级学科、会计学二级学科。

三、人才培养

1991年学校提出深化教育改革、全面提高教育质量的基本原则和主要任务。1993年2月学校成立教育改革领导小组，7月出台《全面提高教育质量实施大纲》，此后实行学分制、主修与副修、优秀生选拔推荐等制度，开展校级重点课程建设，全面加强教学管理。1993年，校教务处被国家教委评定为先进教务处。1994年10月至1997年先后召开四次全校教学工作研讨会，推进教学改革深入发展。

2000年以来，学校深入贯彻《中共中央国务院关于深化教育改革全面推进素质教育的决定》，出台一系列深化教育改革、提高教育质量的方案和措施。2006年10月学校以优秀成绩通过教育部本科教学工作水平评估。2007年3月正式启动本科教学质量与教学改革工程，明确拔尖创新人才、精英人才和通识人才三种类型的人才培养目标和培养模式改革。2016年10月，学校顺利通过教育部本科教学工作审核评估。2016—2020年，学校获得国家级教学成果奖2项、国家级精品课程12门、北京市教学成果奖17项、北京市优质课程4门、北京市优质教材4部、北京市教学名师及青年教学名师3人、"北京高校优秀本科育人团队"1个，"北京高校优秀本科教学管理人员"1人。对外经济贸易大学学生在各类高水平比赛中夺得优异成绩。

在研究生教育方面，1991年3月学校实行研究生培养责任制。2001年4月出台新的研究生培养方案，印发关于加强和改进研究生教学工作的意见，修订研究生课程建设方案。2009年出台优秀博士论文培育和资助制度。2009年校研究生部被评为北京地区学位与研究生教育管理先进集体。2010年，学校为北京市国内外联合培养基地中派出研究生最多的高校。2012年7月，学校参加北京市首批北京高校国内外联合研究生培养基地建设项目验收工作，并获得"优秀"评价。2017年以国际经济贸易学院、金融学院、国际商学院为试点开设博士生公开课、硕士生讨论课《学术论文写作》等创新、创业指导专业选修课及公共选修课，截至2020年共开设研究生层次创新创业课程14门次。组织"课程思政"示范课程项目建设工作，2018至2020年共立项49项，课程涉及经、管、法、文等多个学科。自2019年起设立教育部"中央高校教育教学改革专项"研究生教改项目，2020年学校共有8

篇案例入选专业学位案例中心案例库，喜获2篇全国优秀金融硕士教学案例、1篇全国MPAcc优秀教学案例、1篇全国优秀金融硕士学位论文、1篇全国百篇优秀管理案例，出版4本研究生精品教材，录制7门研究生精品在线开放课程。

2020年学校在全国31个省（直辖市、自治区）及港澳台地区招录本科生2151人，专业46个。2020年学校招录博士研究生189人，硕士研究生2428人（含港澳台地区招生7人），各类研究生共计2617人。

2012年7月，学校开设首期暑期学校项目，学分进入培养方案，来自世界各地的43位海外专家走进贸大开设课程。至2020年7月，暑期国际学校选课学生总数达到24824人次。

四、科学研究

2011—2020年，对外经济贸易大学响应号召、抓住机遇、顺势而为，科研管理规范化、制度化、信息化水平不断提高，全校师生的积极性和科研能力显著提升，学校科研事业发展实现了从数量到质量的跃升。2017年，制订、修订《对外经济贸易大学哲学社会科学繁荣计划（2011—2020）》等21项管理文件，助力学校内涵式发展和学科建设取得突破。2011年以来，学校科研管理工作先后获得高校哲学社会科学研究管理等省部级优秀科研管理先进集体荣誉称号10余次。

（一）纵向课题数量和质量

2004—2010年，学校纵向课题获批总数年均增长率达42.2%。2010年，学校纵向项目课题87项。2011—2020年，学校纵向项目立项从数量提升转向质量突破。2011年，学校获批校外纵向课题117项；获批各类重大、重点项目11项。“十二五”期间（2011—2015年）学校获批各类重大、重点项目总数是2000—2010年总数的3.46倍，学校“十三五”期间获批各类重大、重点项目102项，是“十二五”期间的2.27倍。

（二）科研成果产出

2001—2010年，学校各类科研产出量实现翻倍增长。2010年，学校产出论文、著作、研究报告等成果共计1376项；其中论文1108篇，著作103部。2011年学校科研成果产出1747项，中、外文核心期刊发表509篇；2017年，外文核心期刊发表207篇；2018年，学校获得采纳的研究报告117篇；2019年外文核心期刊发表347篇；2020年，获得采纳的研究报告263篇。2011—2020年，学校各类成果产出稳步增长。“十三五”期间，学校国际发表1540篇，获得各级部门采纳的研究报告522篇；获得省部级领导批示97篇；获得副总理以上领导批示81篇。

（三）科研获奖数量和质量

1990—2000年，获省部级科研奖36项；2001—2010年，获省部级科研奖84项；2011—2020年，获省部级奖158项。“十三五”期间，学校获得省部级一等奖13项，是“十二五”期间的2.17倍。横向科研项目和课题经费总数不断突破。2004年以来，横向课题经费年均增长率为30.9%。2020年，学校获得横向课题经费数4665.61万元，首次突破4000万，是2004年横向课题经费数的18.5倍。2004年以来，科研经费总数年均增长率为27.6%。2020年，学校获得科研经费总数为8729.55万元，是2004年总数的24.9倍。

五、师资队伍建设

1991—2020年，学校高度重视师资队伍建设工作，全面推进“人才强校”战略，不断创新集聚人才的体制机制，初步建立了国内一流高校中具有竞争力的人才制度环境，收获了以高层次人才队伍建设取得突破为标志、以高水平师资队伍引进和培育为重点、以持续深化人事制度改革为重要举措的阶段性成果。

加强师德师风建设，初步建立长效工作机制。2018年，学校成立党委教师工作部，与人力资源处合署，随后成立学校师德建设委员会，初步构建党委统一领导、教师工作部统筹协调、学院党委负责执行、教师党支部具体落实、教师自我约束相结合的“五位一体”师德建设长效工作机制。制定12项师德建设相关制度文件，加人“全国优秀教师”于瑾等师德先进典型的选树与宣传，实施学校首次“知行中国”教师系列教育实践计划。

师资总量稳步增长，国家级人才奖项成效显著。1991 年前，学校教师和行政人员共计 1000 余人。至 2020 年底，学校共有教职工 1705 人，其中专职教学科研人员 972 人，行政人员 605 人。1991—2020 年间，注重人才引进和培养，有序推动各项重大人才项目申报工作；不断优化中青年教师成长发展、激发潜力的制度环境，拓宽晋升渠道、搭建交流平台；积极储备国内外人才资源。“十三五”期间，学校 14 人次入选国家级人才奖项，人才称号总量增至 21 人次。

科学规划、创新机制、引育并举、优化评价，着力建设科学合理的高层次人才梯队。持续推进教育评价改革，积极落实分类管理、科学评价。学校积极贯彻落实《关于建立健全高校师德建设长效机制的意见》《关于全面深化新时代教师队伍建设改革的意见》，以构建教师多元评价体系为重点，推进落实破“五唯”工作，积极推进评价成果多元化，将师德、教学、学术和智库等各类成果全面纳入教师队伍评价体系。

六、校园基本建设

1991—2020 年，学校加大了对基本建设的投入力度，学校基本建设进入了高速发展阶段。其中，教学主楼（诚信楼）于 1989 年初开工建设，1992 年 9 月竣工投入使用，建筑面积为 26857 平方米。1998 年 10 月，学生一食堂开工建设，2000 年初竣工投入使用，总建筑面积为 113248 平方米。1992 年开工建设博学楼，1996 年竣工并投入使用，总建筑面积 22826 平方米。2003 年 9 月开工建设体育看台，2004 年 9 月投入使用，建筑面积 2700 平方米，项目实际总投资为 1035 万元。2003 年 9 月开工建设新建教学楼（宁远楼），2005 年 8 月 28 日投入使用，建筑面积 32568 平方米，项目实际总投资为 9506 万元。2004 年 4 月 28 日开工建设大学生公寓（虹远楼），2005 年 11 月 11 日正式投入使用，建筑面积 93858 平方米，项目实际总投资为 21032 万元。2006 年 5 月 12 日开工建设图书信息中心（刘銮雄楼），2008 年 9 月正式投入使用，建筑面积 24935.54 平方米，项目计划总投资为 11972 万元，该项目荣获北京市朝阳杯金质奖、北京市文明安全工地奖、结构长城杯银质奖、建筑长城杯银质奖、国家质量最高奖——鲁班奖，成为全校标志性建筑。2010 年 4 月 26 日开工建设科研楼，2011 年 9 月正式投入使用，建筑面积 22470 平方米，项目总投资为 11282.65 万元。该项目荣获“北京市结构‘长城杯’银质奖”“北京市文明安全工地”等称号。2013 年 3 月开工建设红天体育馆，2014 年 10 月竣工并投入使用，建筑面积 17165 平方米，项目实际总投资为 16793 万元。2013 年 7 月开工建设留学生综合楼，2017 年 7 月竣工并投入使用，建筑面积 49979 平方米，项目实际总投资为 30642 万元。该项目荣获“北京市结构‘长城杯’银质奖”“北京市绿色文明工地”等称号。2016 年 4 月开工建设教学综合楼，2019 年 5 月竣工并投入使用，建筑面积 46995 平方米，项目实际总投资为 25267 万元。该项目荣获“北京市结构‘长城杯’金奖”“北京市竣工长城杯银奖”“北京市绿色安全文明样板工地”等称号。

近年来，按照学校校园建设发展规划，在原有校园总体规划的基础上，于 2007 年完成了校园总体规划的调整，新的校园总体规划在保持学校原有的校园绿地不变的状况下，校园容积率由原来的 1.02 调整为 1.33；校园建筑限高由原来的 30 米调整到 45 米；校内可建总建筑面积调整为 46.6 万平方米，按照原来的容积率计算，相当于新增加了 180 亩土地。1991—2020 年，基础建设累计投资 22605 余万元，在基本满足教学、科研、学生住宿需要的基础上，学校围绕绿色校园建设主题，以节约使用资源和提高资源利用效率为核心，以节电、节水、节气、节能、减排等工程项目为重点，积极探索绿色校园、低碳校园建设。2007 年，成为全国首批节约型校园建设先进试点高校；2009 年，被确定为北京市 2008 年“节约型学校”建设优秀高校；2018 年，北京市发展和改革委员会授予学校“北京市 2018 年能效领跑者”称号。

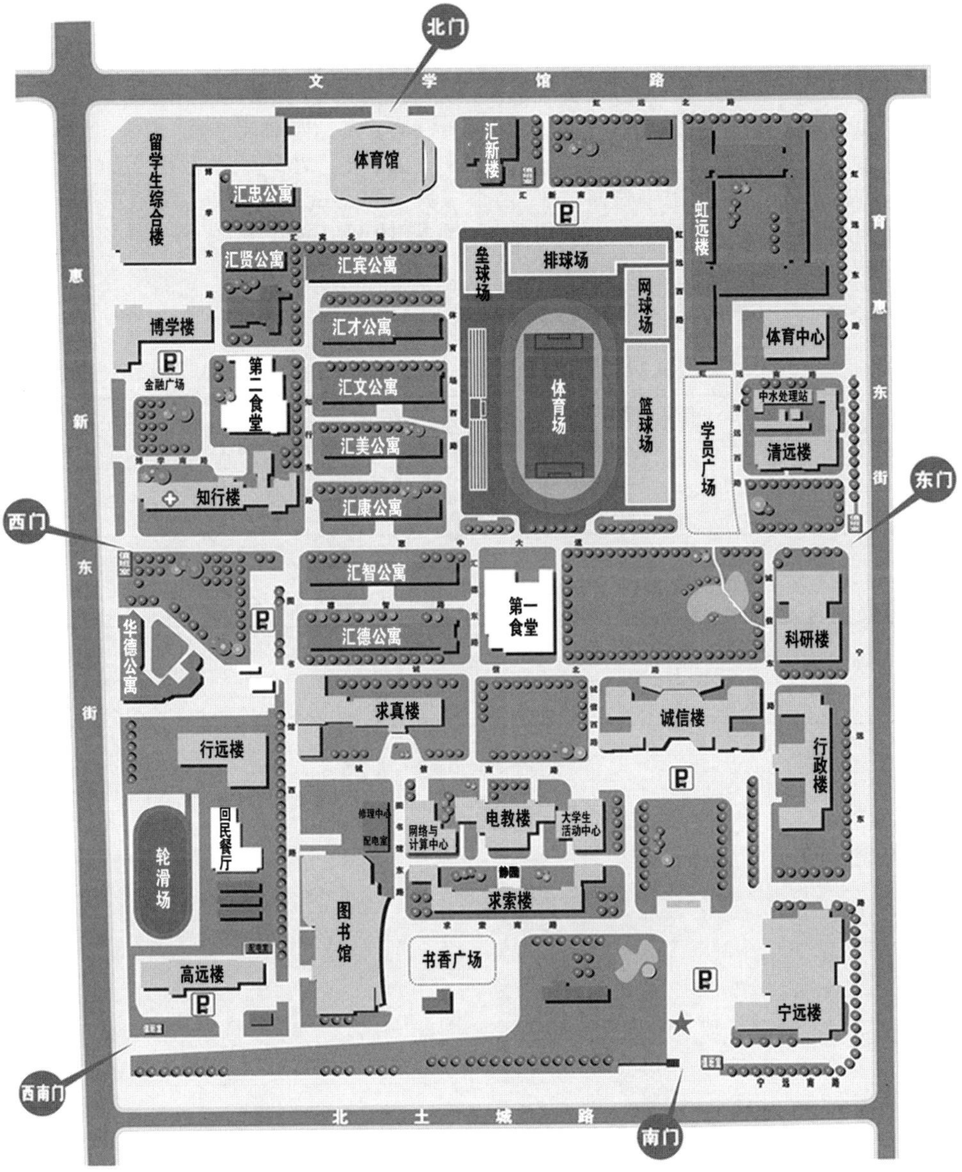

图 28　对外经济贸易大学平面图

七、2020 年学校基本情况

2020 年，对外经济贸易大学校园面积 34.20 万平方米，图书馆建筑面积 2.4936 万平方米。全年教育经费总投入 141744 万元。设有 1 个校区，设置 29 个院（系、部）。开设 49 个本科专业。“双一流”建设学科 1 个，国家级一流本科专业建设点 10 个。教职工 1626 人，其中，专任教师 1022 人；正高级 288 人、副高级 494 人；博士生导师 229 人、硕士生导师 520 人。外籍教师 43 人，其中，教授 4 人、副教授 4 人。在校生 16660 人，其中，研究生 5674 人（博士生 736 人、硕士生 4938 人）、普通本专科生 8589 人（本科生 8589 人、专科生 0 人）、成人教育本专科生 2463 人（本科生 1899 人、专科生 564 人）、网络教育本专科生 17808 人（本科生 8411 人、专科生 9397 人）。留学生毕业 776 人、招生 709 人、在校生 2356 人。网址：www.uibe.edu.cn。校址：北京市朝阳区惠新东街 10 号。

附表：

表 103　　中共对外经济贸易大学委员会历任书记一览表（1991—2020 年）

书记	任职时间	书记	任职时间
孙维炎	1988 年 7 月—1999 年 3 月	王　玲	2004 年 5 月—2016 年 8 月
陈准民	1999 年 3 月—2000 年 6 月	蒋庆哲	2016 年 8 月—
许其立	2000 年 6 月—2004 年 5 月		

表 104　　对外经济贸易大学历任校长一览表（1991—2020 年）

校长	任职时间	校长	任职时间
孙维炎	1984 年 10 月—1999 年 3 月	施建军	2009 年 5 月—2016 年 8 月
陈准民	1999 年 3 月—2009 年 5 月	王稼琼	2016 年 8 月—2019 年 5 月

（执笔人：苏隆中）

中国消防救援学院

中国消防救援学院是国家综合性消防救援队伍的重要组成部分，是我国第一所专门的消防救援本科院校，是应急管理部直属高等院校，是应急救援主力军培训基地、党和人民忠诚卫士的成长摇篮。学院简称消防学院，英文名称 CHINA FIRE AND RESCUE INSTITUTE，坐落于北京市昌平区南雁路 4 号。网址：www.cfri.edu.cn。

一、历史沿革

学院前身为 1978 年 9 月成立的黑龙江省森林警察总队教导队。1981 年 11 月，改为黑龙江森林警察学校，2000 年 5 月与内蒙古、吉林森林警察学校合并组建武警森林指挥学校（副师级）。2003 年 6 月迁京办学。2004 年 7 月开办本科教育。2006 年 9 月，与武警黄金技术学校、武警水电技术学校合并组建武警警种指挥学院（正师级）。2011 年 8 月更名为武警警种学院。在 40 余年的接续发展中，学院构建了以森林防灭火为核心，黄金地质勘察、水电建筑、桥梁工程和抢险救援为支撑的人才培养体系，累计为军地输送 5 万余名应急救援专业人才。先后参与黑龙江、内蒙古、山西等重特大森林火灾扑救和云南鲁甸、尼泊尔等地震灾害抢险任务。

根据党中央、国务院和中央军委跨军地改革决策部署，2018 年 9 月 30 日学院整体转隶应急管理部，11 月 9 日被授予“中国消防救援队”队旗，12 月 29 日更名组建为中国消防救援学院。学院设置 16 个处室、8 个教学（管理）部系、9 个直属单位，全日制在校生发展规模 7000 人，主要承担国家综合性消防救援队伍初级指挥员培养，干部学历教育、继续教育、在职培训，应急管理和消防救援科学技术研究、决策咨询及相关交流合作工作，参加重大应急救援机动增援等任务。学院的组建成立，标志着消防救援教育事业站在了新的历史起点，对于加快构建消防救援高等教育体系、培养造就高素质消防救援专业人才、推动新时代应急管理事业改革发展，具有重大而深远意义。

二、发展概述

更名组建以来，在习近平总书记和党中央、国务院的亲切关怀下，在应急管理部党委的坚强领导和全系统的大力支持下，学院恪守“为党育人、为消防救援事业育才”的初心使命，忠实践行习近平总书记重要训词精神，瞄准“建设成为一所具有鲜明特色、高质量的、与大国应急管理体系地位相匹配的消防救援高等院校”的办学目标，全面贯彻党的教育方针，坚持社会主义办学方向，落实立德树人根本任务，初步构建起新时代消防救援高等教育事业发展的新体系新格局。

（一）训词精神铸魂育人

以“三全育人”综合改革和新时代高校思想政治理论课改革创新为牵引，充分发挥学院红色校史的育人功能和政治理论的教学优势，出台《加强和改进思想政治理论课建设的十三条措施》，参与编写应急管理部重要训词精神辅助读本，每年举办习近平总书记重要训词精神周年宣贯系列活动，倾心打造富有院校特点、队伍特色的“火焰蓝”校园文化，持续推进习近平总书记训词精神进课

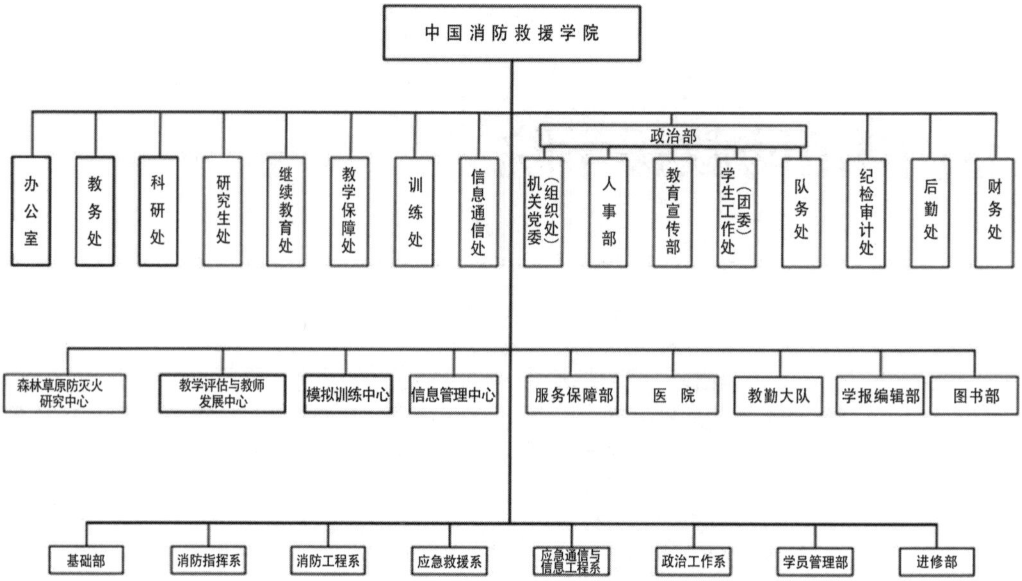

图 29 中国消防救援学院架构图

堂进教材进头脑，努力培养德智体美劳全面发展的消防救援事业建设者和接班人、党和人民的忠诚卫士。获全国 119 消防先进集体和先进个人 2 人、先进集体 1 个，获应急管理部抗击新冠肺炎疫情先进个人 5 人、先进集体 1 个。

（二）招生办学高位起步

根据教育部《关于同意中国人民武装警察部队警种学院更名为中国消防救援学院的函》，2019 年 9 月顺利实现首批本科学员招生办学。协调教育部出台《中国消防救援学院招收青年学生工作实施办法》、人力资源和社会保障部批复《关于中国消防救援学院从全国普通高中毕业生招生录取学员身份问题的复函》，争取青年学生入学即入队、学员供给制待遇保障、毕业后定向选拔分配到消防救援队伍等一系列特殊政策，极大增强消防救援事业的认同感荣誉感使命感。

（三）体制改革持续深化

根据中央编办《关于国家综合性消防救援队伍事业单位设置有关事项的批复》、应急管理部办公厅《关于印发〈中国消防救援学院职责范围、机构设置和人员编制规定〉的通知》，学院稳步推进“三定”实施工作。坚持党委领导下的校长负责制，建立健全坚持和加强党的全面领导的组织、制度体系，构建完善党委统一领导、党政分工合作、协调运行的工作机制。

（四）专业建设稳步提升

积极适应“全灾种、大应急”形势任务，突出特色学科型、实战应用型办学定位，开设消防指挥、消防工程、飞行器控制与信息工程、抢险救援指挥与技术、思想政治教育、消防政治工作 6 个本科专业，组织申报火灾勘查、飞行技术（直升机飞行与指挥）、航空航天工程（直升机维修与工程）、消防装备管理等本科专业，初步构建以火灾预防扑救为主、特灾救援与应急管理相互促进的学科专业体系。1 个专业被评为省部级一流本科专业建设点，3 门课程被评为省部级优质本科课程，4 门特色精品课程在清华大学“学堂在线”面向社会开放，2 部教材被评为省部级优质本科教材，2 个项目获教育部新工科研究与实践项目立项，2 个项目获省部级本科教学改革创新项目立项。

表 105　　中国消防救援学院本科专业设置一览表（2020 年）

序号	专业代码	专业名称	专业类名称	学位授予门类	修业年限
1	030608TK	消防指挥	公安学类	法学	四年
2	083102K	消防工程	公安技术类	工学	四年
3	082008T	飞行器控制与信息工程	航空航天类	工学	四年
4	030503	思想政治教育	马克思主义理论类	法学	四年
5	083106TK	抢险救援指挥与技术	公安技术类	工学	四年
6	030622TK	消防政治工作	公安学类	法学	四年

（五）人才培养特色鲜明

坚持“校队一体、教战结合”办学模式，着力构建“教、学、练、战”一体化人才培养路径，组建 500 人的森林灭火救援队和无人机侦测队，担负首都地区和全国重大应急救援机动增援任务。争取教育部、北京市和四川省教育主管部门支持，联合中国民用航空飞行学院开展航空救援专业人才培养。学院与西安科技大学、北京林业大学商定研究生联合培养模式，获批高等学历继续教育开办资格，初步构建以本科教育为主体、研究生教育和继续教育协调发展的“一体两翼”办学格局。

（六）师资队伍不断充实

争取人力资源和社会保障部政策支持，招聘 12 名京籍博士以上学历社会人才。实行“教官制”，遴选 31 名国家综合性消防救援队伍优秀干部充实教师队伍。聘请国务院参事、中国工程院院士等 23 名应急管理领域知名学者担任客座教授，选聘 54 名教学急需的社会专业技术人才到院任教，逐步走开“专、兼、聘”人才队伍建设路子。学院 4 人担任国家森防指、科技部专家，1 人当选全国消防标委会一分委副主任委员，5 人入选北京市应急专家库，2 人荣获北京市“科技新星”、2 人获评北京市高等学校“教学名师”。

（七）科研能力持续提升

成立应急管理部森林草原防灭火研究中心，择重扶持建设森林草原火灾扑救风险防控、无人机抢险救援应用技术 2 个部级重点实验室。与应急管理部科信司建立科研测试快速响应机制，先后赴四川凉山、云南安宁和广东惠州开展无人机集群灭火实战科研测试和战术研究。牵头或作为主要参与单位承担国家级、省部级科研项目（课题）50 余项，其中牵头承担国家科技重大专项课题“森林和草原自然火灾全天候灾情监测预警与处置装备”。2019 年参加中国国际飞行器设计挑战赛，荣获一等奖。2020 年参加“北斗杯”全国青少年科技创新大赛，荣获一等奖。

（八）办学条件不断改善

在应急管理部的大力支持下，整合消防救援和森林消防队伍资源拓展办学空间，先后争取国家发展和改革委员会中央预算内投资项目资金 1 亿余元、财政部专项资金 4 亿余元用于办学基础条件建设。建成地震救援、山岳救援、石油化工、森林灭火战术、火场心理行为、无人机遥感系统综合验证场等 30 余个专业训练场地，以及 6 个基础和专业实验室群，与塞罕坝机械林场、部分消防救援和森林消防队伍联合建立实践实训教学基地。建有新型智慧直播录播教室、智慧课堂云平台、慕课平台等信息化教学设施。

（九）开放办学成效显著

与北京市应急管理局开展全面战略合作，学院森林灭火救援队和无人机侦测队纳入北京市应急救援力量建设和保障体系。与清华大学、中国科学技术大学、北京林业大学、西安科技大学等建立战略合作关系。与俄罗斯紧急情况部民防学院、白俄罗斯紧急情况部民防大学签署合作备忘录，赴阿拉伯联合酋长国参加“国际民防组织成员国第四届民防培训和教育机构负责人会议”，与俄罗斯紧急情况部圣彼得堡国立消防大学、新加坡民防学院、香港消防及救护学院等开展学术交流，承办中法森林消防作战指挥技术和香港消防处代表团无人机消防应用交流活动，有力提升学院在消防救援教育领域的影响力话语权。

图 30　中国消防救援学院示意图

（十）服务支撑作用明显

参与修订国家《森林草原防灭火条例》《森林草原火灾应急预案》等法规，参与扑救2019年昌平区阳坊镇“10·31”森林火灾任务，参与冬奥会安全服务保障系列应急演练和北京市应急救援综合演练，承办全国、北京市应急救援业务培训以及国家综合性消防救援队伍总队级领导干部培训，承建运行国家综合性消防救援队伍网络学院。

三、2020年基本情况

2020年，中国消防救援学院占地面积64.44万平方米，产权校舍建筑面积10.32万平方米，图书馆建筑面积0.42万平方米。全年教育经费投入31766.99万元，其中，国家拨款25333.49万元、自筹经费6433.50万元。设有1个校区，设置16个处室、8个教学（管理）部系、9个直属单位。开设6个本科专业。教职工507人，其中，专任教师176人，包括正高级11人、副高级29人。在校生4063人，其中，普通本专科生2677人（本科生2664人、专科生13人）、成人教育专科生1386人。

附表：

表106　　中共中国消防救援学院委员会历任书记一览表（2000—2020年）

党委书记（政治委员）	任职时间	党委书记（政治委员）	任职时间
王嘉龙	2000年6月—2002年6月（政治委员）	沈德富	2009年4月—2013年4月（政治委员）
王　瑛	2002年6月—2006年8月（政治委员）	李保全	2013年5月—2014年12月（政治委员）
李保全	2006年8月—2008年10月（政治委员）	冯建华	2014年12月—2018年9月（政治委员）
刘树荣	2008年10月—2009年4月（政治委员）	徐宝东	2019年4月—

注：2018年9月至2019年4月空缺

表107　　中国消防救援学院历任校（院）长一览表（2000—2020年）

校（院）长	任职时间	校（院）长	任职时间
程春良	2000年6月—2004年7月	李保全	2009年2月—2013年4月
李保全	2004年7月—2006年8月	徐宝东	2013年5月—2019年4月
张广平	2006年8月—2009年2月	闫胜利	2019年4月—

（执笔人：王新辉）

外交学院

外交学院（英文名称：China Foreign Affairs University）是以服务中国外交事业为宗旨，培养一流外交外事人才的小规模、高层次、特色鲜明的外交部唯一直属高校。在周恩来总理倡议下，1955年经党中央、毛泽东主席批准成立。周恩来总理为学院亲笔题写校名，时任国务院副总理兼外交部部长陈毅元帅担任外交学院首任院长。

外交学院自创办以来认真贯彻党的教育方针，以周恩来总理向外交人员提出的“站稳立场、掌握政策、熟悉业务、严守纪律”十六字方针作为校训，以江泽民为学院所作“立足祖国、放眼世界、面向未来、培育英才”的题词精神和钱其琛对学院提出的“面向世界，面向未来、面向社会、面向实际”为办学方针，深入贯彻落实习近平总书记关于教育工作的重要论述，把培养高层次外交外事人才作为办学目标。不断加大教学改革力度，改革办学模式和办学体制，拓宽专业方向，实行学分制、主辅修制和双学位制，调整课程设置，更新教学内容，教学质量和教学水平以及学生综合素质不断提升。

外交学院秉承外交特色鲜明，外语优势突出的办学理念，致力于培养“爱祖国、知世界，通专业、精外语，高素质、复合型”的优秀外交外事人才。学院提倡理论联系实际、实事求是、刻苦严谨的学风，强调德智体美劳全面发展。在思想政治品德方面，重视修养教育，尤其重视爱国主义、集体主义、社会主义和国情意识、组织纪律性教育。在教学上，既重视基础理论课教学，又重视基本技能训练和能力培养；既重视外语水平的提高，又重视外交业务和经济、法律等基本知识的掌握，培养政治与业务、汉语与外语、理论与实践相结合的复合型人才。

外交学院是全国首先设立外交学本科专业的高校，也是国家首批国际关系学和外交学专业硕士和博士授予单位。现拥有国际关系、外交学两个国家级重点学科，英语语言文学为国家级特色专业，政治学（一级学科）为北京市高精尖学科。拥有博士后流动站1个，一级学科博士点1个，一级学科硕士点3个，二级学科博士点4个，二级学科硕士点15个及3个专业学位授予权，10个本科专业。两个国家一级学会——中国国际关系学会和中国国际法学会以及北京市“对外交流与外事管理研究基地”设在学院。

外交学院与国（境）外76个国家（地区）的152所高校（机构）签署合作协议（谅解备忘录），其中开展实质性合作的院校84所。每年选派部分优秀本科生及研究生到美国、英国、俄罗斯、日本、法国、德国、意大利、挪威、荷兰、瑞士等国家的大学进行交流学习。

外交学院本着服务外交大局和外交一线的方针，为国家培养了两万余名优秀毕业生，其中500多人担任驻外大使，为新中国外交事业做出了重要贡献。世界上凡是有五星红旗升起的地方，就有外交学院的毕业生。

2012年9月，外交学院沙河校区建设完工并投入使用。同年9月10日，时任国务院总理温家宝视察沙河校区，对外交学院提出期望：“外交学院一定要有一流师资、一流学科、一流理念，将一流人才输送给祖国外交事业。”

2014年1月3日，外交部、教育部共建外交学院签约仪式在钓鱼台国宾馆举行。根据《外交部、教育部共建外交学院协议》，两部建立协调机制，在政策扶持、经费保障、学科建设、科学研究、人才培养、干部培训、师资队伍建设等方面加大对学院的支持力度。

2017年9月21日，教育部、财政部、国家发展改革委公布《关于公布世界一流大学和一流学科建设高校及建设学科名单的通知》，外交学院成功跻身首批全国95所世界一流学科建设高校行列。

一、学校沿革

1952年，周恩来总理提议创办外交学院。1953年10月，外交部党组讨论通过有关筹建外交学院的事宜。1954年，日内瓦会议后，中央做出“加强外交工作和国际活动，并大力培养干部，筹建外交学院”的决定。同年9月1日，外交部党组将“筹备建立外交学院问题讨论后的意见”上报周恩来总理，由周恩来总理亲自上报中央。经党中央、毛泽东主席批准，正式决定在中国人民大学外交系的基础上创建外交学院。1955年9月10日，外交学院在北京西苑的中直机关礼堂召开成立大会。同年9月12日，外交学院学生正式上课。周恩来总理为外交学院亲笔题写校名。1956年3月，位于北京西城区阜成门外展览馆路的新校舍建成，外交学院迁入新址。

1958年1月，外交部在向周恩来总理、陈毅副总理的请示中提出扩大学院培养、训练干部的范围，并“建议将外交学院改名为国际关系学院”。这一请示经中央批准后，同年8月，外交学院正式改名为国际关系学院。1960年10月，国际关系学院被教育部列为全国重点高等学校之一。1961年10月，在国务院第113次会议上，批准外交学院恢复原校名；正式任命陈毅副总理兼任外交学院院长，陈辛仁为副院长，直到“文化大革命”外交学院被迫停办。陈毅副总理兼任院长期间，纠正和抵制了当时社会上一些“左”的影响，开始建立一套适合我国国情的国际关系知识课程，初步形成了学科核心教材，为外交学院后来发展奠定基础。

1977年10月26日，原外交学院35名职工联名上书刚刚恢复工作的邓小平，请示恢复外交学院。邓小平11月4日亲自圈阅并作出批示。1978年，国务院第166号文件决定恢复外交学院。1979年，为恢复外交学院，外交部批准成立外交学院党委会和筹备组，李恩求任党委书记和筹备组组长。1980年，外交学院复校。

2002年5月，外交部党委批准外交学院扩大办学规模、开辟新校区的计划。同年，外交学院与昌平高教园区签订入驻协议。2005年3月，国家发改委正式批准外交学院新校区建设立项。2006年，外交学院举行新校区教学工程奠基仪式。2007年9月，外交学院新校区扩建工程开工。2009年，外交学院举行新校区扩建工程（一期）西区封顶仪式。2012年9月，外交学院新校区（一期工程）建成并投入使用。

2012年9月，时任国务院总理温家宝视察外交学院新校区，为周恩来总理、陈毅元帅并肩铜像揭幕，要求外交学院“一定要有一流师资、一流学科、一流理念，将一流人才输送给祖国外交事业”，并为外交学院亲笔题写“中国外交官的摇篮”。

2014年1月，外交部、教育部签署“两部共建外交学院”协议。2016年3月，中国外交培训学院揭牌。外交学院加挂中国外交培训学院牌子。2017年9月21日，教育部、财政部、国家发展改革委公布《关于公布世界一流大学和一流学科建设高校及建设学科名单的通知》，外交学院跻身首批全国95所世界一流学科建设高校行列。

1991年至2020年是外交学院稳步发展、迈入一流的具有里程碑意义的时期，这一时期，在外交部党委领导下，外交学院不断凝练办学特色，推进教学体系、科研体制改革，扩大对外交流，深化体制机制改革，成功入选世界一流学科建设高校和北京高校高精尖学科，人才培养目标日臻明确、办学定位逐渐明晰、服务外交能力稳步增强。

二、学科建设和院系建设

构建以中国特色国际关系与外交学学科

为世界一流学科，以外国语言文学为优势学科，国际法、世界经济等多个涉外学科相互支撑、优势互补、特色鲜明的学科体系。2002年5月，国际关系学科获评北京市重点学科，取得政治学一级学科硕士学位授权点。2008年4月，外交学学科获评北京市重点学科。2010年，英语语言文学被增列为北京市重点学科，取得翻译硕士专业硕士学位授权点。2011年，国际关系学科获评国家级重点学科，取得政治学一级学科博士学位授权和外国语言文学一级学科硕士学位授权点。2013年，外交学学科获评国家级重点学科。2014年，取得法律硕士专业硕士学位授权点。2015年，组织申报世界一流学科，2017年9月，入选世界一流学科建设高校。2018年，取得理论经济学一级学科硕士学位授权点、金融硕士专业硕士学位授权点。2019年5月，中国特色国际关系与外交学学科获评北京高校高精尖学科。2020年，落实《深化新时代教育评价改革总体方案》，制定工作方案，完成《外交学院深化新时代教育评价改革工作清单》。

表108　　外交学院学科设置一览表（2020年）

层次	学科名称（代码）	层次	学科名称（代码）
一级学科博士学位授权	政治学（0302）	二级学科博士学位授权	政治学理论（030201）
			国际政治（030206）
			国际关系（030207）
			外交学（030208）
			国家安全（0302Z3）
一级学科硕士学位授权	理论经济学（0201）	二级学科硕士学位授权	政治经济学（020101）
			西方经济学（020104）
			世界经济（020105）
	政治学（0302）	二级学科硕士学位授权	政治学理论（030201）
			科学社会主义与国共产主义运动（030203）
			国际政治（030206）
			国际关系（030207）
			外交学（030208）
			国际组织与全球治理（0302Z1）
			国际安全（0302Z2）
			国家安全（0302Z3）
	外国语言文学（0502）	二级学科硕士学位授权	英语语言文学（050201）
			法语语言文学（050203）
			日语语言文学（050205）
			外国语言学及应用语言学（050211）
硕士专业学位授权	翻译硕士（0551）	专业学位方向	英语口译（055102）
			日语口译（055106）
	法律硕士（0351）		
	金融硕士（0251）		

以一流专业建设推进学科建设。2019年3月，新设国际组织与全球治理本科专业。2019年12月，外交学专业和英语专业获评国家级一流本科专业建设点、法学专业获评省级一流本科专业建设点、英语专业获评北京高校重点建设一流专业；2021年2月，法学专业获评国家级一流本科专业建设点、法语专业获评省级一流本科专业建设点。2020年，战后国际关系史（1945—1990）获评首批国家级一流本科课程。科学推进院系设置。1996年9月，成立国际法系并开始招收新生，在全国招收文、理科学生40人，学制4年。2007年9月，成立国际经济学院，该学院是在原有国际经济系的基础上建立起来的二级学院。2009年9月，成立国际金融系。

表 109 外交学院院系设置一览表（2020 年）

序号	院系	序号	院系
1	外交学与外事管理系	6	研究生部
2	英语系	7	基础教学部
3	外语系	8	国际关系研究所
4	国际法系	9	国际教育学院
5	国际经济学院		

三、人才培养

深化人才培养模式改革。1996 年 9 月，全面实行本科学分制改革，涉及各专业标准的重新制定、专业知识结构和课程设置的重新调整等多方面内容，并增设外事翻译、国际法、国际经济、国际文化交流等专业方向。1998 年 3 月，成立高教研究室和教学指导委员会，负责本专科课程体系改革与建设的研究等工作。2005 年 3 月，成立本科教学督导组，通过随时听课、检查教案等方式，实施教学质量监控。2011 年，启动“英语化、开放式、小班型、导师制”本科教学改革。2015 年，启动“三三制”本科教学改革，即建立三大体系：教学质量保障体系、二级学院教管体系、通识教育课程体系；启动三大改革：外语教学专业化改革、教学方法现代化改革、教务管理规范化改革，以及创设三大奖项：教学创新大奖、精彩一课大奖、实践教学大奖。2016 年以来，组建“外交翻译专训班”“复语国际人才班”“国际组织和全球治理实验班”“涉外卓越法律人才实验班”“全球经济治理人才实验班”5 个本科教学实验班。2017 年，启动“外交学院深化本科教学改革工程”，推出“创新培养模式、规范课堂教学、完善质保体系、深化实践教学”4 方面改革内容。2018 年，召开本科教育工作会议，指出将人才培养放在首位，把主要精力和工作重心放在本科生培养上。加强课程体系整体设计，构建思政理论课、综合素养课、专业课“三位一体”思政课程体系。2019 年，制定《思想政治理论课改革创新实施方案》，坚持思政课政治引领和价值引领作用，建立外交学院领导讲思政理常态化机制。2019 年 11 月，开设《外交案例》特色课程，与外交部政策司合作讲授落实习近平外交思想成功案例。2020 年 10 月，成立国学中心，用中英文讲授中国传统历史文化，面向全体本科生和研究生开设“国学名家讲堂”课程。

以五大品牌赛会为抓手，推进“第二课堂”建设。1995 年，创办北京国际模拟联合国大会，现已成为中国乃至亚太地区最具影响力的模拟联合国活动。2002 年，创办全国大学生外交外事礼仪大赛，驻外大使、资深外交官、礼仪界明星老师作为嘉宾评委。2006 年，创办全国高校模拟新闻发言人大赛，为全国热心新闻发言事业的高校学子提供交流学习的平台。2013 年，创办模拟政协提案大赛，累计共撰写模拟提案几百余件，调研成果总字数逾百万字，6 份提案经成果转化，已作为正式提案被委员们提交至全国政协和北京市政协。2013 年，创办全国高校模拟外交谈判大赛，考察外交谈判相关技巧和知识的专业性比赛，其赛制、赛题已被列入外交部青年干部培训内容。鼓励学生开展志愿服务和社会实践。2017 年，选派 53 名学生参加“砥砺奋进的五年”大型成就展志愿服务。2017 年，选派 102 名学生参与“一带一路”国际合作高峰论坛志愿服务；2019 年，选派 78 名学生参与第二届“一带一路”国际合作高峰论坛志愿服务。2018 年，选派 74 名学生参加中非合作论坛北京峰会志愿服务。2019 年，选派 21 名学生参加庆祝中华人民共和国成立 70 周年庆祝大会志愿服务，并选派 200 名学生参加“庆祝中华人民共和国成立 70 周年大型成就展”志愿服务。2020 年，选派 39 名学生参加 2020 年中国国际服务贸易交易会志愿服务。

本科教学成果显著。2007 年 5 月 28 日至 6 月 1 日、2014 年 12 月 16 日至 19 日，接受两轮教育部本科教学评估，评估结论均为优秀。2011 年至 2020 年，学生在全国英语演讲大赛等英语赛事中获得 40 余次冠军。

服务外交成效显著。截至2020年，外交学院培养了500余位大使和几千名参赞以上高级外交官。当前活跃在外交一线的6000多名外交官中，有1000余人毕业于外交学院，平均每6名中就有1名外交学院毕业生，每4名高级外交官就有1名来自外交学院。

表110　　外交学院本科专业设置一览表（2020年）

序号	专业代码	专业名称	专业类名称	门类名称	学位授予门类	修业年限
1	020301k	金融学	金融学类	经济学	经济学	4年
2	020401	国际经济与贸易	经济与贸易类	经济学	经济学	4年
3	030101k	法学	法学类	法学	法学	4年
4	030203	外交学	政治学类	法学	法学	4年
5	030203	外交学	政治学类	法学	法学	2年
6	030206TK	国际组织与全球治理	政治学类	法学	法学	4年
7	050201	英语	外国语言文学类	文学	文学	4年
8	050204	法语	外国语言文学类	文学	文学	4年
9	050205	西班牙语	外国语言文学类	文学	文学	4年
10	050207	日语	外国语言文学类	文学	文学	4年
11	050261	翻译	外国语言文学类	文学	文学	4年

四、师资队伍建设

将思想政治工作和师德师风建设贯穿于教育教学全过程，把师德表现作为教师考核、职称评聘、评优奖励首要要求。2018年，制定《外交学院进一步加强师德师风建设的实施意见》《外交学院师德“一票否决”实施细则》《外交学院教师职业道德规范》等制度，实行师德失范“一票否决”。2018年，外交学教学团队获评“全国高校黄大年式教师团队”。2020年12月，成立党委教师工作部，与人事处合署办公，负责教师思想政治工作和师德师风建设。截至2020年，享受政府特殊津贴专家12人，北京市教学名师9人，北京市优秀教师3人，北京市青年教学名师2人。推进人事制度改革。

实施高层次人才队伍建设战略。2001年9月，重新定编定岗，实施全员聘任制，设不同等次岗位津贴，在制度上向教学科研一线人员倾斜。2018年，完成岗位设置工作，涉及397个岗位，包括专业技术岗位、管理岗位和工勤技能岗位，定岗后164人的岗位级别晋升。2020年，完成一流学科高层次人才队伍建设工作，组建4级卓越人才梯队，选聘6名卓越特聘教授、16名卓越专聘教授、32名卓越骨干学者和54名卓越青年学者；组建习近平外交思想研学、中国特色外交理论、国际关系与安全战略、法律外交、经济外交和文化与公共外交6个一流学科交叉创新团队，包含教学科研人员133人。

建立外交官与外交学院教师之间的“旋转门”机制，加大高端人才引进力度。2016至2020年，46名教师赴驻外使领馆一线工作。2019年，引进“万人计划”哲学社会科学领军人才1人。2020年，引进长江学者奖励计划特聘教授1人。

五、打造特色咨政品牌

为国家治理提供智力支持。1996年12月，卢松副教授在中共中央举办的法律知识讲座上，作“国际法在国际关系中的作用”主旨报告；2004年、2015年，秦亚青教授分别就“世界格局和我国的安全环境”和“全球治理格局和全球治理体制”为中央政治局集体学习授课；2016年，高飞教授就“二十国集团领导人峰会和全球治理体系变革”为中央政治局集体学习授课。

发挥中国特色国际关系与外交学优势，建设国家级智库。2004年，被外交部指定为东亚思想库网络国家协调单位；2014年，被外交部指定为中国—东盟思想库网络国家协调单位；2015年，被外交部指定为中日韩思想库网络国家协调单位。2005年12月，成立北京对外交流与外事管理研究基地。2013年，非洲研究中心入选“中非智库10+10合作伙伴计划”。2014年12月，牵头成立“中国外交理论与实践协同创新中心”。2016年1月，被外交部评为政策研究重点合作单位。2017年，亚洲研究所、俄罗斯研究中心、美国研究中心、非洲研究中心和日本研究中心被列入教育部国别与区域研究中心备案名单。2018年5月，成立周恩来外交研究中心。2018年5月，设立一流学科建设办公室，统筹规划一流学科建设。2019年9月，出台《外交学院深入学习贯彻落实习近平外交思想实施工作方案》，从科研、教学、宣传3个方面全面学习贯彻落实习近平外交思想。

举办高水平国际会议，产出标志性科研成果。1998年10月，举办20世纪国际关系与中国学术研讨会。1999年10月，举办中国外交辉煌50年研讨会。2008年3月，举办纪念周恩来诞辰110周年暨全国第二届周恩来外交学学术研讨会。2018年4月，举办“百年国关：国际关系学科的发展历程”系列学术活动。2019年12月，举办“习近平外交思想的哲学向度”学术研讨会。2020年10月至11月，举办习近平外交思想专题讲座。仅2016年至2020年，出版专著72部，译著43部，教材25部，发表期刊论文1079篇，承担省部级以上项目90余项。《外交评论》屡获佳绩，自2012年起连续入选国家社科基金资助期刊，2017年入选全国“百强报刊”，2019年荣膺2018年国家哲学社会科学文献中心学术期刊数据库“政治学学科最受欢迎期刊”。2019年9月，《国际法学刊》创刊。

改革科研管理体制，完善科研评价体系。2015年，制定《外交学院科研项目鼓励办法》。2019年，修订《外交学院教职员工科研成果鼓励办法》，出台《外交学院“科研卓越奖”评选方案》。

六、国际交流培训

建立高层次国际合作机制，探索优质国际合作伙伴。截至2020年，与81所海外院校建立实质性合作伙伴，包括15所世界大学排名前100的一流大学和8所拥有世界一流政治学与国际关系研究专业的院校，与60所国关/外交学院签署合作文本。2000年，与香港中文大学签署合作协议。2003年，与日本中部大学签署合作协议。2012年，与荷兰莱顿大学签署合作备忘录。2013年，与法属波利尼西亚大学合作建设法属波利尼西亚大学孔子学院。2018年，与多米尼加共和国外交部外交和领事培训高等教育学院签署合作谅解备忘录。2019年，与日本早稻田大学签署合作谅解备忘录。

举办高端外事活动。2009年4月，授予法国前总统雅克希拉克名誉博士学位。2012年6月，阿富汗总统哈米德卡尔扎伊来访并发表演讲。2016年5月，多哥总统福雷埃索齐姆纳纳辛贝来访并发表演讲。2018年5月，举办第13届东盟及中日韩（“10+3”）外交学院院长会议。2020年12月，举办第六届中日韩外交培训机构合作会议。2020年，申请授予一定的出访来访外事审批权并获批，可自行审批除领导班子成员以外的因公临时出国和邀请副省部级以下的外国人来华事项。

作为全国唯一的外交外事培训专门基地，承担大量外交外事培训任务，打造特色、高端培训服务品牌。1994年至2020年，举办213期涉外培训，共有来自世界160多个国家的4016名外国政府官员参加各类培训，包括中美联合培训阿富汗项目、中印联合培训阿富汗项目、印度学者项目、香港大学生夏令营、阿曼青年外交官项目、商务部援外培训项目、吴建民基金会项目、地方省市外办项目等。2002年至2020年，举办152期特色培训，其中接待加拿大阿尔伯塔大学、美国阿拉巴马州亨特学院学生短期访问团10期，来访师生共137人，为港澳特区政府公务员、香港爱国社团青年、港澳企业青年举办培训72期，学员1460人，为国家机关、企事业单位人员尤其是外交外事系统人员、国际组织后备人员举办培训70期，学员3231人。1997年至2016年，组织20期外交部青干班培训，培训外交部新入部干部4000余人次。2016年3月，中国外交培训学院成立，与外交学院“一个机构，两块牌子”，举办外交外事人员培训等各类培训281期，培训学员36646人次，接待涉外外交官团队42批次，涉及国家（地区）70个，培训人数641人。

七、体制改革

1996年10月至11月，完成领导体制

变革，由原来的院长负责制改为党委领导下的院长负责制，重大问题均由院党委讨论决定，院长在党委领导下独立负责地开展工作。2014年，恢复召开教职工代表大会暨工会会员代表大会。2015年，恢复召开党员代表大会，选举产生党委领导班子。2015年，出台《中国共产党外交学院委员会会议议事规则（试行）》《外交学院关于贯彻落实“三重一大”决策制度的实施办法（试行）》和《外交学院校长办公会议事规则（试行）》。2016年1月，《外交学院章程》由教育部高等学校章程核准委员会评议，经教育部2016年第2次部务会议审议通过，予以核准，同年6月28日，《外交学院章程》正式发布。2020年，修订《中国共产党外交学院委员会会议议事规则》和《外交学院校长办公会议事规则》。

八、校园基本建设

1999年，与机械工业部设计研究院合建的职工宿舍工程竣工，教职工分配建筑面积4803平方米。1999年12月，筒子楼改建工程竣工，建筑面积2076平方米。2000年9月，国际交流中心投入使用，建筑面积13000平方米，拥有用房近200间（套）。

2003年，组织沙河校区申报立项，2005年3月，国家发改委批准立项，沙河校区占地面积达到286100平方米，初步核定扩建工程总建筑面积约11万平方米，2006年12月，举行沙河校区奠基仪式，沙河校区位于北京市昌平区沙河高教园区，一期工程占地面积433亩，总建筑面积近11万平方米，总投资3.8亿元，2007年9月，举行沙河校区（一期西区）开工仪式，2009年1月，举行沙河校区（一期西区）主体结构封顶仪式，2012年9月，沙河校区正式启用，首批入驻592名学生。2016年1月，成立沙河校区管理委员会，负责沙河校区各项工作的统一协调；2020年，调整沙河管委会工作机制。

2014年4月，展览路校区青年广场（学生公寓至国际交流中心）工程竣工，广场中央修建甲子塔。2014年11月，地下停车场及运动场项目正式开工建设，该工程总建筑面积约24156.87平方米，其中地下停车库21361.5平方米，配套体育场馆和附属用房约2795.37平方米，2016年3月验收合格，12月31日，完成竣工验收工作，增加近500个地下车位以及2800平方米地下运动设施。

2018年1月，英文网站正式上线运行。2018年6月，OA办公系统正式启用；2019年11月，OA办公系统（二期）上线。2020年，接入北京市内部视频会议系统，并建成云会议视频系统。拓宽学院筹资渠道，充实办学资金保障。

此外，还实施主办公楼改造、语言实验室建设、安防系统升级、人脸识别系统建设、消防改造、环境整治、绿化工程、管线扩容改造、锅炉改造等项目。

九、2020年基本情况

2020年，外交学院占地面积35.23万平方米，产权校舍建筑面积16.30万平方米。图书馆建筑面积1.27万平方米。全年教育经费投入216758.84万元，其中，国家拨款17967.50万元、自筹经费3708.34万元。信息化经费投入221.96万元。固定资产总值41154.31万元，其中，教学、科研仪器设备资产值4566.12万元，信息化设备资产值6327.86万元。拥有教室109间，其中，多媒体教室98间。拥有图书64.22万册，计算机1674台。网络信息点数7760个，上网课程数870门，电子邮件系统用户数4188个，管理信息系统数据总量3500GB，数字资源量中电子图书1374495册、电子期刊1047365册、学位论文394146册、音视频13963小时。

学校由外交部设立，为公立大学，设有展览路校区和沙河校区，设置9个教学单位，36个研究中心。中国国际关系学会、中国国际法学会2个国家一级学会秘书处以及北京市对外交流与外事管理研究基地均设在外交学院，同时，外交学院还是东亚思想库网络、中国—东盟思想库网络和中日韩思想库网络的国家协调单位。开设10个本科专业，覆盖3个学科门类；具有一级学科3个；一级学科博士点1个、二级学科博士点4个；一级学科硕士点3个、二级学科硕士点15个、硕士专业学位授权类别3个；博士后流动站1个，其中，博士后研究

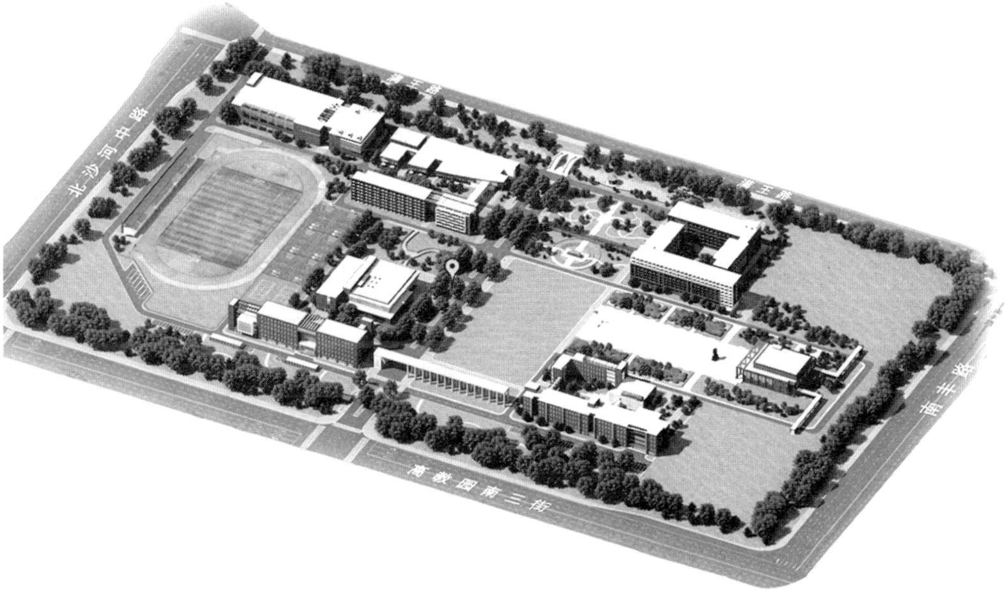

图 31　外交学院沙河校区平面图

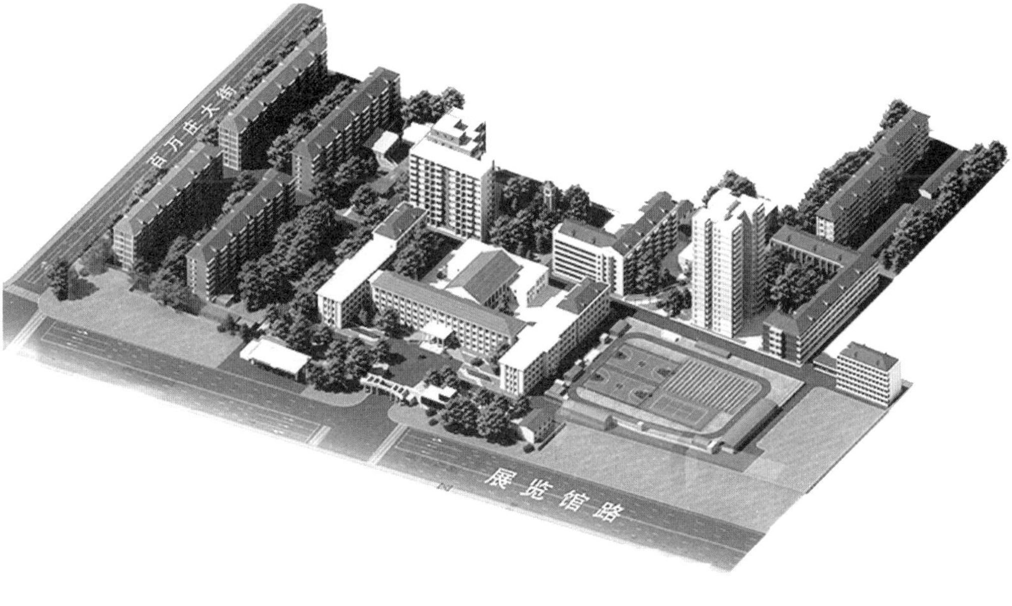

图 32　外交学院展览路校区平面图

人员出站1人、进站0人、在站6人。“双一流”建设学科1个，国家级一流本科专业建设点2个，首批国家级一流本科课程1门；北京市级一流本科专业建设点1个，北京高校重点建设一流专业1个,北京高校高精尖学科1个。国家重点学科2个、北京市重点学科3个。教职工474人，其中，专任教师220人，包括正高级48人、副高级79人；博士生导师13人、硕士生导师108人;“长江学者奖励计划”特聘教授1人，“万人计划”哲学社会科学领军人才1人，享受政府特殊津贴专家12人，北京市教学名师9人，北京市优秀教师3人，北京市青年教学名师2人。外籍教师17人，其中教授1人、副教授1人，博士后1人。毕业生774人，其中，学历教育全日制研究生366人（博士生26人、硕士生340人）、普通本科生334人、成人专科生74人。本科毕业生就业率85.45%。招生889人，其中，学历教育全日制研究生429人（博士生28人、硕士生401人）、普通本科生366人、成人专科生94人。高考北京地区提档线不限选考专业组633分。在校生2608人，其中，学历教育全日制研究生958人（博士生98人、硕士生860人）、普通本科生1433人，成人专科生217人。留学生毕业59人、招生26人、在校生94人。网址：www.cfau.edu.cn。

2020年，把疫情防控作为重要任务来抓，第一时间启动突发公共卫生事件应急预案，成立疫情防控工作领导小组，建立学校、部门（院系部）、班级、师生员工4级防控工作联系网络。召开30余次疫情防控专题会，对疫情防控工作进行研究部署。制定《外交学院应对突发新冠肺炎疫情处置预案》《外交学院延期开学工作方案》等重要方案，修订《外交学院突发公共卫生事件应急处置预案》。严格教职员工和学生管控，全面摸排，建立台账。提倡网络会议、网络办公，减少开会频次和缩短会议时间。采购防疫物资，组织全体教职员工进行核酸检测和疫苗接种。

开展抗击疫情公共外交，联合外交部建设Global Health and Global Governance英文网站，递交30余篇咨政报告。

1011个本科课堂全部实现在线教学，建立网络课程快速开通通道，全校网络课程共开课870门次，进行网络授课教师250余人，参与线上学习学生3500余人，网络课程开课率达94.7%。实行“一生一策”动态管理，精简就业手续流程，加强就业指导力度，提供7×24小时在线服务，2020届本科毕业生整体就业率达85.45%。

附表：

表111　　中共外交学院委员会历任书记一览表（1991—2020年）

书记	任职时间	书记	任职时间
石午山	1991—1996年 (1991年5月—1992年4月代理)	秦亚青	2005—2014年
刘　山	1996—1998年	袁南生	2014—2017年
石午山	1998—2001年	齐大愚	2017—2020年
安永玉	2001—2005年	崔启明	2020年—

表112　　外交学院历任院长一览表（1991—2020年）

院长	任职时间	院长	任职时间
章　曙	1988—1992年	赵进军	2008—2014年
刘　山	1992—1998年	秦亚青	2014—2019年
杨福昌	1999—2003年	徐　坚	2019年—
吴建民	2003—2008年		

（执笔人：顾建俊）

中国人民公安大学

中国人民公安大学是公安部直属普通高等学校暨公安部高级警官学院，国家“世界一流学科建设高校”。创始于1948年7月中共中央在河北平山县举办的华北保卫干部训练班，历经华北公安干部学校（1949—1950年）、中央公安干部学校（1950—1953年）、中央人民公安学院（1953—1959年）、中央政法干部学校（1959—1982年）和恢复中央人民公安学院（1982—1984年）等发展阶段。1984年1月，国务院委托教育部批准，将中央人民公安学院改建为全日制性质的中国人民公安大学。邓小平为学校题写校名。1998年2月，与中国人民警官大学合并（中国人民警官大学前身是1978年6月成立的政法专科学校，1979年4月，政法专科学校改名为国际政治学院，1984年5月，国际政治学院更名为中国人民警官大学并扩大规模，彭真同志为学校题写校名），组成新的中国人民公安大学。2000年12月，北京交通人民警察学校（北京交通人民警察学校前身是1977年2月的交通部公安保卫人员训练班，1981年3月更名为交通部人民警察学校，1999年7月更名为北京交通人民警察学校）并入学校。

1985年9月，经公安部批准，在公安大学原进修部的基础上成立了公安部管理干部学院，这是公安部属的唯一一所成人高等院校，承担全国在职公安干部培训任务。学院的人事、师资、经费、后勤服务由公安大学统一管理，教学设备、图书资料、公共设施校院共同使用。1991年4月，公安部决定撤消公安部管理干部学院的实体建制，保留学院名称，与公安大学实行“两块牌子、一套人马”，恢复公安大学进修部、专修部建制，继续承担成人教育的任务。2005年6月，公安部管理干部学院更名为高级警官学院，与公安大学一体化运作，承担全国公安机关高级警官培训、全国公安厅（局）长和政治部主任等高级警官的研修和培训任务；承担地（市）公安局长首次任职培训、公安机关优秀青年后备干部培训、一级警督晋升三级警监培训、公安部机关处级干部培训和公安院校专业教官的培训等专门任务。

经过多年发展，公安大学已经发展成为公安系统中办学规模最大、公安学科专业最为齐全、教育层次最为完备、办学历史最为悠久的高等学府，目前唯一入选国家“世界一流学科建设高校”的公安院校，在公安教育事业中发挥着引领和示范作用。建校至今，为全国政法公安机关等单位培养、输送了32万余名各级领导、业务骨干和专门人才，被誉为“共和国警官的摇篮”。

学校坚持以习近平总书记在中国人民警察警旗授旗仪式上的重要训词精神、对公安机关提出的“对党忠诚、服务人民、执法公正、纪律严明”总要求和在全国公安工作会议上提出的“四个铁一般”公安铁军标准作为办学治校的总纲领和人才培养的总遵循，牢固树立“三严一看齐”准军事化建设标准，忠实履行立德树人、忠诚育警根本任务，紧扣新时代国家安全战略和公安工作现代化、公安队伍革命化正规化专业化职业化建设对高素质人才的需求，坚持高等学历教育和在职培训教育协调并重、一体发展，形成了包括本科生、二学位生、硕士研究生、博士研究生、成人高等教育、外国留学生教育等全层次多类别的学历教育体系和包括高级警官培训、公安业务培训、军队保卫干部培训、港澳地区纪律部队培训、外国警察与执法官员培训等各系列多种类的在职培训体系。学校现有在校生13000多人，年培训1万余人次。2012年，中央政法委、教育部批准学校设立“应用型、复合型卓越法律人才教育培养基地”。2014年2月，教育部批准学校公安执法虚拟仿真实验教学中心为国家级虚拟仿真实验教学中心。2014年3月，公安部批准学校设立公安部警务实战训练基地。2017年9月，入选世界一流学科建设高校，公安学学科入选世界一流建设学科。

一、教育教学

学校以党中央《关于全面深化公安改革的框架意见》为指导，坚持面向实战、服务实战、贴近实战、融入实战，以加强职业化实战化教学训练和提高科研智库服务公安实战能力为重点，全面实施实战化发展战略，积极推进综合实训教学、专业实训教学、课程实践教学和校外专业实习，逐步建立起教育教学与警务实战有机结合的“教、学、练、战”一体化的人才培养模式。建立并完善多层次开放性实践教学体系，包括课程实训、专业综合实训、警务综合实训及专业实习，支持学生专业核心能力培养。搭建通专结合、多层多元的课程体系，促进通识教育、专业教育和职业教育有机结合。面向全国建立了校局合作单位和实践教学基地，强化警教融合，将公安机关优质实践资源转化为育人资源，为人才培养提供保障支撑。建立结构优化的实战化师资队伍和课程团队，吸收公安机关实战部门业务骨干和本校教师组建复合型教学团队，促进人才培养与公安实战紧密衔接。组建实战化教学督导团，遴选、聘任实战专家来校对实战化教学工作进行指导、检查、调研、评估，切实提高教师实战化教学的质量和水平。学生在校期间，除学习基础课程和专业理论课程外，还要进行基础体能、专业技能和职业战能“三能一体”的系统化训练，全面掌握警务战术、信息化作战、擒敌与自卫等技能，并深入公安部门开展警务实践，接受警务行政执法和刑事执法综合训练。

表113　　中国人民公安大学院系设置一览表（2020年）

序号	名称	序号	名称
1	马克思主义学院	7	治安学院
2	法学院	8	交通管理学院
3	犯罪学学院	9	侦查学学院
4	警体战训学院	10	信息网络安全学院
5	公安管理学院	11	涉外警务学院
6	国家安全学院		

表114　　中国人民公安大学本科专业设置一览表（2020年）

序号	名称	序号	名称
1	治安学	9	技术侦查学
2	侦查学	10	公安政治工作
3	公安情报学	11	刑事科学技术
4	犯罪学	12	交通管理工程
5	公安管理学	13	安全防范工程
6	涉外警务	14	公安视听技术
7	国内安全保卫	15	网络安全与执法
8	警务指挥与战术	16	法学

二、研究生教育与学科体系

1993年12月17日，学校取得招收、培养硕士研究生和授予硕士学位资格。1995年9月，招收公安教育首批研究生，1999年获准招收和授予外国留学生硕士学位资格。2003年9月8日，学校获得博士学位授权点，公安院校开展博士研究生教育取得了零的突破，学校成为全国公安教育系统中唯一拥有博士学位授予权的高等院校。2007年8月14日，人事部批准公安大学设立法学博士后科研流动站。这是全国公安院校中唯一的博士后流动站，标志着公安高等教育成功构建起从民警业务培训到博士研究生培养多种层次、结构完整的公安教育人才培养体系，引领公安高等教育迈上新台阶。2014年9月，公安大学获批新设公安学、公安技术两个博士后科研流动站。

2011年3月8日，受公安部政治部委托，由公安大学主导论证的公安学（0306）和公安技术（0838）两个一级学科分别列入法学和工学门类。2012年1月，国务院学位委员会和教育部批准公安大学获得公安学、公安技术两个一级学科博士学位授权点。2012年4月25日，公安大学公安学和公安技术两个一级学科分别被增列为北京市重点学科。2012年7月9日，教育部正式批准公安大学公安学、公安技术两个一级学科为国家重点学科。2017年9月20日，公安大学入选一流学科建设高校,公安学学科入选“双一流”建设学科。公安大学入选世界一流学科建设高校，公安学学科入选世界一流建设学科，体现了党中央和国务院对关系国家安全和社会稳定的公安学科的高度重视，反映了国家教育主管部门对公安大学学科专业建设的充分认可，在学校的发展历程中具有里程碑意义。2020年，学校已初步构建起公安学科专业齐全、主干学科特色鲜明、多种学科协调发展的学科专业体系，在全国具有独特和领先的优势。

表115　　中国人民公安大学学科设置一览表（2020年）

学科门类	一级学科	学科门类	一级学科
法学	法学	工学	公安技术
	公安学		

三、科学研究

学校坚持面向国家安全战略、公安科技兴警战略需求，紧扣“世界一流学科大学”建设要求，深入落实科研兴校战略，系统推进科研工作的理念、平台、队伍、模式、生态“五大创新”，着力形成更加准确的科研导向、更高水平的科研平台、更具实力的科研力量、更为开放的科研模式、更加健康的科研生态，实现科研工作“质”和“量”两个维度的重大突破，为世界一流学科大学建设提供核心支撑，为国家安全战略和公安工作创新发展提供强力支持。2015年9月，被公安部确定为“公安部公安发展战略研究所”建设依托学校，成为首批建设的两个部级公安新型智库。2017年，与相关单位共同申报的社会安全风险感知与防控大数据应用国家工程实验室获得批准。学校现有公共安全风险防控教育部工程研究中心，2个省部级重点实验室、2个省部级研究机构，建有2个协同创新中心、司法鉴定中心、公安高分遥感工程技术研究中心、公共安全行为科学实验室等科研机构以及40余个非在编科研机构。近年来，承担国家级科研项目70余项、省部级以上科研项目300余项，荣获省部级以上奖励20多项。主办《公安学研究》《公安教育》《中国人民公安大学学报》《现代世界警察》《警察文摘》等刊物，其中《中国人民公安大学学报（社会科学版）》是全国中文核心期刊,《中国人民公安大学学报（社会科学版）》被评为全国百强社科学报、中国人文社科学报核心期刊。习近平总书记对我校多项研究成果作重要批示，多项《智库成果专报》获中央和公安部领导肯定。1项成果获得国家科技学技术进步一等奖。近年来，多次承办由我国政府主办的世界互联网大会的网络安全主题分论坛，在国内外执法部门、学术界产生重要影响。

四、国际合作交流

学校深入贯彻落实习近平总书记关于打造人类命运共同体和构建国际安全治理新体系的重要论述，树立全球视野，坚持开放办学，紧跟高等教育国际化发展趋势，服务国际警务执法合作需求，积极开展与世界各国警务部门和警察教育培训机构的交流与合作，稳步推进国际化办学进程，是最早开办外国警官培训和留学生学历教育的公安院校，也是国内开展国际警务理论研究和人才培养的重要阵地。打造“世界警察教育交流合作论坛”，汇聚“一带一路”沿线国家在安全治理领域的专家学者、院校师生搭建多学科交叉融合的学术平台，引领世界各国警察教育共建共享。与30余所国外警察、司法院校签署校际合作协议，广泛利用国际警察教育培训资源，积极推进在警务理论研究、警察教育训练、专业人才培养等领域的全方位合作。每年选派300余名师生赴国外参加研修培训、国际学术会议以及到国外警察、司法院校进行留、访学。每年邀请近百名国（境）外警察院校专家学者来校讲学交流，每年接受50余名外国警察院校学生来校访学。2009年起，每年举办一次“国际警务论坛”，紧紧围绕国际警务执法合作热点问题，邀请世界各国警务部门专家来校研讨交流。定期举办“外国警务联络官进公大”系列讲座，每年邀请10余位外国驻华警务联络官来校，与师生分享国际警务执法的理念和经验。每年接待50余批次、300余位国外执法官员来校访问，邀请高级执法官员发表专题演讲，打造“国际高级执法官员大讲堂”。每年举办近40期外警研修班，500余位中高级执法官员来校培训交流，携手提升执法合作能力。

五、警务化管理

学校师生始终把自己作为现实公安工作的有生力量和公安事业的战略预备队。严格执行公安部颁布的《公安院校警务化管理规定》，把警务化确立为学校的基本管理制度和发展战略，突出警察职业特征和职业性要求，强调干部教师“人民警察 + 人民教师”、在校学生“预备警官 + 大学生”的“双重身份”，坚持严格教育、严格管理、严格训练、严格纪律，充分发挥警务化管理在师生纪律作风培养、职业精神养成等方面不可替代的作用，努力打造“三个绝对”“四个忠于”“五个过硬”的公大师生队伍。

健全校院两级管理体制下的警务化管理体系，强化管理的主体责任，积极推进警务化管理对人才培养、干部培训、教师干部队伍管理的全覆盖。积极探索新时代警务化管理的规律与特点，兼顾共性规范与个性发展，不断丰富完善警务化管理的内涵和方式方法，充分发挥育人功能。建立警务化管理配套制度体系，切实做到日常生活条令化、行为举止规范化、内务卫生标准化、政治教育常态化。警务化管理融入人才培养方案，作为人才培养的重要环节，在培养目标、培养规格、教育教学环节设计及课程设置等方面突出职业素质和纪律作风养成。

公大师生在参加北京奥运会、上海世博会、杭州G20峰会、党的十九大等国家重大活动的安全保卫工作中，屡立战功，以零违纪、零伤亡、零事故、零投诉的优异成绩证明了自己是一支让党和人民放心的忠诚之师、威武之师、纪律之师和文明之师。

六、在职民警培训

开展在职民警培训工作尤其是高级警官培训工作，是公安部党委赋予学校的重大政治任务，是学校服务公安工作大局的重要职责和根本途径。学校按照“打造提升高级警官核心能力的干部学院”的培训定位要求，依托学历教育优势，主动适应当前公安工作和队伍建设面临的新形势，大力推进在职培训规范化、制度化、信息化建设，逐步形成了一套成熟、完整、具有鲜明公安特色的培训体系和工作机制，每年承担1万余人次的高级警官和各类专业警种培训。公安部授予公安大学进修部“集体一等功”和“全国公安教育训练工作成绩突出集体”称号。

七、基础建设及保障措施

学校现有木樨地、团河两个校区，占地面积1200余亩。校内建有警务战术训练馆、

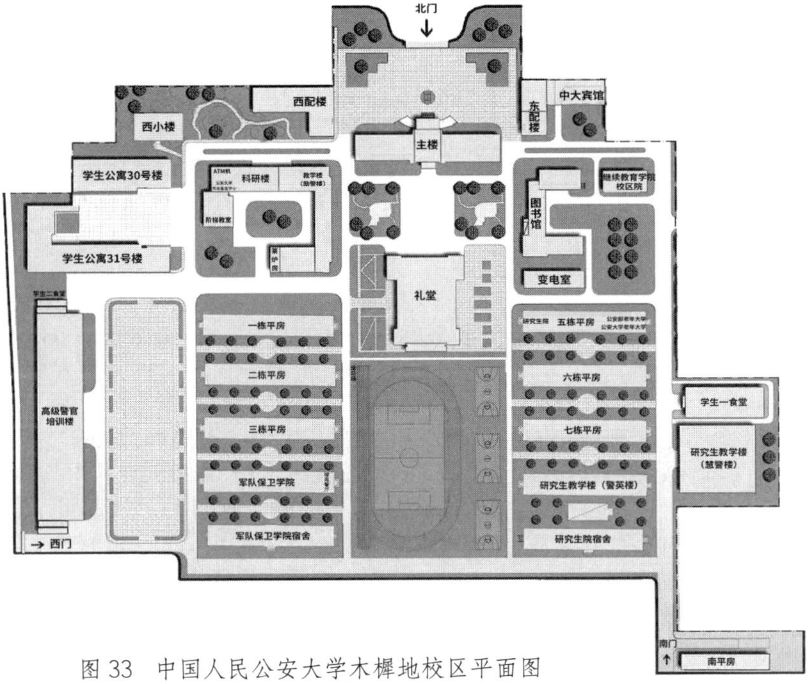

图 33　中国人民公安大学木樨地校区平面图

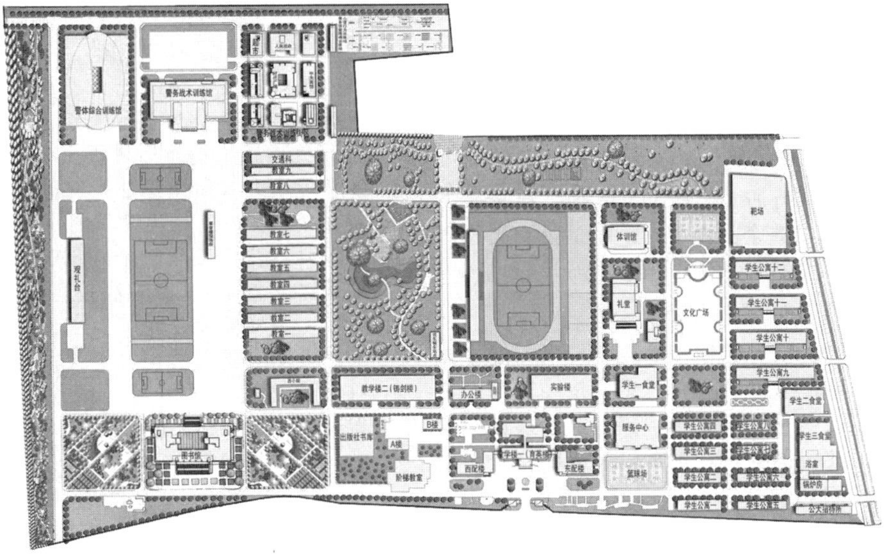

图 34　中国人民公安大学团河校区平面图

警务战术训练街区、警体综合训练馆、高级警官培训楼、研究生教育楼等多座大型现代化教学训练设施，配备了犯罪现场三维重建与智能分析、微量物证分析、网络攻防技术、网络犯罪取证技术、视频图像侦查技术等专业实验室，校园计算机网络、多功能靶场、多媒体教室等设施完备，基本办学指标、监测办学指标达到或高于国家规定标准，一个特色鲜明、布局合理、环境优美、育警功能完备的现代化校园初具规模。

学校绿地面积42万余平方米，绿地率达到48%。教学行政用房、场地和学生（学员）宿舍面积约60万平方米。课堂教学场所约5万平方米，综合训练、警务实战训练和文体活动场馆总面积逾10万平方米。警体综合训练馆总面积1.8万平方米，可承担多类项目的训练和比赛。警务战术训练街区建筑面积3.6万平方米，为警务实战训练提供真实的模拟环境。警务战术训练馆建筑面积1.9万平方米，建有86个模拟训练场景。室外运动场所总面积10万余平方米。团河校区西训练场场地面积3.8万平方米。2004年10月，全国公安民警大练兵汇报演练在此举办。团河校区东运动场场地面积2.5万平方米，获得“中国田径协会二类场地认证”，成功承办了首都高等学校第56届学生田径运动会。

图书馆面积4.34万平方米，分别设在木樨地和团河两个校区。拥有各类阅览室、自修室38个，阅览座位3844席。各类图书总计150多万册，生均111.84册，是全国公安类藏书最齐全的图书馆，也是公安高校图书情报工作委员会的主席馆。

八、2020年概况

新的历史时期，学校坚持以习近平新时代中国特色社会主义思想为指导，深入学习贯彻习近平总书记在中国人民警察警旗授旗仪式上的重要训词精神以及全国公安工作会议、全国教育大会精神，贯彻落实公安部、教育部、北京市有关部署要求，坚持“政治建校、从严治校”办学方针，全面加强党对学校的绝对领导和全面领导，以党的政治建设为统领，以“世界一流学科大学”建设为牵引，以办学治校严于一线警队、严于地方院校、严于兄弟警校、看齐部队院校“三严一看齐”准军事化建设标准为抓手，坚持做强学院、做实特色、做优管理，着力深化办学综合改革，切实提升教学科研水平和人才培养质量，不断推进学校治理体系和治理能力现代化，努力将学校建设成为政治坚定、特色鲜明、行业引领的“国内一流、世界前茅”警察院校。

2020年，中国人民公安大学占地面积76.79万平方米，产权校舍建筑面积63.14万平方米。图书馆建筑面积4.34万平方米。全年教育经费投入72188.4万元，其中，财政拨款40267.65万元、自筹经费31920.75万元。固定资产总值243303.66万元，其中，教学、科研仪器设备资产值21431.27万元，信息化设备资产值14326.6万元。拥有教室266间，其中，网络多媒体教室221间。拥有图书156.5万册，计算机8654台。网络信息点23500个，电子邮件系统用户34068个，管理信息系统数据总量56000GB，数字资源量中电子图书2343898册、电子期刊152600册、学位论文5990册。学校由公安部举办，为政法院校，设有2个校区，设置12个院（系、部）。开设16个本科专业，15个公安专业，22个专业方向，覆盖法学、工学2个学科门类；具有一级学科博士点3个、二级学科博士点11个；一级学科硕士点4个、二级学科硕士点14个；博士后科研流动站3个，其中，博士后研究人员出站2人、进站1人、在站18人。“双一流”建设学科1个，国家级一流本科专业建设点7个，北京市级一流本科专业建设点2个，北京高校高精尖学科1个。国家工程实验室2个，省部级重点实验室2个，省部级研究机构、实验室9个。教职工2195人，其中，专任教师693人，包括正高级117人、副高级229人；博士生导师85人、硕士生导师286人；学历教育学生中毕业生3942人，其中，研究生617人（博士生9人、硕士生608人）、普通本科生2140人、成人教育本专科生1185人（本科生1184人、专科生1人）。招生5778人，其中，研究生969人（博士生55人、硕士生914人）、普通本科生2606人、成人教育本科生2203人。在校生16033人，其中，研究生2474人（博士生204人、硕士生2270人）、普通本科生9649人、成人教育本专科生3910人。留学生毕（结）业339人、招生15人、在校生15人。网址：www.ppsuc.edu.cn。

附表：

表116　中共中国人民公安大学委员会历任书记一览表（1991—2020年）

书记	任职时间	书记	任职时间
柳晓川	1991年3月—1996年6月	程　琳	2009年5月—2015年6月
孙中国	1996年6月—2002年5月	樊京玉	2015年6月—2019年9月
王彦吉	2002年5月—2009年5月	陈定武	2019年9月—

表117　中共中国人民警官大学委员会历任书记一览表（1990—1998年）

书记	任职时间	书记	任职时间
翟建安	1990年7月—1992年6月	司同军	1995年11月—1998年2月
张灵青	1992年6月—1995年10月		

表118　中国人民公安大学历任校长一览表（1991—2020年）

校长	任职时间	校长	任职时间
何剑槭	1991年3月—1993年4月	王彦吉	2002年5月—2009年5月
柳晓川	1993年4月—1994年12月	程　琳	2009年5月—2015年6月
蒋先进	1994年12月—1996年6月	曹诗权	2015年6月—
孙中国	1996年6月—2002年5月		

表119　中国人民警官大学历任校长一览表（1991—1998年）

校长	任职时间	校长	任职时间
翟建安	1991年3月—1992年6月	程智勇	1994年5月—1995年11月
司同军	1992年6月—1994年5月	司同军	1995年11月—1998年2月

（执笔人：邓　杰）

国际关系学院

国际关系学院始建于1949年，在周恩来总理的亲切关怀下成立，是一所富有优良传统的高等学府。多年来，党和国家领导人重视和关心学校办学工作。老一辈无产阶级革命家周恩来、朱德、邓颖超等曾多次来校视察，与师生亲切交谈，给予极大关怀。陈毅副总理亲笔题写校名。邓小平、陈云、叶剑英等中央领导也在不同历史时期，对学校的建设与发展做出过重要批示。学校曾为新中国第一批“将军大使”开办培训班；20世纪50年代首创侧重外国当代语言学习的教学方法；1964年，被列为全国重点高校；1981年，学校成为全国首批获得硕士学位授予权的单位之一；1983年，率先完成从单一的外语院校向多学科复合型院校的转型。国际关系学院以服务国家发展和社会需求为核心，坚持社会主义办学方向、坚持“要求高、专而精”的办学理念，不断创新厚基础、宽口径的人才培养模式；以培养具有国际视野、人文精神、创新能力的复合型卓越人才为己任，建设在国家安全和国际问题等领域特色突出的高水平大学。

一、学校沿革

国际关系学院始建于1949年，前身是外交干部培训学校，曾为中华人民共和国培养了第一批“将军大使”。1955年正式招收本科生；1964年被列为全国重点高校；1965年正式定名为“国际关系学院”；1981年成为全国首批获得硕士学位授予权的单位之一；1983年由单一的外语院校转型为多学科复合型院校。英文校名：University of International Relations。校址：北京市海淀区坡上村12号。

二、发展概述

1991年1月4日，上级党委委派以桑松森为组长的党的工作组代行院党委职权，主持学院党政工作。8月，撤销国际关系学院党的工作小组。

1992年4月16日，成立科研学报处。10月，成立语言文化与中外关系研究所。

1993年2月日法系分设为“东语系”“西语系”。4月，培训处改为成人教育处。经国家教委批准，成人教育处获得举办成人教育大专学历办学资格，开办大专学历函授班。

1996年3月6日，成立国家安全管理系。12月，接受教育部本科教学评估，被评为“优秀”等级。

1997年3月1日，设立总值班室，建立24小时值班制度。4月30日，成立基建办公室，由学院规划工作委员会领导。12月3日至9日，举办第五届学术研讨会。

2000年5月19日，召开研究生导师聘任大会。5月20日，举办庆祝建校50周年系列活动，包括庆祝大会、文艺演出、校史展、科研成果展、书画展等。10月，由成人教育处负责开展学院高等职业教育。

2001年3月15日，成立国际战略发展研究所。12月24日，举办第一届国家安全论坛。

2002年4月29日，举办“外交外事礼仪大赛”。7月，成立财务部，隶属学院办公室，下设预算科、综合科。

2003年2月28日，成立法律系和信息科技系。3月6日至8日，国际关系学院与杭州校区合并。

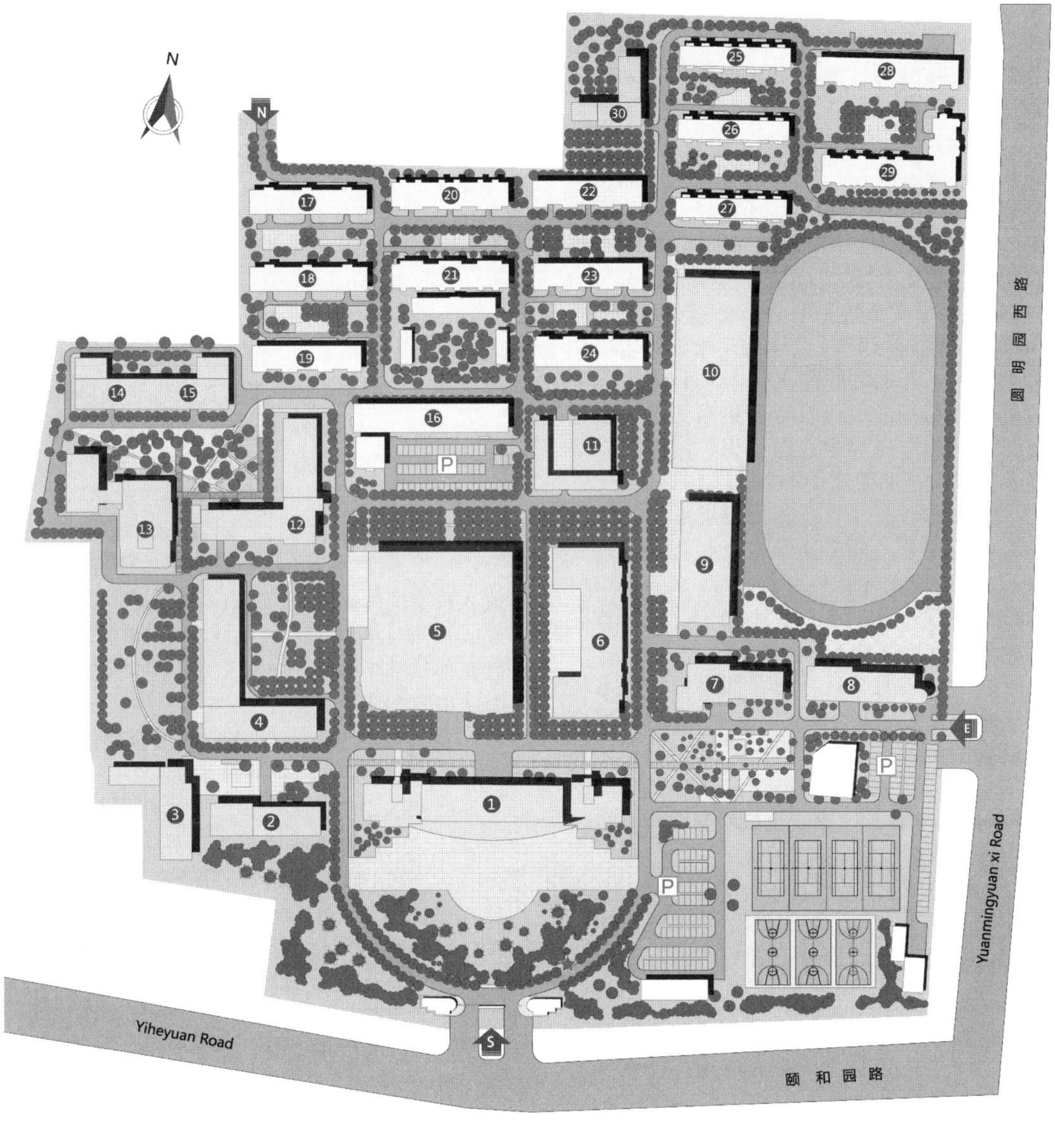

图 35　国际关系学院校园平面图

2004年2月，撤销“学术交流部”机构，将学术交流部中的电教中心与图书馆合并组建新的图书馆，同时重新组建学院“信息网络服务中心”。留学生工作和翻译公司工作职能划归成人教育处管理。外事工作职能划归党院办公室管理。学术交流中心大楼划归后勤服务中心管理。管理系的名称调整为“文化与传播系”，专业调整为“行政管理”（文化与传播国际事务方向）。组建“宏观国家安全理论研究中心”，设置国家政治安全研究所等6个研究所，1个科研资料室，日常办事机构为中心秘书处。《国家安全学刊》调整为《国际关系学院学报》的内部交流专刊，明确由学院主办，《国际关系学院学报》编辑工作划归为中心秘书处职能工作。4月20日，院党委常委会批准成人教育处更名为继续教育处，同时确定研究中心名称为“国际关系学院国家安全战略研究中心”。

2005年3月4日，教育部批准学院增设两个本科专业，即传播学专业和公共管理专业。3月，成立体育美育教研部。4月30日，学院新大门正式启用。11月30日，召开首届学生思想政治教育工作会议。

2007年6月1日，教育部通报学院本科教学水平评估结果为优秀。6月，举办首届模拟联合国大会。6月，成立“国际关系学院教学委员会”和“国际关系学院教学督导专家组”。11月6日，国家安全战略研究中心更名为“国际战略与安全研究中心”。

2008年3月27日，举行“首都高校英语演讲精英赛”。7月21日至8月25日，学生志愿者到奥运外国媒体记者签约酒店参加奥运服务。

2009年9月，国际经济与贸易专业（政府采购方向）被教育部批准为第4批高等学校特色专业建设点。

2010年3月24日，公共市场与政府采购研究所同广东省机械设备成套局共建“中国公共采购发展研究基地”。7月1日，与中共中央党校签署研究生教学培养合作协议。7月，新增翻译硕士和工程硕士两个专业学位硕士授权点。10月30日至31日，举办首届校内模拟联合国大会。

2012年6月29日，举行“中国与国际关系研究中心（CIR）”揭牌仪式。

2013年3月30日，外语学院及美国研究所成立。5月12日，外语学院非洲研究所成立。6月29日至30日，举行首届夏宫论坛。7月21日，首个国际化夏季学期顺利结束。12月6日，《中国与国际关系学刊》（JCIR）正式发刊。12月7日，举行第一届国际安全研究论坛。

2014年6月3日，主办第一届中国国际关系青年学者论坛。12月29日，建校65周年校史展顺利开展。

2015年1月12日，信息科技系改名为信息科技学院。7月3日，外语学院英语写作中心正式成立。7月4日，举行英文期刊《国际安全研究》（*International Security Studies*，简称ISS）杂志第1期发刊仪式。7月20日至24日，举办首期“英语写作与翻译工作坊”。

2016年12月17日，“国际战略与安全研究中心”和“公共市场与政府采购研究所”正式入选中国智库索引（CTTI）首批来源智库。

2017年1月11日，《国际关系学院章程》经教育部核准生效。6月8日至9日，主办“2017年金砖国家智库论坛”。

2018年2月，获批网络空间安全硕士一级学科学位授权点。4月21日至22日，主办“新时期的中美关系”国际学术研讨会。4月21日，主办2018华语辩论世界杯决赛。7月14日，应邀加入“美国研究智库联盟”并担任理事成员。8月，《国际安全研究》入选《中文核心期刊要目总览》国际政治类核心期刊。8月，《国家安全教育》（大中小学版）系列教材正式出版。11月16日，召开《中国国际安全研究报告（2018）》（《国际安全蓝皮书》）新书发布暨研讨会。11月23日至24日，举办“十九大新思想与中国国家安全法治的新发展”研讨会。

2019年4月24日，主办首届“国际关系研究十大热点”发布会。5月16日，国家安全学新兴学科入选北京高校“高精尖”学科建设名单。7月2日至3日，举办“国际关系研究百年回顾与展望”学术研讨会。

表 120　　国际关系学院院系部设置一览表（2020 年）

序号	院系部	序号	院系部
1	国家安全学院（国际政治系、文化与传播系、公共管理系）	5	网络空间安全学院
2	经济金融学院	6	政治理论教研室
3	外语学院（英语系、日语系、法语系）	7	体育美育教研室
4	法学院		

三、学科专业

国际关系学院学校以服务国家发展和社会需求为核心，坚持社会主义办学方向、坚持“要求高、专而精”的办学理念，不断创新厚基础、宽口径的人才培养模式；以培养具有国际视野、人文精神、创新能力的复合型卓越人才为己任，建设在国际关系、国家安全领域特色突出的高水平大学。学校促进本科教育和研究生教育协调发展。多年来为政府部门、科研院所、企事业单位、传播媒体等培养输送了大批优秀人才。许多毕业生已经成长为蜚声中外的专家学者、业务骨干。

学校设有国家安全学院、经济金融学院、外语学院、法学院、网络空间安全学院等 5 个学院，本科教育设有国际政治、国际经济与贸易、英语、日语、法语、传播学、法学、网络空间安全、数据科学与大数据技术、行政管理等 10 个主修专业。2019 年至 2020 年，国际政治、法学、国际经济与贸易、英语、法语等 5 个专业入选国家级一流本科专业建设点，网络空间安全专业入选北京市一流本科专业建设点。国际关系学院国家安全学学科入选北京市高精尖学科建设项目。近年来，学校积极推进信息技术与教育教学的深度融合，与清华大学、北京大学、北京外国语大学等高校开展协同育人合作项目，开设了金融学、数据科学、创新创业与商科教育、国际组织与全球治理、阿拉伯语、韩国语等辅修专业或微专业。

表 121　　国际关系学院学科设置一览表（2020 年）

学科门类	一级学科	设立时间	学科门类	一级学科	设立时间
法学	政治学	2011 年	文学	外国语言文学	2011 年
经济学	理论经济学	2011 年	工学	网络空间安全	2018 年

表 122　　国际关系学院本科专业设置一览表（2020 年）

专业名称	专业代码	所属院系	
国际政治	030202	国家安全学院	国际政治系
传播学	050304		文化与传播系
行政管理	120402		公共管理系
英语	050201	外语学院	英语系
日语	050207		日语系
法语	050204		法语系
国际经济与贸易	020401	经济金融学院	
法学	030101	法学院	
数据科学与大数据技术	080910T	网络空间安全学院	
网络空间安全	080911		

学校拥有开展外国留学生教育的举办权，并与美国、日本、法国、丹麦、以色列等多国大学建立合作关系，开展教育合作项目和学术交流活动。学校实行秋、春、夏三学期制，其中夏季学期聘请国际师资前来授课。学校鼓励学生参加国际交流，并投入专项经费支持学术实践活动。学校实行学分制和导师制，积极开展教育教学改革，为学生提供专业理论与专业实践相结合、主修与辅修互为支撑的课程体系，不断提升学生自主学习能力和成效。学校长期坚持小班教学，坚持精细化培养。

国际关系学院拥有一支专业基础扎实、教学经验丰富的优秀教师队伍，其中既有在国际问题研究领域学术造诣深厚的专家学者，也有在教学岗位上成绩斐然、获得国家和北京市表彰的教学名师或优秀教学团队。学校学术氛围开放、活跃，长期聘请国内外知名专家、学者来校任教讲学。

四、2020 年学院基本情况

2020 年，国际关系学院占地面积 15.8 万平方米，图书馆建筑面积 0.59 万平方米。全年教育经费投入 24682.69 万元。设有 1 个校区，设置 7 个院（系、部）。开设 10 个本科专业，覆盖 5 个学科门类。“双一流”建设学科 0 个，国家级一流本科专业建设点 5 个。教职工 352 人，其中，专任教师 176 人，包括正高级 36 人、副高级 82 人；博士生导师 8 人、硕士生导师 366 人。外籍教师 5 人。在校生 2709 人，其中，研究生 683 人（博士生 0 人、硕士生 683 人）、普通本专科生 2026 人（本科生 2026 人、专科生 0 人）。留学生毕业 12 人、招生 8 人、在校生 0 人。网址：www.uir.cn。

附表：

表 123　中共国际关系学院委员会历任书记一览表（1991—2020 年）

书记	任职时间	书记	任职时间
屈　忠	1991 年 6 月—1999 年 8 月	林小珂	2004 年 1 月—2010 年 12 月
周红军	1999 年 8 月—2002 年 12 月	刘　慧	2011 年 3 月—2019 年 5 月
殷　捷	2002 年 12 月—2004 年 1 月	韦春江	2019 年 5 月—

表 124　国际关系学院历任院长一览表（1991—2020 年）

院长	任职时间	院长	任职时间
桑松森	1991 年 4 月—1997 年 1 月	刘　慧	2003 年 12 月—2011 年 3 月
徐国光	1997 年 1 月—1999 年 6 月	陶　坚	2011 年 3 月—
戴守英	1999 年 6 月—2003 年 12 月		

（执笔人：任婉君）

北京体育大学

北京体育大学（英文名称：Beijing Sport University）成立于1953年，原名中央体育学院，1956年更名为北京体育学院，1993年更名为北京体育大学。学校1960年被国务院确定为全国重点院校，2005年入选国家“211工程”重点建设大学，2017年入选国家首批“双一流”建设高校。

一、学校沿革

1952年7月中央体育学院筹备处成立，直属教育部领导，中华全国体育总会业务指导；1952年下半年至1966年归国家体委直接领导；1966至1978年学校由国家体委军管会领导，该机构撤销后，归国家体委和北京市双重领导；1979年至今隶属国家体育总局（原国家体委）领导，党的关系隶属中共北京市委。

1952年7月中央体育学院在北京先农坛体育场筹建，1954年1月学校由先农坛体育场迁入现在的校址，即北京西郊圆明园北侧。北京体育大学包括北京校本部、海南国际学院（规划建设中）、北体大国家冰雪运动训练科研基地。北京校本部位于海淀区信息路48号，现设有4个学部、23个学院和1个附属竞技体育学校。

学校始终坚持落实立德树人根本任务，传承体育报国红色基因，扎根中国大地办教育，培养德智体美劳全面发展的社会主义建设者和接班人。面向新时代，学校致力于建设中国特色世界一流体育大学和国家高水平竞技体育人才培养基地，始终牢固树立人才培养的中心地位，坚持以体育为核心、以科技和人文为双轮驱动、以信息化和国际化为两翼的“五位一体”发展思路，持续推进从以夏季项目为主的体育大学向夏季与冬季项目协调发展的体育大学转型、从传统经验型体育大学向现代科技与人文融合发展的体育大学转型、从本土化体育大学向国际化与本土化结合发展的体育大学转型的“三个转型”综合改革。

学校坚持世界眼光、国际标准、中国特色、高点定位，为体育强国、教育强国和健康中国建设培养输送高素质新型体育人才，为中国体育事业、高等教育事业和奥林匹克运动，以及经济社会发展做出了突出贡献，得到了党和国家、社会各界及国际社会的充分肯定。学校曾荣获中共中央、国务院授予的“北京奥运会残奥会先进集体”荣誉称号和国际奥委会授予的“体育与社会责任奖”。

二、院系建设

1993年，学校设有运动训练系、体育教育系、武术系、体育管理系、体育生物科学系、研究生部、成人教育部和附属竞技体育学校，共5系、2部、1校。

1995年，学校撤销管理系，设立北京体育大学管理学院。

1996年，学校成立北京体育大学附属中等武术学校。

1997年，生物科学系更名为人体运动科学系。至此，学校设有管理学院、体育教育系、运动训练系、武术系、人体运动科学系、成人教育部、研究生部、附属竞技体育学校、附属武术中专学校，共1院、4系、2部、2校。

1999年，北京体育大学附属中等武术学校更名为北京体育大学附属中等体育专业学校，同时增加了篮球、足球、乒乓球三个项目。

2002年，学校进行了教学管理结构调整，将系、部改称为学院。设有研究生院、教育学院、竞技体育学院、武术学院、管理学院、运动人体科学学院、成人教育学院、附属竞技体育学校、附属中等体育专业学校，共7院、2校。

2005年，学校增设外语系，体育艺术系、体育传媒系；成立了马列主义与德育课教学部和国际交流中心等二级教学单位及现代教育技术中心。学校共设7个学院、3个系、2个附属中等专业学校。

2007年，学校增设国际交流中心、现代教育技术中心、教学实验中心、科学研究中心等二级教学单位。

2008年，学校增设运动康复系。

2009年，学校将马列主义与德育课教学部更名为思想政治理论课教学部。

2010年，国际交流中心更名为国际教育学院，成人教育学院更名继续教育学院，增设国家体育总局教练员学院。

2012年，学校与国内外知名高校、科研院所、企业联合组建“运动与体质健康研究院”。同年，学校增设社会体育系，共设有8个学院，5个系和2个附属学校。

2016年，学校成立了冰雪运动学院。

2017年，学校对现有学科院系进行重大改革，成立奥林匹克运动学部、体育与健康学部、人文社科学部、体育工程学部。

2018年，学校成立人文学院。

2019年，学校成立体育师范学院，拓宽退役运动员转型通道，引领新时代体教融合发展新路径。

2020年，学校与天津市体育局共建中国冰上运动学院。

2020年，学校共设有4个学部，体育与健康学部下设教育学院（体育师范学院）、心理学院等7个学院；人文社科学部下设马克思主义学院、管理学院等8个学院；奥林匹克运动学部下设中国足球运动学院（中国足球教练员学院）、中国篮球运动学院等8个学院（校）；体育工程学部下设体育工程学院。

表125　北京体育大学院系部设置一览表（2020年）

学部	下属学院
奥林匹克运动学部	竞技体育学院、中国足球运动学院、中国篮球运动学院、中国排球运动学院、中国冰上运动学院、中国游泳运动学院、中国田径运动学院、附属竞技体育学校
体育与健康学部	教育学院（体育师范学院）、心理学院、运动人体科学学院、运动医学与康复学院、体能训练学院、中国武术学院（中华民族传统体育研究院）、体育休闲与旅游学院
人文社科学部	马克思主义学院、管理学院、体育商学院、新闻与传播学院、国际体育组织（外国语）学院、艺术学院、人文学院、继续教育学院（冬奥培训）
体育工程学部	体育工程学院

三、学科、专业及学位点建设

1993年，学校本科专业有运动训练、体育教育、武术、体育生物科学、体育保健康复、体育管理6个专业。部委级重点学科12门：田径、体操、游泳、排球、足球、乒乓球、运动训练学、运动生理学、运动医学、运动解剖学、运动生物力学和运动生物化学。同年，体育教育专业专科起点的本科开始招生，同时开始设学士学位。

1997年，学校设有运动人体科学、体育教育训练学、体育人文社会学3个博士学位授予点和体育人文社会学、运动人体科学、体育教育训练学、民族传统体育学、应用心理学5个二级硕士学位授予点，6个本科专业。

1999年，体育系增设社会体育专业，并在香港地区开设五年制运动训练专业的本科。同年，新闻学专业（体育新闻方向）获批。

2000年，学校获得一级学科体育学博士授予权，这标志着学校在体育学领域内已经具备了全面培养体育高级人才的能力。增设体育新闻本科专业。

2002年，学校拥有4个二级学科博士学

位授予权和5个专业的硕士学位授予权；设有运动训练、体育教育等7个本科专业，形成了体、理、文、管相结合的人才培养结构。

2003年，学校增设应用心理学（运动心理）本科专业，运动人体科学二级学科可授予理学、医学门类的博士、硕士学位，推进体育学与医学、理学的交叉融合。到2003年，设有的8个本科专业，包括一级学科体育学所辖的所有二级学科专业，可授予学士学位。

2004年，学校增设英语（国际体育）、表演（体育表演艺术）2个本科专业。教育部全国学科整体水平评估中，体育学一级学科整体实力均排名全国之首。

2005年，国务院学位委员会第10批次学位审核中，学校管理学门类下的行政管理二级学科、法学门类下的思想政治教育二级学科和医学门类下的康复医学与理疗学二级学科获硕士学位授予权，推进体育学与管理学、法学的交叉融合。增设公共事业管理本科专业。

2006年，学校增设体育产业管理本科专业。

2007年，学校拥有体育学一级学科博士、硕士学位授予权，3个学科门类6个博士学位授予点和5个学科门类10个硕士学位授予点，体育硕士专业学位授权点，高校师资学位授权点，12个本科专业。

2007年，学校体育学一级学科及全部二级学科被批准成为国家级重点学科。

2008—2009年，“211工程”二期建设中，学校设立3个重点学科建设项目：高水平竞技运动体能训练与恢复、运动损伤的防治与康复、人文社会学（奥运会文化遗产传承），设立1个校内公共服务体系建设项目，即体育文献信息服务中心。

2009年，学校学科门类由单一的教育学，拓展为教育学、理学、医学、法学、管理学、艺术学等6个学科门类。同时设有5个重点学科建设项目，分别为体能训练及运动伤病防治与康复、高水平竞技体育科技研发与应用、运动员科学选材及国民体质测量与评价、世界体育发展研究、中华民族传统体育学学科体系构建及应用。

2010—2015年，学校提出学科建设定位：形成以体育学为主干，理、文、管等学科交叉渗透，优势突出、特色鲜明的学科体系。

2011年，学校获理学门类下心理学一级学科、医学门类下临床医学一级学科、法学门类下马克思主义理论一级学科硕士学位授予权，推进体育学与理学、法学、医学交叉融合。

2014年，学校形成涵盖教育学、文学、理学、管理学、艺术学5个学科门类8个专业类16个专业的本科专业体系。

2017年，学校入选国家首批“双一流”建设高校名单,体育学入选“双一流建设学科”名单。

2018年，学校获批设置德语、教育学、经济学、网络与新媒体、法语、葡萄牙语、西班牙语、俄语8个备案专业，马克思主义理论、体能训练、旅游管理3个审批专业。学校形成涵盖教育学、经济学、法学、文学、理学、管理学、艺术学7个学科门类13个专业类27个专业的本科专业人才培养体系。

2019年，学校获得马克思主义体育理论二级学科（重点学科）博士授予权，初步建立了从本科、硕士到博士的马克思主义理论一体化的学科体系。获批设置生物医学工程、播音与主持艺术、冰雪运动、匈牙利语、舞蹈学、波兰语、捷克语、克罗地亚语、塞尔维亚语与数据科学、大数据技术、智能体育工程11个本科专业。“运动康复医学”入选北京高校高精尖学科建设行列。学校形成涵盖教育学、法学、经济学、文学、理学、管理学、艺术学、工学共8个学科门类，38个专业的本科人才培养体系。

2019—2020学年，学校获批设置汉语言文学本科专业以及体能训练、数据科学与大数据技术2个第二学士学位专业。学校体育教育、运动训练、武术与民族传统体育、运动人体科学、运动康复、体育经济与管理等9个专业入选国家级一流本科专业建设点，公共事业管理、数据科学与大数据技术2个专业入选省级一流本科专业建设点。

至2020年，学校在全国第四轮学科评估体育学一级学科位列档次A+，新增教育学、公共管理一级学科硕士授予点，实现教育学门类一类学科硕士学位点全覆盖，一级学科硕士学位授予点6个，专业硕士学位授予权8个，国家级一流专业建设点9个，体育学博士后科研流动站1个，北京市一流专业建设点6个。

表 126　　北京体育大学学科设置一览表（2020 年）

序号	学科门类	一级学科
1	经济学	1. 应用经济学
2	法学	2. 马克思主义理论
3	教育学	3. 教育学
		4. 心理学
		5. 体育学
4	文学	6. 中国语言文学
		7. 外国语言文学
		8. 新闻传播学
5	工学	9. 控制科学与工程
		10. 计算机科学与技术
		11. 生物医学工程
6	医学	12 临床医学
7	管理学	13. 工商管理
		14. 公共管理
8	艺术学	15. 艺术学理论
		16 音乐与舞蹈学

四、人才培养

1993 年，招收博士研究生 3 人，硕士研究生 40 人（含留学生 4 人），国内访问学者 24 人，研究生课程进修生 13 人。

1997 年，学校招收博士研究生 19 人，硕士研究生 47 人（含留学生 6 人），国内访问学者 12 人，研究生课程进修班 110 人（其中教师进修班 30 人）。

2000 年，第 27 届悉尼奥运会学校共获得 3 枚金牌、2 枚银牌、2 枚铜牌，由学校直接训练、培养的跆拳道选手陈中勇夺金牌，实现学校历史上奥运金牌零的突破，国家体育总局为学校颁发奥运会特殊贡献奖。

2001 年，学校运动训练、体育教育两个专业的专科在籍人数突破 3000 人。

2002 年，学校招收博士研究生 58 人、硕士研究生 116 人、国内访问学者 20 人、研究生课程进修生 180 余人（其中教师进修班 30 人），在校研究生人数突破了 600 人。

2003 年，经教育部批准，学校创办北京体育大学研究生“冠军班”。

2004 年，雅典奥运会学校的学生运动员取得 4 枚金牌和 1 枚银牌，学校荣获国家体育总局授予的“体育贡献奖”和“奥运贡献奖”。

2004 年，学校启动全面加强人才队伍、学科建设和教研室建设工作；学校本科教学全面应用综合教务系统，基本实现教务无纸化管理，教学管理信息化迈上新台阶。

2005 年，学校开始面向全国招收在职人员攻读体育硕士专业学位研究生，包括体育教学、运动训练、竞赛组织、社会体育指导等 4 个学科领域。

2006 年，学校承担了国家级研究生教育创新计划项目，承办了 2006 年研究生暑期学校（体育学），并成为国家研究生教育创新计划实施中的优秀事例，载入国家 2006—2007 年研究生教育创新计划实施报告。

2007 年，教育部本科教学工作水平评估中，学校以 19 个 A 的最好成绩在本科教学工作水平评估中被评为“优秀”。

2008 年，学校近百名师生作为运动员、教练员、科研人员和工作人员入选中国体育代表团，获得 14 枚金牌、6 枚银牌和 2 枚铜牌优异成绩，被党中央国务院授予“北京奥运会、残奥会先进集体”荣誉称号。

2008 年，在教育部关于公布北京大学、清华大学等 198 所普通高等学校本科教学工作水平评估中，学校被评为优秀。

2009 年，学校共有 3 门课程入选北京高校“优质本科课程”，3 套课件入选北京高校“优质本科教材课件”，3 个项目获批北京高等教育“本科教学改革创新项目”立项。

2010 年，学校启动新一轮本科专业培养方案的修订工作。1 门课程入选国家级双语教学示范课程，1 门课程入选国家级精品课程，1 门课程入选北京市精品课程；1 个教学团队获评北京市优秀教学团队；获批1个校外人才培养基地，1个素质教育基地。获得世界冠军7个、亚军2个，亚洲冠军13个、亚军4个，139人次获全国冠军。

2011年，学校共获得世界冠军5个，亚洲冠军6个，全国比赛冠军69个。在第26届世界大学生运动会上，获得14金5银4铜的优异成绩，在奖牌榜上位列全国第一。1项教材入选国家级精品教材，国际奥委会授予学校2011年国际奥委会“体育与社会责任奖”。

2012年，学校2门课程被评为国家精品视频公开课，2项教材入选第一批国家级“十二五”规划教材，荣获北京市教育教学成果一等奖3项、二等奖4项。并被教育部批准为“十二五”国家级实验教学示范中心。

2013年，学校已建设4门国家级精品课程、9门市级精品课程和32门校级优秀课程。“冠军班”共计招收培养了234人，其中奥运冠军50名，世界冠军120名，冠军教练64名。截至2013年，学校在读博士、硕士研究生已经达到近2000名。研究生与本科生比例由2003年的1∶8发展到1∶3。

2015年，学校开展“体育学精品教材”二期规划建设工作，完成出版10项教材。

2016年，学校与中国残疾人联合会协商论证完成学校首次优秀残疾人运动员培养方案，进一步扩充高等体育人才的特色培养体系。“运动、营养与健康”课程获批为“国家级精品视频公开课”。同年，依托体育经济管理专业开设冰雪产业管理方向班，以冰雪产业管理知识体系为主体，辅以冰雪运动项目技术制定培养方案。

2016年，在世界和洲际比赛中获金牌21枚、银牌8枚、铜牌11枚，其中包括2016年里约奥运会金牌3枚和铜牌2枚；全国比赛金牌120枚、银牌91枚、铜牌91枚；北京市比赛金牌71枚、银牌30枚、铜牌20枚。其中，校女子排球队在2015—2016年中国大学生排球联赛总决赛中获得冠军，实现了排球运动项目建校以来的历史性突破。

2017年，学校完成北京体育大学本科教学质量保障体系的构建，制定质量标准体系，涵盖12个控制点，43个评价指标，95个观测点。

2018年，学校启动2018年本科专业培养方案制定、修订工作。13个本科专业在专业平台设置双语（全英文）课程，11个本科专业在实践环节设置相应的国际交流项目，20个本科专业于专业核心课程中设置至少1门独立设置的实践（实验）课程。

2018年，在世界和洲际比赛中获得金牌42枚、银牌42枚、铜牌27枚；全国比赛中获得金牌158枚、银牌105枚、铜牌88枚。

2017—2018年，学生在学科竞赛中获国家级奖项76人次，省部级奖项7人次。

2016—2019年，学校在体育商学院、中国足球学院、国际体育组织学院、马克思主义学院等9个学院相继成立了冰雪产业管理、足球裁判国际化、德语、法语、口译、马克思主义理论等14个人才培养实验班（方向班）。学校以专业内或跨专业遴选、单独建班的形式，灵活设置多元化的“1+3”“2+2”实验班（方向班、辅修班等）复合培养通道，依托运动训练专业和相关实验班深化改革“三员”（运动员、教练员、裁判员）人才培养模式，有效衔接国家青训体系，形成从基础教育、中等教育到高等教育的贯通制、协同制优秀运动员培养体系，培养优秀竞技体育人才。

2019年6月18日，习近平总书记给学校2016级研究生冠军班全体学生回信，对他们提出勉励和期望，并向学校全体师生和正积极备战奥运等赛事的运动员、教练员致以诚挚问候。2019年12月31日，习近平总书记在新年贺词中再次提到北京体育大学研究生冠军班。

2019年，学校共有3门课程入选北京高校“优质本科课程”，3套课件入选北京高校“优质本科教材课件”，3个项目获批北京高等教育“本科教学改革创新项目”立项。2019年“冠军精神育人”成果被评为2019年教育部思想政治工作精品项目。

2019年，在国际级比赛中获得冠军49人次、亚军39人次、季军42人次；全国性比赛中获得冠军157人次、亚军117人次、季军113人次；省级比赛中获得冠军299人次、亚军301人次、季军254人次。在学科竞赛中获国家级奖项 56 人次，省部级奖项 6 人次。

2018—2019 学年，成立北体创客空间和体育产业园。

2019—2020 学年，7 门课程入选首批国家级一流本科课程名单。2020 年，“体育科学研究方法”“运动生物力学”“肌肉骨骼康复”3 门课程获评 2020 年北京高校“优质本科课程”。

2019—2020 学年，在国际级比赛中获得冠军 9 人次、亚军 2 人次、季军 8 人次；全国性比赛中获得冠军 74 人次、亚军 21 人次、季军 27 人次；省级比赛中获得冠军 21 人次、亚军 8 人次、季军 1 人次。

2020 年，学校启动了思政课“十大工程”，“冠军 +”“红色 +”“科研 +”“课程思政 +”等工程成效显著。

2020 年，北京体育大学服务保障国庆 70 周年庆典团队被北京市委、北京市人民政府授予“北京市模范集体”荣誉称号。

至 2020 年底，学校共培养奥运冠军和世界冠军 200 余人次，亚洲冠军 296 余人次，全国冠军 2492 余人次。学校师生在第 27 届奥运会上获得 3 金 2 银 2 铜、第 28 届奥运会上获得 10 金 3 银、第 29 届奥运会上获得 14 金 6 银 2 铜、第 30 届奥运会上获得 5 金 7 银 4 铜、第 31 届奥运会获得 8 金 3 银 5 铜，2018 年第 23 届冬奥会上获得 1 金 4 银 1 铜的优异成绩，学校被誉为“冠军摇篮”。

表 127　　北京体育大学本科专业设置一览表（2020 年）

学科门类	专业类	专 业	专业代码
教育学	体育学	体育教育	040201
		运动训练	040202K
		社会体育指导与管理	040203
		武术与民族传统体育	040204K
		运动人体科学	040205
		运动康复	040206T
		休闲体育	040207T
		体能训练	040208T
		冰雪运动	040209T
		智能体育工程	040211TK
	教育学	教育学	040101
法学	马克思主义理论	马克思主义理论	030504T
经济学	经济学	经济学	020101
文学	中国语言文学	汉语言文学	050101
		汉语国际教育	050103
	外国语言文学	英语	050201
		俄语	050202
		德语	050203
		法语	050204
		西班牙语	050205
		葡萄牙语	050232
		匈牙利语	050237
		波兰语	050228
		捷克语	050229
		克罗地亚语	050244
		塞尔维亚语	050234

续表 127

学科门类	专业类	专 业	专业代码
文学	新闻传播学	新闻学	050301
		广告学	050303
		网络与新媒体	050306T
理学	心理学	应用心理学	071102
管理学	公共管理	公共事业管理	120401
	旅游管理	旅游管理	120901K
	工商管理	体育经济与管理	120212T
艺术学	音乐与舞蹈学	舞蹈表演	130204
		舞蹈学	130205
	戏剧与影视	表演	130301
		播音与主持艺术	130309
工学	生物医学工程	生物医学工程	082601
	计算机	数据科学与大数据技术	080910T

五、科学研究

1991年，“北京体育学院科学研究所”成立。完成论文101篇，发表在国家一级刊物80篇，获奖17篇，其中国家发明奖1项，国家体委体育科技进步奖一等奖1项；共发表著作59本，译著11本。

1992年，有70篇论文入选第四届全国体育科学大会，居全国体育系统之首；北京体育学院武术科学研究会也在这次大会上宣告成立。

1996—2000年，为进一步鼓励和调动全校教职工的科研积极性，陆续制定修订一系列的管理办法，包括《北京体育大学校、系和教研室的科研工作管理办法》《北京体育大学研究中心管理办法》《北京体育大学科研成果评奖奖励办法》《北京体育大学校管课题的资助办法》等。

2001—2008年，获批各类科研项目521项，其中国家社会科学基金重大项目1项，国家科技支撑计划项目6项，国家自然科学基金16项，科技部奥运科技专项课题6项、省部级项目342项、横向联合课题15项。荣获国家级成果奖4项、省部级成果奖123项，出版专著、编译著、教材等876部，发表学术论文2805篇，主办了3届展示中国体育最高科研水平的全国体育科学大会及多次国际大型学术会议。

2008年，全面参与备战和服务奥运会各项工作，承担了国家社会科学基金重大项目等150多项高水平科研课题，有89篇高水平学术论文入选奥科会，近百名师生担任“备战2008年奥运会科技攻关与服务团队”负责人、国家队科研教练。

2010年，获批国家社科基金项目4项，其中重大项目1项；国家自然科学基金4项；教育部博士点基金5项；国家体育总局科研课题21项。荣获国家科技进步奖二等奖1项，北京市哲学社会科学优秀成果奖二等奖2项，中国体育科学学会科学技术奖4项，第21届冬奥会科研攻关与科技服务奖5项。

2011年，获批国家级科研项目6项，省部级课题项目53项，首次获得教育部科学研究重大项目。荣获国家体育总局“十一五”体育哲学社会科学优秀成果奖5项。中国残疾人体育研究中心和体育道德与廉政风险研究中心在学校挂牌成立。

2012年，荣获教育部高等学校科学研究优秀成果奖（科学技术）二等奖，组建和培育了中国第一个体育院校协同创新中心——“运动与健康研究院”，《北京体育大学学报》被评为“2012年中国最具影响力学术期刊”。

2013年，获批国家社科基金课题立项4项；国家自然科学基金项目2项；教育部哲学社会科学重大项目 1 项；教育部博士点基金课题 4 项；教育部委托项目 1 项；人社部博士后基金课题 4 项；国家体育总局重点领域研究课题 7 项；国家体育总局哲学社会科学课题 4 项；各运动项目管理中心攻关课题 14 项；北京市教委课题 3 项；北京市教育科学“十二五”规划重点课题 1 项。第 30 届奥运会科研攻关与科技服务项目贡献奖 8 项，其中一等奖 1 项、二等奖 4 项、三等奖 3 项，突出贡献个人 6 名；北京市第六届教育科学研究优秀成果奖 3 项。

2014 年，获批国家社科基金重大项目 1 项；国家社科基金课题 2 项；国家自然科学基金 2 项；国家体育总局及各项目管理中心课题 16 项，其中重点项目 2 项；人社部博士后基金课题 3 项；北京市教委项目 3 项；横向合作研究课题 5 项。荣获国家科技进步奖二等奖 1 项，国家体育总局科研攻关与科技服务先进个人奖 4 项，项目贡献三等奖 1 项，学校被授予国家体育总局科研攻关与科技服务优秀组织奖。由学校牵头修订的《国家体育锻炼标准》和《国家学生体质健康标准》通过国家相关部委验收，并向全国正式颁布实施。

2015 年，获批国家社科基金 4 项，其中重大项目 1 项，重点项目 1 项；国家自然科学基金 7 项；国家体育总局及各项目管理中心 38 项，其中重点项目 5 项；人社部博士后基金课题 2 项；北京市教委项目 4 项；北京市教工委项目 4 项；横向合作研究课题 23 项。荣获教育部第七届高等学校科学研究优秀成果奖（人文社会科学）二等奖 2 项；中国体育科学学会科学技术奖 7 项，其中二等奖 4 项，三等奖 3 项。

2016 年，获批国家社科基金 6 项，其中重点项目 1 项，国家自然科学基金 1 项；国家体育总局及各项目管理中心课题获批准立项资助 22 项，人社部博士后基金课题 4 项，北京市教委项目 1 项，北京市教工委项目 7 项，横向合作研究课题 28 项。荣获中国体育科学学会科学技术一等奖 1 项，二等奖 4 项，三等奖 3 项；荣获第 18 届中国专利奖优秀奖 1 项，这也是体育院校首次获得国家专利奖。

2017 年，获批国家社科基金 6 项，其中重大项目 1 项，重点项目 1 项；国家自然科学基金 2 项。北京市自然科学基金项目 1 项，北京市哲学社科基金项目 1 项。

2018 年，获批国家自然基金项目 1 项、国家社科基金项目 4 项、教育部人文社科项目 2 项、霍英东基金青年项目 1 项、北京市哲学社科基金项目 4 项、国家体育总局决策咨询项目 4 项。荣获中国体育科学学会奖 4 项，其中二等奖 1 项，三等奖 3 项。冬奥文化研究中心正式入选中国智库索引（CTTI）来源智库，奥林匹克高等研究院 / 体育政策研究院启动运行。

2018 年，为促进学校科研工作发展，提升教师从事科研工作的积极性，出台了《北京体育大学科研奖励办法》。依据奖励办法，2018 年累积 454 人次获得了科研奖励。全校教师的科研工作积极性由此得到极大地激发，整体科研氛围日趋浓厚。

2019 年，获批国家级科研项目（课题）18 项，其中国家重点研发计划专项课题 2 项、国家社科基金重大研究专项 1 项、国家社科基金重大项目 1 项、国家社科基金重点项目 1 项、教育学重点项目 1 项、国家自然科学基金青年项目 2 项。获批省部级项目 25 项，横向联合项目 79 项。发表 C 刊（CSSCI/CSCD）论文 128 篇，SCI 26 篇，SSCI 5 篇，出版学术专著 12 本。荣获北京市第十五届哲学社会科学优秀成果奖教育学二等奖 1 项。中华民族传统体育研究院、体育产业发展研究中心正式入选 CTTI，学校实验室、研究基地、智库三位一体的科研平台布局进一步得到完善。

2020 年，获批国家级项目 26 项，其中国家重点研发计划项目 3 项，国家重点研发课题 6 项，全国教育科学“十三五”规划课题 1 项，国家社科基金项目 8 项，国家自然科学基金项目 8 项。荣获教育部第八届高等学校科学研究优秀成果奖（人文社会科学）一等奖 1 项；鲍明晓教授参加了习近平总书记主持召开的教育文化卫生体育领域专家代表座谈会；学校教师发表高质量论文 194 篇，在主流媒体发布文章 50 余篇，出版各类学术著作 26 部。

六、师资队伍建设

1991年，学校制定“八五”期间教师队伍建设规划，对培养学术带头人，以及建立教师队伍合理职称结构、学历结构、年龄结构、知识结构等，提出明确要求并制定措施。

1992年11月，院务会议通过了《关于加速培养中青年骨干教师、促进教师队伍建设的决定》。

1993年，教职工1161人，干部（含教师）885人，干部中专业技术人员718人，其中高级职称195人，占22.15%，教学人员472人，其中教授30人、副教授149人，占37.92%，国际裁判30人，国家级裁判162人。

1996年，正副教授200名，讲师176名，国际裁判28名，国家级裁判150名，博士导师15名。

2003—2013年，教职工总数从832人增加到1045人，增幅达25.6%；专任教师总数从393人增加到660人，增幅达到67.9%。新增新世纪百千万人才工程国家级人选4人，新世纪优秀人才15人，享受国务院政府特殊津贴专家12人，全国优秀教师1人，北京市有突出贡献的科学、技术、管理专家2人，北京市优秀教师5人，北京市教学名师10人。新增国家级优秀教学团队2个，全国教育系统先进集体1个，北京市优秀教学团队1个。

2010—2015年，1人获全国杰出专业技术人才（体育领域唯一入选），5人被批准为国务院政府特殊津贴专家，17人入选国家体育总局优秀中青年专业技术人才百人计划培养对象，8人入选教育部新世纪优秀人才支持计划，6人成为北京市教学名师。

2016—2020年，学校引进国家级人才称号入选者、竞技体育功勋教练员和冠军运动员等各类高水平人才，柔性引进体育行业国际权威专家、精英人士30余人担任名誉或客座教授，打造高影响力和竞争力的创新团队20余支。充分利用“111”引智基地，引进国外高层次人才，共引进长期外专外教192人次，短期547人次。新进师资213人，其中博士学位教师158人，占比74%，海外、“双一流”建设高校引进教师198人，占比93%。44名教师参与女足世界杯、国际雪联自由式滑雪世界杯等国际重大比赛执裁，16名教师担任国家队教练，参与奥运会、世锦赛等国家队重大赛事备战，教师先后获得“国家体育运动荣誉奖章”等称号。加大国际化师资队伍建设，33名教师在国际体育组织任职，其中13人担任国际组织负责人。

2018年，学校出台《北京体育大学业绩奖励综合改革办法》，旨在建立以绩效为核心的奖励体系，有效激发教职工积极性，为学校人才培养、训练竞赛、科学研究和社会服务等各方面工作创建一流提供坚实保障。

2019年，37名教师荣获“庆祝中华人民共和国成立70周年”纪念章。

2020年，4名曾参加抗美援朝战争的离休教师荣获“中国人民志愿军抗美援朝出国作战70周年”纪念章。

七、校园基本建设

1993年，学校首次修建4块硬地网球场。

1996年，学校接受香港实业家霍英东基金会赞助，在原中田径场的基础上进行大规模改建，成为后来的英东田径场，改建之后的运动场为标准400米聚氨酯塑胶跑道，中央足球场兼运动场地种植了8000平方米的天然草地。

1999年，学校按国际比赛要求对英东田径场进行整修，使该运动场成为一座可容纳观众1000人，设施完善的现代化体育场。

2000年，学校大鹏馆建成，占地面积4000平方米，建筑面积3370平方米。

2001年，学校大学生公寓、研究生公寓、新建浴室相继交付使用。

2003年，学校新教学楼落成，学校投资1219万元，配备了先进的多媒体电化教学系统，使学校新教学楼成为一座现代化程度较高的教学场所。

2006年，学校国家队训练基地正式破土动工，推进了“三结合”基地建设向纵深发展，2007年完成全部工程建设任务，2008年3月国家队训练基地正式启动运行。

2007年，网球重竞技馆建成并投入使用，填补了学校在网球重竞技项目训练馆方面的空白。

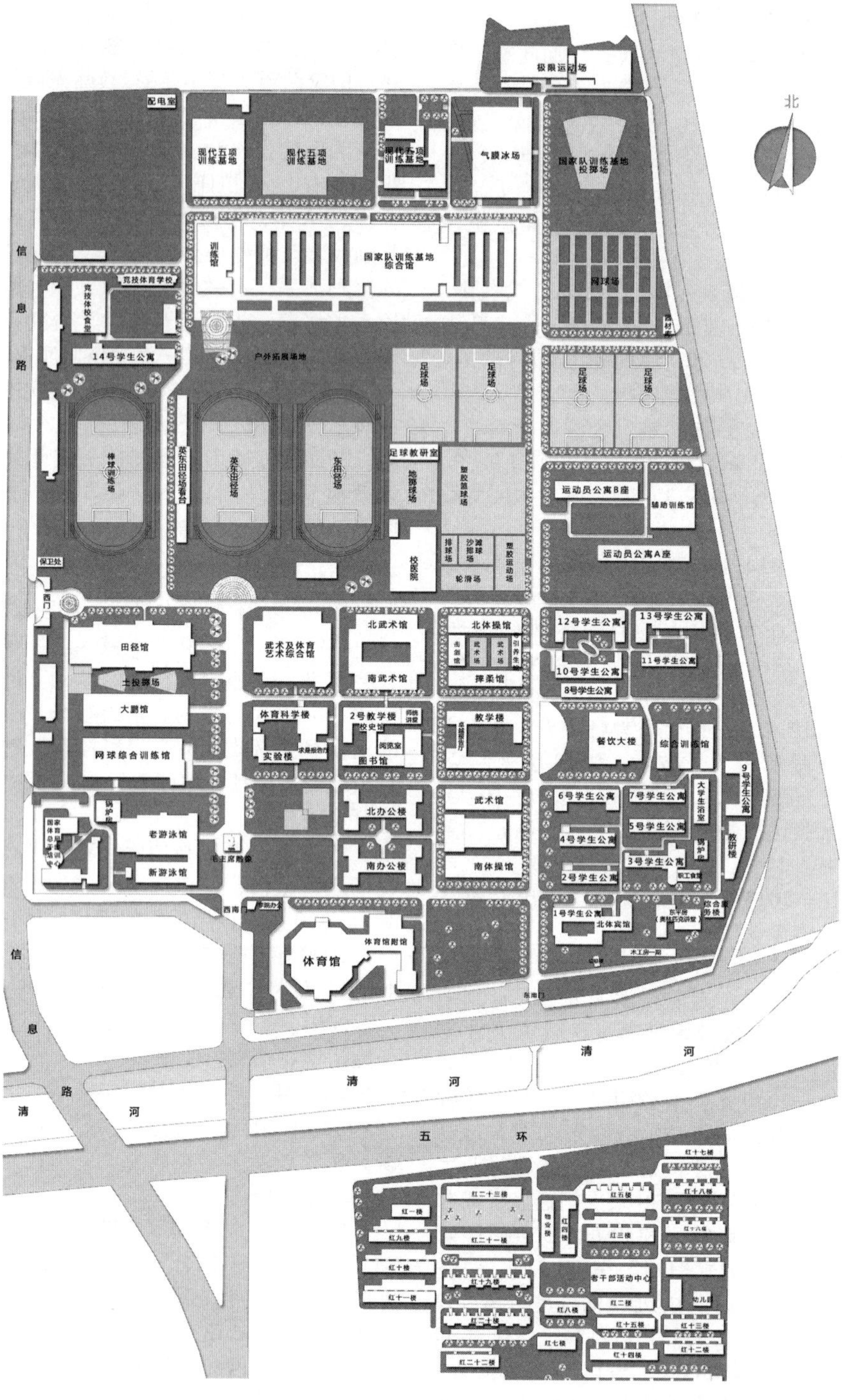

图 36　北京体育大学校本部平面图

2010年，学校第二教学楼建成并投入使用，总建筑面积7657平方米。

2016—2020年，学校新建武术艺术综合馆，冰上运动中心，极限运动场地，改建并运营二七厂国家冰雪运动科训基地，新建教学训练场馆项目等8个，总建筑面积超10万平方米。

2020年，学校新增建设海南国际学院和国家冰雪运动科研训练基地（二七厂国家队训练基地），海南国际学院专享区总用地面积34776.52平方米，总建筑面积2.48万平方米。国家冰雪运动训练科研基地总建筑面积6.8万平方米。

八、2020年概况

2020年，北京体育大学校园面积75.52万平方米，图书馆建筑面积6246平方米。全年教育经费总投入138629.61万元。设有1个校区，设有4个学部、23个学院和1个附属竞技体育学校。开设39个本科专业。“双一流”建设学科1个，国家级一流本科专业建设点9个。北京实验室2个，北京重点实验室1个。教职工1121人，其中，专任教师799人；正高级139人、副高级208人；博士生导师116人、硕士生导师409人。外籍教师24人，其中，教授15人、副教授7人。在校生14604人，其中，研究生3091人（博士生427人、硕士生2664人）、普通本科生9674人、成人教育本专科生1839人（本科生1377人、专科生462人）。留学生毕业33人、招生75人、在校生288人。网址：www.bsu.edu.cn。

附表：

表128　　中共北京体育大学委员会历任书记一览表（1991—2020年）

书记	任职时间	书记	任职时间
尹维祖	1990年8月—1993年7月	张万增	2001年6月—2004年3月
王世安	1993年7月—1994年1月（代理党委书记）	杨　桦	2004年3月—2017年3月
金季春	1994年1月—2001年6月	曹卫东	2017年4月—

表129　　北京体育大学历任校长一览表（1991—2020年）

校长	任职时间	校长	任职时间
钟师统	1982年8月—1993年12月（名誉院长）	史康成	2001年3月—2002年9月
杨福鹿	1985年9月—1992年6月	杨　桦	2002年9月—2015年6月
王世安	1992年6月—1995年7月	池　建	2015年6月—2018年6月
金季春	1995年7月—2001年6月	曹卫东	2018年6月—

（执笔人：马嘉悦）

中央音乐学院

中央音乐学院1949年秋由中央人民政府批准建立，校址设在天津大王庄十一经路，是年11月17日正式开始上课，1950年6月17日补行成立典礼。1958年，该校迁至北京，校址设在前清“醇亲王南府”旧址（现西城区鲍家街43号院）。

该校最初由鲁迅文艺学院音乐系（音工团）、华北大学文艺学院音乐系、南京国立音乐院、国立北平艺术专科学校音乐系、香港和上海的中华音乐院等多所音乐教育机构合并组建而成，直辖中央人民政府文化部（2000年划转教育部）。马思聪、吕骥、贺绿汀（兼中央音乐学院上海分院院长）任正、副院长。1952年全国院系调整，燕京大学音乐系并入该校。

70余年来，在党的教育方针和文艺方针的指引下，该校在建立和发展中国特色社会主义专业音乐教育体系、培养高级音乐专门人才，以及在音乐表演、创作和研究等领域均取得了突出的成就。

1960年该校成为艺术院校中唯一一个全国重点高等学校。进入21世纪，又成为全国艺术院校中唯一入选“211工程”的高校。2017年，再次顺利进入教育部95所“双一流”学科建设高校名单。

建校之初，该校仅有作曲、声乐、键盘（后改为钢琴）、管弦4个系，同时附设音乐工作团、研究部和少年班。1954年后，办学逐步正规化，增设民乐系（原管弦系民族乐器组）、音乐学系、指挥系和附属中学（原少年班），并将原研究部扩建为“民族音乐研究所”。经过70余年的建设，该校现已成为一所专业设置齐全、教学科研均衡发展的音乐高等院校。

20世纪80年代，该校大学部的在校生人数基本保持在500人左右。进入90年代，本科招生规模逐步扩大。到了21世纪，研究生人数快速递增。截至2020年7月，中央音乐学院大学部共有全日制在校生2468人，其中本科生1601人，硕士生729人，博士生138人。

70余年来，该校已构建了一个从附小—附中—本科到硕士研究生—博士研究生“一体化”的教学体系，建立起了一支实力雄厚的师资队伍，为社会培养了数万名优秀音乐人才，其中不乏在国内外享有盛誉的作曲家、音乐学家、音乐教育家、音乐表演艺术家，以及文化艺术机构的领导人和业务骨干。

中央音乐学院不仅代表了中国专业音乐教育的最高水准，而且在海外也享有很高声誉。

一、院系建设

从20世纪70年代末到80年代，通过十多年全面的恢复期，中央音乐学院的教学工作重新走上正轨。

20世纪90年代以后，学校发展进入快车道，院系建设有了新面貌。为促进音乐与科技的交叉融合，相继成立现代电子音乐中心（1993年）、嗓音治疗中心（1995年）和音乐治疗中心（1997年）三个产学研一体化机构。2002年成立音乐科技部，将这三个“中心”与成立于1988年的提琴制作研究中心进行整合。2013年取消音乐科技部，提琴制作研究中心重新恢复为独立的处级部门，另外三个“中心”分别并入作曲、声歌和音乐学系，后又于2019年并入新成立的音乐人工智能与音乐信息科技系。此外，1999年将曾隶属于音乐学系的音乐教育专业独立为音乐教育系（2011年更名为音乐教育学院），2006年成立乐队学院（现已不再招生）。

在着力培养高水平音乐专业人才的同时，根据社会的发展变化和人民群众对音乐教育的多元需求，成立了继续教育学院（2003年，其前身为1999年成立的“继续教育部”）和现代远程音乐教育学院（2001年，其前身为成立于1999年的现代远程音乐教育中心，后被教育部批准为高等院校远程教育试点单位）。

在专业教育与普及（社会）教育共同发展的思路指导下，中央音乐学院大学部2020年拥有作曲系、音乐学系、指挥系、钢琴系、管弦系、民乐系、声乐歌剧系、音乐教育学院、音乐人工智能与音乐信息科技系、提琴制作研究中心、人文学部、思想政治理论课教学科研部、现代远程音乐教育学院、继续教育学院（现以音乐培训为主）共14个教学院系（部），逐步形成以高等学历教育为主体，继续教育、网络远程教育为辅的综合性、开放性音乐教育体系。

二、学科建设

中央音乐学院是一所单科型专业音乐院校，只包含艺术学门类下的“音乐与舞蹈学”一个一级学科。

20世纪90年代，根据社会人才需要和国际音乐的发展趋势，新增设了音乐心理学、音乐教育、电子音乐作曲与理论、音乐治疗、嗓音治疗、提琴制作、音乐传播与管理等一批交叉型、应用型的新专业。此间，还完成了文化部“九五”重点科研项目“中国艺术教育大系”音乐卷和《西方音乐通史》《音乐美学》《中国传统音乐》等6部教材的编写出版工作，促进了教学改革和创新。

进入21世纪，在艺术院校中率先设立“艺术硕士专业学位”（2005年3月）。全国艺术硕士专业学位教育指导委员会秘书处也设在该校。

“十二五”和“十三五”期间,该校以“中国特色、高精尖、国际化、世界一流”为办学目标,强化优势专业,加强新兴专业的建设（如新设立的音乐人工智能专业，入选北京市高精尖学科和科技部111创新引智基地）。依托已有的博士学位授予体系，自2016年起，在20余个专业方向增设音乐表演艺术博士学位。

迄今，“音乐与舞蹈学”学科下设的作曲与作曲技术理论、音乐学、音乐表演三个大的专业类别，共涵盖50余个本科专业方向、70余个硕士专业方向、40余个博士研究方向，这使该校成为国内专业设置最齐全的一所音乐学院。

“音乐与舞蹈学”入选国家“一流学科”（2017年），并获评教育部第四轮学科评估和首次专业学位水平评估A+第一名。音乐表演、作曲与作曲技术理论、音乐学三大专业方向均入选国家一流本科专业。共有4门课程获得国家级一流课程。

1990年至今，该校还获得多个教育部普通高等学校国家级教学成果：管弦系林耀基教授“小提琴教学成果”获得特等奖（1990年），音乐学系“音乐美学教学成果”（1993年）、声歌系郭淑珍教授“声部确定及训练的科学”（1997年）、作曲系“作曲教学”（2001年）获得一等奖，民乐系林石城教授“琵琶教学”（2005年）、指挥系“现代指挥教学法”（2005年）、钢琴系“中国专业钢琴教学体系建设”（2009年）、音乐教育系“高等音乐学院音乐教育体系综合改革试验”（2009年）、现代远程音乐教育学院“音乐数字化教学的创新与实践”（2014年）获得二等奖。

表130　　中央音乐学院本科专业设置一览表（2020年）

专业	对应院系	专业方向
音乐表演	指挥系	指挥
	钢琴系	钢琴、爵士钢琴、电子管风琴、手风琴、管风琴、钢琴调律与修复
	管弦系	小提琴、中提琴、大提琴、低音提琴、长笛、双簧管、单簧管、巴松、萨克斯管、圆号、小号、长号、大号、竖琴、西洋打击乐、古典吉他

续表 130

专业	对应院系	专业方向
音乐表演	民乐系	二胡、板胡、琵琶、阮、柳琴、三弦、筝、扬琴、古琴、箜篌、竹笛、笙、唢呐、管子、民族打击乐
	声乐歌剧系	女高音、女中音、男高音、男中音
	提琴制作研究中心	提琴制作
音乐学	音乐学系	音乐学、音乐艺术管理
	音乐教育学院	音乐教育
	音乐人工智能与音乐信息科技系	音乐治疗
作曲与作曲技术理论专业	作曲系	作曲、视唱练耳
	音乐人工智能与音乐信息科技系	电子音乐作曲、电子音乐制作、音乐录音

三、人才培养

专业音乐教育本属于精英教育，学生少而精，成材率高。20 世纪 90 年代以后，由于扩招，学生的专业水平拉开距离。而另一方面，社会对应用型、复合型音乐人才的需求也在不断增大。这些都促使该校在坚持人才培养高质量的同时，努力构建多层次、多类型、多元化的人才培养模式。

首先是进一步捋顺各教学层次的关系，明确不同学历层次的人才培养定位。在本科阶段，以“厚基础、广实用、保技能、重素质”为原则，更加重视学生的基本功、文化底蕴和实践能力，将艺术实践课纳入学分。在研究生阶段，重视创新与科研能力，新增设了《贝里奥音乐研究》《申克分析》《现代电子音乐作曲》等一批学术前沿课程。

进入 21 世纪，加强了对高层次音乐表演人才的培养。根据其特殊性，实行“双导师制”，并针对“表演型”和“教学研究型”研究生制定不同的教学方案，使音乐表演人才培养更具针对性和实效性。

2011 年起，该校实行了学术硕士和专业硕士分类考试和培养制度，并依托国家教育体制改革试点项目“探索艺术类拔尖创新人才选拔培养模式”（“BOB”计划），选拔优秀学生进行特殊培养。同时，在声歌系、民乐系、音乐教育学院和作曲系也展开了一系列专业课程及培养方式的改革，取得良好效果。如，作曲系“现代音乐创作与表演联合培训与发展创新基地”入选北京高等学校示范性校内创新实践基地（2015 年）。近几年，又分步实施音乐学、音乐教育、电子音乐作曲专业学制由五年改四年，以促进各学段有机衔接。

“十三五”期间，为吸引更多的优质生源，该校着力改革本科及研究生招生考试机制，并以音乐人工智能与音乐信息科技系为试点，探索普通博士招考、直博生、推免硕士生等多元化的招生方式。同时，提出了“课比天大”的治教理念，进一步完善学位授予质控体系，严把论文质量关。高质量的人才培养支撑该校毕业生一次性就业率连年保持在全国高校前列，即使受疫情影响，2020 年就业率仍高达 98.13%，居部属艺术院校第一名。

在国内外重大音乐比赛中取得优异成绩是衡量音乐院校人才培养水平的一个重要标志。自建校起，中央音乐学院一直都在同类院校中处于领先地位。特别是进入 21 世纪之后，国家对外交流全面放开，允许个人出国参赛，这使得师生们的获奖数量呈爆发性增长。此外，随着教学质量的不断提高和各专业的平衡发展，获奖的专业领域也有所突破。除钢琴、小提琴、声乐等传统优势专业外，作曲、中提琴、吉他、手风琴、室内乐、西洋管乐等，也频频在国际重要比赛中获得大奖。这一时期，该校在国际国内各类音乐表演、创作及研究等比赛中共获奖 6500 余项，其中国际获奖 2200 余项，国内获奖 4300 余项。如：声歌系学生袁晨野获得第 10 届柴可夫斯基国际音乐比赛声乐比赛金奖（1994 年），管弦系学生陈曦、青年教师居觐分别荣获第 12 届柴可夫斯基国际音乐比赛（2002

年）小提琴比赛第二名（第一名空缺）、钢琴比赛第三名，声歌系学生王传越获得第15届柴可夫斯基国际音乐比赛声乐比赛银奖（2015年），管弦系学生梅第扬获得第67届ARD国际音乐大赛中提琴比赛金奖（2018年），管弦系学生曾韵分别获得第70届布拉格之春国际音乐比赛（圆号组）银奖（2018年）和第16届柴可夫斯基国际音乐比赛铜管组金奖（2019年）。此外，在历届国家级重要赛事，如“金钟奖”“文华奖”和中国器乐电视大赛中，该校师生也都是大面积获奖。这一系列令人瞩目的成绩不仅牢牢巩固了中央音乐学院在国内同类院校中的领军地位，而且也历史性地提高了中国专业音乐教育的国际影响力。

四、科研成果

作为一所音乐艺术院校，中央音乐学院的科研工作包含音乐创作、表演和理论研究。

“改革开放”使师生的学术视野更加开阔，学术创新更具活力。20世纪90年代至21世纪初期，该校共申请立项近30个国家重点课题，并承办了十余个全国性音乐比赛以及数十次大型学术会议。此外，还有《中国民族器乐博览》《钢琴艺术史》《现代西方音乐哲学导论》等一系列重要学术著作得到出版发行。该校与中国大百科全书出版社合作编纂的《音乐百科全书》，历时十余载，最终于2014年结项出版，2017年获得北京市第14届哲学社会科学优秀成果一等奖。

2000年，该校改革科研管理体制，打破科研人员终身制的传统模式，将“音乐研究所”（成立于1985年）改制为“音乐学研究所”（2001年成为教育部“普通高等学校人文科学重点研究基地”）。2004年附设研究所的博士后流动站正式建站，至2020年在站总人数达22人。此外，还成立了“国家非物质遗产保护与研究中心”（2015年），并成为教育部首批中华优秀文化“中国民族音乐”传承基地（2020年）。

《中央音乐学院学报》自创刊（1980年）以来，始终把学术质量放在首位。本世纪以来，一直入选“中文社会科学核心期刊”“中国人文社会科学核心期刊”，多次入选教育部高校名刊，并获国家社科基金第一批学术期刊资助（2012年），影响因子在音乐类期刊名列前茅。此外，该校还于2003年成立出版社，迄今已出版《马思聪文集》（2007年）、《江文也文集》（2016年）、《赵沨文集》（2016年）、《廖辅叔文集》（2018年）等一系列大型专业书籍。

本世纪以来，该校为师生们搭建了更多艺术实践和学术成果交流展示的平台，音乐节、比赛、学术研讨会等活动丰富多彩，形成了一批品牌项目。如“中央音乐学院音乐节”（后改为“北京青年艺术节”）和“北京现代音乐节”“北京国际电子音乐节”“世界音乐周”“国际室内乐音乐节”“中国民族音乐节”“北京国际作曲大师班”等。

由著名女高音歌唱家、声乐教育家郭淑珍教授创建于2004年的中央音乐学院歌剧中心，迄今已排演7部欧洲经典歌剧，其中《阿依达》和《奥涅金》在第一、二届中国歌剧节（2011年、2014年）上获得多个奖项。作曲系教师参与创作的原创歌剧《情暖天山》《大汉苏武》《红帮裁缝》等大型作品荣获“五个一”工程奖。该校与北京舞蹈学院联合开展的“协同创新舞蹈音乐编创高端人才培养”项目（2011年启动），共创作5部《音舞集》（含56部舞蹈作品）和3部舞剧，在社会上产生广泛影响。作曲系自2012年开展的“中国室内歌剧创作推动计划”，新创室内歌剧20多部，填补了教学中的空白。

“十三五”期间，该校的科研活动更加面向国家重大战略和人民群众日益增长的文化需要，成立了职业交响乐团、合唱团、民族室内乐团。由三个乐团组成的表演艺术中心，承担了繁重的教学和社会演出任务，如实景歌剧《图兰朵》（2018年，国家艺术基金资助）等。录制的《舍赫拉查达》荣获第十届“中国金唱片奖”。

依托作曲系中坚力量，创作了40余部新作品，连续三年在美国纽约林肯中心和卡内基音乐厅举行专场音乐会，向世界发出中国声音。同时，创作了101首“中国梦”歌曲、87首歌唱北京歌曲、34首抗疫歌曲、17首新时代新民歌和 7 首“航天梦”歌曲。

该校还承担了各类国家级、省部级科研项目 56 个，其中包括“党的创新理论引领贯穿音乐学知识体系研究”“中国歌剧重大问题研究”“新中国器乐乐种传承发展研究”等 8 个重大项目，并承担了中宣部“学习强国”音乐栏目的建设工作。获得第八届高等学校科学研究优秀成果奖一等奖 1 项，二等奖 4 项，位列全国高校综合排名第 56 名，全国艺术类院校第 1 名。

五、师资队伍

由于十年浩劫，再加上 20 世纪 80 年代的“出国潮”，至 90 年代初期，师资队伍断层的问题越来越突出。为此，该校一方面积极引进归国留学人才，另一方面加强对中青年教师的培养，同时还延聘返聘了一批在各专业具有代表性、旗帜性的老教授。经过几年建设，所有主干学科均建立起了一个以老一辈学科带头人为领头人、老中青相结合的人才梯队。

“十五”“十一五”期间，该校更加注重对高端人才和外籍专家的引进（2006 年著名美籍华裔作曲家、美国文理科学院终身院士陈怡，成为该校引进的首位“长江学者讲座教授”），鼓励青年教师在职攻读博士、硕士学位，进一步扩大公派留学规模。经过培养和引进，教师的学历、职称、年龄结构都发生了较大变化，具有硕士、博士学位的教师比例逐年增加，具有研究生以上学历的教师达到了总人数的 80% 以上。

“十二五”“十三五”期间，该校更加重视中青年骨干教师和学科带头人的培养和任用，实现了教师队伍的新老交替。该校还大力倡导以教为本的价值观，充分发挥主科教师对学生的思想引领作用；推进职称和考核评价改革，将师德师风、教师主体责任落实情况作为职称评聘和考核评价的重要参考；设立金校徽奖，嘉奖育人成绩突出的教师，以激发大家开拓创新、争创一流的活力。

经过 30 年的精心打造，全校现有专任教师 454 名（包含在职、校签、外籍、外聘），其中正高级 153 人、副高级 166 人，具有博士学位的师资比例从上世纪 90 年代的 2% 提升至 23%，入选千人计划、万人计划、青年长江学者、文化名家暨四个一批人才等省部级以上人才工程的教师比例达到 11%。

六、国际交流

随着国家对外交流的逐步深入，20 世纪 90 年代，该校的国际交流活动愈发频繁，交流的领域也更加广泛。接待了来自世界 20 多个国家和地区的著名音乐家、文艺团体和政府代表团，指挥家小泽征尔、大提琴家罗斯托罗波维奇、钢琴家阿格里奇、作曲家潘德列茨基等一批世界著名的音乐大师均曾访问甚至多次访问该校。同时，该校师生出国参加各种音乐文化交流活动（学术会议、比赛、演出、研修等）的项目和人次数量也逐年增长，位于同类高校的前列。

进入 21 世纪，该校的对外交流工作朝着更加深入和务实的方向发展。如聘请世界著名音乐大师担任客座（特聘）教授；针对薄弱专业，聘请外国专家、访问学者进行长期讲学；与国际顶尖专业音乐院校和机构建立更加密切的交流合作关系等。“十五”“十一五”期间，该校与莫斯科柴可夫斯基音乐学院、英国皇家音乐学院、朱丽亚音乐与舞蹈学院等数十所世界著名音乐院校签订了校际交流与合作协议书。此外，该校还举办了“第五届肖邦青少年国际钢琴比赛”（2006 年）、“2008·相约北京——世界顶级音乐学院交流活动”（2008 年）等多个大型国际性学术活动，参加了在德国举办的贝多芬国际音乐节（2004 年）和欧洲古典音乐节（2005 年）等多项重要国际音乐活动。

“十二五”“十三五”期间，该校努力践行中国文化“走出去”和“一带一路”国家倡议，进一步构建多元化的对外交流工作新格局。2012 年与丹麦皇家音乐学院合作建立全球第一所音乐孔子学院（2020 年底停办），此后又在乌克兰、英国分别设立音乐孔子课堂、中文音乐课堂。2017 年首倡成立“一带一路”国际音乐教育联盟（后又成立教育部“一带一路”音乐交流发展研究中心），迄今已有 61 所中外音乐院校加入联盟。同时，该校还在纽约曼哈顿设立民乐教学点(2017年);与美国巴德学院合作创办中国民乐表演专业学位(2017年)。

此间，该校还举办了北京梅纽因国际青少年小提琴音乐比赛(2012年)、第二届太平洋地区音乐院校联盟高峰会议(2015年)和第一、二届(2016年、2019年)北京肖邦国际青少年钢琴比赛等多个重要国际性学术活动;接待了德国总统(2018年)、泰国诗琳通公主(2018年)等多国政要。该校的学生交响乐团、民族管弦乐团、合唱团等，曾赴德国、奥地利、波兰、加拿大、美国、南非、保加利亚、俄罗斯、韩国等十余个国家和地区进行访问演出和交流。

七、社会服务

为规范业余音乐教育，提高国民音乐素质，向海外传播中国文化，该校于1993年初正式启动中央音乐学院海内外业余音乐考级工作。经过近30年的努力，已从最初的钢琴、小提琴等4个专业发展到30多个专业，考点也从北京辐射到全国及港澳台地区，先后设立承办机构60多个，另在新加坡、马来西亚、加拿大、美国、澳大利亚、日本6个国家的22个城市设立海外考点。自2009年起，该校还与教育部考试中心联合举办全国音乐等级考试(《音乐基础知识》)。

自20世纪90年代至今的30年间，该校组织师生参加了北京奥运会(2008年)，新中国成立50、60和70周年(1999年、2009年、2019年)，建党百年(2021年)等大型活动志愿服务和演出，多次在重要国事活动中承担演出任务，如欢迎奥巴马总统访华活动(2009年)、意大利“中国文化年”(2010年)、中欧高级别会议(2019年)等。

从2011年起，通过教育部“国培计划”，音乐教育学院培训了31个省份近3000所该校(幼儿园)的音乐教师，培训人数近8千人次。该校还在“十二五”期间完成文化部“我的音乐厅”项目的录制工作，录制曲目314首，并以“中央音乐学院首届协奏曲音乐季”(共17场音乐会)的形式，向社会推广普及。

自2014年起，该校向北京市建言并积极参与了“高参小”“高参高”项目。迄今，该项目已在音乐课堂教学、校园文化建设、学生社团发展、教师培训、教改研究等方面，惠及160多所中小学的约20万名中小学生。

作为延安“鲁艺”的重要传承单位，该校于2019年分别以毛泽东主席1942年5月23日《在延安文艺座谈会上的讲话》和习近平主席在2014年10月15日召开的文艺工作座谈会上的讲话为切入点，创立中央音乐学院5·23艺术节和10·15音乐节。三年来，观众(线上、线下)累计超过30多亿人次，为美育教育做出重要贡献。国务院副总理孙春兰曾对该活动两次做出重要批示，指出“这是落实习近平总书记人民艺术观的成功实践，要坚持和发扬”。中宣部、教育部已正式将艺术节展播内容纳入“美育云端课堂”。

自2005年起该校就积极参与教育部“高雅音乐进校园”活动，“十三五”期间，更是推出“立德树人、美育启智”主题音乐会，使大学生们在受到高雅音乐启蒙的同时，也接受了政治思想教育。此外，该校还与宁波市政府联合举办了第二届中国·宁波海上丝绸之路国际音乐节(2018年)、2018年宁波国际声乐比赛等多个大型活动。

该校积极开展扶贫工作，对定点扶贫单位青海省化隆县进行了多方面的帮扶，选派挂职干部、支教学生深入一线，超额完成“6个200”任务。同时，还在内蒙、青海、山西、云南、四川、陕西、新疆、河北等省(自治区)开展艺术扶贫工作，并在宁波鄞州、延安志丹县、青海化隆县等地试点建立新时代文明实践中心，用文艺打通教育群众、服务群众的“最后一公里”。

八、党组织建设

1990年以后，国际形势风云变幻，国内也进入改革的“深水区”。在新的历史条件下，该校又重新恢复党委领导下的院长负责制(1992年，此前曾于1985年实行院长负责制)，进一步加强党的领导。

进入21世纪，该校以“中央16号”文件为抓手，加强对大学生的思想政治教育，借助合并北京铁路运输学校(2004年)的

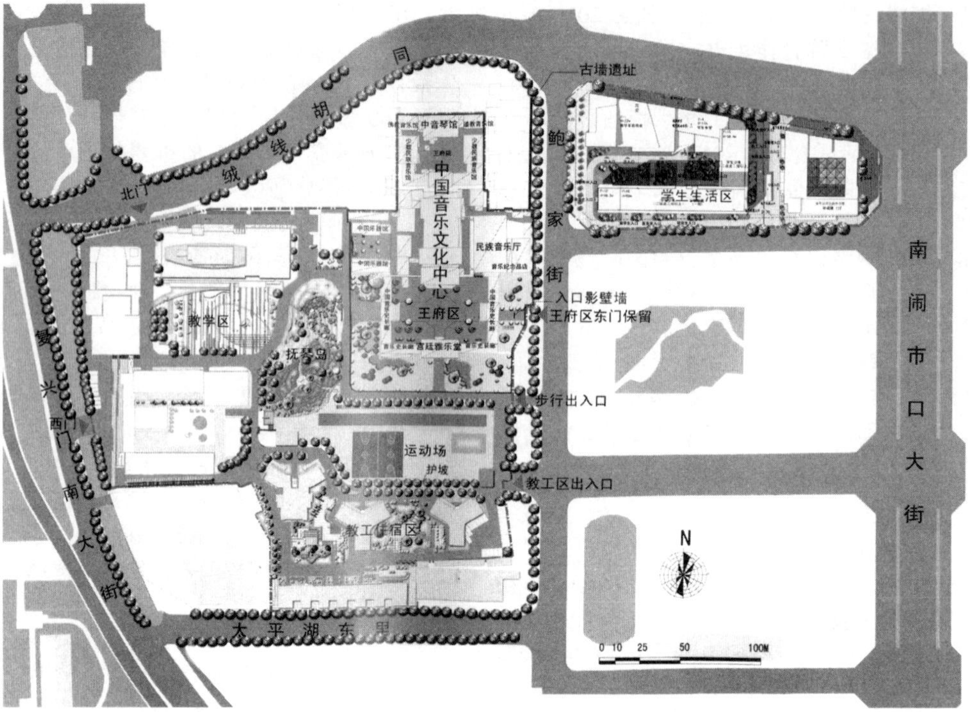

图 37 中央音乐学院平面图

机会，建立起了一支高素质的学生辅导员队伍。同时，注重思政教育与专业音乐教育的有机结合，积极组织学生开展“双实践”（社会、艺术实践）活动。如 2008 年组织音乐治疗专业学生到汶川地震灾区进行实践活动。由于合并北京铁路运输学校后党员人数大幅增加，该校于 2017 年召开了第一次党员代表大会。

党的十八大以来，该校党委始终坚持把党的政治建设摆在首位，组织师生认真开展“不忘初心牢记使命”主题教育以及“党史”学习活动，努力探索具有专业音乐教育特色的党建工作新途径——传承红色基因，进一步创新“音乐 + 思政”育人模式，强化党建与艺术教育“双融合”。如，发挥专业优势，以现场音乐会的形式推出系列音乐党课（微党课），将中国革命历程、党的理论和社会主义价值观融入其中，强化红色音乐的育人功能。2014 年获“北京市党建和思想政治工作先进普通高等学校”提名奖。2018 年获第五届首都大学生思想政治工作实效奖一等奖。

2020 年面对突如其来的新冠肺炎疫情，党委第一时间制定防控预案、多措并举强化联防联控。广大教师带领学生进行“云端”学习、演出和比赛，“艺心抗疫”，用行动诠释了“央音人”的责任担当。

九、校园建设

20 世纪 90 年代至今，随着附中搬迁到新址（2001，北京方庄芳群园）办学，东校区（现西城区鲍家街 2 号院）的建设完工，以及一座总面积 3.6 万平方米的新教学大楼竣工使用（2009 年），中央音乐学院的校园建设有了极大改观。

21 世纪以来，该校还加强了校园的数字化建设。2000 年启动局域网络建设工程，经过五六年的建设后，又对教学和行政管理的数字化办公，图书馆藏特色资料数字化，音乐核心期刊全文数据浏览，多媒体音乐资料点播和企业微信等网络管理软硬件进行了大规模升级改造，使该校的网络化、信息化建设走到了同类院校的前列。

同时，该校的校园美化、绿化建设也成绩显著，曾被评为“首都绿化美化先进集体”，并获得“首都绿化美化花园式单位”称号。

十、2020 年学校概况

2020 年，中央音乐学院占地面积 6.4821 万平方米。图书馆建筑面积 0.5505 万平方米。全年教育经费投入 56697.5 万元。设有 1 个校区，设置 14 个院（系、部）。开设 3 个本科专业。“双一流”建设学科 1 个，国家级一流本科专业建设点 3 个。教职工 620 人，其中，专任教师 392 人，包括正高级 111 人、副高级 137 人；博士生导师 122 人、硕士生导师 193 人；外籍教师 33 人，其中，教授 22 人、副教授 7 人。在校生 9320 人，其中，研究生 867 人（博士生 138 人、硕士生 729 人），普通本科生 1601 人，网络教育本专科生 6852 人（本科生 601 人、专科生 6251 人）。留学生毕业 6 人、招生 3 人、在校生 18 人。网址：www.ccom.edu.cn。

附表：

表 131　中共中央音乐学院委员会历任书记一览表（1991—2020 年）

书记	任职时间	书记	任职时间
陈自明	1985 年 1 月—1992 年 7 月	王次炤	1998 年 6 月—2001 年 5 月
徐士家	1992 年 7 月—1996 年 12 月	郭淑兰	2001 年 5 月—2017 年 8 月
王次炤	1996 年 12 月—1998 年 6 月（副书记，主持工作）	赵　旻	2017 年 8 月—

表 132　中央音乐学院历任院长一览表（1991—2020 年）

院长	任职时间	院长	任职时间
于润洋	1988 年 9 月—1992 年 7 月	王次炤	1998 年 6 月—2015 年 11 月
刘　霖	1992 年 7 月—1996 年 12 月	俞　峰	2016 年 1 月—
王次炤	1996 年 12 月—1998 年 6 月（副院长，主持工作）		

（执笔人：王小夕）

中央美术学院

天地者万物之逆旅，光阴者百代之过客，唯文明之光、美学之灵可比肩不朽，更何况树蕙百亩滋兰九畹，将艺术的火炬薪火相递。荏苒百年华诞，中央美术学院一代代教师，学子正是践行行愿，传承学院之光，尽精微，致广大。

细数1991年至2020年，30载光阴正是中央美院由旧校址迁新址，扩大招生，学术人才倍出，加强国内外文化交流的30年，也是倍受党中央各级领导关怀的30年，更是加快步伐为改革开放建设国家鼎力师画设计的30年。铁肩担道义，艺魂铸民族，中央美术学院将禀承老一辈央美人无尽的艺术追求，极近精微，博远广大，做好新时代美育工作。

一、学校沿革

中央美术学院始建于1918年，初为国立北京美术学校，后改为国立北平艺术专科学校。1949年11月，国立北平艺术专科学校与华北大学三部美术系合并，1950年1月经中央人民政府正式批准定名为中央美术学院。国立北平艺术专科学校由国立北京美术学校发展而来，华北大学三部美术系源自1938年成立的延安鲁迅艺术学院美术系。

中央美术学院是20世纪以来中国美术和美术教育事业的重要代表。国立北京美术学校是中国第一所由国家举办的现代型态的美术专门学校，开创了中国现代美术教育的新纪元；延安鲁迅艺术学院美术系是中国共产党领导建立的第一个美术教育机构，翻开了党领导的人民美术教育的新篇章；中央美术学院是新中国设立的第一所高等美术教育学府，开启了中华人民共和国美术事业和美术教育事业的新时代。

表133　国立北平艺术专科学校沿革表

时间	校名	负责人	隶属单位	校址
1918—1922年	国立北京美术学校	郑锦（校长）	北京・北洋政府教育部	北京西城前京畿道
1922—1925年	国立北京美术专门学校	郑锦（校长） 沈彭年（代理校长） 陈延龄（代理校长） 余绍宋（校长，未实履职权）		
1925—1927年	国立北京艺术专门学校	刘百昭（兼任校长） 萧俊贤（代理校长） 林风眠（校长）		
1927—1928年	国立京师大学校美术专门部	刘哲（兼任部学长）		

续表 133

时间	校名	负责人	隶属单位	校址
1928 年	国立艺术专门学校	校务维持委员会	南京·国民政府大学院	北平西城前京畿道
	国立中华大学艺术学院	未任命院长		
1928—1929 年	国立北平大学艺术学院	徐悲鸿（院长） 李书华（代理院长）		
1929—1930 年	国立北平艺术专科学校（未实办）	张凤举（校长，未实履职权）	南京·国民政府教育部	
1930—1933 年	国立北平大学艺术学院	杨仲子（院长） 严智开（院长）		
1934—1937 年	国立北平艺术专科学校	严智开（校长） 赵太侔（校长）		
1938—1945 年	国立艺术专科学校	林风眠（校务委员会主任） 滕固（校长） 吕凤子（校长） 陈之佛（校长） 潘天寿（校长）	重庆·国民政府教育部	湖南沅陵 云南昆明 四川璧山 四川重庆
	国立北京艺术专科学校	王石之（校长） 黄颧士（校长）	北京·（伪）中华民国临时政府教育部 北京·（伪）华北政务委员会教育总署	北京阜成门内井儿胡同 北京东城东总布胡同
1945—1946 年	教育部特设北平临时大学补习班第八分班	邓以蛰（主任）	南京·国民政府教育部	北平东城东总布胡同
1946—1949 年	国立北平艺术专科学校	徐悲鸿（校长）		北平东城东总布胡同 北平东城校尉胡同

表 134 华北大学三部沿革表

时间	校（系）	负责人	校址
1938—1939 年	鲁迅艺术学院	院务委员会	陕西延安北门外
	（建院初期即设有美术系）	沃渣（系主任）	
		王曼硕（系主任）	
	1939 年 7 月，根据中共中央决定，鲁迅艺术学院和陕北公学、安吴堡战时青年训练班、延安工人学校联合组成华北联合大学，开赴华北敌后抗日前线办学。鲁艺副院长沙可夫率领以普通部为主的大部分学员和近百名教员组成华北联合大学文艺部（设文学、戏剧、音乐、美术系）。留在延安部分师生于同年 11 月续办鲁迅艺术学院，校址从北门外搬到东郊的桥儿沟		
1939—1943 年	鲁迅艺术学院 1939—1940 年	吴玉章（院长） 周扬（副院长，主持日常工作）	陕西延安桥儿沟
	鲁迅艺术文学院 1940—1943 年		
	（1941 设美术部）	江丰	
		王曼硕	
		钟敬之	
	1943 年 4 月，中央决定鲁艺并入延安大学作为其所属的一个院，改名为“鲁迅文艺学院”		
	鲁迅文艺学院	周　扬（院长）	

续表 134

<table>
<tr><th>时间</th><th>校（系）</th><th>负责人</th><th>校址</th></tr>
<tr><td rowspan="4">1945—1948 年</td><td colspan="3">抗战胜利后，1945 年 8 月 21 日陈荒煤带领部分鲁艺干部开赴山西太岳地区工作，后以此为基础发展为北方大学艺术学院。9 月 2 日舒群、田方率领部分鲁艺师生组成的东北文艺工作团开赴东北。9 月 20 日艾青、江丰率领部分鲁艺师生组成的华北文艺工作团开赴华北。11 月中旬其余鲁艺师生与延大各学院一起迁离延安。11 月 8 日华北文艺工作团到达张家口后并入复校的华北联合大学，建立为文艺学院</td></tr>
<tr><td>华北联合大学</td><td>成仿吾（校长）
周　扬（副校长）</td><td rowspan="3">河北张家口</td></tr>
<tr><td>（文艺学院）</td><td>沙可夫（院长）
艾　青（副院长）</td></tr>
<tr><td>（美术系）</td><td>江　丰（系主任）</td></tr>
<tr><td rowspan="4">1948—1949 年</td><td colspan="3">1948 年 5 月，中共中央决定将晋冀鲁豫和晋察冀两大解放区合并，原来分属于两大解放区的北方大学和华北联合大学合并为华北大学。8 月，华北大学举行开学典礼。华北大学设一部、二部、三部三个教学组织，其中三部为文艺学院性质</td></tr>
<tr><td>华北大学</td><td>吴玉章（校长）
范文澜（副校长）
成仿吾（副校长）</td><td rowspan="3">河北正定</td></tr>
<tr><td>（三部）</td><td>沙可夫（主任）
艾　青（副主任）
光未然（副主任）</td></tr>
<tr><td>（美术）</td><td>江　丰
胡一川</td></tr>
</table>

在发展历程中，学校继承发扬民族艺术传统，借鉴吸收世界优秀文化成果，建立了完善的具有鲜明中国特色的现代美术教育体系；汇聚了一大批享誉海内外的艺术大师和卓越教育家，培养了在美术和相关领域担纲领航的优秀艺术人才；呼应中华民族救亡图存、繁荣复兴的时代进程，在中国革命、建设、改革的各个历史时期贡献出众多具有里程碑意义的艺术力作；坚持面向现代化、面向世界、面向未来的方针，构建起现代美术的综合性学科体系，以崇高的境界、开放的胸襟、广阔的视野跻身于世界著名高等美术院校之列。

中央美术学院，简称中央美院、央美。英文名称为 Central Academy of Fine Arts，英文缩写为 CAFA。中央美术学院隶属于教育部，为教育部直属高校。学校以全日制本科生和研究生教育为基本教育形式，同时根据国家和社会需求开展继续教育和其他类型的艺术教育与服务。

二、发展概述

（一）1991 年至 2000 年

1990年至1991年开始筹建环境艺术专业。

1992 年，中央美术学院在其制定的“八五”期间办学方针、任务及发展规划中，确立中央美术学院的办学任务：为我国社会主义文化艺术事业培养德、智、体全面发展的美术理论、绘画、雕塑等方面的高级专门人才，兼顾直接为基层培养美术人才；把学院办成国内一流的国际上有影响的具有中国特色的高等美术学院；办学规模方面，可根据美术事业的发展需要，从 400 人逐步扩展为 1000 人。

1993 年，壁画系开设环境艺术设计专业。

1994 年，民间美术系调整为民间美术研究室，油画系成立了技法材料工作室。

1995 年，中央美术学院明确学科结构调整的重要举措之一是建立设计类专业，以适应社会文化发展对人才的需求。中央美术学院做出搬迁校址扩大办学规模的决定，在建设望京新校的同时租用朝阳区万红西街 2 号北京市半导体器件二厂（简称“二厂”）厂址，作为临时中转办学校址，为期 6 年；7 月，美院搬迁至“二厂”。

1996 年，在“二厂”办学期间，中央美院决定在油画系先行成立基础部作为恢复统一造型基础教学的试点。

1997 年，雕塑系成立金属工作室暨“文楼工作室”，并建立几处环境艺术实践基地；出版《筚路蓝缕四十年，中央美术学院美术史系教师论文集》，纪念中央美院美术史系建系 40 周年。

1998 年，经国务院学位办批准，中央美术学院与澳大利亚格里菲斯大学昆士兰艺术学院开中国艺术院校中外合作办学之先河，由两院联合招收视觉艺术（摄影专业）硕士研究生，并授予格里菲斯大学学位。摄影专业在经历了两年中外合作办学以后，逐步建立了系统、完整的摄影教学体系。

2000 年，中央美术学院在与澳大利亚格里菲斯大学昆士兰艺术学院联合举办的“视觉艺术（摄影）硕士研究生班”基础上，正式成立摄影工作室。

（二）2001 年至 2010 年

2001 年 6 月，经 6 年中转办学后，中央美术学院正式迁址望京花家地南街 8 号新校址。

2004 年，中央美术学院继续教育学院成立，其前身是中央美术学院成教部。成立中央美术学院奥运艺术研究中心。该中心承担北京 2008 年第 29 届夏季奥林匹克运动会及残奥会有关的视觉形象系统以及奖牌、体育图标等十几个项目的设计和研发工作。奥运设计团队被中共中央和国务院授予“北京奥运会残奥会先进集体”。

2006 年，中央美术学院附中搬迁至燕郊新校址。

2007 年，中央美院以各项指标全优通过教育部本科教学工作水平评估。人文学院美术史系主办第一届全国高等艺术院校美术史学教育年会。经北京市教委组织专家评审小组评议、评审委员会投票以及市教委审核并公示，中央美术学院设计学院视觉传达专业教学团队等 80 个团队被评为 2007 年北京市优秀教学团队。

2008 年，中央美术学院美术馆新馆落成，位于北京市朝阳区花家地新校园内，建筑面积为 1477 平方米，藏品约 13000 件。中央美术学院城市设计学院首届媒体艺术节开幕。

2009 年，由中宣部、文化部、财政部主办的“国家重大历史题材美术创作工程作品展览”在中国美术馆隆重开幕。展览共计展出作品 102 件，中央美术学院教师创作展出 18 件，在全国创作单位中名列第一。根据国务院学位委员会第十一次会议批准的《建筑学专业学位设置方案》和全国高等学校建筑学专业学位教育评估委员会的评估结果（建学评〔2009〕第 1 号），批准中央美术学院开展授予建筑学学士学位工作。央美建筑学院通过建筑学专业本科（五年制）教育评估；中央美院主持高校美术教育课标由教育部颁布实施。

2010 年，央美申报的《高端艺术人才培养模式探索》项目顺利通过审批，正式成为国家教育体制改革领导小组办公室征集的《国家教育体制改革试点总体方案》试点项目。承办了教育部科委委托的“十二五”艺术学战略规划研讨会；在学科建设方面加大推进交通工具（汽车）设计专业建设，积极筹备申报“城市规划专业”。顺利申报一级学科艺术博士学位授权点。由潘公凯任总设计师的中央美院设计团队圆满完成 2010 年上海世博会主场馆设计，受到中央领导人接见和上海世博局的表彰。中央美院上海世博会国家馆展陈设计获文化部创新特等奖。中央美术学院美术馆被文化部评为首批“国家重点美术馆”之一。

（三）2011 年至 2020 年

2011 年，央美两项目中标 2011 年度首都大学生思想政治教育课题；央美美术馆被《新周刊》评为 2011 年度“最具价值美术馆”。

2012 年，央美学报《美术研究》获评入选 2012—2013 年度中文社会科学引文索引来源期刊。本年度评选中，艺术学 CSSCI 来源期刊共计 20 种，美术学仅有中央美术学院学报《美术研究》入选。中国文联在央美设立“中国文艺舆情信息研究基地”。

2013 年，教育部学位中心发布 2012 年中国高校学科评估排名。中央美术学院在美术学（48 所高校参评）学科整体排名第一，在艺术

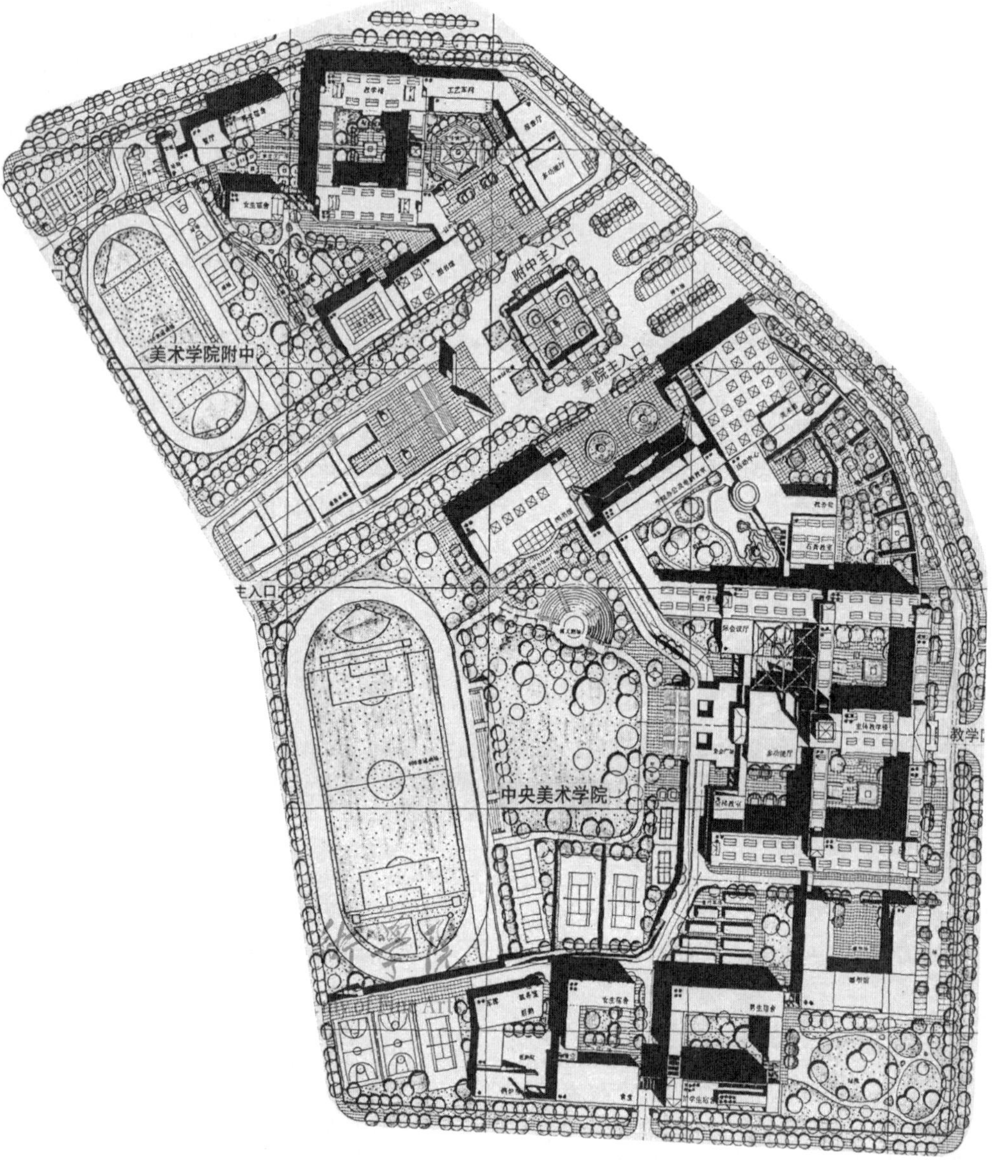

图 38　中央美术学院示意图

学理论（34 所高校参评）和设计学（54 所高校参评）两门学科排名第二。

2016 年起启动对黔西南地区雨补鲁村、板万村等美丽乡村建设项目，用艺术的方式服务国家乡村振兴战略。学校获中华全国总工会授予的全国“五一劳动奖状”。中央美术学院研究生院正式挂牌，这也标志着中央美术学院成为国内首家成立研究生院的美术院校。

2017 年 9 月，教育部、财政部、国家发展改革委印发《关于公布世界一流大学和一流学科建设高校及建设学科名单的通知》，中央美术学院美术学、设计学学科入选“双一流”建设名单，是唯一一所两个学科入选“双一流”建设学科的艺术院校。2022 年北京冬奥会、冬残奥会会徽发布，“冬梦”和“飞跃”由中央美院设计。

2018 年，中央美术学院建校 100 周年新片发布。《百年美院·口述历史》纪录片发布。8 月 30 日，中共中央总书记、国家主席、中央军委主席习近平给中央美术学院 8 位老教授回信，向他们致以诚挚的问候，并就做好美育工作，弘扬中华美育精神提出殷切期望。

2019 年，靳尚谊先生捐赠设立“青年教师创作奖”。“艺术与科技”成为中央美术学院第 22 个本科专业。

2020 年，央美落实“新百年”战略，持续全力打造校级自主科研品牌，有效激发美院教师科研积极性。全年申报校级科研项目数从两年前的 33 项增加到了 236 项。自主选题科研创作项目，全校教师申报 167 项，立项 98 项。青年教师启动项目（辅导员专项）立项 21 项，重大科研培育项目立项 1 项，校内委托项目立项 2 项。新设“致远计划”科研项目，申报 59 项，立项 40 项，全面打开科研新局面。横向科研项目立项 52 项，涉及金额 6000 余万元。

表 135　　中央美术学院教学机构一览表（2020 年）

序号	院系	序号	院系
1	中国画学院	10	建筑学院
2	造型学院：油画系	11	城市设计学院
3	造型学院：版画系	12	艺术管理与教育学院
4	造型学院：雕塑系	13	中法艺术与设计管理学院
5	造型学院：壁画系	14	研究生院
6	造型学院：基础部	15	继续教育学院
7	实验艺术学院	16	修复学院（修复研究院）
8	人文学院（社科中心、体育部）	17	马克思主义学院（美育研究院）
9	设计学院		

表 136　　中央美术学院学科设置一览表（2020 年）

类别	学科门类	学科代码	学科 / 类别	授权级别
学术学位	艺术学	1301	艺术学理论	博士一级学科
		1304	美术学	博士一级学科
		1305	设计学	博士一级学科
	工学	0813	建筑学	硕士一级学科
		0833	城乡规划学	硕士一级学科
		0834	风景园林学	硕士一级学科
专业学位	艺术专业硕士	1351	艺术（美术、艺术、设计）	硕士专业学位
	风景园林专业硕士	0953	风景园林	硕士专业学位
	建筑学专业硕士	0851	建筑学	硕士专业学位

表 137　　中央美术学院本科专业设置一览表（2020 年）

序号	学科门类	所属类别	专业
1	艺术学	美术学类	中国画 130405T
2			书法学 130406T
3			绘画 130402
4			雕塑 130403
5			摄影 130404
6			美术学 130401
7			实验艺术 130407TK
8			文物保护与修复 133409T
9		设计学类	艺术设计学 130501
10			视觉传达设计 130502
11			工业设计 080205
12			产品设计 130504
13			服装与服饰设计 130505
14			环境设计 130503
15			数字媒体艺术 130508
16			公共艺术 130506
17			工艺美术 130507
18			艺术与科技 130509T
19		戏剧与影视学类	影视摄影与制作 130311T
20			动画 130310
21		艺术学理论类	艺术史论 130101
22			艺术管理 130102T
23	工学	建筑类	建筑学 082801
24			风景园林 082803
25	管理学	工商管理	文化产业管理 120210

三、2020 年学校基本情况

2020 年，中央美术学院占地面积 29.64 万平方米，产权校舍建筑面积 29.64 万平方米、非产权校舍建筑面积 23031.68 万平方米。图书馆建筑面积 1.03 万平方米。全年教育经费投入 66325.09 万元，其中，财政拨款 36231.68 万元、自筹经费 30093.41 万元。固定资产总值 169268.23 万元，其中，教学、科研仪器设备资产值 22813.30 万元，信息化设备资产值 11815.69 万元。拥有教室 556 间，其中，网络多媒体教室 21 间。拥有图书 55.67 万册，计算机 4197 台。网络信息点 9500 个，电子邮件系统用户 15000 个，管理信息系统数据总量 320GB，数字资源量中电子图书 4684802 册、电子期刊 47012950 册、学位论文 20341802 册、音视频 128006 小时。学校由教育部举办，为艺术院校，设有 3 个校区，设置 13 个院（系、部）。开设 22 个本科专业，覆盖 9 个学科门类；具有一级学科 6 个；一级学科博士点 3 个；一级学科硕士点 6 个、专业学位硕士点 2 个、硕士专业学位授权类别 2 个；博士后科研流动站 3 个，其中，博士后研究人员出站 2 人、进站 6 人、在站 30 人。国家级一流本科专业建设点 11 个，北京市级一流本科专业建设点 2 个，北京高校重点建设一流专业 1 个，北京高精尖创新中心 1 个。教职工 744 人，其中，专任教师 425 人，包括正高级 161 人、副高级 125 人；博士生导师 92 人、硕士生导师 240 人。外籍教师23人，其中，教授19人、副教授2人。学历教育学生中毕业生1178人，其中，研究生402人（博士生61人、硕士生341人）、普通本科生776人。本科毕业生就业率80%。招生5084人，其中，研究生1494人（博士生240人、硕士生1254人）、普通本科生3590人。在校生5084人，其中，研究生1254人（博士生240人、硕士生1254人）、留学生毕业32人、招生41人、在校生170人。网址：www.cafa.edu.cn。

附表：

表138　　中共中央美术学院委员会历任书记一览表（1991—2010年）

书记	任职时间	书记	任职时间
盛　扬	1987年2月—1991年12月	杨　力	2001年5月—2012年10月
丁士中	1991年12月—2001年5月	高　洪	2012年10月—

表139　　中央美术学院历任院长一览表（1991—2010年）

院长	任职时间	院长	任职时间
靳尚谊	1987年2月—2001年5月	范迪安	2014年9月—
潘公凯	2001年5月—2014年9月		

（执笔人：信佳敏、张　菁）

中央戏剧学院

中央戏剧学院是新中国第一所戏剧教育高等学校，是教育部直属院校，是中国戏剧影视艺术教育的最高学府，是国家确定的世界一流学科建设高校，是中国高等戏剧教育联盟总部、亚洲戏剧教育研究中心总部和世界戏剧教育联盟秘书处所在地，是世界著名艺术院校。

中央戏剧学院的历史可以溯源至 1938 年 4 月 10 日成立的延安鲁迅艺术学院，至今已经有 80 余年的历史。1949 年，中央决定成立国立戏剧学院，任命欧阳予倩先生为首任院长，毛泽东主席亲笔题写校名。1950 年 1 月，国立戏剧学院更名为中央戏剧学院。4 月 2 日，召开中央戏剧学院成立大会。1953 年，中央戏剧学院面向全国招收本科生。

1981 年 11 月，经国务院学位委员会批准，中央戏剧学院成为我国首批获硕士学位授予权的院校。1986 年，“戏剧历史及理论”专业获博士学位授予权。

2000 年，中央戏剧学院由文化部划归教育部管理。中央戏剧学院现有两个校区。东城校区位于北京市东城区东棉花胡同 39 号；昌平校区于 2012 年投入使用，位于北京市昌平区宏福中路 4 号。两个校区总占地面积约 23 万平方米，建筑面积约 18 万平方米。

一、管理体制

1993 年，学院管理体制综合改革方案正式开始实施。此次改革的目的是进一步深化教学领域改革，建立竞争机制，使学院的教学质量、教学水平和办学效益登上一个新台阶。

1999 年，成立电视艺术系，承担电视剧编导、电视节目制作等专业方向的教学。

2000 年，学院由文化部划归教育部管理。成立后勤服务公司。

2001 年，成立艺术管理系和成人教育学院。

2002 年，成立影视艺术职业学院。

2004 年，制定接收教师规定，规范接收教师程序。

2005 年，撤销成人教育学院。

2007 年，《中央戏剧学院中长期发展规划》经教代会正式通过，规划对学院的办学理念、办学特色和办学定位做出明确阐释，提出“全面进入世界一流的艺术院校”的总体发展目标。

2008 年，确定《常青藤之歌》为校歌。

2011 年，学院党委召开第一次代表大会，选举产生新一届委员会和纪律检查委员会。

2012 年，陆续成立音乐剧系、京剧系、歌剧系和继续教育中心，将艺术管理系更名为戏剧管理系。撤销影视艺术职业学院。

2013 年，成立舞剧系。

2016 年，成立戏剧教育系。

2017 年，“戏剧与影视学”学科入选国家“双一流”建设学科名单，学院成为国家首批“世界一流学科建设高校”。召开第二次党员代表大会，选举产生学院新一届党委和纪委。成立偶剧系。恢复成立实验剧团。

2019 年，成立戏剧学系。

2020 年，受新冠肺炎疫情影响，学院统筹安排各项工作，加强疫情防控期间教学工作，确保校园安全。正式承担中央单位定点扶贫工作，帮扶贵州省长顺县。启动“十四五”发展规划编制工作。

表 140　　中央戏剧学院院系部设置一览表（2020 年）

系部名称	设置时间	备注
表演系	1953 年 5 月	—
导演系	1953 年 5 月	—
舞台美术系	1950 年 4 月	—
戏剧文学系	1950 年 4 月	—
音乐剧系	2012 年 9 月	—
京剧系	2012 年 9 月	—
歌剧系	1950 年 4 月	1953 年撤销，2012 年 9 月 21 日，经院党委会会议研究通过恢复成立
舞剧系	2013 年 9 月	—
偶剧系	2017 年 11 月	—
戏剧学系	2019 年 9 月	—
戏剧教育系	2016 年 1 月	—
戏剧管理系	2001 年 1 月	原艺术管理系，2012 年 9 月更名为戏剧管理系
电影电视系	1999 年 9 月	原电视艺术系，2005 年 4 月更名为电影电视系
基础教学部	1993 年 9 月	原共修部（公共课教学部）。2006 年 6 月更名为基础教学部
思想政治理论课教学研究部	2011 年 6 月	—
人文学部	2020 年 12 月	—

二、教育教学

1991 年，学院开办了为期 1 年的“戏剧创作高级研修班”，为有志于提高艺术水准的中青年剧作家提供学习机会。根据加强思想品德教育的要求，为本科生开设法制教育、人生哲学教育等课程。

1994 年，学院本科招生制度改革，实行文理科兼收；省部级重点中等艺术院校推荐生，需参加学院专业考试，合格者可免于全国文化统考。

1996 年，召开教学工作会议，决定逐步建立教学实习一体化制度。舞台美术系编写的《舞台美术系各专业教学大纲》获北京市优秀教学成果一等奖。

1997 年，召开教学评估动员大会。舞台美术系“舞台美术系教学改革”获市教委教学成果一等奖。

1998 年，获准开办成人夜大学教育，“夜大”开设服装与化妆设计（化妆）专业，学制三年，学历大专，首届录取新生 40 人。

1999 年，首次开办音乐剧表演本科班。

2000 年，影视编导本科班首次招生，首批学生 28 人。

2001 年，成立艺术管理系，首批招收 31 名公共事业管理专业本科生。电视艺术系影视制片管理本科班首次招生，招生人数 28 人。成立成人教育学院，首次开设相声创作表演大专班，学制 3 年，首次招生 35 人。

2002 年，首次招收曲艺文学专业学生，招生人数 25 人。建立本科教学示范课程制度。

2003 年，经人事处、全国博士后管理委员会批准，学院建立戏剧戏曲学博士后科研流动站。广播电视节目主持专业、影视广告导演专业、电脑美术设计专业、演出艺术史专业、戏剧学专业、文化行政管理专业今年首次招生。完成首次本科教学示范课程评选，台词、导表演、编剧和戏剧管理 4 门课程获得优秀称号。制订教学演出交流实施办法、本科教学毕业剧目演出规定，确定统一管理各系外聘专家讲座。

2005 年，开始招收艺术硕士专业学位（MFA）研究生，成为我国第一批招收艺术硕士专业学位的试点单位。

2006 年，成功申报“广播电视艺术学”和“电影学”两个二级学科硕士专业点，获得硕士学位授予权。开始招收在职艺术硕士。成立本科教学督导组。

2007 年，通过了教育部本科教学工作水平评估。学院的戏剧影视表演专业被评为“国家特色专业建设点”，音乐剧表演专业被评为人才培养模式创新实验区。

2008 年，戏剧影视文学专业被评为“国家特色专业建设点”，《导演学基础教程》《舞台灯光设计概要》被评为北京市精品教材，“台词基础课新型教学方法”“导演创作课程‘导演片段’教学”荣获北京市教育教学成果奖一等奖，“音乐剧表演教学与创作”荣获北京市教育教学成果奖二等奖，表演系台词课被教育部、财政部批准为国家精品课程。教学实习演出中心被评为北京市实验教学示范中心。举办研究生教学创作实践剧目演出季（夏）。

2009 年，戏剧影视导演专业被评为“国家特色专业建设点”。表演系列课程教学团队获国家优秀教学团队称号，导演系教学团队获北京市优秀教学团队称号，戏剧文学系写作课被教育部、财政部批准为国家精品课程。中国广播电影电视节目交易中心 / 中国国际电视总公司被北京市评为市级校外人才培养基地。

2010 年，开始招收全日制艺术硕士。与中国国家话剧院共建校外实践基地。戏剧文学系教学团队获北京市优秀教学团队称号。“完整舞台人物形象创造课程”“导演艺术课之多幕剧排演课程”获北京市精品课程。

2011 年，国务院学位委员会正式通过艺术学从一级学科升格为独立的学科门类。学院原有的戏剧戏曲学、电影学和广播电视艺术学学科体系整合为“戏剧与影视学”。《剧本写作初级教程》《20 世纪中国话剧精品赏析》获评北京市精品教材。与中国儿童艺术剧院签署合作培养儿童戏剧表演本科毕业生协议，在表演系设立中国儿艺班。与北京市教育委员会等单位共同举办首届“麒麟杯”北京市大学生人物造型设计大赛。

2012 年，将公共事业管理（影视制片管理）专业调整为戏剧影视导演（影视制片）专业。“完整舞台人物形象创造课程”“导演艺术课之多幕剧排演课程”获评北京市教育教学成果奖一等奖，《剧本写作初级教程》《20 世纪中国话剧精品赏析》获评北京市教育教学成果奖二等奖。教学实习演出中心获评国家级实验教学示范中心。中国国家话剧院被北京市评为市级校外人才培养基地。

2013 年，导演（戏剧影视导演）专业、戏剧影视美术设计（舞台设计）专业恢复五年制学制。与中国歌剧舞剧院签订合作培养协议，表演（歌剧表演）专业招生。

2014 年，与俄罗斯圣彼得堡国立戏剧学院签订表演专业双学位校际交流项目合作协议，开展表演专业本科“2+2”双学位校际交流项目。分别与北京市东城区 4 所小学、昌平区 2 所小学、2 所中学共建校外实践基地。“影视创作实践基地”获评北京市示范性校内创新实践基地。《中国古典戏剧流变与形态论》入选“十二五”国家级规划教材。

2015 年，与英国盖德霍尔音乐戏剧学院开展表演专业双学位校际交流项目。

2017 年，“戏剧影视艺术教学与创作学科创新引智基地”被列入国家“111 计划”。成立偶剧系，下设表演（偶剧表演与设计）专业。戏剧管理系增设艺术管理（剧院管理）专业。2017 级话剧影视表演格鲁吉亚班本科班招生。与美国伯克利—波士顿音乐学院签署校际交换生项目合作协议。

2018 年，圆满完成本科教学工作审核评估。与北京保利剧院管理有限公司联合培养剧院管理专业人才；与伦敦艺术大学就舞台美术专业“3+2”校际交流项目开展合作；实施话剧影视表演“丝绸之路”人才培养项目。“话剧演员培养及演剧风格新探索”获评北京市教育教学成果奖一等奖。组织承办“2018—2022 年教育部高等学校戏剧与影视学类专业教学指导委员会成立仪式暨第一次工作会议”。

2019 年，舞台美术系增设戏剧影视导演（演艺声音设计）专业；戏剧教育专业备案获教育部批准，戏剧影视导演（戏剧教育）专业调整为戏剧教育专业。分别与北京歌舞剧院有限责任公司、北京演艺集团共建校外实践基地。成立京剧专业名家名师教学顾问委员会。表演专业、戏剧影视导演专业、戏剧影视文学专业获评国家级一流本科专业，表演专业评为北京市重点一流专业建设项目。

2020 年，戏剧影视美术设计专业、戏剧学专业获评国家级一流本科专业，播音与主持艺术专业获评北京市一流本科专业。“立体造型”“毕业创作（多幕剧排演）”“毛泽东思想和中国特色社会主义理论体系概论（实践）”获评首批国家级一流本科课程。召开学院研究生教育工作会议。

表 141　　中央戏剧学院学科设置一览表（2020 年）

学科门类	一级学科
艺术学	戏剧与影视学（1303）
	艺术学理论（1301）

说明：统计截至 2020 年 12 月。中央戏剧学院“戏剧与影视学”学科为国家确定的一流学科

表 142　　中央戏剧学院本科专业设置一览表（2020 年）

专业名称	专业方向名称	学制	系别	备注
表演（130301）	话剧影视表演	4 年	表演系	国家级一流本科专业北京市重点一流本科专业建设项目
	音乐剧表演	4 年	音乐剧系	
	京剧表演	4 年	京剧系	
	京剧音乐伴奏	4 年		
	歌剧表演	5 年	歌剧系	
	舞剧表演	5 年	舞剧系	
	偶剧表演与设计	4 年	偶剧系	
戏剧影视导演（130306）	戏剧导演	5 年	导演系	国家级一流本科专业
	演出制作	4 年	戏剧管理系	
	影视编导	5 年	电影电视系	
	影视制片	4 年		
	演艺声音设计	4 年	舞台美术系	
戏剧影视美术设计（130307）	舞台设计	5 年	舞台美术系	国家级一流本科专业
	舞台灯光	4 年		
	舞台服装	4 年		
	舞台化装	4 年		
	舞台造型体现	4 年		
	舞台技术	4 年		
	演艺影像设计	4 年		
戏剧影视文学（130304）	戏剧创作	5 年	戏剧文学系	国家级一流本科专业
	电视剧创作	4 年		
戏剧学（130302）	戏剧史论与批评	4 年		国家级一流本科专业
	戏剧策划与应用	4 年		
播音与主持艺术（130309）	广播电视节目主持	4 年	电影电视系	北京市一流本科专业
戏剧教育（130313T）	/	4 年	戏剧教育系	
艺术管理（130102T）	剧院管理	4 年	戏剧管理系	

三、学术科研及创作

1994 年，举办国际舞台美术讨论会。

1996 年，音乐剧班教学剧目《想变成人的猫》首次在北京公演获得成功，这是学院首次尝试营业性演出。

1997 年，举办余上沅研讨会及纪念曹禺逝世 1 周年活动。1998 年，举办 98 国际戏剧邀请展等学术交流活动。

1999 年，已故教授周贻白在文化部第一届文化艺术科学优秀成果奖颁奖大会上获特别奖。与中国文联、中国剧协联合召开纪念欧阳予倩诞辰 110 周年大会。

2000 年，举办纪念周贻白诞辰 100 周年座谈会暨《周贻白文集》首发式。

2002 年，举办第一届校友电影近作展。

2003 年，召开谭霈生戏剧理论研讨会。

2005 年，亚洲戏剧教育研究中心成立，总部设在中央戏剧学院。与教育部联合举办首次表演教学国际研讨会，来自 19 个国家学者 400 人参加会议。

2006 年，承办第一届亚洲戏剧教育研究国际论坛。先后举办两期“莎士比亚和当代舞台艺术大师系列报告及作品展”活动。启动东方戏剧研究中心、西方戏剧研究中心、音乐剧研

究中心以及影视艺术与传媒文化研究中心建设。

2007年，成立中国音乐剧协会教学专业委员会，总部设在中央戏剧学院，召开了首届音乐剧教学与创作研讨会。成立国际戏剧评论家协会（IATC）中国分会并在中央戏剧学院设立工作机构，主办“纪念中国话剧百年暨西方戏剧经典在亚洲舞台”亚洲戏剧论坛。举办中日戏剧交流50年展览。举办中国希腊文化年“阿提斯剧院在北京——文化交流”活动。

2008年，经第5届世界戏剧院校校长大会和第32届国际剧协世界大会投票获批成为世界戏剧院校联盟国际大学生戏剧节活动基地。中国戏剧家协会导演艺术委员会在学院成立，总部设在中央戏剧学院。成立数字电影实验室。

2009年，举办首届世界戏剧院校联盟国际大学生戏剧节。举办“戏剧构作在北京”、纪念欧阳予倩诞辰120周年等学术交流活动。

2010年，举办第五届亚洲戏剧教育研究国际论坛暨第一届亚洲戏剧院校大学生戏剧节。成立中国话剧艺术研究会表演艺术委员会，隶属于中国话剧艺术研究会（现更名为中国话剧协会），总部设在中央戏剧学院。与国际舞台美术组织教育委员会共同成立国际舞台美术专业学生作品交流中心，总部设在中央戏剧学院。

2011年，经教育部批准，成立由中国内地及港澳台23所大学组成的“中国高等戏剧教育联盟”，总部设在中央戏剧学院。创立学院奖（戏剧表演）。

2012年，成立中国戏剧文化管理协同创新中心，总部设在中央戏剧学院。召开中国高等戏剧教育联盟首届主席会议。举办国际舞台美术教育展。

2013年，举办国际剧院团管理大师班。举办谭霈生戏剧理论学术研讨会、全国话剧优秀剧目片断展演暨第三届学院奖（戏剧表演）颁奖等学术交流活动。

2014年，举办法国电影展、首届世界戏剧教育大会暨第三届亚洲戏剧院校大学生戏剧节。举办联合国教科文组织戏剧教育席位“第一届亚洲传统戏剧工作室”、第一届全国话剧台词艺术与台词教学工作会议等活动。演出契诃夫经典剧目《樱桃园》，表演系、导演系、音乐剧系的教师联合演出。

2015年，联合国教科文组织国际剧协和学院联合成立国际舞台美术联盟，总部设在学院。联合多所世界著名戏剧院校发起倡议，组成新的世界戏剧教育联盟，秘书处设在中央戏剧学院。召开第27届国际评论家协会（IATC）全体大会，中央戏剧学院戏剧文学系主任彭涛教授当选IATC执行委员。举办首届演艺家论坛活动。与波兰驻华大使馆联合举办纪念塔德乌什·康多尔（Tadeusz Kantor）诞辰百年国际研讨会，与国际戏剧协会（ITI）联合创办国际舞台美术联盟。舞台美术系教授刘杏林获第13届布拉格国际舞台美术展（PQ2015）最佳演出设计奖。

2016年，举办世界戏剧教育联盟校长大会，12所院校在大会上签署了《世界戏剧教育联盟宣言》。牵头成立中小学戏剧教育研究中心，总部设在中央戏剧学院，并举办第一届全国中小学戏剧教育研讨会。举办首届全国演出艺术管理学术研讨会。

2018年，成立“一带一路”国家电影教育国际联盟。音乐剧电影《家》在全球公映，斩获多项国内国际大奖。

2019年，举办欧阳予倩诞辰130周年系列活动。举办世界戏剧教育联盟2019国际大学生戏剧展演。第八届“国际戏剧学院奖（表演奖）”落户青岛，举办戏剧与影视学学科建设“新中国七十年”北京论坛等学术交流活动。

2020年，成立世界舞剧教育联盟。以视频会议的形式召开世界戏剧教育联盟第四届校长大会，举行中国舞台美术教育联盟成立仪式暨第一次会议。

四、交流合作

1995年，派出表演系青年教师，音响、灯光教师赴日本四季剧团进修。舞台美术系教师分批赴捷克参加在布拉格举行的国际舞台美术展览。

1999年，首次邀请印度戏剧家来院讲学。

2003年，首次举办教学交流演出。表演系2000级中国儿童艺术本科班先后在南京艺术学院、上海戏剧学院演出毕业实习剧目《小妇人》《足球俱乐部》。

2004 年，举办学生实习剧目巡回演出，《错中错》和《灵魂拒葬》两个剧目分别在上海戏剧学院和南京艺术学院上演。

2005 年，与中国广播电影电视节目交易中心 / 中国国际电视总公司签订合作协议。

2008 年，与中国国际电视总公司中国广播电影电视节目交易中心签署战略合作框架协议。与韩国中央大学签署校际交流协议。

2010 年，与法国国立高等戏剧学院签订校际合作协议。

2011 年，与台湾艺术大学签订校际合作协议。与保加利亚国立戏剧影视艺术学院签订校际合作协议。与格鲁吉亚绍塔·鲁斯塔维利国立戏剧电影大学签订合作协议。举办国际舞台美术专业学生作品交流活动。

2012 年，与中国歌剧舞剧院签订合作协议，与俄罗斯列宾国立绘画、雕塑与建筑艺术学院签订校际合作协议。与罗马尼亚加拉茨多瑙河大学签订合作协议。

2013 年，与中国国家话剧院演出中心签订合作协议。与江苏省演艺集团有限公司签订合作协议。

2014 年，与法国巴黎第八大学艺术学院签订校际合作协议，与韩国青云大学和韩国西京大学签订校际交流协议书。

2015 年，与加拿大康考迪亚大学签订校际合作协议。

2016 年，英国市政厅金融城音乐与戏剧学院签订校际合作协议。与美国芝加哥哥伦比亚学院签订校际合作协议。与波兰华沙泽尔维罗维奇国立戏剧艺术学院签订校际合作协议。与韩国艺术综合大学签订校际合作协议。与中国文化大学签订校际合作协议。与宏福集团签署合作协议，共建中戏创艺空间。

2017 年，与俄罗斯戏剧艺术学院（GITIS）、法国巴黎第八大学艺术学院签署校际合作协议。

2018 年，与英国伦敦艺术大学签订校际合作协议。香港演艺学院签订校际合作协议。与新加坡拉萨尔艺术学院签订校际合作协议。与以色列耶路撒冷音乐舞蹈学院签订校际合作协议。与义守大学签订校际合作协议。与北京保利剧院管理有限公司签署战略合作框架协议。与中教华影电影院线股份有限公司签署校园院线合作框架协议。

2019 年，与青岛市人民政府签订战略合作协议。先后与美国奥城大学、日本大学艺术学部、日本文化学园大学、塞尔维亚诺维萨德大学、西班牙艾丽西亚·阿隆索高等舞蹈学院、英国皇家威尔士音乐与戏剧学院签署校际合作协议。与北京歌舞剧院有限责任公司签署合作协议。与北京演艺集团签署战略合作协议。与北京亚盟文化演出有限公司签署战略合作协议。

2020 年，与首都博物馆签署战略合作协议。与国家京剧院签署战略合作共建协议。与景德镇陶瓷文化旅游发展有限责任公司签署战略合作协议。与中国数字文化集团有限公司签署战略合作协议。与英特尔（中国）有限公司签订谅解备忘录。与贵州省黔南州长顺县人民政府签署合作协议。与四川省乐山市人民政府签署合作协议。与北京满座文化发展有限公司签署合作协议。与维也纳音乐与艺术市立大学签订校际合作协议。

五、校园基本建设

1997 年，实验小剧场改建工程竣工。

1999 年，完成留学生楼加层工程和新建综合食堂工程。

2002 年，实验剧场改造工程、研究生公寓项目和多媒体教室建设项目竣工。

2004 年，确定在昌平区北七家选址 335 亩地，作为新校区建设用地。

2005 年，教育部复函《教育部关于中央戏剧学院建设昌平新校区立项的批复》，批准学院新校区在昌平区北七家兴建。启用北剧场。

2006 年，北京市人民政府办公厅就学院《关于中央戏剧学院选址建设有关情况的报告》批复，同意学院在昌平区北七家镇选址建设新校区。

2008 年，新校区正式破土动工。

2012 年，新校区昌平校区部分投入使用。一期完成并投入使用有表演导演教学楼、理论课教学楼、图书馆、学生宿舍楼、食堂等。

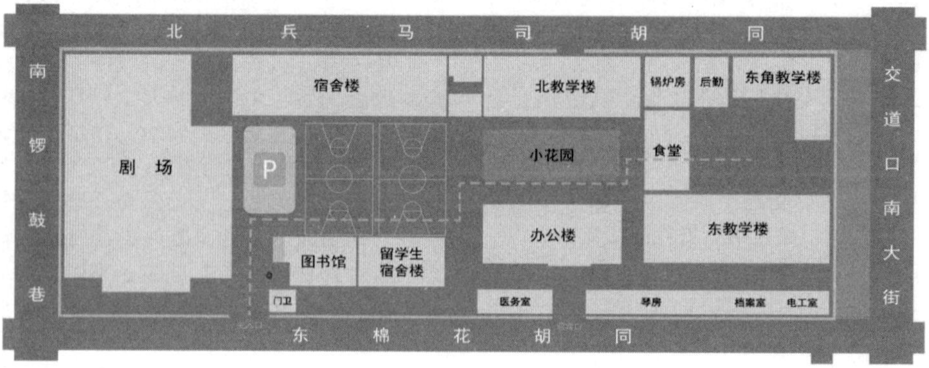

图 39　中央戏剧学院东城校区平面图

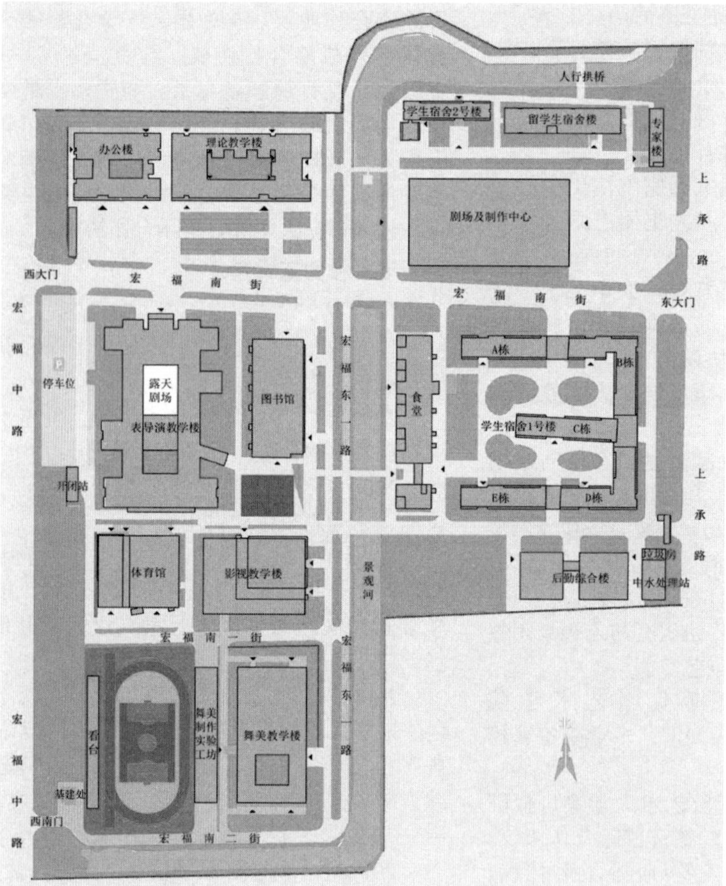

图 40　中央戏剧学院昌平校区平面图

2019 年，昌平校区基本建设完工。

2020 年，昌平校区影视教学楼开始使用，昌平校区舞美制作实验工坊开始动工。

六、校园文化

1992 年，学院受北京红十字会高校工作委员会委托，成功组织了首都高校“青春奉献红十字”大型文艺会演，并获得这次活动的“最佳组织奖”。

1995 年，举行“1995 全国戏剧、艺术院校表演教学研讨会暨表演教学小品比赛”，此次活动由文化部教育司主办，戏剧学院承办。举办第一届中央戏剧学院“五四”青年节戏剧小品赛。

2000 年，举办建院 50 周年庆祝大会，师生及历届校友 1500 余人参加庆典活动。

2006 年，承办市教委第一届北京大学生戏剧节。

2008 年，学院近 150 名师生参与北京奥运会、残奥会志愿服务工作。在上海举办的首届中国校园戏剧节中，学院获得“优秀组织奖”，表演系 2005 级 1 班教学实习剧目《被缚的普罗米修斯》获优秀剧目奖第一名。

2010 年，在第二届中国校园戏剧节上，学院选送的百老汇经典音乐剧《名扬四海》以最高票数获得戏剧节最高奖“中国戏剧奖·校园戏剧奖”。成立四川江安“国立剧专江安史料陈列馆”爱国主义教育基地。

2012 年，学院 2009 级音乐剧班赴南京首次参加由教育部、财政部主办的“高雅艺术进校园”演出活动，演出音乐剧片断《家》和话剧片断《理查德三世》。

2019 年，为庆祝中华人民共和国成立 70 周年，学院举办了一系列宣教活动。由 240 名师生参与组成“中华文化”方阵，圆满完成庆祝中华人民共和国成立 70 周年群众游行任务。

2020 年，疫情期间，学院师生通过创作戏剧、广播剧、舞蹈等形式，表达对武汉抗疫一线医生护士的声援和支持。设立“中央戏剧学院学生特殊困难补助（新冠肺炎专项）”。获评 2018—2020 年度“首都文明校园”称号。

七、2020 年学校基本情况

2020 年，中央戏剧学院校园面积 18.78 万平方米，图书馆建筑面积 1.05 万平方米。全年教育经费总投入 39692.18 万元。

设有 2 个校区，设置 16 个院（系、部）。开设 8 个本科专业。“双一流”建设学科 1 个，国家级一流本科专业建设点 5 个。国家重点实验室 1 个，北京重点实验室 1 个。教职工 535 人，其中，专任教师 287 人；正高级 73 人、副高级 98 人；博士生导师 35 人、硕士生导师 57 人。外籍教师 5 人，其中，教授 1 人。在校生 3088 人，其中，研究生 490 人（博士生 110 人、硕士生 380 人）、普通本专科生 2598 人（本科生 2598 人、专科生 0 人）。留学生毕业 3 人、招生 29 人、在校生 88 人。网址：www.chntheatre.edu.cn。

附表：

表 143　中共中央戏剧学院委员会历任书记一览表（1991—2020 年）

书记	任职时间	书记	任职时间
王永德	1991—1999 年	刘立滨	2010 年 5 月—2017 年
刘国富	1999 年 5 月—2010 年	徐　翔	2017 年 9 月—

表 144　中央戏剧学院历任院长一览表（1991—2020 年）

院长	任职时间	院长	任职时间
徐晓钟	1991 年—1999 年 4 月	徐　翔	2003 年 5 月—2018 年 11 月
王永德	1999 年 4 月—2003 年 5 月	郝　戎	2018 年 11 月—

（执笔人：解　眉）

中央民族大学

中央民族大学（英文名称：Minzu University of China），坐落于北京高校林立的海淀区中关村南大街，是党和国家为解决中国民族问题、培养少数民族干部和高级专门人才而创建的一所具有鲜明特色的高等学校。

党和国家历届领导集体始终非常关心和重视中央民族大学的建设和发展。毛泽东、邓小平等老一辈党和国家领导人先后17次接见学校师生代表。2009年，习近平在视察学校工作时指出："中央民族大学在我国高等教育体系和民族团结进步事业中具有重要地位，为国家的民族团结进步事业，为民族地区经济社会文化建设做出了重要贡献。"经过70年的发展建设和几代人的不懈努力，学校已经成为践行政治立校的重要高地、铸牢中华民族共同体意识的重要阵地、培养各民族优秀人才的重要基地、民族理论政策研究的重要基地、传承和弘扬中华民族优秀文化的重要基地。1991—2020年，学校在科学研究、学科建设、师资队伍和校园基本建设改善等方面，不断取得突破进展，朝着高水平研究型的发展目标迈进。

一、学校沿革

学校前身是1941年9月在延安建立的民族学院，有着优良传统和历史。中华人民共和国成立后，经中央政府批准，1951年在北京成立了中央民族学院，乌兰夫任首任院长；1993年11月，更名为中央民族大学；1999年、2004年学校先后入选国家"211工程""985工程"；2002年，国家民委、教育部、北京市人民政府签署了《关于重点共建中央民族大学的协议》，加快了学校改革和发展的步伐；2017年顺利进入"双一流"建设A类高校行列。

建校后，学校的发展大体经历了五个阶段：

第一阶段：1950年6月至1951年底，为初创阶段。当时学校的校址暂设在城内国子监，有教职工280多人，军政干部班、藏语文班两个训练班的学员260多人。

第二阶段：1952年至1966年5月，学校开始正规化办学并逐步发展成为一所文科高等学校。1952年国家进行院、系调整时，把已建设数十年的清华大学社会学系、北京大学东语系的部分专业和北京大学的前身燕京大学的社会学系，调整到中央民族学院，中央民族学院由此形成了高起点的学科和专业优势，并云集了一批大师级的著名社会学家、民族学家、语言学家、人类学家。他们当中有新中国成立之前著名的"南杨（杨成志）北吴（吴文藻）"，还有潘光旦、费孝通、傅乐焕、杨堃、翁独健、林耀华、冯家昇、于道泉、吴泽霖、马学良、王锺翰、张锡彤等国内外著名专家。校址也从国子监迁到了西郊白石桥附近。之后陆续建立了民语系、历史系、政治系、艺术系、汉语系、研究部、预科部等教学科研单位。中央民委参事室也并到中央民族学院。

第三阶段：1966年6月至1978年8月，"文革"严重影响了学校的发展。

第四阶段：1978年9月至1993年10月，学校发展成为以文科专业为主体、以民族学科为特色，文、理、工、艺、管等专业兼备的综合性大学，1978年2月被确定为国家重点大学。此后，学校陆续建立了物理、应用数学、生化、计算机科学技术等理工系科，从文科高等学校发展成为一所综合性大学。

第五阶段：1993 年 11 月至 2017 年，学校朝着高水平研究型的发展目标迈进。经国家教委批准，1993 年 11 月 30 日，中央民族学院更名为中央民族大学，时任国家主席的江泽民为学校题写了新校名。1999 年确定为“211 工程”重点建设大学，2001 年 6 月学校 50 周年校庆之际，时任国务院总理朱镕基到校视察，并代表中央政府提出了“把中央民族大学建成世界一流民族大学”的奋斗目标。2002 年 6 月，国家民委、教育部、北京市人民政府签署了《关于重点共建中央民族大学的协议》，将学校的发展又推上一个新的台阶。2004 年成为“985 工程”重点建设大学。

第六阶段：2017 年起，学校进入“世界一流大学和一流学科”建设 A 类高校行列。学校把服务国家战略和民族团结进步事业作为办学宗旨，把学科建设作为发展根基，把深化改革作为强大动力，把深入推进“质量立校、人才强校、特色兴校、管理强校、开放办校”五大战略作为关键路径，把加强党的建设作为坚强保证，不忘初心、牢记使命，坚定不移扎根中国大地建设特色鲜明的世界一流大学，为实现第二个百年奋斗目标、实现中华民族伟大复兴的中国梦、推动构建人类命运共同体做出新的更大的贡献。

二、院系建设

1991 年，学校共设立 17 个院系，包括汉语言文学系、民语一系、民语二系、民语三系、历史系、民族学系、哲学系、外国语系、音乐舞蹈系、经济系、数学系、物理系、生物化学系、法律系、美术系、干训部、预科部。

1992 年，新增计算机系和音乐舞蹈系；撤销计算机系和 1986 年成立的数学系建制合并成立计算机与信息工程系（该系 1993 年更名为计算机与应用数学系）。

1993 年，新增藏语言文学系；汉语言文学系更名为中国汉语言文学系（简称中文系）；音乐舞蹈系分为音乐系和舞蹈系。

1995 年，取消少数民族语言文学三系；成立朝鲜语言文学系、语言学系、文学系、中国少数民族语言文学学院（该院设蒙朝语言文学一系、二系、维哈柯语言文化系、文学系、语言学系）。

1999 年，新增机电系、化学工程系。蒙朝一系、蒙朝二系、维语系分别改名为蒙文系、朝鲜语言文学系、维哈柯语系语言学系；数学系改名为应用数学与软件系。

2000 年，新组建 9 个二级学院：①经济学院，由原经济系、少数民族经济研究所组成；②法学院，由原法律系马列部的科学社会主义教研室组成，下设法律系、政治与行政管理系（筹）；③中国少数民族语言文学学院，由原蒙朝语言文学一系、蒙朝语言文学二系、维哈柯语言文化系、文学系、语言学系、语言文化研究所、少数民族古籍研究所组成，下设少数民族语言文学系、蒙古语言文学系、维哈柯语言文学系、朝鲜语言文学系、少数民族语言文化研究所、少数民族古籍研究所；④艺术学院，由原音乐系、舞蹈系、美术系、文学艺术研究所的部分研究室、公共艺术教研室组成，下设音乐系、舞蹈系、美术系、少数民族艺术研究所、公共艺术教研室；⑤民族学与社会学学院，由原民族学系、民族理论与民族政策教科部、岩画研究中心组成，下设民族学系、社会学系(筹)等；⑥藏学研究院，在原藏学系、藏学研究所的基础上成立，下设藏语言文学系；⑦理工学院，由原数学系、物理系、生物化学系、计算机系组成，下设信息与计算科学系、物理与电子工程系、生物化学系、计算机科学与技术系；⑧成人教育学院，由原干部培训中心、夜大函授部、成教处组成；⑨国际语言文化学院。同时独立设置 12 个教学科研单位：中文系、哲学系（宗教学系）历史系、外国语系、教育系（新建）、体育系（新建）、新闻系（筹）、马列教科部、现代教育技术部、预科部、中国少数民族研究中心、中央民族大学艺术演出团（新建）；撤销原少数民族语言文学学院、民族学研究院、管理干部学院及其下属各机构，原教务处民族教育研究所并入教育系，原马列部的科学社会主义教研室并入法学院，原教务处公共艺术教研室并入艺术学院，原宣传部德育教研室并入马列教科部。

2002 年，外语系更名外国语学院，生物与化学系更名生命与环境科学学院。

2004年，国际语言文化学院更名为国际教育学院；在马列教科部、民族理论与民族政策教科部的基础上，成立马列主义学院（中国民族理论与民族政策研究院）；在信息与计算科学系和计算机科学与技术系的基础上成立数学与计算机科学学院；在物理与电子工程系的基础上，成立物理与电子工程学院。撤销理工学院建制；成立经济学院（少数民族研究所），撤销原经济系和少数民族经济研究所。

2007年，在原数学与计算机科学学院的信息与计算科学专业、统计学专业和原物理与电子工程学院的应用物理专业、光信息科学与技术专业基础上成立理学院；在原数学与计算机科学学院的计算机科学与技术专业、自动化专业和原物理与电子工程学院的电子信息工程专业、通信工程专业基础上成立信息工程学院。

2008年，哲学与宗教学系、历史系、体育系、预科部更名为哲学与宗教学学院、历史文化学院、体育学院和预科教育学院；成立中国少数民族传统医学研究院（该院2017年更名为药学院）。

2011年，马列主义学院（中国民族理论与民族政策研究院）更名为马克思主义学院（中国民族理论与民族政策研究院）。2015年，马克思主义学院、中国民族理论与民族政策研究院独立设置。

2019年，成立中国少数民族语言文学学院，取消其原所属少数民族语言文学系、蒙古语言文学系、朝鲜语言文学系、维吾尔语言文学系、哈萨克语言文学系五个处级机构；藏学研究院藏语言文学专业调整入中国少数民族语言文学学院；在原有少数民族语言文学等各学科的基础上成立南方少数民族语言文学系、蒙古语言文学系、朝鲜语言文学系、维吾尔语言文学系、哈萨克语言文学系和藏语言文学系六个教学系；保留中国民族语文应用研究院非独立科研平台；在原文学与新闻传播学院汉语言文学专业的基础上成立文学院实体机构，在原文学与新闻传播学院新闻传播类专业基础上成立新闻与传播学院；由中国少数民族语言文学学院、文学院、国际教育学院和中国少数民族语言研究院（独立科研平台）组成中国语言文学学部。至此，学校设有1个学部、23个学院。

表145　　中央民族大学学院设置一览表（2020年）

序号	学院名称	序号	学院名称
1	民族学与社会学学院	13	药学院
2	中国少数民族语言文学学院	14	理学院
3	文学院	15	信息工程学院
4	历史文化学院	16	音乐学院
5	哲学与宗教学学院	17	舞蹈学院
6	新闻与传播学院	18	美术学院
7	外国语学院	19	体育学院
8	马克思主义学院	20	教育学院
9	经济学院	21	国际教育学院
10	管理学院	22	预科教学学院
11	法学院	23	继续教育学院
12	生命与环境科学学院		

三、学科建设

学校的学科建设，萌芽于抗日烽火中创办的延安民族学院关于民族问题和民族政策的研究，奠基于20世纪50年代全国高等院校院系调整时40多位专家学者加入学校夯实了人才支撑，体系形成于改革开放后研究生教育走上规范化之路，快速发展于“211工程”“985工程”战略机遇期，渐趋成熟于“双一流”建设的新时代。

“九五”末，学校经过教学科研机构调整、重组与改革，设置9个二级学院、19个系、4个教学部，其中包括设置41个本科专业，24个硕士学位授权点，9个博士学位授权点，博士学位授予权一级学科1个，2个博士后流动站，2个文科基础学科人才培养和科学研究基地，4个部委级重点学科、1个国家级重点学科，中国少数民族研究中心为全国普通高校人文社会科学重点科研基地。

“十五”期间，学校学科专业不断增加和调整，体系不断改造与更新，在设置专业的数量和内在结构上均发生了极大变化。共新增专业27个，其中社会科学和理工类专业新增16个，文学类专业新增7个，包括朝鲜语、汉语国际教育、日语、朝鲜语、广告学、艺术教育、古典文献学，艺术学专业新增5个。学校根据办学服务面向的相关领域需求，做出了进一步调整学科专业结构和人才培养格局的系列改革，使学科与专业结构向综合性方向发展。“十五”末期，学校办学规模迅速扩大。全日制在校生人数由“九五”末期的4930人增加到13221人。其中，研究生由400人增加到1697人，增长了3.2倍；本科生由3530人增加到10766人，增长了2倍。

1993—2017年，学校学科专业经过不断调整与扩建，得到长足发展。学校制定了《中央民族大学教育事业十五计划纲要和2015年发展目标》，形成了8个学院和1个研究生院、18个系、4个教学部、52个研究所和一大研究中心的教学与科研体系。同时，学校研究生教育也取得突破，获得了宗教学、马克思主义民族理论与政策、中国少数民族艺术、中国少数民族史4个博士点和9个硕士学位授权点，首次突破了学校没有理工科硕士点的状况。至2000年，学校获批民族学一级学科博士学位授予点，宗教学、马克思主义民族理论与政策、少数民族艺术、中国少数民族史4个二级学科博士点，社会学、民俗学、经济法学、新闻学、生态学、基础数学、中国哲学、教育学原理、中国少数民族史9个硕士点，理科实现了零的突破，形成以研究中国民族相关领域为特色，布点均匀，文理兼有的学科建设特色。在此过程中，学校的学科专业稳步扩展调整，为综合性大学建设奠定了基础。

2017—2020年，学校成功进入首批36所“双一流”建设A类高校行列，民族学学科顺利进入“双一流”建设学科名单。民族学、社会学、中国少数民族语言文学等12个专业获批首批国家级一流本科专业建设点，文物与博物馆学等4个专业获批北京市一流本科专业建设点。民族学专业获批北京高校重点建设一流专业。结合一流专业建设，学校推进一流课程建设体系。

2020学年，学校开设覆盖11个学科门类的67个本科专业、27个一级学科硕士学位授权点、6个一级学科博士学位授权点、5个博士后科研流动站，国家级重点学科3个、省部级重点学科26个、省部级交叉重点学科4个，其中城市民族学、民族艺术学、质谱成像与代谢组学为北京高校高精尖学科，国家级一流本科专业建设点22个，北京市一流本科专业建设点7个，北京市重点建设一流专业1个，1个四部委共建铸牢中华民族共同体意识研究基地，2个国家文科基础学科人才培养和科学研究基地，1个教育部人文社会科学重点研究基地，近40个教育部重点实验室、北京市工程技术研究中心等省部级设立或委托建设的科研平台，1个国家级实验教学示范中心，5个北京市实验教学示范中心。

表146　中央民族大学一级学科设置一览表（2020年）

序号	学科门类	一级学科	序号	学科门类	一级学科
1	哲学	哲学	10	文学	外国语言文学
2	经济学	理论经济学	11		新闻传播学
3		应用经济学	12	历史学	考古学
4	法学	法学	13		中国史
5		社会学	14		世界史
6		民族学	15	理学	数学
7		马克思主义理论	16		生物学
8	教育学	教育学	17		生态学
9	文学	中国语言文学	18		统计学

续表 146

序号	学科门类	一级学科	序号	学科门类	一级学科
19	工学	光学工程	24	管理学	工商管理
20		计算机科学与技术	25		公共管理
21		环境科学与工程	26	艺术学	音乐与舞蹈学
22		软件工程	27		美术学
23	药学	中药学			

表 147　　中央民族大学本科专业设置一览表（2020 年）

序号	专业名称	序号	专业名称	序号	专业名称
1	哲学	24	广告学	47	中药学
2	宗教学	25	历史学	48	工商管理
3	经济学	26	文物与博物馆学	49	市场营销
4	财政学	27	信息与计算科学	50	会计学
5	金融学	28	应用物理学	51	财务管理
6	国际经济与贸易	29	化学	52	人力资源管理
7	数字经济	30	生物科学	53	公共事业管理
8	法学	31	生物技术	54	行政管理
9	政治学与行政学	32	生态学	55	旅游管理
10	社会学	33	统计学	56	音乐表演
11	社会工作	34	应用统计学	57	音乐学
12	民族学	35	纳米材料与技术	58	作曲与作曲技术理论
13	教育学	36	电子信息工程	59	舞蹈表演
14	体育教育	37	通信工程	60	舞蹈学
15	汉语言文学	38	光电信息科学与工程	61	舞蹈编导
16	汉语国际教育	39	自动化	62	美术学
17	中国少数民族语言文学	40	计算机科学与技术	63	绘画
18	英语	41	软件工程	64	中国画
19	俄语	42	物联网工程	65	视觉传达设计
20	日语	43	数据科学与大数据技术	66	环境设计
21	朝鲜语	44	制药工程	67	服装与服饰设计
22	翻译	45	环境工程		
23	新闻学	46	环境科学		

四、科学研究

30 年来，学校逐步优化科学研究机构设置，科学研究硕果累累。

“七五”至“九五”期间，学校的社会科学研究成果在北京市哲学社会科学评奖中处于前列。其中，费孝通主编的《中华民族多元一体格局》获北京市第二届哲学社会科学优秀成果特等奖。王锺翰主编的《中国民族史》获得国家社科基金项目优秀成果一等奖。《民族学通论》教材获得北京市第二届哲学社会科学优秀成果一等奖、全国高校首届人文社会科学优秀成果一等奖和第十一届中国图书奖。

“九五”规划后，学校设有 29 个科研单位（含二级学院、系、教学部）和 52 个研究所。“九五”期间承担各类科研项目 62 项，其中国家级项目 4 项，部委级项目 58 项，合作项目 13 项。获部委及以上奖励 12 项，出版学术专著 565 部，发表论文 2103 篇，参加国内外学术会议 22 次。年均科研经费达到 80.6 万元。《中央民族大学学报·哲学社会科学版》《中央民族大学学报·自然科学版》《民族教育研究》对国内外公开发行。中央民族大学出版社是国家民委所属 6 所高校中唯一的出版社。

“十五”以来，学校共承担省部级以上科研项目 252 项，社会横向课题 138 项。科研经费投入 1.41 亿元。出版学术专著 1067 部，发表学术论文 4866 篇。建成教育部人文社会科学重点研究基地 1 个。

“十一五”期间学校承担国家级科研项目 114 项、省部级项目 296 项、社会横向课题 260 项，出版学术专著 1608 部，获得省部级以上科研成果奖 111 项。

“十二五”期间，承担国家级科研项目 217 项，其中国家哲学社会科学基金重大项目 10 项，较“十一五”期间增长 233.33%；教育部哲学社会科学研究重大课题攻关项目 1 项；首次获得国家自然科学基金重点项目 2 项。省部级科研项目 355 项，较“十一五”增长 21.26%。3 篇研究成果在国际顶尖杂志 *Science* 上发表，实现了零的突破；4 部著作入选国家哲学社会科学成果文库。获得省部级以上科研成果奖 102 项。成立了少数民族事业发展协同创新中心、民族理论与民族政策研究院、生物成像与系统生物学研究中心、世界民族学人类学研究中心 4 个校级科研平台；新增 6 个省部级重点研究基地。

“十三五”期间，科研创新能力不断增强，高水平科研成果数量大幅提升，承担国家级科研项目能力显著提升，民族问题研究的智库作用更加凸显，新增中央统战部、中央宣传部、教育部、国家民委“铸牢中华民族共同体意识研究基地”、北京市习近平新时代中国特色社会主义思想研究中心中央民族大学基地等国家级、省部级科研平台 18 个，获省部级以上科研成果奖 85 项，承担国家级科研项目 403 项，较“十二五”期间增长了 86%，获国家领导人批示或被政府采纳的调研报告 96 篇，其中 13 篇获中央政治局常委批示。多名学者在联合国人权理事会等国际舞台发出中国声音。

五、师资队伍建设

30 年以来，学校师资队伍建设获得明显改善，结构更趋合理，梯队逐渐形成。学校制定完善各类岗位聘用制度，充分调动教职工工作积极性，推动学校人才队伍建设。

“九五”期间，学校在编教职工 1462 人，在编教师 712 人，专职教师 634 人。在编教师中正高职称 93 人，副高职称 311 人，分别占在编教师的 13.1% 和 43.7%，分别占专职教师的 14.7% 和 49.1%。在编教师中博士 51 人，占 7.4%；硕士 176 人，占 25%。硕士学历以上教师占在编教师总数的 33.4%。经过管理机构改革和人员竞聘上岗，机关处级单位减少 46.4%，科级机构减少 31%；机关处级干部减少 28.4%，科级干部减少 20%，机关干部中中级职称以上人员占 69%。教学科研单位处级干部减少 10.9%，科级干部减少 15.3%，正科以上干部全部为本科及以上学历或高级职称。

“十五”以来，专任教师人数由 726 人增加到 1003 人，增长了 38.2%，其中具有博士学位 325 人，硕士学位 308 人，占专任教师总数的 63.1%。高层次人才中有长江学者讲座教授 1 人，双聘院士 2 人，国家级教学名师 2 人，北京市教学名师 6 人，“新世纪百千万人才工程”国家级人选 4 人，教育部“世纪优秀人才支持计划”人选 13 人，学校特聘教授 2 人，学科带头人、学术带头人和教学带头人 82 人。依托“211 工程”建设，学科建设单位的职称结构也发生变化。如重点学科民族学的教授、副教授、讲师的比例为 14:8:12，中国民族史学科的教授、副教授、讲师的比例为 6：11：8。

“十二五”建设末期，专任教师中具有高级专业技术职务、博士学位和海外留学经历教师分别占 57.58%、61.39% 和 34%，较“十一五”末分别提高 1.75%、18.86% 和 11.72%。培育国家特殊人才支持计划(万人计划)教学名师 1 人、“长江学者奖励计划”青年学者 1 人、全国新闻出版行业第四批领军人才 1 人；国家民委领军人才 8 人；“百千万人才工程”国家级人选从 9 人增加到 10 人，北京市教学名师从 10 人增加到 15 人，“国家民委突出贡献专家”从 9 人增加到 11 人，“新世纪优秀人才支持计划”入选者从 30 人增加到 60 人；获批国家级优秀教学团队 1 个、国家民委创新团队 1 个、北京市优秀教学团队 7 个。引进高层次人才 10 人，其中“千人计划”特聘专家 1 人、“长江学者奖励计划”特聘教授 1 人、中宣部“四个一批”人才 1 人、“百千万人才工程”国家级人选 2 人。

“十三五”期间，师资队伍水平持续提高，师德师风建设显著加强，人才引育机制不断完善，形成以领军人才、杰出人才、优秀人才、优秀青年人才为骨干结构合理的高水平师资队伍。实施教师分类管理，按教学科研型、教学型和科研教学型设置专任教师岗位。入选中宣部“四个一批”“北京市教学名师”等省部级人才131人次，获评国务院“全国民族团结进步模范集体”1个、教育部“全国高校黄大年式教师团队”1个、北京高校优秀本科育人团队1个、国家民委创新团队6个。荣获“全国模范教师”1人，获颁“蒙古国科学院外籍院士”“中土友谊杰出贡献奖”等荣誉4人。

学校跻身“985工程”、“211工程”及“双一流建设”以来，学校的师资队伍建设不断发展，年龄、职称、学位结构等更加优化。

六、人才培养

作为中国共产党创办的第一所民族高等院校，学校在办学实践中始终遵循党的民族政策，积极探索民族高等教育的规律，摸索出一套别具特色的民族教育办学方针，并在组织架构、学制设置、教学内容与教学方法等方面，构建了民族院校的人才培养体系。

20世纪90年代以来，学校通过持续深化教学改革，人才培养质量得到进一步提升。到1999年，学校形成了8个学院、1个研究生院、18个系、4个教学部的教育教学体系，在校生人数达到了3910人。90年代后期，学校优化调整学科专业，保护并向高层次发展对国家长远利益所需的长线专业，以市场为导向，着重发展应用型的热门专业。此阶段是学校开办正规高等教育的起步和快速发展阶段，每年招收本专科、硕博士逐年增加，从不到1000人增加到6000人，这些人中不乏杰出校友和优秀毕业生。同时也诞生了许多少数民族的第一位大学生、第一位硕士、第一位博士、第一位副教授、第一位教授，钟进文是裕固族第一位博士，巴莫阿依是第一位彝族硕士研究生、第一位博士研究生，刘晓春是鄂伦春族第一位博士。也培养出了一批活跃在新时代民族问题和理论研究的优秀学者及一批优秀的艺术家。另外，此阶段培养的优秀毕业生中涌现了一批优秀的企业家和优秀干部。

从1999年起，学校人才培养从80年代的规模扩张向90年代的质量提升和内涵发展转变。研究生教育也得到了较大发展，从1982年到1999年，先后授予882人硕士学位、65人博士学位，其中少数民族占学位授予人数的比例分别为78.5%、49.2%，涵盖35个少数民族。已使鄂伦春族、裕固族、独龙族、普米族、鄂温克族、仫佬族、达斡尔族、锡伯族人口较少的少数民族拥有了自己本民族的博士或硕士研究生。此外，这几年中，港澳台都有了首位博士学位获得者。

“十五”末期，全日制在校生人数由“九五”末期的4930人增加到13221人。其中，研究生由400人增加到1697人，增长了3.2倍；本科生由3530人增加到10766人，增长了2倍。“十五”末期，在校生达7349人，其中博士生110人，硕士生339人，本科生3549人，专科生77人，预科生266人，中专生374人，函授生1665人，夜大学生321人，全日制成人脱产班435人，全国留学生213人。“十一五”末期，学校人才培养能力和质量持续提升，全日制在校生人数由“十五”末期的1322人增加到17172人，其中研究生人数由“十五”末期的1697人增加到4400人。学校教学水平和学生的综合素质、创新能力不断提高。学校获得国家及北京市各类教学成果奖75项，学生在国际、国家和北京市的各类比赛中获奖1100多项。“十二五”时期，累计5年共向社会输送本科毕业生13705人，授予硕士学位6034人，授予博士学位1018人，博士后出站47人，较“十一五”分别增长2.72%、97.51%、46.26%、113.64%。本科生获得省部级以上奖励1090项。

21世纪之初的十年，是学校办学跨越式发展的十年。学校进一步明确办学定位，在本科教育、研究生教育、成人教育等各层次的办学规模不断扩大，以本科培养为中心的人才培养质量持续强化，学校办学条件不断改善，新校区规划建设即将起步。全日制在校生人数由“十五时期”的4930人增加到2017年的13649人。其中本科生由3530人增加到11087人，增长了2.1倍，研究生由400人增加到2022人，增长了4.1倍。

“十三五”期间，人才培养质量稳步提升。学校以铸牢中华民族共同体意识为主线，形成了交叉学科和基础学科的研究型人才、服务国家“一带一路”建设的复合型人才、服务民族地区经济社会发展的应用型人才、传承创新中华文化的优秀艺术人才等四类人才培养新模式，生源质量持续提升，就业质量逐年提高，创新创业和学科竞赛成绩连续在“双一流”高校中位居前列，21 项教学成果获北京市、国家民委优秀成果奖，23 门课程获批省部级以上一流课程，1 名学生荣获“全国民族团结进步模范”荣誉称号，1 名学生荣获“北京市优秀共产党员”荣誉称号。

学校也在探索开展成人教育、留学生教育和预科教育协调发展。在成人教育方面，20 世纪 90 年代形成学历教育为主，集函授、夜大自学考试和继续教育为一体的多层次、多形式、多功能教育体系，有经济管理等 24 个专业，各地建设有函授站。除对外汉语中心招收语言培训生外，民社院、历史系等先后招收本、硕、博留学生。预科教育由中专层次转变为高中后教育，对象是考上大学，特别是重点大学的学生，补充汉语言和理科知识，为少数民族培养高层次科技人才。

2020 年，学校面向全国 31 个省、自治区、直辖市和港澳台地区招生，本预科生中，少数民族学生比例将近 50%。学校是“中国政府奖学金”、“国际中文教师奖学金”和“北京市外国留学生奖学金”留学生接收学校，有来自 50 多个国家的近 500 名留学生在校学习。建校以来，学校为国家输送了 20 万余名各民族毕业生。其中有知名专家学者近千名，少数民族省部级领导干部近百名，地厅级领导干部近千名，县处级领导干部万余名，他们在不同的岗位上为国家的民族团结与发展事业做出了突出的贡献。中央民族大学已成为培养少数民族杰出人才和民族团结表率的摇篮。

七、校园基本建设

建校 60 多年来，学校海淀校区占地面积一直维持在 364 亩的规模。经过几代民大人的努力，最终确立了北京海淀、北京丰台和海南陵水“一校三址”的格局。丰台校区和海南校区的规划建设，为学校发展带来了新的希望。

1991 年，有数理实验楼、图书馆、学生宿舍楼、教工宿舍楼、附中、附小、托儿所等校舍总面积 62086 平方米。对照 1992 年颁布的《普通高等学校基本办学条件指标（试行）》高校生均用地 54 平方米、生均建筑面积 24.23 平方米的规定，学校生均用地为 15 平方米，不到标准的 1/3；生均建筑面积为 18 平方米，缺口近 6 平方米。

“九五”建设末期，学校占地面积 3357098 平方米，绿地面积 128217 平方米。校舍总建筑面积 278098 平方米。教学及教学辅助用房面积 130265 平方米，其中教室面积 51224 平方米，实验室面积 2938 平方米，图书馆面积 4886 平方米，学生宿舍及学生生活用房面积 49160 平方米。固定资产总值 14421.79 万元，教学科研仪器设备总值 1951.92 万元，教学仪器设备台套数 5001 件，教学用计算机台数 498 台；图书 110 万册，室内运动场地面积 2837 平方米。

“十五”期间学校基本建设支出 61084 万元。通过“十五”建设，总建筑面积 280817 平方米，其中：教学用房建筑面积 91579 平方米，教学行政用房建筑面积 22134 平方米，生活用房建筑面积 137925 平方米，生活福利及附属用房建筑面积 26132 平方米；学校固定资产总值 34977 万元，教学科研仪器设备总值 5236.2 万元；图书 140 万册；多媒体和语音教室座位 4280 个，学生用计算机 1100 台。

“十一五”期间，学校校舍建筑面积增加到 58.3 万平方米，资产总额增加到 19.9 亿元，办学经费增加到 7.4 亿元。教学科研仪器设备实现了生均 9160 元，建成了高水平的数字化校园系统。

“十二五”期间，学校办学条件进一步改善。投资 12 多亿元，完成丰台校区征地拆迁等土地一级开发、校区整体规划设计和教职工公租房前期报批手续等工作，开工建设基础设施一期工程。投入专项经费 3.54 亿元，完成了老校区基础设施、实验室及其他专项工程建设，较“十一五”增长 107.02%。图书馆建设取得重大进展，投资 3200 余万元购置电子文献数据库 56 个和纸质图书、期刊 16 万余册，投资较“十一五”增长 100%；阅览室空间进一步扩大，自助借还设备、自助文印和自助选座系统投入使用。

“十三五”期间，海淀校区办学条件不

图 41　中央民族大学校本部（海淀校区）平面图

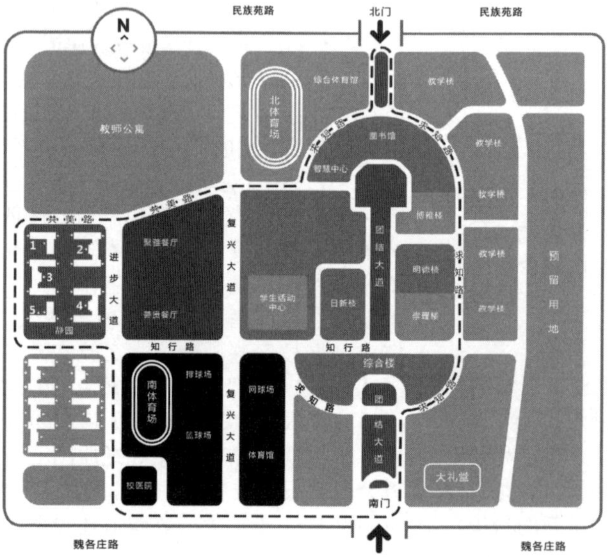

图 42　中央民族大学丰台校区平面图

断优化，实施网上办公系统，实现无线网络全覆盖。丰台校区建设得到全面推进，第一、二组团已进入验收，第三组团正在抓紧建设。海南校区也在积极推进建设。对附中、幼儿园也加大了支持力度。

学校跻身“985工程”“211工程”以来，办学条件进一步改善，新建成图书馆15000平方米，实验室、教学仪器设备等方面条件也有所改善。在信息化建设方面，2000年底学校建成7个计算机房，建立圆玄计算机教学中心、少数民族文字信息处理实验室、多媒体网络应用研究实验室、CAD研究实验室、计算机实习基地等，初步实现校园联网，并与清华大学联网。但是，随着学生人数和办学规模的扩大，办学条件和办学规模的矛盾也逐渐凸显。实施“211工程”和“985工程”建设以后，校园建筑面积由31.4万平方本增加到55.7万平方米，固定前产值由5.4亿元增加到13.7亿元，校园道路和地下管网进行了彻底改造维修，扩建体育运动场地4万平方米，完成校园绿化面积5.3万平方米，新建和改扩建27类204个实验室，建成教学实习基地192个。教学科研仪器设备总值由5439万元增加到1.27亿元。图书馆藏书由145万册增加到166万册，新增电子图书48万册。特别是在国家民委和北京市关怀支持下，获批西南六环新校区建设用地1210亩。学校丰台校区于2017年9月22日起开工建设，一组团（教学科研楼）总建筑面积23800平方米，二组团（新校区图书馆、计算中心和公共教学楼群）总建筑面积145631平方米，三组团（第三教学楼群组团）建筑面积94845平方米。2020年制定完成了《丰台校区和海淀校区功能划分方案》。计划2020年首批5000名学生入住，因疫情影响，延至2021年9月入住。

八、2020年基本情况

2020年，中央民族大学校园（海淀校区）占地面积38万平方米，图书馆建筑面积2.45万平方米。全年教育经费总投入13.64亿元。设有3个校区（丰台校区于2021年9月正式启用；正在推进建设海南校区）。设置1个学部，23个学院。开设67个本科专业，覆盖11个学科门类。“双一流”建设学科1个，国家级一流本科专业建设点12个。国家民委重点实验室2个。教育部重点实验室1个。教职工1953人，其中，专任教师1148人，包括正高级344人，副高级363人。博士生导师246人、学术型硕士生导师622人，专业学位硕士生导师542人。外籍教师36人，其中，教授13人、副教授9人。在校生21508人，其中，研究生6127人（博士生1116人、硕士生5011人）。普通本科生11512人（本科生11512人，专科生0人），成人教育本专科生3648人（本科生2121人、专科生1563人）、预科生185人。留学生毕业153人（含非学历生45人）、招生94人（含非学历生39人）、在校生466人（含非学历生64人）。网址：www.muc.edu.cn。

附表：

表148　　中共中央民族大学委员会历任书记一览表（1991—2020年）

书记	任职时间	书记	任职时间
罗炳正	1985年6月—1991年10月	王　彦	1997年8月—2005年1月
周兴健	1991年10月—1995年8月	鄂义太	2005年1月—2016年11月
哈经雄	1995年8月—1997年2月	张京泽	2016年11月—

表149　　中央民族大学历任校长一览表（1991—2020年）

校长	任职时间	校长	任职时间
任世琦	1985年9月—1992年1月	陈　理	2008年6月—2014年12月
哈经雄	1992年1月—1999年12月	黄泰岩	2014年12月—2020年7月
荣仕星	1999年12月—2005年1月	郭广生	2020年7月—
鄂义太	2005年1月—2008年6月		

（执笔人：周翊兰）

中国政法大学

中国政法大学是一所以法学学科为特色和优势，兼有政治学、经济学、管理学、文学、历史学、哲学、教育学、理学、工学等学科的“211 工程”重点建设大学，“985 工程优势学科创新平台”“2011 计划”和“111 计划”（高校学科创新引智计划）重点建设高校，国家“双一流”建设高校，直属于教育部，由教育部与北京市共建，正致力于建设世界一流大学和一流学科。学校简称法大；英文全称为 China University of Political Science and Law，简称 CUPL。现有海淀区学院路和昌平区府学路两个校区。学校被誉为“中国法学教育的最高学府”，在近 70 年的办学历程中，学校为国家培养了各类优秀人才 30 多万人。学校是国家法学教育和法治人才培养的主力军，参与了自建校以来几乎国家的所有立法活动，引领国家法学教育的创新、法学理论的革新和法治思想的更新，代表国家对外进行法学学术和法治文化交流。同时，学校多学科和跨学科的人才培养模式也为社会输送了一大批人文社会科学高级专门人才，成为国家政治、经济、社会、文化等领域人才培养的生力军。

一、学校沿革

学校的前身是 1952 年由北京大学、清华大学、燕京大学、辅仁大学四校的法学、政治学、社会学等学科组合而成的北京政法学院，毛泽东同志亲笔题写了校名。学校最初在北京沙滩红楼办学，1954 年迁址至学院路。“文革”中学校停办，1978 年复办。

1983 年，北京政法学院与中央政法干校合并，组建成立中国政法大学，由司法部与北京市双重领导，以司法部为主，邓小平同志亲笔题写了校名。学校形成一校及本科生院、研究生院、进修学院三院办学格局。1984 年 12 月，在中国政法大学进修学院基础上成立中央政法管理干部学院，该院单独办学，2000 年复并入中国政法大学。1985 年，学校开辟昌平校区。

2000 年 1 月，中国政法大学划转教育部管理。2005 年，学校进入 211 工程重点建设大学；2011 年，成为“985 工程优势学科创新平台”高校；2017 年，进入国家双一流学校建设名单，其中法学学科成为国家双一流建设学科。

2017 年 5 月 3 日，中共中央总书记、国家主席、中央军委主席习近平莅临中国政法大学考察并发表重要讲话，为学校的建设发展提供了根本遵循和行动指南。

二、院系建设

1991 年，学校下设四系，分别为法律系、经济法系、国际经济法系、政治系。1994 年，设立外语系。1999 年 10 月成立国际教育学院，1999 年 11 月成立政治与管理学院，2001 年 6 月成立社会工程学院。

2002 年 6 月 28 日，学校决定取消原教学建制，重组建 12 个教学单位，分别为法学院、民商经济法学院、国际法学院、刑事司法学院、政治与公共管理学院、商学院、人文学院（含挂靠单位：马克思主义理论教学中心）、外国语学院、继续教育学院、国际教育学院、科学技术部、体育教学部。

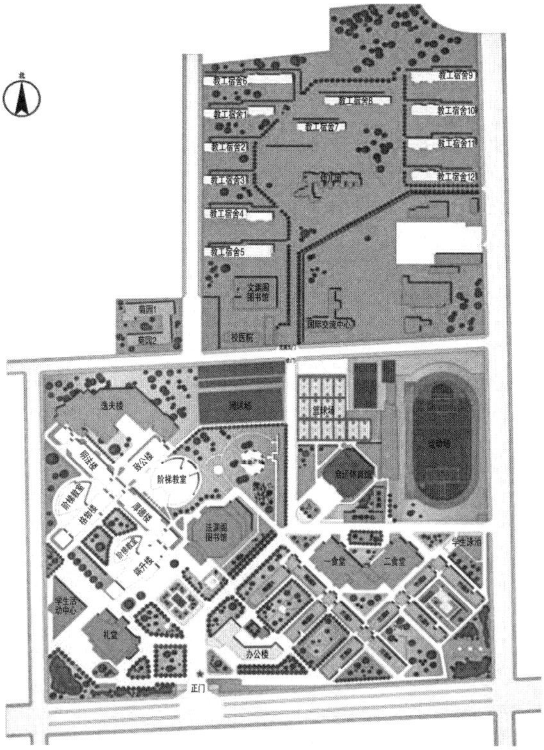

图 43 中国政法大学昌平校区平面图

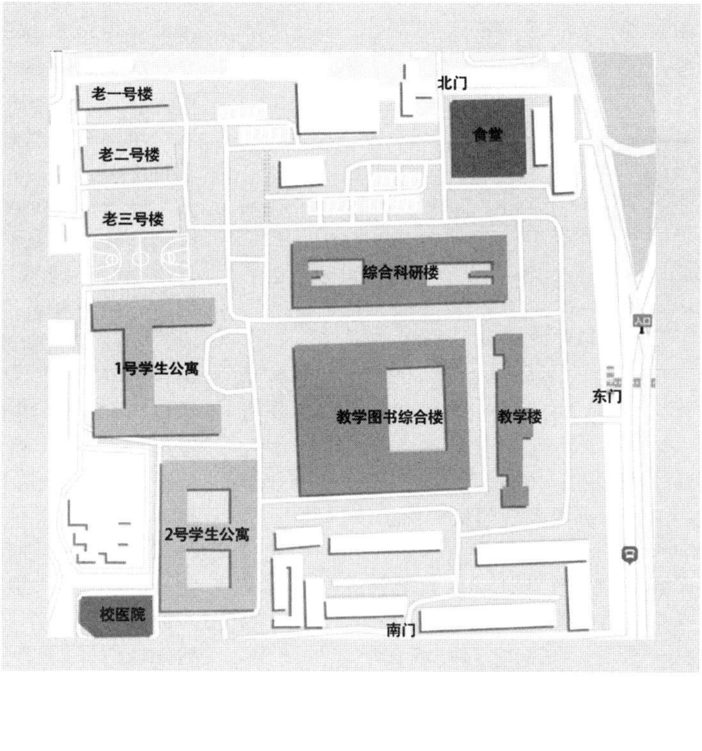

图 44 中国政法大学学院路校区平面图

2005 年 3 月 22 日成立社会学院，2006 年 6 月 15 日成立国际儒学院，2005 年 6 月 27 日成立马克思主义学院，2005 年 9 月 2 日成立法律硕士学院，2008 年 7 月 12 日成立新闻与传播学院（现更名为光明新闻传播学院），2008 年 9 月 17 日成立中欧法学院，2017 年 7 月 26 日成立法制信息管理学院。

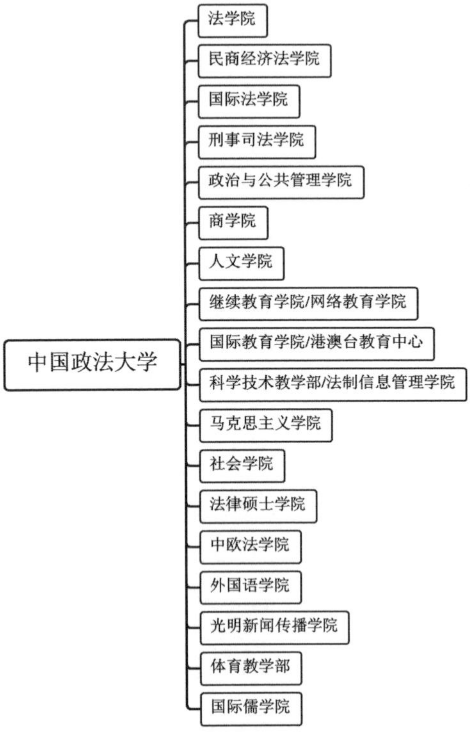

图 45 中国政法大学院系部设置图（2020 年）

三、学科建设

1981 年国务院学位委员会首次开展学位授权审核工作，至 1991 年，学校共获批硕士点 11 个、博士点 3 个。1993 年新增经济法学博士点；1996 年新增法律硕士专业学位；1998 年新增环境与资源保护法学硕士点。2003 年 8 月，在全国第九次博士、硕士学位授予点评审工作中，学校新增一级学科博士点 1 个，为法学；新增二级学科博士点 6 个，为法学理论、宪法学与行政法学、刑法学、环境与资源保护法学、军事法学、政治学理论；新增硕士点 7 个，为马克思主义哲学、中外政治制度、国际关系、马克思主义理论与思想政治教育、应用心理学、企业管理、行政管理。2003 年 10 月，获批法学博士后流动站。

2005 年，在法学一级学科下自主设置 2 个二级学科，分别是人权法学、证据法学。2006 年 1 月，一批新的博士、硕士学位授权学科、专业经国务院学位委员会审核获得通过，包括博士学位授权学科 3 个，为世界经济、中外政治制度、马克思主义中国化研究；硕士学位授权一级学科 2 个，为政治学、马克思主义理论；硕士学位授权学科、专业 15 个，为中国哲学、外国哲学、经济史、世界经济、产业经济学、社会学、马克思主义基本原理、马克思主义发展史、马克思主义中国化研究、国外马克思主义研究、思想政治教育、英语语言文学、新闻学、中国近现代史、会计学。至此，学位点设置涉及 7 大学科门类，涵盖人文社会科学全部学科门类领域。

2007 年，法学一级学科被确定为“国家重点学科”，政治学一级学科被批准设立博士后科研流动站。2008 年，世界经济、政治学理论、马克思主义中国化研究、法与经济学获批北京市重点学科；2010 年，中外政治制度、证据科学获批北京市重点学科。学校学科建设又上新台阶。

2011 年，学校又获批博士学位授权一级学科 2 个，为政治学、马克思主义理论；硕士一级学科授权 10 个，为哲学、理论经济学、应用经济学、社会学、新闻传播学、外国语言文学、心理学、公共管理、工商管理、中国史。2012 年政治学获批北京市重点学科。

2018 年，学校在新一轮学位授权中再增理论经济学博士授权一级学科 1 个。至此，学校拥有 38 个博士学位授权点、78 个硕士学位授权点、8 个专业硕士学位点，4 个博士学位授权一级学科、13 个硕士学位授权一级学科、1 个一级学科国家重点学科、1 个一级学科北京市重点学科、3 个二级学科北京市重点学科、2 个交叉学科北京市重点学科、1 个北京高校高精尖学科、17 个在建新兴、交叉学科建设项目。

2016年教育部开展第四轮学科评估，学校共有9个一级学科参评并全部上榜，其中法学进入A+档。在2017年公布的世界一流大学和一流学科（简称“双一流”）建设高校及建设学科名单中，学校进入“一流学科建设高校”名单，法学入选“双一流”建设学科名单。

学校学科建设坚持立足国家战略发展导向和学校传统、特色、优势，完善以法学学科优势牵引全校各学科协同发展的“法＋学科群”，优化配置学科优势资源，组建“一流学科群”，创新发展新兴交叉学科，深度涵育“高精尖创新学科群”，健全完善学科高水平内涵治理机制。在2019年软科发布的“中国最好学科排名”中，法学学科跃居榜首；在2020年中国大学排名中，学校位列政法类大学第一。

表150　　中国政法大学学科设置一览表（2020年）

学科门类	一级学科	二级学科	授权点	备注
01 哲学	0101 哲学▲	010101 马克思主义哲学	硕士	
		010102 中国哲学	硕士	
		010103 外国哲学	硕士	
		010104 逻辑学	硕士	
		010106 美学	硕士	
		010107 宗教学	硕士	
02 经济学	0201 理论经济学●▲	020101 政治经济学	硕士、博士	
		020103 经济史	硕士、博士	
		020104 西方经济学	硕士、博士	
		020105 世界经济◆	硕士、博士	
		0201Z1 创新经济学	硕士、博士	目录外二级学科
	0202 应用经济学▲	020202 区域经济学	硕士	
		020204 金融学	硕士	
		020205 产业经济学	硕士	
		020206 国际贸易学	硕士	
		0202Z1 商业大数据分析	硕士	目录外二级学科
03 法学	0301 法学●▲★	030101 法学理论	硕士、博士	
		030102 法律史	硕士、博士	
		030103 宪法学与行政法学	硕士、博士	
		030104 刑法学	硕士、博士	
		030105 民商法学	硕士、博士	
		030106 诉讼法学	硕士、博士	
		030107 经济法学	硕士、博士	
		030108 环境与资源保护法学	硕士、博士	
		030109 国际法学	硕士、博士	
		030110 军事法学	硕士、博士	
		0301Z1 人权法学	硕士、博士	目录外二级学科
		0301Z2 证据法学◆	硕士、博士	目录外二级学科
		0301Z3 比较法学	硕士、博士	目录外二级学科
		0301Z4 知识产权法学	硕士、博士	目录外二级学科
		0301Z5 法与经济学◆	硕士、博士	目录外二级学科
		0301Z6 网络法学	硕士、博士	目录外二级学科
		0301Z8 社会法学	硕士、博士	目录外二级学科
		0301Z9 法律职业伦理	硕士、博士	目录外二级学科

续表 150

学科门类	一级学科	二级学科	授权点	备注
	0302 政治学●▲◆	030201 政治学理论	硕士、博士	
		030202 中外政治制度	硕士、博士	
		030203 科学社会主义与国际共产主义运动	硕士	
		030204 中共党史	硕士	
		030206 国际政治	硕士、博士	
		030207 国际关系	硕士、博士	
		030208 外交学	硕士、博士	
		0302Z3 政治传播学	硕士、博士	目录外二级学科
		0302Z4 公共行政	硕士、博士	目录外二级学科
		0302Z5 中国政治	硕士、博士	目录外二级学科
	0303 社会学▲	030301 社会学	硕士	
	0305 马克思主义理论●▲	030501 马克思主义基本原理◆	硕士、博士	
		030502 马克思主义发展史	硕士	
		030503 马克思主义中国化研究◆	硕士、博士	
		030504 国外马克思主义研究	硕士、博士	
		030505 思想政治教育	硕士、博士	
		030506 中国近现代史基本问题研究	硕士	
04 教育学	0402 心理学▲	040201 基础心理学	硕士	
		040203 应用心理学	硕士	
05 文学	0502 外国语言文学▲	050201 英语语言文学	硕士	
		050202 俄语语言文学	硕士	
		050203 法语语言文学	硕士	
		050204 德语语言文学	硕士	
		050211 外国语言学及应用语言学	硕士	
	0503 新闻传播学▲	050301 新闻学	硕士	
		050302 传播学	硕士	
06 历史学	0602 中国史▲	060203 历史文献学	硕士	
		060204 专门史	硕士	
		060205 中国古代史	硕士	
		060206 中国近现代史	硕士	
12 管理学	1202 工商管理▲	120201 会计学	硕士	
		120202 企业管理	硕士	
		1202Z1 法商管理	硕士	目录外二级学科
	1204 公共管理▲	120401 行政管理	硕士	
		120403 教育经济与管理	硕士	
		120404 社会保障	硕士	
		1204Z1 国际人才交流管理	硕士	目录外二级学科
		1204Z2 公共人力资源管理	硕士	目录外二级学科
		1204Z3 危机管理	硕士	目录外二级学科
交叉学科		99J1 犯罪心理学	硕士	
		99J2 法治文化	硕士、博士	
		99J3 全球学	硕士、博士	

续表 150

学科门类	一级学科	二级学科	授权点	备注
交叉学科		99J4 国家监察学	硕士、博士	
		99J8 政治社会学	硕士、博士	
专业学位		0351 法律硕士	硕士	
		1252 公共管理硕士	硕士	
		1251 工商管理硕士	硕士	
		0352 社会工作硕士	硕士	
		0551 翻译硕士	硕士	
		0251 金融	硕士	
		0254 国际商务	硕士	
		0552 新闻与传播	硕士	

说明：①●博士学位授权一级学科 ▲硕士学位授权一级学科 ★一级学科国家重点学科 ◆北京市重点学科；②总计 4 个博士学位授权一级学科，13 个硕士学位授权一级学科，38 个博士点，78 个硕士点，8 个专业学位点；③ 1 个一级学科国家重点学科，1 个一级学科北京市重点学科，3 个二级学科北京市重点学科，2 个交叉学科北京市重点学科

四、人才培养

（一）本科生人才培养

“十一五”时期，学校“跨专业、跨学位、跨学校、跨国家”的“四跨”人才培养模式基本形成，法学专业人才培养模式改革继续走在国家法学教育改革前列。“法学人才培养模式改革实验班”获得教育部正式批准，“高级法律职业人才培养模式改革”获批为国家教育体制改革试点项目，同时还成为国家政法院校招录培养体制改革试点工作试点学校和政法干警招录培养体制改革试点工作试点学校。“十二五”时期，“六年制法学人才培养模式改革实验班”建设顺利，人才培养模式日渐成熟，法律职业人才培养效果明显。学校落实科教协同育人计划，与中国科学院大学合作开办“成思危现代金融菁英班”；落实“卓越法律人才教育培养计划”，建立“涉外法律人才培养模式实验班”和“法学（西班牙语）实验班”，进一步探索复合型、国际化涉外法律人才培养。“十三五”时期，在早期“四跨”人才培养模式的基础上，提出“跨学科专业、跨理论实践、跨学院学校、跨国家地区”的“四跨”人才培养模式。按照“一个专业、多个培养方案”的改革思路，不断优化培养方案，深化专业特色化建设，建立法学学术精英人才培养实验班等特色实验班，专业改造特色鲜明。

本科培养方案是高等学校人才培养的纲领性文件，是实现人才培养目标的具体实施方案。为不断提升人才培养质量，学校根据实际情况持续完善培养方案。

表 151　　中国政法大学本科生培养方案调整情况一览表（2003—2020 年）

时间	目标	特色
2003 年	以“调整知识结构、完善课程体系、推进学生自主学习”为目标，对培养方案进行全面修订	调整思想政治理论课设置
2005 年	完善课堂内实践教学培养环节	增加学年论文环节；增加案例课组和研讨课课组
2006 年	强化学生创新精神和实践能力的培养	推动第二轮通识课改革，开设通识教育的共同核心课程，打通专业界限，加强专业融通；将专题研讨课列入培养方案；明确实验课和实验教学环节内容
2008 年	全面完善“有灵魂的通识教育”体系	优化各专业的课程体系；优化通识选修课课程体系；开放部分专业课程作为通识选修课程

续表 151

时间	目标	特色
2010 年	合理设置与优化课程体系	增开通识主干课程和通识选修课程
2012 年	凸显专业培养特色，强化实践教学	调整实践教学安排，大多数专业实践教学学分达到总学分的 15%
2014 年	优化通识必修课程建设	对计算机课程、外语课程、体育课程进行体系改革
2016 年	根据学校综合改革工作要求，进行三学期制改革	调整每学年三学期制度；增加国际课程学分、创新创业学分的要求
2019 年	对标教育部《普通高等学校本科专业类教学质量国家标准》修订版，以国家标准要求修订培养方案	根据国家标准，完善优化各专业课程设置；开设第二外语通识必修课；打造法大通识教育 2.0 版本
2020 年	深入学习贯彻习近平新时代中国特色社会主义思想	增加“劳动教育”课程 2 学分；增加“习近平新时代中国特色社会主义思想概论”2 学分

表 152　　中国政法大学本科专业设置一览表（2020 年）

序号	专业名称	所属学院	序号	专业名称	所属学院
1	法学	法学院、民商经济法学院、国际法学院、刑事司法学院	14	汉语言文学	人文学院
2	侦查学	刑事司法学院	15	英语	外国语学院
3	政治学与行政学	政治与公共管理学院	16	德语	外国语学院
4	国际政治	政治与公共管理学院	17	法语	外国语学院
5	公共事业管理	政治与公共管理学院	18	翻译	外国语学院
6	行政管理	政治与公共管理学院	19	社会学	社会学院
7	经济学	商学院	20	社会工作	社会学院
8	金融工程	商学院	21	应用心理学	社会学院
9	信息与计算科学	商学院	22	思想政治教育	马克思主义学院
10	国际商务	商学院	23	新闻学	光明与新闻传播学院
11	工商管理	商学院	24	网络与新媒体	光明与新闻传播学院
12	数学与应用数学	商学院	25	信息管理与信息系统	科学技术教学部
13	哲学	人文学院	26	汉语言	国际教育学院

（二）研究生人才培养

学校设有全国最早的法律史学、经济法学、诉讼法学专业博士学位授权点，全国第一个比较法学、人权法学、法与经济学专业博士学位授权点，培养了新中国第一批法学博士、第一批法学硕士、第一个法学外国留学博士生。1991 年至 2020 年，共招录研究生近 43000 名，其中硕士研究生近 38000 名、博士研究生近 5000 名，法学硕士研究生、博士研究生招生规模名列全国第一。

学校积极探索研究生人才培养创新，逐步形成五大鲜明特色：第一，坚持正确政治方向，拥护党的领导，贯彻党的教育方针，培养德法兼修、明法笃行的优秀人才。以培养政法队伍领军人才、精英人才和学术界大师级人才为目标，注重培养研究生深刻认识中国政治、经济、社会、文化的特殊性，注重培养研究生理解国情，关注社会的情怀，增强研究生担负中华民族伟大复兴使命的责任感。第二，具有批判性、创造性思维，掌握较强的实际能力。注重培养研究生掌握深厚的理论基础，关注学术前沿，树立批判精神；培养研究生掌握理论联系实际的能力，能脚踏实地关注实践动态，聚焦社会重大问题，提出解决问题方案，推出创新成果。第三，有效对接国家和区域重大战略需求。注重发挥法学学科整体优势，适应经济社会等各个领域变化对高端人才的需求变化，采取传统领域与新领域并重、传统学科与交叉学科并行方式，通过自设目录外9个法学二级学科的方式，通过法学与相关学科交叉融合，积极开展培养跨学科和交叉学科人才；通过体制机制创新，实施跨校联合培养、本硕贯通培养、直博生培养、中外合作办学等形式，积极开展高端涉外法治人才培养。第四，加强合作共建，引入优质资源。坚持开展与实务界的密切合作，不断探索产教融合新路径、新方式，引入社会优质资源，广泛建立研究生联合培养基地，开设研究生实务课程，承担各领域“定制化”研究生培养，探索应用型法学博士研究生培养，不断创新研究生培养模式。第五，注重特色发展，形成品牌优势。拥有一大批德高望重的学界泰斗和学界精英，其学术成果和育人成果进一步提升法学学科特色和优势，同时注重多学科协同发展，形成相互支撑、相互促进的研究生人才培养格局。

五、科学研究

（一）科研实力不断提升，产出众多优秀的科研成果

学校始终坚持学术立校，以繁荣法学研究、推动法学建设为使命。1991年至2020年，学校科研实力不断提升，产出了很多优秀的科研成果。据不完全统计，学校教师共发表期刊论文29111篇，出版学术著作6552部，为依法治国建设夯实理论基础。充分利用法学优势，积极参与国家和地方的立法工作，为起草或修订法律法规提供修改意见。积极创新和构建青年教师“成长帮扶制度”，关心青年教师成长。支持教师参与学术交流活动，帮助教师开展学术对话，资助举办和参与国际会议，扩大学校在国内外的学术影响力。

（二）承担重要科研项目，为国家发展战略提供智力支持

江平、陈光中、张晋藩、李德顺、应松年等学者牵头承担了《国有企业改建为公司中的国有股权》《中国诉讼制度研究》《中国古代司法文明及当代意义研究》等重要国家社科基金项目，针对法治建设、社会发展的核心问题，对改革与法治等问题作了深入研究。迄今，学校共承担国家社科基金、教育部人文社科项目等纵向科研项目1504项，全国人大常委会、国务院办公厅等党政机关、国际组织、企事业单位横向合作科研项目3771项。

（三）形成多学科、多类型、特色发展的科研平台体系

中国政法大学是以法学研究为主的重要人文社会科学研究阵地，自从划归教育部管理以后，科研机构快速发展。2000年、2004年，诉讼法学研究院、法律史学研究院先后入选教育部人文社会科学重点研究基地；2005年，证据科学研究院成为教育部重点实验室，法治政府研究院入选北京市哲学社会科学研究基地；2013年，司法文明协同创新中心成为全国首批“2011计划”协同创新中心之一；2017年，人权研究院入选国家高端智库培育单位。学校建有北京市习近平新时代中国特色社会主义思想研究中心中国政法大学基地、北京高校中国特色社会主义理论研究协同创新中心（中国政法大学），拥有习近平法治思想研究院、比较法学研究院、法与经济学研究院、全球化与全球问题研究所等特色科研机构，与最高人民检察院等省部级以上国家机关共建8个高层次研究基地，已经形成多学科、多类型、特色发展的科研平台体系。

（四）智库建设成效显著，社会服务能力增强

学校充分发挥法学学科特色，发挥国家重大立法和决策的思想库、智囊团作用，积极服务新时代全面依法治国。一是担当法治建设“智囊”，多名专家学者在中央政治局、全国人大常委会做专题演讲，受聘为党和政府高层次智囊；二是着力推进新型智库建设，召开全校智库工作会议，制定实施《中国政法大学关于加强智库建设的意见》，成立国家治理研究院并将其建设成为学校承担国家重大项目、服务国家重大战略的总平台，人权研究院入选国家高端智库建设培育单位，设立全面依法治国研究院、雄安新区法治高等

研究院和10余个新型研究机构，与最高人民检察院、应急管理部、市场监督管理总局、国家广播电视总局、北京市人大常委会等机关合作，共建了8个高层次研究基地；三是科研服务于国家法治建设，定期发布《法治政府评估报告》《司法文明指数报告》《中国仲裁公信力评估报告》等成果，建设司法文明协同创新中心《成果要报》《国家治理决策参考》《中国政法大学决策参考》3个智库刊物，接受中央全面依法治国委员会办公室、国务院办公厅的委托，积极提供第三方服务和评估，数十项成果获党和国家领导人批示；四是深度参与国家各项重要立法，直接参与近百部法律、法规、部门规章的制定或修改工作，学校研究人员担任法律起草专家组组长、副组长、成员，为地方立法提供全方位支持，成为首个设在高校的“全国人大常委会法制工作委员会立法联系点”，并与北京市人大常委会共建“中国政法大学北京地方立法研究院”暨“北京市人大常委会立法研究基地”。

六、师资队伍建设

（一）大力延揽人才，教师队伍规模扩大结构优化

1991年，《中国政法大学10年发展目标和五年工作计划纲要》提出坚持以教学科研为中心，提高教学科研水平，优化师资结构。1997年，出台《教师聘任制办法》《科研人员聘任制办法》，以推行聘任制为重点，在定编定岗的基础上，以教学计划为依据，按需聘任，择优上岗，实现教学任务分配优化组合。1998年，发布《中国政法大学人事调配规定》，将校内各单位用人与编制挂钩，优先保障教学科研人员的京外调入。2000年学校划归教育部管理后，为了解决师资紧缺问题，调整退离休政策，推行教师延聘政策，引导和鼓励优秀专家学者退休后继续承担教学科研任务。2013年，出台《优秀人才引进办法》，严格及提高了优秀人才的条件，在用人方式上不仅采取团队引进机制，还使弹性用人（即人事关系不进入学校）更加常态化。2017年，修订《优秀人才引进办法》，重点加大学科领军人才和外籍教师引进力度，大幅提升高层次人才待遇水平，尝试实行引进人才年薪制。

在毕业生招聘方面，学校始终围绕学科建设目标，以专任教师岗位为重点，兼顾优化管理、辅导员及其他专业技术岗位队伍结构。精心制定招聘计划，完善招聘办法，拓宽招聘渠道，采取全方位、多层次、国际化的人才招聘、引进模式。面对日益严峻的专任教师海外学缘结构问题，积极组织各类海归专场招聘活动，走出国门延揽国际化人才。

（二）创新培养模式，教师培养体系基本形成

学校始终注重完善教师培养体系，创新教师培养模式，基本形成以师德师风建设为核心，以党委教师工作部和教师发展中心为平台，以高层次人才建设、青年教师培养、潜力人才支持为抓手的“一个核心、两个平台、三个抓手”的多维立体化教师培养支持体系。

在高层次人才建设方面，为培养造就新一批学科带头人和学术骨干，学校2001年开始实行“终身教授”聘任制度。2018年，进一步整合已有制度，出台《钱端升杰出学者支持计划》，按照“育引并举”“梯队式分类”“薪酬激励”“岗位绩效管理”的原则，注重成果和贡献，将教师根据不同层级进行分类培养和支持，以加强学科梯队和人才队伍建设。

在青年教师培养方面，2002年投资建立杰出青年教师科研基金，2003年又投资建立青年教师科研基金。2004年，通过调整职称政策及对进行学历提升的教师给予工作量和学费上的优惠，鼓励并引导教师参加继续教育，提升学历学位。目前，专任教师的博士学历比例已从2005年的35.34%增加至83.45%。2008年开始实施《中青年骨干教师海外提升专项资助计划》，每年资助约15名青年教师到国外一流大学或研究机构访学研修，并通过实施“海外提升人员归国讲堂讲座计划”，深入挖掘海外提升项目效益，促进国际教育信息共享和交流。面向新入校教师，实施《新入校青年教师科研启动资助计划实施办法》，着力解决新入校教师科研启动资金困难的问题，鼓励青年教师积极开展科学研究。此外，还通过教学督导返聘、二级教授任务要求、钱端升杰出学者支持计划任

务要求、校领导联系青年教师等制度和措施，不断完善对青年教师的传帮带机制。为进一步深化教育模式改革，鼓励青年教师将理论与实践相结合，深入了解国情、社情和民情，丰富实践经验，更新知识结构，不断提升综合素养和教学科研能力。

在潜力人才支持方面，致力于构建和完善各层次、各年龄段优秀人才激励机制，打破“论资排辈、资历为先”的人才选拔机制，“突出业绩、择优录用”，着力构建优秀潜力教师“发现、培养、使用和评价激励”机制，支持具有较大发展潜力、科研能力特别突出、富有创新精神的教师快速脱颖而出。

（三）完善分类管理，教师分类评价机制不断完善

1997 年后，学校进行过两次大规模教师聘任工作。2005 年出台《教师聘任制暂行办法》，对教师岗位实行分类分级管理，运用岗位设置的杠杆作用，逐步调整师资专业结构，重视对教师教学、科研数量上的要求，更强调教师的学术实力和影响力，引导教师扎扎实实地从事科研和教学工作，特别是明确了教师在聘任期考核不合格的处理办法，打破教师职务终身制。2006 年 12 月，实行《教师岗位考核办法》《教师教学工作考核办法》《科研考核办法》，强调结合教学评价结果或科研成果质量、项目级别进行质量考察；科研工作考核逐步向代表作制度过渡；思想品德及职业道德考察融入教学科研工作考核之中。2008 年 2 月，印发《首次岗位聘用实施办法》，完善教师分类管理，人事管理逐步从身份管理向岗位管理转化，将激励与保障相结合，突出业绩，兼顾资历，充分调动教师工作积极性。

2013 年制订实施《优秀中青年教师培养支持计划》，并于 2017 年进行修订，大幅增加资助名额，加大对入选教师的支持力度。项目启动以来，共计遴选 3 批优秀中青年教师 60 人。

2016 年 10 月，为突出师德、育人和贡献的业绩考核评价制度，完善教师分类考核评价机制，为“双一流”建设教师队伍发展提供良好的制度环境，重新制定《专业技术岗位设置与聘任办法》《教师岗位考核办法》，重点推行学校考核和院部自主考核相结合、全面考核和个性化考核相结合、年度考核和聘期考核相结合，刚性考核和弹性考核相结合的“四结合教师考核评价模式”，形成有利于青年拔尖人才脱颖而出、教师综合发展的制度环境。初步建立起教师“三大类分类岗位设置”与“三小类分类考核评价”体系，重点构建能上能下、有利于青年拔尖人才脱颖而出的评价机制。

2018 年，进一步整合已有制度，出台《钱端升杰出学者支持计划》，按照“育引并举”“梯队式分类”“薪酬激励”“岗位绩效管理”的原则，注重成果和贡献，将教师根据不同层级进行分类培养和支持，以加强学科梯队和人才队伍建设。截至 2020 年，已遴选钱端升讲座教授 71 人、钱端升学者 7 人、钱端升青年学者 19 人。

七、校园基本建设

（一）学院路校区校园基本建设情况

学院路校区新 2 号学生公寓项目。该项目位于学院路校区内西南角，2005 年 9 月竣工交付使用，有效缓解了学院路校区研究生的住宿紧张和住宿条件差等情况，为学生的日常生活提供了有力的保障，为持续扩大研究生招生规模创造了条件。

学院路校区新 1 号学生公寓项目。该项目位于学院路校区内西侧，2009 年 5 月竣工交付使用，使学院路校区研究生的住宿条件得到根本改善，也为学院路校区的滚动开发特别是科研楼的建设创造了条件。

学院路校区 1# 高基配电室项目。该项目 2009 年 8 月完成全部设备安装调试工作交付使用。1# 配电室（总配电室）位于学院路校区北侧，设有地下电缆夹层。学院路校区总配电室的完工、送电，解决了长期困扰该校区的电力超负荷运转的情况，为学校未来的建设与发展打下了坚实的基础。

学院路校区综合科研楼项目。该项目位于学院路校区中部，于 2013 年 1 月竣工，有效改善了学院路校区办公条件及办公资源紧张的局面，并为学院路校区的滚动开发提供

有力的支持和保证。

学院路校区配套服务用房项目。该项目于2013年7月竣工，有效改善学校环境，为学校的发展提供有力的保障，为学校下一步校园建设创造条件。

学院路校区教学图书综合楼项目。该项目于2020年12月竣工，基本满足学院路校区教室、图书馆、活动用房及会堂等需求，为该校区教学条件改善打下了坚实基础。

（二）昌平校区校园基本建设情况

昌平校区教学楼E段项目。该项目于2003年9月竣工交付，有效缓解了昌平校区教学资源紧张的局面，为师生提供良好的教学环境。为突出学校的办学理念和特点，昌平校区的教学楼改用校训“厚德明法，格物致公”来命名，其中教学楼E段更名为明法楼。

昌平校区10号、11号学生公寓项目。该项目位于昌平校区教学区东南，紧临府学路，于2004年4月竣工交付。2007年，学校将学生宿舍命名为梅、兰、竹、菊四园，其中10号、11号学生公寓分别为兰园3号和4号学生公寓。

昌平校区学生活动中心项目。该项目于2005年7月竣工交付，为学生在教室和图书馆外提供了真正意义上的“第二课堂”，为学校开展素质教育提供了物质支持和空间保证。

昌平校区国际交流中心项目。该项目位于昌平校区家属院南门东侧，与校医院相对，于2007年9月竣工交付，进一步改善了学校硬件设施条件，缓解了昌平校区学生公寓、办公用房和对外接待用房匮乏的局面。

昌平校区科研楼（逸夫楼）项目。该项目于2010年1月竣工交付，有效缓解了昌平校区教学科研资源紧张的局面，改变了该校区没有教师办公室的历史，并为师生交流提供良好的环境。

八、2020年学校基本情况

2020年，中国政法大学校园面积40.2667万平方米，其中昌平区府学路校区约30万平方米，海淀区学院路校区约为10.2667万平方米，图书馆建筑面积3.3089万平方米。全年教育经费投入122870.45万元，其中国家拨款76427.49万元、自筹经费46442.96万元。设有2个校区，设置18个院（系、部）。开设26个本科专业。“双一流”建设学科1个，国家级一流本科专业建设点18个。国家重点实验室1个。教职工1909人，其中，专任教师1000人；正高级338人、副高级388人；博士生导师236人（含特聘23名、兼职48名）、硕士生导师658人。外籍教师14人，其中，教授2人、副教授1人。在校生20464人，其中，研究生7502人（博士生1492人、硕士生6010人）、普通本科生9521人、成人教育本科生2706人。留学生毕业116人、招生162人、在校生735人。网址：www.cupl.edu.cn。

附表：

表153　　中共中国政法大学委员会历任书记一览表（1991—2020年）

书记	任职时间	书记	任职时间
杨永林	1988年6月—2001年9月	胡　明	2017年4月—
石亚军	2001年9月—2017年4月		

表154　　中国政法大学历任校长一览表（1991—2020年）

校长	任职时间	校长	任职时间
陈光中	1990年2月—1992年5月 （常务副校长主持工作） 1992年5月—1994年3月	黄　进	2009年2月—2019年4月
杨永林	1994年3月—2001年9月	马怀德	2019年4月—
徐显明	2001年9月—2009年2月		

（执笔人：王　彧）

华北电力大学

华北电力大学是教育部直属全国重点大学，是国家“211工程”和“985工程优势学科创新平台”重点建设大学。2017年，学校进入国家“双一流”建设高校行列，重点建设能源电力科学与工程学科群，全面开启了建设世界一流学科和高水平研究型大学的新征程。

学校1958年创建于北京，原名北京电力学院，后更名华北电力学院。1995年，华北电力学院和北京动力经济学院合并组建华北电力大学。学校长期隶属于国家电力部门管理。2003年，学校划转教育部管理，现由国家电网有限公司、中国南方电网有限公司、中国华能集团有限公司、中国大唐集团有限公司、中国华电集团有限公司、国家能源投资集团有限责任公司、国家电力投资集团有限公司、中国长江三峡集团有限公司、中国广核集团有限公司、中国电力建设集团有限公司、中国能源建设集团有限公司、广东省能源集团有限公司等12家特大型电力集团和中国电力企业联合会组成的理事会与教育部共建。学校校部设在北京，分设保定校区，两地实行一体化管理。学校现有教职工3000余人，全日制在校本科生2.4万余人，研究生1.2万余人。学校占地1600余亩，建筑面积100余万平方米。

一、学校发展沿革

北京电力学院始建于1958年。1970年辗转搬迁至河北省保定市，并更名为河北电力学院。1978年9月更名为华北电力学院。

北京动力经济学院前身为北京水利电力经济管理学院，始建于1983年，由水电部和北京市双重领导，办学地点为北京市朝阳区定福庄北京水利水电学校院内。1988年下半年，大学另选新址，在昌平县回龙观朱辛庄征得土地245亩，并进行了整体规划。1992年10月22日学校更名为北京动力经济学院并搬迁至朱辛庄校区，隶属能源部。

1992年，能源部撤消后，华北电力学院和北京动力经济学院同时隶属电力部管理。1995年，经原国家教委批准，华北电力学院和北京动力经济学院合并组建华北电力大学，英文名为：North china electric power university。校部设在河北保定，北京分设校区。学校隶属国家电力公司。学校设大学领导机构，同时分设校区领导机构。

2003年3月，华北电力大学由原国家电力公司划转教育部管理，正式成为教育部直属高校，并由国家电网公司、中国南方电网有限责任公司、中国华能集团公司、中国大唐集团公司、中国华电集团公司、中国国电集团公司、中国电力投资集团公司7家大型电力企业集团组成的校董会与教育部共建。同年11月3日，教育部与校董事会成员单位签署共建华北电力大学协议。

2005年9月，学校正式列入国家“十五”时期“211工程”高等学校行列。同年10月，经教育部批准，华北电力大学校部由保定变更为北京，分设华北电力大学（保定）校区。两地实行实质性一体化管理。

2006年，华北电力大学董事会换届调整为理事会，仍由国家电网公司等7家电力央企组成。2020年，学校由12家特大型电力集团和中国电力企业联合会组成的理事会与教育部共建。

二、事业发展概述

华北电力大学是教育部直属全国重点大学，是国家“211工程”和“985工程优势学科创新平台”重点建设大学。2017年，学校进入国家“双一流”建设高校行列，重点建设能源电力科学与工程学科群。

60多年来，学校全面贯彻党的教育方针，落实立德树人根本任务，秉承“自强不息、团结奋进、爱校敬业、追求卓越”的华电精神，培养了大批德才兼备的能源电力人才。进入21世纪以后，学校贯彻“学科立校、人才强校、科研兴校、特色发展”的方针，紧抓机遇，实现了跨越式快速发展。

2017年学校谋划了未来一段时期学校发展蓝图：经过五年左右的建设，“能源电力科学与工程”学科整体水平进入世界一流行列，实现向研究型大学的实质转型，初步建成特色鲜明高水平研究型大学，在此基础上，再用10～15年时间，到2035年左右，“能源电力科学与工程”学科整体水平进入世界一流前列，全面实现特色鲜明高水平研究型大学建设目标，为建设世界一流大学奠定坚实基础。

（一）院系建设

学校现设有12个学院，一个部，保定校区设有11个系，一个院、一个部。

电气与电子工程学院前身为电力工程系。2006年，北京校部电气与电子工程学院和电子信息学院合并组建成立电气与电子工程学院，学院本部设在北京，在保定分设电力工程系和电子与通信工程系。

能源与动力工程学院前身为动力系，2004年，在动力系的基础上成立能源与动力工程学院。

1997年，由原管理工程系、经济系、电力经济系合并成立工商管理学院，2009年，更名为经济与管理学院。

2003年在自动化系基础上成立控制科学与工程学院。2009年10月，计算机科学与技术学院计算机系和控制科学与工程学院自动化系合并组建控制与计算工程学院。

2003年在基础部数理教研室的基础上组建数理学院。2003年成立人文与社会科学学院。2003年11月外国语学院正式成立。学院在北京设有学院本部，在保定校区设有英语系。

2007年，学校在水能、风能、太阳能、生物质能等极具发展前景的清洁能源学科基础上，成立了全国首家可再生能源学院。2007年，成立核科学与工程学院。

2014年，成立环境科学与工程学院。

2016年12月28日，在思想政治理论课教学部的基础上，成立马克思主义学院。

2020年，组建水利与水电工程学院，可再生能源学院更名为新能源学院。

表155　华北电力大学院系部设置一览表（2020年）

校部学院	保定系部	校部学院	保定系部
电气与电子工程学院	电子工程系	核科学与工程学院	—
	电子与通信工程系	环境科学与工程学院	环境科学与工程系
能源动力与机械工程学院	动力工程系	水利与水电工程学院	—
	机械工程系	数理学院	数理系
控制与计算机工程学院	自动化系	人文与社会科学学院	法政系
	计算机系	外国语学院	英语系
经济与管理学院	经济管理系	马克思主义学院	马克思主义学院
新能源学院	—	体育教学部	体育教学部

（二）学科建设

建校之初，学校根据电力工业发展需要，开设了电机电器制造、发电厂电力网及电力系统、热能动力装置、电厂化学4个本科专业。之后，为适应计算机、电子通信等高技术革命的发展变化，学校增设了计算机、通信、机械等学科专业。从2003年以后，先后在本科教育中增设核工程与核技术、核反应堆工程、水利水电工程、风能与动力工程、能源工程及其自动化、生物能源发电等新专业，调整设置了新能源材料与器件、新能源科学与工程、智能电网信息工程、能源化学工程等20多个新兴产业相关专业；自动化、能源与动力工程、机械设计制造及其自动化、环境工程、电气工程及其自动化、工商管理、工程管理、核工程与核技术、智能电网信息工程、新能源科学与工程（风能）、新能源科学与工程（光伏发电）、新能源科学与工程（生物质能）12个专业被评为国家级特色专业。其中，风能与动力工程专业的开设在全国高校中属首创。

经过60年的发展建设，学校学科专业体系从以火电为核心，扩展到集火电、核电、水电和风电于一体的电力学科专业群，逐步构建了以火电、水电、核电、可再生能源发电等学科专业为核心，以数学、物理、电子信息等基础学科专业为支撑，以能源环境、能源经济、能源法律等学科专业为新生长点的学科专业体系，实现了理工渗透、电力学科与非电学科间的交叉融合，使专业设置基本覆盖了电力工业生产、管理与科研的相关领域，最终形成了“以优势学科为基础，以新兴能源学科为重点，以文理学科为支撑”的“大电力”学科专业体系，成功实现了学科专业的拓展与转型，极大地增强了学校的发展实力和发展潜力。

2003年，学校单独设置学科建设办公室，加强对学科建设的统筹管理工作。同年，学校新增数量经济学、应用数学、机械制造及其自动化等12个硕士学位授权点，使学校的博士学位授权点达到7个，硕士学位授权点增加到29个。

2006年，动力工程及工程热物理、管理科学与工程2个一级学科，控制理论与控制工程1个二级学科通过了博士学位授权的专家评审，使学校的二级学科博士点由原来的7个增加到14个；同时，硕士学位二级学科由原来的29个增至46个，新增法学学科门类。

2010年，学校新增控制科学与工程、工商管理2个博士学位授权一级学科；硕士学位授权一级学科14个，同时，新增专业学位硕士类别4个、工程硕士专业领域1个。

2011年6月，学校电力科学与工程列入“985工程优势学科创新平台”建设行列。

2018年，学校新增水利工程、核科学与技术2个博士学位授权一级学科，同时增列金融、法律2个硕士专业学位授权类别。

2020年，学校的本科专业达到64个，其中12个国家特色专业；2个国家重点学科，25个省部级重点学科，7个博士授权一级学科点，23个硕士学位授权一级学科点。

表156　　华北电力大学学科设置一览表（2020年）

序号	学科门类及代码	一级学科		二级学科		授权类别	备注
		学科名称	学科代码	学科名称	学科代码		
1	经济学02	应用经济学	0202	国民经济学	020201	硕士	
2				区域经济学	020202	硕士	
3				财政学	020203	硕士	
4				金融学	020204	硕士	
5				产业经济学	020205	硕士	
6				国际贸易学	020206	硕士	
7				劳动经济学	020207	硕士	
8				统计学	020208	硕士	
9				数量经济学	020209	硕士	
10				国防经济	020210	硕士	
11	法学03	法学	0301	法学理论	030101	硕士	
12				法律史	030102	硕士	
13				宪法学与行政法学	030103	硕士	

续表 156

序号	学科门类及代码	一级学科		二级学科		授权类别	备注
		学科名称	学科代码	学科名称	学科代码		
14	法学 03	法学	0301	刑法学	030104	硕士	
15				民商法学	030105	硕士	
16				诉讼法学	030106	硕士	
17				经济法学	030107	硕士	
18				环境与资源保护法学	030108	硕士	
19				国际法学	030109	硕士	
20				军事法学	030110	硕士	
21		马克思主义理论	0305	马克思主义基本原理	030501	硕士	
22				马克思主义发展史	030502	硕士	
23				马克思主义中国化研究	030503	硕士	
24				国外马克思主义研究	030504	硕士	
25				思想政治教育	030505	硕士	
26				中国近现代史基本问题研究	030506	硕士	
27	文学 05	外国语言文学	0502	英语语言文学	050201	硕士	
28				俄语语言文学	050202	硕士	
29				法语语言文学	050203	硕士	
30				德语语言文学	050204	硕士	
31				日语语言文学	050205	硕士	
32				印度语言文学	050206	硕士	
33				西班牙语语言文学	050207	硕士	
34				阿拉伯语语言文学	050208	硕士	
35				欧洲语言文学	050209	硕士	
36				亚非语言文学	050210	硕士	
37				外国语言学及应用语言学	050211	硕士	
38	理学 07	数学	0701	基础数学	070101	硕士	
39				计算数学	070102	硕士	
40				概率论与数理统计	070103	硕士	
41				应用数学	070104	硕士	
42				运筹学与控制论	070105	硕士	
43		物理学	0702	理论物理	070201	硕士	
44				粒子物理与原子核物理	070202	硕士	
45				原子与分子物理	070203	硕士	
46				等离子体物理	070204	硕士	
47				凝聚态物理	070205	硕士	
48				声学	070206	硕士	
49				光学	070207	硕士	
50				无线电物理	070208	硕士	
51	工学 08	机械工程	0802	机械制造及其自动化	080201	硕士	
52				机械电子工程	080202	硕士	
53				机械设计及理论	080203	硕士	
54				车辆工程	080204	硕士	
55		材料科学与工程	0805	材料物理与化学	080501	硕士	

续表 156

序号	学科门类及代码	一级学科		二级学科		授权类别	备注
		学科名称	学科代码	学科名称	学科代码		
56	工学 08	材料科学与工程	0805	材料学	080502	硕士	
57				材料加工工程	080503	硕士	
58		动力工程及工程热物理	0807	工程热物理	080701	硕士	具有博士一级学科授权
59				热能工程	080702	硕士	
60				动力机械及工程	080703	硕士	
61				流体机械及工程	080704	硕士	
62				制冷及低温工程	080705	硕士	
63				化工过程机械	080706	硕士	
64				能源环境工程	0807Z1	硕士	自主设置
65				能源材料与装备	0807Z3	硕士	自主设置
66				储能科学与工程	99J4	硕士	自主设置
67		电气工程	0808	电机与电器	080801	硕士	具有博士一级学科授权
68				电力系统及其自动化	080802	硕士	
69				高电压与绝缘技术	080803	硕士	
70				电力电子与电力传动	080804	硕士	
71				电工理论与新技术	080805	硕士	
72				电气信息技术	0808Z1	硕士	自主设置
73				可再生能源与清洁能源	99J1	硕士	自主设置
74				能源互联网	99J3	硕士	自主设置
75		电子科学与技术	0809	物理电子学	080901	硕士	
76				电路与系统	080902	硕士	
77				微电子学与固体电子学	080903	硕士	
78				电磁场与微波技术	080904	硕士	
79		信息与通信工程	0810	通信与信息系统	081001	硕士	
80				信号与信息处理	081002	硕士	
81		控制科学与工程	0811	控制理论与控制工程	081101	硕士	具有博士一级学科授权
82				检测技术与自动化装置	081102	硕士	
83				系统工程	081103	硕士	
84				模式识别与智能系统	081104	硕士	
85				导航、制导与控制	081105	硕士	
86				系统分析、运筹与控制	0811Z2	硕士	自主设置
87				信息安全	0811Z1	硕士	自主设置
88				人工智能	99J2	硕士	自主设置
89		计算机科学与技术	0812	计算机系统结构	081201	硕士	
90				计算机应用技术	081203	硕士	
91		土木工程	0814	岩土工程	081401	硕士	
92				结构工程	081402	硕士	
93				市政工程	081403	硕士	
94				供热、供燃气、通风及空调工程	081404	硕士	

续表 156

序号	学科门类及代码	一级学科		二级学科		授权类别	备注
		学科名称	学科代码	学科名称	学科代码		
95	工学 08	土木工程	0814	防灾减灾工程及防护工程	081405	硕士	
96				桥梁与隧道工程	081406	硕士	
97		水利工程	0815	水文学及水资源	081501	硕士	具有博士一级学科授权
98				水力学及河流动力学	081502	硕士	
99				水工结构工程	081503	硕士	
100				水利水电工程	081504	硕士	
101				港口、海岸及近海工程	081505	硕士	
102		化学工程与技术	0817	化学工程	081701	硕士	
103				化学工艺	081702	硕士	
104				生物化工	081703	硕士	
105				应用化学	081704	硕士	
106				工业催化	081705	硕士	
107		核科学与技术	0827	核能科学与工程	082701	硕士	具有博士一级学科授权
108				核燃料循环与材料	082702	硕士	
109				核技术及应用	082703	硕士	
110				辐射防护及环境保护	082704	硕士	
111				近代物理与核科学	0827Z1	硕士	自主设置
112		农业工程	0828	农业电气化与自动化	082804	硕士	
113		环境科学与工程	0830	环境科学	083001	硕士	
114				环境工程	083002	硕士	
115		软件工程	0835	软件工程	083501	硕士	
116	管理学 12	管理科学与工程	1201	工程与项目管理	1201Z1	硕士	具有博士一级学科授权
117				信息管理工程	1201Z2	硕士	
118		工商管理	1202	会计学	120201	硕士	具有博士一级学科授权
119				企业管理	120202	硕士	
120				旅游管理	120203	硕士	
121				技术经济及管理	120204	硕士	
122				能源管理	1202Z1	硕士	自主设置
123		公共管理	1204	行政管理	120401	硕士	
124				社会医学与卫生事业管理	120402	硕士	
125				教育经济与管理	120403	硕士	
126				社会保障	120404	硕士	
127				土地资源管理	120405	硕士	
共计 7 个一级学科博士学位授权点、23 个一级学科硕士学位授权点，127 个二级学科硕士学位授权点							

（三）教育教学与人才培养

1. 人才培养发展历史

1995 年大学组建以来，学校招生人数逐年递增，学位与研究生教育快速发展。

本专科生招生人数从 1995 年的 2014 人，增加到 2020 年的 5383 人。在校本专科生从 1995 年的 6635 人，增加到 2020 年的 24503 人。研究生招生人数也不断增加，从 1995 年的 160 人，增加到 2020 年的 3106 人。在校研究生从 1995 年的 403 人，增加到 2020 年的 11617 人。

2003 年 8 月 29 日学校成立了研究生院（筹）。

2. 创建研究生工作站

2005 年 11 月，学校在河北电力科学研究院设立了第一个研究生工作站，探索研究生培养的新途径。

截至 2020 年，学校先后在云南电网公司、华北电力科学研究院、国网北京经济技术研究院、湖南电力科学研究院、许继集团有限公司、广州艾博电力设计院、浙江七一电器股份有限公司等 52 家企业设立研究生工作站，进站研究生达数百名，130 余名企业专家被选聘为校外导师。

3. 获批全国工程教育研究生创新院校

1997 年学校获得了电气工程领域的工程硕士学位授予权，并于 1998 年开始招生。此后又陆续获得项目管理、动力工程、机械工程、环境工程、控制工程、计算机技术、电子与通信工程、工业工程、物流工程领域的工程硕士招生和学位授予权。

2009 年 9 月成立专业学位教育中心，挂靠研究生院开展工作，主要负责专业学位相关事宜，同年开始招收全日制专业硕士研究生。

2011 年 1 月，学校被评为“全国工程硕士研究生教育创新院校”，同时电气工程和项目管理两个领域获得“全国工程硕士研究生教育特色工程领域”称号。

4. 培养方案修订

学校不断更新观念，加大改革力度，先后在 2003 年、2008 年、2013 年和 2017 年对本科生人才培养方案进行修订。2018 年，学校新版人才培养方案在本科新生中全面实施，学生的课内学分从原来的 190 学分压缩到了 170 学分之内，增强教学计划弹性，给予学生更多的自主学习空间；推动多元化的教学模式方法改革，全面提高人才培养质量。

与此同时，学校不断推进研究生招生机制改革及以奖助体系改革为主要内容的研究生培养机制改革。加大硕博连读选拔力度。实现了一级学科内的生源统筹。同时，加强研究生导师队伍建设，继续完善校内外“双导师制”。

2017 年，学校结合国家能源战略改革对人才培养的全新要求，按一级学科 / 学位类别（领域）对学校 5 个一级博士学科、23 个一级硕士学科及 7 个类别专业学位的研究生培养方案进行了全面修订。同时，优化核心课程建设，面向学位课、实践课以及具有跨学科与交叉学科性质的研究型课程，立项资助了 60 门研究生优质课程建设。

2006 年，学校开始对博士生的培养工作进行重大改革，博士生由北京校部统一招收、统一培养、统一管理。学校对博士生课程设置、教学内容与方式进行改革，规范了博士研究生培养的各个环节。

5. 建设现状

学校把人才培养作为中心工作，形成了“厚基础、重实践、强能力、求创新”的人才培养特色，成为教育部首批“卓越工程师教育培养计划”实施高校，发起成立“电力行业卓越工程师培养校企联盟”。学校现有 15 个国家级一流专业，11 个国家级特色专业，4 个国家战略性新兴产业相关专业，12 门国家级一流课程，2 个国家级教学团队，1 名国家级教学名师，3 个国家级实验教学示范中心，3 个国家级工程实践教育中心，3 个国家级虚拟仿真实验教学中心，1 个国家级人才培养模式创新实验区。

表 157　　华北电力大学本科专业设置一览表（2020 年）

北京校部			保定校区		
学科	大类	专业	学科	大类	专业
工学	电气类	电气工程及其自动化	工学	电气信息类	电气工程及其自动化
		智能电网信息工程		电子信息类	通信工程
					电子信息科学与技术

续表 157

北京校部

学科	大类	专业
工学	电子信息类	通信工程
		电子信息工程
		电子科学与技术
	能源动力类	能源与动力工程
		新能源科学与工程
	土木类	建筑环境与能源应用工程
	材料类	材料科学与工程
		新能源材料与器件
	机械类	机械工程
	水利类	水利水电工程
		水文与水资源工程
	核工程类	辐射防护与核安全
		核工程与核技术
	仪器类	测控技术与仪器
	自动化类	自动化
	计算机类	计算机科学与技术
		软件工程
		物联网工程
		信息安全
		智能科学与技术
	环境科学类	环境科学
	化学类	应用化学
	管理科学与工程类	工程管理
		信息管理与信息系统
管理学	电子商务类	电子商务
	工商管理类	财务管理
		工商管理
		会计学
		人力资源管理
		市场营销
	物流管理与工程类	物流管理
	公共管理类	公共事业管理
		行政管理
经济学	金融学类	金融学
	经济学类	经济学
理学	数学类	信息与计算科学

保定校区

学科	大类	专业
工学	机械类	机械工程
		智能制造工程
	能源动力	热能与动力工程
	土木类	建筑环境与能源应用工程
	仪器类	测控技术与仪器
	自动化类	自动化
		机器人工程
	环境科学与工程类	环境工程
	化学类	应用化学
	化学类	应用化学
	化工与制药类	能源化学工程
	计算机类	计算机科学与技术
		软件工程
		网络工程
		信息安全
		智能科学与技术
管理学	工商管理类	会计学
		工商管理
	公共管理类	公共事业管理
	管理科学与工程类	信息管理与信息系统
		工程造价
	工业工程类	工业工程
经济学	经济学类	经济学
理学	数学类	信息与计算科学
		数据科学与大数据技术
	法学类	法学
文学	外国语言文学类	英语
		翻译
艺术学	设计学类	产品设计

续表 157

北京校部			保定校区		
学科	大类	专业	学科	大类	专业
理学	数学类	数据科学与大数据技术			
	物理学类	应用物理学			
文学	外国语言文学类	英语			
		翻译			
	新闻传播学类	广告学			
法学	法学类	法学			

（四）科学研究

1. 建设历史

“九五”期间，学校共获科研经费 9531 万元。2005 年，学校研究确定了“国字头”科研战略，即围绕国家创新体系建设，精心组织，重点培育，建设一批国家级重点科研平台、建设国家级科研团队、承担国家级重大项目以及取得国家级奖励，增强学校的科研实力和核心竞争力。

2009 年，学校组建了重大项目管理办公室，进一步加强对重大项目的策划与过程管理。

2011 年 9 月，科技处、重大项目管理办公室合署办公。2012 年 8 月，科学技术研究院正式成立，进一步加强了科研工作的规划及发展战略研究和过程管理。

21 世纪以后，学校承担了包括国家重大专项、“973 计划”、“863 计划”、国家科技支撑计划、国家基金重点重大项目等在内的国家级科研任务多项。其中 2009—2011 年连续三年主持三项“973 计划”项目。

2. 建设现状

学校积极参与国家创新体系建设，在新能源、特高压、智能电网、清洁煤电、核电等重要领域都取得了显著成果，现建有 3 个国家级科技创新平台、1 个国家级国际科技合作基地，6 个高等学校学科创新引智基地，以及 29 个省部级科技平台及研究基地，学校入选国家创新人才培养示范基地。科研经费快速增长，2020 年，科研合同经费达到 8.18 亿元。科技论文国际三大检索排名在教育部直属高校中位居前列。学校首次获批国家自然科学基金重大项目，以第一完成单位身份获省部级科技成果奖 13 项。

学校依托大学理事会平台，不断深化产学研合作，与国内外 100 余家大型能源电力企业达成战略合作关系，共建“智能电网协同创新中心”“智能发电协同创新中心”“能源互联网学院”等一批重点校企合作平台，共同承担重大研发项目，加快科技成果开发与产业化；学校多方位构建政产学研合作平台，与 20 余家地方政府签署战略合作协议；学校积极推进校际合作，作为主要发起单位参与组建北京高科大学联盟，实现高校之间的优势资源共享互补，促进校际协同创新。

3. 国家重点实验室等科研平台建设

进入 21 世纪后，学校不断加大科研平台建设力度，经过十几年的努力，建设了以新能源电力系统国家重点实验室为标志的一大批国家和省部级重大科研平台。

2006 年，学校通过学科交叉融合，在可再生能源发电并网控制、智能装备基础理论与关键技术、特高压输变电系统关键电磁问题等重大科研领域取得了突破。

2009 年 2 月，国家发展和改革委员会批准依托学校建设“生物质发电成套设备国家工程实验室”。

2009 年 10 月底，“国家火力发电工程技术研究中心”获得科技部正式发文批准建设。中心成立以来，承担了包括国家“十二五”支撑项目、“863 计划”等多项国家项目。

2011 年 3 月 29 日，新能源电力系统国家重点实验室进入建设行列。

2012 年，生物质发电成套设备国家工程实验室被列为2012年第七批挂牌中关村开放实验室。

2014年，国家重点实验室在包括新能源发电过程特性与复合建模、大机组快速深度变负荷控制理论与关键技术、交直流混成电网运行与控制理论等在内的研究方向取得了显著成就。

2018年，“新能源电力系统”国家重点实验室再次以优秀的业绩接受了国家评估验收。

4. 创建研究院、研究中心

建设研究院和研究中心是学校贯彻落实国家创新驱动发展战略，拓展学校办学空间、推进校地共同发展的重要举措。

2009年10月，学校与苏州市签署了全面合作协议。2010年7月，华北电力大学苏州研究院正式揭牌。

2013年7月，华北电力大学与新疆生产建设兵团签署了战略合作协议，2014年9月，华北电力大学新疆生产建设兵团研究院揭牌。

2017年4月8日，华北电力大学扬中智能电气研究中心、华电（江苏）智能电气创新产业园落户扬中高新区。2017年5月17日，学校与张家口共建“张家口可再生能源发展与技术研究院”。

2018年6月9日，学校成立国内首家能源交通融合发展研究院，这是由科技部、教育部、交通运输部、国家能源局四部委联合支持的高起点、高标准和独立运行的第三方智库机构。2018年7月21日，学校在已有材料研究基础上成立了先进材料研究院。

2019年9月7日，回天治理研究院成立。回天治理研究院为华北电力大学人文与社会科学学院设置的独立研究机构，依托人文与社会科学学院优势资源，实现研究平台和学科建设同步推进。2019年10月27日，华北电力大学成立乐清智能电气产业创新研究中心。2019年9月23日，华北电力大学成立人工智能学院。2019年11月22日，华北电力大学复杂能源系统智能计算教育部工程研究中心获批培育建设，为学校“人工智能 + 能源电力”交叉学科的布局注入强大的新生力量。2019年12月11日，华北电力大学核机器人研究中心成立。该中心主要致力于核领域智能机器人装备的创新研究、产品研发和市场化，引领行业发展，服务于我国核工业和国防现代化。

（五）师资队伍

大学成立后，学校坚持办学以人才为本，大力实施“人才强校”战略，通过启动劳动人事和分配制度改革、实施“151人才工程”等重要举措，创新用人机制，激发人才活力，不断提高学校的核心竞争力。

2000年6月，校部将原有31个党政管理和直属机构，精简为党政管理机构16个、群团组织2个、直属单位4个。学校实施处级干部竞聘上岗。

2001年5月，学校决定实施“151人才工程”，即建设一支以10名左右有突出贡献的学科带头人、50名左右优秀中青年学术骨干、100名左右青年学术骨干培养对象为主体的教师队伍。共有209名教师入选“151人才工程”。

从2004年开始，先后推出了责任教授制度、创新人才支持计划、“杰出人才引进计划”等人才支持计划。

2007年10月，学校制定了人事制度改革的“二十条”。从2007年开始，大力推进教师分类管理和院系二级管理，加大向一线教师倾斜，向教学、科研倾斜的力度。

2008年6月，学校出台了《华北电力大学推进青年教师“博士化 国际化 工程化”若干规定》。十年间，学校共引进博士学位教师243人，同时分别选派245人赴国内外知名大学和科研机构攻读博士学位或进入博士后流动站。

2012年1月，学校制定了《进一步深化人事制度改革原则意见》，从健全全员考核制度，完善考核评价体系，建立与考核结果相一致的校内转岗和退出机制；调整校内津贴结构，加大分配改革力度，进一步向优秀人才和关键岗位倾斜；严格岗位管理，推进全员聘任，打破专业技术职务终身制；整合职能，精简机构，加强管理，提高效能，推进管理重心下移等方面提出了改革事项。

2012年7月，学校出台了教师绩效考核及校内津贴调整的新方案，实施了教师绩效考核改革。初步建立了校院（系）两级考核制度。

2013 年，学校创新人才工作模式，独立设置人才工作办公室。人才办重在负责统筹学校各级各类新进人员的招聘、遴选及高层次引进人才的聘后服务管理工作。2013 年底，学校进一步规范新进人员的聘用模式，建立 4+N 聘用模式。首次聘用合同期为 4 年。首聘结束时，各考核责任单位对其进行综合评价，并给出聘与不聘或者再与其签订四 4 年固定期限合同等考核结论。

2017 年，学校再次修订了专业技术职务评聘办法，对教师实行分类评价，评聘进一步向教学倾斜；加强对教学质量尤其是课堂教学质量的评价等。

2018 年上半年，启动“三定”（定岗、定编、定责）工作。在全校范围内重新梳理部门职能，明确部门的岗位数量和职责，规范工作流程，进一步强化编制、岗位和人员管理，完善聘用制度。

（六）基础建设

1. 北京校部建设历史

1991 年，北京动力经济学院昌平朱辛庄新校区建设初具规模，1992 年，一期工程相继竣工并交付使用，地上建筑面积为 40846 平方米；1993 年至 1995 年，行政办公楼等相继竣工并投入使用，建筑面积增加到 63020 平方米。

1996 年至 2004 年，学校相继在一期土地上建设了图书馆等建筑物，建筑面积共计 28762 平方米。

1996 年 12 月，北京校区在一期土地南侧征用 90 亩土地（二期），其中建设用地 86.4 亩土地。2005 年，二期土地规划建设项目全部完成，地上建筑总计 44968 平方米。

2003 年 4 月，北京校区在一期土地东侧征用 131 亩土地（三期），其中建设用地 83.75 亩。2005 年，三期土地规划建设项目全部完成，建筑面积总计 94751 平方米。

2004 年 8 月，学校租赁紧邻学校东边宿舍区三合庄村的土地 48 亩，用于体育场的建设，土地租赁期为 30 年。

2006 年 10 月 9 日，北京市政府正式批准学校征用校园西部 248.9 亩的土地（四期），其中建设用地 189 亩。2007 年，学校启动四期土地的建设，四期土地规划了集教学、科研、行政办公等功能于一体的主楼。设计为 7 栋单体建筑相连，分两期建设。中间五座为一期工程，总建筑面积 176748 平方米。2009 年 10 月 26 日，学校举行了主楼一期工程启用仪式。二期南北两座于 2017 年 7 月 27 日投入使用，建筑面积为 63964 平方米，主楼总建筑面积达到 240712 平方米。

此外，2011 年至 2020 年，学校对一期土地的规划进行了调整。建设了 13 号至 16 号学生宿舍、附属幼儿园等建筑，累计增加建筑面积 52880 平方米。2014 年锅炉房改造工程完成，北京校部供暖由煤炭改为天然气，校园全面实现了清洁能源改造。

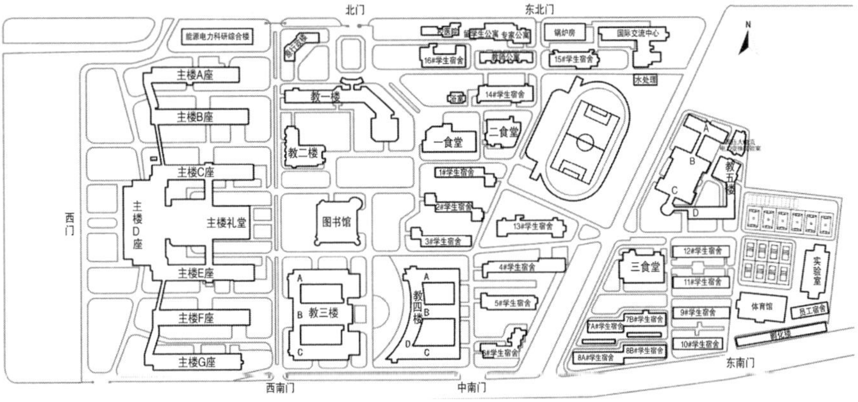

图 46　华北电力大学北京校部平面图

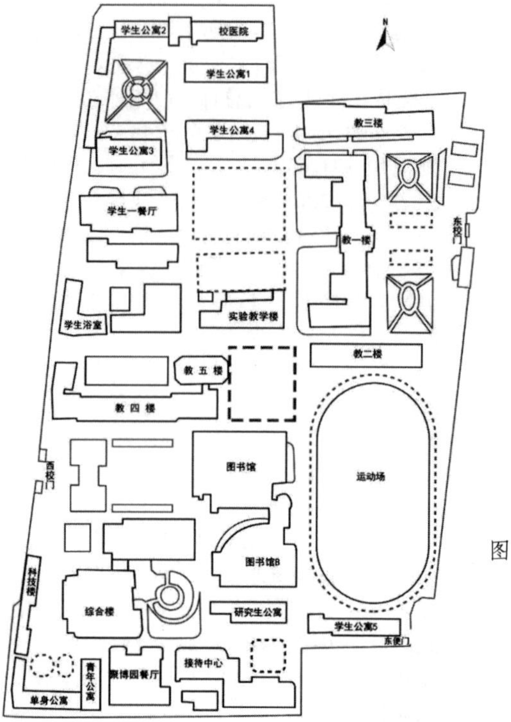

图47 华北电力大学保定一校区平面图

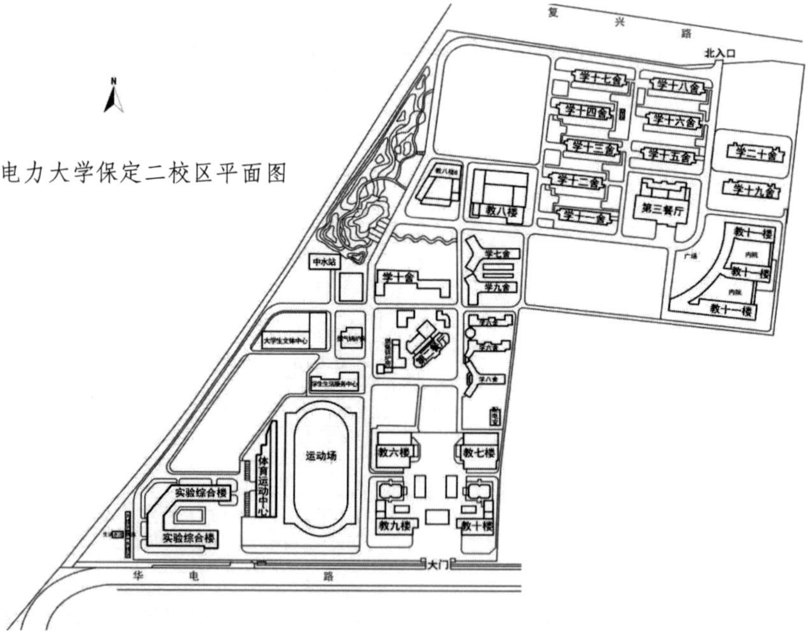

图48 华北电力大学保定二校区平面图

2. 保定校区建设历史

2003 年，学校在保定二校区新征 140.8 亩土地。2004 年，学校征得 146 亩原保定师专的校园作为科技学院办学用地。2006 年，学校在保定二校区就近新征土地 119.5 亩。2011 年又在保定二校区征地 42.8 亩。通过持续拓展，二校区校园面积达到 523.7 亩。至此，学校保定校区总占地面积达到约 979 亩（其中，一校区占地 201 亩，二校区占地 523.7 亩，科技学院占地 146 亩，家属院占地 108 亩）。

2002 年，保定校部建成了 26214 平方米的图书馆；2001—2003 年，保定校部相继完成了二校区 9 至 12 号学生公寓的建设。

从 2004 年起，保定校区先后建成教九楼到教十一楼、实验综合楼等教学设施，在二校区建成了 13—20 号学生宿舍和餐厅、文体中心等服务设施，较好地满足了学校快速发展的需求。

三、2020 年学校基本情况

2020 年，华北电力大学占地面积 94.72 万平方米，产权校舍建筑面积 114.22 万平方米。图书馆建筑面积 3.79 万平方米。全年教育经费投入 200429.85 万元。固定资产总值 422657.95 万元。学校由教育部举办，为理工院校，设有北京校部和保定校区，设置学院 14 个，教学部 1 个，另设有国际教育学院、研究生院、继续教育学院、艺术教育中心和工程训练中心。开设 67 个本科专业，“双一流”建设学科 1 个，国家级一流本科专业建设点 2 个。国家重点实验室 1 个、国家工程技术研究中心 1 个、国家工程实验室 1 个；省、部级设置的研究（院、所、中心）、实验室 22 个。教职工 2994 人，其中，专任教师 1998 人，包括正高级 433 人、副高级 881 人；博士生导师 318 人、硕士生导师 1161 人；工程院院士 2 人。在校生 46676 人。学校网址：www.ncepu.edu.cn。

附表：

表 158　　中共华北电力大学委员会历任书记一览表（1995—2020 年）

书记	任职时间	书记	任职时间
查克明	1995 年 8 月—1996 年 8 月	吴志功	2006 年 3 月—2017 年 5 月
曾亨炎	1996 年 10 月—2001 年 1 月	周　坚	2017 年 5 月—
徐大平	2001 年 1 月—2006 年 3 月		

表 159　　华北电力大学历任校长一览表（1995—2020 年）

校长	任职时间	校长	任职时间
查克明	1995 年 8 月—1996 年 8 月	刘吉臻	2001 年 1 月—2016 年 11 月
徐大平	1996 年 8 月—2001 年 1 月	杨勇平	2016 年 11 月—

（执笔人：刘　斐）

中华女子学院

中华女子学院是全国妇联所属、教育部批准备案的全国第一所公办全日制本科女子普通高等学校。学校英文名称为 CHINA WOMEN'S UNIVERSITY（简称 CWU），注册地为北京市朝阳区育慧东路 1 号。

中华女子学院前身是 1949 年 8 月 15 日由宋庆龄、何香凝、蔡畅、邓颖超等革命前辈创建的新中国妇女职业学校，后更名为中华全国妇女联合会妇女干部学校。1984 年 7 月学校升格为全国妇联管理干部学院，1987 年 8 月更名为中国妇女管理干部学院，1995 年 8 月更名为中华女子学院。2002 年 2 月经教育部批准，学校转制为本科层次的普通高等学校。

学校坚持社会主义办学方向，贯彻党的教育路线方针，遵循高等教育发展规律，贯彻男女平等基本国策，始终与国家经济社会发展同步、与高等教育事业发展同行、与世界妇女进步事业发展同向。自建校以来，通过举办普通高等教育和成人教育，共为国家培养了 7 万多名女性人才。

一、学校沿革

1949 年 7 月，全国民主妇联接管了已有 30 年办学历史的河北省立北平女子职业学校（1919—1949 年），并更名为新中国妇女职业学校。校址位于北京市西城区地安门西大街 103 号。1950 年 7 月，更名为中华全国民主妇女联合会妇女干部学校。1961 年 3 月，根据中共中央关于精简机构的精神，全国妇联党组决定停止办学。1978 年 9 月，全国妇联党组决定恢复办学。1984 年 3 月，更名为全国妇联管理干部学院，升格为成人高等学校。1987 年 8 月，更名为中国妇女管理干部学院，招生扩大到社会各界。1995 年 8 月，更名为中华女子学院，迁址于北京市朝阳区育慧东路 1 号。2002 年 2 月，经教育部批准转制为普通高校。2019 年 12 月，加挂“全国妇联干部培训学院”牌子，学校发展迈入新的历史阶段。

学校是全国文明单位，拥有一批国家级省部级教学团队、教学名师、国家督学，设有全国第一个设立的女性学专业、联合国副秘书长任荣誉教授的全球女性发展研究院、全国唯一的中国女性图书馆及家庭建设研究院。学校是商务部发展中国家妇女人才短期培训项目和硕士学历学位项目实施单位、北京市“一带一路”国家人才培养基地项目实施单位，还是联合国教科文组织“媒介与女性”联合教席单位、中外女校校长论坛发起单位、世界女子教育联盟成员、中国女子高等院校联盟理事长单位。

着眼未来，学校将继续坚持“质量立校、特色兴校、人才强校、环境美校”的治校方略，以提高人才培养质量为统领，深化综合改革，破解发展难题，厚植办学特色，在新时代党的妇女培训与高等教育事业的征程中迈出更加坚实的步伐。

二、院系设置

1991 年，学校设有 4 系、1 部和 1 个分院，即妇女工作管理系、学前教育管理系、法律系、秘书系、理论部和山东分院。1995 年更名为中华女子学院后，不断新增、调整院系设置，以规范普通本科教育，适应学科建设和发展的需要。截至2020年底，设9个二级学院、4系、2部。

1993年，增设外语系、经济管理系。原妇女工作管理系并入社会工作管理系。1996年，增设艺术系；社会工作管理系更名为社会工作与行政管理系。

1998年，学校与韩国高丽明进（株式）会社签订合作办学协议，成立中华高丽（职业）学院，为独立法人单位。2002年3月变更为学校二级学院。

2000年，增设计算机系。2001年8月，增设女性学系。2002年9月，调整了秘书系专业方向，更名为人力资源管理系。

2003年，培训中心改建为继续教育学院（二级学院），增设金融系，社会工作与行政管理系更名为社会工作系。

2005年，学前教育管理系更名为学前教育系；基础教育部更名公共教学部；2006年，新增体育教学部。

2008年，调整为5个二级学院，即社会与法学院、管理学院、教育学院、艺术学院、高等职业教育学院。

2009年，新增对外汉语系。2010年5月，教育学院更名为儿童发展与教育学院。

2011年，将社会与法学院调整为法学院、性别与社会发展学院2个二级学院；公共教学部更名为思想政治理论教学部。

2015年，撤销性别与社会发展学院，分设为社会工作学院和女性学系；将艺术学院的播音与主持艺术专业、文化产业管理专业和汉语国际教育系进行整合，成立文化传播学院；设立国际教育学院；撤销汉语国际教育系。

截至2020年底，学校设有9个二级学院、4系、2部，即管理学院、儿童发展与教育学院、艺术学院、社会工作学院、文化传播学院、法学院、高等职业教育学院、继续教育学院、国际教育学院、女性学系、外语系、计算机系、金融系、思想政治理论教学部和体育部。

表160　中华女子学院院系部设置一览表（2020年）

序号	系部名称	序号	系部名称
1	管理学院	9	国际教育学院
2	社会工作学院	10	女性学系
3	高等职业教育学院	11	计算机系
4	儿童发展与教育学院	12	金融系
5	文化传播学院	13	思想政治理论教学部
6	继续教育学院	14	外语系
7	艺术学院	15	体育部
8	法学院		

三、学科专业建设

自2002年学校从成人高等教育院校转制为普通本科院校，学科和专业一体化建设不断推进，逐步形成以服务妇女、家庭、儿童为重点和特色的学科专业群。截至2020年，设有24个本科专业，涵盖法学、教育学、管理学、经济学、文学、艺术学、工学7个学科门类。一级学科12个，1个专业硕士学位授权点。

2002年，学校开始构建“三个支柱、三位一体、富有特色”的学科体系，即以经济、法学、管理3个一级学科为主干，以保险、金融、工商管理、公共管理、法学、社会工作等二级学科为主体，突出女性学、社会工作、学前教育等学科专业特色，逐步形成应用、特色、融合三位一体、多学科发展的学科体系。

2003年，北京市学位委员会（京学位〔2003〕4号）批准中华女子学院法学、社会工作和会计等3个专业获得学士学位授予权。

2004年，开办女性学辅修专业。5个系38名学生参加了女性学辅修专业课程的学习。

2005年，学校女性学与学前教育学分别

被列为北京市教委的重点学科，并获得 100 万元的研究经费。

2006 年 3 月，教育部（教高字〔2006〕1 号）正式批准在中华女子学院开设第一个女性学本科专业。女性学专业首次列入高等教育本科专业目录。

2007 年，社会工作专业被评为北京市和国家级特色专业建设点。

2007 年，学校与东北师大签订协议，联合培养法学、管理学、教育学 3 个学科涉及社会工作、女性学、会计学、法学、学前教育 5 个专业的研究生。2009 年新增与东北师大联合培养金融学硕士协议。

2008 年，社会工作和学前教育 2 个专业被评为 2008 年北京市级特色专业建设点。其中，社会工作专业被确定为教育部第二批高等学院特色专业建设点，学前教育专业被确定为教育部第三批高等学院特色专业建设点。2009 年 6 月，女性学专业获批为 2009 年北京市特色专业建设点及国家级特色专业建设点。

2008 年，第一届联合培养学前教育、会计学和民商法学专业的研究生入学。硕士研究生培养工作列为学校“十一五”规划重点项目之一。

2010 年，社会工作专业获批双学位招生，授法学学士学位。

2013 年，首次招收社会工作专业研究生，招收领域为妇女服务与妇女维权。学校办学层次跃上了新台阶。

2016 年，社会工作专业硕士（女性领导力与社会发展）项目实施，学校首次招收国际学生，培养发展中国家的女官员。

2017 年，入选北京市“一带一路”国家人才培养基地项目学校。

2018 年，获批北京地区硕士学位授予单位和社会学、法学、社会工作、教育硕士学位授权点三年建设规划立项。

2019 年，女性学、学前教育 2 个专业被评为北京市一流本科专业建设点。

2019 年，服务国家特殊需求人才培养项目社会工作硕士专业学位研究生培养试点工作单位顺利通过项目验收。

2020 年，申报硕士学位授予单位和社会工作硕士、教育硕士、法律硕士 3 个硕士专业学位授权点，顺利通过了北京市学位委员会的审核。

2020 年，学前教育、法学 2 个专业被评为国家一流本科专业建设点；社会工作专业被评为北京市一流本科专业建设点。

2020 年，获批招收第二学士学位教育学生，包括法学、金融学、社会学、社会工作、播音与主持艺术、女性学、英语共 7 个专业。

表 161　　中华女子学院本科专业设置一览表（2020 年）

序号	专业名称	所属学科门类	设置时间	所属单位	备 注
1	法学	法学	1999 年	法学院	
2	女性学		2006 年	女性学系	
3	社会工作		1997 年	社会工作学院	
4	社会学		2008 年		
5	会计学	管理学	1996 年	管理学院	
6	人力资源管理		2002 年		
7	市场营销		2010 年		2018 年起暂停招生
8	财务管理		2003 年		
9	审计学		2008 年		2020 年起暂停招生
10	旅游管理		2007 年		
11	学前教育	教育学	2001 年	儿童发展与教育学院	
12	应用心理学		2009 年		
13	视觉传达设计	艺术学	2003 年设置 2013 年调整	艺术学院	

续表 161

序号	专业名称	所属学科门类	设置时间	所属单位	备 注
14	服装与服饰设计	艺术学	2003 年设置 2013 年调整	艺术学院	
15	表演		2018 年		2019 年开始招生
16	环境设计		2003 年设置 2013 年调整		2020 年起暂停招生
17	播音与主持艺术		2007 年	文化传播学院	
18	文化产业管理	管理学	2009 年		2018 年起暂停招生
19	汉语国际教育	文学	2009 年		
20	网络与新媒体		2018 年		
21	英语		2004 年	外语系	2018 年起暂停招生
22	数字媒体技术	工学	2018 年	计算机系	
23	计算机科学与技术		2004 年		2020 年起暂停招生
24	金融学	经济学	2004 年	金融系	

说明：2020 招生的专业 16 个，涵盖法学、教育学、管理学、经济学、文学、艺术学、工学 7 个学科门类

表 162　　中华女子学院专科专业设置一览表（2020 年）

序号	专业	备注	序号	专业	备注
1	学前教育		3	旅游管理	2019 年起停招
2	社区管理与服务	2019 年起停招			

四、人才培养

学校成立后，人才培养先是以成人高等教育为主，1995 年学校更名为中华女子学院，1996 年开始招收普高本科学生，2002 年学校由成人高校正式转制为普通高等学校后，转向以本科层次的普通高等教育为主，不断扩大研究生教育和留学生教育。

1996 年，招收首届普高本科生，设会计学、文秘与办公自动化 2 个专业，招生 80 人，分布于全国 10 个省、自治区、直辖市。

1999 年，开始招收普通高职，设文秘与办公自动化、法律、学前教育、计算机应用技术 4 个专业，招生 170 人。

2002 年，教育部下发关于同意中华女子学院设置为本科院校的通知（教发函〔2002〕12 号），学校转制为普通本科学校。当年在校生达到 2802 人，普高生和成高生的比例为 1∶1。

2002 年，学校召开转制后首届本科教学工作会议，出台了《中华女子学院加强本科教学工作全面提高教学质量行动计划》。

2003 年和 2004 年，分别获得招收外国留学生、港澳台（侨）留学生资格。

2005 年，学校普高招生规模达 1400 人，其中本科 1000 名，高职 400 名。在校生规模达到 3600 多人。2006 年、2007 年招生规模均保持在 1500 人以上。

2008 年，“小组工作课程”被评为 2008 年度北京市精品课程；“社会工作专业教学团队”被评为 2008 年北京市优秀教学团队。2008 年，学校“妇女儿童发展与教育实验教学中心”顺利通过了北京市实验教学示范中心评审专家组的评审，被评为北京市实验教学示范中心。“工商管理类‘女大学生创业教育’课程体系研究与实践”和“本科女子院校通识教育体系建设研究与实践”2 个项目获批为 2008 年北京市高等学校教育教学改革立项项目。

2010 年，“妇女社会工作和”“婚姻家庭继承法学”两门课程获批北京市级精品课

程，社会工作专业教学团队被评为2010年国家级优秀教学团队。

2012年，张李玺教授主编的《妇女社会工作》入选第一批“十二五”普通高等教育本科国家级普通高等教育本科国家级规划教材；刘萌教授主编的《文书与档案管理》入选教育部“十二五”职业教育国家规划教材。

2014年，王练教授编著的《学前卫生学》入选教育部第二批“十二五”普通高等教育本科国家级规划教材；侯典牧主编的《人员测评原理与方法》入选教育部第一批“十二五”职业教育国家规划教材。

2017年，学校通过教育部本科教学工作审核评估。

2018年，成立育慧书院，启动“卓越女性人才培养计划”；开设首期小学期国际课程，全校近300名学生参加全英文授课课程。

2019年，“女性学导论”“社区工作”“幼儿音乐教育与活动指导”3门课程，《学前卫生学》教材，《女性学导论》《语言学概论》2门课程课件，分别获评北京高校优质本科课程和优质本科教材课件。

2020年，“女性领导力与个性发展”“女性/性别社会学”“功能性服装设计项目课程”3门课程，《幼儿园游戏与指导》《主持人即兴口语表达》两本教材，“马克思主义基本原理概论”课程课件，分别被评为北京高校优质本科课程、教材和课件。

截至2020年，普高教育毕业生23660人，其中，硕士研究生271人，普高本专科生23389人（本科生15669人，专科生7720人）。招生29153人，其中，硕士研究生424人，普通本专科生28729人（本科生20317人，专科生8412人）。

五、成人教育

学校始终致力于培养适应经济社会发展的优秀女性人才，学校成立后，人才培养先是以成人高等教育为主，后逐步转制为普通高等教育。在办好普高教育的同时，成人高等教育和妇女干部培训也一直是学校的重要工作。

（一）成人高等学历教育

1991年，学校设有两年制成人专科专业4个，即妇女工作管理、法律、秘书、学前教育管理专业。1993年10月，开设妇女工作管理专业“专升本”班，并于当年正式招生。

1991年6月，学校在成人高校评估活动中被评为A级。1997年11月，学校被评为“全国成人高等教育评估优秀学校”；1997年12月，妇女工作管理和学前教育管理专业被评为“北京市成人高等学校特色专业”；1998年2月，学校被评为“北京市成人高等学校示范校”。

2013年，学校接受了北京市教委对成人学历教育京内教学站的评估，对京内校外教学站的办学情况进行了全面梳理并继续举办成人高等教育。

2016年，适应高等教育发展大势，暂停成人高等学历教育招生。2019年，成人高等教育学生全部毕业。

（二）妇联干部、妇女干部培训工作

1. 国内培训

1991年，学校成立培训中心，以全面提高妇女干部素质，大力培养适应社会需求的各类女性专门人才为宗旨。2003年11月，在培训中心基础上，成立继续教育学院（二级学院），集中管理和实施成人学历教育和非学历教育。2019年，学校加挂全国妇联干部培训学院牌子，进一步全面开展妇联、妇女干部培训工作。截至2020年，学校举办各类培训715期，共培训64116人。其中，全国妇联系统岗位、妇女干部培训508期，培训42872人；其他短期培训班（项目、职业技术、进修、补习、辅导班）207期，培训21244人。

2. 援外短期培训

学校高度重视国际化发展，积极落实习近平总书记系列重要讲话精神和国家发展战略，着力推进中国妇女民间对外交流交往的重要窗口建设。学校2012年获批商务部援外培训承办单位，从2013年起开始承担商务部委托的短期援外培训任务。截至2019年底，已成功举办商务部援外短期项目培训

班19期，来自亚洲21个国家、非洲25个国家、欧洲5个国家、大洋洲5个国家、南美洲6个国家、北美洲10个国家等共72个发展中国家的655名女官员来校参加研修和学习。2017年，学校成为首批26个北京市“一带一路”国家人才培养基地之一。2019年3月，学校举办第一期“一带一路”国家人才培养基地项目卓越女性领导力培训班，来自泰国、越南、老挝、巴基斯坦、尼泊尔等国家高校和妇女组织的22位女性学员参加培训。2019年11月，学校承办中共中央对外联络部主办的“第一期外国政党妇女干部专题研修班”，来自亚非拉美大洋洲13个国家14个政党的27名妇女干部参加了培训。

六、科学研究

学校科研工作立足于学校的办学定位，围绕学校中长期发展目标，加强妇女—性别理论研究，宣传马克思主义妇女观和男女平等基本国策，发挥了促进男女平等、服务妇女进步发展的特殊作用，在妇女—性别理论、妇女法律、妇女教育、儿童发展等研究领域的学术影响力明显提升。

1991年，创办《中国妇女管理干部学院学报》季刊，面向国内外公开发行。1996年更名为《中华女子学院学报》（以下简称《学报》）。

1991—1994年，学校教师多次参加国内外学术研讨会；承担联合国教科文组织的课题“北京农村女性流动人口状况的研究”；编写并出版《中华人民共和国妇女权益保障法释义与问答》《我国刑法对妇女儿童合法权益的保护》；承担“科技领域女性少的原因”课题的研究；编写出版《怎样培养孩子能力——父母与儿童发展》；完成国家“八五”课题，出版《中外妇女就业透视》一书。

1995—1998年，学校教师共出版专著以及教材52本，合著或参编著作41本，译著3本；共有16篇论文、3部著作在院外各种评选活动中获奖。所承担的省部级以上课题7项，其中2项为全国教育科学规划部委重点课题，1项为国家社会科学基金青年项目。

1996年，成立学术委员会。1998年，学校设立科研处，负责科研管理工作。1999年，学校开始设立校级科研课题，使科研立项形成国家、地方、学院、系部多层次的格局。组织了首届优秀科研成果奖的评奖。2000年，学校对教师科研工作量有了具体要求，科研经费突破百万，省部级以上刊物上发表论文49篇，出版各类著作17本。2000年起，《学报》从季刊改为双月刊。

“十五”期间（2001—2005年），学校引进科研经费近百万元，推动了科研工作的持续发展。科研中心设计并开发了“中华女子学院科研成果数据库”。教师共发表学术论文527篇，其中，在核心期刊发表论文85篇；出版著作206部；各级科研课题71项，其中，国家部委课题1项，北京市级课题6项，省级学术机构和全国级学会课题12项，横向合作课题4项，校级课题48项。

“十一五”时期（2006—2010年），国家级科研立项课题实现“零”的突破，省部级立项课题数是“十五”时期的8倍，在核心期刊发表论文数、出版学术专著数、省部级优秀科研成果获奖数中，妇女/性别研究成果占有较大比重。《中国妇女教育发展报告》（蓝皮书）和《学报》在同行中产生了较大反响，妇女/性别研究、妇女教育研究等达到国内先进水平；评审出5个学术团队；启动3个非实体科研中心。

“十二五”时期（2011—2015年），2015年的科研经费比2011年翻了一番；省部级及以上科研课题（项目）立项数稳步增长，国家社科基金立项年均两项；教职工在中文核心和权威期刊上发表论文数稳步增长（年均近100篇）；学校高度关注妇女和社会性别研究，连年资助出版性别研究丛书。女性图书馆妇女口述史项目得到社会广泛关注，妇女/性别研究特色进一步凸显。成立了3个实体研究中心和25个非实体研究中心。

2016年，获批国家社科基金项目立项8项，创近年来最好成绩，得到了全国妇联领导的肯定；获批教育部人文社科项目2项。召开了学校近年来首次全校性科研工作会议。举办了《妇女口述史丛书》首发仪式，该套丛书为了解新中国女性参与社会发展提供了重要资料，具有重要的史料价值和研究价值。

2020年，学校获批国家社科基金、教育部人文社科项目、北京市教育科学“十三五”规划项目各1项，科研工作努力克服新冠肺炎疫情影响，开拓线上交流渠道，及时有针对性地开展了“应急科研专项研究”。组织召开了“马克思主义妇女理论学科建设”研讨会，进一步明确了马克思主义妇女理论学科化的目标、路径和具体的实现措施。学校成立了新时代中国特色社会主义妇女理论研究院，深化和拓展中国特色社会主义妇女发展理论研究。

七、师资队伍建设

学校高度重视并不断加强师资队伍建设，坚定不移地实施人才强校战略，大力加强高层次人才的引进和培养，逐步建立起一支满足人才培养需要，结构合理、教学水平高、科研能力较强的师资队伍。

1991年，教职工总数129人。1993年，学校实施全员聘任制。1995年，教职工总数167人，其中，专任教师总数69人（高级17人，中级36人，初级16人）。

2002年，引进各类人才24人，其中博士3人，硕士12人，教授、副教授4人。在读博士学位的8人，申请读博的6人，在读硕士25人。

2010年7月，社会工作专业教学团队获批为2010年国家级优秀教学团队。

2011年3月，学校成立中华女子学院教授协会。4月，学校成立“教师教育教学能力发展中心”。

截至2020年12月31日，学校教职工总人数471人；其中，专任教师342人（正高职称30人，副高职称85人）。国家级高层次人才3人，省部级高层次人才6人，享受国务院政府特殊津贴教授8人，北京市青年英才计划14人，省部级优秀教学团队4个。1人获北京市优秀本科教学管理人员、1人获教学名师。

八、交流与合作

作为全国妇联对外交流的重要窗口和对外妇女高等教育交流中心，学校对外交流工作围绕“为经济社会发展服务、为妇女发展服务、为妇女国际交流和政府外交服务”中心任务，在宣传我国政府重视妇女高等教育、促进男女平等和妇女全面发展、保护妇女儿童权益、培养培训女性人才方面，发挥了重要的作用。学校与世界几十个国家和地区进行友好往来，与加拿大、英国、美国、韩国、日本等十几个国家近30所高等院校建立了合作关系。

1991—1995年，学校共接待了来自近50个国家和地区约3000人次来访，特别是1995年世妇会期间，有近千名外宾到学校参观并进行了交流。

1999年，共有来自世界40个国家或地区的82批600余人来访，本院教师申报出国进行学术访问、参加国际会议40余人次，先后与加拿大、英国的大学就有关项目进行了多次洽谈，初步达成协议。2002年，共接待20多个国家的代表团，200多人次的来访。

2006—2010年，教职工出国、出境开展学术交流200多人次。举办了“中外女子大学校长论坛”“第六届东亚儿童科学国际研讨会”等多次国际性学术会议。开展了交换生、赴国外带薪实习、短期互访等十多个学生出国出境交流项目。

2011—2015年，学校获批商务部援外培训基地并承办援外学历学位教育项目，入选《中美人才培养计划》中方成员单位、国家留学基金委高校青年骨干教师出国研修项目；选派近300名教师出国出境访学交流；接待了津巴布韦第一夫人等多个国外访问团来访，55个国家近300名政府政党女性官员来校接受培训。举办了第二届“中外女子大学校长论坛”，承办中国联合国协会国际公务员能力建设项目，连续三年举办“妇女参与公共服务”女大学领导力项目；国际汉语教育专业毕业生赴多个国家地区开展汉语志愿服务活动。

2013—2020年，学校成功举办面向发展中国家女官员的商务部援外培训班共19期，来自亚洲、非洲、拉丁美洲、东欧等72个国家，655名女官员和女性领导人参加了研修和学习。

2016年，学校成立国际教育学院，首次面向发展中国家女官员招收“女性领导力与社会发展”社会工作专业硕士项目留学生，成为商务部现有援外培训项目唯一一个以“性别平等和妇女赋权”为宗旨的项目。截至2020年7月，学校已经连续招收了四届留学生，总计来自30个国家的97人攻读硕士学位并顺利毕业。

2016—2020年，全国妇联与法国驻华使馆主办、学校连续承办了五届中法反对家庭暴力研讨会。

2017—2020年，学校与德国艾伯特基金会合作连续举办四届“性别平等与可持续发展——中德比较研究论坛”。

2018年，学校获批成为联合国教科文组织“媒介与女性”联合教席，举办了“女性发展与文化传播”论坛暨揭牌仪式、与联合国妇女署合作共同开展“性别暴力数据收集方法培训班”。

2019年5月，国家主席习近平夫人彭丽媛在人民大会堂会见“女性领导力与社会发展”国际硕士研究生项目学员，希望项目学员回国后能够成为连接两国的桥梁和纽带，为促进全球妇女事业、构建人类命运共同体贡献力量。

2019年和2020年，学校分别成功地举办第一届、第二届“全球女性发展论坛”。

九、基本建设

中华女子学院校本部位于北京市朝阳区育慧东路1号，东临鼎成路，西临世纪村住宅小区及芳草地小学，南面为育慧东路，北侧为小营北路。此外，还有地安门分校区和北校区（学校和北京市汇佳职业学院续签了《合作办学协议》，租用汇佳职业学院的校区为学校北校区）。

1991年，筹建宋庆龄女子大学的决定，列入全国妇联“八五”计划。1992年2月，中直管理局批复全国妇联，同意中国妇女管理干部学院迁址、扩建。7月，国家教委文件（教计〔1992〕141号），同意以中华女子学院（筹）名义开展迁址、扩建工作。1992年，全国妇联书记处决定由中国妇女基金会负责建设资金的筹措。1992年至1999年，中国妇女发展基金会基建款共集资1.5亿元，筹集物资近1800万元，国家计委和财政部共拨款4000万元。

1993年2月，北京市政府批准学院在朝阳区大屯乡（现育慧东路1号）征地9.77公顷（其中含市政代征地1.65公顷）。

1993年12月，中华女子学院工程正式破土动工。根据校园建设整体规划，基建工程分为四期进行建设。一期基建，1993年12月开工建设，至1995年10月竣工，总建筑面积36001.95平方米。包括主楼、1号学生公寓、食堂、传达室及围墙等工程。二期基建，1997年3月开工建设，至2001年9月竣工，总建筑面积17184.16平方米。包括2号学生公寓、礼堂、文体楼以及相关配套设施。三期基建，2002年5月启动，2003年9月开工建设，至2011年1月竣工，总建筑面积52873.8平方米。包括3号学生公寓、食堂改扩建、大门及附属用房改造、教学图书综合楼、校园道路和管线改造等工程。其中，教学图书综合楼建筑面积35691平方米，学校图书馆的发展也迈上了一个新台阶。四期基建，经2007年9月北京市规划委批准，在现校址北面新征办学用地30亩；2009年10月，北京市规划委发文同意我校规划校园总占地面积149.55亩，其中新征用地31.05亩。总建筑面积19.5万平方米，容积率为1.6。2017年1月，国家发改委提出京津冀一体化战略疏解非首都功能要求必须停建实训综合楼。目前，实训综合楼、体育馆及室外运动场项目均暂停建设。

学校非产权校舍建筑面积3.65万平方米。为满足学校学生人数逐渐增加、办学规模日益扩大的形势需要，学校先后于2006年、2018年分别与北京商业学校、北京汇佳职业学院签订合作办学协议。

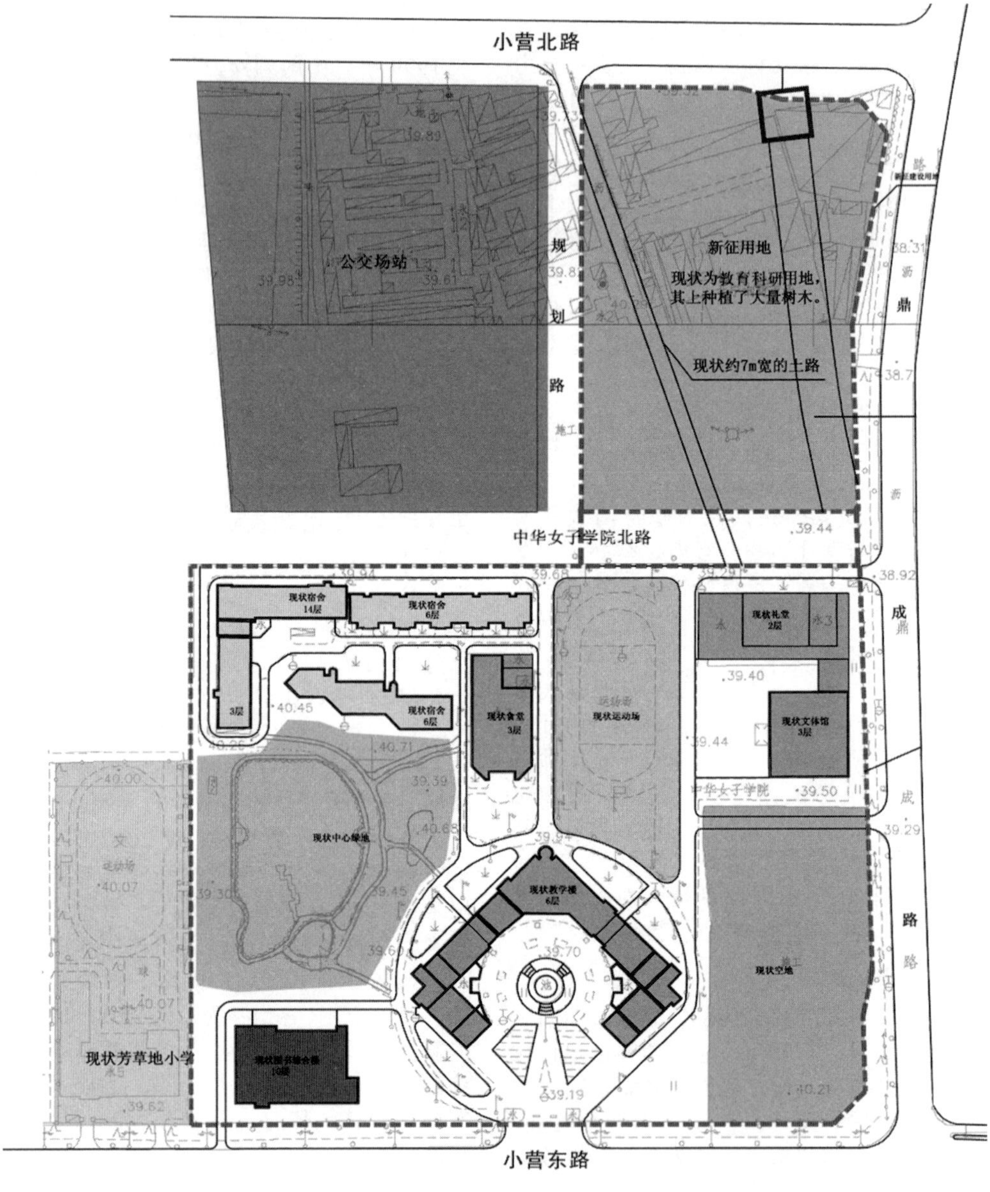

图 49　中华女子学院校本部平面图

1999年6月，学院图书馆馆藏数据库基本建成，共40332种近12万册图书的数据全部录入计算机，实现了图书馆自动化管理。2000年，学校投入26万元建成图书馆自动化管理系统。投入70余万元建成一个新的计算机房和两个多媒体教室，已投入使用。

2005年6月，学校筹建中国女性学图书馆，并开展“迎‘北京+10’，自愿捐书公益行动”。截至2005年12月31日，已收到国家领导人、社会各界捐赠图书64300册，收到捐赠书款427390元。2011年12月，中国女性图书馆揭牌开放。

2018年，地安门校区里的贤良祠被纳为北京中轴线申遗综合整治重点任务项目，在中直、全国妇联的领导下，学校配合北京市相关单位，认真贯彻落实中央决策部署，服务首都中轴线申遗大局，努力推进该项工作涉及的文物修缮、保护、居民腾退和搬迁等任务。

十、2020年学校基本情况

2020年，中华女子学院占地面积10.60万平方米，产权校舍建筑面积10.91万平方米。固定资产总值64948.45万元。图书馆建筑面积16089.57平方米，拥有藏书67.61万册，计算机4133台。全年教育经费投入21403.95万元。设有3个校区，设置15个院（系）。开设1个专业硕士点、24个本科专业、4个高职专业；具有一级学科12个，专业硕士学位授权点1个；国家级一流本科专业建设点2个；省级一流本科专业建设点3个。截至2020年8月底，全校教职工477人，其中，专任教师339人，包括教授33人、副教授86人。学历教育毕业生1689人，其中，硕士研究生65人、普通本专科生1624人（本科生1159人、专科生465人）。招生1168人，其中，硕士研究生88人、普通本专科生1080人（本科生986人、专科生94人）。在校生5206人，其中，硕士研究生151人、普通本专科生5055人（本科生4518人、专科生537人）。留学生毕业25人、在校生25人。举办国内女干部培训班26期、培训7266人。学校网址：www.cwu.edu.cn。

附表：

表163　　中共中华女子学院委员会历任书记一览表（1991—2020年）

学校	书记	任职时间
中国妇女管理干部学院（1991—1995年）	安树芬	1989年3月—1999年3月
中华女子学院（1995—2019年）	莫文秀	1999年3月—2008年9月
	范继英	2008年11月—2012年4月
	张李玺	2012年4月—2014年7月
中华女子学院（全国妇联干部培训学院）	李明舜	2014年7月—

表164　　中华女子学院历任校长一览表（1991—2020年）

学校名称	校长	任职时间
中国妇女管理干部学院（1991—1995年）	桂智贞	1989年8月—1995年4月
中华女子学院（1995—2019年）	回春茹	1995年4月—2004年3月
	张李玺	2004年3月—2014年7月
中华女子学院（全国妇联干部培训学院）（2020年—至今）	刘利群	2014年7月—

（执笔人：赵爱玲）

中国矿业大学（北京）

中国矿业大学（北京）（英文校名：China University of Mining and Technology，Beijing）是教育部直属的全国重点高校、国家“211工程”、“985优势学科创新平台项目”、世界一流学科建设高校，是全国首批产业技术创新战略联盟高校，同时也是教育部与原国家安全生产监督管理总局共建高校。1960年和1978年，学校先后两次被确定为全国重点高校，为全国首批具有博士和硕士授予权的高校之一，设有研究生院和12个学院。学校有两个校区：学院路校区坐落于北京市高校云集的海淀区学院路（海淀区学院路丁11号），沙河校区坐落于北京市昌平沙河高教区（昌平区沙河高教园南二街9号院）。

一、学校沿革

学校的前身是焦作路矿学堂，始建于1909年，位于河南焦作，由英国福公司投资创办，是外国人在中国开办的第一批私立高等学校之一和外国人在中国开办的第一所私立工科高等学校，同时也是近代中国成立最早并一直延续至今的矿业高等学府。自1915年至1930年，学校先后经历了福中矿务学校、福中矿务专门学校、福中矿务大学，分别在河南开封、焦作办学，是焦作路矿学堂的恢复与延续，学校也从英国独资兴办的学校转变成中外合资的私立高校。1931年，更名为私立焦作工学院。1938年，学校西迁并与东北大学、北洋大学、北平大学的工学院联合组建国立西北工学院。1946年，焦作工学院复校，历经三年三迁的艰辛，先后在河南洛阳、郑州、江苏苏州办学，于1949年回迁河南焦作。1950年学校迁至天津，更名为中国矿业学院。隶属燃料工业部，1952年院系调整期间，清华大学、天津大学、唐山铁道学院的采矿科系调整到中国矿业学院，学校因此聚集了全国一流的采矿科学技术人才。1953年，学校迁至北京，更名为北京矿业学院。1970年，学校迁至四川合川，更名为四川矿业学院。1978年，在北京学院路原址设立中国矿业学院北京研究生部，恢复招收和培养研究生；1988年，学校更名为中国矿业大学，邓小平同志亲笔为学校题写校名。1997年，成立了中国矿业大学（北京校区），1998年恢复招收本科生；2000年，学校划转教育部直属管理。2003年1月，经中央编制部门批复同意，以“中国矿业大学（北京）”名义办学。1997年，学校被确定为国家“211工程”重点建设高校，2006年成为“985优势学科创新平台项目”建设高校，2017年成为世界一流学科建设高校。

二、院部建设

1997年7月14日，中国矿业大学北京校区成立。该校区是在原中国矿大北京研究生部驻地设置而成，作为中国矿大在京办学实体，其党的关系纳入北京市委，业务关系纳入北京市高校管理序列。（此处是根据北京教育年鉴补充）

2012年以来，学校先后设立党委统战部、党委教师工作部、审计处、档案与校史馆（筹）、教学质量保障与评估办公室、教师教学发展中心、招标与采购中心、校医院（社区卫生服务站）、中国矿业大学（北京）国家大学科技园管理办公室；组建中矿大（北京）资产管理有限公司，成立沙河校区管理委员会和《矿业科学学报》编辑部；撤销后勤及资产管理处，设立后勤处、资产与设备管理处；发展规划处与学科建设办公室合并，成立发展规划与学科建设处；董事会办公室、校友会办公室调整挂靠至党政办公室，有关重点实验室建设职能划转至科学技术研究院；资产与设备管理处更名为资产与实验室管理处，除原职能外，承担学校实验室建设与管理职能，同时将有关资产管理职能划转至财务处；科研处更名为科学技术研究院；思想政治教育学院更名为马克思主义学院；撤销资源与安全工程学院，设立能源与矿业学院和应急管理与安全工程学院；体育系单独设立体育教研部。

2019年5月，学校再次调整机构设置。设立党委巡察工作办公室、档案馆、对外联络与合作处；后勤处与基建处合并，设立总务处；撤销发展规划与学科建设处，设立学科建设办公室，与研究生院合署，学校发展规划综合职能划入党政办公室；撤销教育培训处，有关职能划入继续教育学院，与安全监管监察学院合署；团委设置为正处级机构；现代教育技术中心调整为网络与信息中心，校园“一卡通”卡务中心挂靠。此次调整后，学校二级单位共41个，基本形成了机构完善、功能协调的党政机构职能体系，为构建世界一流能源科技大学奠定了坚实的政治和组织保证。

表165　　中国矿业大学（北京）院系部设置一览表（2020年）

单位类别	机构名称（含合署挂靠机构）	下设科级机构（含有关挂靠机构副职岗位）
党政管理部门	党政办公室	督查督办科
		综合科
		文秘科
		发展规划科（法律事务办公室合署）
		行政科（院士工作办公室合署）
		信息科
		机要保密科（信访工作办公室合署）
	纪委办公室（监察处合署）、监督监察室	综合科
		监督检查科
	党委巡察工作办公室	巡察科
	党委组织部（党校挂靠）	干部科
		组织科（党校办公室合署）
	党委宣传部（新闻中心、校报编辑部挂靠）	理论宣传科
		网络宣传与融媒体科
		校报编辑部
	党委统战部（机关党委挂靠）	综合办公室
	工会	综合办公室
	团委	团委副职、办公室
	教务处（招生办公室、教学质量保障与评估办公室挂靠）	招生办公室副职
		综合办公室
		教学质量保障与评估办公室副职
		教学运行科
		教材管理科
		实践创新科

续表 165

单位类别	机构名称 （含合署挂靠机构）	下设科级机构 （含有关挂靠机构副职岗位）
党政管理部门		教学研究科
		教学信息科
	研究生院（学科建设办公室合署）	研究生招生办公室
		综合办公室
		学位办公室
		学术学位培养办公室
		专业学位培养办公室
		培养质量管理办公室
		学科建设办公室副职
	科学技术研究院（学报编辑部挂靠）	高新科研办公室
		科研平台办公室
		综合办公室
		基础科研办公室
		科技开发办公室
		成果与知识产权办公室
	人事处（人才工作办公室、党委教师工作部合署，教师教学发展中心挂靠）	人事科
		师资科
		劳资与社保科
		档案管理科
		博士后管理办公室
		教师教学发展中心副职
	财务处	综合科
		财务核算科
		计划管理科
		资金结算科
		代理记账会计科
		专项资金管理科
		科研经费管理科
		绩效管理科
	审计处	综合科
	保卫处（党委保卫部合署）	安全科
		户籍管理科
		政治保卫科（综合办公室合署）
	国际合作与交流处（港澳台工作办公室合署，北京国际交流中心挂靠）	外专与留学生科
		交流项目科
	对外联络与合作处	综合办公室
	学生工作处（研究生工作处、党委学生工作部、党委研究生工作部、党委武装部合署，大学生就业创业指导中心、学生资助管理中心、心理健康教育咨询中心挂靠）	学生管理科
		思想教育科
		大学生就业创业指导中心副职
		心理健康教育咨询中心副职

续表 165

单位类别	机构名称 （含合署挂靠机构）	下设科级机构 （含有关挂靠机构副职岗位）
党政管理部门		学生资助管理中心副职
		国防教育科
	总务处	综合办公室
		计划科
		房地产管理科
		项目前期科
		工程技术科
		物业中心
		动力保障与节能中心
		餐饮服务中心
		沙河服务中心
	资产与实验室管理处（招标与采购中心挂靠）	国有资产管理科
		实验室安全管理科
		招标与采购中心副职
	离退休人员管理处	综合办公室
	沙河校区管理委员会	综合办公室
教辅单位	图书馆	综合业务部
		资源建设部
		流通阅览部
		信息技术部
	网络与信息中心 （校园“一卡通”卡务中心挂靠）	综合办公室
	档案馆	综合办公室
	中矿大（北京）资产管理有限公司	企业管理办公室
		技术转移办公室
	校医院（社区卫生服务站）	校医院副职、综合办公室
学院	能源与矿业学院	各学院可根据岗位需要及人员条件设学院办公室主任、党委（党总支）专职组织员、本科教学秘书、研究生教学秘书、科研秘书、学生工作办公室主任、分团委书记等科级岗位。
	应急管理与安全工程学院	
	地球科学与测绘工程学院	
	化学与环境工程学院	
	机电与信息工程学院（人工智能学院）	
	管理学院	
	力学与建筑工程学院	
	理学院	
	文法学院	
	马克思主义学院	
	体育教研部	体育教研部副主任综合办公室
	继续教育学院	招生办公室
国家重点实验室、研究中心	煤炭资源与安全开采重点实验室	综合办公室
	深部岩土力学与地下工程国家重点实验室	综合办公室
	国家煤矿水害防治工程技术研究中心	综合办公室

三、专业和学科设置

2006年11月，在教育部和财政部联合启动的“985优势学科创新平台”建设项目中，学校积极申报并获准建设“煤炭资源开采与洁净利用”学科平台，标志着学校进入了国家“985工程”创建高水平大学的行列。学校积极对标国家“双一流”建设目标，瞄准国家重大战略方向和经济社会需求，着力打造矿业工程、安全科学与工程两个一流学科高峰。

学校现有国家级一流专业15个，北京市一流专业5个；北京高校“重点建设一流专业”2个；国家级特色专业8个、北京市特色专业8个；入选教育部“新工科研究与实践项目”7项。7个专业通过工程教育专业认证，学校是全国第一个申请并通过安全工程专业认证的高校。拥有1个国家级实验教学示范中心，2个国家级工程实践教育中心，北京市教学名师20名，北京市青年教学名师2名，北京市优秀教学团队5个。

学校现有17个一级学科博士点，33个一级学科硕士点，18个硕士专业学位授权点；有1个一级学科国家重点学科，8个二级学科国家重点学科，1个国家重点培育学科；矿业工程、安全科学与工程2个学科为国家“双一流”建设学科，城市工程地球物理、城市地下空间工程2个学科入选北京高校高精尖学科建设名单。在教育部第四轮学科评估中，矿业工程、安全科学与工程进入A+类，测绘科学与技术、地质资源与地质工程进入A-类。工程学、地球科学、材料科学、化学、数学、环境/生态学、计算机科学7个学科进入ESI排名前1%，其中工程学学科进入ESI排名前1‰。

表166　　中国矿业大学（北京）学科设置一览表（2020年）

序号	学科门类	学科代码	一级学科名称	一级学科授权点
1	经济学	0202	应用经济学	硕士
2	法学	0305	马克思主义理论	硕士
3	教育学	0403	体育学	硕士
4	文学	0501	中国语言文学	硕士
5		0502	外国语言文学	硕士
6	理学	0701	数学	博士、硕士
7		0702	物理学	硕士
8		0703	化学	硕士
9		0708	地球物理学	硕士
10		0709	地质学	博士、硕士
11		0714	统计学（可授理学、经济学学位）	硕士
12	工学	0801	力学（可授工学、理学学位）	博士、硕士
13		0802	机械工程	博士、硕士
14		0805	材料科学与工程（可授工学、理学学位）	硕士
15		0807	动力工程及工程热物理	硕士
16		0808	电气工程	博士、硕士
17		0809	电子科学与技术（可授工学、理学学位）	硕士
18		0810	信息与通信工程	博士、硕士
19		0811	控制科学与工程	博士、硕士
20		0812	计算机科学与技术（可授工学、理学学位）	博士、硕士
21		0814	土木工程	博士、硕士
22		0816	测绘科学与技术	博士、硕士
23		0817	化学工程与技术	博士、硕士
24		0818	地质资源与地质工程	博士、硕士

续表 166

序号	学科门类	学科代码	一级学科名称	一级学科授权点
25	工学	0819	矿业工程	博士、硕士
26		0830	环境科学与工程（可授工学、理学、农学学位）	博士、硕士
27		0833	城乡规划学	硕士
28		0835	软件工程	硕士
29		0837	安全科学与工程	博士、硕士
30	管理学	1201	管理科学与工程（可授管理学、工学学位）	博士、硕士
31		1202	工商管理	硕士
32		1204	公共管理	博士、硕士
33	艺术学	1305	设计学（可授艺术学、工学学位）	硕士

表 167　　中国矿业大学（北京）专业学位授权点一览表（2020 年）

序号	专业学位授权点代码	专业学位授权点名称	2020 年招生情况
1	0256	资产评估硕士	
2	0351	法律硕士	√
3	0452	体育硕士	√
4	0551	翻译硕士	√
5	0851	建筑学硕士	√
6	0854	电子信息硕士	√
7	0855	机械硕士	√
8	0856	材料与化工硕士	√
9	0857	资源与环境硕士	√
10	0858	能源动力硕士	√
11	0859	土木水利硕士	√
12	0860	生物与医药硕士	
13	0861	交通运输硕士	
14	1251	工商管理硕士	√
15	1252	公共管理硕士	√
16	1253	会计硕士	√
17	1256	工程管理硕士	√
18	1351	艺术硕士	√

说明：“√”为招生专业

四、人才培养

学校始终围绕立德树人根本任务，积极打造以矿业工程和安全工程两个学科尖峰为引领的能源工业精英教育教学体系，构建具有矿大特色的学生成长成才服务体系，将思想政治教育工作融入人才培养全过程，全面提升人才培养质量。

2011 年创建“创新教学环节”，构建了融合理论教学、实践教学和创新教学的“三位一体”人才培养模式，建立以本科生导师制为核心的创新教学育人机制，全面提升研究型本科教育教学质量。实践成果《精英教育理念下煤炭工业创新人才培养模式研究与实践》获得 2012 年北京市高等教育教学成果奖一等奖。

学校致力于打造以“思政教育全引领、导师指导全过程、创新训练全覆盖、教学科研全融合”的研究型本科教育体系，出台《关于加快建设一流本科教育的实施意见》，举办北京高科大学联盟一流本科教育论坛，探索打造书院制、导师制、学分制融合，个性化、国际化、精英化鲜明的一流人才培养模式，构筑书院式教学、创新型培养、导师制育人的一流本科教育新格局。2018 年，成功召开本科教育20周年总结大会暨审核评估工作会，全面总结本科教育 20 周年改革与发展历程，研究新时代学校“一流本科”建设思路与途径，并顺利通过教育部本科教学工作审核评估。

学校努力构建开放式研究生培养体系，2012 年开始评选校级优秀博士学位论文，从 2016 年起，将专业学位硕士研究生的学制由两年改为 3 年，博士、硕士、学士学位证书由学校自行设计印刷；改革博士学位论文盲审制度，由第三方评审机构进行评审；2017 年将博士研究生的学制改为 4 年，全面修订了研究生培养方案。2018 年，学校隆重召开庆祝改革开放四十周年暨中国煤炭行业恢复研究生教育四十周年座谈会，紧紧围绕科技创新和人才培养，创新科研思路，拓宽研究领域，破解关键技术，不断引领中国煤炭行业发展的方向和潮流。2019 年，学校召开了全国煤炭高校学位与研究生教育工作研讨会，共 15 所煤炭高校参加会议。会议就“师德师风建设以及研究生的德育教育”“‘双一流’背景下煤炭行业研究生培养探索与实践”等问题进行了广泛交流和深入研讨。2020 年起，在采矿、安全、矿加、地质等“双一流”学科覆盖专业，每年选拔优秀学生实行本硕博贯通式人才培养，推进培养方案贯通、管理模式贯通、导师培养贯通，努力培养学术上崭露头角、创新能力强、发展潜力大，恪守学术道德的拔尖创新型人才，构筑行业高层次人才培养的快车道。2011 年到 2020 年，学校研究生毕业并授予学位 17376 名，其中博士 2080 名，学术型硕士 8263 名，专业型硕士 7013 名，同等学力硕士研究生 6 名，高校师资 14 名。

截至 2020 年，学校先后建立了山西、辽宁、陕西、四川、河北、江西、内蒙古 7 家函授站；3 家京外企业合作学习中心；3 家北京业余校外教学站。共培训各类人员 12670 人，成人本专科毕业生 10924 人。学校两次荣获由中国煤炭教育协会组织评选的“全国煤炭成人教育先进集体”，2 人获得“全国煤炭成人教育先进个人”，1 人获得“全国煤炭教育先进工作者”。2015 年 4 月，经原国家煤矿安全监察局批准建立“中央企业管理干部安全考试基地”（与继续教育学院合署），北京地区唯一考试基地。2016 年，经原国家安全生产监督管理总局批准建立“安全监管监察学院（北京）”（与继续教育学院合署），全国仅 4 所。学校牵头组织并完成国家安全生产行业标准。自开展非学历教育培训以来，充分发挥学校特色优势，着力整合北京地区优质教学资源，面向矿山企业各级各类人员，精准开展矿山企业主要负责人、安全管理人员的安全资格证培训，全国性的各类安全生产技术专题培训，以及企业转型升级培训；面向政府省市级监管监察干部，精准开展党性修养、业务能力全方位提升培训；面向各级培训机构师资，精准开展新政策法规、新技术、新工艺，以及新教育教学方式方法等培训。同时，全力打造安全监管监察学院（北京）特色品牌。

学校坚持立德树人的核心地位不动摇，将思想政治教育工作融入人才培养全过程。2018 年，学校召开学生工作 20 年回顾总结大会，学生工作在新时代更高工作标准的要求下，驶入内涵式发展的快车道。10 年来，学校逐步完善学风建设长效机制，2017 年推出“聚青春伟力铸矿世菁英”“逐梦·丁 11”“榜样的力量”等系列活动，《人民日报》连续 4 年刊登学校国家奖学金获奖代表个人事迹；构建个体咨询、团体辅导、课程教育、危机预防与干预为主的心理健康教育工作模式，圆满完成 5 项教改课题、8 项首都大学生思想政治教育课题；打造就业服务平台，构建“一站式”立体就业信息网络，创建以“2+5”为核心功能的“众创空间”，推出“一赛两营三沙龙四补充”系列创业精品活动，学校获评“北京地区高校示范性创业中心”；扎实推进国防教育体系，累计 337 名学生光荣参军入伍，其中 10 人次荣获三等功。学校获得 2011、2015 年、2016 年、2017 年、2018 年度北京市征兵工作先进单位。2020 年，学校获得教育部国防教育特色校荣誉称号。

表 168　　中国矿业大学（北京）本科专业设置一览表（2020 年）

序号	专业代码	专业名称	学位授予门类	修业年限	开设年份	2020 年招生专业
1	020301K	金融学	经济学	四年	2003 年	
2	20401	国际经济与贸易	经济学	四年	1995 年	
3	030101K	法学	法学	四年	1995 年	√
4	30302	社会工作	法学	四年	2002 年	
5	40201	体育教育	教育学	四年	2004 年	
6	40203	社会体育指导与管理	教育学	四年	2000 年	
7	50101	汉语言文学	文学	四年	1997 年	
8	50201	英语	文学	四年	1996 年	√
9	50203	德语	文学	四年	2005 年	
10	50302	广播电视学	文学	四年	2000 年	
11	70101	数学与应用数学	理学	四年	1996 年	√
12	70102	信息与计算科学	理学	四年	2001 年	√
13	70202	应用物理学	理学	四年	1998 年	
14	70302	应用化学（注：可授理学或工学学士学位）	工学	四年	1999 年	
15	70502	自然地理与资源环境（注：可授理学或管理学学士学位）	理学	四年	2000 年	
16	70504	地理信息科学	理学	四年	2001 年	
17	70801	地球物理学	理学	四年	2005 年	√
18	070903T	地球信息科学与技术（注：可授理学或工学学士学位）	工学	四年	2018 年	√
19	80102	工程力学	工学	四年	1997 年	√
20	80201	机械工程	工学	四年	1950 年	√
21	80203	材料成型及控制工程	工学	四年	2006 年	
22	80205	工业设计	工学	四年		
23	80206	过程装备与控制工程	工学	四年	2003 年	
24	80301	测控技术与仪器	工学	四年	1994 年	
25	80401	材料科学与工程	工学	四年	1980 年	√
26	80501	能源与动力工程	工学	四年	1988 年	
27	080503T	新能源科学与工程	工学	四年	2019 年	√
28	80601	电气工程及其自动化	工学	四年	1998 年	√
29	80702	电子科学与技术（注：可授理学或工学学士学位）	工学	四年	2002 年	
30	80705	光电信息科学与工程（注：可授理学或工学学士学位）	理学	四年	2003 年	
31	80706	信息工程	工学	四年	1987 年	√
32	080714T	电子信息科学与技术（注：可授工学或理学学士学位）	工学	四年		
33	080803T	机器人工程	工学	四年	2018 年	√
34	80901	计算机科学与技术（注：可授理学或工学学士学位）	工学	四年	1980 年	√
35	080904K	信息安全（注：可授理学、工学或管理学学士学位）	工学	四年	2005 年	
36	81001	土木工程	工学	四年	1950 年	√
37	81002	建筑环境与能源应用工程	工学	四年	1999 年	
38	081005T	城市地下空间工程	工学	四年	2015 年	√

续表 168

序号	专业代码	专业名称	学位授予门类	修业年限	开设年份	2020 年招生专业
39	81102	水文与水资源工程	工学	四年	2001 年	
40	81201	测绘工程	工学	四年	1953 年	√
41	81202	遥感科学与技术	工学	四年	2013 年	√
42	81301	化学工程与工艺	工学	四年	1960 年	√
43	81401	地质工程	工学	四年	1960 年	√
44	81403	资源勘查工程	工学	四年	2013 年	√
45	081404T	地下水科学与工程	工学	四年	2018 年	√
46	81501	采矿工程	工学	四年	1949 年	√
47	81503	矿物加工工程	工学	四年	1952 年	√
48	81801	交通运输	工学	四年	1993 年	
49	82502	环境工程	工学	四年	1985 年	√
50	82503	环境科学（注：可授理学或工学学士学位）	工学	四年	1993 年	
51	82601	生物医学工程（注：可授理学或工学学士学位）	工学	四年	2002 年	
52	82801	建筑学	工学	五年	1985 年	√
53	82901	安全工程	工学	四年	1983 年	√
54	83001	生物工程	工学	四年	2000 年	
55	083102K	消防工程	工学	四年	2001 年	√
56	120103	工程管理（注：可授工学或管理学学士学位）	工学	四年	2003 年	
57	120201K	工商管理	管理学	四年	1954 年	√
58	120202	市场营销	管理学	四年	1993 年	
59	120203K	会计学	管理学	四年	1983 年	√
60	120206	人力资源管理	管理学	四年	1993 年	
61	120402	行政管理	管理学	四年	1998 年	√
62	120404	土地资源管理（注：可授管理学或工学学士学位）	工学	四年	1994 年	
63	120701	工业工程（注：可授管理学或工学学士学位）	工学	四年	1996 年	√
64	120801	电子商务（注：可授管理学或经济学或工学学士学位）	管理学	四年	2002 年	
65	120901K	旅游管理	管理学	四年	2004 年	
66	130202	音乐学	艺术学	四年	2006 年	
67	130503	环境设计	艺术学	四年		

说明：“√”为招生专业

五、科研情况

学校在保持采矿、安全等优势学科研究领先的基础上，拓展科研思路、方向和研究领域，推动关键技术的自主创新，提高国内外影响力，引导教师面向能源生产消费、公共安全、技术革命、生态文明建设和“一带一路”等国家倡议，构建大平台、组建大团队、承担大项目，着力培育国际一流的“大矿业、大能源、大安全”科研成果。大力推进原始创新，强化基础性、原创性研究，提升学校核心竞争力。在更高、更广的层面上促进学科交叉融合，孕育新的学科增长点，实现学科发展、平台（基地）建设、人才培养、科技创新和队伍建设的良性互动。“十一五”到“十三五”期间，学校科技工作继续保持良好的发展势态，获省部级以上奖励共 771 项，学校教师作为第 1 作者发表论文被

SCI、EI 和 ISTP 三大检索收录论文共计 18800 余篇，到校科研经费达 32.43 亿元。

以两个一流学科为主体，瞄准国家重大战略和经济社会发展需求，创新性地搭建多学科交叉教学科研平台，打造“七梁八柱”科研体系，相继成立新工科教育创新中心、智慧矿山与机器人研究院、深地空间科学与工程研究院、先进采矿研究院、中国能源产业发展研究院、矿山生态修复研究院等校内研究院所，充分发挥一流学科的引领作用。围绕关键核心技术和前沿共性问题，建立专业化技术转移机构及新型研发机构，开展协同创新，与应急管理部、教育部共建国家安全科学与工程研究院，在南京、天津、北京、鄂尔多斯等地建立南京城市地下空间研究院、天津研究院、城市地下空间安全研究中心、现代能源经济研究院，与中国联合网络通信集团有限公司、中国煤炭科工集团有限公司组建“地下空间 5G 技术创新应用联合实验室”，推动政产学研用深度融合。

六、师资队伍建设

学校结合教学、科研、人才培养、学科发展和社会服务需要，全面实施“人才强校战略”，持续优化配置人才资源。2011—2020 年，学校共引进各类人员约 500 人，其中：博士约 350 人，硕士约 150 人。在引进的各类人员中，专任教师约 350 人，占比 70%。学校全面实施“人才强校战略”，科学制定师资队伍建设规划。加强顶层设计和政策保障，出台了一系列制度性文件。2014 年学校人才工作会议，就教师思想政治建设、师德建设长效机制、高层次人才引进和培养、青年教师队伍建设、后备师资培养、人才评价、人才绩效奖励等做了部署。2016 年学校制定“十三五”师资队伍建设规划，以统筹好师资数量、结构、质量为目标，以人才引进、培养和使用三个环节为抓手，以激励约束机制和专项经费投入为保障，通过引育并举、合理配置学科教师资源、深化人才人事制度改革、加强师德师风建设等举措，逐步建设规模适度、结构合理、质量一流和师德高尚的创新型师资队伍，实现师资队伍建设稳步有序发展，为打造能源工业精英教育教学体系奠定坚实基础。2020 年，对专业技术职务任职资格评审办法进行再一次修订，以实际行动破除“五唯”顽疾，推进人才评价机制改革。学校现有全职教职工中 85% 拥有博士学位，99% 具有硕士及以上学位；69% 具有高级职称；85% 为“985”“211”高校毕业，5% 为境外高水平大学毕业；65% 为 45 岁以下中青年教师，最终学历来自校外的教师比例为 61%，具有一年以上海外经历的教师比例为 33%。

10 年来，学校高层次人才外引内培成效显著，人才队伍和团队不断壮大，先后引进双聘院士 10 名，特聘教授 13 名。2011 年至今，先后有 1 人入选中国工程院院士，1 人入选中国科学院院士，1 人被评为阿根廷工程院外籍院士，2 人被评为俄罗斯工程院外籍院士，3 人成为国家 973 项目首席科学家，6 人成为“十三五”国家重点研发计划项目负责人，1 人获得国家杰出青年科学基金，3 人获得优秀青年科学基金，7 人获评“长江学者奖励计划”特聘教授，4 人获评青年学者，3 人入选国家高层次人才特殊支持计划科技创新领军人才，3 人入选青年拔尖人才，3 人获评北京市优秀教师，15 人荣获北京市高等学校教学名师奖，1 人获评北京市高等学校青年教学名师等，共近 200 人获得国际、国家、省部级及行业协会级奖项及荣誉。学校共选派 163 人次教师国外访学，65 人次教师国内访学，47 人次教师挂职锻炼。

七、校园文化建设

多年来，学校基层党组织建设成效明显，1 个学院党委获评“全国党建工作标杆院系”，1 个党支部书记工作室入选全国高校“双带头人”教师党支部书记工作室，3 个教师党支部获评“全国党建工作样板支部”，1 个硕士党支部获评全国高校“百个研究生样板党支部”。

学校始终秉承“明德至善好学力行”的校训精神，积极开展校园文化建设，2009 年、2011 年学校两次获得“首都文明单位”称号，2018—2020 年度荣获“首都文明校园”称号。多年来，学校打造了“纳雅大讲堂”、毕业季系列活动、体育文化节、科技文化节、法治文化节、网络文化节等校园文化品牌，逐渐形成了内容丰富、格调高雅的浓厚校园文化氛围。融合中国传统文化和矿业特色内涵的原创作品《西行漫记》《煤啊，我的情人我的黑姑娘》《无声的世界》等多部优秀作品获得北京市大学生舞蹈节、音乐节、戏剧节金银铜奖。学校《阳光娇子》在2015年北京市大学生舞蹈节中荣获一等奖。学校大学生艺术团舞蹈团作品《西行漫记》《花开时节》分别在2017年“北京大学生舞蹈节”获得金奖、银奖。学校大学生艺术团无名火话剧社在2017年北京大学生戏剧节上表现出色，参赛作品《无声的世界》《煤啊，我的情人我的黑姑娘》分别荣获由北京市教育委员会颁发的短句类乙组铜奖和纪念奖。

2015年在首都大学生社团影响力排行榜中，学校大学生社团联合会连续三期位居首位。2019年以庆祝新中国成立70周年为契机，先后组织开展“青春为祖国歌唱”“奋斗的我、最美的国”等活动，活动内容被央视《新闻联播》报道。10月1日，在国庆70周年庆祝大会上，学校师生代表组成“美好生活”群众游行方阵。

2019年，学校成功举办了庆祝建校110周年系列活动，发布了新校训、新校徽。11月10日，学校隆重举办建校110周年纪念大会。大会确立了把学校建设成为世界一流能源科技大学的奋斗目标。

八、社会服务情况

2008年，成立了中国矿业大学（北京）首届董事会，董事单位79家；2017年，董事会更名为理事会并成功召开第二届理事会成立大会，理事会成员增加至86家；截至2020年底，理事会成员单位已发展至90家，并先后与81家企业、高校和科研机构建立了战略合作关系。对外合作所涉及的行业从传统的煤炭开采、应急安全和矿物洗选领域拓展到环保生态、新材料、电力、冶金、大数据、智能机器人等新兴领域，合作成果丰硕。

自2010年11月基金会成立以来，设立同煤基金、晋煤基金、兖矿基金、峰峰矿业基金、锦丰奖学及实习基金、天巨重工基金、中昌奖学金、天鹰腾飞基金、康宁爆破基金、建华助学基金等27项基金项目。2019年，作为第一家试点高校与中国教育发展基金会合力举办“汇涓以行矿世增华”公募项目。截至2020年底，基金会在运行公益项目12个，现有资金2851.65万元，为推动学校教育事业发展提供有力支持。

2014起，学校以矿大附中实际需求为导向大力推进“高支附”项目，加强课程与活动相结合，课内与课外相结合，重视体系建设和平台建设，逐步构建了课程建设、教师培训、资源支持、社团讲座、实践实习、组织活动6方面的体系建设，以及创新实验中心和课堂教学指导中心两个平台建设，其中以项目化管理的方式开展“高支附”项目课程建设工作，在北京市教委“高支附”项目高校中属于首创。

2015年以来，学校选派25名优秀青年教师和博士到北京市委组织部、北京市教委、区委等区局挂职。

学校从2006年开展对口援疆工作，先后选派9名优秀教师干部参加援疆工作。自2016年起，学校对口支援贵州工程应用技术学院，目前已接收受援高校本科交流生34人，互派挂职干部7人，建立深部岩土力学与地下工程国家重点实验室毕节研究中心。自2012年学校定点扶贫广西壮族自治区河池市都安瑶族自治县，学校已援派5名优秀年轻干部到都安县完成定点扶贫、驻村第一书记等挂职任务，遴选8届研究生支教团赴都安县开展支教工作。学校定点扶贫结对帮扶广西都安县于2020年11月20日正式脱贫摘帽。同年，学校成立了乡村振兴研究中心，围绕乡村振兴战略的理论与实践，以防止返贫与乡村建设发展为重点开展相关研究，充分发挥高校“思想库”和“人才库”的作用。

九、国际合作交流情况

学校积极拓展与国际高水平大学以及行业特色院校开展实质性学术交流与合作。学校作为亚洲唯一代表担任了世界资源型大学理事会常务理事；学校倡议并组织成立了国际煤炭研究联盟（International Research Alliance on Coal，简称IRAC，王家臣教授任联盟主席），“一带一路”矿业高校联盟，并当选为中国教育国际交流协会“一带一路”教育交流分会理事单位。2018年国际矿井水

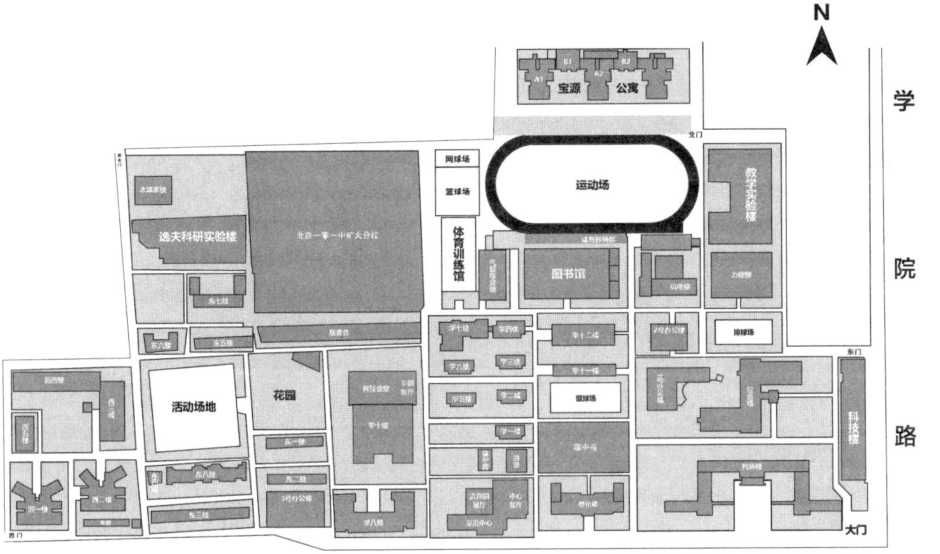

图 50　中国矿业大学（北京）学院路校区平面图

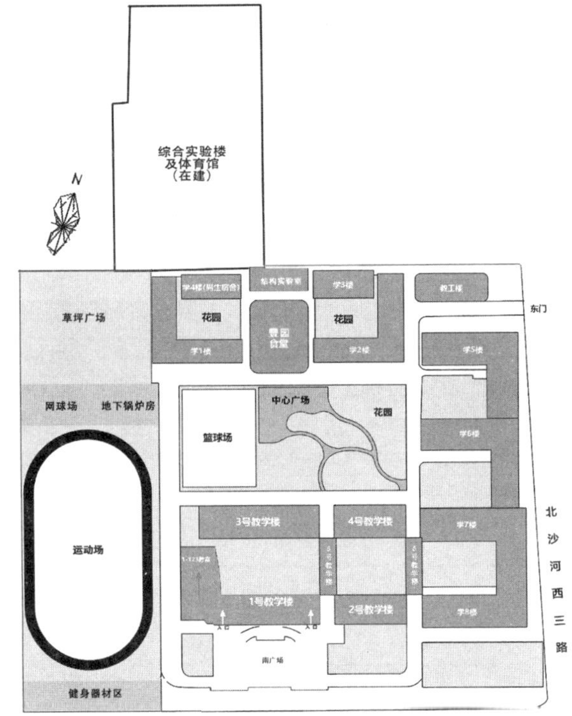

图 51　中国矿业大学（北京）沙河校区平面图

协会和学校共同设立了全球唯一的“国际矿井水研究中心”。截至2020年，学校与57所国外知名院校签署合作协议，使国外合作院校总数增至70余所。

10年来，学校高水平项目公派留学学生512人，其中博士生370人、硕士生5人、本科生137人。留学目的国19个，出国攻读博士学位87人，博士生联合培养283人，攻读硕士学位4人，硕士联合培养1人，留学基金委优秀本科生国际交流项目109人，学校“双一流”本科拔尖人才培养国际班计划28人；选派163人次教师国外访学，65人次教师国内访学，47人次教师挂职锻炼。

十、基础设施建设情况

2011—2020年，建设学院路校区3号办公楼、教学逸夫科研实验楼、地下锅炉房等，新增校舍面积4万5899平方米。修缮改造体育训练馆、气膜综合体育馆及周边运动场地、大学生公寓综合楼（丰园餐厅1～3层）、福中苑、宿舍加装空调、外墙保温、阳台加固和浴室进宿舍、西四楼加装电梯等工程，累计3万3774平方米。学生公寓管理中心、餐饮服务中心和物业中心分别被市教委评为先进单位和首都绿化美化花园式单位。

2012年4月，教育部批复同意学校购置沙河校区；2013年4月，完成沙河校区交接；2014年7月，沙河校区管委会正式入驻沙河校区办公；2017年，学校正式启用沙河校区，新增办学用地200亩、办学用房16万平方米。截至2020年，沙河校区容纳了大一、大二、研一近6000名学生，为服务京津冀协同发展、疏解非首都功能做出贡献。

十一、2020年学校基本情况

2020年，中国矿业大学（北京）校园面积34.7万平方米，图书馆建筑面积1.6万平方米。全年教育经费总投入57423.17万元。设有2个校区，设置12个院（系、部）。开设32个本科专业。“双一流”建设学科2个，国家级一流本科专业建设点9个。国家重点实验室2个，北京实验室0个，北京重点实验室2个。教职工1062人，其中，专任教师769人；正高级206人、副高级282人；博士生导师227人、硕士生导师269人；中国科学院院士1人、中国工程院院士5人。外籍教师1人，其中，教授1人、副教授0人。在校生17228人，其中，研究生7967人（博士生1461人、硕士生6506人）、普通本专科生8056人（本科生8056人、专科生0人）、成人教育本专科生1205人（本科生1129人、专科生76人）、网络教育本专科生0人（本科生0人、专科生0人）。留学生毕业178人、招生180人、在校生187人。网址：www.cumtb.edu.cn。

附表：

表169　中共中国矿业大学（北京）委员会历任书记一览表（1991—2020年）

书记	任职时间	书记	任职时间
徐有恒	1989年2月—1992年12月	张保军	2002年6月—2008年3月
彭世济	1993年1月—1995年2月	杨仁树	2008年3月—2014年1月
吴汉章	1995年3月—1997年12月	徐孝民	2014年1月—
罗承选	1998年1月—2002年5月		

表170　中国矿业大学（北京）历任校长一览表（1991—2020年）

校长	任职时间	校长	任职时间
巴肇仑	1989年2月—1992年12月	谢和平	1998年8月—2003年6月
彭世济	1993年1月—1995年2月	乔建永	2003年7月—2014年1月
谢和平	1995年3月—1997年10月	杨仁树	2014年1月—2018年9月
柯文进	1997年11月—1997年12月	葛世荣	2018年9月—
郭育光	1998年1月—1998年7月		

（执笔人：朱　彤、陈　奂）

中国石油大学（北京）

中国石油大学（北京）起源于1952年11月由中央人民政府政务院批准建立的北京石油学院。学校简称为中石大；英文全称为China University of Petroleum，Beijing；英文简称为CUP。学校的法定住所为北京市昌平区府学路18号，同时在北京市海淀区学院路20号设有校区。学校秉承“实事求是，艰苦奋斗”的校风，以“厚积薄发，开物成务”为校训，始终围绕国家重大战略需求，坚持走产学研相结合的办学道路，致力于建设能源领域特色鲜明的世界一流研究型大学，为国家发展和人类进步贡献力量。

一、学校沿革

中国石油大学（北京）(China University of Petroleum，Beijing）起源于1952年11月由中央人民政府政务院批准建立的新中国第一所石油高等院校北京石油学院。1960年10月，学校被确定为全国重点高校；1969年，学校迁至山东东营胜利油田，更名“华东石油学院”；1981年6月在北京石油学院原校址成立研究生部；1988年更名“石油大学”，校本部设在北京，由石油大学（北京）和石油大学（华东）两部分组成；1989年在北京恢复招收本科生；2000年，由中国石油天然气集团公司划归教育部直属；2005年1月，学校更名“中国石油大学”。1997年，学校进入首批国家“211工程”建设高校行列；2006年，成为国家“985优势学科创新平台”项目建设高校。2015年10月21日，教育部批复中国石油大学（北京）建设克拉玛依校区，2015年12月10日，中国石油大学（北京）克拉玛依校区揭牌。2017年，学校进入国家一流学科建设高校行列，全面开启建设中国特色世界一流大学的新征程。

表171　　中国石油大学（北京）院系部设置一览表（2020年）

单位职能	院系部	单位职能	院系部
教学院系	地球科学学院	教学院系	马克思主义学院
	石油工程学院		外国语学院
	化学工程与环境学院		体育与人文艺术学院
	机械与储运工程学院		人工智能学院
	地球物理学院	科研机构	非常规油气科学技术研究院
	安全与海洋工程学院		重质油国家重点实验室
	新能源与材料学院		油气资源与探测国家重点实验室
	信息科学与工程学院	其他机构	网络与继续教育学院
	理学院		国际教育学院
	经济管理学院		克拉玛依校区

二、事业发展

学科结构。以内涵建设为驱动，以服务需求为导向，贯彻“强优、拓新、创一流”的发展思路，立足国际科技前沿，瞄准油气领域一流学科，不断完善学科生态体系，促进学科高质量、特色化发展。实施并完成了优势学科攀登计划、支撑学科提升计划，开展了基础学科振兴计划，全面建设“油气科学与工程”学科群，不断促进学科交叉融合，着力布局新兴交叉学科，加强凝练学科发展方向。学科整体水平有了较大提高，传统学科特色更加鲜明、优势愈加明显，基础学科水平进一步提升，新兴交叉学科蓬勃发展，初步形成了“一流学科引领，支撑学科和基础学科协调发展”的学科生态体系。在教育部第四轮学科评估中，地质资源与地质工程、石油与天然气工程、化学工程与技术、安全科学与工程、地质学、地球物理学 6 个一级学科在第四轮学科评估中排名全国前 10，A+ 学科数量位居全国高校第 22 名（并列），16 个学科的排名高于第三轮学科评估。

表 172　　中国石油大学（北京）学科设置一览表（2020 年）

序号	一级学科代码及名称	二级学科	授权类别	所属学科门类
1	0305	马克思主义理论		博士 / 硕士 一级学科
2	0703	化学		
3	0708	地球物理学		
4	0709	地质学		
5	0801	力学		
6	0802	机械工程		
7	0805	材料科学与工程		
8	0807	动力工程及工程热物理		
9	0811	控制科学与工程		
10	0817	化学工程与技术		
11	0818	地质资源与地质工程		
12	0820	石油与天然气工程		
13	0837	安全科学与工程		
14	01201	管理科学与工程		
15	0817Z1	化学工程与技术	环境化工	博士二级 自主设置
16	0818Z1	地质资源与地质工程	计算机技术与资源信息工程	
17	0820Z1	石油与天然气工程	海洋油气工程	
18	0202	应用经济学		硕士 一级学科
19	0301	法学		
20	0302	政治学		
21	0403	体育学		
22	0502	外国语言文学		
23	0701	数学		
24	0702	物理学		
25	0714	统计学		
26	0803	光学工程		
27	0808	电气工程		
28	0810	信息与通信工程		
29	0812	计算机科学与技术		
30	0814	土木工程		

续表 172

序号	一级学科代码及名称	二级学科	授权类别	所属学科门类
31	0816	测绘科学与技术		硕士 一级学科
32	0824	船舶与海洋工程		
33	0830	环境科学与工程		
34	0835	软件工程		
35	1202	工商管理		
36	070704	海洋科学	海洋地质	硕士 二级学科
37	120401	公共管理	行政管理	

人才培养。学校牢固树立“人才培养质量是学校生命线”理念，落实立德树人根本任务，积极构建思想政治工作体系，推进思想政治工作融入办学治校各领域、人才培养各环节。持续深化人才培养模式改革，本科全面实施大类招生与培养，构建了本研一体化、“人工智能 +”等多样化的拔尖创新人才培养模式，形成了多层次的产学研合作人才培养机制。建设形成了石油特色鲜明、以工为主、多学科协调发展的本科专业体系。11 个专业入选首批国家级一流本科专业建设点，8 个工科专业通过教育部工程教育专业认证。研究生教育工程领军人才培养形成先发优势，成为全国 40 所工程博士授权单位之一，实现了“卓越工程师 + 工程硕士 + 工程博士”的全层次人才培养体系。全面深化教育教学改革，初步形成了融入教学全过程、面向全体学生的研究性教学体系。创新创业迈出新步伐，打造了国内知名的能源学科创新创业竞赛群。克拉玛依校区坚持“高层次、应用型、国际化”培养定位，坚持“实践教学四年不断线”“企业专家参与人才培养四年不断线”，学生规模稳定增长。学校毕业生就业态势良好，总体就业率保持 95.5% 以上。

表 173　　中国石油大学（北京）本科专业设置一览表（2020 年）

序号	专业	序号	专业
1	资源勘查工程	20	智能科学与技术
2	地质学	21	材料科学与工程
3	石油工程	22	新能源科学与工程
4	化学工程与工艺	23	储能科学与工程
5	能源化学工程	24	应用化学
6	环境科学	25	数学与应用数学
7	环境工程	26	统计学
8	机械设计制造及其自动化	27	能源经济
9	油气储运工程	28	财务管理
10	能源与动力工程	29	会计学
11	过程装备与控制工程	30	市场营销
12	机器人工程	31	金融学
13	安全工程	32	信息管理与信息系统
14	海洋油气工程	33	思想政治教育
15	勘查技术与工程	34	英语
16	地球物理学	35	人工智能
17	自动化	36	国际经济与贸易
18	计算机科学与技术	37	测控技术与仪器
19	电子信息工程		

科技创新。学校持续深化科技体制改革，加强科研规范管理及科技奖励，成立技术转移中心。科研平台建设坚持强优拓新、交叉融合，向新兴交叉领域拓展，高质量科技成果持续产出。“十三五”期间，获国家级三大科技奖共18项、其中作为第一完成单位的有6项；新增国家级科技创新平台分室3个，国家科技重大专项项目1项、课题3项，其中学校负责项目连续3个五年计划获得滚动支持。新增国家重点研发计划项目7项。获批国家自然科学基金414项，其中创新群体2项（其中滚动1项）、重大仪器1项、重点项目26项。新增人文社科类基金项目30项。品牌学术期刊入选中国科协、教育部等七部委“中国科技期刊卓越行动计划”项目领军期刊和重点期刊，获得1000万元经费支持；并连续入选中国最具国际影响力学术期刊和中国高校杰出科技期刊。

人才队伍。坚持党管人才，建立健全人事管理，初步实现“按需设岗、分类管理、综合考核、科学分配、全面保障”的教师评价和激励体系。深入实施“人才强校”战略，创新人才工作体制机制，拓宽人才引进渠道，师资队伍结构得到进一步优化，各类人才队伍建设成效显著，建成了一支以27人/39人次国家级高层次人才为主力，15人/18人次国家级青年人才为生力军的师德高尚、业务精湛、充满活力的高水平师资队伍。构建多元化、分层次、精准化的青年教师引育体系，实施“青年教师成长工程”和“创新团队建设计划”，新增国家级青年人才15人，充实了优秀后备青年人才队伍。克拉玛依校区通过对口援建、银龄计划、多元化用工等方式，实现了师资队伍规模有序扩大，分配制度和考核评价体系逐步完善。

办学条件。2018年，成功购置北京化工大学南环路校区为学校东校园，新增校园面积227.1亩，极大拓展了学校的办学空间；积极争取教育部改善基本办学条件专项，累计获取资金52937万元、项目179个，大幅改善了学校的基本办学条件，为各项事业的顺利开展提供了坚实的保障。教学、实验和实践基地建设快速发展，新增教室120间、实验用房面积3116平方米、仪器设备486台套，新建853平方米的教学演示中心，完成8大研究生教学平台建设，建设了公共虚拟仿真实验室，目前在建实验教学大平台3个；坚持产学合作，建设研究生联合培养基地200余个，新建大庆油田有限公司、渤海钻探工程有限公司、南阳二机石油装备集团股份有限公司3个课程思政实践教学基地。图书文献资源进一步丰富。校园信息化建设力度大力加强，信息化管理与服务水平显著提升。节约型绿色校园建设、校园安全保障体系建设成效显著，荣获“2018年北京市能效领跑者”荣誉称号。

开放办学。学校坚持深入实施国际化战略，国际化办学水平进一步提升。积极参与“一带一路”建设，发起成立世界能源大学联盟，联盟成员包括来自17个国家的31所高校，国际化水平持续提升。产学研合作不断深化。与中石油、中海油签署全面战略合作协议，深化产学研一体化合作。联合28家企业成立油气人工智能产学研创新联盟。圆满完成定点扶贫任务，成功助力南华县脱贫摘帽，社会服务贡献不断提升。

三、2020年基本情况

2020年，中国石油大学（北京）昌平校区占地面积47.78万平方米，克拉玛依校区占地面积449.99万平方米。其中，昌平校区学校产权校舍建筑面积59.19万平方米，非产权校舍建筑面积1.89万平方米；克拉玛依校区因未完成资产接收，非产权校舍建筑面积37.85万平方米。昌平校区图书馆建筑面积1.49万平方米。全年教育经费投入125109万元，其中，财政拨款55091.33万元、自筹经费70018.34万元。固定资产总值31.79亿元，其中，教学、科研仪器设备资产值12.85亿元，信息化设备资产值4.37亿元。拥有教室195间，其中，网络多媒体教室186间。拥有图书128.31万册，计算机15329台。网络信息点28500个，上网课程11门，电子邮件系统用户23135个，管理信息系统数据总量9500GB，数字资源量中电子图书3356428册、电子

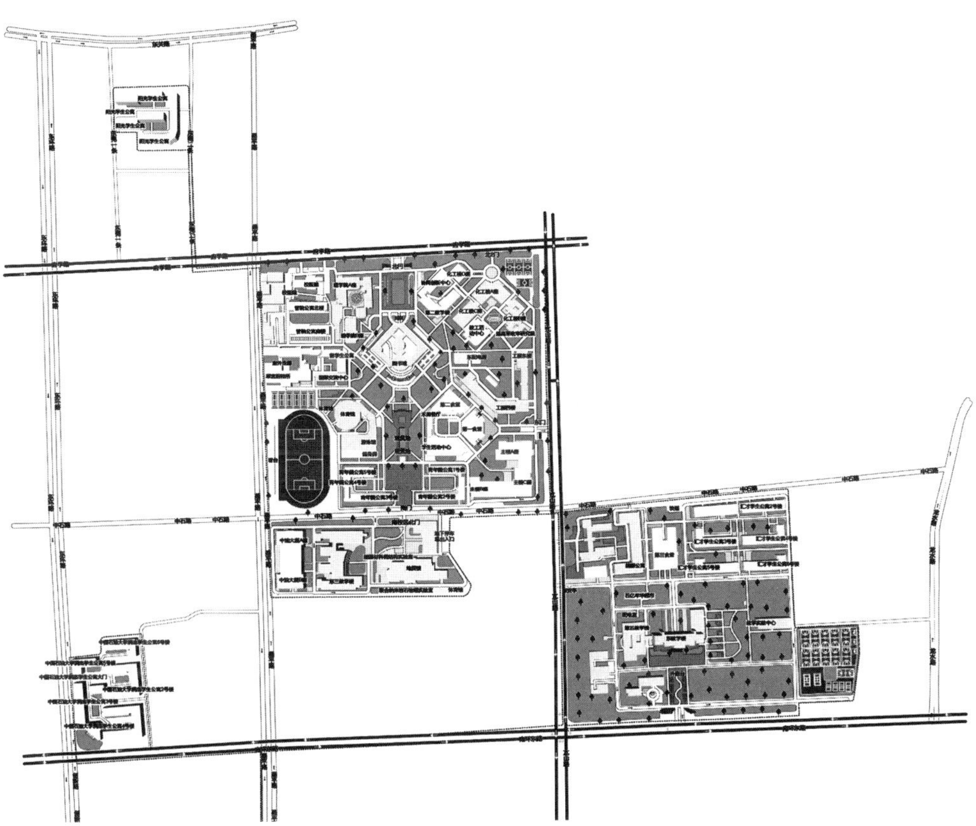

图 52　中国石油大学（北京）昌平校区平面图

期刊 49502 册、学位论文 9250836 册、音视频 149670 小时。学校由教育部举办，为教育部直属高校，设有 2 个校区，设置 18 个院（系、部）。开设 37 个本科专业，拥有一级学科博士点 14 个、二级学科博士点 3 个、专业学位博士点 2 个；一级学科硕士点 32 个、二级学科硕士点 2 个、硕士专业学位授权类别 15 个；博士后科研流动站 11 个，其中，博士后研究人员出站 26 人、进站 46 人、在站 136 人。“双一流”建设学科 2 个，国家级一流本科专业建设点 17 个，北京市级一流本科专业建设点 5 个，北京市“双一流”学科 2 个，北京高校高精尖学科 2 个。国家重点实验室 2 个。教职工 1675 人，其中，专任教师 1098 人，包括正高级 280 人、副高级 428 人；博士生导师 317 人、硕士生导师 764 人；中国科学院院士 3 人、中国工程院院士 2 人。“长江学者奖励计划”特聘教授 10 人、青年长江学者 2 人；“国家高层次人才特殊支持计划”杰出人才 4 人、青年拔尖人才 3 人；“国家杰出青年科学基金”获得者 11 人，“国家优秀青年科学基金”获得者 11 人。学历教育学生中毕业生 40188 人，其中，研究生 2141 人（博士生 228 人、硕士生 1913 人）、普通本科生 2300 人、成人教育本专科生 467 人（本科生 462 人、专科生 5 人）、网络教育本专科生 35280 人（本科生 6631 人、专科生 28649 人）。本科毕业生就业率 92.42%。招生 23269 人，其中，研究生 2859 人（博士生 430 人、硕士生 2429 人）、普通本科生 3450 人、成人教育本科生 345 人、网络教育本科生 16615 人。

在校生113234人，其中，研究生8060人（博士生1714人、硕士生6346人）、普通本科生12163人、成人教育本专科生2690人（本科生2154人、专科生536人）、网络教育本专科生90321人（本科生47624人、专科生42697人）。留学生毕业218人、招生254人、在校生671人。网址：www.cup.edu.cn。

附表：

表174　中共中国石油大学（北京）委员会历任书记一览表（1991—2020年）

学校名称	书记	任职时间
石油大学（北京）	张一伟	1988—1992年
石油大学（北京）	华泽澎	1992—1994年
石油大学（北京）	李云鹏	1994—1998年
石油大学（北京）	李秀生	1998—2005年
中国石油大学（北京）	蒋庆哲	2005—2016年
中国石油大学（北京）	山红红	2017—2020年

表175　中国石油大学（北京）历任校长一览表（1991—2020年）

学校名称	校长	任职时间
石油大学（北京）	张一伟	1989—1994年
石油大学（北京）	张嗣伟	1994—1998年
石油大学（北京）	李云鹏	1998—1999年
石油大学（北京）	罗维东	1999—2002年
石油大学（北京）	李秀生	2002—2005年
中国石油大学（北京）	张来斌	2005—2021年

（执笔人：李强楠）

中国地质大学（北京）

中国地质大学（北京）是教育部直属、教育部与自然资源部共建的全国重点大学，全国33所试办研究生院的高校之一，国家“211工程”首批建设高校，国家首批“双一流”建设高校，是国家地学人才培养和地学研究的重要基地。

学校前身为1952年创建的北京地质学院。1952年7月，根据全国工学院调整方案，由北京大学、清华大学、天津大学的地质系、唐山铁道学院采矿系地质组合并组建北京地质学院。1960年10月，北京地质学院进入全国重点高校行列。1970年迁校，1978年在邓小平同志直接关怀下，在北京原校址恢复办学。1987年成立中国地质大学，在京、汉两地相对独立办学。2000年2月，中国地质大学由国土资源部整体划转教育部管理。2005年3月，大学总部撤销，京汉两地独立办学。2006年，教育部与国土资源部共建中国地质大学（北京）；同年，学校获批国家“985工程优势学科创新平台”建设。2017年，学校入选一流学科建设高校，地质学、地质资源与地质工程2个学科入围“双一流”建设学科名单。

1991—2020年是中国地质大学（北京）坚持正确办学方向、全面落实立德树人根本任务，全面深化改革、强化办学特色、提高育人质量、实现跨越发展的30年。

一、院系建设

1991年，学校设有地质矿产系、能源地质系、水文地质与工程地质系、应用地球物理系、探矿与采矿工程系、基础课教学部和思想政治教育教研室7个系（部、室）。

1993年，学校由地质类院校向综合性大学发展，新组建4个系：由材料研究室、矿物晶体结构与晶体化学研究室、化学教研室、物理教研室组建材料科学系；利用宝石学教研室部分资源成立宝玉石鉴定研究所，隶属材料科学系；由地质电信息应用技术教研室、数学教研室组建计算机系；在思想政治教育教研室的基础上建立人文与社会科学部；在外语教研室的基础上建立外语系；同时撤销基础课教学部。同年，成立工程勘察设计研究院，为教学科研提供与生产实践相结合的基地；水文地质与工程地质系更名为环境科学系。1994年，人文与社会科学部更名为人文经管系。

1995年，由材料科学系的宝石学教研室、宝玉石鉴定研究所组建珠宝学院。1995年11月，由原挂靠在中国地质大学科技公司的成人教育部和培训部，组建成人教育处。1996年9月，成人教育处更名为成人教育学院。

1998年，学校根据促进学科交叉相关学科共同发展的原则，对院系设置作如下调整：材料科学系与珠宝学院合并，组建材料科学与工程学院；探矿与采矿工程系与应用地球物理系、环境科学系的工程地质研究室合并，组建工程技术学院；在原环境科学系的水文地质教研室的基础上成立水资源与环境工程系；计算机系与材料科学系的自动控制教研室合并，组建信息工程学院。

1999年，北京地质管理干部学院并入学校；同年，为建设海洋地学学科、开展海洋地学基础与应用研究、培养海洋地学领域高层次人才，学校成立海洋地学研究中心，挂靠在地球科学与资源学院。2000年，宝石与材料工艺学、艺术设计、宝石鉴定与营销专业从材料科学与工程学院分离，组建珠宝学院；同年，在体育教研室的基础上成立体育课部，体育课部为二级教学机构。2002 年，应用地球物理系（除勘查技术与工程专业外）从工程技术学院分离，组建地球物理与信息技术学院，水资源与环境工程系更名为水资源与环境学院。2004 年，由原地球科学与资源学院的测绘工程和土地资源管理专业组建土地科学技术系；在海洋地学研究中心的基础上成立海洋学院；同年，能源地质系更名为能源学院；成立软件学院。2009 年，组建思想政治教育学院，作为学校思想政治教育教学、科研与学科建设归口管理的二级教学单位。2011 年，学校以促进学科发展、合理配置资源为首要考虑，对部分院系进行调整：由材料科学与工程学院物理教研室、化学教研室、物理实验教学示范中心、信息工程学院的数学教研室合并组建数理学院；软件工程专业划入信息工程学院，撤销软件学院。同年，为进一步整合科技资源，提升科技实力，成立科学研究院；成立地学发展研究中心。2015 年，思想政治教育学院更名为马克思主义学院。2018 年，人文经管学院更名为经济管理学院。2020 年，成立自然资源战略发展研究院；同年，由地学发展研究中心、地质遗迹研究中心、高等教育研究所和经济管理学院文学教研室组建自然文化研究院。

至 2020 年底，学校共有 16 个学院，9 个科研单位。

表 176　　中国地质大学（北京）院系设置一览表（2020 年）

序号	学院	序号	学院
1	地球科学与资源学院	14	数理学院
2	工程技术学院	15	体育部
3	材料科学与工程学院	16	继续教育学院
4	信息工程学院	17	科学研究院
5	水资源与环境学院	18	国家重点实验室
6	能源学院	19	青藏高原研究中心
7	经济管理学院	20	标本资源研究中心
8	外国语学院	21	自然资源战略发展研究院
9	珠宝学院	22	“一带一路”自然资源研究中心
10	地球物理与信息技术学院	23	地质微生物与生物地球化学研究中心
11	海洋学院	24	环境科学与工程研究中心
12	土地科学技术学院	25	自然文化研究院
13	马克思主义学院		

二、学科建设

在 1991—2020 年期间，学校学科建设主要包括以下几方面：一是以二级学科为对象的重点学科评选及其建设，二是通过“211 工程”和“优势学科创新平台”项目实施重点学科的建设，三是北京市重点学科建设，四是通过实施学科点建设项目、优势学科重点建设计划、学科分层建设计划进行的学校自主建设，五是一流学科建设。

1995 年，地质矿产部批准中国地质大学启动“211 工程”建设，学校设立五个重点学科群建设项目，五个国家重点学科、三个省部级重点学科属于建设之列。2006 年，学校获批“地球系统过程与矿产资源”985 优势学科创新平台建设项目。“十一五”期间，学校评选出 7 个学科与创新团队进行重点建设。2013 年，学校根据优势学科重点建设计划，按照分期立项、分类资助、明确目标、持续支持的原则，优选出两个国家重点学科下优势明显的二级学科（矿物学岩石学矿床学、矿产普查与勘探）进行重点建设，建设期三年。2015 年，根据学校学科发展规划拟定了学科分层次建设方案，划分出优先发展学科（国家重点学科）、重点扶持学科（省部级重点学科）、交叉特色学科以及基础保障学科，分类分层次进行扶持建设。2016 年以来，实施具有学校特色的“求真”系列建设工程，统筹队伍建设、人才培养、科学研究各项工作，全面完善以地质学、地质资源与地质工程为核心的地球系统学科体系。

至2020年，学校有一级博士学位授权学科16个、一级硕士学位授权学科34个。一流学科暨一级学科国家重点学科2个（涵盖8个二级学科），一级学科省部级重点学科17个，北京市高精尖学科1个。

（一）博士、硕士学位授权点建设

1991年，学校拥有硕士学位授权学科18个，博士学位授权学科13个；1992—2000年间，学校获准增列地质学、地质资源与地质工程2个一级学科博士学位授权点、1个二级学科博士学位授权点、15个二级学科硕士学位授权点。2001—2011年间，学校学位授权点建设快速发展，至2011年底，学校一级学科博士学位授权点为13个，一级学科硕士学位授权点为38个，涉及10个学科门类。2011—2020年间，学校学位授权点建设进入质量至上的内涵式发展时期，通过增列、撤销等方式，丰富、优化学位授权点布局，提升学位授权点建设质量。至2020年，学校共有16个一级学科博士学位授权点，34个一级学科硕士学位授权点，14个专业学位授权类别。

表177　中国地质大学（北京）学科设置一览表（2020年）

学科门类	一级学科	学科门类	一级学科
02 经济学	0202 应用经济学（博士授权点）	08 工学	0802 机械工程（硕士授权点）
03 法学	0301 法学（硕士授权点）		0805 材料科学与工程（博士授权点）
	0305 马克思主义理论（博士授权点）		0810 信息与通信工程（硕士授权点）
04 教育学	0401 教育学（硕士授权点）		0811 控制材料与工程（博士授权点）
	0402 心理学（硕士授权点）		0812 计算机科学与技术（硕士授权点）
	0403 体育学（硕士授权点）		0814 土木工程（博士授权点）
05 文学	0502 外国语言文学（硕士授权点）		0815 水利工程（博士授权点）
	0503 新闻传播学（硕士授权点）		0816 测绘科学与技术（博士授权点）
07 理学	0701 数学（硕士授权点）		0818 地质资源与地质工程（博士授权点）
	0702 物理学（硕士授权点）		0820 石油与天然气工程（博士授权点）
	0703 化学（硕士授权点）		0830 环境科学与工程（博士授权点）
	0705 地理学（硕士授权点）		0835 软件工程（硕士授权点）
	0706 大气科学（硕士授权点）		0837 安全科学与工程（博士授权点）
	0707 海洋科学（博士授权点）	12 管理学	1201 管理科学与工程（博士授权点）
	0708 地球物理学（博士授权点）		1202 工商管理（硕士授权点）
	0709 地质学（博士授权点）		1204 公共管理（博士授权点）
	0710 生物学（硕士授权点）	13 艺术学	1305 设计学（硕士授权点）

（二）国家级重点学科

1991年，学校拥有矿物学、岩石学、古生物学及地层学、矿产普查与勘探和探矿工程5个二级国家重点学科。2002年，古生物学与地层学、矿物学岩石学矿床学、地球化学、矿产普查与勘探、地质工程5个学科点被批准为国家重点学科。2007年，矿物学岩石学矿床学、地球化学、古生物学与地层学、矿产普查与勘探、地质工程5个二级国家重点学科通过考核评估；构造地质学被增补为二级国家重点学科；地质学和地质资源与地质工程被评为一级国家重点学科。

（三）省部级重点学科

1994年10月，中国地质大学煤田油气地质与勘探、水文地质与工程地质获批湖北省重点学科。1995年2月，地质矿产部批准中国地质大学地球化学、构造地质学为部级重点学科。2000年1月，第四纪地质学、材料学获批国土资源部重点学科。2002年，北京市评定首批113个市级重点学科，学校构造地质学、地球探测与信息技术获批北京市重点学科。2008年，二级学科水文学与水资源、油气田开发工程和交叉学科近海资源环境获批北京市第二批重点学科。2012年，二级学科固体地球物理学、材料学获批北京市第四批重点学科。2013 年，学校对省部级重点学科重新认定，报经上级主管部门认定后，确定省部级重点学科 17 个。2019 年，城市地质环境与工程获批北京市高精尖学科。

（四）学科评估

自 2002 年开始，教育部学位与研究生教育发展中心对全国具有博士学位授予权、硕士学位授予权的一级学科整体水平进行评估。在第一轮、第二轮学科评估工作中，地质学、地质资源与地质工程两个一级学科均排名第一。2012 年，教育部开展全国第三轮学科评估工作，地质学、地质资源与地质工程排名全国第一；石油与天然气工程、地球物理学、海洋科学、测绘科学与工程、水利工程 5 个一级学科排名进入前十；环境科学与工程、马克思主义理论、公共管理排名率进入全国 30%。2016 年全国第四轮学科评估，学校地质学、地质资源与地质工程被评为 A+，A+学科数量并列全国高校第 22 位；有 12 个学科排名前 30%；与第三轮学科评估结果对比：参评学科排名的位次百分位整体提升，排名前 20% 的学科增加 1 个，排名前 30% 的学科增加 7 个，19 个学科的排名位次百分位上升。

三、人才培养

（一）学校深化教育教学改革，强化本科教学内涵建设，建立起高素质、创新型人才培养体系

明确人才培养目标。学校根据社会和高等教育形势的发展，适时调整人才培养的目标。1995 年，提出培养跨世纪人才的“五强”本科人才培养目标。“五强”即爱国心和责任感强，计算机能力强，创新意识和创造力强，基础理论强，外语能力强。2004 年，学校根据“特色加精品”的办学思想，“建设高水平研究型大学”的目标定位,明确了“品德优良、基础厚实、知识广博、专业精深”的高素质创新人才培养目标。

加强专业建设。学校自 1978 年恢复办学以来,以研究生教育为主。1991 年仅在地质学、控矿工程两个专业招收本科学生，自 1992 年开始，逐年增设专业，至 2001 年，学校有 33 个本科专业，已初步建成以地质、资源、环境、地质工程技术为主要特色，理工为主，理工文管相结合的多科性大学学科专业体系。学校在增设新专业的同时，不断强化专业内涵建设。截至 2020 年底，学校共设置本科专业 59 个，2020 年招生专业（方向）为 42 个，获批国家级一流本科专业建设点 16 个、国家级特色专业 10 个、国家级“专业综合改革试点”专业 3 个、教育部“卓越工程师教育培养计划”试点专业 6 个、北京市一流本科专业点 6 个、北京高校重点建设一流专业 1 个、北京市特色专业 6 个，获批国家级精品课程 4 门、国家级一流课程 6 门、国家级精品教材 2 部、国家级规划教材 21 部、北京市教学成果奖 26 项、北京市精品课程 13 门、北京高校优质本科课程 8 门、北京市精品教材 23 部、北京高校优质本科教材（课件）8 项。

改革人才培养模式。1994 年，统一理工科四年制本科的各专业一、二年级的课程，构建“大基础、宽口径、多方向”的人才培养模式。1995 年始，推行主辅修专业制。学校相继在宝石学、法学、工商管理、会计等专业开设辅修课程。1998 年始，推行双学位制，以培养复合型人才。1998 年以来，学校依托传统优势特色学科，先后与滑铁卢大学、莫斯科大学等多所大学开展“2+2”“2+3”多种联合培养模式，进行国际化人才培养；2000 年，创设“地质学理科基地班”，旨在培养高素质创新型人才；2001—2016 年，学校在人文经管学院实行按专业大类招生、两年大类培养的方式；2013 年开设“本科创新实验班”，实行小班制、导师制、多元化培养模式和国际化培养方案，培育高水平创新型人才；2011—2020 年，全校实施“卓越工程师教育培养计划”，共 6 个专业的学生采用“3+1”校企联合培养模式。

建设高水平实践教学平台，推动学生实践创新。学校重点对基础课、专业基础课实验室进行整合，形成校级、市级、国家级实验教学示范中心。至 2020 年，学校建有国家级实验教学示范中心 2 个、国家级虚拟仿真实验教学中心 1 个、北京市实验教学示范中心 4 个。认定国家级虚拟仿真项目 2 项、省部级虚拟仿真项目 2 项。学校自 2007 年起完

成大学生创新创业训练国家级项目 1216 项，北京市级项目 1053 项。2001—2020 年期间，学生在各类竞赛中获省部级以上奖励 4093 项。

1991 年至 2020 年，累计获国家级教学成果奖 2 项。学校现有 1 位国家级教学名师、1 个国家级优秀教学团队，26 位北京市教学名师。2005 年通过教育部本科教学工作水平评估并取得优秀成绩。2017 年顺利完成教育部本科教学工作审核评估。

（二）建立和完善高层次人才培养体系

1991 年，学校获批在 14 个学科、专业开展授予在职人员硕士学位。1994 年，经国务院学位委员会批准，学校成为自行审定博士生指导教师单位。1996 年，研究生院试办十年，经国家教委批准正式建立研究生院，学校成为全国 33 所建有研究生院的高校之一。1996 年，学校以提高博士生培养质量为中心深化研究生教育改革；同年，实行硕、博贯通培养。1997 年，国务院学位办公室批准学校为招收培养工程硕士专业学位研究生单位；同年，开始招收在职专业学位研究生。自 2004 年始，开展研究生科技创新扶持奖励工作，至 2020 年，累计投入资金 2200 余万元。2006—2020 年期间，学校与 22 个单位共建“地学研究生联合培养基地”“产—学—研基地”。自 2007 年始，实施“国家建设高水平大学公派研究生项目”。2008 年，首次开展 MPA 专业学位硕士招生工作。2009 年，探索本—硕—博贯通式培养模式；新增“全日制专业学位研究生”培养类型。2011 年，学校获评 50 所“全国工程硕士研究生教育创新院校”之一，地质工程、石油与天然气工程领域获得“全国工程硕士研究生教育特色工程领域”称号。2013 年以来，相继与一批世界高水平大学开展校际双学位合作项目。2017 年，在取消传统非全日制专业学位（单证）研究生招生的同时，探索统筹全日制和非全日制研究生（双证）招生培养的管理机制与培养模式，开始招收非全日制硕士专业学位（双证）研究生。2018 年，首次开展本科生直博和博士生申请—考核等多元招生选拔机制；同年将 14 个工程硕士领域调整归并为 5 个专业学位类别。2020 年 12 月，落实全国研究生教育会议精神，学校召开研究生教育工作会议，提出了“树根立魂、学位授权点布局优化、导师队伍强基、招生录取提质、课程建设固本、培养模式增效、学位论文拔尖、教育质量监控、国际人才培养、保障能力提升”的十项行动，全面推进研究生教育工作。

学校研究生教育规模稳步增长，培养质量持续提升。学校年度授予博士、硕士学位人数分别由 1991 年的 40 人、130 人增至 2020 年的 327 人、1976 人。博士生导师人数由 1991 年的 38 人增至 2020 年的 301 人，硕士生导师人数由 162 人增至 596 人。1991—2020 年，共计授予博士、硕士学位 30596 人。获得“全国优秀博士学位论文”3 篇、“全国优秀博士学位论文提名”3 篇、“北京市优秀博士学位论文”8 篇、“中国学位与研究生教育学会优秀博士学位论文”1 篇；2010—2020 年间，1 项研究成果获得“中国学位与研究生教育学会研究生教育成果奖”二等奖，共有 21 名研究生获得“李四光优秀学生奖”。“十三五”期间，在校生以第一作者发表高水平 SCI 论文 5281 篇，占 2007—2020 年发表论文总数的 76%。

表 178　　中国地质大学（北京）本科专业设置一览表（2020 年）

序号	专业代码	专业名称	序号	专业代码	专业名称
1	020101	经济学	10	070302	应用化学
2	030101K	法学	11	070501	地理科学
3	030503	思想政治教育	12	070502	自然地理与资源环境
4	040203	社会体育指导与管理	13	070503	人文地理与城乡规划
5	050201	英语	14	070504	地理信息科学
6	070101	数学与应用数学	15	070701	海洋科学
7	070102	信息与计算科学	16	070703T	海洋资源与环境
8	070104T	数据计算及应用	17	070801	地球物理学
9	070201	物理学	18	070901	地质学

续表 178

序号	专业代码	专业名称	序号	专业代码	专业名称
19	070902	地球化学	40	081202	遥感科学与技术
20	070903T	地球信息科学与技术	41	081301	化学工程与工艺
21	071001	生物科学	42	081401	地质工程
22	080202	机械设计制造及其自动化	43	081402	勘查技术与工程
23	080301	测控技术与仪器	44	081403	资源勘查工程
24	080401	材料科学与工程	45	081404T	地下水科学与工程
25	080402	材料物理	46	081502	石油工程
26	080403	材料化学	47	082306T	土地整治工程
27	080410T	宝石及材料工艺学	48	082502	环境工程
28	080503T	新能源科学与工程	49	082901	安全工程
29	080601	电气工程及其自动化	50	120102	信息管理与信息系统
30	080701	电子信息工程	51	120103	工程管理
31	080717T	人工智能	52	120201K	工商管理
32	080901	计算机科学与技术	53	120202	市场营销
33	080902	软件工程	54	120203K	会计学
34	080904K	信息安全	55	120402	行政管理
35	080910T	数据科学与大数据技术	56	120404	土地资源管理
36	081001	土木工程	57	120417T	自然资源登记与管理
37	081005T	城市地下空间工程	58	120901K	旅游管理
38	081102	水文与水资源工程	59	130504	产品设计
39	081201	测绘工程			

四、科学研究

1991—2020 年，科技工作紧紧围绕国家重大战略需求和学校发展规划展开，在科研项目申报立项、成果产出与转化、科研团队建设、平台建设及服务国家需求等诸多方面取得了突出成绩。

（一）科研项目与科研经费

科研立项数量和质量不断提升，1991—2020 年到校科研经费达 55.44 亿元、具体科研经费增长情况见图 53；获批国家自然科学基金各类项目 1281 项（见图 54）。

国家级重大科研项目的获得，彰显了学校科研工作的整体水平和实力。2005 年、2008 年、2011 年、2014 年各有 1 项申请获得国家重大基础研究发展计划（“973”计划）项目资助立项。2016 年 1 项、2017 年 2 项、2018 年 1 项、2019 年 2 项、2020 年 3 项申请获得国家重点研发计划项目资助立项。

1999—2015 年，承担地质调查工作项目 183 项，2016 年承担地质调查二级项目 2 项，财政专项经费 5.83 亿元。

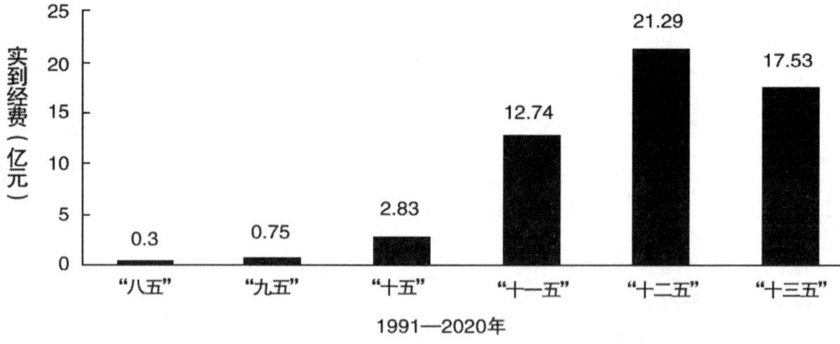

图 53 “八五”至“十三五”期间科技经费到账柱状图

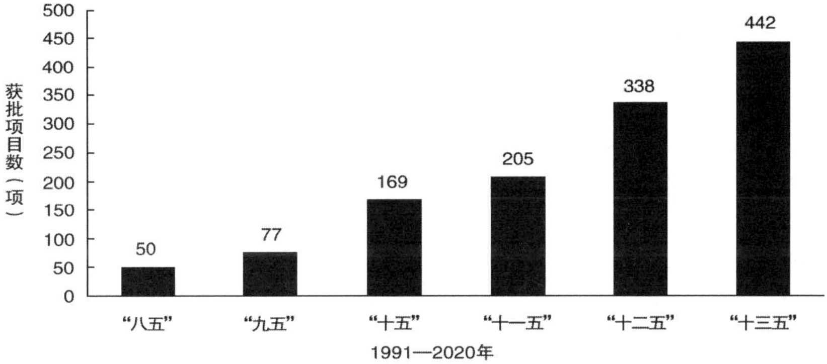

图 54 “八五”至“十三五”期间自然科学基金获批项目数柱状图

（二）科研成果与奖励

高水平学术成果数量与质量同步提升，1991 年以来，发表 SCI 及 SSCI 论文近 9000 篇。高水平成果不断涌现，学校共有 5 篇论文入选年度“百篇最具影响国际学术论文”，分别是 2011 年 1 篇（朱弟成）、2013 年 1 篇（朱弟成）、2015 年 2 篇（Santosh M、黄洪伟）、2016 年 1 篇（邓军）。

1991 年以来 110 余项科技成果获得省部级以上奖励。2011—2020 年，学校以第一完成单位获得国家级二等奖 3 项，省部级一等奖 12 项，省部级二等奖 22 项。

（三）知识产权与成果转化

知识产权　1991—2000 年学校共申请专利 21 项，授权专利 6 项；2001—2010 年共申请专利 149 项，授权专利 47 项；2011—2015 年申请专利 524 项，授权专利 244 项；2016—2020 年的五年时间，是学校专利数量稳步递增阶段。2016 年，申请专利 250 项，授权专利 123 项,其中国际专利 1 项；2017 年，申请专利 255 项，授权专利 163 项；2018 年，申请专利 332 项，授权专利 218 项，其中国际专利 2 项；2019 年，申请专利 483 项，授权专利 200 项，其中国际专利 2 项；2020 年，申请专利 402 项，授权专利 397 项，其中国际专利 26 项。截至 2020 年底，学校共申请专利 2461 项，共授权 1430 项。

科技成果转化　学校科技成果转化的主要转化形式集中在专利转让与专利实施许可。2008—2020 年，学校共转化专利 39 项，其中专利转让 15 项，专利实施许可 24 项，转化金额共计 4148.2 万元（合同金额）。

（四）科研团队建设

学校精准施策，促进团队快速成长。“成矿复杂系统与资源定量化预测”团队入选 2007 年教育部创新团队。2009 年，“油气沉积地质”团队入选教育部创新团队。2011 年，“西藏高原地质作用与找矿评价”团队入选教育部创新团队，并于 2014 年再次获得滚动资助。“青藏高原岩石圈演化与成矿创新团队”入选 2019 年度科技部创新人才推进计划重点领域创新团队。

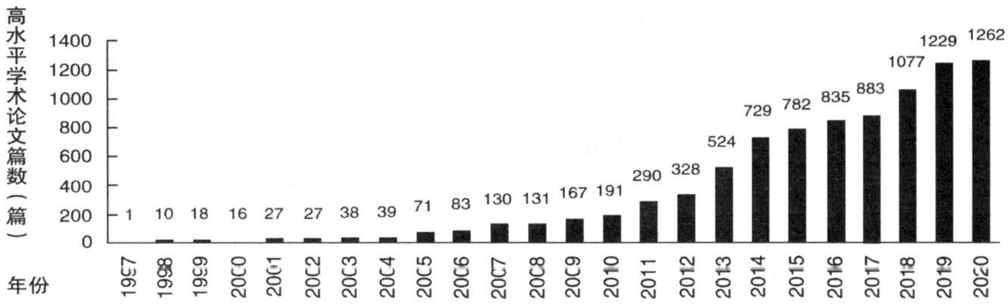

图 55　1997—2020 年高水平学术论文为 WOS 库中检索的 SCI 及 SSCI 论文柱状图

（五）科研平台建设

2000年，“岩石圈构造、深部过程及探测技术实验室”经教育部评审通过，批准为教育部重点实验室，这是学校独立申报获得批准建设的第一个省部级重点实验室。至2020年底，学校建有18个科研平台，其中国家级2个，省部级16个。

五、师资队伍建设

高度重视师资队伍建设。深化人事制度改革，坚持培养与引进并重，建设一支德才兼备、结构合理的教职工队伍。

加强师德师风建设，建立长效工作机制。2014年，学校出台《关于建立健全师德建设长效机制的意见》，加强宣传教育引导、完善考核监督机制、建立完善惩处机制。2018年，成立党委教师工作部，落实师德师风作为评价教师第一标准的要求，健全面向思想政治素质和师德师风表现的培训体系、评价体系和荣誉体系，进一步健全师德建设长效机制。

在师资队伍规模不断扩大的过程中，注重师生比例、年龄结构、学历层次与职称结构等方面的优化。1991—2020年间，全校在职教职工由863人增加到1491人，专任教师占在职教职工总人数比例由1992年的39%提高到2020年的67%，专任教师中具有副高级及以上职称教师比例由1992年的47%提高到2020年的78%，具有博士学位专任教师比例由2000年的26%提升至2020年的80%。学校教职工队伍规模稳步扩大，结构不断优化。

加强高层次人才引进与培育。2004年学校成立人才工作领导小组。此后，陆续出台人才引进与聘用、特聘教授和荣誉教授聘任、博士后管理等系列文件，建立起较为科学的人才引进与培养体制；先后实施“出国进修计划”“高层次人才引进计划”“杰出人才培养计划”、资助“求真学人”、建设“求真群体”等人才引进、培养与团队建设计划，着力引进、培养拔尖创新人才，建设高层次人才团队。截至2020年12月，学校有中国科学院院士10人，中国工程院院士1人，国家级高端人才计划入选者54人，全国优秀教师2人。截至2020年学校已有15个博士后科研流动站，累计招收各类博士后近700人。

六、校园基本建设

1995—2014年间，学校持续加大对基本建设的投入，是基本建设高速发展的阶段。1995年，测试楼竣工并投入使用，建筑面积8353平方米，项目实际总投资1570万元。1996年，学术交流中心竣工并投入使用，建筑面积3143平方米，项目实际总投资715万元；田径场看台工程竣工，建筑面积2461平方米，项目实际总投资398万元，测试楼与学术交流中心是“211工程”的主要建设项目。1998—2000年，学14楼中段及两翼相继竣工并投入使用，建筑面积6651平方米。2001年，教12楼（探工楼）竣工，建筑面积6372平方米，项目实际总投资1132万元。2002年，教13楼（教学实验楼）竣工，建筑面积11185平方米，项目实际总投资2287万元；学15楼、学16楼竣工并投入使用，建筑面积15576平方米；同年，学生餐饮中心竣工，建筑面积9131平方米。2004年，学19楼竣工，建筑面积42733平方米，该工程获得该年度北京市建筑结构长城杯银质奖；同年，学生浴室及锅炉房竣工，建筑面积1753平方米，项目总投资213万元。2004—2005年，综合办公楼、地质调查楼相继竣工并投入使用，建筑面积14991平方米，项目总投资2874万元；2005年，学18楼竣工，建筑面积19480平方米。2007年，1a楼竣工，建筑面积13514平方米。2008年，教10楼（逸夫实验楼）竣工，建筑面积19960平方米，项目总投资8012万元；科研综合楼竣工，建筑面积28691平方米，项目总投资8012万元。2009年，国际会议中心（交流中心配套楼）竣工，建筑面积26978平方米。2011年，游泳馆（体育馆）竣工，建筑面积16952平方米，因该工程而进行的学生活动中心还建绿地工程被北京市园林绿化企业协会评为2012年度优质工程。2014年，锅炉房北段竣工，建筑面积2709平方米；学17楼竣工，建筑面积38456平方米。

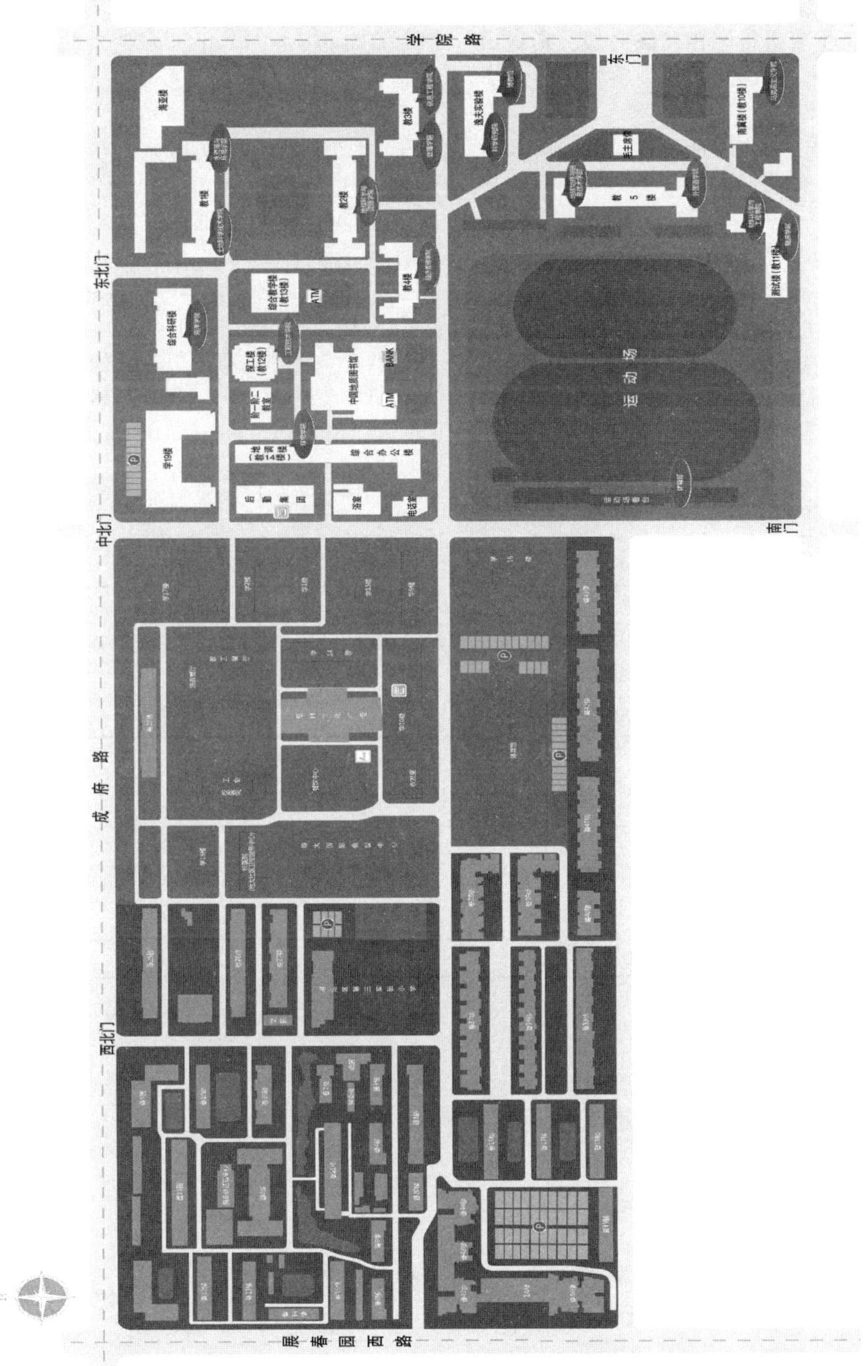

图 56　中国地质大学（北京）平面图

2015—2020 年，基本建设工作以改造、修缮为主，主要进行了田径场升级、新增田径场看台顶棚，校医院改造、学生宿舍每层新增浴室等工程。

1991 年至 2020 年间，中国地质大学（北京）共新增建筑物 23 座，总建筑面积 290877 平方米。

七、2020 年学校基本情况

2020 年，中国地质大学（北京）校园面积 52.58 万平方米，图书馆建筑面积 1.3 万平方米。设有 1 个校区，设置 16 个院（系、部）。开设 42 个本科专业。“双一流”建设学科 2 个，国家级一流本科专业建设点 10 个。国家重点实验室 1 个，北京市重点实验室 4 个。校内教职工 1491 人，其中，专任教师 1051 人，包括教授 301 人、副教授 358 人；博士生导师 301 人，硕士生导师 596 人；中国科学院院士 10 人。外籍教师 40 人。在校生 117100 人，其中，研究生 8243 人（博士生 1779 人、硕士生 6464 人）、普通本科生 8361 人、成人教育本专科生 1980 人（本科生 1977 人、专科生 3 人）、网络教育本专科生 96941 人（本科生 57897、专科生 39044 人）；非计划招生高等教育学生中在职人员攻读硕士学位 1575 人。留学生毕业 39 人、招生 28 人、在校生 159 人。网址：www.cugb.edu.cn。

附表：

表 179　中共中国地质大学（北京）委员会历任书记一览表（1991—2020 年）

书记	任职时间	书记	任职时间
程业勋	1990 年 2 月—1992 年 7 月	王鸿冰	2005 年 5 月—2018 年 10 月
毕孔彰	1993 年 7 月—1997 年 7 月	马俊杰	2018 年 10 月—
吴淦国	1997 年 7 月—2005 年 5 月		

表 180　中国地质大学（北京）历任校长一览表（1991—2020 年）

校长	任职时间	校长	任职时间
程业勋	1990 年 2 月—1994 年 12 月	邓　军	2010 年 9 月—2019 年 3 月
赵鹏大	1994 年 12 月—2000 年 1 月	孙友宏	2019 年 3 月—
吴淦国	2000 年 1 月—2010 年 9 月		

（执笔人：刘悦平、张俊芳）

中国劳动关系学院

中国劳动关系学院历史悠久，底蕴深厚，是中华全国总工会直属的唯一一所普通本科院校，由中华全国总工会与教育部共建。学校的前身是1946年从华北联合大学分离建立的晋察冀边区行政干部学校。1949年9月，更名为中华全国总工会干部学校，党的早期创始人李立三兼任第一任校长。20世纪50年代，学校与中央党校、中国人民大学并称为党的三大干部学校，为党和国家的工会事业培养了大批优秀人才。建校以来，先后经历了晋察冀边区行政干部学校、华北职工干部学校、中华全国总工会干部学校、中国工运学院、中国劳动关系学院5个历史发展时期。

学校以"刚健创新 和而不同"为校训，以"立德守正，崇劳创新"为使命，愿景是到2029年建校80周年之际，将学校建成劳动和工会领域国内一流、国际知名的大学。学校是全国最早开展劳动经济领域干部培训和人才培养，最早开设劳动关系和职业卫生工程本科专业，最早建设劳动关系与工会领域高端智库，唯一坚持举办劳模本科教育并取得突出成就，唯一将"劳动情怀深厚"写入人才培养目标并矢志推进，唯一拥有较为齐全的劳动学科并形成学科集聚显著优势的高校。

学校多年坚持弘扬中国特色、劳动特色、工会特色，坚定不移地走"特精尖"内涵式发展道路，形成了以普通本科教育为重点、工会干部培训为使命、稳步发展研究生教育、做精做强高等职业教育的办学格局，成为在工会和劳动关系领域学科门类较为齐全、完整的大学。自建校以来，学校始终受到党和国家领导人的高度重视。毛泽东、刘少奇、周恩来、朱德、邓小平、陈云、彭真、胡耀邦、尉健行、王兆国、孙春兰、李建国、王东明等党和国家领导人曾多次莅临指导学校工作或接见学校代表。2018年"五一"节前夕，习近平总书记给学校劳模本科班学员回信，为学校建设特色一流大学提供了强大精神动力。

一、学校沿革

学校的前身是1946年从华北联合大学分离建立的晋察冀边区行政干部学校。1949年9月，根据刘少奇的指示，更名为中华全国总工会干部学校。1954年，学校开始从天津迁往北京。1966年6月，因开展"文化大革命"，学校停办。1978年，中央同意恢复全总干校。1984年，更名为中国工运学院，面向全国工会系统和社会开展成人学历教育。1992年，经国家教委批准，面向全国招收在职成人劳动模范本科学生。1997年，试办成人大专函授教育。1999年经教育部和北京市教委批准开办普通高等职业教育。2000年，学校开始为香港、澳门爱国社团举办成人高等学历教育。2003年，改制升格为普通本科院校，更名为中国劳动关系学院。2012年，教育部批准学校为"服务国家特殊需求人才培养项目"——学士学位授予单位开展培养硕士专业学位研究生试点工作单位。2017年7月，《中华全国总工会 教育部关于共建中国劳动关系学院的意见》正式印发。2018年4月30日，中共中央总书记、国家主席、中央军委主席习近平给学校劳模本科班学员亲切回信。同年，开始在香港地区招收研究生，学校发展迈入新的历史阶段。

学校中文名为中国劳动关系学院，英文名称为 CHINA UNIVERISTY OF LABOR RELATIONS，缩写为 CULR。学校现有北京（北京市海淀区增光路 45 号）和涿州（涿州市东城坊镇涿涞路）两个校区。邮编：100048，网址：www.culr.edu.cn。

二、院系建设

1984 年成立劳动保护管理系（后更名为安全工程学院），是全国较早设置安全工程专业的高校之一。1992 年经国家教委批准，创建劳模本科班，面向全国招收在职成人劳动模范本科学生（后更名为劳模学院）。2003 年建成劳动关系和工会学系、公共管理系、经济管理系、法学系、基础部、英桥高等职业学院（成人教育学院）6 个教学院系。2005 年为适应开展普通本科教育和文化传播研究需要，设置文化传播系，2009 年升格为文化传播学院。2006 年成立高等职业技术学院。2016 年成立劳动关系与工会研究中心，并于 2017 年先后筹建了 5 个校属建研究所和认定了 17 个院（系、部）属研究所。

2019 年，学校在第三轮岗位设置与聘任中，主动围绕“十年三步走、特色创一流”的发展目标，以做强“劳动 +”“工会 +”学科特色为核心，进行内设机构调整，由 33 个调整为 36 个，教学单位由 14 个调整为 15 个。一是为全面加强劳动教育工作，成立劳动教育中心〔2020 年更名为劳动教育学院（劳动教育研究院）〕。二是为顺应经济社会发展、社会治理创新和工运事业发展需要，将前身为工会学院（原工会学系）下设的社会工作教研室独立设置社会工作学院，下设社会工作系、社会学系、心理学教研室、实践教学教研室。三是由原数学与计算机教学部和高职学院计算机应用技术和数控技术两个专业联合组成应用技术学院，培养计算机科学与技术本科专业学生并承担全校数学和计算机的公共课教学任务。四是为深入学习贯彻习近平总书记给中国劳动关系学院劳模本科班学员回信精神，培养知识型、技能型、创新型产业工人队伍，学校在劳模本科班基础上创建劳模学院。

截至 2020 年，学校设 14 个学院 2 个公共教学部，设 18 个职能部门 3 个教学辅助机构。

表 181　　中国劳动关系学院院系部设置一览表（2020 年）

组织系统	院系部名称	组织系统	院系部名称
教学单位	马克思主义学院	职能部门	党委宣传部（新闻中心）
	工会学院、工会干部培训学院		纪委办公室
	劳动关系与人力资源学院		人事处（党委教师工作部、教师发展中心）
	法学院		学生处（党委学生工作部、武装部、就业创业指导中心）
	经济管理学院		保卫处（党委保卫部）
	公共管理学院		教务处（招生办公室、教学质量管理办公室、学业指导中心）
	安全工程学院		科研处（劳动关系与工会研究院）
	社会工作学院		研究生处
	文化传播学院		国际交流合作处（港澳台办公室）
	酒店管理学院		审计处
	应用技术学院（工匠学院）		财务处
	外语教学部		资产处（基建办公室）
	体育教学部		离退休人员管理处
	劳动教育学院（劳动教育研究院）		后勤管理处
	继续教育学院（劳模学院、培训中心）	群团组织	工会
职能部门	党政办公室（发展规划办公室、涿州校区办公室）		团委
	党委组织部（统战部）	教辅部门	学报编辑部

续表 181

组织系统	院系部名称	组织系统	院系部名称
教辅部门	图书馆	其他部门	中国职工电化教育中心（中国职工音像出版社）
	网络信息中心		中工大厦
智库与研究机构	劳动关系与工会研究院		

三、专业与学科建设

学校始终坚持以“劳动 +”“工会 +”为主线开展专业与学科建设。1992 开办工会学（含经济管理）劳动模范本科专业，1997 年经北京市教委评估，被评为北京市成人高等学校特色专业，2000 年调整为社会工作（工会学方向）专业。1996 年开办经济学专业，2002 年开办法学专业。2007 年 3 月，经北京市学位办组织专家组评估考核，获得本科法学学科和管理学学科及工商管理、劳动与社会保障、法学、社会工作 4 个普通专业学士学位授予权。到 2012 年，发展至 15 个本科专业（及专业方向），涵盖法学、管理学、经济学、工学、文学等 6 个学科门类。其中，劳动关系普通本科专业为全国首创；劳动关系、法学（劳动法和社会保障法）两个专业评为教育部、北京市特色专业建设点；劳动关系和文化传播两个实验中心先后评为北京市普通高校实验教学示范中心。2019 年新增社会学、计算机科学与技术 2 个本科专业。劳动经济学、职业卫生工程两个本科专业顺利获得教育部备案和审批。2020 年新增思想政治教育、应急技术与管理两个本科专业，酒店管理、旅游英语 2 个专科专业。

2019 年，公共管理硕士专业人才培养项目顺利通过国务院学位委员会验收评估。硕士学位授权点涉及管理学、经济学、法学、工学、文学、艺术学 6 个学科门类和 10 个一级学科。现有“MPA”“社会工作”“新闻与传播”三个专业硕士学位点，分设工会与劳动关系、劳动与社会保障、公共治理、公共安全管理、劳动教育管理、劳动与就业管理、工会社会工作、社区社会工作、新闻学（劳动新闻与职工舆情）、传播学（劳动文化与职工文化传播）、影视与数字传播（工会影视、职工融媒体数字传播）11 个领域，各领域高度相关、相互支撑，充分彰显“劳动 +”“工会 +”学科特色，在全国普通高校中具有独特性。

四、人才培养

学校以工会干部培训为重要使命，深入学习贯彻习近平总书记系列重要讲话特别是关于工人阶级和工会工作的重要论述，牢牢把握我国工人运动的时代主题，围绕工会工作大局，深化改革、开拓创新，成为全国工会干部教育的最高学府和工会理论研究的“双新高地”。1991 至 2020 年，共计培训工会干部近 20 万人次。

劳模教育是学校的金字招牌。学校自 1992 年开办劳模本科班以来，共计培养劳模学生 778 名，其中全国劳动模范 275 人，全国五一劳动奖章获得者 242 人；担任全国人大代表 20 人，全国党代会代表 16 人，各省（自治区、直辖市）总工会兼职副主席 5 人；9 人获中华技能大奖，5 人所在团队被授予全国示范性劳模工匠创新工作室，4 人被授予全国劳模创新工作室，7 人被授予国家技能大师工作室。2018 年 4 月 30 日，习近平总书记给学校劳模本科班学员回信，向劳动模范学员、全国所有劳动模范、全国广大劳动者，致以节日问候。勉励大家珍惜荣誉、努力学习，在各自岗位上继续拼搏、再创佳绩，用干劲、闯劲、钻劲鼓舞更多的人，激励广大劳动群众争做新时代的奋斗者。2020 年全国劳动模范和先进工作者表彰大会上，学校 13 名劳模学员荣获“全国劳动模范”和“全国先进工作者”称号。

学校以全日制普通本科教育为重点。2003 年，学校按照教育部批准，首次面向全国招收普通本科生 200 名，由此正式启动普通本科教育。2004 年招收本科生 500 名，第一志愿录取率为 89%。2008 年，经济学、人力资源管理、行政管理、劳动关系4个专业顺利通过国家学士学位授予权评审。2012年以来，学校对本科教育进行规模调控，在注重特色发展的前提下不断扩大招生规模，从2003年的200人增至4653人。2013年以来，学校累计招收研究生507名，目前已有6届毕业生，获得学位授权人数240人。

2017年，学校发布实施《中国劳动关系学院"十三五"人才培养专项规划》，以"培养政治素质过硬、劳动情怀深厚、专业功底扎实、实践能力突出的高素质应用型人才"为目标，针对本科、高职不同办学层次特点，完善招生工作机制，推进专业建设计划，持续优化培养方案，深化创新创业教育，强化协同育人和实践实验教学，推行导师制、成长领航工程和卓越人才培养计划，助力教学质量保障体系持续改进，切实提升人才培养质量。2019年，参照《普通高等学校本科专业类教学质量国家标准（2018）》的要求，遵循以学生为中心、以学生学习成果为导向的教育理念，全面修订了本、专科人才培养方案，明确"五育"并举的人才培养举措，进一步提升人才培养质量。研究生教育方面，经过多年改革与发展，学校已基本形成"校—企—政—工"四位一体研究生教育共育平台，以"双导师制、研究式教学、校社（企）联合授课、岗位实践"为特征，各环节相互融合嵌入的"校—企—研—用"四段式人才培养模式。

表182　　中国劳动关系学院本专科专业一览表（2020年）

序号	校内专业代码	校内专业名称	专业名称	专业代码	授予学位门类
1	30602	人力资源管理	人力资源管理	120206	管理学
2	30601	劳动关系	劳动关系	120211T	管理学
3	30603	工商管理	工商管理	120201K	管理学
4	30305	法学专业（法学）	法学	030101K	法学
5	30306	法学专业（劳动法和社会保障法）	法学	030101K	法学
6	30402	经济学专业	经济学	020101	经济学
7	30403	财务管理	财务管理	120204	管理学
8	30410	财务管理（国际教育）	财务管理	120204	管理学
9	30404	劳动经济学	劳动经济学	020107T	经济学
10	30201	劳动与社会保障	劳动与社会保障	120403	管理学
11	30202	行政管理专业	行政管理	120402	管理学
12	30204	政治学与行政学	政治学与行政学	030201	法学
13	30103	行政管理(企事业行政文化建设方向)	行政管理	120402	管理学
14	30806	安全工程专业（劳动安全方向）	安全工程	082901	工学
15	30803	安全工程专业（公共安全管理方向）	安全工程	082901	工学
16	30805	职业卫生工程专业	职业卫生工程	082903T	工学
17	30804	安全工程专业（职业卫生方向）	安全工程	082901	工学
18	30101	社会工作专业	社会工作	030302	法学
19	30102	社会学	社会学	030301	法学
20	30701	汉语言文学	汉语言文学	050101	文学
21	30702	新闻学	新闻学	050301	文学
22	30705	戏剧影视文学	戏剧影视文学	130304	艺术学
23	30551	酒店管理（本科）	酒店管理	120902	管理学
24	30553	酒店管理（专升本）	酒店管理	120902	管理学
25	30901	计算机科学与技术	计算机科学与技术	080901	工学
26	30409	财务管理辅修专业	财务管理	120204	管理学
27	30307	法学辅修第二专业（学位）	法学	030101K	法学
28	31101	思想政治教育	思想政治教育	030503	法学
29	30807	应急技术与管理	应急技术与管理	082902T	工学

五、科学研究

学校秉持“科研服务于国家和行业发展、服务于学科专业建设、服务于教育教学、服务于高素质应用型专门人才培养”的理念，始终坚持立足工会，充分发挥“劳动 +”“工会 +”学科聚集优势，不断深化劳动关系和工会领域相关理论与现实问题研究，致力于劳动者合法权益维护与和谐劳动关系建设。学校在劳动关系与工会、劳动法、劳动经济等学科领域，拥有一批在国内外有较大影响的专家学者，取得了大量高质量的研究成果。近年来，学校共获得包括国家社会科学基金项目、国家自然科学基金项目、教育部人文社会科学研究项目、北京市社会科学基金项、北京自然科学基金项目、北京教育科学规划项目及其他部级科研项目200 余项，各类横向课题 600 余项。在国内核心期刊上发表论文 2700 余篇，其中被 SSCI、EI、CSSCI、CSCD、CPCI–S，以及 CPCI–SSH 收录的论文 1200 余篇。

学校以“科研腾飞，智库起飞”为引领，按照“一个中心多个研究所”的建设规划，成立了国内首家劳动关系与工会领域高校智库——劳动关系与工会研究院，向中央办公厅、全国总工会、教育部、人力资源和社会保障部以及部分地方党政机关提交智库报告。学校还设有大国工匠与劳动模范研究所、“一带一路”与劳动关系研究所等 6 个校属研究机构，中国职工发展研究所等 18 个院（部）属科研机构。同时，学校是“全国工会学研究会”“中国工人历史与现状研究会”“中国社会法研究会劳动法分会”“全国企业社会工作专业委员会”“高等教育学会劳动教育专业委员会”4 家全国性学术团体秘书处单位，在国内工人研究、工会研究、劳动法研究、企业社会工作以及劳动教育研究等领域处于龙头地位。学校还主办《中国劳动关系学院学报》(原《工会理论与实践》)《劳动教育评论》《中国教工》等学术期刊，办刊水平和学术影响力持续提升。

六、师资队伍建设

学校一直致力于加强各专业学科带头人和骨干教师队伍的建设，尤其在进修、学术交流、学历提升、教学示范、名师培养等方面加大力度，为更多优秀教师脱颖而出创造条件。2006 年学校加大人才引进力度，接受和引进了一批高学历、高素质的年轻专业教师充实教学第一线。2007 年成立教师发展中心，从机构、人员、制度、场地、经费等多个方面保障教师培训与发展活动的制度化、规范化。2016 年制定“十三五”发展规划，提出了“推进高水平的师资队伍建设、为学校事业全面发展奠定坚实基础”的建设任务。2017 年制定《中国劳动关系学院“十三五”师资队伍建设专项规划》，进一步明确提出了师资队伍总体规模、师资队伍结构、教师培训与发展等方面的建设目标、路径、保障措施等。多年来，学校多渠道筹集师资队伍建设经费，切实保障规划各项任务的顺利实施，重视对师资队伍建设规划实施情况的评估与考核，稳步推进“建设一支规模适当、结构优化、师德高尚、理论造诣深厚、实践特色鲜明、能力水平过硬，具有较强责任意识、团队意识、创新意识，视野开阔、充满活力的高水平师资队伍”目标的实现。

全校现有教职工 570 人，其中专任教师 368 人。专任教师中，在聘教授 53 人，在聘副教授 109 人，博士研究生学历教师占比 53.82%。学校教师中享受国务院政府特殊津贴 14 人，教育部高等学校教学指导委员会专家 4 人，教育部“新世纪优秀人才支持计划”基金获得者 1 人，全国优秀教师 1 人，省级教学名师 6 人，北京市高等学校优秀教学名师 6 人，北京市优秀教师 5 人，北京市青年教学名师 1 人，北京市青年英才计划入选者 18 人，全国三八红旗手 4 人。形成了一支以中高级职称为主、职称结构较为合理的师资队伍。

七、对外交流

学校重视加强国际学术交流和联系。2015 年学校申请聘请外国专家资质获得通过，2016 年成功召开首届外事工作会议。截至 2020 年底，学校已于美国、加拿大、德国、英国、俄罗斯、白俄罗斯、日本、韩国、越南、澳大利亚、新加坡、巴西、波兰等近 20 个国家的高等院校、科研机构及国际劳工组织等

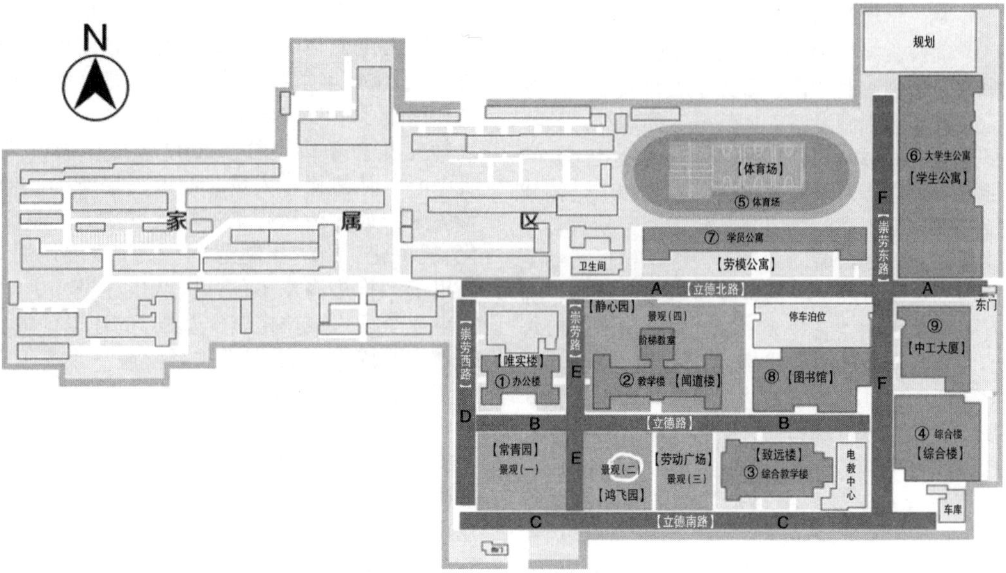

图 57　中国劳动关系学院北京校区示意图

开展了合作和学术交流活动，并与国外近 10 所高校定期开展教师及学生之间的交流，合作举办国际性和区域性学术会议。2017 年 1 月，与河北大学签订合作框架协议，联合培养硕士研究生，迈出了共建合作、协同育人的坚实步伐；9 月，与中国人民大学签署《全面合作框架协议》，标志着学校对外交流与合作水平进入了新的阶段。

八、校园建设

中国工运学院时期，学校占地总面积为 124539.20 平方米，建筑占地面积 31888.4 平方米。学校主体建筑群分别由办公楼、教学楼、图书馆、学员公寓、学生宿舍、礼堂、综合楼、留学生楼等组成，同时拥有综合面积达 10428 平方米的运动场，体育馆及健身房，形成了教学和生活服务设施配置相对合理的校园整体布局。

2003 年进入中国劳动关系学院时期，学校对校园总体规划进行了编修，加快了校园基本建设，并且不断加大基本建设投入力度。2005 年，学校正式接受涿州校区。2006 年，对涿州校区进行了大规模建设和改造，其中体育场改造 554 万元，达到国家二级标准；图书馆网络中心改造 530 万元，新增阅览室 2500 平方米；计算机多媒体教学设备 100 万元，新增计算机教室四个；教学楼、学生公寓、食堂、接待中心、浴室锅炉、游泳池、大礼堂、旧管线改造等项目 1146 万元。2008 年 9 月，校本部能容纳 3000 名学生入住的大学生公寓正式投入使用，校本部体育场改建工程于 2008 年 10 月进入施工，于 2009 年 4 月建成使用。涿州校区第二食堂、澡堂、网球中心等学生生活和体育设施也于 2008 年顺利完工。2017 年 12 月，涿州校区学生活动中心改造项目完成采购招标并进场施工；完成涿州校区控制性详细规划、修建性详细规划；编制完成涿州校区新建教学实验楼和学生公寓项目方案；通过涿州校区实验室改造工程立项。2019 年，北京校区图书馆新馆正式启用。这些新建成或改建的基础设施，进一步改善了两校区学生的学习和生活条件。

九、2020 年学校基本情况

2020 年，中国劳动关系学院占地面积 42.08 万平方米，产权校舍建筑面积 28.37 万平方米、非产权校舍建筑面积 6.21 万平方米。图书馆建筑面积 1.38 万平方米。全年教育经费投入 38663.47 万元，其中，财政拨款 16716.66 万元、自筹经费 2125.41 万元。固定资产总值 6.24 亿元。拥有教室 109 间，其中，网络多媒体教室 92 间。拥有图书 91.68 万册，计算机 1089 台。网络信息点 12850 个，上网课程 439 门，电子邮件系统用户 475 个，管理信息系统数据总量 910GB，数字资源量中电子图书 8006782 册、电子期刊 3.10 万册、学位论文 446.63 万册、音视频 29515.5 小时。学校由全国总工会举办，为政法院校，设有 2 个校区，设置 16 个院。开设 21 个本科专业，覆盖 6 个学科门类；具有一级学科 6 个；专业学位授权点 3 个。教职工 560 人，其中，专任教师 320 人，包括正高级 43 人、副高级 99 人；在聘教授 53 人、在聘副教授 109 人。享受国务院政府特殊津贴 13 人，教育部高等学校教学指导委员会专家 4 人，教育部“新世纪优秀人才支持计划”基金获得者 1 人，省级教学名师 6 人，北京市优秀教师 5 人，北京市青年教学名师 1 人，北京高等学校青年英才计划入选者 18 人。学历教育学生中毕业生 2257 人，其中，研究生 47 人（博士生 0 人、硕士生 47 人）、普通本专科生 1916 人（本科生 1178 人、专科生 738 人）、成人教育本专科生 294 人（专科生 96 人、本科生 198 人）。本科毕业生就业率 90.41%。招生 1863 人，其中，研究生 76 人（全日制研究生 37 人、非全日制研究生 39 人）；普通本专科生招生 1649 人（含专升本 98 人，本科生 1349 人、专科生 300 人）；成人教育本专科生 138 人（本科 129 人，包含劳模本科 88 人，成教本科 41 人；专科 9 人，包含成教专科 9 人）。高考北京地区提档线 502 分。在校生 6028 人，其中，研究生 214 人（博士生 0 人、硕士生 214 人）、普通本专科生 5409 人（本科生 4844 人、专科生 565 人）、成人教育本专科生 405 人（本科生 341 人、专科生 64 人）。

附表：

表 183　　中共中国劳动关系学院委员会历任书记一览表（1991—2020 年）

书记	任职时间	书记	任职时间
关恒才	1990 年 5 月—1994 年 5 月	颜　辉	2004 年 4 月—2014 年 6 月
纪明波	1994 年 5 月—1998 年 7 月	屈增国	2014 年 6 月—2018 年 12 月
杨　晶	1998 年 7 月—2004 年 4 月	刘向兵	2019 年 9 月—

表 184

中国劳动关系学院历任校长一览表（1991—2020 年）

校长	任职时间	校长	任职时间
李生林	1984 年 3 月—1994 年 5 月	李德齐	2004 年 12 月—2016 年 5 月
孙中范	1994 年 5 月—2000 年 8 月	刘向兵	2016 年 5 月—2019 年 9 月
张秋俭	2000 年 8 月—2004 年 12 月	傅德印	2020 年 5 月—

（执笔人：范学锋）

中国科学院大学

中国科学院大学是一所以科教融合为办学模式、研究生教育为办学主体、精英化本科教育为办学特色的创新型大学。

1991 年至 2020 年，学校各项事业蓬勃发展，科教融合的教育体制初步确立，学科授权范围有效扩大，学生规模稳步增长，校、学科群和研究所三级学位管理体系趋于成熟，秀美校园建设基本完成，教育国际化迈上新台阶，培养造就德才兼备、追求科学梦想、献身科学事业、立志科学报国的科技领军人才，为创新型国家建设和人类文明的发展进步做出卓越贡献。

一、学校沿革

中国科学院大学，发端于中国科学院的研究生教育和早期的人才培养，前身是党中央、国务院批准创办的新中国第一所研究生院——中国科学技术大学研究生院 / 中国科学院研究生院（简称“研究生院”）。

中国科学院成立后，于 1950 年启动研究实习员的招考和培养工作。1951 年，中国科学院、中央教育部联合发布《中国科学院所属研究机构、中央教育部所属高等学校研究部一九五一年暑期招收研究实习员、研究生办法》，研究实习员招收工作进入国家统一轨道。1955 年，中国科学院正式招考研究生；同年，《中国科学院研究生暂行条例》由周恩来总理签发后颁布实施，《人民日报》发表社论《积极培养科学研究工作的新生力量》，指出：“正规的研究生制度的建立首先由中国科学院开始。”1964 年，中国科学院试办“中国科学院研究生院”。

1977 年，中国科学院恢复研究生招收，研究生院印章正式启用。1978 年，国务院任命严济慈为研究生院院长，并举行首届研究生开学典礼。2000 年，正式更名中国科学院研究生院。2005 年，中国科学院管理干部学院并入。2012 年，更名中国科学院大学。2014 年，开始招收本科生，形成了覆盖本、硕、博三个层次的高等教育体系。

学校名称为中国科学院大学，简称国科大；英文名称为 University of Chinese Academy of Sciences，缩写为 UCAS。学校由京内 4 个校区（玉泉路、中关村、奥运村、雁栖湖）、京外 5 个教育基地（上海、武汉、广州、成都、兰州）和分布在全国的 116 个培养单位组成。

二、院系建设

1991 年至 2002 年 8 月，学校设有数学、物理、化学、地学、生物、计算机科学与技术、电子学、外国语言、自然辩证法、管理教学 10 个学部和体育教研室、中国科学院英语培训中心、数据与通信保护研究教育中心（信息安全国家重点实验室）、国家计算机网络入侵防范中心、中国科学院认知科学重点实验室、理论物理研究室、管理决策与应用数学所、应用化学所等 18 个教学科研单位。

2002 年 9 月至 2009 年，随着学校发展规模不断扩大，学部陆续转为系或学院，相继成立资源与环境学院、工程教育学院、材料科学与光电技术学院等，承办中国科学院计算机地球动力学重点实验室、中国科学院虚拟经济与数据科学研究中心。至 2009 年底，学校设有22个教学科研单位。

2010年至2020年，随着教育教学和科学研究领域的不断拓展，学校陆续成立天文与空间科学学院、微电子学院、网络空间安全学院、未来技术学院、密码学院、艺术中心、创新创业学院、马克思主义学院等教学单位。同时，为加强国际合作，成立国际学院、中丹学院，并陆续成立国际理论物理中心、环境材料与污染控制技术研究中心、北极海外科教中心等科研单位，承办中国科学院大数据挖掘与知识管理重点实验室、中国科学院真空物理重点实验室、卡弗里理论科学研究所、中国科学院北京纳米能源与系统研究所、中国科学院肿瘤与基础医学研究所、中国科学院哲学研究所等科研单位。至2020年底，学校共设置教学科研单位51个。

表185　　中国科学院大学院系部设置一览表（2020年）

类 别	院系	
校部教学科研单位（41个）	1. 数学科学学院	22. 人工智能学院
	2. 物理科学学院	23. 经济与管理学院
	3. 天文与空间科学学院	24. 公共政策与管理学院
	4. 核科学与技术学院	25. 创新创业学院
	5. 工程科学学院	26. 继续教育学院
	6. 航空宇航学院	27. 人文学院
	7. 化学科学学院	28. 马克思主义学院
	8. 化学工程学院	29. 心理学系
	9. 纳米科学与技术学院	30. 外语系
	10. 材料科学与光电技术学院	31. 中丹学院 / 中丹中心
	11. 光电学院	32. 国际学院
	12. 未来技术学院	33. 医学中心
	13. 地球与行星科学学院	34. 艺术中心
	14. 资源与环境学院	35. 卡弗里理论科学研究所
	15. 生命科学学院	36. 环境材料与污染控制技术研究中心
	16. 存济医学院	37. 应急管理科学与工程学院
	17. 现代农业科学学院	38. 基础教育研究院
	18. 计算机科学与技术学院	39. 怀柔科学城产业研究院
	19. 网络空间安全学院	40. 密码学院
	20. 电子电气与通信工程学院	41. 国际理论物理中心（亚太地区）
	21. 微电子学院	
院级非法人单元及其他单位（4个）	1. 中国科学院虚拟经济与数据科学研究中心	3. 中国科学院肿瘤与基础医学研究所（杭州）
	2. 中国科学院北京纳米能源与系统研究所	4. 中国科学院哲学研究所
实验室等（6个）	（一）国家工程实验室（1个）	1. 挥发性有机物污染控制材料与技术国家工程实验室
	（二）院重点实验室（3个）	2. 中国科学院大数据挖掘与知识管理重点实验室
		3. 中国科学院计算地球动力学重点实验室
		4. 中国科学院真空物理重点实验室
	（三）国科大牵头的四类机构（卓越中心，2个）	5. 拓扑量子计算卓越创新中心
		6. 生物互作卓越创新中心

三、学科建设

1991年至2020年，学校紧密围绕国家重大战略需求，面向世界科技前沿和国民经济主战场，不断完善和优化学科布局，逐步形成理工优势明显，多学科门类协调发展的学科布局。

截至2020年底，学校开设13个本科专业，覆盖两个学科门类；共有一级学科博士学位授权点43个，二级学科博士学位授权点1个，分布在哲学、经济学、教育学、历史学、理学、工学、农学、医学、管理学9个学科门类；一级学科硕士学位授权点55个，二级学科硕士学位授权点1个，分布在哲学、经济学、法学、教育学、文学、历史学、理学、工学、农学、医学、管理学11个学科门类。学校还拥有金融、应用统计、应用心理、翻译、电子信息、机械、材料与化工、资源与环境、能源动力、土木水利、生物与医药、农业、药学、工商管理、公共管理、工程管理16个硕士专业学位授权类别，材料与化工博士专业学位授权类别。

在教育部学位中心组织的第四轮学科评估中，学校共有30个学科被评为A类，其中A+学科18个。第一轮“双一流”建设中，材料科学与光电技术、化学与化工学科获得中央财政支持建设，并在首轮“双一流”建设成效评价中获得专家高度认可；同时，智能科学与技术、工程科学、地质与地球物理学3个交叉学科入选北京市“高精尖”学科。在国际重要评价指标中，学校2个学科领域达到世界顶尖水平，8个学科领域有潜力登顶，18个学科领域跻身世界前列。4个专业入围国家级一流本科专业，2个专业入围北京市一流本科专业。

表186　中国科学院大学2020年学科设置一览表（学术型学位）

授权类别	序号	学科代码	学科名称
博士一级学科	1	0202	应用经济学
	2	0402	心理学
	3	0601	考古学
	4	0701	数学
	5	0702	物理学
	6	0703	化学
	7	0704	天文学
	8	0705	地理学
	9	0706	大气科学
	10	0707	海洋科学
	11	0708	地球物理学
	12	0709	地质学
	13	0710	生物学
	14	0711	系统科学
	15	0712	科学技术史
	16	0713	生态学
	17	0714	统计学
	18	0801	力学
	19	0802	机械工程
	20	0803	光学工程
	21	0804	仪器科学与技术
	22	0805	材料科学与工程
	23	0807	动力工程及工程热物理

续表 186

授权类别	序号	学科代码	学科名称
	24	0808	电气工程
	25	0809	电子科学与技术
	26	0810	信息与通信工程
	27	0811	控制科学与工程
	28	0812	计算机科学与技术
	29	0814	土木工程
	30	0816	测绘科学与技术
	31	0817	化学工程与技术
	32	0818	地质资源与地质工程
	33	0827	核科学与技术
	34	0830	环境科学与工程
	35	0835	软件工程
	36	0839	网络空间安全
	37	0903	农业资源与环境
	38	0908	水产
	39	1001	基础医学
	40	1007	药学
	41	1201	管理科学与工程
	42	1204	公共管理
	43	1205	图书情报与档案管理
博士二级学科	1	010108	科学技术哲学
硕士一级学科	1	0101	哲学
	2	0301	法学
	3	0305	马克思主义理论
	4	0502	外国语言文学
	5	0503	新闻传播学
	6	0825	航空宇航科学与技术
	7	0831	生物医学工程
	8	0901	作物学
	9	0905	畜牧学
	10	0907	林学
	11	1008	中药学
	12	1202	工商管理
硕士二级学科	1	020106	人口、资源与环境经济学
交叉学科	1	99J1	纳米科学与技术
	2	99J2	社会计算
	3	99J3	生物信息学
	4	99J4	经济计算与模拟
	5	99J5	食品安全与健康
	6	99J6	再生医学
	7	99J7	仿生界面交叉科学

表 187 中国科学院大学 2020 年学科设置一览表（专业学位）

授权类别	序号	专业学位类别代码	学科名称
硕士	1	0251	金融
	2	0252	应用统计
	3	0454	应用心理
	4	0551	翻译
	5	0854	电子信息
	6	0855	机械
	7	0857	资源与环境
	8	0858	能源动力
	9	0859	土木水利
	10	0860	生物与医药
	11	0951	农业
	12	1055	药学
	13	1251	工商管理
	14	1252	公共管理
	15	1256	工程管理
博士 / 硕士	16	0856	材料与化工

四、人才培养

2000 年以前，培养单位独立进行研究生招考、培养以及学位授予等工作。2000 年起，由国务院学位委员会、教育部批准，各培养单位的研究生培养管理权限，包括招生、培养、学位授予等职能，全部划归到学校进行统一管理，充分发挥学校科教融合，协同育人的办学特色。

（一）招生情况

1991 年至 2020 年，学校共招收研究生 278797 名，其中招收博士研究生 122277 名、硕士研究生 156520 名（含学术型硕士 131367 名、专业学位硕士 25153 名）。

截至 2020 年底，学校在哲学、经济学、法学、教育学、文学、历史学、理学、工学、农学、医学、管理学 11 大学科门类的 200 余个专业招收硕士及博士研究生。2020 年，录取博士研究生 7104 名，录取硕士研究生 9950 名。

学校从 2014 年开始招收本科生。截至 2020 年，共有数学与应用数学、物理学、化学、天文学、人文地理与城乡规划、生物科学、理论与应用力学、材料科学与工程、电气工程及其自动化、电子信息工程、计算机科学与技术、环境科学、网络空间安全 13 个本科招生专业，以综合评价、统考、国家面向贫困地区专项、内地新疆高中班、内地西藏班等计划类型录取本科生 2665 名。2020 年，录取本科生 402 名。

表 188 中国科学院大学本科专业设置一览表（2020 年）

序号	院系	专业名称	授予学位
1	数学科学学院	数学与应用数学	理学
2	物理科学学院	物理学	理学
3	化学与化工学院	化学	理学
4	生命科学学院	生物科学	理学
5	材料科学与光电技术学院	材料科学与工程	工学
6	计算机科学与技术学院	计算机科学与技术	工学
7	电子电气与通信工程学院	电子信息工程	工学

续表 188

序号	院系	专业名称	授予学位
8	电子电气与通信工程学院	电气工程及其自动化	工学
9	资源与环境学院	环境科学	理学
10		人文地理与城乡规划	理学
11	天文与空间科学学院	天文学	理学
12	工程科学学院	理论与应用力学	工学
13	网络空间安全学院	网络空间安全专业	工学

（二）学位与培养

1991 年至 2020 年，学校从顶层设计、制度完善、规范管理入手，不断制订和完善培养与学位相关的各项规章制度，开发完成基于网络平台的研究生培养管理系统和学位管理系统，规范研究生培养和学位审核流程。

自 2009 年起，学校确立所级学位评定委员会初审、学科群学位评定分委员会审议、校学位评定委员会终审的三级学位审核制，明确各级学位评定委员会的职责，增加研究所在学科群分会的学位授予审核的参与度，并通过学科培养点评估、学位论文抽检等有效方式，严格对培养和学位授予质量进行把关。

瞄准国家重点战略需求，自 2014 年起在优势基础学科开展本科教育，每年招生 400 人左右。学校坚持“强化基础、促进交叉、注重科研、文理交融、因材施教、培养精英”的基本原则，突出“小而精、特而强”，实行以三段式培养体系为基础，以国科大特色的“一制三化”为特征，遴选科研一线高水平科学家担任本科生学业导师，以一流科学家全程参与人才培养及强化学生科研训练为重点的人才培养模式。2018 年，首次授予 290 名本科毕业生学士学位。截至 2020 年，共有数学、物理、生物、计算机 4 个拔尖基地入围教育部“基础学科拔尖学生培养计划 2.0”，数学、物理、生物、计算机 4 个专业入围国家级一流本科专业建设点，生物、电子信息工程 2 个专业入围北京市一流专业。

1991 年至 2020 年，学校共授予学士学位 966 人、硕士学位 16401 人、博士学位 16928 人，并授予 4 名外籍知名学者名誉博士学位。

（三）教学工作

以实现“率先建成国家创新人才高地”为使命，围绕培养未来科技领军人才目标，不断创新人才培养模式，深化研究生教学改革，加强教材建设，基本形成厚基础、宽视野、系统化的研究生课程体系，打造出一支以岗位教师和校部教师为主的德才兼备、热爱教学、兼具丰富科研实践经验和优秀教学能力的授课教师队伍，构建更加完善的教学质量保障体系。

自 2000 年以来，历经三次研究生教学改革，学校先后解决按一级学科设置研究生课程、根据研究生的成长规律排课、结合国家战略需求及研究生培养方案进行课程体系建设等一系列研究生培养中的重大问题。截至 2020 年，研究生集中教学课程由 384 门增长到 2110 门，评选校级优秀研究生课程 600 余门次。

2005 年，设立教材出版中心，负责学校教材规划、编写与选用、立项审核和出版管理等工作。近年来，在基础学科领域和关键技术领域共出版研究生和本科生系列教材近百本，尤其研究生教材得到社会广泛认可，多本教材被兄弟高校和科研院所选作教材或教学参考书。

2020 年，印发《中国科学院大学研究生教学督导工作管理办法》，严格教学过程管理，完善教学督导和评价体系，全面提升教学质量。近年来，千余名教师获得各类教育教学成果奖励。1 项教学成果获“北京市教育教学成果奖”，58 项教学成果获“中国科学院教育教学成果奖”，5 位教师获“北京市优秀教师”称号，1000 位教师获“中国科学院朱李月华优秀教师奖”，48位教师获“宝钢优秀教师奖”，20位教师获“唐立新教学名师奖”，33位教师获“李佩教师奉献奖”。

本科教学注重学习成效，实行小班化探究式教学；对标国际一流，建设别具特色的课程体系，关注课程建设，设计通专结合的本科专业课程体系，强调数理与计算机基础；科学家上讲台，保障教学质量。2020年，参与本科课程讲授的主讲教师656人，其中院士18人，正高级职称433人。国家级一流本科课程5门，北京高校优质本科课程6门，校级本科优秀课程41门。

五、科学研究

1991年，学校获批国家自然科学基金项目7项，总经费30万元。1993年，获批国家自然科学基金项目经费突破100万元。2000年，学校更名为中国科学院研究生院后，科学研究进入快车道。2001年，制定《中国科学院研究生院科研开发项目及经费管理规定》和《中国科学院研究生院院长基金评审与管理办法》，启动校内经费支持科学研究。2005年，学校获批国家自然科学基金项目经费突破1000万元。2011年，学校获批第一个中国科学院重点实验室——计算地球动力学实验室。

2012年，学校更名为中国科学院大学。2014年开始，培养单位成为各学院办学主体。学校坚持并发挥科教融合优势，依托培养单位的科研力量，整体科研实力快速提升，在空间引力波探测、凝聚态物理、可持续发展研究、高能物理、天文学、摩擦发电等多个研究领域取得丰硕成果。2020年学校投入科技经费57.64亿元，发表各类论文16758篇，承担国家科技重大专项项目（课题）53项，国家重点研发计划项目（课题）893项，国家自然科学基金项目3902项。

六、师资队伍建设

1993年，校部教职工总数为561人，其中专职教师226人。

2000年以后，师资队伍由院系专任教师、培养单位任课教师和院外兼职教师组成。2000年，兼职教师约1200余人。2004年到2007年，专任教师总数从221人增加到292人，任课教师从299人增加到775人，兼职教师从190人增加到527人。

2005年，学校正式获得教师资格认证工作许可。2006年，建立包含近6000名导师信息的教师数据库。2008年，建立研究生指导教师库，并实行备案管理。2011年，印发《中国科学院研究生院研究生指导教师工作条例》，规范导师的遴选、聘任与管理。

自2014年起，学校结合科教融合学院建设，遴选聘任培养单位具有高级专业技术职称、热爱教学、科研实践经验丰富、教学能力优秀的在岗科研人员作为岗位教师，形成了由岗位教师、学业导师以及校部专任教师组成，具有科教融合特色的高水平师资队伍。截至2020年底，学校有专任教师3057人，其中国家级高层次人才861人（含中国科学院和中国工程院院士177人）；研究生指导教师12859人（含中国科学院院士232人、中国工程院院士39人），其中博士生指导教师7276人。

七、校部基本建设

玉泉路校区教学楼于1987年3月动工建设，建筑面积16400平方米，2007年9月进行改造后，建筑面积17458平方米，其中阶梯教室4260平方米。综合楼最早为室内体育馆，2005年2月动工改造，2005年12月竣工，总建筑面积7182.19平方米，目前为学生食堂及部分办公用房；学生公寓于2002年3月动工建设，总建筑面积18608平方米，2003年9月交付使用。

中关村校区包括青年公寓和教学楼。中关村青年公寓按高层博士后、客座住宅进行规范设计，满足新世纪青年学生宿舍要求，并配有娱乐中心和食堂，共计11栋，总建筑面积134580平方米。其中，一期工程1998年4月动工，2000年12月底竣工；二期工程于2001年11月动工，2003年8月竣工。教学楼于2002年1月开工建设，2003年8月竣工，总建筑面积12769.92平方米。

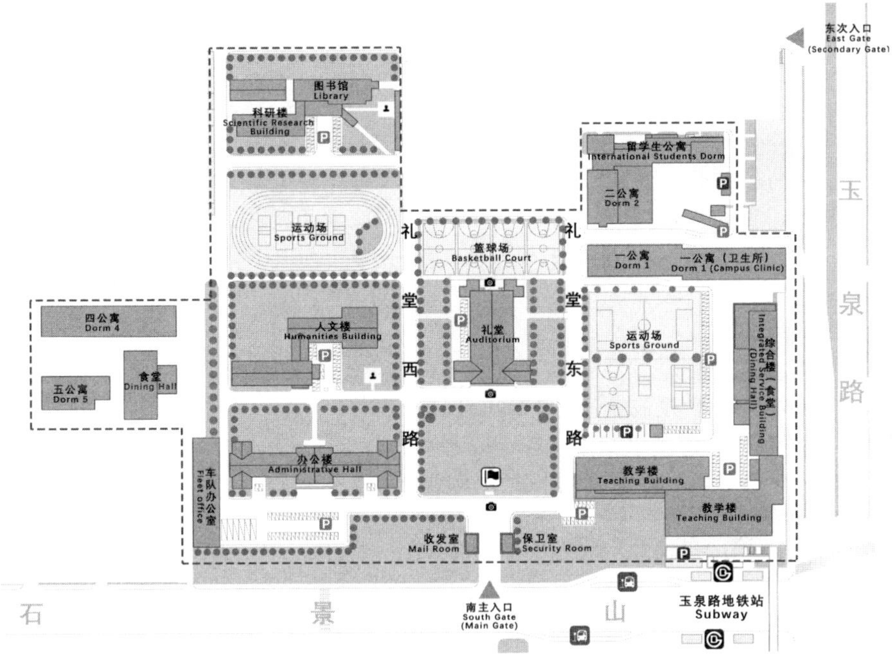

图 58 中国科学院大学玉泉路校区平面图

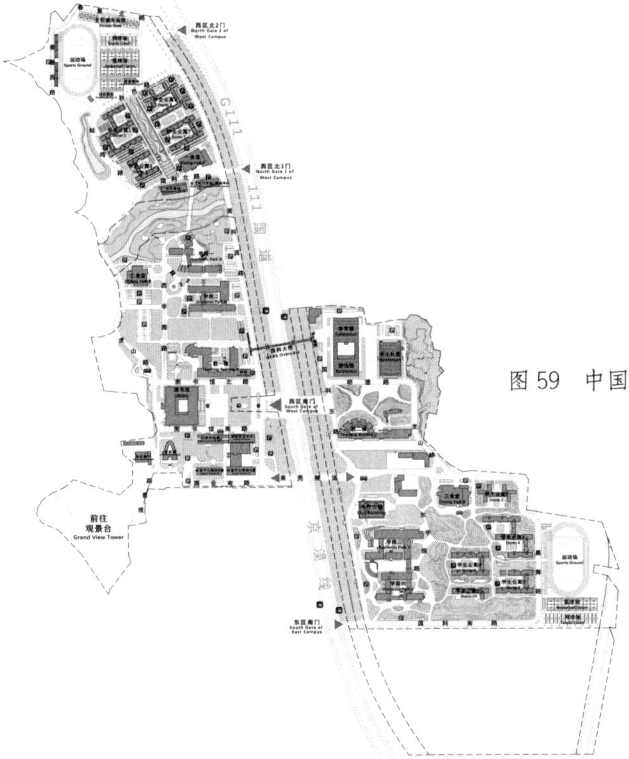

图 59 中国科学院大学雁栖湖校区平面图

雁栖湖校区自2004年开始规划设计，在拆除原中国科学院管理干部学院五六十年代办公楼、食堂、教学楼、实验楼等建筑物的基础上新建，于2009年动工建设，包括教学楼、学生公寓、图书馆、体育中心、学生礼堂、学生食堂、学术交流中心等25栋单体建筑，共计33.8万平方米。2017年，建成中国—丹麦科研教育中心大楼一栋，建筑面积1万平方米。

八、合作交流

（一）国内合作

2006年3月，学校成立国内合作办公室。自2011年有统计记录以来，学校共签署对外合作协议130项（其中共建京外学院17项，共建附属医院、学校15项，共建实验室、研究中心15项，联合／委托培养20项，其他合作63项）。

2016年起，学校根据中科院党组的统一部署，以“科教融合”办学模式，与京外培养单位高度融合，成立一批京外科教融合学院。截至2020年底，先后成立海洋学院等12个京外科教融合学院。学校全力支撑国家实验室建设战略布局，积极推进与合肥国家实验室等国家实验室的合作，助力国家实验室人才培养；深度融入怀柔科学城、北京国家综合性科学中心建设，积极参与研究单元建设；通过与地方政府和大型企业合作，深化产教融合、校企合作，积极对接相关企业并组织申报教育部产学合作协同育人项目，与华为技术有限公司等大型企业签署了《“集成电路高层次紧缺人才培养专项”联合培养协议》等合作协议，共建学校内设的联合研发机构，着力打造新型科教创产融合发展联合体，建立和完善了政产学研协同创新机制。

2020年7月，成立国内合作处，负责京外科教融合学院、京外分支机构和京外内设机构、企业合作、成果转移转化等工作。

（二）国际合作

改革开放后的自费留学潮于20世纪80年代起源于本校。1980年，李政道主持实施CUSPEA项目，学校接受委托成立CUSPEA招生委员会和招生办公室。2012年，学校更名后，科教融合体制机制改革和组织建设不断深化，高等教育国际化进一步发展。

学校积极参与中科院海外联合科教中心建设，在乌兹别克斯坦、缅甸、斯里兰卡等国挂牌成立海外科教中心，培养“一带一路”国家的高级科教人才；加入环太平洋大学联盟（APRU），一带一路国际科学组织联盟（ANSO）、人与生物圈计划（MAB）等，与哈佛大学、德国学术交流中心（DAAD）等世界知名高校和科研机构建立多方面合作交流关系；多次成功举办中国科学院—德国科学院双边研讨会、中日大学论坛等高规格国际会议；支持、鼓励学生赴境外开展学术交流，资助近半数本科生赴世界一流大学访学；与丹麦8所公立大学合作共建中丹学院；建立联合国教科文组织（UNESCO）在国内的第一个基础科学领域中心“国际理论物理中心（亚太地区）”；建立卡弗里理论科学研究所，促进学术交流和引智工作。

发展高层次科技型外国来华留学生教育。截至2020年年底，在读外国留学生人数1751人（其中博士留学生1088人），来自98个国家。

九、2020年学校基本情况

2020年，中国科学院大学京内4个校区占地面积334.81万平方米。校部图书馆纸质藏书总量达到67.43万册，可使用馆藏印刷本1246.95万册。全年教育经费总投入292056.81万元。设有4个校区，设置51个院（系、部）。开设13个本科专业。“双一流”建设学科2个，国家级一流本科专业建设点3个。专任教师3057人，其中国家级高层次人才861人（含中国科学院和中国工程院院士177人）；研究生指导教师12859人（含中国科学院院士232人、中国工程院院士39人），其中博士生指导教师7276人。在校生55900人，其中，研究生54255人（博士生28131人、硕士生26124人）、普通本科生1639人。留学生毕业369人、招生464人、在校生1751人。网址：www.ucas.ac.cn。

附表：

表 189　　中共中国科学院大学委员会历任书记（1991—2020 年）

书记	任职时间	书记	任职时间
王玉民	1987 年 3 月—1992 年 4 月	刘伟平	2016 年 4 月—2017 年 3 月
颜基义	1992 年 4 月—2000 年 9 月	张　杰	2017 年 3 月—2018 年 6 月
邓　勇	2000 年 9 月—2014 年 12 月	李树深	2018 年 6 月—

表 190　　中国科学院大学历任校长（1991—2020 年）

校长	任职时间	校长	任职时间
谷超豪	1988 年 4 月—1993 年 7 月	白春礼	2001 年 1 月—2014 年 3 月
汤洪高	1993 年 7 月—1998 年 7 月	丁仲礼	2014 年 3 月—2018 年 4 月
朱清时	2000 年 5 月—2001 年 1 月	李树深	2018 年 4 月—

说明：1998 年 7 月—2000 年 5 月校长空缺

（执笔人：中国科学院大学档案馆）

中国社会科学院大学

中国社会科学院大学（简称中国社科大），英文名称 University Of Chinese Academy Of Social Sciences（UCASS），校训“笃学、慎思、明辨、尚行”，以中国社会科学院研究生院为基础，整合中国青年政治学院本科教育及部分研究生教育资源而组建，以马克思主义为指导，坚持党的领导，坚持正确的办学方向，坚持中国特色社会主义大学的办学方针，致力培养政治可靠、作风过硬、理论深厚、学术精湛的哲学社会科学后备人才，培养又红又专、德才兼备、全面发展的中国特色社会主义事业接班人和建设者，努力建设成为具有中国特色的社会主义一流文科大学。中国社会科学院研究生院（简称研究生院），英文名称 Graduate School of Chinese Academy of Social Sciences，成立于 1978 年，经邓小平、叶剑英亲自批准设立，是直属于中国社会科学院的研究生培养基地，也是我国最早成立的研究生院之一。其主要任务是培养人文和哲学社会科学各学科博士研究生和硕士研究生。经过 40 余年的建设与发展，建立起适合于中国社会科学院特点的“按所设系、分片教学、集中办院、统一管理”的办学模式。

中国社科大拥有博士学位一级学科 16 个、硕士学位一级学科 17 个；博士学位二级学科 115 个、硕士学位二级学科 120 个；还有金融、税务、法律、社会工作、文物与博物馆、工商管理、公共管理以及汉语国际教育 8 个硕士专业学位授权点；拥有北京市重点学科 5 个（2008 年），这 5 个学科分别是人口、资源与环境经济学，民商法学，社会学，马克思主义中国化研究，考古学及博物馆学；现有博士生导师 643 名、硕士生导师 847 名，在校研究生 4981 人。

在中国社会科学院优秀科研资源、教师力量的支撑下，社科大已经成为中国哲学社会科学后备人才、国家级马克思主义理论骨干人才培养和国际专业人才培训的重要基地。学校为国家经济建设、社会进步、学术繁荣培养了大批高层次专门人才。至今共授予博士学位 6269 人，硕士学位 14326 人（其中专业硕士学位 6714 人），还培养出了一大批学有所成的研究生课程进修班学员。从研究生院毕业的博士、硕士研究生，成长为我国各条战线上推动经济建设、深化理论探索、促进学术研究、带动社会发展的重要中坚力量。

2008 年 4 月 26 日，学校良乡新校园正式奠基，经过三年的基本建设，于 2011 年 1 月搬迁至良乡新校园。2020 年 7 月，中国社会科学院发布《中国社会科学院大学院系调整暨推进科教融合改革工作方案》。中国社会科学院大学先行组建了 12 个科教融合学院，从社科院在职研究人员中聘请了 1300 余名特聘教授和岗位教师，形成了特聘教授、岗位教师、专职教师、研究生导师“四位一体”的师资队伍。

一、院系建设

1991 年，研究生院设处级机构 14 个，即党委办公室、院办公室、教务处、人事处、研究生工作处、学位办公室、培训处、总务处、保卫处、马克思主义基础理论教研室、外语教研室、英语培训中心、学报编辑部、图书馆。

2001年，研究生院培训中心更名为继续教育学院。2007年，增设招生与就业处，MPA教育中心成为独立教学机构。2009年，中国社会科学院英语培训中心成为独立教学机构，更名为中国社会科学院研究生院国际文化教育中心；马克思主义基础理论教研室更名为马克思主义理论及基础课教学部。2010年，成立MBA教育中心、社会工作硕士（MSW）教育中心。2011年，成立文物与博物馆硕士教育中心、金融硕士教育中心、税务硕士教育中心、网络中心、综合协调办公室。2013年，将中国文化系更名为东盟学院。2017年，组建中国社会科学院大学后，设置机构36个，其中管理机构16个，教学单位56个，教学辅助机构3个。2020年，社科大行政管理部门17个，教学单位39个，教学辅助部门3个。

表191　　中国社会科学院大学院系部设置一览表（2020年）

管理系统	院系部
行政管理部门（17个）	校办公室（党委办公室）、党委组织部（人事处、教师工作部）、宣传统战部、纪委办公室、学生工作部（学生工作处、人民武装部）、团委、教务处、科研处、研究生教育管理部（学位办公室）、招生与就业处、国际交流与合作处（港澳台办公室）、规划与评估处、财务处、后勤处、保卫处、基建处、综合协办公室（望京校区管委会办公室、工会办公室）
教学单位（39个）	哲学院、经济学院、商学院、法学院、政府管理学院、马克思主义学院、国际关系学院、社会学院、文学院、外国语学院、新闻传播学院、历史学院、国际教育学院、体育教研部、计算机教研部、继续教育学院、东盟学院、世界宗教研究系、工业经济系、农村发展系、金融系、数量经济与技术经济系、投资经济系、人口与劳动经济系、城乡建设经济系、生态文明研究系、民族学系、社会发展系、少数民族文学系、语言学系、语言文字应用系、中华人民共和国国史系、美国研究系、日本研究系、欧洲研究系、俄罗斯东欧中亚研究系、亚洲太平洋研究系、拉丁美洲研究系、西亚非洲研究系
教学辅助部门（3个）	图书馆、网络中心、学报编辑部

二、学科建设

1991—2020年，学校学科专业设置的发展涉及6个学科门类，其中新增博士学位一级学科16个、硕士学位一级学科17个，新增博士学位二级学科74个（含24个自主设置的博士学位二级学科）、硕士学位二级学科67个（含24个自主设置的硕士学位二级学科），新增专业学位类别8个。

表192　　中国社会科学院大学学科设置一览表（1991—2020年）

年度	门类代码及名称	一级学科代码及名称	一级学科授权时间和级别	二级学科代码及名称	二级学科授权时间和级别	备注
1993年	02 经济学	0202 应用经济学	1998年6月博、硕	020206 国际贸易学	1993年12月博、硕	
	03 法学	0301 法学	2003年9月博、硕	030108 环境与资源保护法学	1993年12月硕	
	03 法学	0301 法学	2003年9月博、硕	030109 国际法学	1993年12月博	
	05 文学	0501 中国语言文学	1998年6月博、硕	050108 比较文学与世界文学	1993年12月硕	
1996年	03 法学	0302 政治学	2006年3月博、硕	030207 国际关系	1996年5月硕	
1998年	01 哲学	0101 哲学	1998年6月博、硕	010105 伦理学	1998年6月博	
	02 经济学	0201 理论经济学	1998年6月博、硕	020104 西方经济学	1998年6月博、硕	
	02 经济学	0201 理论经济学	1998年6月博、硕	020106 人口、资源与环境经济学	1998年6月博、硕	
	02 经济学	0202 应用经济学	1998年6月博、硕	020202 区域经济学	1998年6月博	
	02 经济学	0202 应用经济学	1998年6月博、硕	020204 金融学	1998年6月博	
	02 经济学	0202 应用经济学	1998年6月博、硕	020207 劳动经济学	1998年6月博、硕	

续表 192

年度	门类代码及名称	一级学科代码及名称	一级学科授权时间和级别	二级学科代码及名称	二级学科授权时间和级别	备注
1998 年	02 经济学	0202 应用经济学	1998 年 6 月博、硕	020210 国防经济	1998 年 6 月博、硕	暂不招生
	03 法学	0301 法学	2003 年 9 月博、硕	030107 经济法学	1998 年 6 月博	
	03 法学	0303 社会学	2000 年 12 月博、硕	030302 人口学	1998 年 6 月博	
	03 法学	0304 民族学	2006 年 3 月博、硕	030402 马克思主义民族理论与政策	1998 年 6 月硕	
	05 文学	0501 中国语言文学	1998 年 6 月博、硕	050104 中国古典文献学	1998 年 6 月博、硕	
	05 文学	0501 中国语言文学	1998 年 6 月博、硕	050108 比较文学与世界文学	1998 年 6 月博	
	05 文学	0503 新闻传播学	2018 年 3 月博、硕	050301 新闻学	1998 年 6 月博	
	06 历史学	0602 中国史	2011 年 8 月博、硕	060103 历史地理学	1998 年 6 月博、硕	暂不招博
	12 管理学	1202 工商管理	2000 年 12 月博、硕	120201 会计学	1998 年 6 月硕	
1999 年	02 经济学	0714 统计学		020208 统计学（1997 年代码）	1999 年 6 月博、硕	
2000 年	03 法学	0303 社会学	2000 年 12 月博、硕	030303 人类学	2000 年 12 月博、硕	
	03 法学	0303 社会学	2000 年 12 月博、硕	030304 民俗学	2000 年 12 月博、硕	
	05 文学	0502 外国语言文学	2011 年 3 月博、硕	050209 欧洲语言文学	2000 年 12 月硕	
	05 文学	0503 新闻传播学	2018 年 3 月博、硕	050302 传播学	2000 年 12 月硕	
	12 管理学	1202 工商管理	2000 年 12 月博、硕	120201 会计学	2000 年 12 月博	
	12 管理学	1202 工商管理	2000 年 12 月博、硕	120203 旅游管理	2000 年 12 月博、硕	
	12 管理学	1203 农林经济管理	2000 年 12 月博、硕	120302 林业经济管理	2000 年 12 月博、硕	
	12 管理学	1204 公共管理	2011 年 3 月硕	120401 行政管理	2000 年 12 月硕	
	12 管理学	1204 公共管理	2011 年 3 月硕	120404 社会保障	2000 年 12 月硕	
2003 年	03 法学	0301 法学	2003 年 9 博、硕	030102 法律史	2003 年 9 月博	
	03 法学	0301 法学	2003 年 9 博、硕	030104 刑法学	2003 年 9 月博	
	03 法学	0301 法学	2003 年 9 博、硕	030106 诉讼法学	2003 年 9 月博	
	03 法学	0301 法学	2003 年 9 博、硕	030108 环境与资源保护法学	2003 年 9 月博	
	03 法学	0301 法学	2003 年 9 博、硕	030110 军事法学	2003 年 9 月博、硕	暂不招生
	03 法学	0302 政治学	2006 年 3 博、硕	030204 中共党史	2003 年 9 月硕	
	03 法学	0302 政治学	2006 年 3 博、硕	030207 国际关系	2003 年 9 月博	
2004 年	06 历史学	0601 考古学	2011 年 8 博、硕	0601Z1 中国新石器时代考古	2004 年 3 月硕	自主设置暂不招博
	06 历史学	0601 考古学	2011 年 8 博、硕	0601Z2 夏商周考古	2004 年 3 月硕	自主设置暂不招博
2006 年	02 经济学	0201 理论经济学	1998 年 6 月博、硕	0201Z2 可持续发展经济学	2006 年 3 月硕	自主设置
	02 经济学	0201 理论经济学	1998 年 6 月博、硕	0201Z3 发展经济学	2006 年 3 月硕	自主设置
	03 法学	0302 政治学	2006 年 3 月博、硕	030201 政治学理论	2006 年 3 月博	
	03 法学	0302 政治学	2006 年 3 月博、硕	030202 中外政治制度	2006 年 3 月博、硕	
	03 法学	0302 政治学	2006 年 3 月博、硕	030204 中共党史	2006 年 3 月博	
	03 法学	0302 政治学	2006 年 3 月博、硕	030208 外交学	2006 年 3 月博、硕	暂不招生
	03 法学	0304 民族学	2006 年 3 月博、硕	030402 马克思主义民族理论与政策	2006 年 3 月博	

续表 192

年度	门类代码及名称	一级学科代码及名称	一级学科授权时间和级别	二级学科代码及名称	二级学科授权时间和级别	备注
2006 年	03 法学	0304 民族学	2006 年 3 月博、硕	030403 中国少数民族经济	2006 年 3 月博、硕	暂不招博
	03 法学	0304 民族学	2006 年 3 月博、硕	030404 中国少数民族史	2006 年 3 月博、硕	
	03 法学	0304 民族学	2006 年 3 月博、硕	030405 中国少数民族艺术	2006 年 3 月博、硕	暂不招生
	03 法学	0305 马克思主义理论	2011 年 3 月博、硕	030501 马克思主义基本原理	2006 年 3 月博、硕	
	03 法学	0305 马克思主义理论	2011 年 3 月博、硕	030502 马克思主义发展史	2006 年 3 月博、硕	
	03 法学	0305 马克思主义理论	2011 年 3 月博、硕	030503 马克思主义中国化研究	2006 年 3 月博、硕	
	03 法学	0305 马克思主义理论	2011 年 3 月博、硕	030505 思想政治教育	2006 年 3 月博、硕	
	05 文学	0501 中国语言文学	1998 年 6 月博、硕	0501Z1 中国民间文学	2006 年 3 月硕	自主设置
	06 历史学	0602 中国史	2011 年 8 月博、硕	0602Z1 中国当代史	2006 年 3 月硕	自主设置
2007 年	02 经济学	0202 应用经济学	1998 年 6 月博、硕	0202Z1 城市经济学	2007 年 2 月硕	自主设置
	03 法学	0301 法学	2003 年 9 月博、硕	0301Z2 知识产权法学	2007 年 2 月硕	自主设置
2008 年	05 文学	0501 中国语言文学	1998 年 6 月博、硕	0501Z2 媒体语言学	2008 年 3 月硕	自主设置
	05 文学	0501 中国语言文学	1998 年 6 月博、硕	0501Z3 计算语言学	2008 年 3 月硕	自主设置 暂不招博
2009 年	02 经济学	0201 理论经济学	1998 年 6 月博、硕	0201Z2 可持续发展经济学	2009 年 2 月博	自主设置
	02 经济学	0201 理论经济学	1998 年 6 月博、硕	0201Z3 发展经济学	2009 年 2 月博	自主设置
	03 法学	0301 法学	2003 年 9 月博、硕	0301Z2 知识产权法学	2009 年 2 月博	自主设置
	05 文学	0501 中国语言文学	1998 年 6 月博、硕	0501Z1 中国民间文学	2009 年 2 月博	自主设置
	05 文学	0501 中国语言文学	1998 年 6 月博、硕	0501Z2 媒体语言学	2009 年 2 月博	自主设置
	05 文学	0501 中国语言文学	1998 年 6 月博、硕	0501Z4 语言文字测试学	2009 年 2 月硕	自主设置 暂不招博
	06 历史学	0602 中国史	2011 年 8 月博、硕	0602Z1 中国当代史	2009 年 2 月博	自主设置
	06 历史学	0602 中国史	2011 年 8 月博、硕	0602Z2 中国边疆史地	2009 年 2 月博、硕	自主设置
2011 年	03 法学	0305 马克思主义理论	2011 年 3 月博、硕	030504 国外马克思主义研究	2011 年 3 月博、硕	暂不招硕
	03 法学	0305 马克思主义理论	2011 年 3 月博、硕	030506 中国近现代史基本问题研究	2011 年 3 月博、硕	暂不招生
	05 文学	0502 外国语言文学	2011 年 3 月博、硕	050204 德语语言文学	2011 年 3 月博	
	05 文学	0502 外国语言文学	2011 年 3 月博、硕	050205 日语语言文学	2011 年 3 月博	
	05 文学	0502 外国语言文学	2011 年 3 月博、硕	050206 印度语言文学	2011 年 3 月博、硕	暂不招生
	05 文学	0502 外国语言文学	2011 年 3 月博、硕	050207 西班牙语语言文学	2011 年 3 月博、硕	暂不招生

续表 192

年度	门类代码及名称	一级学科代码及名称	一级学科授权时间和级别	二级学科代码及名称	二级学科授权时间和级别	备注
2011 年	05 文学	0502 外国语言文学	2011 年 3 月博、硕	050208 阿拉伯语语言文学	2011 年 3 月博、硕	暂不招生
	05 文学	0502 外国语言文学	2011 年 3 月博、硕	050209 欧洲语言文学	2011 年 3 月博	
	05 文学	0502 外国语言文学	2011 年 3 月博、硕	050210 亚非语言文学	2011 年 3 月博、硕	暂不招生
	05 文学	0502 外国语言文学	2011 年 3 月博、硕	050211 外国语言学及应用语言学	2011 年 3 月博、硕	暂不招生
	06 历史学	0603 世界史	2011 年 8 月博、硕			
	12 管理学	1204 公共管理	2011 年 3 月硕	120402 社会医学与卫生事业管理	2011 年 3 月硕	暂不招生
	12 管理学	1204 公共管理	2011 年 3 月硕	120403 教育经济与管理	2011 年 3 月硕	暂不招生
	12 管理学	1204 公共管理	2011 年 3 月硕	120405 土地资源管理	2011 年 3 月硕	暂不招生
2012 年	02 经济学	0202 应用经济学	1998 年 6 月博、硕	0202Z1 城市经济学	2012 年 6 月博	自主设置
	05 文学	0501 中国语言文学	1998 年 6 月博、硕	0501Z3 计算语言学	2012 年 6 月博	自主设置 暂不招博
	05 文学	0501 中国语言文学	1998 年 6 月博、硕	0501Z4 语言文字测试学	2012 年 6 月博	自主设置 暂不招博
	06 历史学	0601 考古学	2011 年 8 月博、硕	0601Z1 中国新石器时代考古	2012 年 6 月博	自主设置 暂不招博
	06 历史学	0601 考古学	2011 年 8 月博、硕	0601Z2 夏商周考古	2012 年 6 月博	自主设置 暂不招博
2016 年	03 法学	0302 政治学	2006 年 3 月博、硕	0302Z1 公共政策	2016 年 12 月博、硕	自主设置
	03 法学	0302 政治学	2006 年 3 月博、硕	0302Z2 公共行政	2016 年 12 月博、硕	自主设置
	03 法学	0303 社会学	2000 年 12 月博、硕	0303Z1 社会政策	2016 年 12 月博、硕	自主设置 暂不招硕
	03 法学	0303 社会学	2000 年 12 月博、硕	0303Z2 社会治理	2016 年 12 月博、硕	自主设置 暂不招生
	12 管理学	1202 工商管理	2000 年 12 月博、硕	1202Z1 人力资源管理	2016 年 12 月博、硕	自主设置
2017 年	03 法学	0301 法学	2003 年 9 月博、硕	0301Z3 社会法学	2017 年 9 月博、硕	自主设置 暂不招博
	03 法学	0301 法学	2003 年 9 月博、硕	0301Z4 网络与信息法学	2017 年 9 月博、硕	自主设置 暂不招博
	03 法学	0305 马克思主义理论	2011 年 3 月博、硕	0305Z1 党的建设	2017 年 10 月博、硕	自主设置
2018 年	02 经济学	0202 应用经济学	1998 年 6 月博、硕	0202Z2 气候变化经济学	2018 年 8 月博、硕	自主设置
	03 法学	0301 法学	2003 年 9 月博、硕	0301Z1 刑事法学	2018 年 8 月博、硕	自主设置
	05 文学	0501 中国语言文学	1998 年 6 月博、硕	0501Z5 文学阐释学	2018 年 8 月博、硕	自主设置
	05 文学	0503 新闻传播学	2018 年 3 月博、硕	050302 传播学	2018 年 3 月博	
2019 年	03 法学	0302 政治学	2006 年 3 月博、硕	0302Z3 党内法规学	2019 年 9 月博、硕	自主设置 暂不招生

表 193　　中国社会科学院大学专业学位授予和人才培养目录（2020 年）

类别代码及名称	类别英文全称	类别英文缩写	专业领域代码及名称	授权时间	备注
0251 金融硕士	Master of Finance	MF		2010 年 9 月	
0253 税务硕士	Master of Taxation	MT		2010 年 9 月	
0351 法律硕士	Juris Master	J.M	035101 法律（非法学）	2003 年 9 月	
			035102 法律（法学）		
0352 社会工作硕士	Master of Social Work	MSW		2009 年 7 月	
0453 汉语国际教育硕士	Master of Teaching Chinese to Speakers of Other Languages	MTCSOL		2018 年 2 月	
0651 文物与博物馆硕士	Master of Cultural Heritage and Museology	M.C.H.M		2010 年 9 月	
1251 工商管理硕士	Master of Business Administration	MBA		2009 年 6 月	
1252 公共管理硕士	Master of Public Administration	MPA		2003 年 9 月	

截至 2020 年底，学校共有学科门类 6 个，博士学位一级学科 16 个、硕士学位一级学科 17 个，博士学位二级学科 115 个（含 24 个自主设置的博士学位二级学科）、硕士学位二级学科 120 个（含 24 个自主设置的硕士学位二级学科），专业学位类别 8 个。

学校制定并启动实施了院系调整暨推进科教融合改革工作，进一步强化大学与研究所（院）的合作关系，组建成立 12 个本硕博一体化学院，推进科教深度融合，突出社科院办学的特色与优势；学校在 2020 年启动实施了博士点学科专业主文献制度建设工作，计划用三年左右的时间，建设完成覆盖我校所有博士学位授权点的学科专业主文献库，推动完成以主文献库为依托的博士生专业课程体系和综合考核方式的改革创新，基本形成集编选、审核、使用为一体的博士点学科专业主文献制度。目前，学校已推动全部 115 个博士学位二级学科点开展主文献立项建设工作，60 个二级学科主文献建设已完成前期工作，目前正在着手建设主文献阅读管理系统，计划从 2021 级博士生入学开始融入博士培养方案和中期考核。

三、人才培养

中国社会科学院大学的人才培养工作起始于 1978 年中国社会科学院研究生院的建立，至今已经走过了 43 年的发展历程。43 年来，学校的人才培养事业获得长足发展，招生规模逐年扩大，课程体系日趋完备，教学设施不断改善，教学水平稳步提升，初步形成了既符合高等教育规律又具有社科院特色的高精尖人才培养模式。

1991 年到 2021 年的 30 年间，以 2017 年 5 月中国社会科学院大学的成立为节点，学校的人才培养事业经历了前后两个发展时期。前一个时期，学校积极推动教育教学改革和发展，研究生教育事业不断进步，在努力建设一流人文社会科学人才培养基地的过程中取得了丰硕成果。

（一）研究生教育

1978 年成立中国社会科学院研究生院，同年 10 月第一批研究生入学，录取 462 名研究生。1999 年，在校博士生 487 人，硕士生 196 人。招收博士生 205 人，硕士生 69 人。

大学组建之前（2017 年），学校研究生招生计划规模为：硕士 900 人（其中学术硕士 180 人，专业硕士 720 人），博士 454 人。2020 年，学校研究生计划规模为：硕士计划为 1258 人（其中学术硕士 401 人，全日制专业硕士 664 人，非全日制专业硕士 193 人），增长 40%，其中学术硕士增长 127%；博士计划为 504 人，增长 11%。

从硕士研究生报名情况看，2017 年报名人数为 2434 人，2018 年增长 29%，达到

3128人；2019年增长54%，达到4805人；2020年报名人数达到6113人，增长27%，是2017年报名人数的2.5倍。博士生报名情况，2017年报名准考人数2345人，2018年为3573人，增长53%；2020年达到5151人，是2017年的2.2倍。

研究生录取生源整理良好，2019年学术硕士录取考生中来自“985”“211”高校的占比达到42.9%，2020年为41.65%。推免硕士招生中2019年54.5%来自“985”“211”高校，2020年为57.8%。

1991—2020年，学校共授予博士学位6130人，授予学术硕士学位5706人，授予专业硕士学位6714人。截至2020年底，学校共授予博士学位6268人，授予学术硕士学位7612人，授予专业硕士学位6714人。

表194　中国社会科学院大学学位授予情况统计表（1991—2020年）　（单位：人）

年度	博士	学术硕士	专业硕士	年度	博士	学术硕士	专业硕士
1991年	47	77	—	2006年	260	329	2
1992年	36	13	—	2007年	251	294	201
1993年	34	—	—	2008年	236	257	136
1994年	60	1	—	2009年	235	255	97
1995年	50	—	—	2010年	256	240	186
1996年	83	53	—	2011年	246	233	232
1997年	87	38	—	2012年	264	251	544
1998年	117	44	—	2013年	299	227	533
1999年	111	83	—	2014年	281	251	681
2000年	116	81	—	2015年	300	233	618
2001年	134	174	—	2016年	408	277	661
2002年	181	145	—	2017年	287	231	678
2003年	200	180	—	2018年	347	378	766
2004年	208	230	—	2019年	351	403	646
2005年	223	290	—	2020年	422	438	733

（二）本科教育

由2017年7个专业招收390人，逐步增加为2020年的15个专业（含大类）400名本科计划，国家专项招生计划由80人减少至30人，近两年招生计划相对稳定。招生来源稳定在18个省份，本科生源质量整体良好，在各省录取位次整体平稳，录取投档线整体情况在“985高校”位居中段左右；随着高考改革省份不断增加，学校录取情况也将略有调整并逐步稳定。

学校高度重视本科专业建设，始终坚持“以本为本”，加大投入力度，完善体制机制，致力打造国内领先、国际一流的本科专业。自教育部2019年实施一流本科专业建设“双万计划”以来，学校开设的16个专业中，共有13个专业获批“双万计划”一流本科专业建设点，其中国家级一流本科专业建设点10个，省级一流本科专业建设点3个；学校结合《教育部关于一流本科课程建设的实施意见》，大力推进在线开放课程建设和混合式核心课程建设，积极申报国家级和北京市一流课程建设“双万计划”，着力打造一大批具有高阶性、创新性和挑战度的线下、线上、线上线下混合“金课”。学校成立以来，已有2门课程获评首批国家级一流本科课程，6门课程获评北京市“优质本科课程”，8门校级在线开放课程和54门校级“线上线下混合式课程”完成建设立项；学校积极推动哲学社会科学教材建设，成立了教材建设委员会，编制了重点教材建设指南，分学科门类成立了15个教材专家评审库，目前已包含社科院系统内外140余位专家学者。自学校成立以来，共36位教师担任首席专家、主编、副主编、编委参与25部“马工程”重点教材编写，6个教材课件获评“北京高校优质本科教材课件”，相继出版哲学社会科学教材38部，已立项教材95部，其中重点教材36部；学校持续推动教育教学改革，加大经费支持力度，鼓励教师积极申报各级各类教改项目。自学校组建成立以来，共获教育部、北京市教学改革类课题32项，立项校级教改课题86项、校级高等教育研究课题31项、校级新文科研究与改革实践项目19项、校级课程思政建设项目11项。入选北京高等学校高水平人才交叉培养“实培计划”项目246项。

表195　　中国社会科学院大学本科专业设置一览表（2020年招生专业）

序号	专业代码	专业名称	序号	专业代码	专业名称
1	010101	哲学	9	030503	思想政治教育专业
2	020101	经济学	10	050101	汉语言文学
3	020401	国际经济与贸易	11	050201	英语
4	030101K	法学	12	050204	法语
5	030201	政治学与行政学	13	050301	新闻学
6	030204T	国际事务与国际关系	14	050302	广播电视学
7	030301	社会学	15	060101	历史学
8	030500	马克思主义理论	16	120204	财务管理

（三）思政课建设

学校党委高度重视思政课建设，坚决落实学校党委书记第一责任人责任，校长切实负起政治责任和领导责任。党委书记、校长每学期讲授思政课不少于2次，领导班子其他成员每学期讲授思政课不少于1次。学校严格按照教育部有关文件规定，制定全校思政课的教学计划，保质保量地完成思政课教学任务，统一使用教育部统编教材，严把任课教师的政治关与质量关；着力打造具有社科院特色的思政系列金课，2019年重磅推出“学部委员形势与政策”金课，成功获评首批国家级一流本科课程，共有94000余名全国各高校的学生通过中国大学慕课参与学习；学校坚持“思政课程”与“课程思政”双轮驱动、同向同行，努力让思政元素有效融入每门专业课程、贯彻每节课堂教学，打造“名师进课堂”系列专题课、跨文化系列讲座，邀请张宇燕、陈众议、王学东等名师大家讲大势、解困惑，目前已重点打造11门课程作为课程思政示范课程，并推荐了4门课程参与2021年教育部课程思政项目评选。

学校以党建工作为引领，推进思想政治教育工作。发挥党员的先锋模范作用，积极引导学生向党组织靠拢。加强对学生党的知识培训，提高青年学生对党的认识，坚定跟党走的信心。进一步规范和加强了学生业余党校的学习和管理制度，并将传统的讲授课变成了线上网课和线下讲座以及外出实践三位一体的立体化教育，有效形成以党建带团建促班建的机制。以学部委员、学校领导为学生讲授思政课为代表的系列活动，不仅深受学生欢迎，同时也为提升学生的思政理论水平提供了强有力的支撑。创新形式，带着学生走出去，以实践与参观相结合的方式，推动学生思政教育工作。通过组织学习习近平总书记系列重要讲话、交流；参观“70周年大型成就展”、志愿支教等活动，增强学生的爱国主义情怀和使命担当。

2013年，中国社会科学院正式启动实施“马克思主义理论骨干人才计划”，2014年3月完成了第一批“马骨干”博士生的招生工作。这是中央加强马克思主义理论人才队伍建设的重要举措，是具有示范意义的开拓之举。“马克思主义理论骨干人才计划”实施以来，每年招收100名左右马克思主义理论相关专业博士生，进行专门系统的培养，迄今已经为国家培养了400多名学有专长、能力突出的马克思主义理论骨干人才。

（四）创新创业教育

积极开展创新创业教育，学生创新意识显著增强，创业能力不断提升。学校组建以来，学校学生成功申报教育部大学生创新创业训练计划项目、北京市大学生科学研究与创业行动计划项目397项；学校鼓励学生积极参加专业学科竞赛，从指导教师和经费等方面给予政策支持。学校组建以来，学生参与“全国数学建模大赛”“模拟联合国大赛冠军”“全国大学生英语竞赛”“国际模拟法庭大赛”“北京市大学生人文知识竞赛”等均获得优异成绩，总获奖人次达到330人次；学校全面贯彻落实《中共中央国务院关于全面加强新时代大中小学劳动教育的意见》，结合学校工作实际精心制定工作方案，着力打造具有“八个一”劳动教育体系：修一门劳动教育课程、加入一个劳动类社团、从事一次农业劳动、写一篇劳动教育相关的论文（或者一篇心得体会）、策划一个劳动方案、参加一次志愿服务、参加一次劳动技能比赛、听一次劳动教育讲座；学校鼓励学生全面发展，支持学生积极参与各类文体娱乐和竞赛活动，不断提高自身的综合素质和竞技水平。学校组建以来，学生先后斩获“中国大学生艺术体操锦标赛冠军”“首都高校大学生第五届滑雪追逐赛团体亚军”“第二届北京高等院校健身舞蹈大赛大集体第一名”“第七届大学生书法大赛二、三等奖”等佳绩，充分展现了社科大学子的良好风采。

（五）育心与育德结合，完善育人体系

健全资助制度，助力学生成才成长。不断建立和完善发展型资助体系，构建物质帮助、道德浸润、能力拓展、精神激励有效融合的资助育人长效机制。明确育人职责，树立育人导向，打造清晰明确的资助育人路径。及时有效地开展各项奖助学金的评定工作，激励学生不断进步；精准有序地开展面向困难生的资助工作，鼓励学生自立自强。精心策划，积极组织，在传统节日如端午、中秋、农历小年与困难学生欢聚一堂，为他们送去祝福同时也宣传资助政策。

建立健全心理健康服务机制，坚持育心与育德相结合，增强心理育人能力。优化心理咨询的预约、重点反馈等流程，进一步完善心理咨询个案记录与档案管理工作。构建校、院（系）、辅导员、学生班级四级心理健康教育工作体系，与学院进行双向反馈，避免重大心理事件的发生。准确把握学生心理健康状况，制订有针对性的心理普查等服务计划，不断提高心理健康教育的覆盖面和科学性。

高度重视学生安全和校园稳定，主动发现问题，严格做好学生管理工作。大到宿舍搬迁、毕业生行李邮寄，小到洗澡水、空调运行，学生面前无小事，力争事事处理得当，保证校园安全稳定。广泛动员，全面宣传，做好大学生征兵入伍工作；密切关注，持续指导，做好学生就业创业工作。

四、科学研究

学校现有各级各类研究中心47个，其中教育部创新发展中心1个（高校思想政治工作创新发展中心）、退役军人事务部退役军人思想政治和权益维护研究中心1个、中国社会科学院非实体研究中心2个（文学与阐释学研究中心、国际能源安全研究中心）、文科实验室1个（计算社会科学与国家治理实验室）、高等研究院8个、非实体研究中心34个。

2017年5月以来共获批纵向项目150余项，其中国家级项目50余项，省部级80项；承担横向课题100余项。共发表论文1300余篇，出版著作200余部，研究报告百余篇，获得省部级以上成果奖励20余次。

五、师资队伍建设

1991年至2020年，学校的师资队伍有了长足发展。2017年，从中国青年政治学院划转至大学近300名教师。截至2020年底，全校教职工700人，其中，在职教职工408人，正高职称53人，副高职称106人，中级职称135人。高、中级职称人员占全校在职人员总数的72%。2020年科教融合改革之后，学校专任教师由专职教师、岗位教师和特聘教授组成，共计1058人，包括教授512人、副教授359人，讲师187人。博士后一级学科流动站4个。

2020年，学校以“社科大与社科院发展融为一体”为宗旨，依托社科院的科研、学术、人才优势，正式组建了12个科教融合学院，由社科院相关研究所（院）主要负责人担任院长。全面实施岗位教师、特聘教授和专任教师、研究生导师制度，从社科院在职人员中聘请岗位教师，从社科院学部委员和退休的二级研究员中聘请特聘教授，形成了由岗位教师、特聘教授、专任教师、研究生导师组成的“四位一体”师资队伍。通过不断深化科教融合体制机制改革，实现校所优势互补、教研相互融合，着力构建具有社科院特色与优势的科教融合管理体制和高等教育办学体系。

学校着力推动社科大教育与社科院科研深度融合，建立特聘教授和岗位教师制度，共组建科教融合型教学团队210个，有300多位知名专家参与课程教学工作，有力提升了学校的教学水平和培养质量；学校探索将研究生培养中的“师徒制”精英化培养模式延伸到本科教育阶段，建立并实施本科生学业导师制度，每年从社科院各研究所遴选硕博士导师担任本科生学业导师，采取一对一的方式指导学生进行专业学习和科研训练；学校高度重视骨干教师培育，把教师培训和培养纳入学校人才培训、培养总体规划，通过理论学习、实践研修、项目支持和青年教学名师培育等多种途径加强教师培训，使教师队伍的综合素质不断提高。

六、国际交流与合作

1991年至2021年，学校先后与英国牛津大学、剑桥大学、美国耶鲁大学、加州大学伯克利分校、明尼苏达大学、荷兰莱顿大学、日本早稻田大学、中国澳门大学等境外知名高校和机构签署70余项合作与交流协议，国际合作层次和水平不断提高。

1997年，学校招收首批国际博士研究生和硕士研究生。2000年，学校招收首批港澳台博士研究生和硕士研究生。2021年，学校国际学生招生改革，采取“申请—考核制”方式招收国际研究生，首次启动国际研究生英文项目招生。

2006年起，充分利用国家公派项目，向国家留学基金委推荐候选人，为学校师生提供更多优秀海外交流的机会。2017年9月起，学校开始大力推进学生海外培养项目的实施，逐步形成学生海外长短期项目相结合、学期项目与寒暑假项目相衔接、专业课程及文化交流相结合的多层次、多模式、多类型的国际化人才培养体系。2017年起，实施中国社会科学院大学教师海外研修支持计划。2021年中国社会科学院大学首次与境外合作高校达成推免生项目合作，与澳门大学等学校签署硕士研究生推免协议，为毕业学生搭建境外深造平台。

2009年学校成为商务部援外培训承办单位。2011年起学校承接中国社会科学院国际合作局、中国非洲研究院交办的“一带一路”沿线及非洲国家研修项目（含线上）。2012年6月，学校与美国杜兰大学合作举办金融管理硕士学位教育项目（简称MFIN）经中华人民共和国教育部正式批准（批准书编号MOE11US1A20121203N），同年9月启动招生。2018年1月，经教育部批准（批准书编号MOE11US1A20171871N）的能源管理硕士学位教育项目（简称MME）是学校和美国杜兰大学举办的第二个中外合作办学项目。2018年起，学校承接中国社会科学院国际合作局交办的面向香港中学教师及在校大学生开展的国史研修项目。2018年10月，学校接到国家汉办/孔子学院总部〔2018〕991号文件，正式批准学校承办波兰格但斯克大学孔子学院。2020年3月，学校与英国斯特灵大学合作举办的创新与领导力博士学位教育项目（简称DMAN）正式通过教育部批准办学（批准书编号MOE11UK1N20192019N）。

2018年5月，举办中国社会科学院大学印第安纳大学学术交流周。2018年12月，举办中国社会科学院大学意大利那不勒斯大学学术周。2019年5月，举办中国社会科学院大学蒙大拿大学学术文化交流周。2019年12月，举办中国社会科学院大学英国大学学术月活动顺利举办，英国剑桥大学、牛津大学、埃克塞特大学、伦敦玛丽女王大学、布里斯托大学等6所英国高校学者到校进行学术交流。2020年8月，学校首次获批科技部2020

年“北京市外籍高层次人才资助计划”专项，对于推进学校培养具有全球视野高层次国际人才、推进“双一流”建设具有重要意义。在国际学生和港澳台地区学生工作中做到积极推进、稳扎稳打，努力提高培养质量，创新考核方式。

2012 年至 2019 年，学校承接了八期社科院创新项目——“中国社会科学院经济发展问题国际青年学者研修班”和一期“中白产业园研修班”的工作。2020 年 6 月 28 日，学校英文网站正式上线。大学英文网站的建设和启用将为海外高校、学者、学生了解社科大提供便利渠道，为社科大国际交流与合作提质增。

七、继续教育

中国社会科学院研究生院继续教育学院（后更名为中国社会科学院大学继续教育学院，以下简称继续教育学院）成立于 2001 年，其前身为中国社会科学院研究生院培训中心（以下简称培训中心），主要工作是在全国范围内开展高层次非学历人员的继续教育和高层次在职人员长短期培训工作。

培训中心时期（1989—2001 年），以举办课程进修班为主。为确保学员能够达到相当的学术水平，课程的培养方案与相应学科专业全日制在校生课程的培养方案完全一致。主讲教师以硕士生指导教师为主，并邀请一些国内外著名学者、博士生导师参与授课。共开设法学系、政治学系、经济系、工业经济系、农村发展系、财贸物资经济系、城乡建设经济系等 11 个系、20 个专业、47 个研究方向，培训布点遍及全国 27 个省、自治区、直辖市，累计举办课程进修班 219 个。

继续教育学院时期（2001—2020 年），为适应国家快速发展和经济全球化对较高学识素养高级人才的需求，学院对继续教育工作深入研究和探讨，决定于 2008 年始在稳步开展课程进修班的基础上，重点增加高级课程进修班。

继续教育学院依托中国社会科学院优秀的师资队伍、雄厚的科研实力、广泛的国际影响力和合作关系，面向国家经济建设和社会发展，面向高层次人才队伍建设，面向学习型社会的构建，积极探索继续教育办学规律，创新继续教育体制改革，为社会提供高质量的教育培训项目。较好地满足了各行业、各领域高层次骨干人才知识更新、岗位适应、能力提升及情操陶冶的学习需求，实现了继续教育的跨越式发展，为全国各行业、各领域培训了大量急需紧缺的高素质人才。

课程班和高级课程班办学质量与规模逐年稳步提升。至 2020 年底，课程班和高级课程班开设专业涵盖哲学、历史、法学、文学、经济、管理等数个学科领域，共有人口与劳动经济系、财经系、法学系、哲学系、工业经济系、政治学系、考古系、新闻学与传播学系、城市发展与环境研究系、金融系、数量经济与技术经济系、近代史系、马克思主义研究系、经济系 14 个系与学院合作。课程班有 15 个专业，8 个国内集中教学点，在读学员 3538 人。高级课程班有 14 个专业，5 个国内集中教学点，在读学员 3635 人。

各类短期高级培训项目也办得有声有色，学习时间从四天到六个月不等，包括法律、经济、财务管理、电子商务、网络经济、对外汉语、党政干部、公共英语等高级研修班。高级研修班的举办，使学员在短时间内掌握相关领域的基础理论和前沿问题。至 2020 年底，高级研修班培训人员数量已达 7000 多人。

为配合“一带一路”倡议，继续教育学院以推进对外合作与交流项目为下一阶段发展目标。加强研发系列化特色研修项目，将社科院潜在的教育培训资源优势转化为继续教育学院教育培训优势及核心竞争力，打造精品国际短期研修项目。在突破精品短训发展瓶颈的同时，发挥中国社会科学院大学在创新驱动发展中的作用，力争为智力合作、人才培养、学术交流、国际教育合作等搭建更多平台。

八、校园基本建设

2020 年，中国社会科学院大学良乡校园征地面积 610 亩，建设面积 430 亩。2020 年北京市建委批准 2035 年前控制规划容积率为 1.6，规划建设规模 26 万平方米。校区现已建教学及教辅用房 10.8 万平方米。图书馆建筑面积 10532 平方米、教学楼建筑面积 6882 平方米、行政楼建筑面积 6080 平方米、1# 学生

图 60　中国社会科学院大学良乡校区示意图

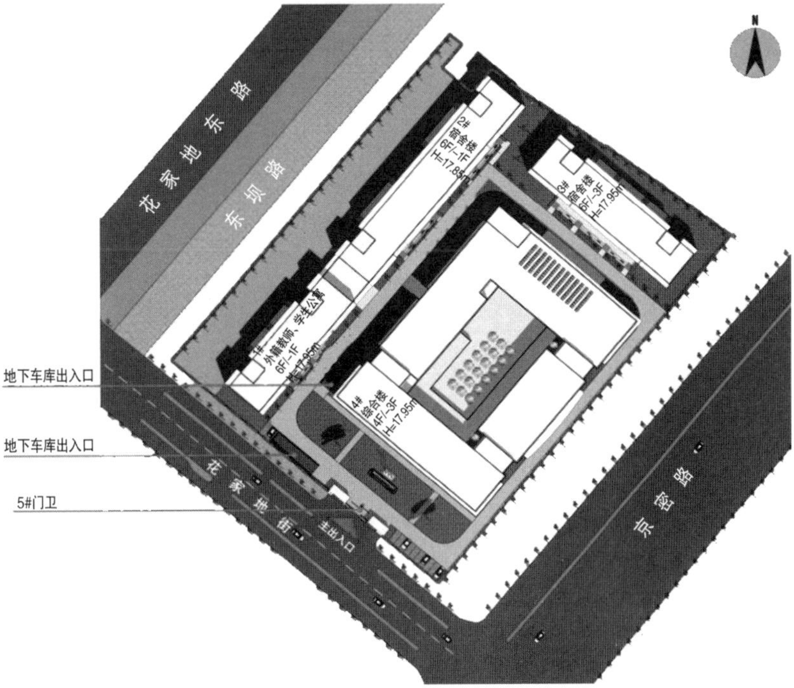

图 61　中国社会科学院大学望京校区平面图

宿舍楼建筑面积 8900 平方米、2# 学生宿舍楼建筑面积 8470 平方米、3# 学生宿舍楼建筑面积 8900 平方米、4# 学生宿舍楼建筑面积 9120 平方米、学生食堂建筑面积 5888 平方米、设备中心建筑面积 1123.2 平方米、二食堂及本科楼建筑面积 12304 平方米、气膜体育馆建筑面积 4997.44 平方米、11 万伏总配电室建筑面积 149.76 平方米、东大门建筑面积 130.8 平方米、一期单身宿舍建筑面积 5039.17 平方米、二期单身宿舍建筑面积 11808 平方米、党校专业楼建筑面积 8000 平方米。

九、2020 年学校基本情况

2020 年，中国社会科学院大学（中国社会科学院研究生院）占地面积 40.84 万平方米，图书馆建筑面积 1.24 万平方米。全年教育经费投入 64951.86 万元。设有 2 个校区，设置 39 个院（系、部）。设有 34 个本科专业。国家级一流本科专业建设点 10 个。省、部级设置的研究（院、所、中心）实验室 18 个。全校教职工 700 人，其中，在职教职工 408 人，正高职称 53 人，副高职称 106 人。2020 年科教融合改革之后，学校专任教师由专职教师、岗位教师和特聘教授组成，共计 1058 人，其中教授 512 人、副教授 359 人。在校生 6538 人，其中，研究生 4981 人（博士生 1897 人、硕士生 3084 人）、普通本科生 1557 人。留学生毕业 3 人、招生 3 人、在校生 12 人。非学历教育课程进修班在校生 7173 人，其中，课程班 3538 人、高级课程班 3635 人。网址：www.ucass.edu.cn；www.gscass.cn。

附表：

表 196　中共中国社会科学院大学委员会历任书记一览表（1991—2020 年）

学校名称	书记	任职时间
中国社会科学院研究生院	张鸿岳	1990—1991 年（机关党委书记）
	浦　山	1991—1993 年
	廖世伦	1993—1998 年
	晋保平	1998—2006 年
	黄晓勇	2006—2014 年
	张政文	2014—2017 年
中国社会科学院大学	张政文	2017—2019 年
	王京清	2019 年—

表 197　中国社会科学院大学历任校长一览表（1991—2020 年）

学校名称	校长	任职时间
中国社会科学院研究生院	江　流	1990—1991 年
	浦　山	1991—1994 年
	方克立	1994—2000 年
	李铁映	2000—2002 年
	武　寅	2002—2007 年
	刘迎秋	2007—2013 年
	黄晓勇	2013—2019 年
	王新清	2019—2021 年
中国社会科学院大学	王伟光	2017—2019 年
	张政文	2019 年—

（执笔人：李　安）

北京市属院校

北京工业大学

北京工业大学（英文名称：Beijing University of Technology，以下简称北工大）是由北京市人民政府举办、北京市教委主管的以工科为主，工、理、经、管、文、法、艺术、教育相结合的公办多科性市属重点大学，是全国“211工程”重点建设高校。学校根据国家、北京市经济社会发展需要和自身办学条件，以人才培养为中心，开展人才培养、科学研究、社会服务和文化传承创新活动，主要教育形式为全日制本科教育和研究生教育，适当开展非全日制研究生教育和继续教育等其他类型的教育。学校本部位于北京市朝阳区平乐园100号，另有中蓝、管庄、花园村、琉璃井、惠新东街和通州6个校区，占地面积96.0151万平方米。

一、学校沿革

学校1960年建校。1961年，北京建筑工程学院、北京工业学院、北京师范大学部分学生转入北工大。1972年，北京工商管理专科学校并入北工大。1990年，北京联合大学经济管理学院并入北工大。1993年，北京计算机学院并入北工大。2000年，国家建材局管理干部学院（武汉工业大学北京研究生部）、华北水利水电学院北京研究生部和北京水利电力函授学院并入北工大。2005年，北京艺术设计职业学院整体划转北工大。

1993年在北工大教育改革中成立实验学院，2000年至2004年由学校与民营企业合作办学，2004年7月调整为学校全资直属二级学院。2005年，北工大与北京市通州区人民政府签订协议，合作举办北京工业大学实验学院。2017年，撤销北京工业大学实验学院建制，建立通州校区。

二、院系建设

1996年，学校共有19个二级教学科研机构，包括15个系、1个教学部、3个学院。即机械电子工程学系（一系）、自动化系（二系）、电子工程学系（三系）、土木工程系（四系）、化学与环境工程学系（五系）、应用物理系（六系）、计算机科学与工程学系（七系）、应用数学系（八系）、金属材料与工程学系（九系）、热能工程系（十系）、管理系（十一系）（由并入北工大的原联大经济管理学院和学校原管理系合并调整设立）、建筑系（十二系）、对外经济贸易系（十四系）（由并入北工大的原联大经济管理学院和学校原管理系合并调整设立）、应用经济系（十五系）（由并入北工大的原联大经济管理学院和学校原管理系合并调整设立）、体育教学部（1990年设立，前身是体育教研室）、计算机学院（1993年北京计算机学院并入北工大）、实验学院（1993年设立）、成人教育学院（1992年设立）。

1997年，学校开始陆续进行学科结构性调整和建立校、院两级管理体制的改革。1997年9月，原材料科学与工程学系（九系）和化学与环境工程学系（五系）无机非金属材料专业调整合并成立了材料科学与工程学院，截至1998年底，又并入了应用物理系（六系）薄膜材料研究室。1998年2月，原机械工程学系（一系）、机械制造基础教学部、机械厂调整合并成立了机械工程及应用电子技术学院。1998年4月，由土木工程系（四系）、建筑学系（十二系）、热能工程学系（十系）的空调专业、勘察设计院合并，成立了建筑工程学院。1998年10月，由并入北工大的计算机学院和学校原计算机科学与工程系（六系）、计算中心合并成立新的计算机学院。1998 年 10 月，由原管理系（十一系）、对外经济贸易系（十四系）、应用经济系（十五系）合并成立了经济与管理学院。1999 年 1 月，在原化学与环境工程学系（五系）和热能工程学系（十系）的基础上，成立了环境与能源工程学院。2000 年 1 月，以应用物理系（六系）和应用数学系（八系）为基础，成立了应用数理学院。2000 年，电子工程学系（三系）与自动化系（二系）合并成立电子信息与控制工程学院。2000 年 5 月，成立激光工程研究院。2001 年 3 月，成立北京工业大学国家示范性软件学院，为首批 35 所国家示范性软件学院之一。2002 年 10 月，成立生命科学与生物工程学院。2003 年 3 月，成立外国语学院。2003 年 4 月，成立建筑与城市规划学院。2003 年 12 月，成立固体微结构与性能研究所。2003 年，成人教育学院更名为继续教育学院。2005 年 4 月，成立循环经济研究院。2005 年底，北京艺术设计职业学院整体划转至北京工业大学。2006 年 6 月，成立高等教育研究所。2010 年 10 月，成立国际学院。

截至 2010 年 10 月，学校共有 22 个二级教学科研机构，包括 17 个学院、1 个教学部和 4 个研究院（所）。

2011 年 3 月，成立马克思主义学院。2012 年 9 月，成立北京—都柏林国际学院。2013 年 12 月，成立城市交通学院。2014 年 3 月，成立北京古月新材料研究院。2014 年 4 月，成立北京科学与工程计算研究院、樊恭烋荣誉学院。2014 年 12 月，成立北京知识产权学院、北京知识产权研究院、北京智慧城市研究院。2015 年 6 月，成立北京未来网络科技高精尖创新中心。2016 年 1 月，成立创新创业学院。

为了主动适应国家、首都北京和京津冀区域发展的重大战略需求，进一步深化学校体制机制改革，理顺校院两级管理体制，统筹和整合资源，促进学科交叉，发展新型学科，优化学科结构和拓展学科领域，学校进行了二级教学科研机构的调整。2016 年 9 月，组建信息学部，撤销电子信息与控制工程学院、计算机学院、软件学院二级教学科研机构建制。2017 年 9 月，组建文法学部，撤销人文社会科学学院、外国语学院、高等教育研究所、北京知识产权学院、北京知识产权研究院二级教学科研机构建制。2017 年 9 月，组建城市建设学部，撤销建筑工程学院、城市交通学院、建筑与城市规划学院二级教学科研机构建制。2017 年 9 月，撤销实验学院二级教学科研机构建制，所属专业划转至相关二级教学科研机构管理。2018 年 1 月，成立北京人工智能研究院。2018 年 5 月，将循环经济研究院整体划转至材料科学与工程学院，同时撤销循环经济研究院二级教学科研机构建制。2020 年 4 月，组建环境与生命学部，撤销生命科学与生物工程学院、环境与能源工程学院二级教学科研机构建制。2020 年 4 月，组建理学部，撤销应用数理学院二级教学科研机构建制。2020 年 4 月，组建材料与制造学部，撤销机械工程与应用电子技术学院、材料科学与工程学院、激光工程研究院、固体微结构与性能研究所二级教学科研机构建制。2020 年 7 月，为进一步服务首都城市战略定位，创新科技体制机制，探索产学研用协同创新的新模式，推动政产学研用深度融合，将北京未来网络科技高精尖创新中心和北京智慧城市研究院整体划转至信息学部，同时撤销北京智慧城市研究院二级教学科研机构建制。

截至 2020 年 12 月 31 日，学校共有 16 个二级教学科研机构，包括 6 个学部、8 个学院、1 个教学部、1 个研究院。

表 198　　北京工业大学院系部设置一览表（2020 年）

序号	院系部	序号	院系部	序号	院系部
1	材料与制造学部	7	经济与管理学院	13	北京—都柏林国际学院
2	信息学部	8	马克思主义学院	14	樊恭烋荣誉学院
3	城市建设学部	9	体育教学部	15	创新创业学院
4	环境与生命学部	10	艺术设计学院	16	北京人工智能研究院
5	理学部	11	继续教育学院		
6	文法学部	12	国际学院		

三、学科建设

学校通过三期“211 工程”建设、国家“双一流”建设，主动适应国家和北京经济社会发展新要求，面向学科前沿调整布局、优化结构，学科建设取得显著成效。

1996 年 12 月，学校通过国家“211 工程”预审，正式跨入国家 21 世纪重点建设的百所大学行列。2000 年，学校拥有材料科学与工程、光学工程、管理科学与工程 3 个一级学科博士学位授权点，二级学科博士学位授权点（含一级学科覆盖点）16 个，二级学科硕士学位授权点 44 个。2001 年 6 月，学校“九五”期间“211 工程”通过国家验收；2002 年 10 月学校顺利通过国家“211 工程”二期建设可行性论证，2006 年 6 月“211 工程”二期建设顺利通过国家验收；2008 年 10 月，“211 工程”三期建设方案正式获批复，全面开展建设。2012 年，在全国“211 工程”重点建设的 112 所大学中，学校位列“211 工程”三期建设取得显著成效的 28 所高校之一，并获得中央专项奖励资金 1360 万元。经过三期“211 工程”建设，截至 2011 年学校一级学科博士学位授权点达到 18 个，二级学科博士学位授权点（含一级学科覆盖点）68 个，一级学科硕士学位授权点 31 个，二级学科硕士学位授权点 142 个。截至 2020 年，学校学科点的数量和层次位居全国地方高校前列，拥有 20 个一级学科博士学位授权点、33 个一级学科硕士学位授权点，已覆盖工学、理学、经济学、管理学、文学、法学、教育学、艺术学等 8 个学科门类。学校目前拥有 3 个国家重点学科、3 个交叉学科北京市重点建设学科、21 个北京市重点学科、18 个北京市重点建设学科。

2017 年 9 月，学校正式进入国家一流学科建设高校行列。构建了以“现代城市建设与环境工程学科群”作为一流学科建设的主要内容，以土木工程学科为龙头，以土木、环境、交通工程为核心，以先进材料与智能制造和新一代信息技术为两翼，引领和带动学校整体学科水平提升。学校统筹推进学科平台、人事制度、科研管理、人才培养、体制机制等各个领域的改革创新，基本形成了“一流工科、优势理科、特色文管、精品艺术”的特色学科生态体系。在 2020 年 9 月 1 日和 9 月 14 日召开的国家一流学科建设周期总结专家评审会和“双一流”建设周期总结专家评议会中，与会专家对学校土木工程学科及“双一流”建设整体成效给予了高度评价和肯定。专家组认为，学校土木工程学科建设目标明确、特色鲜明、举措有力、成效显著，圆满完成了学科建设周期任务，达到了预期建设目标。

学校在 2011 年教育部第三轮学科评估中，共有 12 个学科参加评估，其中土木工程在参评高校中排名第 8 位，百分位为 11.6%；环境科学与工程在参评高校中排名第 14 位，百分位为 17.1%。在 2016 年教育部第四轮学科评估中，共有 25 个学科参加评估，其中一流学科群龙头学科土木工程获评 A（百分位为 2%～5%），一流学科群核心学科环境科学与工程获评 A-（百分位为 5%～10%），材料科学与工程、控制科学与工程、机械工程、光学工程、计算机科学与技术、软件工程、统计学 7 个学科获评 B+（百分位为 10%～20%）。2019 年 5 月，材料科学与工程、控制科学与工程、机械工程、光学工程 4 个学科入选北京高校高精尖建设学科，其中材料科学与工程、机械工程、控制科学与工程学科分别与北京科技大学、清华大学开展市属高校与在京央属高校学科结对共建工作。

表 199　　北京工业大学学科设置一览表（2020 年）

学科门类	学科代码	一级学科名称	备注
经济学	0202	应用经济学	硕博
	0202J1	资源环境与循环经济	硕博
法学	0303	社会学	硕士
	0305	马克思主义理论	硕士
教育学	0401	教育学	硕士

续表 199

学科门类	学科代码	一级学科名称	备注
文学	0502	外国语言文学	硕士
理学	0701	数学	硕博
	0702	物理学	硕博
	0703	化学	硕士
	0710	生物学	硕士
	0714	统计学	硕博
工学	0801	力学	硕博
	0802	机械工程	硕博
	0803	光学工程	硕博
	0804	仪器科学与技术	硕士
	0805	材料科学与工程	硕博
	0805J2	资源环境与循环经济	硕博
	0807	动力工程及工程热物理	硕博
	0809	电子科学与技术	硕博
	0810	信息与通信工程	硕士
	0811	控制科学与工程	硕博
	0812	计算机科学与技术	硕博
	0813	建筑学	硕士
	0814	土木工程	硕博
	0815	水利工程	硕士
	0817	化学工程与技术	硕博
	0823	交通运输工程	硕博
	0830	环境科学与工程	硕博
	0831	生物医学工程	硕博
	0833	城乡规划学	硕博
	0835	软件工程	硕博
	0839	网络空间安全	硕士
管理学	1201	管理科学与工程	硕博
	1202	工商管理	硕士
艺术学	1305	设计学	硕士
专业学位	0251	金融	
	0252	应用统计	
	0351	法律	
	0352	社会工作	
	0451	教育	
	0851	建筑学	
	0853	城市规划	
	0854	电子信息	
	0855	机械	
	0856	材料与化工	
	0857	资源与环境	
	0858	能源动力	
	0859	土木水利	
	0861	交通运输	
	1251	工商管理	
	1252	公共管理	

续表 199

学科门类	学科代码	一级学科名称	备注
专业学位	1253	会计	
	1351	艺术	

表 200　　北京工业大学重点学科一览表（2020 年）

国家重点学科（3个）	光学工程（一级）	二级学科北京市重点学科（10个）	凝聚态物理
	材料学		计算机应用技术
	结构工程		光学
交叉学科北京市重点学科（3个）	资源、环境及循环经济	一级学科北京市重点建设学科（2个）	仪器科学与技术
	纳米科学与技术		化学工程与技术
	信息安全	二级学科北京市重点建设学科（16个）	工程力学
一级学科北京市重点学科（8个）	材料科学与工程		机械电子工程
	管理科学与工程		电路与系统
	生物医学工程		信号与信息处理
	机械工程		检测技术与自动化装置
	土木工程		模式识别与智能系统
	环境科学与工程		市政工程
	计算机科学与技术（培育）		道路与铁道工程
	交通运输工程（培育）		概率论与数理统计
二级学科北京市重点学科（10个）	机械制造及其自动化		应用数学
	机械设计及理论		计算机软件与理论
	微电子学与固体电子学		国际贸易学
	防灾减灾工程及防护工程		数量经济学
	交通运输规划与管理		建筑设计及其理论
	热能工程		社会学
	环境工程		高等教育学

四、人才培养

（一）本科生教育

1991 年以来，学校遵循“尊重选择，发挥特长”的本科生培养理念，坚持“育人为本、德育为先、能力为重、全面发展”的育人观，经过第五次和第六次教育教学大讨论，构建了“能力驱动、纵横融通、点面结合”的多样化人才培养体系。

1993 年至今，累计获得北京市高等教育教学成果奖一等奖 38 项，二等奖 63 项。1993 年，首次获得国家级教学成果奖二等奖 1 项；自 2008 年起，学校深化教育改革，深度凝练教育教学成果，同年“‘以资源节约与环境友好为主导’的材料专业建设与改革”教学成果获得北京市高等教育教学成果奖特等奖；2009 年，“地方工科院校应用型创新人才培养的研究与实践”等 5 项成果获得国家级教学成果奖二等奖；2014 年，“扬长补短，强化团队，寓教于研——地方高校提高研究生培养质量的研究与实践”教学成果获得国家级教学成果奖二等奖。这些优秀的教育教学成果体现了学校在立德树人、以生为本、教学改革方面不断优化人才培养模式和深化教育教学改革所取得的进展和成就。

“实践教学不断线”，为加强学生实践能力和创新能力的培养，促进优质资源整合和共享，学校大力推进高水平校内外实践育人基地规划建设。2005 年起，工程力学等 4 个实验中心先后进入国家级实验教学示范中心建设行列；2012 年，Xilinx——北工大嵌入式系统工程等 3 个中心获批国家级工程实践教育中心；2013 年，北京工业大学—北京裕兴软件有限公司工程实践教育中心等 2 个中心获批国家大学生校外实践教育基地。

2013 年，加强信息技术与实践教学融合，推进虚拟仿真项目资源建设；同年，土木工程虚拟仿真中心获批国家级虚拟仿真实验教学中心；2019 年，获批典型机械产品铸造成形国家级虚拟仿真实验教学项目；2020 年，空调风系统管网设计与调试虚拟仿真互动式实验项目等 2 项获得首批国家级虚拟仿真金课。

学校深化教育教学改革，主动适应区域经济建设，优化专业结构，突出学校特色，打造一流人才培养体系。1991 年，学校共设本科专业 30 个；1993 年，国家教委颁布《普通高等学校本科专业目录（1993 年）》，学校共设本科专业 34 个；1998 年,教育部颁布《普通高等学校本科专业目录（1998 年）》，学校共设本科专业 24 个；2012 年,教育部颁布《普通高等学校本科专业目录（2012 年）》，学校共设本科专业 53 个；2014 年度增设 4 个本科专业；2015 年度增设 2 个本科专业；2016 年度增设 3 个本科专业；2017 年度增设 2 个本科专业；2018 年度增设 1 个本科专业；2019 年度增设 2 个本科专业；2020 年度增设 3 个本科专业。目前，学校已形成涵盖 7 大学科门类 70 个本科专业的专业布局。

截至 2020 年，学校获批国家级一流专业建设点 20 个、北京市级一流专业建设点 5 个、教育部特色专业 8 个、北京市特色专业 12 个、北京市品牌专业 9 个,7 个专业入选教育部“卓越工程师教育培养计划”，15 个专业接受并通过工程教育专业认证或专业评估，1 个专业获批教育部“地方高校本科专业综合改革试点专业”，4 个专业入选北京市属高校重点建设一流专业。

表 201　　北京工业大学本科专业设置一览表（2020 年）

所属学部（院）	本科专业	所属学部（院）	本科专业
材料与制造学部	机械工程	城市建设学部	风景园林
	测控技术与仪器		交通工程
	智能制造工程		交通设备与控制工程
	材料科学与工程	环境与生命学部	能源与动力工程
	资源循环科学与工程		新能源科学与工程
	纳米材料与技术		环境工程
信息学部	电子信息工程		环境科学
	电子科学与技术		应用化学
	通信工程		化学生物学
	自动化		生物医学工程
	微电子科学与工程		食品质量与安全
	机器人工程		生物技术
	人工智能	理学部	信息与计算科学
	计算机科学与技术		数学与应用数学
	信息安全		应用统计学
	物联网工程		统计学
	软件工程		应用物理学
	数字媒体技术		光电信息科学与工程
城市建设学部	土木工程	文法学部	法学
	建筑环境与能源应用工程		社会学
	给排水科学与工程		社会工作
	水务工程		英语
	智能建造		日语
	建筑学		朝鲜语
	城乡规划	经济与管理学院	信息管理与信息系统

续表 201

所属学部（院）	本科专业	所属学部（院）	本科专业
经济与管理学院	工商管理	艺术设计学院	环境设计
	市场营销		产品设计
	会计学		服装与服饰设计
	工业工程		绘画
	经济统计学		工艺美术
	金融学		雕塑
	国际经济与贸易		数字媒体艺术
	文化产业管理		广告学
艺术设计学院	动画		工业设计
	视觉传达设计	国际学院	汉语国际教育

（二）研究生教育

学校自1978年招收第一批研究生以来，研究生教育经历了“起步建设”（1978—1996年）、“规模扩张”（1997—2010年）和“内涵发展”（2011年至今）三个主要阶段。研究生教育始终坚持立德树人根本任务，以党建工作为引领，以班团建设为抓手，大力开展理想信念和社会主义核心价值观教育，构建全员育人、全方位育人、全过程育人的格局，经过40余载的成长和发展，学科门类逐渐完善、招生规模不断扩大、培养质量稳步提升，为国家输送了大量担当民族复兴大任的高层次专业人才。1991年至2020年，授予博士学位2916人，硕士学位35099人，其中，学术学位20497人，专业学位14602人。

建立研究生招生“质量双升”机制。硕士生招生规模由1990年的52人，增长到2020年的2966人；博士生招生规模由1992年的2人，增长到2020年的433人。2020年硕士生报考总人数达12358人，统考考生的考录比为4.52∶1（其中全日制4.61∶1），录取硕士生2966人，录取全日制硕士中一志愿考生比例达97%，较“十二五”末期增长了14个百分点，生源情况实现了质的飞跃。近年来，每年博士在校生规模为1700人，硕士在校生规模为8800人。2013年起，率先在部分学科启动试行博士生招生“申请考核制”改革，并于2020年底全面实行。2019年，入选教育部全国首批16所科研经费博士生专项招生计划试点高校。

创新研究生培养模式。导师分类遴选制度逐步发展成熟，1996年，学校博士生导师16人，硕士生导师187人。2020年，学校备案博士生导师622人（含兼职博导），学术学位硕士生导师1496人，专业学位硕士生导师2470人（含企业导师1289人）。积极推进研究生分类培养，学术学位研究生以“立足学科、瞄准前沿、强化特色、硕博贯通、国际视野、创新模式”为原则，专业学位研究生以“统筹兼顾，优化结构，丰富实践”为原则，修订研究生培养方案；将技术转移方向列入培养方案；启动本硕博贯通人才培养计划，并确定“3+1+X”动态调整机制。

推进研究生课程体系改革。2015年，获批为教育部学术学位研究生课程建设首批试点单位；2016年，与北京市知识产权局合作增设学术规范类和专利代理类课程；2017年，将11个领域的非全日制专业学位研究生课程纳入信息系统管理；2018年，新增研究生课程群建设项目；2019年，新增在线课程建设项目；2020年，重点资助课程思政和人工智能学科交融课程。

构建研究生教育质量保障与评价机制。制定《北京工业大学研究生学位授予标准》，修订《北京工业大学学位授予工作实施细则》，出台《北京工业大学学位评定委员会章程》。

自2002年起，实施研究生教育督导制度，依托校部（院）两级研究生教育督导组，对研究生课堂教学、开题报告、中期考核、学位论文答辩等进行全过程质量督导，不断推进研究生教育规范化管理及内涵式发展。自2003年，起推行研究生学位论文抽检制度，积极对接上级教育督导部门开展的学位论文抽检工作，形成内部控制、外部监督的学位论文质量保障体系。自2013年起，引入校外第三方评价机构参与在校、毕业研究生培养质量与就业状况跟踪调查。自2015年起，全面实施学位授权点自我评估及动态调整机制。学校研究生教育质量稳步提升，创新成果不断涌现。2003年起，不断有学位论文被评选为全国优秀博士学位论文。截至2020年，学校共获全国优秀博士学位论文7篇、提名14篇，北京市优博论文16篇，一级学会行业优博论文14篇（含提名）。

建校60年来，北工大为国家经济和社会发展的各个领域培养16万余名学生。

五、科学研究

科研工作是学校创新发展、人才培养的重要抓手和推动力，也是学校在1996年进入“211工程”重点建设大学行列、2017年跻身国家“双一流”建设高校行列的重要基础和保障。

学校科研工作始终坚持“四个面向”，以及为首都北京的建设和发展服务，1991年至2020年，按教育部统计口径，学校科研经费共计121.98亿元，科研项目30491项。学校牵头主持和参与了“八五”到“十三五”期间的国家科技攻关计划、国家高技术研究发展计划（“863计划”）、国家重点基础研究发展项目（“973计划”）、国家科技支撑计划、国家科技重大专项计划、公益性行业科研专项、国家重点研发计划等国家科技计划项目（课题）900项；在基础研究领域，学校主持和参与了超过3000项自然科学基金项目，其中国家自然科学基金项目约2100项（含创新研究群体项目3项、杰出青年基金项目12项、其他重大重点类项目116项），北京市自然科学基金项目约1200项（含市教委联合基金155项）。

1991年以来，学校共获得国家科学技术奖52项，包括国家技术发明奖5项、科技进步奖47项。52项科技奖励中有13项为牵头单位，其中国家技术发明二等奖2项、国家科技进步奖11项。学校以第一单位发表SCIE检索论文12499篇，EI检索论文16821篇，CPCI-S（原ISTP）检索论文5443篇。截至2020年，学校共获得省部级及以上重点科研基地63个，其中国家工程实验室2个、国家级产学研中心1个、国际合作中心1个、省部共建国家级重点实验室培育基地1个、教育部重点实验室或工程研究中心8个，北京市及行业重点科研基地共49个。另外，拥有省部共建协同创新中心1个，北京市级协同创新中心3个。

30年来，学校共申请国内专利17462项，其中发明14592项。共授权专利9803项，其中发明7120项。申请国外专利127项，授权国外专利77项，登记计算机软件著作权4847项，获得了多项具有代表性的转化：2003年实施发明专利转让后，入股洛阳大川科技有限公司，转让费为1996万元，占股25%；2004年入股江苏长电科技股份有限公司，转让费为6000多万元，占股45%；2012年资源再生型建筑防火保温泡沫玻璃项目，专利转化2000万元；2017年机器人核心部件RV减速器成果技术转让2700万元。

作为大学学科的重要组成部分，学校人文社科自1995年9月第三次科技工作会议提出“积极扶持人文社科与管理学科”起步，伴随着学校“211工程”和双一流建设快速发展。截至2020年12月，学校共有经、管、文、法、教育、艺术6个学科门类、16个学科；拥有3个北京市哲学社会科学基地、1个教育部战略研究（培育）基地、1个北京市习近平新时代中国特色社会主义思想研究中心。马克思主义学院获评为2017年度高校示范马克思主义学院；艺术设计学院完成了服务北京和国家重大文化需求的多项设计任务；文法学部社会学学科自2013年起连续三届获得教育部高等学校科学研究优秀成果奖，2010年起连续十年编制的《北京社会建设蓝皮书》

以及经管学院研究成果要报得到了北京市主要领导的批示与肯定。

学校重视军工科研工作，于2007年分别获得军工产品质量体系认证证书、武器装备科研生产许可证、二级保密资格单位证书；2011年、2019年分别通过GJB9001B和GJB9001C换版现场审核；2015年获得军队公用普通密码科研生产单位资质证；2014年获得装备承制单位注册证书（二类），2018年通过“两证合一”装备承制单位资格续审和扩项审查。

30年来，学校在基础理论、技术创新、推广应用、成果转化等方面取得系统性突破，形成全方位重要进展。从原子层次率先阐明了面心立方材料弹塑性力学行为，为材料原子层次的结构表征奠定了重要基础；发展了稀土—难熔金属基复合材料新技术，首创系列稀土—难熔金属电子发射材料，为我国电真空领域高性能阴极提供重要支撑；首创SBR法污水处理、低C/N连续流脱氮除磷、污水处理过程控制等技术，搭建区域大气复合污染防治平台，为首都碧水蓝天贡献力量；创新了重大基础设施抗震减震结构技术体系、预应力整体张拉结构关键技术，为“鸟巢”、奥运羽毛球场馆等大型基础设施建设提供了重要技术保障；面向生产流程的材料环评定量评价技术的开发，实现了我国工业流程设计的跨越式发展；铝合金大型薄壁壳体焊接成套技术作为国内唯一能够独立提供自主知识产权的穿孔等离子立焊装备及工艺，为天宫等国家重大工程项目关键构件焊接制造的顺利实施，提供了坚实的保障。机器人核心部件RV减速器突破国外卡脖子技术壁垒，实现大规模落地转化。

学校主办《北京工业大学学报》（月刊）和《北京工业大学学报（社会科学版）》（双月刊）2种定期出版的学术刊物。《北京工业大学学报》自2005年起被《工程索引》（EI）、《中文核心期刊要目总览》等10余种检索系统作为收录刊源。2016年、2018年先后入选中国高校“优秀”“百佳”科技期刊。《北京工业大学学报（社会科学版）》于2008年入选中文社会科学引文索引（CSSCI）扩展版来源刊。2015年、2018年先后入选中国人文社会科学综合评价AMI扩展版期刊、核心期刊。2019年入选“全国高校社科精品期刊”，“当代社会研究”被评为“特色栏目”。

六、师资队伍建设

学校坚持人才强校战略，以“双一流”学科建设为目标，以绩效为杠杆，全面实施以岗位聘任、绩效分配、人才评价为核心的人力资源框架管理，深化人事体制机制改革，造就高素质创新型教师队伍。1991年至2020年30年间，人才队伍数量和质量稳步提升，专任教师队伍结构不断优化。1991年学校教职工总数3051人，具有高级专业技术职务536人。2011年至2020年10年间，专任教师人数增加538人，专任教师占教职工总数的比例由48.75%提高到62.9%，具有博士学位的专任教师比例由55.78%提升到80.52%。

学校始终重视教师教学能力提升和教育教学成果培育。2003年至2011年，15名教师获得北京市级教学名师；2007年至2011年，3名教师获得国家级教学名师；2012年起，学校构建了“学校—北京市—国家”多层次教师荣誉机制，旨在提升教师教学能力，2名教师入选国家高层次人才特殊支持计划教学名师，16名教师获得北京市级教学名师，7名教师入选北京市“高创计划”教学名师，7名教师获得北京市级青年教学名师。

“人才资源是第一资源”，是立校、强校之本。2004年，学校提出以“人才强校”战略为主线，以高层次人才队伍和创新团队建设为目标，以培养教师的创新精神和创新能力为重点，加大人事改革力度，创造良好和谐的选才、育才、用才的可持续发展环境。2008年，完成了首次岗位设置与分级聘用工作，教师岗位聘任以专业技师职务聘任制度改革为重点，逐渐建立起激励和竞争机制。2011年5月，成立人才工作领导小组，召开了首次人才工作会，全面推进“人才强校”战略，成为学校人才队伍建设的新起点。2014年，学校召开第二次人才工作会，提出进一步推进“人才强校”战略的若干意见、高层次人才引进与实施计划、境内外学者短期聘任计划、人才队伍补充与支持计划、青年教师发展计划以及教师发展与能力提升计划，形成了较为清晰的人才引育、评价、保障及激励体系。2017 年成立高层次人才工作办公室，大力实施“1352”人才工程，落实《北京工业大学高端人才队伍建设计划（试行）》，着力提高全职且人事关系在校的人才数量，为形成我校高层次人才集聚效应提供组织保障、条件保障和环境保障。学校坚持把师德师风建设放在首位，着力提升教师思想政治素质。完善师德师风建设长效机制，成立校院两级师德建设委员会，成立党委教师工作部；修订《北京工业大学教师职业道德规范》，制定《北京工业大学师德考核实施细则》《北京工业大学师德“一票否决制”实施细则》，构筑内容完备、指导性强的规章制度体系。

截至 2020 年 12 月 31 日，学校具有中国工程院院士 9 人、中国社会科学院学部委员 1 人。国家级“高等学校教学名师奖”获得者、“国家杰出青年科学基金”获得者等领军人才 25 人，“国家自然科学基金优秀青年科学基金”获得者等卓越人才 18 人，国家有突出贡献专家 18 人、享受政府特殊津贴专家 49 人，“北京市人才引进支持计划”入选者 157 人。

七、校园基本建设

学校以朝阳区平乐园为主校区开展教学、科研工作。1991 年以后经过两次征地，形成目前校园现状，主校区校园土地使用面积约 64.79 公顷。

为满足教学、科研需求，北京工业大学于 1992 年、1996 年、2004 年、2009 年、2013 年多次对校本部进行校园整体规划及方案调整，并紧抓 2008 年奥运及市属高校三年建设规划契机，按照整体规划分期实施的原则完成校园基本建设工作，持续改善办学条件，提升校园空间品质。

表 202　　北京工业大学 1991—2019 年部分新建建筑一览表

年份	竣工项目	年份	竣工项目
1991 年	1#、2# 学生宿舍管理用房，松榆西里 17 楼	2004 年	高科技能源楼
1992 年	环化楼、松榆东里 42 楼	2006 年	第三教学楼
1993 年	农光南路 1 号楼	2007 年	奥运场馆、南操场及看台
1995 年	南区食堂、校医院、磨房南里 27 楼、磨房南里 28 楼	2008 年	国际交流中心、生命科学及交通环能学科楼、工程训练中心、后勤交通服务中心
1996 年	南区学生宿舍、南区 5#、6# 楼	2009 年	建筑人文外语楼、五人制足球馆
1998 年	经管楼，南区 7# 8# 楼、西区住宅	2013 年	实验楼、教学科研楼
2000 年	筒子楼异地改造、西区 4# 5# 住宅楼、科研配套用房	2014 年	艺术设计学院、第四教学楼
2002 年	逸夫图书馆	2016 年	学生综合服务中心
2003 年	综合科学楼、大学生公寓、游泳馆	2019 年	逸夫图书馆改扩建

八、国际及港澳台交流与合作

学校与境外机构的校际合作交流始自 1980 年与美国纽约州立大学布法罗分校签署合作协议，至今已与 34 个国家和地区的 185 所院校、机构建立合作伙伴关系。1994 年与英国东伦敦大学签订合作协议，设立学校首个中外合作办学项目。2008 年，与境外大学合建的第一所孔子学院——波兰奥波莱孔子学院正式成立。2011 年在“十二五”发展规划中，设立国际化发展战略专项规划，将国际化发展战略作为推进学校教育事业改革和发展、实现学校快速发展、提升自身核心竞争力，建设国际知名、有特色、高水平研究型大学的重大举措。同年，成立国际学院。2014 年，学校进一步加强港澳台工作，设置港澳台事务办公室，与国际交流合作处联合办公，拓展港澳台交流的广度和深度。

2012 年，学校首次召开全校国际化推进大会，出台《北京工业大学关于推进国际

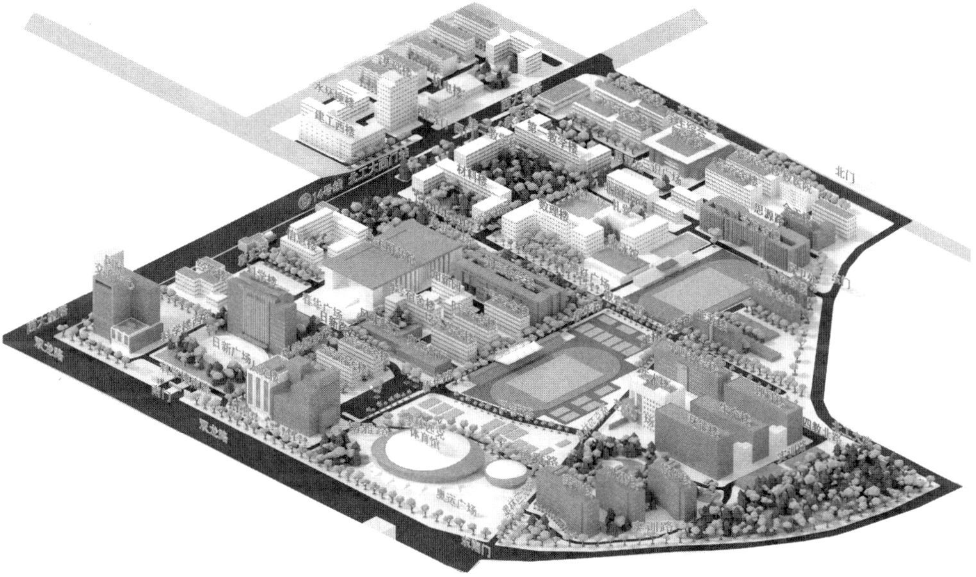

图 62　北京工业大学主校区（平乐园校区）立体示意图

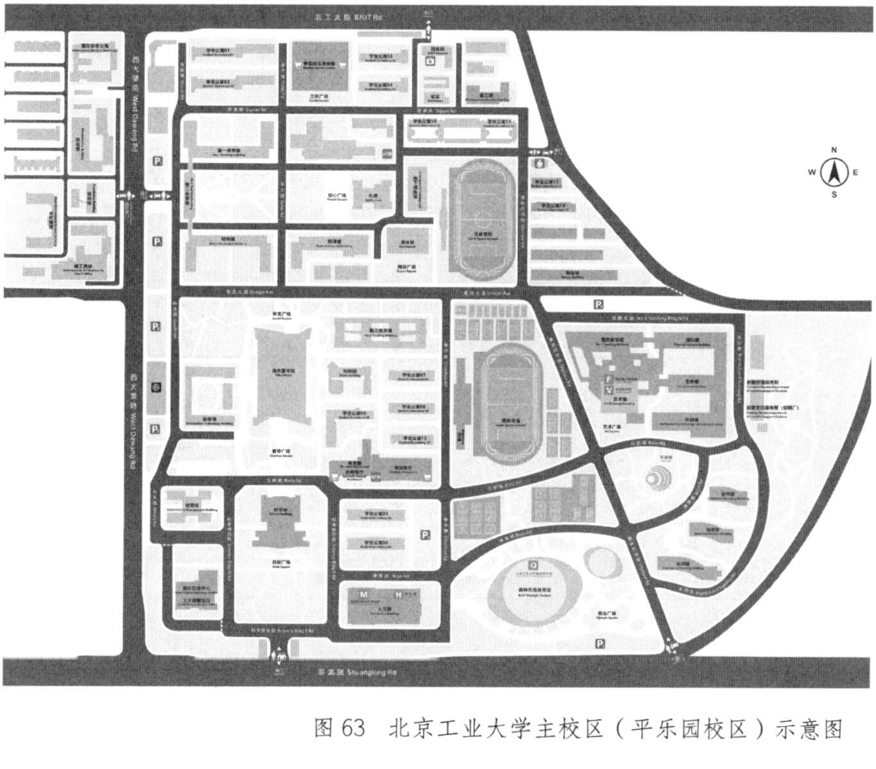

图 63　北京工业大学主校区（平乐园校区）示意图

化进程工作的若干意见》。同年，成立北京—都柏林国际学院。2016 年，在国家提出“双一流”建设的背景下北京工业大学再次召开国际化推进大会，加速推进我校国际化发展进程。

2017 年，学校与重庆交通大学和波兰奥波莱工业大学共同发起，由中波 23 所高校共同参与组建“一带一路”中波大学联盟。同年，学校入选首批北京市“一带一路”国家人才培养基地。

2018 年，学校与 12 所北京高校携手 6 所香港高校成立京港大学联盟；承办“一带一路”中波大学联盟校长论坛和“一带一路”中波大学联盟艺术节暨艺术设计大赛。2019 年，举办首届“一带一路·匠心相通”国际学术系列会议和首届“中波班列—互联互通”青年夏令营活动。

2019 年，在校生境外交流首次突破 1000 人次，教学科研人员因公出访达 600 人次，引进境外优秀人才达 104 人，在校国际学生达 1091 人。2019 年开始，学校先后分别设立了驻英国、韩国、波兰及中东欧地区、欧洲、爱尔兰 5 个境外联络处并配备联络专员。

截至 2020 年，学校共获批国家级“111”引智基地 3 个。

九、2020 年概况

2020 年，北京工业大学校园面积 96.0151 万平方米，图书馆建筑面积 51.33 万平方米。全年教育经费总投入 295927.7898 万元。设有 7 个校区，设置 16 个院（系、部）。开设 67 个本科专业。1 个学科入选“双一流”建设学科，国家级一流本科专业 20 个。国家工程实验室 2 个，北京实验室 1 个，北京市重点实验室或工程技术研究中心 30 个。教职工 3183 人，其中，专任教师 2002 人；正高级 426 人、副高级 737 人；博士生导师 525 人、硕士生导师 1404 人；中国工程院院士 9 人，中国社会科学院学部委员 1 人。境外教师 110 人，其中，教授 25 人、副教授 2 人。在校生 24303 人，其中，研究生 9551 人（博士生 1521 人、硕士生 8030 人）、普通本专科生 13428 人（本科生 13416 人、专科生 12 人）、成人教育本专科生 1324 人（本科生 1320 人、专科生 4 人）。留学生毕业 75 人、招生 108 人、在校生 674 人。网址：www.bjut.edu.cn。

附表：

表 203　　中共北京工业大学委员会历任书记一览表（1991—2020 年）

书记	任职时间	书记	任职时间
周宣诚	1988 年 12 月—1996 年 10 月	王守法	2007 年 9 月—2013 年 4 月
蔡少甫	1996 年 10 月—1998 年 7 月	郑吉春	2013 年 4 月—2017 年 4 月
孙崇正	1998 年 7 月—2007 年 9 月	谢　辉	2017 年 4 月—

表 204　　北京工业大学历任校长一览表（1991—2020 年）

校长	任职时间	校长	任职时间
王　浒	1986 年 10 月—1992 年 5 月	范伯元	2004 年 6 月—2010 年 5 月
蔡少甫	1992 年 5 月—1996 年 9 月	郭广生	2010 年 5 月—2015 年 4 月
左铁镛	1996 年 9 月—2004 年 6 月	柳贡慧	2015 年 6 月—

（执笔人：杨登才、夏海洲、张彩会、刘典华）

北方工业大学

北方工业大学（英文名称：North China University of Technology）是北京市人民政府举办的高等学校，接受北京市人民政府教育行政部门的领导、管理、监督与考核，履行办学职责。学校以工为主，设置理、工、文、经、管、法、艺等学科门类，多学科协调发展。学校实施以本科和研究生教育为主的全日制学历教育，开展继续教育，积极拓展国际合作办学。

学校创立于1946年，前身是国立北平高级工业学校，中华人民共和国成立以后曾隶属于重工业部、冶金工业部、中国有色金属工业总公司，曾先后更名为国立北京高级工业职业学校、北京重工业学校、北京钢铁工业学校、北京冶金专科学校、石景山冶金学院、北京钢铁学校、北京冶金机电学院。1985年，学校改现名。1998年划转北京市管理。学校校址曾先后位于北平市阜成门内锦什坊街原顺承王府，北平市西城福绥境38号原庆王府花园、北京市德胜门内后海北沿原醇亲王府等地。1952年学校迁于现址，北京市石景山区晋元庄路5号。

一、院系建设

1991年，学校设有工学部、建筑学部、经管学部、语言学部、基础学部、社科学部、体育教研室、德育教研室、美育教研室。

1994年，学校设有工学院、建筑学院、经济管理学院、人文社会科学学院、基础学院、体育教研室、德育教研室、美育教研室。

2002年7月，学校进行机构设置调整，设有信息工程学院、机电工程学院、建筑学院、艺术设计学院、经济管理学院、人文社会科学学院、理学院、成人教育学院、应用技术学院。

2005年7月，学校将艺术设计学院更名为艺术学院，建筑学院更名为建筑工程学院、人文社会科学学院和经济管理学院法学学科组成文法学院。

2008年4月，成人教育学院更名为继续教育学院。

2009年2月，学校设立思想政治理论教研部。

2014年8月，学校进行机构设置调整，设有计算机学院、电子信息工程学院、电气与控制工程学院、机械与材料工程学院、建筑与艺术设计学院、土木工程学院、经济管理学院、文法学院、理学院、马克思主义学院、继续教育学院。

2016年6月，学校成立国际学院。

2019年1月，根据学校事业发展需要，将原计算机学院和电子信息工程学院合并为信息学院。

表205　　北方工业大学院系设置一览表（2020年）

序号	院系	序号	院系
1	信息学院	4	建筑与艺术学院
2	电气与控制工程学院	5	土木工程学院
3	机械与材料工程学院	6	经济管理学院

续表 205

序号	院系	序号	院系
7	文法学院	10	继续教育学院
8	理学院	11	国际学院
9	马克思主义学院	12	伦敦布鲁内尔学院

二、人才培养

（一）人才培养规模不断扩大

1991 年，本专科招生 700 人（本科 572 人、专科 128 人）、在校生 2559 人（本科 2328 人、专科 231 人）；继续教育招生 118 人、在校生 444 人。2020 年，研究生招生 1063 人（硕士 1052 人，博士 11 人）、在校生 2671 人（硕士 2629，博士 42）；本科招生 3335 人、在校生 11312 人；继续教育招生 1555 人、在校生 3321 人。

1993 年，获批“自动化仪表及装置”硕士学位授权二级学科，1995 年首次硕士招生 5 人。1999 年，获准举办高等职业教育，首次招生设置 4 个专业，2005 年停止高职（专科）招生。2000 年，获准进行春季招生，首次招生设置 6 个专业，2006 年停止春季招生。2002 年，获准开展第二学士学位教育，首次招生设 3 个专业。

2012 年，获批“特大城市道路交通智能控制系统理论与技术”服务国家特殊需求博士人才培养项目，2013 年首次博士招生 2 人。2015 年，获准实施北京高等学校高水平人才交叉培养“双培计划”“外培计划”“实培计划”以及北京市高端技术技能人才贯通培养试验项目。

人才培养由服务有色行业转向首都经济社会发展。1985—1996 年，学校以服务中国有色金属工业为主要面向，确立了以工业自动化和管理现代化为特色的办学方针，重点培养有色金属行业人才。学校划转北京市管理后，重点为首都经济建设服务，加大了高新技术、信息技术及交叉学科的专业建设力度。2007 年，学校本科专业 25 个，涉及 6 大学科门类，已成为一所以工为主，理、工、文、经、管、法、艺相结合的多科性大学，基本完成了由主要面向有色金属行业向立足北京、面向全国、面向有色金属工业、重点为首都经济和社会发展服务的历史性转变。2018 年，学校围绕首都城市战略定位，努力建设在国内外有重要影响、特色鲜明、优势突出的高水平工业大学，人才培养总目标进一步明确为：培养德才兼备、专业基础扎实、实践能力强，具有国际视野、人文素养的创新应用型高级人才。

表 206　　北方工业大学本科专业设置一览表（2020 年）

专业名称	学位授予门类	备注	专业名称	学位授予门类	备注
自动化	工学		建筑学	建筑学	2008 年通过专业评估
机械设计制造及其自动化	工学		英语	文学	
工商管理	管理学		电子信息工程	工学	2019 年通过工程教育认证
计算机科学与技术	工学		国际经济与贸易	经济学	
日语	文学		工业设计	工学	
土木工程	工学		环境设计	艺术学	
会计学	管理学		视觉传达设计	艺术学	
统计学	理学		广告学	文学	
法学	法学		通信工程	工学	

续表 206

专业名称	学位授予门类	备注	专业名称	学位授予门类	备注
信息与计算科学	理学		机械电子工程	工学	
微电子科学与工程	工学		数据科学与大数据技术	工学	
电气工程及其自动化	工学	2019 年通过工程教育认证	智能建造	工学	
工程管理	管理学		人工智能	工学	
城乡规划	工学		材料成型及控制工程	工学	2017 年停招
数字媒体技术	工学		动画	艺术学	2015 年停招
汉语言文学	文学		能源与动力工程	工学	2014 年停招
建筑环境与能源应用工程	工学		数学与应用数学	理学	2009 年停招
风景园林	工学		测控技术与仪器	工学	未曾招生
信息安全	工学		信息管理与信息系统	管理学	未曾招生
交通设备与控制工程	工学		经济统计学	经济学	未曾招生
城市地下空间工程	工学		应用统计学	理学	未曾招生
材料科学与工程	工学		轨道交通信号与控制	工学	未曾招生
新能源科学与工程	工学		产品设计	艺术学	未曾招生
经济与金融	经济学		服装与服饰设计	艺术学	未曾招生
知识产权	法学		数字媒体艺术	艺术学	未曾招生

（二）人才培养综合改革不断深化

1992 年，学校“综合改革纲要”中提出人才培养改革的基本思路是以素质培养为目标，以教学计划改革为龙头，以学科建设为重点，以课程建设为基础，对教学进行全面系统改革。

1998 年，学校完成了 1998 级全部 13 个本科专业培养计划的修订。为培养复合型人才和鼓励学生的个性发展，学校实施了对学习优异学生的选拔和培养制度，为学生跨学科选课提供条件。

2002 年，学校全面启用教务系统，全面实施学分制管理，全面开放选课，形成了以学生为本、适合学分制管理的“规范化、个性化、人性化、信息化”的教学管理模式。

2004 年，学校修订培养计划，凸显应用型高级人才培养目标，注重知识、能力、素质的协调发展。

2007 年，学校对育人理念、人才培养模式以及教学改革方向进行了充分讨论和总结，全面修订人才培养方案，“三分”人才培养模式在全校范围内推广。

2019 年，学校全面修订人才培养方案，进一步优化课程体系，体现专业特色，压缩毕业要求总学分。

（三）专业建设成效显著

2008 年，建筑学专业通过全国高等学校建筑学专业教育评估，建筑学专业本科毕业生授予建筑学学士学位。2017 年，新增北京市属高校一流专业 1 个。2019 年，电子信息工程、电气工程及其自动化两个专业通过工程教育专业认证。新增国家级一流本科专业建设点 5 个、北京市级一流本科专业建设点 3 个、北京市重点建设一流专业 1 个。2020 年，新增国家级一流本科专业建设点 8 个、北京市级一流本科专业建设点 4 个。

（四）教育教学成果丰硕

1993 年，获得北京市高等教育教学成果二等奖 2 项。1997 年，获得北京市高等教育教学成果二等奖 1 项。2001 年，获得北京市高等教育教学成果一等奖 3 项、二等奖 3 项。2004 年，获得北京市高等教育教学成果一等奖1项、二等奖2项。2008年，获得北京市高等教育教学成果一等奖2项、二等奖3项。2009年，“机械设计制造及其自动化专业多层次分流人才培养模式的研究与实践”获国家高等教育教学成果二等奖。2013年，获得北京市高等教育教学成果特等奖1项、一等奖2项、二等奖8项。2014年，“‘分层教学、分流培养、分类成才’人才培养模式的研究与实践”获国家高等教育教学成果二等奖。2017年，获得北京市高等教育教学成果一等奖5项、二等奖9项。

（五）教学评估工作深入推进

1999年、2003年、2006年、2009年、2013年、2017年，学校召开了本科教学工作会议。1998年，学校本科教学工作合格评价为合格。2004年，学校本科教学工作水平评估为良好。2013、2015、2018年，学校学历继续教育教学工作教学评估（专项检查）均为合格。2018年，本科教学工作审核评估专家组一致认为，学校形成了“质量立校，特色办学”的办学理念，办学方向正确，办学定位准确，实践探索卓有成效，取得了优异的成绩。

三、学科建设

1993年12月，学校获批自动化仪表及装置硕士学位授权二级学科，正式成为硕士学位授予单位。

1996年5月，获批数量经济学硕士学位授权二级学科。

1998年6月，自动化仪表及装置调整为检测技术与自动化装置。7月，增列经济法学、机械电子工程、计算机应用技术3个硕士学位授权二级学科。

2003年9月，增列信号与信息处理等7个硕士学位授权二级学科。

2005年3月，新增工程硕士——控制工程领域及机械工程领域。

2006年2月，增列计算机软件与理论等10个硕士学位授权二级学科。5月，新增工程硕士——计算机技术领域。

2007年5月，新增法律硕士专业学位类别。

2009年6月，新增工商管理硕士专业学位类别。

2010年3月，新增软件工程等6个工程硕士领域。

2011年3月，增列应用经济学等14个硕士学位授权一级学科。

2011年8月，增列设计学、统计学、软件工程硕士学位授权一级学科，建筑学一级学科调整为建筑学、城乡规划学、风景园林学硕士学位授权一级学科。

2011年12月，在原22个二级学科基础上，新增备案计算机系统结构等28个硕士学位授权二级学科，共备案50个二级学科。

2012年10月，获批“特大城市道路交通智能控制系统理论与技术”服务国家特殊需求博士人才培养项目。

2014年5月，新增工程硕士——材料工程领域、交通运输工程领域及会计硕士专业学位类别。7月，新增建筑学硕士专业学位类别。12月，新增备案物理电子学等7个硕士学位授权二级学科。

2016年1月，遴选“优势学科”6个（电气工程、土木工程、计算机科学与技术、机械工程、电子科学与技术、工商管理）及“优势建设学科”4个（法学、数学、建筑学、马克思主义理论）。

2018年2月，新增网络空间安全硕士学位授权一级学科。7月，获批北京市博士学位授予立项建设单位。

2019年5月，控制科学与工程获批北京高校高精尖学科。原电子与通信工程、集成电路工程、软件工程、控制工程、计算机技术工程硕士领域调整为电子信息硕士专业学位类别，原机械工程、工业设计工程工程硕士领域调整为机械硕士专业学位类别，原材料工程工程硕士领域调整为材料与化工硕士专业学位类别，原电气工程工程硕士领域调整为能源动力硕士专业学位类别，原建筑与土木工程工程硕士领域调整为土木水利硕士专业学位类别，原交通运输工程工程硕士领域调整为交通运输硕士专业学位类别。

2020年3月，动态调整撤销城乡规划学、风景园林学、软件工程3个硕士学位授权一级学科。

表 207　　北方工业大学学科设置一览表（2020 年）

学科门类	学科代码	一级学科	学科门类	学科代码	一级学科
经济学	0202	应用经济学	工学	0839	网络空间安全
法学	0301	法学	管理学	1202	工商管理
	0305	马克思主义理论	艺术学	1305	设计学
文学	0502	外国语言文学	专业学位	0351	法律
理学	0701	数学		0851	建筑学
	0714	统计学		0854	电子信息
工学	0802	机械工程		0855	机械
	0808	电气工程		0856	材料与化工
	0809	电子科学与技术		0858	能源动力
	0810	信息与通信工程		0859	土木水利
	0811	控制科学与工程		0861	交通运输
	0812	计算机科学与技术		1251	工商管理
	0813	建筑学		1253	会计
	0814	土木工程			

四、科学研究

20 世纪 90 年代，学校科研注重科学精神与人文精神、科学研究与教学研究的融合。1991 年，CAD 研究中心为央视《新闻联播》制作电脑动画片头。1992 年，“FC-IB 型汽车安全行驶防撞电脑模糊控制器”被评为世界首创、国内领先水平。1993 年，学校成为国际科学工业园联合会员，这是中国大学加入该会的第一个会员。1998 年，学校 6 项科研成果获国家有色金属工业局有色金属工业科技进步奖。

21 世纪以来，学校科研产出一批标志性科研成果。2001 年，学校获批“现场总线技术及自动化北京市重点实验室”。2003 年，学校科研经费达到 1366 万元，总量排在市属市管高校前列。2004 年，“铝电解过程智能控制系统及推广应用”项目获国家科技进步二等奖。2006 年，“三峡库区巨型古滑体稳态预测预报及信息化选址技术”项目获国家科技进步二等奖。影视照明电源技术应用于 2008 年第 29 届北京奥运会主火炬照明，并为 60 周年国庆阅兵提供空间照明预案。“协调发展：京郊乡镇企业中长期发展规划研究”获北京市第十届哲学社会科学优秀成果二等奖，这是学校社科成果首次获得省部级以上奖项。2009 年，学校作为唯一市属院校与清华大学等 12 家高校和科研单位加入北京市科技条件平台，与北京市科委共同建设北方工业大学研发试验服务基地。2010 年，“铜冶炼生产全流程自动化关键技术及应用”项目获国家科技进步二等奖。2011 年，“大型矿山排土场安全控制关键技术”项目获国家科技进步二等奖，这是由学校牵头完成的第一个国家科技成果奖。2012 年，学校获批“城市道路交通智能控制技术北京市重点实验室”。学校第一个作为负责单位的 863 项目“交通枢纽综合感知与智能管控平台”获批。2014 年，学校获批“大规模流数据集成与分析技术北京市重点实验室”。2015 年，“永磁电机牵引控制系统”在西安地铁二号线机车无速度传感器异步电机中应用。2016 年，学校获批“CNONIX 国家标准应用与推广实验室”。2017 年，学校获批“节能照明电源集成与制造北京市重点实验室”“环保检测与控制工程技术研究中心”。2018 年，学校成立科技成果转化中心。获批“精密辊弯成形技术北京国际科技合作基地”。牵头承担国家重点研发计划项目“社区风险监测与防范关键技术研究”。2019 年，学校工程学科进入 ESI 全球前 1%。2020 年，学校获批北京市科协“韧性城市系统工程与风险治理智库基地”。学校成立石景山区第一家大学科技园。

五、师资队伍建设

学校1991年至2020年专任教师数量和质量都有较大提升。专任教师人数从394人增加到900人。其中，正高级职务教师从11人增加到152人，副高级职务教师从90人增加到344人，高级职称教师占比从25.6%增加到55.4%；专任教师中博士学位从1人增加到560人，占比达到62.6%；45岁以下青年教师555人，占比62.0%。

在人才引育方面，学校出台了一系列师资补充和高层次人才引进和支持文件，制订了针对学校拔尖人才培养的人才强校行动计划和毓优、毓杰、毓航和毓青等人才培育计划，学校师资队伍不断加强，高层次人才不断涌现。实现学校独立培养国家高层次人才零的突破。截至2020年，学校已有国家级高层次人才14人，省部级高层次人才162人。

在教师培训方面，制订了教师发展与能力提升支持计划、教师公派出国（境）访学研修支持计划、学术休假制度实施办法、专业技术人员继续教育管理办法等，鼓励老师多渠道提升教学、科研和管理能力。截至2020年，3名教师获评全国优秀教师，19人获评北京市教学名师，北京市优秀教学团队6个，创新团队18个。

在职务晋升评聘方面，1996年出台了该年度评聘工作具体实施意见，1999年出台了关于思想政治工作专业职务评聘工作的实施办法，2009年出台了专业技术职务岗位设置方案、专业技术人员职务聘任工作实施办法以及教师系列专业技术职务岗位聘任基本条件，2013年和2019年分别对专业技术人员职务聘任实施办法和基本条件进行了修订，2018年重新制定了专业技术职务岗位设置方案。学校不断完善专业技术职务评聘工作，基本实现了分类设岗、分类评价和分类管理，对破除唯论文，推行代表作制度进行了初步探索，使得大量优秀人才脱颖而出。

在工作岗位聘任方面，学校实行全员聘任制。1999年，在机构、岗位、编制明确之后，实施了全员聘任制为重点的人事分配制度改革，引入竞争和激励机制，通过平等竞争、择优上岗，建立能上能下、能进能出的用人机制；2017年，除学校组织评聘一级学科责任教授外，其他岗位学院实现了自主设岗、自主评聘，极大调动了广大教职工的积极性，实现了岗位责、权、利的对称统一。

在师德师风建设方面，2017年成立了党委教师工作部，先后制订了师德失范行为处理办法、师德考核实施办法（试行）、教师职业行为规范等文件，开设“师德建设”专栏，开展全校教师的思想政治教育工作，不断提升教师思想政治素质。在每年岗前培训中，组织教师开展签署“师德承诺书”和“新教师入职宣誓”活动；在日常培训中，联合马克思主义学院联合举办了青年马克思主义者论坛，积极开展教学名师讲座，传承优秀师德师技。

六、学生思政工作

聚焦立德树人根本任务，不断完善思政工作体制机制。1991—1999年，以学部为主开展学生思政工作。1999年，成立学生工作办公室，探索实行按年级统一管理。2002年至今，实行校院两级管理的思政工作体制。2009年，独立设置思政教研部，开展两课教学。2014年，学生工作办公室改为党委学生工作部，研究生部改为党委研究生工作部，加强研究生思政工作。同年，成立马克思主义学院，全面加强思想政治理论课改革创新。2016年，落实学校共青团改革要求，校团委独立设置并升格为正处级单位。2020年，贯彻落实习近平总书记重要讲话精神，启动并推进“三全育人”综合改革，进一步提升思想政治工作质量。

建强配齐思政工作队伍，不断夯实思政工作基础。学校从20世纪80年代至今，选配专业教师担任学生班导师，导思想、导学习、导生活。2005年恢复辅导员制度，首批引进5名辅导员。2007年选拔优秀研究生担任副班导师，拓宽研究生实践锻炼平台。目前，学校已建设了由专职学工干部、专职辅导员、思政课教师、班导师组成的专兼结合思政工作队伍，累计46人次获评北京高校优秀辅导员、北京高校德育先进个人、北京高校优秀党务工作者等荣誉称号。

优化学生管理服务体系，不断丰富思政工作内涵。1999年成立心理健康教育暨咨询中心。2006年成立学生资助中心、思政中心。2015年成立学业辅导中心。2019年获评北京高校党建与思想政治工作优秀成果奖，“三优四育人”项目入选教育部首批思政工作精品项目。逐步形成了“办对学生最好的大学”工作理念，在思想引领、学风建设、科技竞赛、校园生活、参军入伍、就业指导等方面为学生提供贴心服务。学风持续向好，省部级竞赛获奖人数、毕业生升学率、就业率及就业质量等重要指标逐年提升，学校综合排名和社会声誉越来越好。

持续开展实践育人和素质教育，不断擦亮校园文化建设品牌。“艺术节、文化节、体育节、科学节”等校园“四大节”活动坚持30多年不断线。20世纪90年代初学校被列为大学生素质教育首批试点单位，2002年“大学美育”获评国家级精品课；2006年获批北京市大学生文化素质教育基地，2008年获批国家级大学生文化素质教育基地。学生积极参加国家和北京市重大活动的服务保障，先后在国庆50周年、国庆60周年、国庆70周年的群众游行、群众联欢、志愿服务当中表现出色，荣获市级先进集体。学生先后参与北京2008年奥运会、2013年世博会、2019年世园会、2019年亚洲文化嘉年华、2019年北京冬奥会赛会志愿者全球招募启动仪式等大型志愿服务活动。学校2016年被评为“全国最佳实践大学”，2019年全国大中专学生暑期社会实践先进单位，连续多年获评首都大学生暑期社会实践先进单位，获批21个首都学雷锋志愿服务（示范）站岗。

七、国际交流与合作

20世纪90年代，学校十分重视对外交流，同美国、加拿大、德国、法国、英国、日本、澳大利亚等10个国家的20多所大学建立校际合作关系，先后进行了数百人次的学术交流活动，接收来自越南、日本、加拿大、韩国、罗马尼亚、哈萨克斯坦、以色列等国的留学生。1991年，江泽民总书记亲自接见到学校访问的美国加州理工大学代表团，并听取学校汇报。

2000年至2005年，学校进一步加强和扩大同日本、美国、德国、越南等大学的校际交流关系。2002年12月，顺利通过北京市外国留学生教育管理评估。

2005年至2015年，学校国际合作交流与留学生教育事业蓬勃发展。2005年，外事办公室更名为国际合作与交流处。2006年首次招收学历教育留学生。2012年学校启动面向外国留学生开设的全英文授课建筑学本科专业。

2010年至2015年，学生境外交流学习项目类型及国家地区更加丰富，项目类型包括交换生、双学位、短期交流、本硕连读，出境参加国际会议的学生也逐年增多。2012至2014年，学校为北京市教委学生公派境外学习奖学金项目支持单位。2015年，开始与美国及意大利高校开展外培计划项目。学生出境交流规模逐年增长。

2016年至2020年，学校结合长期积淀的国际化办学特色，大力实施“国际化办学领先工程”，不懈探索国际化人才培养的新路径，为学校“新工科”人才培养引入世界一流高校力量，为高水平工业大学建设打造新的增长极。已与40个国家和地区的117所高校建立并保持着校际合作关系，与50多所国（境）外高校开展多种形式的学生交流学习项目80余项。学校共计接收长期外国留学生1751人（含学历生881人），共开设8个全英文授课专业、储备140余门全英文授课课程。2017年，学校成为国家政府奖学金外国留学生接收院校，同年获批北京市“一带一路”国家卓越工程师国际人才培养基地建设项目。2019年学校与乌兹别克斯坦安集延机械制造大学合作成立现代工程学院，为“一带一路”建设培养国际人才。2020年，北方工业大学伦敦布鲁内尔学院获教育部批准，是北京高校中第一家面向本科人才培养的中英合作办学机构。

图 64　北方工业大学学校全景图

八、校园基本建设

（一）办学条件不断改善

学校在基本建设方面累计投入资金176156.67万元，为学校事业健康发展奠定良好基础。在教室和实验室方面，学校于1996年、2001年、2002年、2004年、2006年和2016年，分别竣工并投入使用了励学楼、广学楼、教学实习楼、浩学楼、瀚学楼、博远楼，进一步满足了教学用房需求。在学生住宿、食堂和活动方面，学校于2003年、2006年、2007年、2013年和2015年，分别竣工并投入使用了慧斋、国际教育中心、悦斋、学生服务楼、雅斋、馨斋，进一步满足了学生住宿等需求。1992年、1994年、1997年、1999年，学校分别竣工并投入使用了家属住宅十四楼至十六楼和青年教师公寓，为教工住房和人才引进发挥了积极作用。2000年风雨操场、2010年图书信息楼及地下车库分别竣工并投入使用。

（二）后勤服务改革不断推进

2002年，学校撤销后勤服务中心，成立后勤集团，承担全校后勤服务工作。2017年，学校撤销后勤集团，设立后勤处，承担学校后勤服务的计划制定、预算编制、人员管理、考核等工作。2018年，根据学校推进后勤改革总体部署，撤销基建处和后勤处，设立后勤基建处；将北京北方工大会议中心有限责任公司更名为北京北方工大物业服务中心有限责任公司，承担校园物业服务、商贸服务、会议服务、技术服务等后勤保障和服务职责。2013年，学校荣获全国绿化模范单位，2019年荣获国家节约型公共机构示范单位。

（三）数字校园建设持续推进

1997年专线接入教育科研网。2000—2004年完成校园网二期工程建设，2006—2011年进行有线网改造。2009年完成数字校园一期和校园一卡通一期项目建设。2015年完成图书馆无线网升级改造，校园网认证系统升级，建设协同办公管理系统、建设公共数据中心和数据交换平台建设。2016年完成信息门户建设，升级统一身份认证系统。2017年校园有线网开通IPv6，完成学生宿舍区、生活区室内无线网建设,建设移动校园门户项目。2018 年完成校园教学区无线网建设。升级网络教学平台，开通移动支付平台，建设学工系统和学生“一站式”服务大厅。2019 年无线出口扩容,实施基础设施及网络安全建设项目,13 个二级系统均通过了教育部等级保护测评中心测评。2020 年二级等保系统增加到 16 个,建成博远楼机房联播授课系统，全部公共多媒体教室和机房建成常态化录播系统，满足学校常态化疫情防控混合式教学需求，获评北京市教育信息化融合应用示范基地。

九、2020 年概况

2020 年，北方工业大学校园面积 30.15 万平方米，图书馆建筑面积 1.77 万平方米。全年教育经费投入 89475 万元。设有 1 个校区，设置 12 个院（系、部）。开设 49 个本科专业，国家级一流本科专业建设点 5 个，北京重点实验室 4 个。教职工 1165 人，其中，专任教师 900 人，正高级 153 人、副高级 341 人；博士生导师 31 人、硕士生导师 426 人。外籍教师 18 人，其中，教授 6 人、副教授 6 人。在校生 16608 人，其中，研究生 2671 人（博士生 42 人、硕士生 2629 人）、普通本科生 11312 人、成人教育本专科生 2625 人（本科生 2118 人、专科生 507 人）。留学生毕业 76 人、招生 102 人、在校生 621 人。网址：www.ncut.edu.cn。

附表：

表 208　　中共北方工业大学委员会历任书记一览表（1991—2020 年）

书记	任职时间	书记	任职时间
王起桢	1985 年 4 月—1992 年 5 月	谢　辉	2014 年 5 月—2017 年 4 月
仇春霖	1992 年 5 月—1996 年 9 月	郑文堂	2017 年 4 月—2020 年 11 月
沈　愉	1996 年 9 月—2001 年 9 月	缪劲翔	2020 年 11 月—
吴晚云	2001 年 9 月—2014 年 5 月		

表 209　　北方工业大学历任校长一览表（1991—2020 年）

校长	任职时间	校长	任职时间
仇春霖	1985 年 7 月—1996 年 9 月	郑文堂	2015 年 10 月—2017 年 4 月
沈　愉	1996 年 9 月—2001 年 9 月	丁　辉	2017 年 4 月—2020 年 10 月
王晓纯	2001 年 9 月—2015 年 10 月		

（执笔人：刘　侠）

北京工商大学

北京工商大学（英文名称：BEIJING TECHNOLOGY AND BUSINESS UNIVERSITY）是北京市人民政府举办的全日制普通高等学校，学校行政主管部门是北京市教育委员会。学校开展人才培养、科学研究、技术开发、文化交流与合作活动，是以商科、轻工和食品学科为特色，理、工、经、管、文、法、艺等学科相互支撑、协调发展的多科性大学，并将按照“特色、内涵、规范、质量”八字方针，努力实现特色鲜明的高水平研究型大学为发展目标。学校以普通全日制本科教育为主，积极发展研究生教育和留学生教育；适度发展适应时代、社会需求的继续教育；并在以学历教育为主的同时，适度发展非学历教育。学校有阜成路校区（地址：北京市海淀区阜成路11号、33号）和良乡校区（地址：北京市房山区良乡高教园区），法定住所地为北京市海淀区阜成路33号。

一、学校沿革

北京商学院先后隶属商业部、国内贸易部，前身是中华全国供销合作总社干部学校和中央商业干部学校。中华全国供销合作总社干部学校建于1950年初，中央商业干部学校建于1953年，1958年中华全国供销合作总社干部学校合并到中央商业干部学校。1959年商业部经国务院批准成立中央商学院，1960年更名为北京商学院，中央商业干部学校与北京商学院合并。1969年北京商学院因“文化大革命”停办，1978年经国务院批准恢复招生。北京商学院是中华人民共和国成立后建立较早的专门培养经济管理人才的高等院校之一，是国务院批准的全国首批硕士学位授予单位。

北京轻工业学院创建于1958年，是我国最早建立的一所轻工业高等学校。1970年迁入陕西省咸阳市，1978年经国务院批准在北京原址重建，先后隶属于轻工业部和中国轻工总会，主要面向轻工行业培养高级专门人才。

机械工业管理干部学院建于1982年，隶属于机械工业部，主要是面向机械工业行业培养管理干部。

1999年6月，经教育部批准北京轻工业学院与北京商学院合并，机械工业管理干部学院并入组建北京工商大学。合并组建后的北京工商大学分为三个校区，东校区校址（原北京轻工业学院）位于海淀区阜成路11号，西校区校址（原北京商学院）位于海淀区阜成路33号，南校区校址（原机械工业管理干部学院）位于西城区白云西里13号。

2004年之后学校新增良乡校区，校址位于北京市良乡高教园区。截至2020年，北京工商大学占地面积83万平方米（阜成路校区21万平方米、良乡校区62万平方米），产权校舍建筑面积51.88万平方米。学校隶属北京市教育委员会，现已发展成为理、工、经、管、文、法、艺等学科相互支撑、协调发展的多科性大学，形成了从本科、硕士研究生到博士研究生的人才培养体系。迄今学校已为国家培养了15万余名各级各类专门人才。

二、院系建设

1991年至2020年，学校根据教育事业发展和人才培养的需要，不断调整院系设置，加强院系建设。

1991年,北京商学院设有7个系,分别为:商业经济系、管理系、会计系、计划统计系、经济法系、储运系、信息系。北京轻工业学院设有6个系，分别为：机械工程系、化学工程系、自动化工程系、管理工程系、外语系、塑料工程系。

1999年12月，合并组建的北京工商大学院系设置如下：经济学院、商学院、化工学院、机械自动化学院、信息工程学院、会计学院、法律系、外语系、新闻传播系、数理部、人文社会科学部、体育部、高等职业技术学院、成人教育学院。北京工商大学经济学院是由北京商学院经济贸易系与财政金融系合并、北京商学院技术经济系数量经济教研室和北京轻工业学院经济管理系工业外贸教研室并入而成。北京工商大学化工学院是由北京轻工业学院化工系更名而来。

2000年7月，学校成立廊坊“东方大学城”分校，2000年7月至2003年8月，四批8000多名学生在分校学习生活。

2004年5月，北京工商大学嘉华学院经教育部批准设立，是由北京工商大学与社会力量合作创办的北京地区首批独立学院之一，具有独立法人资格，实施本科层次学历教育的全日制普通高等学校。学院的主管部门为北京市教育委员会。

2010年，学校院系设置为：经济学院、商学院、化学与环境工程学院、机械工程学院、计算机与信息工程学院、法学院（马克思主义学院）、艺术与传媒学院、外国语学院、材料科学与工程系、体育与艺术教学部。

2011年，成立理学院、食品学院和材料与机械工程学院。

2016年，单独设置马克思主义学院。

2019年，食品学院更名为食品与健康学院，组建数学与统计学院、轻工科学技术学院，筹建国际经管学院、带路书院（国际教育学院）。

2020年，学校以学科发展为引领，调整学院构架设置，新建化学与材料工程学院、生态环境学院、人工智能学院、计算机学院、电商与物流学院。撤销理学院、材料与机械工程学院、计算机与信息工程学院。艺术与传媒学院更名为传媒与设计学院。至此，学校共有院系部共18个。

表210　　北京工商大学院系部设置一览表（2020年）

序号	院系部	序号	院系部
1	数学与统计学院	10	国际经管学院
2	食品与健康学院	11	电商与物流学院
3	轻工科学技术学院	12	法学院
4	化学与材料工程学院	13	马克思主义学院
5	生态环境学院	14	外国语学院
6	人工智能学院	15	传媒与设计学院
7	计算机学院	16	国际教育学院
8	经济学院	17	继续教育学院
9	商学院	18	体育与艺术教学部

三、学科建设

1991年，北京轻工业学院以轻工学科为优势特色学科。北京商学院以商科为优势特色学科。

1999年，北京工商大学组建时，北京商学院拥有贸易经济、工商管理、会计学、市场营销4个省（部）级以上重点学科。北京轻工业学院拥有应用化学、环境工程、工业自动化3个省（部）级重点学科，有工业自动化实验室、环境工程实验室、植物资源研究开发实验室、应用化学实验室、塑料检测中心5个省（部）级以上重点实验室。

1999年6月，合并组建后的北京工商大学学科结构具有传统工科商科融合的优势，综合实力显著增强，由单科性大学发展成为以经、管、工为主，经、管、工、理、文、法、史等学科相互支撑、协调发展的多科性大学。

2002年，学校的产业经济学、应用化学学科被北京市教委批准成为北京市重点学科，民商法学、会计学、环境工程、计算机应用技术4个学科成为北京市重点建设学科。

2003年8月，学校成为联合培养博士研究生单位，2004年起与中央财经大学联合招收和培养会计学专业博士研究生。

2006年，学校获批新增10个硕士学位授权学科，其中一级学科2个（环境科学与工程、应用经济学），二级学科8个。

2007年，学校成为新增工程硕士专业学位培养单位，获批在化学工程、机械工程、控制工程3个领域进行工程硕士专业学位教育工作。学校成为新增工商管理硕士（MBA）专业学位培养单位。

2008年，经北京市教委批准，学校的二级学科北京市重点学科为：产业经济学、应用化学；一级学科北京市重点建设学科为：应用经济学；二级学科北京市重点建设学科是：民商法学、材料加工工程、计算机应用技术、环境工程、食品科学、会计学、企业管理。

2010年，13个硕士学位授权一级学科获批。新增11个硕士专业学位授权点。

2011年，学校新增3个硕士学位一级学科授权点。

2012年，学校“食品（含保健食品）添加剂与安全”博士人才培养项目得到国务院学位办批准。食品科学和会计学增列为北京市重点学科。

2013年，学校有6个一级学科参加了2012年全国第三轮学科评估工作，工商管理在115所参评高校中位居第36位，在前31%；应用经济学在88所参评高校中位居第30位，在前34%。开展“学科质量提升计划”，制定《北京工商大学学科建设管理办法》和学科蓝图。

2014年，“食品科学与工程”学科博士后科研流动站获批。10个北京市重点学科通过北京市验收，其中应用化学、计算机应用技术2个学科评为优秀。新增3个专业学位授权点（领域）。

2016年，学校增设轻工技术与工程和艺术硕士学位授权点。组织14个学科参加全国第四轮学科整体水平评估工作。

2017年，在教育部第四轮学科评估中，学校应用经济学、食品科学与工程、工商管理3个学科进入B档，应用经济学、工商管理、计算机科学与技术学科排名均有所提升。

2018年，学校获批博士学位授予单位，应用经济学、食品科学与工程获批一级学科博士学位授权点，标志着学校实现了博士学位授予单位和一级学科博士点“零”的突破，形成了“学士、硕士、博士和博士后”完整的学位授权体系。召开了学科建设大会，全面推动一流学科建设，加快提升各学科建设水平。食品科学与工程、工商管理学科获批北京市高精尖学科，与中国农业大学和对外经济贸易大学全方位合作共建。

2019年，应用经济学博士后科研流动站获批。农业科学学科首次进入ESI排名世界前1%行列。应用经济学、食品科学与工程、工商管理3个学科入选北京市高精尖学科建设名单。2019年“软科中国最好学科排名”发布，学校食品科学与工程学科在全国位列第六。

2020年，学校学科建设取得新的突破，农业科学学科首次进入ESI排名前4.5‰；食品科学与工程学科、农学学科跻身“2020软科世界一流学科排名”榜单，食品科学与工程学科位列世界第48位、全国第10位。组织16个一级学科参评第五轮学科评估，8个专业学位类别参评全国专业学位水平评估；组织6个一级学科和2个专业学位申报博士授权点。

至2020年底，学校拥有博士学位一级学科授权点2个、硕士学位一级学科授权点17个、专业硕士学位授权点17个。

表211　　北京工商大学学科设置一览表（2020年）

学科门类	学科代码	一级学科名称	学科门类	学科代码	一级学科名称
经济学	0201	理论经济学	经济学	0202	应用经济学
法学	0301	法学	工学	0812	计算机科学与技术

续表 211

学科门类	学科代码	一级学科名称	学科门类	学科代码	一级学科名称
法学	0305	马克思主义理论	工学	0817	化学工程与技术
文学	0503	新闻传播学	工学	0822	轻工技术与工程
理学	0703	化学	工学	0830	环境科学与工程
经济学、理学	0714	统计学	工学	0832	食品科学与工程
工学	0802	机械工程	管理学	1201	管理科学与工程
工学	0805	材料科学与工程	管理学	1202	工商管理
工学	0811	控制科学与工程			

四、人才培养

1991 年，北京商学院、北京轻工业学院都具有硕士研究生、本科生、专科生等多层次的办学体系。

1999 年，北京工商大学组建时，北京商学院和北京轻工业学院的本科专业各为 15 个。北京商学院的优势特色专业有会计学、工商管理、贸易经济、市场营销等，有 8 个研究生硕士点。北京轻工业学院的优势特色专业有精细化工、工业自动化、环境工程、高分子材料与工程等，有 8 个研究生硕士点。北京商学院有全日制在校学生 3000 余人，北京轻工业学院有全日制在校生 3300 余人。合并组建后的北京工商大学加快推进本科教育建设步伐，积极发展研究生教育，形成了从本科、硕士研究生到博士研究生的人才培养体系。学校坚持以学生为中心，以人才培养质量为生命线，积极探索构建与经济社会发展相适应、科学合理的创新人才培养模式，深入推进教育教学综合改革和人才培养体制机制创新，切实提升各层次人才培养质量。

2004 年，学校召开第一次教学工作会议，决定实施北京工商大学“新世纪十大教改工程”。

2006 年，学校召开第二次教学工作会议，提出加强实践教学，提高办学特色。

2007 年 6 月，学校接受教育部全国普通高校本科教学工作水平评估，评估结果为“优秀”。

2008 年，学校召开第三次教学工作会议，提出以质量工程建设为中心，全面促进教育教学改革，进一步提升办学水平和人才培养质量。

2009 年，学校有国家级特色专业建设点 5 个，北京市特色专业建设点 8 个；国家级优秀教学团队 2 个，北京市优秀教学团队 5 个；国家级精品课程 4 门，北京市级精品课程 12 门。

2012 年，学校制定《北京工商大学本科教学综合改革方案》，扎实推进本科教学综合改革。学校获北京市教育教学成果一等奖 5 项，二等奖 9 项。深入实施硕士学位论文“末位监控”为核心的学位论文全流程质量保证体系。学校食品（含保健食品）添加剂与安全成为“服务国家特殊需求博士人才培养项目”。

2013 年，金融学专业获批教育部“本科教学工程”地方高校第一批本科专业综合改革试点。《物流系统论》课程获批教育部“本科教学工程”国家级精品资源共享课建设立项。“北京工商大学—北京天利海香精香料有限公司工程实践教育中心”获批教育部“本科教学工程”地方所属高校大学生校外实践教育基地建设项目立项。学校与爱尔兰考克大学合作举办应用统计学（风险和精算）（国际）专业本科教育项目获得教育部批准。

2014 年，学校首次举行本科生集中式期中、期末考试（千人同考）。食品科学与工程专业、食品质量与安全专业入选国家第一批“卓越农林人才教育培养计划”。《保险学（第五版）》《自动控制理论（第四版）》入选第二批“十二五”普通高等教育本科国家级规划教材。学校与爱尔兰考克大学食品科学与工程（国际）专业的本科教育合作项目获教育部批准。经教育部批准，学校正式成为承担来华留学生中国政府奖学金生培养任务院校。

2015年，学校实施本科新生英语分级教学。学校与爱尔兰考克大学食品科学与工程（国际）专业本科教育项目首批学生入学。学校获评北京高等学校示范性校内创新实践基地2个，获评北京市校外人才培养基地2个。

2016年，食品学院食品科学与工程本科专业通过IFT和IUFoST食品专业国际认证，学校成为全国第一所食品科学与工程专业同时通过IFT和IUFoST食品专业国际认证的高校。学校入选首批北京地区高校示范性创业指导中心。学校成为北京市首批四所“北京高校大学生创业园孵化基地”之一。

2017年，学校食品科学与工程和会计学两个本科专业入选首批北京市属高校一流专业。全面修订2017级研究生培养方案。获批北京市深化创新创业教育改革示范校。

2018年，学校通过教育部本科教学审核评估。获北京市教育教学成果奖13项，其中一等奖5项。1团队获首批教育部“2017年度示范性虚拟仿真实验教学项目”。学生创业园获评首批“北京地区高校大学生创业园高校分园”。学校获得教育部在线教育研究中心“在线课程建设与应用示范案例”单位。

2019年，金融学、贸易经济、新闻学、高分子材料与工程、食品科学与工程、会计学、物流管理7个专业入选国家级一流本科专业，应用化学、应用统计学、信息管理与信息系统、财务管理4个专业入选省级一流本科专业建设点。推进研究生教育教学改革，开展混合式教学模式改革。

2020年，学校开展“落实立德树人、培育一流人才”为主题的教育教学思想大学习、大讨论活动。获批国家级一流课程5门，本科教学改革创新项目4项、优质本科课程4项、优质本科教材课件4门。食品营养与安全全育人团队获北京高校优秀本科育人团队。

至2020年底，学校获得国家级一流本科专业建设点7个，北京市级一流本科专业建设点4个，国家级特色专业建设点5个，北京市特色专业建设点8个，国家级本科专业综合改革试点1个，北京市专业群建设与改革试点1个，北京市专业综合改革试点3个，北京市属高校首批一流专业2个，重点建设一流专业1个；入选国家第一批“卓越农林人才教育培养计划”（拔尖创新型农林人才培养模式改革试点项目）专业2个；入选教育部普通高等教育“十一五”国家级规划教材22部，入选第一批、第二批“十二五”普通高等教育本科国家级规划教材7部；获国家级教育教学成果奖1项，北京市教育教学成果奖47项；国家级精品课程4门，国家级双语教学示范课1门，国家级精品资源共享课1门，北京市精品课程13门；国家级精品教材2部，北京市精品教材35部；入选北京高校优质本科课程4门，北京高校优质本科教材课件4门；国家级教学团队2个，全国高校黄大年式教师团队1个，北京市级优秀教学团队6个；北京市高等学校青年教学名师3名；北京市级教学名师15名；北京市高层次创新创业人才支持计划教学名师4名；北京市优秀本科教学管理人员1名；国家级人才培养模式创新实验区1个，国家级大学生校外实践教育基地1个，北京高等学校示范性校内创新实践基地建设单位2个，北京市级校外人才培养基地5个。

续表212　　北京工商大学本科专业设置一览表（2020年）

序号	专业代码	专业名称	学位授予门类	备注
1	070102	信息与计算科学	理学	
2	071202	应用统计学	理学	
3	080910T	数据科学与大数据技术	理学	
4	020102	经济统计学	经济学	
5	082701	食品科学与工程	工学	
6	082702	食品质量与安全	工学	
7	082710T	食品营养与健康	工学	2020年新增，2021年招生

续表 212

序号	专业代码	专业名称	学位授予门类	备注
8	070302	应用化学	工学	
9	082705	酿酒工程	工学	
10	083001	生物工程	工学	
11	081704T	香料香精技术与工程	工学	2020年新增，2021年招生
12	070301	化学	理学	
13	081705T	化妆品技术与工程	工学	
14	080407	高分子材料与工程	工学	
15	080412T	功能材料	工学	
16	071002	生物技术	理学	2020年停招
17	082502	环境工程	工学	
18	080705	光电信息科学与工程	理学	
19	080201	机械工程	工学	
20	081702	包装工程	工学	
21	080601	电气工程及其自动化	工学	
22	080702	电子科学与技术	工学	
23	080706	信息工程	工学	
24	080801	自动化	工学	
25	080717T	人工智能	工学	2020年新增，2021年招生
26	080213T	智能制造工程	工学	2020年新增，2021年招生
27	080901	计算机科学与技术	工学	
28	080902	软件工程	工学	
29	020101	经济学	经济学	
30	020201K	财政学	经济学	
31	020301K	金融学	经济学	
32	020302	金融工程	经济学	
33	020303	保险学	经济学	
34	020401	国际经济与贸易	经济学	
35	020402	贸易经济	经济学	
36	020308T	精算学	经济学	2020年新增，2021年招生
37	120201K	工商管理	管理学	
38	120202	市场营销	管理学	
39	120203K	会计学	管理学	
40	120204	财务管理	管理学	
41	120206	人力资源管理	管理学	
42	120401	公共事业管理	管理学	2011年停招
43	120108T	大数据管理与应用	管理学	
44	120901K	旅游管理	管理学	
45	020310T	金融科技	经济学	2020年新增，2021年招生
46	120102	信息管理与信息系统	管理学	
47	120801	电子商务	管理学	2019年停招，2020年复招

续表 212

序号	专业代码	专业名称	学位授予门类	备注
48	120601	物流管理	管理学	
49	120604T	供应链管理	管理学	
50	120101	管理科学	管理学	2020 年停招
51	080905	物联网工程	工学	2013 年停招
52	030101K	法学	法学	
53	050262	商务英语	文学	
54	050201	英语	文学	
55	050205	西班牙语	文学	
56	050301	新闻学	文学	
57	050303	广告学	文学	
58	0130502	视觉传达设计	艺术学	
59	0130504	产品设计	艺术学	
60	0130508	数字媒体艺术	艺术学	
61	080205	工业设计	工学	
62	050302	广播电视学	文学	2013 年停招
63	130503	环境设计	艺术学	2013 年停招

五、科学研究

1991 年，北京商学院结合教学重点在商业流通理论、企业管理、会计、审计和仓储运输管理等方面进行了卓有成效的研究，对外学术交流也十分活跃。北京轻工业学院实行教学、科研、生产相结合，积极开展科学研究和国内外学术交流活动。

1999 年，北京工商大学合校以来，学校积极推动面向首都和行业经济建设与社会发展的科技工作，在应用研究、高新技术及其产业化等方面取得了可喜的成果。

1999 年合校至 2009 年，学校科研经费增长了近 7 倍，承担国家“863”项目 9 项、“973”项目 4 项，主持国家自然科学基金项目 32 项，国家社会科学基金项目 42 项，省部级科研项目 582 项。拥有专利 32 项，实用新型 22 项，软件著作权 1 项。获国家技术发明二等奖 1 项、国家科技进步二等奖 4 项，获省部级科技进步一等奖 5 项。学校主办的学术刊物《北京工商大学学报（社会科学版）》《中国塑料》为全国中文核心期刊，《北京工商大学学报（自然科学版）》为北京市优秀期刊。

2011 年，学校获教育部科技进步一等奖 1 项。

2012 年，学校以第一完成单位获北京市科学技术一等奖 1 项、北京市第十二届哲学社会科学优秀成果奖 4 项，以合作单位获国家科技进步二等奖 1 项。学校获得北京食品安全研究基地授牌。

2013 年，学校首次对国家自科基金和国家社科基金以科技平台的形式给予配套支持。获批成立了“北京工商大学中国食品安全研究中心”“出资者财务与国有资产管理协同创新中心”“食品质量与安全北京实验室”3 个协同创新中心。学报自然科学版从 2013 年第 1 期开始更名为《食品科学技术学报》。成立学校学术著作出版工作委员会。

2014 年，学校首次获批国家社科基金重大项目。4 项科研成果获北京市第十三届哲学社会科学优秀成果奖。

2015 年，学校科研成果获省部级一等奖 3 项。由校长孙宝国院士任主任，以中国农业大学与北京工商大学为依托单位建立的“北京食品营养与人类健康高精尖创新中心”获批。学校“食品安全大数据技术北京重点实验室”揭牌。1 人入选“第十八届茅以升北京青年科技奖”。

2016 年，学校获批国家重点研发计划项目 2 项、重点研发计划项目课题 8 项，取得重大突破。首次获批北京市科技计划重大项目 1 项。以学校为第一依托单位获批 3 个首批中国轻工业重点实验室:“中国轻工业绿色塑料成型与质量评价重点实验室”“中国轻工业化妆品重点实验室”“中国轻工业清洁生产和资源综合利用重点实验室”。学校与施普林格·自然（Springer Nature）旗下的自然科研集团（Nature Research）、国际食品科学技术联盟（IU FoST）三方合作出版具有高影响力的开放获取期刊《*npj Science of Food*》，着力打造世界食品界一流期刊。学校先后牵头和参与成立了京津冀商科类、轻工类高校、经济学学科协同创新联盟和京津冀金融研究联盟，助力京津冀协同发展。

2017 年，校长孙宝国院士主编的《躲不开的食品添加剂》荣获国家科技进步二等奖。学校荣获 4 项北京市第十四届哲学社会科学优秀成果奖二等奖，1 项农业部“神农中华农业科技奖”二等奖，1 项北京市科学技术奖三等奖，1 项中国轻工业联合会技术进步奖一等奖。获批“塑料卫生与安全质量评价技术北京市重点实验室”。作为第二单位获批“农产品质量安全追溯技术及应用国家工程实验室”，实现学校国家级科研平台的突破。获批科技部“中国—加拿大食品营养与健康联合实验室”。

2018 年，学校首次获批国家自科基金重点项目 1 项、国家自科基金优青项目 1 项。荣获中国专利优秀奖 1 项，中国青年科技奖 1 项。学校服务首都“四个中心”建设，全年与北京地区企事业单位签约 243 项。

2019 年，学校到位科研总经费 23222.78 万元。获批国家两科基金总数首次突破 50 项大关。孙宝国院士获得 2019 年度何梁何利科学与技术创新奖。1 人获第十五届中国青年科技奖。2 人获第十五届北京哲学社会科学优秀成果二等奖。

2010 年至 2019 年，学校主持国家自然科学基金项目 282 项，国家社会科学项目 110 项，省部级项目 561 项，重点研发项目 5 项，课题 23 项。获批国家自然科学基金优秀青年科学基金 1 项，国家社会科学基金重大项目 3 项。共获得国家级科研奖励 3 项，省部级科研奖励 43 项。共发表学术论文 14299 篇，正式出版著作 1079 部。共发表 SCI、SSCI 收录论文 1897 篇，其中 SCI 收录论文 1832 篇，SSCI 收录论文 65 篇。ESI 高被引论文 39 篇，ESI 热点论文 6 篇，8 位教师入选 H 指数≥ 10 的作者。共拥有知识产权 934 项，其中，发明专利授权 474 项，实用新型 98 项，外观授权 18 项，软件著作权 333 项，其他知识产权 11 项。学校主办的学术刊物《北京工商大学学报（社会科学版）》为全国中文核心期刊和 CSSCI 来源期刊，《中国塑料》和《食品科学技术学报》为全国中文核心期刊和中国科学引文数据库（CSCD）来源期刊。重视与企业开展技术合作，学校与河北衡水老白干股份有限公司、首农集团、中粮集团有限公司等知名企业签署技术合作战略协议。

2020 年，学校获批经国家药品监督管理局批准建设的首批化妆品监管科学研究基地，经生态环境部批准建设的国家环境保护食品链污染防治重点实验室。组建包括数字经济研究院、商贸发展研究院、政府绩效管理研究院、大数据研究院等 7 个新型科研机构。国家两科基金总获批量为 45 项，重点研发计划项目课题 2 项。共发表 A 区科研论文 820 篇，其中发表 A1 论文 553 篇。获批各类知识产权 183 项，其中发明专利 125 项。

至 2020 年，学校拥有国家级检测中心 2 个、国家工程实验室 1 个、科技部中国—加拿大联合实验室 1 个、北京市高精尖中心 1 个、北京市重点实验室 4 个、生态环境部重点实验室 1 个、北京市实验室 2 个、北京高等学校工程研究中心 1 个、北京市工程技术研究中心 1 个、省部级研究基地 4 个、北京市智库基地 1 个、省部级协同创新中心 2 个。

六、师资队伍建设

1991 年至 2020 年，学校不断优化师资队伍结构，教师规模稳步增长，高层次人才引育取得进展。

1991 年，北京商学院有教职工 660 人，其中专职教师 300 多人，教授副教授 100 多人。

北京轻工业学院有教职工800多人，教师达半数以上，有160余名教授、副教授等高级专业技术职称人员。

1999年，学校合并组建之初，共有教职工1470人。其中专任教师610人，包括教授62人，副教授222人。

2009年，孙宝国教授当选为中国工程院院士。

2010年，学校聘任陈克复、庞国芳为学校“双聘院士”。

2013年，在北京市教师队伍建设项目中，学校2人入选长城学者、9人入选青年拔尖人才、20人入选青年英才、1个团队入选创新团队。

2014年，学校为食品学科引进“千人计划”学者1名，为化妆品学科引进教授1名。1人入选“长城学者计划”、3人入选青年拔尖人才。

2015年，1名教授入选国家百千万人才工程，并被授予“有突出贡献中青年专家”称号。2名教授获批国务院政府特殊津贴专家，1名教授获评“北京市先进工作者”。

2016年，1名教授荣获中国青年科技奖。2名教授获批国务院政府特殊津贴专家。加速培养青年拔尖创新人才，增加“教授职务直通车”政策。制定了《北京工商大学关于建立健全师德建设长效机制的实施细则（试行）》。

2017年，1名教授获批“北京学者”。新增北京市优秀教师2人和优秀教育工作者1人，新入选北京市“高创计划”教学名师1人，获批北京市科技新星计划1人和北京市属高校高水平创新团队建设计划2个，长城学者培养计划4人、青年拔尖人才培育计划30人。荣获北京市高等学校教学名师奖和青年教学名师奖各1人。食品添加剂教学科研教师团队入选首批全国高校黄大年式教师团队。

2018年，学校1名教授入选第三批国家“万人计划”科技创新领军人才，1名副教授获得国家自然科学基金优秀青年科学基金，实现上述两项高层次人才荣誉零的突破。1名教授入选享受政府特殊津贴专家，1名教授入选北京市百千万人才工程，1名教授入选北京“高创计划”杰出人才，1名教授入选北京“高创计划”青年拔尖人才，1名教授入选北京市高等学校青年教学名师。获评北京市师德先锋2名，1名教授获评首都劳动奖章。

2019年，学校1名教授入选国家百千万人才工程并被授予有突出贡献中青年专家称号。1人入选北京市百千万人才工程。3人入选北京市优秀人才青年拔尖人才，1个团队入选北京市优秀人才青年拔尖团队。新增评审副教授职务的直通车政策，为青年教师的成长提供更高平台。

2020年，学校面向海内外公开招聘高层次人才45人，柔性引进高层次人才21人。1人入选北京市百千万人才工程。

七、校园基本建设

1999年，学校合并前三个校区占地总面积为351.8亩，总建筑面积为21.5万平方米。分别为西校区（原北京商学院）占地面积为148亩，建筑面积为10.3万平方米，东校区（原北京轻工业学院）占地面积为174.5亩，建筑面积为10.5万平方米。南校区（原机械工业管理干部学院）占地面积为9.3亩，建筑面积为0.68万平方米。

2003年5月，学校举行良乡校区建设开工仪式。2004年10月，良乡校区正式启用。

2004年之后，学校新增良乡校区占地915亩，新增教学面积14.3万平方米。良乡校区生活区由新时代开发公司建设，建筑面积为11.4万平方米。

至2009年底，学校占地总面积为1265.8亩，建筑面积为45万平方米。

2012年，学校完成良乡校区学生生活区回购。阜成路校区教三楼、图书馆、东区食堂、东区一号楼、教一楼等多栋建筑的改造工程完工。

2014年，完成阜成路校区化工楼地下室改造、良乡校区图书馆改造等19项工程。

2015年，完成阜成路校区北二街拆迁过渡房、良乡校区运动场改造等基础设施改造项目23项。

2017年，良乡校区二期新建工程正式开工。

2018年，良乡二期新建工程中四栋学生宿舍楼主体结构封顶，学生食堂和学生活动

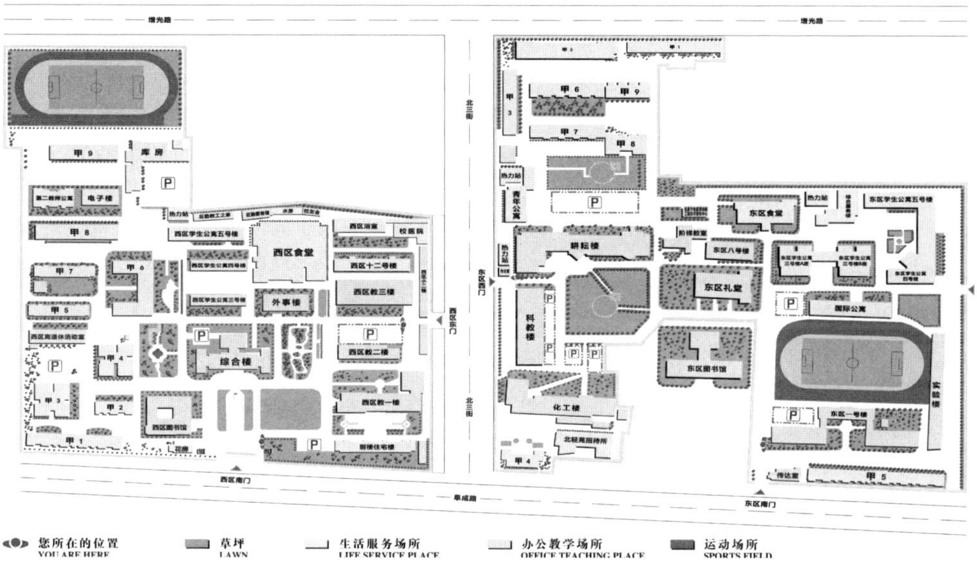

图 65　北京工商大学阜成路校区平面图

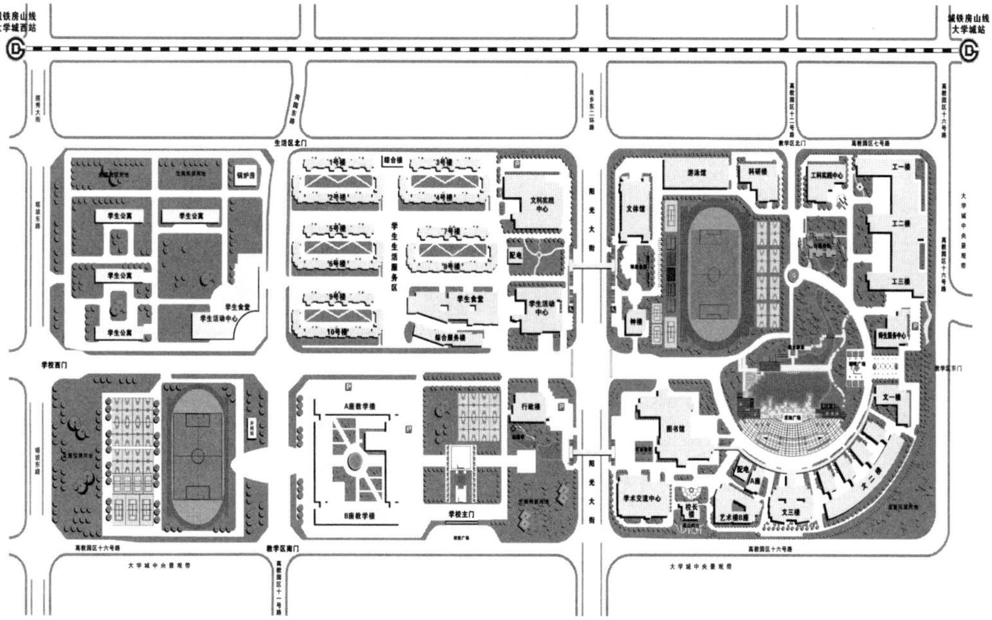

图 66　北京工商大学良乡校区平面图

中心项目开工奠基。

2019 年，良乡校区二期新建学生宿舍楼四栋共 1108 间投入使用，学生住宿条件得到极大改善。新建学生食堂和学生活动中心项目主体结构封顶。

2020 年，良乡校区二期新建学生食堂和学生活动中心项目 6 月份建成投入使用，总面积 1.6 万平方米，可容纳约 1400 人就餐及 600 人观演。完成校园进出口身份识别系统部署，校园网出口带宽扩容达 6.9GB。

八、2020 年概况

2020 年，北京工商大学校园面积 83 万平方米（阜成路校区 21 万平方米、良乡校区 62 万平方米）。图书馆建筑面积 2.58 万平方米。全年教育经费投入 167910.48 万元。设有 2 个校区，设置 17 个院（部）。开设 57 个本科专业，国家级一流本科专业建设点 7 个。国家级检测中心 2 个、国家级实验教学示范中心 1 个、国家级虚拟仿真实验教学中心（项目）2 个、国家工程实验室 1 个、科技部中国—加拿大联合实验室 1 个、北京市实验室 2 个、北京市重点实验室 4 个。教职工 1617 人，其中，专任教师 1050 人，包括正高级 184 人、副高级 441 人；博士生导师 108 人、硕士生导师 637 人；工程院院士 5 人（含双聘院士 2 人，兼职教授 2 人）。外籍教师 2 人。在校生 15486 人，其中，研究生 2972 人（博士生 84 人、硕士生 2888 人）、普通本科生 11953 人、成人教育本专科生 561 人（本科生 559 人、专科生 2 人）。留学生毕业 55 人、招生 68 人、在校生 330 人。网址：www.btbu.edu.cn。

附表：

表 213　　中共北京工商大学委员会历任书记一览表（1991—2020 年）

学校名称	书记	任职时间	学校名称	书记	任职时间
北京商学院	张仲秋	1989 年 5 月—1992 年 10 月	机械工业管理干部学院	朱明凯	1998 年 5 月—1999 年 5 月
	苏志平	1992 年 10 月—1999 年 6 月	北京工商大学	林少岩	1999 年 6 月—2001 年 9 月
北京轻工业学院	王义端	1990 年 8 月—1993 年 3 月		王守法	2001 年 9 月—2007 年 9 月
	陈仁敏	1993 年 3 月—1996 年 1 月		孙尧东	2007 年 9 月—2014 年 6 月
	林少岩	1996 年 1 月—1999 年 6 月		谭向勇	2014 年 7 月—2019 年 3 月
机械工业管理干部学院	谭家岫	1991 年 7 月—1996 年 1 月		黄先开	2019 年 3 月—
	谷宝贵	1996 年 1 月—1998 年 5 月			

表 214　　北京工商大学历任校长一览表（1991—2020 年）

学校	校长	任期	学校	校长	任期
北京商学院	贺明仑	1983 年 12 月—1991 年 6 月	机械工业管理干部学院	朱明凯	1998 年 5 月—1999 年 5 月
	王相钦	1992 年 10 月—1999 年 6 月	北京工商大学	苏志平	1999 年 6 月—2001 年 9 月
北京轻工业学院	王义端	1988 年 9 月—1991 年 6 月		沈　愉	2001 年 9 月—2008 年 3 月
	陈仁敏	1991 年 6 月—1999 年 6 月		谭向勇	2008 年 3 月—2014 年 6 月
机械工业管理干部学院	谷宝贵	1991 年 6 月—1998 年 5 月		孙宝国	2014 年 8 月—

（执笔人：杨　蓉）

北京服装学院

北京服装学院（英文名称：Beijing Institute of Fashion Technology）是北京市人民政府举办，北京市教委主管的，以“服装引领、艺工融合”为办学特色的公办全日制普通教学研究型高等学校。学校以人才培养、科学研究、社会服务、文化传承创新为基本职能，为行业、区域和国家的经济建设及社会发展提供人才和科技支撑。主要教育形式是全日制本科生和研究生学历教育，并根据社会需要，开展继续教育。学校现有4个校区，法定注册地址为樱花园校区（北京市朝阳区和平街北口樱花园路甲2号）。

一、学校沿革

北京服装学院1959年2月建校，原名北京纺织工学院，隶属纺织工业部。1961年7月，更名为北京化学纤维工学院，是由原纺织工业部建设的、以化学纤维高等教育为主的重点院校。1968年，迁入江西省分宜县五七干校。1971年，并入北京化工学院合并办学。1978年结束并校，学院复校并更名为北京化纤工学院，招收第一届统考生。1987年2月，顺应时代发展需要改扩建为北京服装学院，是我国第一所公办服装高校。1998年7月划转北京市管理。现有朝阳区和平街北口樱花园路甲2号、朝阳区芍药居甲1号和海淀区花园北路29号三个校址。

学校秉承“与美同行”的校训，围绕服装服饰，以设计学为龙头，在服装服饰文化、服装服饰传承与创新设计、服装新材料和高性能服装、产品与数字化媒体设计等领域的理论研究及应用形成了独特优势。设有服装艺术与工程学院、服饰艺术与工程学院、材料设计与工程学院、艺术设计学院、时尚传播学院、商学院、美术学院、语言文化学院，专业设置覆盖纺织服装全产业链，在服装服饰领域的学科和专业建设水平国内领先。

学校形成“艺术教育与工程教育、管理教育相结合，民族服饰文化与现代设计理念相结合，理论教学与实践教学相结合”的特色现代服装时尚教育教学体系，有国家级、北京市级校外人才培养基地近300个。设有“中国传统服饰文化的抢救传承与设计创新”国家特殊需求博士项目，多个国家级特色专业建设点、国家级实验教学示范中心、国家级人才培养模式创新实验区，以及北京市重点建设学科，为纺织服装、时尚和文化创意产业培养了众多优秀人才。其中，9个专业获批教育部“双万计划”国家级一流本科专业建设点，6个专业获批“双万计划”省级一流本科专业建设点。

学校设有教育部研发中心1个、北京市重点实验室3个、北京市工程技术研究中心2个、北京技术转移中心1个、北京市哲学社会科学研究基地1个、首都科技条件平台1个，高水平科研设施完备。在国家体育总局冬季运动管理中心、中国残联、北京冬奥组委等部门指导下，分别建设北京服装学院国家冬季运动服装装备研发中心、无障碍服装研究中心、北京2022年冬奥会和冬残奥会制服装备研发实验室等机构，积极发挥智库服务作用。学校立足学科前沿，设立服饰文化研究院、服饰科技研究院、时尚研究院、生活方式研究院等机构，产出大量原创科研成果。“十三五”以来，教师承担国家、省部级及各类科研项目1100余项，国家社科基金项目、科技部重点研发项目、国家自然科学基金项目34项，其中，国家社科基金艺术学重大项目1项、国家重点研发计划项目4项，获得授权专利200余项，获省部级及以上科研成果奖40余项（含艺术作品）。

学校多年来积极服务于国家重大需求和北京“四个中心”建设，先后承担了2008年北京奥运会、残奥会、2009年新中国成立60周年庆祝活动群众游行方阵、2011年深圳大运会、2014年南京青奥会、2014年APEC领导人会议、2016年里约奥运会、2018年庆祝改革开放40周年大型展览、平昌冬奥会“北京8分钟表演”、2019年第七届世界军人运动会等服装设计，以及有关行业系统具有特殊要求的服装服饰设计，如神舟七、九、十、十一系列航天服饰及舱内用鞋设计、南北极科考队手表的设计研发等重要设计创新工作。尤其是在服务中华人民共和国成立70周年庆祝活动中，高质量圆满完成了群众游行方阵、民兵方队和联欢活动等相关的服装服饰设计任务，得到社会各界的高度认可。

二、院系建设

1993年，成立北京服装学院计算中心、化工研究所、出版部。

1996年，成立北京服装学院电教中心和服装CAD中心。

1999年，成立北京服装学院民族民间服饰博物馆、成立后勤管理处、后勤服务中心。

1999年，北京市机构编制委员会核定我校内设机构34个，事业编制1045名。

2001年，成立北京服装学院高等职业技术教育部。

2008年，学校部分学科建设和专业结构进行调整，并将部分机构更名如下：原工业设计与信息工程学院更名为信息工程学院、原美术系更名为造型艺术系、原基础课部更名为基础教学部、原社会科学部更名为思想政治理论课教学部。

院系设置情况为：服装艺术与工程学院、材料科学与工程学院、艺术设计学院、商学院、信息工程学院、外语系、造型艺术系、基础教学部、思想政治理论课教学部。

至2020年底，新成立了服饰艺术与工程学院、时尚传播学院，材料科学与工程学院更名为材料设计与工程学院，外语系更名为语言文化学院，造型艺术系更名为美术学院，撤销信息工程学院。学校院系设置情况为：服装艺术与工程学院，材料设计与工程学院，服饰艺术与工程学院，艺术设计学院，商学院，时尚传播学院、时尚传播研究中心合署办公，语言文化学院，美术学院、艺术文化研究院、非物质文化遗产研究中心合署办公，基础教学部，思想政治理论课教学部，继续教育学院和研究生院。

三、学科建设

1990年11月，获批服装硕士学位授权点。1993年12月，获批工艺美术设计（服装设计）硕士学位授权点。1996年5月，获批工艺美术设计（染织设计）硕士学位授权点。1997年6月，工艺美术设计调整为设计艺术学，纺织机械调整为机械设计及理论，化学纤维调整为材料学，化学工程（081501）调整为化学工程（081701），染整工程调整为纺织化学与染整工程，服装（081709）调整为服装（082104）。1998年7月，机械设计及理论调整为机械电子工程。

2002年，学校制定“十五”时期发展规划，进一步确立以服装和服装材料为主体，以服装、艺术和形象设计为特色的发展目标，在专业和学科建设上，重点发展与服装、服装材料、形象设计等相关的学科。同年，服装设计与工程、材料学、设计艺术学3个学科被确定为北京市重点建设学科。同年9月，材料学、设计艺术学、服装设计与工程被评为北京市重点建设学科。

2003年9月，获批艺术学、纺织材料与纺织品设计硕士学位授权点。2006年2月，获批纺织科学与工程（一级学科）、中国少数民族艺术、美术学硕士学位授权点。

2008年4月，纺织科学与工程、艺术学、设计艺术学、材料学 被评为北京市重点建设学科。2010年9月，获批艺术硕士专业学位授权点。2011年3月，获批艺术学、机械工程、材料科学与工程、化学工程与技术、工商管理5个一级学科硕士学位授权点；2011年8

月，艺术学（一级学科）对应调整为艺术学理论、美术学、设计学3个一级学科硕士学位授权点。

2011年，学院确立“学科专业建设年”的主题，进一步强化办学特色。围绕贯彻《国家中长期教育改革和发展规划纲要（2010—2020）》和北京市工作要求，学校制定了“十二五”时期发展规划，提出了由“教学型高校向教学研究型高校转变”以及办学工作“融入社会”的发展策略。

2012年10月，获批“中国传统服饰文化的抢救传承与设计创新”服务国家特殊需求博士人才培养项目。

2013年，完成4个北京市重点建设学科的验收工作。2014年7月，获批国际商务硕士专业学位授权点。2015年5月，完成艺术硕士专业学位授权点的自评工作；2015年9月，完成工商管理硕士学位授权点的自评工作。

2016年，设计学、艺术学理论和美术学3个学科参加教育部第四轮学科评估工作，设计学位列B+档，是该学科中唯一达到B+及以上的市属高校，艺术学理论位列C+档，美术学位列B–档。

2018年2月，获批工程硕士专业学位授权点；同年，完成新增博士学位授予单位建设规划，被北京市学位委员会列入北京市博士学位授予立项建设单位；完成8个硕士学位授权点的合格评估，并顺利通过；完成国际商务硕士专业学位授权点的专项评估，并顺利通过。

2019年5月，动态调整增列文物与博物馆硕士专业学位授权点、撤销化学工程与技术一级学科硕士学位授权点；工程硕士专业学位授权点对应调整为材料与化工硕士专业学位授权点；设计学被评为北京高校高精尖学科；2018年服务国家特殊需求博士人才培养项目验收通过。

至2020年底，学校共有1个服务国家特殊需求博士人才培养项目，7个一级学科硕士学位授权点，1个二级学科硕士学位授权点（不含一级学科覆盖点），4个硕士专业学位授权点。

表215　　北京服装学院一级学科设置一览表（2020年）

学科门类		一级学科		学位层次
代码	名称	学科代码	学科名称	
03	法学	0304	民族学	硕士
08	工学	0802	机械工程	硕士
		0805	材料科学与工程	硕士
		0821	纺织科学与工程	硕士
12	管理学	1202	工商管理	硕士
13	艺术学	1301	艺术学理论	硕士
		1304	美术学	硕士
		1305	设计学	博士、硕士

说明：设计学博士为服务国家特殊需求博士人才培养项目

表216　　北京服装学院专业学位一览表（2020年）

专业代码	专业名称	学位层次	专业代码	专业名称	学位层次
0254	国际商务	硕士	0856	材料与化工	硕士
0651	文物与博物馆	硕士	1351	艺术	硕士

四、人才培养

1991年，学校提出了“提高质量、适当发展、注重效益、办出特色”的办学思路，以及十年左右“办成工、艺结合，艺、工并重，包括工程技术、文化艺术和经济管理等多学科、高水平院校”的发展目标。

1992年以来，学校重点调整招生规模，使艺科、工科在校生均衡发展。1993年，学校招生864人，比上年多招收约500人，在校生从1400人左右，上升到2060人。在专业建设上，逐步从工科为主，有计划地向艺、工结合转变，大力扶持和发展艺术类相关专业。

1994年，进一步提出“以服装为中心的工、艺、管、文相结合的多学科、综合性”的发展方向，着力建成“国内领先、国际知名的现代化、民族化、国际化的服装高等学府”。同年，经中国纺织总会批准，学校服装专业为部级重点专业。1995年，学校招生1692人，是1991年的2.5倍。随着学生人数的增加，工、艺科的规模有了质的变化：1991年艺科类学生300人，工科类学生833人；1995年艺科类学生893人，工科类1060人。艺工科学生之比接近1∶1。同年，学校在服装艺术设计专业开展招生改革试点，开始试行文理科兼收，招收工科的设计班，逐步使服装专业从起步的纯艺术教育，转向以服装工业化生产为依托的、艺工结合的教学模式发展。

1996年，学校制定“九五”期间规划，提出了“以服装学科和纤维材料学科为主体的，艺术设计、工程、经贸等多学科结合”的高等学校的发展目标。

1997年，学校提出了“适度发展、优化结构”的目标，按照“扶新、扬优、改老、支重”的方针，开展专业建设。大力扶持适合社会需要和发展前景的新专业；保持和发展传统优势学科；对教学内容陈旧、缺乏活力、方向过窄、社会需求少的学科专业，通过转向、合并，促其改造更新；大力支持重点专业的基础建设，逐步形成以服装和纤维学科为主导的学科群。同年，王蕴强教授主编的《服装色彩学》被国家教委确定为高等教育“九五”国家级重点教材。

1998年，学校领导体制由中国纺织总会所属，转变为中央与北京市共建，以北京市管理为主。同年，按照教育部新的本科专业目录，将14个专业调整为10个，分属工学、文学、经济学、管理学4个学科门类。调整后的本科专业为：高分子材料与工程、轻化工程、应用化学、工业设计、自动化、服装设计与工程、艺术设计、国际经济与贸易、会计学、市场营销。另设12个专科专业：高分子材料与工程、染整工程、商品检验、工业自动化、计算机应用、市场营销、国际贸易、会计学、服装设计、服装表演、装潢艺术设计、装饰艺术设计。

1999年，高等教育拉开了扩招的序幕，学院开展了相应的扩招准备工作。

2000年，学校招生1145人，比1999年实际招生增加377人；本专科在校生达到3120人，比1999年增加565人。同年，学校组织开展教育思想、教育观念大讨论，使教职工在形成“以服装面料的开发、设计为结合点”学科群建设、推进“艺工结合”办学特色等方面达成共识。学校完成了“面向21世纪服装类专业人才培养方案及教学内容和课程体系的研究与实践”。同时，启动了“艺工结合的服装专业人才培养的研究与实践”教育部世界银行贷款教育教学改革项目，对艺工结合的人才培养模式进行了系统的研究，该项目成果获得2004年北京市优秀教学成果二等奖。

2001年，学校继续扩大本科生招生规模，招收本专科生1344人（本科生1240名，高职生104名）。随后几年，学校办学规模迅速扩大，在校生数量实现了快速增长。同年，教育部在全国25所普通高校进行本科教学工作随机性水平评估，学校作为北京市唯一被选中参评的高校，获得的评估结论为“良好”。《服饰图案》《服装CAD》《服装材料学》《服装工业制版》《服装工艺学》《服装生产工艺与设备》《服装市场营销学》《服装造型学》《服装专业英语》《工业产品造型设计CAD》《会计学原理》等教材被确定为“九五”部级教材。

2003年，工商系首次招收了国际经济与贸易专业第二学位学生11人，试办了国际经济与贸易和工商管理两个双学位试点。同年，刘瑞璞教授的《服装纸样设计原理与技术》（上、下册）被列为北京市高等教育精品教材建设项目。

2004年，《服饰图案》和《色彩构成》被批准为北京市高等教育精品教材。

2005年，学校根据教育部要求，开展了迎接本科教学评估的工作。按照“以评促建、以评促改、以评促管、评建结合、重在建设”的方针，全面开展自评自建工作。同年，制定了“十一五”发展规划，逐渐凝练了“走特色办学、内涵发展之路”，不断加强学科和专业建设，提出了“成为首都服装业人才培养中心、服装科技研发中心、服饰文化传播中心”的工作目标。

2006年，围绕提高教学水平和人才培养质量，学校教师积极投入教学改革，取得了良好效果。“服装高等教育体系学科之间教学衔接的研究”和“创意文化产业实用型人才特色培养模式研究”等4个项目被确定为北京市高等学校教育教学改革立项项目。

2007年，艺术设计专业获批为国家级特色专业建设点。同年9月，为全面推进素质教育，培养大学生严谨的科学态度、研究兴趣和创新精神，锻炼提高学生科研实践能力，学校正式启动“北京服装学院大学生研究训练计划（URTP）”。

2008年，学校接受了教育部的本科教学评估，“坚持艺术教育与工程教育、管理教育相结合，理论教学与实践教学相结合，构建服装教学体系，培养现代服装高级专门人才”的办学特色得到评估专家组的全面认可。学校与伦敦时装学院联合向英国文化协会申请了“中英两国创意就业合作项目”，并于2009年初获得批准。

2009年，教育部专家委员会通过最后评定，确定学校本科教学工作评估的结果为“优秀”。同年，服装设计与工程专业获批为国家级特色专业建设点，“艺工融合应用型现代服装高级人才培养模式创新实验区”获批为北京市和国家级人才培养模式创新实验区。教育部“质量工程”特色专业建设点——北京服装学院艺术设计（服装）专业教学成果汇报演出暨毕业生优秀作品展示，在“中国国际时装周”主会场北京饭店宴会大厅成功举办，凸显学院艺术设计（服装）专业的特色和建设成绩。同年，学校本科生达到6017人，硕士生481人，成人教育学生1405人；有港澳台学生81人，外国留学生175人。

2010年，学校提出“培养质量年”的工作主题，以人才培养体系改革和建设为重点，积极探索创新人才培养新模式。建立“艺工融合应用型现代服装高级人才培养模式创新实验班”逐步在服装艺术与工程学院、艺术设计学院增设4个实验班，实施分类培养。同年，高分子材料与工程、轻化工程2个专业获批国家级特色专业建设点。“纺织材料与纺织品设计艺工结合教学团队”获批国家级教学团队。“数字媒体与交互媒体实验室”获批北京市重点实验室。2011年，服装设计与工程、高分子材料与工程专业，获批教育部“卓越工程师教育培养计划”。

2012年，结合贯彻《国家“十二五”时期文化改革发展规划纲要》，发挥文化传承创新职能和服务北京市文化创意产业发展，学校确立“文化建设年”的主题，重视和突出发挥学科特色，在文化传承创新中凸显优势。同年，学校将当时现有的21个本科专业调整为24个，新申报了雕塑、公共艺术、传播学、商务英语专业。

2013年，确立“规范管理年”的主题，进一步规范内部管理。服装服饰实验教学中心获批国家级实验教学示范中心，“北服—爱慕”实践教育基地被批准为“国家级大学生校外实践教育基地”。

2014年，“服装创新教育——基于‘艺工融合’的人才培养模式改革”荣获国家级教学成果二等奖。“民族服饰设计实践”课程获批国家级精品视频公开课。商学院实施了按专业大类招生的人才培养模式改革，外语系探索实施非艺术类专业的英语分级教学。探索建立校内外联合培养机制，先后与中央美术学院、北京化工大学、北京航空航天大学和对外经济贸易大学4所央属高校达成本科生联合培养协议，开始学生的联合培养。并与对外经贸大学暑期国际学校签订合作协议，开放课程共计30门。

2015年，学校以北京市属高校分类办学指导为契机，不断加快改革创新步伐，制定了“十三五”发展规划，进一步明晰了“以本为本”、人才培养为中心的工作思想，确立了“以艺为主，服装引领，艺工融合”的发展思路，提出了以高水平特色大学建设为核心，建设“特色鲜明、国际一流时尚高校”的发展目标。同年，学校启动北京高等学校高水平人才交叉培养计划中“北京市外培计划”“北京市实培计划”两个子项目。

2016年，学校以建设国际一流时尚高校为目标，立足聚焦办学特色，对专业进行有序整合。将传播学、表演、摄影、广告学专业划入新成立的时尚传播学院，将首饰、箱包设计（服装与服饰设计专业）、家具设计（产品设计专业）、工业设计专业划入新成立的服饰艺术与工程学院，将纺织品艺术设计（产品设计专业）、艺术与科技专业（2017年新招生）划转材料艺术与工程学院（2018年），美术学院新建绘画（师范）专业、中国画专业（2018年）。同时，商务英语、自动化、电子信息工程、应用化学专业先后停止招生。这一时期，专业建设按照重点突破、注重质量的思路，取得了显著成绩。同年，《现代首饰设计与工艺》课程获批国家级精品视频公开课。

2017年，学校立足服装为引领的各专业实践性强的实际，强化学生专业实践和创新能力培养，以审核评估和专业认证为依据，提出《北京服装学院2017版本科专业人才培养方案制订的原则意见》，进一步压缩总学分（152学分），扩大选修比例（20%）、推进在线课程教学、增加实践训练比重，建立创新创业教育课程体系。同年，服装设计与工程专业通过工程教育专业认证。学校获得硕士推免生资格。并先后获得教育部授予全国第二批深化创新创业教育改革示范高校、全国高校实践育人创新创业基地、教育部全国创新创业50强高校称号。

2018年，学校通过教育部本科教学审核评估。2019年，产品设计、服装与服饰设计和数字媒体艺术3个专业获批国家级一流本科专业建设点，服装设计与工程、市场营销、公共艺术3个专业获批省级一流本科专业建设点。

2020年，工业设计、高分子材料与工程、服装设计与工程、动画、视觉传达设计和环境设计6个专业获批国家级一流本科专业建设点。线下课程“服装设计效果图”、线上线下混合式课程“设计思维与方法1”和线上课程“服装数字科技”荣获首批国家级一流本科课程。

至2020年底，学校普通本科生6215人，获批国家级一流本科专业建设点9个，北京市级一流本科专业建设点6个，国家级特色专业建设点7个，北京市特色专业建设点9个，北京市专业综合改革试点2个，北京高校“重点建设一流专业2个”。入选教育部“卓越工程师教育培养计划”专业2个；国家级人才培养模式创新实验区1个；国家级教学团队1个，北京市级优秀教学团队4个，北京高校优秀本科育人团队2个；国家级高等教育教学成果奖1项，北京市高等教育教学成果奖15项；首批国家级一流本科课程3门，国家级精品视频公开课2门，北京市精品课程5门，北京高校优质本科课程9门；教育部第二批新工科研究与实践项目2项；北京高等教育精品教材11部，北京高校“优质本科教材课件”8部；北京高等教育“本科教学改革创新项目”8项；北京市优秀本科教学管理人员1名。5名教师荣获北京市高等学校教学名师奖，3名教师荣获北京市高等学校青年教学名师奖，2名教师入选北京市“高创计划”教学名师。9位教师荣获“北京高等学校优秀专业课（公共课）主讲教师”。国家级实验教学示范中心1个，国家级大学生校外实践教育基地1个，市级实验教学示范中心2个，市级校外人才培养基地3个，北京市级校内实践创新基地1个。

表217　　北京服装学院本科专业设置一览表（2020年）

序号	专业类别	专业代码	专业名称	所在学院
1	经济与贸易类	020401	国际经济与贸易	商学院
2	外国语言文学类	050201	英语	已停招
3		050262	商务英语	已停招
4	新闻传播学类	050303	广告学	时尚传播学院
5		050304	传播学	时尚传播学院
6	化学类	070302	应用化学	已停招

续表 217

序号	专业类别	专业代码	专业名称	所在学院
7	机械类	080205	工业设计	服饰艺术与工程学院
8	材料类	080407	高分子材料与工程	材料设计与工程学院
9	电子信息类	080701	电子信息工程	已停招
10	自动化类	080801	自动化	已停招
11	计算机类	080906	数字媒体技术	已停招
12	纺织类	081602	服装设计与工程	服装艺术与工程学院
13	轻工类	081701	轻化工程	材料设计与工程学院
14	管理科学与工程类	120102	信息管理与信息系统	商学院
15	工商管理类	120201K	工商管理	商学院
16		120202	市场营销	商学院
17		120203K	会计学	商学院
18		120210	文化产业管理	商学院
19	戏剧与影视学类	130301	表演	时尚传播学院
20		130310	动画	艺术设计学院
21	美术学类	130402	绘画	美术学院
22		130403	雕塑	美术学院
23		130404	摄影	时尚传播学院
24		130406T	中国画	美术学院
25	设计学类	130502	视觉传达设计	艺术设计学院
26		130503	环境设计	艺术设计学院
27		130504	产品设计	服饰艺术与工程学院
28		130505	服装与服饰设计	服装艺术与工程学院
29		130506	公共艺术	美术学院
30		130508	数字媒体艺术	艺术设计学院
31		130509T	艺术与科技	材料设计与工程学院

五、科学研究

1991 年至 2006 年，北京服装学院在合成纤维、纺织工艺、纺织机械、服装设计等方面深入开展科学研究工作，并取得卓越成绩。此期间我校的科研成果共获得国家科技进步奖 6 次，国家发明奖 3 次，省部级科技进步奖 16 次等，学校的科研工作促进了整个纺织行业的发展。

2007 年到 2020 年，学校高水平科研项目经费持续增长，承担国家级项目 83 项，主持国家自然科学基金项目 36 项，国家社会科学基金项目（含单列学科项目）15 项，省部级科研项目 122 项。拥有专利 544 项，发明专利 227 项，实用新型 183 项，软件著作权 43 项。获国家科技进步奖二等奖 1 项。学校主办的学术刊物《北京服装学院学报（自然版）》为全国中文核心期刊，《艺术设计研究》为 CSSCI 来源刊。

六、师资队伍建设

1991 年至 2020 年，学校不断优化师资队伍结构，教师规模稳步增长，高层次人才引育取得进展。

1991 年，按照上级要求，学校组建高级（推荐）专业技术职务评审委员会，职能是负责向上级评审部门推荐拟评高级人员材料。

1993 年，为加强编余人员的管理，成立人才交流中心。其任务是：开展院内外人才交流及人才信息服务，组织编余人员进行专业技术和上岗前的培训等活动。

1994 年，学院出台了对市级（青年）学科带头人和优秀青年骨干教师奖励考核办法，分别给予当选人员校内浮动工资奖励，加强对中青年骨干教师和青年学科带头人的培养。

1999 年，学院推进内部管理体制改革，逐步实行全员聘任制，学校出台了《北京服装学院教职工聘任暂行办法》。

2008年，加强人事管理，梳理临时聘用人员，将符合条件的临时聘用人员委托第三方全部签订了劳动合同。

2010年，学校有教职工760人，其中专任教师479人。教授50人、副教授156人，行政人员154人、教辅53人、工勤56人。“十一五”期间学校教师入选教育部新世纪优秀人才1人，北京市“人才强教计划”高层次人才计划3人、创新人才计划6人、中青年骨干教师计划68人、市“百千万工程”人选1人；获光华科技奖1人，获北京市教学名师2人、获市科技新星3人。建设了1个国家级教学团队、12个北京市创新团队（9个市级创新团队，3个市级教学团队）。师德建设取得长足进步，教师坚决贯彻落实党的教育方针，爱岗敬业，为人师表，3人获北京市师德标兵称号、4人获市教育创新标兵称号、4人获市优秀教师称号、1人获市优秀青年知识分子称号。

2015年，“十二五”期间，学校教师获得国家科技进步二等奖1人，中国纺织工业联合会科学技术奖一等奖1人，入选科技北京领军人才2人，教育部新世纪优秀人才1人，纺织之光教师特别奖1人，桑麻纺织科技一等奖1人，入选北京市长城学者培养计划5人，北京市“人才强教计划”高层次人才计划3人、市“百千万工程”人选2人；获光华科技奖1人，获北京市教学名师3人、创新人才计划6人、中青年骨干教师计划68人、北京市青年拔尖人才14人，入选北京市“高创计划”3人，获市科技新星5人，获北京市青年教师教学基本功大赛一等奖2人。建设了1个国家级教学团队、3个市级团队，教师获得国务院政府特殊津贴1人，有力提高了学校的知名度和美誉度。教师坚决贯彻落实党的教育方针，爱岗敬业，为人师表，3人获北京市师德标兵称号、1人获市优秀教师称号、1人获市优秀青年人才称号。

2016年，学校经批准高级职称结构比例由50%提高到65%，正副高之比由1∶3提高到1∶2。

2017年，实施教职工专业技术职务晋升制度改革。教师岗位实行“预聘—长聘”与岗位聘用相结合的“双轨制”，建立起更加有利于优秀拔尖人才脱颖而出的成长机制。管理岗位建立起了校内职员制通道。年内，辅导员队伍实施“单设计划、单设标准、单独评审”，成为较早实施“三单”的学校之一。获批长城学者培养计划2人、创新团队建设计划1个，高创计划教学名师项目1人，入选北京市海外高层次人才1人，“纺织之光”教师奖2人。

2020年底，学校共有教职工892人，其中管理人员197人、专技人员676人、工勤人员19人。专任教师645人，教授96人，副教授227人，高级职称比例为60.9%；博士185人，占教师总数的28.7%。中青年教师仍然是师资队伍的主体。

进一步落实思想政治课教师“三单”要求，在专业技术职务评审中，成立马克思主义理论学科组。有北京学者1人、北京市海外高层次人才5人、北京市青年拔尖12人、市级创新团队2个、长城学者5人，北京市教学名师、长城学者、青年教学名师等42人。通过学校认定的高层次人才7人。有纺织之光教师奖获得者26人，桑麻奖教金获得者80人。在设计领域有全国首饰设计大师、中国设计业十大杰出青年、全国十佳设计师等称号24人。入选国家级一流本科课程主讲人3人、教育部一流本科专业建设“双万计划”带头人6人、教育部新工科研究与实践项目负责人2人、北京高等学校优秀专业课（公共课）主讲教师4人、北京高校优秀本科育人团队1个、获得国家社会科学基金负责人6人、国家自然科学基金项目负责人30人、国家重点技术研发项目负责人3人。

七、校园基本建设

1995年，新建服装综合楼，共300个房间，建筑面积37885平方米。

1999年，青年公寓附属增建，共有197个房间，建筑面积1020平方米。

2001年，新建第三教学楼，共有12个房间，建筑面积2363平方米。

2004年12月，新建学生公寓（现第四学生宿舍），于2005年9月启用，建筑面积

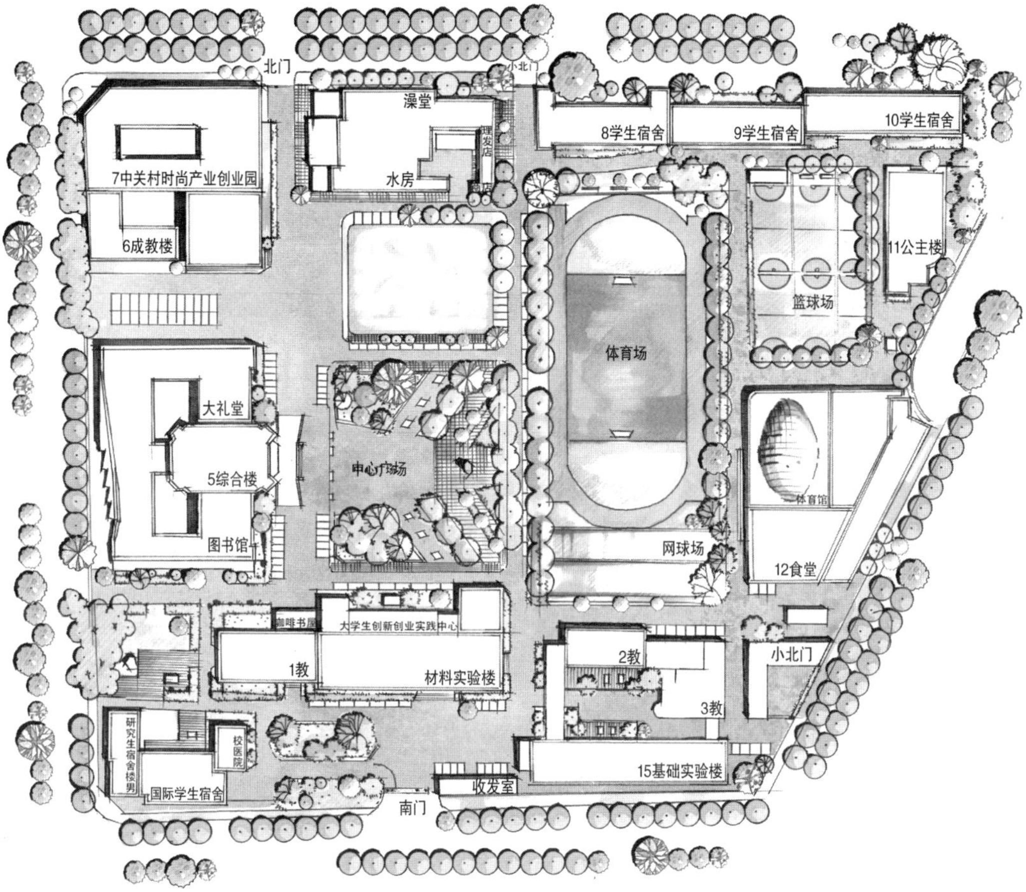

图 67　北京服装学院平面图

11020 平方米；新建食堂综合楼，2007 年 4 月启用，建筑面积 12057 平方米。拆除原青年宿舍。

2006 年，新建南门楼，共有 16 个房间，建筑面积 300 平方米。

2009 年 10 月，新建艺术教学楼，总建筑面积 31600 平方米。2012 年 6 月完工并投入使用。

2014 年，学校与北京电子科技职业学院正式签订校址移交协议书，成立芍药居校区。2017 年，对芍药居校区进行改造。

至 2020 年底，学校共有樱花园校区、芍药居校区、牡丹园校区和北校区四个校区，占地面积 36.14 万平方米，产权校舍建筑面积 25.52 万平方米。

八、2020 年概况

2020 年，北京服装学院占地面积 36.14 万平方米，学校产权校舍建筑面积 25.52 万平方米、非产权校舍建筑面积 3.32 万平方米。全年教育经费投入 61543.05 万元。学校 4 个校区，设有 9 个全日制本科教学学院、2 个教学部门以及研究生院、国际学院、继续教育学院；开设 28 个本科专业，覆盖艺、工、文、经、管、理等 6 个学科门类，有 1 个服务国家特殊需求博士人才培养项目，有 7 个一级学科硕士学位授权点，1个二级学科硕士学位授权点（不含一级学科覆盖点），4个硕士专业学位授权点，4个双学位专业点。有国家级一流专业建设点9个。教职工901人。其中，专任教师645人，包括教授108人、副教授244人；博士生、硕士生导师12人、硕士生导师183人。外籍教师1人。在校生9320人，其中，全日制研究生1264人（博士生41人、硕士生1223人）、普通本科生6215人、成人教育本专科生1841人（本科生1668人、专科生173人）。外国留学生在校生204人。网址：www.bift.edu.cn。

附表：

表218　中共北京服装学院委员会历任书记一览表（1991—2020年）

书记	任职时间	书记	任职时间
钟国治	1990年11月—1996年10月	呼文亮	2012年10月—2014年11月
焦福岩	1996年10月—2005年10月	马胜杰	2015年1月—2020年4月
惠桂芝	2005年11月—2012年10月	周志军	2020年7月—

表219　北京服装学院历任院长一览表（1991—2020年）

院长	任职时间	院长	任职时间
周亚夫	1986年12月—1992年12月	焦福岩	2002年12月—2007年7月
贾路桥	1992年12月—1995年1月	刘元凤	2007年7月—2017年12月
钟国治	1995年1月—1997年10月	贾荣林	2019年4月—
王蕴强	1997年10月—2001年3月		

说明：2017年12月至2019年4月无院长

（执笔人：付　佳）

北京印刷学院

北京印刷学院（英文名称：BEIJING INSTITUTE OF GRAPHIC COMMUNICATION）由北京市人民政府举办，北京市人民政府和国家新闻出版署共建的公办全日制普通高校。学校突出在印刷与包装、出版与传播和设计与艺术等领域的学科和专业特色，，坚持工、文、艺、管等多学科协调发展，更好地服务于传媒、文化创意及相关产业的发展。学校的主要教育形式是全日制本科教育和研究生教育，兼有职业技术教育、继续教育、国际教育和其他学历、非学历教育形式。学校有校本部、康庄校区和西校区三个校区，注册地点为校本部（北京市大兴区兴华大街（二段）1号）。

一、学校沿革

北京印刷学院前身是1958年中华人民共和国文化部建立的文化学院；1961年文化学院停办，其印刷工艺系并入中央工艺美术学院；1978年，经国务院批准，在中央工艺美术学院印刷工艺系基础上组建北京印刷学院，由原国家出版事业管理局管理；2000年，学校划归北京市。2006年成为国家新闻出版总署与北京市政府共建的普通高等学校。2020年学校被北京市确定为"高水平特色型大学"。经过六十多年的建设和发展，学校已成为在印刷与包装、出版与传播、设计与艺术三个领域具有明显优势和特色，工、文、艺、管协调发展，国内唯一专门为出版传媒全产业链培养人才的全日制高水平特色型高等院校，被誉为业界名校。校址位于北京市大兴区兴华大街（二段）1号。

从1991年到2020年的30年间，学校发展深刻转型。凝聚发展共识，主动适应首都功能定位调整和新闻出版业发展新形势新要求，走内涵式发展道路，在办学思路上注重从以专业为主体向以学科为引领转变；在人才培养模式上注重从技术应用型向复合应用型转变；在服务面向上注重以服务新闻出版业为主到服务北京与服务行业并重转变。办学思路更加清晰，办学定位更加准确，学校发展特色更加鲜明。

二、院系建设

学校坚持立德树人，以"守正出新、笃志敏行"为校训，以"特色鲜明高水平出版传媒大学"为建设目标，持续为国家传媒科技、传媒文化、传媒艺术、传媒管理人才培养提供北印方案。2020年学院共设有二级学院13个。

表220　　北京印刷学院院系部设置一览表（2020年）

序号	院系部	序号	院系部	序号	院系部
1	印刷与包装工程学院	6	新媒体学院	11	外语部
2	新闻出版学院	7	经济管理学院	12	国际教育学院
3	机电工程学院	8	马克思主义学院	13	继续教育学院
4	信息工程学院	9	基础部		
5	设计艺术学院	10	体育部		

三、学科发展情况

1998年6月学校成为硕士授权单位，1999年新闻传播学、材料科学与工程开始招生，2004年设计学开始招生，2007年机械工程、信息与通信工程开始招生，2008年工商管理开始招生。2010年新增出版、艺术两个专业学位，2011年新增新闻传播学等7个一级学科硕士点，2014年新增新闻与传播等3个专业学位，2018年新增马克思主义理论等3个一级学科硕士点，2019年新增轻工技术与工程等2个一级学科硕士点，2020年新增2个专业学位。学校坚持以特色学科建设提升核心竞争力，基本形成了以新闻传播学（出版学）、设计学、轻工技术与工程三大特色学科群为核心的学科体系。至2020年，学校有12个一级学科硕士学位授权点，7个专业学位授权点，涵盖6大学科门类，形成专业学位和学术学位协同发展的研究生教育格局，其中设计学、新闻传播学为北京高校高精尖学科建设名单。学校拥有博士后科研工作站，具有独立招收和培养博士后资格。2017年，设计学、新闻传播学、美术学在教育部第四轮学科评估中取得良好成绩。2018年学校获批新增博士学位授予立项建设单位和博士学位授权建设学科，与清华大学联合培养博士生；与中国人民大学结对共建新闻传播学学科；2019—2020年间，扎实推进新增博士授权单位申报和全国第五轮学科评估，获批2个专业学位硕士点、完善了学科布局。设计学在上海软科发布的“2020软科中国最好学科排名”中位列第16名，进入全国前10%。

表221　　北京印刷学院学科设置一览表（2020年）

学科门类	学科代码	一级学科	学科门类	学科代码	一级学科
法学	0305	马克思主义理论	艺术学	1301	艺术学理论
文学	0503	新闻传播学		1304	美术学
理学	0712	科学技术史		1305	设计学
工学	0802	机械工程	专业学位	0552	新闻与传播
	0805	材料科学与工程		0852	电子与通信工程
	0810	信息与通信工程		0553	出版
	0822	轻工技术与工程		1253	会计
	0839	网络空间安全		1351	艺术设计
管理学	1202	工商管理			

四、专业发展情况

1990年学校设置视觉传达设计等5个本科专业，1995年学校的本科专业达到包括编辑出版学等11个，涵盖传统印刷包装与出版传媒领域；“九五”期间学校增设市场营销、编辑学、英语专业、广告学专业、自动化等专业，“十五”期间增设工业设计、绘画、动画、高分子材料与工程、财务管理等专业，专业领域进一步拓展；“十一五”期间增设文化产业管理、传播学（数字出版）、数字媒体技术、数字媒体艺术等专业，2010年学校的本科专业达到22个，专业设置进一步向传媒产业数字化靠拢；“十二五”期间，增设网络与新媒体、摄影、数字出版、新闻学、物流管理、物流工程、信息安全、物流网工程、艺术与科技等新兴专业，“十三五”期间增设智能科学与技术等新兴专业。学校主动适应北京和行业发展人才需求，优化调整专业结构，不断强化专业建设，持续提升专业影响力，至2020年共有25个本科专业招生。拥有编辑出版学、印刷工程等国家级一流本科专业建设点7个，国家级特色专业建设点2个；拥有数字出版等北京市级一流专业建设点6个，北京高校重点建设一流本科专业2个，北京市特色专业建设点4个，排在市属高校第12名。

表 222　　北京印刷学院本科专业设置一览表（2020 年）

专业名称	所属门类	学院
印刷工程、包装工程、高分子材料和工程	轻工类	印刷与包装工程学院
编辑出版学、数字出版、广告学、传播学、新闻学	新闻传播学类	新闻出版学院
视觉传达设计、绘画、工业设计、艺术与科技	设计学类	设计艺术学院
数字媒体艺术、动画、数字媒体技术、网络与新媒体	数字媒体类	新媒体学院
机械工程、自动化、物流工程	机械类	机电工程学院
计算机科学与技术、信息安全（数字版权保护）、智能科学与技术	计算机类	信息工程学院
财务管理、市场营销、信息管理与信息系统、文化产业管理	工商管理类	经济管理学院

五、人才培养

学校坚持人才培养中心地位，设置人才培养特区，开办各类人才培养实验班——毕昇班、韬奋班、国际实验班等，契合行业转型升级，积极探索复合应用型人才培养模式；“十三五”期间，获批教育部新工科建设项目 2 个，获得省部级教学成果奖 9 项，建成市级校外人才培养基地 4 个；适应高等教育发展新趋势，探索骨干专业大类招生，京外一本招生扩大到 28 个省份，学校成为教育部批准的参照“独立设置本科艺术院校招生”的高校，生源质量稳步提升；主办、承办多项有影响力的赛事，学生竞赛获得省部级以上奖项 1000 余人次。研究生规模不断扩大，以年均 19% 的速度持续增加，在校研究生达 1260 人，规模实现翻番。职业教育与继续教育针对行业需求，创新教育培训，办好学历继续教育，不断提升服务社会和行业的水平。2018—2020 年间，学校接受本科教学审核评估专家组入校检查，并认真落实整改方案，圆满完成审核评估整改回访，专家组给予“整改成效显著”的充分肯定，人才培养与教育教学质量实现了以评促建、以评促改。创新人才培养模式，实施大类招生与培养，全面实施“主修 + 辅修”专业制度，满足学生多元化发展需求。坚持立德树人根本任务，着力推进三全育人“十大行动”计划，加快课程思政教学改革。学校目前是国家出版印刷高级人才培养基地、国家绿色印刷包装产业协同创新基地、北京市文化创意产业人才培养基地；拥有国家级实验教学示范中心、国家级大学生校外实践教育基地；是中国印刷技术协会、中国印刷高等教育联盟、全国数字出版专业教育联盟、全国印刷电子产业技术创新联盟等组织的发起单位和理事长单位、副理事长单位。中国印刷博物馆和中国版本图书馆（中宣部出版数据中心）坐落于校园内。

六、科学研究

学校坚持创新驱动，着力推进科学研究。拥有 11 个省部级及以上重点实验室和研究基地。在印刷包装材料与装备技术研发、出版印刷传媒新技术应用及行业发展咨询等方面取得了系列成果，拥有印刷油墨、环保及智能包装材料与技术等方面多项自主知识产权并推广应用，持续发布《中国印刷业发展报告》《长三角区域印刷业一体化发展升级指南》等行业发展报告，制定由我国主导的首个印刷领域国际标准以及图书发行新技术应用等系列国家标准和行业标准，引领出版印刷产业转型升级。科学研究实力明显提升。“十三五”期间，学校科研经费达到 2.4 亿元，获批国家级项目 50 项，省部级项目 105 项；获省部级政府奖 4 项，各类协会奖 16 项；申请专利 460 项；SCI 检索论文 109 篇，EI 检索论文 336 篇，CPCI 检索论文 227 篇，CSSCI 检索论文 83 篇，出版学术专著（编著、主编、译著）336 部；新增国家新闻出版广电总局重点实验室 2 个，省部级重点研究机构达 11 个；主持制定相关标准 23 项，较“十二五”时期增加 9 项。科研项目“高端印刷装备关键技术及系列产品开发”荣获 2020 年国家科技进步二等奖的历史性重大突破。《新光学密度国家基准的视觉成像技术研究与应用》荣获北京市科学技术进步奖二等奖，《智能仓储系统关键技术研究及应用》获中国物流与采购联合会科技进步奖一等奖。

七、社会服务活动

学校坚持首善意识，致力服务行业和北京发展。围绕“创意设计艺工融合”的办学特色，形成了以北京绿色印刷包装产业技术研究院的科研成果转化平台为基础，大学科技园、文化创意产业园和大学生创新创业园相互支撑、融合发展的“一院三园”双创发展模式，形成“北印科创”“北印文创”双亮点，建设产学研用一体化产业综合体。围绕国家大型活动、国家战略性新兴产业发展、北京“四个中心”建设以及出版印刷产业转型升级和融合发展，开展系列科技攻关、创意设计和咨询决策研究，创作一批服务国家重大活动的高水平文创作品，取得《北京市出版物印刷保障首都核心功能建设升级指南》等一批彰显特色服务行业和首都的研究成果。“十三五”期间，学校坚持扎根行业，服务首都和国家重大需求，牵头成立中国印刷高等教育联盟和出版专业教育联盟，主持印刷出版行业国际标准制定，连年发布《实施绿色印刷成果报告》，承担“数字复合出版系统工程”等重大项目，编制《北京市出版物印刷服务首都核心功能建设升级指南》《长三角区域印刷业一体化发展升级指南》；主动服务北京“四个中心”建设，获批北京2022年冬奥会和冬残奥会开闭幕式创意基地，完成中华人民共和国成立70周年大会会务册、“金智蓝”“金慧蓝”环卫车辆车身色彩及志愿者服务视觉形象系统设计；主动服务行业转型升级，连续助力国际文化创意产业博览会、国际科技产业博览会、中国印刷业创新大会、中国设计节、北京文化创意大赛等重大活动，充分展现首都高校的价值担当。建设“一院三园”，形成“北印文创”“北印科创”双亮点。

八、国际交流与合作

学校坚持开放办学，大力加强对外交流合作。先后与美国、俄罗斯等30多个国家和地区的50余所大学和科研机构建立了校际合作与交流关系，校际师生交流密切。近年来，学校积极开展留学生教育，年均招收300余名国际学生，为我国印刷包装企业走向“一带一路”沿线地区和国家提供人才支撑。2017年学校入选北京市首批“一带一路”国家人才培养基地，并成为基地秘书处单位。“十三五”期间，响应国家“一带一路”倡议，构建国际学生教育教学体系，积极发展留学生教育，在校留学生超过300人；与28所境外合作院校机构签订各类国际交流与合作协议45项；牵头组织23个国际交流项目，学生出国（境）交流学习占在校生人数的4.2%，进一步拓宽国际合作渠道。积极扩大留学生招收规模，目前在校留学生261人。“一带一路”国家人才培养基地取得成效，多名国际研究生和国际本科生顺利毕业。疫情期间搭建“云端”讲台，开设21门次对外汉语线上课程，22门次本科专业线上课程，服务留学生线上学习教育。

九、师资队伍建设

学校坚持人才强校，不断提升师资队伍建设水平。拥有一大批全国和北京市新闻出版行业领军人才、中国出版政府奖、毕昇印刷杰出成就奖获得者、北京市高创计划领军人才等为代表的行业领军人才团队和百余名行业高端人才组成的特聘兼职教授团队，此外还拥有一批国务院政府特殊津贴专家、北京市人才强校计划高层次人才、长城学者、全国优秀教师、北京市优秀教师、北京市科技新星、青年拔尖人才等高层次人才和优秀教学人才。师资队伍进一步优化。“十三五”期间，按照“控制总量、优化结构、统筹兼顾、引育结合”的原则，学校引进博士教师80余人。专任教师中，具有博士学位的比例由33%提高到50.5%，达255人，具有高级专业技术职务的比例由51%提高到52.67%，达266人；聘用40余名企业高级工程技术和管理人员为兼职教授；获国务院政府特殊津贴3人，北京市长城学者2人，拔尖创新人才4人，全国出版行业领军人才1人，北京市“四个一批”人才1人；发挥教师发展中心作用，引导、培养和提高教师教学技能水平，获评北京市教学名师5人次，北京高校青年教师教学基本功比赛获奖4人次；获北京市师德先锋2人次、三八红旗手1人次；北京市博士后科研工作站培养博士后44人。加大专任教师人才引进工作，目前我校专任教师博士比例超过50%，达到了博士授权点建设要求。加大思政队伍建设，引进思想政治课教师，按照1∶350比例配强配齐了思政课教师，充实了专职辅导员力量。实施《思政课教师职务晋升聘任办法》，实行“单列指标、单设标准、单独评审”。加大师资培训，每年组织教师参加各类培训300余人次。

十、校园基本建设

不断加强校园基础建设，进一步美化校园环境，育人环境明显改善，师生教学环境与办公环境不断优化。“十三五”期间，投入1.04亿元改造环境和基础设施，新实验楼、绿色大厦、体育看台相继使用，新增建筑面积7.94万平方米，统一校园楼宇形象标识；实施校本部地下管网测绘、综合楼实验室维修、大礼堂主席台装修改造、二级学院教学空间改造、西校区地下消防管道改造、新生宿舍粉刷等项目，校园基础保障设施和整体环境得到进一步的提升；建成智慧教室11间，新增万元以上教学科研仪器设备3325台，仪器设备总值2.43亿元；投入4千万元加强校园信息化建设，启用办公自动化系统，初步建成数据中心和智慧校园；推进美术馆、校史馆、档案馆建设，举办办学60周年纪念活动，编纂《北京印刷学院简史（1958—2018）》，凝练“守正出新、笃志敏行”校训；丰富校园文化活动，开展书记引航、校长有约、艺术节、科技节、体育文化节、读书月等主题活动。进一步加强校园安全稳定工作，持续推进“平安校园”建设及提升工程，加大了校园安全隐患排查与整改，规范了危化品实验室装修改造。完成敏感节点安保任务。强化安全稳定岗位责任督导，推动安全稳定责任在各个工作岗位层面上落细落小落实。加大日常培训，强化消防安全防控。集中危化品实验室，配备安防设施，提升了实验室安全管理能力。强化应急队伍日常训练，完善应急协调联动机制。

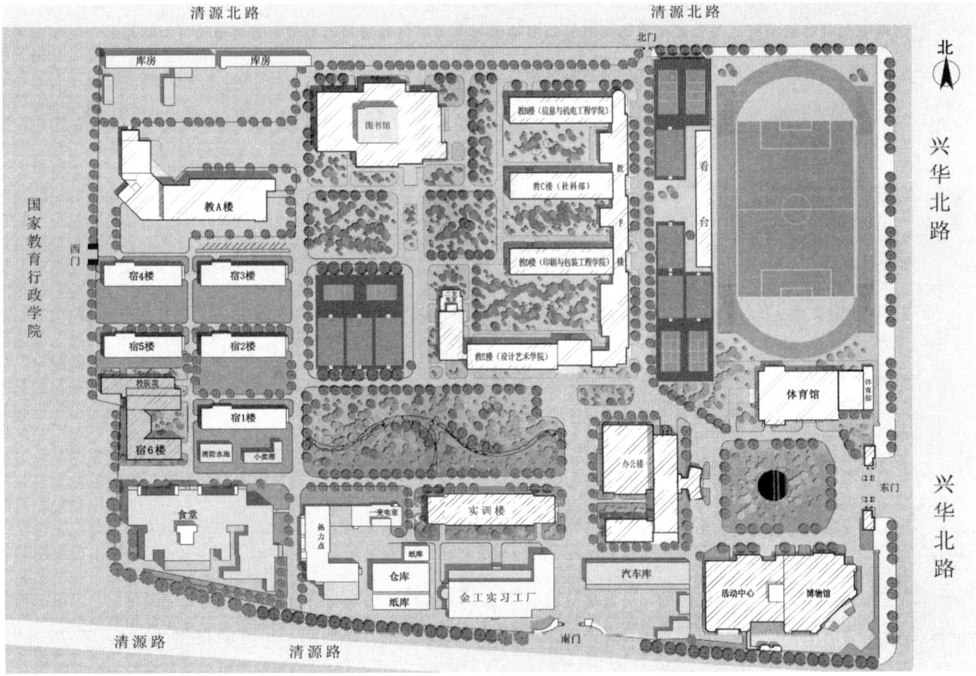

图68　北京印刷学院本部示意图

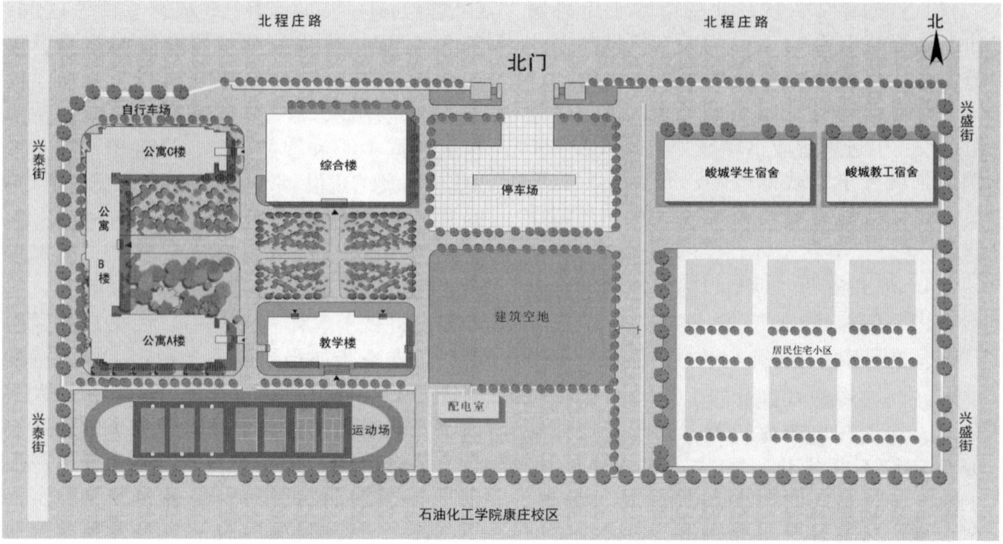

图 69　北京印刷学院康庄校区平面图

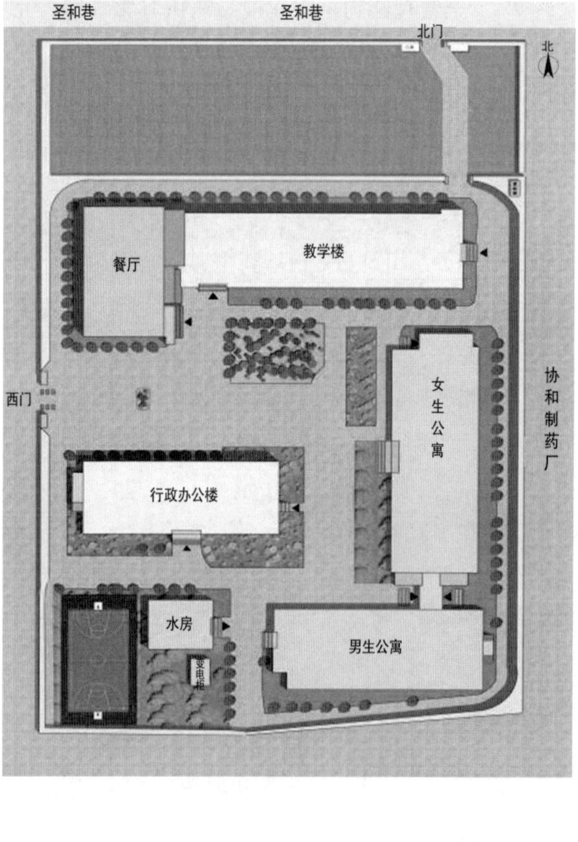

图 70　北京印刷学院西校区示意图

十一、体制机制改革不断深化

成立专项改革工作领导小组，进一步优化组织结构，成立党委教师工作部、党建工作处（巡察办公室），成立新媒体学院、马克思主义学院、职业与继续教育学院；深化人事制度改革，创新用人体制机制，突出岗位管理，实现岗位能上能下岗变薪变；深入收入分配制度改革，加大绩效考核力度，扩大二级学院绩效分配自主权；开通职称评审“直通车”；强化预算管理，完成“1+X”预算拨款机制改革试点；加强部门统筹协调，改进审计管理体制，强化校园精细化管理；完善后勤服务保障机制，管理服务水平不断提高。

全面从严治党稳步推进。提高政治站位，深入学习贯彻习近平新时代中国特色社会主义思想，强化理论武装；坚持党对学校工作的全面领导，以政治建设为统领全面推进党的建设；坚持党委领导下的校长负责制，完善“三重一大”决策机制，深入开展党的群众教育路线实践活动、“三严三实”“两学一做”“不忘初心、牢记使命”主题教育。认真开展党史学习教育，努力通过学党史、悟思想、办实事、开新局。开展学校政治巡视和院系级基层党组织巡察，全面推进巡视整改，成立领导小组和专项工作组，通过党委常委会专题研究、理论中心组专题学习、专题民主生活会、全体中层干部动员部署会等形式，推动政治巡视整改取得实效；强化思想引领，建好意识形态主阵地，实施“强基固本”工程，基层党组织创造力凝聚力和战斗力进一步增强；激励干部担当作为，干部选拔任用、教育培训和管理监督工作进一步制度化规范化，领导班子和领导干部治校理教能力进一步提高；坚持党对统战工作的全面领导，推进群团离退休干部工作；加强党章党规党纪教育，坚持持之以恒正风肃纪，持续推进全面从严治党不断深入。

十二、2020年概况

北京印刷学院校园面积21.90万平方米，图书馆建筑面积1.96万平方米。全年教育经费投入51614.60万元。学校由北京市教委举办，为理工院校，设有3个校区，设置13个院（系、部）。开设31个本科专业，覆盖6个学科门类。“双一流”建设学科13个，国家级一流本科专业建设点7个。北京重点实验室（省部级以上研究院/实验室）11个。教职工849人，其中，专任教师532人，包括正高级85人、副高级182人；硕士生导师213人。外籍教师2人。在校生9033人，其中，硕士研究生1261人、普通本科生6359人、成人教育本专科生1413人（本科生1008人、专科生405人）。留学生毕业28人、招生93人、在校生148人。网址：www.bigc.edu.cn。

附表：

表223　　中共北京印刷学院委员会历任书记一览表（1991—2020年）

书记	任职时间	书记	任职时间
吴英禄	1986年11月—1996年4月	郑吉春	2010年4月—2013年4月
张伯海	1996年4月—1997年12月	刘超美	2013年9月—2017年11月
田胜立	1997年12月—2000年9月	高锦宏	2017年11月—
崔文志	2000年9月—2010年4月		

表224　　北京印刷学院历任院长一览表（1991—2020年）

院长	任职时间	院长	任职时间
周兴华	1986年11月—1996年4月	王永生	2011年7月—2015年10月
田胜立	1996年4月—2000年11月	罗学科	2015年10月—
曲德森	2003年12月　2011年7月		

说明：2000—2003年无院长

（执笔人：谢　丹）

北京建筑大学

北京建筑大学（英文名称：Beijing University of Civil Engineering and Architecture）是北京市人民政府举办、北京市教育委员会直接管理，北京市与住房和城乡建设部共建的具有鲜明建筑特色，工、管、理、法、艺等学科相互支撑、协调发展的全日制普通高等学校。学校以人才培养、科学研究、社会服务和文化传承创新为基本职能，坚持“立足北京，面向全国，依托建筑业，服务城市化”的办学定位，办学类型实现由教学型大学向教学研究型大学转变。学校的主要教育形式为全日制普通高等学历教育，以本科教育和研究生教育为主。学校现有两个校区，学校法定注册地为北京市西城区展览馆路1号。

一、学校沿革

北京建筑大学起源于1907年清政府创立的京师初等工业学堂，时为京师督学局直辖，办学程度为中学，修业四年，以实业教育为本。学校初创，几度易名，1933年10月，更名为北平市市立高级职业学校，增设机械科、化学科高级班。1936年7月，增设土木工程科，学制三年。1945年8月，更名为北平市市立高级工业学校。

1949年3月，北平市人民政府接管学校；9月，更名为北京市市立高级工业职业学校。1950年7月，更名为北京市市立工业学校。1952年1月，更名为北京工业学校；7月，土木工程科暂并入北京市建筑专科学校。

1952年12月，北京市建筑专科学校中级技术部（即土木科）独立建校，扩建为北京市土木建筑工程学校，学制三年（1955年起改为四年），为中专教育。1956年8月，在北京市土木建筑工程学校成立北京市城市建设业余学院。1958年8月，升格为高等学校，更名为北京建筑工程学院，分为大学部、中专部；同时，北京市城市建设业余学院并入。

1961年1月，北京市委决定对学校进行调整，大学部合并到北京工业大学，中专部独立设置为北京建筑工程学校。

1977年7月，根据教育部《关于建立北京建筑工程学院的通知》，恢复建立北京建筑工程学院。1982年被确定为国家首批学士学位授予高校，1986年获准为硕士学位授予单位。2011年被确定为教育部“卓越工程师教育培养计划”试点高校。2012年获批服务国家特殊需求博士人才培养项目，成为博士人才培养单位。2013年4月12日，更名为北京建筑大学。2014年获批设立“建筑学”博士后科研流动站。2015年10月，北京市政府与住房和城乡建设部签署共建协议，学校正式进入省部共建高校行列。2018年5月，获批博士学位授予单位，建筑学、土木工程获批一级学科博士学位授权点。

二、院系建设

1987年1月，学校对系部和专业设置进行调整，共设五系二部，即：建筑系、土木工程一系、土木工程二系、城市建设工程系、机电系、基础部、社会科学部。

2001年6月，学校对系部进行优化调整，设九系三部，即：建筑系、土木工程系、城市建设工程系、电气工程及自动化系、计算机科学与技术系、管理工程系、测绘工程系、机电工程系、人文社科系、外语部、基础科学部、体育部。

2002年12月16日，北京建筑工程学院怀柔分院独立办学，正式与学校剥离。怀柔分院于1984年9月17日正式开学，由怀柔县政府、北京市农建总公司与学校联合创办，主要招收工业与民用建筑专业的学生，学制两年。

2006年6月，学校将各系部改为二级学院，调整为八院二部，即：建筑与城市规划学院、土木与交通工程学院、环境与能源工程学院、电气与信息工程学院、经济与管理工程学院、测绘与城市空间信息学院、机电与汽车工程学院、文法学院、基础科学部、体育部。并成立了研究生处、国际合作与交流处、高等教育研究室等三个党政管理机构，积极探索高水平建筑大学的转型。

2008年3月，学校将电气与信息工程学院信息科学系调至基础科学部，与基础科学部原有机构合并，成立理学院，撤销基础科学部。将电气与信息工程学院计算机公共基础教学部调至现代教育技术中心，与现代教育技术中心原有机构合并，成立一个具有教辅功能的教学单位，即计算机教学与网络信息部，撤销现代教育技术中心。

2015年3月17日，学校撤销计算机教学与网络信息部，该部的网络信息中心、校园一卡通管理中心合并，成立学校网络信息管理服务中心；该部的计算机公共课教研室、计算中心、部办公室合并，成立学校计算机教学部。

2015年10月14日，学校在思想政治理论课教研部的基础上成立马克思主义学院。

2016年1月12日，学校撤销计算机教学部，将该部教学职能并入电信学院，公共机房管理职能并入教务处。

2020年5月，学校设立科学技术发展研究院（未来城市设计高精尖创新中心）、国际化发展研究院（国际教育学院），成立文化发展研究院。

2020年6月，学校将文法学院的法学和社会工作专业整体并入经济与管理工程学院，成立城市经济与管理学院。成立人文学院，将文法学院的外语系整体划入人文学院，通识教育相关工作转由人文学院负责。撤销文法学院和经济与管理工程学院设置。

截至2020年底，学校有10个学院和1个基础教学单位，即：建筑与城市规划学院、土木与交通工程学院、环境与能源工程学院、测绘与城市空间信息学院、电气与信息工程学院、城市经济与管理学院、机电与车辆工程学院、理学院、人文学院、马克思主义学院、体育教研部。另设有国际教育学院、创新创业教育学院和继续教育学院。

三、学科建设

学校学科建设取得长足发展。学校于1981年与重庆建筑工程学院、哈尔滨建筑工程学院等单位合作培养硕士研究生的工作，首次招生专业为市政工程专业，招收2名本校1977级的给水与排水工程专业学生。1981年至1985年学校陆续培养研究生共3人，主要集中在市政工程和结构工程两个学科；到2020年，学校已形成一级学科博士学位授权点2个，服务国家特殊需求博士人才培养项目1个，博士后科研流动站2个，一级学科硕士学位授权点14个，交叉学科硕士学位授权点1个，专业学位类别硕士学位授权点10个，涉及工学、理学、管理学、法学、艺术学等5个学科门类，学科布局不断优化，形成多学科协调发展的完备的人才培养体系。

学校重点学科建设不断深化。1994年，市教委批准学校的建筑学、市政工程与“供热、供燃气、通风及空调工程”三个学科为市级重点建设学科。2002年，学校的建筑设计及其理论学科被评为北京市重点学科，“供热、供燃气、通风及空调工程”和市政工程学科分别被评为北京市重点建设学科。2008年，学校建筑设计及其理论学科获批二级学科北京市重点学科，土木工程学科获批一级学科北京市重点建设学科；建筑历史与理论、地图制图学与地理信息系统学科获批二级学科北京市重点建设学科。2010年，学校管理科学与工程学科获批增列为一级学科北京市重点建设学科，城市规划与设计获批增列为二级学科北京市重点建设学科。2012年，学校的建筑学、土木工程、测绘科学与技术三个学科增列为一级学科北京市重点学科；2019年，这三个学科增列为北京高校高精尖学科。

学校学科实力稳步提升。2012年，在教育部第三轮学科评估中，学校的建筑学、土木工程等六个一级学科参评，取得良好成绩，其中，学校建筑学学科名列全国第9名；土木工程学科名列全国第31名；测绘科学与技术学科名列全国第9名；城乡规划学学科名列全国第12名；风景园林学学科名列全国第15名；管理科学与工程学科名列全国第70名。2016年，在教育部第四轮学科评估中，学校建筑学、土木工程等8个学科全部参评并均获C等以上评价，其中建筑学、土木工程评估结果为B（全国排名约前20%～30%）。2019年9月，学校“工程学”进入ESI全球排名前1%。

表225　　北京建筑大学一级学科设置一览表（2020年）

序号	学科门类	一级学科代码	一级学科名称	授权类型
1	法学	0305	马克思主义理论	硕士
2	理学	0701	数学	硕士
3	工学	0802	机械工程	硕士
4	工学	0811	控制科学与工程	硕士
5	工学	0813	建筑学	博士
6	工学	0814	土木工程	博士
7	工学	0816	测绘科学与技术	硕士
8	工学	0823	交通运输工程	硕士
9	工学	0830	环境科学与工程	硕士
10	工学	0833	城乡规划学	硕士
11	工学	0834	风景园林学	硕士
12	管理学	1201	管理科学与工程	硕士
13	管理学	1202	工商管理	硕士
14	艺术学	1305	设计学	硕士

表226　　北京建筑大学专业学位设置一览表（2020年）

序号	专业学位类别代码	专业学位类别名称	授权类型
1	0252	应用统计	硕士
2	0352	社会工作	硕士
3	0851	建筑学	硕士
4	0853	城市规划	硕士
5	0855	机械	硕士
6	0857	资源与环境	硕士
7	0859	土木水利	硕士
8	0953	风景园林	硕士
9	1251	工商管理	硕士
10	1256	工程管理	硕士

四、人才培养

学校始终坚持服务首都经济社会发展、服务城乡建设事业的办学方针。1991年11月，学校提出要办成面向首都城乡建设、面向基层、为首都城乡建设培养实用型人才的基地。1995年2月，学校在第三次党代会提出巩固教学中心地位并实施“质量工程”“人才工程”“凝聚力工程”“安居乐业工程”四项工程，提出“深化教育教学改革，提高教育质量”的工作意见，开展了全校教育思想大讨论。2001 年 1 月，学校在“十五”规划中提出“立足首都，面向全国、依托建筑业，服务城市化”的办学定位，扩大办学规模和层次，提高教学、科研和管理水平，申请更名为“北京城市大学”，办成首都城市建设系统创新型高级应用人才的培养基地、继续教育和职业技术培训基地的目标。2003 年 11 月，学校在第四次党代会提出“坚持以人为本、育人为本，以本科教育为主，突出教学中心地位，以科研促教学，以质量求发展，将学校建成服务城市规划、城市建设和城市管理为特色，以工为主，理、工、管、法等学科相互支撑、协调发展的普通高等学校”的发展方向。2010 年 5 月，学校在第五次党代会提出了“两个先进行列”的总体目标、“三步走”发展战略和“六项计划”，对学校今后一段时期的发展规划做出了全面部署。2017 年 12 月，更名大学后的第一次党代会召开，进一步明确了“建设教学研究型大学，努力实现国内一流、国际知名、具有鲜明建筑特色的高水平、开放式、创新型大学”的发展目标。

学校主动适应国家、社会、行业的发展需要，扎实推进特色专业建设。1992 年，学校 9 个本科专业为市级重点学科、市级重点建设学科，逐步形成自己的学科专业特色。随着教育事业的发展，学校本科专业数量逐年增加，专业结构布局得到凝练，专业特色与优势得到凸显。截至 2020 年底，学校共有 39 个本科专业，成为建筑类专业最为齐全的高等学校，其中国家级一流专业建设点 6 个，国家级特色专业 3 个，北京高校重点建设一流专业 2 个，北京市级一流专业建设点 3 个，北京市特色专业 7 个。

表 227　　北京建筑大学本科专业设置一览表（2020 年）

序号	专业代码	专业名称	学位授予门类	所在院系
1	082801	建筑学	建筑学	建筑与城市规划学院
2	080205	工业设计	工学	建筑与城市规划学院
3	082802	城乡规划	工学	建筑与城市规划学院
4	082804T	历史建筑保护工程	工学	建筑与城市规划学院
5	130503	环境设计	艺术学	建筑与城市规划学院
6	082803	风景园林	工学	建筑与城市规划学院
7	081001	土木工程	工学	土木与交通工程学院
8	081802	交通工程	工学	土木与交通工程学院
9	081008T	智能建造	工学	土木与交通工程学院
10	081002	建筑环境与能源应用工程	工学	环境与能源工程学院
11	081003	给排水科学与工程	工学	环境与能源工程学院
12	082502	环境工程	工学	环境与能源工程学院
13	080501	能源与动力工程	工学	环境与能源工程学院
14	082503	环境科学	理学	环境与能源工程学院
15	082504	环境生态工程	工学	环境与能源工程学院
16	080801	自动化	工学	电气与信息工程学院
17	080601	电气工程及其自动化	工学	电气与信息工程学院
18	080901	计算机科学与技术	工学	电气与信息工程学院
19	081004	建筑电气与智能化	工学	电气与信息工程学院
20	080717T	人工智能	工学	电气与信息工程学院
21	120103	工程管理	管理学	城市经济与管理学院
22	120201K	工商管理	管理学	城市经济与管理学院
23	120202	市场营销	管理学	城市经济与管理学院

续表 227

序号	专业代码	专业名称	学位授予门类	所在院系
24	030101K	法学	法学	城市经济与管理学院
25	030302	社会工作	法学	城市经济与管理学院
26	120401	公共事业管理	管理学	城市经济与管理学院
27	120105	工程造价	管理学	城市经济与管理学院
28	120405	城市管理	管理学	城市经济与管理学院
29	081201	测绘工程	工学	测绘与城市空间信息学院
30	070504	地理信息科学	理学	测绘与城市空间信息学院
31	081202	遥感科学与技术	工学	测绘与城市空间信息学院
32	081205T	地理空间信息工程	工学	测绘与城市空间信息学院
33	080201	机械工程	工学	机电与车辆工程学院
34	120701	工业工程	工学	机电与车辆工程学院
35	080207	车辆工程	工学	机电与车辆工程学院
36	080204	机械电子工程	工学	机电与车辆工程学院
37	080803T	机器人工程	工学	机电与车辆工程学院
38	070102	信息与计算科学	理学	理学院
39	080714T	电子信息科学与技术	理学	理学院

学校依据首都建设人才培养需求，持续加强教学工作，课程建设逐步成熟、系统与规范。1991 年，学校首次举办中青年教师授课竞赛，对推进师资培养，加强教师教学经验交流与研讨，提高教育教学质量起了显著推进作用。1997 年，学校制定了《关于进一步加强重点课程建设与评估的决定》，当年 8 门课程被评为校级一类优质课程，5 门课程被评为二类优质课程，3 门课程被评为建筑部高校部级优秀课程，学校逐步形成一套比较完整的课程评估体系。2005 年的《电工与电子技术》，2006 年的《工程测量》《建筑构造》，2007 年的《高等数学》《机械原理》《大学物理》，2008 年的《建筑给水排水工程》，2010 年的《土木工程施工》，先后被评为北京市级精品课程。2019 年的《土木工程施工》《泵与泵站》《自动控制原理》《刑事诉讼法》，2020 年的《建筑构造》《计算思维导论》《模拟电子技术》《机械原理》先后被评为北京高校优质本科课程。2020 年，《土木工程施工》和《建筑给水排水工程》被评为首批国家级线下一流本科课程，《自动控制原理》被评为首批国家级线上线下混合式一流本科课程。2005 年，学校实施网络课程建设工程，改进教学方法，改善了教学效果。2016 年，学校增配支持移动教学的手机 APP 功能，以混合式教学理念，指导教师建设线上开放课程。截至 2020 年底，学校上网课程 3093 门。

学校以“开放、共享、多赢”的理论，打造了中国建设教育协会普通高等教育委员会、卓越工程师联盟、京津冀建筑类高校人才培养协同创新联盟、京南大学联盟、“一带一路”建筑类高校国际联盟的五大协同育人教育联盟平台，与国内外知名高校、研究机构、行业企业深入开展人才培养协作。

学校研究生教育规模稳步增长，学位授权结构持续优化，培养质量不断提升。硕士研究生的招生规模从 1991 年的 2 人增长为 2020 年的 993 人。2012 年“建筑遗产保护理论与技术”获批服务国家特殊需求博士人才培养项目，成为博士人才培养单位。2013 年正式招收博士研究生 2 名。2018 年，建筑学、土木工程两个一级学科获批博士学位授予权。2020 年招收 31 名博士研究生。学校年度授予博士学位人数由 1991 年的 0 人增至 2020 年的 4 人，年度授予硕士学位人数由 5 人增至 690 人。授予学位类别由 1991 年工学一个类别增加到 2020 年理学、艺术学、管理学、社会工作等 9 个学位类别。

五、科学研究

学校面向地方需求和行业需要，科研项目、科研经费、科研成果的数量和质量提升明显。1991 年以来，学校新增各类科研项目近 6000 项，其中 973、863、国家科技支撑计划、国家重大专项、国家重点研发计划项目、国家自然科学基金项目、国家社科基金项目、教育部人文社科项目、北京市自然科学基金项目、北京市科技计划项目等省部级以上科研项目 1000 余项。近五年来，科技服务经费连年超过 2 亿元。

学校省部级创新科研平台建设发展迅速。2001 年 6 月 4 日，获批建设“供热、供燃气、通风及空调工程北京市重点实验室”，为学校第一个省部级科研创新平台。2009 年 12 月 21 日，获批建设“代表性建筑与古建筑数据库教育部工程中心”，为学校第一个教育部科研创新平台。2016 年 5 月 9 日，北京市教委正式批准学校为“北京高等学校高精尖创新中心”，由北京建筑大学牵头，联合清华大学、中国建筑设计研究院有限公司、中国城市规划设计研究院、北京市建筑设计研究院有限公司、北京市城市规划设计研究院等共同组建，为国内城市设计领域唯一的高精尖创新中心。至 2020 年底，学校有 26 个省部级重点实验室、工程研究中心和研究基地。

学校科研成果显著提升，特别是 2006 年以来，在建筑、土木、环境、能源、测绘、机械等战略性新兴产业或国民经济重要、重点领域，产出了一批高水平的科研成果。2006 年以来，公开发表学术论文 2 万余篇，其中被 SCI、EI 收录 3200 余篇，出版各类学术著作 1500 多部，主持或参加了 120 余项国家、行业和地方标准的编制，授权各类知识产权 1300 余项。1991 年至 2020 年，学校共获国家级科技奖励 16 项，其中主持获批 5 项。

六、师资队伍

学校重视师资队伍建设，积极构筑人才成长的良好机制。2002 年 6 月，学校召开首次人才工作会议，确定未来一定时期内人才工作的目标与任务。2007 年 12 月，学校颁布实施了《教师职务聘任制实施办法》，实现教师专业技术职务聘任的科学化、制度化、规范化，促进了学校人才队伍的良性发展。2011 年 1 月，学校召开人才工作会议，对高层次人才和青年教师培养问题进行深入的探讨，明确今后人才工作的重点。2015 年 5 月，学校再次召开人才工作会议，颁布了“1+10”人事综合改革系列文件,启动实施“双高计划”和“双塔计划”，积极推进高层次人才建设，深化聘任薪酬制度改革。2004 年，聘任了周干峙院士、李德仁院士、李圭白院士为学校特聘教授。2016 年以来，聘任 10 名院士到校指导工作，同时聘请百余名国内外知名专家和学者为兼职教授。

2020 年底，学校有国家级教学名师 1 人、全国优秀教师 2 人;“长江学者奖励计划”特聘教授 1 人，青年长江学者 1 人;“国家高层次人才特殊支持计划”领军人才 2 人;“国家杰出青年科学基金”获得者 1 人；北京学者 3 人，北京市“高创计划”杰出人才 3 人，北京市“高创计划”领军人才 6 人，北京市“高创计划”教学名师 2 人，北京市高等学校（青年）教学名师 7 人，中科院“百人计划”入选者 2 人，青年北京学者 2 人，教育部新世纪优秀人才计划入选者 3 人，科技部中青年科技领军人才 1 人，科技北京百名领军人才 1 人，百千万工程人才北京市级人选 9 人，北京市长城学者培养计划入选者 9 人。

七、校园基本建设

积极挖掘自身潜力，不断推进西城校区的校园建设。1992 年，建成实验 1 号楼，建筑面积 6498 平方米。1995 年，建成学生宿舍 6 号楼，建筑面积 5035 平方米。1997 年，建成教学业务楼，建筑面积 2200 平方米。1998 年，建成教师住宅楼，建筑面积 16727 平方米。2004 年，建成学生公寓食堂综合楼，建筑面积 9565 平方米。2010 年之后进行既有建筑物抗震加固改造、品质提升改造和环境整治，不断改进西城校区教学环境。

积极开拓发展空间，高质量完成大兴校区的校园建设。2000 年前后，学校先后经历了展览路本校区、百万庄校区、中关村（上

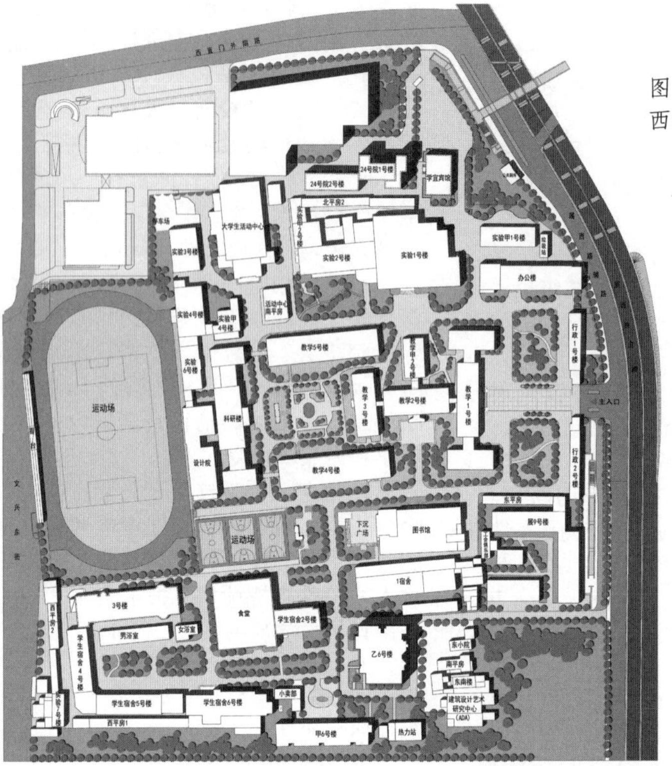

图 71　北京建筑大学西城校区示意图

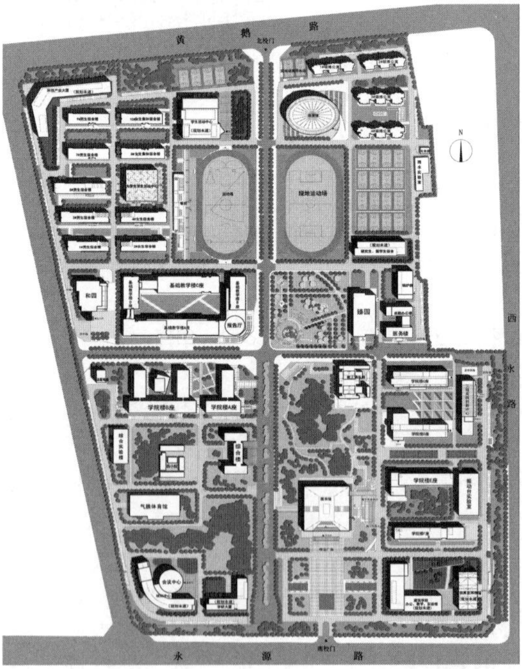

图 72　北京建筑大学大兴校区示意图

庄）校区、大兴核干院校区、丰台校区相继并存的办学困难时期，校园面积不足迟滞了学校发展的步伐。2003年12月，建设新校区的申请得到市教委的批准。2008年6月，市发改委核准学校大兴校区立项，总用地面积67.56公顷。2009年3月28日，大兴校区奠基典礼举行，开始新校区的建设。2011年7月8日，完成新校区一期工程156714平方米的建设，正式投入使用，当天有1375名本科学生入住。截至2018年底，已经完成大兴新校区基本建设，包括教学楼、宿舍楼、食堂、实验室、体育馆、图书馆、办公楼等楼宇建设，建筑面积达337158平方米及配套的市政绿化工程，满足近万名师生学习生活。

八、2020年概况

北京建筑大学占地面积61.72万平方米，建筑面积49.03万平方米，图书馆建筑面积3.8万平方米。全年教育经费投入98196.84万元，设有两个校区，设置10个学院和1个基础教学单位，另设有国际教育学院、创新创业教育学院和继续教育学院。开设3个本科专业，国家级一流专业建设点6个，国家级特色专业3个。教育部重点实验室1个、教育部工程研究中心1个、自然资源部重点实验室1个、北京实验室1个、北京高精尖创新中心1个、北京重点实验室8个等省部级科研平台26个。教职工1151人，其中，专任教师755人，正高级143人、副高级302人；博士生导师46人、硕士生导师386人。外籍教师3人。在校生11294人，其中，研究生2512人（博士生82人、硕士生2430人）、普通本科生7895人、成人教育本科生766人、留学生121人。留学生毕业18人、招生12人、在校生121人。学校网址：www.bucea.edu.cn。

附表：

表228　　中共北京建筑大学委员会历任书记一览表（1991—2020年）

学校名称	书记	任职时间
北京建筑工程学院	许　秀	1986年2月—1991年11月
	邵震豪	1991年11月—1992年6月
	叶书明	1992年8月—1995年12月
	王保东	1994年10月—2002年12月
	柯文进	2003年1月—2008年6月
	钱　军	2008年7月—2013年4月
北京建筑大学	钱　军	2013年4月—2014年7月
	王建中	2014年10月—2018年4月
	叶茂林	2019年6月—2019年8月
	姜泽廷	2019年11月—

表229　　北京建筑大学历任校长一览表（1991—2020年）

学校名称	校长	任职时间
北京建筑工程学院	邵震豪	1988年12月—1994年12月
	叶书明	1994年12月—2000年7月
	裴立德	2000年7月—2003年5月（副院长主持工作）
		2003年5月—2005年12月
	郑文堂	2005年12月—2012年8月
	朱　光	2012年12月—2013年4月
北京建筑大学	朱　光	2013年4月—2015年7月
	张爱林	2015年7月—

（执笔人：何其锋）

北京石油化工学院

北京石油化工学院（英文名称：Beijing Institute of Petrochemical Technology）是北京市人民政府举办，北京市教委主管的以工为主，工、理、管、经、文多学科相互渗透，具有鲜明工程实践特色的全日制普通高等学校。学校履行人才培养、科学研究、社会服务、文化传承创新职能，秉承“崇尚实践、知行并重”的办学理念，坚守“团结、勤奋、求实、创新”的校风，致力于培养诚实守信、勤奋实干、学习和实践能力强、职业素养优良、具有广阔视野、创新精神和社会责任感的高素质应用型人才，全力打造新时代首善之区工程师摇篮。学校的主要教育形式为全日制学历教育，兼有非全日制学历教育和非学历教育等形式。学历教育以本科生和研究生教育为主。学校设有清源校区、康庄校区和燕山校区。法定注册地为清源校区（北京市大兴区清源北路19号）。

一、学校沿革

自1978年9月北京石油化工专科学校成立，学校的行政隶属关系经历了以下几个阶段：

（一）1978年9月至1985年3月

北京石油化工专科学校始建于1978年9月，为北京市属，由北京石化总厂代管。校址位于燕山石油化工区凤凰亭，距北京市中心50千米。同年底（12月7日），为适应四个现代化的需要，根据北京市高等学校举办大学分校，扩大招生的精神，在专科的基础上，市政府批准成立“北京化工学院第二分院”（本科层次）。根据北京市委《关于北京市大学分校领导体制若干问题的规定》的文件精神，北京石油化工专科学校与北京化工学院第二分院均由市委、市政府领导，委托北京石化总厂管理。

（二）1985年4月至1999年12月

根据教育部《同意改变北京石油化工专科学校领导体制的通知》精神，自1985年4月30日起，北京石油化工专科学校划归中国石油化工总公司领导，由北京燕山石化公司代管；1992年12月31日，经国家教委批准，北京石油化工学院正式建立，实行“由中国石油化工总公司和北京市人民政府双重领导，以中国石油化工总公司为主的领导体制”，北京石油化工专科学校建制同时撤销。

1985年7月8日，中石化总公司下发文件，同意北京石油化工专科学校另选校址重新建校。1986年，在北京市和大兴县（现大兴区）政府的支持下，学校新校址选在大兴县黄村镇，并于1987年12月29日举行了新校舍建设奠基典礼。1990年8月，学校由燕山迁到大兴县。10月18日，学校在新校址召开迁校祝捷大会，庆祝迁校胜利完成。

（三）2000年1月至今

2000年1月29日，教育部、国家计委、财政部下发《关于调整国务院部门（单位）所属学校管理体制和布局结构的实施意见》，文件规定北京石油化工学院实行中央与地方共建、以北京市管理为主的新体制。

北京石油化工学院康庄校区始建于2001年，2002年9月开始投入使用（为学校2002级男生提供住宿）。2005年9月19日，正式成为学生学习、生活的相对独立的校区。

2005年5月23日，北京石油化工学院成立康庄校区管理部。康庄校区建设之初，根据北京市要求，采用建筑公司建设、学校租用的模式运作。2007年根据北京市要求，北京石油化工学院进行了回购。2011年4月27日，北京石油化工学院党委专题研究校区布局和功能定位调整，将康庄校区定位为经济管理学院人才培养和办学主体集中所在地以及其他院系大四年级学生住宿学习所在地。

二、院系建设

1990年4月，成立学校直属体育教研室；8月，设立自动化系。

1993年3月，成立社会科学部（下设：马列主义教研室、思想教育教研室、体育教研室）。同年10月，撤销社会科学部，恢复马列主义教研室的建制；成立军事体育部，恢复体育教研室独立建制。1997年7月，恢复社会科学部。2000年1月，撤销社会科学部，成立人文社科部。2002年11月，撤销人文社科部，成立人文社科学院。

1993年3月，成立电教中心，10月更名为电教室。

1995年4月，设立教学实践中心（下设计算机室、电教室、金工车间）。

1997年7月，撤销教学实践中心。金工实习车间归机械工程系；计算机室归属自动化系；电教室、设备科归属教务处。

1999年12月，设立数理教学部、外语部。

2000年1月，调整学校教学科研组织机构，改变院、系（部）、教研室行政建制，按二级学科设置系（所），相关学科组成二级学院（部）将教学单位重新划分调整为：材料与化工学院、机械工程学院、信息工程学院、经济管理学院、数理部、人文社科部、体育部、外语部。

2002年11月14日，成立人文社科学院，撤销人文社科部。

2003年7月，数理部、体育部、外语部，分别更名数理教学部、体育教学部、外语教学部。设立工程实践教学部。2003年11月，外语部更名为外语系。

2005年4月，设立光机电装备技术北京市重点实验室（处级建制）。

2006年6月，设立材料科学与工程系。2006年6月校内管理体制改革，教学科研单位设置调整为：化学工程学院、机械工程学院、信息工程学院、经济管理学院、人文社科学院、材料科学与工程系、数理系、外语系、体育教学部、工程教育中心、光机电北京市重点实验室。

2007年11月成立高水平运动队管理中心，挂靠体育教学部。

2011年4月，成立北京石油化工学院大兴社会建设研究中心。2011年5月，成立北京石油化工学院大兴经济研究中心和大兴文化建设研究中心。2011年6月，成立北京石油化工学院EIE英语教育中心。

2012年11月，成立工程师学院，工程教育中心、燕山校区管理部整建制划归工程师学院，列编学校教学单位；材料科学与工程系更名为材料科学与工程学院；体育教学部更名为体育部。

2013年3月，成立北京现代产业新区发展研究基地。2013年12月，成立能源装备技术研究院。

2014年11月，成立中关村能源装备产业技术研究院。

2016年10月，成立安全工程学院，光机电装备技术北京市重点实验室整建制并入机械工程学院。

2018年6月，成立北京智高达资产管理有限公司及其管理机构。

2020年4月，安全工程学院与继续教育学院合署办公，加挂北京市安全生产工程技术研究院（简称市安工院）的牌子。2020年7月，成立人工智能研究院。

表230　北京石油化工学院院系部设置一览表（2020年）

序号	院系部	序号	院系部
1	化学工程学院	4	经济管理学院
2	机械工程学院	5	人文社科学院
3	信息工程学院	6	马克思主义学院

续表 230

序号	院系部	序号	院系部
7	材料科学与工程学院	11	工程师学院
8	数理系	12	国际教育学院（与国际合作与交流处、台港澳事务办公室合署）
9	外语系	13	安全工程学院（继续教育学院）
10	体育部		

三、学科建设

学校坚持“立足北京、依托行业、面向全国，服务区域经济社会发展和能源产业”的办学定位，以服务能源科技创新和城市安全运行为主线，聚焦生态化工与生物医药、职业健康与安全工程、节能环保、智能制造与智能装备、新一代信息技术、新材料技术、现代服务与管理7大产业与技术领域，辐射8个校级主干一级学科（化学工程与技术、机械工程、工商管理、材料科学与工程、控制科学与工程、动力工程及工程热物理、环境科学与工程、安全科学与工程），形成了“优势学科→重点学科→培育学科（含交叉学科）”三个层次的主干学科建设发展框架体系。

2007年，学校第二次党代会提出要进一步凝炼学科专业方向，继续深化学科专业结构调整，完善“六四二”学科专业体系，依托环保与资源综合利用、光机电一体化两个北京市人才培养与产学研基地，紧密围绕国家能源发展战略和环境保护需要，进一步培育和强化学科专业优势，重点加强与首都和行业发展相适应的学科专业建设。围绕北京市重点建设学科和校级重点建设学科，完善专业发展规划，加强本科学科专业群的建设。重点将化学工程与工艺、机械电子工程、电气工程及其自动化、环境工程等专业建设成为北京市品牌专业。

2009年，学校制定中长期战略规划和“十二五”发展计划，提出“特色发展、开放办学、科研兴校、集约建设”的战略方针，明确了2028年建校50周年时把学校建设成为特色鲜明高水平应用型大学的奋斗目标。

2011年学校获批“服务国家特殊需求人才培养项目”工程硕士培养试点单位。

2014年，学校第三次党代会提出把握“一个关键”：即提升科技创新能力；坚持“两个面向”：即面向能源行业、区域经济发展；彰显“三个特色”：即服务能源产业发展为主线的学科特色、产学结合的工程教育专业特色、职业素养优良和实践能力较强的育人特色；深化“四个战略”：即特色发展、开放办学、科研兴校和集约建设；实施“五项工程”：即教育创新、人才强校、学科转型提升、科研攀登和文化培育工程；实现“六个突破”即高层次人才、学科建设、硕士授权领域、科研实力、国际化办学、办学资源多元化的突破。

2017年学校制定“十三五”发展规划，提出全力搭建“四八四三”学科建设框架体系，组建四个学科群，辐射八个主干一级学科，聚焦四大能源相关领域。在此基础上构建“优势学科—重点学科—培育学科（含交叉学科）”三个层次的主干学科建设发展体系，化学工程、机械工程的两个优势学科力争达到博士学位授权水平，其中2～3个学科方向达到国内一流水平，确保实现学校学术型硕士学位授权点的突破。工商管理、控制科学与工程、材料科学与工程、动力工程及工程热物理、环境科学与工程、安全科学与工程等学科达到硕士学位授权水平，新增不少于4个工程硕士专业领域。

2018年学校正式成为硕士学位授予单位并获批北京市博士学位授予立项建设单位。

2019年，学校机械工程学科入选北京高校高精尖学科建设名单，达到博士学位授权水平。

2019年，学校获批国家级一流本科专业建设点3个（机械、高分子、化工），获批北京市一流本科专业建设点2个（自动化、制药）。

2020年，学校获批国家级一流本科专业建设点4个（制药工程、自动化、计算机科学与技术、能源与动力工程），获批北京市级一流本科专业建设点3个（会计学、市场营销、旅游管理）。

2020年12月，学校制定“十四五”时期分类发展专项规划，提出重点布局材料与化工、智能制造、城市安全运行与管理等学科专业领域，积极培育生物医药、节能环保与电子信息等学科专业领域。

表 231　　北京石油化工学院学科设置一览表（2020 年）

学科门类	学科代码	学科（学位点）名称	学科门类	学科代码	学科（学位点）名称
工学	0802	机械工程	管理学	1202	工商管理
工学	0805	材料科学与工程	专业学位	0856	材料与化工
工学	0811	控制科学与工程			

四、人才培养

2000 年开始，学校与北京化工大学、中国石油大学等高校联合培养硕士、博士研究生。

2005 年，学校田径项目经过北京市教委、教育部专家组的评估考核，取得高校办高水平运动队的资格。

2007 年，学校成为中国产学研合作教育协会北京地区首个全国产学研合作教育实验基地。学校成为国家级机电类本科专业人才培养“回归工程”人才培养模式创新实验区。

2008 年，学校成为教育部 CDIO 工程教育改革第一批试点学校。并于 2012 年成为 CDIO 国际合作组织正式成员。

2009 年，学校成为北京市级高水平应用型大学人才培养模式创新实验区。

2009 年，《“校企共赢，走向融合”的产学合作教育基地建设模式创新与实践》获国家级教学成果二等奖。

2010 年，学校被教育部确定为首批“卓越工程师教育培养计划”试点学校。学校成为北京市大学生素质教育基地——卓越工程师素质教育基地。

2013 年 12 月，学校被中国教育学会培训中心评为“中国国际志愿者北京石油化工学院基地”。

2014 年，《“协同共赢、长效稳定”的产学合作育人机制研究与实践》获国家级教学成果二等奖。

2017 年，学校成为北京市深化创新创业教育改革示范高校，获评北京地区高校示范性创业中心。

2018 年 3 月，学校马克思主义学院获批北京高校思想政治理论课改革示范点。

2018 年 5 月，学校获批第二批北京市“一带一路”国家人才培养基地。

学校坚持以人才培养为核心，不断探索人才培养新模式，深化教育教学改革，完善德智体美劳全面培养的教育体系，推进全员、全过程、全方位育人。学校获得国家级教学成果二等奖 2 项、北京市教学成果奖 21 项。通过国家工程教育专业认证专业 7 个。拥有 1 个国家级虚拟仿真实验教学中心、2 个国家级工程实践教育中心、1 个国家级实验教学示范中心、1 个国家级大学生校外实践教育基地，以及 4 个北京市高校实验教学示范中心、8 个北京市校外人才培养基地、2 个北京市示范性校内创新实践基地、1 个北京地区高校示范性创业中心。

学校重视国际交流与合作，与 30 多所国外知名高校或科研机构合作。每年组织本科“十佳学生”和“十佳提名学生”赴国外交流；获批“北京市高等学校菁英奖学金”项目，每年都有一定比例的研究生、本科生到欧美高校访学研修。开设“中法工程师班”，实施“3+1+2”培养模式。

表 232　　北京石油化工学院本科专业设置一览表（2020 年）

专业	开设院、系	二级学院下设系
化学工程与工艺	化学工程学院	化学工程系
应用化学		应用化学系
制药工程、生物制药		制药工程系
过程装备与控制工程、油气储运工程、能源动力与工程、新能源科学与工程	机械工程学院	能源工程系

续表 232

专业	开设院、系	二级学院下设系
机械工程、机械电子工程、机器人工程	机械工程学院	机械工程系
环境工程		环境工程系
自动化、测控技术与仪器、物联网工程	信息工程学院	自动化系
电气工程及其自动化		电气工程系
计算机科学与技术、数据科学与大数据技术		计算机科学与技术系
通信工程		通信工程系
国际经济与贸易	经济管理学院	国际贸易系
大数据管理与应用		信息管理系
市场营销、电子商务		工商管理系
物流管理		物流管理系
会计学		会计系
公共事业管理、人力资源管理	人文社科学院	人力资源与公共管理系
旅游管理、会展经济与管理、会展		旅游与会展系
高分子材料与工程	材料科学与工程学院	高分子材料与工程系
材料科学与工程		材料科学与工程系
信息与计算科学	数理系	
英语（国际商务方向）	外语系	
安全工程	安全工程学院（继续教育学院）	安全工程系

五、科学研究

学校紧密围绕国家能源科技创新、京津冀协同发展战略尤其是首都经济社会发展需要，通过整合资源、汇聚力量、产出导向等举措，着力加强科研条件平台建设，构筑搭建了“协同创新大平台—省部级重点科研机构—校内科研机构”相互依托、三位一体的科技创新平台。现有北京市重点实验室 5 个、北京高等学校工程研究中心 1 个、北京市哲学社会科学研究基地 1 个，建有首都清洁能源（油气）供应和使用安全保障技术协同创新中心、中关村能源工程智能装备产业技术研究院、北京市安全生产工程技术研究院。1991—2020 年，学校承担国家自然科学基金、国家社会科学基金、国家科技支撑计划、国家科技重大专项、国家重点研发计划等国家级课题 156 项，承担北京市科技计划和北京市自然科学基金等省部级课题 179 项，承担企业横向课题 1814 项；发表 SCI/SSCI、EI 检索论文 1411 篇；申请发明专利 815 项，获得发明专利授权 398 项；获省部级科技奖 31 项。

2000 年以来，学校累计获得各类科技奖励 118 项，其中获得北京市科技奖等省部级奖励 31 项，行业协会奖励 52 项，地市级及其他奖励 35 项。

六、师资队伍建设

学校遵循“服务发展、人才优先、以用为本、创新机制、高端引领、整体开发”的原则，大力实施人才强校工程，形成了一支爱岗敬业、素质高、结构合理的师资队伍。

截至 2020 年 12 月，学校有长江学者和国家杰出青年基金获得者 1 名，国家自然科学基金优秀青年科学基金获得者 1 名，国家级专家 2 名，享受政府特殊津贴专家 4 人，教育部新世纪优秀人才 3 名，入选“科技北京”百名领军人才 1 名，北京市长城学者 8 名，北京市高等学校教学名师、青年教学名师、思政课特级教师 14 名，入选“北京市人才引进支持计划”3 人，北京市青年拔尖人才和中青年骨干教师 91 名，北京市优秀教学团队 5 个，北京市科技创新团队 13 个。

七、校园基本建设

学校统筹规划清源校区、康庄校区和燕山校区。明确各校区功能划分，优化资源配置，实现资源共享，逐步构建三校区融为一体的校园基本建设。

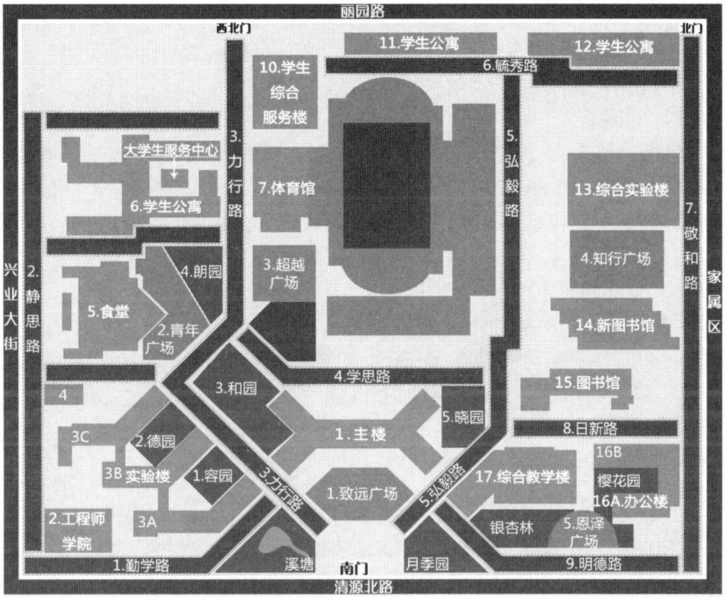

图 73 北京石油化工学院清源校区示意图

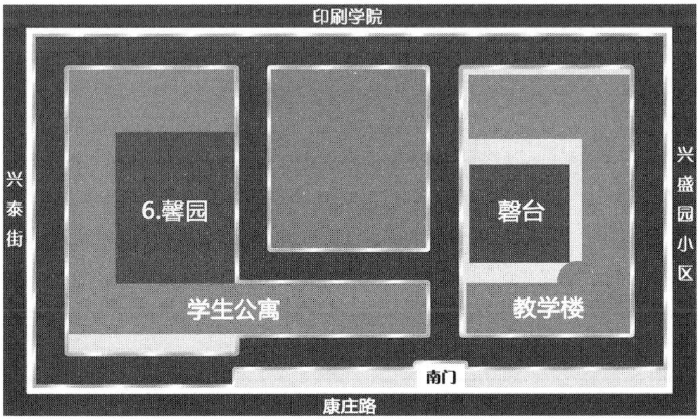

图 74 北京石油化工学院康庄校区示意图

图 75 北京石油化工学院燕山校区示意图

2012 年 7 月，综合实验楼建成并投入使用，总建筑面积近 3.8 万平方米，极大地改善了学校办学条件，有效解决学校实验教学用房不足的困难。

2018 年 5 月 29 日，学校图书馆新馆揭牌并投入使用，新图书馆是集图书借阅与检索、档案管理、会议服务、陈列展览、网络信息管理、安全监控和办公等为一身的综合信息中心，总建筑面积 25333.7 平方米。

2020 年，学生综合服务楼建成并投入使用。它是集标准化食堂、洗浴、大学生服务中心、大学生活动中心、教师活动中心、办公和停车等多功能为一体的综合性服务楼，总建筑面积 21541 平方米。

八、2020 年概况

2020 年，北京石油化工学院校园面积 28.67 万平方米，图书馆建筑面积 1.70 万平方米。全年教育经费总投入 57764.85 万元。设有 3 个校区，设置 13 个院（系、部）。开设 37 个本科专业。国家级一流本科专业建设点 7 个。具有一级学科硕士点 4 个、硕士专业学位授权类别 1 个；博士后科研工作站 1 个，其中，博士后研究人员出站 17 人、进站 27 人、在站 10 人。国家级工程实践教育中心 2 个，国家虚拟仿真实验教学中心 1 个，国家级实验教学示范中心 1 个，国家级大学生校外实践教育基地 1 个。北京重点实验室 5 个。教职工 815 人，其中，专任教师 547 人；正高级 80 人、副高级 215 人；博士生导师 10 人、硕士生导师 208 人。外籍教师 1 人。在校生 9129 人，其中，硕士研究生 564 人、普通本科生 6951 人、成人教育本专科生 1614 人（本科生 1389 人、专科生 225 人）、网络教育本专科生 814 人（本科生 515 人、专科生 299 人）。留学生毕业 2 人、招生 52 人、在校生 55 人。网址：www.bipt.edu.cn。

附表：

表 233　　中共北京石油化工学院委员会历任书记一览表（1991—2020 年）

学校	书记	任职时间
北京石油化工专科学校	刘国仁	1990 年 2 月—1991 年 4 月
	张富元	1991 年 4 月—1992 年 12 月
北京石油化工学院	张富元	1992 年 12 月—1998 年 10 月
	孙桂大	1998 年 10 月—2001 年 8 月
	牛继升	2001 年 8 月—2008 年 5 月
	高锦宏	2008 年 5 月—2017 年 12 月
	刘　颖	2019 年 7 月—

说明：2017 年 12 月至 2019 年 7 月，书记空缺

表 234　　北京石油化工学院历任院长一览表（1991—2020 年）

学校	院长	任职时间
北京石油化工专科学校	张富元	1989 年 10 月—1991 年 4 月
	郁浩然	1991 年 4 月—1992 年 12 月
北京石油化工学院	郁浩然	1992 年 12 月—1998 年 10 月
	佟泽民	1998 年 10 月—2005 年 7 月
	郭文莉	2005 年 7 月—2016 年 8 月
	蒋毅坚	2016 年 8 月—

（执笔人：王元锴）

北京农学院

北京农学院（英文名称：Beijing University of Agriculture）是北京市人民政府举办的以农学为主，以农学、工学、管理学为重点，协同发展理学、经济学、法学、艺术学等其他学科的全日制普通高等学校。学校主要教育形式是全日制本科和研究生学历教育，并根据自身办学实际开展非全日制学历教育与非学历教育和中外合作教育。学校有一个校区，法定注册为北京市昌平区北农路7号。

一、学校沿革

北京农学院始建于1956年，名为河北省通县农业学校，办学地点初为河北省石家庄市，1956年11月迁至河北省通县管庄。1958年，河北省通县划归北京市后，河北省通县农业学校与北京市农业合作干部学校合并，更名为北京市农业学校。1961年3月，由于办学规模扩大的需要，北京市农业学校迁至昌平县（现昌平区）朱辛庄（现址）。1961年7月，原北京市水产学校并入北京市农业学校。1965年，在北京市农业学校的基础上建立半农半读的北京农业劳动大学。1978年，北京农业劳动大学更名为北京农学院并于1979年招收全日制本科生。

二、基础设施建设

（一）校区建设

北京农学院占地面积756701.07平方米，包括校本部占地面积410640.17平方米、校东区占地面积319649.90平方米、校北区占地面积26411平方米。校舍总建筑面积305927.19平方米。

1991年学校校舍总建筑面积为62707平方米，30年间建成新图书馆、生资楼A座、教学楼B座、培训楼及配楼、计算机楼A座和B座、科技综合楼等40余处教学科研场所，教学科研用房紧张的状况得到缓解。2004年新建教学楼B座，建筑面积达10939平方米。2001年在校本部新建学生公寓5号、6号楼，2005—2007年先后在校东区新建学生公寓7号、8号、9号楼，总建筑面积达56971.08平方米。2015—2017年先后建成并投入使用动科园林楼、食品楼、学生活动中心、科技综合楼，总建筑面积达72626平方米。

2008年和2012年分别在昌平区马池口镇和怀柔区宝山镇以租赁形式建成千亩大学科技园农场、万亩大学科技园林场。

（二）办学条件与设施

1991年，学校固定资产值为1153.26万元；2020年，学校固定资产值为123626.72万元，其中教学科研仪器值为48997.39万元，40万元以上的教学科研大型仪器设备共计106台。

实验室与实习基地。1991年，学校实验室建筑面积8724平方米。2020年，经过不断的发展和资源整合，学校有本科校内实验室65个，使用面积27143.13平方米。拥有国家级实验教学示范中心2个，省部级实验教学示范中心4个；本科校内实习、实训场所12个，本科及研究生校外实践基地255个，其中，国家级人才培养基地1个，省部级校外人才培养基地5个，省部级校内创新实践基地2个；校外研究生联合培养工作站42个。

图书馆。1991年，学校图书馆建筑面积

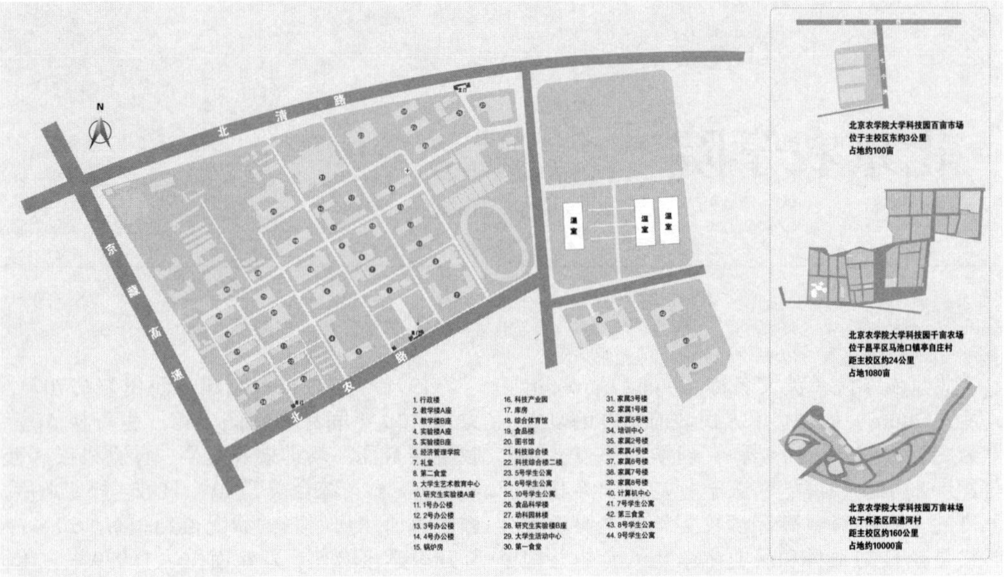

图 76　北京农学院校区示意图

6400平方米，馆藏纸质图书10.72万册。2011年建成新图书馆，建筑面积16129.02平方米。截至2020年，馆藏纸质图书92.26万册，电子图书120.46万册，订购中外文数据库59个。

校园网与信息化建设。2001年12月学校建设校园网络，2003年3月21日正式在互联网发布北京农学院主页，2008年建成“数字北农”信息服务平台，2013年建成网站群集控管理系统。2020年学校信息化设备资产值为10707.35万元，网络信息点14280个，校园网出口总带宽4400Mbps，拥有计算机5410台，多媒体教室116间，上网课程数770门。

三、院系设置

1991年，学校共设置六系三部，即农学系、园艺系、畜牧兽医系、经济贸易系、园林系、食品科学系，基础部、社会科学部、培训部。

1999年，成立高等职业教育学院。学校共设六系（农学系、园艺系、畜牧兽医系、园林系、经济贸易系、食品科学系）三部（基础部、社会科学部、成人教育部）一院（高等职业教育学院）。形成以大学本科为主体，兼有大学专科和高等成人教育的多层次办学体系。

2001年，为适应高等教育改革和发展需要，成立基础科学系和政法系。原高等职业教育学院更名为职业技术学院，新增继续教育学院。

2002年，组建生物技术系，原农学系与园艺系整合为植物科技系。

2003年，成立国际学院、外语教学部。

2007年，成立计算机与信息工程系，职业技术学院与继续教育学院合署办公，外语教学部与国际学院合署办公，原政法系更名为人文社会科学系，原基础科学系更名为基础教学部。

2009年，为服务首都城乡经济社会发展一体化和都市型现代农业发展，将原九系（部）三院调整为11个二级学院，3个教学部，即：生物技术学院、植物科学技术学院、动物科学技术学院、经济管理学院、园林学院、食品科学技术学院、计算机与信息工程学院、人文社会科学学院、城乡发展学院、国际学院、继续教育学院，基础教学部、体育教学部、外语部。

2010年，成立思想政治理论教学科研部。

2011年，外语教学部与基础教学部、体育教学部合署办公，原生物技术学院更名为生物科学与工程学院，原食品科学学院更名为食品科学与工程学院，原人文社会科学学院更名为文法学院。

2017年，成立马克思主义学院，撤销思想政治理论教学科研部设置。

2018年，成立创新创业学院，与城乡发展学院合署办公。

2019年，撤销生物科学与工程学院设置，组建生物与资源环境学院。撤销文法学院和城乡发展学院设置，组建文法与城乡发展学院。原与城乡发展学院合署办公的创新创业学院，调整为与继续教育学院、农村干部培训学院、北农耕读教育中心合署办公。

2020年，学校在院系设置上保持14个院（部）。

表235　　北京农学院院系部设置一览表（2020年）

序号	院系部	序号	院系部
1	生物与资源环境学院	8	文法与城乡发展学院
2	植物科学技术学院	9	国际学院
3	动物科学技术学院	10	马克思主义学院
4	经济管理学院	11	继续教育学院—创新创业学院
5	园林学院	12	基础教学部
6	食品科学与工程学院	13	外语教学部
7	计算机与信息工程学院	14	体育教学部

四、学科和专业设置

（一）学科设置

1. 学科和硕士学位授权点设置

2002年，果树学、临床兽医学被北京市教育委员会批准为北京市重点建设学科。2008年，增列农产品加工及贮藏工程、农业经济管理为北京市重点建设学科。2010年，增列园林植物与观赏园艺为北京市重点建设学科。

2016年，在全国第四轮学科评估中，园艺学排位C+、农林经济管理排位C、兽医学排位C-。2019年，园艺学获批北京高校高精尖建设学科。

2003年，学校获批硕士学位授予权。2008年，获批农业推广硕士（现更名为“农业硕士”）专业学位授权类别，开始培养专业学位研究生。2018年，获批北京市新增博士学位授予立项建设单位。2020年，学校共有11个一级学科硕士学位授权点，7个专业学位硕士授权类别，24个硕士学位授权点。

学校以农、工、管为主要学科门类，建立了植物科学学科群、畜牧兽医学科群、农林经济管理与文法学科群、生物技术与食品工程学科群、生态环境建设与城镇规划5个学科群。

表236　　北京农学院一级学科设置一览表（2020年）

序号	学科门类	学科代码	一级学科
1	工学	0832	食品科学与工程
2	农学	0901	作物学
3	农学	0902	园艺学
4	农学	0906	兽医学
5	农学	0907	林学
6	管理学	1203	农林经济管理
7	工学	0834	风景园林学
8	工学	0836	生物工程

续表 236

序号	学科门类	学科代码	一级学科
9	农学	0904	植物保护
10	农学	0905	畜牧学
11	管理学	1202	工商管理

表 237 北京农学院专业学位一览表（2020 年）

序号	代码	专业学位类别 / 领域
1	095131	农业类别 / 农艺与种业领域
2	095132	农业类别 / 资源利用与植物保护领域
3	095133	农业类别 / 畜牧领域
4	095135	农业类别 / 食品加工与安全领域
5	095136	农业类别 / 农业工程与信息技术领域
6	095137	农业类别 / 农业管理领域
7	095138	农业类别 / 农村发展领域
8	0952	兽医
9	0860	生物与医药
10	0953	风景园林
11	0254	国际商务
12	0352	社会工作
13	0954	林业

（二）专业设置

1991 年，学校设置有农学、植物保护、果树、蔬菜、畜牧、兽医、农业经济管理、林学、园林、农畜产品贮藏与加工 10 个专业。

1992—2020 年，根据社会和学校发展需求，学校新增、调整了相关专业。1994 年，新增园艺、园林、企业管理、食品科学与工程专业。1999 年，畜牧和兽医专业变更为动物科学专业和动物医学专业，企业管理专业变更为工商管理专业。新增森林资源保护与游憩专业。2000 年，新增会计学专业。2001 年，新增计算机科学与技术专业、法学专业。2002 年，新增生物技术专业。2003 年，新增市场营销、旅游管理、艺术设计、社会工作、国际经济与贸易（国际商务管理）、食品科学与工程（食品质量与零售管理）专业。2004 年，新增食品质量与安全专业。2006 年，新增生物工程、农业资源与环境专业。撤销森林资源保护与游憩专业。2009 年，新增农村区域发展专业。2010 年，新增信息管理与信息系统专业。2012 年，新增会展经济与管理、包装工程专业。国际学院新增农业资源与环境专业。2013 年，新增投资学专业，艺术设计专业更名为环境设计专业。2015 年，新增应用化学专业。2018 年，新增酿酒工程专业，物联网专业。2019 年，学校暂停生物技术、种子科学与工程、投资学、包装工程、市场营销、计算机科学与技术 6 个专业招生。

2020 年，全校共 35 个专业。国家级特色专业 3 个，北京市特色专业 6 个，国家级一流本科专业建设点 3 个，北京市级一流本科专业建设点 6 个，北京高校重点建设一流专业 2 个。

依据办学定位及人才培养总目标，学校建设了植物类、动物类、园林生态类、食品加工类、生物与信息技术类和经管文法类六大专业群，形成了以农工管为主干、理经法艺为支撑的都市农业全产业链专业布局。

表 238　　北京农学院本科专业设置一览表（2020 年）

序号	学科门类	各专业类名称	专业名称
1	农学	植物生产类	农学
2			种子科学与工程
3			园艺
4			植物保护
5		自然保护与环境生态类	农业资源与环境
6			农业资源与环境（环境管理，中外合作办学）
7		动物生产类	动物科学
8		动物医学类	动物医学
9		林学类	林学
10			园林
11	工学	生物工程类	生物工程
12		计算机类	计算机科学技术
13		轻工类	包装工程
14		食品科学与工程类	食品科学与工程
15			食品科学与工程（食品质量与零售管理，中外合作办学）
16			食品质量与安全
17			酿酒工程
18		计算机类	物联网工程
19		管理科学与工程类	信息管理与信息系统
20		建筑类	风景园林
21	管理学	工商管理类	工商管理
22			市场营销
23			会计学
24		旅游管理类	旅游管理
25			会展经济与管理
26		农业经济管理类	农林经济管理
27			农村区域发展
28	理学	生物科学类	生物技术
29		化学类	应用化学
30	经济学	经济与贸易类	国际经济与贸易
31			国际经济与贸易（国际商务管理，中外合作办学）
32			投资学
33	法学	法学类	法学
34		社会学类	社会工作
35	艺术学	设计学类	环境设计

五、人才培养

1991 年，学校招收本专科生 400 人，2004 年招收首批研究生 32 人。2015 年，与中国农业大学和北京林业大学开展双培计划，开始招收双培生。2017 年正式停止招收专科生。2020 年，学校招生 2462 人（本科生 1785 人，研究生 677 人）。1991—2020 年，毕业学生 39863 人，其中研究生 2732 人，本科生 28655 人，专科生 8476 人。

为有效支撑学校人才培养目标和培养效果之间的达成度，学校创新构建了分段制、多层次、递进式“3+1”人才培养模式，并从 2014 年开始在所有本科专业中实施。学校着力加强产教融合，提升研究生应用能力，2020 年开始推行全日制专业学位研究生专项化培养，启动基质研究院、科技小院、古树保护与修复三个专项班。制定《北京农学院贯彻落实〈北京市建设全国“三全育人”综合改革试点区实施方案〉的实施方案》，明确了“三全育人”工作总体要求、建设目标和主要任务。首次将“课程思政点”写入教学大纲和教学实施方案，实现了课程思政在全校课程的全覆盖。30 年间，学校获得国家级教育教学成果奖 1 项，北京市高等教育教学成果奖 19 项，“北京市精品课程”8 门，“北京高校优质本科课程”8 门。

为完善学生管理机制，1993 年学校建立学生综合测评制度。1995 年成立心理咨询室，启动军训工作，成立首都高校第一个女子国旗班。女子国旗班团支部被团中央评为 2017 年全国高校“活力团支部”。30 年间，近万名学生参与奥运会、“一带一路”国际合作高峰论坛、中非合作论坛北京峰会、亚洲文明对话大会、中国北京世界园艺博览会、中华人民共和国成立 70 周年庆祝等重大活动志愿者服务保障任务。2005 年，作为首批试点高校，正式启动选送优秀毕业生担任“村官”工作，共有 2156 名毕业生到北京 14 个区县任大学生村干部。学校鼓励大学生创新创业，共有 481 名学生开展创业项目 96 项。多年来，毕业生全员就业率连年超过北京市平均水平，先后被评为“北京地区高校示范性就业指导中心”“北京市创业培训定点机构”。

2003 年，学校与英国哈珀亚当斯大学（Harper Adams University）开展“国际经济与贸易（国际商务管理）”“食品科学与工程（食品质量与零售管理）”专业中外合作办学项目；2012 年与澳大利亚埃迪斯科文大学（Edith Cowan University）开展“农业资环与环境（环境管理方向）”专业中外合作办学项目；两个项目均实行中外“3+1”两校区学习制度。截至 2000 年，分别培养本科生 838 人和 105 人。

2001 年，学校成立继续教育学院，负责成人高等学历教育和培训工作，形成以农学类专业为特色多学科共同发展的成人学生培养模式，截至 2020 年，共培养本专科毕业生 2123 人。

1998 年、2004 年，学校两次接受教育部进行的本科教学工作合格评价和本科教学工作水平评估，分别获得“合格”和“良好”的结果。在 2019 年教育部开展的本科教学工作审核评估中得到充分肯定。

根据市委市政府《关于统筹推进北京高等教育改革发展的若干意见》（京发〔2018〕12 号）文件精神，学校立足自身实际，明确了高水平应用型大学的办学类别，定位于培养综合素质高、知识结构合理、实践能力强、具有创新精神和创业能力的复合应用型农林人才。

六、科研情况

（一）科研项目与成果

学校历来重视科学研究与成果产出。1991 年承担科研课题 79 项，到账科研经费 57 万元。研发的“水稻工厂化育苗及机播配套技术”在北京“七五”星火计划博览会上获金奖。1999 年，首次设立校内青年科学基金，2002 年设立校内人文社科、基础科学、青年科学“三项基金”，持续支持青年教师科研活动。2003 年，冬小麦新品种“北农 9549”首次通过国家品种审定委员会审定。2015 年，作为牵头单位，率先完成小豆全基因组测序。主持制定的北京市《即食鲜切蔬果生产许可审查细则 2014 版》《冷链即食食品生产审查实施细则 2015 版》，分别于 2015 年 3 月 1 日、2016 年 1 月 1 日正式实施；主持修订的《结球生菜生产技术规程》等 4 项叶类蔬菜北京市地方标准于 2019 年 1 月 1 日正式实施。

2020 年，学校到账科研经费 6062.4061 万元，涵盖各类科技项目 452 项，出版学术著作 10 部，发表学术论文 663 篇，其中 SCI 论文 49 篇；获得专利授权 66 项，软件著作权登记 46 项；获得审定植物新品种 3 项；获得新品种权 1 项；成果转化 6 项；作为第一完成单位荣获省部级及以上科技成果奖 3 项。

（二）科研平台

1991 年，学校共有 6 个场站、4 个研究所、1 个中心实验室。2001 年，建立第一个省部级科研平台——农业应用新技术北京市重点实验室，同年成立都市农业研究所。2007 年，成立北京新农村建设研究基地，挂靠北京农学院都市农业研究所。2012 年，成为国家青贮玉米品种试验和品质检测主持单位。2017 年，与北京市科委签署协议，共建首都科技条件平台，将校内的 8 家省部级科研机构纳入首都科技条件平台开放实验室。2020 年，学校共有省部级科研平台 24 个。

（三）社会服务

作为一所市属农业院校，服务“三农”始终是学校的重要职能。1991 年学校为京郊贫困山区和山西吕梁及甘肃定西等贫困地区开展技术培训 2766 人次。1997 年成立科教兴农领导小组和科教兴农办公室，设立科教兴农专项资金，参与建设全国试点村 6 个、北京市试点村 9 个，市教委试点村 7 个。1998 年被农业部中国农学会授予“全国农业科普先进集体”称号，1 名教师被评为全国农业科普先进个人。2003 年获得全国“农业科普示范先进集体”等 4 项荣誉称号。2006 年与延庆县合作开展农村实用人才培养“1+1+X”培训工程，被北京市科委、科协作为典型经验模式向全市推广；依托该工程开展“百名专家兴百村”“科普惠农兴村计划”“双百对接”等活动，2012 年被北京市委组织部评为“组织工作创新奖”。时任全国人大常委会副委员长韩启德为学校题词：“把论文写在京郊大地上，把成果凝结在农民的收获里。”

学校积极参与脱贫攻坚战，坚持扶智扶贫相结合。2017 年成功申报“农业农村部现代农业技术培训基地”“全国新型职业农民培育基地”，学校每年平均培训北京市以及北京市对口协作地区基层干部 6000 余人。2017 年选派 19 个专家团队持续三年对接帮扶京郊 20 个低收入村。2020 年，在北京市事业单位脱贫攻坚专项奖励中，学校记大功 1 人、记功 2 人、受嘉奖 28 人。连续选派两任“第一书记”在延庆黄土梁村驻村帮扶，帮扶案例于 2020 年入选联合国第二届“全球减贫案例首批最佳案例”。

学校积极服务保障首都重大国际活动。2012 年参加第七届世界草莓大会，被大会筹委会指挥部授予最佳服务保障奖。2014 年 APEC 会议期间，委派专家为国际政要展示中国传统插花艺术。2019 年参加“中国北京世界园艺博览会”，被组委会评为最佳特色奖。

七、师资队伍建设

1991 年，学校进行了人事、劳动和分配制度改革，进一步优化了教师资源配置和教师队伍结构。共有专任教师 294 人，具有高级职称教师 69 人，占专任教师总数 23.6%，其中教授 9 人，副教授 60 人；硕士及以上学历学位教师 59 人，占专任教师总数 20.1%，博士学位 1 人，硕士学位 58 人；40 岁以下青年教师 174 人，占专任教师总数 59.2%。

1994 年、2001 年、2003 年，学校分别进行了人事制度改革，依任务设岗，按岗聘任，逐步建设一支规模适当、结构合理、高效精干的各类人才队伍。

2007 年，依据学校办学目标与发展定位，制定《北京农学院 2007 年教师职务聘任工作实施办法》，设置了教学为主型、教学科研型、科研为主型、推广型和实验技术型五种教师岗位类型，明确岗位职责和考核目标，实现由“身份管理”到“岗位管理”的过渡。

2012 年，为实现特色鲜明、高水平的都市型现代农林大学建设目标，印发《北京农学院教师高级专业技术职务聘用条件》，制定更加符合各学科各专业教师工作内容特点的聘用条件。

2016 年，根据国家职称改革精神，制定《北京农学院教师专业技术职务任职基本条件（修订）》，取消了职称评审外语和计算机应用能力考试要求。

2017 年，根据学校事业发展需要，启动新一轮岗位设置与聘用工作，出台《北京农学院教师岗位设置及聘任实施细则（修订）》、《北京农学院其他专业技术岗位设置及聘任实施细则（修订）》和《北京农学院管理岗位设置及聘任实施细则（修订）》，合理配置岗位资源。

2019 年，为深入贯彻全国和北京教育大会精神，制定《新时代北京农学院教师职业行为规范》《北京农学院教师师德考核办法（试行）》《北京农学院教师师德失范行为处理办法》。

2020 年，根据国家人才评价“破五唯”通知精神，制定《同行专家学术评议实施办法（试行）》，建立标志性成果评审制度，强化质量导向。至年底，学校专任教师 549 人，具有高级职称人员 375 人，其中正高级 113 人，副高级 262 人，高级职称人员占专任教师总数 68.3%，比 1991 年提高了 43%。硕士及以上学位教师 512 人，占专任教师总数 93.3%，比 1991 年提高了 73%，其中博士学位教师 279 人，硕士学位教师 237 人；40 岁以下青年教师 177 人，占专任教师总数的 32.2%。学校入选国家级人才项目 2 人，享受国务院政府特殊津贴 4 人，入选教育部新世纪优秀人才计划 1 人，教育部教学指导委员会委员 4 人，入选北京市百千万人才工程 2 人，入选北京市海外高层次人才计划 1 人，北京市“高创计划”教学名师 4 人，北京市高等学校教学名师 14 人，北京市高等学校青年教学名师 3 人，北京高校思想政治理论课特级教授 1 人，北京市现代农业产业技术体系岗位专家 20 人。北京市属高校创新团队 11 个，北京高校优秀育人团队 1 个，北京市优秀教学团队 3 个，北京高等学校继续教育优秀教学团队 1 个，北京高校继续教育重点建设教学团队 1 个。教师队伍总量稳步增长，职称、学位和年龄结构得到改善，为创建都市特色高水平应用型现代农林大学提供强有力的人才支撑。

八、2020 年概况

2020 年，北京农学院占地面积 756701.07 平方米，图书馆建筑面积 16129.02 平方米。全年教育经费投入 59404.36 万元。学校由北京市人民政府举办，为农业院校，设有 1 个校区，设置 14 个院（部）。开设 35 个本科专业，覆盖 7 个学科门类。国家级一流本科专业建设点 3 个，北京市级一流本科专业建设点 6 个，北京高校重点建设一流专业 2 个。农业农村部重点实验室 1 个，北京实验室 2 个、北京高精尖创新中心 1 个，北京重点实验室 5 个，北京市工程中心 6 个，北京市哲学社会科学研究基地 1 个。教职工 759 人，其中，专任教师 549 人；正高级 113 人、副高级 262 人；博士生导师 18 人、硕士生导师 469 人。外籍教师 6 人。在校生 8783 人，其中，硕士研究生 1449 人、普通本专科生 7002 人（本科生 6986 人、专科生 16 人）、成人教育本专科生 332 人（本科生 282 人、专科生 50 人）。网址：www.bua.edu.cn。

附表：

表 239　　中共北京农学院委员会历任书记一览表（1991—2020 年）

书记	任职时间	书记	任职时间
张　挺	1985 年 3 月—1993 年 4 月	孙尧东	2000 年 11 月—2007 年 8 月
曹晓文	1993 年 4 月—1995 年 2 月	王慧敏	2007 年 8 月—2011 年 7 月
王淑贞	1995 年 2 月—1997 年 3 月（副书记主持工作）	郑文堂	2011 年 9 月—2015 年 10 月
孙毓仁	1997 年 3 月—2000 年 9 月（副书记主持工作）	杨　军	2016 年 7 月—

表 240　　北京农学院历任院长一览表（1991—2020 年）

校长	任职时间	校长	任职时间
乔柏年	1987 年 7 月—1993 年 3 月	王有年	2004 年 6 月—2011 年 6 月
门常平	1993 年 3 月—2000 年 11 月	王慧敏	2011 年 8 月—2020 年 10 月
孙尧东	2000 年 11 月—2004 年 6 月	周剑平	2020 年 10 月—

（执笔人：马俊云、康文刚、骆金娜）

首都医科大学

首都医科大学（英文名称：Capital Medical University）是北京市人民政府举办的全日制公立普通高等学校。学校行政主管部门是北京市教育委员会，学校卫生行业领导部门是北京市卫生健康委员会。学校以建设高水平研究型医科大学为目标，坚持教育教学为立校之本，科学研究为强校之路，秉承“扶伤济世，敬德修业”的校训，培养高素质医学人才，产出高水平医学研究成果，提供高质量医疗服务，培育并传承有特色的大学文化。学校人才培养层次为本科学历教育、学位与研究生教育、成人教育与继续教育。学校由校本部、附属医院暨临床医学院、临床教学医院与专业教学基地构成。学校本部有五个校区，主校区位于北京市丰台区右安门外西头条10号。

一、学校沿革

1956年8月，国务院批准同意成立北京第二医学院，成立后由北京市人民委员会领导。1960年9月，北京第二医学院举行成立大会暨开学典礼，学校正式成立。1971年10月，北京第二医学院更名为北京医学专科学校，由北京市革委会直接领导。1974年1月，学校恢复北京第二医学院的名称。

1978年4月，北京市委对北京第二医学院的领导体制和隶属关系进行了调整，决定北京第二医学院由市委科教部和卫生体育部双管。1985年8月，北京第二医学院更名为首都医学院。1986年8月，首都医学院被确定为市属重点院校，实行由北京市卫生局和北京市高教局双管的领导体制。

1994年2月，首都医学院更名为首都医科大学。2001年2月，北京联合大学中医药学院、北京医学高等专科学校和北京职工医学院并入首都医科大学。2002年2月，首都医科大学由北京市教育委员会管理。2015年10月，首都铁路卫生学校整体并入首都医科大学。2015年12月，首都医科大学成为北京市政府、国家卫生和计划生育委员会、教育部共建院校。

二、院系建设

学校以学科和学科群为基础，建立和调整了学院、学系结构，形成合理的学科载体。1991年以来，学校根据学科发展需要，整合学科资源，调整学科布局，通过改系为院、市属医学院校调整并入、已有学院调整合并、成立新的学院等措施，形成了目前的基础医学院、药学院、公共卫生学院、护理学院、生物医学工程学院、中医药学院、医学人文学院、全科医学与继续教育学院、马克思主义学院、国际学院、燕京医学院11个学院、1个脑重大疾病研究中心（北京脑重大疾病研究院）、1所附属卫生学校。

学校充分利用北京丰富的医药卫生资源和发展优势建设高水平的临床教学基地，通过改系为院、增加附属医院、设立临床医学院等措施，形成了目前的21所临床医学院（其中19所为附属医院）和1个预防医学教学基地。

表 241　首都医科大学附属医院（临床医学院、教学基地）一览表（2020 年）

序号	附属医院（临床医学院）	序号	附属医院（临床医学院）
1	首都医科大学宣武医院（第一临床医学院）	12	附属北京儿童医院（儿科医学院）
2	附属北京友谊医院（第二临床医学院）	13	附属北京口腔医院（口腔医学院）
3	附属北京朝阳医院（第三临床医学院）	14	附属北京安定医院（精神卫生学院）
4	附属北京同仁医院（第四临床医学院）	15	附属北京妇产医院（妇产医学院）
5	附属北京天坛医院（第五临床医学院）	16	附属北京中医医院（中医药临床医学院）
6	附属北京安贞医院（第六临床医学院）	17	附属北京世纪坛医院（肿瘤医学院）
7	附属复兴医院（第八临床医学院）	18	附属北京康复医院（北京康复医学院）
8	附属北京佑安医院（第九临床医学院）	19	附属北京潞河医院（潞河临床医学院）
9	附属北京胸科医院（第十临床医学院）	20	中国康复研究中心（康复医学院）
10	首都医科大学三博脑科医院（第十一临床医学院）	21	中日友好医院（中日友好临床医学院）
11	附属北京地坛医院（第十二临床医学院）	22	北京市疾病预防控制中心（预防医学教学基地）

在特有的临床管理体制下，学校不断加强学校本部与各临床医学院的联系，全面推进临床学科和教育发展。为提升学校各附属医院的建设发展水平，学校提出建设“人民满意的学院型医院”的要求，以发展首都卫生健康事业为己任，把学科建设放在医院工作的重要位置，全面推进了医教研防工作，学院型医院建设取得可喜的成绩。根据中国医学科学院发布的 2020 年度中国医院 / 中国医学院校科技量值（STEM）排名，附属北京天坛医院、宣武医院、附属北京友谊医院、附属北京同仁医院、附属北京朝阳医院、附属北京安贞医院、附属北京儿童医院、附属北京地坛医院等 8 所附属医院进入全国医院科技量值综合榜单前 100 名。

学校以国家临床高级人才培养基地为基础，组建了 39 个临床专科学院（系），打造了临床学科资源整合平台。学校在已有临床专科学院（系）基础上，成立了 32 个临床诊疗与研究中心，整合临床诊疗资源，充分发挥优势诊疗团队在临床诊疗技术研究中的引领作用。

学校先后与丰台、密云、大兴、平谷、石景山、通州、房山、怀柔、昌平、延庆、顺义、门头沟等区县政府签署合作协议，成立了 12 所教学医院，形成了以 12 所教学医院为中心辐射全市农村医教研防一体化的区域医疗体系，培养“下得去、用得上、留得住”的基层医疗卫生人才。

表 242　首都医科大学附属医院（临床医学院、教学基地）一览表（2020 年）

序号	教学医院	序号	教学医院
1	丰台教学医院	7	良乡教学医院
2	电力教学医院	8	怀柔教学医院
3	石景山教学医院	9	昌平教学医院
4	密云教学医院	10	延庆教学医院
5	大兴教学医院	11	门头沟教学医院
6	平谷教学医院	12	顺义教学医院

三、学科建设

学校坚持“加强基础，整合临床”的理念，不断深化基础与临床学科融合，不断强化学科内涵建设。经过 30 年的建设发展，学校一级学科内涵不断充实，二级学科整体水平不断提高，优势学科和特色学科水平继续提升并稳居全国前列。

30 年来，学校获批国家重点学科 8 个、国家重点（培育）学科 2 个、国家临床重点专科（含中医）60 个、国家中医药管理局重点（培育）学科 14 个。获批北京市一级重点学科 4 个、北京市二级重点学科 6 个、北京市重点交叉学科 1 个、北京市高精尖学科 3 个、北京地区高等学校学科群 1 个。获批博士学位授权一级学科 8 个、硕士学位授权一级学科 13 个；博士学位授权点52个、硕士学位授权点53个；博士后科研流动站9个。建立了国家生命科学与技术人才培养基地、卫生部全科医学培训中心、北京市全科医学培训中心、首都卫生管理与政策研究基地，与中国卫生信息与健康医疗大数据学会共同成立首都医科大学健康医疗大数据国家研究院，与国家医疗保障局合作成立首都医科大学国家医疗保障研究院。

根据2020年11月ESI公布的数据，学校临床医学、神经科学与行为学、药理学与毒理学、免疫学、生物学与生物化学、分子生物学与遗传学、社会科学总论、精神病学与心理学8个学科进入ESI学科全球前1%，其中，临床医学进入ESI学科前1‰，神经科学与行为学、药理学和毒理学、免疫学、生物学与生物化学进入全球前5‰。在第四轮全国学科评估中，临床医学和护理学2个学科排名进入A类，居于独立医科大学之首。生物学、公共卫生与预防医学、药学、基础医学、口腔医学、生物医学工程6个学科为B类。

表243　　首都医科大学一级学科设置一览表（2020年）

学科门类	一级学科名称	学科门类	一级学科名称
03 法学	0305 马克思主义理论（注：按030505思想政治教育二级学科招生）	10 医学	1005 中医学
04 教育学	0402 心理学		1006 中西医结合
07 理学	0710 生物学		1007 药学（可授医学、理学学位）
08 工学	0831 生物医学工程（可授工学、理学、医学学位）		1008 中药学
10 医学	1001 基础医学（可授医学、理学学位）		1009 特种医学
	1002 临床医学		1011 护理学（可授医学、理学学位）
	1003 口腔医学	12 管理学	1204 公共管理
	1004 公共卫生与预防医学（可授医学、理学学位）		

四、教育教学与人才培养

学校坚持以立德树人为根本，落实医教协同，全面提高人才培养质量，着力建设高质量人才培养体系，培养各层次高素质高水平医学人才。

加强了专业建设、课程建设和教学实验实践基地建设。增设了3个长学制专业、18个本科专业、14个高职高专专业。获批教育部、国家卫生健康委员会“卓越医生教育培养计划”试点项目6个；入选7个国家级、10个北京市级特色专业；4个北京市重点建设一流专业；5个国家级、2个省级一流本科专业建设点；7门国家级和18门市级精品课程、5门国家级精品资源共享课程、1门国家级精品视频公开课、8门国家级一流本科课程、8门北京高校优质本科课程。获批3个国家级和6个市级实验教学示范中心、3个国家级人才培养模式创新实验区和1个市级人才培养模式创新试验区、1个国家级大学生校外实践教育基地和5个北京市级校外人才培养基地、1个北京市大学生素质教育基地和2个北京市高校示范性创新实践基地；7个国家级和11个市级优秀教学团队、1个黄大年式教师团队、1个北京高校优秀本科育人团队；1名国家级和27名北京市教学名师，3名北京市“高创计划”教学名师。

表244　　首都医科大学本科（长学制）专业设置一览表（2020年）

专业层次	专业名称	专业层次	专业名称
长学制专业	临床医学	本科专业	药学
	口腔医学		中医学
	儿科学		护理学
本科专业	临床医学		假肢矫形工程
	口腔医学		听力与言语康复学

续表 244

专业层次	专业名称	专业层次	专业名称
本科专业	预防医学	本科专业	法学（卫生法学）
	医学检验技术		生物医学工程
	信息管理与信息系统（卫生信息管理）		康复治疗学
	卫生检验与检疫		公共事业管理（卫生管理）
	基础医学		医学实验技术
	儿科学		医学影像技术
	精神医学		眼视光医学
	临床药学		助产学
	中药学		

深入推进了人才培养模式改革。落实医教协同，完成了三轮教育教学改革，第四轮教育教学改革正在深入推进中。落实“卓越医生教育培养计划”，推进了医学专业学位“5+3”培养模式改革，七年长学制全部成功并入“5+3”培养；推进了临床医学专业学位硕士研究生与住院医师培训相衔接的培养模式改革，完全实施“四证合一”；推进了医学博士专业学位“5+3+X”的培养模式改革，获批临床医学博士专业学位培养改革试点；强化了临床医学复合型人才 MD / PhD 双博士学位拔尖创新人才培养模式及其后期改革；推进“3+2”助理全科医师培养模式的建设，构建学校—医院—社区卫生服务中心组成的“三位一体”全科医学人才培养体系。实施“双培计划”，分别与北京航空航天大学、北京中医药大学联合开展生物医学工程、中医学、中药学专业人才培养；实施“外培计划”，分别与英国卡迪夫大学、美国匹兹堡大学等联合开展基础医学、护理学专业人才培养。以建设高水平研究型医科大学为目标，调整完善了办学层次体系。30 年来，学校累计培养毕业生 8 万余人。

学校教育教学改革建设取得显著成绩，获教育教学成果奖国家级特等奖 1 项、二等奖 8 项，市级特等奖 2 项、一等奖 22 项、二等奖 34 项、优秀奖 1 项。学校在 2004 年教育部本科教学工作水平评估中获得优秀，2014 年高水平通过了教育部临床医学专业认证，2018 年在教育部本科教学工作审核评估中获得专家组充分肯定。2019 年北京市分类发展专家组对学校高水平研究型医科大学的办学定位给予充分肯定。2020 年学校发展定位被北京市确定为“高水平研究型大学”。

五、科学研究

学校坚持学科为基础教科并重的要求，不断加强基础与临床的合作，建立并不断完善科研激励体制和机制，科研业绩整体水平不断跃升。

学校获批 1 个国家医学中心、6 个国家临床医学研究中心；2 个省部共建协同创新中心，2 个北京高等学校高精尖创新中心；1 个省部共建国家重点实验室培育基地、5 个教育部重点实验室、1 个北京实验室、54 个北京市重点实验室；1 个国家工程实验室、1 个国家工程技术研究中心、4 个教育部工程研究中心、10 个北京市工程技术研究中心；3 个教育部创新团队，3 个科技部重点领域优秀创新团队。

30 年来，学校共承担国家重点研发计划、国家科技重大专项、国家自然科学基金、国家社会科学基金、北京市科委以及北京市自然基金等科研项目 7989 项（其中国家级科研项目 3941 项）。累计科研经费 58.05 亿元（其中国家级项目经费 40.24 亿元）。获得各类各级奖励 1588 项，其中国家最高科学技术奖 1 项，国家科技进步奖 38 项、北京市科技奖 277 项、教育部高等学校科学研究优秀成果奖 43 项、中华医学科技奖 88 项、吴阶平系列医学药学奖 6 项、茅以升北京青年科技奖 6 项、吴阶平—保罗·杨森奖 10 项、何梁何利科技奖 4 项、中源协和生命医学奖 3 项、华夏医学科技奖 51 项；北京市优秀调查研究成果奖 3 项、哲学社会科学优秀成果奖 4 项。获得专利授权 2194 项。

六、师资队伍建设

学校着力推进人才强校战略，坚持人才引进与培养相结合，建立并不断完善有利于人才队伍建设的运行机制和保障体系。成立了学校人才工作领导小组，下设人才引进学术评议工作小组、人才引进人事工作小组，制定完善了校、院两级人才引进实施办法，加大人才引进力度。同时积极争取上级政策和资源，拓宽人才引进渠道。学校成为北京市首批事业单位特设岗位设置和北京市海外高层次人才自主认定试点单位。“十三五”期间，学校共引进高层次优秀人才 120 人。

多措并举持续加强教师培养，持续提升队伍水平。修订了学校教育教学奖励办法，完善教师队伍激励机制。率先实施了临床教师分类评聘，加快推进一流临床教师队伍建设。制定了高水平人才队伍建设计划，构建了优秀拔尖人才选拔和培养体系。举办首医国际青年学者论坛，打造学术交流、人才引进平台。推进了人事制度改革，引入了激励和竞争机制，优化了编制管理和资源配置，加强了教师个性化培养工作，学校人力资源配置、管理和激励体制机制不断完善，学科、管理和保障三支队伍的结构比例进一步合理，专任教师规模稳步扩大，学历结构、年龄结构、职称结构逐步优化。

截至 2020 年，学校共有两院院士 6 人，“国家杰青”“国家优青”“百千万工程”等国家级人选 100 人；“北京学者”“青年北京学者”等北京市级人选 106 人；“国医大师”2 人、“全国名中医”3 人、“首都国医名师”27 人；获评北京市级教学名师、青年名师、高创名师 33 人。

七、国际交流与合作

30 年来，学校在人才培养、学术交流、科学研究等方面的合作力度不断加大，合作伙伴的质量和数量不断提升。与美国耶鲁大学、匹兹堡大学、英国卡迪夫大学、澳大利亚昆士兰大学等 76 所世界知名大学和相关单位签订合作协议 137 份。成立了国际转化神经科学联盟。与卡迪夫大学、哈佛大学麻省总医院、卡尔加里大学等世界一流大学成立了相关研究机构。共派出赴国（境）外进修学习、考察访问、科研培训的教师 3090 人次，先后接待了 50 多个国家、1015 批、4276 名访问人员，聘请海外客座教授和特聘顾问 49 人，聘请长期外国专家和外籍教师 42 人。

1996 年 10 月，学校获得接受外国留学生的资格，至 2020 年，共招收来自 104 个国家的留学生 1659 人，涵盖了本科、硕士、博士研究生及进修生。学校入选首批北京市“一带一路”外国留学生奖学金资助院校、首批北京市“一带一路”国家人才培养基地项目。“人脑保护学科创新引智基地”获批为科技部、教育部学科创新引智基地。

八、校园基本建设

不断改善教学、科研、办公条件。1995 年以来，学校建成了实验动物楼 1 座，建筑面积 910 平方米；第二教学楼 1 座，建筑面积 29559 平方米；病理楼 1 座，建筑面积 747 平方米；科研北楼 1 座，建筑面积 42129 平方米；第一教学楼 1 座，建筑面积 31669 平方米；科研南楼 1 座，建筑面积 42325 平方米；完成图书馆改扩建工程，建筑面积 14676 平方米。

不断改善学生住宿、餐饮、就医、体育健身、出行条件。新建学术交流服务中心，建筑面积 6000 平方米。新建扩建学生宿舍楼 3 座，建筑面积 18137.24 平方米。新建餐厅 1 座，建筑面积 6200 平方米。新建校医院楼，建筑面积 1848 平方米。新建风雨操场，建筑面积 6915 平方米，新建羽毛球场、篮球场地和排球场地、师生活动用房等，改善了师生开展体育活动的条件。新建进业桥，该桥横跨凉水河，方便了师生员工往返南北校园。

调整完善了校区功能。经过努力，万寿路校区完成置换，国际学院楼投入使用，建筑面积 34700 平方米，兼具教学、院系办公、餐饮、学生住宿等功能。与丰台区园林局签订了绿地认建认养意向书，并将绿地命名为“首都医科大学杏林广场”，规划绿地面积 14 万平方米。完成了顺义校区全面改造，建成了教学楼、餐厅楼和学生宿舍楼各 1 座，建筑面积 10717 平方米。和平里校区功能调整为临床本科生和研究生宿舍，花乡校区功能调整为研究生宿舍和北京脑重大疾病研究院办公场所。

大力推进新校区建设三大任务。学校积

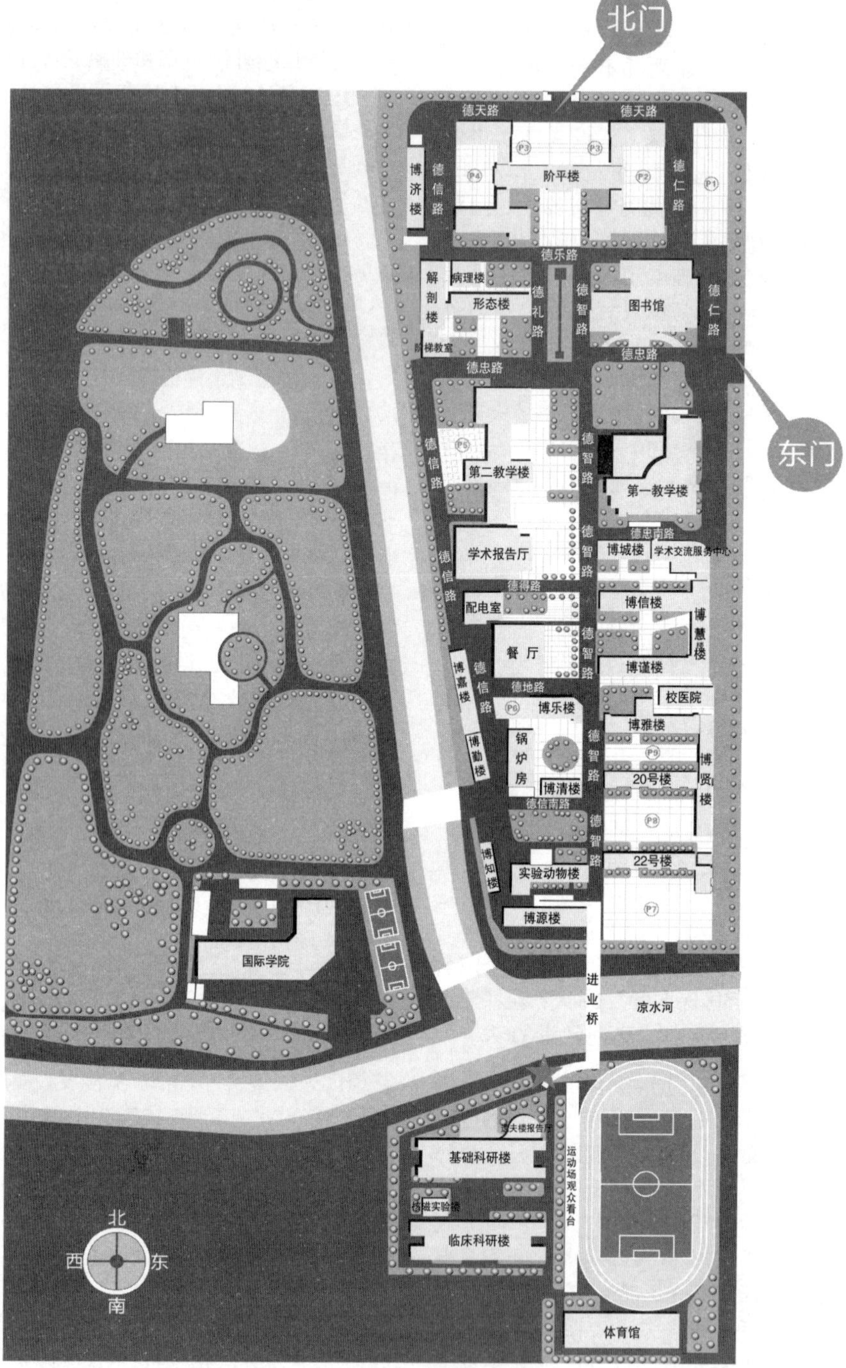

图 77 首都医科大学校本部示意图

极落实北京市委市政府有关指示精神和市政府专题会议精神及工作要求，始终将学校发展置于京津冀协同发展、首都“四个中心”功能定位、北京医药卫生健康事业的大格局中，对标国际一流研究型医科大学的建设目标，持续下大力气推进新校区（校本部）、国际化研究型医院、首都医学科学创新中心三大重点建设任务。学校新校区落户大兴生物医药基地北扩区，规划建设用地133万平方米，其中校本部73万平方米，医学科学创新中心和研究型医院共33万平方米，战略留白用地27万平方米。

九、2020年概况

2020年，首都医科大学学校和附属医院总占地面积185.02万平方米，总建筑面积273.73万平方米。其中，学校占地面积28.46万平方米、建筑面积39.21万平方米。学校和附属医院图书馆建筑面积2.48万平方米，其中，学校图书馆建筑面积1.79万平方米。全年教育经费投入166980.31万元。设置11个学院、1个研究中心和1所附属卫生学校，有21所临床医学院（其中19所为附属医院）、1个预防医学教学基地（北京市疾病预防控制中心），有39个临床专科学院、专科学系，32个临床诊疗与研究中心。开设24个本科专业、3个长学制专业。国家级一流本科专业建设点5个。国家儿童医学中心1个、国家临床医学研究中心6个；省部共建国家重点实验室培育基地1个、教育部重点实验室5个、省部共建协同创新中心2个、北京实验室1个、北京高精尖创新中心2个、北京市重点实验室54个；国家工程实验室1个、国家工程技术研究中心1个、教育部工程研究中心4个、北京市工程技术研究中心10个。学校和附属医院现有教职员工和医务人员40678人（校本部1572人，附属医院39106人），其中，专任教师5502人（校本部专任教师794人，临床教师4708人），包括正高级2678人，副高级4353人；有教授914人（校本部138人，附属医院776人），副教授1300人（校本部319人，附属医院981人）；有博士研究生导师795人、硕士研究生导师1172人；中科院院士3人、工程院院士3人。外籍教师9人，其中，教授6人。在校生15965人，其中，研究生5457人（博士生1591人、硕士生3866人）、普通本专科生7332人（本科生6093人、专科生1239人）、成人教育本专科生3176人（本科生3080人、专科生96人）。留学生毕业29人、招生77人、在校生717人。网址：www.ccmu.edu.cn。

附表：

表245　　中共首都医科大学委员会历任党委书记一览表（1991—2020年）

书记	任职时间	书记	任职时间
杜金香	1985年10月—2002年3月	李　明	2004年10月—2017年3月
史炳忠（兼）	2002年3月—2003年6月	呼文亮	2017年3月—
吕兆丰	2003年6月—2004年10月		

表246　　首都医科大学历任校长一览表（1991—2020年）

校长	任职时间	校长	任职时间
徐群渊	1985年10月—2002年3月	尚永丰	2016年9月—2019年5月
杜金香	2002年3月—2004年10月	饶　毅	2019年6月—
吕兆丰	2004年10月—2016年4月		

（执笔人：陈飞飞、梁　贲、刘　瑛）

首都师范大学

首都师范大学（英文名称：Capital Normal University）是北京市人民政府举办的一所涵盖哲学、经济学、法学、教育学、文学、历史学、理学、工学、管理学、艺术学等门类的综合性师范类全日制普通高等学校。学校人才培养层次为本科学历教育、学位与研究生教育、成人教育与继续教育以及留学生教育。教师教育是学校优先发展的重要领域，学校保持和发扬在培养中小学师资、为基础教育服务方面所具有的优势，秉承以高水平学科建设支撑高水平教师教育的发展理念，通过改革创新强化特色。学校设有校本部（北京市海淀区西三环北路105号）、北一区（北京市海淀区西三环北路83号）、北二区（北京市海淀区西三环北路56号）、东一区（北京市海淀区阜成路白堆子甲23号）、东二区（北京市海淀区阜成路北三街5号）、良乡校区（北京市房山区良乡高教园区首都师大良乡校区）、通州校区（北京市通州区中山街50号）和来广营校区（北京市朝阳区来广营西路1号）八个校区以及北戴河培训中心、金海湖培训中心两个培训中心。法定住所地为北京市海淀区西三环北路105号。

一、学校沿革

首都师范大学创建于1954年，原名北京师范学院。1960年后，华北人民大学、工农师范学院、艺术师范学院和北京师范专科学校等部分院系先后并入北京师范学院。1980年被北京市政府确定为市属重点大学。1992年，北京师范学院分院并入北京师范学院，同年北京师范学院更名为首都师范大学。1993年，北京联合大学外国语师范学院并入。1999年，北京第三师范学校、通州师范学校并入。2011年，北京市幼儿师范学校并入。2014年，北京市人民政府和教育部共同发文决定共建首都师范大学。

二、院系建设

首都师范大学的前身北京师范学院。初建时，仅有一年制的9个专修班。经过60多年的发展，逐渐成为一所拥有多学科的综合性师范大学。

1954年，学校开始招生一年制专修班，包括语文、历史、数学、物理、化学、生物、地理、音乐和美术9个学科；1955年，设中文、历史、数学和物理4个4年制本科系，中文、历史、数学、化学、物理、地理和生物7个2年制专修科及上述各系科1年制专修班；1957年，在生物科、化学科和地理科的基础上建立相应的系。1961年，华北人民大学3系（哲学系、政经系、党史系）与北京师范学院政治理论教研室合并，成立政治系，1962年更名为政治教育系；1962年，北京工农师范学院和北京体育师范学院先后并入，增设体育系，1979年体育系划出；1964年，北京艺术学院美术系和音乐系的部分教师、干部以及北京师范专科学校一部分教师、干部并入，分别成立美术系、音乐系。

1993年，北京联合大学外国语师范学院并入，成立外国语学院；1999年，北京第三师范学校、通州师范学校并入，成立初等教育学院；1999年成立中国书法文化研究所，是中国大学中首个系级建制的书法学科教学科研单位，2005年成立中国书法文化研究院；

2001年，相继成立文学院、政法学院、美术学院和资源环境旅游学院；2011年，北京市幼儿师范学校并入，成立学前教育学院；2012年，京疆学院成立，承担“新疆维吾尔自治区未就业普通高校毕业生赴对口援疆省市培养计划”，探索援疆育人长效机制；2012年，文化研究院成立，由首都师范大学与民进北京市委合作共建；2014年，燕都学院成立，是学校人才培养综合改革实验区，致力于探索学科交叉型创新人才培养途径；2016年，成立美育研究中心；2017年，教师教育学院成立，标志着学校强化教师教育办学特色、提升教师教育整体实力进入新阶段；2018年成立交叉科学研究院，以世界一流数学学科群建设为核心，打造集人才培养、科学研究和社会服务“三位一体”的人才特区和学科特区。

经过20世纪60年代、90年代以及21世纪初期三次院校整合以及一系列校内部院系调整，截至2020年，学校共下设31个院系（中心）、2个教研部。

表247　　首都师范大学院系部设置一览表（2020年）

序号	院系部	序号	院系部	序号	院系部
1	文学院	12	美术学院	23	继续教育学院
2	历史学院	13	数学科学学院	24	京疆学院
3	政法学院	14	物理系	25	国际文化学院
4	教育学院	15	化学系	26	中国书法文化研究院
5	教师教育学院	16	生命科学学院	27	燕都学院
6	首都基础教育发展研究院	17	资源环境与旅游学院	28	中国国学教育学院
7	心理学院	18	信息工程学院	29	美育研究中心
8	外国语学院	19	初等教育学院	30	文化研究院
9	马克思主义学院	20	学前教育学院	31	交叉科学研究院
10	管理学院	21	地球空间信息科学与技术国际化示范学院	32	大学英语教研部
11	音乐学院	22	良乡校区基础学部	33	体育教学研究部

三、学科建设

30年来，学校始终把学科建设作为学校发展根基，全面落实立德树人根本任务，充分发挥学科建设的龙头作用，聚焦重大成果培育战略、杰出人才引育战略、国际化发展战略，突出优势特色，优化学科布局，加强学科交叉融合，学科和学位点建设实现跨越式发展。

学校于1981年被批准为全国首批硕士学位授权单位，1984年被批准为全国第二批博士学位授权单位。1997—2012年，学校通过了“九五”“十五”“十一五”时期北京市“211工程”三期建设的审核、建设与验收。截至2020年12月，学校拥有国家“双一流”建设学科1个，北京市共建学科3个，北京高校高精尖建设学科5个，博士学位授权一级学科17个，硕士学位授权一级学科26个，涵盖哲学、法学、教育学、文学、理学、工学、历史学、管理学和艺术学共9个学科门类。

（一）砥砺奋斗、开拓前行（1991—2000年）

1991年到2000年是学校学科与学位点建设快速发展时期。1991年之前，学校共有博士学位授权学科5个，硕士学位授权学科21个。1993年学校获得美术学博士学位授予权。1996年学校获批基础数学博士学位授予权，以及3个硕士学位授权学科；1998年，学校获批中国古代文学博士学位授予权，以及5个硕士学位授权学科；2000年，学校获批3个博士学位授权学科及8个硕士学位授权学科。另外，学校专业学位授权点建设取得突破，1998年学校获批教育硕士专业学位试点单位，1999年获批教育硕士专业学位授予权。截至2000年底，学校共有博士学位授权学科11个，硕士学位授权学科37个，学科规模和质量稳步提升。

（二）继往开来、谱写新篇（2001—2011年）

进入21世纪，学校学科与学位点建设实现跨越式发展。2003年学校在博士学位授权一级学科方面实现了零的突破，获批历史学、中国语言文学一级学科博士学位授予权。2006年学校获批数学一级学科博士学位授予权，以及10个硕士学位授权一级学科；同年学校获批全国首批艺术硕士专业学位授权单位。2007年学校基础数学、植物学、中国古代文学和世界史4个学科入选国家级重点学科，实现了学校国家重点学科零的突破；2008年美术学入选国家级重点培育学科。2011年，学校获批8个博士学位授权一级学科，6个硕士学位授权一级学科，博士学位授权一级学科增至11个，硕士学位授权一级学科增至19个；同年按照国务院学位委员会下达的《学位授予和人才培养学科目录》进行学位授权点对应调整，学校博士学位授权一级学科点增至17个，硕士学位授权一级学科增至26个，学校博士学位授权一级学科数量和国家重点学科数量分别位于全国大学前60名和80名，标志着学校的高层次人才培养水平与规模已进入全国先进行列。

（三）内涵发展，跨越提升（2011—2020年）

2011年后，学校学科与学位点建设进入深化改革、内涵发展和提高质量的新时期，学校综合实力实现跨越提升。2017年，首都师范大学数学学科入选世界一流建设学科，学校进入国家“双一流”建设高校行列，这是学校发展史上的重大里程碑，对学校长远发展起到了重大的引领和推动作用。2018年，学校教育学、历史学和中国语言文学入选北京市共建学科，与北京大学、北京师范大学相关学科签约共建世界一流学科；同年获批教育博士专业学位授予权，博士专业学位授权点建设实现零的突破。2019年，学校教育学、历史学、中国语言文学、马克思主义理论和艺术类学科群入选北京高校高精尖学科，入选数量在北京高校中排名第一。2020年，学校数学一流学科建设成效明显，顺利通过教育部首轮“双一流”建设周期总结验收，学校以数学世界一流学科建设为引领，多个学科进入国内一流行列，学校整体水平显著提升。

学校学科建设坚持内涵发展。在教育部学位中心组织的学科评估中，学校不断取得新突破。2012年第三轮学科评估中，学校5个学科进入全国前10名；2016年第四轮学科评估中，学校马克思主义理论、教育学、中国语言文学、世界史、美术学共5个学科进入A类（5%～10%），12个学科进入B类（10%～20%），学科优秀率在全国地方高校中名列前茅，A类学科总数和优秀率在北京市属高校中排名第一。

截至2020年12月，学校拥有国家“双一流”建设学科1个（数学），北京市共建学科3个（教育学、历史学和中国语言文学），北京高校高精尖建设学科5个（教育学、历史学、中国语言文学、马克思主义理论和艺术类学科群），博士学位授权一级学科17个，硕士学位授权一级学科26个，博士专业学位类别1个，硕士专业学位类别16个；国家重点学科4个，国家重点培育学科1个，北京市一级重点学科8个，北京市一级重点建设学科2个，北京市一级重点培育学科4个，北京市二级重点学科12个，北京市二级重点建设学科13个，交叉学科北京市重点学科2个。学校已经形成了结构合理、特色鲜明、优势突出的学科体系。

表248　　首都师范大学一级学科设置一览表（2020年）

学科门类	学科代码	学科名称	学位授权
哲学	0101	哲学	硕博
法学	0301	法学	硕
	0302	政治学	硕
	0305	马克思主义理论	硕博
教育学	0401	教育学	硕博
	0402	心理学	硕博
文学	0501	中国语言文学	硕博
	0502	外国语言文学	硕博
历史学	0601	考古学	硕博
	0602	中国史	硕博

续表 248

学科门类	学科代码	学科名称	学位授权
	0603	世界史	硕博
理学	0701	数学	硕博
	0702	物理学	硕博
	0703	化学	硕
	0705	地理学	硕博
	0710	生物学	硕博
	0712	科学技术史	硕
	0713	生态学	硕博
	0714	统计学	硕博
工学	0812	计算机科学与技术	硕
	0830	环境科学与工程	硕
	0835	软件工程	硕
	1204	公共管理	硕
管理学	1302	音乐与舞蹈学	硕博
艺术学	1304	美术学	硕博
	1305	设计学	硕

四、人才培养

（一）本专科生培养

学校以习近平新时代中国特色社会主义思想为指导，落实立德树人根本任务，服务国家重大战略需求和首都“四个中心”城市功能定位，高质量党建引领高质量事业发展，高水平学科建设支撑高水平教师教育人才培养。

1991年招生人数为800人，1992年招生人数突破千人。此后学校招生人数逐年上升，至1999年达到2500人。2000年至2013年学校招生人数保持在2500人以上，至2014年突破3000人。2018年学校调整师范生占比及招生规模，2018年至2020年师范生招生数稳定在1750人左右，招生总人数保持在3200人左右规模。截至2020年，学校本专科生在校规模稳定在12000人左右。

学校每两年召开一次全校教学工作大会（疫情和特殊事件影响除外），及时总结学校人才培养方面的经验教训，不断更新本科教育教学和人才培养理念。2003年，接受教育部本科教学工作水平评估，并被评为“本科教学工作优秀学校”。

注重培育和引导，实施教学成果培育计划。截至2020年底，学校拥有国家级、北京市级教学成果奖一共130项，其中国家级教学成果奖16项，包括国家级一等奖3项，国家级二等奖13项；北京市级114项，其中一等奖47项。

不断推进教材建设改革创新，增强教材育人功能。截至2020年底，学校共拥有省部级教材119项，包括北京市高等教育精品教材建设立项项目49项、北京市高等教育精品教材57项、北京市高等教育经典教材1项，北京市优质本科教材课件12项。国家级教材68项，包括教育部“十五”国家级规划教材4项，教育部“十一五”国家级规划教材20项，教育部“十二五”国家级规划教材16项，国家级精品教材5项，首届全国教材建设奖23项（特等奖2项、一等奖7项、二等奖14项），全国教材建设先进个人1位（徐蓝）。

不断加强课程内涵建设。截至2020年底，学校省部级课程37门，包括北京市精品课程29门，北京市优质本科课程8门。国家级课程38门，包括首批国家级一流本科课程10门（入选数量位居北京市属高校第一位），国家精品视频公开课程1门，国家精品课程12门，国家精品资源共享课6门，教师教育国家精品资源共享立项建设课程8门，国家级双语教学示范课程1门。

学校积极推进教育教学改革，促进教师队伍建设。截至2020年底，学校共有国家级教学名师2人，北京市教学名师29人，北京市青年教学名师9人，北京市“高创”教学名师7人,教育部霍英东青年教师奖获得者1人。

坚持“主动适应与特色发展动态平衡的可持续专业建设机制”理念，积极开展各项专业建设工作。截至2020年底，学校小学教育、文学、学前教育、数学与应用数学、英语、历史学和物理学7个师范专业已通过教育部师范专业二级认证。现有本科专业59个，共有国家级特色专业7个，北京市级特色专业10个；国家级教学团队6个，北京市级教学团队9个，北京高校优秀本科育人团队3个，获批国家级一流本科专业建设点25个，北京市一流本科专业建设点13个，北京市重点建设一流专业3个。

学校不断强化大学生思想政治教育引领。从以思想教育管理为主到思想教育与学生管理统筹推进，到育人为本、德育为先，思想教育体系化与管理服务专业化并行，大学生思想政治教育全面推进，再到全面落实立德树人根本任务，构建高质量全员全程育人体系，全面推进大学生思想政治教育工作体系化建设，形成高质量的“三全”育人格局。

从1991年到2000年，根据国家对于大学毕业生的管理规定，毕业生采用计划分配体制推进毕业生派遣安排工作，学生服从分配到岗位工作。2000年，根据相关规定，逐渐过渡到双向选择，自主择业的就业方式。学校2000年建立学生就业指导中心。2000—2003年，毕业生就业率在83%～85%；从2004年到2020年，学校学生就业率始终均在95%以上，学生就业单位性质比例最高的为中、初教育系统。

表249　首都师范大学本科专业设置一览表（2020年）

序号	专业代码	专业（方向）名称	所在院系	专业性质
1	050101	汉语言文学	文学院	师范
		汉语言文学		
2	050107T	秘书学		
3	130304	戏剧影视文学		
4	050103	汉语国际教育		
5	120210	文化产业管理		
6	060101	历史学	历史学院	师范
		历史学（基地班方向）		
7	060102	世界史		
8	060103	考古学		
9	060107T	文化遗产		
10	030503	思想政治教育	马克思主义学院	
11	030504T	马克思主义理论		
12	010101	哲学	政法学院	
13	030101K	法学		
14	030302	社会工作		
15	030201	政治学与行政学		
16	120403	劳动与社会保障	管理学院	
17	120401	公共事业管理		
18	120102	信息管理与信息系统		
19	120801	电子商务		
20	020401	国际经济与贸易		
21	040101	教育学	教育学院	
22	040104	教育技术学		
		教育技术学		
23	071101	心理学	心理学院	
		心理学		

续表 249

序号	专业代码	专业（方向）名称	所在院系	专业性质
24	040106	学前教育	学前教育学院	
25	050201	英语	外国语学院	师范
		英语		
26	050202	俄语		
27	050203	德语		
		德语		
28	050204	法语		
29	050205	西班牙语		
30	050207	日语		
31	070101	数学与应用数学	数学科学学院	师范
		数学与应用数学		
32	070102	信息与计算科学		
33	071201	统计学		
34	070201	物理学	物理系	师范
35	080706	光电信息科学与工程		
36	070301	化学	化学系	师范
37	070302	应用化学		
38	071001	生物科学	生命科学学院	师范
		生物科学		
39	071002	生物技术		
40	070501	地理科学	资源环境与旅游学院	
41	120901K	旅游管理		
42	070504	地理信息科学	地信国际学院	
43	081202	遥感科学与技术		
44	080901	计算机科学与技术	信息工程学院	
		计算机科学与技术		
45	080701	电子信息工程		
46	080902	软件工程		
47	080717T	人工智能		
		人工智能		
48	130202	音乐学	音乐学院	
		音乐学		
49	130205	舞蹈学		
50	130308	录音艺术		
51	130201	音乐表演		
52	130401	美术学	美术学院	师范
		美术学（艺术市场方向）		
53	130402	绘画		
54	130502	视觉传达设计		
55	130503	环境设计		
56	130508	数字媒体艺术		
57	040107	小学教育（中文）	初等教育学院	师范
		小学教育（数学）		
		小学教育（英语）		

续表 249

序号	专业代码	专业（方向）名称	所在院系	专业性质
57	040107	小学教育（科学教育）	初等教育学院	
		小学教育（信息技术）		
		小学教育（德育）		
	130202	音乐学（初等教育）		
	130401	美术学（初等教育）		
58	130405T	书法学（初等教育）		
59	050102	汉语言	国际文化学院	

（二）研究生教育

首都师范大学研究生教育始于1979年。进入20世纪90年代，研究生教育步入快速、全面发展阶段。1993年，学校拥有全国前五批博士生导师10人，1995年又获得外籍研究生招生资格。1999年获得教育硕士专业学位授予权，学校专业学位授权点建设取得突破，研究生部也被评为全国学位与研究生教育管理工作先进集体。

进入21世纪，学校提出“举全校之力办好研究生教育”，并由以本科生教育为主逐步向本科生教育和研究生教育并重发展转变，研究生教育实现跨越式发展。2011年，研究生院正式成立，学校研究生教育发展进入深化改革、内涵发展、提高质量的新时期。2017年，学校入选国家“双一流”建设高校名单，研究生教育迈入全新发展阶段。

30年来，学校的研究生教育不但招生规模日益扩大、位居全国地方高校前列，而且生源质量也稳步提升，生源结构持续优化。从1979年开始首次招收22名硕士研究生、1985年首次招收2名博士研究生，到1999年开始招收在职专业学位硕士研究生、2009年开始招收全日制专业学位硕士研究生，再到2017年开始招收非全日制研究生、2018年开始招收教育博士专业学位研究生。

学校注重研究生的培养。在1999—2013年全国优秀博士论文评选中，学校获得全国优秀博士学位论文2篇，提名奖8篇；获北京市优秀博士学位论文9篇；全国教育硕士优秀学位论文11篇。

学校拥有一支高水平的研究生导师队伍。到20世纪末，共有在岗博士研究生导师37人，硕士研究生导师254人。进入21世纪后，导师队伍和数量也日趋增长。截至2020年12月，学校共有博士生指导教师397人，硕士生指导教师1453人。

学校始终坚持立德树人根本任务、全面贯彻“三全育人”要求，在不断探究专业培养模式改革的同时，在理论育人、组织育人、实践育人中不断推进新时代研究生党建与思想政治教育工作模式创新。“研究生马克思主义理论学习研究中心”的成立为理论育人搭建了平台。

自1979年开始招生至今，学校已培养硕士毕业生约21400人、博士毕业生约1600人。近年来，每年博士研究生毕业200人左右，硕士研究生毕业2100人左右。截至2020年12月，学校有在读硕、博研究生共8282人。其中，博士研究生1078人，硕士研究生7204人。同时，研究生毕业生就业率始终保持在95%以上。

（三）继续教育

继续教育1954年设立进修部，1994年成立首都师范大学成人教育学院，学校继续教育开始实行校系二级办学体制，学历继续教育快速发展；2008年成人教育学院更名为继续教育学院，在学历继续教育坚持内涵发展的基础上，以“国培计划”为代表的非学历继续教育得到稳步发展；2016年继续教育学院与京疆学院合署办公。

1991年至2020年间，学校积极发展多类型、多层次高水平的教师继续教育，高等学历继续教育先后开设高中起点专科、高中起点本科、专科起点本科层次60余个的专业（含专业方向），办学院系最多时达到18个，累计毕业生总数达到91802人次。同时，举办包括骨干教师研修、干部专题研修、对口支援教育培训、职业资格证书培训、在职岗位培训和研究生课程进修等多种形式和类型的非学历继续教育，为北京乃至全国各领域培训学员近40万人次。

1992年，被国家教委授予“全国普通高等学校成人高等教育先进单位”称号；2003年，被教育部授予“全国高校招生工作先进集体”称号；2013年，“首都基础教育骨干教师培训体系创新与实践”获得北京市第七届北京市高等教育教学成果二等奖；2014年，“促进人才培养综合改革项目——教师职后培养”获北京市教育委员会100万元专项经费支持；2017年，获“北京市对口支援工作先进组织奖”，同年获评“北京市继续教育管理先进集体”称号；2018年，获得北京市政府“第八届首都民族团结进步先进集体”称号，同年入选教育部“省属高校精准扶贫精准脱贫典型项目”；2019年，汉语言文学、旅游管理被评为北京高校继续教育高水平教学团队，学前教育、文化遗产被评为北京高校继续教育特色专业；同年获得“北京市扶贫协作奖组织工作奖”。

（四）留学生教育

学校始终高度重视来华留学教育及国际化发展，把“国际化发展战略”定为学校的三大战略之一。学校从1965年开始招收留学生，发展至20世纪90年代时，留学生教育已初具规模。1991年，学校的外事归口部门国际文化交流部成立了对外汉语教学中心，正式组建了专职对外汉语教师队伍。1993年，经教育部批准，对外汉语教学中心建立了汉语言本科专业，1997年开始招生。1999年，校本部的国际文化交流部与白堆子校区的外事办公室合并，成立国际文化学院，留学生管理办公室是全校的留学生归口管理部门。2004年9月，国际文化大厦建成，一座集教学、办公、会议、住宿及生活等多重功能于一身的现代化大楼为学校的来华留学发展创造了良好的硬件条件。2007年，学校获批汉语国际教育硕士专业学位授权点，2012年完成汉语言专业教育部备案，2019年获批汉语国际教育专业博士学位授权点，2020年获批跨文化教育二级学科硕士点。2020年，成立留学生招生办公室，设专人负责学校留学生的招生宣传与录取等工作，为学校的留学生招生工作打开了新的局面。

从1991年到2020年的30年间，学校留学生规模从每年长短期生共百余人到2020年的1700余人，培养层次从非学历语言生到本硕博各层次，涉及专业从单一的汉语言到全校各个学院的专业。学校现已建成本、硕、博以及博士后一体化的国际中文教育学科和留学生培养体系。学校高度重视国际中文教育与师范特色相结合，构筑起具有首都师范大学特色的跨文化教师教育课程体系。

学校入选北京市首批“北京华文教育基地”，成为教育部来华留学示范基地、教育部中国政府奖学金本科来华留学生预科教育基地、北京市“一带一路”国家人才培养基地、教育部中外人文交流中心“高层次国际化人才培养创新实践基地”以及中文联盟发起单位及理事单位。

五、科学研究

30年来，学校坚持科研兴校方针，多措并举，实现了从教学为主型地方师范学院，历经建设成为国内一流水平的综合性教学科研型师范大学向建设中国特色、世界一流师范大学的迈进，科学研究也实现了跨越式发展。

1987年，学校重建科研处，2000年，将科研处更名为科学研究与新技术开发处，其间，分别于1995年、1999年、2002年召开全校科研工作会，确定学校科研水平应在高师院校中处于一流的奋斗目标，明确了科学研究应面向社会，更好地服务于首都基础教育和社会经济发展，以开放推动科研工作实现跨越式发展。

（一）哲学社会科学研究

2007年，社会科学处（简称社科处）正式成立，当年首次召开全校哲学社会科学工作会议，制定了《首都师范大学哲学社会科学发展纲要》，人文学科优势得到进一步彰显，科学研究水平与成果影响力不断提升。

20世纪90年代十年间共获批省部级以上项目98项，其中国家级项目27项。进入

21世纪，2001—2010年间学校共获批省部级以上项目428项，其中国家级项目105项，教师申报各级各类科研项目数量持续增长。2011—2020年，教师申报热情高涨，项目立项呈现量增、面广和质提的新态势，十年间共获批省部级以上项目810项，其中国家级项目263项，国家社科基金重大项目30项，位居全国地方大学前列。

1991—2000年科研项目经费累计为3312.43万元；进入21世纪，科研项目经费数额大幅增加，2001—2010年累计达18345.9583万元；2011—2020年，科研经费到账呈现跨越式增长，累计达43244.4846万元。

1991—2000年，学校共获省部级以上哲学社会科学成果奖63项，其中国家社科基金项目优秀成果三等奖1项，教育部中国高校人文社会科学研究优秀成果三等奖1项，北京市哲学社会科学优秀成果奖61项。进入21世纪，获奖数量和获奖等级稳步提升，2001—2010年，学校共获省部级以上奖励75项，其中，教育部高等学校科学研究优秀成果奖（人文社会科学）7项；教育部全国教育科学研究优秀成果奖4项；北京市哲学社会科学优秀成果奖61项。

2011—2020年，高水平研究成果数量稳步攀升，高层次成果获奖屡获新突破。获省部级以上奖励89项，其中教育部高等学校科学研究优秀成果奖（人文社会科学）24项；全国教育科学研究优秀成果奖16项；北京市哲学社会科学优秀成果奖45项。标志性成果产出取得重要进展，学校共有10项优秀成果入选《国家哲学社会科学成果文库》，位居全国地方大学前列。同时多项高端成果服务于政府决策，25项研究报告和提案得到省部级以上领导批示，近50项研究成果被相关部门采纳。《关于深化“放管服”改革激化微观主体活力的建议》和《关于及早准备应对海外疫情暴发地区归国潮的建议》获得中共中央领导重要批示。

积极推进哲学社会科学研究基地建设。到2020年底，共建设省部级以上人文社科研究基地14个。其中，2001年，学校中国诗歌研究中心获批教育部省属高校人文社会科学重点研究基地。2018年，中国诗歌研究中心研究成果《中国诗歌通史》，成功入选“伟大的变革——庆祝改革开放四十周年大型展览”参展作品；首都师范大学研究基地被评为北京市习近平新时代中国特色社会主义思想研究中心优秀研究基地。

（二）理工科科学研究

2010—2020年这10年年均经费7200万元（不包括基本科研业务费）。尤其2018年以后，竞争性项目批准经费到校过亿元。其中，横向项目立项数、合同经费及经费到账“十三五”（2016—2020年）期间有了较大的增长，比“十二五”（2011—2015年）期间分别增长了51.8%、73.2%和54%，平均增长60%。

学校理工科教师科研成果以论文形式发表在各自研究领域顶级刊物及国际著名综合性刊物上。1998年、2009年生科院任东教授以第一作者在国际自然科学顶刊Science上发表学术成果，同时还有多位学者先后在PNAs上发表高质量论文。从2009年到2019年发表论文合计4950篇，其中SCI论文3463篇，EI期刊论文523篇，权威核心89篇。近几年有4项成果发表在Nature子刊上，2项成果发表在*Acta Mathematica*，多项成果分别发表在《中国科学》、*Plant Cell*、*Plant Physiology*、*Physical Review Letters*、*Angewandte Chemie International Edition* 等，8篇论文入选联合国教科文组织（UNESCO）推荐案例。

学校自1993年开始申请专利，至2020年底有近1400件专利申请成功，其中发明专利占比高达80%。随着科研项目投入和成果产出的增加，与之对应的专利申请量也逐年增加。近些年，国际专利申请也有新的突破。2018年专门成立技术转移中心，作为知识产权管理归口管理部门，推动科技创新和学科建设，发挥科技成果转化工作对学校人才培养、科学研究和社会服务核心职能作用。自2017年，学校的转化数量逐年增加，2020年上升到15件。

2001—2020年，学校共有省部级以上科研基地（理工类）共30个，科技部北京国家应用数字中心1个，科技部省部共建国家重点实验室培育基地1个，科技部国家国际科技合作基地1个，教育部省部共建教育部重点实验室3个，教育部工程研究中心1个，教育部科技成果转化基地1个，国家知识产权试点高校1个，国家语委1个，北京市教委、科委、发改委等科研基地共20个。

随着学校理工科科学研究的不断进步，科学成果与获奖人数及质量也取得长足发展。从2000年至2020年获得省部级以上政府奖及社会科技奖如下所示：2008年学校生科院晏月明以第二单位获得国家科技进步奖一等奖；2009年资环学院宫辉力教授团队以第二单位获得国家科技进步奖二等奖；2010年学校数学科学学院李毓佩老师获得国家科学技术进步奖二等奖（科普类）；自2004年李杰权获得北京市科学技术进步奖一等奖后，学校又有2011年宫辉力教授团队、2012年任东教授团队、2016年宫辉力教授团队先后获得北京市科学技术奖一等奖；2014年方复全教授独立获得国家自然科学奖二等奖，标志着学校“微分流形的几何拓扑”在国际前沿取得重大成果；2019年徐飞教授获得教育部高等学校自然科学一等奖1项，这是学校首次以第一完成单位获得教育部自然科学奖一等奖。同时学校获得一批有影响力的社会力量（行业）领域奖，如：语言智能团队获得第九届吴文俊人工智能科技进步奖一等奖；外聘专家萨巴斯可汗获得国际人物奖的中国政府友谊奖；数学信息领域信息复杂性委员会颁发的最高奖“约瑟夫·特劳布”奖（Joseph Traub IBC Award 2020）；地理信息科技进步奖一等奖、测绘科学技术奖进步奖一等奖等多项。

六、师资队伍建设

1991年，北京师范学院共有教职工2251人，其中专任教师903人，所占比例为40.1%；正高级职称51人；具有博士学历的教师仅有6人；行政人员532人，教辅人员262人，工勤人员394人。

1992年，北京师范学院更名为首都师范大学，教职工队伍得到壮大。1995年，共有教职工2690人，其中，专任教师1037人，所占比例为38.6%；正高级职称101人；行政人员538人，教辅人员282人，工勤人员833人。之后，受政策影响，教职工总数逐步减少，专任教师数稳步提高，专任教师所占比例也稳步提升，工勤人数大幅减少。2006年，学校共有教职工2520人，其中专任教师1179人，所占比例为46.8%；正高级职称224人；行政人员397人，教辅人员428人，工勤人员417人。

之后的十几年直至2020年，学校教职工总数保持稳定，专任教师数依然保持小幅提高，具有博士学历的教师数突飞猛进，工勤人数只减不增。2020年12月底，学校共有教职工2513人，其中专任教师1682人，所占比例为66.9%；正高级职称407人；行政人员431人，教辅人员145人，工勤人员101人。

经过30年的发展，首都师范大学师资队伍逐步稳定，教职工总数稳定在2500多人；专任教师数和所占比例稳步提升，由1991年的40.1%提升到2020年的66.9%；专任教师中具有博士学历的人数更是增加了数十倍，目前学校专任教师中具有博士学历的比例超过68%。在教职工总数稳定、专任教师数稳步增加的同时，学校逐步减少行政人员、教辅人员和工勤人员的数量，不断优化教师结构，为首都师范大学建设成为中国特色、世界一流师范大学助力。

1991年至2020年，学校师资队伍建设成果丰硕。方复全教授当选中国科学院院士和发展中国家科学院院士。宫辉力教授入选俄罗斯工程院外籍院士、俄罗斯自然科学院外籍院士和国际欧亚科学院院士。

1991年以来，学校多名优秀教师荣获省部级以上奖励或荣誉称号。荣获“全国优秀教师”称号5人、“全国模范教师”称号2人、“国家级教学名师奖”2人、“享受政府特殊津贴专家”100人；荣获“北京市有突出贡献的科学、技术、管理专家”称号9人、“北京市人民教师奖”1人、“北京市人民教师提名奖”1人。

1991年以来，学校共有“国家级重大人才工程”入选者65人次，其中，国家高层次人才特殊支持计划入选者14人，国家海外高层次人才引进计划入选者6人，教育部“长江学者奖励计划”入选者15人，“百千万人才工程”国家级人选 15 人。共有北京市级各类人才项目入选者百余人，其中，“北京学者计划”入选者 8 人，“百千万人才工程”北京市级人选 12 人，“北京市海外高层次人才计划”入选者 33 人。

七、校园基本建设

2020 年，学校拥有校本部、北一区、北二区、东一区、东二区、良乡校区、通州校区及来广营校区，共计 8 个校区。各校区的占地面积、教学用地以及现状总建筑面积如下表所示：

表 250　　首都师范大学校区现状用地与规模（2020 年）

校区	总用地（亩）	教学用地（亩）	现状建筑面积（平方米）	校区	总用地（亩）	教学用地（亩）	现状建筑面积（平方米）
校本部	418	280	245912	良乡校区	656.10	369.39	95078
北一区	136	136	120530	通州校区	97	97	85440
北二区	41	41	31059	来广营校区	50	50	18000
东一区	100	75	74190	总 计	1502.36	1052.65	692560
东二区	4.26	4.26	22351				

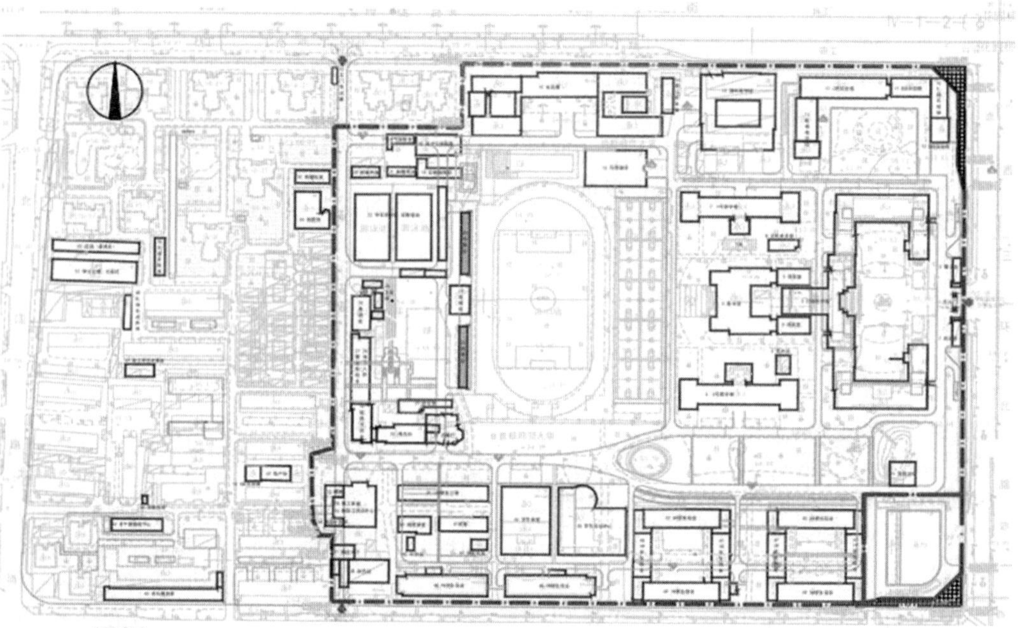

图例

现状建筑物　校区范围线　51校医院　建筑物编号、名称

图 78　首都师范大学校本部平面图

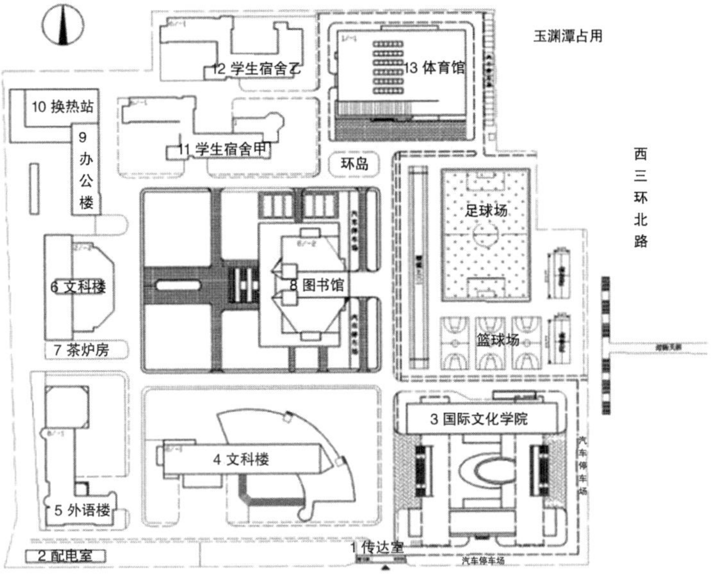

图 79　首都师范大学北一区平面图

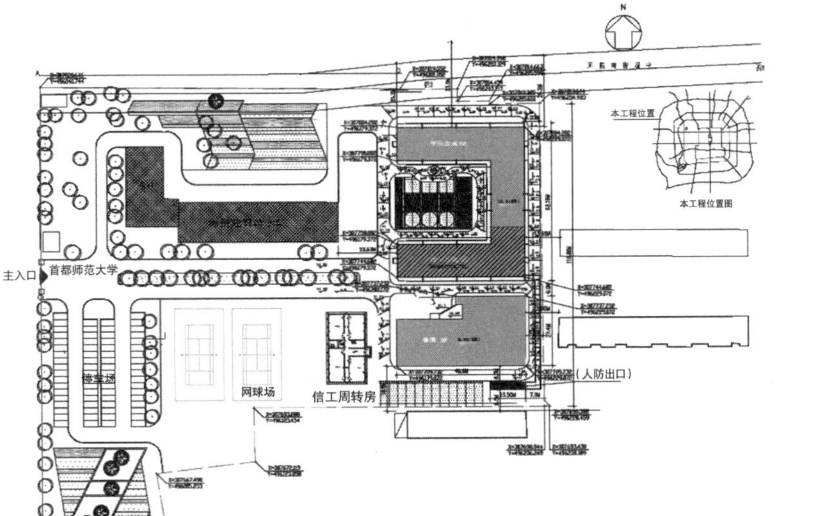

图 80　首都师范大学北二区平面图

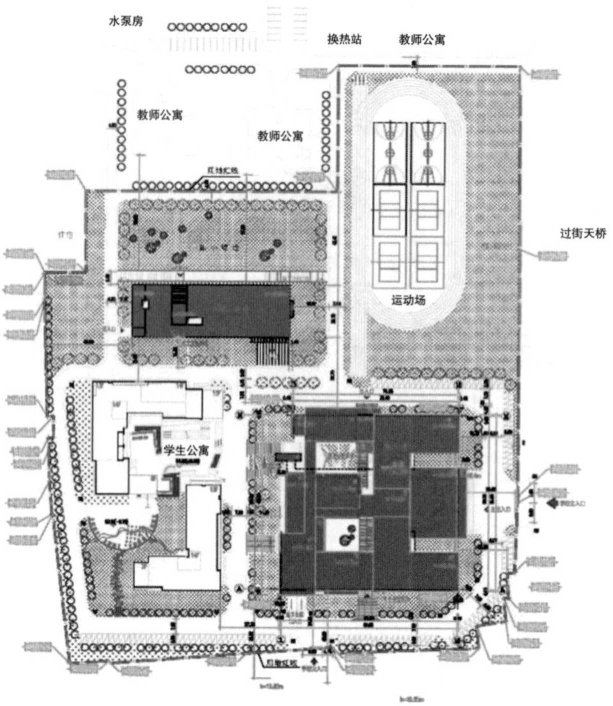

图 81　首都师范大学东一区平面图

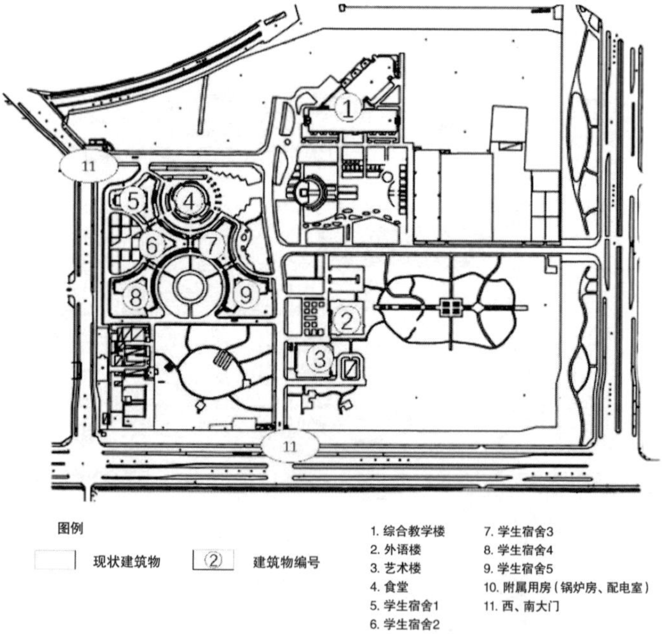

图 82　首都师范大学良乡校区平面图

八、2020 年概况

2020 年，首都师范大学校园面积 100 万平方米，图书馆建筑面积 2.81 万平方米。全年教育经费总投入 235800.96 万元。设有 8 个校区，设置 33 个院（系、部）。开设 59 个本科专业。“双一流”建设学科 1 个，国家级一流本科专业建设点 25 个。北京实验室 1 个，北京重点实验室 11 个。教职工 2484 人,其中，专任教师 1424 人；正高级 356 人、副高级 604 人；博士生导师 333 人、硕士生导师 845 人；中科院院士 1 人。外籍教师 48 人，其中，教授 22 人、副教授 4 人。在校生 27101 人，其中，研究生 7726 人（博士生 1049 人、硕士生 6677 人）、普通本专科生 11899 人（本科生 11575 人、专科生 324 人）、成人教育本专科生 7476 人（本科生 6343 人、专科生 1133 人）。留学生毕业 104 人、招生 245 人、在校生 1056 人。网址：www.cnu.edu.cn。

附表：

表 251　　中共首都师范大学委员会历任书记一览表（1991—2020 年）

书记	任职时间	书记	任职时间
林培黎	1988 年—1993 年 4 月	许祥源	2004 年 2 月—2004 年 12 月
于　洸	1993 年 4 月—1997 年 8 月	刘利民	2005 年 1 月—2006 年 7 月
牛继升	1997 年 8 月—2001 年 11 月	张　雪	2006 年 6 月—2015 年 3 月
谢维和	2002 年 4 月—2004 年 2 月	郑　萼	2015 年 1 月—

表 252　　首都师范大学历任校长一览表（1991—2020 年）

校长	任职时间	校长	任职时间
齐世荣	1989 年 8 月—1993 年 4 月	刘新成	2007 年 7 月—2013 年 11 月
林培黎	1993 年 4 月—1997 年 8 月	宫辉力	2013 年 11 月—2017 年 12 月
杨学礼	1997 年 8 月—2001 年 11 月	孟繁华	2017 年 12 月—
许祥源	2001 年 11 月—2007 年 7 月		

（执笔人：吴文灵、付　华、宋　军）

首都体育学院

首都体育学院（英文名称：Capital University of Physical Education and Sports）是由北京市人民政府举办、北京市教委主管的以体育学科为主体，多学科协调发展，教学、科研、训练紧密结合的公办全日制普通高校。学校以人才培养为中心，开展人才培养、科学研究、社会服务和文化传承创新活动，为区域、行业和国家的经济建设和体育发展提供人才和科技支持。主要教育形式为全日制本科教育和研究生教育，并不断拓展继续教育和中外合作办学。学校现有蓟门校区、北校区和凤凰岭校区三个校区，法定注册地为蓟门校区（海淀区北三环西路11号）。

一、学校沿革

学校1956年成立，初名北京体育学校。1960年经教育部批准，学校改建为北京体育师范学院。1962年，北京体育师范学院合并到北京师范学院，成为北京师范学院体育系。1979年学校恢复独立建制，复名北京体育师范学院。2000年，学校更名为首都体育学院。2020年，依据北京市属公办高校分类发展方案，学校被确定为“高水平特色型大学”。

学校现有蓟门校区、北校区和凤凰岭校区3个校区。蓟门校区位于海淀区北三环西路11号，校区用地东至蓟门里小区，西至东升乡太平庄大队，南至首都体育学院西路，北至罗庄南路，面积约15.9万平方米。北校区位于海淀区东升乡罗庄，校区用地东至罗庄西路、西至京张高铁、北至知春路、南至碧兴园小区，面积约2.27万平方米。凤凰岭校区位于海淀区苏家坨镇草厂村486号，校区用地东至草厂村田间小道，西至北京金山建筑机械厂，南至草厂村村内主干道，北至草厂村田间小道，面积约15.2万平方米，非学校产权。

二、学校发展定位

1991年至2020年，学校全面贯彻党的教育方针，落实立德树人根本任务，在“以挑战者精神拼搏创新”的校训精神指引下，面对新的发展环境和发展机遇，学校发展目标定位由“四个五”（“五个坚持”“五个功能定位”“五类人才培养”“五字办学原则”）发展为“建设中华体育精神和奥林匹克精神融合发展的世界一流体育大学”办学总目标和“2025年国内一流、2035年世界知名、2050年世界一流”的三步走分阶段目标。明确“高水平、小而精、国际化、服务型”的办学定位，明晰大力推动“体医工”融合创新发展的办学思路，将突出在“体育教育、奥林匹克教育、体育人工智能、体医融合、文化与新闻传播、冰雪运动”六大领域办出特色，努力将学校打造成为国际奥林匹克教育研究推广的国家队、体育强国和健康中国战略实施的主力军、体育科技创新的排头兵。

三、院系设置

1991年至2020年，学校先后完成了学部改革和校院两级管理体制改革。1995年9月1日，北京体育师范学院学部制改革运行机制开始运行，成立教学管理中心，下设体育教育学部、运动训练学部、体育保健康复学部、基础教育学部。2004年，学校改革教学管理体系，撤销基础教学部，按学科群分别建立技术学部和理论学科部，将教研室集中在两个学科部进行管理。2012年，首都体育学院实行二级教学单位相对独立运作的校、院两级管理，成立体育教育训练学院、休闲与社会体育学院、运动科学与健康学院、武术与表演学院、管理与传播学院。

表 253 首都体育学院院系部设置一览表（2020年）

序号	院系部	序号	院系部
1	体育教育训练学院	5	休闲与社会体育学院
2	运动科学与健康学院	6	马克思主义学院
3	武术与表演学院	7	研究生部
4	管理与传播学院		

四、专业建设和本科生培养

1991年至2020年，完善专业动态调整机制，全面提升专业建设质量。学校现开设有13个本科专业，涵盖教育学、管理学、文学和艺术学等学科门类5个专业获批国家一流专业建设点，4个专业获批北京市一流专业建设点，学校70%的专业入选国家“双万计划”。课程改革和教学变革取得实效。获国家级精品资源共享课1门，国家级一流课程2项；获北京市教育教学成果奖4项，入选北京高校本科教学改革创新项目7项，优质本科课程7门，优质本科教材课件7项，优秀本科育人团队1个。亚洲大学生体育联合会教育发展中心、教育部国家汉办汉语国际推广武术培训与研究基地、教育部学生体育协会对外交流与培训中心、中国高教学会体育专业委员会、中国体育科学学会国际交流专业委员会、中国大众排球研发中心、全国校园篮球大联盟、全国田径业余训练大联盟培训基地、北京校园足球协会、北京冰壶协会等16个协会学会等社会组织落户或挂靠学校。学校以“北京高等学校高水平人才交叉培养计划”项目为平台，以实施北京市属高校与在京中央高校双方共同培养优秀学生的“双培计划”为契机，与中国传媒大学、北京体育大学采取“3+1”培养模式，共同培养社会体育指导与管理、公共事业管理、运动康复以及新闻学等专业人才。

2016年学校牵头倡导成立了“京津冀体育院校教学联盟”，同年学校休闲与社会体育学院与河北民族师范学院体育学院合作开设“滑冰”课程，首批40名本科生顺利通过考核。2017年学校与哈尔滨体育学院、河北体育学院等成立冰雪运动协作组，联合培训冰雪运动专项教师和本科生。2018年，学校积极推动课程综合改革，推进小班教学改革，推进第二课堂改革，以“运动生理学”课程为代表的课程综合改革取得明显成效，以卓越人才培养计划项目“足球体育教师英才班”为班底的校足球队，获得全国大学生联赛女足比赛第六名。积极推进创新创业教育改革，组织建立了“首都体育学院创新创业教育中心”。获北京市教育教学成果奖一等奖一项、二等奖三项，获“全国优秀教育教学论文评选大赛”一等奖两项。2019年，学校共有3851人次的本科生参加校级及以上各类国内外体育与学科赛事合计133次，并获得冠军75个、前6名320个。校代表队新设散打、排球、国际象棋、冰球4支队伍，激励更多优秀的本科生积极参与训练与竞赛；培养出运动健将9人，一级运动员8人。学校本科生在校外田径比赛中，共有4人次打破校外田径最高纪录。在第45届田径运动会中，学校共有6人次打破校运会纪录。学校构建的“月月有赛事”的格局已经形成，完善了“五位一体”的竞训育人体系，为学生创新创业、增强技能、提升实践能力提供平台。与北京中赫国安足球俱乐部开展合作，探索竞技体育人才培养新路径。2020年，全面启动人才培养方案修订工作，出台《关于修订本科人才培养方案（2021版）的原则性意见》，强化立德树人，提升课程质量，推进课堂教学创新，加强实践育人，着力提升本科人才培养与首都社会发展的适应度、聚焦度。今年学校有6个团队入选北京高校师生服务首都“四个中心”建设“双百行动计划”优秀团队项目，较2019年入选数翻了一倍，学校扎实落实立德树人根本任务成效明显。2020年学校成为教育部“国际组织人才培养实践创新基地”首批建设高校，是目前唯一入选的体育与艺术类高等院校，为提升学校人才培养的国际化水平搭建了新平台。2020 年共有 1106 人次的本科生参加校级及以上各类国内外体育与学科赛事合计 54 次，34 人次获得第一名。其中，值得一提的是，2019 年刚成立的校冰球队，在多项赛事中取得桂冠。竞技体校学生竞赛方面，省级及以上比赛，共 59 人次获得第一名，前三名的人次多达 147 个。

表 254　　首都体育学院本科专业设置一览表（2020 年）

专业名称	专业分类	学科门类
武术与民族传统体育	体育学类	教育学
运动训练		
体育教育		
休闲体育		
运动康复		
社会体育指导与管理		
运动人体科学		
体能训练		
体育旅游	体育学类	教育学
新闻学	新闻传播学类	文学
舞蹈表演	音乐与舞蹈学类	艺术学
体育经济与管理	工商管理类	管理学
公共事业管理	公共管理类	

五、学科建设与研究生培养

1991 年至 2020 年，学校对标世界一流标准加强顶层设计，系统谋划学科建设规划，研究生培养质量稳步提升。学校现有体育学和心理学 2 个一级学科，体育学下设体育教育训练学、体育人文社会学、运动人体科学、民族传统体育学和运动康复学 5 个二级学科，心理学下设应用心理学 1 个二级学科。体育教育训练学为北京市重点学科，体育人文社会学和运动人体科学为北京市重点建设学科。2017 年全国第四轮学科评估中，位列 78 所参评院校的第 11 位，位列 14 所体育院校的第 6 位，评估结果为 B+。2019 年体育学被列为北京高校高精尖建设学科。体育学学科作为学校的主干学科，其核心竞争力的提升支撑和推动了学校办学水平的提高。

表 255　　首都体育学院一级学科设置一览表（2020 年）

学科门类	学科代码	学科名称
教育学	0402	心理学
	0403	体育学

学校从 1985 年开始培养研究生，1993 年获批硕士学位授权点；2003 年获批与福建师范大学联合培养博士研究生；2009 年获批体育硕士专业学位授权点；2011 年获批体育学和心理学一级学科硕士学位授权点；2012 年“青少年身体运动功能训练”获批全国唯一的体育学科服务国家特殊需求博士人才培养项目，开始招收体育学博士研究生，至此学校具备了从本科、硕士到博士的完整人才培养体系；2015 年获批新闻传播硕士专业学位授权点。2018 年被北京市列入新增博士学位授予单位立项建设规划单位；2020 年学校被北京市列为“高水平特色型大学”。面向国家和京津冀社会发展需求，着力培养德智体美劳全面发展、有宽广的学科理论基础和国际视野，专业能力突出，具有体育科学精神，能够在高校、科研机构、政府部门和企事业单位独立从事教学、科研、训练、传媒和管理工作的体育类高层次复合型创新人才。

六、科学研究

1991 年至 2020 年，学校科研水平逐步提高，获得了丰硕的科研成果。“十五”期间，学校承担市级以上课题113项，其中国家级2项，省部级30项；获得世界体育科学大会论文一等奖1项；教育部教学成果一等奖1项；国家高等教育教学成果二等奖1项；全国大学生运动会科学报告会论文一等奖1项，二等奖4项，三等奖4项；第21届世界大学生运动会科学报告会录用文章35篇；第7届全国体育科学大会录用文章99篇；制定了《首都体育学院科研所聘任研究人员办法》《关于我院科研课题管理与奖励改革办法》等制度文件。“十一五”期间，由于在北京奥运会上贡献突出，学校被国家体育总局授予“第29届奥运会科研攻关与科技服务协作奖”，有三名教授获第29届奥运会科研攻关与科技服务项目贡献一等奖。2008年奥科会入选论文83篇；2009年全运会科学报告会入选论文31篇；2010年全民健身科学大会入选论文38篇；广州亚运会科报会入选67论文篇；2010年首次获得国家社科基金重点项目立项1项；建有2个省部级重点实验室、3个省部级研究基地和3个省部级培训基地。“十二五”期间，国家级课题合计为14项，省部级课题53项，顺利完成了“十二五”规划规定的计划内任务，其中，省部级课题立项计划完成24项，完成53项，超计划29项，双倍以上完成任务总量。SCI论文数量达到25篇，且有SSCI论文、ISTP和EI论文发表，反映出学校科研论文在“十二五”已经首次遍及四大检索系统，论文品质的国际化取得巨大的进步。“十三五”期间，“大项目、大成果”谋划能力显著增强。承担国家重点研发计划6项（其中主持2项），实现了主持竞争性国家级重大项目零的突破。承担国家级课题17项、省部级课题46项，获得国家级科研奖2项，省部级科研奖5项。获批科研经费突破8000万元，较“十二五”时期增长了3.5倍。《首都体育学院学报》首次进入“中文社会科学引文索引”（CSSCI）正版。科研平台建设成绩突出。新组建的“体育人工智能研究院”和“体医融合创新中心”2个校级直属研究机构分别入选北京市“高精尖产业技能提升培训机构”，确定了体育运动大数据云平台关键技术及构建等9大研究方向，获批博士后科研工作站，打造“体医工”交叉学科研究高地。科技服务和成果转化能力明显增强。获得知识产权11项，承担竞技体育科技服务项目43项，各类横向委托项目94项，服务国家队备战奥运会、世锦赛屡创佳绩，保障第七届世界军人运动会获得中央军委表彰。

七、师资队伍建设

1991年至2020年，学校坚持“党管人才”原则，全面落实人才强校战略。“十五”期间，加强对教师的培训，全面提高教师队伍素质，以培养中青年学科带头人和骨干教师为重点，重点加强外语、计算机等一些基础关键课程教师队伍的建设，使外语和计算机教师的整体结构、素质水平上一个大的台阶。在教师培训上，培训工作的重点要从基础培训和学历补偿教育逐步转变到更新知识、全面提高教师素质为重点的继续教育，并逐步降低高职称教师的平均年龄。“十一五”至“十二五”期间，学校先后分5期共组织近100位骨干教师赴英国进行为期21天的培训，考察英国体育组织管理体系、体育人才和体育师资的培养模式。2014年以来，曾有34人次担任国际大型赛事外事秘书、翻译等工作并出色完成任务；有185人次具有参加国（境）外交流培训的经历。学校先后与27所学校签署合作协议，接收留学博士生和国外访问学者，新增5个学生境外学习交流项目。学校鼓励教师在国际体育、教育类组织中任职、参加国际性体育赛事的竞赛工作和学术活动等，拓宽教师的战略眼光、国际视野，提高教师的专业技能、综合素质和国际交往能力。“十三五”期间，新增享受国务院政府特殊津贴2人，新培育百千万人才工程市级人选、“高创计划”领军人才、市级创新团队、长城学者等各类人才30余人（个）。大力推进“高层次人才引进计划”，成功引进2名国家级人才项目专家为特聘教授，45名海内外体育学科顶尖专家学者为客座教授。获批市级人才项目自主认定单位并成功引进1名海外专家。目前，教师队伍中具有硕士、博士学位的比例提升至93.3%，高级职称比例提升至53.1%，国际级裁判37人、国际级运动健将20人，师资队伍结构更趋合理。持续强化师德师风建设，

11 人次获得北京市先进工作者等省部级称号，2 个集体获得北京市工人先锋号称号。

八、交流与合作

1991 年至 2020 年，学校不仅与北京体育大学、北京师范大学、中国政法大学、福建师范大学等许多国内高等院校有着密切联系，还持续优化国际合作与交流布局，新推动与多所国外高水平大学及研究机构建立合作关系。自 1994 年，学校面向世界各国（地区）招收留学生，1997 年起，面向港澳台招生，提高了办学层次，扩大了国际影响。学校与美国纽约州立大学柯特兰学院、韩国庆熙大学、韩国龙仁大学、韩国汉城体育大学、韩国体育振兴研究会、前苏联莫斯科国立体育学院、澳大利亚悉尼科技大学、比利时天主教鲁汶大学、英国西英格兰大学、英国埃克塞特大学建立了校际交流关系；并与澳大利亚悉尼科技大学等学校合作办学；学校代表团出访印度、泰国、日本、德国、保加利亚、蒙古、越南、加拿大、俄罗斯、美国、韩国、澳大利亚、新西兰参加学术会议及比赛；接待了来自荷兰鹿特丹大学、西德康斯坦茨大学、日本东京大学、日本学艺大学、新西兰怀卡托大学、新西兰国立理工学院、英国哈德布瑞学院、英国东伦敦大学、英国谢菲尔德哈勒姆大学、日本大阪国际大学等学校的教授、学者以及毛里求斯、新加坡、马来西亚、泰国、比利时、土耳其的体育、教育界人士。成功获批教育部“高层次国际化人才培养创新实践基地”首批建设高校，搭建国际化人才培养新平台。入选北京市“一带一路”国家人才培养基地项目，硕博学历留学生比例达到 40% 以上。国际交流与合作层次不断提升。与斯洛文尼亚卢布尔雅那大学签署战略合作协议，被列入中东欧第七次国家领导人会晤成果清单，举办中斯冰雪论坛、“一带一路”沿线国家大使体育论坛成为具有国家战略意义的体育外交品牌活动。全面深化区校合作、校企合作、军地合作，与朝阳区政府、延庆区政府、太舞滑雪小镇、第 81 集团军等战略签约，建立全面合作关系。

九、社会服务

1991 年至 2020 年，学校先后承接了 1994 年远南残疾人运动会、1999 年全国少数民族运动会、2004 年国际乒联职业巡回总决赛、2005 年“大师杯”国际羽毛球锦标赛、2006—2010 年斯诺克中国公开赛等大型国内外体育赛事，作为训练场馆承担了 2008 年北京奥运会和 2010 年世界武博会等大型比赛的训练任务，开创了体育院校承接大型赛事的新的办学内容与形式。学校场馆每年接待市民健身数十万人次，为北京市全民健身活动做出了突出贡献。

学校师生多次承担北京市乃至全国大型活动、体育赛事的志愿服务工作。2001 年第 21 届大学生运动会中，学校师生承担开幕式会徽旗手、升旗旗手等十项志愿工作；2005 年中国网球公开赛，学校派出 100 名师生志愿者参与大赛各项工作；2009 年学校共有 1800 名学生参加国庆 60 周年游行“体育发展”方阵和天安门晚会表演，被国庆游行总指挥部授予“优秀组织单位奖”和首都“迎国庆、讲文明、树新风”活动先进单位。

为落实中央《关于加强青少年体育增强青少年体质的意见》，国家体育总局和教育部将全国体育传统学校体育师资培训基地设在首都体育学院，共为全国、为北京市传统项目学校体育师资以及西部体育传统校体育师资培训近 2 万人。2010 年学校被国家体育总局批准为“国家社会体育指导员培训基地”，为北京市培养社会体育指导员近千人。

2019 年 8 月，北京市委市政府确定依托学校建设“北京国际奥林匹克学院”，2020 年 2 月，“北京国际奥林匹克学院”正式被国际奥委会列入全球奥林匹克研究机构名录，成为世界上第三所由国家政府决定成立的国际奥林匹克学院，同时也成为北京冬奥会第一个人文知识遗产。系统实施冬奥服务及奥林匹克教育行动计划。培养冰雪方向学生 700 余人，建成气膜滑冰馆，推动在校学生“人人上冰雪”。打造高水平冰雪师资队伍，新引进顶尖冰雪人才 8 名，近 40 名教师入选冬奥组委竞赛项目官员团队。入选首批北京 2022 年冬奥会和冬残奥会培训基地，扩建全球首个奥林匹克教育博物馆，推进北京 200 所奥林匹克教育示范校和 100 所冰雪示范校开展活动近千次、受众 10 余万人，塑造双奥城市奥林匹克教育国际品牌。

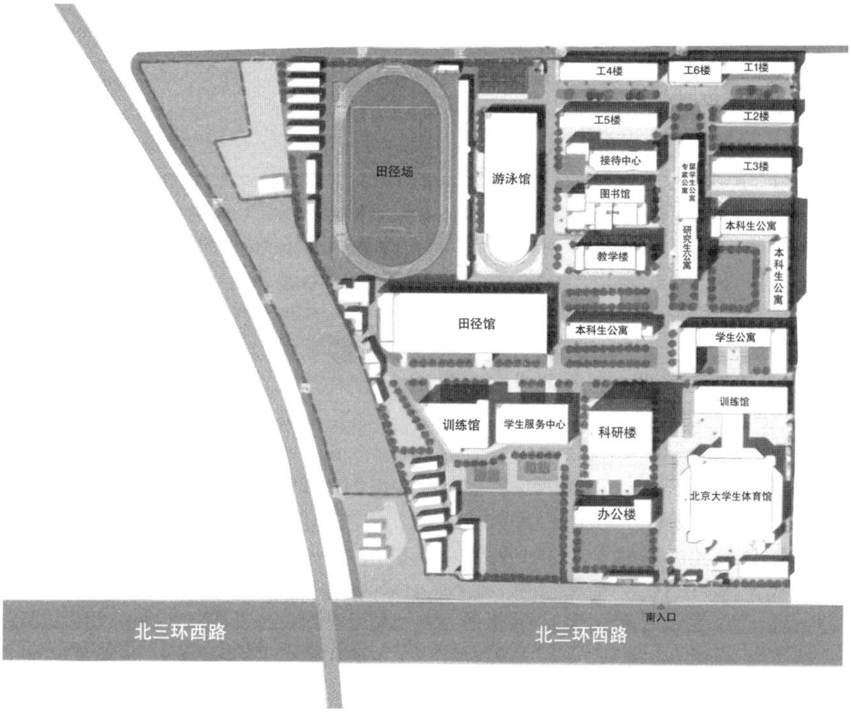

图 83　首都体育学院蓟门校区示意图

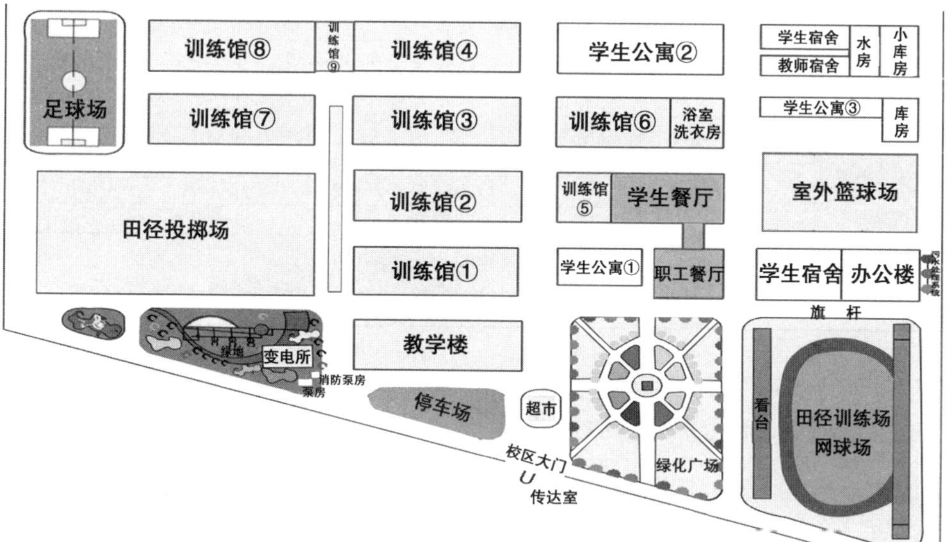

图 84　首都体育学院凤凰岭校区示意图

十、校园基本建设

1991年至2020年，学校不断加强校园基本建设，大力改善了办学条件。学校建设了教学科研综合楼、研究生公寓、游泳馆、北校区体育馆、凤凰岭新校区，改造了教学实验楼、教学训练综合楼、培训楼、图书馆、学生食堂、奥运训练场馆、学校供电系统和供热系统，完成了校园网及信息化建设。学校从建筑布局、环境艺术设计、景点建设、绿化管理等多方面着手，营造了一个花园式校园，多次被北京市有关部门评为“花园式单位”和“绿化先进单位”。积极构筑高水平科研平台，搭建全国首个“体育人工智能高精尖创新平台”，调整和扩大科研实验室布局1.2万平方米，布局运动训练场馆与创新平台建设智能互联，积极打造国家重点实验室。全面改善学生学习条件，改造和扩大教室面积7300平方米，为学生提供充足学习空间。推动智慧校园建设。获批市级虚拟现实运动仿真教学研究示范基地，建成智慧教室并投入使用。节约型校园建设取得重要进展，联合清华大学获批并圆满完成“中国公共建筑能效提升项目”。办学空间得到拓展，获批在延庆区建设新校区，占地面积近333500平方米。

十一、2020年概况

2020年，首都体育学院占地面积18.13万平方米，产权校舍建筑面积12.09万平方米，非产权校舍建筑面积8.33万平方米，图书馆建筑面积5301平方米。全年教育经费投入36443.847672万元。设有3个校区，设置7个院（系）。开设13个本科专业。国家级一流本科专业建设点2个。北京重点实验室2个。教职工506人，其中，专任教师331人，包括正高级54人、副高级126人；博士生导师21人、硕士生导师113人。在校生4658人，其中，研究生840人（博士生53人、硕士生787人）、普通本科生3298人、成人教育本专科生520人（本科生293人、专科生227人）。留学生毕业160人、招生153人、在校生101人。网址：www.cupes.edu.cn。

附表：

表256　中共首都体育学院委员会历任书记一览表（1991—2020年）

学校	书记	任职时间
北京体育师范学院	华　忻	1985年3月—1991年7月
	赵振东	1995年4月—1999年4月
	张来芬	1999年4月—2000年5月
首都体育师范学院	张来芬	2000年5月—2006年6月
	李鸿江	2006年6月—2014年6月
	赵　文	2014年6月—2018年2月
	何　明	2019年3月—

表257　首都体育学院历任院长一览表（1991—2020年）

学校名称	院长	任职时间
北京体育师范学院	孙民治	1984年10月—1999年4月
	孙康林	1999年4月—2000年5月
首都体育师范学院	孙康林	2000年5月—2002年12月
	李鸿江	2002年12月—2006年6月
	李颖川	2006年7月—2010年4月
	钟秉枢	2011年3月—2019年12月

（执笔人：李婷婷、申　珊、张　皇）

北京第二外国语学院

北京第二外国语学院（英文名称：Beijing International Studies University）是由北京市人民政府举办的，由北京市教委主管的，以外语和旅游为优势特色学科，文学、管理学、经济学、哲学等多学科门类协调发展的全日制公立普通高校，是中国外语、翻译、旅游、经贸等人才培养与研究的重要基地。学校致力于培养“多语种复语、跨专业复合”、具有家国情怀、国际视野的复合型人才，主要开展全日制普通本科教育、研究生教育及国际学生教育。学校有一个校区，法定地址为北京市朝阳区定福庄南里1号。

一、学校沿革

北京第二外国语学院是周恩来总理亲自提议，于1964年10月在原新华社外文干部学校基础上成立的，是全国第一批本科招生院校。学校隶属关系沿革分为以下几个阶段：1964年10月至1968年，隶属于对外文化联络委员会（简称对外文委）；1969年至1971年9月，对外文委撤销，学校由外交部代管；1971年10月至1978年1月，根据北京市革命委员会《关于北京第二外国语学院等院校调整、合并的几个问题的通知》，学校由北京市领导；1978年2月至1983年2月，根据《国务院批转教育部关于恢复和办好全国重点高等学校的报告》，学校由教育部和北京市双重领导，以教育部为主；1983年3月至2000年2月，根据《国务院批转国家旅游局、对外经济贸易部、教育部关于北京第二外国语学院划归国家旅游局领导的请示》，学校划归国家旅游局（现文化和旅游部）领导；2000年2月至今，根据《关于调整国务院部门（单位）所属学校管理体制和布局结构的实施意见》，北二外划归北京市人民政府管理。

二、学科与专业建设

北二外面向全国招生，1964年至1983年属第二批录取院校，1984年经国家教委批准，列为第一批录取院校。自1964建校起开始招收本科生，招生专业包括英语、日语、法语、西班牙语、德语、阿拉伯语、俄语。1965年之后，招生专业又扩展到罗马尼亚语、捷克语、阿尔巴尼亚语、波兰语、匈牙利语、保加利亚语、塞尔维亚语、越南语。中间受“文化大革命”冲击，1966年至1971年及1976年暂停了招生。1980年12月13日与中国旅行游览事业管理总局（现文化和旅游部）签署协议开始筹备旅游系，经教育部批准，下设旅游经济管理和导游翻译两个专业，从1981年秋季开始招生。1982年又与外经部（现商务部）成立了全国首个外经系，增加了国际经济合作专业。北二外是1986年国务院第三批硕士学位授予单位，专业包括英语语言文学、俄语语言文学、法语语言文学、日语语言文学。第二年授予了俄语专业毕业生2人。1984年学校开始招收一年制长期留学生，1993年获得招收外国留学生汉语言专业本科生的资格，1994年5月，国家汉办在二外设立HSK（汉语水平考试）考点。

1983年划归国家旅游局（现文化和旅游部），尤其是进入20世纪90年代，学校各学科加速向旅游转轨。1991年办学方向调整为“为全国培养高等旅游人才的基地”，英语系改成旅游英语系，设旅游英语和英语专业，亚非语系日语专业基础上建立旅游日语系，设旅游日语和日语专业，其他语种合并为外语系，饭店管理专业独立成系，旅游经济管理专业与外经系合并组建旅游外经系，旅游二系恢复为成人教育部。加速转轨后，1992 年按新专业招生，共招生 272 人，其中旅游类专业约占 60%。

进入 21 世纪后，学校归属北京市管理，不断扩大办学规模，2000 年先后成立二外密云分院、振华分部、东方分部和太原分部，培养高等职业教育学生。2001、2002 年开始招收旅游管理和国际经济与贸易第二学士学位生。2005 年与 2000 年相比，普通高等教育在校生人数增加了 1.27 倍，达到 7712 人；继续教育学历生在校生人数增加了 2.2 倍，达到 3075 人；留学生教育不断发展，在校生规模年均保持在 600 人左右。二外逐步成为以外语专业为基础、旅游和经贸专业为特色、学历教育和非学历教育相结合，集研究生、本专科生、留学生、夜大生、进修生为一体的多学科、多层次高等学府。

经过学校 5 年的快速扩张后学生人数基本饱和，自此，全校总规模基本稳定在 8000 至 10000 人，其中本科在校生保持在 6000 人左右，并逐渐停止或减少对高职、成教、培训生的招生，学校从规模的扩张转向学科层次的提升，逐年稳步增加硕士研究生数量。

2002 年市教委通过审核，批准北二外英语语言文学、日语语言文学、旅游管理 3 个学科为北京市重点建设学科。在此基础上，学校首次召开学科建设与学位工作会议，明确提出要以学科建设为龙头，学校按照“全面规划、分层建设、重点突破、稳步推进”的学科建设指导原则，形成了三级重点学科建设体系，到 2005 年初步构建了以外国语言文学为主体、汉语言文学和新闻学为支撑的外国语言文学学科群和以旅游管理为核心，管理学、经济学和法学为支撑的工商管理学科群。形成了文学、经济学、管理学、法学等多学科协调发展的办学格局。

接下来，学校紧紧抓住新一轮学科建设契机，学科布局结构趋于优化，学科建设整体水平提高。2006 年外国语言文学成为首个硕士学位一级学科授权点，2010 年获得首个专业学位硕士点。现学校共有硕士学位一级学科授权点 5 个、硕士学位二级学科授权点 28 个、专业硕士学位授权点 6 个。

2016 年学校与美国宾汉姆顿大学联合培养翻译博士，与美国南卡罗莱纳大学联合培养旅游博士；分别与社会科学文献出版社、首都经济贸易大学联合共建博士后科研工作站，实现了一级学科招生全覆盖，构建了从本科到博士后完整的人才培养体系。以一级学科建设为统领调整形成了更加科学合理的院系新格局，学科建设与院系建设的相关度、契合度更高，特色学科与交叉学科建设也取得长足进步。2019 年北京第二外国语学院旅游管理学科、外国语言文学学科成功入选北京高校高精尖学科。

2020 年，学校设有英语学院、日语学院、亚洲学院、欧洲学院、中东学院、高级翻译学院、旅游科学学院、商学院、经济学院、政党外交学院、文化与传播学院、汉语学院、马克思主义学院、体育部、基础科学部、贯培学院和夏斗湖学院 17 个教学单位；开设 45 个本科专业（包括 26 个语种专业），覆盖 4 个学科门类；具有一级学科硕士点 5 个，二级学科硕士点 29 个、硕士专业学位授权类别 6 个；联合培养旅游、翻译博士；联合培养博士后工作站 2 个。

表 258　　北京第二外国语学院学科设置一览表（2020 年）

学科门类	学科代码	一级学科	授予层次
哲学	0101	哲学	硕士
经济学	0202	应用经济学	硕士
文学	0501	中国语言文学	硕士
	0502	外国语言文学	硕士
管理学	1202	工商管理	硕士
专业学位	0254	国际商务	硕士
	0453	汉语国际教育	硕士
	0551	翻译	硕士

续表 258

学科门类	学科代码	一级学科	授予层次
专业学位	1251	工商管理	硕士
	1253	会计	硕士
	1254	旅游管理	硕士

表 259　　北京第二外国语学院本科专业设置一览表（2020 年）

学科门类	专业类（专业代码）	专业名称（专业代码）	所在院系
文学	中国语言文学类（0501）	汉语言文学（050101）	文化与传播学院
		汉语国际教育（050103）	
		汉语言（050102）	汉语学院
	外国语言文学类（0502）	英语（050201）	英语学院
		商务英语（050262）	
		俄语（050202）	欧洲学院
		德语（050203）	
		法语（050204）	
		意大利语（050238）	
		西班牙语（050205）	
		葡萄牙语（050232）	
		波兰语（050228）	
		捷克语（050229）	
		匈牙利语（050237）	
		拉脱维亚语（050252）	
		罗马尼亚语（050231）	
		塞尔维亚语（050234）	
		立陶宛语（050253）	
		爱沙尼亚语（050255）	
		阿尔巴尼亚语（050226）	
		保加利亚语（050227）	
		斯洛伐克语（050230）	
		斯洛文尼亚语（050254）	
		日语（050207）	日语学院
		朝鲜语（050209）	亚洲学院
		印地语（050213）	
		土耳其语（050235）	中东学院
		希伯来语（050222）	
		波斯语（050208）	
		阿拉伯语（050206）	
		翻译（050261）	高级翻译学院
	新闻传播学类（0503）	新闻学（050301）	文化与传播学院
	金融学类（0203）	金融学（020301K）（国家控制布点专业）	经济学院
经济学	经济与贸易类（0204）	国际经济与贸易（020401）	
		贸易经济（020402）	
	工商管理类（1202）	市场营销（120202）	商学院
		财务管理（120204）	
管理学 / 理学	旅游管理类 1209）/ 地理科学类（0705）	旅游管理（120901K）（国家控制布点专业）	旅游科学学院

续表 259

学科门类	专业类（专业代码）	专业名称（专业代码）	所在院系
管理学 / 理学	旅游管理类 1209）/ 地理科学类（0705）	人文地理与城乡规划（070503）	旅游科学学院
		酒店管理（120902）	
		会展经济与管理（120903）	
法学	法学类（0301）	法学（030101K）（国家控制布点专业）	马克思主义学院
	政治学类（0302）	国际政治（030202）	政党外交学院
		外交学（030203）	
		国际事务与国际关系（030204T）（国家特设专业）	

三、人才培养

20 世纪 90 年代，学校立足于培养以外语为基础的旅游高级人才。教育中重视培养学生的综合素质，积极推行素质教育，大力提倡“明德、勤学、求是、竞先”八字校训，使培养的学生具有较强的专业水平和实践能力，在历次举办的全国性外语考核竞赛中，二外学生多次获得优异成绩，二外的日语和旅游专业居于全国领先位置。

2000—2010 年，学校坚持以质量求生存、以特色求发展，进一步强化了教学中心地位。加大了教学投入力度，大力推进教育教学改革与创新，加强教学管理，建立健全教学质量评估与监控体系，2004 年以优良的成绩通过了教育部本科教学工作水平评估。初步形成了知识、能力、素质三位一体的国际性、应用型人才培养模式和“学用结合，注重实践”的办学特色。

2011—2020 年，学校人才培养模式更加丰富，除本科生、研究生培养之外，2015 年开展了以北京首个非通用语七年一贯制培养项目为代表的贯通人才培养，并积极落实北京市“外培”“双培”计划。2016 年北二外法国夏斗湖项目首批师生进驻“中法国际大学城”。“外语 +”复合型人才培养初显成效，本科生源质量整体显著提升。深入推进了“多语种复语、跨专业复合”特色人才培养改革、专业方向招生改革和大规模在线课程建设，课程资源矛盾得到实质性改善。2018 年学校接受第二轮本科教学评估，获得专家组充分肯定。

四、科学研究

（一）科研机构

1984 年 3 月成立国内第一个旅游研究专门机构旅游科学研究所（2003 年 9 月更名为旅游发展研究院，2013 年 6 月撤并），加强旅游科研，从事旅游规划，承担国家旅游局等各级地方旅游局委托的科研课题。

1994 年成立中外文化研究中心（2001 年 4 月改制为跨文化研究所，2015 年 7 月撤并），重点研究方向是比较美学、比较文学与比较文艺学。中心承担了学校首个国家级项目——国家社科基金项目“美国多学科美育模式研究”。

2004 年成立的北京旅游发展研究基地是北京市首批市级哲学社会科学研究基地，是学校第一个省部级研究基地。

2010 年在原文化部的支持和推动下，与我校共建成立文化发展国际战略研究院。

2011 年成功申报教育部“区域问题研究基地——阿拉伯研究中心”（2018 年合署办公），是学校第一个国家级实体研究中心。

2014 年成立中国“一带一路”倡议研究院。该院是“一带一路”智库合作联盟秘书处单位（中联部）、金砖国家智库合作中方理事会秘书处单位（中联部）、中国—中东欧国家智库交流与合作网络理事单位（外交部）、一带一路国际智库合作委员会成员（新华社）、国家外文局全球舆情监测与传播研究基地。

2019 年成立中国服务贸易研究院，得到了商务部支持指导和中国国际贸易学会共建。

其他研究机构还有中国文化和旅游产业

研究院、中国旅游人才发展研究院、中国文化和旅游大数据研究院、中国生态文明治理现代化研究院、中国服务贸易研究院、首都文化和旅游发展研究院、首都对外文化传播研究院、中阿改革发展研究院、首都国际交往中心研究院、中华文化研究院、思想教育研究院、人工智能与语言认知实验室、数字资源与知识服务实验室等。

（二）科研成果

学校重视科研工作，科研与教学并重，成为学校发展的两大基石。1994 年至 1998 年底，全校共出版著作、译作、教材 630 余种，编写词典、工具书 30 余部，发表论文、译文 300 余篇，完成 15 项旅游区总体规划和控制详规、25 项旅游项目策划咨询报告，在国内外颇有影响。

2000—2005 年间，学校建立并完善了一系列科研工作制度，积极鼓励并推进科研工作。全校共出版学术专著 84 部，译著 110 部，发表论文 1647 篇，有多项成果获得省部级奖励，举办国际性和全国性大型学术研讨会近 20 次。学校注重产学研结合，共有 106 项科研成果直接服务于北京和国家的经济建设与旅游业发展，为政府和企业的决策提供了智力支持。

2006—2010 年间，学校科研管理体制逐步完善，科研水平和社会服务能力持续增强。学校通过整合优化科研资源，加大科研投入，加强科研创新平台建设，完善科研评价与激励机制，极大地调动了广大教师参与和投身科研工作的积极性。五年来，科研经费大幅度增长，年均增长 15% 以上。高层次科研项目数量连续取得突破，服务国家和区域经济社会发展的能力持续提升。学校共获得国家级项目 11 项；省部级项目 54 项；地厅级项目 61 项；省部级奖励 7 项。发表各类论文总数五年累计达到 3140 篇，年发表量从 2005 年的 543 篇增加到 2010 年的 625 篇，增长 1.15 倍，其中 CSSCI 收录刊物发表 231 篇，SSCI 等国外检索期刊收录 19 篇；出版学术专著 195 部，译著 161 部。

2011—2015 年间科学研究取得显著进展。省部级人文社科重点研究基地达到 7 个。共承担纵横向科研项目 678 项。承担国家级重大项目 2 项，国家级项目 41 项；国家自科基金项目新增 8 项；省部级项目 131 项。高质量科研成果大幅增长，教师学术论文被国际知名数据库收录达 156 篇；出版专著 300 余部；获得省部级科研成果奖项 17 项；入选国家哲学社科成果文库成果 1 部，实现零突破。

2016—2020 五年共承担国家级项目 76 项，其中国家级重大项目 4 项，在重大项目立项上实现历史突破；承担省部级科研项目 233 项，其中省部级重大项目 8 项。论文成果被国际国内知名数据库收录的达 616 篇；出版专著（含译著和编著）690 部；获得省部级科研成果奖项 23 项、省部级及以上领导批示 45 项，其中国家级领导人批示 9 项，被北京社科基金成果要报采纳 56 篇；实现北京市重点实验室零的突破。重构性建立形成以 15 个研究院、6 个省部级基地、9 个教育部国别与区域研究中心为主体，以“两个服务”为中心的科研平台体系和智库矩阵，6 个智库基地入选 CTTI 来源智库，位列同类智库前列，在服务中国文化和旅游产业发展、国家“一带一路”建设、国际服务贸易与文化贸易发展、公共政策翻译和对外文化传播等方面业已形成全国领先优势。

（三）学术期刊

学校现有 4 个定期公开出版的专业期刊和 1 个面向国内公开发行的报纸，分别是 1979 年 10 月创刊的《北京第二外国语学院学报》、2015 年创刊的《阿拉伯研究论丛》（集刊）、2016 年创刊的《跨文化研究》（集刊）、2017 年创刊的《旅游导刊》和 1965 年 3 月创刊的《北京第二外国语学院报》。

《北京第二外国语学院学报》前身是 1979 年 10 月创刊的《外语教学》，1980 年更名为《学丛》，1986 年 1 月，正式定名为《北京第二外国语学院学报》，1991 年经国家新闻出版署批准，在国内外公开发行。2012 年《学报》入选人大 2012 年版“复印报刊资料”重要转载来源期刊，2018 年被评定为“2018 年度中国人文社会科学期刊 AMI 综合评价”语言学类 A 刊核心期刊。

《北京第二外国语学院报》前身是 1965

年3月1日创刊的《学院生活》,2001年9月，开始更名为《北京第二外国语学院报》，经新闻出版署批准，面向国内公开发行，刊号CN11-0965/（G）。

五、师资队伍建设

学校建校初期教职工总数只有218人，其中副教授4人。通过不断加强在职教师的培训与提高，积极创造条件让年轻骨干教师参加国内外的学习与深造;“筑巢引凤”大力引进高水平人才，从社会上聘请客座教授或兼职教师，从国外聘请高水平外教专家等方式不断补充强化师资队伍。到2005年专任教师总数为495人，其中具有高级专业技术职务的教师占36%，具有硕士、博士学位的教师占64%，常年聘请的外国专家60余名。同时，学校还聘请了一批国内外著名学者、杰出企业家和政府官员为名誉教授和兼职教授。

2006—2010年间，师资队伍的学历和年龄结构不断优化，整体水平稳步提升，继续实施“人才强校”战略，有效地促进了人才队伍的协调发展。2010年，全校在职教职工881人,其中专任教师436人,教授职称56人，副教授职称157人，研究生导师160人；具有高级职称的教师比例占49%。教师队伍中具有博士学位者119人，占教师总数的27%，具有硕士学位者231人，占教师总数的53%。5人评为北京市教学名师。

2011—2015年间，高层次人才总量和师资总量稳步增长，师资队伍的国际化水平显著提高。专任教师占教职工总数的比例由2010年底的51.7%增长至58.52%，具有博士学位的专任教师由33%上升至44.8%。8名教授入选北京市“百千万人才工程”、北京市特聘教授、长城学者等人才项目；39名教师入选北京市青年拔尖人才、青年英才等人才项目。1个教学团队入选“国家级教学团队”，2个团队入选北京市“学术创新团队”和“教学创新团队”。

2016—2020年间，坚持“引育并重、优化结构、分类管理、多元评价、激发活力”的人才队伍建设思路，深化了人事体制机制改革。专任教师增长至614人，占教职工总数的65.3%，具有博士学位的专任教师占比达55.1%，具有副高及以上职称人数增长至296人。具有半年以上海外学习、工作经历的专任教师达311人，占专任教师的50.8%；高层次人才队伍建设成效明显，共引进29名高级职称人才，27人入选省部级及以上人才项目，成功入选全国高校黄大年式教师团队、国家百千万人才工程项目，实现了自主培养入选国家级人才项目和教师团队者零的突破。

六、国际交流与合作

20世纪90年代，学校注重加强国内外旅游教育合作与学术交流，先后与俄罗斯国际旅游学院、法国昂热大学高等旅游饭店研究院等建立了校际交流关系，就教师培训、联合举办旅游研讨会、共同开发旅游项目进行合作。学校先后与日本、美国、澳大利亚、加拿大等20多个国家和地区的30余所高校、机构签订交流合作协议。通过国际合作学习借鉴世界各国先进办学经验和办法，引进最先进的信息资源及教材，聘请高水平的外国专家和学者来校任教，提高了学校在国际上的知名度。同时也使学校留学生规模不断扩大。

2000—2005年，学校以“巩固亚太、拓展欧美”为工作方针，进一步拓展对外交流与合作领域，扩大了国际影响，建立了长期交流与合作关系的高校及机构有60余所。对外交流与合作的领域进一步拓宽，与香港理工大学联合培养研究生，引进英国国家高等教育文凭（HND）项目，与澳大利亚昆士兰大学联合培养本科生和研究生等。

2006—2010年，国际交流与合作向纵深发展，合作领域进一步拓宽。全面实施国际化办学战略，积极贯彻落实“巩固亚太、发展欧美、开拓拉美”的工作方针，与美国、英国、德国、澳大利亚、日本、韩国等国家和地区的120余所高校和教育机构签署了校级交流协议，高层人员到访频度增加，平均每年举办高层次的国际学术会议10余次，学校每年派出300多名在校生赴海外学习，来校外国留学生1000多人次。积极服务国家汉语国际推广战略，2007年学校首个孔子学院——墨西哥奇瓦瓦自治大学孔子学院在墨西哥成立。国际合作办学领域不断拓展，已经从外派学生出国学习的单一模式发展到与国外大学联合培养本科生和研究生的双向模式。引进瑞士洛桑酒店管理学院的办学理念、人才培养模式和课程体系，2008 年与北京中瑞乐桑酒店管理有限公司合作举办了北京第二外国语学院中瑞酒店管理学院（独立学院）。

2011—2015 年，国际化水平进一步提升。国际交流平台进一步拓宽，国际交流层次显著提升。加入了欧盟伊拉斯谟项目，成为国家留学基金委优秀本科生项目院校。与 148 所海外高校和教育机构建立了合作关系，其中世界名校比例持续增加。派出在校生出国留学人数同比增长 62%。国际教育规模持续扩大。长期留学生数量增长 10%，其中学历生人数增幅超过 50%。建成英国兰开夏中央大学孔子学院等 3 所孔子学院，与学科建设、人才培养协调一致的孔子学院新格局基本形成。

2016—2020 年，高级别国际交流活动表现活跃，围绕首都国际交往中心建设的教育对外交往展示“窗口”作用发挥突出。拉脱维亚、爱沙尼亚、塞尔维亚三国总统，匈牙利总理等先后到访学校或会见师生，多国教育部长、外交部长、驻华大使到校访问交流；学校 4 项国际合作成果分别被纳入第七次和第八次中国—中东欧国家领导人会晤成果清单；成功主办或承办多场次高水平国际学术会议；成功获得文化和旅游部推荐，与世界旅游组织合作建立“国际中心”。国际合作交流进一步拓展，累计与世界上 40 多个国家和地区的 170 多所大学和教育机构建立全方位合作交流关系，疫前年均接待外国政府、高校及教育机构团组 60 余批次 220 余人次，年均选派教师赴国（境）外访问交流、工作进修 100 余人次，聘请外籍专家 60 余名，年均赴海外学习学生 600 余名，年均接收国际学生 1000 余人次来校学习。孔子学院建设取得重要成效，2017 年在我国与巴拿马正式建交、中国驻巴拿马大使馆揭牌当日，二外巴拿马孔子学院同步揭牌，成为我校第 6 所孔子学院。2019 年，巴拿马大学孔子学院获得“全球先进孔子学院”称号，实现孔院建设国家级荣誉突破。

七、校园建设

学校从 1992 年至 1997 年 6 年间开展了大规模文明校园创建活动。创建内容包括政治环境建设、教学环境建设、生活环境建设以及文明行为和校风校纪等 10 个方面、200 余项指标。1997 年 10 月，北二外被正式授予“文明校园”荣誉称号。学校以文明校园创建为契机，从 1991 年至 1999 年新增建筑面积 6 万平方米。1992 年先后建成中心配电室和南、北配电室、开闭站、维修服务中心（现校园服务中心）、茶炉房等公共基础设施，并实施校园雨污水管线工程，1995 年扩建专家楼餐厅，1994 年至 1997 年新建了 11 号家属楼及商业楼。1997 年，二外计算机接入国际互联网。1998 年 1 月 1 日，启用微机售餐系统，结束了使用饭票的历史。1999 年 12 月正式开通互联网服务。

2000—2005 年，学校多渠道筹措资金 4.5 亿元，用于教学科研和基础设施设备建设。投资兴建完成大小工程 54 项，其中百万元以上的重大工程项目 24 项。先后新建 7# 学生公寓、国际交流中心、翔宇楼（第三食堂）和学校北门，扩建完成 2 号留学生公寓 A、B 楼、1# 教学楼（现人文楼）东西配楼和校医院，同期还在校外购置了椰子井学生公寓，学校新增总建筑面积达 92524 平方米。新建了校园网、计算机网络教室、多媒体教室、多功能教室、专业实验室和电视台等现代化教学设施，扩展图书馆面积 6800 平方米，藏书增加到 87 万册（件）。

2006—2010 年，学校以迎接建校 45 周年为契机，多方面、多渠道筹措资金，先后共投入 4.85 亿元用于办学条件的改善。图书馆软硬件设施建设跃上新台阶，图书馆阳光大厅如期建成，引入了世界先进的图书馆自动化管理系统。图书数据库电子资源由 10 个增加到 54 个。不断推动信息技术与教育发展的有机融合，建成了覆盖全校所有教学、科研场所及学生宿舍和家属区的校园网络，建成校园一卡通系统。完成了《图书馆建设——数字图书馆发展与建设》、考试阅卷中心、计算机网络实验室和信息共享中心等项目的建设与改造。

2011—2015年，学校条件保障水平不断提高。“平安校园”创建工作圆满完成，顺利通过合格验收。教育发展基金会受捐资金额度超千万。学校把握市政府启动实施市属高校“三年建设规划”的机遇，积极申请、筹建并顺利实施了学生宿舍楼及附属用房项目（现6#学生公寓）和教学楼项目（现求是楼）新建工程，新增建筑面积6.2万余平方米。不仅依据“92指标”补足了学校在教室、校系行政用房、实验室实习场所及附属用房的面积缺口，并大幅增补了学生宿舍、生活福利及其他附属用房的面积缺口。

2016—2020年，学校全面树立以师生为中心的服务理念，全方位提升师生学习生活条件及校园综合服务保障水平，校园基础设施不断改善，引入市政自来水、完成田径场改造、完成竞先楼和大学生活动中心改造装修、新建校史馆和立体停车场、创办了附属幼儿园并纳入普惠园、改革校医院成立了教师健康中心、升级完成数字校园平台。平安校园建设成效明显，首都高校综治考核连续三年名列前茅。从2019年开始，结合首都发展大局和高等教育改革发展新的形势要求，学校形成了立足现有校址，以“校园功能织补、内部优化提升”为共识的新的工作思路，编制《北京第二外国语学院校园整体建设规划》，并于2020年11月获得了市领导专题会的原则同意。根据《规划》，学校将在“十四五”期间启动校园整体优化建设。本着总体规划、分期建设的原则，秉承“优化空间、完善功能、拆危还绿、传承风貌、彰显特色”的规划思路，深耕现状校园，聚焦功能短板，优化功能布局，提升整体风貌。建设“静、精、美”的校园，推动内涵式、高质量发展。

八、社会服务

受国家旅游局（现文化和旅游部）委托，1991年以来举办了数十期全国旅行社总经理岗位证书培训班和饭店经理培训班。1993年与中国旅游协会联合成立中国旅游协会咨询中心（与旅游科学研究所实行一个机构，两块牌子），变“书斋式”为面向全社会服务，为地方政府和企事业单位编制旅游规划、人力资源开发、旅游法律咨询、旅游商品开发及旅游翻译服务等。1995年开始负责中央一类旅行社导游人员资格考试工作。1999年12月成立旅游行业考试中心，负责全国导游人员资格考试、等级考试和全国旅行社经理认证考试等行业性考试工作。

在外语方面1991—1997年，蔡若明播讲的法语广播讲座，李翠霞、谢为集播讲的日语广播讲座先后在北京人民广播电台开播、中央人民广播电台、中央电视台开播。其中，《电视旅游日语》还被评为第八届全国电视教育节目奖教学类一等奖和中国广播电视新闻奖一等奖。

划归北京市管理以来，融入北京、服务首都理念更多地转化成实际行动，北二外对北京地区人才培养力度在加大，承担了北京市高考外语评卷工作、制定公示语标准，2009年底，学校制订实施了《服务首都行动计划》，刘淇等市领导做了批示。

2011—2015年，社会服务能力进一步增强。2011年、2014年与朝阳区合作共建成立北京第二外国语学院附属中学、附属小学。2014年二外中小学英语教育中心与朝阳区定福庄学区的10所小学携手，组建区域小学英语教育联盟，服务北京中小学英语教育发展；与河北邢台、广东中山等签署了战略合作协议，开展外语和旅游培训。

2016—2020年，学校继续在基础教育领域开展系列教育合作，2016年5月，与大庆市萨尔图区教育局签订合作协议，合作举办北京第二外国语学院萨尔图附属学校。2016年9月，学校与成都武侯区签订战略合作框架协议，合作举办北京第二外国语学院成都附属中学、成都附属小学及成都附属幼儿园。除此之外，学校在脱贫攻坚方面开展了系统支援帮扶工作。2018年以来与门头沟雁翅镇的山神庙村、松树村结成“引智帮扶”结对村。2019年3月，与拉萨市签订对口支援合作协议书，在拉萨市柳梧中学基础上共建北京第

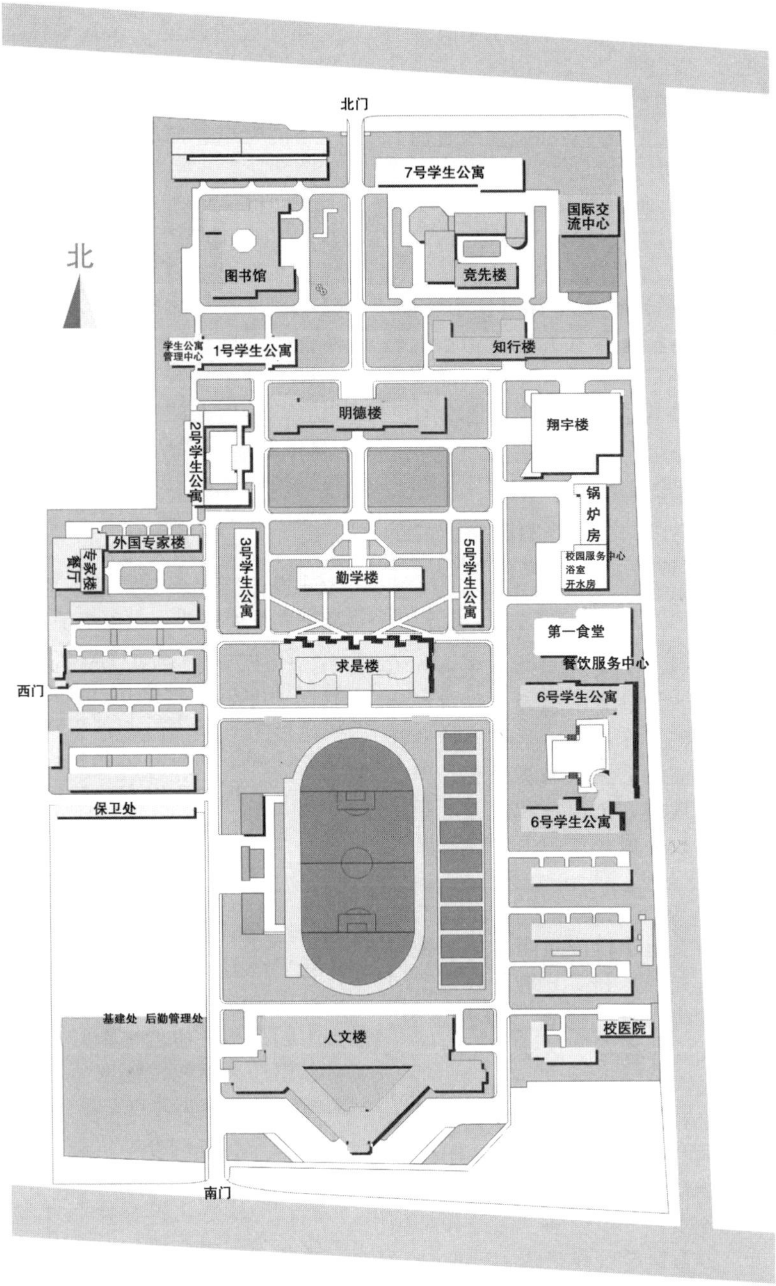

图 85 北京第二外国语学院平面示意图

二外国语学院拉萨附属中学。

学校还立足多语种人才优势积极服务首都重大外事外交活动，近年来师生累计参与中非合作论坛、亚洲文明对话大会、“一带一路”国际合作高峰论坛、服贸会等高规格志愿服务逾2万人次，累计志愿服务时长12万小时，2017年获批北京国际志愿服务基地，2018年成为首批北京2022年冬奥会和冬残奥会培训基地。2018年9月，学校系统谋划、制定出台并稳步实施《服务北京国际交往中心行动计划》，主动对接中宣部、文旅部、商务部等国家部委和北京市委宣传部、市外办、市商务局、市文旅局、北京冬奥组委等相关委办局，助力首都国际交往中心建设。

九、党建和思想政治教育

20世纪90年代党委认真贯彻落实党的十四大、十五大精神，认真贯彻执行《中国共产党普通高等学校基层组织条例》，以教学科研为中心，不断推进党的建设水平。1995年1月召开了学校第五次党代会，党委书记刘凤魁作了“加强党的建设，推进学校的改革和发展”的工作报告，号召全体共产党员和教职工以高度的主人翁责任感，努力实现学校的发展规划，把改革和建设不断推向前进，为把学校办成一流的综合性旅游大学而奋斗。

2000—2005年，党建与思想政治工作不断加强，精神文明建设成效明显。学校先后开展了“三讲”教育和“三讲”教育“回头看”、学习贯彻“三个代表”重要思想、保持共产党员先进性教育等活动。2005年6月召开了学校第六次党代会，大会的主题是：高举邓小平理论和“三个代表”重要思想伟大旗帜，深入学习贯彻党的十六大和十六届三中、四中全会精神，认真树立和落实科学发展观，求真务实，开拓创新，团结和带领全校师生员工，为把学校建设成为一所位居全国同类院校先进行列、若干学科达到国内领先水平、在国际上享有较高知名度的多科性教学研究型大学而奋斗。党委书记段建国作了报告。

2006—2010年，认真开展先进性教育“回头看”工作，顺利通过《北京普通高等学校党建和思想政治工作基本标准》检查评估。深入开展学习实践科学发展观活动取得扎实成效，群众测评满意率为98.99%。形成了完整的网络、广播、电视台、橱窗等校园宣传阵地。

2011—2015年，以“群众路线教育实践”“创先争优”“三严三实”专题教育为主线，基层党组织建设和干部队伍建设不断加强。获批教育部思想政治理论课教学科研团队择优资助计划1个，北京高校思想政治理论课名师工作室1个；举办了北京高校首届思想政治理论课“微课”比赛，第十届北京“百人工程”学者论坛。开通了“翔宇”党员在线教育平台。2011年12月召开了第七次党代会，大会主题是以中国特色社会主义理论为指导，凝心聚力促和谐，奋发有为谋发展，为建设国际化、有特色、高满意度的教学研究型大学而奋斗。党委书记冯培作了报告。

2016—2020年，深入推进全面从严治党，高标准完成巡视整改，积极开展校内巡察；建立健全了党委行政议事规则，形成一系列党委领导下的机制体制建设成果。中东学院党总支入选“全国党建标杆院系”培育创建单位、高级翻译学院教工党支部和旅游科学学院本科生第一党支部入选“全国党建样板党支部”培育创建单位、校团委获评“全国五四红旗团委”荣誉称号、老教授党员先锋队获“全国关心下一代工作先进集体”荣誉称号。2017年12月召开了第八次党代会。大会主题是高举习近平新时代中国特色社会主义思想伟大旗帜，深入学习贯彻党的十九大精神，全面落实北京市第十二次党代会精神，扎根京华大地，不忘初心、凝心聚力，居安思危、勇于改革，全面提升办学水平和办学质量，持续强化核心竞争力，为把学校早日建设成为中国一流、世界上有重要影响的新型外国语大学而努力奋斗！党委书记顾晓园作了报告。

十、2020年概况

2020年，北京第二外国语学院占地面积

21.32 万平方米，产权校舍建筑面积 29.24 万平方米。图书馆建筑面积 8086 平方米。全年教育经费投入 68379.28 万元。学校设有 1 个校区，设置 17 个教学单位。开设 45 个本科专业，覆盖 4 个学科门类；具有一级学科硕士点 5 个，二级学科硕士点 28 个、硕士专业学位授权类别 6 个；联合培养博士后工作站 2 个。其中，博士后研究人员进站 16 人、出站 11 人、在站 5 人。国家级一流本科专业建设点 11 个，北京市级一流本科专业 9 个，北京高校重点建设一流专业 2 个。国家级特色专业 4 个，教育部专业综合改革试点专业 1 个。北京高校高精尖学科 2 个。教职工 938 人，其中，专任教师数 614 人，包括正高级 101 人、副高级 195 人；硕士生导师 306 人。外籍教师 60 余人。学校拥有 2 个国家级优秀教学团队、4 个北京市优秀教学团队、8 个北京市学术创新团队。在校生 9284 人，其中，硕士研究生 1522 人、普通本专科生 7459 人（本科生 6497 人、专科生 962 人）、成人教育本科生 303 人。此外还有留学生 782 人、贯培生 361 人。网址：www.bisu.edu.cn。

附表：

表 260　中共北京第二外国语学院委员会历任书记一览表（1991—2020 年）

书记	任职时间	书记	任职时间
洪福尔	1989 年 3 月—1991 年 8 月	段建国	1999 年 12 月—2010 年 5 月
刘凤魁	1991 年 8 月—1996 年 8 月	冯　培	2010 年 5 月—2016 年 6 月
常殿元	1996 年 8 月—1999 年 12 月	顾晓园	2016 年 6 月—

表 261　北京第二外国语学院历任院长一览表（1991—2020 年）

院长	任职时间	院长	任职时间
李先辉	1989 年 1 月—1991 年 8 月	周　烈	2008 年 4 月—2014 年 11 月
常殿元	1991 年 8 月—1999 年 12 月	曹卫东	2014 年 11 月— 2017 年 4 月
杜　江	1999 年 12 月—2006 年 4 月	计金标	2017 年 12 月—

（执笔人：王　薇）

北京物资学院

北京物资学院（英文名称：BEIJING WUZI UNIVERSITY）是北京市人民政府举办的，由北京市教委主管的以经济学为基础，以管理学为主干，以物流与流通为特色，理、工、文、法等多学科协调发展的公办全日制普通高等学校。学校以人才培养为根本任务，开展教育教学、科学研究、社会服务，推进文化传承创新。学校主要教育形式为全日制本科生教育、研究生教育，以及继续教育和留学生教育。学校注册地点位于主校区（北京市通州区富河大街 321 号）。

一、学校沿革

1980 年 3 月 6 日，国家物资总局和北京市人民政府联合向国务院递交请示报告，申请以北京经济学院物资管理系和一部分党政干部、基础部教师为基础创办北京物资学院，由国家物资总局与北京市双重领导，以国家物资总局管理为主。同年 8 月 12 日，经国务院批准同意建立北京物资学院。

1980 年 3 月至 1982 年 5 月隶属国家物资总局；1982 年 5 月至 1988 年 4 月隶属国家物资局。1988 年 4 月，学校隶属物资部。1993 年 3 月，学校隶属国内贸易部。1998 年 6 月，学校隶属国家国内贸易局。1998 年 9 月，国务院对原属国家局的 93 所普通高等学校归属管理进行调整，实行“中央与地方共建，以地方管理为主”的管理体制。自 1998 年 9 月起，北京物资学院由中央和北京市共建，以北京市管理为主。

1991 年至 2020 年是学校的成长和奋进期。学校的发展紧跟国家经济体制改革步伐，紧跟社会人才需求变革步伐，紧跟国家教育事业发展改革步伐。这 30 年时间，是学校形成比较成熟的办学理念的探索期，是形成科学务实的发展规划的积累期，是构建现代大学治理体系的基础期，是深耕内力、砥砺锋芒、打造特色适应高等教育发展改革的实践期。这一时期，学校的发展可分为三个阶段：

1991—1998 年是面对挑战、把握机遇、主动革新的阶段。这一时期，学校的归属随国家经济体制转轨而带来的行政管理体制改革而频繁变动，学校原有与计划经济高度相关的学科专业随之迎来重大挑战。学校面对挑战、把握机遇，主动创新求变，革新学校办学发展思路，调整学科专业结构和研究方向，推动学校转型。在办学思想、学科与专业建设、教学科研等方面做出了积极有益的探索和改革。应教育主管部门要求，学校在这一时期内兼办过大专教育。1993 年，学校在国内高校中首设期货贸易专业；1994 年，学校将储运管理专业转型为国内高校最早的物流管理专业。

1999—2010 年是整合资源、加速建设、打造特色阶段。学校进一步深化教育教学改革，对大学内部治理结构、人事分配制度、学术奖励制度、人才培养模式等实行一系列改革，对标现代大学制度进行探索和谋划。2010 年，开办国内高校第一个采购管理专业，强化学校在物流采购领域的特色与优势。学校在物流、证券期货领域已经享有较高声誉。应教育主管部门要求和市场需求，学校在这一时期内兼办过与物流、证券期货等相关的大专、高职教育。

2011—2020 年是全面提升、发挥效能、深化发展阶段。以制定《北京物资学院章程》为实际抓手，建立起以章程为核心的现代大学制度体系。学科建设实现新突破，人才培养模式实现效能提升，产学研合作全面布局和深化促使科研水平、服务社会水平及相关管理能力进一步提升。以《关于统筹推进北京高等教育改革发展的若干意见》为指导，确立并完善以立德树人为根本、教育教学为主业、科学研究为支撑的高水平应用型大学管理运行体系，谋划并布局中长期发展目标。

二、学科和专业建设

学校适应国家与社会需求，不断改革创新，坚持特色发展、内涵发展、差异化发展，主动调整优化学科布局，补齐学科短板，凝练学科方向，打牢专业基础，强化专业特色。1996年5月，国务院学位委员会批准学校物资流通工程为第六批硕士学位授权点。1998年7月，增列企业管理为硕士学位授权点。2003年，取得"劳动经济学"硕士学位授权点。2005年，取得物流工程专业硕士学位授权点。2006—2014年新增一级学科硕士学位授权点3个，获批工商管理硕士（MBA）学位授权点。2010年获批全国第一个采购管理专业，新增劳动关系和物联网工程专业。2015—2020年，新增理论经济学一级学科硕士学位授权点、金融硕士和会计硕士专业学位授权点。物流管理、信息管理与信息系统2个专业获批国家一流本科专业建设点，采购管理专业获批北京市一流本科专业建设点。增设质量管理工程、商务英语、供应链管理、数据科学与大数据技术、大数据管理与应用5个新专业。

截至2020年末，学校拥有应用经济学、理论经济学、管理科学与工程、工商管理、计算机科学与技术5个一级学科硕士学位授权点，下设20个二级学科/专业；4个专业学位硕士授权类别（工程管理、工商管理、金融、会计）。拥有2个北京市重点建设学科（管理科学与工程、产业经济学）。管理科学与工程学科入选北京高校"高精尖"学科建设队列并与北京交通大学共建。学校与首都经济贸易大学开展博士研究生联合培养工作。

1991—2020年经数次专业调整优化，学校至2020年末正常招生和办学的有28个本科专业。其中，有国家级一流本科专业建设点5个（物流管理、信息管理与信息系统、金融学、物流工程、物联网工程），国家级特色专业建设点2个（经济学、物流管理），北京市级一流本科专业建设点5个（采购管理、质量管理工程、电子商务、人力资源管理、法学），北京市属高校重点建设一流专业1个（物流管理），北京市特色专业建设点3个（经济学、物流管理、人力资源管理）。

表262　　北京物资学院学科设置一览表（2020年）

学科门类	学科代码	一级学科	学科门类	学科代码	一级学科
经济学	0201	理论经济学	专业学位	1256	工程管理
经济学	0202	应用经济学		1251	工商管理
工学	0812	计算机科学与技术		0251	金融
管理学	1202	工商管理		1253	会计
管理学	1201	管理科学与工程			

三、院系建设

1991—2020年，以有利于学校教育事业发展、适应社会人才需求、提高管理效率为宗旨，学校根据自身专业调整和变动以及上级主管单位要求及时调整教学单位组织结构。

1991年，学校院系及教学单位设置有：财务会计系、管理工程系、企业物资管理系、经济系、基础课教学部、社会科学教学部、物资部干部培训中心、成人教育办公室、体育教学部，科研处代行研究生招生管理职能。

1996年，经重大院系调整后，教学单位设置有：会计系、工程系、管理系、营销系、贸易系、经济系、信息系、外语系、基础课教学部、社会科学教学部、体育教学部、研究生部、国内贸易部物资干部培训中心及成人教育分院。

1999—2000年，再次调整专业及院系结构，教学单位设置有：经济系、会计系、工商管理系、劳动人事系、管理科学与工程系、外语系、基础课教学部、社会科学教学部、体育教学部、研究生部、成人教育分院（兼办物资干部培训中心、高职学院）

2006—2011年，学校调整院系及专业并陆续组建学院，教学单位重组为：经济学院、物流学院、信息学院、商学院、劳动与法律科学学院、外国语言与文化学院、研究生部、继续教育学院、体育教学部。

2020年学校教学单位调整为：经济学院、物流学院、信息学院、商学院、法学院、外国语言与文化学院、研究生院、国际学院、马克思主义学院、体育部、继续教育学院。

四、科学研究

学校在流通经济理论与物流管理、工程、技术领域科研成绩显著。1991—2020年，学校共承担国家级科技攻关项目、国家自然科学基金和社会科学基金项目、国家科技支撑计划项目以及省部级项目等各级项目共1300余项。获国家专利授权362项。出版专著、编著、译著、教材1700余部。学术论文被收录进入三大检索（SCI、EI、ISTP）的有近400篇。

2002年10月，北京市科学技术委员会和北京市教育委员会批准学校成立北京物流系统与技术重点实验室。2004年9月，北京市哲学社会科学办公室和北京市教委批准学校成立北京现代物流研究基地。2010年1月，北京市教育委员会批准学校筹建物流技术工程研究中心。截至2020年末，学校已建成北京市物流系统与技术重点实验室、智能物流系统北京市重点实验室、北京现代物流研究哲社基地、北京市高校物流工程中心、北京市协同创新中心五个市级科研平台。

学校建校初期先后主办过《国外物资管理》《物资财会与审计》《中国物资》三种学术期刊。1995年《中国物资》更名为《中国流通经济》（国内统一刊号CN11-3664/F）。自1996年起，《中国流通经济》杂志先后被评为北大核心期刊、南大核心期刊、《中文社会科学引文索引》（CSSCI）来源期刊、全国百强社科学报、北京市级期刊等。《中国流通经济》杂志2002年成为中国市场学会会刊、国家一级刊物。杂志发行31个国家和地区，被世界知名高等学校以及教育科研机构收录和收藏。

五、人才培养

学校面向全国28个省（直辖市、自治区）招生，以北京市生源为主。学校主动适应经济社会发展需求，始终坚持高素质应用型人才的培养定位，不断加强专业和课程建设，深化教学综合改革。1991—2020年期间，学校对人才培养方案进行过数次重大改革和局部调整优化，使人才培养方案适应国家与社会变革、适应社会主义建设需要、适应学生能力发展总体需求。学校重视实践教学，大力建设校外实践实训教学基地，2007年获批教育部人才培养模式创新试验区、实验教学示范中心，2009年获批北京市市级校外人才培养基地，2013年获批国家级校外人才培养基地。学校注重学生社会责任感、创新精神和实践能力的培养，创新人才培养模式，形成了大类培养、校企联合、国际合作等多元化人才培养模式。

1991—2001年期间，学校探索和尝试专业方向的细分，建立企业物资管理班、采购班、外贸班、期货班等，择优录取大三年级学生进行专业强化，为后来相关专业的建立和申请做出了探索、积累了经验。2005—2020年，尝试并实践“大类招生”“按行业需求细分专业”“校企联合培养”“双培计划”等人才培养形式，为行业、企业对口培养了大批专业化人才。大批毕业生在物流、证券期货、采购、质量管理等行业中成为坚力量，享有较高社会声誉。学生在国际国内大学生学术、科技、文艺、体育等重大赛事活动中均取得过优异成绩。学生广泛参与首都重大庆典活动和亚运会、奥运会等重大国际赛事志愿服务并获得表彰。

表263　北京物资学院本科专业设置一览表（2020年）

专业	学科类别	学科门类	专业	学科类别	学科门类
金融学	金融学类	经济学	国际经济与贸易	经济与贸易类	经济学
经济学	经济学类		电子商务	电子商务类	

续表 263

专业	学科类别	学科门类	专业	学科类别	学科门类
会计学	工商管理类	管理学	采购管理	物流管理与工程类	管理学
财务管理			供应链管理		
工商管理			信息工程	电子信息类	工学
市场营销			机械设计制造及其自动化	机械类	
人力资源管理			计算机科学与技术	计算机类	
劳动关系			物联网工程		
质量管理工程	工业工程类		数据科学与大数据技术		
劳动与社会保障	公共管理类		信息与计算科学	数学类	理学
信息管理与信息系统	管理科学与工程类		应用统计学	统计学类	
大数据管理与应用			英语	外国语言文学类	文学
物流管理	物流管理与工程类		商务英语		
物流工程			法学	法学类	法学

六、师资队伍建设

1991—2020 年，随着学校教育事业的进步与发展，逐步建立起一支爱岗敬业、结构合理、素质过硬、专业布局科学的师资队伍。学校紧跟国家与社会发展步伐，不断调整教学与科研工作评价体系、师资培养与管理机制，积极推进人事制度改革。1996 年、2005 年、2009 年、2011 年，学校四次大幅度调整人才引进管理办法，设立专项基金加大对高层次、高学历教师的引进力度。自 1998 年起，逐年加大对教师科研的资金支持和学术能力成长支持。积极实施人才强教计划并向上一级相关培养计划推荐优秀人才与团队。

至 2020 年末，学校拥有享受政府特殊津贴专家 9 人，长城学者 6 人，入选教育部高校教学指导委员会教授 5 名，全国五一劳动奖章获得者 1 人，北京市劳动模范 1 人，首都劳动奖章获得者 1 人，北京市骨干教师和骨干人才 51 人，北京市青年英才和青年拔尖人才 24 人，北京市创新人才 7 人，北京市优秀人才资助培养 15 人，北京市科技新星 3 人，北京市高创名师 3 人，北京市高等学校教学名师 10 人，北京市高等学校青年教学名师 1 人，北京市高创计划青年拔尖人才 2 人，北京市师德先锋 1 人，北京市师德先进个人 3 人，北京市优秀教师 4 人，北京市优秀教育工作者 2 人，北京高校优秀德育工作者 12 人，北京市优秀辅导员 13 人。

七、校园基本建设

（一）学校用地及校区情况

1981 年 8 月，国家物资总局、北京市规划局协商划拨国家物资总局位于北京市通县北郊外的仓库地块（94 亩）用于学校办学，以此处为主校区进行建设。1984 年 2 月，国家物资局划拨中国机电设备公司所属的机电产品仓库通县南库西半部分地块（25.4 亩）及建筑给学校办学使用，此处为第二校区。1985 年通县人民政府划拨 28.33 亩土地给学校，其中 4.8 亩土地远离原有两处校区，成为第三处校区。后经七次土地征用，到 2006 年学校总占地面积达 434.75 亩。2018 年 2 月，经北京市人民政府批准，北京市商务科技学校并入北京物资学院，其所属和租用的三处校区随即成为学校的新校区，学校占地总面积为 613.5 亩（40.9 万平方米）。目前各校区情况如下：

表 264　　北京物资学院校区功能一览表（2020 年）

校区	地址	校区功能
物资学院校区（主校区）	通州区富河大街 321 号	全日制教育 留学生教育 国际交流合作

续表 264

校区	地址	校区功能
果园环岛校区	通州区新华南路 190 号	继续教育 大学生科技创业园 产学研基地
乔庄校区	通州区乔庄甲 695 号	继续教育产学研基地
右安门校区	西城区右安门西街 5 号	金融、期货产学研基地
富河园校区	通州区富河园小区 26 号	主校区办学功能拓展 研究生生活区
八里庄校区	朝阳区八里庄东里 6 号	校企合作

（二）学校基础建设情况

1991 年基本完成 1986 年制定的短期校园总体建设一期规划。2003—2006 年，根据学校发展情况制订中长期建设规划，2008 年该规划获得规划部门批准。

1991 年 10 月，学校基本建设第一期工程项目竣工并通过验收，包括主教学楼、图书馆（旧馆）、食堂、宿舍等，建成建筑总面积约 7.5 万平方米。1993—1999 年建成宿舍、办公楼等建筑共计 2 万平方米。2000—2006 年新增教学以及配套建筑 6 万多平方米。2006—2009 年新增建筑面积 1.6 万平方米，改扩建原有建筑 6 万多平方米。2010—2018 年新建学科综合楼、新图书馆、新体育馆，建筑面积合计 4.7 万平方米。2013 年，学校主动协调地方综合治理部门，共同解决了通州果园环岛校区部分区域被多年违规占用问题。2018—2020 年期间，北京市商务科技学校并入以后，针对新并入的校区及建筑进行修缮、翻新和改扩建，以适应校区功能定位和发展需求。

图 86　北京物资学院主校区平面图

八、服务社会能力建设

学校归属国家部委、国家局期间，广泛承担相关科技项目，十余项“八五”期间科技攻关项目成果获得部级科技进步奖。国家“十五”科技攻关项目“小城镇现代流通业关键技术研究与开发”的研究成果在行业内产生了较大影响。2009年，编撰北京首部《北京物流蓝皮书》。

2012—2020年，学校建立专门机构整合校内优势学科和专业力量，开展社会服务项目，推动产学研一体化建设进程，提升学校教学与科研的价值与效能。建立市级大学科技园、中关村智慧物流产业技术研究院、中关村开放实验室和中关村科技型企业创业孵化集聚区、中国物流学会产学研基地等产学研平台，为科技成果转化创造条件。与中关村国家自主创新示范区、中国物流与采购联合会等行业协会、全国商务系统、期货行业以及地方政府建立科研项目合作机制，为行业和地方发展提供服务与智力支持。成立京津冀物流一体化研究中心、平谷现代产业发展研究院、京东学院、期货学院等新型合作机构，为产业发展、地方发展提供政策咨询、产业规划、智力支持等服务。学校发挥专业优势参与精准扶贫等国家和区域重点项目实施，初步形成了服务国家重大战略和地方发展的有专业特色的社会服务模式。

九、2020年概况

2020年，北京物资学院占地面积43.20万平方米，建筑面积28.64万平方米，图书馆建筑面积13258平方米。全年教育经费投入49293.9万元。设有7个校区，10个教学院部，开设28个本科专业，国家级一流本科专业建设点2个。国家级人才培养模式创新实验区1个，国家级实验教学示范中心1个；北京市属高校重点建设一流专业1个，北京市一流本科专业建设点5个，拥有北京市物流系统与技术重点实验室、智能物流系统北京市重点实验室、北京现代物流研究哲社基地、北京市高校物流工程中心、北京市协同创新中心五个市级科研平台。教职工778人，其中，专任教师497人；正高级80人、副高级192人；硕士研究生导师186人。在校生8594人,其中研究生1130人（博士生2人、硕士生1128人）、普通本科生6133人、成人教育本专科生1231人（本科生1175人、专科生156人）。学历教育学生中毕业生2248人，其中，研究生355人（硕士生355人），普通本科生1542人；成人教育本专科生351人（本科生279人、专科生72人）。招生2564人，其中，学历教育学生中全日制研究生489人（博士生2人，硕士生487人），普通本科生1610人，成人教育本专科生467人（本科生383人、专科生84人）。留学生毕（结）业52人，招生75人，在校生123人。网址：www.bwu.edu.cn。

附表：

续表265　　中共北京物资学院委员会历任书记一览表（1991—2020年）

书记	任职时间	书记	任职时间
阙光淮	1990年9月—2003年1月	李石柱	2012年2月—2019年3月
刘木春	2003年1月—2012年2月	王文举	2019年6月—

表266　　北京物资学院历任院长一览表（1991—2020年）

院长	任职时间	院长	任职时间
范福初	1985年9月—1992年10月	王稼琼	2008年3月—2010年1月
范锡义	1992年10月—1993年10月	王旭东	2010年5月—2016年3月
张声书	1993年10月—1999年7月	王文举	2016年6月—2019年6月
陈　宏	1999年7月—2005年8月	刘　军	2019年11月—
谭向勇	2005年8月—2008年3月		

（执笔人：丁兆博）

首都经济贸易大学

首都经济贸易大学（英文名称：Capital University of Economics and Business）是由北京市人民政府举办，北京市教委主管的以经济学、管理学为重要特色和突出优势，法学、文学、理学和工学相互支撑、协调发展的市属高水平研究型大学。学校开展人才培养、科学研究、技术开发、产学研交流合作、社会服务及文化传承创新活动。学校教育形式为全日制本科教育和研究生教育，适当开展非全日制研究生教育和继续教育等其他类型的教育。校本部位于丰台区花乡张家路口121号，红庙校区位于朝阳区金台里2号。学校法定驻所为朝阳区金台里2号。

一、学校沿革

（一）北京经济学院

北京经济学院前身可以追溯到劳动部于1956年成立的北京劳动干部学校和北京实验工人技术学校，两校校址选定于东郊区红庙村。1958年10月，经中央高等教育部批准，两校合并成立北京劳动学院，仍隶属劳动部。1963年2月8日，北京工程经济学院成立，以国家经济委员会为主，由国家经济委员会和劳动部共同领导。1963年6月7日，北京工程经济学院改名为北京经济学院，隶属国家经济委员会物资管理总局。1969年6月，北京经济学院停办。1969年10月，北京经济学院外迁到河南息县物资总局五七干校，学院教学附属工厂改名为北京起重机械配件厂留京，隶属物资部。1972年12月，北京经济学院及教学附属工厂（北京起重机械配件厂）全部人员及资产转隶北京市。1974年4月，由北京经济学院、中国人民大学四个系（工业经济系、农业经济系、财政贸易系、计划统计系）和北京工商管理专科学校部分专业教师，共同组建新的北京经济学院。学院由北京市委和北京市革命委员会领导，实行北京市计委和北京市教科组双重管理。学院本部设在北京经济学院校址。

（二）北京财贸学院

北京财贸学院的前身可以追溯到1958年6月成立的北京市财政贸易干部学校。1960年3月，在北京市财政贸易干部学校二部、四部基础上成立北京市财政贸易中等专业学校（简称北京市财政贸易学校）。1962年8月，北京市财政贸易学校独立办学，行政上由北京市人民委员会财贸办公室领导，党的关系转至宣武区委。1963年2月19日起，学校除学校教育方针、计划招生、毕业学生分配及教职工编制等重大问题需报经北京市人民委员会财贸办公室审批外，日常工作由北京市商业局负责领导管理。1969年8月，北京市革命委员会财贸组决定撤销北京财政贸易学校。1973年北京市财经学校成立，隶属北京市财税局。1975年北京市财经学校更名为北京市财贸学校，隶属关系不变。学校校舍分为两处，分别为宣武区枣林前街68号和宣武区南线阁68号。1978年12月，北京财贸学院成立，隶属北京市，沿用北京市财贸学校办学校址即枣林前街68号办学。1988年7月，学院搬入房山县窦店临时办学。1991年9月迁至丰台区花乡新校区。

（三）首都经济贸易大学

1994 年 4 月，中共北京市委、北京市政府决定北京经济学院和北京财贸学院合并组建北京经贸大学（筹），并于 6 月正式宣布。1995 年 3 月，北京经济学院和北京财贸学院经国家批准正式组建并定名为首都经济贸易大学，由北京市人民政府举办。校本部位于丰台区花乡张家路口 121 号，红庙校区位于朝阳区朝阳门外红庙金台里 2 号。

二、学科建设

学校不断优化学科布局，学科建设取得显著成效，逐渐形成了以特色谋优势、以优势促发展的学科建设良性循环机制，现已发展为拥有经济学、管理学、法学、文学、理学和工学等六大学科，以经济学、管理学为重要特色和突出优势的多科性财经类大学。

学校于 1998 年获批博士学位授予权，2003 年设立博士后流动站，2006 年获批一级学科博士学位授权点；自 2003 年开始招收工商管理硕士（MBA），是第一所获得 MBA 专业学位授权点的北京市属院校。截至 2020 年底，学校拥有一级学科 11 个；一级学科博士学位授权点 4 个；一级学科硕士学位授权点 7 个，专业硕士学位授权点 17 个，交叉学科 4 个，博士后科研流动站 4 个。

学校劳动经济学于 2007 年获批国家重点二级学科，2010 年获批国家级特色重点学科。学校应用经济学、企业管理于 2008 年分别获批北京市一级重点学科、二级重点学科，统计学、会计学于 2012 年分别获批北京市一级重点学科、二级重点学科；应用经济学、统计学、工商管理于 2019 年获批北京高校高精尖学科，应用经济学和工商管理获得北京市与中央高校共建一流学科项目支持。截至 2020 年底，学校共有国家重点二级学科 1 个，北京市一级重点学科 2 个，北京市二级重点学科 2 个，北京市一级重点建设学科 2 个，北京市二级重点建设学科 6 个，北京高校高精尖学科 3 个。

表 267　　首都经济贸易大学重点学科一览表（2007—2012 年）

学科类别	学科名称	评选时间（年）	学科类别	学科名称	评选时间（年）
国家重点二级学科	劳动经济学	2007 年	北京市二级重点学科	企业管理	2008 年
北京市一级重点学科	应用经济学	2008 年		会计学	2012 年
	统计学	2012 年			

表 268　　首都经济贸易大学重点建设学科一览表（2011—2010 年）

学科类别	学科名称	评选时间（年）	学科类别	学科名称	评选时间（年）
北京市一级重点建设学科	安全科学与工程	2011 年	北京市二级重点建设学科	行政管理	2008 年
	管理科学与工程（管理学）	2008 年		社会保障	2008 年
北京市二级重点建设学科	政治经济学	2007 年		西方经济学	2010 年
	经济法学	2003 年		技术经济及管理	2010 年

表 269　　首都经济贸易大学学科设置一览表（2020 年）

门类名称	一级学科代码	一级学科名称	二级学科名称	学位授权类别	备注
经济学	0201	☆理论经济学	○政治经济学	硕士授权点	
			○西方经济学	硕士授权点	
			人口、资源与环境经济学	硕士授权点	

续表 269

门类名称	一级学科代码	一级学科名称	二级学科名称	学位授权类别	备注
经济学	0201	理论经济学	经济思想史	硕士授权点	
			世界经济	硕士授权点	
	0202	★●应用经济学	国民经济学	博士 / 硕士授权点	
			区域经济学	博士 / 硕士授权点	
			财政学	博士 / 硕士授权点	
			金融学	博士 / 硕士授权点	
			产业经济学	博士 / 硕士授权点	
			国际贸易学	博士 / 硕士授权点	
			◆劳动经济学	博士 / 硕士授权点	
			数量经济学	博士 / 硕士授权点	
			人力资源开发与人才发展△	博士 / 硕士授权点	
			增长经济学△	博士授权点	
法学	0301	☆法学	民商法学	硕士授权点	
			○经济法学	硕士授权点	
			法学理论	硕士授权点	
			宪法学与行政法学	硕士授权点	
			国际法学	硕士授权点	
	0305	☆马克思主义理论	马克思主义基本原理	硕士授权点	
			思想政治教育	硕士授权点	
			马克思主义中国化研究	硕士授权点	
			中国近现代史基本问题研究	硕士授权点	
文学	0502	☆外国语言文学	英语语言文学	硕士授权点	
			外国语言学及应用语言学	硕士授权点	
	0503	☆新闻传播学	新闻传播学	硕士授权点	按一级学科招生
理学	0714	★●统计学	统计学	博士 / 硕士授权点	按一级学科招生
工学	0837	☆○安全科学与工程	安全科学与工程	硕士授权点	按一级学科招生
管理学	1201	★○管理科学与工程	管理科学与工程	博士 / 硕士授权点	按一级学科招生
	1202	★工商管理	●会计学	博士 / 硕士授权点	
			●企业管理	博士 / 硕士授权点	
			旅游管理	博士 / 硕士授权点	
			○技术经济及管理	博士 / 硕士授权点	
	1204	☆公共管理	○行政管理	硕士授权点	
			○社会保障	硕士授权点	
			教育经济与管理	硕士授权点	
			土地资源管理	硕士授权点	
交叉学科		应用经济学、工商管理、管理科学与工程	劳动关系▲	博士 / 硕士授权点	
		管理科学与工程、应用经济学、工商管理	城市经济与战略管理▲	博士 / 硕士授权点	

续表 269

门类名称	一级学科代码	一级学科名称	二级学科名称	学位授权类别	备注
交叉学科		应用经济学、管理科学与工程、工商管理	法律经济学▲	博士授权点	
		应用经济学、工商管理、统计学	☆媒介经营与管理▲	硕士授权点	2019 级停招
专业学位			金融	硕士授权点	
			应用统计	硕士授权点	
			税务	硕士授权点	
			国际商务	硕士授权点	
			保险	硕士授权点	
			资产评估	硕士授权点	
			审计	硕士授权点	
			法律	硕士授权点	
			社会工作	硕士授权点	
			翻译（英语笔译）	硕士授权点	
			翻译（英语口译）	硕士授权点	
			电子信息	硕士授权点	2019 年调整
			资源与环境	硕士授权点	2019 年调整
			工商管理	硕士授权点	
			公共管理	硕士授权点	
			会计	硕士授权点	
			旅游管理	硕士授权点	

说明：★为博士学位授权一级学科 4 个，☆为硕士学位授权一级学科 7 个，△为自主设置学科 2 个，▲为交叉学科 4 个。◆为国家重点学科（1 个二级学科）●为北京市重点学科（2 个一级学科，2 个二级学科），○为北京市重点建设学科（2 个一级学科，6 个二级学科）

自 2002 年至今，教育部学位与研究生教育发展中心共开展了四轮学科评估工作。在 2011 年教育部第三轮学科评估中，学校应用经济学在 88 所参评高校中排名第 12 位，统计学在 87 所参评高校中排名第 15 位，两个学科排名在财经类高校中均列第 5 位。在 2018 年教育部第四轮学科评估中，学校应用经济学、统计学、工商管理进入全国前 20%。

三、人才培养

学校坚持以人才培养为根本，以教学工作为中心，不断深化教育改革，全面推进素质教育。在招生和就业方面，本科生招生规模保持基本稳定，研究生招生规模逐年递增。毕业生就业率连续保持在较高水平，就业质量稳步提高。在办学规模扩大的同时，学校还一如既往地重视生源质量，本科生录取分数在北京市属高校中一直保持前列。

在本科人才培养方面，学校秉承以学生为本的理念，坚持个性发展与全面发展相结合，基于学生需求实施分级分类培养，打造个性化、复合型人才培养体系，侧重不同类型人才的需求，充分发挥“中外合作办学”“双培计划”“外培计划”等培养模式优势，突出国际化、交叉性人才培养特色，为学生提供多样化学习机会，全面提高教育教学质量。

学校实施本科教学改革，以学分制改革为方向，打造融“选专业、选方向、选辅修、选课程、选教师、转专业”为一体的“五选一转”学业选择机制，为学生提供更多个性化发展平台。推行大类招生，完善大类培养机制，公共管理类、工商管理类（工商管理学院）、经济与贸易类、工商管理类（劳动经济学院）、新闻传播学类、财政学类、金融学类、外国语言文学类实行大类招生。

学校获批18个国家级一流本科专业，国家级一流本科专业建设点覆盖率超过40%，9个北京市一流本科专业，4个北京市重点建设一流专业；4个国家级特色专业，10个北京市特色专业，安全工程专业顺利通过国际工程教育认证，为落实北京市属公办高校分类发展要求，学校以经济学和管理学为重要特色和突出优势，立足北京、服务首都，逐步引导招生向学校优势特色学科专业、新兴交叉学科专业、首都经济社会发展急需的专业倾斜，更好促进学校内涵、特色、差异化发展。近年来停招7个专业，包括商务经济学、汉语国际教育、工程管理、环境工程、应用统计学、英语、公共事业管理。

学校有国家级教学名师1人，北京市教学名师27人，获得国家级教育教学成果奖2项，获得北京市教育教学成果奖35项，其中北京市级一等奖8项。

在研究生培养方面，学校继续深化研究生教育改革，采用硕博连读、申请审核制、本硕博连读和普通招考相结合的形式进行博士研究生招生，生源质量不断提升。通过设立“博士研究生学术新人计划”“学术学位研究生科技创新项目”“专业学位研究生创新实践项目”“研究生学术训练营”和“科研成果奖学金”等子项目，构建训练、实践、激励“三位一体”的研究生科技创新平台，不断提升研究生的科研创新能力。开展“扎根实践工程”研究生寒假社会调研活动，鼓励研究生学以致用，深入基层，调研经济社会热点问题，提升研究生实践能力，助力首都“四个中心”建设。

在学生思想政治教育方面，学校充分发挥思政课程、课程思政的主渠道主阵地作用，拓展大学生思想政治教育内涵，增强思想政治教育的针对性与实效性，连续两次获评首都大学生思想政治教育实效奖一等奖、教育部礼敬中华优秀传统文化全国十佳示范项目、北京高校心理素质教育特色工作奖；获批全国海洋意识教育基地、教育部“全国国防教育特色学校”、第十三届北京市思想政治工作优秀单位、首届首都学生资助典型经验单位；组织学生参与国庆70周年庆祝活动、北京“一带一路”高峰论坛、“世园会”志愿服务等系列大型活动，增强了爱国主义情怀，坚定了理想信念。

表270　　首都经济贸易大学本科专业设置一览表（2020年）

专业代码	专业名称	学院	专业代码	专业名称	学院
120402	行政管理	城市经济与公共管理学院	120203K	会计学	会计学院
120401	公共事业管理		120204	财务管理	
120404	土地资源管理		120206	人力资源管理	劳动经济学院
120405	城市管理		120403	劳动与社会保障	
120201K	工商管理	工商管理学院、华侨学院	120211T	劳动关系	
120202	市场营销	工商管理学院	030302	社会工作	
120901K	旅游管理		050303	广告学	文化与传播学院
120801	电子商务		050304	传播学	
120601	物流管理		050101	汉语国际教育（停招）	
020101	经济学	经济学院	080901	计算机科学与技术	管理工程学院
020401	国际经济与贸易		082901	安全工程	
020402	贸易经济		120701	工业工程	
020105T	商务经济学（停招）		120103	工程管理（停招）	

续表 270

专业代码	专业名称	学院	专业代码	专业名称	学院
082502	环境工程（停招）	管理工程学院	070101	数学与应用数学	统计学院
020201K	财政学	财政税务学院	020102	经济统计学	
020202	税收学		071201	统计学	
120208	资产评估		071202	应用统计学（停招）	
030101K	法学	法学院	050262	商务英语	外国语学院
020301K	金融学	金融学院、国际经济管理学院	050204	法语	
020303	保险学	金融学院	050201	英语（停招）	
020302	金融工程		120102	信息管理与信息系统	管理工程学院、华侨学院
020304	投资学		120102	数据科学与大数据技术	管理工程学院、统计学院

四、科学研究

学校积极推进科研兴校战略。学校获批教育部特大城市经济社会发展研究省部共建协同创新中心，特大城市经济社会发展研究院入选北京市首批首都高端智库建设试点单位。学校拥有1个北京市习近平新时代中国特色社会主义思想研究基地，拥有北京市经济社会发展政策研究基地、CBD发展研究基地、国家税收法律研究基地3个北京市哲学社会科学研究基地，城市群系统演化与可持续发展的决策模拟实验室获批为北京市重点实验室。学校有北京市人大预算审查研究基地、北京经济发展研究院、北京自贸区研究院、中国ESG研究院、金融风险研究院、资产评估研究院等50多个校级研究机构。

学校主办的《经济与管理研究》《首都经济贸易大学学报》《人口与经济》是全国中文核心期刊、中国人文社会科学核心期刊，《经济与管理研究》《人口与经济》是CSSCI来源期刊。

表 271　“八五”至“十三五”期间首都经济贸易大学承担各类项目统计表

单位：项

项目类别	“八五”期间	“九五”期间	“十五”期间	“十一五”期间	“十二五”期间	“十三五”期间
国家社会科学基金项目	5	8	18	21	94	120
国家自然科学基金项目（含科技部科技攻关项目）	1	4	6	7	47	79
教育部社科项目（含留学科研启动费）	18	14	22	58	54	30
北京市社会科学基金项目（含北京市教委社科重点项目）	4	12	25	67	113	112
北京市自然科学基金（含市教委科技重点项目）	—	1	5	10	23	14
其他省、部、委项目	26	26	33	38	74	70
北京市教委科研计划一般项目（含教委委托项目）	—	50	86	88	81	79
其他委办局项目	—	—	—	57	110	110

五、师资队伍建设

学校坚持以师资队伍建设为基础，不断优化师资队伍结构，深入推进人事制度改革，完善人才工作体制，完善以岗位职责、业绩、贡献为主的分配激励机制，实行校内绩效工资，提高教职工的各种福利待遇。

学校不断深化人事制度改革。2002 年，学校开始实行“事业编制人员聘用合同”制。2006 年，学校开展了各级各类岗位首次聘任工作，由原来“职称评定终身”制度改为以完成岗位任务为目标的职务聘任制度。实现了人员的分类管理，规范了各级各类岗位的设置，为逐步优化人员的结构打下了基础。2011 年，学校出台了《首都经济贸易大学人事代理暂行规定》，学校开始实施聘用制以及人事代理制度，于 2012 年、2014 年两次较大幅度地提高了绩效工资水平，进一步激发了教职员工的积极性，同时积极稳妥推进社会保险改革，顺利完成医疗保险、生育保险改革。学校启动岗位聘任和绩效工资分配制度改革工作，逐步建立重实绩重贡献的激励机制、岗位能上能下的竞争机制以及新入职教师“非达标即走”的退出机制。关注教师职业发展需求，实施多元化考核，构建多渠道教师职称晋升通道，激发教师的积极性。

学校高度重视教师的培养工作，切实提高教师教育教学能力和学术创新能力：成立党委教师工作部，通过顶层设计，扎实推进教师思政工作；实施“驼铃计划”，坚持“教育者先受教育”，在真学、真懂、真信、真用上下功夫，引领教师立德奋进，从政治素养过硬、业务能力精湛、育人水平高超、师德修养高尚等方面涵养师德；进一步延伸骆驼精神，精心打造“驼韵师话”品牌活动，从学校层面引领、院系层面共话、教师党支部及教师层面叙话勾画学校“共说共话”师德的概貌，进一步增强教师思想政治工作的针对性和体验感，引领师德师风建设，促进教师互助成长。

六、对外交流合作与校友会、教育基金会工作

（一）对外交流合作

学校积极实施国际化发展战略，推进国际化进程，打造学校国际品牌，提升学校国际知名度。1991—1994 年，北京经济学院外事处代表学校统一管理和负责对外交流与合作工作，同时于 1992 年起建立起学校完整的留学生教育体系。北京财贸学院由院长办公室具体负责外事工作。合校后，由首都经济贸易大学外事处负责。2000 年，首都经济贸易大学外事处更名为对外文化交流学院暨对外文化交流部，同时承担起学校与港澳台交流工作，在留学生教育方面实行了教学、管理、服务三位一体化的管理运行模式，学校的国际、港澳台交流与合作、留学生教育培养工作进入全面提速稳步发展的阶段，推进并探索建立了校、院两级大外事的格局。2010 年，学校重新设立了国际合作交流处（港澳台办公室挂靠）和国际学院，二者合署办公，同时履行学校国际合作交流、国际留学生管理以及与港澳台地区院校交流交往职能。2015 年，国际学院独立，不再与国际合作交流处合署。

在中外合作办学方面，学校对外合作交流的范围不断扩大，逐渐与 35 个国家和地区的 155 所大学、研究机构、社会团体等建立了学术交流与合作往来关系，合作层次与水平均有所提高。

在留学生教育方面，学校由短期留学生教育逐步向学历留学生教育转变，在校学生与教师海外交流规模不断扩大，学校先后派出约 3000 余名学生赴国（境）外学习交流、实习，招收一万余名留学生来校学习。15% 的在校生有出国访学经历，35% 的教师拥有海外研修学习背景。

在国际化人才培养方面，学校作为首批 26 个北京市“一带一路”国家人才培养基地之一，与“一带一路”沿线的 14 个国家 26 所高校正式签署校际合作协议。2017 年以来，已为“一带一路”国家累计培养留学生一千余人。学校主动参与北京市“国际交往中心”建设，培养具有国际视野的高素质创新人才。2020 年，学校成为教育部首批 52 家高层次国际化人才培养创新实践基地之一。

在孔子学院建设方面，2009 年，学校与美国克利夫兰州立大学合作正式成立了克利夫兰州立大学孔子学院。2017 年，孔子学院获国家汉办颁发的“全球先进孔子学院”称号。

（二）校友会、教育基金会工作

学校组织校友会负责学校历届校友组织、联络、服务等工作，加强校友与母校之间的联系，促进学校人才培养、学术研究等方面的发展。组织教育基金会开展慈善活动支持学校发展，扶助学生、校友成长成才，服务首都建设，服务国家战略。2006 年 9 月 22 日，学校召开校友会第一次代表大会。大会通过了校友会《章程》，选举产生了第一届理事会和监事会。校友会成立后先后挂靠学校招生就业指导中心、学生处、对外联络合作处，目前已召开三次会员代表大会。截至 2020 年底，学校已成立了 19 个地方校友之家、4 个行业校友会、3 个直属校友会以及 3 个海外校友会。

1993 年 8 月 30 日，北京财贸学院获北京市民政局批准，正式登记注册成立了全国首家高校教育基金会——北京财贸学院校友促进教育基金会，原始资金是 200 万元（社会出资），2020 年挂靠首都经济贸易大学。

2014 年 3 月，北京市教委批复同意成立首都经济贸易大学教育基金会并作为其业务主管单位。9 月 15 日，首都经济贸易大学教育基金会获北京市民政局批准成立，并正式登记注册，原始资金是 200 万元（学校出资），秘书处设在对外联络合作处。2014 年 10 月 7 日，教育基金会成立第一届理事会，审议并通过了基金会章程；目前为第二届理事会。截至 2020 年底，基金会先后设立了 57 个项目涵盖奖助学金、奖教金、科研、学科发展、关爱帮扶、学院发展、文化传承、校友文化建设、扶贫等方面。

七、院系建设

学院（系、部、中心）是学校下属的二级单位，承担着学校教学、科研、人才培养、日常管理等方面的职责和任务。1991 年至 1994 年，北京经济学院设工业经济系、劳动经济系、贸易经济系、经济系、计划统计系、财政会计系、经济信息管理系、安全工程系 8 个系。北京财贸学院 1991 年设会计系、工商行政管理系、财政系、金融系、贸易经济系、经济法系 6 个系；1992 年，金融系更名为金融保险系；1993 年，增设房地产经济系；至 1994 年，北京财贸学院设 7 个系。

1995 年，首都经济贸易大学成立，两校区各系分别独立运行；1997 年至 1999 年，根据国务院学位委员会指定发布的《授予博士、硕士学位和培养研究生的学科、专业目录修订前后的对照表》进行了学科调整和院系的实质性合并。2000 年，原外事处更名为对外文化交流学院，设立了成人教育学院；2001 年，设立体育教学部；2002 年设立人文学院，2003 年，设立外语系；2004 年，学校根据学科基础进行了学院、系、部的调整，新建了经济学院、城市学院，做实了工商管理学院，做强了劳动经济学院、会计学院，调整了金融学院、信息学院、人文学院，筹建了安全与环境工程学院，完善和发展了其他系部。2005 年，原燕京华侨职业学院划转至首都经济贸易大学，更名为首都经济贸易大学华侨学院。2011 年，根据教育部发文《高校思想政治理论课建设标准（暂行）》，学校撤销人文学院建制，成立马克思主义学院、文化与传播学院。2012 年，以建设世界一流的经管学院为发展目标，设立了国际经济管理学院。2016 年，外语系更名为外国语学院。2019 年，信息学院和安全与环境工程学院合并成立管理工程学院，设立商务学院。2020 年，学校共有院系部 19 个。

表 272 首都经济贸易大学学院设置一览表（2020 年）

序号	院系	序号	院系
1	城市经济与公共管理学院	6	体育部
2	会计学院	7	商务学院
3	管理工程学院	8	工商管理学院
4	金融学院	9	劳动经济学院
5	华侨学院	10	财政税务学院

续表 272

序号	院系	序号	院系
11	统计学院	16	法学院
12	马克思主义学院	17	外国语学院
13	国际学院	18	国际经济管理学院
14	经济学院	19	继续教育学院
15	文化与传播学院		

八、校园基本建设

北京经济学院从1991年至1995年期间一直在红庙校区办学，1995年后红庙校区无校舍新建项目。北京财贸学院于1991年搬至丰台区花乡张家路口121号（现校本部）办学。

花乡校区从1991年至2020年持续不断优化办学环境，逐步拓展办学空间，相继完成了1号、2号、3号教学楼，行政办公楼、学生宿舍、赛欧大学生公寓、教工食堂、第三学生食堂、图书馆、室外篮球场、排球网球场、田径场、文化活动中心、浴室等基础设施和校园景区的建设。截至2020年底，学校占地面积36万平方米，产权校舍建筑面积45.73万平方米，办学空间逐步扩大，办学条件得到改善，校园环境也更加优美。

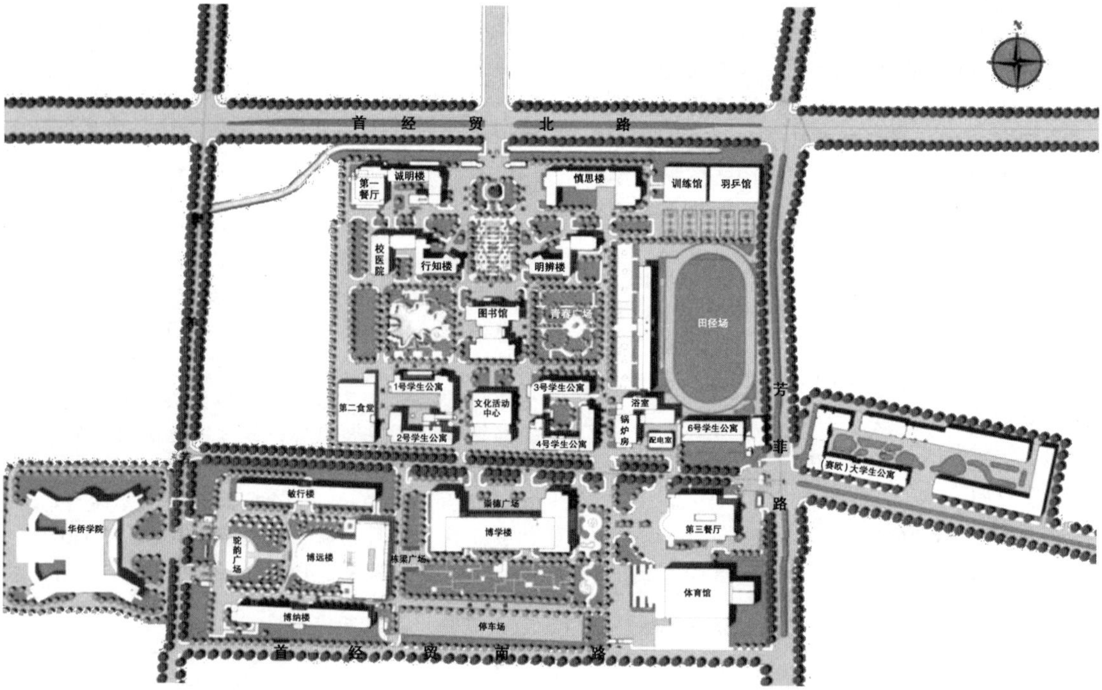

图87 首都经济贸易大学西校区平面图

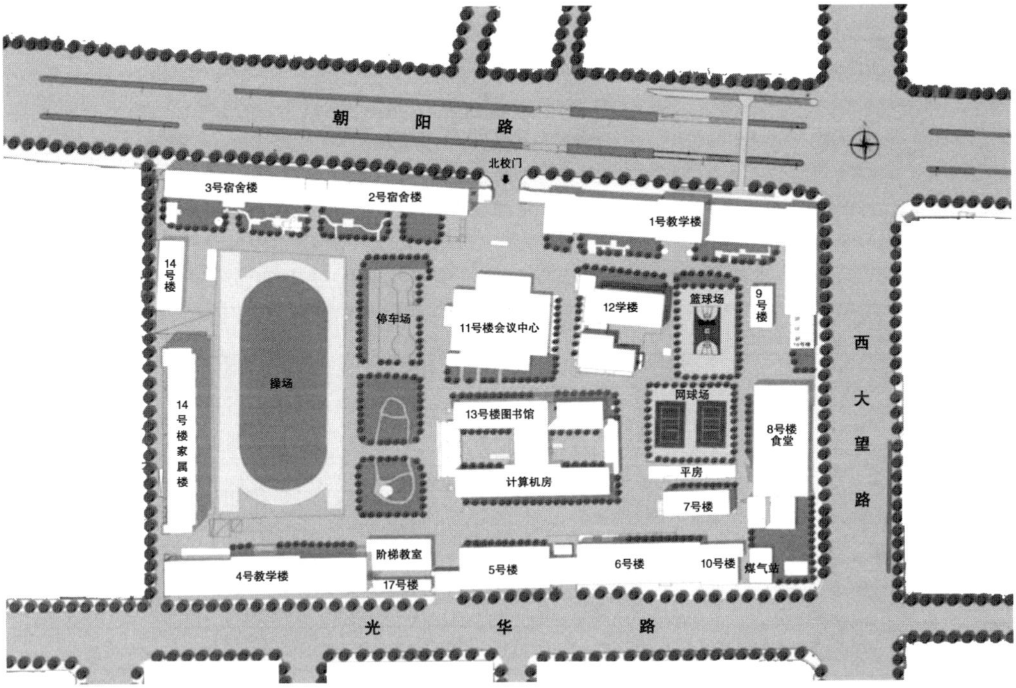

图 88　首都经济贸易大学红庙校区平面图

九、2020 年概况

2020 年，首都经济贸易大学校园面积 36 万平方米，图书馆建筑面积 2.84 万平方米。全年教育经费投入 112109 万元，设有 2 个校区，设置 19 个院（系、部）。开设 44 个本科专业，国家级一流本科专业建设点 8 个，北京重点实验室 1 个。教职工 1508 人，其中，专任教师 1003 人，正高级 179 人、副高级 356 人；博士生导师 142 人、硕士生导师 579 人。外籍教师 27 人，其中副教授 1 人。在校生 16024 人，其中，研究生 4205 人（博士生 540 人、硕士生 3665 人）、普通本专科生 10611 人（本科生 10611 人）、成人教育本专科生 1208 人（本科生 963 人、专科生 245 人）。留学生毕业 210 人、招生 265 人、在校生 512 人。网址：www.cueb.edu.cn。

附表：

表 273　中共首都经济贸易大学委员会历任书记一览表（1991—2020 年）

学校名称	书记	任职时间
北京经济学院	吕桓甲	1984 年 8 月—1992 年 10 月
	张理泉	1992 年 10 月—1994 年 4 月
北京财贸学院	陈日新	1985 年 1 月—1994 年 4 月
北京经贸大学（筹）	马博宣	1994 年 4 月—1995 年 6 月
首都经济贸易大学	马博宣	1995 年 6 月—2001 年 8 月
	苏志平	2001 年 8 月—2003 年 12 月

续表 273

学校名称	书记	任职时间
首都经济贸易大学	申建军	2003 年 12 月—2008 年 6 月
	柯文进	2008 年 6 月—2016 年 7 月
	冯　培	2016 年 7 月—2020 年 10 月
	韩宪洲	2020 年 10 月—

表 274　　首都经济贸易大学历任校长一览表（1991—2020）

学校名称	校长	任职时间
北京经济学院	于　涤	1986 年 10 月—1994 年 4 月
北京财贸学院	蒋哲夫	1984 年 4 月—1992 年 8 月
	张六琥	1992 年 4 月—1994 年 4 月（副院长主持工作）
北京经贸大学（筹）	张理泉	1994 年 5 月—1995 年 6 月
首都经济贸易大学	张理泉	1995 年 6 月—2003 年 12 月
	文　魁	2003 年 12 月—2010 年 2 月
	王稼琼	2010 年 2 月—2016 年 8 月
	付志峰	2016 年 11 月—

（执笔人：刘江霞）

中国音乐学院

中国音乐学院（英文名称：China Conservatory of Music）是北京市人民政府举办、北京市教委主管的以中国音乐教育和研究为主要特色的全日制普通高等学校。学校以立德树人为根本任务，以人才培养、科学研究、社会服务、文化传承创新为基本职能，遵循艺术教育规律，培养德智体美全面发展，具有文化自信、文化自觉、国际视野和创新精神的中国音乐高层次人才。学校主要教学形式为全日制本科生教育、研究生教育，开展继续教育和社会培训，积极拓展中外合作办学。学校有一个校区，法定注册地为北京市朝阳区安翔路1号。

一、学校沿革

1964年9月，根据周恩来的倡议及其对文化部《关于建立中国音乐学院和中国舞蹈学校的请示报告》的批示，文化部在原北京艺术学院音乐系和中央音乐学院民族音乐专业和中国音乐研究所的基础上，从全国挑选了一批民族音乐专家成立了中国音乐学院。中国音乐学院为文化部直属艺术院校，院址在北京西城区李广桥南街1号（今前海西街17号），设音乐理论、作曲（包括指挥）、声乐和器乐四个专业，并附设一所音乐中学，10月，新建歌剧系。中国音乐学院以培养从事民族音乐研究、创作和表演的专门人才为主，同时培养面向农村的中学音乐师资和基层文化单位的群众音乐工作干部。

1973年，按国务院文化组要求，以中央“五七”艺术大学音乐科为基础，中国音乐学院与中央音乐学院合并成立中央“五七”艺术大学音乐学院。1978年，中央“五七”艺术大学音乐学院改名为中央音乐学院。

1980年5月，文化部《关于恢复中国音乐学院的请示报告》得到国务院批准，中国音乐学院在原校址复院，恢复了器乐、声乐、作曲、歌剧、音乐学5个系和附中，同时成立了创作研究部，创办了期刊《中国音乐》，并开始招收硕士研究生。1981年9月，开办了音乐文学大专班，1982年成立了实验乐团。1987年后，学校逐步迁址健翔桥畔安翔路1号新校区，1991年整体搬迁完毕。1988年增设音乐教育专业，招收文化事业管理进修班，在音乐学专业内招收音乐治疗大专班，并恢复试办附高中声乐专业。

2000年，中国音乐学院由文化部划转北京市主管。在北京市委、市政府的大力支持下，学校办学规模和办学水平都得到扩大和提高，设有音乐学、作曲、民族器乐、声乐歌剧、钢琴、音乐教育、指挥、艺术管理8个系，另有研究部、社会科学部、成人教育部和附属中等专科学校，形成了从研究生、本、专科教育到继续教育多层次、多形式的办学体制。2002年1月，正式开通远程教育，并成立了多媒体音乐中心。2006年，学校获得博士学位授权单位和博士学位授权点资格。

2007年，学校进一步明确了办学指导思想，确定办学定位为以民族音乐教育和研究为特色的高等音乐院校，以培养从事民族音乐表演、创作、理论和科技工作的高层次专门人才为主，同时也培养其他音乐专业和音乐教育工作者为目标，立足北京，服务全国，面向世界。2008年，中国音乐学院与奥地利格拉茨音乐与戏剧艺术大学、萨尔斯堡莫扎特音乐与表演艺术大学、维也纳音乐与表演艺术大学、欧亚太平洋大学联盟联合创办了中国—奥地利联合音乐大学。2010年，成立北京民族音乐研究与传播基地，2019年2月更名为中国音乐研究基地。2013年，学校成立了中国民族弓弦艺术中心；2014年，成立了中国传统音乐文化传承与传播研究中心。

2015年12月，为适应新时期国家发展战略需求，学校提出“承国学、扬国韵、育国器、强国音”12字办学理念。2016年10月，成立中国乐派高精尖创新中心。2017年，成为国家“一流学科”建设高校。同年9月，“全球音乐教育联盟”在北京成立，该联盟是由中国音乐学院院长、中国乐派高精尖创新中心主任王黎光教授发起，联合北美洲、欧洲、大洋洲和亚洲共14个国家的30所顶级高等音乐院校和机构共同成立的全球性非政府非营利性学术组织。2019年5月，由全球音乐教育联盟倡议并携手中国音乐学院发起举办中国国际音乐（钢琴教学）大赛。

2020年5月，中国音乐学院获批北京市高水平研究型大学。12月，中国音乐学院举行高水平研究型大学建设大会暨“五院一地”授牌仪式。“五院一地”即中国音乐理论研究院、中国乐派研究院、中国声乐艺术研究院、中国音乐学院研究生院、中国音乐学院教育学院和中国音乐研究基地，是建设高水平研究型大学的重要举措之一。

二、院系建设

2000年至2003年，中国音乐学院新增钢琴、指挥、艺术管理等相关专业。共设有音乐学、作曲、民族器乐、声乐歌剧、钢琴、音乐教育、指挥、艺术管理8个系，另有研究部、社会科学部、成人教育部和附属中等专科学校。

2011年，国务院学位委员会第二十八次会议审议批准的《学位授予和人才培养学科目录（2011年）》，将“艺术学”独立成为第13个学科门类。“艺术学”独立之后，中国音乐学院的学科设置情况为一个一级学科“音乐与舞蹈学”（1302）；三个二级学科“音乐表演”（130201）、“音乐学”（130202）、“作曲与作曲技术理论”（130203）；二级学科之下设有不同研究方向。同年，成立音乐科技系，并展开招生。

2011年至2020年，学校一级学科、二级学科设置无改变，研究方向略有改动。2015年，开始招收教育硕士专业学位学科教学（音乐）领域研究生。2018年，音乐科技系撤系，相关专业并入音乐学系与作曲系。

表275　　中国音乐学院院系部设置一览表（2020年）

序号	院系部	序号	院系部
1	作曲系	7	钢琴系
2	音乐学系	8	艺术管理系
3	指挥系	9	教育学院
4	声乐歌剧系	10	思想政治理论教学部（基础教学部）
5	国乐系	11	中国音乐学院附中
6	管弦系		

三、学科建设

2002年，中国音乐学院作为二级学科的音乐学学科被评为北京市重点学科。2003年，北京市教委批准了中国音乐学院作为“中国音乐科研基地”的专项建设。2005年，申请博士学位授权单位获得批准。2006年，获批音乐学博士学位授予权，同年成为全国专业学位硕士授权点首批试点院校，开始招收第一批艺术硕士专业学位（MFA）音乐领域研究生。

2011年，启动国家级重点学科申报。2012年，获人力资源和社会保障部、全国博士后管委会批准，新设“音乐与舞蹈学”博士后科研流动站；获教育部“接受中国政府奖学金来华留学生院校”授权。2014年，获批教育硕士专业学位授予权。2015年，开始招收教育硕士专业学位学科教学（音乐）领域研究生。至此，中国音乐学院获有博士学位授权一级学科1个，硕士学位授权一级学科1个，博士后科研流动站1个，专业学位授权点2个。2016年，中国音乐学院率先在全国倡导和践行“中国乐派”建设，获批北京市高精尖创新中心“中国乐派高精尖创新中心”，此中心属于北京市政府批准成立和支持的高水平国际化创新平台。2017年，入选国家首批“双一流”世界一流学科建设高校。2020年，获批北京市“高水平研究型大学”，同年，设立“五院一地”——中国音乐理论研究院、中国乐派研究院、中国声乐艺术研究院、中国音乐学院教育学院、中国音乐学院研究生院和中国音乐研究基地。

2012年，中国音乐学院参加教育部学位与研究生教育发展中心开展的全国第三轮学科评估，获得第三名。2017年，在全国第四轮学科评估中为A级。

2015年6月，中国音乐学院成立学科建设办公室，为研究生院下设科级部门，并成立学科建设委员会。2018年9月，将学科建设办公室设置为独立副处级部门，形成以学科建设为龙头，分工明确、相互支持的组织运行机制。

表276　　中国音乐学院学科设置情况一览表（2020年）

一级学科	二级学科	系别	研究方向	类型
1302 音乐与舞蹈学	130202 音乐学	中国音乐理论研究院（音乐学系）	民族音乐学（含音乐文献数字化研究）、世界民族音乐研究、中国传统音乐研究、中国古代音乐史研究、中国近代音乐史研究、西方音乐史研究、音乐美学、音乐声学	学术型
			乐器学、录音与扩声	专业型
		艺术管理系	音乐艺术管理	学术型
		教育学院	音乐教育学、音乐心理学、音乐治疗学、音乐文献翻译、音乐教育管理、钢琴教育研究、声乐教育研究	学术型
	130203 作曲与作曲技术理论	作曲系	作曲、电子音乐	专业型
			和声、音乐分析、复调、管弦乐法	学术型
			视唱练耳	专业型
	130201 音乐表演	指挥系	合唱指挥、乐队指挥	
		中国声乐艺术研究院（声乐歌剧系）	中国声乐、美声	
		中国器乐系	琵琶、扬琴、三弦、阮、筝、古琴、二胡、板胡、笛子、唢呐、管子、笙、打击乐器	
		钢琴系	钢琴、钢琴艺术指导	
		管弦系	小提琴、大提琴、低音提琴演奏（含中外民族低音拉弦乐器研究方向）、竖琴、长笛、双簧管、单簧管、小号	

四、人才培养

（一）本科生培养

学年学分制阶段（1995—2001年）。1995年文化部下发《关于高等艺术院校试行学分制的若干意见》并召开了高等艺术院校试行学分制的交流研讨会，学院启动推进学分制教学改革。制定《中国音乐学院学分制教学方案》，明确实行学年学分制，各专业保持本科四年或五年学制不变，实行必修和选修课程制度。1996年7月，制定《中国音乐学院学分制教学管理试行条例》，学校设有民族器乐，声乐、音乐学、作曲与作曲技术理论、音乐教育五个本科专业，各专业四年制本科总学分应为160学分左右，五年制本科总学分应为180学分左右，其中必修课应占总学分的65%～75%，选修课应占总学分的25%～35%。学年学分制从1996年起在1997级学生中开始执行，同时在其他年级学生中开设选修课。

分段弹性学制（2002—2006年）。学院从2002年新生入学试行本科分段的弹性学制，制定《中国音乐学院本科弹性学制实施要点》。将本科教育划分为在学习时限上可以伸缩的两个阶段，每阶段2～4年。学生通过4年（不得少于4年）的连续学习完成本科学业，亦可延长期限，在两个阶段之间或某一阶段内暂时中断学业，经过一段社会实践后继续学习。每阶段最长为4年，本科学习的总年限不得超过8年。

素质教育阶段（2007—2014年）。学院2007年招生中，将演唱、指挥专业方向恢复为五年制。2008年，重新制订本科培养方案、指导性教学计划，理顺课程体系，形成由专业主干课、学科基础课、公共基础课、实践与讲座四大板块构成的课程体系。2010年，对本科培养方案和指导性教学计划进行修订，突出民族音乐办学特色，优化课程体系，严格课程标准，强调综合素质培养、加强实践能力训练。2013年，对本科培养方案和指导性教学计划进行新一轮修订，进一步突出专业优势与特色，加强教学改革，突出学生创新精神和实践能力培养，形成由专业主干课、特色课程、学科基础课、公共基础课、实践和讲座五大板块构成的更为科学合理的课程体系。

构建"中国乐派8+1""思政+X"课程体系（2015年至今）2018年，学院全面修订2018版人才培养方案。各专业按照人才培养实际需要，设定课程群最低修读学分。取消强制性的课程置入，充分发挥学生自主性，自"以教为中心"向"以学为中心"转变。合理充分的设计与专业紧密联系的必要实践活动，平衡课内讲授和课内实践的比例。

2019年，初步形成"中国乐派8+1""思政+X"课程体系建构设想，对课程架构进行了重新调整，增加了第二课堂模块和专业任选课程学分比例，组建课程团队，推动专业基础课和专业课建设，为"中国乐派8+1""思政+X"课程体系的构建奠定了良好的课程基础。

2020年，按照"中国乐派8+1""思政+X"课程体系全面修订人才培养方案。其中"8"指专业基础课，为所有专业必修，包含《音乐理论基础》《和声》《复调》《曲式》《配器》《中国传统音乐》《中国音乐史》《世界音乐史》；"1"指专业主课，是专业归属，为核心竞争能力，采用"一对一"或者"多对一"的形式授课。"思政+X"是国家规定思想政治类课程，以及应用性人文教育的课程。其中，"思政"包括习近平新时代中国特色社会主义思想概论、思想道修养与法律基础、中国近现代史纲要、马克思主义基本原理、毛泽东思想和中国特色社会主义理论体系概论、形势与政策。"X"是全面人文素养课程，是音乐专业学生的"基础底蕴"，力图在艺术学基础上，逐步加入哲学、历史学、教育学、管理学、工学等方面的课程，形成"大人文""大社科""大自科"的选修体系。课程在英语、体育、第二课堂等基础上，加入如艺术概论、国学入门、中国古典文学精读、西方文学精读等，旨在提升学生的整体文化素养。此阶段，初步完成了8门专业基础课和36个表演专业主课课程标准建设，为中国音乐教育体系夯实了基础。

表277　　中国音乐学院本科专业设置一览表（2020年）

专业	系别	方向
音乐表演	指挥系	指挥
	中国声乐艺术研究院（声乐歌剧系）	中国声乐、中国歌剧
	中国器乐系	板胡、二胡、箜篌、琵琶、柳琴、阮、三弦、扬琴、古筝、古琴、打击乐、竹笛、笙、唢呐、管子
	钢琴系	钢琴、电子管风琴

续表 277

专业	系别	方向
音乐表演	管弦系	小提琴、中提琴、大提琴、低音提琴、竖琴、长笛、单簧管、双簧管、巴松、萨克斯管、圆号、小号、长号、大号、打击乐
音乐学	中国音乐理论研究院（音乐学系）	音乐学、音乐声学、乐器学、录音与扩声
	艺术管理系	艺术管理
	教育学院	音乐教育（声乐特长）、音乐教育（钢琴特长）、音乐师范（声乐特长）、音乐师范（钢琴特长）
作曲与作曲技术理论	作曲系	作曲、电子音乐、视唱练耳、作曲技术理论（该专业方向目前没有在校生）

（二）研究生培养

学位授权点基本情况。1980年，学院复院即已开始硕士学位研究生培养工作。1981年，被国务院学位委员会批准为首批硕士学位授予单位。

2006年，经国务院学位委员会审核，获批音乐学博士学位授权点；成为全国专业学位硕士授权点首批试点院校。2014年，获批教育硕士专业学位授予权。截至2020年底，学校有博士学位授权一级学科点1个，即音乐与舞蹈学一级学科；硕士学位授权一级学科点1个，即音乐与舞蹈学一级学科；专业学位授权点2个，即艺术（音乐）、教育[学科教育（音乐）]。

办学结构及招生规模情况。1980年至2005年，学院仅限招收学术型硕士研究生。2006年，招收第一批在职攻读艺术硕士专业学位（MFA）音乐领域研究生。2007年，招收第一批博士研究生。2008年，获得招收高校教师在职攻读硕士学位研究生资格，同年开始招生。2009年，承担教育部少数民族教育司下达的招收少数民族高层次骨干人才计划博士、硕士研究生工作。2010年，招收港澳台、华侨博士研究生和来华留学博士研究生。2012年，按照学术型、专业学位型硕士研究生分类进行招收。2015年，招收教育硕士专业学位学科教学（音乐）领域研究生。

截至2020年底，共计培养博士研究生242人，硕士研究生2595人；现有在校研究生607人，其中内地学生592人，港澳台生3人，外国留学生12人。

研究生培养情况。学院持续修订研究生培养方案，根据分类指导原则设置课程，形成音乐理论、音乐创作、音乐表演三大学科学位课程库，为30个研究方向独立的课程设置列表，共计开设课程150余门。学院充分依托“中国乐派高精尖创新中心”“全球音乐教育联盟”优势资源，为在校研究生举办了近400场国内外专家讲座、大师班或工作坊作为研究生选修课程。要求学生到综合性大学选修非音乐类课程，使学生拓展与本专业相关的交叉学科知识，同时使学生感受综合性大学的学术氛围及学术理念。

2017年，实施博士研究生招生模式改革。2018年，博士研究生招生采取传统招生与课题制招生两种模式，对表演艺术理论研究方向的博士研究生实行联合培养的“表演＋理论”双导师制。2019年，博士研究生招生全面实行课题制招生，推行首席导师制，7位教授成为首席导师。2020年，首次将9个国家级重大课题列入博士研究生招生简章。

2018年，学校与北京大学签署“北京高校学科共建方案”。该项目将通过成立学科共建机构、建立学科共建例会、合作导师、重大科研项目立项、课程学分互认、师资培训等举措，全面提高学校办学水平、夯实学科基础，培养跨学科复合型高端音乐人才。

实施国际一流音乐院校研究生人才联合培养项目、学校与“全球音乐教育联盟”院校建立研究生“1+1+1”“2+1”“1+2”培养模式，截至2020年，已有10名研究生参与到联合培养项目。

五、科学研究

“十五”期间，学校对科研工作充分重视，采取了一系列有力措施，科研经费逐年增长，纵向和横向科研项目明显增多，并产生了一批高水平科研成果。2002年，音乐学学科被评为北京市重点学科。2003年，市教委批准了中国音乐学院作为“中国音乐科研基地”专项建设，划拨经费790万元。2004年，40周年校庆之际，学校筹集专门人力和资金，对40年的科研和教学成果进行了整理和开掘。2005年，申请博士学位授权单位获得批准。2008年度北京市属高校特色资源库建设项目验收通过，其中“竹笛篇”被评为优秀主题资源包。2009年着重整理科研工作汇编。2010年，获批建立北京市哲学社会科学“北京民族音乐研究与传播基地”。2010年，“音乐学”学科作为北京市新一轮重点学科建设单位，接受市教委中期检查，成为所有艺术院校中唯一获得优秀称号的单位。“十二五”期间，学校获批“音乐与舞蹈学”博士后科研流动站，成为全国第三所具有博士后科研流动站资格的高等专业音乐院校。

2011—2012年，赵塔里木教授《澜沧江—湄公河流域跨界民族音乐文化实录》、樊祖荫教授《中国传统多声部音乐形态研究》、谢嘉幸教授《中华优秀传统文化教育研究》获批国家哲学社会科学基金艺术学、教育学重点项目。

学校先后在海南、广西、云南、四川、陕西、新疆、内蒙古、黑龙江等地区建立校外“民族音乐研究教学实践基地”。依托基地，师生申报多个国家级、省部级及院级科研课题，完成多篇博士、硕士论文，并举办了一系列展演、考察、会议、讲座等学术活动。

2013年，召开第二届科研大会，落实学校“十二五”科研发展规划，进一步明确了科研工作的重点和方向。2014年姚艺君教授《中国传统音乐声腔研究》课题获批国家哲学社会科学基金艺术学重点项目；特聘教授乔建中承担的2012年度国家哲学社会科学基金艺术学重点项目《中国音乐地理研究》转入学校管理。

在“金钟奖”理论评奖中，李重光、冯文慈荣获“金钟奖”终身成就奖；赵为民《唐代二十八调理论体系研究》获得铜奖，刘勇《中国唢呐艺术研究》、王萃《武满彻和声技法研究》获得优秀奖，施万春获第九届中国文联文艺评论奖一等奖；在第十六届、第十七届全国音乐作品评奖等作曲比赛中，作曲系师生屡获佳绩。

2013年，由学校牵头，赵塔里木院长担任中心理事长，联合北京舞蹈学院等学校共同筹建“中国民族艺术传承与传播协同创新中心”。2014年“中国音乐学院博士文库”正式推出首批成果。

“十三五”期间，学校在科研项目立项方面取得重要进展，2016—2020年，累计获批国家级项目16项，省部级项目21项，其他项目67项，累计项目经费超过1150万元。

2017年，中国音乐学院现当代音乐史料建设工程项目——9卷本的《马可选集》以及1套马可音乐作品选，作为“十二五”国家重点图书，由人民音乐出版社正式出版。2018年，杜亚雄教授著作《海上丝绸之路音乐文化》获北京市第十五届哲学社会科学优秀成果二等奖。夏侯晓昱老师承担的北京社科基金项目《中国管弦乐创作与传播研究》相关成果入选北京社科基金项目成果要报第9期，并获得北京市委书记蔡奇和北京市副市长王宁批示，这是学校首次有项目成果入选要报并获得批示。

2019年7月，王黎光教授作为首席专家主持的“中国乐派研究”与王士魁教授作为首席专家主持的“中国声乐艺术研究”成功获批国家社科基金艺术学重大项目立项，实现学校科研项目历史性突破。两个重大项目研究是学校在新时期进行中国音乐理论建设的责任担当和对国家文化战略的具体落实，有力带动了学校学科建设与科研发展。此外，获批国家社科基金艺术学项目一项，首次获批国家文化和旅游科技创新工程项目一项，获批北京市第十五届哲学社会科学优秀成果奖一项。国家艺术基金项目、教育部人文社科研究项目、北京市社会科学基金项目申报量均创新高。2019年2月，学校原“北京民族音乐研究与传播基地”正式更名为“中国音乐研究基地”，作为新型高校智库，为首都与国家发展提供理论支撑、智力支持和决策参考。

2020年，国家社科基金艺术学重大项目“中国乐派研究”“中国声乐艺术研究”进入攻关阶段，高质量完成中期任务。首次中标国社科后期资助项目，并历史性地获得了5项国家级社科研究项目（2项国家社科基金重大项目子课题，1项国家社科基金重点项目，1项国家社科基金后期资助项目，1项国家社科基金青年项目）。立项省部级项目3项，市教委项目1项。创新博士后流动站制度，吸纳杰出青年人才，1名博士后获得国家社科基金1项。突出教授治学、学术民主的理念与原则，充分发挥学术委员会作用。《中国音乐》影响力进一步增强，2020度复合总被引指数居音乐类期刊首位。

六、校园基本建设

1991年学校一期工程完成，从西城区前海西街17号整体搬迁到朝阳区安翔路1号，占地面积44181平方米，主要包括教学楼及琴房楼11221平方米，阶梯教室及录音厅2041.3平方米、学生宿舍楼、附属用房、图书馆及科研楼等。

1996年建设职工住宅和青年教师公寓27800平方米；1999年12月建成投入使用，获北京市结构长城杯金奖和建筑金奖。共计239套公寓，预留40套青年教师公寓作为青年专家公寓，其余分配给学校教职员工和文化部。

2003年，拆除1984年建设的燃煤锅炉房，进行新的锅炉房及浴室建设。采用二层框架结构，建筑面积1100平方米，2004年竣工投入使用。

2004年，进行学生宿舍及食堂建设，建筑面积17800平方米，框架剪力墙结构，南北向10层，东西向6层，食堂2层，2006年建成投入使用，工程获北京市结构长城杯金奖。

2006年，对排演厅及综合教学楼开始立项建设，总建筑面积13094平方米，框架剪力墙结构。该工程获得北京市结构长城杯金奖和北京市建筑银奖，2008年10月竣工投入使用。

2011年，规划设计新教学楼，2013年10月取得北京市发改委立项批复，总投资2.7118亿元。2013年12月招标完毕，2014年6月正式建设，框架剪力墙结构，地上4层，地下2层，建筑面积34086平方米。2017年6月20日竣工，9月投入使用，工程获得北京市绿色文明工地、结构长城杯金奖、建筑银奖。

2017年8月对办公楼内部进行装修，对学生宿舍及大学生活动中心外立面进行节能改造，对澡堂、暖气管线进行改造。

七、2020年概况

2020年，中国音乐学院占地面积4.42万平方米，图书馆建筑面积3351平方米。全年教育经费总投入60897.59万元。设有1个校区，设置11个院（系）。开设3个本科专业，覆盖1个学科门类；具有一级学科1个；一级学科博士点1个；一级学科硕士点1个、硕士专业学位授权类别2个；博士后科研流动站1个。“双一流”建设学科1个，国家级一流本科专业建设点3个；北京市重点建设一流专业2个，北京高校高精尖学科1个。北京高精尖创新中心1个。教职工413人，其中，专任教师245人，包括正高级64人、副高级106人；博士生导师53人、硕士生导师112人。全国模范教师1人，国家“万人计划”领军人才2人、青年拔尖人才1人，国家级教学名师1人，青年长江学者1人，国家级高层次人才1人，全国文化名家暨“四个一批”人才2人，中宣部“四个一批”人才2人，全国中青年德艺双馨文艺工作者2人，国务院政府特殊津贴专家30人，教育部新世纪优秀人才2人，国家突出贡献专家2人。外籍教师28人，其中，教授21人、副教授2人。在校生3403人，其中，研究生607人（博士生72人、硕士生535人）、普通本科生1470人、成人教育本专科生1326人（本科生1325人、专科生1人）。留学生毕业6人、招生4人、在校生23人。网址：www.ccmusic.edu.cn。

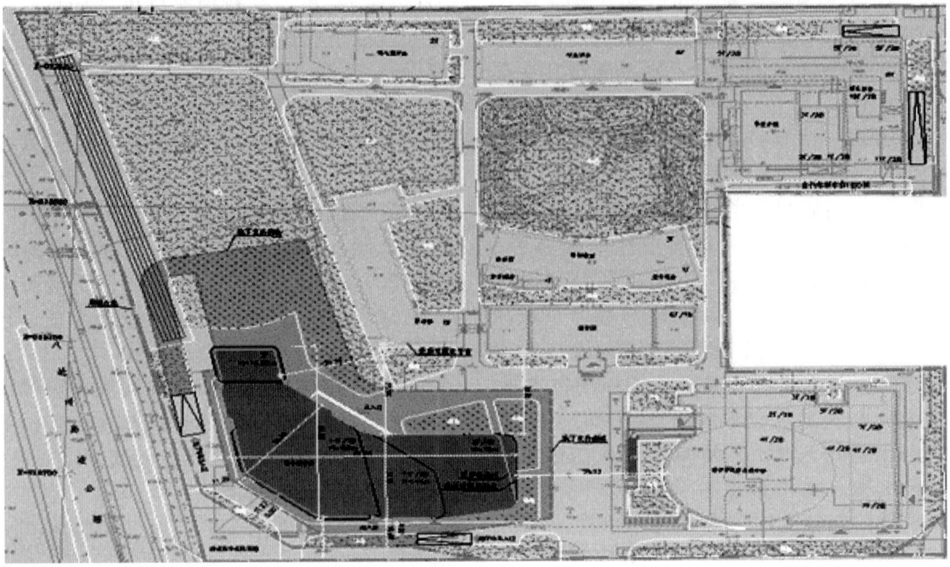

图 89 中国音乐学院校区示意图

附表：

表 278 中共中国音乐学院委员会历任书记一览表（1991—2020 年）

书记	任职时间	书记	任职时间
向福先	1990 年 12 月—1992 年 7 月（副书记主持工作）	闫拓时	2006 年 12 月—2017 年 2 月
郭福安	1992 年 7 月—2000 年 12 月	王黎光	2017 年 2 月—2017 年 7 月
戴嘉枋	2000 年 12 月—2003 年 12 月	张雅君	2017 年 8 月—2019 年 4 月
张　雪	2003 年 12 月—2006 年 12 月	王旭东	2019 年 6 月—

表 279 中国音乐学院历任院长一览表（1991—2020 年）

院长	任职时间	院长	任职时间
李西安	1987 年 2 月—1991 年 7 月	金铁霖	1996 年 4 月—2009 年 9 月
樊祖荫	1991 年 7 月—1992 年 7 月（副院长主持工作）	赵塔里木	2009 年 9 月—2015 年 11 月
	1992 年 7 月—1996 年 4 月	王黎光	2015 年 11 月—

（执笔人：曾　天、江瑾尧）

中国戏曲学院

中国戏曲学院（英文名称：National Academy of Chinese Theatre Arts）是北京市人民政府举办，北京市教委主管的，文化和旅游部与北京市共建的培养德智体美全面发展的戏曲高级专门人才的全日制普通高等艺术院校。学院设附中，形成了包括戏曲中等教育、本科教育、研究生教育以及继续教育、留学生教育等在内的，具有国戏鲜明特色的戏曲人才培养格局。学校设有一个校区，法定住所为北京市丰台区万泉寺400号。

一、学校沿革

学院成立于1950年1月，初名中央人民政府文化部戏曲改进局戏曲实验学校。1955年1月正式定名为中国戏曲学校。1978年10月改制为中国戏曲学院。1995年，建校45周年之际，江泽民为学院题词“德艺双馨，继往开来”，成为学院校训。2000年，学院由文化部划转北京市。2014年，文化部与北京市人民政府共建中国戏曲学院。

建校70年来，中国戏曲学院始终坚持党的领导，坚持社会主义办学方向，坚持为党育人、为国育才，坚持扎根中国大地办戏曲教育，秉承“德艺双馨、继往开来”的校训，以继承和弘扬中华民族优秀传统文化为己任，在戏曲人才培养、戏曲科研与创作、服务社会、文化传承与创新和国际文化交流合作等方面发挥了重要作用，为弘扬中华优秀传统文化、为坚定和增强民族文化自信、为习近平新时代中国特色社会主义思想在戏曲领域形成生动实践作出了突出贡献。

2020年10月23日，习近平总书记给学院师生回信，充分肯定学院办学取得的可喜成果，对传承发展好戏曲艺术提出殷切期望。他强调，戏曲是中华文化的瑰宝，繁荣发展戏曲事业关键在人。希望中国戏曲学院以建校70周年为新起点，全面贯彻党的教育方针，落实立德树人根本任务，引导广大师生坚定文化自信，弘扬优良传统，坚持守正创新，在教学相长中探寻艺术真谛，在服务人民中砥砺从艺初心，为传承中华优秀传统文化、建设社会主义文化强国作出新的更大的贡献。

二、院系建设

1986年，遵照国家教委关于修订专业目录的指示和要求，学院进行了专业设置调整，经专家论证和文化部教育局的批准，正式确立戏曲表演、戏曲导演、戏曲文学、戏曲作曲、戏曲器乐、戏曲舞台美术设计6个专业。1987年，戏曲作曲与戏曲器乐合并，建立起新的戏曲音乐系，学院正式确立“五系一附中”的教学机构和机制。

1993年，中国戏曲学院研究所正式成立。次年，成立研究生、留学生部。1997年，研究生、留学生部撤销，相关职能并入教务处，年内成立艺术教育系。

1999年，丰台区万泉寺400号新校正式落成，总占地面积5.3万平方米，总建筑面积5.8万平方米。

2002年，成立研究生工作部。

2004年，将原隶属于艺术教育系的作曲与作曲技术理论、音乐表演等专业并入音乐系。艺术教育系更名为艺术传媒学院。

2006年，撤销艺术传媒学院，成立新媒

体艺术系，音响设计专业、艺术设计专业归属新媒体艺术系，数码影像专业、动画专业划转到新媒体艺术系；舞蹈专业师生整建制划转到表演系，国际文化交流专业师生整建制划转到戏曲文学系。同年，成人教育部更名为继续教育部。

2007年，成立国际文化交流中心。

2009年，在原表演系、音乐系基础上，组建新的表演系，以多剧种戏曲表演为主体；组建京剧系，将原表演系的京剧表演专业和原音乐系的京剧器乐专业划转京剧系。

2010年，北京中国戏曲学院校友会成立。2012年，成立国际文化交流系，旨在培养以戏曲艺术为代表的中华传统艺术对外传播相关人才。成立戏曲影视研究与传播中心。

2013年，梅兰芳艺术研究中心、中国戏曲艺术家传记中心成立。

2015年，成立中国戏曲教育联盟。

2017年，撤销基础部，独立设置思想政治理论课教学部、体育部。

表280　　中国戏曲学院院系设置一览表（2020年）

序列	院系	时间	序列	院系	时间
1	京剧系	2009年成立	7	新媒体艺术系	2006年建立
2	表演系	2009年重组	8	国际文化交流系	2012年建立
3	导演系	1978年建立	9	思想政治理论课教学部	2017年独立设置
4	音乐系	1987年重组	10	继续教育部	2006年成人教育部更名为继续教育部
5	舞台美术系	2006年重组	11	中国戏曲学院附中	1985年重组
6	戏曲文学系	1978年建立			

三、学科和专业建设

1994年，学院获国务院学位委员会批准为第五批新增硕士学位授予单位，学位授权学科、专业为“戏剧学（戏曲学）”。

2003年，戏剧戏曲学获批北京市重点学科。

2005年，被国务院学位委员会批准为艺术硕士（MFA）专业学位（戏曲领域）试点单位。

2006年，被国务院学位委员会批准为音乐学和艺术学硕士学位授予单位。

2008年，京剧表演专业入选国家级、市级特色专业建设点。

2009年，戏剧影视美术设计专业入选国家级特色专业建设点。戏剧影视文学专业和音乐表演专业入选北京市级特色专业建设点。

2017年，京剧表演专业入选北京市属高校首批一流专业。

2018年，学院与北京师范大学签约共建戏剧与影视学学科。

2019年，表演（京剧表演）专业入选国家级一流本科专业建设点。戏剧影视美术设计入选省级一流本科专业建设点。学院与北师大结对申报的共建学科“戏剧与影视学”入选北京市首批高精尖学科建设计划。

2020年，学院设有“戏剧与影视学”“音乐与舞蹈学”和“艺术学理论”3个一级学科硕士点及15个专业、28个本科专业方向。其中，戏剧戏曲学为北京市重点学科，表演（京剧）、戏剧影视文学、戏剧影视美术设计专业为国家级特色、一流建设专业，作曲与作曲技术理论（戏曲作曲）、动画为省部级一流建设专业，表演（京剧器乐）为省部级特色专业。

表281　　中国戏曲学院学科设置一览表（2020年）

学科门类	学科代码	一级学科	学科门类	学科代码	一级学科
艺术学	1303	戏剧与影视学	艺术学	1301	艺术学理论
	1302	音乐与舞蹈学			

表 282　　中国戏曲学院本科专业设置一览表（2020 年）

序号	专业代码	专业名称	专业方向名称	系别
1	130301	表演	京剧表演	京剧系
			京剧器乐	
			昆曲表演	表演系
			昆曲器乐	
			多剧种表演	
			多剧种器乐	
			戏曲形体教育	
			戏曲舞蹈	
			影视表演	导演系
2	130306	戏剧影视导演	戏曲导演	导演系
3	130201	音乐表演	民族器乐	音乐系
4	130202	音乐学	音乐学	
5	130203	作曲与作曲技术理论	戏曲作曲	
			音乐制作	
6	130308	录音艺术	音响艺术设计	
7	130304	戏剧影视文学	戏曲文学	戏曲文学系
8	130307	戏剧影视美术设计	戏曲舞台美术	舞台美术系
			舞台灯光设计	
			化妆造型设计	
9	130505	服装与服饰设计	戏曲服装设计	
10	130310	动画	动画	新媒体艺术系
11	130402	绘画	绘画	
12	130502	视觉传达设计	视觉传达设计	
13	130508	数字媒体艺术	数字媒体艺术	
14	130102T	艺术管理	国际文化交流	国际文化交流系
15	120210	文化产业管理	文化产业管理	

四、人才培养

1995 年，招收第一个戏剧戏曲学戏曲史论方向研究生。

1996 年，首届中国京剧优秀青年演员研究生班开班。该班历时 20 年，举办六届，培养了来自全国 50 余个院团的领衔、骨干演员 229 名，其中京剧演员 201 名，其他剧种演员 28 名。截至 2020 年，该班学员共有 74 人获得了中国戏剧梅花奖，8 人获得了“二度梅”，1 人获“梅花大奖”，很多学员担任院团和院校的主要领导，所培养的 229 名学员囊括了以京剧为主体的 15 个剧种当代优秀青年演员。

1997 年，国家教委港澳台办公室批复同意学院招收港澳台学生。

2007 年，学院接受教育部本科教学水平评估。《戏曲舞台美术设计》获市级精品教材立项。中国戏曲舞台美术教学示范区入选教育部教学示范区。学院举办“首届国戏研究生论坛”。截至 2020 年，连续举办 12 届，成为研究生学术品牌活动。

2008 年，戏曲主修剧目获批北京市级精品课程。《中国当代戏曲文学史》被评为北京高等教育精品教材。动漫戏剧实验教学中心被评为北京高等学校教学示范中心。跨文化交流学入选教育部双语教学示范课程。

2009 年，《创新型京剧表演人才本科培养方案及专业课程体系研究与实践》获国家级教学成果奖二等奖、北京市教育教学成果奖（高等教育）一等奖。舞台实践教学中心获北京高等学校实验教学示范中心。《传统经典戏曲舞台设计》课程被评为北京市精品课程。

2010 年，《戏曲角色创造》《当代中国戏曲文学》入选市级精品课程。

2012年，《Wysiwyg perform 现代灯光设计师专业软件教程》入选教育部“十二五”普通高等教育本科国家级规划教材书目。《京剧经典剧目鉴赏》课程选题入选教育部第二批精品视频公开课建设计划。

2013年，《高端京剧表演人才培养机制的创新与实践》获北京市高等教育教学成果奖一等奖。《中国京剧经典剧目鉴赏》课程荣获国家级“精品视频公开课”称号。“十二五”规划教材《艺术学概论新编》《经典老旦剧目教材》被评为北京高等教育精品教材。

2014年，学院“北京高等学校、社会力量参与小学体育美育发展工作”正式启动。由文化部委托，学院承办的文化部全国文艺评论高级研修班开班。《高端京剧表演人才培养机制的创新与实践》获国家级教学成果二等奖。

2017年，学院八项教学成果入围文化部“第六届全国青少年民族乐器教育教学成果展示活动”。

2018年，《发挥行业特色大学优势，培育京剧武戏尖端人才》获得国家级教学成果奖二等奖。

2020年，曲大戏写作课程入选首批国家级一流本科课程。三个项目获北京市“本科教学改革创新项目”“优质本科课程”和“优质本科教材课件”立项。本科生11个作品荣获北京市大学生文创设计大赛奖项。舞蹈表演专业师生荣获“第十届新加坡国际舞蹈节”两项金奖。新媒体艺术系学生在“全国大学生生物多样性保护海报宣传画征集大赛”中获得一等奖1人。

本科生教育一直学院教育的主体，目前有15个专业28个专业方向，其中京剧表演和戏剧影视美术设计2个专业获得国家级特色专业称号，京剧表演专业入选北京市“一流专业”建设项目，4个专业获得市级特色专业称号；先后获得国家级教学成果奖、精品课程、精品视频公开课、校外人才培养基地、人才培养模式创新实验区等国家级项目；《高端京剧表演人才培养机制的创新与实践》《发挥行业特色大学优势，培育京剧武戏尖端人才》等七项教学成果先后荣获国家和北京市教育教学成果奖。

学院从1992年开始招收外国留学生，先后有美国、英国、德国、法国、瑞典、比利时、韩国、日本等国家的留学生及港、澳、台地区的大批学生来校学习中国语言、文化和中国戏曲艺术。在国家汉办的支持下，学院与美国宾汉顿大学共同建立的全球第一家戏曲孔子学院，于2009年11月6日在宾汉顿大学正式挂牌，面向美国学生开设中国文化和戏曲课程，在中国戏曲文化的对外传播方面，迈出了可喜的一步。

五、师资队伍

1994年，3人被评为北京市优秀青年骨干教师。

1995年，学院聘请首批名誉教授和客座教授。学案教师导演并编剧的京剧《圣洁的心灵——孔繁森》获第五届文华奖编剧奖。

1997年，教师获第七届“文华奖”舞台美术设计奖。

2001年，教师获全国青年京剧演员电视大赛优秀表演奖。

2002年，教师获“全国地方戏曲精品折子戏评比展演暨芙蓉杯戏曲青年演员大奖赛”二等奖，中国民族器乐独奏比赛中获奖。

2007年，1人获第三届北京市高等学校教学名师奖。戏曲导演专业教学团队获评市级优秀教学团队。

2008年，1人获第四届北京市高等学校教学名师奖，《戏曲研究与创作》教学团队荣获市级优秀教学团队称号。在第六届青京赛中获金奖。

2009年，1人获第五届北京市高等学校教学名师奖。国际文化交流专业课程教学团队获北京市级优秀教学团队称号。

2010年，1人获第六届北京市高等学校教学名师奖。京剧表演专业教学团队获市级优秀教学团队称号。

2011年，1人获第七届北京市高等学校教学名师奖。4人荣获中国戏剧奖终身成就奖。

2012年，5人获评国家级非遗昆曲/京剧项目代表性传承人。1人获第八届北京市高等学校教学名师奖。

2013 年，《中国京昆艺术家传记丛书》获第八届全国戏剧文化奖戏剧剧本奖主编金奖。

2015 年，6 人入选北京市宣传文化系统第二批“四个一批”人才。成功入选中国文联首批“中国文艺评论基地”。聘任新一轮荣誉教授和客座教授。

2017 年，1 人入选“高创计划”哲学社会科学和文化艺术领军人才。1 人获第十三届北京市高等学校教学名师奖。1 人获首届北京市高等学校青年教学名师奖。1 人获第 27 届上海白玉兰戏剧表演艺术主角奖。

2018 年，1 人获第二届北京市高等学校青年教学名师奖。1 人获“第十四届北京市优秀思想政治工作者”荣誉称号。举办“艺术院校京剧专业中青年教师高级进修班暨第六届艺术院校京剧专业中青年教师教学交流展示”活动。

2019 年，1 人获第三届北京市高等学校青年教学名师奖。

2020 年，尹晓东院长当选中国戏剧家协会副主席。颜全毅教授入选“青年北京学者”、北京市宣传思想文化系统“四个一批”人才。1 人获第 30 届上海“白玉兰戏剧表演艺术奖·配角奖”。1 人获田汉戏剧奖及国际戏剧“学院奖”。

至 2020 年，蔡英莲、钮骠、沈世华、宋丹菊、谢锐青先后被评为国家级非物质文化遗产项目代表性继承人。

六、学术科研及创作

1991 年，学院举行纪念姜妙香诞辰百年、侯喜瑞诞辰百年、赵桐珊诞辰九十周年、茹富兰诞辰九十周年、孙盛文诞辰八十周年大会。

1994 年，学院召开“纪念梅兰芳周信芳诞辰 100 周年座谈会”

1996 年，《中国艺术教育大系·戏曲卷》正式启动，共 12 种教材：即《中国戏曲史教程》《中国戏曲学概论》《戏曲剧作法教程》《戏曲导演教程》《中国戏曲表演史论》《戏曲角色创造教程》《戏曲音乐史》《戏曲作曲技法》《中国戏曲舞台美术史论》《戏曲舞台设计》《戏曲服装设计》和《中国京剧传统舞台美术》，于 2004 年全部付梓出版，填补了戏曲教育教材建设的历史空白。学报《戏曲艺术》被确定为全国戏剧艺术类的核心期刊。

1997 年，学院举行纪念著名京剧表演艺术家、戏曲教育家贯大元先生诞辰百年活动。

2002 年，教师廖琴饰演女主角《哭泣的女人》影片入围第 55 届戛纳电影节，获“评审团特别奖”。

2004 年，《山东汉子》获第十一届文华奖导演奖。学院创排的京剧《杜十娘》入选国家舞台艺术精品工程。

2005 年，《樊姬夫人》获第四届中国京剧节表演奖，李威设计的《天马歌》获舞台设计奖，尹晓东、陈建忠设计《玛祖》获唱腔设计奖，沈鹏飞设计的《樊姬夫人》获作曲奖。学院和山东省话剧院联合创作的新媒体卡通戏剧《三毛从军记》获第五届全国优秀儿童剧展演七个奖项。学院主办的首届“京剧的历史、现状与未来——暨京剧学学科建设学术研讨会”，至今共举办 8 届。

2008 年，学院主办全国戏曲编剧高峰论坛，“纪念田汉、王瑶卿、萧长华、史若虚四位老校长暨中国戏曲教育研讨会”“中国戏曲学学科建设研讨会——纪念关汉卿戏曲活动 750 年”活动。

2009 年，学院举办“艺术院校思想政治理论课教学研讨会”“王瑶卿对京剧艺术的贡献及其戏曲教育思想研讨会”。学院与文化部中外文化交流中心联合主办的首届全国动漫舞台剧创作研讨会。

2010 年，学院主办“中国地方戏曲发展论坛”，第二届全国戏曲编剧高峰论坛。

2011 年，学院举办首届中国喜剧美学高峰论坛。

2012 年，《中国元素在西方油画语言中的应用与成果》课题获教育部人文社科研究项目一般项目立项。学院举办“中国戏曲表演程式学术研讨会”。

2013 年，《京剧表演理论体系——三身理念定律》和《20 世纪 80 年代以来的中国广播剧音乐研究》荣获国家社科基金艺术学项目立项。教师谢振强、沈鹏飞、马路、龚元、李永志、韩萌分获第十届中国艺术节“文华音乐创作奖”“文华舞台美术奖”“文华导演奖”“文华剧作奖”等。周龙教授导演的《还魂三叠》获国际戏剧协会（ITI）音乐戏剧奖。学生毕业大戏自由体实验戏曲《秀才与刽子手》摘得第八届全国戏剧文化奖6类奖项。学院举办首届全国“戏曲教育文献资源共建共享学术研讨会”。

2014年，《戏曲艺术当代发展路径研究》课题获国家社科基金项目重大项目立项。学院举办“纪念梅兰芳诞辰120周年——梅兰芳表演艺术研讨会”。

2015年，举办纪念京剧大师叶盛兰先生诞辰100周年系列活动，高盛麟诞辰100周年学术研讨会，李紫贵诞辰100周年暨导演艺术研讨会，“尚（小云）派艺术在当代的传承与发展”学术研讨会。承办“非遗戏曲剧种名家演唱会暨全国非遗剧种人才培养学术研讨会”“全国非遗剧种——越剧艺术研讨会”。

2018年，《戏曲人才培养体系研究》获批2018年度国家社科基金艺术学重大项目立项。举办中国戏曲高等教育40周年、老校长田汉先生诞辰120周年、萧长华先生诞辰140周年、史若虚先生诞辰100周年活动。举办“京剧叶派小生艺术人才高级研修班”。

2019年，《〈鼎峙春秋〉研究》获北京第十五届哲学社会科学优秀成果二等奖。《新中国成立70周年中国戏曲史（北京卷）》获得国家社科基金艺术重大项目立项。《改革开放四十年新编戏曲剧目研究》项目获批国家社科基金艺术学一般项目立项。《挖掘戏曲德育资源，打造有艺术院校特色的思想政治理论课育人模式》《戏曲融入思政课课程建设》项目获教育部立项。“京剧武旦（阎派）表演人才培养”获批2019年度国家艺术基金艺术人才培养资助项目。

2020年，学院和中国国家博物馆联合举办的“薪火相传——中国戏曲学院建校暨新中国戏曲教育70年成就展”。举办建校70周年教学成果展演，“新中国戏曲教育70年学术研讨会”“戏彩弦风——多剧种戏曲音乐表演人才成果展示专场音乐会”“中国戏曲学院、中央音乐学院、天津音乐学院三院校板胡教学交流音乐会”。原创京剧《秋瑾》入选北京文化艺术基金资助项目。《20世纪中国戏剧史（上、下）》荣获第八届高等学校科学研究优秀成果奖（人文社会科学）二等奖，《〈鼎峙春秋〉研究》荣获三等奖。

七、交流合作

1993年，德国留学生在校期间与学院师生联合将安徒生童话《夜莺》改编成京剧，多次受邀赴德国巡演。

1997年，为纪念中日邦交正常化25周年，学院师生与日本花柳千代舞蹈研究所联合创作演出舞剧《大敦煌》。学生作品赴日本参加“第九届中日戏剧美术教育作品展”。

2000年，为庆祝中国戏曲学院建校五十周年，日本大学艺术学部、舞蹈文化研究所、邦乐与舞蹈杂志社、神崎美乃舞蹈会、日本大学文化部联盟歌舞伎、舞踊研究会5个单位联合组成传统艺术友好交流团来进行了艺术教学交流活动。

2002年，苏格兰国家艺术委员会访华团、瑞典艺术节组委会一行到校参观交流。学院赴俄罗斯、加拿大康考迪亚大学考察。

2008年，与台湾戏曲学院举行姊妹院校签约仪式。与韩国中央大学完成两校姊妹院校备忘录签署。学院在山东菏泽举建立地方戏教学研究基地。在中科院研究生院建立艺术实践基地。在北京人民艺术剧院建立舞美教学实践基地。

2009年，与苏黎世艺术大学举行姊妹院校签约仪式。与浙江艺术职业学院签署战略合作协议。与美国宾汉顿大学共同建立全球第一家戏曲孔子学院。

2010年，与国家京剧院、北京京剧院、天津京剧院、上海京剧院、天津市青年京剧团签署战略合作协议。

2014年，与福建省文化厅签订战略合作协议。在吉林建立吉剧教学实践基地，在广州彩熠灯光有限公司建立产学研教学基地，在河北艺术职业学院建立教学实践基地和生源基地。

2015年，与美国艺术大学签署学术交流、艺术合作和师生互访校际合作协议。与北京演艺集团签署合作协议。与山西演艺集团签署战略合作协议。在四川艺术职业学院建立川剧生源基地、教学实践基地。

2016年，与北京市文化局、丰台区科学技术委员会、中央人民广播电台签署战略合作框架协议。与黄冈市人民政府签订战略合作协议，并在黄冈艺术学校建立教学实践基地、生源基地。

2017年，与湖北省文化厅签署战略合作协议。在广西艺术学校建立教学实践基地和生源基地。与北京演艺集团公司签署戏曲人才联合培养战略协议。

2018年，与湖南省文联签署战略合作框架协议。

2019年，学院建立阿宫腔、汉剧评剧教学实践基地。与中国动漫集团有限公司、新疆艺术学院签署战略合作协议。

2020年，学院与中国国家博物馆、青海省文化和旅游厅、广州市文化广电旅游局签署战略合作协议。与中国动漫集团签署“动漫新媒体联合体”合作协议。建立邕剧教学实践基地。

2013年以来，本院共从全国哲学社会科学工作办公室、教育部、文旅部、北京社科联、北京戏曲文化传承与发展研究基地和市教委以及本院取得科研立项课题近200项。全院各类项目申报数量和立项率逐年呈上升趋势。

在国家级项目中，利用本院在京剧领域的特色优势，大多集中在对京剧史料、表演体系和对著名人物像梅兰芳先生艺术观的研究等,逐步构建起京剧学的通论架构。2014年，谢柏梁教授主持的科研项目《戏曲艺术当代发展路径研究》获得了国家社科基金艺术学重大项目立项；2018年，冉常建教授主持的科研项目《戏曲人才培养体系研究》接力获得该类项目的重大项目立项；2019年，吴新苗教授主持的科研项目《新中国成立70周年中国戏曲史（北京卷）》继续获得本类别的重大项目立项；2020年曹林教授主持的科研项目《新中国舞台美术发展研究》，第四次获得国家社科基金重大项目的资助，充分展示了我院雄厚的科研实力。在省部级项目中，从2013年起，立项总数高达40余项且逐年增长，项目内容丰富，既有对戏曲理论前沿的探索，也有对戏曲舞台技术层面的研究，涵盖范围包括了戏曲文学、导演、美学、批评、戏曲教育和戏曲影视等多方面研究领域：如关于梅兰芳生前文献搜集整理与《梅兰芳全集》编纂、中国古代戏曲批评史研究、京剧表演艺术理论体系的构建、传统戏曲舞台美术与文化生态研究和有关京剧术语翻译研究等。此外，伴随着当代多媒体的发展和有机学科的建构，学院科研一直致力于对戏曲艺术与现代多媒体结合所形成的新兴领域的探索性研究。

自2013年以来，学院从市教委科研计划项目中获得立项共40余项，立项数稳定，研究内容主要关于戏曲艺术教育、戏曲创作和舞台实践，对学院教学、科研、管理及学位点建设起到促进和推动作用。除此之外，为提升学院青年教师的科研能力，学院不断加大对院级科研项目的支持力度，2013年以来共资助院级科研项目77项，这些项目较好地发挥了科研孵化作用，为学院青年教师培养科研意识、提升科研能力和培育科研氛围打下了良好基础。

在科研项目立项逐年增长的态势下，学院艺术实践项目也取得了巨大的突破。其中，戏曲评论高级研修班、2017年全国戏曲院校教学成果展演（武生、武旦、武净、武丑）、京剧武旦（阎派）表演人才研习班、京剧京胡演奏人才高级研修班等均入围国家艺术基金；京剧叶派小生艺术高级研修班、北京市中小学“戏曲韵律操进校园”师资培训项目入围北京文化艺术基金项目。

除了中国戏曲音乐学会、中国戏曲导演学会两个国家一级学会秘书处常设本院外，学院还拥有包括戏曲研究所、京剧研究所、梅兰芳艺术研究中心、张火丁京剧程派艺术传承中心、宋飞胡琴艺术传承传播中心等多个学术研究平台。2013年学院获批“北京戏曲文化传承与发展研究基地”，2016年成功入选首批“中国文艺评论基地”，这些科研平台有力地支持了学科专业建设，促进了教学水平教学质量的提高。

八、基本建设情况

2020年，中国戏曲学院校园面积5.43万

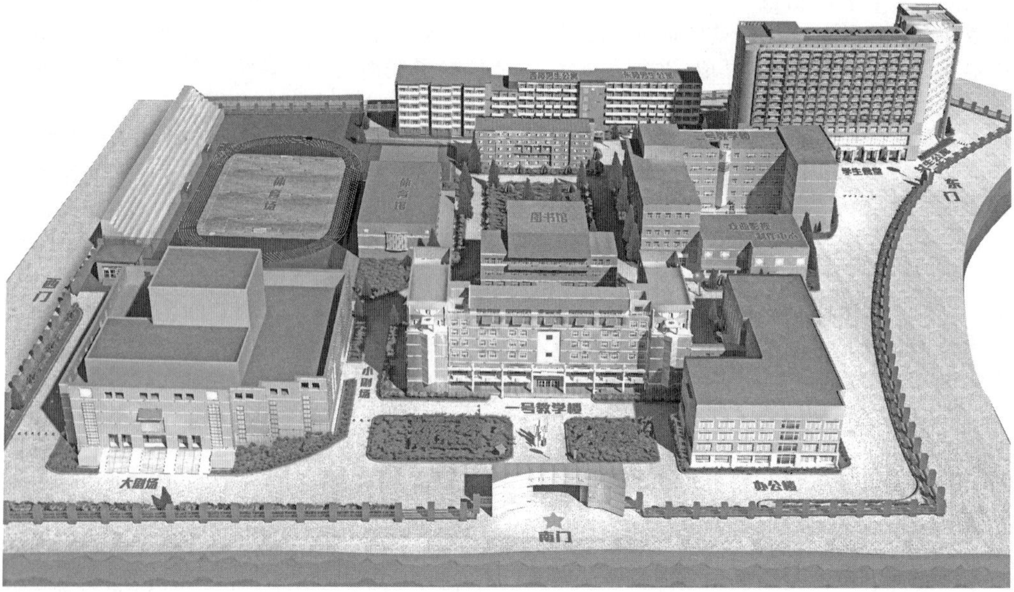

图 90　中国戏曲学院示意图

平方米，图书馆建筑面积 0.48 万平方米。全年教育经费总投入 35689 万元。设有 1 个大学校区，设置 8 个系。开设 15 个本科专业。国家级一流本科专业建设点 1 个。教职工 426 人，其中，专任教师 274 人，正高级 55 人，副高级 99 人；博士生导师 4 人、硕士生导师 79 人。在校生 2682 人，其中，研究生 374 人（硕士生 374 人）、普通本专科生 2088 人（本科生 2088 人），成人教育本专科生 220 人（本科生 197 人、专科生 23 人）。留学生毕（结）业 16 人，招生 17 人，在校 18 人。网址：www.nacta.edu.cn。

附表：

表 283　　中共中国戏曲学院委员会历任书记（1991—2020 年）

书记	任职时间	书记	任职时间
孙松林	1988 年 4 月—1996 年 4 月	王民忠	2006 年 2 月—2006 年 12 月
刘胜利	1996 年 4 月—1996 年 7 月	张凡（女）	2006 年 12 月—2014 年 12 月
杜长胜	1998 年 12 月—2006 年 2 月	龚　裕	2014 年 12 月—

表 284　　中国戏曲学院历任院长（1991—2020 年）

院长	任职时间	院长	任职时间
朱文相	1990 年 1 月—1996 年 4 月	巴　图	2014 年 6 月—2019 年 7 月
周育德	1996 年 4 月—2001 年 7 月	尹晓东	2020 年 5 月—
杜长胜	2001 年 7 月—2012 年 8 月		

说明：2012 年 8 月至 2014 年 6 月，2019 年 7 月至 2020 年 5 月无院长，由党委书记主持行政工作

（执笔人：董　昕）

北京电影学院

北京电影学院（英文名称：Beijing Film Academy）是由北京市人民政府举办，由北京市教育委员会主管的公办普通高等学校。学校培育和践行社会主义核心价值观，建设教学研究创作型大学，构建以本科和研究生教育为主体的人才培养体系，保持自身的学科专业传统和特色，努力建设中国高等电影教育的人才培养高地、学术高地和创作高地。学校现有两个校区，海淀校区及怀柔校区（在建）。

一、学校沿革

前身是1950年成立的中央电影局表演艺术研究所，原址位于西四石老娘胡同。1952年，南京金陵大学电影播音专修科、苏南文化教育学院电化教育专修科、苏州美术专科学校动画专修科的师生连同三校的教学设备，调来电影学校。同年，中央电影局电影学校迁入新外大街冰窖口西口，1953年中央文化部电影局电影学校改名为北京电影学校。1956年国务院批准北京电影学校改制为北京电影学院，搬迁至新街口外大街25号。“文化大革命”期间，电影学院一度撤销，在20世纪70年代初部分系口并入中央“五七”艺术大学，搬迁至昌平朱辛庄办学。1977年复校。1986年搬迁至现址西土城路4号。

隶属关系变化情况。1950年5月中央电影局表演艺术研究所创建时，党政关系隶属于文化部电影事业管理局。1956年北京电影学院建立后，行政关系转移到文化部艺术教育司，党的关系转移到文化部机关党委。1959年1月北京电影学院行政隶属关系由北京市文化局、北京市电影事业管理局领导。1960年8月北京电影学院行政领导关系重新移交文化部直接领导，隶属文化部艺术教育司，党的关系仍由中共北京市委大学工作部领导。1973年9月北京电影学院被改为“五七”艺术大学电影学校，党政领导关系隶属国务院文化组艺术教育司。1975年12月“五七”艺术大学电影学校关系转为文化部电影事业管理局，1977年恢复北京电影学院，隶属关系不变，党的关系转回中共北京市委大学工作部领导。1986年1月北京电影学院隶属关系转至广播电影电视部，行政关系隶属于电影事业管理局，党的关系由中共北京市委领导。1989年8月至1999年年底前北京电影学院由广播电影电视部直接领导，行政关系隶属广播电影电视部教育司，党的组织关系隶属中共北京市委高校工委。2000年2月北京电影学院由广播电影电视总局主管转交至北京市管理，成为中央与地方共建，地方管理为主的院校。2013年3月，北京电影学院成为北京市主管、国家新闻出版广电总局和教育部重点支持建设的高等艺术院校。

办学层次发展情况。北京电影学院自1956年开始招收本科生，继续为新中国电影事业发展的需要培养在职专业干部，1978年学院恢复本科生招生，1984年开始招收攻读硕士学位研究生，2003年被国务院学位委员会批准为博士学位授予单位，从2004年开始招收博士研究生。

二、学院事业发展

北京电影学院在中华人民共和国成立初

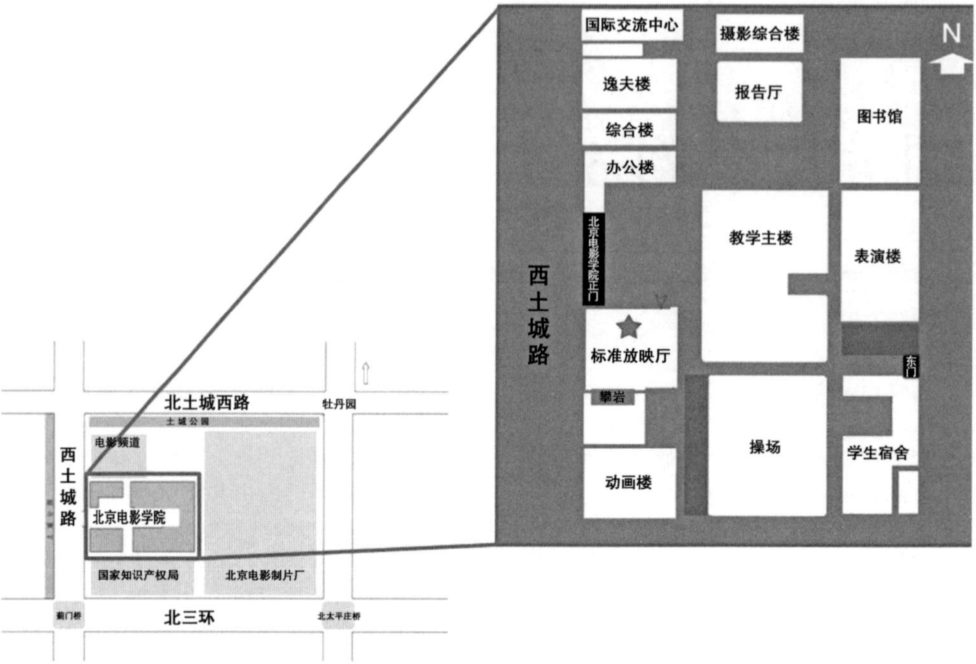

图 91　北京电影学院海淀校区示意图

期就承载着为中华人民共和国电影事业的创立和发展培养专业电影人才的重任。学校被誉为“中国电影人才的摇篮”，为中国电影事业和文化产业的发展作出了卓越贡献。学校从国家电影事业发展的实际需要出发，提出了建设“中国特色，世界一流”电影学院的战略目标。在学校党委的坚强领导和全校师生员工的共同努力下，学校各项事业蓬勃发展，取得了历史性进步。学校加强顶层设计，先后提出了“育大师、著大作、拍大片、盖大楼、养大气”的“五大”发展思路和“5+1”具体发展战略。2019 年，学校全面加强党的建设，推动高质量发展，落实立德树人根本任务，解放思想、抢抓机遇、深化改革、多点突破，深入推进“质量立校、科创强校、人才兴校、开放办校”四大战略，在教学育人、学科专业、人才队伍、科研创作、校区建设、文化建设、治理能力和治理体系提升等方面，取得了新的成绩，以高质量发展开启了中国特色世界一流电影学院建设新阶段。

表 285　　　北京电影学院院系部设置一览表（2020 年）

序号	院系部	序号	院系部
1	表演学院	8	电影学系
2	摄影系	9	美术学院
3	动画学院	10	思政部
4	导演系	11	声音学院
5	摄影学院	12	管理学院
6	文学系	13	视听传媒学院
7	影视技术系	14	国际交流学院

续表 285

序号	院系部	序号	院系部
15	数字媒体学院	17	研究生院
16	高职、继教学院	18	人文学部

（一）人才培养

学校探索形成了艺术观教育引领立德树人的育人模式。形成了“三人民”价值取向（向人民学习、为人民服务、做人民的艺术家）和“三经教育”方法（“经史并重”“经实共举”“经人相倚”）。“经”是艺术观，“三经”是通过校史教育、实践教育、管理服务育人这三方面工作做深、做实、做细艺术观教育。学校继续强化实践教学特色，提出了教学科研创作型大学的办学定位，构建教学为“主体”，科研、创作为“两翼”的发展格局；注重产业链两端，成立了数字媒体学院、视听传媒学院等新学院；与北京师范大学、中国传媒大学联合开展了动漫高端人才联合培养计划；借鉴国外经验，开展 MFA（艺术硕士专业学位）教育；依托北京电影学院“影视文化产业创新园”，探索了与影视类高端企业联合培养电影高端人才等。

表 286　　北京电影学院本科专业设置一览表（2020 年）

专业代码	专业名称	学院	专业代码	专业名称	学院
130304	戏剧影视文学	文学系	120210	文化产业管理	管理学院
130306	戏剧影视导演	导演系	130310	动画	动画学院
130301	表演	表演学院	130410T	漫画	
130311T	影视摄影与制作	摄影系	130404	摄影	摄影学院
130308	录音艺术	声音学院	130303	电影学	电影学系
130509T	艺术与科技		080906	数字媒体技术	影视技术系
130203	作曲与作曲技术理论		130312T	影视技术	
130307	戏剧影视美术设计	美术学院	130508	数字媒体艺术	数字媒体学院
130504	产品设计		130305	广播电视编导	视听传媒学院
130503	环境设计		130309	播音与主持艺术	
130511T	新媒体艺术		050306T	网络与新媒体	
130408TK	跨媒体艺术				

（二）学科建设

学校获得艺术学理论、戏剧与影视学、美术学 3 个一级学科博士、硕士学位授权点。2013 年 9 月，在二级学科自主设置工作中，经过充分地论证，学校在戏剧与影视学一级学科下新增电影制作学、表演学、影视管理学 3 个二级学科和动画学 1 个交叉学科。2013 年 12 月，学校向全国艺术硕士专业学位教育指导委员会进行备案，新增戏剧、音乐、艺术设计 3 个招生领域，使学校在艺术专业学位下的培养领域到达 6 个（原来只有电影、广播电视、美术 3 个领域）。2015 年成功申报并获批“戏剧与影视学”博士后流动工作站。为加强管理，进一步提升各学科内涵，学校制定了《北京电影学院学科建设发展规划》和《北京电影学院学科建设与管理办法》，成立了“学科建设领导小组和各学科责任教授小组”，经过几年的建设，学校各学科实力稳步提升。2020 年，以第五轮学科评估为契机，根据学科评估指标体系和专业学位评估指标体系，加强学科和学位点建设。起草完成了三个学科的评估申报材料，以及三个专业学位评估报告文案。完成了《市属高校年度绩效考核评价指标体系》和《省级高水平大学及优势特色学科建设监测指标体系》制定工作，进一步明确了学校高水平特色型大学的定位。优化校内专业布局和结构，6个专业获批“双万计划”国家级一流专业，6个专业获批“双万计划”北京市级一流专业。

表 287　　北京电影学院学科设置一览表（2020 年）

学科门类	学科代码	一级学科名称
艺术学	1301	艺术学理论
	1303	戏剧与影视学
	1304	美术学

（三）科学研究

学校新成立“十院一中心”，以支撑“中国电影文化软实力提升协同创新中心”建设。“中国电影高新技术协同创新中心”被评为北京市首批“2011”计划重点培育项目，学校参与协同的北京市“视觉艺术高精尖创新中心”已正式启动，牵头建设的北京市“先进影像高精尖创新中心”即将通过认定。学校成为“863”项目承担单位，首批拥有教育部工程研究中心和省部级重点实验室1的艺术院校。科研立项和经费逐年增长。成功举办了“‘一带一路’倡议布局与中国电影发展研讨会”“互联网 + 时代的中国电影产业和教育论坛”“世界著名电影院校校长论坛”等高峰论坛，达成了关于世界电影教育《北京共识》并成立了中国电影教育联盟。改版了《北京电影学院学报》，发布了《中国电影产业发展报告》和《中国动漫产业发展报告》。加强新型高端智库、重点实验室的申报和建设工作，加强对科研平台的考核和资源支持。学校教师申报的两个课题获得2020年国家社科基金艺术学重大项目。

（四）艺术创作

学校设立了国际学生影视作品展、导演奖、动画学院奖、金字奖、先力奖、金驹奖等系列学院奖。学校创作拍摄及支持师生创作或参与创作了《万箭穿心》《致青春》《北京遇上西雅图》《兔侠传奇》等电影作品，《飞越老人院》《青海花儿》《潜伏》《青春雷锋》等一批弘扬主旋律的作品，以及《娘要嫁人》《有你才幸福》《大丈夫》《假如生活欺骗了你》等一批收视率高的电视剧作品，主创并出品的电影《启功》在“首届中小学生电影周”上荣获最受欢迎电影奖。仅2014年，学校就有多位教师获得“五个一”工程奖。学校承办了金鸡百花电影节的短片学院奖，承办了北京国际电影节的“注目未来”展映单元并积极配合北京国际电影节“天坛奖”主竞赛单元的组织评审工作，协办了全国“首届中小学生电影周”，均获得积极反响。为世博会和朝阳区拍摄了《世博之光》和《朝阳最美24小时》3D宣传片，承担了文化部监制的3D歌剧《白毛女》和市委宣传部监制的京剧电影《定军山》的拍摄任务，为《归来》《长城》等影片提供技术支持。成立了校友会总会和20余家海内外校友分会，成立了理事会。学校承担2022年北京冬奥会创意支持工作，为北京重大活动提供科研和创意支持。以动画学院和青年电影制片厂为依托，为纪念抗美援朝70周年，学校师生承担了中宣部动画电影《最可爱的人》创作任务，在社会引发了积极的反响。

（五）师资队伍建设

学校实施“‘525’高水平人才队伍建设计划”，参与“北京市高水平教师队伍建设支持计划”，解决师资队伍梯队化建设存在的问题。落实“破五唯”的要求，积极推进以职称评审为抓手的人事改革，拓宽职称评聘通道，在院系分配确定的指标基础上，为能力出众的教学型、创作型教师开辟“绿色通道”，得到了学校上下各方面的高度赞同，职称评审顺利进行，改革取得了突出的成效。

（六）党建思政

学校认真开展党的群众路线教育实践活动和“三严三实”教育活动，进一步提升了党员干部党性修养；加强党委领导下的校长负责制，修订了常委会、校长办公会会议制度，坚持党代会、教代会制度，新建了校友会、理事会，进一步完善了高校治理结构；实施了调整党支部设置、配齐配强支部书记、教师干部兼职制度等新举措，进一步优化提升了干部队伍结构和能力水平；注重艺术院校党建规律研究，形成了艺术观引领和文化引领的党建特色。学校荣获2014年“北京高校党建和思想政治工作先进校”提名奖第一名、荣获北京高校“平安校园示范校”“文明校园”,全国教科文卫体系统“模范职工之家”和“首都文明单位”等荣誉称号。

（七）国际化

学校先后与10余个国家（地区）的近40所电影院校建立了合作关系，与美国南加州大学电影艺术学院、朝鲜平壤话剧电影大学、荷兰电影学院、芝加哥哥伦比亚学院等签订了合作办学谅解备忘录。连续举办了20届“北京电影学院国际学生影视作品展”、20届“北京电影学院动画学院奖”等奖项，成功举办了“中国电影110周年暨新中国电影教育65周年纪念活动”以及“新中国电影教育70周年纪念活动暨北京电影学院70周年校庆”将学校的影响力推向了新高度。

（八）新校区建设

2020年，学校新增校舍面积3万平方米，摄影棚交付使用、校史馆建成、图书馆综合教学楼竣工并获得结构“长城杯”金奖、录音实验室条件改善，增加了绿地和景观，形成了环境优美的大学校园。学校怀柔新校区于2016年启动一期工程建设，校区位于怀柔区杨宋镇，占地面积44万平方米，规划建筑面积39万平方米。怀柔校区分两期建设，其中一期项目18万平方米，二期项目21万平方米，计划投资29.5亿元（不含土地费用）。2018年2月4日学校新校区一期工程封顶。怀柔校区按照4000学生规模进行规划设计。二期工程由宿舍楼、体育馆、教学楼、交流中心四个单体建筑组成，现正进行方案优化。整体工程计划于2023年6月竣工。

图92　北京电影学院怀柔校区规划图

三、2020 年概况

2020 年，北京电影学院占地面积 9.13 万平方米，产权校舍建筑面积 13.11 万平方米。图书馆建筑面积 1.29 万平方米。全年教育经费投入 9.43 亿元。学校设有 1 个校区，设置 15 个直属院系及研究生院、人文学部、思政部三个教学单位；开设 22 个本科专业，11 个专科专业，覆盖 3 个学科门类；具有一级学科 3 个；一级学科博士点 3 个，博士学位授权点 3 个，硕士学位授权点 3 个；博士后科研流动站 1 个，其中，博士后研究人员出站 3 人、进站 2 人、在站 2 人。教职工 570 人，其中，专任教师 318 人，包括正高级 68 人、副高级 144 人；博士生导师 31 人、硕士生导师 167 人。外籍教师 4 人。在校生 4354 人，其中，研究生 946 人（博士生 127 人、硕士生 819 人），普通本专科生 2307 人（本科 2220 人、专科生 87 人），成人教育本专科生 866 人（本科生 689 人、专科生 177 人）。留学生毕业 85 人，招生 122 人，在校生 235 人。网址：www.bfa.edu.cn。

附表：

表 288　　中共北京电影学院委员会历任书记一览表（1991—2020 年）

书记	任职时间	书记	任职时间
孙月枝	1983 年 9 月—1991 年 8 月	侯光明	2011 年 10 月—2019 年 3 月
王凤生	1991 年 9 月—2001 年 7 月	钱　军	2019 年 3 月—
籍之伟	2001 年 7 月—2011 年 10 月		

表 289　　北京电影学院历任院长一览表（1991—2020 年）

院长	任职时间	院长	任职时间
沈嵩生	1983 年 7 月—1992 年 3 月	王凤生	1997 年 1 月—2002 年 9 月
刘国典	1992 年 12 月—1997 年 1 月	张会军	2002 年 9 月—2016 年 11 月

（执笔人：毕　晟）

北京舞蹈学院

北京舞蹈学院（英文名称：Beijing Dance Academy）是由北京市人民政府举办的，由北京市教委主管的全日制教学研究型舞蹈普通高等学校。学校立足首都，服务全国，面向国际，服务于中国特色的社会主义舞蹈文化建设，并根据自身条件，自主开展科学研究、技术开发和社会服务，培养基础扎实、素质全面、适应力强、具有创新精神的舞蹈文化人才，重点培养舞蹈表演、编创精英人才和舞蹈教育、研究高级人才。学校主要开展全日制本科生教育和研究生教育；同时发展继续教育、普及教育等不同形式教育，并按照有关法律法规开展国际和港澳台合作教育项目以及考级教育培训。学校校址设在北京市海淀区万寿寺路1号。

一、学校沿革

北京舞蹈学院始建于1954年，前身为北京舞蹈学校，是中华人民共和国第一所专业舞蹈学校。1978年经国务院批准正式成立北京舞蹈学院，隶属于文化部，2000年划转北京市人民政府。学院具有学士和硕士学位授予权。建院以来，学院形成了“爱国、爱校、爱舞蹈”的优良传统，打造了鲜明的办学特色，培养了众多优秀舞蹈艺术人才，为推动我国文化事业高质量发展、中华文化海外传播做出了积极贡献。

近年来学院不断深化舞蹈教育教学改革，现设有中国古典舞系、中国民族民间舞系、芭蕾舞系、国际标准舞系、音乐剧系、创意学院（含编导系、现代舞系、艺术设计系、影像新媒体中心）、人文学院（含舞蹈学系、艺术传播系、艺术理论部）、教育学院，思想政治理论课教研部、继续教育学院、附属中等舞蹈学校等教学机构，形成了具有中国特色的舞蹈教育体系。

学院积极服务国家文化战略需求和首都“四个中心”功能建设，圆满完成了党中央交给我们的多项重大演出任务，在中华人民共和国成立70周年、“一带一路”国际合作高峰论坛、G20杭州峰会、金砖国家峰会、庆祝改革开放40周年、庆祝中国共产党成立100周年文艺演出等活动中奉献了一场场高水平艺术盛宴。

二、事业发展

学院认真贯彻党的教育方针和文艺方针，以“遵道崇德，天地人和；文舞相融，德艺双馨”的校训为引领，以“坚持高层次的文化追求、坚持高质量的人才培养、坚持高水平的普及教育”为工作目标，以引领和推动中国舞蹈教育事业改革与发展为己任，坚持立德树人，全面履行人才培养、科学研究、社会服务、文化传承与创新、国际交流合作等重要职能，努力建设中国特色世界一流舞蹈大学。

1991年至2020年，学院在院系建设、学科建设、人才培养、科学研究、师资队伍建设、校园基本建设等方面取得了较为卓越的成绩，主要概述如下：

（一）加强党的政治建设，将党的领导融入核心办学领域，推进学院治理体系现代化

1991年至1995年，学院提出了“八五”计划和十年规划，为实现总的战略目标，确立了鲜明的指导思想：坚持党的基本路线和教育方针，坚持党对教育工作的领导，坚持改革开放，坚持走内涵发展道路，实行多种形式办学，

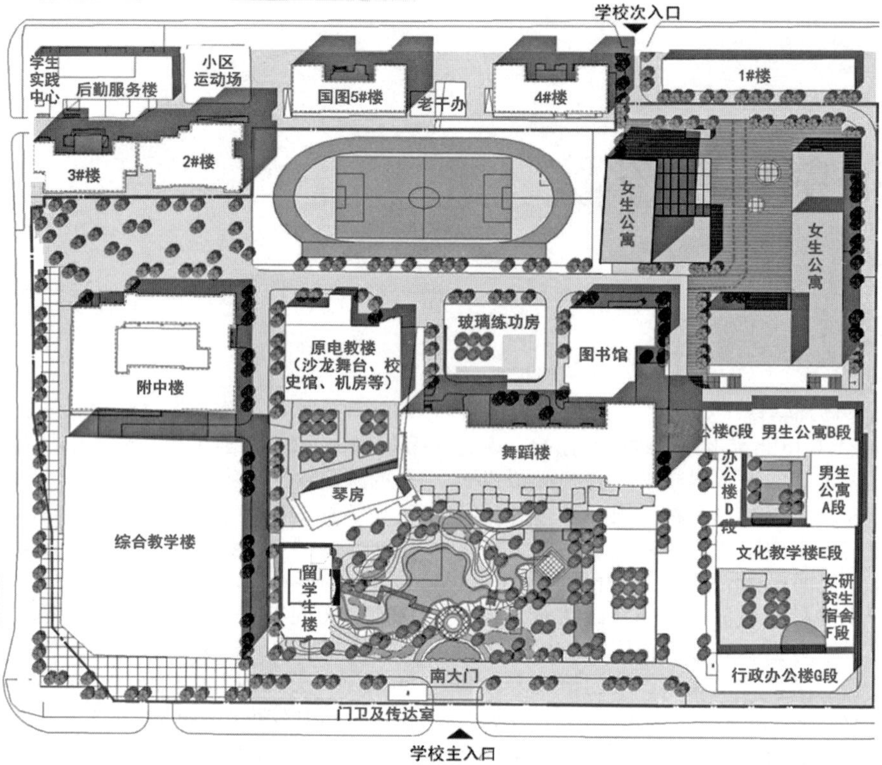

图 93　北京舞蹈学院校区示意图

适当发展办学规模，全面提高教学质量和办学效益。确定了学院未来十年发展的战略目标：通过改革将学院发展成为与社会主义高度发展的物质文明相适应的精神文明建设基地，发展为代表中国舞蹈文化最高水准的学府，发展为跻身世界舞蹈之林的中华民族舞蹈主干。为实现总的战略目标，提出了五项重点内容：一是把学院建成专业设置全面、结构合理、具有较高教育质量和办学效益的舞蹈学院；二是把学院建成多层次高等舞蹈人才培养、满足多层次舞蹈人才需要的舞蹈学院；三是把学院建成教学、创作、科研齐头并进的舞蹈人才培养、舞蹈剧目生产和舞蹈学术研究的办学实体；四是把学院建成具有高素质管理队伍、高水准教师队伍、在行政导向和学术导向都运转灵活、高速有效的教育体制和办学机制；五是把学院建成我国对外舞蹈交流与创作的重要通道，建成具有国际影响的舞蹈院校。

在此期间，学院加强教育教学改革，提出重视德育，强调德才兼备；调整专业方向，实现“双专业制”，使“I”型人才成为“H”型人才；正视艺术市场，拓宽专业内容，增设了“现代舞”“国际标准舞”“音乐剧”等新的专业方向；推出了《北京舞蹈学院师资建设方案》，具体分析了师资队伍的状况和存在问题，明确提出了加强师资队伍建设的基本任务和举措，并成为文化部 1995 年召开的全国艺教会议，经验介绍材料之一。

1995 年学院依据《中国教育改革和发展纲要》制订了北京舞蹈学院“九五”计划和 2010 年发展规划，提出了四方面的主要任务：一是满足文化部系统对舞蹈人才的需求，加强培养跨世纪舞蹈及舞蹈边缘学科人才；二是加速弥补历史造成的整个舞蹈界学历水平偏低的状况；三是继续探索加强文化理论教学的问题和附中学制问题；四是实现学分制和双专业制。办学中，学院不断将文化建设渗透在学院发展的各个领域，制定并进一步实施《北京舞蹈学院文化建设规划》。在校园文化内涵和形象两个方面建设上持续发力，在抓外化形象工程的同时，做好内涵的宣传与教育工作，凝练舞蹈教育的艺术品质和文化魅力，提炼学科专业的学术思想和建设理念，研究各学科的发展史，汇成文集，促进学科建设。开展学院形象工程建设，规范使用VI形象识别系统，对重大仪典活动等进行规范管理。将“各美其美，美人之美，美美与共，成人之美”落实到行动上，将和谐舞院建设与美丽中国建设结合起来，创造人人都有归属感的校园精神家园。

“十二五”至“十四五”时期，教育发展的时代动力已经发生变化，国家培育更科学的院校分工体系，教育管理部门实施分类指导,将学院分类定位为“高水平特色型大学”，鼓励“千校千面”的政策导向，各院校自觉推进以特色发展、差异发展、错位发展、内涵发展为核心的变革，成为新时代教育发展的新引擎。为此，北京舞蹈学院以党的艺术教育方针指引舞蹈艺术教育发展方向，坚持和完善党的政治建设统领学院办学体系，坚持和完善党委领导下的校长负责制，贯彻全面从严治党要求，为实现高质量发展提供根本保证。坚持以人民为中心的创作导向，坚持思想精深、艺术精湛、制作精良相统一，做好创造性转化和创新性发展，推出更多讴歌新时代、反映新成就、代表国家文化形象的优秀作品，构建“学院派”北舞创演风格。

（二）创新人才培养模式，发挥实践教育和艺术创作育人功能，实现高水平发展

在刚刚改制为大学初期，学院教师队伍具有大专以上学历者仅占41%，经过办夜大、派出学习、吸收其他大学和研究生高学历毕业生等办法，到1991年年底实现了较为显著的变化，学院教师中具有大专、本科、研究生学历者已经达到70%以上。学院当时分设中国民族舞剧系、中国古典舞系、芭蕾舞系、舞剧舞蹈编导系、舞蹈史与舞蹈理论系、社会音乐舞蹈教育系和社会科学部、附属中等舞蹈专业学校等。其间，1991年5月，大学毕业班举行大规模毕业演出活动，在民族文化宫连续演出“古舞新韵”“乡舞乡情”“年轻的天空”等5台晚会，国内众多院校和文艺团体来京观演，引起强烈反响。学院民间舞系学生参加中央赴西藏慰问团，庆祝西藏自治区成立25周年，被文化部授予珠穆朗玛优秀表演集体奖。民间舞系晚会《献给俺爹俺娘》参加中国共产党成立七十周年文艺展演。1991年学院正式成立“中国舞考级中心”，共招收17个儿童班近300人，2个教师班学员50余人门，为推动中国舞分级考试奠定了良好基础。

1994年学院在北京保利剧院公演《鱼美人》，并主办94国际舞蹈节，来自世界11个国家的舞蹈团体及国内各省代表团参加了舞蹈节开幕式。1996年学院启动了内部管理体制改革，将党政机关、教辅部门减员增效。同年，教委为北京舞蹈学院附属中等舞蹈学校颁发“国家级重点中专”铜牌。1995年7月，学院300余名大、中专生参加第四次世界妇女大会开幕式演出。1996年11月学院成立舞蹈学研究所。1997年学院第二次向国家学位办申请“硕士学位授予单位”，经过学院邀请学位办有关专家到学院参观了解和多方面的努力，于1998年获国家学位办批准，使学院具备了研究生教育，具备了培养舞蹈教育、理论和编导等高层次人才的资格，提升了学院的办学层次，形成了中专、本科、研究生三个层面的合理办学结构。2001年至2002年期间，学院推行了两次教育教学改革，组织了院、系、学术委员会、全体教师等不同层面的座谈40余次，进一步修订了学院的办学指导思想，明确了学院的办学定位。2003年《北京舞蹈学院学报》改版后获评为全国中文核心期刊，全国社科核心期刊，成为中国舞蹈文化学术的重要阵地。2004年教师节之际，学院老艺术家戴爱莲、贾作光铜像先后落成。

2007年9月，学院迎评党建和思想政治工作检查评估并圆满完成评估工作，得到专家组的一致好评。学院党委在“团结协作求和谐，集中精力谋发展”的总体工作思路下，提出了“突出特色、以评促建、达标创先。通过扎实开展党建评估工作，推动学院党建和思想政治工作规范化、制度化和科学化建设，促进和谐舞院建设，促进学院党建和思想政治工作再上新台阶，进而有效地推进学院改革、发展和稳定”的评估指导思想。2008年10月学院成立教学督导委员会，该委员会监督学院各项教学

制度的执行和教学工作的开展情况。2009 年 4 月，学院召开首届敦煌舞教学与学术研讨会。研讨会展示了近年来古典舞系在敦煌舞探索和编创上、敦煌舞教学和剧目成果上取得的成果，围绕“敦煌舞”与中国舞蹈史展开研究。2009 年学院青年舞蹈家刘岩获全国五一劳动奖章，她在担任 2008 年北京奥运会开幕式演出独舞 A 角演员的排练中坠落受伤。受伤后，坐着轮椅的她参加各种社会公益活动。

2012 年 5 月，学院继续教育学院获得批准开设舞蹈学（舞蹈编导理论与实践方向）研究生课程进修班。2012 年 6 月，学院推出大型舞剧《红船启航》，这是该历史题材首次以舞剧形式呈现。2014 年，学院按照《北京舞蹈学院纪念建校六十周年工作方案》，加强组织领导，遵循“节俭、务实、隆重、温暖”的原则，通过总结回顾 60 年的办学经验，展示教育教学成果，进行爱校荣校教育，激发舞院人的荣誉感和归属感。2015 年 7 月学院举办“全国高等艺术院校艺术学及文学教育改革研讨会”。

表 290　　北京舞蹈学院一级学科设置一览表（2020 年）

学科门类	学科代码	一级学科名称	学科门类	学科代码	一级学科名称
艺术学	130204	音乐与舞蹈学类	艺术学	130307	戏剧与影视学类
艺术学	130206	音乐与舞蹈学类	艺术学	130102	艺术学理论类
艺术学	130205	音乐与舞蹈学类	管理学	120210	工商管理类

表 291　　北京舞蹈学院本科专业设置一览表（2020 年）

序号	专业代码	专业	所在院系
1	130204	舞蹈表演（中国古典舞）	中国古典舞系
2	130204	舞蹈表演（中国民族民间舞）	中国民族民间舞系
3	130204	舞蹈表演（芭蕾舞）	芭蕾舞系
4	130204	舞蹈表演（音乐剧）	音乐剧系
5	130204	舞蹈表演（国际标准舞）	国际标准舞系
6	130206	舞蹈编导（编导）	创意学院编导系
7	130206	舞蹈编导（现代舞）	创意学院现代舞系
8	130307	戏剧影视美术设计（舞台美术设计）	创意学院艺术设计系
9	130307	戏剧影视美术设计（舞台服装与化装设计）	创意学院艺术设计系
10	130102T	艺术管理	人文学院艺术传播系
11	130205	舞蹈学（舞蹈史论）	人文学院舞蹈学系
12	130205	舞蹈学（舞蹈科学）	人文学院舞蹈学系
13	130207T	舞蹈教育（京籍师范生）	教育学院
14	130207T	舞蹈教育	教育学院

（三）发挥特色优势，加强国际合作与交流，提升服务社会的贡献力

1992 年 10 月，学院中国青年舞蹈家小组赴摩尔多亚、罗马尼亚、保加利亚、匈牙利、斯洛伐克等国家进行文化演出交流，演出《中国风韵》舞蹈晚会。1993 年澳大利亚总理夫人安娜·基廷应邀到院参观，老挝文化部部长波西·乍仑苏到院观看汇报演出。1993 年在第七届全国运动会上，学院在开幕式仪式结束后演出《爱我中华》，党和国家领导人及 12 位国际奥委会委员出席开幕式，学院创作团队荣获北京市政府表彰。

1994 年 4 月，联合国教科文组织音乐舞蹈和艺术生活处处长到学院参观访问。1997 年学院青年舞团赴意大利参加歌剧《图兰朵》创作演出，该剧由张艺谋担任总导演，这是学院首次参加国外剧团创作演出，同年 11 月参加在天安门广场举行的“北京欢迎你——香港”庆祝活动。1999 年 12 月，学院中国民族民间舞系赴澳门参加“回归”庆典，演出大型团体歌舞《濠江欢歌》。2000 年 8 月，学院在井冈山设立爱国主义教育基地。2006 年

8月，学院圆满完成全国第八届“桃李杯”舞蹈比赛，并获得表演一等奖14项，教学剧目创作一等奖7项等，同年10月举办首届“国际舞蹈院校芭蕾舞比赛”，得到了来自世界各国评委的高度肯定。2008年，学院完成6个实习基地挂牌工作。在第五届中国深圳国际标准舞世界公开赛中获1个亚洲冠军、2个亚军、1个季军和2个国际前8名，该比赛共有来自全世界20多个国家近千对选手参加比赛。2008年4月，学院与意大利罗马国家舞蹈学院签订合作协议。2014年，学院高质量完成市教委“支持义务教育阶段小学特色办学”的工作任务，发挥学科专业优势，对对口小学的美育工作进行支持和帮扶，提升学院的社会贡献力。继续推广“素质教育舞蹈课”的成果，全面普及舞蹈教育，通过舞蹈课教学，提高各级各类学校学生的创造能力、交流合作能力、自我表现能力、知识迁移与融化能力，促进青少年儿童的全面发展。2014年4月，学院举办“新意义、新途径：社区舞蹈与舞蹈教育研讨会”（New Meanings and Pathways: Community Dance and Dance Education Symposium），国内外近百名舞蹈专家出席了会议。2015年，第十届“亚太国际教育协会”（APAIE）年会在北京国际会议中心举行。北京舞蹈学院中国古典舞系、中国民族民间舞系的节目《踏歌》《东旺锅庄》《民舞集萃》应邀参演开幕式文艺演出。2015年8月，在国际田联世界田径锦标赛上，学院32位学生饰演“年轮人”参加演出表演，“年轮人”象征着田径世锦赛经历了32年的征程之后终于来到了北京。

三、2020年概况

2020年，北京舞蹈学院占地面积6.14万平方米，产权校舍建筑面积5.73万平方米、非产权校舍建筑面积4097平方米。全年教育经费投入55104.71万元。有1个校区，设置13个院（系、部）。开设5个本科专业，覆盖3个学科门类；具有一级学科1个；一级学科硕士点2个、二级学科硕士点2个、硕士专业学位授权类别1个，国家级一流本科专业建设点2个，北京市级一流本科专业建设点3个。国家级特色专业3个、国家级校外人才培养基地1个、北京市实验教学示范中心3个。教职工470人，其中，专任教师233人，包括教授64人、副教授126人。在校生2498人，其中，硕士研究生183人、普通本科生1366人、成人教育本专科生949人（本科生931人、专科生18人）。留学生毕业3人、招生13人、在校生20人。学院网址：www.bda.edu.cn。

附表：

表292　　中共北京舞蹈学院委员会历任书记一览表（1991—2020年）

书记	任职时间	书记	任职时间
魏德俊	1987年5月—1996年4月	王旭东	2016年3月—2019年7月
王国宾	1996年4月—2006年3月	巴　图	2019年7月—
王传亮	2006年3月—2016年3月		

表293　　北京舞蹈学院历任院长一览表（1991—2020年）

院长	任职时间	院长	任职时间
吕艺生	1987年2月—1996年4月	李　续	2009年1月—2013年3月
于　平	1996年4月—2001年6月（副院长主持工作）	郭　磊	2014年7月—
王国宾	2001年6月—2009年1月		

（执笔人：段晓萌）

北京信息职业技术学院

北京信息职业技术学院（英文名称：Beijing Information Technology College）是教育部批准成立的北京市属全日制普通高等职业学校，由北京市人民政府举办，行政主管部门是北京电子控股有限责任公司，教育业务主管部门是北京市教育委员会。办学类型为高等职业教育，办学层次以全日制高等职业教育专科学历教育为主，同时举办中等职业教育、非全日制的高等成人专科学历教育、各类培训。按规定开展留学生专科学历教育、留学生汉语培训等。现有校本部（酒仙桥）、东校区（东坝）和南校区（花乡）三个校区。

一、学校沿革

学院于1954年建校，初名华北第四工业学校。1956年更名为北京无线电工业学校。1999年7月，北京无线电工业学校与北京市成人电子信息大学合并组建北京信息职业技术学院。2003年8月，北京市计算机工业学校与北京市电子工业学校并入学院。

学院法定注册地为北京市朝阳区芳园西路5号。办学场所包括学院本部（法定注册地）、东校区（北京市朝阳区东坝红松园北里甲1号）和南校区（北京市丰台区花乡辛庄90号）。

在长期的办学历程中，学院锐意改革、不断进取，事业发展不断迈上新台阶。学院是国家示范骨干高职院校、国家示范性软件职业技术学院、国家职业教育计算机应用技术专业教学资源库建设项目单位、全国普通高校毕业生就业工作先进集体、黄炎培优秀学校、北京市示范性高职院校、北京市"一带一路"国家人才培养基地、北京市深化创新创业教育教学改革示范校、北京地区高校示范性创业中心、北京市职业院校信息技术类专业教师培训基地、北京电子信息职业教育集团牵头单位、全国信息安全职业教育集团牵头单位。目前是北京市特色高水平职业院校建设单位以及国家"双高计划"建设单位。

二、院系建设

学院1999年批准组建以来，不断深化办学体制机制改革，强化教学院系建设，优化资源配置和专业布局，教学院系建设得到长足发展。2000年5月，学院公布两校合并后的机构编制方案，确定计算机工程系、自动化工程系、电子工程系、电子信息系、财经与工程艺术系、外语系、基础部、实验与实训中心等"六系一部一中心"8个教学部门。为了优化教学部门结构，2001年7月，学院新一轮机构改革，取消基础部设置，教学部门变为"六系一中心"。

2008年7月，经北京电子控股有限责任公司批准，学院对校本部、东校区、南校区组织机构进行实质性整合，教学部门调整为计算机工程系、电子工程系、软件工程系、信息工程系、财经管理系、数字媒体艺术系、机电工程系、汽车工程系、外语系、通用能力教学部等"十系一部"。

为了深化管理体制改革，探索二级学院管理机制，进一步优化调整专业布局，2016年1月，学院成立电子与自动化工程学院、计算机与通信工程学院、软件与信息工程学院、经济管理学院、基础教育学院、数字艺术系、汽车工程系、通用能力教学部，形成

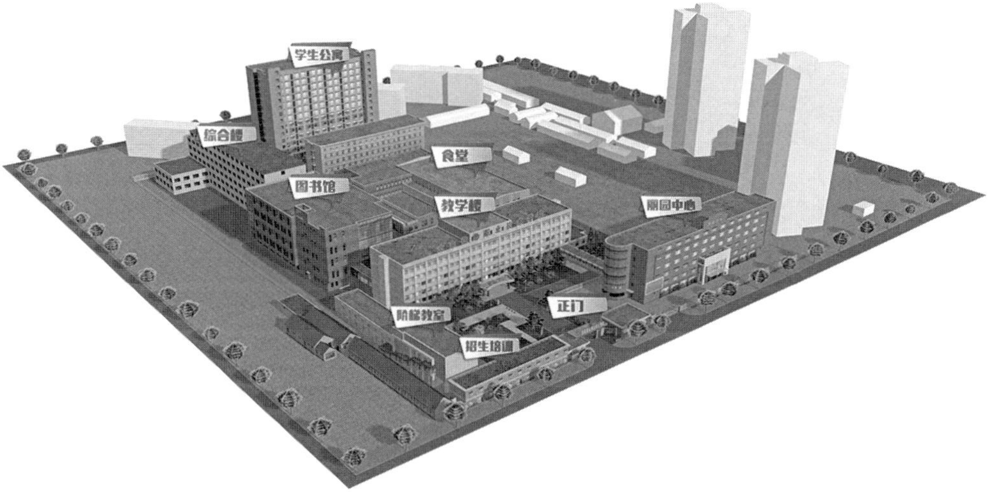

图 94　北京信息职业技术学院校本部示意图

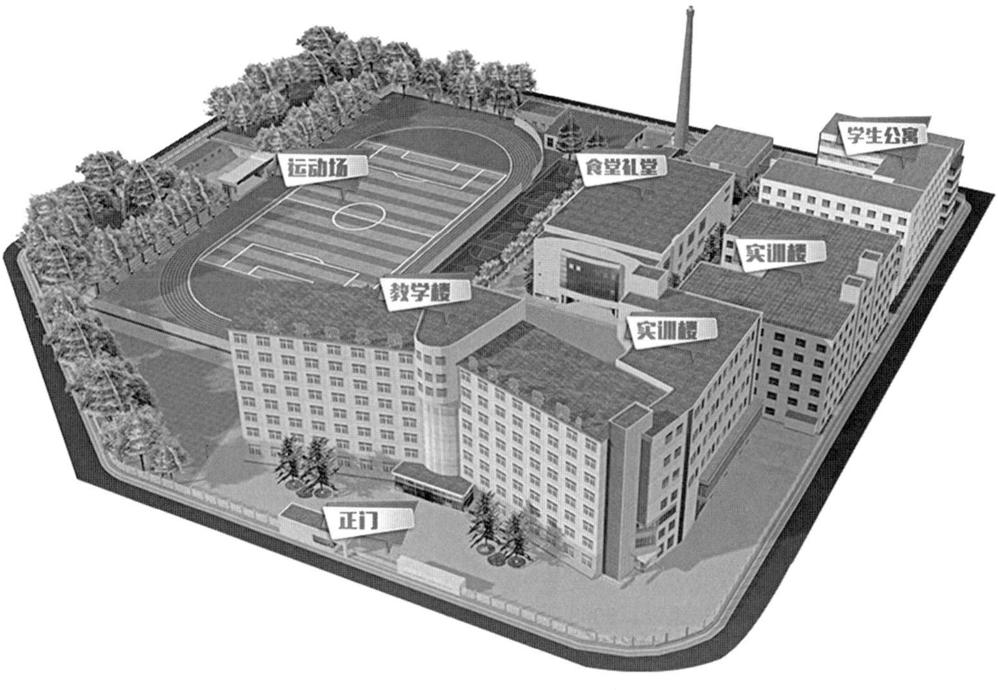

图 95　北京信息职业技术学院东校区示意图

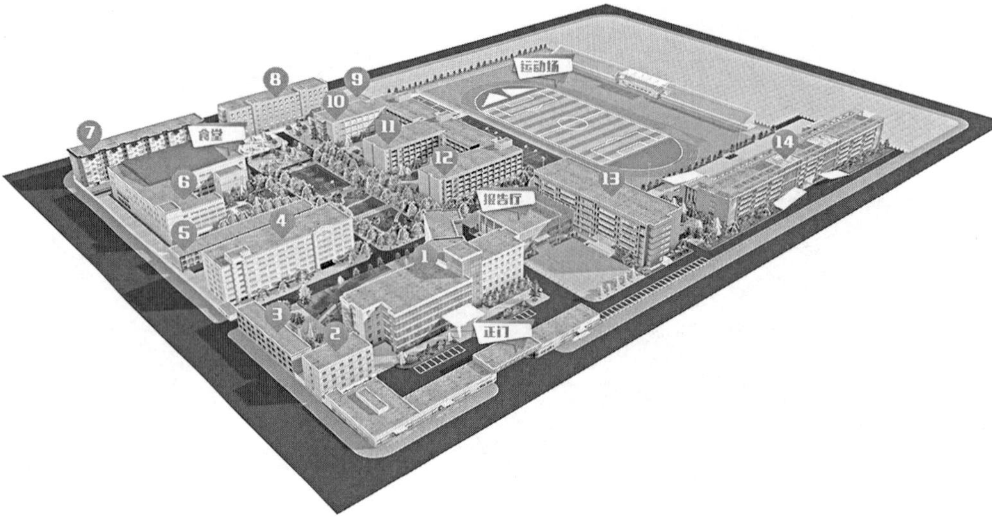

图 96　北京信息职业技术学院南校区示意图

了“五院二系一部”的二级院系发展格局。为了深化治理体系改革，进一步加强大学生思想教育，拓展汽车工程系发展空间，2018年7月，学院将原“五院二系一部”调整为电子与自动化学院、计算机与通信学院、软件与信息学院、经济管理学院、基础教育学院、数字艺术系，调整汽车工程系为交通工程系，成立思想政治教育部。

表 294　　北京信息职业技术学院院系部设置一览表（2020 年）

序号	院系部	序号	院系部
1	电子与自动化学院	6	数字艺术系
2	计算机与通信学院	7	交通工程系
3	软件与信息学院	8	通用能力教学部
4	经济管理学院	9	思想政治教育部
5	基础教育学院		

三、专业建设

1999年以来，学院强化专业群建设，以示范重点专业建设为龙头，不断开设新专业和改造调整老专业，扩大了专业数量，提升了专业建设整体水平。

（一）专业群建设

为了深化专业改革，优化专业资源配置，多年来，学院积极推动专业群建设，2008年，北京市教委批准学院为北京市示范性高等职业院校建设单位，学院以北京市示范性校高为契机，首次系统提出了软件技术专业群、电子信息工程技术专业群、模具设计与制造专业群、计算机信息管理专业群、广告设计与制作专业群5个专业群建设目标和任务。2010年11月，教育部确定学院为“国家示范性高等职业院校建设计划”骨干高职院校立项建设单位，学院以国家骨干校建设为抓手，全面优化专业布局，推动专业群建设，形成了软件技术与计算机应用、电子与通信技术、现代机电技术、现代信息服务管理和数字媒体设计与制作5大专业群的基本格局。为了紧跟产业转型升级步伐，主动适应数字产业化和产业数字化对高技术技能人才培养的要求，服务首都高精尖产业发展，2019年，学院以“北特高”和国家“双高”计划建设为契机，提出重点打造软件与信息服务、网络与通信、电子与自动化、现代服务与管理、数字艺术设计、健康管理与服务6大专业群。

（二）新专业增设与老专业调整

为了服务首都经济社会和高精尖重点产业发展，学院紧跟产业转型升级步伐，聚焦高精尖产业发展，建立专业动态调整机制，不断满足产业高技术技能人才需要。1999年学院建立之初，首批设置了计算机网络技术、软件技术、计算机数字媒体技术、通信技术、电子信息技术、机电一体化技术、电子商务、商务英语、会计、室内环境工程等10个专业。随着学院的不断发展壮大，近20年间又陆续增设了应用电子技术、微电子技术、新能源汽车技术、大数据技术与应用、物联网应用技术、信息安全与管理、云计算技术与应用、人工智能技术服务、移动通信技术、城市轨道交通通信信号技术、卫生信息管理、市场营销、物流管理等37个专业。截至2020年，学院专业数量已达44个，专业设置与首都高精尖和重点产业发展方向具有较高的契合度、为学院实现跨越式发展奠定了基础。

（三）示范重点专业建设

学院强化示范重点专业建设。2002年，学院软件技术专业入选北京市和教育部高等教育改革试点专业。2008年，北京市教委批准我院为北京市示范性高等职业院校建设单位，其中软件技术、电子信息工程技术、模具设计与制造、计算机信息管理、广告设计与制作5个专业为北京市示范校重点建设专业。2010年11月，教育部确定学院为“国家示范性高等职业院校建设计划”骨干高职院校立项建设单位，其中软件技术、电子信息工程技术、机电一体化技术等3个专业为国家骨干校重点建设专业。2019年，教育部认定学院软件技术、大数据技术与应用、计算机应用技术、计算机信息管理、移动应用开发、计算机网络技术、通信技术、云计算技术与应用、物联网应用技术等11个专业为国家级骨干专业。

表295　　北京信息职业技术学院专业设置一览表（2020年）

序号	专业代码	专业名称	院系名称
1	560103	数控技术	电子与自动化学院
2	560113	模具设计与制造	
3	560301	机电一体化技术	
4	560304	智能控制技术	
5	610101	电子信息工程技术	
6	610102	应用电子技术	
7	610103	微电子技术	
8	610119	物联网应用技术	计算机与通信学院
9	610202	计算机网络技术	
10	610211	信息安全与管理	
11	610213	云计算技术与应用	
12	610217	人工智能技术服务	
13	610301	通信技术	
14	610302	移动通信技术	
15	610303	通信系统运行管理	
16	560703	汽车电子技术	交通工程系
17	560707	新能源汽车技术	
18	600201	智能交通技术运用	
19	600603	城市轨道交通通信信号技术	
20	630702	汽车营销与服务	
21	660101	图文信息处理	

续表 295

序号	专业代码	专业名称	院系名称
22	620604	卫生信息管理	经济管理学院
23	620801	健康管理	
24	630102	税务	
25	630203	证券与期货	
26	630302	会计	
27	630701	市场营销	
28	630903	物流管理	
29	640301	会展策划与管理	
30	670202	商务英语	
31	610203	计算机信息管理	软件与信息学院
32	610205	软件技术	
33	610208	嵌入式技术与应用	
34	610212	移动应用开发	
35	610215	大数据技术与应用	
36	630801	电子商务	
37	610201	计算机应用技术	
38	610209	数字展示技术	数字艺术系
39	610210	数字媒体应用技术	
40	610216	虚拟现实应用技术	
41	650103	广告设计与制作	
42	650104	数字媒体艺术设计	
43	660101	图文信息处理	
44	660209	影视动画	

四、人才培养

（一）GPTC 人才培养模式改革

学院贯彻党和国家的教育方针，坚持社会主义办学方向，以立德树人为根本，深化校企合作，推进产教融合，以“思想品德优秀、身体健康灵活、心理素质良好、专业知识扎实、技能精准熟练”为人才培养目标，全面实施素质教育。2001 年 9 月，学院出台《全面推进素质教育工作规划》，明确提出推进素质教育工作的路线图。2004 年，学院创建 GPTC（通用平台 + 技术中心）人才培养模式，即通过通用平台（General Platform，GP）实施素质教育与通用能力培养，通过建设技术中心（Technology Center，TC）实施专业技能训练与职业能力培养。2007 年 4 月，学院出台《通用平台素质教育方案》并正式颁布实施。学院 GPTC 人才培养模式的建设与实践历时十余载，横跨“十一五”和“十二五”，成效显著。2008 年，《GPTC 课程方案》获得北京市教育教学成果奖一等奖；2009 年，《GPTC 课程方案》获得第六届高等教育国家级教学成果二等奖。2013 年，《GPTC 通用能力模型开发与通用能力发展》获得北京市教育教学成果奖一等奖；2014 年，《GPTC 通用能力模型开发与通用能力发展》成果获得职业教育国家级教学成果二等奖。

学院在深化 GPTC 人才培养模式改革的基础上，根据专业的不同特点，进一步探索高技能人才培养方式。2010 年 5 月，学院“技术制图师”专业参加北京市高等职业院校中德合作 IHK 职业资格证书教育项目。2011 年 9 月，学院计算机网络技术专业通过北京市教委立项评审，开展分级制改革试点。2017 年 9 月，教育部确定学院为第二批现代学徒制试点单位，2017 年以来，学院物流管理、数字媒体技术专业先后参加北京市职业院校中德合作胡格教育模式改革项目试点。2019 年，学院微电子技术专业现代学徒制试点通过教育部验收。

（二）搭建“中高本”衔接立交桥

学院深入探索“中高本”衔接育人模式改革，搭建人才培养立交桥。2012 年，北京市教委批准学院开展“3+2”中高职衔接人才培养试点，2013 年，学院与北京市信息管理学校、北京商务科技学校合作开展影视动画专业（动漫游戏方向）、物流管理（物联网方向）等两个专业的中高职衔接试点工作，首批招生 51 名。截至 2020 年，学院已连续七年开展“3+2”中高职衔接人才培养工作。依据北京市教委《关于开展选拔高等职业教育（专科层次）优秀应届毕业生进入本科阶段学习试点工作的通知》要求，2004 年，学院首次开展优秀应届毕业生进入本科阶段学习推荐工作，被北京联合大学录取 63 人，截至到 2020 年，学院开展优秀应届毕业生进入本科阶段学习推荐工作已连续十七年。经过多年的探索实践，学院已形成了中职→高职（“3+2”中高职衔接），高职→本科（优秀应届毕业生推荐）的人才培养立交桥，最大限度满足了学生成长成才需要。

（三）高端技术技能人才贯通培养试点

2017 年，学院被北京市教委批准开展高端技术技能人才贯通培养试验项目招生，合作学校为优质高中校清华大学附属中学和本科高校北京信息科技大学，首批招生专业是软件技术、信息安全与管理。2018 年，又新增大数据技术与应用专业，招生专业增加到三个。截止到 2020 年，学院高端技术技能人才贯通培养试验项目在校生已达 902 人。

五、学生成长

学院以立德树人为根本，坚持社会主义办学方向，以“思想品德优秀、身体健康灵活、心理素质良好、专业知识扎实、技能精准熟练”为人才培养目标，全面实施素质教育。2001 年 9 月，学院出台《全面推进素质教育工作规划》，为全面推进素质教育描绘了新蓝图。为了突出学院素质教育特色，2001 年开始，学院设立“科技艺术节”与“体育节”。“科技艺术节”与“体育节”隔年交替开展，时间贯穿全年，通过内容丰富、形式多样的科技竞赛、知识讲座、艺术表演、文化交流、体育活动、运动会竞赛等，促进学生德智体美劳全面发展。2004 年，学院创建 GPTC（通用平台 + 技术中心）人才培养模式，突出对学生素质教育与通用能力、专业技能训练与职业能力培养。为了推动 GP（通用平台）建设，将素质教育与通用能力落到实处，2007 年 4 月，学院颁布实施《通用平台素质教育方案》，通用平台建设十余年来，许多素质教育活动已成为学院名片，2018 年 11 月，学院“‘一度二趣三质四享’型体育节”品牌，获批入选全国高职院校“一校一品”示范基地建设单位，2019 年 12 月，学院“北信橄榄绿”通过北京市“一校一品”德育品牌复评。学院学生在全国职业院校技能大赛、创新创业大赛中率获佳绩，2004—2020 年，学院学生在全国职业院校技能大赛获得一等奖 25 个，二等奖 5 个，三等奖 6 个；创新创业大赛获得一等奖 4 个，二等奖 7 个，三等奖 7 个。学院多次承担国家重大活动志愿服务，圆满完成工作任务，2008 年，北京奥运会期间，学院派出奥运赛时志愿者、奥运赛时实习生、奥运会开闭幕式演员、北京职工文明啦啦队、奥运安保等共计 1200 人；1999—2019 年，学院承担了中华人民共和国成立 50 周年、60 周年、70 周年纪念活动学生志愿服务工作，2019 年，中华人民共和国成立 70 周年庆祝活动期间，学院派出 6 名师生承担了活动观礼台服务指挥部座次安排部志愿服务。2019 年 6 月，学院派出 80 名学生承担北京世界园艺博览会中国国家馆、中华园艺展示区、草坪剧场、花车巡游等场地的志愿服务工作。学院就业工作成效显著，就业率长期保持在 95% 以上，2006 年以来，学院先后多次被评为全国普通高校毕业生就业工作先进集体、北京地区高校毕业生就业工作先进集体、北京地区高校示范性就业中心、北京市深化创新创业教育改革示范高校、北京地区高校示范性创业中心、首都大学生暑期社会实践先进单位等荣誉称号，“北信职业智慧众创空间”被北京市教委批准为北京地区高校大学生创业园高校分园。

六、师资队伍建设

学院实施“人才强校”战略，坚持以师

德师风建设为中心，不断深化人事制度改革，优化人才结构，创新人才工作机制，营造人才成长环境，逐步形成了一支师德高尚、业务精湛、结构合理、国际化水平稳步提升的师资队伍。

（一）师德师风建设

多年来，学院坚持把政治标准和师德师风放在首位，把师德建设融入教师聘用、考核、培养全过程。2019 年 7 月 10 日，学院党委相继发布《北京信息职业技术学院教师师德考核实施细则》《北京信息职业技术学院教师师德失范行为负面清单及处理办法》，规范了教师师德考核的内容、程序和监督机制，明确了教师师德失范行为和处理程序，为进一步深化师德师风建设提供了制度保障。2020 年，学院开展首届师德师风评选，10 名教师被授予“师德标兵”荣誉称号，73 名教师被评为 2020 年度优秀教师。

（二）人事制度改革

1999 年，学院被确定为北京市人事分配制度改革试点单位，率先试行全员聘用合同制，封存档案工资，构建以岗定薪、按质取酬的工资分配体系。1999 年，学院发布《北京信息职业技术学院深化分配制度改革的意见》，拉开了学院人事分配制度改革的序幕。2000 年 6 月—2004 年 7 月，学院不断完善和细化薪酬改革、全员聘任、绩效考核等制度，推进人事分配制度改革。2012 年 9 月，学院被北京市编办确定为事业单位法人治理结构建设试点单位之一。2015 年 12 月，学院发布《关于开展 2016（年）机构改革与全员聘任工作的决定》，校院两级管理体制改革正式启动，2018 年 6 月，学院颁布《二级学院（系、部）管理体制改革实施办法（试行）》，二级学院的设立为深化学院办学体制机制改革，提升学院治理能力和治理水平迈出坚实步伐。2016 年 12 月，依据北京市人力资源和社会保障局、北京市教委文件精神，学院发布《关于颁布实施（专业技术人员职称晋升管理办法）的通知》，明确专业技术人员评审条件、评审程序等，首次自行开展高校教师系列副高级及以下专业技术职务任职资格评审工作。2019 年 7 月，学院出台《专业技术职务评审及聘任管理办法》，进一步细化专业技术人员申报、评审条件和要求，为进一步提升专业技术人员队伍质量，建设现代化高职学院提供有力支撑。

（三）人才队伍建设

学院高度重视人才队伍培养，多年以来，学院先后实施了“10、30、100”人才工程、“百名教师企业锻炼计划”、“专业带头人与骨干教师培养计划”等人才队伍建设工程，累计选送教师出国培训达 130 多人次，选派 370 余人次参加电控“砺剑工程”领军管理人才、创新型专业人才培训；打造了国家级教师教学创新团队 1 个、市级教学名师 10 人、市级骨干教师 36 人、市级优秀教学团队 5 个。专任教师高级职称比例达到 35% 以上，具有硕士以上学位的中青年教师比例达到 77% 以上，双师型专任教师占比达 82% 以上。近年来，学院教师在国家级竞赛中取得优异成绩，在全国职业院校教师信息化教学大赛获得一等奖 3 项，二等奖 1 项；1 名教师荣获“第六届黄炎培职业教育奖杰出教师奖”。

七、科学研究

学院始终坚持以科研工作为原动力，助推教育教学改革，提升技术服务能力。为了加强科研管理，激励教职员工主动参与科学研究，学院先后出台《科研项目管理实施办法》《科研经费管理办法》《学术成果认定及奖励办法》等文件。为了强化校企合作技术研发，规范横向课题管理，2011—2017 年，学院相继出台了《横向科研项目管理与经费使用办法（试行）》《科研课题与技术服务项目的招标和管理办法（试行）》《纵向科研项目管理办法》等文件，为深化校企科研合作建立了制度保障。为了发挥学术组织在学院治理中的作用，2016 年，学院成立第二届学术委员会，出台了《北京信息职业技术学院学术委员会章程》，明确了学术委员会的职责，规范了学术委员会的议事规则，为学术组织参与学院治理奠定了基础。近年来，学院科研工作取得了丰硕的成果，2008 年 5 月，学院的《GPTC 课程方案》获得北京市教育教学成果奖（高等教育）一等奖。2009 年 9 月，《GPTC 课程方案》获得第六届高等教育国家级教学成果二等奖；2013 年 5 月，学院计算机技术应用研究所承担的横向课题——国家博物馆信息化建设项目（一期），通过了国家博物馆组织的验收评审。2014 年 9 月，学院《能力模型开发与通用能力教育》《基于 ISO9000 质量管理体系标准的高等职业教育教学质量管理与保障体系研究与实践》等两项成果均获得职业教育国家级教学成果二等奖。2019 年，《中国特色社会主义理论体系研究》获批教育部人文社会科学研究专项，《一种室内移动机器人测试系统和方法》《一种基于有限数据的语义理解方法、设备和机器人》《一种导管拆装检测装置》《磁条卡解码方法及装置》4 项研究成果取得国家发明专利授权。

八、校企合作

（一）校企合作组织建设

学院始终以服务电子信息产业发展为己任，坚定走行业办学的发展道路。2007 年 12 月，北京电控批准成立北京信息职业学院校企合作理事会，有效解决了企业参与教学、订单培养、学生实习、教师企业锻炼、企业职工培训、技术设备共享、实习基地共建等产教结合的关键问题，学院与企业形成了人才共育、过程共管、成果共享、责任共担的紧密型合作办学体制机制。2012 年 12 月，学院牵头组建“北京电子信息职业教育集团”，在更大范围推动建立政府主导、行业指导、企业参与的职业教育办学机制，并取得积极进展。2017 年 6 月，学院与北京燕东微电子有限公司和北京工业大学联合创建燕东微电子学院，校企深度合作开展人才培养、科学研究和企业员工培训。2018 年 4 月，学院领衔组建“京津冀信息安全职业教育产教融合联盟”，2018 年 7 月，又牵头组建全国信息安全产教融合联盟，两个联盟的成立将推动京津冀和全国职业院校信息安全职业教育合作。2019 年 7 月，学院牵头组建全国信息安全职业教育集团，进一步凸显学院在信息安全职业教育领域的辐射带动作用。

（二）校企合作人才培养

学院充分发挥行业办学优势，深化产教融合校企合作。在校企合作人才培养方面，2004 年 2 月，学院与北京燕东微电子有限公司联合举办产学合作班，首次探索“订单培养”模式，截至 2020 年，学院又先后与中国电信集团北京电信分公司、七星华电科技集团有限责任公司、北广科技有限责任公司等多家企业合作开展订单培养，为首都电子信息产业培养了大批高技术技能人才。在校企合作实训基地建设方面，为了建立校企合作长效机制，学院大胆探索制度创新，率先提出“以资产为纽带”，“厂中校”“校中厂”校企共建实训基地模式，2008 年 12 月以来，学院先后与 798 艺术区建设管理委员会共建共管“北京高等学校校外人才培养基地”；与北广科技有限责任公司共建“电子产品制造生产性实训基地”；与北京兆维电子（集团）有限责任公司共建“北信—兆维生产性实训基地”；与北京燕东微电子有限公司和北京工业大学联合创建燕东微电子学院（燕东微电子工程师学院）；与北京神州泰岳软件股份有限公司联合创建神州泰岳工程师学院；与完美世界股份有限公司联合创建完美世界数字文化创意设计师学院。校企共建实训基地取得显著成效。在校企合作技术研发方面，2012 年以来，学院先后与北京牡丹电子集团有限责任公司、北京兆维电子（集团）有限责任公司等大型国企签订战略合作协议，与北广科技股份有限公司联合成立“北广—北信协同创新中心”。

九、国际交流与合作

学院长期重视国际交流与合作，多年来，学院在职业教育国际化发展方面取得了长足的发展，中外合作办学、海外分校建设、留学生教育等领域取得的成果在国内高职院校名列前茅。

（一）中外合作办学

2002 年 9 月，学院与澳大利亚新英格兰大学及所属国际学院开展中外合作办学，举办计算机科学学士学位课程和英语强化培训课程。2006 年，学院与英国著名教育机构爱德斯签署合作协议，在计算机网络专业和电子工程专业试行高级国家证书（HND）课程教学。2007 年 3 月，与英国斯托克学院签署 HND 支持伙伴合作办学协议。2010 年 5 月，学院参加北京市高等职业院校中德合作 IHK

职业资格证书教育项目，在“技术制图师”专业试行IHK职业资格证书教学项目。2011年4月，与英国威根雷学院合作开展英国高级国家文凭（HND）合作办学项目，在计算机网络技术、电子信息工程技术、市场营销、计算机软件技术等专业试行HND课程教学项目。截止到2020年，学院中外合作办学累计培养学生1289人。

（二）国际交流

2006年11月，学院与新加坡南洋理工学院签署关于互建海外研习基地合作协议，2018年5月，与新加坡南洋理工学院续签海外研习合作项目，截至2020年，学院与新加坡南洋理工学院互派研习学生近2000人次。

（三）留学生教育

2008年12月，经北京市教委批准，学院取得招收外国留学生资格。2012年，成功招收第一个五年制留学生学历教育班，23名学生主要来自哈萨克斯坦和吉尔吉斯斯坦等国家。2014年5月，与埃及MEK慈善基金会签订留学生教育合作协议，MEK慈善基金会选派25名埃及优秀高中毕业生来我院学习机电一体化技术专业，截至2020年，累计招收埃及留学生88名。2017年8月，学院成为北京市首批评定的26所北京市“一带一路”国家人才培养基地之一。

（四）海外分校

2018年6月21日，学院与埃及苏伊士运河大学、埃及MEK基金会合作创建的“埃中应用技术学院（ECCAT）”正式揭牌成立。10月，埃中应用技术学院正式招生，首批在电子技术、通信技术、机电一体化技术等三个专业招生83名。2019年11月，学院派出海外教育质量审核工作组首次对埃中应用技术学院教育教学运行情况进行外部审核，探索构建海外教育质量监控体系。截止到2020年底，埃中应用技术学院在校生已达256人。

十、2020年概况

北京信息职业技术学院设有院本部、东校区、南校区3个校区。占地面积20.21万平方米，产权校舍建筑面积24.30万平方米。全年教育经费投入45806.10万元，其中，国家拨款43423.88万元、自筹经费2382.22万元。固定资产146808.18万元，其中教学、科研仪器设备资产54782.19万元。图书馆建筑面积12665.24平方米，藏有纸质图书65.83万册、电子图书14.65万册。学院设5院2系2部，专业44个。现有教职工807人，其中专任教师395人，包括教授及教授级高级工程师14人、副教授及高级工程师154人；博士22人，硕士139人；“双师型”教师337人。现有在校生6675人，其中，高职生4905人、五年制中职阶段学生644人、成人教育专科生870人、留学生256人。学校网址：www.bitc.edu.cn。

附表：

表296　中共北京信息职业技术学院委员会历任书记一览表（1999年—2020年）

书记	任职时间	书记	任职时间
陈小平	1999年7月—2007年12月	武马群	2011年12月—2017年5月
杨存书	2007年12月—2009年5月	洪　伟	2017年5月—
张岳明	2009年5月—2011年12月		

表297　北京信息职业技术学院历任院长一览表（1999年—2020年）

院长	任职时间	院长	任职时间
张伯旭	1999年7月—2003年8月（兼）	卢小平	2018年1月—
武马群	2003年8月—2018年1月		

（执笔人：童遵龙）

北京电子科技职业学院

北京电子科技职业学院（英文名称：Beijing Polytechnic）是由北京市人民政府举办，北京市教委主管的全日制普通高等学校。学校秉承“求实、创新、厚德、重艺”的校训，以建设“首善标准、中国特色、世界一流高等职业学院”为目标，立足北京经济技术开发区，积极融入首都创新体系和高精尖经济体系，坚持服务发展、促进就业的办学方向；坚持产教融合、校企合作的办学模式，培养具有创新实践能力的高端技术技能型人才和应用型人才。学校办学层次为三年制高职与高端技术技能人才贯通培养并存，积极开展中高职人才培养衔接，统筹发展初次职业教育与继续职业教育；开设机械与电气类、汽车与交通类、艺术与设计类、电子与信息类、食品与生物类、经济与管理类六大类核心专业。学校现有三个校区，法定注册地址为北京市朝阳区太阳宫芍药居甲1号，校本部位于北京经济技术开发区凉水河一街9号。

一、学校沿革

北京电子科技职业学院2004年6月经北京市政府批准，由北京轻工职业技术学院与北京邮电工业学校合并成立，主校区位于朝阳区芍药居甲1号。学校属专科层次普通高等职业学校，以培养应用型职业技术人才为主，开展高等职业教育，举办成人高等学历教育、中等职业教育和职业培训，隶属北京市教育委员会管理。2007年3月，北京市仪器仪表工业学校、北京二轻工业学校、北京市机械工业学校（北京市机械局职工大学）、北京市汽车工业学校（北京市汽车工业总公司职工大学）并入。2015年9月，学校主校区从朝阳区芍药居迁入亦庄经济技术开发区职教园区（北京经济技术开发区亦庄凉水河一街9号），与前期分批迁入的北京市仪器仪表工业学校、北京二轻工业学校、北京市机械工业学校、北京市汽车工业学校汇合，基本实现一址办学。

学校2004年首批通过教育部“高职高专院校人才培养工作水平评估”，2005年获评全国职业教育先进单位；2007年获教育部批准成为北京市首批“国家示范性高等职业院校建设计划”项目建设单位；2010年获批成为教育部国家教育体制改革试点建设项目——“开展地方政府促进高等职业教育发展综合改革试点”建设单位；2015年成为北京市首批“2+3+2”高端技术技能人才贯通培养项目试点院校；2015年成为全国首批现代学徒制试点院校；2019年成为首批北京市特色高水平职业院校建设单位，并入选首批中国特色高水平高职学校建设单位（A档）；2018年至2019年，连续被教育部评为全国职业院校实习管理50强、教学管理50强、学生管理50强。

二、院系建设

2004年合并建校后，学校设置工程技术系、经济管理系、艺术设计系、电子工程系、电信工程系、基础理论部、继续教育部共7个教学单位。2007年，将并入的中专校与原五系二部教学机构整合，调整为科技工程学院（原北京电子科技职业学院校区）、设计与工艺学院（原北京二轻工业学校校区）、机械工程学院（原北京市机械工业学校校区）、自动化工程学院（原北京市仪器仪表工业学校校区）、汽车工程学院（原北京市汽车工业学校校区）5个二级学院，基础理论部更名为基础部，继续教育部更名为继续教育学院。2010年，在科技工程学院电子工程系、电信工程系基础上设立电信工程学院，设计与工艺学院更名为艺术设计学院。2011年，将科技工程学院经济管理系、机械工程学院会计专业和电子商务专业、艺术设计学院金融保险专业和国际商务专业、自动化工程学院商务英语专业进行整合，成立经济管理学院，科技工程学院工程技术系并入自动化工程学院，在科技工程学院生物技术系基础上成立生物工程学院，撤销科技工程学院；成立思想政治理论教研部。2015年，撤销基础部，成立基础学院。2016年，对自动化工程学院、机械工程学院、汽车工程学院进行整合，撤销机械工程学院，自动化工程学院更名为机电工程学院，在党委武装部基础上设立士官学院。至2020年，学校有机电工程学院、汽车工程学院、电信工程学院、生物工程学院、经济管理学院、艺术设计学院、基础学院、继续教育学院、士官学院、思想政治理论教研部共10个教学机构。

三、专业建设

学校合并初期，有中职34个专业、高职46个专业和成人23个专业。2007年，增设数控设备应用与维护、模具设计与制造、汽车制造与装配技术、汽车检测与维修技术、移动通信技术、城市轨道交通控制、工程监理共7个高等职业教育专业。2009年，学校面向首都现代制造业、高新技术产业、现代服务业共开设机电一体化技术、电气自动化技术、汽车检测与维修、生物技术应用等共44个高职专业，其中国家级重点建设专业5个，教育部教改试点专业2个，北京市专业教学改革试点专业3个。结合北京经济技术开发区职教园区建设定位，学校依托开发区现代产业体系，对接开发区高端汽车和新能源智能汽车、生物技术和大健康、新一代信息技术、机器人和智能制造四大主导产业，逐步优化专业设置，形成智能制造与装备技术专业群、汽车制造与装配技术专业群、大数据应用技术专业群、药品生物技术专业群、电子商务技术专业群、数字媒体艺术设计专业群、航空技术服务专业群共7个专业群，开设智能制造装备技术、飞机机电设备维修、新能源汽车技术、汽车检测与维修技术、大数据技术、药品生物技术等共34个专业。2013年和2016年，学校“职业教育民族文化传承与创新专业教学资源库”和“职业教育移动应用开发专业教学资源库”获教育部批准立项。2019年，高端装备智能制造技术专业群和大数据技术与应用服务专业群入选第一批北京市特色高水平骨干专业（群），钟连盛景泰蓝工作室和北京奔驰汽车制造工程师学院入选第一批北京市职业院校实训基地；汽车制造与装配技术和药品生物技术两个专业群入选中国特色高水平高职学校和专业建设计划，成为重点建设专业群。2020年，学校飞机及空港设备维修专业群和艺术设计专业群入选第二批特色高水平骨干专业（群），北京亦庄药品生物技术工程师学院和袁騉水处理技术技能大师工作室入选特色高水平实训基地。学校高水平专业群达到6个，省部级以上骨干专业22个。学校构建了“专业基本技能、专业综合技能、专业生产技能和专业创新技能”四层级实训体系，现有中央财政支持的国家级实训基地6个，校企合作建设的生产性综合实训基地18个，与企业合作共建校外实习基地260个。

表298　　北京电子科技职业学院院系及专业设置一览表（2020年）

<table>
<tr><th>二级学院（部）</th><th>系（部）名称</th><th>专业名称</th></tr>
<tr><td rowspan="5">机电工程学院</td><td rowspan="2">机电技术系</td><td>机电一体化技术</td></tr>
<tr><td>智能制造装备技术</td></tr>
<tr><td rowspan="3">电气技术系（航空技术系）</td><td>电气自动化技术</td></tr>
<tr><td>飞机机电设备维修</td></tr>
<tr><td>飞机电子设备维修</td></tr>
</table>

续表 298

二级学院（部）	系（部）名称	专业名称
机电工程学院	智能建筑技术系	建筑智能化工程技术
		供热通风与空调工程技术
	机械制造技术系	机械制造及自动化
		数控技术
	实训中心	负责电工电子实验、物理实验、专业实训
	物理教学部	
汽车工程学院	汽车技术服务系	汽车检测与维修技术
	汽车制造技术系	汽车制造与试验技术
	新能源汽车技术系	新能源汽车技术
	轨道交通技术系	城市轨道车辆应用技术
	基础工程训练中心	负责全校基础工程训练及汽车专业实训
	复杂和异形件精密制造中试基地	负责企业技术服务、科研成果转化
电信工程学院	电子技术系	电子信息工程技术
	计算机技术系	计算机应用技术
		计算机网络技术
		大数据技术
		信息安全技术应用
	通信技术系	现代通信技术
	实训中心	负责计算机基础、专业实训
	集成电路设计与测试中试基地	负责企业技术服务、科研成果转化
生物工程学院	生物技术系	药品生物技术
		生物产品检验检疫
	环境技术系	环境工程技术
	食品技术系	食品检验与检测技术
		食品质量与安全
	实训中心	负责化学实验、专业实训
	食品药品研发中试基地	负责企业技术服务、科研成果转化
	生化教学部	
经济管理学院	财经系	大数据与会计
		国际金融
	商务管理系	电子商务
		国际商务
	涉外服务系	商务英语、文综教学
	实训中心	负责专业实训
艺术设计学院	传媒艺术设计系	数字媒体艺术设计
		广播影视节目制作
		游戏艺术设计
	服装艺术设计系	服装设计与工艺
	装饰艺术设计系	环境艺术设计
	实训中心	负责专业实训
	艺术教学部	
基础教育学院	数学教学部	
	外语教学部	

续表 298

二级学院（部）	系（部）名称	专业名称
基础教育学院	语文教学部	
	体育教学部	
马克思主义学院		
士官学院		
继续教育学院		

四、人才培养

学校深入开展产教融合，构建校企合作共同体。2011 年建立“戴姆勒中国汽车学院”，成立“旅游商品产学研联盟”，创建“杨才胜技能大师工作室”“钟连盛工艺美术大师工作室”；2012 年牵头成立了由 76 家行业、企业和院校参与的北京现代制造业职业教育集团，创建产教融合新模式，先后建立“复杂异形件加工技术研究室”“数控设备安装调试及维修培训中心”“绿色能源应用研究室”“生物制药技术中心”“药品食品研发中心”“哈希技术服务中心”等 14 个校企合作联合体；2018 年建立“航空工程技术学院”“李宁魔术艺术学院”“北京奔驰赵郁大师工作室”；2019 年建立北京经济开发区“化药制剂和蛋白药物研发中试基地”“复杂和异形件智能制造研发中试基地”；2020 年建立“北京奔驰汽车制造工程师学院”“奇安信工程师学院”。2020 年 10 月，北京现代制造业职教集团入选教育部第一批示范性职业教育集团（联盟）培育单位；2020 年 12 月，学校召开北京现代制造业职业教育集团换届大会及第二届理事会全体会议，修订职教集团章程，改选成立第二届理事会。

学校与经济技术开发区建立融合发展机制。2008 年，建立北京经济技术开发区技能人才培训基地。2009 年，与开发区管委会签署第一轮全面战略合作协议。2012 年，依托学校图书馆建成北京经济技术开发区资讯中心，2013 年，学校图书馆挂牌北京经济技术开发区图书馆，成为开发区公共图书馆，至 2020 年，已建立经开股份、京东方茶谷、金风科技等 9 家企业分馆，编辑发行《资讯参考》41 期、《资讯快报》495 期，为开发区管委会及 100 余家企业提供信息服务。2014 年，建立北京经济技术开发区人才储备调剂中心、科技创新与成果转化服务中心、人才培训中心，与北京奔驰、生物医药园、京东方、Ameco 等行业龙头企业合作，建立企业现代学徒制中心。2020 年 8 月，与北京经济技术开发区管理委员会签订新一轮《全面战略合作协议》，开发区管委会将学校事业发展纳入开发区“十四五”发展规划，双方协同申报国家产教融合型城市建设试点，推动形成兼具人才培养、生成服务、技术研发、文化传承、科学研究等功能的校企命运共同体，培养开发区产业紧缺的专业化人才，共建“亦城工匠学院”及开放型企业职工培训平台，共建北京市工程师学院。2020 年 12 月，北京电子科技职业学院理事会成立并召开第一届理事会第一次全体会议。理事会由政府、学校、企业、校友、社会知名人士等各方代表组成，将促进学校与社会各界建立长效合作机制，丰富社会参与和支持学校办学的方式与途径，深化学校和政府、企业、行业四方合作的高职教育体制机制改革，增强学校办学能力和活力。

学校深入探索初次职业教育、继续职业教育以及高端技术技能人才贯通培养、中高职衔接、军事职业教育、国际职业教育等多类型多元化人才培养模式。以就业为导向，建立“专业对接产业，育人对接用人，学业对接就业，实践对接生产”的“四对接”人才培养体系。2012 年，参加市教委首批“3+2”中高职教育衔接办学改革试点工作。2014 年，学校获批成为北京市首个定向培养士官的高职院校。目前在电气自动化技术、汽车检测与维修技术、电子信息技术、计算机网络技术四大专业方向已为火箭军、战略支援部队、军委国防动员部定向培养士官生 860 名。

2016年，成功承办首都高等学校第54届学生田径运动会。2018年，士官生人才培养项目获北京市教育教学成果一等奖，学校被教育部认定为“国防教育特色校”，2019年入选首届全国学校国防教育典型案例30强，是全国唯一入选高职院校。2015年，学校作为首批试点单位之一参与现代学徒制工作，选择机电一体化技术、汽车检测与维修技术、数控设备应用与维护、数字媒体艺术设计、环境工程技术5个专业参与试点，2018年通过试点单位验收；同年，学校作为首批试点院校实施北京市“2+3+2”高端技术技能人才贯通培养项目，至2020年，首批贯通培养项目770学生进入本科教育阶段，其中170名学生被德国埃森杜伊斯堡大学、南威斯特法伦应用科技大学等院校和法国巴黎第五大学科技学院、里昂大学里昂一大科技学院、南特大学圣纳泽尔科技学院等院校录取，600名学生被北京工业大学、北方工业大学、北京信息科技大学、北京工商大学和北京服装学院5所本科院校录取。2019年，学校成为教育部首批“1+X”证书制度试点改革院校，实施SCI人才培养工程，构建以校企双元育人为主线的系统化人才培养体系，形成30个特色专业人才培养方案，“1+X”证书制度改革专业覆盖率达到73%。自2010年以来，学生在全国职业院校技能大赛中共获国家级奖项140多项，其中一等奖44项；在全国职业学校创新创业创效大赛、全国大学生机器人大赛、“发明杯”全国高职高专创新创业大赛等获一等奖17项，二等奖18项；在全国大学生电子设计竞赛中获一等奖6项,二等奖7项；参加全国大学生机器人大赛连续三年获一等奖；参加全国大学生数学建模比赛获一等奖1项，二等奖9项。2007年以来，学校共培养26000余名毕业生，为首都“三城一区”建设和开发区高端产业输送高端技术技能人才10000余人，订单班和现代学徒制学生占比44%，就业质量多次获教育部和北京市表彰。

五、科学研究

自2009年获得第一项北京市自然基金项目以来，学校科研工作稳步推进。2013年成为“首都科技条件平台开发区工作站”，2014年成为“北京市中小企业公共服务平台”，成立“首都科技条件平台开发区工作站北京电子科技职业学院分平台”暨“科技创新与成果转化服务中心”，2017年成为“北京市专利示范单位”,2019年成立“职业教育研究中心”，建立2个北京经济技术开发区中试基地——复杂和异形件智能制造研发中试基地和化药制剂与蛋白药物研发中试基地，与凯因生物、奔驰汽车公司联合构建3个首席技师工作室。2013年，科研项目“自组装多功能纳米硫酸软骨素ABC酶的制备方法研究”首次获国家自然科学基金项目(青年基金)立项。2020年，科研项目“职业教育类型特征及其与普通教育‘双轨制’‘双通制’体系构建研究”获全国教育科学“十三五”规划课题国家重大项目立项，“现代学徒制背景下高职思政教育嵌入实训的路径探索及模式比较研究”获国家社科基金高校思政课研究专项立项。至2020年，学校共开展横向课题近460项，公开发表各类学术论文4998篇，三大检索及北大中文核心期刊论文1445篇；公开出版学术著作、教材929部,其中专著99部,规划教材80部；累计获得专利授权345件。

六、师资队伍建设

2008年，学校传媒艺术设计教学团队被教育部评为国家级教学团队，是北京市高职院校第一个国家级教学团队。2014年，学校项目《服务首都经济，融合发展，培养技术技能型人才》获国家级教学成果二等奖。2018年，学校与北京经济技术开发区合作项目《经济技术开发区内高职院校深化产教融合的“三化”模式研究与实践》获国家级教学成果奖一等奖。2019年，成立国家教材建设重点研究基地北京分基地暨徐国庆教授工作站。2020年，学校案例《产教融合德技并修 打造新时代“双师型”教师队伍》入选教育部首批高等职业学校“双师型”教师队伍建设典型案例。至2020年，学校有教职工847人，其中专任教师504人。具有正高级专业技术职务人员28人，副高级专业技术职务人员166人；具有硕士学位人员361人、博

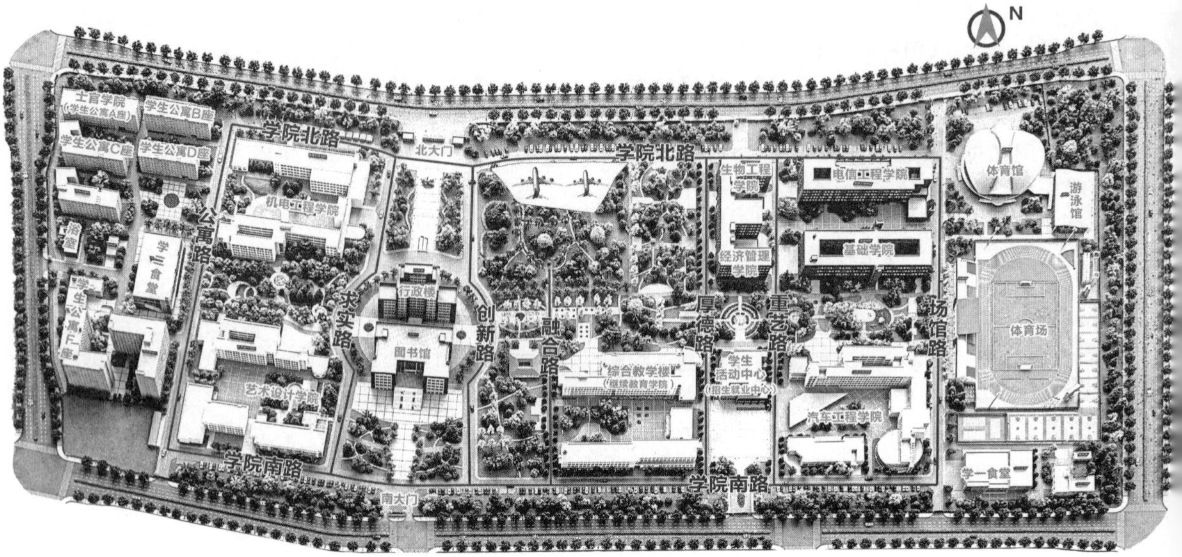

图 97　北京电子科技职业学院示意图

士学位人员 73 人。全国优秀教师 5 人，北京市优秀教师 21 人，北京高校学术创新人才、青年拔尖人才 4 人，北京市教学名师 16 人、职教名师 5 人、高创名师 1 人。拥有国家级教学团队 1 个、市级优秀教学团队 12 个。聘请国家“万人计划”教学名师逯家富作为学校专业建设的首席专家，“长城学者”陈勇和高级工程师、飞机铆装钳工高级考评员白冰如作为学校的专业带头人。学校教师近五年获得国家职业教育教学成果一等奖 1 项，北京市教学成果奖 22 项，总数名列全市第一；连续五届在北京高校青年教师教学基本功大赛中获得一等奖；在全国职业院校教师教学能力（信息化教学）大赛中获得一等奖 12 项。

七、交流与合作

学校秉承开放办学理念，培养学生成为具有国际视野、通晓国际规则的国际化技术技能人才。学校与国外院校、企业、教育培训机构合作，先后建成“中德职业技能培训中心”“中英汽车行业职业资格认证中心”“彩尔工业切削技术中国培训中心”“电子信息技术考试中心”“哈希中国技术培训中心”等 7 个国际交流合作平台，引进 13 个国际职业资格标准；接待 31 个国家和地区 200 余个团组 2000 余人次来访；派出骨干教师和管理人员赴国（境）外培训访学研修 382 人次；聘请近百名外国专家和教师来校讲学、授课；选派近 300 名学生赴国（境）外学习和实习实训。2018 年，获“接收国际学生”资质，并入选第二批北京市“一带一路”国家人才培养基地项目。2019 年，获得“与美国默瑟郡社区学院合作举办商务管理专业专科教育项目”和“与美国默瑟郡社区学院合作举办计算机科学专业专科教育项目”批复。2019 年和 2020 年，分别承办第四届、第五届京台青年创新创业大赛。

八、学校基本建设

学校亦庄校区建设始于 2001 年，分为两个阶段。第一阶段从 2001 年至 2005 年，由北京经济开发区职教园区筹建办公室负责，完成汽车工程学院、原机械工程学院、艺术设计学院、机电工程学院共计 11.3 万平方米，后勤保障设施 1.1 万平方米和运动场馆 2.2 万平方米建设任务。第二阶段从 2007 年至 2015 年，完成生物工程学院、经济管理学院、电信工程学院、基础学院共计 6 万平方米，行政楼1.8万平方米，图书馆2.28万平方米，学生活动场所2.1万平方米，学生公寓7.6万平方米，后勤保障设施1.1万平方米建设任务。亦庄校区规划面积807亩，约53.78万平方米，共有大小建筑楼31栋，其中，教学楼11个，行政办公楼1个，图书馆1个，学生活动及运动场所4个，后勤保障用房7个，学生宿舍楼7个。

九、2020年概况

2020年，北京电子科技职业学院规划面积53.78万平方米，产权校舍建筑面积33.70万平方米。图书馆建筑面积2.28万平方米。全年教育经费投入64230.98万元。设有3个校区，设置8个直属院（系），开设34个专业。教职工847人，其中，专任教师504人，包括教授及教授级高级工程师28人、副教授及高级工程师166人；“双师型”教师287人。在校生7331人，其中，高职生5647人、中职生1363人、成人教育专科生321人。网址：www.bpi.edu.cn。

附表：

表299　中共北京电子科技职业学院委员会历任书记一览表（2004—2020年）

书记	任职时间	书记	任职时间
马　平	2004年6月—2007年8月	张雅君	2014年8月—2017年8月
赵　文	2007年3月—2014年6月	楚国清	2017年11月—2020年12月

表300　北京电子科技职业学院历任院长一览表（1991—2020年）

院长	任职时间	院长	任职时间
李振华	2004年6月—2009年11月	孙善学	2017年11月—2020年7月
王海平	2009年12月—2016年3月	姚光业	2020年12月—

（执笔人：王　琴）

北京京北职业技术学院

北京京北职业技术学院（英文名称：Beijingjingbei Vocational College）是北京市人民政府批准、教育部备案、独立设置的全日制高等职业技术院校，行政主管部门为北京市怀柔区人民政府，教育业务主管部门是北京市教育委员会，是北京市示范性高职学院。学院办学类型为高等职业教育，办学层次以全日制高等职业教育专科学历教育为主，同时举办中等职业教育、非全日制的高等成人专科学历教育、各类培训。校址位于北京市怀柔区小中富乐一区 188 号。

一、学院沿革

北京京北职业技术学院始建于 1984 年，前身是北京建筑工程学院怀柔分院（简称建工分院），系怀柔县人民政府和北京建筑工程学院合办的一所大学郊区分院，当时借用怀柔县财政局干校（西大荒）40 间旧瓦房做教室和宿舍，设有一室三处一委，即办公室、教务处、政教处、总务处和团委，教职工共 18 人。1992 年北京汽车工业学校怀柔分部并入建工分院。1997 年，建工分院被北京市教育委员会确立为首批高等职业教育试点校之一。2001 年，建工分院与北京建筑工程学院吉祥教育学院签署合作办学协议，为毕业生搭建“专升本”平台。

2002 年 12 月，北京市人民政府批准、教育部备案，北京建筑工程学院怀柔分院更名为北京京北职业技术学院，成为独立设置全日制高等职业技术院校。2004 年北京电大怀柔分校并入。2011 年被评为北京市示范性高职院校。

二、系部建设

学院独立建制后，2003 年成立保卫处和招生就业办公室。2004 年增设培训部，2005 年，成立后勤服务中心。2007 年将综合办公室分为党委办公室和院长办公室，增设实训中心和科研处。2007 年增设人事处。2010 年学院实行院、系二级管理，在三个系建立党支部，并配备专职党支部书记。2012 年 3 月体育部更名为体育艺术与健康系，培训部更名为成人教育中心。2017 年成立教学督导中心。2020 年 12 月成立网络信息中心。

2020 年，学院职能部门机构设有行政办公室、党委办公室、人事处、科研处、招生就业办公室、后勤服务中心、教学督导中心、网络信息中心、成人教育中心、教务处、学生处、保卫处、团委。教学部门有建筑工程系、影视技术系、教育与管理系，卫生与健康系、基础部、实训中心。

建筑工程系。1991—2001 年为北京建筑大学的大专部，没有自己的专业教师，仅有辅导员和教学管理人员。2002 年，学院更名后成立建筑教研室，仅有 1 名专业教师。2006 年成立建筑工程系，现有教师 20 余人。2010 年被评为北京市优秀教学团队。市级教学名师 2 人，市级骨干教师 6 人，硕士以上学历 18 人，教授 1 人，副教授 11 人，高级工程师 1 人，是一支教风严谨、功底过硬的教师队伍。现开设有三个建筑行业优势专业：工程造价、建筑室内设计、建筑工程技术。

教育与管理系。成立于 2006 年 4 月，初名为管理工程系，2018 年更名为教育与管理系。该系拥有一支以博士、教授为学术带头人的教学团队。现有教职员工 31 人，其中教授 2 人，副教授 8 人，开设学前教育、大数据与会计、艺术设计（室内外环境艺术设计）等专业。自建系以来，先后设置导游，旅游管理，国际贸易，市场营销，影视制片管理，电子商务，物流管理，会展策划与管理，会计，大数据与会计，学前教育，艺术设计（室内外环境艺术设计），旅游管理（五年制），学前教育（五年制）等专业。

影视技术系。成立于 2006 年 4 月，初名为机电工程系，2018 年更名为影视技术系。现有专职教职员工 13 人，研究生学历占比超过 90%，其中高级职称 5 人，中级职称 6 人，海外留学 1 人；随社会发展和产业进步，经专业设置优化，现设影视多媒体技术和电子竞技运动与管理专业。校内现有超过 300 平方米电竞专用实训基地、超过 200 平方米多功能情景化影棚、将近 100 平方米专用苹果机房、超过 40 平方米专用拍摄影棚，教学设备器材价值超过 500 万元。自建系以来，先后设置汽车制造与装配技术（含五年制）、汽车技术服务与营销、电子信息技术、电视制片管理、舞台多媒体技术、计算机应用技术、影视多媒体技术（含五年制）、电子竞技运动与管理（含五年制）等专业。

卫生与健康系。成立于 2006 年，初名为体育部，承担学院体育教学及体育活动组织开展工作。2012 年更名为体育艺术与健康系，设立体育与艺术教研室、健康教研室；2018 年再次更名为卫生与健康系，成立社区康复教研室、护理教研室、体艺教研室。2012 年开设社区康复专业，2014 年批准开设护理专业。

卫生与健康系共有教师 31 人，北京市教学名师 2 人，北京市高级英才计划 1 人，北京市骨干教师 2 人，北京市优秀教师 2 人。2018 年 11 月、2019 年 1 月社区康复（康复技术）和护理专业均被评为北京市创新团队。2019 年 11 月康护医养专业群被评为北京市第一批特高高水平骨干专业群。获得北京市教学能力大赛 1 等奖 1 项，二等奖 2 项，三等奖 2 项。多年来，学院共培养了千余名毕业生，毕业生就业率均达到 98% 以上。

基础部。成立于 2006 年，主要承担学校各专业学院的公共基础课教学任务。基础部下设英语文学教研室、理学教研室、思政教研室 3 个教研室。英语语文教研室负责英语、语文两个学科；理学教研室负责数学、化学、物理、地理、生物、计算机等课程；思政教研室主抓马克思主义理论课和思想政治教育课等课程。拥有教授 4 人、副教授 20 余人、讲师 20 余名。拥有北京市教学名师 1 人，北京市骨干教师 3 人，北京市优秀教师 1 人，获得北京市教育教学成果二等奖 1 项、北京市教学能力大赛三等奖 2 项。

三、专业建设

学院根据市场调研增设人才需求较高的专业，先后开设了护理、学前教育、建筑室内设计、电子竞技等专业。社区康复专业创新团队和护理专业创新团队被评为北京市职业院校专业创新团队。康护医养专业（群）被评为北京市特色高水平骨干专业群。学生在护理、学前教育、微视频、英语口语、数学建模、建筑识图、测绘等技能大赛中获得国家级、市级奖励 30 余项，其中 2019 年获得全国护理技能大赛一等奖。

表 301　　北京京北职业技术学院专业设置一览表（2020 年）

专业代码	专业名称	大类名称	系部
540301	建筑工程技术	土木建筑	建筑工程系
540401	建筑设备工程技术	土木建筑	
500201	道路与桥梁工程	交通运输	
540502	工程造价	土木建筑	
540104	建筑室内设计	土木建筑	
560701	汽车制造与装配技术	装备制造	影视技术系
500210	汽车技术服务与营销	交通运输	

续表 301

专业代码	专业名称	大类名称	系部
570312	电子竞技运动与管理	教育与体育	
560208	影视多媒体技术	新闻传播	
560202	广播影视节目制作	新闻传播大类	
570102K	学前教育	教育与体育大类	教育与管理系
550101	艺术设计（市内外环境艺术设计）（美术类）	文化艺术大类	
530302	大数据与会计	财经商贸大类	
520201	护理	医药卫生	卫生与健康系
590303	社区康复（康复技术）	公共管理与服务	
590101	社会工作	公共管理与服务	

建筑设备工程技术专业。开设于1984年，该专业与建筑企业深度合作，推进校内生产性实训与校外顶岗实习的有机衔接与融通。以职业岗位能力培养为主线、以实践教学为主体、以产学结合为基础的课程体系和教学内容，构建专业课程体系。以建筑设备安装活动过程为导向，根据建筑设备安装岗位的工作任务与要求，在行业、企业专业技术人员共同参与下完成，形成融理论、实践于一体的职业岗位课程体系。融教、学、做为一体，实现教、学、做合一，快速掌握专业知识和专业技能，缩短学生就业适应期。课程体系包括职业基础课程、职业岗位课程、职业拓展课程。2016年停止招生。

建筑设备工程技术专业。为学院最早设立的专业之一。该专业以建筑设备安装活动工作过程为导向，参照职业资格标准和国际行业标准，在行业、企业专业技术人员共同参与下，实现专业课程体系和教学内容的系统化设计。按照“源于现场、高于现场”的要求，建设“集成、共享、开放”于一体的建筑设备工程技术实训中心（包含暖通空调实训室、建筑电气实训室、建筑给水排水实训室）。2013年受中央财政支持进一步充实了实训设备，满足职业岗位课程学做合一的教学要求。建筑设备工程技术专业积极服务社会，2011年在建筑设备工程技术实训中心举办了万达商管工程系统技能大赛总决赛。

汽车制造与装配技术专业。1995年招生三年制大专生。2005年9月开始增加招收五年制学生，并将学制方向调整为大专三年制“制造方向”，五年制“维修方向”。于2007年9月增加五年制“3+2”模式中的后两年学习方向调整为可以自主选择“制造方向”或“营销方向”，且同年开始增加汽车技术服务与营销专业方向三年制招生。汽车技术服务与营销专业自2009年停招；汽车制造与装配技术专业自2018年停招。在正常办学期间，汽车制造与装配技术专业一直为学院示范性建设的重点发展专业。

建筑工程专业。1999年6月与北京怀建集团有限公司建立校外实训基地；2003年6月与北京怀建集团有限公司签订了实习实训合作协议；2004年2月与北京金桥建筑工程有限公司签订了校企合作协议；2005年3月与北京腾远设计事务所签订了实习实训合作协议。2006年《建筑构造》课程被评为北京市市级精品课程；2006年3月与北京望唐数码测绘有限公司签订了实习实训合作协议；2006年4月与北京华云建筑工程有限公司签订了实习实训合作协议；2006年5月与北京市通州区房地产开发总公司签订了校企合作协议；国家的财政支持，建立了功能齐全的计算机辅助设计实训室、建筑工种实训室、建筑测量实训室、建筑制图实训室、建筑模型实训室、建筑与装饰材料展示室、建筑材料实训室和网络多媒体教室。2007年，建筑工程技术专业被北京市教委评为北京市重点专业。建筑工程技术实训基地于2007年被北京市教委评为北京市市级示范性实训基地，获得中央财政300万元资助。2007年5月与北京市顺义建筑工程公司签订了校企合作协议。2008年,《建筑材料检测实训》获得北京市精品教材立项；2008年6月与北京顺建集团有限公司签订了校企合作协议；2008年10月与中国新兴保信建设总公司签订了校企合作协议，教师聘为区组织部干部培训客座讲师、教师聘为市高职院校校际选修课主讲教师，3位教师、1名学生远赴欧洲交流、学习,2名教师分别当选为区人大代表和党代表。2011年4月与北京市政一建设工程有限责任公司签定校外实训基地协议；6位教师被企业聘为现场管理工程师。2011年10月与北京大地房地产开发区有限责任公司供暖站签订了校企合作协议；荣获“北京市巾帼建功”先进集体称号。与加拿大木业协会合作，完成了3期木结构施工培训，培训人数102人；

旅游管理专业。于2004年成立，2015年停止招生。该专业是学院示范建设旅游管理类专业群的龙头专业，是北京市重点专业。

物流专业。2005年招生，2007年建立起包含仓储设备、物流信息软件、装卸搬运设备等较为完善的校内物流实训室。陆续与招商局物流集团、大田物流集团、宅急送快递公司、北京现代汽车有限公司、北京燕京啤酒集团公司、汇源果汁集团、金域黄金物流储运公司、新杰物流公司等建立了长期合作的校外物流实训基地。2016年停止招生。

影视多媒体技术专业。2009—2013年为电视制片管理专业，2013年更名为舞台影视技术专业，2016年更名为影视多媒体技术专业。致力于为影视制作公司、电视台、传媒公司、新媒体行业等单位或部门，培养具备视音频媒体制作技能，能从事影视摄制、节目制作、后期合成、动画设计、视觉交互设计等一专多能的复合型技术人才。

学前教育专业。2011年开始招生，是经北京市教委批准、教育部正式备案的公办全日制师范类专业。2018年加入北京学前教育职业教育集团，成为副理事长单位，成立大会上和怀柔区第二幼儿园举行了校企合作签约仪式。

会展策划与管理专业。于2011年成立，2018年停止招生。会展专业致力于培养掌握我国会展业有关政策、法规及国际会展市场惯例，具有较全面的会展营销、策划与管理专业理论知识和技能，能胜任会议、展览、大型节事活动及奖励旅游组织中的营销、策划、服务及管理工作的高素质技能应用型人才。

社区康复（康复技术）专业。该专业始于2012年，学制三年，本专业是大学专科层次的高等职业教育。本专业秉承“以需求为导向，以服务为宗旨，以爱心促健康”的培养理念，培养适应现代经济发展与建设需要的德、智、体、美全面发展，较系统地掌握现代康复和中国传统康复医学基本理论、基本知识、基本技术，具有独立实践操作能力，一定的发展潜力及创新精神的“一专多能”的高素质基层康复治疗技术人才。2013年成立社区康复专业教学委员会。

会计专业。于2013年成立，本专业主要培养具备良好会计职业道德、身心素质和职业素养，熟知国家财经税收法规及相关知识，掌握财务会计基本理论及会计核算、报表分析、纳税处理、审计查账等专业技术方法，能胜任企事业单位会计、审计工作的高素质高技能型应用人才。

护理专业。该专业始于2015年，学制三年。培养适应我国（医疗卫生事业）社会主义现代化建设和护理事业发展需要的，德智体美全面发展，掌握护理专业的基本理论知识和专业技能，具有良好的职业道德、人文素养、实践能力和创新精神，能胜任护理工作岗位的（毕业后能在各级医疗、预防、保健机构从事临床护理、社区护理和健康保健等护理工作的）高等技术应用型护理专门人才。2015年成立护理专业教学委员会。

艺术设计专业。于2017年申请创办，2018年在北京、河北、内蒙古、山西、辽宁、山东6省份招生，当年招生人数为30人。

建筑室内设计专业。2017年开始招生，自专业开办以来始终以室内设计行业需求为导向，紧跟行业发展趋势，为企业培养和输送专业技术型人才；本专业以我院建筑工程系为依托，开办具有学院自身优势的特色专业，组成了以室内设计师、工程技术师、专业教师共同合作的教学团队；打造集“艺术设计”“建筑工程技术”“管理与服务”为一体的特色专业，从多维度培养专业复合型人才。主要致力于为各室内设计公司、设计院、家具企业、灯光设计公司、室内软装设计公司、建筑公司、房地产公司等输送专业人才。

工程造价专业。2018 年招生；2018 年 9 月工程造价专业能力与教学计划的讨论，定位工程造价专业人才培养目标、分析；2018 年 10 月，参加学院第二届课改落地实施工作，2018 年 12 月，多门课程获得通过。2019 年 4 月份结合北京市职业院校教学计划诊断与改进工作；2019 年 7 月慕湖新型建筑材料公司进行新型绿色建筑材料调研。2019 年 8 月参加北京市职业院校技能大赛教学能力比赛。2020 年 10 月为满足工程造价专业和建筑工程技术专业的工程造价实操学习的需要，与企业用人的需求对接，及当前软件升级需求，申报购买广联达土建计量与计价软件。

电子竞技运动与管理专业。2018 年招生，自专业设立之初至 2021 年 7 月第一届学生毕业为止，一直为北京市公办职业院校中首家且唯一开设电竞专业院校。学生从入学到接触赛事、参与赛事、执行赛事、分析赛事、内容输出等，全面锻炼与培养学生综合能力与素养。学习过程理实一体化，生动有趣、活泼严谨，在学中“玩”，在“玩”中学。

四、人才培养

1984 年只招收北京部分郊区县的普通高中毕业生，当年招生 80 人。1997 年开始招收全市普通高中、中专毕业生。2005 年，试办“3+2”五年制高职，招收初中毕业生 123 人。2006 年顺利通过教育部高职高专院校人才培养工作水平评估。2010 年开始招收山西省、河北省普高毕业生。2011 至 2020 年在北京、河北、山西、内蒙古、辽宁和山东 6 省份招生。毕业生就业率一直保持在 97% 以上。

至 2020 年，学院实施“项目教学法”“理实一体化”教学改革，实施“学中做、做中学”的工学结合教学模式。将英语课程分为 ABC 三个层次，制订课程标准，实现分层次教学；优化育人模式，编制校本教材《思想道德修养与法律基础学习指导教程》和《人文素养课程》，并落地实施。学院多年与政府、社会合作承办会计从业资格、会计师、事业编制、辅警等考试。承办机关干部能力提升、外语志愿者、社工师、养老护理员等培训。学院北师大网络教育学习中心多次评为全国优秀学习中心，目前在读学生 500 余人。每年完成普通话测试 1000 余人次。

至 2020 年，学院学生多次获得国家、北京市职业技能比赛奖励。

2009 年参加全国数学建模竞赛获得北京市一等奖。2013 年获得全国电子商务运营技能大赛一等奖。2015 年参加全国数学建模竞赛国家一等奖。2017 年获得首届京津冀高等学校大学生测绘技能竞赛（专业组）团体一等奖，全国职业院校技能大赛高职组学前教育专业教育技能比赛团体二等奖。2019 年获得全国职业院校英语写作大赛北京赛区特等奖，全国职业院校技能大赛高职组护理技能赛一等奖，第一届全国大学生电子竞技知识竞赛一等奖。

五、科学研究

1997 年，学院是北京市郊区系统研究高等职业教育的院校之一，是北京市哲学社会科学“九五”规划课题“面向 21 世纪北京高等职业教育发展战略研究”课题组成员。2000 年，“高级实用人才通向农村的途径和对策”一文被选入《面向 21 世纪北京高等职业教育发展战略研究》一书。2002 年至 2006 年，教职工在公开出版的学术刊物上发表学术论文 32 篇，主编、参编教材 3 部，主持市级、区级和校级教科研立项 12 项，获市、区级教育教学科研成果奖 6 项。2005 年，《郊区高职院校创新专业设置模式的实践研究》和《大学语文创新教育的探索与实践研究》获北京市高等教育教学改革立项。2006 年，《面向普通学生的高等学校运动会》和《郊区高职院校以教育创新推动创新能力培养的理论与实践研究》等课题研究成果分别获得北京市高等教育教学成果二等奖和怀柔区科技成果一等奖。2007 年，科研处成立。2007—2010 年，获市级教育教学科研成果奖 22 项、区级 14 项，主持市级科研立项 9 项、区级 8 项，主编或参编教材、著作 78 部，教职工在公开出版的学术刊物上发表学术论文 161 篇。

六、队伍建设

人员变化。1984年分院建院时，教职工18人。2002年，教职工99人，其中专任教师42人，专任教师中副教授1人，中级25人。2006年，教职工167人，其中专任教师90人，专任教师中硕士38人，本科52人，副教授6人，讲师24人。2010年，教职工190人，其中专任教师125人。专任教师中博士2人，硕士62人，本科61人，教授3人，副教授22人，讲师66人。2020年，教职工195人，其中专任教师142人，专任教师中博士4人，硕士101人，本科37人，教授7人，副教授46人，讲师66人。2004—2020年，学院共引进专任教师178人，其中接收应届毕业生117人（博士1人，硕士84人，本科32人），成熟型教师61人。

教师待遇。1984年教师结构工资每人每月只有8元，1999年提高到每人每月平均280元。2009年，实施新的岗位工资分配方案。2010年教师绩效工资为每人每月平均1460元。2020年教师绩效工资为每人每月平均7416元。

七、校园基本建设

1984年，北京建筑工程学院怀柔分院成立初期，借县财政局干校（西大荒）40间旧瓦房做教室和宿舍。1987年，搬迁后占地36.62万平方米。1999年，学院历经四次征地三次扩建后。至2020年，学院占地12.4万平方米，包括绿化用地面积24800平方米，运动场地面积26440平方米。

1987年北京建筑工程学院怀柔分院建筑面积5000平方米，其中教室建筑面积800平方米。1999年，建筑面积15000平方米。2002年，建筑面积52715平方米。2010—2020年，建筑面积51492平方米，其中教室建筑面积8197平方米，实验室、实习场所建筑面积12025平方米，图书馆建筑面积8685平方米，学生宿舍（公寓）建筑面积14926平方米，学生食堂建筑面积1700平方米，行政办公用房8294平方米。

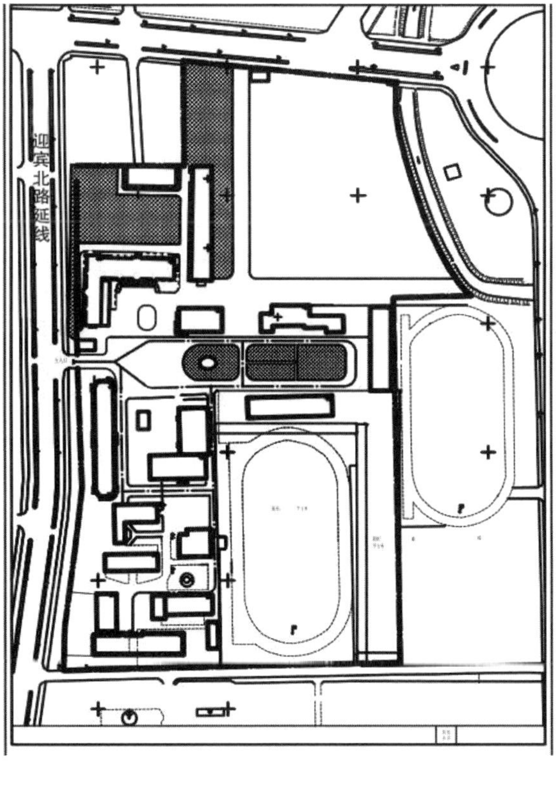

图98　北京京北职业技术学院校区示意图

表 302　　北京京北职业技术学院主要建筑情况一览表（2020 年）

建筑名称	用途	建筑面积	层数	开、竣工时间
7 号楼	宿舍楼	1294	三层	1992 年 10 月 20 日、1993 年 6 月 30 日
9 号楼	宿舍楼	533	三层	1994 年 5 月 10 日、1994 年 8 月 15 日
12 号楼	教学楼	2471	四层	1996 年 4 月 1 日、1996 年 8 月 28 日
5 号楼	宿舍楼	1784	三层	1997 年 11 月 13 日、1998 年 8 月 6 日
3 号楼	食堂	1671	一层	1999 年 6 月 27 日、1999 年 12 月 4 日
1 号楼	综合办公楼	6903.9	五层	2006 年 3 月 1 日、2007 年 1 月 11 日
2 号楼	教学楼	6342	五层	2000 年 3 月 18 日、2000 年 9 月 22 日
4 号楼	科技楼	4182	四层	2002 年 7 月 1 日、2003 年 7 月 25 日
10 号楼	宿舍楼	8881	六层	2004 年 9 月 30 日、2005 年 7 月 31 日
11 号楼	实验楼	3411	五层	2006 年 3 月 1 日、2006 年 12 月 5 日
13 号楼	女生公寓楼	6458	六层	2010 年 2 月 21 日、2010 年 11 月 30 日

八、2020 年概况

2020 年，北京京北职业技术学院占地面积 12.40 万平方米，产权校舍建筑面积 5.14 万平方米。全年教育经费投入 8755.38 万元。设有 1 个校区，设置四系一部。开设 10 个专业。拥有计算机 824 台，网络多媒体教室 62 间。教职工 216 人。专任教师 142 人，包括教授及教授级高级工程师 5 人、副教授及高级工程师 59 人、博士 4 人、硕士 107 人、“双师型”教师 57 人。聘请校外教师 14 人。在校生 2251 人，其中，高职生 1949 人、中职生人 302 人。网址：www.jbzy.com.cn。

附表：

表 303　中共北京京北职业技术学院委员会历任书记一览表（1991—2020 年）

书记	任职时间	书记	任职时间
丁长英	1991 年—1992 年 2 月	滕立君	2011 年 4 月—2011 年 11 月
武占文	1992 年 2 月—1997 年 3 月（兼）	王恩成	2012 年 3 月—2016 年 6 月
孟宪义	1997 年 3 月—2002 年 10 月	梁　勇	2016 年 6 月—
袁宝旺	2002 年 10 月—2011 年 4 月		

表 304　　北京京北职业技术学院历任院长一览表（1991—2020 年）

院长	任职时间	院长	任职时间
文教亨（兼）	1984 年 7 月—1990 年 12 月	王玉山（兼）	2011 年 12 月—2015 年 10 月
武占文（兼）	1992 年 3 月—2002 年 12 月	任武军（兼）	2015 年 10 月—2016 年 12 月
彭彧华（兼）	2002 年 12 月—2006 年 11 月	焦宝军（兼）	2016 年 12 月—2021 年 10 月
周东金（兼）	2006 年 12 月—2011 年 12 月		

表 305　北京京北职业技术学院历任主持工作副院长一览表（1991—2020 年）

常务副院长（主持工作）	任职时间	常务副院长（主持工作）	任职时间
孟宪义	1984 年 7 月—1997 年 3 月	钟建忠	2011 年 4 月—
袁宝旺	1997 年 3 月—2011 年 4 月		

（执笔人：王长兴）

北京交通职业技术学院

北京交通职业技术学院（英文名称：Beijing Jiaotong Vocational Technical College）由昌平区人民政府举办，市教委主管、教育部备案的全日制普通高等职业学校。学院遵循“立足昌平，面向北京，服务区域经济发展和交通行业”的办学定位，以培养人才、立德树人为根本任务，开展教育教学、科学研究、社会服务和文化传承，发展现代职业教育。学院以高等职业教育为主，同时根据社会和受教育者的需要，开展非学历教育和其他类型培训。学院注册地址为北京市昌平区昌平镇。

一、学校沿革

北京交通职业技术学院始建于1984年8月，初名北方交通大学昌平分校，地址在大辛峰中学，系昌平县与北方交通大学联合举办。同年10月录取第一届学员。1987年2月19日，与县农民科学技术学校合并，“一套班子、两块牌子”，设党委。同年4月，北京农业大学昌平分校并入，实行“一套班子、三块牌子”。合并以后未拟定新的校名，习惯上学校对外称北方交通大学昌平分校。1988年5月，更名为北方交通大学昌平大专部。1995年3月，增设中专部。1999年8月，更名为北方交通大学高等职业技术学院，成为北方交通大学的二级学院，由北方交通大学和昌平县人民政府合作办学。2000年12月，更名为北方交通大学昌平职业技术学院。2005年1月，学校独立建制，更名为北京交通职业技术学院，成为一所昌平区人民政府举办，北京市教委主管的公办全日制普通高等职业学院。同年9月，面向北京市开始招收第一批学员。2007年12月，北京市昌平区农民科学技术学校并入。

北京农业大学昌平分校。1985年建校，1987年与北方交通大学昌平分校。1988年，独立成为北京农业大学昌平大专部。

北京市昌平区农民科学技术学校。1986年3月建校，初名昌平县农民科学技术学校。1987年2月，与北方交通大学昌平分校合并，实行“一套班子、两块牌子”。1999年9月，昌平撤县设区，昌平县农民科学技术学校更名为北京市昌平区农民科学技术学校。2007年12月，学校撤销，整建制划入北京交通职业技术学院。

二、事业发展

1996年至1998年，学校办学主要是全日制大专和中专层次。学校重视教学管理，不断提高教学质量。

1998年，2名教师参加区成教系统组织的教学观摩活动，获得一、二等奖。同年，在国家高校改革的形式下，在县政府的支持下，学校提出改制设想——“独立办高职教育”。

1999年至2000年，学校由“北方交通大学昌平分校”更名为“北方交通大学昌平职业技术学院”，作为北方交通大学的二级学院，由北方交通大学和昌平区人民政府合作办学。1999年，物业管理专业高职班开始招生。

2000年，校园整体规划进一步落实，建成9000平方米家属楼，建成14000平方米综合教学楼并投入使用。学校后勤社会化改革全面进行，成立万千物业管理服务中心。

2001年3月至7月，学院开展全员聘任制改革，出台了新的岗位责任制。学院与石油

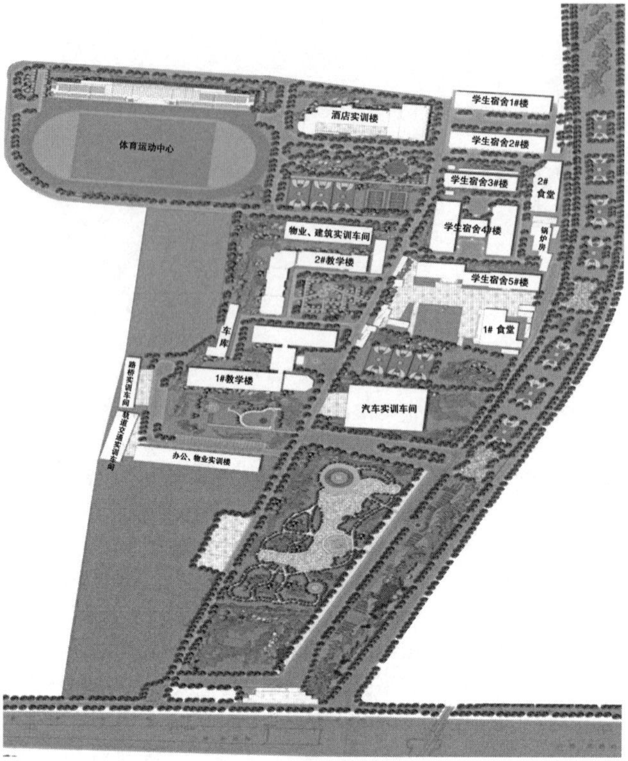

图99 北京交通职业技术学院校区示意图

大学联合举办石油大学职业技术学院，与中国政法大学理论部签订联合办学协议书，校园内在校生人数首次达到4000余人，开辟了学校发展史上的新纪元。同年，两栋学生公寓楼投入使用，建筑面积13000平方米，学校投资建学生食堂3000平方米竣工并投入使用。

2002年，学院与北京邮电大学、北京机械工业学院、中国政法大学签订联合办学协议书，与石油大学联合举办高等职业技术学院，以及学校自己的职业技术学院，在校生6000余人，五校合一。校园内学历班与非学历班，成人班与普通班，长期班与短期班培训并举。同年，新建学生公寓楼一栋并投入使用，建筑面积16000平方米；校园内区成教中心楼（现在的教学二楼）划拨学校使用。

2003年，学院成立学生心理健康教育咨询中心，创刊《心弦》心理健康杂志。开展了“以学生为本，一切为了学生，全心全意为学生服务”宗旨教育系列活动。同年，在“非典”时期，调整教学计划，编制学生自学指导手册，圆满完成毕业生的毕业论文、设计等，8名学生顺利升入北京交通大学本科学习。成立了学生公寓管理委员会和伙食工作管理委员会，全面保证学院的零疫情。

2004年，学院与长江三峡技术经济发展有限公司签订协议书，租用其西关环岛西南侧甲1号院，开辟学院东校区；学院成立学术委员会；完成了独立学院的材料申报工作，北京市教委组织专家评议组对学院申办“北京交通职业技术学院”进行评审，认定学院基本具备申办独立学院的条件。同年，学院回购了原三建公司建的13000余平方米的学生宿舍楼。

2005年3月，北京交通职业技术学院成立，开设专业有7个：物业管理专业、物业设施管理专业、旅游管理专业、计算机应用技术专业、建筑工程专业、道路桥梁工程技术专业和汽车技术服务与营销专业。同年，学院成为“国家信息化计算机教育认证合作院校”，设立 CEAC 考点。

2006 年，学院成立二系一部，工学系、管理系和基础部。同年 11 月，经北京市教育委员会批准，与北京交通大学合作成立“现代远程教育校外学习中心”。这一年，6 名教师在全国性刊物上公开发表科研论文 6 篇，学院 7 名教师参编的教材《高职高专学生毕业设计（论文）写作指导》出版。此外，学院加大实验设施投入，1 月份开始筹建汽车实验中心，6 月份改建 3 个计算机房，9 月份新增 10 个多媒体教室，10 月份新建 1 个电工电子实验室，11 月份建立计算机网络实验室。

2007 年 4 月，1300 平方米的汽车实训中心落成。8 月，1098 平方米的道桥实训中心落成。同年，道路桥梁工程技术专业被评为市级示范建设专业。1 名学生在第四届“全国高职高专实用英语口语大赛”北京赛区比赛中，荣获三等奖；参加北京市中青年骨干教师评选，3 名教师当选。学院 3 项高职高专教改立项课题结题，并获得 3 个三等奖。

2008 年，学院制定《2008—2010 年专业建设规划》，提出重点和特色专业的建设思路与总体目标。制定并落实《2008—2010 年素质教育实施规划》。实施《北京交通职业技术学院职业教育课程改革工作方案》。建立学院“多元教学质量监控体系”。道路桥梁工程技术专业探索了“旺季实训、交替轮岗”的人才培养模式。至 2010 年，初步形成符合昌平区域经济和首都交通行业需求和学院定位的“交通土建”“汽车机电”“轨道交通”“城市服务”四大专业群的发展架构，专业特色鲜明。

2009 年，城市轨道交通运营管理专业成功实现与北京市地铁运营有限公司四分公司实行“订单班”培养模式。汽车技术服务与营销专业实施“福田订单班培养与带薪顶岗两学期”双重培养模式，物业管理专业实行“行业、企业、学校”三方共建的培养模式。同年，《英语听说》课程被评为北京市级精品课程。道路桥梁工程技术专业学生参加“2009 年全国交通高职高专院校‘南方杯’工程测量技能竞赛”，荣获团体优秀奖，两个一等奖，一个二等奖，两个三等奖。基础部组织指导学生参加“北京大学生数学建模与计算机应用竞赛”荣获北京市二等奖。

2010 年，学院通过北京市教委高职院校人才培养工作评估。同年，道路桥梁工程技术专业教学团队被评为北京市级优秀教学团队。道路桥梁工程技术专业学生参加“刚毅杯”路桥工程材料实验技能竞赛，荣获团体三等奖，三个一等奖，一个二等奖，两个三等奖。汽车系参加 2010“比亚迪杯”全国高职院校汽车营销技能大赛，荣获 2010“比亚迪杯”全国高职院校汽车营销技能大赛冠军。管理系学生参加 2010 北京市职业院校技能大赛，在“建筑楼宇——楼宇智能化系统安装与调试”的比赛项目中，荣获团体二等奖一个，团体三等奖一个。基础部学生在全国数学建模比赛和数学竞赛中，获得一个一等奖、两个二等奖和两个三等奖。

2008—2010 年，在评估工作的推动下，基本建设步伐加大，固定资产积累大幅增加。校园大门投入使用，结束校园无大门的历史；校园文化广场建成；新建标准塑胶跑道体育场，结束学院无体育场的历史；43836.88 平方米行政办公楼建成投入使用；酒店实训楼主体工程完工。

2011 年 5 月，学院校园道路二期改造工程（面积 3700 平方米）开工，区财政投资 100 万元，学院自筹资金 20 万元，由北京路桥瑞通养护中心施工，并于同年 9 月竣工。学院汽车系与北京现代汽车有限公司合作的“北京现代售后服务班”顺利开班。计算机专业与中软国际集团达成了校企专业共建的协议，使学院的校企合作拓展了新的领域。华润置地北京物业公司与学院共办华润班，首批华润奖学金发放到优秀学生手中。

2012 年，学院与巴黎东大马恩河谷大学举行合作办学签字仪式。学院荣获“北京现代班”项目优秀院校奖及“北京现代班”项目最佳项目负责人奖，并独立承办“2012 年北京市职业院校（高职组）汽车营销赛项”。北京交通职业技术学院首届教学督导委员会成立。学院心理健康教育中心加入驻昌高校心理健康教育工作联盟。学院培训中心与北京市地铁运营有限公司四分公司签订“企业员工培训协议”，开设交通运输（城市轨道交通方向）专升本学历班。2月至5月，圆满地完成学院首次自主招生计划，计划招生100人，录取105人，全部报到。

2013年，学院新增设机电一体化专业，首次招生27人。工程造价专业获得中央财政支持实训基地建设项目，资助金额400万元。中央财政支持的高等级公路维护与管理专业和城市轨道交通车辆专业建设项目通过教育部和财政部的验收。"'英语听说'精品课程建设与实施"获第七届北京市高等教育教学成果二等奖。学院教师王宇主编的《二手车鉴定与评估》被评为2013年北京市高等教育精品教材。参加第六届全国高等院校广联达杯算量大赛总决赛，并荣获冠军。学院培训中心与新东方、中软国际签订合作协议，承接短期培训工作。完成新东方4000多名学员、中软国际1000多名学员的培训任务。学院承办2013年全国导游人员资格考试（北京地区）昌平考点的工作，完成14个考场400余名社会考生的考试任务。

2014年1月，学院5项教材编写选题被列入第三批普通高等教育"十二五"高职高专规划教材建设项目。1人荣获第十届北京市高等学校教学名师奖。学院与地铁南邵站区签订共建协议，并举行"学生社会实践基地"授牌仪式。学院获得由北京现代集团颁发的2014年度"北京现代班"项目优秀院校奖以及教材创新奖。

2015年，学院66名学生在2015年全国大学生英语竞赛（NECCS）中获得北京赛区高职高专组一等奖1个，二等奖3个，三等奖6个。同年，学院教师王艳红荣获第十一届北京市高等学校教学名师奖。学院城轨实训中心完成升级改造。

2016年，学院与北京市大兴区第二职业学校开展"3+2"中高职衔接联合办学项目，与北京地铁昌平线十三陵车辆段举行"学生社会实践基地"授牌仪式。4月，学院召开"名师工作室"启动仪式暨德国职业教育交流会。同月，韩国道峰区政府代表团到院参观考察。学院申报的《构建系统化，多渠道，全覆盖式高职生心理素质教育和服务体系》项目，获得"2016年度交通职业院校素质教育精品项目"二等奖，《高职院校学生职业素养培养实践项目》获得三等奖。

2017年，学院第一支思想政治工作学生社团成立。管理系《出入境旅游》课程获取北京市优秀课例，杨文生教师团队研发的一种虚实结合的建筑施工工艺信息化教学装置荣获国家专利。学院城市轨道交通运营专业荣获教育部全国职业院校交通运输类示范专业。学院与河北能源职业学院签订了《联合培养协议》，实现校际联合培养，学院还受邀加入河北能源职业教育集团，共同推进京津冀职业教育协同发展。2020年，学院全面推进人事制度改革，对在编人员实行规范绩效工资、对部分非编人员实行额度制、对后勤人员逐步实行政府购买外包服务的改革。

2018年，学院制订了《改革发展行动计划（2018—2020年）》，明确了未来的发展方向和重点任务。新增设了新能源汽车技术（智能技术服务与营销方向）、无人机应用技术2个专业。在北京市"BIMVR及装饰VR极限任务挑战赛"中获特等奖。学院申报的《工程造价信息化综合实训室建设及应用》获北京市职业教育教学成果奖二等奖。11月，学院与延寿镇签署驻昌高校助力镇街经济社会发展协议书，助力"一校带一镇"工作持续开展。

2019年，学院城市轨道交通专业群申请北京市特色高水平骨干专业群获得审批通过。学院获批北京第一批"1+X"建筑信息模型技能证书试点建设项目，BIM技术充分融入教学工作得到市教委的充分肯定。学院与广联达科技股份有限公司签约共建"北交院—广联达"数字城市工程师学院。8月，学院轨道交通系无人机实训室建设完成。1月，北京市陆军预备役高射炮兵五团相关领导莅临学院指导工作，并授予学院"庆祝中华人民共和国成立70周年阅兵预备役工作先进单位"荣誉称号。12月，学院被昌平区授予2019年"一校带一镇街"工作先进单位。

2020年，学院申报的"广联达数字城市建设与管理工程师学院"成功入选北京市职业院校特色高水平实训基地建设名单。同年，在北京市职业院校技能大赛（教学能力比赛）中，学院路桥系教师作品荣获二等奖一项，三等奖一项。

表 306　　北京交通职业技术学院系部设置一览表（2020 年）

序号	系部	序号	系部
1	路桥系	4	管理系
2	轨道交通系	5	基础部
3	汽车系		

表 307　　北京交通职业技术学院专业设置一览表（2020 年）

专业群	专业名称	所在系部	专业群	专业名称	所在系部
轨道交通类	城市轨道交通运营管理	轨道交通系		城市轨道交通工程技术	路桥系
	城市轨道交通车辆技术	轨道交通系		建筑工程技术（室内设计方向）	路桥系
	城市轨道交通通信信号技术	轨道交通系		数字媒体艺术设计	路桥系
	城市轨道交通机电技术	轨道交通系		环境艺术设计	路桥系
	机电一体化技术	轨道交通系	汽车计算机类	新能源汽车技术（智能技术服务与营销方向）	汽车系
	无人机应用技术	轨道交通系		汽车营销与服务	汽车系
数字城市建设与管理类	工程造价	路桥系		汽车电子技术	汽车系
	建设项目信息化管理	路桥系		大数据技术与应用	汽车系
	市政工程技术	路桥系		计算机应用技术（网络应用技术方向）	汽车系
	道路桥梁工程技术（智慧管理方向）	路桥系		计算机应用技术（5G 承载网方向）	汽车系
城市服务类	空中乘务	管理系		消防工程技术	管理系
	旅游管理（研学旅行策划与管理）	管理系		跨境电子商务	管理系
	物业管理（社区服务方向）	管理系			

三、2020 年概况

2020 年，学院占地面积 20.39 万平方米，图书馆建筑面积 2196.95 平方米。全年教育经费投入 9016.61 万元。设有 1 个校区，设置 4 系 1 部。开设 23 个高职专业。教职工 188 人，其中专任教师 74 人。正高级 2 人、副高级 28 人；博士 3 人，硕士 57 人；教授 2 人，副教授 23 人。在校专科生 1005 人。网址：www.jtxy.com.cn。

附表：

表 308　中共北京交通职业技术学院委员会历任书记一览表（1991—2020 年）

书记	任职时间	书记	任职时间
潘　忠	1988 年 5 月—1994 年 5 月	杨保红	2010 年 8 月—2014 年 2 月
董敬谦	1994 年 5 月—1996 年 9 月	李卫东	2014 年 2 月—2019 年 3 月
陈　征	1997 年 12 月—2010 年 8 月	林海波	2019 年 3 月—

表 309　　北京交通职业技术学院委员会历任院长一览表（1991—2020 年）

院长	任职时间	院长	任职时间
董敬谦	1993 年 7 月—1996 年 9 月	杨保红	2010 年 9 月—2014 年 2 月
陈　征	1997 年 12 月—2010 年 8 月	林海波	2014 年 2 月—

（执笔人：张　爽）

北京信息科技大学

北京信息科技大学（英文名称：Beijing Information Science and Technology University）由北京市人民政府举办，北京市教委主管的在电子信息、现代制造与光机电一体化、知识管理与技术经济等领域特色鲜明，以工管为主体、工管理经文法多学科协调发展的公办全日制教学研究型普通高校。学校以培养高素质应用型人才为主，主要教育形式是全日制学历教育，并根据受教育者的需要，开展非全日制学历教育与非学历教育、国际学生教育和中外合作教育。学校有5个校区，法定注册地址为：北京市海淀区清河小营东路12号。

一、学校沿革

北京信息科技大学由原机械部所属北京机械工业学院和原电子部所属北京信息工程学院合并组建，办学历史可以追溯至1937年。在长达84年办学历程中，学校始终扎根中国大地，融入国家机械工业、计算机事业的起步发展，为国防科技事业做出了不可磨灭的贡献，同时也形成了鲜明的信息特色、行业特色、军工特色。“勤以为学 信以立身”的校训精神在这里生生不息、代代相传。

（一）北京机械工业学院

北京机械工业学院1986年4月由陕西机械学院北京研究生部与北京机械工业管理专科学校合并组建，初名北京机械工业管理学院，隶属机械工业部。1990年11月，机械电子部同意更名为北京机械工业学院。1991年3月1日，新校名正式启用。1998年8月，划转北京市管理。

陕西机械学院北京研究生部。陕西机械学院北京研究生部1980年1月，经国务院批准在陕西机械学院北京留守处的基础上成立。其办学历史最早可以追溯到1937年设立的北平市立高级商业职业学校和1946年设立的国立北平高级工业职业学校。北平市立高级商业职业学校1949年由北京市人民政府接管，1950年6月改为北京市财经学校，1955年移交给第一机械部，改名为北京工业管理学校。北平高级工业职业学校1949年5月由华北大学工学院代表人民政府接管。1951年，学校改名为北京重工业学校，归重工业部领导，1953年1月1日，北京重工业学校分为北京机器制造学校和北京钢铁工业学校，北京机器制造学校迁入北京东郊小庄。1958年7月北京机器制造学校、北京工业管理学校、北京工业干部学校合并组建北京机械学院，隶属第一机械部，校址位于北京市朝阳区小庄。1969年11月，北京机械学院战备搬迁陕西汉中，部分校舍作为北京留守处。1972年北京机械学院与陕西工业大学合并更名为陕西机械学院，北京留守处更名为陕西机械学院北京留守处。1980年1月，报经国务院批准，成立陕西机械学院北京研究生部。

北京机械工业管理专科学校。学校前身是1960年1月成立的北京精密仪器制造学校。1960年12月，与北京机床与工具制造学校合并成立北京精密机械制造学校。1961年6月，与北京汽车制造学校、北京轴承工业学校合并成立北京机器制造学校。1969年11月，更名为北京机械学校。1984年3月，改制更名为北京机械专科学校。1984年5月，更名为北京机械工业管理专科学校。

（二）北京信息工程学院

北京信息工程学院1978年11月筹建，前身是北京大学第二分校，1979年1月正式开学。1985年1月，更名为北京信息工程学院。1996年12月，与电子工业管理干部学院、北京成人电子工业学院组建新的北京信息工程学院。2000年，学校的管理体制由信息产业部改为中央与北京市共建，以北京市管理为主。

电子工业管理干部学院。1984年1月，电子工业部决定成立电子工业管理干部学院。同年12月，北京成人教育局、北京市计划委员会正式同意成立电子工业管理干部学院。

北京成人电子工业学院。前身是1956年9月创办的北京酒仙桥业余工学院。1969年4月18日解散。1983年2月恢复办学，定名为北京业余无线电工程学院。1992年更名为北京成人电子工业学院。

（三）北京信息科技大学筹建历程

2003年3月，北京市人民政府以《关于申请将北京机械工业学院与北京信息工程学院合并组建北京信息科技大学的函》提请教育部，拟将两校合并组建北京信息科技大学。2004年5月，教育部同意在北京机械工业学院和北京信息工程学院的基础上筹建北京信息科技大学，筹建期两年。2008年3月，教育部批准正式设立北京信息科技大学，同时，撤销北京机械工业学院和北京信息工程学院两校的建制。2008年5月18日，中共北京市委、市政府召开北京信息科技大学成立大会。新大学成立以来，学校坚持以政治建设为统领，以“双一流”建设为牵引，弘扬“建最好的大学，做最好的自己”的发展共识，走内涵、特色、差异化发展之路，全面推进“五个环境建设”，为把学校建成为信息特色鲜明的高水平大学而努力奋斗。

二、院系建设

北京机械工业学院2003年设有机械工程系、机械电子系、自动化系、工商管理分院、人文社科系和外语系6个院系，以及基础部、研究生部等两个部和成人教育学院。

北京信息工程学院2003年设有计算机科学与工程系、计算机信息系统系、信息与通信工程系、经济贸易系、工商管理系5个系，还有基础一部、基础二部、社会科学部和体育教研室，以及高等职业技术教育部、成人教育部等。

北京信息科技大学筹建期间（2004—2008年），学校开展“五统一”工作。在对原两校学科专业特点进行分析与探讨后，于2006年12月和2007年10月，分两批对原两校的19个系、部、中心，进行调整、整合，成立了9个学院、1个教学部、1个中心，完成了合并过程中的学院设置与学科专业调整工作。

2008年北京信息科技大学成立以来，学校更加注重完善内部治理体系建设，推进治理体系、治理能力现代化，全面推进校院两级管理。以制度建设为重点，建立健全学院党政联席会议制度、三重一大等议事决策的各项制度，持续推进科学决策、民主管理、依法依规治院；以学院领导班子建设为龙头，加强学院领导干部的选拔任用、考核激励和培训工作，领导班子统揽全局、驾驭工作、推动发展的能力显著增强；以二级单位考核为引领，将学院谋划发展建设的思路统一到学校的大格局中来，学院获得有效激励；注重发挥院系基层党组织的政治核心与战斗堡垒作用，强化对学院基层党建工作的领导和指导，基层党组织的活力进一步释放，涌现出一批先进基层党组织，1个学院党总支荣获“全国创先争优先进基层党组织”，2个党支部入选“全国样板党支部培育单位”。

表310　北京信息科技大学院系设置一览表（2020年）

序号	学院	序号	学院
1	机电工程学院	5	计算机学院
2	仪器科学与光电工程学院	6	经济管理学院
3	自动化学院	7	信息管理学院
4	信息与通信工程学院	8	马克思主义学院

续表 310

序号	学院	序号	学院
9	公共管理与传媒学院	12	继教学院、应用技术学院
10	外国语学院	13	国际交流学院
11	理学院	14	体育部

三、学科建设

北京机械工业学院高度重视学科发展，从无到有，从单一学科向多学科方向发展，注重学科间的相互支撑、交叉渗透，形成学科总体结构的优化。学校在 1990 年和 1993 年先后取得了学士学位和硕士学位授予权。截至 2003 年，学校获得 16 个本科专业的学士学位授予点和 12 个硕士学位授予点，1 个北京市重点学科，3 个北京市重点建设学科。

北京信息工程学院不断加强学科建设，完善专业学科建设规划，学校在 1982 年取得了学士学位授予权。截止到 2003 年，学校获得 10 个本科专业的学士学位授予权，2 个信息产业部重点学科，2 个北京市重点建设学科。

北京信息科技大学筹建期间（2004—2008 年），学校以构建工管为主体、多学科协调发展的学科体系为基本目标，在重点学科建设与管理、学位点申报、学科整合与学科体系建设、学术队伍建设等方面采取有力措施，学科建设取得显著成效。截止到 2008 年，学校拥有 1 个北京市重点建设一级学科，1 个北京市重点学科，8 个北京市重点建设学科，2 个北京市重点实验室和 1 个北京市社会科学研究基地，2 个信息产业部重点学科。2006 年在 3 个领域取得了工程硕士专业学位授予权。研究生导师队伍显著加强，硕士研究生导师增加到 126 人、兼职博士生导师增加到 10 人。

2008 年北京信息科技大学成立以来，学校坚持“融合学科资源、凝练信息特色、提升办学水平”的理念，不断加强学科建设顶层设计，加大学科资源统筹整合，增加学科建设经费投入，努力构筑高水平学科体系。学校调整优化学科专业布局，在以工为主，工、管、理、经、文、法 6 个学科门类协调发展的学科格局的基础上，聚焦形成“高精尖仪器与智能制造”“新一代信息技术与智慧控制”“大数据下循环经济与知识管理”三个信息特色突出的学科群。学校学科建设水平不断提高，学校拥有北京市高精尖学科 2 个，与北京科技大学共建北京市高精尖学科 1 个，与清华大学共建学科 1 个。国家级、省部级研究机构 26 个，其中教育部重点实验室 2 个、北京实验室 1 个、北京市重点实验室 6 个、北京市国际科技合作基地 3 个、北京市哲学社会科学研究基地 1 个、北京市高校工程中心 1 个。2018 年学校入选博士学位授予立项建设单位，2020 年被列入北京市博士学位授权审核推荐名单。

表 311　　北京信息科技大学一级学科设置一览表（2020 年）

学科门类	学科代码	一级学科	学院
工学	0804	仪器科学与技术	光电学院
	0803	光学工程	
	0802	机械工程	机电学院
	0811	控制科学与工程	自动化学院
	0810	信息与通信工程	通信学院
	0812	计算机科学与技术	计算机学院
	0839	网络空间安全	信管学院
管理学	1201	管理科学与工程	经管学院
	1202	工商管理	
经济学	0202	应用经济学	

续表 311

学科门类	学科代码	一级学科	学院
工学	0809	电子科学与技术	理学院
理学	0701	数学	
法学	0305	马克思主义理论	马克思主义学院

四、人才培养

北京机械工业学院的毕业生在我国机械行业和其他行业的大中型企业及科研、设计、教育部门发挥了较好作用，很多人已成为业务骨干或走上领导岗位。

北京信息工程学院在历年的北京市普通高校数学、物理、英语竞赛及全国电子设计竞赛中均取得好成绩。毕业生大多在电子信息产业中发挥作用，很多人已成为业务骨干。

北京信息科技大学筹建期间（2004—2008年），人才培养层次结构得到优化，停止高职招生；本科人才培养专业结构调整，各专业门类在本科生比例为经济学4.6%、文学3.5%、理学11.8%、工学45.8%、管理学34.3%；研究生培养学科进一步拓宽。2008年，本科教学工作水平评估结论为优秀。截至2008年，学校有31个本科专业，1个国家级特色专业建设点，2个北京市特色专业建设点，6个北京市品牌建设专业。一级、二级学科硕士点分别达到3个和19个，覆盖工、管、经、理、法5个学科门类。学生在全国和北京市各类学科科技竞赛中获奖1112人次，其中特等奖11人次、一等奖116人次。毕业生在生产和管理一线发挥重要作用，用人单位高度评价我校毕业生“下得去、留得住、用得好”。

2008年北京信息科技大学成立以来，学校牢牢抓住全面提高人才培养能力这个核心点，坚持立德树人，构建全员全程全方位育人格局，着力培养具有较强实践能力、创新意识与国际化意识的高素质应用型人才。现有全日制本科生10743人，研究生1963人，留学生144人。本科专业43个，其中国家级一流专业建设点5个、国家级特色专业建设点4个；北京市级一流专业建设点2个、北京市特色专业建设点9个，北京高校重点建设一流专业3个，3个专业入选教育部“卓越工程师教育培养计划”，5个专业通过工程教育专业认证，2个专业获批教育部“地方高校本科专业综合改革试点专业”。拥有国家级实验教学示范中心2个、国家级大学生校外实践教育基地1个、国家级工程实践教育中心建设单位1个、北京市实验教学示范中心5个、北京市校外人才培养基地5个。获得国家级教育教学成果二等奖1项，入选首批北京市深化创新创业教育改革示范高校。连续7年承办华北五省（直辖市、自治区）大学生机器人大赛，本科毕业生一次就业率连续六年位居市属高校前三。毕业生就业竞争力强、起薪高，受到用人单位广泛好评。

表312　北京信息科技大学本科专业设置一览表（2020年）

专业名称	专业类	授予学位	学院
1. 工业工程	工业工程类	工学	机电工程学院
2. 机械设计制造及其自动化	机械类	工学	
3. 工业设计			
4. 车辆工程			
5. 机械电子工程			
6. 新能源科学与工程	能源动力类	工学	
7. 机器人工程	自动化类	工学	
8. 光电信息科学与工程	电子信息类	工学	仪器科学与光电工程学院
9 测控技术与仪器	仪器类	工学	
10. 智能感知工程			
11. 电气工程及其自动化	电气类	工学	自动化学院

续表 312

专业名称	专业类	授予学位	学院
12. 人工智能	电子信息类	工学	自动化学院
13. 智能科学与技术	计算机类	工学	
14. 自动化	自动化类	工学	
15. 电子信息工程	电子信息类	工学	信息与通信工程学院
16. 通信工程			
17. 物联网工程	计算机类	工学	
18. 计算机科学与技术	计算机类	工学	计算机学院
19. 软件工程			
20. 网络工程			
21. 数据科学与大数据技术			
22. 工商管理	工商管理类	管理学	经济管理学院
23. 市场营销			
24. 会计学			
25. 财务管理			
26. 人力资源管理			
27. 质量管理工程	工业工程类	管理学	
28. 经济学	经济学类	经济学	
29. 国际经济与贸易	经济与贸易类	经济学	
30. 电子商务	电子商务类	工学	信息管理学院
31. 审计学	工商管理类	管理学	
32. 信息管理与信息系统	管理科学与工程类	工学	
33. 大数据管理与应用	管理科学与工程类	管理学	
34. 管理科学			
35. 信息安全	计算机类	工学	
36. 行政管理	公共管理类	管理学	公共管理与传媒学院
37. 传播学	新闻传播学类	文学	
38. 网络与新媒体			
39. 翻译	外国语言文学类	文学	外国语学院
40. 英语			
41. 电子信息科学与技术	电子信息类	理学	理学院
42. 信息与计算科学	数学类	理学	
43. 应用统计学	统计学类	理学	

五、科学研究

北京机械工业学院十分重视科研工作，在机电系统测控与诊断、智能制造与虚拟制造、光电检测及视觉测量、现代控制理论与应用、现场总线、经济模型与分析、知识与科技管理等方面具有较高水平与特色。1998 年，《北京机械工业学院报》经国家新闻出版署批准由自然科学类内部期刊转为综合类正式期刊。2000 年，机械工业技术发展基金项目“大型机械零部件同轴度测量技术研究”在学校通过了由机械工业技术发展基金委组织的专家鉴定，认为该成果已达到国际先进水平。学校积极开展国际间的学术交流与合作，与多国高校建立了校际关系，开展合作科学研究。

北京信息工程学院重视科学研究和高新技术开发，设有多个研究、开发机构，担负国家和电子行业的科技攻关、基础理论研究和技术开发等重大研究任务，在传感技术、中文信息处理、汉字识别、图像重建和处理、管理信息系统、CAI 技术等研究领域取得了一批具有相当水平的科研成果，并形成了局部优势和自己的特色。获得多项国家和部委科技进步奖等重大奖励和国家专利，其中，获国家科技进步二等奖、电子科技进步一等奖的全文信息管理系统（TRS）的四项技术属国际首创；获得国家和机电科技进步奖的汉字自动录入系统（OCR）取得较好的经济和社会效益；获得部级科技进步一等奖的图像重建和处理技术为我国第一台高分辨率便携式扫描仪的研制成功发挥了重要作用；以气体摆式倾角传感器为代表的多项电子传感技术成果获得了多项部级奖和多项国家专利，对推进我国传感技术的发展起到重要的作用。

北京信息科技大学筹建期间（2004—2008年），学校面向首都经济建设和社会发展，确定了以应用研究和科技开发为重点，保持和进一步发挥在行业特别是在国防军工领域的科研特色与优势。筹建期间新增国家级项目35项、国防科研项目22项，省部级项目40项。学校获行业和省部级以上科技奖励24项；获发明专利授权20项、软件著作权42项；发表论文2610篇，进入三大检索论文339篇；2004年到2007年实到科研经费1.45亿元。传感技术和机电系统测控两个北京市重点实验室通过验收，知识管理科研基地被批准为北京市人文社会科学研究基地。

2008年北京信息科技大学成立以来，学校围绕信息特色，主动对接国家重大战略和北京市构建高精尖经济结构战略需求，形成了光电检测与系统、机电系统测控与智能装备、高动态导航与感知、大数据与信息安全、知识管理与智能决策五大优势科研领域，科研平台建设取得突破性进展，科研水平和科技创新能力持续提升。2007年至2009年，连续以第一单位获得国家科学技术奖4项；2017年，再次获得国家科学技术奖1项。现拥有省部级科研平台26个，博士后科研工作站1个。科研总经费连续10年较大幅度增长，年度科研经费突破2亿元，在高端软件、智能感知、智能装备等领域一批科研成果实现产业化，经济社会效益可观，校办科技产业资产总额超过4亿元。参股的拓尔思信息技术股份有限公司是北京市属高校中首家上市企业。2020年，发明专利授权数82项，近三年新增省部级以上奖项5项。

六、师资队伍建设

北京机械工业学院阶段，将师资队伍建设作为常抓不懈的重点工作，着力引进高层次中青年骨干教师，紧抓学科梯队建设，注重青年教师培训，并给予教师政策上的激励和倾斜，教师队伍的质量和数量得以提升，结构得以优化，保证了学校教育事业的发展。截至2003年，教职工795人，其中专任教师296人，教授30人，副教授84人，具有硕士学位及以上学历的教师166人，25名专家享受政府特殊津贴。

北京信息工程学院阶段，在师资队伍建设工作上始终坚持两手抓，一手抓现有师资队伍的培养和提高，一手抓高层次人才的引进，学校教师队伍的年龄结构、学科专业结构、专业技术职务结构、学历素质结构得以有效改善，较好地满足了学校办学规模扩大和师资队伍新老交替的需要。截至2003年，教职工666人，其中专任教师278人，教授13人，副教授67人，具有硕士学位及以上学历的教师102人，29名专家享受政府特殊津贴。

北京信息科技大学筹建期间（2004—2008年），学校把师资队伍建设作为内涵建设的重中之重，根据学科、专业建设的需要，确定了以人才引进与内部培养相结合，高层次人才特别是正高级职称人员的引进为重点的工作思路，以全面提高师资队伍素质为核心，以引进和培养高层次人才为重点，持续推进师资队伍建设，师资队伍达到了国家规定的大学设置标准。截至2008年，教职工1486人，其中专任教师783人，教授97人，副教授238人，具有硕士学位及以上学历的教师469人，56名专家享受政府特殊津贴。

2008年北京信息科技大学成立以来，学校坚持把人才队伍作为基础工作，深入实施“人才强校”工程，形成了一支规模适度、结构合理、能力素质较强的师资队伍。现有专任教师1042人，其中67.5%具有博士学位，56.1%具有高级职称；学校拥有国家级“百千万人才工程”2人，青年“国家人才项目”1人；“北京市战略科技人才团队”3个；北京学者3人，青年北京学者1人，北京市“新世纪百千万人才工程”4人；北京市优秀人才青年拔尖团队和市属高校创新团队16个；长城学者等北京市级高层次人才6人；北京市优秀青年拔尖人才7人；市属高校青年拔尖人才45人；市属高校拔尖创新人才12人；北京市青年英才20人；中青年骨干102人。拥有兼职博士生导师34人，硕士生导师441人。国家级优秀教学团队1个，北京市优秀教学团队8个，教育部创新团队4个，“全国高校黄大年式教师团队”1个，北京高校优秀本科育人团队3个，教育部长江学者与创新团队1个，全国五一巾帼标兵1人。北京市优秀德育先进集体等3个，北京市师德榜样、师德先锋、优秀教育工作者等30人，北京市“高创计划”教学名师4人，北京市高等学校教学名师16人，北京市高等学校青年教学名师1人，北京高校优秀本科教学管理人员3人。北京市首都劳动奖章和首都教育先锋先进个人11人。

七、校园基本建设

北京机械工业学院占地面积16万平方米，截至2003年，校舍建筑面积13.11万平方米，固定资产总值19686万元，教学仪器设备总值3705万元，图书馆藏书26.5万余册。

北京信息工程学院占地16万平方米，截至2003年，校舍建筑面积12.01万平方米，固定资产总值17963万元，教学和科研仪器设备总值4546万元，图书馆藏书26.5万余册。

北京信息科技大学筹建期间（2004—2008年），学校利用专项经费对现有校区的基础设施和办学环境进行改造和治理。截至2008年，学校共有5个校区，占地33.35万平方米，校舍建筑面积32.61万平方米，固定资产总值6.53亿元，教学和科研仪器设备总值1.88亿元，图书藏书68.51万余册。学校按照北京市总体规划（2004—2020年），确定在昌平新城沙河组团西北部地区国家工程技术创新基地南侧建设新校区。学校新校区建设资金以现有校区置换为主，不足部分由市政府固定资产投资解决。2007年，北京市规划委员会下发《关于昌平新城沙河组团西北部地区控制性详细规划的批复》及向市发展规划改革委员会递送《规划意见函复》，明确学校新校区规划用地81.77万平方米，其中建设用地50.36万平方米，校舍建筑面积40.28万平方米。

2008年北京信息科技大学成立以来，学校全力推进新校区建设。2014年12月28日，学校新校区建设奠基，2018年，学校新校区总体规划获批复，新校区全面开工。截至2020年，现有校区占地面积33.32万平方米，学校建筑面积32.48万平方米，教学和科研仪器设备总值7.56亿元，图书馆藏书130.9万余册。新校区总建设用地面积50.25万平方米，总建筑面积69.43万平方米（一期42.78万平方米），图书馆建筑面积3.98万平方米。

表313　　北京信息科技大学校区功能一览表（2020年）

校区	地址	校区功能
清河小营校区	北京市海淀区清河小营东路12号	行政办公，教学科研
健翔桥校区	北京市朝阳区北四环中路35号	教学科研实验室
清河校区	北京市海淀区清河四拨子	教学科研
金台路校区	北京市朝阳区金台西路2号院（北京信息科技大学）	继续教育学院教学基地及部分科研单位科研基地
酒仙桥校区	北京市朝阳区酒仙桥红霞路六街坊1号院	部分实验室科研基地
新校区	昌平区太行路55号	行政办公、教学科研

八、2020年概况

2020年，北京信息科技大学校园占地面积33.32万平方米，学校建筑面积32.48万平方米。图书馆建筑面积0.97万平方米。全年教育经费总投入124690.23万元。学校设有清河小营、健翔桥、清河、金台路、酒仙桥5个校区，设置13个院（系、部）。同时，学校正在建设的新校区，位于昌平沙河，占地面积50.25万平方米，总建筑面积69.43万平方米（一期42.78万平方米）。图书馆建筑面积3.98万平方米。学校开设43个本科专业。国家级一流专业建设点5个、国家级特色专业建设点

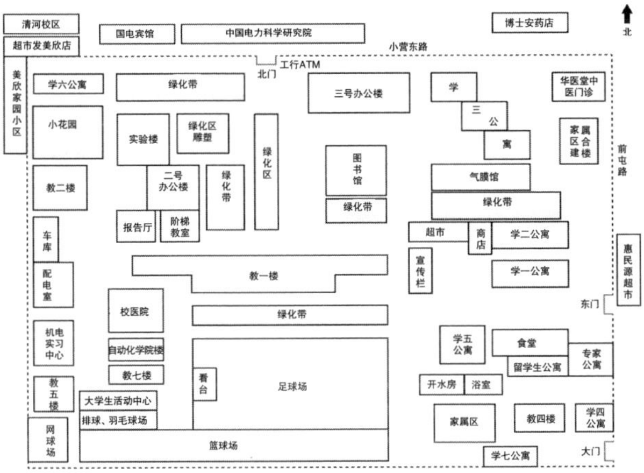

图 100　北京信息科技大学清河小营校区示意图

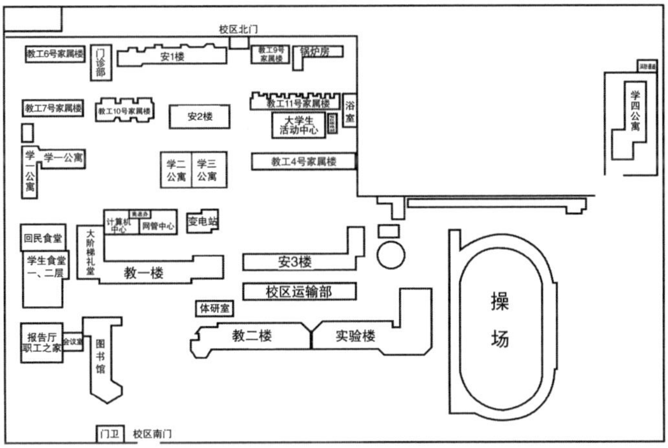

图 101　北京信息科技大学健翔桥校区示意图

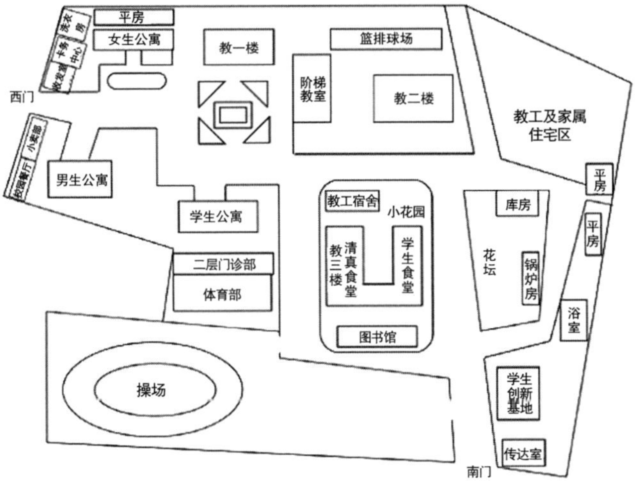

图 102　北京信息科技大学清河校区示意图

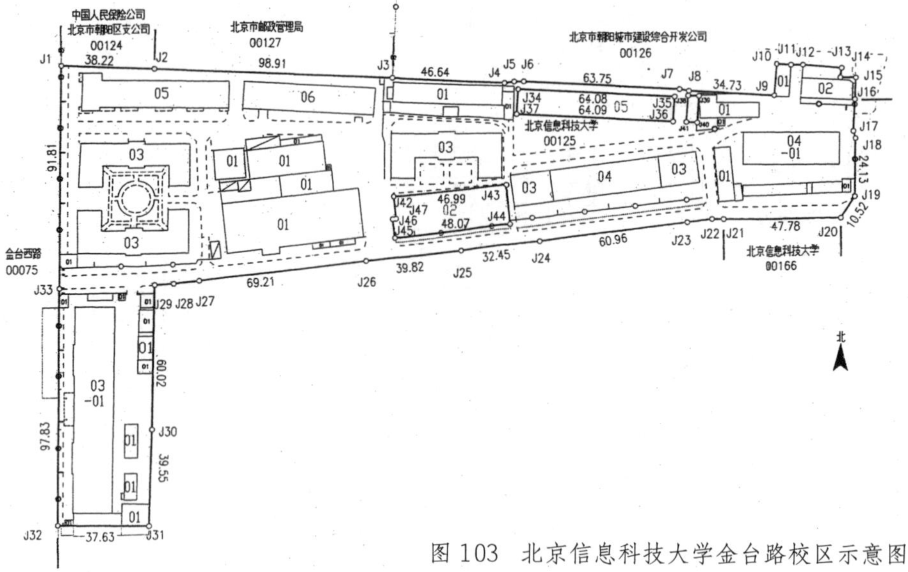

图 103　北京信息科技大学金台路校区示意图

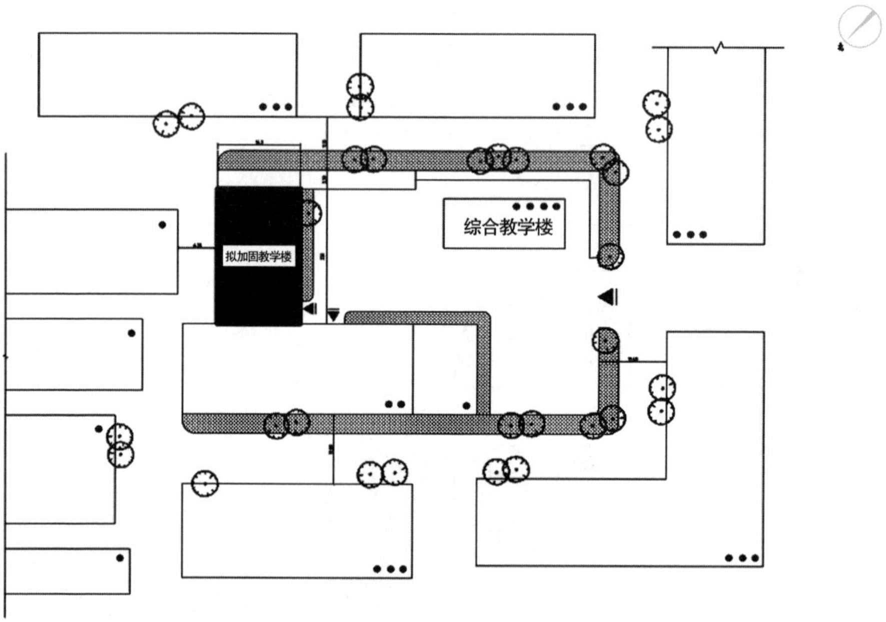

图 104　北京信息科技大学酒仙桥校区示意图

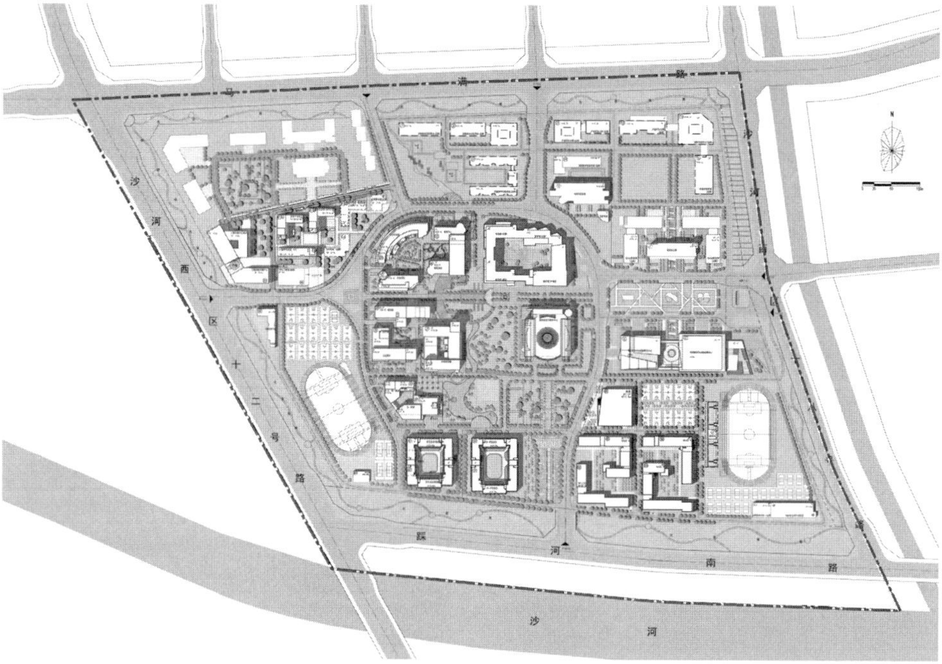

图 105　北京信息科技大学沙河新校区示意图

4 个，北京高校“重点建设一流专业”3 个、北京市级一流专业建设点 2 个、北京市特色专业建设点 9 个。拥有教育部重点实验室 2 个、北京实验室 1 个、北京市重点实验室 6 个、北京市国际科技合作基地 3 个、北京市哲学社会科学研究基地 1 个、北京市高校工程中心 1 个。博士后科研工作站 1 个。在编教职工 1608 人，其中，专任教师 1036 人；正高级 173 人、副高级 478 人；兼职博士生导师 41 人，硕士生导师 483 人。在校长期任职外籍教师 2 人。在校生 14452 人。其中，硕士研究生 1963 人、普通本专科学生 11038 人（本科生 10743 人、专科生 295 人）、成人教育本专科学生 3414 人（本科生 2443 人、专科生 971 人）。留学生毕业 13 人、招生 22 人、在校生 144 人。网址：www.bistu.edu.cn。

附表：

表 314　　中共北京信息科技大学委员会历任书记一览表（1991—2020 年）

学校名称	书记	任职时间
北京机械工业学院	刘余善	1990 年 12 月—1991 年 9 月
	何小林	1991 年 9 月—1993 年 5 月
	沙彦世	1993 年 5 月—1995 年 9 月
	王守法	1995 年 9 月—2001 年 8 月
	林少岩	2001 年 8 月—2003 年 4 月
	宋金波	1990 年 7 月　1995 年 4 月
电子工业管理干部学院	赵国森	1995 年 4 月—1997 年 7 月
	赵　威	1986 年 8 月—1991 年 8 月

续表 314

学校名称	书记	任职时间
北京信息工程学院	王适安	1992 年 2 月—1997 年 7 月
	赵国森	1997 年 7 月—2003 年 4 月
	刘志东	2003 年 4 月—2006 年 2 月
北京信息科技大学（筹）	郑君礼	2006 年 2 月—2008 年 3 月
	郑君礼	2008 年 3 月—2016 年 3 月
北京信息科技大学	王传亮	2016 年 3 月—

表 315　　北京信息科技大学历任校长一览表（1991—2020 年）

学校名称	校长	任职时间
北京机械工业学院	陈　虎	1987 年 6 月—1995 年 9 月
	楼秉哲	1995 年 9 月—1998 年 4 月
	刘志东	1998 年 4 月—2003 年 4 月
电子工业管理干部学院	段　续	1988 年 4 月—1993 年 2 月
	宋金波	1993 年 2 月—1997 年 7 月
北京业余无线电工程学院	韩宝功	1990 年 12 月—1992 年 5 月
	鲍礼智	1992 年 5 月—1997 年 7 月
北京信息工程学院	周锡令	1986 年 8 月—1991 年 8 月
	甘圣予	1991 年 8 月—2003 年 4 月
北京信息科技大学（筹）	杜　林	2003 年 5 月—2008 年 3 月
北京信息科技大学	杜　林	2008 年 3 月—2011 年 9 月
	柳贡慧	2011 年 9 月—2015 年 7 月
	王永生	2015 年 7 月—

（执笔人：张　艳、田　甜）

北京联合大学

北京联合大学（英文名称：Beijing Union University）是北京市人民政府举办的，由北京市教委主管的涵盖10个学科门类的全日制普通综合高等学校。学校秉承“办学为民、应用为本”的理念,践行“学以致用”的校训，发展应用型教育、培养应用型人才、建设应用型大学。学校以本科教育为主,研究生教育、高职教育、继续教育和留学生教育协调发展。学校现有11个校区，法定住所地为北四环校区（北京市朝阳区北四环东路97号）。

一、学校沿革

1985年1月，教育部批准在12所大学分校的基础上建立北京联合大学，由北京市人民政府领导。2月11日至12日，北京联合大学在华都饭店召开成立大会。

1985年3月6日，北京市政府在《关于建立北京联合大学的通知》中指出北京联合大学是一所市属的、多学科的综合性大学，在校生总规模近期为12000人，下设12所学院：文理学院（原北京大学分校）、经济管理学院（原中国人民大学第一分校）、文法学院（原中国人民大学第二分校）、职业技术师范学院（原北京师范大学分校，1982年12月由北京师范大学第一、二分校合并）、外语师范学院（原北京外国语学院分院）、旅游学院（原北京第二外国语学院分院）、自动化工程学院（原清华大学分校，1982年12月由清华大学第一、二分校合并）、电子工程学院（原北京邮电学院分院）、机械工程学院（原北京工业大学第一分校）、轻工工程学院（原北京航空学院分院，1982年12月由北京航空学院第一、二分院合并）、纺织工程学院（原北京工业学院分院）、中医药学院（原北京中医学院分院）。同时决定：北京职业大学经济管理学院和机电学院及10所大学郊区分校（北京财贸学院门头沟分院、北京经济学院密云分院、北京钢铁学院延庆分院、北京师范学院顺义分院、北京工业学院房山分院、北方交通大学昌平分校、北京建筑工程学院怀柔分院、北京工业大学通县分校、北京邮电学院平谷分院、北京轻工业学院大兴分院）一并纳入北京联大统一协调管理。北京职业大学经济管理学院和机电学院分别设在北京联大经济管理学院和自动化工程学院，由这两个学院主办。

1985年5月，北京化工学院分院、北京航空学院第三分院和北方交通大学分校并入学校，分别定名为北京联合大学化学工程学院、北京联合大学航天工程学院、北京联合大学电气化铁道学院。同年，北京农业大学昌平分校在管理体制上也划归学校。

至1985年年底，北京联合大学有15个学院，管理11个大学郊区分校，行政机构设有校长办公室、人事处、教务处、总务处和郊区分校处。

成立初期，学校党的工作和业务行政工作分别由市委教育工作部和市高教局归口管理。校机关是学校的办事机构，对所属各学院进行宏观指导和组织协调。各学院均为相对独立的实体，仍为局级单位，可独立开展工作。学校实行校长负责制。市委没有指示组建党委，市委教育部任命2位副书记主持学校党委工作，履行党委职责。1992年，市委教育工委召开联大及所属学院党委书记校长会议，宣布正式建立联大党委常委。1993年，各学院需要报请上级解决的事项和问题，报学校负责处理，自3月1日起，高教局只对学校布置和接洽工作。1994年1月，学校召开第一次党代会，选举产生中共北京联合大学第一届委员会，统一领导学校的工作。学校实行党委领导下的校长负责制。

1986年6月，北京卫生职工学院中医部并入学校中医药学院。1993年6月，海淀走读大学国际语言文化学院挂靠到学校，更名为北京联合大学国际语言文化学院，为相对独立的民办性质的办学实体，2008年撤销。1999年，北京第一师范学校整建制并入，以此为基础成立北京联合大学特殊教育学院，为学校具有独立法人资格的二级学院。2001年1月，北京市化工局职工大学撤销，并在其基础上设立北京联合大学成人教育部。2007年12月，北京市化工学校和北京市医药器械学校整体并入。

1988年3月，北京市政府决定由市高等教育局设立专门机构领导和管理大学郊区分校，学校郊区分校处人员并入新设立的机构。1989年12月，学校电气化铁道学院撤销。1990年9月，经济管理学院（含北京职业大学经济管理学院）整建制并入北京工业大学。1991年12月，航天工程学院从学校划出并入北京航空航天大学。1992年6月，外语师范学院并入首都师范大学。2001年2月，中医药学院并入首都医科大学。

学校成立时，校部机关借用中山公园西北角的11间平房为办公场所，各学院办学地点基本不变。文理学院位于海淀区双清路后八家于庄子（海淀区土城北路59号地址在建），经济管理学院位于崇文区广渠门夕照寺街14号，文法学院位于海淀区红联东村28号临时办学点（西城区丰盛胡同13号地址在建），职业技术师范学院位于东城区安定门外外馆斜街5号，外语师范学院位于海淀区阜成路白堆子，旅游学院位于东城区朝阳门外吉市口潘家坡胡同1号（1991年迁入朝阳区安外小营新址），自动化工程学院位于东城区黄化门街5号和崇文区永定门外安乐林路18号，电子工程学院位于海淀区五道口，机械工程学院位于朝阳区白家庄西里，轻工工程学院位于宣武区盆儿胡同55号，纺织工程学院位于朝阳区朝阳门外十里堡（1991年迁入朝阳区延静东里甲3号新址），中医药学院位于东城区安定门外蒋宅口花园街22号，化学工程学院位于西城区前海东沿50号（1996年迁入朝阳区垡头西里三区18号新址），航天工程学院位于丰台区南苑东高地，电气化铁道学院位于海淀区颐和园路操场乙2号。1986年至1990年，校部机关租用海淀区花园北路花园春旅馆的两层楼办公。1990年12月，校部机关迁至文法学院的丰盛胡同校址办公。1996年，校部机关（不含成人教育处）和电子自动化工程学院（不含计算机系和自动化系一部分）分别从丰盛胡同、黄化门、沙子口、五道口校址迁入安外小营新址，形成校部和电子自动化工程学院合一的校本部管理体制。1993年至2007年，学校因并入和新成立学院新增海淀区厂洼街、平谷区迎宾路、丰台区蒲黄榆、河北廊坊东方大学城、海淀区温泉镇、昌平区石牌坊和朝阳区北苑7处办学地址，后因学院撤销和校区调整，部分地址不再使用。至2020年，学校有11个校区，北四环、学院路、外馆斜街、红领巾桥、垡头、工体北路、蒲黄榆、北苑8个校区用于办学，另有什刹海、次渠、双清路3个校区。

表316　　北京联合大学校区功能一览表（2020年）

校区名称	地址	校区功能（所在学院）
北四环校区	朝阳区北四环东路97号	旅游学院 继续教育学院 智慧城市学院 城市轨道交通与物流学院管理学院 艺术学院 马克思主义学院 机器人学院（北四环校区） 国际交流学院

续表 316

校区名称	地址	校区功能（所在学院）
学院路校区	海淀区北土城西路 197 号	应用文理学院
双清路校区	海淀区于庄子路 32 号院	
外馆斜街校区	朝阳区安定门外外馆斜街 5 号	师范学院
红领巾桥校区	朝阳区延静东里甲 3 号	商务学院
垡头校区	朝阳区垡头西里三区 18 号	生物化学工程学院
工体北路校区	朝阳区白家庄西里 12 号	机器人学院
蒲黄榆校区	丰台区永外蒲黄榆二巷甲 1 号	特殊教育学院
北苑校区	朝阳区北苑路 6 号院甲 1 号	应用科技学院
什刹海校区	西城区前海东沿 50 号	
次渠校区	通州区台湖镇兴光三街 5 号	

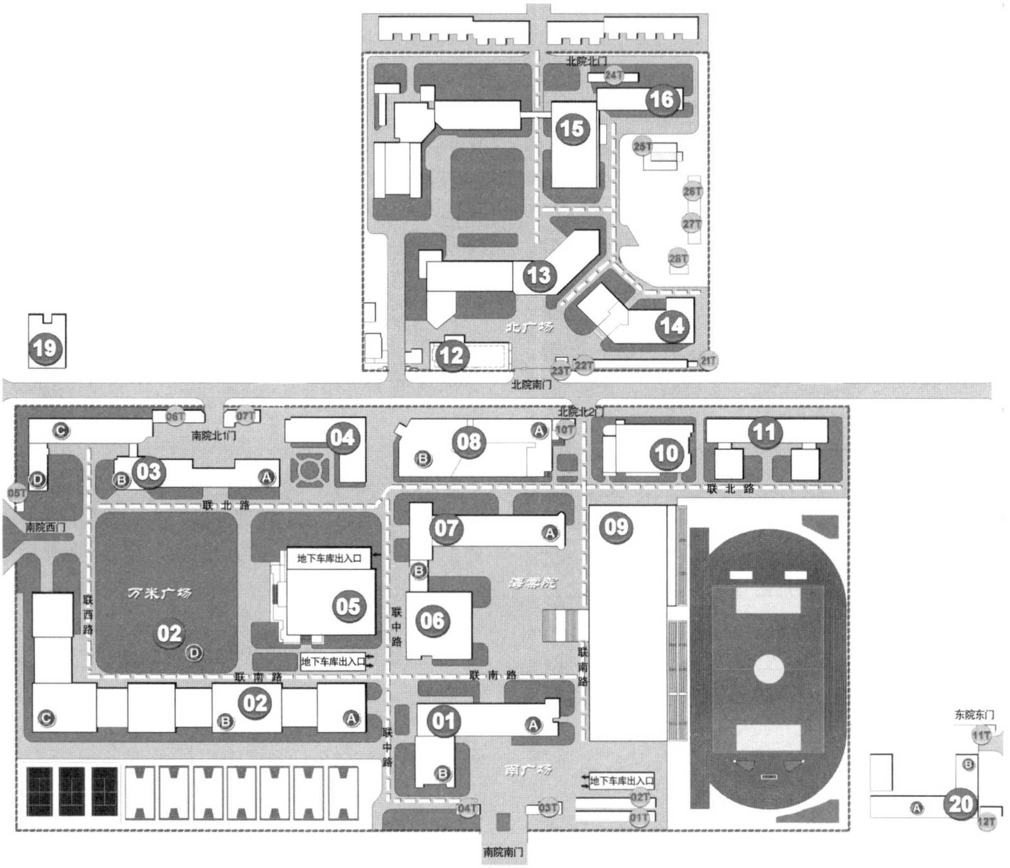

图 106　北京联合大学北四环校区示意图

二、学院建设

1991年至2020年，学校先后成立10个学院（其间部分撤销），对所属学院进行更名、合并、重组、撤销或管理体制的调整。

（一）成立的学院

1994年3月，文法学院改名为继续教育学院，承担北京市成人继续教育和北京市高校干部培训任务。

1995年，学校与平谷县人民政府合作，创办北京联合大学应用技术学院（平谷）。学院由双方共同设立董事会管理，地址在平谷县第五中学内。2000年，迁至平谷区迎宾路7号。2004年，应用技术学院（平谷）更名为平谷学院，列为校属非独立法人的二级学院。2011年，因北京地区生源减少，办学规模难以保证，合作终止，平谷学院停办。

1999年9月，为解决教学行政用房相对紧张的困难，学校与北京市外国企业服务总公司联合建立分校，地址在河北省廊坊技术开发区东方大学城。2009年7月，分校撤销。

2000年，以1999年12月并入的北京第一师范学校为基础，学校成立特殊教育学院。学院是具有独立法人资格的校属二级学院，位于丰台区永外蒲黄榆二巷北口。2010年12月，学院法人设置取消，变为校属处级非法人学院。

2000年，学校依托行业合作举办高等职业技术教育的公办试点，与北京诺贝广告公司合作创办广告学院。学院按照民办机制运作，有相对的独立性，自负盈亏，校址在东城区黄化门街5号，后3次搬迁。2009年，因合作协议到期不再续签，学校改革学院体制，列为校直属学院统一管理。2015年12月，学校发文撤销广告学院建制，整合相关资源，成立艺术学院。2016年，学院迁至北四环校区办学。2019年，艺术学院加挂北京联合大学北京非物质文化遗产学院牌子。

2001年，学校与东方（华北）大学城开发有限公司合作办学，在信息学院的基础上加挂东方（华北）大学城信息技术学院的牌子，办学地点设在东方（华北）大学城。2004年，学院的管理制度调整，被列为校属学院，更名为东方信息技术学院，所有制形式、管理体制不变，仍为董事会领导下的院长负责制。2009年7月，东方信息技术学院撤销。

2003年，学校与网通北京分公司、禾光永业科技有限责任公司合作建立网通软件职业技术学院，为校属二级非法人学院。学院租赁北京财贸职业学院的涿州校区办学，2005年迁至昌平区石牌坊南的智慧园。2008年，合作关系解除，网通软件职业技术学院撤销。

2005年，学校将国际交流培训中心更名为国际交流学院，为校属二级非法人学院。2020年，为推进来华留学生入系学习和中外学生趋同管理，学校撤销国际交流学院。

2007年3月，学校开始筹建应用科技学院。2008年4月，应用科技学院挂牌成立，吸收国际语言文化学院和网通软件职业技术学院的高职专业，使用原两学院的校舍办学。

2015年12月，为加强马克思主义理论学科建设，增强思想政治理论课教学的针对性和实效性，学校在人文社会科学教学部基础上成立马克思主义学院，为校属二级非法人学院。

2016年5月，为适应北京城市战略功能定位和高精尖产业结构调整，以科研任务带动高素质应用型人才培养，学校成立机器人学院。学院是学校探索人才培养与科学研究、科研成果转化的综合改革试验区，无行政级别。

2019年，北京联合大学俄交大联合交通学院获教育部批准成立。2020年，学校发文实行俄交大联合交通学院与城市轨道交通与物流学院一体化管理。

（二）合并、重组的学院

1994年3月，文理学院与文法学院的中文、法律、政治等系合并为应用文理学院，在学院路、丰盛胡同、双清路三址办学；自动化工程学院与电子工程学院合并为电子自动化工程学院，初期暂维持原两院办学格局，办学地点不变。

1998年1月，学校统一规划电子自动化工程学院和建材轻工学院的机构及专业设置，将两学院分别更名为信息学院和应用技术学院。

2002年3月，学校发文调整校本部内设学院，撤销信息学院、应用技术学院和机械工程学院建制，调整专业，重新组建信息学院、机电学院、自动化学院和管理学院。新组建的4所学院均为校属非法人正处级学院，由校本部直接管理。

2017 年 4 月，为适应北京“四个中心”建设和京津冀协同发展的需要，学校进行专业调整，发文合并机电学院与机器人学院，成立新的机器人学院，并将原信息学院和自动化学院的 3 个专业并入。新机器人学院于白家庄校区和北四环校区两址办学。

（三）更名的学院

1997 年 12 月，纺织工程学院更名为商务学院，由重点培养纺织技术和经济管理专门人才调整为重点培养在商务活动中从事相关技术、艺术与管理的专门人才。

2002 年 7 月，化学工程学院更名为生物化学工程学院。

2003 年 3 月，职业技术师范学院更名为师范学院。

2017 年 4 月，信息学院更名为智慧城市学院，自动化学院更名为城市轨道交通与物流学院。

表 317　　北京联合大学院系部设置一览表（2020 年）

类别	名称	类别	名称
学院	应用文理学院	学院	管理学院
	师范学院		特殊教育学院
	商务学院		艺术学院
	生物化学工程学院		应用科技学院
	旅游学院		马克思主义学院
	继续教育学院	直属教学部	数理部
	智慧城市学院		公共外语教学部
	机器人学院		体育教学部
	城市轨道与交通学院		工科综合实验教学示范中心

三、学科建设

学校的学科建设始于 1985 年组建初期成立的部分基础课和专业基础课的教学研究协作组。各协作组开展全校性的学生竞赛、教学研究和部分教材的编写。

1992 年，学校成立科研开发处，学科建设为机构职责之一。20 世纪 90 年代中期，学校学科（及专业）建设方针是：重点建设社会需求热、基础条件好、自身特色明显的普通本科学科（专业），大力发展高职专业，积极推进普通专科向高职专科转轨并开始试点高职本科。

1992 年，食品科学学科被北京市高教局评为北京市重点建设学科（A 类），获得重点扶持，先后获 80 万元经费建设功能食品研究室。1995 年，法学学科被评为北京市重点建设学科（A 类），原电子自动化工程学院的计算机应用技术和通信工程 2 个学科被评为北京市重点建设学科（B 类），学院获投资 54 万元建设程控交换实验室。2002 年，经济法被评为北京市重点建设学科，食品科学和计算机应用技术学科再次获评北京市重点建设学科。

2003 年，学校成立学科建设领导小组，更名科研开发处为科学技术与研究生处，下设学科建设办公室，制定 2003—2008 年学科建设规划，构建学科体系的基本框架。2004 年 6 月，学校启动校级重点建设学科建设工作，于 10 月评选出首批 13 个，2007 年新增 9 个。

2006 年 1 月，专门史、计算机应用技术、食品科学学科获批硕士学位授权二级学科点。

2008 年 4 月，特殊教育学、人文地理学和旅游管理学学科获批为北京市重点建设学科；经济法学、计算机应用技术和食品科学 3 个市级重点建设学科建设项目通过北京市教委验收，进入第二个建设周期。

2010 年，科学技术与研究生处分为科学研究处和研究生处 2 个部门，研究生处负责学科建设工作。学校的学科建设思路是：以“凝练学科方向、汇聚学术队伍、构筑发展平台”为中心，提高学科建设的质量；加强现有学科建设，整合优势资源，解决一点两院、三院的状况，优化重点学科和特色学科建设；调整和优化队伍结构，提高学科队伍素质。2010 年 4 月，设立校级重点学科 10 个、校级重点建设学科5个和校级重点培育学科2个。

2011年，历史学、计算机科学与技术、食品科学与工程、工商管理获批硕士学位授权一级学科点，计算机科学与技术一级学科授权点调整为计算机科学与技术和软件工程，历史学一级学科授权点调整为考古学。推荐功能食品研究院申报授予博士学位的服务国家特殊需求人才培养项目。

2012年，学校开展学科评估工作，促进学科建设工作和提高水平，评估27个校级重点（建设）学科。在食品科学与工程一级学科硕士点下设置“食品科学”目录内二级学科和“食品生物分离技术”目录外二级学科；在软件工程一级学科硕士点下设置“信息无障碍辅助技术”目录外二级学科。

2013年，学校制订学科建设提升计划，推进服务国家特殊需求人才培养博士项目建设，建立特殊需求人才培养博士项目库。在一级学科硕士点下自主设置6个目录外二级学科和1个交叉学科。

2014年至2018年，新增硕士学位授权一级学科点4个、硕士专业学位授权学科点4个、硕士专业学位类别6个，撤销5个自主设置二级学科。

表318　　北京联合大学学科设置一览表（2020年）

学科门类或领域	授权一级学科/专业	类型	学科门类或领域	授权一级学科/专业	类型
法学	马克思主义理论	硕士学位授权一级学科点	法学	法律	硕士专业学位类别
历史学	考古学	硕士学位授权一级学科点	教育学	教育	硕士专业学位类别
历史学	中国史	硕士学位授权一级学科点	文学	新闻与传播	硕士专业学位类别
理学	地理学	硕士学位授权一级学科点	历史学	文物与博物馆	硕士专业学位类别
工学	计算机科学与技术	硕士学位授权一级学科点	工学	交通运输	硕士专业学位类别
工学	食品科学与工程	硕士学位授权一级学科点	医学	中医	硕士专业学位类别
工学	软件工程	硕士学位授权一级学科点	管理学	会计	硕士专业学位类别
管理学	工商管理	硕士学位授权一级学科点	管理学	旅游管理	硕士专业学位类别
艺术学	设计学	硕士学位授权一级学科点	管理学	图书情报	硕士专业学位类别
经济学	金融	硕士专业学位类别			

2018年，获批北京市新增博士授权单位建设规划立项，2020年达到博士授权单位基本条件，2023年获得博士授权。2019年5月，工商管理、北京学2个学科获批为北京高校高精尖学科。

至2020年，有9个硕士学位授权一级学科点、10个硕士专业学位类别。其中，职业技术教育领域为教育部学位办教育硕士专业学位试点领域，面向视障生源的中医硕士专业学位填补了国内高等特殊教育空白。

四、人才培养

自1985年成立，北京联大就强调侧重培养应用型人才。1990年，明确提出“重点发展应用学科，培养适应性较强的应用型人才”。学校始终探索应用型教育，以培养适应首都经济社会发展需要的应用型人才为己任。1994年学校第一次党代会提出“培养应用型本科人才和高等职业技术人才”。2003年第三次党代会提出建设应用型大学的定位，2004年改为应用型，2016年增加城市型表述，2020年总结为建设高水平应用型大学。适应办学定位调整，人才培养总目标逐步发展为：培养术德兼备、手脑并用、知行合一，基础知识扎实、实践能力强、工作作风实，具有较强社会责任感、创新创业精神和可持续发展能力的高素质应用型人才。

1992年以前，学校主要招收本科生，每年招生2500人左右，招生专业涉及工学、理学、文学、法学、管理学等学科。1992年，北京市属院校布局调整，学校开始减少本科招生、扩大专科招生。1993年，创办高职专业试点班，招收计算机应用专业35人。1996年，进一步扩大高职教育规模，26个专业招收高职生，增招800人。1999年，学校响应国家高校扩大招生的决定，招生人数超过5000人。以后招生人数逐年增加，2004年开始招收京外学生，到2006年招生人数超过9000人。2006年，学校获批为硕士学位授予单位，2007年招收首届硕士研究生30人。随着高等教育规模增速减缓、生源日趋减少，招生人数逐年减少。至2020年，招生6535人，其中硕士研究生377人、普通本专科生5302人。

适应不同时期人才培养需要，学校适时进行教育教学改革。1994年起，探索、发展以应用为导向的高等职业教育，强化学生的实践和创新能力，重视“双师型”教师队伍的建设，发展行业、企业依托。2010年制订教学品质提升计划，2016年启动实施应用型人才培养质量提升工程，采取一系列教学改革措施，逐步建立多样化人才培养模式。实施宽口径人才培养，2010年起，在多个学科实施大类招生、大类培养；2013年起，拓展学生专业知识结构，在16个专业实施双学位、第二专业和辅修专业制度，取消转专业限制；2014年起，试点完全学分制改革，扩大学生选专业、课程、进程的空间，开展多种形式合作式人才培养，2016年起与北京市商业学校合作开展“3+2+2”长学制贯通式师范生培养，至2020年开展贯通式培养专业达4个。实施国际化人才培养，2013年商务学院加入国际高等商学院协会，至2020年有6个学院直接对接国际标准或境外高校培养人才。探索应用型拔尖创新人才培养，依托国家级和北京市级人才培养模式创新实验区，2011年起组建校级实验班，至2020年有5个专业设立校级实验班。实施思政教育模式改革，2017年起开展“课程思政”建设，2019年写入人才培养方案，逐步实施“专业思政”，建设三全育人格局，至2020年在全国形成品牌效应和影响力。

人才培养方式的拓展。2008年起，设立学生出国（境）奖助金，通过中外合作办学、交流、游学和实习等形式，选派学生赴国（境）外学习交流，实施学历证书互认、学分认定。2015年起，落实“双培计划”和“实培计划”，选派学生赴部委高校学习、到高水平科研院所和企业实习。利用网络辅助教学，建成覆盖办学校区的网络辅助教学、远程实时教学和课件录播“三位一体”网络教学平台。实行信息化管理，集合教务管理、校长巡控、学业预警、听课评学、移动教务等系统，建设教学服务信息平台。建设学科竞赛和学生科技活动实践平台，培养学生实践及创新能力。

表319　　北京联合大学本科专业设置一览表（2020年）

序号	专业名称	专业代码	学科门类	所在学院
1	金融学	020301K	经济学	管理学院、商务学院
2	国际经济与贸易	020401	经济学	商务学院
3	法学	030101K	法学	应用文理学院
4	科学教育	40102	教育学	师范学院
5	学前教育	040106	教育学	师范学院
6	小学教育	040107	教育学	师范学院
7	特殊教育	040108	教育学	特殊教育学院
8	教育康复学	040110TK	教育学	特殊教育学院
9	汉语言文学	050101	文学	应用文理学院、师范学院
10	英语	050201	文学	旅游学院、师范学院
11	日语	050207	文学	旅游学院
12	新闻学	050301	文学	应用文理学院
13	广告学	050303	文学	应用文理学院
14	网络与新媒体	050306T	文学	应用文理学院
15	西班牙语	050205	文学	旅游学院
16	历史学	060101	历史学	应用文理学院
17	文物与博物馆学	060104	历史学	应用文理学院
18	人文地理与城乡规划	070503	理学	应用文理学院

续表 319

序号	专业名称	专业代码	学科门类	所在学院
19	地理信息科学	070504	理学	应用文理学院
20	应用心理学	071102	理学	师范学院
21	机械工程	080201	工学	机器人学院
22	工业设计	080205	工学	生物化学工程学院
23	汽车服务工程	080208	工学	机器人学院
24	电气工程及其自动化	080601	工学	轨道物流学院
25	电子信息工程	080701	工学	智慧城市学院
26	通信工程	080703	工学	智慧城市学院
27	电子信息科学与技术	080714T	工学	智慧城市学院
28	自动化	080801	工学	机器人学院
29	轨道交通信号与控制	080802T	工学	轨道物流学院
30	机器人工程	080803T	工学	机器人学院
31	计算机科学与技术	080901	工学	智慧城市学院、师范学院、特殊教育学院
32	软件工程	080902	工学	机器人学院
33	数字媒体技术	080906	工学	师范学院
34	信息安全	080904K	工学	智慧城市学院
35	物联网工程	080905	工学	智慧城市学院
36	数据科学与大数据技术	080910T	工学	智慧城市学院
37	建筑环境与能源应用工程	081002	工学	生物化学工程学院
38	制药工程	081302	工学	生物化学工程学院
39	交通工程	081802	工学	轨道物流学院
40	交通运输	081801	工学	轨道物流学院
41	食品科学与工程	082701	工学	生物化学工程学院
42	食品质量与安全	082702	工学	生物化学工程学院
43	烹饪与营养教育	082708T	工学	旅游学院
44	生物工程	083001	工学	生物化学工程学院
45	针灸推拿学	100502K	医学	特殊教育学院
46	信息管理与信息系统	120102	管理学	商务学院
47	工程管理	120103	管理学	生物化学工程学院
48	工商管理	120201K	管理学	管理学院
49	市场营销	120202	管理学	商务学院
50	会计学	120203K	管理学	管理学院、商务学院
51	财务管理	120204	管理学	管理学院
52	国际商务	120205	管理学	商务学院
53	人力资源管理	120206	管理学	生物化学工程学院
54	档案学	120502	管理学	应用文理学院
55	物流工程	120602	工学	轨道物流学院
56	工业工程	120701	工学	机器人学院
57	电子商务	120801	管理学	管理学院
58	旅游管理	120901K	管理学	旅游学院
59	酒店管理	120902	管理学	旅游学院
60	会展经济与管理	120903	管理学	旅游学院
61	音乐学	130202	艺术学	师范学院、特殊教育学院
62	表演	130301	艺术学	艺术学院
63	绘画	130402	艺术学	艺术学院

续表 319

序号	专业名称	专业代码	学科门类	所在学院
64	视觉传达设计	130502	艺术学	艺术学院、特殊教育学院
65	环境设计	130503	艺术学	艺术学院
66	产品设计	130504	艺术学	艺术学院
67	服装与服饰设计	130505	艺术学	艺术学院
68	数字媒体艺术	130508	艺术学	艺术学院
69	工艺美术	130507	艺术学	艺术学院

表 320　　北京联合大学高职（专科）专业设置一览表（2020 年）

序号	专业名称	专业代码	专业大类	专业类	所在学院
1	音乐教育	670112K	教育与体育大类	教育类	师范学院
2	小学教育	670103K	教育与体育大类	教育类	师范学院
3	学前教育	670102K	教育与体育大类	教育类	师范学院
4	科学教育	670119K	教育与体育大类	教育类	师范学院
5	工艺美术品设计	650119	文化艺术大类	艺术设计类	艺术学院
6	文物修复与保护	650404	文化艺术大类	文化服务类	应用文理学院
7	会计	630302	财经商贸大类	财务会计类	应用科技学院
8	电子商务	630801	财经商贸大类	电子商务类	应用科技学院
9	酒店管理	640105	旅游大类	旅游类	旅游学院
10	数字媒体艺术设计	650104	文化艺术大类	艺术设计类	应用科技学院
11	商务英语	670202	教育与体育大类	语言类	应用科技学院
12	视觉传播设计与制作	650102	文化艺术大类	艺术设计类	应用科技学院
13	软件技术	610205	电子与信息大类	计算机类	应用科技学院
13	电子信息工程技术	610101	电子与信息大类	电子信息类	应用科技学院
14	烹调工艺与营养	640202	旅游大类	餐饮类	旅游学院

五、科学研究

北京联大科研工作始于分校时期。1987 年后机械工程学院等 4 个法人学院先后成立科研处，学校于 1992 年成立科研开发处（简称科研处）主管学校科研工作，其他学院也先后设立科研处或科研管理部门。学校的科研工作实行校、院两级管理。2003 年，科研开发处更名为科学技术与研究生工作处，增加研究生相关工作职能。2010 年，科学技术与研究生工作处分为科研处（2017 年更名为科学技术处）和研究生处 2 个机构，科研处负责学校科研工作。

2000 年，学校印发第一份系统和全面的科研管理文件——《北京联合大学科研工作管理办法（试行）》，明确校、院两级科研管理部门的工作职责，科研工作步入规范发展阶段。2001 年至 2010 年，学校不断完善科研管理工作，陆续出台相关管理制度 30 项。学校先后 5 次召开全校科研（技）工作会议，其中 1992 年提出积极创造条件开展科研，加强管理、落实政策、调动教师搞科研的积极性；2011 年制定实施科研创新能力提升计划，提出汇聚学术队伍、推进协调创新，构筑发展平台、提高科研实力，加大应用研究、促进成果转化等 10 项重点任务；2015 年提出实施科研创新能力提升深化计划。2014 年，成立领导小组，召开会议，推进科技成果转化和科技协同创新。2017 年，建成科研财务“一站式”服务中心。2018 年，创立联大学术大讲堂，并将年度科研目标任务列入年终主要考核指标。

1991 年，学校获批科研课题 142 项，科研经费 203 万元。1993 年学校筹措科研经费 6 万元启动校内科研项目，其中理工科和人文社会学科各拨付 3 万元。1996 年，市教委启动科技发展和人文社会科学研究 2 项计划并改革项目审批办法，学校认真组织申报，获批立项的经费数大幅增长。同年，举办学校首届科研成果奖评审。2000 年以来，学校不断加大对教师科研工作的支持和奖励力度，教师对争取科学研究课题的积极性不断提高，科学研究课题的水平、获得校外竞争性项目的课题数量及经费数量也不断提高。2007 年，科研项目年度到校经费数突破千万。2004—2010 年，学校获批省部级及以上纵向科研项目 110 项，主持国家社科基金项目 9 项，2006—2010 年主持国家自然科学基金项目 10 项、国家科技支撑计划项目 1 项。2011—2020 年获批国家自然科学基金项目 105 项、国家社会基金项目 104 项、国家科技支撑计划项目 1 项、科技部项目 13 项，其中，2013 年首次获批社科基金重大项目，2014 年首次获批自然科学基金重大项目。学校先后于 2011 年设立校内科研竞争性项目、2012 年设立校内新起点计划项目。2020 年，科研合同经费 1.5 亿元，到账经费 1.4 亿元，获批省部级以上纵向项目 74 项。

六、师资队伍建设

1991 年，北京联大有专任教师 1663 人，其中教授 3 人、副教授 101 人，具有研究生学历或硕士学位的 99 人。经教师进修、培训及积极引进人才等方式，具有高级职称的教师以及具有研究生及以上学历的教师人数逐年增多。2000 年，有专任教师 1284 人，其中教授 57 人，副教授 375 人，具有博士研究生学历或学位的 21 人，具有硕士研究生学历或学位的 292 人。2010 年，有专任教师 1768 人，其中教授 122 人，副教授 526 人，具有博士研究生学历或学位的 250 人，具有硕士研究生学历或学位的 738 人。2020 年，有专任教师 1515 人，其中教授 204 人，副教授 566 人，具有博士学位的 680 人，具有硕士学位的 784 人。

建校初期，与管理体制相适应，师资队伍建设主要由各学院实施。全校性教师管理制度和措施的出台主要集中在 2000 年以后。学校依据总体发展目标和学科专业建设的需要，以全面提高教师队伍整体素质为中心，逐步建立有利于吸引人才、稳定人才、发展人才和人才资源合理配置的有效机制和措施。根据 2001 年北京市贯彻《〈教师资格条例〉实施办法》实施意见有关精神，学校确立教师资格制度，于 2003 年制定主讲教师任职资格规定，实行新进青年教师导师制。同年，制定教师教学工作条例和师资队伍建设五年规划。2004 年，制定中青年骨干教师资助计划，分批资助重点建设学科、本专科专业和公共基础课程的带头人梯队人选。自 2005 年开始实施双师素质教师认定，至 2020 年已认定 11 批、近千人。2012 年，学校成立教师教学发展中心，分层分类服务教师职业发展。2015 年，学校首次组织主讲教师资格认证试点，规定新教师未通过认证测评者不得独立承担授课任务；成立高层次人才服务办公室，建立“人才特区”和“特聘教授”聘任制度，服务引进的院士、特聘教授等高层次人才。2020 年，完善师资队伍管理制度，修订评优、高层次人才引进等实施办法。

自 2005 年起，北京市先后实施“人才强教计划”“人才强教深化计划”“高层次人才引进与培养三年行动计划”，学校积极申报，至 2010 年，获批资助聘请特聘教授 3 人，选拔培养高层次人才 3 人、创新团队 19 个和（拔尖）创新人才 13 人，资助优秀中青年骨干教师 192 人。至 2020 年，学校有北京市级高层次人才 81 人。学校于 2011 年制订“十二五”时期人才强校计划实施方案，制定学科、专业带头人（负责人）、教学骨干、高职专业双师素质教师、青年博士资助计划，2017 年制订人才强校优选计划——“十三五”时期教师队伍建设资助项目及管理办法。

七、校园基本建设

北京联大成立初期，基本建设的立项、审批、拨款、施工、验收等工作均由原高等教育局直接对各学院。1992 年 8 月，北京市政府确定学校为市属高等学校重点调整和加快发展建设的院校之一，决定将原划拨给北京师范学院分院的朝阳区小营校舍建设用地转划拨给北京联大。1993 年，学校成立基建处，负责全校校舍的规划、立项、报批和年度基本建设计划；组织基本建设项目的施工和质量监理、验收；管理建设项目的投资和工程的预决算等工作。

1990年至2020年，学校在7处地址开展大型新建及改扩建项目27项，总建筑面积27.6万余平方米，办学条件得到极大改善。2011年，特殊教育学院改扩建项目完成后，学院成为北京市第一所采用全空间无障碍设计的高等教育学府，是学校首个全面改善办学条件的学院。2013年建成的体育中心综合楼是学校建校以来第一座体育馆建筑。北四环校区分二期建成的综合实训楼是学校建校以来单体面积最大的建筑。

表321　　北京联合大学大型新建及改扩建项目统计表（1991—2020年）

校址	建筑项目	建筑面积（平方米）	时间
北四环校区（原小营校区）	教学楼	9223	1994年3月—1995年8月
	学生宿舍楼	8330	1994年4月—1994年12月
	食堂楼	5135	1994年10月—1995年11月
	教学业务楼	5095	1995年3月—1995年12月
	实验楼	19079	1995年12月—1997年11月
	旅游学院培训中心楼	2422	1995年10月—1996年9月
	图书馆	7300	1997年12月—1999年7月
	旅游学院学生宿舍	5507	1997年底至1998年9月
	综合楼	41010	2003年11月—2005年4月
	北院E楼扩建	9694	2007年11月—2008年6月
	教学楼、宿舍楼扩建	1800	2009年6月—2009年10月
	体育中心综合楼	19863	2011年9月—2013年10月
	综合实训楼一期	35000	2011年10月—2013年6月
	综合实训楼二期	18000	2013年12月—2015年10月
	图书馆人文馆	12000	2013年12月—2015年10月
	文化艺术广场	10400	2014年12月至2016年初
学院路校区	应用文理学院第二教学楼	20777	2012年11月—2014下半年
	应用文理学院宿舍楼	11144	2012年3月—2013年8月
蒲黄榆校区	特殊教育学院改扩建项目——教学楼、学生宿舍	28140	2009年10月—2011年5月
外馆斜街校区	职业技术师范学院实验教学楼一期	12440	1999年10月—2001年8月
	职业技术师范学院实验教学楼二期	7755	2002年5月—2003年7月
红领巾桥校区	纺织工程学院食堂	1429	1991年
	商务学院综合实验楼	7117	2000年6月—2001年6月
垡头校区	新址基建工程——教学楼、食堂	10000	1991年12月—1996年8月
	化学工程学院2号宿舍楼	3334	1999年9月开工
	化学工程学院实训基地	1119	1999年11月开工
工体北路校区（原白家庄校区）	机械工程学院综合教学楼	3588	1995年11月—1996年8月

为适应发展需要，学校实施校舍购置和校区整合。30年间，校园面积和分布变化较大。新校舍取得后，学校分别进行了改造。其中，2000年，原北京市成人教育学院的朝阳区安外小营育慧里7号院划给学校使用，北四环校址校舍建筑面积增加2万余平方米；2006年，购置位于北四环校址的育惠里2号院19号楼一栋，改造为学生公寓，建筑面积近1.48万平方米；2007年底，因北京市化工学校和北京市医疗器械学校并入，垡头校址校舍建筑面积增加1万余平方米，学校增加北苑校址，校舍建筑面积近1.8万平方米；2014年，中直纪工委在北四环东路93号的办公地址划给学校使用，校舍建筑面积7500余平方米；2015年，北京市丰台区职业教育中心学校方庄西校区划给学校使用，蒲黄榆

校址校舍建筑面积增加6000余平方米。

2000年后，学校完成大型修缮项目4项。分别为：2005年获批的第二十九届夏季奥运会足球裁判员训练场改造项目、2008年至2009年的建筑节能保温改造工程、2009年至2012年的校舍抗震加固改造工程、2011年至2012年的盆儿胡同校区改造项目。其中，节能保温改造工程覆盖全部主要教学区，改造校舍近10万平方米；校舍抗震加固工程施工8个校区、22栋建筑，共7万余平方米。

为改善教学条件和校园环境，学校还进行了多媒体教学设施建设、网络基础设施建设等多项基础设施建设工程，开展小额建设和修缮工程多项，校园环境得到明显改善。

八、2020年概况

2020年，北京联大占地面积43.06万平方米，图书馆建筑面积3.31万平方米。全年教育经费投入167222.50万元。设有11个校区，设置14个学院、4个直属教学部。开设69个本科专业、14个高职（专科）专业。国家级一流本科专业建设点8个，北京市级一流本科专业建设点14个，北京高校重点建设一流专业3个，北京高校高精尖学科2个。国家重点实验室1个，北京实验室1个，北京重点实验室3个。教职工2638人，其中，专任教师1515人，包括正高级204人、副高级566人；硕士生导师278人。外籍教师47人，其中，长期外籍教师12人，外籍教师中教授2人、副教授6人。在校生22547人，其中，硕士研究生789人、普通本专科生17711人（本科生16879人、专科生832人）、成人教育本专科生4047人（本科生2339人、专科生1708人）。留学生毕结业340人、招生253人、在校生430人。网址：www.buu.edu.cn。

附表：

表322　　中共北京联合大学委员会历任书记（1991—2020年）

书记	任职时间	书记	任职时间
张玉如	1985年2月—1992年11月（副书记主持工作）	徐永利	2008年6月—2015年6月
	1992年11月—1994年1月	韩宪洲	2015年6月—2020年10月
熊家华	1994年1月—2002年8月	楚国清	2020年12月—
席文启	2002年9月—2008年6月		

表323　　北京联合大学历任校长（1991—2020年）

校长	任职时间	校长	任职时间
李煌果	1990年12月—1994年3月（兼）	柳贡慧	2007年4月—2011年8月
李月光	1994年3月—1999年3月	卢振洋	2012年7月—2016年11月
熊家华	1999年3月—2001年3月（兼）	李学伟	2016年11月—
张妙弟	2001年3月—2007年4月		

（执笔人：王　岩）

北京青年政治学院

北京青年政治学院（英文名称：BEIJING YOUTH POLITICS COLLEGE）是经北京市人民政府批准的，教育部备案的全日制普通高等学校。学院行政主管部门为共青团北京市委员会，教育主管部门为北京市教育委员会。办学类型为高等职业教育。是北京市示范性高等职业院校。校址位于北京市朝阳区花家地街 9 号。

一、学校沿革

北京青年政治学院 1956 年成立，初为北京市团校。1985 年 6 月，正式筹建北京青年政治学院。1986 年 3 月，经国家教委批准成立北京青年政治学院，并于当年 9 月正式招生。学院是一所培养青年政治工作专门人才的市属普通高等文科院校，受团市委和教育部门双重领导，党的关系隶属于市委教育部（现为市委教育工委）；行政关系隶属于团市委和市高教育（现为市教委），以团市委为主。

1988 年 4 月，学院举办望京校区开工奠基典礼，校舍自 1991 年 8 月正式投入使用。1995 年 9 月，市高教局、市教育局批准学院为北京高等职业教育试点学校。2000 年 9 月，建立廊坊分院，在河北省廊坊市东方大学城租用 2784 平方米的教学用房，2712 平方米学生宿舍，2001 年租用地达 1 万平方米。2006 年 9 月在朝阳区金盏乡 6 号租借北京东方蓝地服装股份有限公司场地办教学场所，成立北京青年政治学院东校区，将廊坊校区迁至东校区办学。

2008 年，成为北京市示范高等职业院校。2012 年 2 月，学院通过北京市示范性高等职业院校建设项目验收，验收结果为优秀。2020 年 7 月 30 日，学院与出租方交接，将所租赁场地正式交还出租方全权负责管理。东校区管委会撤销。

二、院系建设

多年来，学院不断调整和探索院系建设和发展，由“系部制”向“二级院制”转变。

1991 年，学院设立少儿教育系。2001 年 4 月，北京市教委批准学院与加拿大戴尔特商务学院合作举办北京青年政治学院泰尔弗商务分院，该分院为学院所属的二级教育机构，是中外合作办学性质，引进加拿大教学管理模式，举办高等职业学历教育，由外籍教师用英语授课，小班教学。

2004 年初，学院系部调整，根据专业特点做拆分与合并，设有社会工作系、青少年工作与管理系、管理系、文秘系、艺术设计系、法律系（社科部）、英语系、计算机系和泰尔弗商务分院。

2009 年 4 月，学院系部调整，由 9 个调整为 12 个。社会科学部从法律系中拆分，独立设置。原管理系调整为管理系和财金系，原文秘系调整为文秘系和传播系。

2014 年，学院按照市编办要求，对内设机构和名称，进行重新梳理。教学单位分别为青少年教育与管理系、社会工作系、管理系、文秘与法律系、艺术设计系、英语系、计算机系、传播系、社会科学部和国际学院。

2018 年 5 月 26 日，北京青年政治学院与北京高校思想政治理论课高精尖创新中心共同举办“改革开放40周年高职院校思想政治理论课教育教学创新发展”研讨会暨北京青年政治学院马克思主义学院揭牌仪式、北京高校思想政治理论课高精尖创新中心北京青年政治学院分中心揭牌仪式。

2018年6月，取消原教学系（部、分院）建制，组建7个二级教学单位，分别为青年工作学院、学前教育学院、信息传媒艺术学院、现代管理学院（北京青年中科创新创业学院）、国际学院、马克思主义学院（北京高校思想政治理论课高精尖创新中心北京青年政治学院分中心）、人文素质教育中心。

2020年，学院有教学机构7个，分别是青年工作学院、学前教育学院、信息传媒艺术学院、现代管理学院、国际学院、马克思主义学院、人文素质教育中心。

三、专业建设

通过多年的专业调研和论证，学院形成了“深入专业调研、专家科学论证、找准就业岗位、提炼核心技能、优化课程体系、强化师资保障”的专业建设思路和与首都经济建设、社会发展相适应的高职专业建设机制，专业结构不断优化。

1991年，学院招生3个专业，分别为青年思想教育专业、经济管理专业和文秘专业，招生人数合计147人，在校生人数共计324人。

1991年10月，北京市高等教育局批复北京青年政治学院开设少年儿童思想教育专科专业，1992年开始招生。

1993年，学院拓宽专业口径，增加新的专业和专业方向，调整人才培养的结构。在原有专业的基础上，增加了公共关系、旅游服务管理、市场营销、中英文秘书几个新的专业方向。

1995年12月，市高教局确定学院增设小学教育专业，1996年扩大年招生200名。使学院在办学规模上获得突破性进展，上了新台阶。

1997年11月，市教委批准学院思想政治教育（少儿教育方向）学科为北京市高校重点建设学科。

2007年5月，学院青少年工作与管理系的青少年工作综合训练和文秘系的秘书职业能力综合训练基地成功获批北京市示范性高职实训基地。年内，学院重点建设公共事业、现代服务业和文化创意产业3个专业群，其中，社会工作专业、青少年工作与管理专业、文秘专业被北京市教委评为北京市级高职示范性专业。

2011年，经过三年示范校的建设，青少年工作与管理、社会工作、电子政务、文秘以及法律事务五个重点专业在办学理念、人才培养模式、课程建设、实训基地建设和师资建设等方面有了长足的发展，专业社会影响不断扩大。对外为同专业起到示范作用，对内牵引带动相关专业发展。同年学院成功申报了学前教育专业。

2018年，学院组建7个二级教学单位，即六院一中心，专业（课）调整如下：

将原青少年教育与管理系的青少年工作与管理专业，原社会工作系的社会工作专业和心理咨询专业，原文秘与法律系的文秘专业和法律事务专业5个专业整合，组建青年工作学院。

将原青少年教育与管理系的学前教育（师范）专业剥离，组建学前教育学院；将原计算机系的计算机网络技术专业、计算机应用技术专业、软件与信息服务专业和计算机公共课，原传播系的新闻采编与制作（网络编辑）专业、新闻采编与制作（影视制作）专业和新闻采编与制作（媒体资产管理）专业，原艺术设计系的美术专业和数字媒体艺术设计专业9个专业（课）整合，组建信息传媒艺术学院。

将原社会工作系的老年服务与管理专业，原管理系的工商企业管理专业、会计专业、证券与期货专业和电子商务专业5个专业整合，组建现代管理学院（北京青年中科创新创业学院）。现代管理学院在强化专业建设的同时，承担北京青年中科创新创业学院的职能。

将原英语系的旅游英语专业和英语公共课、原国际学院的国际商务（中加合作）专业、会计（中加合作）专业、新闻采编与制作（数字动画）（中加合作）专业、学前教育（中加合作）专业6个专业（课）整合，组建国际学院。

取消社会科学理论教研部建制，组建马克思主义学院（北京高校思想政治理论课高精尖创新中心北京青年政治学院分中心）。马克思主义学院开展思想政治理论课教学，并承担北京高校思想政治理论课高精尖创新中心北京青年政治学院分中心的职能。

取消基础部建制，组建人文素质教育中心。人文素质教育中心开展大学语文、大学体育、数学等基础课教学，并承担第二课堂人文素质类教育职能。

原国际学院承担的对外合作与交流处职能剥离，其原内设的留学生办公室暂划归对外合作与交流处管理；原计算机系承担的信息化办公室职能剥离。

2019年，学院打造"一老一小一青年"特色，与朝阳区共建北京青年政治学院附属幼儿园，推动"一小"（学前教育）产教融合教学实习基地建设。聚焦"一老"（老年服务），带领师生研发人才培养、产教融合、社会服务"三位一体"的综合性智慧养老信息化平台。深入推进青年学学科专业建设。持续推进人文中心特色、融媒体信息技术、国际化职业教育等建设等工作。学院"一老一小一青年、一文一技国际化"的办学特色得到了凝聚与彰显。

表324　　北京青年政治学院专业群及专业设置一览表（2020年）

所属学院	专业群	专业代码	专业名称
学前教育学院	学前教育	570102K	学前教育（师范）
		570102K	学前教育（"3+2"）
		570102K	学前教育
		570101K	早期教育
青年工作学院	青少年教育	590101	社会工作
		590103	青少年工作与管理
		520804	心理咨询
		580401	法律事务
		590401	现代文秘
现代管理学院	智慧健康养老	530206	证券实务
		530206	证券实务（"3+2"）
		530302	大数据与会计
		530701	电子商务
		530701	电子商务（智慧养老）
		530601	工商企业管理
		590302	智慧健康养老服务与管理
信息传媒艺术学院	融媒体	560205	新闻采编与制作
		550107	书画艺术
		550103	数字媒体艺术设计
		510201	计算机应用技术
		510203	软件技术
		510203	软件技术（"3+2"）
		550109	游戏艺术设计
国际学院	国际化文旅教育	570203	旅游英语（出入境服务与管理）
		570102K	学前教育（中外合作办学）

四、人才培养

学院坚持面向市场、服务发展、促进就业的办学方向，健全德技并修、工学结合育人机制，构建德智体美劳全面发展的人才培养体系，突出职业教育的类型特点，深化产教融合、校企合作，推进教师、教材、教法改革，规范人才培养全过程，加快培养复合型技术技能人才。

1992 年，受昌平县委托，在学院举办县办大专班，100 名学生于 9 月入学，这是院县联合办学，为首都远郊区县培养急需应用型人才。

1993 年，在生源结构上，除继续在少儿教育系招收保送生、青教系招收在职生、管理系、文秘系招收昌平委培生外，又增加了新疆、黑龙江、深圳及张家港等地的委培生。这是学院首次招收外地学生。在校学生人数从 500 人增至 745 人，教学班由 15 个增至 21 个。

2000 年，在国家实行普通高校扩招、大力发展高等职业教育的大好形势下，学院的招生数量和批次取得历史性突破。首次参加全国春季高校招生试点工作，全年春秋两季招生总数为 1156 人，比 1999 年增长 112.1%；在校生总数达 1959 人，比 1999 年增长 54.4%；学生班级也由 1999 年的 39 个班发展为 54 个班。

2004 年，学院有专业 19 个，教学班 108 个，全日制在校生人数 3826 人，是全日制在校生人数最多年。

2009 年 6 月 15 日，学院与天津理工大学达成合作办学协议，合办自考社会工作本科专业。

2010 年，学院投入近 2000 万元，共新建 9 个实训室，实训条件进一步改善。

2011 年，校内实训室改造工作启动，全院各部门暑期对实训室进行全面的装修改造，新建实训室 13 个、改造实训室 27 个、撤销实训室 11 个，投入总资金约 400 万元。学院有 12 个实训基地，共包含 77 个实训室，实训基地大部分参照专业群进行合理布局，既满足本专业的教学需求，又能服务于群内相关专业，做到“系部建设、群内共享”。

2014 年 11 月，北京青年政治学院和朝阳区教育委员会及所属三所中职学校（即北京市电气工程学校、北京市劲松职业高中、北京市求实职业学校）签订职业教育合作协议。

2016 年，老年服务与管理专业被确定为首批全国职业院校养老服务类示范专业点。

2017 年，学院校内共建有实训室 82 间，总使用面积 5208 平方米，实训室配有教学用计算机 1805 台。校外实习实训基地 117 个，接待学生 4431 人次，接受顶岗实习学生 1046 人，基地使用 9581 天。

2019 年，学院共建有实训室 85 间，总使用面积 5450 平方米。年内学院开展新版专业人才培养方案制订工作。

五、科学研究

学院科研水平不断提升，在青少年教育与发展、志愿服务、中华传统文化、高等职业教育、社会工作与社区治理、学前教育、智慧养老等研究领域取得了一系列具有较高水平的科研成果。

1991 年 3 月 21 日，市委批准由学院、市社科院、团市委联合主办北京青少年研究所，该所挂靠学院。该研究所 1992 年 7 月正式成立。

1992 年 2 月 27 日，北京市新闻出版局正式批准北京青年政治学院、北京青少年研究所联合创办《北京青年论坛》杂志。

1993 年 11 月，由学院与北京市社会科学院联合组建的北京东方道德研究所成立。

1994 年 4 月 12 日，学院院报《北京青年政治学院》创刊。

1998 年 12 月，经国家新闻出版署和北京市新闻出版局批准，《北京青年政治学院学报》自 1999 年起向国内外公开发行。

1999 年 12 月，北京东方道德研究所主编的《大众道德》丛书（含《礼》《义》《廉》《耻》《忠》《孝》《诚》《德》8 部）由红旗出版社出版发行。

2002 年，香港中文大学新亚书院与北京东方道德研究所，开启合作举办“中华美德教育行动师资培训班”。至 2019 年已举办师资培训班 17 期，约 1500 人拿到结业证书。

2004年，学院决定以北京青少年研究所、北京东方道德研究所为基础，在学院建立“北京市青少年教育与发展研究中心”。4月，学院被批准为北京市哲学社会科学规划项目二级管理单位。6月，“北京市青少年教育与发展研究中心”揭牌。

2010年7月，北京市教育委员会与学院共同成立职业教育与人文北京研究中心，该中心由北京青年政治学院主管，为北京市教育委员会的外挂所。

2012年2月，传播系教师杨琳博士主持申报的“清初小说与士人文化心态”获批国家社科基金后期资助项目。这是学院首次获得国家社科基金后期资助项目。

2013年10月，北京社科规划办与北京市教委联合授牌成立北京青少年教育与发展研究基地。研究基地以北京青少年研究所、北京东方道德研究所为依托，致力于成为北京和中国青少年研究的学术重镇、成为北京市政府制定青少年事务与政策的智库、成为国内青少年学术研究与交流的重要平台。

2014年1月，经国家新闻出版广电总局批准，《北京青年政治学院学报》从2014年第一期起更名为《北京青年研究》。更名后的《北京青年研究》仍为季刊，主管单位是北京市教育委员会，主办单位是北京青年政治学院北京青少年研究所。

2014年3月，学院科研处荣获“北京市社会科学基金项目优秀二级管理单位”称号，这是22家受表彰单位中唯一一所高职院校。

2020年10月，学院举办《北京青年政治学院创建记（1984—1991）》新书发布暨座谈会，回顾学院创建初心，传承学院奋斗精神，谋划新时代学院发展。

六、师资队伍建设

学院落实师德师风长效机制，推进师资队伍建设，为打造“高学历、高素质、高技能”的优秀教学团队，有针对性地开展多层次、多类型培训，竞赛。学院高度重视教师实训技能的培养和提升，通过专业培训、挂职锻炼、企事业单位实践等多种形式，为教师提供发展的平台。

1992年1月，市高教局正式批准成立“北京青年政治学院中级职务评审委员会”，负责院教师，教育管理研究系列初级和中级职务任职资格的评审工作。

1995年1月，王殿卿副院长被北京市政府授予“1995年北京市有突出贡献专家”称号。

2007年5月，学院社科部、法律系主任赵卫民获得“北京市劳动奖章”。

2010年11月19日，学院教授甘葆露荣获中国伦理学会颁发的“终身成就奖”。甘葆露教授在伦理学研究方面成果颇丰，撰写和编著学术著作11部，先后在《光明日报》《北京日报》《中国教育报》《中国青年报》《教育研究》等报刊发表学术论文近60篇。

2010年12月，在北京高校创先争优活动阶段总结部署暨表彰大会上，学院管理系主任唐平获“北京高校育人标兵”荣誉称号（全市共70名），传播系2008级新闻采编与制作（网络编辑）专业学生刘兴福获“北京高校成才表率”荣誉称号（全市共30名）。

2011年，学院在推进市级高职示范校建设过程中，首次组织专业带头人评选工作，经院内外专家评审，共评选出16名专业带头人。设立兼职实训师，教师通过多年与行业、社会之间的联系，丰富了与专业相关的实践经验，提高了专业技能与实践指导能力。

2014年，社科部教师韩凤荣被评为全国优秀教师、全国高校优秀思想政治教育工作者。

2020年，学院加强“双师型”教师队伍建设，共有双师型教师121名，为实训课程开发、实训教学教材建设的主力军。学院双师资格比例达到85.4%。

七、校园基本建设

为了保障学院教学运行，校园更加美丽，功能更加齐全，满足师生需求，自建院以来，学院的校园每年都在进行基础设施建设、改造施工、维护和维修，确保师生在小而精致的校园环境中更好的工作和学习。

1991年7月，学院迁入朝阳区望京中环南路4号新校址（该地址2011年10月20日更名为朝阳区花家地街9号）。

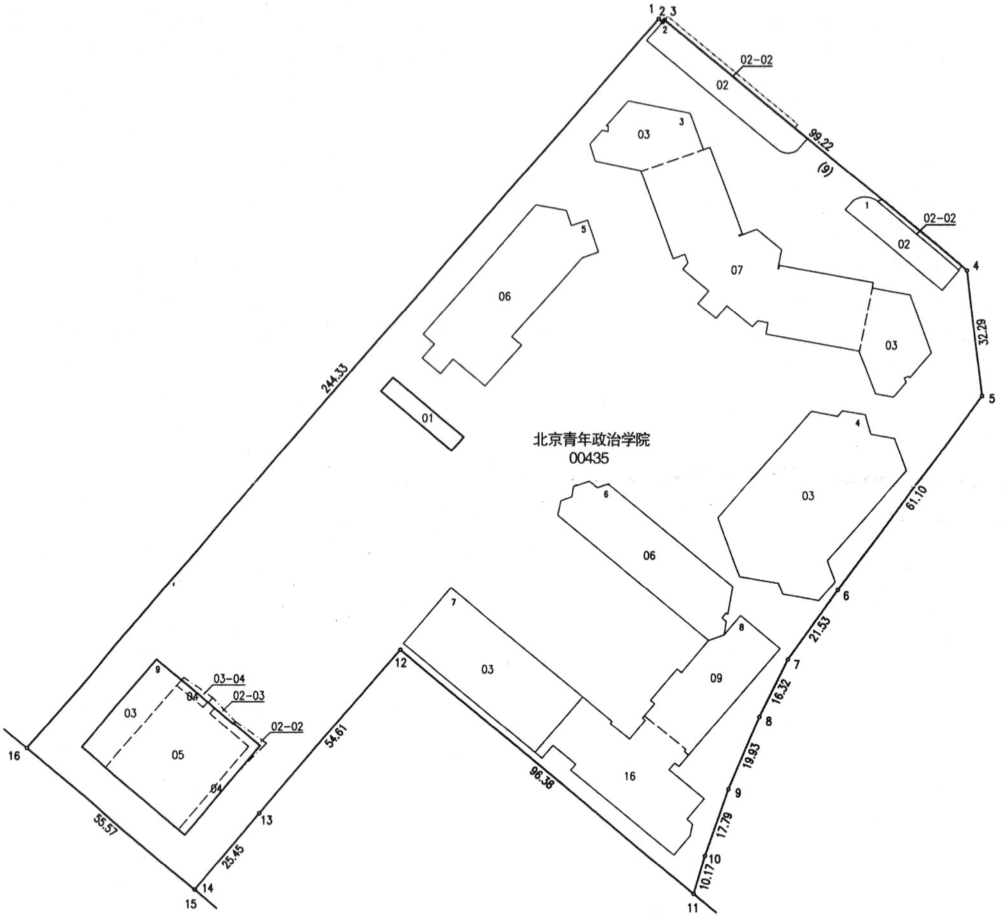

图 107 北京青年政治学院校区示意图

2002 年 11 月，学院校园网基础建设工程竣工，投资 223 万元。

2003 年 8 月，学院利用自筹资金 1006.6 万元新建的 5910 平方米的实训楼竣工。9 月，交付使用，增加包括外事教室、大教室和学术报告厅等教学用房 3000 多平方米。投入 200 万元，完成室外配套工程 2700 平方米，修复绿地 2474 平方米。年内，学院投入 400 万元改造和新建多个实验实训室，为教室安装多媒体教学设备。完成校园网二期建设投资，正式开通校园网。

2005 年 9 月，学院举行“信息化工作会议暨数字化校园应用系统开通试运行仪式”，标志着学院数字化校园平台正式开始试运行。

2008 年 12 月，学院大学生新公寓楼落成。新公寓楼自 2007 年 8 月 18 日开工，历时 15 个月。总建筑面积 15430 平方米，其中地下 1850 平方米，地上 13580 平方米。地下 2 层，地上 16 层，局部 9 层。

2016 年 10 月，学院新建教学综合楼竣工验收。总建筑面积 13907.97 平方米，其中地上 5 层 4187 平方米、地下 3 层 9209 平方米，建设内容包括图书馆、风雨操场、生活福利及附属用房，核定项目总投资为12597.92万元。

八、2020年概况

2020年，北京青年政治学院占地面积2.59万平方米，图书馆建筑面积4618.66平方米。全年教育经费投入18578.48万元。设有1个校区，设置6个二级学院、1个中心、1个继续教育分院和3个研究所。开设19个专业。教职工284人，其中，专任教师206人；教授及教授级高级工程师23人、副教授及高级工程师91人。在校生2433人，其中，高职生2401人、成人教育专科生32人、网络教育专科生270人。留学生毕业19人、招生9人、在校生115人。网址：www.bjypc.edu.cn。

附表：

表325　中共北京青年政治学院委员会历任书记一览表（1991—2020年）

书记	任职时间	书记	任职时间
蒋效愚	1987年2月—1991年9月	汪明浩	2006年9月—2011年1月
徐天民	1991年9月—1994年11月	楚国清	2011年1月—2017年11月
朱天麟	1994年11月—2002年12月	程晓君	2017年11月—
关成华	2002年12月—2006年4月		

表326

北京青年政治学院历任院长一览表（1991—2020年）

院长	任职时间	院长	任职时间
周之良	1988年4月—1991年11月	梁绿琦	2002年12月—2016年7月
徐天民	1991年11月—1994年12月	乔东亮	2016年7月—

说明：1995年至2002年，学院院长空缺，党委书记全面主持学院党政工作

（执笔人：王玉江）

北京农业职业学院

北京农业职业学院（英文名称：Beijing Vocational College of Agriculture）是经北京市人民政府批准、教育部备案的全日制公立普通高等学校，隶属于北京市农业农村局，教育主管部门为北京市教育委员会。学院秉承“立德、修业、求知、笃行”的院训，“立足首都，面向全国，服务‘三农’”，培养面向生产、管理、服务一线需要的高素质技能型人才。学院的办学类型为高等职业教育，开设园艺技术、畜牧兽医、绿色食品生产与检验等专业。学院有四个校区，法定注册地为北京市房山区长阳镇稻田南里5号（主校区）。

一、学校沿革

北京农业职业学院2001年6月由北京市农业管理干部学院和北京市农业学校合并组建，2002年4月正式挂牌，校部位于北京市房山区长阳镇稻田南里5号。2003年5月和2004年12月北京市城乡建设学校与北京市八一农业机械化学校整建制并入，成立北苑分院和清河分院，形成“一院四区”办学格局。2010年4月，分别在北苑分院、清河分院的基础上成立国际教育学院、机电工程学院，2017年5月，更名为北苑校区（国际教育学院）、清河校区（机电工程学院）。

北京市农业学校。1958年建校，1993年，学校被评为北京市重点中专。2000年4月，北京市农业广播电视学校并入。2001年，合并组建北京农业职业学院，学校建制撤销。

北京市农业管理干部学院。1984年建院，1993年4月，北京市委农工委党校在该院挂牌成立。1995年，举办第一期市农口管理干部研究生课程班。1996年11月，举办首个村级干部高等职业教育大专班开学。2001年，合并组建北京农业职业学院，学校建制撤销。

二、事业发展

2002年11月5—6日，农职院第一次党代会在南校区会议中心召开。参加会议的正式代表101名，29人列席了会议。大会通过差额选举产生了中共北京农业职业学院第一届委员会和纪律检查委员会。2013年6月召开第二次党代会，2019年8月召开第三次党代会。

2005年7月学院确定了学院院训“立德、修业、求知、笃行”。9月19日至23日，教育部高职高专人才培养工作水平评估专家组对学院人才培养工作水平进行评估。2006年2月，学院通过国家高职高专人才培养工作水平评估，并取得优秀。标志着学院“三年大变样”的奋斗目标基本实现，奠定了学院在“十一五”期间快速、稳步发展的基础。

2008年6月，学院与金寨县签署《北京农业职业学院与安徽省金寨县人民政府关于开展对口支持服务与相互合作的协议》。7月，农职院通过教育部、财政部联合组织的国家示范性高等职业院校专家评审，进入第三批国家示范校建设单位，位列30所“国家示范性高等职业院校建设计划”2008年度立项建设院校之首。10月，农职院举行建院50周年庆典大会。

2009年1月，农职院被中共北京市委农

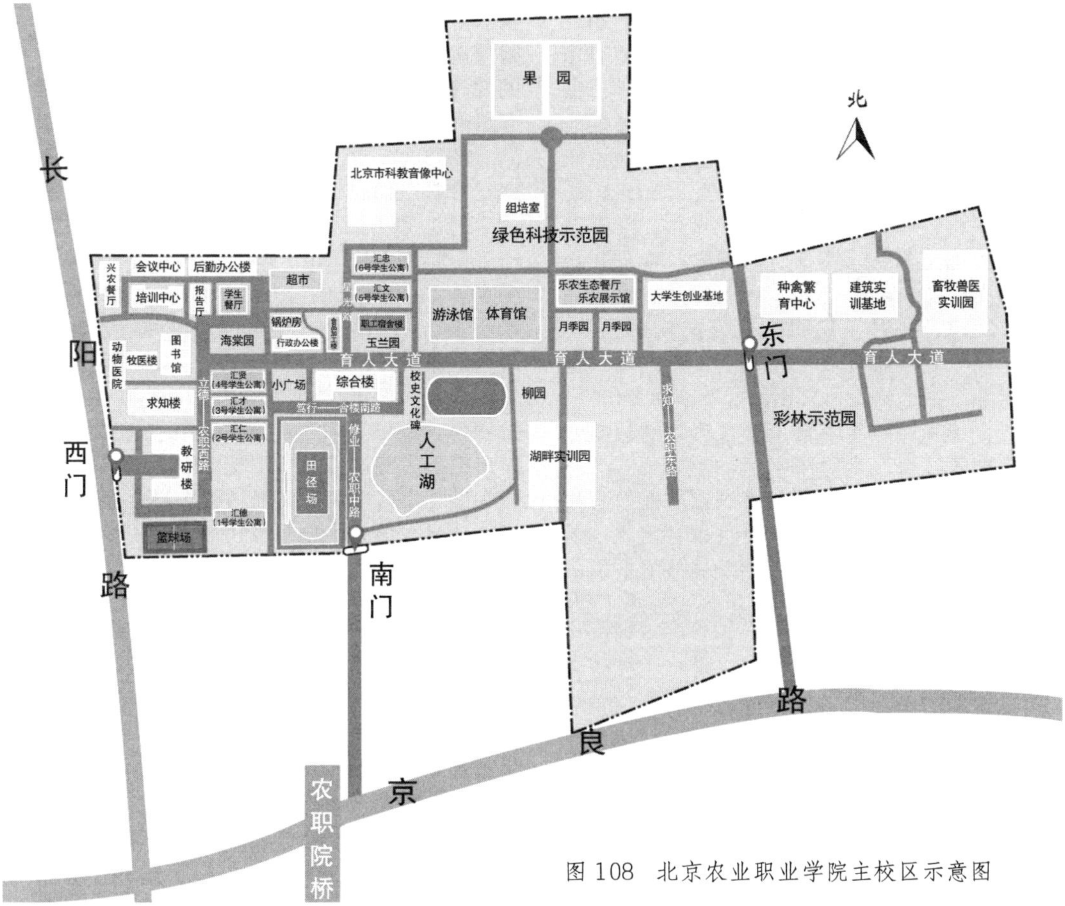

图 108 北京农业职业学院主校区示意图

村工作委员会、北京市农村工作委员会、北京市人事局授予“社会力量参与社会主义新农村建设先进单位”称号和“京郊新型农民培养先进单位”称号。3 月，农职院继 2005 年被授予首批“全国文明单位”称号，再次被中央精神文明建设指导委员会命名表彰为第二批“全国文明单位”。4 月，承办北京对口支援四川省什邡市第一期新农村建设骨干人员赴京培训班。8 月，农职院作为第一完成单位,共有 2 项成果获得市级教育教学成果奖。9 月，农职院《养禽与禽病防治》和《插花艺术》两门课程被评为 2009 年度市级精品课程。12 月，农职院与顺义区赵全营镇北郎中村举行合作建设紧密型实训基地签字仪式。

2010 年 2 月，在 2010 年北京市农村工作会议上，农职院获“社会力量参与社会主义新农村建设先进集体”“北京新型农民培养先进单位”称号,《大兴区生态环保养猪模式技术集成与推广应用》项目荣获北京市农业技术推广奖一等奖,《奶牛冬季健康体检及安全越冬技术推广》项目荣获北京市农业技术推广奖三等奖。5 月,农职院被评为第二批“北京地区高校示范性就业中心”。

2011 年，农职院国家示范性高等职业院校建设项目通过教育部、财政部验收，成绩优秀。学院科研团队研发的植物病虫害生物防治技术已经在北京、安徽等国内 14 个省份的项目示范点得到推广应用。农职院教师申报的两项北京市社科规划项目青年项目首次获得立项，实现了在这一领域新的突破。

2012年，农职院教师主编的《北京市社会主义新农村建设报告（2006—2010）》由北京出版社出版发行。白皮书全面总结北京市“十一五”期间新农村建设的主要成就、主要做法和主要经验，展望了“十二五”时期北京市新农村建设的主要任务，并附有北京市“十一五”期间新农村建设大事记。12月2日，农职院生物防治研究所成立。年内，学院被市教委确定为北京市5所高等学校章程建设试点高校之一。

2013年6月，农职院校史文化碑揭幕。12月28日，学院首个北京市自然基金项目《都市农业、生态旅游和文化创意产业融合研究》结题。该项目是学院首个北京市自然科学基金资助项目。

2014年4月，北京都市农业职业教育集团成立。11月，农职院举行首批客座教授聘任仪式，聘请20名校外专家学者为农职院客座教授。荣获国家级教学成果奖一等奖1项、二等奖1项。

2015年6月，农职院举行大师工作室授牌仪式，四个大师工作室分别是由北京首农集团原党委副书记、董事、副总经理范学珊领衔的奶牛健康养殖大师工作室，由北京首农畜牧发展有限公司党委书记、总裁张振新领衔的奶牛疫病防治大师工作室，由北京京林园林绿化工程有限公司总经理王超领衔的园林景观大师工作室以及由北京庞各庄乐平农产品产销有限公司董事长冯乐平领衔的经营管理大师工作室。9月29日至10月10日，农职院联合承办第四届中国兰花大会。大会由市政府主办，中国植物学会兰花分会、北京市园林绿化局、北京市房山区人民政府和农职院共同承办，累计接待游客近20万人次，新加坡、泰国、马来西亚等国家以及天津、河北、台湾等省份和地区共展出24个兰属400余个品种8万余株兰花。11月，学院成为北京市中小学生劳动教育基地。荣获国家级学校技能竞赛二等奖6项，三等奖2项。

2016年，荣获国家级学生技能竞赛二等奖1项，三等奖7项。

2017年，农职院获批成为教育部第二批现代学徒制试点单位。年内，农职院成立“动物科学院士工作站”。开展“助力房山学子成长农业游学深度之旅”项目。首都师范大学附属房山中学学生20余人到学校完成1个月的农业游学之旅。首批全国新型职业农民培育示范基地。

2018年，农职院庆祝建校60周年。成立“首农西郊农场园艺工程师学院”。与国家体育总局和山西省繁峙县、代县签署扶贫合作框架协议。与房山、门头沟和延庆3个区6个乡镇11个低收入村开展对接帮扶工作，选派农业推广教授32人到农村从事种植、养殖、节水灌溉等推广项目40余个。选派2名第一书记挂职，选派39名专业教师到行业企业实践锻炼、赴“三农”一线挂职服务。接收拉萨市第一中等职业技术学校40名学生到校进行为期2个月实习。完成内蒙古乌兰察布市、河北省青龙县和赤城县等扶贫协作工作任务。完成中组部边疆民族地区和革命老区村党支部书记培训任务，全年开办培训班9期，累计培训学员8673人天，涉及18个省份、41个民族1239名边疆民族地区村党支部书记。年内，农职院参加2018年北京NGO国际对话会·“一带一路”与民生合作会议，签署《毛里求斯福尔肯公民联盟、中非商会毛里求斯分会与北京农学会及北京农业职业学院合作协议》。根据协议，毛里求斯福尔肯公民联盟、北京农学会及农职院将在互访、培训、国际会展、促进中非农业合作等方面开展合作。12月，与泰国披集农业技术学院签署共建海外分院办学协议。

2019年1月，农职院被列入北京市特色高水平职业院校建设单位。都市园艺专业群和动物医学专业群被列入第一批北京市职业院校特色高水平骨干专业（群）建设单位；首农西郊农场园艺工程师学院被列入第一批北京市职业院校特色高水平实训基地（工程师学院、技术技能大师工作室）建设单位。10月，农职院现代学徒制试点项目通过教育部验收。12月，农职院园艺技术专业群被列入中国特色高水平专业群（A档）建设单位。学院首届新型职业农民学历提升班毕业典礼在南校区举行，首批78名毕业生圆满完成学业。

2020年9月，农职院食品安全专业群和

水利工程专业群被列入第二批北京市职业院校特色高水平骨干专业（群）建设单位；北京排水集团给排水工匠技师学院和京林园林工程师学院被列入第二批北京市职业院校特色高水平实训基地（工程师学院、技术技能大师工作室）建设单位。农职院高照全老师入选北京市百千万人才工程。11月，北京农学会、北京农职院、房山区科协签约共建慧田蔬菜种植合作社科技小院。12月，北京乡村振兴学院揭牌，该院在北京市委农工委、农业农村局和市教委指导下，围绕北京市乡村振兴急需的各级各类人才开展学历提升和教育培训，为首都乡村振兴提供技术支持和智力服务，围绕北京乡村振兴开展调查研究、为上级有关部门决策提供政策咨询和研究支撑，面向京津冀及北京对外援助地区提供人才和智力支持。

获批北京市职业院校校企合作的“双师型”教师培养培训基地。荣获中国物流学会、中国物流与采购联合会2019年优秀课题奖

荣获中国农业科学院科学技术成果奖。当选中国休闲农业产教联盟副理事长单位。

表327　　北京农业职业学院系部设置一览表（2020年）

序号	系部	序号	系部
1	园艺系	8	财会金融系
2	畜牧兽医系	9	基础部（思政教研部、体育部）
3	食品与生物工程系	10	北苑校区（国际教育学院）
4	水利与建筑工程系	11	清河校区（机电工程学院）
5	现代服务管理系	12	继续教育学院（北京市农业广播电视学校）
6	信息技术系	13	党校工作部
7	经济管理系		

表328　　北京农业职业学院专业设置一览表（2020年）

序号	专业代码	专业名称
1	410101	种子生产与经营
2	410105	园艺技术
		园艺技术（现代农艺技术）
3	410106	植物保护与检疫技术
4	410112	设施农业与装备
5	410113	现代农业装备应用技术（都市农业装备）
		农业装备应用技术（低空无人机植保技术）—21年新申报
6	410115	绿色食品生产技术
		绿色食品生产与检验（食品安全检测技术）贯通
7	410116	农产品流通与管理（跨境采购与物流）
		农产品流通与管理（特色农产品经营）
8	410119	现代农业经济管理
9	410120	农村新型经济组织管理（休闲农庄经营管理）
		农村新型经济组织管理（农村金融管理）
		农村新型经济组织管理（农村财务管理）
		农村新型经济组织管理（农民合作社运营与管理）
		农村新型经济组织管理（家庭农场经营与管理）
		农村新型经济组织管理（村务管理）
		农村新型经济组织管理（农村电商）

续表 328

序号	专业代码	专业名称
10	410202	园林技术
		园林技术（风景园林）贯通
11	410301	动物医学
		动物医学（宠物医学）
		动物医学（宠物医师）贯通
12	410303	畜牧兽医
		畜牧兽医（运动马驯养与疾病诊治）
13	410308	特种动物养殖技术
14	440102	建筑装饰工程技术
15	440301	建筑工程技术
16	440404	建筑智能化工程技术
17	440602	给排水工程技术
18	450203	水利水电工程技术
19	450402	水环境智能监测与治理
20	460103	数控技术（智能制造）
21	460609	无人机应用技术
22	470102	药品生物技术
23	490104	食品检验检测技术
24	510102	物联网应用技术
25	510201	计算机应用技术
		计算机应用技术（数字媒体应用技术 5 年）
26	530201	金融服务与管理
27	530202	金融科技应用
28	530302	大数据与会计(税务会计)
29	530501	国际经济与贸易（涉外企业经营实务）
		国际经济与贸易（国际关务管理）
30	530601	工商企业管理
31	530701	电子商务
		电子商务（新媒体技术方向）
32	530702	跨境电子商务—21 年新申报
33	530802	现代物流管理
		物流管理（商贸物流管理）
		物流管理（电子商务物流）
34	540101	旅游管理
		旅游管理（旅游电子商务）
		旅游管理（乡村旅游开发与管理）
		旅游管理（休闲马术管理）
		旅游管理（空乘服务）
35	540112	会展策划与管理
36	550106	环境艺术设计
37	580402	法律文秘

三、2020 年概况

2020 年，北京农业职业学院校园面积 81.22 万平方米，图书馆建筑面积 10430.56 万平方米。全年教育经费总投入 49917.51 万元。设有 4 个校区，设置 13 个院（系、部）。教职工 820 人，其中，专任教师 383 人；正高级 47 人、副高级 245 人；外籍教师 1 人。在校生 5404 人，其中，高职生 4888 人、中职生 516 人。留学生毕业 7 人、招生 1 人、在校生 42 人。学院网址：www.bvca.edu.cn。

附表：

表 329　　中共北京农业职业学院委员会历任书记一览表（2002—2020 年）

书记	任职时间	书记	任职时间
周文济	2002 年 3 月—2005 年 5 月	李云伏	2015 年 7 月—
崔砚青	2005 年 5 月—2015 年 7 月		

表 330　　北京农业职业学院历任院长一览表（2002—2020 年）

院长	任职时间	院长	任职时间
聂玉藻	2002 年 3 月—2004 年 3 月	王福海	2016 年 4 月—2019 年 4 月
王振如	2004 年 3 月—2012 年 5 月	范双喜	2019 年 4 月—
杜晓林	2012 年 12 月—2016 年 4 月		

（执笔人：孙田田）

北京财贸职业学院

北京财贸职业学院（北京市财贸管理干部学院）(英文名称：Beijing College of Finance and Commerce)，是经北京市人民政府批准的，教育部备案的全日制普通高等学校。学校由北京市人民政府举办，北京市教委主管，主要教育形式是全日制高等职业教育，并根据首都现代服务业发展和终身学习需要，开展继续教育、职业培训等其他类型教育，深化育训结合。学校现有通州、东城、朝阳和涿州四个校区。其中注册地为东城区校区（北京市东城区东四南大街礼士胡同41号)，校本部为通州校区（北京市通州区北关大街88号)。

一、学校沿革

1958年，北京市财贸系统原各局、行、社管辖的北京商业干部学校、北京商业职工学校、北京粮食干部学校、北京供销合作干部学校、北京服务局职工训练班和北京银行训练班等六个单位合并组建北京市财政贸易干部学校。1970年7月，学校撤销，保留部分人员继续办班，名称改为北京市财贸干部毛泽东思想学习班。

1978年6月，学校复建，恢复北京市财政贸易干部学校校名。1981年3月，第一期商业企业管理干部大专班正式开学，标志着学校成功由干校培训向成人学历教育转型。1983年1月，在北京市财政贸易干部学校成立北京市财贸职工学院，“一套人马、两块牌子”。1984年4月北京市财贸职工学院改为北京市财贸管理干部学院。2003年，学校划归北京市教委领导。2000年，学校开启普通高职学历教育的探索实践。

2003年1月，北京市财贸管理干部学院与中国石油天然气集团地球物探职工大学、北京市立信会计职工大学、北京财政学校合并组建北京财贸职业学院，同时保留北京市财贸管理干部学院牌子，同年学院开始招收高职生。2011年，学院被评为国家示范性高等职业院校。2016年，北京城市建设学校整建制并入。2019年1月，学校入选北京市特色高水平职业院校建设单位，12月，学校入选教育部、财政部的中国特色高水平高职学校建设单位。

二、院系建设

1991年，学校德育教研室成立，同时成立北京市商业经济研究中心，为市商委所属事业单位，日常行政管理工作由北京市财贸管理干部学院代管。

1994年，高级财务管理学院成立，中共北京市委商贸工委党校在学校成立，实行“一套机构、两块牌子”。学校适应市场需求，增设了外贸英语、广告策划、金融和财会电算化等4个新专业。

2002年，北京市财政局下属北京市立信会计职工大学、北京财政学校与北京市财贸管理干部学院整建制合并，保留立信品牌，成立立信会计二级学院。

2004年，国际教育学院成立，启动中外合作学历教育项目，与美国席勒大学合作开设中外合作酒店管理专业和国际商务专业，同时成立艺术学院，重点培养艺术应用型专门人才。

2007年，从高职办学系（院）部剥离出成人教育，对有关专业和课程进行调整，并在系（院）部的基础上建立科研咨询中心；把中专教育划归基础部，把成人教育和党校教育整合成立成人教育学院；新建了职业培训部和高职教育研究所。

2012年，与恒天财富投资管理公司共同成立“北财—恒天商学院”；与中国环境国际旅行社、北京春秋国旅、北京国旅等10余家旅行社共同成立“北财尚游汇商学院”；组建北京商贸职业教育集团，作为强化首都商贸行业对职业教育的发展指导，提升商贸职业教育服务北京世界城市发展战略的贡献力的重要举措。

2013年，成立北京国际商贸中心研究基地。

2014年，与中商商业经济研究中心、北京博厦行房地产信息咨询有限公司成立了北京京商流通战略研究院。

2016年，学校整建制合并北京城市建设学校，成立朝阳校区（基础教学部），后更名为贯通基础教育学院（朝阳校区）；新建建筑工程管理学院；将旅游系和广告艺术学院合并，成立旅游与艺术学院；将工商管理系和信息物流系合并，成立商学院。

2020年，学校设有立信会计学院、金融学院、商学院、旅游与艺术学院、建筑工程管理学院、国际教育学院（国际交流中心）、马克思主义学院（素养教育部）、人文学院、继续教育学院（东城校区）、贯通基础教育学院（朝阳校区）、京冀创新教育学院（涿州校区）11个二级学院。

三、专业建设

专业基础建设期。2000年，学校首次获批开设会计、电子商务、人物形象设计3个高职专业，截至2010年开设专业达19个，其中会计、金融与证券等专业获批中外合作办学资质。2008年，会计电算化、商务英语停止招生。“十一五”期间，学院依托教育部人才培养工作水平评估和国家示范性高等职业院校建设计划，形成了以财经商贸为主体的专业布局与结构，获批连锁经营管理、物流管理、导游3个中央财政重点支持专业，会计、金融与证券、国际商务、广告设计与制作4个北京市财政支持专业。商场经营管理（连锁经营管理专业）为国家级高职高专教学改革试点专业，电子商务为北京市高职高专教学改革试点专业。

专业升级改造期。“十二五”时期，全面开展专业评估，停办6个招生和就业不理想、专业区分度不高、专业核心竞争力不足的专业。同时，增设投资理财、物联网应用技术、旅游管理、会展策划与管理4个专业，开设专业达21个。

专业创新发展期。“十三五”时期，依据《普通高等学校高等职业教育（专科）专业目录（2015年）》，统一调整了专业名称，并新增专业10个、恢复招生1个，停招1个。学校统筹布局财经、商贸、旅艺、建管等8大类27个高职专业，紧抓北京市“特高校”、国家“双高校”建设机遇，获批7个国家创新发展行动计划骨干专业，智慧会计、科技金融、智慧商业和文化旅游4个北京市特色高水平骨干专业（群），智慧财经、现代商旅服务2个专业群入选国家双高计划，物流管理、金融管理专业通过教育部首批现代学徒制试点项目验收。

表331　　北京财贸职业学院专业设置一览表（2020年）

专业名称	专业代码	专业大类	学院
会计	630302	财经商贸大类(53)	立信会计学院
会计信息管理	630304		
税务	630102		
金融管理	630201	财经商贸大类(53)	金融学院
互联网金融	630209		
投资与理财	630206		

续表 331

专业名称	专业代码	专业大类	学院
证券与期货	630203	财经商贸大类 (53)	金融学院
国际金融	630202		
工商企业管理	630601	财经商贸大类 (53)	商学院
连锁经营管理	630604		
市场营销	630701		
物流管理	630903		
电子商务	630801		
跨境电子商务	630805		
物联网应用技术	610119	电子与信息大类 (51)	
导游	640102	旅游大类 (54)	旅游与艺术学院
酒店管理	640105		
旅游管理	640101		
会展策划与管理	640301		
视觉传播设计与制作	650102	文化艺术大类 (55)	
影视多媒体技术	660208		
学前教育	670102K	教育与体育大类 (57)	
空中乘务	600405	交通运输大类 (50)	
工程造价	540502	土木建筑大类 (44)	建筑工程管理学院
建设工程管理	540501		
建筑室内设计	540104		
人物形象设计	650122	文化艺术大类 (55)	京冀创新教育学院

四、人才培养

人才培养转型发展期。学校 1958 年创建初期，主要开展北京市财贸系统干部培训。2003 年，逐步实施高等职业教育，形成以学历教育为主体（含高职、成人、党校等），学历教育与职业培训共同发展的格局。截至 2005 年，各类学历教育培养学生 4 万余人，各类在职教育培训累计近 50 万人次。

“十一五”期间，获批国家级精品课程 2 门，市级精品课程 12 门，教指委重点课程 1 门；国家级精品教材 1 部，“十一五”国家级规划教材 17 部，市级精品教材 19 部；北京市教学成果奖累积 6 项。学生在各类国家级竞赛或活动中获得奖项 18 个，市级奖项 33 个。

人才培养内涵发展期。“十二五”期间，学校以内涵发展为引领，全面深化“上班式”课程改革，系统推进“研学结合”教学改革，建设 E 化课程，开展四级技能大赛，2 个专业试点北京市分级制度改革，7 个专业首批开展 3+2 中高职衔接办学改革，5 个专业首批试点贯通培养试验项目，探索高端技术技能人才培养新模式。获国家级精品共享资源课程 2 门；教育部规划教材 42 本，市级精品教材 17 本；国家级教学成果二等奖 2 项，北京市教学成果奖 8 项，市级教改立项项目 18 项。学生获全国数学建模大赛一等奖 1 项，全国高职院校技能大赛一等奖 2 项，省部级奖项 25 个。

人才培养创新发展期。“十三五”期间，学校聚焦立德树人根本任务，系统推进“课程思政”教育教学改革，完善“财贸素养”德育品牌，推行“扬长教育”模式，构建“三阶式”创新创业教育体系，实施“四位一体”职业能力培养，开展德国胡格、澳大利亚 TAFE 教学模式改革，探索“1+X”证书制度试点，扎实推进贯通、“3+2”中高职衔接人才培养。获批教育部规划教材 10 本，国家级教学成果奖二等奖 1 项、北京市教学成果奖 7 项，市级教改立项项目 5 项。学生获全国高职院校技能大赛一等奖3项，获行指委、行业赛国赛一等奖22项，获市赛以上一等奖百余项。

五、科学研究

2003年至2005年，学校科研工作开始迈上新的台阶，全体教职员获得科研成果1032项，其中论文374项、著作教材42项、教学成果41项、出版教材119本、服务成果307项、各级各类课题149项，其中完成市级以上立项课题16项。

2008年至2010年，学校教职工获得各级各类成果1458项。其中，公开发表论文423篇、出版著作26本，主编参编教材216本、公开出版193本，各级各类课题289项，咨询服务成果240项，艺术作品62件，其他成果9项。

2015年，全校教师共取得各类科研教研成果325项。其中，288项各类科研成果中，公开发表论文221篇，公开出版学术著作13部，1部原创性画册，发表2幅艺术作品，新增6项省部级以上立项科研项目，新增司局级立项项目5项，取得22项咨询服务成果。37项各类教研成果中，完成国家级专业教学资源库验收项目1项，新增国家级规划教材10部，新增公开出版教材26部。

2020年，全校教师取得各类科研教研成果共计296项。其中，各级科研课题立项50项；公开发表论文162篇，其中，核心论文17篇，一般期刊论文145篇，公开出版学术著作和教材34部，其中，学术著作19部、教材15部，服务成果2项，北京市教委科研计划课题结题4项，校级科研课题结题15项；专利类成果14项；北京市教工委社会调研项目等其他成果15项。

六、师资队伍建设

学校历来重视师资队伍建设，特别重视师资的引进和培养。在干部培训和成人教育阶段，通过全方位、多形式、大规模的培养和锻炼，学校教师队伍的总体素质得到了较快提高。1992年，学校专任教师由建校之初的20多人发展到80余人，其中，高级职称14人，中级职称52人，本科以上学历教师已达86.7%，其中研究生占20.5%。

跨入21世纪，学校正式进入高职教育阶段，学校继续发扬尊师重师的传统，不断推进师资队伍建设和制度创新。坚持“外引内培”充实教师队伍数量，师资队伍规模逐年扩大；实施名师、导师、双师“三师”战略和“三优一师”奖励制度，修订并完善了鼓励教师下企业实践制度、学习进修与教育培训制度，专业技术职务晋升制度等；成立教师发展中心，营造良好发展环境，搭建鼓励和促进教师成长的平台，构建了有利于专业提升和终身发展的校内外、多层次、立体的教师培训体系和“国家级—市级—校级”人才培育体系。

经过30年的持续建设，学校专任教师的教学水平、科研能力和国际化水平全面提升，师资结构全面优化，逐步形成一支师德师风好、素质水平高、梯度结构优、业务能力强、国际有影响力的高素质创新型双师队伍。截至2020年底，学校教职工研究生以上学历教师达58%，专业课教师“双师型”占比84.04%。享受国务院政府特殊津贴专家8名，获全国优秀教师、北京市优秀教师等称号教师50余人，北京市十佳辅导员1名，优秀辅导员10名。学校入选国家级职业教育教师教学创新团队1支，入选北京市教学创新、专业创新等团队14支，入选北京市属高校高水平教师队伍建设类人才计划6人，入选北京市职业院校教师素质提升类人才计划108人。

七、校园基本建设

学校共有四个校区，校本部位于通州区北关大街88号，另有东城校区、朝阳校区和涿州校区，分别位于东城区东四南大街礼士胡同41号、北京市朝阳区水碓子东路15号和河北省保定市涿州市双塔区大石桥团结路8号。

校本部建设。2002年，北京财政学校迁入，学校通过多种方式筹集资金，积极改进校区宿舍楼、教学楼、实训楼、中心食堂、学生公寓等工程建设，进一步充分挖掘老校区资源，通过新建、改建、扩建等方式，完成了2号住宅楼、5号学生公寓、教工食堂、实训大楼、国际教育交流厅、图书馆扩建、6号学生公寓等工程，到2020年，学校校本部建筑面积达到122589.73平方米，基本满足教学需要。

东城校区建设。东城校区始建于1958年，

图 109　北京财贸职业学院校本部示意图

原为北京市财贸管理干部学院校本部，由北京四合院改造而建。占地 4200 平方米。建筑面积 16762.47 平方米，其中包括：北京市东城区东四南大街礼士胡同 41 号、14 号；朝阳区东大桥东里 9 号楼；朝阳区八里庄南里 2 号楼。目前，主要用于成人培训。

朝阳校区建设。原为北京城建学校校址，于 2016 年并入。自 1991 年以来完成了综合实验楼、锅炉房改造、体育看台等基本建设。校区面积 29068.86 平方米，基本满足教学需要，目前用于贯通培训项目学生教育。

涿州校区建设。原为中国石油天然气集团地球物探职工大学校址，并入后成为学校涿州校区。校区面积 117093 平方米，建筑面积 51642.67 平方米，自 1991 年以来完成女生宿舍楼、扩展训练场地用房、艺术学院实训场地、风雨操场 2 等基本建设，基本满足教学需求。

八、2020 年概况

2020 年，北京财贸职业学院校园面积 29.90 万平方米，图书馆建筑面积 0.94 万平方米。全年教育经费总投入 38261.17 万元。设有 4 个校区，设置 11 个院（系、部）。开设 27 个专业。教职工 631 人，其中，专任教师 361 人；正高级 15 人、副高级 126 人；外籍教师 12 人。在校生 6826 人，普通专科生 4997 人、成人教育专科生 492 人。网址：www.bjczy.edu.cn。

附表：

表 332　中共北京财贸职业学院委员会历任书记一览表（1991—2020 年）

书记	任职时间	书记	任职时间
张国群	1986 年 9 月—1996 年 9 月	韩宪洲	2010 年 4 月—2015 年 6 月
郑国本	1996 年 9 月—2003 年 3 月	高　东	2015 年 9 月—2019 年 4 月
张连登	2003 年 10 月—2010 年 4 月	王红兵	2019 年 5 月—

表 333　北京财贸职业学院历任院长一览表（1991—2020 年）

院长	任职时间	院长	任职时间
劳而逸	1984 年 4 月—1996 年 9 月	王成荣	2011 年 7 月—2019 年 4 月
王茹芹	2000 年 12 月—2011 年 1 月	杨　宜	2019 年 4 月—

（执笔人：谭惜春）

北京经贸职业学院

北京经贸职业学院位于北京良乡高教园区，是经北京市人民政府批准，教育部备案，具有独立颁发高等教育学历证书资格的民办普通高等职业院校。

建校 40 年来，学校以创新为引领，以优质服务为宗旨，以高质量就业为导向，秉持“人人都能成才”的教育理念，以培养学生社会责任感、创新精神和实践能力为重点，以办好人民满意的学校为努力方向，确立了“以教学为中心，以育人为根本，一切为了学生健康成长成才”的办学理念，“依法治校、质量立校、人才强校、特色兴校”的学校发展理念和“自强砺志、尚德树人”的学校核心文化，形成了“广泛开展志愿服务，培育奉献社会精神”的办学特色。我校大力推进校企合作，创新人才培养模式，深化教育教学改革，不断提高人才培养质量，努力培养适应首都经济社会发展需要的高素质技术技能型人才，努力把学校建设成为规模适度、管理科学、质量优良、特色鲜明的知名高职院校。

一、学校沿革

北京经贸职业学院的前身是中华社会大学，1982 年 3 月 13 日经北京市政府工农教育办公室批准成立，是我国改革开放后经批准创办的第一所民办大学。彭真为学校题写“中华社会大学”校名。

学校 1987 年成立团委，1991 年成立党支部，是民办高校中最早成立党、团组织的学校之一。1992 年被北京市政府评为民办高等教育先进学校；1996 年得到国务院、国家计委、国家教委共 2820 万元建校一次性资助款，1998 年被北京市社会力量办学评估领导小组评为优良学校，教育部授予于陆琳校长全国优秀教育工作者称号，1999 年获得北京市政府 100 万元的奖励资助。

2002 年中华社会大学经北京市教委评估专家组评估，北京市政府于 12 月批准中华社会大学为高等职业学院，并更名为北京经贸职业学院。2005 年学院董事会结束工作。2007 年在市委教育工委、西城区委的关心支持下，西城区委教育工委批准成立了中共北京经贸职业学院委员会，由北京服装学院原党委书记焦福岩任书记。2008 年在市教委的支持帮助下，学院成立了第一届理事会，由学院党委书记焦福岩出任理事长。2020 年 6 月 10 日，经北京市委教育工委，并通过房山区委教育工委，选派原联合大学党委副书记付晨光担任党委书记。2020 年 7 月 8 日，学校召开了第 8、第 9 次理事会，会议同意焦福岩辞去学校担任的一切职务，选举付晨光同志担任学校理事长，理事会聘任原北京工商大学审计处处长陈轲为北京经贸职业学院院长，并担任学院法定代表人。

学校教学机构设有财会与金融系、教育与管理系、信息与设计系、思政课教学部基础课教学部和教育培训中心，机关设党政办公室、党委组织宣传办公室、党委学生工作部（学生处）、校团委、人事处、教务处、督导办公室、招生就业处、后勤保卫处、财务处。共开设 9 个高职专业。面向全国 17 个省份招生，现有各类在校生近 3000 人。学校占地面积 105692 平方米，建筑面积 50632 平方米。

表 334　　北京经贸职业学院专业设置一览表（2020 年）

序号	专业名称	学制	序号	专业名称	学制
1	会计	三年	6	学前教育	三年
2	会计（银行就业定向）	三年	7	电子商务	三年
3	人力资源管理	三年	8	计算机应用技术（5G 软件开发）	三年
4	空中乘务	三年	9	建筑室内设计	三年
5	国际金融	三年			

二、发展概述

学校位于北京良乡大学城，地处中关村国家创新示范区房山园、北京高校大学生创业园（良乡园），与北京理工大学、北京工商大学、北京中医药大学、首都师范大学新校区毗邻，紧邻地铁站。学校显著的区位优势，为学生学习、实训、创新创业项目孵化、求职就业提供了良好的环境条件。

师资队伍优良。学校坚持引进与培养并重的原则，按照“优化结构、稳定骨干、造就名师”的方针，注重加强师德建设和提高“双师素质”，形成了一支思想政治素质和业务水平较高、结构较合理的教师队伍。现有各类专兼职教师 153 人，其中 52% 具有高级专业技术职务或硕士、博士学位，兼职教师主要是来自北京各知名高校的资深优秀教师和具有丰富专业技能的“双师型”人才。学校近五年评聘副教授、引进博士近 30 人，16 名教师评为全国和北京市优秀教师、北京市优秀青年骨干、优秀教育工作者，5 个团队评为北京市专业创新团队和优秀教研团队。

职业技能过硬。学校实行双证融通，通过职业技能实训课教学和仿真模拟实训室、综合教学实验室、一流实习实训基地等设施全方位打造实用、过硬的专业技能；毕业前符合条件的学生可参加北京市高校专升本统一考试，成绩合格者可进入全日制本科深造。实行校企合作、工学结合，通过实践教学和企业实习实训使学生完善知识结构，熟练掌握职业技能和丰富的实操经验；实行“教、学、做、考”一体化的培养模式，使“校、企、岗”紧密对接，实现学生就业“零适应期”。

就业创业优质。学校高度重视毕业生就业创业工作，积极拓宽就业渠道，先后与沃尔玛集团、百度、招商银行、中国人寿、海南航空公司、大兴机场、首都机场等上百家企事业单位建立长期合作关系，为毕业生提供优质就业岗位，学校毕业生就业率一直保持在 90% 以上。学校将创新创业教育纳入人才教育培养体系，邀请校外知名企业家、创始人来校开展创业讲座，指导学生进行职业生涯规划。自 2011 年起学校已连续举办了 7 届大学生创业设计大赛，一大批毕业生走上了创业之路，实现了人生梦想。

建校以来，学校毕业生已达数万名，为首都和社会经济建设培养出了一大批行业骨干和优秀人才，受到了用人单位的好评，取得了良好的社会效应。

奖助政策体系完善。学生在校期间可享受国家奖学金、国家励志奖学金、国家助学金，学校还设有于陆琳奖学金、自强奖学金两项院级奖学金。学校设有学生创新争先奖、三好学生、优秀学生干部等评优评先奖励制度，还设立了资助学生创业的创业基金。经济困难学生除可申请生源地助学贷款外，还可享受学校困难补助和参加勤工助学等。

校园文化丰富多彩。学校注重学生社团建设，马克思主义理论社、时政研究会、英语协会、汉服社、书画协会、街舞社、话剧社、摄影社、心理社等学生社团积极开展健康有益、丰富多彩的课外科技文艺活动，寓教于乐。此外，学校广泛开展“以赛促学、以赛促教”，经贸学子在参加的校内外职业技能竞赛、人文质素竞赛、创新创业大赛、文化艺术展演和体育运动等各类赛事活动中屡获佳绩。多年来开展志愿服务已成为我校一项办学特色，形成了“团结向上，奉献社会”的经贸志愿服务精神。学校志愿者参加了北京奥运会、首都国庆60周年群众游行等大型活动，学生志愿服务活动多次被各大媒体报道并获嘉奖，2016年学校志愿服务队荣登“北京社会好人榜”。

三、2020年基本情况

2020年，北京经贸职业学院占地面积10.57万平方米，产权校舍建筑面积5.06万平方米。图书馆建筑面积610平方米。全年教育经费投入3981.45万元，其中，国家拨款131.55万元、自筹经费3849.90万元。固定资产总值14786.88万元，其中，教学、科研仪器设备资产值1919.34万元。拥有图书19.39万册，计算机963台。网络信息点200个，上网课程4门，管理信息系统数据总量3GB，数字资源量中电子图书4000册、音视频22小时。学校设置6个系（中心），开设专业9个。拥有校内专业实训室30个、综合实训室7个，校外实训基地10个。教职工122人，其中，专任教师34人，包括教授5人、副教授23人。聘请校外教师37人，其中，教授1人、副教授6人。毕业生421人，其中，学历教育全日制高职生402人、非学历教育学生19人。招生702人，其中，学历教育全日制高职生520人、非学历教育学生182人。全日制学历教育高考招生北京地区提档线理科120分、文科120分。在校生1660人，其中，学历教育全日制高职生1378人、非学历教育学生282人。网址：www.csuedu.com。

附表：

表335　　中共北京经贸职业学院委员会历任书记一览表（2007—2020年）

书记	任职时间	书记	任职时间
焦福岩	2007年11月—2020年7月	付晨光	2020年7月—

表336　　北京经贸职业学院历任院长一览表（2003—2020年）

院长	任职时间	院长	任职时间
杨干忠	2003年1月—2009年9月	焦福岩	2012年9月—2020年7月
王　东	2009年9月—2012年9月	陈　轲	2020年7月—

（执笔人：王亚娜）

北京汇佳职业学院

北京汇佳职业学院是2003年经北京市人民政府批准、教育部备案，由北京市教育委员会主管，具有国家高等学历教育计划内全国统一招生资格的全日制民办普通高等职业院校。学校简称：汇佳学院，英文名称：Beijing Huijia Vocational College。学院位于昌平区中关村科技园区，自有土地面积225亩，建筑面积19.8958万平方米。学院是“全国先进民间组织”“北京市职业教育先进单位”“北京市示范性高职学院”“北京市5A级社会组织”。学院是北京市首批自主招生、“3+2”中高职衔接试点院校，北京市第一批特色高水平骨干专业建设单位，“学前教育”专业为教育部国家级骨干专业。学院还是北京市职工继续教育培训基地、市教委“双师型”教师培训基地，教育部“1+X”证书培训试点单位。

学院下设三院两系两中心：教师学院、人工智能工程师学院、影视艺术学院、休闲体育系、经济管理系、通识教育中心、国际合作交流中心。已形成“学前教育、影视动画、休闲体育”三大特色专业群。设有学前教育类；影视艺术类；休闲体育类；健康养老、经管类；人工智能、物联网、5G通信、轨道交通信息化类共5大类17个专业、32个专业方向。

为适应首都功能定位和服务社会经济发展，符合校企结合和产教融合的发展趋势，学院2019年新增“人工智能技术服务”和“冰雪设施运维与管理”专业；2020年新增“早期教育”“软件技术”“空中乘务”专业；2021年新增“舞台艺术设计与制作”“影视制片管理”等专业。

学院自建校以来，始终秉承“新型高品位国际化”的办学理念，坚持“以质量求生存以特色求发展以诚信求未来”的办学宗旨。建校18年来共为社会输送培养毕业生数20000余人，多年来平均就业率达到97.2%。

一、学院沿革

2003年5月23日，经北京市人民政府批准，北京辅仁外国语大学（1984年成立，2000年3月并入汇佳教育机构）成为具有独立颁发文凭资质的民办普通高等职业学院，并更名为北京汇佳职业学院，办学层次为专科，校址在昌平区科技园区创新路20号。

2004年，学院教育系开设了英语教育专业。2005年学院教育系申请开设了“学前教育与管理”专业，面向全国参加计划内统一招生。

2005年11月，学院获得北京市民政局“北京市先进民间组织”称号；12月，获得民政部“全国先进民间组织”称号，并同时获得北京市“民办非企业单位自律与诚信建设先进单位”称号。

2006年，学院被北京市教委、北京市民办教育协会列为“北京市特色民办学校建设”首批项目试点学校。3月学院被授予“北京市职业教育先进单位”称号。

2007年2月学院获得北京市民办高等学校安全稳定工作先进单位。10月，在教育部进行的高职高专院校人才培养工作水平评估中获得“良好”（是北京市已评估过的民办高职院校中唯一获得“良好”的学院）；12月北京汇佳职业学院获“北京最具品牌影响力的民办高校”称号。

2008 年，学院招生工作实现了招生录取率 100%、报到率 99.8%，毕业生就业率 95.2% 的新突破。

2011 年 6 月，学院被评为中国民办高等教育优秀院校，徐恒亮院长被评为中国民办高等教育先进个人；12 月第二届北京市大学生动漫设计竞赛学院获得“最佳组织奖”。

2012 年，学院通过北京市示范性高等职业院校验收。12 月，经北京市民政局社会组织评估委员会审核，确认北京汇佳职业学院为北京市“AAAAA 级社会组织”。

2014 年 1 月，学院入选“3+2”中高职衔接改革试点院校。12 月，被评为第五届金翼奖“最具影响力民办大学”称号。

2017 年 3 月学院通过市教委“北京市高等职业院校课堂教学诊断和现状调研”

2019 年 1 月，北京汇佳职业学院学前教育专业入选北京市第一批特色高水平骨干专业建设单位。这是全市第一批 48 家建设单位中，唯一一所民办院校的特色高水平骨干专业。12 月，入选北京市职工教育培训基地。

2020 年 1 月，学院被市民政局评选为 AAAAA 的社会组织。9 月，入选北京市第一批校企合作双师型教师培养培训基地，即北京市“学前教育专业双师型”教师培养培训基地。

学院是 15 家入选单位中唯一的民办院校，也是全市第一个高职学前教育专业双师型培养培训基地。

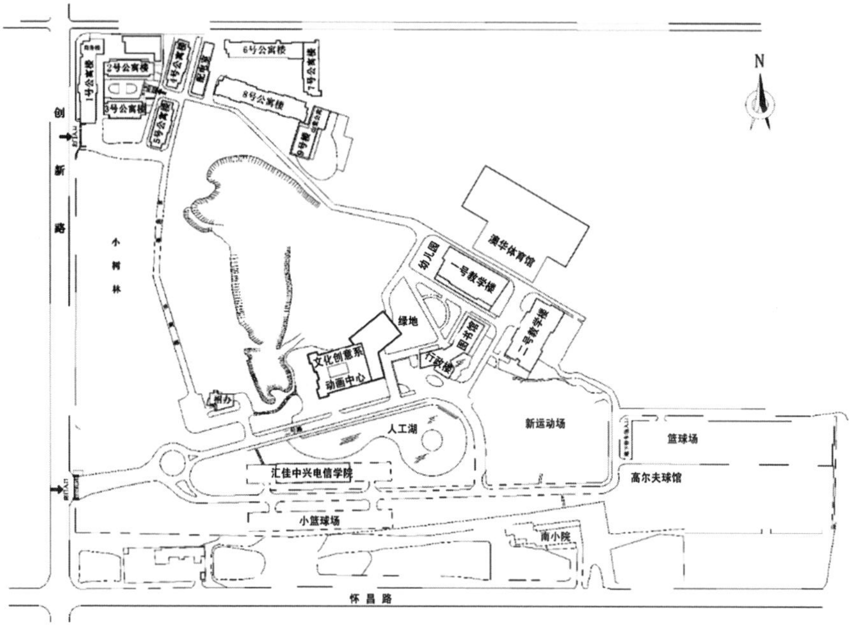

图 110　北京汇佳职业学院平面图

表 337　　北京汇佳职业学院机构设置一览表（2020 年）

类别	部门设置	类别	部门设置
职能部门	党院办	教学部门	教师学院
	教务处		人工智能工程师学院
	学生处		影视艺术学院
	运营开发处		休闲体育系
	财务处		经济管理系

续表 337

类别	部门设置	类别	部门设置
职能部门	保卫处	教学部门	通识教育中心
	后勤物业		国际合作交流中心

二、事业发展概述

（一）专业建设

至 2020 年，学院专业建设经历了 2003—2008 年的学院各项工作稳步发展时期、2009—2012 年的学院各项事业快速成长跨越发展时期、2013—2020 年的学院经历了改革提质创新发展时期。

2003—2008 年稳步发展时期。学院专业建设从成立时期的三系一部发展到六系一部，即经济管理系、英语系、动画系、教育系、娱乐经济系、计算机系，基础部。开设有国际商务、文化市场经营与管理、人力资源管理、商务英语、导游（英语导游）、艺术设计、影视多媒体技术、影视动画、学前教育、英语教育（双语）、体育服务与管理、计算机应用技术等 13 个专业。专业建设发展与市场需求紧密连接，相互促进。

2009—2012 年快速成长跨越发展时期。学院经历了“北京市示范性高等职业院校建设”申报立项到验收结项的跨越发展阶段，大力推动了专业建设发展。

截至 2011 年 9 月，学院下设动画系、教育系、娱乐经济系、英语系、经济管理系、计算机系、国际部 7 个系部。开设有影视动画、艺术设计、影视多媒体技术、学前教育、高尔夫球技术与管理、体育服务与管理等 13 个专业和马术与管理、亲子教育、幼儿英语教育等 18 个专业方向。2012 年示范校验收时，逐步形成了“影视动画、学前教育、体育服务与管理”三大特色骨干专业群。

2013—2020 年改革提质创新发展时期。随着市场人才需求以及国家相关政策的变化，学院以就业为导向，以岗位需求为出发点，整合学院资源，推进创新发展。2013 年 12 月学院与中兴通讯达成校企合作战略协议成立中兴电信学院，开设“城市轨道交通通信信号技术”“移动应用开发”专业。2018 年学院在中兴电信学院基础上与华晟集团开启了深度校企合作，并于 2019 年 12 月正式更名为成立汇佳—华晟人工智能工程师学院。2019 年 1 月 4 日，学院“学前教育”专业被北京市教育委员会批准为民办高职唯一首批“特色高水平建设”专业，2019 年 9 月经学院决定，“教育系”更名为“教师学院”。

表 338　　北京汇佳职业学院专业设置一览表（2020 年）

序号	专业大类	专业类	专业代码	专业名称	专业方向
1	土木建筑	建筑设计	440102	建筑装饰工程技术	
2	装备制造	机械设计制造	460105	工业设计	
3	交通运输	城市轨道交通	500604	城市轨道交通通信信号技术	轨道交通信息化、5G 移动通信技术
4	电子与信息	电子信息	510102	物联网应用技术	智能控制、物联互联技术
5		计算机	510209	人工智能技术应用	
6			510213	移动应用开发	
7	医药卫生	健康管理与促进	520801	健康管理	
8	财经商贸	经济贸易	530502	国际商务	
9	文化艺术	艺术设计	550101	艺术设计	
10			550112	工艺美术品设计	
11	新闻传播	广播影视	560206	影视动画	
12			560208	影视多媒体技术	
13	教育与体育	教育	570102K	学前教育	
14			570102K	学前教育	

续表 338

序号	专业大类	专业类	专业代码	专业名称	专业方向
15	教育与体育	体育	570311	体育运营与管理	网球运动青少年教育与管理、足球运动青少年教育与管理、体育舞蹈
16			570311	体育运营与管理	马术运动青少年教育与管理
17			570313	高尔夫球运动与管理	高尔夫球青少年教育与管理
18			570315	冰雪设施运维与管理	冰上运动技术与管理
19	公共事业	公共管理	590202	人力资源管理	
20		公共服务	590302	智慧健康养老服务与管理	老年机构运营与管理
21	交通运输	航空运输	500405	空中乘务	
22	电子与信息	计算机	510203	软件技术	
23	文化艺术	表演艺术类	550218	舞台艺术设计与制作	影视美术
24	新闻传播	广播影视	560207	影视制片管理	
25	教育与体育	教育	570101K	早期教育	

（二）教学管理

学院教学管理机构、管理制度健全，教学管理队伍人员精干，素质较高且相对稳定。从 2006 年开始，教学教务工作实行计算机管理，引进清华优软教务管理软件进行数据操作，工作效率大为提高。2009 年开始每年更新教务管理软件，优化管理程序，编写《教务综合系统使用手册》。

人才培养方案与课程体系建设。建院以来，经过 2007 年教育部开展的学院评估工作，以及 2009 年开始的北京市三年示范校建设，学院初步探索和实践了职业教育“五个重构”和“三链融合”。即：重构基于产业需求的专业体系、重构基于职业要求的知识体系、重构基于生产需要的技能体系、重构基于工作过程的课程体系、重构基于行动导向的教学体系。实现产业链、岗位链和教学链的”三链融合“的教学构建体系。动漫专业群由“项目引领、任务驱动”工作室人才培养模式；学前教育专业群“系园一体、滚动实训”人才培养模式；体育服务与管理专业群“模拟演练、顶岗实践”人才培养模式，极大地激发了学生的学习兴趣，锻炼了学生职业技能，明显提高了教育教学质量。建院至 2012 年，建成北京市精品课程 3 门，学院主编出版专业课教材 40 余本，自编“三大专业群”英语教材 10 余本。2013—2020 年学院主参编出版教材 39 本。

教育教学研究与改革。2014—2020 年连续六年学院每年开展“教学活动质量月”的教学活动，开展了中青年教师的说课大赛、优秀教案的评选以及案例教学、模拟教学、实践教学技能比赛、多媒体课件比赛、教学基本功比赛、教学设计比赛和广泛的教科研活动等。学院为了提高中青年教师教育教学能力，组织了“教师说课大赛”“线上教学优秀课堂大赛”“微课大赛”“课程思政优秀课堂大赛”等，对提高教育教学质量，特别是青年教师的教学水平起到了很大的促进作用。2020 年开展“1+X”证书试点，推动了职业技能与课程建设相互融通，证书培训与课堂教学的双融合。

教师队伍建设。学院以提高专业教师的职业实践能力和职业教育教学能力为目标，尤其强化教师基于工作过程的教学过程设计能力，确定教师培养思路，以到企业进行实践锻炼为主，积极探索校企合作的共赢点。通过专业教师和企业技术人员及幼儿园骨干教师“双向兼职”“双岗双责”等方式，打造了一支“双师结构”教学团队。自 2010—2017 年以来，学院体育服务与管理教学团队入选 2010 年度北京市优秀教学团队。学院 2011—2017 年有 6 名教师入选北京市高等学校教学名师奖；2018 年 1 名教师入选北京市高等学校青年教学名师奖。2013 年 4 位教师入选“北京高等学校青年英才计划”。2018 年 1 名教师入选北京市职业院校专业带头人；4 名教师入选优秀青年骨干教师。2020 年汇佳幼儿园总院长入选“北京市职业院校特聘专家”；1 名教师入选“北京市职业院校职教名师”；1 名教师入选“北京市职业院校专业带头人”；4 名教师入选优秀青年骨干教师。2020 年学院双师型教师队伍建设，师资结构比例被北京市教委认定为达标单位。

（三）学生管理工作

学院学生处成立于 2003 年，是在学院党政联席会领导下承担学院学生思想政治教育和学生管理工作的职能机构。学生处同时分管团委、公寓部、医务室、学生资助办公室、征兵办公室等多项学生服务工作，并积极开展各项服务工作。学生处自成立以来先后制定了《北京汇佳职业学院新生入学誓词》《北京汇佳职业学院学生行为规范》《北京汇佳职业学院学生仪表着装规范标准》《北京汇佳职业学院一日生活制度规定》《北京汇佳职业学院公寓管理规定》《北京汇佳职业学院违纪处分规定》《北京汇佳职业学院综合考核办法》《北京汇佳职业学院辅导员绩效考核办法》等 20 余份规章制度。并有 2 名辅导员被授予“北京市优秀辅导员”荣誉称号。

学生处先后组织全院师生参与了 2008 年北京奥运会城市志愿者活动、2009 年国庆阅兵群众游行方队活动。自 2007 年以来，连续 13 年精心组织三大节活动，与专业特色紧密结合，充分体现专业群的特色和亮点。先后以“青春舞动和谐校园、艺术点亮美好生活”“精彩你我成长快乐、携手汇佳拥抱祖国”“绽放青春、放飞理想”为主题，通过活动主题的不断创新，寓教育于活动之中。

自 2007 年起学生处学生资助办公室在北京市资助中心领导下，积极开展为家庭经济困难学生服务工作，在全院范围内设立国家奖学金、国家励志奖学金、助学金，为家庭经济困难学生开通绿色通道，使每一位学生不会因家庭经济困难而辍学。

自 2019 年学院不断创新育人特色，以全面贯彻党的教育方针，落实立德树人为根本任务，以培养德智体美劳全面发展的社会主义建设者和接班人为目标，以“准军事化 + 准职业化”育人特色为载体，进一步实现思想政治和德育工作有效衔接。

2020 年疫情期间学生处积极鼓励学生参与家乡疫情防控志愿服务工作，共有 33 名学生参与了疫情防控志愿服务工作。

（四）校园安全管理

北京汇佳职业学院设有保卫处，安全保卫工作受市局文保总队的具体工作指导和管理。学院安全保卫工作认真贯彻落实北京市委教育工委、市教委关于北京高校安全稳定工作的一系列指示精神和要求，本着“为教学、为师生服务”的宗旨，坚持“以防为主，防治结合”的方针，积极发挥保卫组织的职能作用，以高度的责任感和使命感，高标准地做好校园安全管理、安全防范、安全教育、应急处置及周边整治等维稳工作，不断完善校园消防安全、交通安全基础设施设备建设和技防系统建设，确保校园秩序良好，政治稳定。

建校以来未发生一起重大责任事故和案件。学院于 2010 年、2014 年两次被评为北京市级交通安全先进单位；2011 年被评为北京市“五五”普法宣传教育先进集体；九次被评为昌平区级交通安全先进单位。

（五）特色专业发展

1. 学前教育

学前教育专业是北京汇佳职业学院三大骨干专业之一。北京汇佳职业学院学前教育专业目前下设国际双语教育、幼儿园教师教育、幼儿体育教育等 7 个专业方向。截至 2020 年底，已毕业学生 8000 多名。北京汇佳职业学院学前教育专业是北京市提供幼儿教师的大户。

初创阶段（2004—2008 年）。2004 年 9 月，北京汇佳职业学院开设学前教育专业。学前教育专业创建伊始，就以汇佳幼儿园为依托，贯彻教育部关于职业院校加强学生实训、实践工作的指示精神，坚持以服务为宗旨，以就业为导向的办学思想，不断推进教育教学、课程设置、培养模式等各项改革，积极探索产教结合、产学结合、切实提高学生的实践能力和职业能力的方法和途径，实现教学和实践的滚动式循环，完成以自己企业为基地、以区域经济为支撑的三大具有鲜明职业教育特色的专业群的构建工作，完成了北京市示范性实训基地的建设工作。从2004年到2008年，经过四年的建设期，学前教育专业已成为汇佳职业学院的三大专业群之一，成为学院的骨干专业和特色专业。

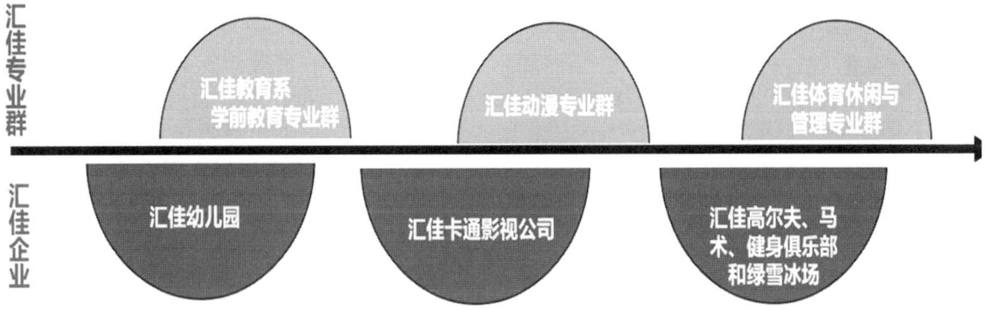

图111 汇佳专业群与汇佳企业示意图

快速发展阶段（2009—2014年）。2009年汇佳职业学院学前教育专业被学院纳入重点建设专业之一，是学院骨干专业与特色专业。这标志着汇佳职业学院学前教育专业进入快速发展阶段。学前教育专业在快速发展阶段，体现在培养学生数量发展快速攀升，规模迅速扩大。仅“北京市学前教育三年行动计划（2011—2014年）”，该专业与昌平、通州等7个区教委签订定向委托培养协议定向输送人才就达400余人。这些定向培养高素质学前教育人才，为缓解北京市幼儿教师人才不足和紧缺，做出了突出的贡献。2009年，学院被北京市教委批准为北京市示范性高职院校建设单位，学前教育专业也被学院纳入重点建设专业之一。2011年，入选成为北京市首批“3+2”学前教育专业中高职衔接试点单位，学前教育专业对接的北京市中职校达13所。2011—2014年承办北京市教委幼教师资培训项目，其间累计为北京市培训幼教工作者8000人。高质量的承办工作，得到北京市教委大力支持和充分肯定。2013年，学前教育专业综合实训楼正式投入使用。该实训楼由中央财政、北京市财政、汇佳教育机构投资3000多万元建成。该实训室使用面积为10000多平方米，是国内一流的学前教育专业综合实训楼，内设幼儿科学探究、蒙氏、感统、奥尔夫音乐、婴幼儿游泳馆、手工泥塑、烘焙、茶艺等实训室等，汇佳高标准的实训条件，有效支持本专业学生校内学习实践。

内涵建设阶段（2015年以后）。2015年至今，学前教育专业逐步进行提质培优内涵化建设。在学院领导及各部门大力支持下，该专业教学团队通过项目引领，教学科研能力得到极大提高。基于多年教学改革实践与成果，本专业教师编写“十二五”规划、“十三五”规划教材20余本。完成市级及其以上重大科研课题10余项，比如，联合国教科文组织亚太国际理解教育中心（APECIU）课题《中国的端午世界的节日》《北京市中高等职业教育课程衔接模式的实验研究（学前教育专业）》《幼儿教师准入标准研究》《“3+2”中高职衔接学前教育专业课程标准研究》《普惠性民办幼儿园认定标准研究》《北京市第一批特色高水平骨干专业（汇佳职业学院学前教育专业）建设项目》等。2015年，北京民办教育协会、北京教育评估院、新京报社联合举办“第九届北京民办教育园丁奖”，并授予汇佳学前教育专业科研组团队“优秀教研团队奖”。2015年，在北京市学前教育专业“3+2”中高职衔接办学项目支持下，“3+2”贯通学生招生人数高达

455 人，为历史最高峰值。2016 年，IB（国际文凭组织）亚太区域培训在北京汇佳职业学院举行，由学前教育专业承办。本次培训共开设了 12 个工作坊，有 200 多名亚太地区 IB-PYP 成员、校工作人员参训。获得 IB 官员和参训学员的高度认可。2016 年，汇佳职业学院学前教育专业教师指导学生杨文硕、宋佳祺代表北京赛区，参加教育部全国高职院校学前教育专业技能大赛，获全国团体二等奖。2017 年，在北京市学前教育专业“3+2”中高职衔接办学项目支持下，“3+2”贯通学生招生人数为 315 人，为迄今最大比例 68.48%。2017—2018 年，汇佳职业学院承接“提升幼教素养，共圆汇佳梦想”汇佳幼儿园全员轮训，共组织 8 期培训，面向汇佳幼儿园全体园长、骨干教师、新任教师、PYP 协调员、保健医。学前教育专业多名教师参与授课，师生参与培训服务。2018 年，北京汇佳职业学院学前教育专业相关人员申报北京市职业院校教师素质提升计划项目，其中 1 名入选北京市专业带头人，2 人入选北京市骨干教师。2018 年，汇佳幼儿园总园长兼任汇佳职业学院学前教育专业主任，加快推进该专业校企合作产融合步伐。2019 年，汇佳职业学院学前教育专业教师三项课题申报，获得北京市教委教学改革课题立项。2019 年，汇佳职业学院学前教育专业正式更名为教师学院，教师学院学前教育专业入选北京市第一批特色高水平骨干专业建设单位，同年 6 月，入选教育部《高等职业教育创新发展行动计划》国家骨干专业。2020 年，北京汇佳职业学院学前教育专业组织申报教育部“1+X”婴幼儿照护证书（中级）项目成为第三批建设试点单位。2020 年，北京汇佳职业学院学前教育专业教师的四项研究课题申报，获得北京学前教育职教集团学前教育研究课题立项。2020 年，北京汇佳职业学院学前教育专业相关人员入选北京市职业院校教师素质提升计划项目，其中 1 名入选企业特聘专家、1 名入选北京市职教名师、1 名入选北京市专业带头人、2 名入选北京市骨干教师。入选北京市职业院校校企合作学前教育专业“双师型”培养培训基地，成为 15 家北京市教委授牌的校企合作“双师型”教师培养培训基地之一。入选教育部国控专业“早期教育专业”。

2. 休闲体育与管理系

休闲体育与管理系成立于 2019 年 9 月，前身是由经济管理系、文化创意系、娱乐经济系三个系合并组成。

经济管理系始建于 2003 年，是学院成立并首次招生的 3 个系（经济管理系、教育系、动画系）之一。开设国际商务、人力资源管理、娱乐经济三个专业，建校初期在校生已达到 1000 人以上，2012 年增设老年服务与管理专业（老年机构运营管理专业方向）、2014 年增设健康管理专业。在人才培养过程中注重职业技能和实践能力培养，2014 年获得北京市民办教育发展促进项目资金支持 180 万元，建成乐龄活动组织与策划实训室、运动保健实训室、健康管理实训室、心理沟通与照护实训室等。2015 年 6 月，健康管理专业与北京汇佳职业学院与首都铁路卫生学校“3+2”中高职衔接。2020 年学院与北京华航航空服务有限公司建立校企合作关系，共同培养“空中乘务”专业。

娱乐经济系前身成立于 2005 年，开设高尔夫球技术与管理专业方向，同年开始正式招生。2006 年，获得教育部审批后，开设了体育休闲与娱乐管理专业方向，紧接着 2008 年开设了马术与管理专业方向，2016 年开设足球、冰球和游泳专业。从此，以我国当前正在蓬勃发展的朝阳产业——体育产业为依托的休闲体育系雏形初现。娱乐经济系作为北京汇佳职业学院长远发展规划的三大支柱专业之一，秉持“新型、高品位、国际化”的办学理念，以社会需求为导向，开设专业方向有马术运动、高尔夫运动、冰球滑冰、足球、游泳以及体育俱乐部管理，通过国际化举措聘请知名师资，为中国休闲运动产业培养高端服务管理人才。在教育教学上，一直加强校内外实训基地建设，强化实践教学力度。建设校内与校外递进布局、相互衔接的实训、实习基地。其中，体育运营与管理专业拥有自己 800 多平方米的健身房练习场地，各种新型健身器械一应俱全，让学生在学习专业知识的同时还参与到俱乐部的经营当中，锻炼了学生们的管理能力。

文化创意系前身是动画系，始建于 2003

年，是学院三大特色专业群之一。2003年到2019年，曾先后开设艺术设计专业（环境艺术设计方向、视觉传达设计方向）、影视多媒体技术专业、影视动画专业（影视动画制作方向、游戏开发与制作方向）等。系部的主要教学场所为汇佳动画中心，建筑面积5000平方米，建成初期就设有二维动画实训室、三维动画实训室、专业录音棚等专业教室，是国家级职业教育示范实训基地。从2010年到2016年充实和建立了建筑场景漫游动画实训室、环境艺术设计中心实训室、模型制作实训室、数字展示实训室、3D打印实训室、游戏制作实训室、虚拟现实实训室等，逐步从单一的影视动画实训基地构建成一个多专业综合实训基地。文化创意系各专业均采用“现代学徒制”的工作室教学模式，采用“以赛促学、以赛促训”的教学手段，将比赛项目融入日常教学中，学生在学习知识和技能的同时也能够参加国际、国家、省部级的技能大赛，开阔眼界增强信心。在教学中采用“项目引领、任务驱动”的教学过程，模拟真实工作环境，将理论知识和实践技能融入实际项目中，让学生“学中做、做中学”，强化实践技能训练，着力提升学生专业实践能力和核心竞争力，让学生做到与企业无缝衔接。文化创意系教师队伍中有2名高级职称教师，5名中级职称教师，均为双师型教师。该系创建以来学生获得全国及省市级以上各类奖项数百项。2012年该系学生参加第五届全国三维数字化创新设计大赛全国总决赛获得唯一特等奖。由该系北京市优秀教师编写的《景观设计案例实训》一书于2013年被评为北京市高等教育精品教材。

休闲体育与管理系成立后，各项教学与学生管理工作平稳发展，特别是在校企合作，专业共建方面，取得一定成绩。2020年9月学院招收第一届国际商务（空中乘务）专业。正式与华航开始实质性的校企深度合作。2020年，学院与万龙度假天堂合作举办“冰雪设施运维与管理”专业。10月，与万龙滑雪场合作举办“汇佳 & 万龙滑雪产业教育学院”，双方在滑雪产业人才培养方面探索职业院校与知名企业“产、学、研”深度合作发展的“现代师徒制”培养模式。

三、2020年学校基本统计数据

2020年北京汇佳职业学院大学校园面积19.8958万平方米，图书馆建筑面积0.5745万平方米，全年教育经费总投入3280.22万元，设有1个校区，设置三院两系两中心，开设17个专科专业，教职工130人，其中，专任教师50人；正高级1人、副高级23人；硕士生导师22人；在校生1449人（均为专科生）。网址：www.hju.net.cn。

附表：

表339　　中共北京汇佳职业学院委员会历任书记一览表（2009—2020年）

书记	任职时间	书记	任职时间
王志泽	2009年8月—2017年8月	高福廷	2018年12月—
王志泽	2017年8月—2018年11月		

表340　　北京汇佳职业学院历任院长一览表（2009—2020年）

院长	任职时间	院长	任职时间
徐恒亮	2009年8月—2017年8月	夏玉宝	2019年5月—
李建生	2017年8月—2019年4月（执行院长）		

（执笔人：杨永琴）

北京警察学院

北京警察学院（英文名称：Beijing Police College）是经教育部批准设立，北京市人民政府主办、北京市公安局为行政主管、北京市教育委员会为教育主管的全日制本科普通院校，是一所教学应用型公安院校。学院设置法学、工学等学科门类，以公安学、公安技术等学科为特色和优势，突出首都公安特色，承担公安专门人才培养、在职民警训练、警务理论与科技研究、文化传承创新的职责，为首都政治经济文化社会发展和稳定服务。学院的主要教育形式是全日制本科、专科的普通高等学历教育和非全日制的继续教育。学院坚持普通公安高等学历教育与在职民警训练双并重方针，立足首都公安警务创新与发展，坚持教学练战一体化人才培养模式，按照实战导向培养具有忠诚的警魂、严明的纪律作风、过硬的警务能力的高素质应用型、实战型警务人才。学院法定注册地为北京市昌平区南口镇南涧路 11 号。

一、学校沿革

北京警察学院成立于 1984 年 1 月。同时撤销北京市公安局人民警察外语学院（1983 年 1 月 27 日建立），改为北京人民警察学院外语系。1984 年 9 月，北京人民警察学院成立后实行院管校体制，北京市人民警察学校（北京市公安学校）教学机构并入警院。1997 年 3 月，实行院校合并，北京市人民警察学校改为警院中专部（对外仍称北京市人民警察学校）。

2001 年 2 月，北京市第二人民警察学校并入北京人民警察学院，增挂“北京市公安局警官培训中心”和“中共北京市公安局党校”牌子。

2004 年 11 月 16 日，经教育部同意，在北京人民警察学院（成人专科）基础上，筹建普通本科学校，筹建期为 1 年，开始招收本科学生。2005 年 12 月 29 日，正式通过普通本科院校设置评议成为本科院校。2006 年 3 月，在北京人民警察学院的基础上建立北京警察学院。2007 年 8 月，北京人民警察学院加挂北京市公安局警察训练总队牌子，暂停学历教育招生，全力开展警察专业训练和民警在职培训。同时撤销北京市公安局警官培训中心牌子。2012 年 3 月 5 日，北京人民警察学院更名。更名后为北京市公安局警察训练总队（北京警察学院、北京市公安局党校）。同年，正式恢复公安高等学历教育招生。

2012 年 5 月，市局党校增设党校办公室，承担两级党校的教学及自身建设。2013 年 2 月，市局党校作为市局直属部门，以独立建制开展工作。2017 年 6 月，北京市公安局警察训练总队（北京警察学院）更名为北京警察学院。2020 年，学院隶属北京市公安局，校址位于北京市昌平区南口镇南涧路 11 号。

北京市人民警察学校。始建于 1949 年 4 月，初名北平市人民政府公安局公安学校 1949 年 9 月 27 日，学校改名为北京市人民政府公安局公安学校。1953 年 8 月，学校更名为北京市人民公安学校。1968 年 11 月撤销。1973 年 8 月 20 日，学校恢复建制，改名为北京市公安学校。1981 年 4 月 20 日，在北京市公安学校基础上建立北京市人民警察学校，性质为中等专业学校。

北京市第二人民警察学校。1984 年 7 月，在顺义原宣武区工读学校旧址改建，隶属北京人民警察学院领导。1988 年 6 月，成立北京市公安局党校，与北京市第二人民警察学校合署办公，隶属市局直接领导。

二、院系设置

2006 年，在北京人民警察学院基础上设立北京警察学院，开展全日制公安高等本科教育，培养预备警员，开展在职民警训练。2007 年暂停本科教育，加挂北京市公安局警察训练总队牌子，主要承担在职民警训练任务。2012 年恢复公安高等本专科教育，承担培养预备警员和在职民警训练的任务。

2019 年 1 月 30 日，北京警察学院按照事业单位设置相关规定重新核定机构设置，负责开展公安高等学历教育和在职民警继续教育，开展在职民警训练和外警培训，开展警务理论与科学技术研究。

北京警察学院下设管理部门 13 个、教辅部门 2 个、教学系部 11 个。13 个管理部门分别是办公室、纪委、组织人事训练处、党建宣传处、学生工作处、团委、教务处、后勤管理处、装备财务处、警察训练部、科技信息网络处、教学评估及学科建设处、实验实训中心。2 个教辅部门分别是：科研处、图书馆。11 个教学系部分别是：侦查系、治安系、刑事科学技术系、网络安全保卫系、公安管理系、道路交通管理系、法律教研部、警务技战术教研部、公共基础教研部、英语教研部、警用车辆特种驾驶教研部。

三、学科专业建设

1997 年 3 月，北京人民警察学院开始招收应届高中毕业生，实行院校合并，警校改为警院中专部，在刑侦治安专业与中国人民公安大学联合开办本科学历教育，同时继续开办成人大专教育。1998 年为适应招生对象的变化，学院重新制订了教学计划。2006 年，经教育部批准，在北京人民警察学院基础上设立北京警察学院，开展全日制公安高等本科教育。2007 年，暂停本科教育，加挂北京市公安局警察训练总队牌子，主要承担在职民警训练任务。2012 年，恢复公安高等本专科教育。

2013 年至 2014 年，北京警察学院共招收 1100 人，其中男女比例均保持在 9∶1。2013 年开设侦查学专业共招收 120 人（含“预审”方向和“公安情报”方向）、刑事科学技术共招收 160 人（含“网络安全与执法”方向）、治安学招收 120 人、涉外警务学招收 40 人、公安管理学（“公安政治工作”方向）招收 40 人、交通管理工程共招收 120 人，共 6 个本科专业，学制 4 年。2014 年侦查学专业共招收 80 人、刑事科学技术共招收 80 人、网络安全与执法专业招收 40 人、治安学招收 130 人、公安管理学招收 40 人、交通管理工程共招收 130 人。取消了涉外警务专业，将刑事科学技术下的网络安全与执法单成立新的专业，共 6 个本科专业，学制 4 年。

2015 年至 2016 年，北京警察学院获得学士学位授予权，同时招生持续稳定合计招收 560 人，同时新开设了专科专业，本科合计 520 人，专科 40 人，总体男女比例仍保持在 9∶1。2015 年本科开设侦查学专业共招收 120 人（含特警方向）、刑事科学技术共招收 80 人、网络安全与执法专业共招收 40 人、治安学共招收 160 人（含公安法制方向）、公安管理学招收 40 人、交通管理工程共招收 80 人共 6 个本科专业，学制 4 年。并开设刑事侦查技术（警犬技术方向）共 40 人一个专科专业，学制 3 年。2016 年本科刑事科学技术专业招收降到了 40 人、治安学专业招收降到了 120 人、交通管理工程专业招收增至 120 人、重新恢复涉外警务专业招收 40 人，其余未有调整。

表 341　　北京警察学院学科设置一览表（2020 年）

学科门类	学科代码	一级学科	学科门类	学科代码	一级学科
法学	0306	公安学	工学	0838	公安技术

2017年至2019年，北京警察学院招生持续稳定合计招收560人，专科专业招收增至80人，在2018年男女比例由9∶1降至了8∶1。2017年本科招收合计480人，开设侦查学专业共招收120人（含特警方向）、开设刑事科学技术专业共招收40人、网络安全与执法专业共招收40人、治安学共招收120人（含公安法制方向）、公安管理学招收40人、交通管理工程共招收120人共6个本科专业，学制4年。专科开设刑事侦查技术（警犬技术方向）共80人，学制3年。2018年本科开设侦查学专业共招收120人（含反恐方向、政治安全保卫方向）、治安学专业招收降至80人、交通管理工程共招收120人（含交通事故处理方向）、重新开设了涉外警务专业招收40人，其余未有调整，共7个本科专业，学制4年。专科不变。2019年开设侦查学专业共招收120人，其余未有调整，共7个本科专业，学制4年。专科不变。

2020年，北京警察学院合计招收560人，其中男女比例7∶1。本科公安学类（选考“思想政治”科目）合计招收200人，侦查学招收80人。治安学招收40人。公安管理学共招收40人。涉外警务共招收40人。共4个学科专业，学制4年。本科公安技术类（物理，化学，生物任选一门）合计招收280人，刑事科学技术专业合计招收80人。网络安全与执法专业合计招收80人。交通管理工程专业（含交通事故处理方向）合计120人。共3个学科专业，学制4年。专科合计招收80人，刑事侦查技术（含社区安全防范方向，警犬技术方向）合计招收80人。合计1个学科专业，学制三年。

学院现有本科专业7个，其中公安学类专业4个、公安技术类专业3个。治安学专业被公安部列为全国公安高等教育重点专业（培育点）。2020年，网络安全与执法专业获批“国家级一流本科专业”建设点，涉外警务专业获批“北京市属高校一流本科专业”建设点。

截至2020年，学院有国家级精品课1门、公安部精品课4门，国家级精品课“警务车辆特种驾驶技术”享誉全国。学院自建18门网络教育精品课程，已有74门课程开展线上线下混合教学。

学院先后出台课程建设相关文件，合理规划设计，优化课程体系。2015年以来，学院自编专业教材34种，其中实验实训教材29种。以教研立项的形式实施课程建设工程，覆盖全部必修课程。

2012年以来，学院共承担省级教研教改项目12个，立项院级教研教改项目339个，评选院级教学成果奖9个，编辑出版教学研究论文集4部，涉及课程改革、教学模式和实践教学研究的院级教研项目200余个。

表342　　北京警察学院本科专业设置一览表（2020年）

专业名称	授予学位门类	所在院系
侦查学	法学	侦查系
刑事科学技术	工学	刑事科学技术系
治安学	法学	治安系
涉外警务	法学	涉外警务系
交通管理工程	工学	道路交通管理系
网络安全与执法	工学	网络安全保卫系
公安管理学	法学	公安管理系

四、人才培养

学院围绕应用型警务人才培养目标和实战需求，主动对接首都公安工作队人才的需要，构建包括专业基础课、专业必修课、专业选修课、公安基础课、通识必修课和通识选修课的课程体系，制定《2018版本科人才培养方案》。

2018年以来，全日制本科在校生有2038人次参与创新竞赛项目，在全国公安院校学生科技应用创新大赛中获得1个金奖、2个银奖和14个铜奖，在全国大学生网络安全技能比赛中获得1个一等奖、1个二等奖和4个三等奖，在北京市大学生网络安全大赛中获得第一名。

建校以来，学院为首都公安队伍培养了5万余名毕业生，培训在职民警32万余人次。毕业生中涌现出以全国特级优秀人民警察孟昆玉为代表的百余名英雄模范，174人荣立一等功，1400人荣立二等功。校友崔大庆、徐晋格等6名烈士为首都公安事业献出了宝贵的生命。学院许多毕业生在公安系统重要岗位发挥关键作用，5人曾任部级领导干部，21人曾任北京市公安局正副局长，68人成为公安领域专家，北京市公安局各总队局处和各公安分局领导班子中都有学院校友任职，科所队等基层领导班子中学院校友比例达到50%。

学院认真贯彻落实国家、市局有关毕业生就业工作的方针、政策以及一系列文件、会议精神。学院毕业生就业继续持续良好态势，毕业生顺利走向工作岗位，入警率逐年升高，就业率在94.05%左右。分配方向为北京市基层派出所。2017届全院学历学生共计毕业生567人，入警人数510人，入警率为89.95%。2018届全院学历学生共计毕业生473人，入警人数449人，入警率为94.93%。2019届全院学历学生共计毕业生401人，入警人数390人，入警率为97.26%。三年内共为市局输送了1441位青年应用型警务人才。

自2016年以来，学院共获得三好学生76人次；优秀学生干部285人次；先进班集体34个；个人三等功10人次；个人嘉奖2人次。在重大勤务安保工作中，学院多名学生积极参与学院组织的相关工作，在中非合作论坛北京峰会、国庆专项勤务等勤务安保工作中圆满完成相关任务。

至2020年，学院共培养各级各类毕业生5万余人、在职民警培训32万余人次。

五、科研情况

2002年至2011年，学院科研处曾经更名为警务科研所、教务办训练运行管理处科研管理科。2012年恢复学历教育后，部门名称恢复为科研处，主要负责科研管理、警务战略相关工作研究和警院学报的编辑出版等工作。近20年，科研处多次进行了建立、修订和完善科研管理规章制度的工作，现行科研管理制度12项。学院依法设立院学术委员会，统筹行使学术事务的审议、评定、调查、处理、认定、决定和咨询等职责；系部设立学术分委员会。

2007年至2011年，因暂停学历招生，学院密切和市局各警种、职能部门的合作，以行政任务为主导，采取集体攻关式和战役式的方法，科研工作在民警培训和服务市局中心工作方面取得了一些成绩。一方面科研推动了培训专题的研发。先后研发了“突尼斯埃及事件对执政党建设的启示”“立案公开——深化警务公开工作的核心举措”等培训专题。另一方面，以理论研究助推首都公安中心工作。共完成《和谐警民关系专题研究》等多篇研究文章和《公安民警执法疑难解答900案（一至三辑）》等多部著作。

2012年以来，学院立足国家安全战略和首都公共安全管理的重大需求，聚焦公安理论与实践重大问题，重点围绕公安学、公安技术、法学学科开展研究。共获批省部级以上项目50项，其中国家基金项目“微博对社会稳定的影响及其对策研究”取得零突破，北京社科基金项目4项、北京自科基金项目2项、教育部项目1项、公安部项目18项。共出版专著43部、自编专业教材33种、实验实训教材29种。在国内外高水平期刊上发表论文102篇。“警用新式防暴盾牌”荣获2019年度公安部科学技术奖励三等奖。学院重视科研成果的应用和转化，为公安实战研究新技术、新战法，为公安决策提供智力支持。以冬奥会安保为研究对象的专著《重大活动安保专论》在“大型国际体育赛事安保经验交流会”上获得国际关注；18项“国别与区域警务研究”专项成果得到公安部国际合作局领导高度认可。

学院现有非建制研究机构15个，其中教授工作室3个，学术研究中心12个。学院是中国警察法学研究会警察刑事执法专业委员会和北京市刑事侦查学研究会的依托单位，为繁荣警察法学和刑事侦查学理论研究、促进实务交流做出了贡献。学院师生参与基层执法办案，开展重点热点难点问题研究，为首都警务实践提供智力支持和决策建议；同时，还通过法律咨询、心理健康服务、公共安全科普和志愿者活动等方式服务社会。

《北京警察学院学报》是由北京市公安局主管、北京警察学院主办并经国家新闻出版署批准公开发行的学术刊物。学报于1988年4月创刊。学报始终坚持为人民服务、为社会主义服务办刊的方向，也努力突出公安特色，坚持为首都公安工作服务、为首都公安教育服务，坚持理论联系实际、理论指导实践。2001年和2003年，学报被北京市新闻出版局连续评为一级社科期刊。被评为第三、四、五、六届全国优秀社科学报。

六、师资队伍建设

截至2020年底，北京警察学院有专任教师207人，双师型教师96人。学院专任教师队伍中正高级30人、副高级58人；新一届教育部高等学校专业教学指导委员会委员2人，公安部教学名师2人，北京市教学名师3人，北京市青年教学名师3人，北京市百名法学英才2人。学院聘请名誉教授2人，客座教授35人，业务专家33人，并从北京市公安局聘请专兼职教官259人。逐步形成一支年龄结构、学历结构、职称结构合理，满足教学、科研和实战单位需要的高水平师资队伍和学术梯队，为学院未来发展奠定了基础。

七、交流与合作

学院采取校局合作、校企合作等方式，共同建设校外实习基地。学院按照见习实习、专业实习、毕业实习等不同类型实习任务、以专业对口为原则，安排学生到北京市公安局相关部门和企事业单位进行实习。2018年12月，学院正式与14个北京市公安局下属单位、2个企事业单位签订了共建协议，确立为校外实践教育基地并挂牌。

学院重视与国内外高校的合作交流，2015年5月与广东警官学院签订校际合作框架协议书，2018年6月与湖南警察学院签订合作办学和交换生培养协议，2018年5月，与天津警官职业学院签署《京津冀公安院校合作框架协议》，已连续举办三届京津冀公安院校合作学术研讨会，2019年6月与北京第二外国语学院签订交流合作战略协议，建立了学术交流和交换生培养合作关系。

2019年4月，根据学院与加拿大哥伦比亚省司法学院合作备忘录，学院选派首批18名学生赴加进行交流学习。

八、学校基本建设

（一）校区建设

北京警察学院的前身为北平市人民政府公安局学校，筹建期间，开始校址选在东单三条甲24号，同年6月迁至东城区汪芝麻胡同40号，7月下旬借住西什库光华女中，8月初迁至南苑仓库，中旬选定朝阳门外大街242号的东岳庙，东岳庙始建于元延祐年，是一座年久失修又遭国民党残兵破坏的寺庙，条件极为艰苦。1966年6月，校址迁至朝阳区红庙村15号（今为裕民路3号，即马甸校区）。建校初期校舍均为低矮破旧的平房，院内杂草丛生。为了保证办学的需要，学校从1985年开始多方筹措资金进行基本建设，1995年开始大规模的基本建设，到2000年建成了新的教学楼、实验楼、图书馆、学生宿舍楼、办公楼、综合服务楼等一批基础设施共28000余平方米，总投资4800余万元，同时还购置了一批先进的教学设备，使学校基础设施设备初具规模。

为更好地适应21世纪首都公安保卫工作和备战奥运的需要，2000年9月，市局党委做出决策，在昌平区南口镇虎峪风景区内另选新址，重建一所功能齐全、设备先进的现代化公安教育培训基地，以满足公安高等学历教育和民警在职培训的需要。2001年2月，市局党委决定二警校并入警院，增挂“北京市公安局警官培训中心”和“中共北京市公安局党校”牌子，警察学院从马甸校区迁往顺义校区。

2001年12月1日新校址举行奠基仪式，2003年9月，警察学院迁入昌平新址。警

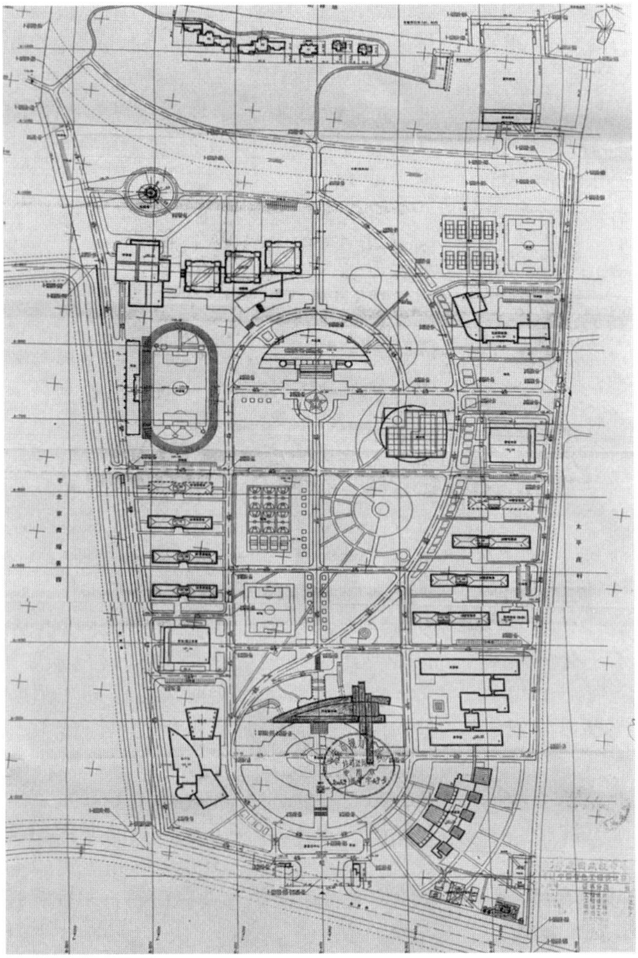

图 112　北京警察学院顺义校区示意图

察学院新址坐落在北京市昌平区南口镇虎峪风景区，占地 1200 亩，建筑面积 18 万平方米，是北京市 60 项重点工程之一。学院拥有完备的教学设备和现代化教学手段，可实现课堂教学、情景教学、模拟教学及远程教学。DNA 检验、情报分析、痕迹比对、刑事照相等实验室在国内公安院校中处于领先地位；体能、技能、警务技战术训练场馆独具特色；图书馆藏书齐全，查阅方便快捷，可直接为教学、科研和警务实战服务。学院环境优美、空气清新、设施齐全，为师生提供了良好的学习、工作、生活条件。

（二）图书馆建设

北京警察学院图书馆建成于 2003 年，建筑面积 8848 平方米，下设采编科、流通科、信息科。图书馆设有第一图书阅览室（公安法律）、第二图书阅览室（自然科学、文学）、第三图书阅览室（社会科学）、综合阅览室（含报刊阅览、过期期刊借阅、工具书阅览、互联网电子阅览室、公安网电子阅览室）、自习室和读者服务部，共有 920 个阅览座位，馆藏文献全部实现开架服务，实体馆每周开馆 91 小时，公安网、互联网、移动端数字图书馆实现 7×24 小时服务。

图书馆始终坚持从学院人才培养和教育教学需要出发，不断深化完善“满足教学需要”的资源建设方法，努力提高资源建设的专业化水平。2012 年学院恢复招生以后，图书馆的发展建设进入了关键期，从 2012 年纸质图书 432536 册、数字图书 9335 册、数据库 7 个，到 2015 年纸质图书 545053 册、数字图书 106905 册、数据库 19 个，再到 2020 年纸质图书 617980 册、数字图书 242052 册、数据库 25 个，全方位保障了教学和科研工作，并为一线民警提供了文献信息资源支持。

在信息化建设方面，图书馆利用学院独具特色的公安网、互联网双网并行的网络优势，不断完善基础建设，一是对实体馆实现 Wi-Fi 全覆盖，对公安网数字图书馆进行改版；二是新建立了互联网数字图书馆、基于移动端的手机图书馆和微信公众号，解决了读者以往只能在学院内通过实体馆和公安网数字图书馆利用文献资源的局限性，实现了全时空为读者服务；三是建立了“公安院校图书馆事实数据库”，对公安院校图书馆建设状况进行全面统计分析，为图书馆建设和规范化发展建立参照坐标。实体馆、互联网、公安网和移动端的“四馆”服务体系不断完善，保证了基础服务有效性和稳定性。

（三）实验中心建设

学院 1997 年开始招收全日制专科学生，为满足教学科研需要，1996 年底，本着经济、实用、兼容、超前的原则，投资 355.6 万元，将原印刷厂扩建为 3064 平方米的实验中心，并投资 82 万元购置模拟预审、模拟犯罪现场、刑事录像实验设备。1998 年投资 120 万元建立实弹射击实验室 1 个；投资 80 万元建立模拟指挥中心、模拟法庭等实验室；投资 50 万元改造刑事照相实验室。截至 1998 年底，学院已建成和在建的实验室有 22 个，基本能适应大专、本科教学需要。学院实验室的管理分别由教务处和有关系、部负责。实验中心为科级建制，隶属教务处，负责实验中心实验室的管理；警体教研部负责管理模拟和实弹射击实验室；文化教研部负责计算机室和语音教室的使用与管理。为了加强对实验室的管理，先后制定了《实验中心工作条例》《实验中心仪器设备管理条例》《实验室安全卫生制度》《实验中心仪器、器材借用、损坏、丢失赔偿处理办法》《学生实验守则》等规章制度。每个实验室都制定了相应的《实验室规则》，并附《实验室简介》。

2004 年，学院在昌平新址建设了实验楼，共建设实验实训场所 54 个，面积 4.9 万平方米，实验室仪器设备总值 3000 多万元。这些实验实训场所包括 DNA 实验室、理化检验实验室、电子显微镜实验室、特种照相实训室、痕迹比对实验室、工具痕迹实验室、文件检验实验室、模拟讯问室、模拟法庭、警务技能训练馆、搏击馆、射击馆、射击场，以及 10 个计算机教室和 6 个语音室等。建立了学院和系部二级管理体制，制定了《北京警察学院实验室管理办法》、各专业实验室管理办法和《学生实验守则》。

2014 年，为适应专业建设和本科教学的需要，新建了交通管理应用技术实训室、汽车构造实训室、交通事故处理与预防实训室和道路交通实训场等 8 个实训场所。

2017 年，学院与昌平公安分局共建 DNA 实验室。学院投入资金 155.61 万元，昌平公安分局投入 1500 多万元，实验室面积 252 平方米，设备总价值 1500 多万元。实验室建在学院实验楼内，集办案、科研、培训和教学为一体。昌平公安分局每天有民警 24 小时在实验室工作和值班，学院刑事技术专业教师参与实验室办案和培训。

2020 年，学院对实验实训场所布局进行了调整，合并、取消了部分实验室，同时新建了虚拟现实实训室、智能语音实训室、视频侦查实训室、交通管理与控制综合实验室、物联网技术应用实训室和计算机系统结构实验室等实验实训场所。学院实验实训场所共 53 个，其中实验室 6 个，实训场所 47 个，物联网技术应用实训室为公安部重点实验室。实验实训场所建筑面积共 5.6 万平方米，仪器设备总值 3925.15 万元。学院成立实验实训中心，作为学院实验室工作的主管部门。制定和修订了包括《北京警察学院实验室管理办法》《北京警察学院教学科研仪器设备管理办法》《北京警察学院实验室评估办法》等12个实验室管理制度。

九、2020年概况

2020年，北京警察学院占地面积60.7661万平方米，产权校舍建筑面积21.8502万平方米。图书馆建筑面积0.984万平方米。设有1个校区，设置11个系、部。开设9个本科专业，2个专科专业，覆盖2个学科门类。教职工386人，其中，专任教师207人，包括正高级30人、副高级58人。在校生2173人，其中，本科生1931人、专科生242人。学院网址：www.bjpc.edu.cn。

附表：

表343　　中共北京警察学院委员会历任书记一览表（1991—2020年）

书记	任职时间	书记	任职时间
杨洪升	1989年10月—1996年4月	刘亚东	2012年4月—2013年4月
李长修	1996年4月—2003年11月	滕　健	2013年4月—2016年10月
滕　健	2003年11月—2007年1月	高　岩	2016年10月—
左芷津	2007年1月—2011年4月		

表344　　北京警察学院历任院长一览表（1991—2020年）

院长	任职时间	院长	任职时间
刘尚煜	1989年10月—1996年4月	柴艳茹	2012年5月—2014年4月
李庆祥	1996年4月—2000年4月	滕　健	2014年4月—2017年6月
滕　健	2000年4月—2007年1月	王　立	2017年6月—
左芷津	2007年1月—2011年4月		

（执笔人：张恩军）

北京交通运输职业学院

北京交通运输职业学院（英文名称：Beijing Vocational Transportation College）是北京市人民政府举办，行政隶属于北京市交通委员会，教育教学业务主管部门为北京市教委的全日制普通高等学校。学校的办学类型为高等职业教育，并以“做交通行业职业人才培养的孵化器，做交通行业持续、稳定、健康发展的守护神”为办学使命，遵循“立足交通行业，服务首都经济”的发展定位开展全日制普通高、中等职业教育和成人高等教育，专业人员继续教育，职业培训与技能鉴定，交通应用技术与管理的相关研发、推广和咨询，交通文化传承等适应社会需要的服务。学校现有 6 个校区，法定注册地址为海淀校区（北京市海淀区西三旗悦秀路 90 号）。

一、学校沿革

北京交通运输职业学院 2010 年 4 月成立，由北京市交通学校与北京市路政局技工学校（1973 年成立）和北京市房地产职工大学（1975 年）三校合并组建。学院前身源于 1960 年成立的北京市交通学校。北京市交通学校在“文化大革命”期间两次停办，1976 年复建，2000 年北京市汽车驾驶学校并入，2003 年北京市交通局将海淀区永丰乡皇后店大街 6 号院北京市交通培训中心产权划入。1983 年经北京市人民政府批准，国家教委备案成为一所正规成人高等院校。

北京交通运输职业学院作为北京交通职教集团核心院校，始终坚持立足交通行业、服务首都经济，从职业教育的本质出发，明确办学治校的发展战略，把“做交通行业职业人才的孵化器，做交通行业持续、健康、稳定发展的守护神”作为办学使命，为国内外一流企业和新兴交通产业培养高端技术技能人才。

学院开设城市轨道交通、汽车运用工程、交通管理与信息工程、道路桥梁工程、汽车经济管理、汽车车身工程、道路机电工程、建筑工程 8 大专业群，已建成汽车运用工程、城市轨道交通、物流管理等国家级、市级重点实训基地，建成具有甲级水平的公路工程质量检测中心，建成传承古代建设技术与工艺的中国古建筑实训基地。

学院多址办学，主要承担北京市及首都交通行业领域专业技术人才培养和从业人员继续教育，以及应用技术研发和交通科技普及等，服务首都交通安全保障和城市运行。总占地面积 434.2 亩，总建筑面积 14.71 万平方米，市教委批准办学规模 7000 人，现阶段在校生人数近 6000 人，每年承担交通行业职业培训 3 万人次，职业技能考核鉴定 6 万人次左右。

学院经历合并、整合等过程，目前形成 6 个校区的办学格局，包括大兴校区（大兴区清源路北甲 1 号）、海淀校区（海淀区清河西三旗悦秀路南口）、皇后店校区（海淀区永丰乡皇后店大街 6 号院）、通州校区（通州区云景东路 90 号）、劲松校区（朝阳区华威北里 18 号楼）、密云校区（密云县溪翁庄镇北白岩村北，2017 年划入）。其中，大兴、海淀和通州校区为 3 个主要全日制学历教育校区。

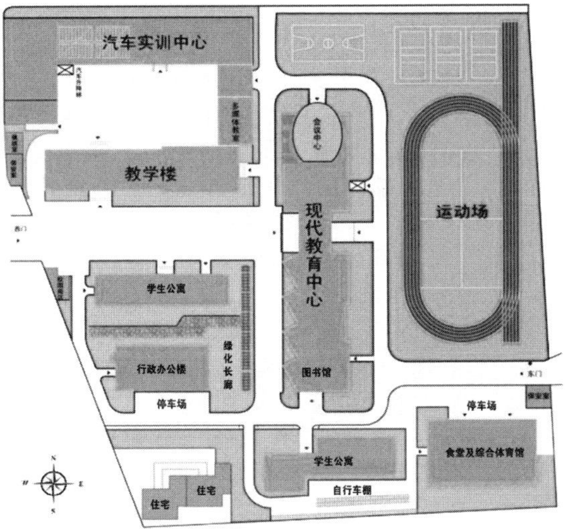

图 113　北京交通运输职业学院大兴校区示意图

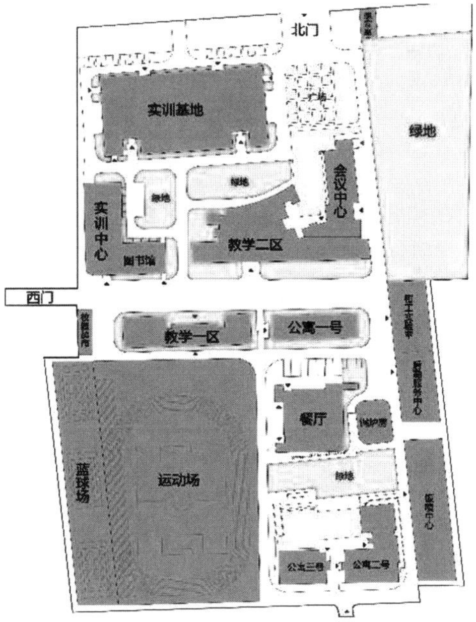

图 114　北京交通运输职业学院海淀校区示意图

二、事业发展

（一）1998 年至 2002 年，资源整合重组阶段，步入全国先进中等职业教育的行列

学校创新办学思路和理念，明确要在“职业”两字上下功夫，在办学“特色”上做文章。提出办学指导思想　　规模、结构、质量、效益协调发展，走校企合作的产业化发展道路。办学定位是立足首都交通发展，服务首都经济建设。1998 年，学院以全市排名第一的成绩被市教委批准为骨干学校。2001 年初，再次以第一的身份被市教委确定为北京市职业教育示范校。3 月，以第一的排名被教育部批准为第二批国家级重点学校。5 月，汽车运用与维修专业被北京市教委批准为北京市首个现代化标志性专业。2002 年 2 月，以第一的身份进入了我市首批重点建设的现代化标志性学校行列。4

月，被教育部、劳动和社会保障部、国家经贸委表彰为全国职业教育先进单位。

学院汽车整形与涂装专业填补空白。与英国海博瑞学院、诺丁汉新学院、奇切斯特学院等学校合作开展合作，引进英国先进职业教育办学思想，强化市场意识。与巴斯夫公司合作建立了汽车整形与涂装专业，同时填补了国内职业教育的空白。

（二）2003年至2005年，开展现代化标志校建设阶段，达到国内一流中等职业教育水平

2003年6月，刚刚组建不久的北京市交通委领导班子在学校召开现代化标志学校建设现场办公会，会议批准了学校现代化标志学校建设方案，正式启动建设工作。标志校建设分两期进行，在交通委的支持下，一期工程——大兴校区建设改造工程于2004年3月底正式开工，新建2.3万平方米的教学设施。2005年10月竣工，建设成果得到了教育部、交通部、市教委、市财政局等相关部门的广泛认可。

（三）2005年至2009年，践行办学使命，主动适应交通行业发展，开展职业教育办学体制机制创新，不断提升为交通行业服务的能力

2005年全国职业教育工作会议对职业教育给予全新的定位即“经济社会发展的重要基础、教育工作的战略重点”。在此背景下，学校开展新一轮的职业教育改革创新工作。开展标志校二期工程建设，主动适应北京市交通行业发展开办城市轨道交通专业，在市交通委领导下于2006年与香港地铁、京港地铁的合作，开办《城市轨道交通》专业。校企合作建立起北京城市轨道交通人才培训中心，开展职业人才培训工作。与香港地铁公司、京港地铁公司合作开办的轨道交通人才高级研修班面向4号线运营中的值班站长、列车司机、维修技工等关键技术和管理岗位培训员工700余人，解决了地铁四号线开通的员工来源。

（四）2009年，开展办学体制机制创新成立全市首个职教集团——北京交通职教集团

在市交通委、市教委支持下，2009年10月经市长办公会、市委常委会批准，成立我市首个职业教育集团。建立“管委会领导下的理事长负责制”，以政府为主导，职业院校和企业为主体，发挥行业办学优势，服务交通强国战略。以交通特色专业和交通创新创业人才培养为纽带，通过搭建“五大合作平台”，形成集团化办学优势，较好地支持了北京市交通行业发展。

（五）2010年至2018年，构建服务并满足我市交通行业发展需要的职业教育体系

2010年，北京交通运输职业学院成立伊始，制定了“十二五”发展规划，明确了“三五一”的中长期发展战略。贯彻“理念、责任、合作、创新、发展”的思路，以高等职业教育理念提升全体教职工认识，明确责任，注重团队合作，调动全体教职工的积极性，开展教育教学改革创新。

参与国家职业教育制度创新，由行业指导、企业参与，制定全国首个行业职业教育校企合作条例《交通行业职业教育校企合作暂行办法》，在全市交通行业全面实施，并经教育部转发要求全国各地学习借鉴。

贴近北京市交通行业发展要求，建立集团化办学模式下的职业教育改革体系，通过全日制职业教育、成人继续教育开展专业技术技能人才培养，通过各类培训、考核鉴定服务于首都交通行业发展，通过中德交通职教研究所、公路质检中心等开展行业、企业多方合作，进行应用技术研发推广。作为全国交通职业教育教学指导委员会城市轨道专业指导委员会主任单位，保持全国的专业领先地位。成立全国城市轨道交通职教集团，实现标准、课程、师资培训等输出。

积极推动职业教育跨区域合作。与上海、天津、河北等地交通教育集团形成了京津沪宁晋川交通职业教育集团化合作组织，促进多地交通职业教育发展。

开展集团化办学模式下的国际合作。与德国德累斯顿工业大学开展国际合作，围绕北京市交通行业急需的城市轨道交通、通讯信息（智能交通）等专业，在企业专家的参与下，学院首批引进《交通通讯与信息技术》17个职业本科课程模块。

学院在全国职业教育中的影响力不断提升。2014年，获第四届“黄炎培职业教育奖”优秀学校奖，是北京市唯一获奖的高职院校，

全国交通职业院校两所获奖学校之一。2015年5月国务院首个职业教育活动周启动仪式在学院举行，中央领导对北京市开展的集团化办学模式下的交通职业教育改革创新工作给予肯定。

2016年，学院当选为第十届北京市督学、第十届国家督学单位。2017年，市教委批准学院成为北京市“一带一路”国家人才培养基地。与清华大学、北京大学等高校同时获此荣誉，北京市仅有三所高职入选。获批成为北京市“深化创新创业教育改革示范高校”，以此为标志，学院正式进入北京市高职前五名的行列。

2018年，学院作为第一批SGAVE合作院校，以双第一的成绩获评全国“示范学校”“优秀合作院校”荣誉称号；积极承办北京市职教周启动和北京市职业教育、职成教育工作会议，扩大学院影响力；作为三个发言院校之一、唯一的职业院校代表在北京市委市政府组织召开的北京市教育大会上发言。

（六）2019年至今，全面开启“双特”高校建设的新阶段

2019年1月，学院入选北京市特色高水平职业院校，城市轨道交通专业群、汽车服务与管理专业群入选第一批骨干专业（群）、边精一古建营造工作室入选第一批大师工作室。

2019年，学院积极申报全国示范性职业教育集团，在全国职教集团中排名前列。这一年，学院入选中国特色高水平专业群建设单位，城市轨道交通立项开展“双高”专业群建设；红色理论社团获批北京市第二批“一校一品”优秀德育品牌；立足古建筑工程专业，着力开展技术技能大师工作室建设，学院被中国教育发展战略学会授予“高职院校传统文化基地”。

2020年，北京交通职业教育集团成功入选第一批示范性职业教育集团（联盟）培育名单；学院申报的“首发公路工程师学院”“庞贝捷（PPG）汽车涂装工程师学院”“京港地铁城市轨道交通工程师学院”“张术华高速公路智能运维大师工作室”“阚有波汽车技术大师工作室”“周绪利道路桥梁工程大师工作室”成功入选第二批北京市职业院校特色高水平实训基地（工程师学院、技术技能大师工作室）建设名单；“北交院·志愿蓝”以小组第一获评北京市第四批“一校一品”优秀德育品牌建设项目，着力打造德育金名片。学院不断深化产教融合、校企合作，入选校企合作的“双师型”教师培养培训基地。

表345　　北京交通运输职业学院院系部设置一览表（2020年）

序号	教学机构	序号	教学机构
1	城市轨道交通学院	6	基础教育部
2	汽车学院	7	思想政治教育教学部
3	交通管理与信息学院	8	心理健康教育中心
4	道路桥梁学院	9	继续教育学院
5	传统建筑学院		

表346　　北京交通运输职业学院高职专业设置一览表（2020年）

序号	专业大类	专业类	专业名称
1	52 资源环境与安全大类	5203 测绘地理信息类	测绘工程技术
2	52 资源环境与安全大类	5209 安全类	安全技术与管理
3	54 土木建筑大类	5401 建筑设计类	古建筑工程技术
4	54 土木建筑大类	5405 建设工程管理类	工程造价
5	54 土木建筑大类	5405 建设工程管理类	建设项目信息化管理
6	54 土木建筑大类	5405 建设工程管理类	建设工程监理
7	54 土木建筑大类	5405 建设工程管理类	建设工程管理
8	56 装备制造大类	5603 自动化类	智能控制技术
9	56 装备制造大类	5607 汽车制造类	汽车检测与维修技术

续表 346

序号	专业大类	专业类	专业名称
10	56 装备制造大类	5607 汽车制造类	新能源汽车技术
11	60 交通运输	6002 道路运输类	智能交通技术运用
12	60 交通运输	6002 道路运输类	道路桥梁工程技术
13	60 交通运输	6002 道路运输类	道路运输与路政管理
14	60 交通运输	6002 道路运输类	汽车运用与维修技术
15	60 交通运输	6002 道路运输类	汽车车身维修技术
16	60 交通运输	6003 水上运输类	水路运输与海事管理
17	60 交通运输	6003 水上运输类	水路运输安全管理
18	60 交通运输	6004 航空运输类	民航运输（服务）
19	60 交通运输	6004 航空运输类	飞机机电设备维修
20	60 交通运输	6004 航空运输类	航空物流（管理）
21	60 交通运输	6006 城市轨道交通类	城市轨道交通车辆技术
22	60 交通运输	6006 城市轨道交通类	城市轨道交通机电技术
23	60 交通运输	6006 城市轨道交通类	城市轨道交通通信信号技术
24	60 交通运输	6006 城市轨道交通类	城市轨道交通供配电技术
25	60 交通运输	6006 城市轨道交通类	城市轨道交通工程技术
26	60 交通运输	6006 城市轨道交通类	城市轨道交通运营管理
27	61 电子信息大类	6101 电子信息类	汽车智能技术
28	61 电子信息大类	6102 计算机类	大数据技术与应用
29	61 电子信息大类	6102 计算机类	大数据技术
30	61 电子信息大类	6102 计算机类	人工智能技术服务
31	63 财经商贸大类	6307 市场营销类	汽车营销与服务
32	63 财经商贸大类	6308 电子商务类	网络营销
33	63 财经商贸大类	6308 电子商务类	跨境电子商务

三、2020 年概况

2020 年，北京交通运输职业学院占地面积 32.6 万平方米，图书馆建筑面积 5882 平方米。全年教育经费投入 28026.59 万元。设有 6 个校区，11 个院系部，1 个研究中心，开设城市轨道交通、汽车后市场、综合交通体系运行管理、交通基础设施建设、古建筑工程 5 大专业群，27 个专业。教职工 409 人，其中，专任教师 237 人，包括教授及教授级高级工程师 3 人，副教授及高级工程师 136 人；博士 3 人，硕士 173 人；“双师型”教师 126 人。全日制在校生 5250 人，其中，高职生 3667 人、中职生 1583 人（含五年制中职阶段 1517 人）。成人教育专科生在校 113 人。学院网址：www.bjjt.edu.cn。

附表：

表 347　中共北京交通运输职业学院委员会历任书记一览表（2010—2020 年）

书记	任职时间	书记	任职时间
李怡民	2010 年 4 月—2020 年 8 月	马伯夷	2020 年 8 月—2020 年 12 月

表 348　北京交通运输职业学院历任院长一览表（2010—2020 年）

院长	任职时间	院长	任职时间
李怡民	2010 年 4 月—2010 年 8 月	周正宇	2014 年 3 月—2018 年 3 月
刘小明	2010 年 8 月—2014 年 3 月	马伯夷	2019 年 5 月—

（执笔人：赵　蕊）

附录

表 349　　1991 年北京普通高等学校设置情况一览表

类别	序号	学校	隶属部门	重点类别	1991—2000 年变化情况
综合大学（3 所）	1	北京大学	国家教委	全国重点	—
	2	中国人民大学	国家教委	全国重点	—
	3	北京联合大学（下设校本部及 13 个学院）	市高教局	非重点	—
理工院校（22 所）	4	清华大学	国家教委	全国重点	—
	5	北方交通大学	铁道部	全国重点	—
	6	北京工业大学	市高教局	市属重点	—
	7	北京航空航天大学	航空航天部	全国重点	—
	8	北京理工大学	机电部	全国重点	—
	9	北京科技大学	冶金部	全国重点	—
	10	北方工业大学	中国有色金属总公司	非重点	—
	11	北京化工学院	化工部	全国重点	1993 年更名大学
	12	北京轻工业学院	轻工部	非重点	1999 年与北京商学院合并组建北京工商大学
	13	北京服装学院	纺织部	非重点	—
	14	北京邮电学院	邮电部	全国重点	1993 年更名大学
	15	北京农业工程大学	农牧渔业部	全国重点	1995 年与北京农业大学合并成立中国农业大学
	16	北京印刷学院	国家新闻出版总署	非重点	—
	17	北京建筑工程学院	市建委	非重点	—
	18	北京石油化工专科学校	石化总公司	非重点	1992 年更名北京石油化工学院
	19	北京电子专科学校	中央办公厅	非重点	1992 年升格为北京电子科技学院
	20	北京气象学院	中国气象局	非重点	1998 年并入南京气象学院
	21	北京水电经管学院	水电部	非重点	1992 年更名为北京动力经济学院，1995 年与华北电力学院合并组建华北电力大学
	22	北京信息工程学院	电子部	非重点	—
	23	北京计算机学院	市高教局	非重点	1992 年并入北京工业大学
	24	北京机械工业学院	机械部	非重点	
	25	北京电力高等专科学校	水电部	非重点	2000 年并入北方交通大学
农业院校（2 所）	26	北京农业大学	农牧渔业部	全国重点	1995 年与北京农业工程大学合并成立中国农业大学
	27	北京农学院	市高教局	非重点	—
林业院校（1 所）	28	北京林业大学	林业部	全国重点	—

续表 348

类别	序号	学校	隶属部门	重点类别	1991—2000 年变化情况
医药院校（5所）	29	中国协和医科大学	卫生部	全国重点	—
	30	北京医科大学	卫生部	全国重点	2000 年并入北京大学，成为北大医学部
	31	首都医学院	市卫生局	全国重点	1993 年更名医科大学
	32	北京中医学院	卫生部	全国重点	2000 年合并成立北京中医药大学
	33	北京针灸骨伤学院	卫生部	非重点	
师范院校（3所）	34	北京师范大学	国家教委	全国重点	—
	35	北京师范学院	市高教局	市属重点	1992 年 9 月 16 日，北京师范学院及分院、北京联合大学外语师院合并成立首都师范大学
	36	北京体育师范学院	市高教局	非重点	2000 年更名首都体育学院
语文院校（7所）	37	北京外国语学院	国家教委	全国重点	1994 年更名大学
	38	北京第二外国语学院	国家旅游局	非重点	—
	39	北京语言学院	国家教委	全国重点	1996 年更名北京语言文化大学，2002 年定名北京语言大学
	40	北京广播学院	广播影视部	非重点	—
	41	中国新闻学院	新华社	非重点	—
	42	中国青年政治学院	团中央	非重点	—
	43	北京青年政治学院	团市委	非重点	—
财经院校（7所）	44	中央财政金融学院	财政部	非重点	1996 年更名中央财经大学
	45	北京商学院	商业部	非重点	1999 年与北京轻工业学院合并组建北京工商大学
	46	对外经济贸易大学	外贸部	全国重点	—
	47	北京物资学院	国家物资总局	非重点	—
	48	北京经济学院	市高教局	市属重点	1995 年合并成立首都经济贸易大学
	49	北京财贸学院	市高教局	非重点	
	50	中国金融学院	中国人民银行	非重点	2000 年并入对外经贸大学
政法院校（5所）	51	外交学院	外交部	非重点	—
	52	中国人民公安大学	公安部	非重点	—
	53	国际关系学院	安全部	全国重点	—
	54	中国政法大学	司法部	全国重点	—
	55	中国人民警官大学	公安部	非重点	1998 年并入中国人民公安大学
体育院校（1所）	56	北京体育学院	国家体委	全国重点	1993 年更名大学
艺术院校（8所）	57	中央工艺美术学院	文化部	非重点	1999 年并入清华大学
	58	中央音乐学院	文化部	全国重点	—
	59	中国音乐学院	文化部	非重点	—
	60	中央美术学院	文化部	非重点	—
	61	中央戏剧学院	文化部	非重点	—
	62	中国戏曲学院	文化部	非重点	—

续表 348

类别	序号	学校	隶属部门	重点类别	1991—2000 年变化情况
	63	北京电影学院	文化部	非重点	—
	64	北京舞蹈学院	文化部	非重点	—
民族院校（1 所）	65	中央民族学院	中央民委	全国重点	1993 年更名大学
短期职业大学（2 所）	66	北京职业大学	市高教局	非重点	1993 年撤销
	67	海淀走读大学	海淀区	非重点	—

说明：理工院校中，石油大学（北京，全国重点高校）、地质大学（北京，全国重点高校）、外省市高校在京研究生部未统计在内。医药院校中，北京医学专科学校（隶属北京市卫生局）未统计在内。短期职业大学中，北京钢铁学院分校、北京师范学院分院、北京市第三师范学校大专班不在统计范围内；另有大学郊区分校 7 所：北方交大昌平分校、北京理工大学房山分校、北京科技大学延庆分校、北京建工学院怀柔分校、北京轻工学院分院、北京工业大学通县分校、北京经济学院密云分院。“—”为无变化内容

表 350　　2001 年至 2020 年北京普通高校调整一览表

年份	院校名称	调整方式	备注
2001	北京医学高等专科学校	撤销	并入首都医科大学
	北京职工医学院	撤销	并入首都医科大学
	北京联合大学中医药学院	撤销	并入首都医科大学
	中国新闻学院	撤销	改为新华社培训中心
	北京农业职业学院	新建	由 1984 年建院的原北京市农业管理干部学院和 1958 年建校的原北京市农业学校合并组建
	北京科技经营管理学院	新建	全日制民办普通高等职业学校
	北京吉利大学	新建	全日制民办普通高等职业学校
	北京艺术设计职业学院	新建	以北京市工艺美术学校为基础建立
2002	北京语言大学	更名	由北京语言文化大学更名
	中华女子学院	升格	转为普通高校
	北京戏曲艺术职业学院	新建	前身是创建于 1952 年的北京市私立艺培戏曲学校
	北京京北职业技术学院	新建	—
	北京北大方正软件职业技术学院	新建	全日制民办普通高等职业学校
	北京经贸职业学院	新建	全日制民办普通高等职业学校
2003	北京交通大学	更名	由北方交通大学更名
	中国劳动关系学院	更名	由中国工运学院更名
	北京城市学院	更名	由海淀走读大学更名
	中国矿业大学（北京）	分立	由中国矿业大学（北京/徐州）分立为中国矿业大学（北京）、中国矿业大学（徐州）
	北京政法职业学院	新建	北京市政法管理干部学院与第三人民警察学校合并组建
	北京财贸职业学院	新建	北京市财贸管理干部学院、中国石油天然气集团总公司物探局职工大学、北京财政学校和北京市立信会计职工大学四所学校合并建立
	北京经济技术职业学院	新建	全日制民办普通高等职业学校
	北京汇佳职业学院	新建	全日制民办普通高等职业学校

续表 350

年份	院校名称	调整方式	备注
	北京现代职业技术学院	新建	以顺义区职教中心为基础组建
	北京科技职业学院	新建	全日制民办普通高等职业学校
2004	中国传媒大学	更名	由北京广播学院更名
	燕京华侨大学	更名	燕京华侨职业学院
	北京培黎职业学院	新建	全日制民办普通高等职业学校
	北京锡华国际经贸职业学院	新建	全日制民办普通高等职业学校
	北京电子科技职业学院	合并组建	由北京轻工职业技术学院和北京邮电工业学校合并组建
	首都师范大学科德学院	新建	民办独立学院
	北京工商大学嘉华学院	新建	民办独立学院
2005	北京交通职业技术学院	新建	以北方交通大学高等职业技术学院为基础设置
	燕京华侨职业学院	撤销、合并	并入首都经济贸易大学
	北京艺术设计职业学院	撤销、合并	并入北京工业大学
	北京锡华国际经贸职业学院	撤销	全日制民办普通高等职业学校
	北京邮电大学世纪学院	新建	民办独立学院
	北京工业大学耿丹学院	新建	民办独立学院
2006	北京协和医学院	更名	由中国协和医科大学更名
	北京警察学院	更名	由北京人民警察学院更名
	北京经济管理职业学院	新建	—
	北京劳动保障职业学院	新建	—
2007	北京社会管理职业学院	新建	在民政部管理干部学院的基础上组建
	北京新圆明职业学院	新建	全日制民办普通高等职业学校
	北京锡华国际经贸职业学院	撤销	—
2008	北京信息科技大学	合并组建	由北京机械工业学院和北京信息工程学院合并组建
	北京第二外国语学院中瑞酒店管理学院	新建	民办独立学院
	北京体育职业学院	新建	—
2010	北京交通运输职业学院	新建	由原北京市交通学校、北京市路政局技工学校和北京市房地产职工大学合并组建
2012	中国科学院大学	更名	中国科学院研究生院更名并转制普通高校
	北京卫生职业学院	新建	由北京卫生学校、北京护士学校和北京市中医学校合并组建
2013	北京建筑大学	更名	由北京建筑工程学院更名
2014	北京艺术传媒职业学院	更名	由北京新圆明职业学院更名
	北京吉利学院	更名	由北京吉利大学升格并更名
2015	北京网络职业学院	更名	由中国信息大学（民办教育机构）转制并更名
2017	中国社会科学院大学	新建	以中国社会科学院研究生院为基础，整合中国青年政治学院本科教育及部分研究生教育资源而组建
2018	中国消防救援学院	转隶	由武警警种指挥学院转隶并更名

说明：“—”为无备注内容

表 351　　2020 年北京普通高等学校一览表

隶属关系	学校标识码	学校名称	办学类型	性质类别	举办者
部委院校（39 所）	4111010001	北京大学	大学	综合大学	教育部（国家语委）
	4111010002	中国人民大学	大学	综合大学	教育部（国家语委）
	4111010003	清华大学	大学	理工院校	教育部（国家语委）
	4111010004	北京交通大学	大学	理工院校	教育部（国家语委）
	4111010006	北京航空航天大学	大学	理工院校	工业和信息化部
	4111010007	北京理工大学	大学	理工院校	工业和信息化部
	4111010008	北京科技大学	大学	理工院校	教育部（国家语委）
	4111010010	北京化工大学	大学	理工院校	教育部（国家语委）
	4111010013	北京邮电大学	大学	理工院校	教育部（国家语委）
	4111010018	北京电子科技学院	学院	理工院校	中央办公厅
	4111010019	中国农业大学	大学	农业院校	教育部（国家语委）
	4111010022	北京林业大学	大学	林业院校	教育部（国家语委）
	4111010023	北京协和医学院	学院	医药院校	卫生部
	4111010026	北京中医药大学	大学	医药院校	教育部（国家语委）
	4111010027	北京师范大学	大学	师范院校	教育部（国家语委）
	4111010030	北京外国语大学	大学	语文院校	教育部（国家语委）
	4111010032	北京语言大学	大学	语文院校	教育部（国家语委）
	4111010033	中国传媒大学	大学	语文院校	教育部（国家语委）
	4111010034	中央财经大学	大学	财经院校	教育部（国家语委）
	4111010036	对外经济贸易大学	大学	财经院校	教育部（国家语委）
	4111010039	中国消防救援学院	学院	理工院校	应急管理部
	4111010040	外交学院	学院	语文院校	外交部
	4111010041	中国人民公安大学	大学	政法院校	公安部
	4111010042	国际关系学院	学院	政法院校	教育部（国家语委）
	4111010043	北京体育大学	大学	体育院校	国家体育总局
	4111010045	中央音乐学院	学院	艺术院校	教育部（国家语委）
	4111010047	中央美术学院	学院	艺术院校	教育部（国家语委）
	4111010048	中央戏剧学院	学院	艺术院校	教育部（国家语委）
	4111010052	中央民族大学	大学	民族院校	国家民族事务委员会
	4111010053	中国政法大学	大学	政法院校	教育部（国家语委）
	4111010054	华北电力大学	大学	理工院校	教育部（国家语委）
	4111011149	中华女子学院	学院	语文院校	中华全国妇女联合会
	4111011413	中国矿业大学（北京）	大学	理工院校	教育部（国家语委）
	4111011414	中国石油大学（北京）	大学	理工院校	教育部（国家语委）
	4111011415	中国地质大学（北京）	大学	理工院校	教育部（国家语委）
	4111011625	中国青年政治学院	学院	政法院校	青年团中央
	4111012453	中国劳动关系学院	学院	政法院校	中华全国总工会
	4111014430	中国科学院大学	大学	综合大学	中国科学院
	4111014596	中国社会科学院大学	大学	语文院校	中国社会科学院

续表 351

隶属关系	学校标识码	学校名称	办学类型	性质类别	举办者
市属院校（53所）	（一）公办高校（38所）				
	4111010005	北京工业大学	大学	理工院校	省级教育部门
	4111010009	北方工业大学	大学	理工院校	省级教育部门
	4111010011	北京工商大学	大学	财经院校	省级教育部门
	4111010012	北京服装学院	学院	艺术院校	省级教育部门
	4111010015	北京印刷学院	学院	理工院校	省级教育部门
	4111010016	北京建筑大学	大学	理工院校	省级教育部门
	4111010017	北京石油化工学院	学院	理工院校	省级教育部门
	4111010020	北京农学院	学院	农业院校	省级教育部门
	4111010025	首都医科大学	大学	医药院校	省级教育部门
	4111010028	首都师范大学	大学	师范院校	省级教育部门
	4111010029	首都体育学院	学院	体育院校	省级教育部门
	4111010031	北京第二外国语学院	学院	语文院校	省级教育部门
	4111010037	北京物资学院	学院	财经院校	省级教育部门
	4111010038	首都经济贸易大学	大学	财经院校	省级教育部门
	4111010046	中国音乐学院	学院	艺术院校	省级教育部门
	4111010049	中国戏曲学院	学院	艺术院校	省级教育部门
	4111010050	北京电影学院	学院	艺术院校	省级教育部门
	4111010051	北京舞蹈学院	学院	艺术院校	省级教育部门
	4111010853	北京工业职业技术学院	高职	理工院校	省级教育部门
	4111010857	北京信息职业技术学院	高职	理工院校	省级其他部门（党政机关）
	4111010858	北京电子科技职业学院	高职	理工院校	省级教育部门
	4111011090	北京京北职业技术学院	高职	理工院校	县级其他部门（党政机关）
	4111011092	北京交通职业技术学院	高职	理工院校	县级其他部门（党政机关）
	4111011232	北京信息科技大学	大学	理工院校	省级教育部门
	4111011417	北京联合大学	大学	综合大学	省级教育部门
	4111011626	北京青年政治学院	高等专科学校	语文院校	省级其他部门（党政机关）
	4111011831	首钢工学院	学院	理工院校	省级其他部门（党政机关）
	4111012448	北京农业职业学院	高职	农业院校	省级其他部门（党政机关）
	4111012451	北京政法职业学院	高职	政法院校	省级其他部门（党政机关）
	4111012561	北京财贸职业学院	高职	财经院校	省级教育部门
	4111012567	北京戏曲艺术职业学院	高职	艺术院校	省级其他部门（党政机关）
	4111014019	北京警察学院	学院	政法院校	省级其他部门（党政机关）
	4111014073	北京经济管理职业学院	高职	财经院校	省级教育部门
	4111014075	北京劳动保障职业学院	高职	财经院校	省级其他部门（党政机关）
	4111014139	北京社会管理职业学院	高职	政法院校	省级其他部门（党政机关）
	4111014215	北京体育职业学院	高职	体育院校	省级其他部门（党政机关）
	4111014279	北京交通运输职业学院	高职	理工院校	省级其他部门（党政机关）
	4111014395	北京卫生职业学院	高职	医药院校	省级其他部门（党政机关）

续表 351

隶属关系	学校标识码	学校名称	办学类型	性质类别	举办者
	（二）民办高校（15 所）				
	4111011418	北京城市学院	学院	综合大学	民办
	4111012564	北京北大方正软件职业技术学院	高职	理工院校	民办
	4111012565	北京经贸职业学院	高职	财经院校	民办
	4111012566	北京经济技术职业学院	高职	财经院校	民办
	4111012568	北京汇佳职业学院	高职	语文院校	民办
	4111012733	北京科技经营管理学院	高职	财经院校	民办
	4111013629	首都师范大学科德学院	独立学院	语文院校	民办
	4111013630	北京工商大学嘉华学院	独立学院	财经院校	民办
	4111013703	北京科技职业学院	高职	理工院校	民办
	4111013728	北京培黎职业学院	高职	财经院校	民办
	4111013901	北京邮电大学世纪学院	独立学院	理工院校	民办
	4111013904	北京工业大学耿丹学院	独立学院	财经院校	民办
	4111014140	北京艺术传媒职业学院	高职	财经院校	民办
	4111014201	北京第二外国语学院中瑞酒店管理学院	独立学院	财经院校	民办
	4111014588	北京网络职业学院	高职	理工院校	民办

后 记

《北京市学校志稿（高等教育卷）》原为《北京教育志》学校篇高等教育卷部分，纳入《北京教育系统第二轮修志工作规划（修订）》。此后《北京教育志》改为《北京教育志丛书（1991—2010）》，《北京市学校志稿（普通高等教育卷）》作为丛书之一单独出版。

《北京市学校志稿（普通高等教育卷）》编纂工作先后经历学校编写、编委会编辑加工、全书编纂、学校复核补充等阶段。本志稿接续第一轮志稿，以志体记述了北京普通高等学校建置沿革、学科建设、办学规模等内容，并以表格形式反映学校院系设置、学科设置和专业设置等情况。为丰富史料记载，本志稿记叙下限延至2020年。

2021年9月，北京教育志编委会办公室更名为北京市教育档案馆（北京教育博物馆）。由于机构和人员变动，志稿编纂工作极为紧迫，在学校收录和史料考证方面尚存不足，敬请读者理解和指正。

在本志稿编纂过程中，中国科学院大学李岳坦老师提供指导意见，并负责部分稿件的审定，特此表示感谢。

2021年12月